Oxford
Essential
Polish
Dictionary

POLISH-ENGLISH

ENGLISH-POLISH

POLSKO-ANGIELSKI

ANGIELSKO-POLSKI

OXFORD
UNIVERSITY PRESS

OXFORD
UNIVERSITY PRESS

Great Clarendon Street, Oxford OX2 6DP

Oxford University Press is a department of the University of Oxford.
It furthers the University's objective of excellence in research, scholarship,
and education by publishing worldwide in

Oxford New York

Auckland Cape Town Dar es Salaam Hong Kong Karachi
Kuala Lumpur Madrid Melbourne Mexico City Nairobi
New Delhi Shanghai Taipei Toronto

With offices in

Argentina Austria Brazil Chile Czech Republic France Greece
Guatemala Hungary Italy Japan Poland Portugal Singapore
South Korea Switzerland Thailand Turkey Ukraine Vietnam

Oxford is a registered trade mark of Oxford University Press
in the UK and in certain other countries

Published in the United States
by Oxford University Press Inc., New York

© Oxford University Press 2010

Database right Oxford University Press (maker)

First edition published 2010

Oxford Pocket: słownik kieszonkowy (angielsko-polski/polsko-angielski)
was originally published in English-Polish in 2004. This edition is adapted
from *Oxford Pocket: słownik kieszonkowy (angielsko-polski/polsko-angielski)*.

British Library Cataloguing in Publication Data
Data available

Library of Congress Cataloging in Publication Data
Data available

Typeset by SPI Publisher Services, Pondicherry, India
Printed in Great Britain
on acid-free paper by
Clays Ltd, St Ives plc

ISBN 978-0-19-958049-1

7

Contents/Spis treści

Contributors/Zespoły redakcyjne

Janet Phillips
Dorota Hołowiak
Dorota Niewińska
Magdalena Zawisławska
Magdalena Derwojedowa

Ashley Wagner
Dorota Niewińska

Proprietary terms

This dictionary includes some words which are, or are asserted to be, proprietary terms or trademarks. The presence or absence of such assertions should not be regarded as affecting the legal status of any proprietary name or trademark. In cases where the editorial staff has evidence that a word is used as a proprietary name or trademark, this is indicated by the symbol™. No judgement concerning the legal status of such words is made or implied thereby.

Nazwy firmowe lub patentowe

Słownik zawiera wyrazy będące nazwami firmowymi (trademarks) lub patentowymi, względnie uważanymi za takie. Zaznaczenie lub brak zaznaczenia tego faktu w słowniku nie powinno być traktowane jako mające wpływ na status prawny żadnej nazwy firmowej lub patentowej. W przypadkach gdy zespół redakcyjny miał pewne dowody, że dany wyraz jest używany jako nazwa firmowa (trademark) lub patentowa, wówczas fakt ten zaznaczono znakiem firmowym™. Nie oznacza to jednak żadnej oceny statusu prawnego takich nazw.

Introduction

The *Oxford Essential Polish Dictionary* has been written for speakers of both Polish and English and contains the most useful words and expressions in use today. The dictionary provides a handy and comprehensive reference work for tourists, students, and business people who require quick and reliable answers to their translation needs.

The wordlist reflects basic and core vocabulary as well as recent additions to both languages. The supplementary material provides grammatical help with English irregular verbs and Polish verb conjugations and declensions of nouns and adjectives.

The dictionary has an easy-to-use, streamlined layout. Nuances of sense or usage are pinpointed by indicators or by typical collocates with which the word frequently occurs.

Each English headword is followed by its phonetic transcription between slashes. The symbols used are those of the International Phonetic Alphabet. Pronunciation is also shown for derivatives and compounds where it is not easily deduced from that of a headword. The rules for the pronunciation of Polish are given on pages x-xi.

Stress in Polish is fairly regular and usually occurs on the penultimate syllable except for in a few notable cases, such as:

- In nouns ending in –yka and –ika the stress also falls on the third syllable from the end.
- In various verb conjugations the stress can shift, for example the first and second person plural of the past tense where stress falls on the third syllable from the end.

The swung dash (~) and the hyphen (-) are also used to save space. The swung dash represents the headword preceding it in bold. The hyphen is mainly used in giving grammatical forms where it stands for part of the preceding or following word.

The gender of Polish nouns is not always predictable. In general, masculine nouns end in a consonant, feminine nouns end with –a, and neuter nouns end with –o, –e, or –ę. However there are many exceptions to this broad general rule.

Polish verbs are listed in aspect pairs with the imperfective form given first separated from the perfective by a slash.

Wstęp

Oxford Essential Polish Dictionary to podręczny słownik przeznaczony zarówno dla użytkowników, których rodzimym językiem jest język polski, jak i dla osób anglojęzycznych. Zawiera użyteczne słownictwo oraz wyrażenia i idiomy stosowane we współczesnym języku polskim i angielskim. Słownik ten będzie nieocenioną pomocą dla turystów, studentów i ludzi biznesu oraz dla wszystkich, którzy potrzebują szybko znaleźć polskie lub angielskie odpowiedniki podstawowych wyrażeń.

Użytkownik znajdzie w słowniku przede wszystkim słownictwo podstawowe, jak również najnowsze słowa, jakie pojawiły się w obu językach w ciągu ostatnich lat. Materiał dodatkowy (s. 477–496) zawiera użyteczne informacje, m.in. spis angielskich czasowników nieregularnych oraz odmiany polskich czasowników, rzeczowników i przymiotników.

Słownik ma wygodny format i czytelny układ. W przypadku, gdy dany wyraz ma różne znaczenia lub jest stosowany w różnych kontekstach, odpowiednie informacje na ten temat zostały podane w nawiasach lub poprzez prezentację typowych związków wyrazowych. Dodatkowo słownik zawiera krótkie notki informacyjne na temat zagadnień gramatycznych i użycia wyrazów, przeznaczone dla Polaków uczących się języka angielskiego.

Wszystkie hasła angielskie zostały opatrzone wymową. Transkrypcja fonetyczna jest podana po haśle głównym w nawiasach ukośnych z zastosowaniem międzynarodowych symboli transkrypcji (International Phonetic Alphabet). W przypadku wyrazów pochodnych lub złożonych, transkrypcja fonetyczna jest również podana wszędzie tam, gdzie wymowa danego wyrazu może nie być oczywista i budzić wątpliwości. Zasady wymowy polskiej znajdują się na s. xii.

Dla oszczędności miejsca w słowniku zastosowano następujące znaki: falka (~) i dywiz (-). Znak ~ oznacza hasło główne (napisane wytłuszczonym drukiem). Znak - jest stosowany przy podawaniu różnych form gramatycznych, gdzie zastępuje część wyrazu poprzedzającego lub następującego.

Polish pronunciation guide

Vowels

a	between pronunciation of *a* in *cat* and *arm*
ą	nasal 'o' like *on* in English *bonjour*, similar to *on* in French *mon*
e	like *e* in *bed*
ę	nasal 'e' like *en* in *ten*, similar to *in* in French *cinq*
i	like *ee* in *see* but shorter
o	like *aw* in *saw* but shorter
u	like *oo* in *too* but shorter
y	like *i* in *big*

Consonants

b	like *b* in *brown*
c	like *ts* in *pets*
ć	like *ch* in *chain* (see **Note** below)
ch	like *ch* in Scottish *loch*
cz	like *ch* in *check*
d	like *d* in *day*
dż	like *dg* in *fridge*
f	like *f* in *four*
g	like *g* in *grass*
h	like *h* in *hot*
j	like *y* in *yes*
k	like *k* in *keep*
l	like *l* in *lot*
ł	like *w* in *water*
m	like *m* in *my*
n	like *n* in *not*
ń	like *ni* in *onion*, similar to *gn* in French *mignon*
p	like *p* in *pot*
q	like *q* in *quality*
r	like *r* in *red*
s	like *s* in *strong*
ś	like *sh* in *she* (see **Note** below)
sz	like *sh* in *shy*
t	like *t* in *tender* but not aspirated (without a puff of air) or like *t* in *store*
v	like *v* in *very*, sometimes as *f* in *for*

w   like *v* in *very*

x   like *x* in *box*

z   like *z* in *zero*

ż   like *s* in *measure*

ź   like *g* in *luge* or *rouge* (see **Note** below)

Note

The Polish sounds *ć*, *ś* and *ź* are probably the most difficult to pronounce by an English-speaking learner, as they can hardly be compared to any sound existing in English. To pronounce *ś* the tongue should be placed in between the front teeth and the palate and in this position the speaker should try to pronounce *si*, making it as soft as possible (Polish words: *siwy*, *dość*). Likewise in *ć* and *ź*, the position of the tongue should be between the front teeth and the palate, and the speaker should try to pronounce *ci* (Polish words: *ćma*, *cichy*) or *zi* (Polish words: *zima*, *źle*).

The letters q, v, and x only occur in foreign loan words.

Wymowa angielska

Samogłoski i dwugłoski

iː	see	ɔː	saw	eɪ	page	ɔɪ	join
ɪ	sit	ʊ	put	əʊ	home	ɪə	near
e	ten	uː	too	aɪ	five	eə	hair
æ	hat	ʌ	cup	aɪə	fire	ʊə	poor
ɑː	arm	ɜː	fur	aʊ	now		
ɒ	got	ə	ago	aʊə	flour		

Spółgłoski

p	pen	tʃ	chin	s	so	n	no
b	bad	dʒ	June	z	zoo	ŋ	sing
t	tea	f	fall	ʃ	she	l	leg
d	dip	v	voice	ʒ	measure	r	red
k	cat	θ	thin	h	how	j	yes
g	got	ð	then	m	man	w	wet

Akcent

Akcent jest oznaczony znakiem /ˈ/, umieszczonym przed sylabą akcentowaną.

Abbreviations/Skróty

3rd person singular	3. os. lp 3rd sing	trzecia osoba liczby pojedynczej
stressed	akcent.	f. akcent. = forma akcentowana
abbreviation	abbr	skrót od
adjective	adj	przymiotnik
adverb	adv	przysłówek
American English	Am.	amerykański; amerykańska odmiana języka angielskiego
anatomy	anat.	anatomia
English	ang.	angielski; angielszczyzna
architecture	arch.	architektura
astronomy	astr.	astronomia
motoring	aut.	motoryzacja
biology	biol.	biologia
botany	bot.	botanika
British English	Br.	brytyjski; brytyjska odmiana języka angielskiego
countable noun	C	rzeczownik policzalny
chemistry	chem.	chemia
conjugation	conj	spójnik
verb	cz.	czasownik
linking verb	cz. łącz.	czasownik łączący
modal verb	cz. mod.	czasownik modalny
intransitive verb	cz. nieprzechod.	czasownik nieprzechodni
auxiliary verb	cz. pomoc.	czasownik pomocniczy
transitive verb	cz. przechod.	czasownik przechodni
demonstrative pronoun	dem pron	zaimek wskazujący
indefinite article	determiner	przedimek nieokreślony

definite article	determiner	przedimek określony
disapprovingly	dezaprob.	z dezaprobatą
concerning, regarding	dot.	dotyczy
economics	ekon.	ekonomia
electronics	elektr.	elektronika
form	f.	forma
unstressed	f. nieakcent.	forma nieakcentowana
finance	fin.	finanse
physics	fiz.	fizyka
formal	form.	formalnie, formalny
photography	fot.	fotografia
geography	geogr.	geografia
geology	geol.	geologia
geometry	geom.	geometria
grammar	gram.	gramatyka
commerce	handl.	handlowy
interjection	interj	wykrzyknik
ironic	iron.	ironicznie, ironiczny
language	jęz.	język
spoken language	jęz. mów.	język mówiony
written language	jęz. pis.	język pisany
railway	kolej.	kolejnictwo, kolejowy
computer/ computing	komput.	komputery
communications	komun.	komunikacja
literary	książk.	książkowy
cookery	kulin.	kulinarny
number	liczba	liczba
literature	lit.	literatura
plural	lm	liczba mnoga
aviation	lot.	lotnictwo
singular	lp	liczba pojedyncza
mathematics	mat.	matematyka
medicine	med.	medycyna
music	muz.	muzyka
noun	n	rzeczownik
unstressed	nieakcent.	forma nieakcentowana
informal	nieform.	nieformalnie, nieformalny
number	number	liczba
offensive	obraź.	obraźliwie, obraźliwy

politics	polit.	polityka
colloquial	pot.	potocznie, potoczny
past participle	pp	imiesłów czasu przeszłego
legal	prawn.	prawniczy
preposition	prep	przyimek
present participle	pres part	imiesłów czasu teraźniejszego
present tense	pres t	forma czasownika w czasie teraźniejszym
pronoun	pron	zaimek
negative	przecz.	przeczenie, przeczący
indefinite article	przedimek nieokreś.	przedimek nieokreślony
definite article	przedimek okreś.	przedimek określony
figurative	przen.	przenośnie, przenośny
obsolete/outdated	przestarz.	przestarzały
preposition	przyim.	przyimek
adjective	przym.	przymiotnik
adverb	przysł.	przysłówek
psychology	psych.	psychologia
past tense	pt	forma czasownika w czasie przeszłym
religion	relig.	religia
noun	rz.	rzeczownik
compound noun	rz. złoż.	rzeczownik złożony
singular	s	liczba pojedyncza
abbreviation	skrót od	skrót od
conjunction	spój.	spójnik
environment	środ.	środowisko
superlative	st. najwyższy	stopień najwyższy przymiotnika/ przysłówka
comparative	st. wyższy	stopień wyższy przymiotnika/ przysłówka
school	szk.	szkolnictwo, szkolny
technology	techn.	technologia, technika
telecommunications	telekom.	telekomunikacja
trademark	TM	znak handlowy

uncountable noun	U	rzeczownik niepoliczalny
verb	v	czasownik
auxiliary verb	v aux	czasownik pomocniczy
linking verb	v link	czasownik łączący
modal verb	v mod	czasownik modalny
intransitive verb	vi	czasownik nieprzechodni
transitive verb	vt	czasownik przechodni
Great Britain	Wlk. Br.	Wielka Brytania
military	wojsk.	wojskowość, wojskowy
vulgar	wulg.	wulgarnie, wulgarny
interjection	wykrzyk.	wykrzyknik
pronoun	zaim.	zaimek
demonstrative pronoun	zaim. wskaz.	zaimek wskazujący
humorous	żart.	żartobliwie, żartobliwy
usually	zazw.	zazwyczaj
sentence	zd.	zdanie
nautical	żegl.	żeglarstwo
sense (meaning)	zn.	znaczenie
see	zob.	zobacz
zoology	zool.	zoologia
especially	zwł.	zwłaszcza
idioms and set phrases	[IDM]	idiomy i zwroty
phrasal verbs	[PV]	czasowniki złożone
see translation or comment	→	zobacz tłumaczenie lub uwagę
additional information	❶	uwaga w tekście
related words; separates idioms, compound words	|	wyrazy pochodne; oddziela idiomy, wyrazy złożone itp.
related words which are in the same form	▶	wyrazy pochodne mające tę samą formę
compounds	●	wyrazy złożone
reflective verb	■	czasownik w formie zwrotnej

Note: In the additional information, abbreviations may be used from English or Polish. Example: ❶ Obecnie n **actor** używa się także, mówiąc o kobiecie.

Aa

a *spój.* **1** and **2** (*przeciwstawność*) but **3** (*więc*): *Popilnuję dzieci, ~ ty odpoczniesz.* I'll look after the children and you can rest. ▶ *wykrzyk.* ah: *A! Rozumiem!* Ah, now I understand! | *partykuła: A ty?* How about you? ◇ *A nie mówiłam?* I told you so.

abażur lampshade

abdykować abdicate

abecadło ABC, ABCs [*lm*] (*Am.*)

abonament 1 (*stała opłata*): ~ *telewizyjny* a television licence ◇ ~ *telefoniczny* telephone rental **2** ~ *na coś/do czegoś* subscription to/for sth: ~ *do filharmonii* a concert subscription

abonent/ka subscriber

aborcj||a abortion: *mieć/przeprowadzić ~ę* have/perform an abortion

absolutny absolute

absolwent/ka (*studiów*) graduate, (*liceum, technikum*) school-leaver

abstrakcyjny abstract

abstynent/ka teetotaller | **abstynencja** abstinence

absurd (*sytuacji itp.*) absurdity, (*bzdura*) nonsense | **absurdalny** absurd

aby ~ *coś robić* in order to do sth: *Przestał słodzić herbatę, ~ nie utyć.* He stopped taking sugar in his tea so he wouldn't put on weight.

adaptować/za- adapt | **adaptacja** adaptation: *filmowa ~ książki* a film based on a book

adekwatny adequate

adidas trainer, sneaker (*Am.*)

administracj||a administration: *~a budynku* the management of a property [IDM] *~a państwowa* the Civil Service | *zarządzanie i ~a* (*studia*) business studies | **administracyjny** administrative

adoptować/za- adopt

adres address: ~ *e-mailowy* an email address ◇ *stały* ~ a permanent address ◇ ~ *korespondencyjny* a postal address ◇ *mieszkać pod tym ~em* live at this address

adresat addressee

adresować/za- address: ~ *list na czyjeś nazwisko* address a letter to sb

adwokat lawyer, (*w sądach wyższej instancji*) barrister, (*radca*) solicitor, (*występujący w sądzie*) counsel [IDM] ~ *z urzędu* court-appointed lawyer/(*Am.*) attorney

aerobik aerobics: *chodzić na* ~ do aerobics

afera scandal | **aferzyst-a/ka** crook

afisz poster

agencja agency

agent/ka agent: ~ *ubezpieczeniowy* an insurance agent ◇ *tajny* ~ a secret agent

agrafka safety pin

agrest gooseberry

agresywny aggressive | **agresja** aggression

akademia 1 (*instytucja naukowa*) academy **2** (*wyższa szkoła*) school, college **3** (*uroczystość*) celebration (of an anniversary)

akademicki academic

akademik 1 (*dom studencki*) hall of residence, dormitory (*Am.*) **2** (*członek akademii*) academician

akcent 1 (*na sylabę itp.*) stress **2** (*wymowa*) accent **3** (*dodatek*) touch [IDM] **kłaść ~ na coś** put emphasis on sth

akcentować/za- **1** (*sylabę itp.*) stress **2** (*zwł. przen.*) accentuate

akceptować/za- accept

akcj||a 1 (*działanie*) action: *~a odwetowa* a reprisal ◇ *~a ratunkowa* a rescue operation ◇ *~a wojenna* warfare ◇ *w ~i* in action **2** (*fabuła*) plot **3** (*firmy itp.*) share: *Akcje zwyżkują.* Share prices are going up. ◇ *wystawiać ~ę na sprzedaż* go public [IDM] *czyjeś ~e spadają/idą w górę* sb's popularity is/fortunes are on the rise/in decline

akcjonariusz/ka shareholder

akcyjn||y: *spółka ~a* a public company

akcyza excise

akompaniować accompany | **akompaniament** accompaniment

akordeon accordion

akrobat-a/ka acrobat

aksamit velvet | **aksamitny 1** velvet **2** (*sos itp.*) creamy **3** (*dźwięk*) mellow

akt 1 (*czyn; teatr*) act: ~ *zemsty* an act of revenge **2** (*dokument*) certificate: ~ *urodzenia/zgonu* a birth/death certificate ◇ *~oskarżenia* a charge **3** (*sztuka*) nude

akt||a file: *w ~ach* on file ◇ *włączać coś do* ~ file sth

aktor/ka actor, (~**ka**) actress → ACTOR

aktówka briefcase

aktualizować/z- update

a

aktualny current, (*temat*) topical |
aktualność: *tracić na ~ci* go out of date
◊ *~ci* current affairs
aktywa assets
aktywny active | **aktywność** activity:
wykazywać w czymś dużą ~ be very
active in sth
akumulator battery
akustyka acoustics
akwarela watercolour, -lor (*Am.*)
akwarium aquarium
akwizytor/ka sales agent
alarm (*sygnał*) alarm, (*stan pogotowia*)
alert: *~ pożarowy* a fire alarm ◊ *~
przeciwwłamaniowy* a burglar alarm
◊ *~ bombowy* a bomb scare ◊ *podnieść
~* raise the alarm ◊ *~ próbny (np.
przeciwpożarowy)* a drill
alarmować/za- alarm
albo or: *~...~* either...or
album album
ale but
aleja avenue
alergia allergy | **alergiczny** allergic
alfabet alphabet | **alfabetyczny**
alphabetical
alimenty alimony [*U*]
alkohol alcohol | **alkoholi-k/czka**
alcoholic | **alkoholizm** alcoholism |
alkoholowy alcoholic
alpejski alpine
alpinist-a/ka climber
alt alto
altówka viola
aluzj|a allusion: *robić ~e do kogoś/
czegoś* allude to sb/sth
amator/ka amateur: *~ jedzenia* a big
eater | **amatorski** amateur
ambasada embassy
ambasador ambassador
ambicja ambition | **ambitny** ambitious
ambona pulpit
ambulatoryjn|y: *pacjent/ka ~y/a* an
outpatient
amnestia amnesty
amortyzacja (*fin.*) depreciation
amper amp
amputować amputate
amunicja ammunition
analfabet|-a/ka illiterate person: *Jest
~ką.* She can't read or write. |
analfabetyzm illiteracy
analityk analyst: *~ systemów* a systems
analyst | **analityczny** analytic
analiz|a analysis [*lm* -lyses]: *robić ~ę*
analyse ◊ *gruntowna ~a* an overhaul
analizować/z- analyse, -lyze (*Am.*)

analogi|a analogy | **analogiczny**
analogous | **analogicznie** by analogy
ananas pineapple
anatomia anatomy | **anatomiczny**
anatomical
anegdota anecdote
anemia anaemia, anemia (*Am.*) |
anemiczny anaemic
anestezjolog anaesthetist, anes- (*Am.*)
angażować/za- 1 (*zatrudniać*) engage
2 (*wciągać*) involve ■ **angażować/
za- się (w coś)** be/get involved (in sth)
angielsk|i English: *Czy mówisz po ~u?*
Do you speak English? ◊ *język ~i*
English | **angielsko-** Anglo-: *słownik ~
-polski* an English-Polish dictionary
angina tonsillitis
anglikański Anglican: *Kościół ~* the
Church of England
anglosaski Anglo-Saxon [IDM] *język ~*
Old English
ani neither, nor, (*po przeczeniach*) or:
ani..., ani (też)... neither...nor... ◊ *~
trochę* not in the slightest
animować animate
animusz spirit: *pełen ~u* in high spirits
◊ *dodawać ~u* perk sb up ◊ *nabrać ~u*
perk up
anioł angel [IDM] *~ stróż* guardian angel
ankiet|a survey: *przeprowadzić ~ę*
carry out a survey
anomali|a anomaly: *~e pogodowe* freak
weather conditions
anonimowy anonymous
anoreksja anorexia | **anorekty-k/czka**
anorexic
anormalny abnormal
antagonizować/z- antagonize
antena aerial, antenna [*lm* -nnas/
-nnae] (*zwł. Am.*): *~ satelitarna* a
satellite dish
antologia anthology
antonim opposite, (*form.*) antonym
antrakt interval, intermission
(*zwł. Am.*)
antropologia anthropology |
antropologiczny anthropological
antybiotyk antibiotic
antyczny antique
antyk 1 (*zabytkowy przedmiot*) antique
2 (*grecki, rzymski*) antiquity
antykoncepcj|a contraception: *Czy
stosujesz ~ę?* Do you use any
contraception?/ (*form.*) Do you practise
contraception? | **antykoncepcyjny**
contraceptive: *środek ~* a contraceptive
antykwariat (*z książkami*) second-hand
bookshop, (*z antykami*) antique shop

antypati|a antipathy: *sympatie i ~e* likes and dislikes

antysemicki anti-Semitic

antyseptyczny antiseptic: *środek ~* an antiseptic

aparat 1 (*urządzenie*): *~ fotograficzny* a camera ◊ *~ cyfrowy* a digital camera ◊ *~ ortodontyczny* a brace ◊ *~ słuchowy* a hearing aid ◊ *~ telefoniczny* a telephone **2** (*polit.*) apparatus

apartament apartment,(*w hotelu*) suite

apaszka scarf [*lm* scarves]

apatia apathy | **apatyczny 1** apathetic **2** (*bez energii*) listless

apel 1 appeal **2** (*szk.*) assembly

apelacj|a appeal: *wnosić ~ę* appeal

apelować/za- appeal

apetyczny appetizing

apetyt appetite

apodyktyczny imperious, (*nieform.*) bossy

apostoł apostle

aprobata approval, (*powszechna*) endorsement

aprobować/za- ~ (*kogoś/coś*) approve (of sb/sth): *nie ~* (*kogoś/czegoś*) disapprove (of sb/sth)

apteka chemist's → DRUGSTORE

apteka-rz/rka chemist

arabski Arab: *język ~* arabic

aranżować/za- 1 arrange: *~ coś w tajemnicy* engineer sth **2** (*muz.*) arrange

arbiter judge, (*sport*) referee

arbitralny arbitrary

arbuz watermelon

architektura architecture

archiwum archive(s): *~ policyjne* police files

arcybiskup archbishop

arcydzieło masterpiece

aresztować/za- arrest: *~ kogoś za oszustwa/pod zarzutem morderstwa* arrest sb for deception/on a charge of murder

argumentować/u- argue

arkusz (*papieru, blachy*) sheet [IDM] *~ kalkulacyjny* spreadsheet

armata cannon

armia army

arogancki arrogant

artretyzm arthritis

artykuł 1 (*w gazecie itp.*) article: *~ wstępny* an editorial **2** (*rzecz*) item: *~y gospodarstwa domowego* (*zmywarki, żelazka, itp.*) domestic appliances ◊ *~y spożywcze* groceries ◊ *~ pierwszej potrzeby* a (basic) necessity

artyst-a/ka 1 artist **2** (*np. estradow-y/a*) performer

artystyczny artistic

arytmetyka arithmetic | **arytmetyczn|y** arithmetic(al): *zadanie ~e* a sum

as ace

asekuracja (*zabezpieczenie*) safety measures

asekurować/za- się take precautions

asortyment selection: *szeroki ~ słodyczy* a wide selection of sweets

aspekt (*strona czegoś; gram.*) aspect: *we wszystkich* (*jego*) *~ach* in every respect

aspiracj|a aspiration: *mieć ~e do czegoś* aspire to sth

aspołeczny antisocial

astma asthma | **astmaty-k/czka** asthmatic

astrologia astrology

astronomia astronomy | **astronomiczny** astronomical

asygnować/wy- allocate: *~ fundusze na służbę zdrowia* draw up a budget for the health service

asymilować/za- assimilate

asystent/ka assistant

atak 1 (*wojsk.*) *~* (*na kogoś/coś*) attack (on sb/sth), (*zwł. lotniczy*) strike: *~ z zasadzki* an ambush ◊ *przystępować do ~u* take the offensive **2** (*krytyka*) attack **3** (*sport*) attack, offense (*Am.*): *grać w ~u* play in attack **4** (*med.*) attack: *dostać ~u kaszlu/histerii* have a coughing attack/an attack of hysteria (*epilepsji itp.*) fit: *~ serca* a heart attack

atakować/za- attack

ateist-a/ka atheist

atlas satin: *suknia z ~u* a satin dress

atmosfer|a 1 (*środ.*) atmosphere **2** (*nastrój*) mood: *oczyścić ~ę* clear the air ◊ *~a pełna napięcia* a very tense atmosphere

atom atom | **atomowy** atomic

atrakcj|a attraction: *~e turystyczne* tourist attractions | **atrakcyjny** attractive

atrament ink

atrapa dummy: *~ samolotu* a model aeroplane

atut 1 (*karta*) trump **2** (*prze-waga*) trump card [IDM] *mieć wszystkie ~y w ręku* have everything going for you

audiowizualny audio-visual

audycja broadcast

aukcja auction

aula lecture theatre/-ter (*Am.*)

auspicj|e *pod ~ami kogoś/czegoś* under the auspices of sb/sth

autentyczny authentic

autobiografia autobiography

autobus bus: *jechać ~em* go by bus, get/take a bus ❶ Można też powiedzieć on the bus: *'How do you get to work?' 'On the bus.'* „Jak jeździsz do pracy?" „Autobusem." [IDM] **~ piętrowy** double-decker (bus)

autokar coach

automat (*wydający mydło, ręczniki papierowe itp.*) dispenser, (*z napojami itp.*) vending machine, (*na monety*) slot machine, (*telefoniczny*) payphone, (*do gry*) (arcade) games machine

automatyczn|y 1 automatic: *~a sekretarka* an answering machine **2** (*praca itp.*) mindless

automatyzować/z- automate

autoportret self-portrait

autor/ka author

autorytet authority

autostop: *jechać ~em* hitch-hike ❶ Hitchhike zwykle używa się, mówiąc o dalekiej podróży autostopem dla przyjemności. To samo znaczenie ma hitch, którego używa się również, mówiąc o krótkich przejazdach. Hitch można też użyć w formie cz. przechodniego: *I hitched a lift/ride to the nearest petrol station.* | **autostopowicz/ka** hitch-hiker

autostrada motorway, freeway (*Am.*)

awangarda avant-garde

awans promotion: *dostać ~* get a promotion

awansować 1 ~ kogoś promote sb **2** (*dostać awans*) be/get promoted

awantur|a 1 (*burda*) brawl, (*głośna kłotnia*) row: *wdać się z kimś w ~ę* have a row with sb **2** (*głośne wyrażanie dezaprobaty/gniewu*) fuss: *robić komuś ~ę (o coś)* kick up/make a fuss (about/over sth) **3** (*zamieszki*) disturbance

awanturniczy rowdy

awanturować się 1 (*robić burdę*) brawl, (*głośno się kłócić z kimś*) have a row **2** (*wyrażać dezaprobatę/gniew*) ~ (o coś) make a fuss (about sth)

awari|a breakdown: *usunąć ~ę* fix a breakdown | **awaryjn|y** (*w razie niebezpieczeństwa*) emergency, (*w zapasie*) standby: *lądowanie ~e* a crash-landing

azot nitrogen

azyl asylum: *udzielić komuś ~u politycznego* grant sb political asylum

aż spój. (*czas*): *~ do* until ▶ *partykuła* as many/much as: *~ 100 funtów* as much as 100 pounds ◊ *Nie jest ~ tak źle.* It isn't that bad. ◊ *~ do Londynu* as far as London ◊ *ręce ~ czarne od brudu* hands

black with dirt ◊ *~ miło popatrzeć* a sight for sore eyes ◊ *ugrzeczniony ~ do przesady* over-polite

Bb

baba 1 (*kobieta*) (old) bag **2** (*ciasto*) bun [IDM] **~ -jaga** witch | **~ z wozu, koniom lżej|** good riddance (to sb/sth) | **babski** [IDM] **~ wieczór** women's night

babcia grandma

babka grandmother

baczność attention: *stać na ~* stand at attention [IDM] **mieć się na ~ci (przed kimś/czymś)** beware (of sb/sth)

baczny 1 (*czujny*) watchful **2** (*uważny*) attentive

bać się ~ (*kogoś/czegoś*) be afraid (of sb/sth)

badacz/ka 1 (*naukowy*) researcher **2** (*odkrywca*) explorer

badać/z- 1 (*sprawdzić*) examine: *~ wzrokiem* scan **2** (*naukowo*) study **3** (*opinię*) canvass **4** (*krew itp.*) test **5** (*oskarżonego itp.*) interrogate | **badani|e 1** (*sprawdzenie*) examination **2** (*zwykle* ~a) (*naukowe*) research: *~a w terenie* fieldwork ◊ *~e rynku* market research **3** (*son-da*) survey: *~e opinii publicznej* a poll **4** (*krwi itp.*) test: *~e lekarskie* a check-up ◊ *~e ultrasonograficzne* an ultrasound scan

badawcz|y (*umysł*) inquiring: *prace ~e* research work

bagatelizować/z- belittle

bagaż baggage, luggage: *~ podręczny* hand luggage ◊ *półka na ~* a luggage rack | **bagażowy 1** rz. (*pracownik kolei*) porter **2** *przym.: wagon ~* luggage van, baggage car (*Am.*)

bagażnik 1 boot, trunk (*Am.*) **2** (*na dachu samochodu*) roof rack

bagno 1 marsh, (*torfowisko*) bog, (*bardzo mokre lub pokryte wodą*) swamp **2** (*moralne*) quagmire | **bagnisty** marshy, boggy

bajeczny 1 fabulous **2** (*bogactwo itp.*) untold

bajka 1 fairy tale, (*Ezopa itp.*) fable **2** (*bzdura*) nonsense

bajt byte

bak tank

baki sideboards

bakłażan aubergine, eggplant (*Am.*)

bakteria: ~e bacteria ❶ Formy lp
bacterium rzadko się używa.

bal 1 (*zabawa*) ball **2** (*kawał drewna*)
log

balet ballet

baletnica ballet dancer

balkon balcony

balon balloon [IDM] **robić z kogoś ~a**
make a fool of sb

balustrada 1 (*na schodach*) banister
2 (*na balkonie, moście itp.*) balustrade

bałagan mess: *narobić ~u (w czymś)*
make a mess (of sth)

bałaganić/na- mess sth up

bałwan 1 (*śniegowy*) snowman [lm
-men] **2** (*osoba*) twit

bambus bamboo

banalny banal I **banał** banality

banan banana

banda gang

bandaż bandage: *założyć ~ na ranę* put
a bandage on a wound

bandażować/za- bandage

bandyta bandit

banicj|a exile: *skazywać na ~ę* send sb
into exile

bank bank [IDM] **~ danych** databank I **~
krwi** blood bank I **jak w ~u** for sure

bankier banker

bankiet banquet: *urządzić ~* hold a
banquet

banknot (bank)note, bill (*Am.*)

bankomat cash machine, ATM (*Am.*)

bankowiec banker

bankowość banking

bankructw|o bankruptcy:
doprowadzać kogoś/coś do ~a bankrupt
sb/sth ◊ *Ogłoszono jego ~o.* He's
been declared bankrupt.

bankrutować/z- go bankrupt

bańka 1 (*blaszana*) can, tin → PUSZKA
2 (*mydlana*) bubble **3** (*med.*) cupping
glass

bar bar, (*restauracja*) fast-food
restaurant, (*mleczny*) cheap self-service
restaurant: *~ szybkiej obsługi* a snack
bar

baran 1 ram **2** (**B~**) (*znak zodiaku*)
Aries **3** (*osoba*) dope [IDM] **nosić kogoś
na ~a** give sb a piggyback

baranina mutton

barbarzyński barbaric

bardzo (*z przym. i przysł.*) very,
(*nieform.*) really, (*z cz.*) very much,
(*nieform.*) a lot: *B~ chcę.* I very much/
really want to. ◊ *za ~* too much ◊ *~
dużo ludzi* a lot of/many people ◊ *~
dużo wody* a lot of water I **bardziej** more:

coraz ~ more and more ◊ *a tym ~(, że)*
(all) the more so (because)

bariera 1 (*przeszkoda; przen.*) barrier
2 (*poręcz*) handrail

bark shoulder: *być szerokim w ~ach*
have broad shoulders [IDM] **brać coś na
swoje ~i** take on a responsibility I
składać coś na czyjeś ~i burden sb with
sth

barka barge

barometr barometer

barwa colour, -lor (*Am.*)

barwić/za- dye: *~ coś na czerwono* dye
sth red

barwnik dye, (*zwł. w żywności*)
colouring, -lor- (*Am.*)

barwny 1 colourful, -lor- (*Am.*)
2 (*fotografia itp.*) colour, -lor (*Am.*)
3 (*opis itp.*) vivid

bas bass

basen 1 (*pływacki*) swimming pool
2 (*portowy*) dock **3** (*geogr.*) basin
4 (*med.*) bedpan

baszta tower

baśń fairy tale

bat whip

bateria battery

baton (*czekoladowy*) bar

batuta baton

bawełn|a cotton: *ręcznik z ~y* a cotton
towel

bawić 1 (*zajmować kogoś*) entertain
2 (*rozśmieszyć kogoś*) amuse ■ **bawić
się 1** have fun: *dobrze się ~* have a good
time **2** (*dziecko*) play: *~ się lalką* play
with a doll **3** (*zajmować się niezbyt
poważnie*) *~ się w coś* dabble in/with
sth: *nie ~ się w szczegóły* not waste any
time over the details

bawół buffalo [lm buffalo]

baz|a 1 base: *zakładać ~ę* establish a
base ◊ *~a lotnicza* an airbase ◊ *~a
wyrzutni rakietowej* a launch pad ◊ *~a
danych* a database **2** (*podstawa*) basis
[lm bases]

bazar market, (*wschodni*) bazaar

bazgrać/na- scribble

bazylia basil

bażant pheasant

bąbel|el 1 bubble **2** (*na skórze*) blister:
pokrywać (się) ~lami be covered in
blisters

bądź partykuła: *~ co ~* at any rate
◊ *zrobić coś jak ~* do sth any old how
◊ *przekąsić co ~* eat anything you can
find ▶ *spój.* or

bąk 1 (*zabawka*) top **2** (*zool.*)
bumblebee [IDM] **zbijać ~i** laze about/
around

bąk-ać/nąć mutter
beczeć/za-/beknąć 1 (owca, koza)
bleat **2** (osoba) cry
beczka barrel [IDM] ~ **bez dna**
bottomless pit
bek-ać/nąć burp, (głośno) belch
bekon bacon
beletrystyka fiction
belka beam: ~ główna a girder
bełkot mumbling
bełkotać mumble
bemol flat
benzyna petrol, gas(oline) (Am.)
bestia 1 (zwierzę) beast **2** (osoba)
brute | **bestialski** savage
besztać/z- ~ kogoś (za coś) scold sb (for
(doing) sth)
beton concrete
bez spój. without ► rz. **1** (bot.) lilac
2 (czarny ~) elder: owoc czarnego bzu
an elderberry
bezalkoholowy non-alcoholic: napój ~
a soft drink
bezbarwny (i przen.) colourless,
-lor- (Am.)
bezbronny defenceless, -fense- (Am.)
bezcelowy (bez celu) aimless, (bez
sensu) pointless
bezcenny priceless
bezchmurny cloudless
bezcłowy duty-free
bezczelny cheeky, (form.) impudent
bezczynny idle
bezden|ny 1 (dziura) bottomless
2 (niezmierny) abysmal: ~a głupota
incredible stupidity
bezdomny homeless
bezduszny heartless
bezdzietny childless
bezgraniczny 1 (rozległy) endless
2 (niezmierny, np. miłość) boundless
bezimienny (ofiarodawca, utwór itp.)
anonymous, (grób) unmarked
bezinteresowny disinterested
bezkofeinowy decaffeinated
bezkompromisowy uncompromising
bezkręgowiec invertebrate
bezkrwawy bloodless
bezkształtny shapeless
bezlitosny merciless
bezludny uninhabited
bezład|ny chaotic, (myśli, wypowiedź
itp.) incoherent
bezmierny immense
bezmyśln|y 1 (osoba) thoughtless
2 (czyn) mindless **3** (spojrzenie itp.)
vacant

beznadziejny hopeless
beznamiętny impassive
bezokolicznik infinitive
bezołowiowy unleaded
bezosobowy impersonal
bezowocny (bezskuteczny) fruitless,
(daremny) futile
bezpestkowy seedless
bezpieczeństw|o (zabezpieczenie
przed pożarem/wypadkiem) safety,
(państwa itp.) security: zawór ~a a
safety valve ◇ poczucie ~a a sense of
security ◇ stać na straży ~a keep guard
[IDM] służby ~a the secret service | ~o i
higiena pracy health and safety
bezpiecznik (elektr.) fuse
bezpiczn|y (od pożaru/wypadku itp.)
safe, (pieniądze itp., poczucie) secure:
Czuję się tu ~y. I feel safe here.
◇ Odsunął się na ~ą odległość. He
withdrew to a safe distance. ◇ ~e
schronienie a safe haven ◇ ~a dzielnica
a safe part (of a city/town) ◇ ~e
połączenie (w Internecie) a secure site
bezpłatny free
bezpłodność infertility
bezpłodny infertile
bezpodstawn|y groundless
bezpośredni 1 direct **2** (otoczenie itp.)
immediate
bezpośrednio 1 directly: polecieć ~ do
Sydney fly direct to Sydney **2** (w czasie)
immediately: ~ po lekcji straight after
the lesson **3** (transmitować) live
4 (mówić) candidly **5** (doświadczać)
first-hand
bezprawny illegal
bezpretensjonalny unassuming
bezprocentowy interest-free
bezradny helpless
bezrobocie unemployment
bezrobotny przym. unemployed ► rz.
(osoba) unemployed person [IDM]
zasiłek dla ~ch unemployment benefit,
(nieform.) dole
bezsenność insomnia: osoba cierpiąca
na ~ an insomniac
bezsenny sleepless
bezsensowny (postępowanie)
senseless, (myśli itp.) nonsensical
bezsilny powerless, (złość) helpless
bezskuteczny (daremny)
unsuccessful, (bezowocny) ineffective
bezsporny unquestionable
bezsprzeczny unquestionable
bezstronność impartiality
bezstronny impartial
beztrosk|i 1 (pogodny) carefree
2 (nieprzejmujący się) careless

bezustanny continual

bezużyteczny useless

bezwartościowy worthless

bezwarunkow|y unconditional: *~a kapitulacja* (an) unconditional surrender

bezwietrzny calm

bezwładny numb

bezwstydny shameless

bezwzględn|y 1 (*osoba, postępowanie*) ruthless **2** (*większość głosów itp.*) absolute **3** (*zaufanie*) implicit

bezzwłoczny prompt

beżowy beige

bęb|en 1 (*muz.*) drum **2** (*do nawijania*) reel, spool (*Am. zwykle*) | **bębenek 1** (*w uchu*) ear-drum

bękart bastard

białaczka leukaemia, -kemia (*Am.*)

białawy off-white

białko protein, (*oka; jajka*) white

biał|y white: *kolor ~y* white |IDM| do *~ego dnia* till daybreak | **doprowadzić kogoś do ~ej gorączki** make sb mad | *w ~y dzień* in broad daylight

bibelot ornament

Biblia bible | **biblijny** biblical

biblioteka library

biblioteka-rz/rka librarian

bibuła 1 (*do ozdób*) tissue (paper) **2** (*do atramentu*) blotting paper

bicie 1 (*osoby*) beating **2** (*rytm*) beat: *~ serca* a heartbeat **3** (*dzwonów*) peal

bicz whip

bić 1 *~ kogoś* beat sb (up) **2** (*deszcz, wiatr itp.*) beat **3** (*monetę*) mint **4** (*rekord*) break **5** (*dzwon, zegar*) chime, (*licznik*) tick over **6** (*serce*) beat **7** (*woda*) gush, (*dym*) belch, (*ogień*) blaze |IDM| *~ od kogoś: Bije od niej pewność siebie.* She oozes confidence. | *~ w oczy* jump out at you | **nie być w ciemię bity** have your wits about you ■ **bić się** fight

biec/biegnąć 1 (*prowadzić; przesuwać się; znajdować się*) run: *~ za kimś/ czymś* run after sb/sth ◊ *Chmury biegną po niebie.* Clouds are racing across the sky. **2** (*czas*) fly (past)

bied|a 1 poverty **2** (*kłopot*) trouble |IDM| **od ~y** for lack of anything better | **pół ~y**: *To pół ~y.* It's not that bad. | **stara ~a** the same old thing

biedaczysko poor devil

bieda-k/czka wretch

biedn|y poor: *~i* the poor

biedronka ladybird, ladybug (*Am.*)

bieg 1 run, (*w wyścigu*) race, (*dla zdrowia*) jog, (*lekkoatletyczny*) track event, (*przez płotki*) hurdles **2** (*historii itp.*) course: *w ~u historii* in the course of history ◊ *nieoczekiwany ~ wydarzeń* an unexpected sequence of events **3** (*auta*) gear: *~ wsteczny* reverse ◊ *~ jałowy* neutral ◊ *na ~u* in gear ◊ *wrzucić pierwszy ~* change into first gear ◊ *wyłączyć czwarty ~* change down from fourth gear ◊ *przerzucać ~i* change gears

biegacz/ka runner

biegać (*uprawiać biegi dla zdrowia*) jog → BIEC

bieganina bustle

biegły *przym.* **1** (*w czymś*) proficient **2** (*w języku*) fluent | **biegł-y/a** *rz.* (*znawca*) expert

biegun pole

biegunka diarrhoea, -rrhea (*Am.*)

biel white

bielizna 1 (*osobista*) underwear, (*ocieplana*) thermals **3** (*pościelowa, stołowa*) linen

bierny passive: *strona ~a* the passive voice

bierzmować confirm

bież|ący 1 current **2** (*woda*) running | *bieżąco: być na ~* be up to date

bieżnik 1 (*opony*) tread **2** (*serwetka*) table runner

bijatyka brawl, *~ocoś* tussle for/over sth

bilans balance: *~ płatniczy* the balance of payments | **bilansow|y**: *zestawienie ~e* a balance sheet

bilansować/z- się balance

bilet ticket: *~ do teatru* a theatre ticket ◊ *~ w jedną stronę* a single ◊ *~ powrotny* a return ◊ *~ ulgowy* a concession

biochemia biochemistry

biodro hip

biografia biography | **biograficzny** biographical

biologia biology | **biologiczny** biological

biskup bishop

biszkopt sponge cake

bitw|a battle: *pole ~y* a battleground ◊ *~a pod Grunwaldem* the Battle of Grunwald

biuletyn bulletin

biurko desk

biuro office |IDM| *~ bukmacherskie* bookmaker's | *~ podróży* travel agency | *~ pośrednictwa pracy* employment agency

biurokratyczny bureaucratic

biurowiec office block/(*Am.*) building

biustonosz bra

biwakować camp
biznes business
biznesmen businessman [*lm* -men]
biżuteria jewellery, -welry (*Am.*)
blach|a 1 (*techn.*) sheet metal
2 (*naczynie do pieczenia*) baking tray
[IDM] **~a falista** corrugated iron **l wykuć coś na ~ę** learn sth very well
blad|y pale: *~y jak ściana/płótno* as white as a sheet [IDM] **~y świt** the crack of dawn **l nie mieć ~ego pojęcia** not have the faintest idea
blaknąć/wy- fade
blask (*jasność*) brightness: *oślepiający ~ glare* ◇ ~ *księżyca* moonlight ◇ ~ *ognia* fire-light ◇ ~ *klejnotu* the glitter of sth
blaszany tin
blat (*kuchenny*) worktop, counter (*Am.*), (*biurka*) desktop
blednąć/z- go pale
blisk|i *przym.* **1** (*w przestrzeni*) close, near: *z ~a* close up **2** (*w czasie*) near: *~a przyszłość* the near future **3** (*zaprzyjaźniony*) close: *~i przyjaciel* a close friend ◇ *~i krewny* a close/near relative/relation **4** (*zbliżony do*): *Jest ~i ideału.* He's almost perfect. ◇ *Była ~a zakochania się.* She was close to falling in love. ▶ *rz.* relative **l blisko** *przysł.* **1** (*niedaleko w przestrzeni*) close (by), near(by) **2** (*niedaleko w czasie*) near: *Wakacje są już ~.* It's not long till the holidays. **3** (*znać kogoś itp.*) intimately **4** (*niedaleko osiągnięcia czegoś*): *być ~ ukończenia projektu* be on the verge of completing the project **5** (*prawie*) near to: ~ *sto osób* almost a hundred people **l blisko** *przyim.* near (to), close to: *Mieszka ~ kościoła.* He lives near (to)/not far from the church. ◇ *Siedział ~ mnie.* He sat near (to)/close to me.
blizn|a scar: *~y po ospie* smallpox scars
bliźniaczy twin
bliźnia|k/czka 1 (*osoba*) twin: *~ki jednojajowe* identical twins ◇ *~ki dwujajowe* fraternal twins **2** (**Bliźnięta**) (*znak zodiaku*) Gemini **3** (*bliźniak*) (*dom*) semi(-detached house)
blok 1 (*budynek*) block (of flats), apartment building (*Am.*) **2** (*papieru*) pad **3** (*grupa*) bloc **4** (*kawał skały*) block
blokować/za- 1 block (sth off) **2** (*sport*) tackle
bluza (*sportowa*) sweatshirt, (*mundurowa*) tunic
bluzka blouse
bluźnić blaspheme **l bluźnierczy** blasphemous

błagać ~ (kogoś) (o coś) beg sb (for sth); (sth) (of/from sb)
błahy trivial
błazen clown
błąd mistake, error, (*drobny*) slip, (*w myśleniu itp.*) flaw, (*drukarski*) misprint: *być w błędzie* be mistaken ◇ *popełniać ~* make a mistake ◇ *wprowadzać kogoś w ~* mislead sb ◇ *wyprowadzać kogoś z błędu* put sb right ◇ *przyłapać kogoś na błędzie* trip sb up
błąkać się ~ (po czymś) wander around/about/across etc. (sth)
błędn|y 1 (*odpowiedź itp.*) wrong, (*pogląd itp.*) false, (*argument, myślenie*) flawed: *~e pojęcie* a misconception ◇ *~e przekonanie* a fallacy **2** (*wzrok itp.*) vague [IDM] **~e koło** a vicious circle
błękitny blue
błogi blissful
błogosławić/po- 1 (*relig.*) bless **2** (*wyrażać wdzięczność*) **~ kogoś za coś** be grateful to sb for sth **l błogosławieństwo** blessing
błona 1 membrane: *~ bębenkowa* an eardrum **2** (*filmowa itp.*) film
błonica diphtheria
błonnik fibre, -ber (*Am.*)
błotnik (*samochodowy*) wing, fender (*Am.*), (*roweru*) mudguard
błotnisty muddy
błoto mud
błys-kać/nąć 1 flash **2** (*przen.*): *Błysnął dowcipem.* He shone with his quick wit.
błyskawica flash (of lightning) [IDM] **(szybko) jak ~** (as) quick as a flash
błyskawiczny 1 (*szybki*) lightning **2** (*potrawa*) instant **3** (*odpowiedź itp.*) prompt
błyskotliwy 1 (*dowcip itp.*) witty, (*umysł*) brilliant **2** (*kariera, przedstawienie itp.*) glittering
błyszczeć 1 shine, (*coś mokrego*) glisten, (*oczy, gwiazda*) twinkle, (*klejnot*) glitter **2** (*w nauce itp.*) shine
bochenek loaf [*lm* loaves]
bocian stork
bocz|ek (*mięso*) bacon: *jajka na ~ku* eggs and bacon
boczn|y side: *~a droga/ulica* a side road/street ◇ *~y tor* a siding [IDM] **odstawić kogoś/coś na ~y tor** pay no/little attention to sb/sth
bodziec stimulus, (*zachęta*) incentive
bogacić make sb rich ■ **bogacić się** get rich
bogactw|o 1 (*dobrobyt*) wealth, (*drogocenne przedmioty*) treasures

2 (*obfitość*) richness **3** : ~*a naturalne* natural resources

bogaty rich

bohater/ka hero, (~**ka**) heroine, (*powieści itp.*) the main character

boisko (*szk.*) playing field, (*do piłki nożnej*) pitch

bojaźliwy fearful

bojowni-k/czka fighter

bojowy militant

bok (*osoby, rzeczy*) side, (*zwierzęcia*) flank: *na* ~ sideways ◊ *iść* ~*iem* sidle [IDM] **odkładać coś na** ~ put sth aside I **stać z** ~**u** stand on the sidelines I **wyłazić** ~**iem komuś** be sick of sb/sth

boks boxing

bokser/ka boxer

boleć/za- **1** (*zwł. od rany*) hurt, (*zwł. muskuły, głowa, oczy, uszy, żołądek*) ache: *Boli mnie ząb.* I've got toothache. ◊ *Co cię boli?* Where does it hurt? **2** (*żałować*) ~ **nad kimś/czymś** deplore sb/sth

bolesny 1 (*plecy itp.*) painful, (*zwł. z powodu zakażenia lub zmęczonych mięśni*) sore **2** (*uwaga itp.*) hurtful

bomba 1 bomb: ~ *atomowa* an atomic bomb ◊ ~*pułapka* a booby trap **2** (*sensacyjna wiadomość*) bombshell, (*reporterska itp.*) scoop: *i* ~ *pękła* and then he dropped the bombshell [IDM] **ale** ~**!** cool!

bombardować/z- **1** bomb **2** (*śnieżkami itp.*) bombard

bombka (*na choinkę*) bauble

bombonierka chocolate box

bon 1 voucher, (*książkowy itp.*) token **2** (*fin.*) bond

borówka: ~ *amerykańska* a blueberry ◊ ~ *brusznica* a cranberry ◊ ~ *czarna* a bilberry

borsuk badger

boski divine

boso barefoot

botaniczny botanical

botanika botany

botek (woman's) boot

Boże Narodzenie Christmas

bożnica synagogue

boży divine

bób broad beans: *fasolka bobu* a broad bean

bóbr beaver

bóg god: *Pan B~* God/Lord ◊ *Boże!* (My) God! ◊ *Broń Boże!* God/Heaven forbid! ◊ *dzięki Bogu* thank God/heavens!

bójka fight

ból 1 ache, pain: ~ *gardła* a sore throat ◊ ~ *głowy* a headache ◊ ~ *ucha* (an) earache ◊ ~ *zęba* (a) toothache ◊ ~ *żołądka* (a) stomach ache **2** (*psychiczny*) suffering, (*po rozstaniu*) wrench

brać/wziąć 1 take: ~ *lekarstwo* take medicine ◊ ~ *kogoś w ramiona* take sb in your arms ◊ ~ *kogoś na przedstawienie* take sb to a performance ◊ ~ *kredyt* get credit **2** (*kąpiel itp.*) take, have **3** (*choroba*) ~ **kogoś:** *Grypa ją bierze.* She's going down with the flu. [IDM] ~ **coś do siebie** take sth personally I ~ **coś na siebie** take sth on I ~ **kogoś/coś za kogoś/coś** mistake sb/sth for sb/sth ■ **brać/wziąć się** ~ **się do czegoś** set about doing sth, ~ **się za coś** take sth up, ~ **się do kogoś/czegoś** crack down on sb/sth [IDM] ~ **się w garść** pull yourself together

brak 1 (*niedostatek*) lack: *z* ~*u czegoś* through lack of sth **2** (*nieobecność*) absence **3** (*wada*) flaw **4** (*towar*) defective item **5** (*w znajomości czegoś*) gap

brak-ować/nąć lack: *Brakuje mi pieniędzy.* I haven't got enough money. ◊ *Bardzo mi ciebie brakuje.* I miss you a lot. ◊ *Tylko tego brakowało.* That's all we needed!

brama gate: ~ *wjazdowa* a gateway ◊ ~ *do ogrodu* a garden gate

bramka-rz/rka goalkeeper

bransolet(k)a (*obręcz*) bangle, (*łańcuszek itp.*) bracelet

branża industry, (*biznesu*) line I **branżowy** trade

brat brother: ~ *cioteczny/stryjeczny* a cousin

bratanek nephew

bratanica niece

braterski brotherly

braterstwo brotherhood

bratowa sister-in-law

braw|o bravo: ~*a* applause ◊ *bić* ~*o* applaud

brąz 1 (*kolor*) brown **2** (*metal*) bronze I **brązowy 1** (*kolor*) brown **2** (*zrobiony z brązu*) bronze

brązowieć/z- (turn) brown

bredzić 1 (*w gorączce itp.*) be delirious **2** (*mówić bzdury*) talk rubbish

brew eyebrow: *marszczyć brwi* frown

brnąć 1 (*w błocie itp.*) wade through sth **2** (*przen.*): ~ *w długi* be up to your neck in debt ◊ ~ *w kłamstwa* be caught in a web of lies

broda 1 (*włosy*) beard **2** (*anat.*) chin I **brodaty** bearded I **bródka**: *kozia ~ a* goatee

brodzić wade, (*boso w wodzie*) paddle, wade (*Am.*): *~ po wodzie/trawie* wade through water/grass

brokuł broccoli

bronić/o- 1 (*odpierać atak*) **~ kogoś/ coś (przed kimś/czymś)** defend sb/sth (from/against sb/sth) **2** (*osłaniać; chronić przed czymś*) protect **3** (*prawn.*) defend **4** (*bramkę itp.*) save [IDM] **broń Boże!** God forbid! ∎ **bronić/o- się (przed kimś/czymś)** defend yourself

broń weapon [C], (*form.*) arms *[lm]: ~ jądrowa* nuclear weapons ◊ *~ palna* firearms ◊ *~ chemiczna/biologiczna* chemical/biological weapons

brosz(k)a brooch, pin (*Am. zwykle*)

browar brewery

brud 1 (*błoto itp.*) dirt **2** (*~y*) (*śmieci*) rubbish, garbage (*Am.*), (*brudne ubrania*) dirty clothes [IDM] **prać swoje ~y publicznie** wash your dirty linen in public

bruderszaft [IDM] **wypić z kimś ~** drink to the agreement to be on first-name terms with sb

brudny 1 (*nieczysty*) dirty **2** (*kolor*) murky **3** (*nieprzyzwoity; nieuczciwy*) dirty

brudzić/po/u/za- make sth dirty ∎ **brudzić się** get dirty: *~ farbą* get paint on yourself

brukselka Brussels sprout

brutalny brutal

brutto gross: *zysk ~* gross profit

bruzda 1 (*w ziemi*) furrow **2** (*na twarzy*) wrinkle: *pokryty ~mi* wrinkled

brylant diamond

bryła 1 (*lodu itp.*) block, (*węgla, sera itp.*) lump **2** (*fiz.; mat.*) solid

bryz-gać/nąć splash: *~ wodą na kogoś* splash water on sb

brzask daybreak

brzeg 1 (*skraj*) edge, (*czegoś okrągłego*) rim, (*filiżanki itp.*) lip: *napełnić szklankę po ~i* fill the glass to the brim (*strony*) margin **2** (*morza*) coast, (*zwł. piaszczysty/kamienisty*) (sea)shore, (*rzeki, kanału*) bank, (*jeziora*) shore: *na ~ ashore*

brzemienn|y 1 (*~a*) pregnant **2** : *~y w skutki* with far-reaching consequences

brzęczeć/za- (*ciężki metal*) clang, (*klucze, łańcuch itp.*) jingle, (*szkło*) clink, (*naczynia*) clatter, (*dzwonek itp.*) tinkle, (*pszczoła itp.*) buzz, (*struna*) twang

brzęczyk buzzer

brzmieć/za- 1 sound: *To brzmi śmiesznie.* It sounds funny. ◊ *Jak brzmi nazwa stolicy Polski?* What is the capital of Poland? **2** (*dzwon itp.*) ring: *Piosenka brzmiała w oddali.* A song could be heard in the distance.

brzoskwinia peach

brzoza birch

brzuch (*zwł. to, co jest w środku*) stomach, (*zwł. to, co jest na zewnątrz*) belly

brzydki 1 ugly **2** (*czyn*) nasty **3** (*słowo*) obscene

brzytwa razor

buch-ać/nąć 1 (*dym itp.*) belch, (*płomień*) blaze **2** (*ukraść*) nick

buczeć/za- 1 (*owad*) hum **2** (*syrena alarmowa*) wail **3** (*płakać*) bawl

buda 1 shed: *psia ~ a* kennel **2** (*samochodu itp.*) hood **3** (*szkoła*) school

budka kiosk [IDM] **~ telefoniczna** (tele)phone box (*Br.*)

budow|a 1 (*budowanie*) construction: *plac ~y* a building site ◊ *w ~ie* under construction **2** (*struktura*) structure **3** (*ciała*) build

budować/z- 1 (*dom*) build **2** (*maszynę itp.*) construct

budowla building

budownictwo building

budyn|ek building: *w/do ~ku* indoors

budzić/o- 1 ~ kogoś wake sb (up) **2** (*wzbudzić*) arouse: *~ na nowo* (*np. zainteresowanie*) revive sth ◊ *~ wstręt* repel ◊ *~ pożądanie* awaken a desire ∎ **budzić/o- się** wake (up)

budzik alarm (clock)

budżet budget

bufet 1 (*na dworcu itp.*) snack bar, (*kawiarnia*) cafe, (*w teatrze itp.*) bar **2** (*lada w restauracji itp.*) counter, (*gdzie sprzedaje się alkohol*) bar **3** (*szwedzki stół*) buffet

buja-ć 1 (*kołysać*) swing **2** (*po świecie itp.*) knock about/around **3** (*kłamać*) fib [IDM] **~ w obłokach** daydream ∎ **bujać się** swing

bujn|y 1 (*roślina*) lush **2** (*przeszłość itp.*) colourful, -lor- (*Am.*)

bukiet bunch

bukmacher bookmaker I **bukmacherski**: *punkt ~ a* bookmaker's

bulgotać/za- gurgle

bułka roll, (*słodka*) bun: *~ z serem a* cheese roll ◊ *~ tarta* breadcrumbs

bunt rebellion

buntować/z- się ~ przeciwko komuś/ czemuś rebel against sb/sth

buntownik rebel

burak beet: ~ *cukrowy* sugar beet ◊ ~ *ćwikłowy* (a) beetroot

burczeć/za- 1 : *Burczy mi w brzuchu z głodu.* I'm so hungry my stomach's rumbling. 2 (*gderać*) grumble

burdel 1 brothel, bordello (*zwł. Am.*) 2 (*przen.*) mess

burmistrz mayor, (*kobieta*) mayoress

bursztyn amber

burta (*żegl.*): *lewa* ~ port ◊ *prawa* ~ starboard

burz|a 1 storm, (*z piorunami*) thunderstorm, (*śniegowa*) snowstorm 2 (*protestów itp.*) storm |IDM| **~a mózgów** brainstorming (session) | **wywołać ~ę** stir up a hornet's nest

burzliwy (*i przen.*) stormy

burzyć/z- 1 (*budynek itp.*) tear sth down 2 (*spokój itp.*) destroy 3 (*włosy itp.*) ruffle |IDM| **~ komuś/w kimś krew** stir sb up

but (*półbut*) shoe, (*botek*) boot, (*sportowy*) trainer, sneaker (*Am.*)

butelka bottle: ~ *na mleko* a milk bottle ◊ ~ *mleka* a bottle of milk

być 1 (*znajdować się, przebywać*) be: *Czy są jabłka?* Are there any apples? ◊ *Nie było już biletów.* There weren't any tickets left. 2 (*słowo posiłkowe*): *Jest inżynierem.* He's an engineer. ◊ *I to ma ~ obiad?* Is that supposed to be lunch? |IDM| **tak jest!** that/this is it! | **co ci itp. jest?** what's the matter with you, etc.?

bydło cattle: ~ *mleczne* dairy cattle

byk 1 bull 2 (**B~**) (*znak zodiaku*) Taurus 3 (*błąd*) mistake: *strzelić ~a* make a mistake

byle any (old): ~ *co* any old thing ◊ ~ *gdzie* anywhere ◊ ~ *kiedy* any time ◊ ~ *jak* any old how

były former, (*mąż itp.*) ex-

bynajmniej: „*Czy ten dom jest rzeczywiście taki ładny?*" „*Bynajmniej.*" 'Is the house really that attractive?' 'Far from it.'

bystry 1 (*osoba*) bright: ~ *umysł* wit ◊ *o ~m umyśle* quick-thinking 2 (*potok*) fast-flowing 3 (*wzrok*) sharp

byt 1 (*istnienie*) existence 2 (*warunki życia*) living: *zapewnić komuś* ~ provide for sb

bzdur|a 1 (*nonsens*) (~a/y) nonsense 2 (*błahostka*) trivial matters

bzyczeć/za- buzz

Cc

b
c

całkiem 1 (*zupełnie*) completely: *Wyglądasz całkiem nieźle.* You look absolutely fine. 2 (*dość*) quite

całkowicie 1 (*zupełnie*) absolutely, completely 2 (*całoś-ciowo*) entirely

całkowity complete

całodzienn|y daylong: ~*a wycieczka* a day trip ◊ *pobyt z ~ym wyżywieniem* full board ◊ ~*y zarobek* a day's wages

całoś|ć whole |IDM| **iść na ~ć** go the whole hog | **w ~ci** entirely

całować/po- (się) kiss

cał|y 1 whole, all: *sprzątnąć ~y bałagan* clean the whole mess up ◊ ~*y przemoczony* all wet ◊ ~*y czas* all the time/the whole time ◊ ~*ymi dniami* for days on end 2 (*osoba*) safe: ~*y i zdrowy* safe and sound |IDM| **na ~ego**: *bawić się na ~ego* enjoy yourself to the full ◊ *Impreza już szła na ~ego.* The party was in full swing. | **~e szczęście** thank goodness

cebula onion

cecha characteristic: ~ *charakteru* a character trait

cedzić/prze- 1 strain 2 (*mówić*): ~ *słowa* drawl

cegła brick

cel 1 aim, goal: *bez ~u* aimlessly ◊ *w ~u zrobienia czegoś* (in order) to do sth ◊ *stawiać sobie jakiś* ~ set out to do sth ◊ *szlachetny* ~ a noble aim 2 (*podróży*) destination 3 (*krytyki, ataku itp.*) target |IDM| **~ uświęca środki** the end justifies the means

celiba|t celibacy: *żyć w ~cie* be celibate

celnik customs officer

celn|y 1 (*strzał itp.*) accurate 2 (*uwaga itp.*) apt 3 (*urzędu celnego*) customs: *odprawa ~a* customs

celować/wy- 1 aim 2 ~ *w czymś* excel in sth

celowy intentional

celujący (*stopień w szkole*) A, (*na uniwersytecie itp.*) distinction

cen|a price, cost: ~*a biletu autobusowego* a bus fare ◊ ~*a detaliczna* the retail price ◊ ~*a minimalna* the bottom line ◊ ~*a własna* (the) cost price ◊ *za* (*wysoką*)

~ę at a price ❶ Cost używa się, mówiąc o płaceniu za usługi, lub ogólnie o cenach, bez wymieniania kwoty: *The cost of electricity is going up.* ◊ *the cost of living.* Price oznacza ilość pieniędzy, jaką należy zapłacić, aby coś kupić. [IDM] **za wszelką ~ę** at all costs

cenić ~ **kogoś za coś** value sb for sth

cennik price list

cenny valuable

centrala 1 : ~ *telefoniczna* a switchboard **2** *(organizacji)* headquarters

centraln|y central: *~e ogrzewanie* central heating ◊ *~e biuro* the head office

centrum 1 centre, -ter (*Am.*): ~ *miasta* the town/city centre ◊ ~ *handlowe* a shopping centre **2** *(uwagi itp.)* focus

cenzurować/o- censor

cera complexion: *krem do suchej/tłustej ~y* (a) cream for dry/oily skin

cesarski imperial: *cięcie ~e* a Caesarean (section)

cesarstwo empire

cesarz emperor | **cesarzowa** empress

cham *(nieokrzesany)* yob

chaotyczny chaotic

charakte|r character: *~r pisma* handwriting [IDM] **człowiek bez ~ru** person with a weak character | **człowiek z ~rem** person with a strong character

charakterystyczny ~ **(dla kogoś/czegoś)** characteristic (of sb/sth)

charakteryzować/s- 1 *(być główną cechą)* characterize **2** *(opisać)* describe **3** *(zmieniać wygląd)* make sb up

chart greyhound

charytatywn|y charitable: *organizacja ~a* a charity

chata hut

chcieć 1 want **2 (chciałbym)** *(tryb przypuszczający: mieć ochotę)*: *chciałbym wiedzieć* I'd like to know [IDM] **chcąc nie chcąc** willy-nilly | **niech się dzieje, co chce** come what may | **pech itp. chciał** as fate would have it

■ **chcieć się**: *Chce mi się jeść/pić/spać.* I'm hungry/thirsty/sleepy. ◊ *Nie chce mi się iść do szkoły.* I don't feel like going to school. ◊ *Nie chce mi się wierzyć!* I don't believe it!

chciwy greedy

chełpić się ~ **(czymś) (przed kimś)** boast (about sth) (to sb)

chemia chemistry

chemiczn|y chemical: *substancja ~a* a chemical ◊ *skład ~y czegoś* the chemical make-up of sth

chę|ć willingness: *mieć ~ć porozmawiać/na lody* feel like talking/an ice cream ◊ *dobre ~ci* good intentions

chętnie willingly: *C~ ci pomogę.* I'd be glad to help you. ◊ *C~ spróbuję tego ciasta.* I'd love to try some of that cake. ◊ *C~ obejrzę ten film.* I'd like to see that film.

chętny willing: ~ *do pomocy* willing to help

chichotać/za- chuckle, *(głupio)* giggle, *(złośliwie)* snigger

chirurg surgeon

chirurgia surgery: ~ *plastyczna* plastic surgery

chirurgiczny surgical: *zabieg* ~ surgery

chlapać splash

chleb bread: ~ *razowy* wholemeal bread

chlubny glorious

chlus-tać/nąć gush

chłodny cool

chłodziarka fridge, *(form.; US)* refrigerator

chłodzić/o/s- cool, *(wino itp.)* chill

■ **chłodzić się** cool (yourself): *Chłodziła się, wachlując chusteczką.* She fanned herself with her handkerchief to cool down. ◊ *Wino chłodzi się w lodówce.* The wine is chilling in the fridge.

chłonny 1 *(wchłaniający ciecz)* absorbent **2** *(umysł)* receptive

chłop 1 peasant **2** *(facet)* guy

chłopak 1 guy **2** *(sympatia)* boyfriend

chłopiec boy

chłopski peasant [IDM] ~ **rozum** common sense

chłód 1 *(zimno)* cold **2** *(brak życzliwości)* coldness

chmura cloud

chociaż *spój.* (al)though ▶ *partykuła (przynajmniej)* at least

choćby even if

chodnik 1 *(dla pieszych)* pavement, sidewalk (*Am.*) **2** *(dywanik)* rug

chodzić 1 go, *(przemieszczać się pieszo)* walk, *(spacerować)* go for a (little) walk: ~ *do szkoły/pracy* go to school/work ◊ ~ *do lekarza itp.* see a doctor, etc. ◊ ~ *na zakupy* go shopping ◊ ~ *na palcach* tiptoe ◊ ~ *we śnie* sleepwalk ◊ ~ *bez celu* mill about/around ◊ *(No) chodź!* Come on! **2** ~ **z kimś** go out with sb **3** *(maszyna itp.)* work **4** ~ **o coś** be about sth: *dowiedzieć się, o co chodzi* find out what it's about ◊ *jeśli chodzi o kogoś/coś* as far as sb/sth is concerned ◊ *Chodzi o to, że jest za drogi.* The thing is, it's too expensive. ◊ *O co chodzi?*

13 **chybić**

What's the matter? **5 ~ komuś o coś**
(*insynuować*): *O co ci chodzi?* What are
you getting at?
choinka Christmas tree
cholera 1 (*choroba*) cholera
2 (*przekleństwo*) damn!
chomik hamster
chorągiew flag
choroba disease, illness, (*przewlekła*)
condition: ~ *zakaźna* an infectious
disease ❶ **Disease** częściej dotyczy
konkretnej choroby o określonych
objawach, zwykle zakaźnej. **Illness**
oznacza ogólnie bycie chorym,
odczuwanie dolegliwości, złe
samopoczucie. [IDM] ~ **Heinego-
Medina** polio I ~ **morska** seasickness I ~
lokomocyjna motion sickness I
~ **zawodowa** occupational disease
chorobliwy 1 (*niezdrowy*) unhealthy
2 (*nienormalny*) pathological
chorować be ill/, sick (*zwł. Am.*) ~ **na
coś** suffer from sth: *Choruje na serce.*
He's got a heart problem.
chory 1 (*osoba*) ill, sick (*zwł. Am.*):
umysłowo ~ mentally ill → SICK **2** (*część
ciała*) diseased, (*bolący*) bad
chować 1 (/s-) hide, (*pod kluczem*) lock
sth away **2** (/s-) (*trzymać*) keep **3** (/po-)
(*grzebać*) bury **4** (/wy-) (*dziecko*) bring
sb up **5** (/wy-) (*hodować*) breed
■ **chować/s- się** hide
chowan|y [IDM] **zabawa w ~ego**
hide-and-seek
chód 1 (*osoby*) walk **2** (*maszyny*)motion
chór 1 (*zespół*) choir **2** (*utwór*) chorus
chóralny choral
chrapać snore
chrapliwy hoarse
chroniczny chronic
chronić/o- ~ kogoś/coś (przed czymś)
protect sb/sth (against/from sth), ~
kogoś/coś (od czegoś) save sb/sth
(from sth): ~ *przed wypadkami* prevent
accidents ■ **chronić/s- się 1** protect
yourself **2** (*przed deszczem itp.*) shelter
from sth
chropowaty coarse
chrupać/s- crunch
chrupiący (*jabłko, sałata itp.*) crisp,
(*płatki kukurydziane itp.*) crunchy,
(*bułka itp.*) crusty
chrupki *przym.* crisp: *pieczywo ~e*
crispbread ▶ *rz.* crisps, (potato) chips
(*Am.*)
chryp(k)a croak
Chrystus Christ
chryzantema chrysanthemum
chrzan horseradish

chrząk-ać/nąć 1 (/od-) clear your
throat **2** (*jak świnia*) grunt
chrząszcz beetle
chrzcić/o- (*przyjąć do kościoła
chrześcijańskiego*) baptize, (*dawać imię*)
christen
chrzest baptism, christening: *przyjąć ~*
be baptized/christened
chrzestn|y: *matka ~a* a godmother
◇ *ojciec ~y* a godfather
chrześcijan-in/ka Christian
chrześcijański Christian
chrześcijaństwo Christianity
chrześniaczka god-daughter
chrześniak godson
chudy 1 (*osoba*) thin **2** (*mięso*) lean
3 (*mleko*) skimmed
chuligan hooligan
chust(k)a shawl I **chustka** scarf [*lm*
scarves] I **chusteczka** (*do nosa*)
handkerchief [*lm* -chieves], (*nieform.*)
hanky, (*higieniczna*) tissue
chwalić/po- ~ kogoś za coś praise sb
for sth ■ **chwalić/po- się czymś
(przed kimś)** boast (to sb) about/of sth
chwała 1 (*sława*) glory **2** (*szacunek*)
praise
chwast weed
chwiać/za- (*i przen.*) shake
■ **chwiać/za- się** shake, (*stół itp.*)
wobble: ~ *się na nogach* stagger
chwiejny 1 unstable: *na ~ch nogach*
groggy **2** (*niezdecydowany*) wavering
chwil|a moment: (*teraz*) *w tej ~i* at the
moment/ (*niezwłocznie*) right now ◇ *w
każdej ~i* (at) any minute/moment
(now) ◇ *Widziałem ją przed ~ą.* I just
saw her. ◇ *przez ~ę* for a moment ◇ *po
~i* after a while ◇ *za ~ę* in a minute/
moment
chwilowy momentary
chwy-tać/cić 1 (*złapać*) catch
2 (*wziąć nagle i gwałtownie*) grab
3 (*mocno trzymać*) grip **4** : *Sen go
chwycił.* He was overcome by sleep.
◇ *Płacz go chwycił.* He burst into tears.
◇ *Strach go chwycił.* Fear took hold of
him. **5** (*rozumieć*) grasp [IDM] **chwytać
kogoś za serce** move sb deeply
chyba perhaps: ~ *nie* I don't think so
◇ ~ *tak* I think so ◇ *C~ wiem, jak ma
na imię.* I think I know her name. ◇ *C~
żartujesz.* You must be joking. [IDM] **~,
że** unless: *Jadę na wczasy, chyba że mi
nie dadzą urlopu.* I'm going on holiday
unless they don't approve my leave.
chybić miss [IDM] **ani chybi** for sure:
Ani chybi będzie padać! No doubt it will
rain. I **na chybił trafił** at random I
chybiony (*nieudany*) unsuccessful

chybotać/za- (się) wobble

chytry cunning I **chytrość** cunning

ciało 1 (*osoby; ustawodawcze itp.*) body **2** (*tkanka*) flesh **3** (*fiz.*): ~ *stałe/ciekłe/gazowe* a solid/liquid/gas

ciasny 1 (*obcisły*) tight **2** (*pokój itp.*) poky **3** (*poglądy*) narrow-minded

ciastko cake, (*z ciasta francuskiego*) pastry I **ciasteczko** (*małe ciasto*) small cake, (*kruche*) biscuit, cookie (*Am.*)

ciasto 1 (*masa*) dough, (*na pierogi itp.*) pastry: ~ *naleśnikowe* batter **2** (*wypiek*) cake: ~ *z owocami* a fruit tart

ciąć/po- cut: ~ *coś na kawałki* cut sth up ◇ ~ *coś na plasterki* slice sth

ciąg series [*lm* series], (*wydarzeń lub liczbowy itp.*) sequence, (*skarg itp.*) string, (*myśli, zdarzeń*) train: *w ~u dwóch godzin* within two hours ◇ *Napisała wypracowanie jednym ~iem.* She wrote her essay in one go. [IDM] ~ *dalszy* continuation: ~ *dalszy nastąpi* to be continued

ciągły continual, continuous
❶ **Continuous** używa się do opisania akcji lub stanu, który trwa bez przerwy: *a continuous flow/supply/process*. **Continual** zwykle używa się do określenia czegoś, co się powtarza, zwł. czegoś denerwującego: *continual problems/questions/change*. Ostatnio różnica między **continual** i **continuous** zanika, zwł. kiedy mówi się o rzeczach niepożądanych. I **ciągle** all the time

ciągnąć/za/po- pull, (*gwałtownie*) wrench, (*z trudem*) heave, (*w górę*) hoist, (*np. samochód*) tow [IDM] ~ *losy* draw lots ■ **ciągnąć się 1** (*sznur itp.*) trail behind **2** (*las itp.*) stretch **3** (*czas*) drag on **4** (*cukierek itp.*) be chewy

ciążla pregnancy: *Ona jest w ~y.* She's pregnant.

cichnąć/u- 1 (*dźwięk*) die away/down **2** (*miasto itp.*) become quiet

cichy 1 (*dźwięk*) soft, (*niski*) low **2** (*spokojny*) calm **3** (*tajny*) secret, (*zgoda na coś*) tacit [IDM] *po cichu* on the quiet I **cicho** quietly: *C~ bądź!* Be quiet!

cie-c/-knąć 1 (*płynąć*) flow **2** (*płynąć kroplami*) trickle: *Łzy ciekły jej po policzku.* Tears ran down her face. **2** (*być nieszczelnym*) leak [IDM] *ślinka mi cieknie* my mouth is watering

ciecz liquid

ciekawić/za- interest

ciekawość curiosity: *umierać z ~ci* be dying to know sth

ciekawski prying

ciekawy 1 (*nienudny*) interesting **2** ~ (*czegoś*) interested: *być ~m czegoś* wonder what…/about sth

ciekły liquid, (*metal, skała*) molten

cieknąć → CIEC

cielesny bodily

cielę calf [*lm* calves]

cielęcina veal

ciemność dark(ness)

ciemny 1 dark, (*chleb*) brown **2** (*niewykształcony*) ignorant [IDM] ~ *jak tabaka w rogu* (as) thick as two short planks

cienki thin

cie|ń 1 shadow [*C,U*], shade [*U*]
❶ **Shade** to zacienione miejsce lub obszar, gdzie można schować się przed słońcem. A **shadow** (rz. policz.) to cień przedmiotu lub osoby utworzony przez odbite światło. **Shadow** (rz. niepolicz.) oznacza półmrok lub ciemność, w których trudno odróżnić kształty i przedmioty. **2** (*do powiek*) eyeshadow [IDM] *gabinet ~ni* Shadow Cabinet I *iść za kimś jak ~ń* tag along I *kłaść się ~niem na czymś* cast a shadow across/over sth I *pozostawać w ~niu* take a back seat I *rzucać ~ń na kogoś/coś* cast a shadow across/over sth I *usuwać kogoś w ~ń* overshadow sb

cieplarnia hothouse

ciepło rz. warmth, (*fiz.*) heat ▶ *przysł.* warmly: *Jest mi ~.* I'm warm.

ciepły warm

cierń thorn

cierpieć 1 ~ *z powodu czegoś, przez kogoś* suffer from/for sth; because of sb: *Cierpiał z powodu bólu zęba.* He was suffering from toothache. ◇ *Cierpiała przez swojego męża.* Her husband caused her a lot of suffering. **2** ~ *na coś* suffer from sth **3** (*znosić*) bear: *nie ~ kogoś/czegoś* not be able to stand sb/sth

cierpienile suffering [IDM] *skrócić czyjeś ~a* put sb out of their misery

cierpki 1 (*jabłko itp.*) tart, (*niedojrzałe owoce*) sour, (*wino*) vinegary **2** (*uwaga itp.*) caustic

cierpliwość patience [IDM] *nadużywać czyjejś ~ci* try sb's patience I *uzbroić się w ~ć* bide your time

cierpliwy patient

cierpnąć/ś- 1 (*stracić czucie*) go numb: *Ręka mi ścierpła.* My hand has gone numb. **2** (*czuć strach*): *Skóra mi cierpnie, jak go widzę.* He gives me the creeps.

cieszyć/u- please ■ *cieszyć się ~ się z czegoś; że* **1** be glad about sth; that, ~ *się na coś/z czegoś* look forward to (doing) sth: *Cieszę się na ten wyjazd.* I'm looking forward to the trip. ◊ *Cieszę się z prezentu.* I'm very pleased with this present. **2** *(doświadczyć)* **~ się czymś** enjoy sth: *Cieszy się ogólną sympatią.* He's liked by everyone. **2** *(z cudzego nieszczęścia itp.)* gloat over sth

cieśnina strait

cięcie 1 cut, *(głębokie)* gash **2** *(w budżecie itp.)* cutback

ciężar 1 *(waga)* weight **2** *(ładunek)* load **4** *(brzemię, obciążenie)* burden [IDM] **podnoszenie ~ów** weightlifting **|** **zrzucić ~ z serca** get sth off your chest

ciężarn|a pregnant

ciężarówka lorry, truck *(Am.)*

ciężki 1 heavy **2** *(trudny)* hard, *(choroba, stan)* serious: *~e życie* a hard life **3** *(atmosfera)* tense **4** *(jedzenie)* rich

cios *(fizyczny/psychiczny)* blow: *~ na oślep* a swipe ◊ *wymierzyć ~ komuś/ czemuś* deal a blow to sb/sth

ciotka aunt **| ciocia** auntie, -ty

cis-kać/nąć 1 *(rzucać)* fling **2** *(naciskać)* press: *~ na hamulec* jam on the brakes **3** : *~ klątwę* put a curse on sb ◊ *~ przekleństwa* hurl abuse

cisza silence: *chwilowa ~* a lull

ciśnienie 1 pressure: *~ krwi* blood pressure **2** *(fizyczne)* stress: *pod ~m* under pressure

ciuchy clothes

cło duty

cmentarz cemetery

cnota virtue, *(seksualna)* chastity **| cnotliwy** virtuous, *(seksualnie)* chaste

co 1 what: *Co za okazja!* What a bargain! ◊ *Po ~?* What for? **2** *(w zdaniu uzupełniającym)* which, that, *((ten) ~)* who **3** *(jakiś czas)* every: *Co pięć minut dzwonił telefon.* Every five minutes the phone rang. ◊ *Co roku jeździ do Anglii.* He goes to England every year. **4** *(jakikolwiek)* every: *Co książka to skandal.* Every book creates a scandal. [IDM] **~ do kogoś/czegoś** as/so far as sb/ sth is concerned **| ~ i raz** continually: *Co i raz ktoś wchodził.* People kept coming in. **| Co z tego?** So what? **| Co z tobą?** What's the matter with you? **| Co ty na to?** What do/would you say (to that)?

codzienny 1 daily, *(życie)* everyday **2** *(odzież)* casual **| codziennie** every day

cof-ać/nąć 1 *(krzesło itp.)* **~ coś** move sth back **2** *(to, co się powiedziało)* take sth back **3** *(samochód)* reverse **4** *(pomówienie itp.)* withdraw **5** *(wskazówki zegara)* put a clock/ watch back ■ **cof-ać/nąć się** move back, *(wojsko itp.)* retreat, *(odsunąć się)* back

away *(from sb/sth)* [IDM] **nie ~ przed niczym** stop at nothing

cokolwiek anything: *Zje ~.* He'll eat anything. ◊ *C~ zrobię, zawsze jest niezadowolony.* He's dissatisfied whatever I do.

coraz and: *~ gorzej* worse and worse ◊ *~ bardziej* increasingly ◊ *~ mniej* less and less

coś something, *(w pytaniach i przeczeniach)* anything: *~ innego* something else

córka daughter [IDM] **~ chrzestna** god-daughter

cóż 1 what(ever): *A ~ to takiego?* What on earth is that? **2** *(no)* **~** well

cuchnąć stink

cucić/o- revive

cud 1 *(relig.)* miracle: *czynić ~a* perform miracles **2** *(przen.)* wonder: *Jakim ~em udało ci się zdać egzamin?* However did you manage to pass the exam?

cudown|y miraculous: *~e dziecko* a child prodigy

cudzołóstwo adultery

cudzoziem-iec/ka foreigner

cudzoziemski foreign

cudzysłów quotation mark

cukier sugar: *~ puder* icing sugar **| cukierkowy** sugary **| cukiernicz|y:** *wyroby ~e* confectionery

cukier|ek sweet: *~ki* sweets/candy *(Am.)*: *~ek miętowy* a (pepper)mint

cukiernia cake shop

cukiernica sugar bowl

cukinia courgette, zucchini *(Am.)*

cukrzyca diabetes

cumować/za- moor, *(w doku)* dock

cyfr|a figure: *~y rzymskie* Roman numerals

cyfrowy digital

Cygan/ka gypsy ❸ Wyraz ten uważany jest przez niektóre osoby za obraźliwy. Ogólnie przyjęty jest termin **Romany**.

cygaro cigar

cykl 1 cycle **2** *(koncertów itp.)* series *[lm series]*

cykliczny cyclic(al)

cypel headland, *(długi)* spit

cyrk circus

cyrkiel compass

cyrylica Cyrillic alphabet

cysterna 1 *(pojemnik)* tank **2** *(pojazd)* tanker

cytryna lemon **| cytrynowy** lemon

cywilizacja civilization

cywiln|y civil: *kodeks* ~*y* civil law [IDM] **po ~emu** in plain clothes I **stan ~y marital status** I **ślub ~y** civil wedding I **urząd stanu ~ego** registry office

czajniczek teapot

czajnik kettle

czapka cap

czarno-biały black and white

czarn|y 1 black: ~*y jak smoła* pitch-black 2 (*zły*): ~*y charakter* a villain [IDM] **~a lista** blacklist I **mała ~a** 1 (*kawa*) espresso 2 (*sukienka*) little black number I **odkładać coś na ~ą godzinę** keep/save sth for a rainy day I **czarno:** *ubierać się na* ~ dress in black [IDM] **~ na białym** in black and white I **~ (coś) widzieć** be pessimistic (about sth) I **pracować na ~** work illegally

czarodziej wizard

czarodziejski magic(al)

czarownica witch

czarterowy charter: *lot* ~ a charter flight

czarujący charming

czas 1 (*trwanie*) time: ~ *mija* time passes ◊ *Masz* ~ *na kawę?* Have you got time for a coffee? ◊ *Nie mam* ~*u*. I haven't got time. ◊ *Praca zajmuje mi dużo* ~*u*. Work takes up a lot of my time. ◊ *podawać* ~ tell the time ◊ *miło spędzać* ~ enjoy yourself ◊ *mierzyć* ~ *czegoś* time sth ◊ ~ *trwania czegoś* the duration of sth ◊ (*przez*) *cały* ~ all the time ◊ *w* ~*ie przerwy* during the break ◊ *W* ~*ie, kiedy była w sklepie…* While she was in the shop… ◊ *obecne* ~*y* the present day ◊ *w dzisiejszych* ~*ach* these days ◊ *w dawnych* ~*ach* in the (distant) past ◊ *z perspektywy* ~*u* in retrospect ◊ *we właściwym* ~*ie* in due course ◊ *pod presją* ~*u* against the clock ◊ *ruchomy* ~ *pracy* flexitime ◊ *kawał* ~*u* donkey's years ◊ *z* ~*em* in the course of time 2 (*moment*): *do tego* ~*u* till that time ◊ *do* ~*u podjęcia decyzji* pending a decision ◊ *od tego* ~*u* since then ◊ *od* ~*u do* ~*u* from time to time ◊ *co jakiś* ~ (every) now and then ◊ *przed* ~*em/po* ~*ie* ahead of/behind schedule ◊ *w swoim* ~*ie* in due course ◊ *Muszę być na lotnisku na* ~. I have to get to the airport on time. 3 (*gram.*) tense: ~ *ciągły* a continuous tense ◊ ~ *dokonany* a perfect tense ◊ ~ *przeszły* the past (tense) ◊ ~ *niedokonany* the imperfect (tense) ◊ ~ *przyszły* the future (tense) ◊ ~ *teraźniejszy* the present (tense) [IDM] **~ antenowy** (time) slot I **~ wolny** free time I **na ~ie** in fashion I **najwyższy** ~ it's high time I **nie na ~ie** dated I **zabijać** ~ kill time I **zyskiwać na ~ie** buy time

czasem sometimes

czasochłonny time-consuming

czasopismo magazine, (*zwł. monotematyczne*) journal

czasownik verb: ~ *posiłkowy* an auxiliary verb

czcić/u- 1 (*pamięć kogoś/czegoś*) honour, -nor (*Am.*) 2 (*obchodzić uroczyście*) celebrate 3 (*relig.*) worship

czek cheque, check (*Am.*): ~ *in blanco* a blank cheque ◊ ~ *podróżny* a traveller's cheque ◊ *płacić* ~*iem* pay by cheque ◊ *wystawić* ~ *na kogoś* make out a cheque to sb I **czekow|y:** *książeczka* ~*a* a chequebook

czekać 1 ~ (**na kogoś/coś**) wait (for sb/ sth), (*w rozmowach telefonicznych*) hold (the line) 2 (*spodziewać się*) ~ (**na kogoś/coś**) expect sb/sth 3 (*być w przyszłości czymś udziałem*) ~ **kogoś coś** lie in store (for sb)

czekolada 1 chocolate: ~ *mleczna* milk chocolate ◊ ~ *gorzka* plain chocolate ◊ ~ *z orzechami* chocolate with nuts 2 (*napój*) hot chocolate I **czekoladk|a** chocolate: ~*i* (a box of) chocolates

czepiać się 1 (*chwytać się*) cling to sth 2 ~ **kogoś** pick on sb

czereśnia cherry

czerstwy 1 (*pieczywo*) stale 2 (*osoba*) healthy

czerwiec June → MAJ

czerwienić/za- się redden, (*rumienić się*) blush

czerwony red

czesać/u- comb ■ **czesać/u- się** do your hair: ~ *się w koński ogon/kok* put your hair in a pony tail/a bun

czesne (school) fees

cześć 1 (*szacunek*) reverence: *na* ~/*ku czci kogoś/czegoś* in sb/sth's honour 2 (*relig.*) worship ▶ (*powitanie*) hello, (*nieform.*) hi, (*pożegnanie*) goodbye, (*nieform.*) bye

często often

częstować/po- ~ kogoś czymś (*ugościć*) treat sb to sth

■ **częstować/po- się ~ się (czymś)** help yourself (to sth)

częsty frequent

częściowy partial

częś|ć 1 part, (*składowa*) component: ~*ć zapasowa* a spare part ◊ *rozkładać na* ~*ci* take sth apart ◊ *pokroić coś na dwie* ~*ci* cut sth in two ◊ *stanowić* ~*ć czegoś* form a part of sth 2 (*muz.*) movement 3 (*kolejna część filmu*) sequel [IDM] **~ć mowy** part of speech I **po ~ci** partly

czkawk|a hiccup: *dostać ~i* get the hiccups

człon-ek/kini 1 member: *~ -założyciel* a founder member **2** (*anat.*) limb

człowiek (*osoba*) person [*lm* people], (*istota ludzka*) human (being): *szary ~* the man in the street ◊ *To nasz ~.* He's our man.

czołg tank

czołgać się crawl

czoło 1 (*anat.*) forehead **2** (*przód*) front **3** (*pozycja*) lead: *na czele* in the lead ◊ *stać na czele partii* lead the party [IDM] **stawić czoła czemuś** face sth | **wysunąć się na czoło** come to the fore

czołow|y 1 leading **2** (*zderzenie*)head-on

czołów|ka 1 (*wyścigu itp.*) lead: *być w ~ce* be in the lead **2** (*film; TV*) credits [*lm*] **3** (*w gazecie*) front-page news

czosnek garlic

czółno canoe

czterdziesty fortieth → DRUGI

czterdzieści forty → DWA

czternasty fourteenth → DRUGI

czternaście fourteen → DWA

cztery four → DWA [IDM] **w ~ oczy** one-to-one

czubek 1 (*głowy, drzewa*) top, (*nosa, języka; ołówka itp.*) tip **2** (*wariat*) nut

czuci|e sensation, (*dotyk*) touch: *Nie mam ~a w ręce.* My hands are numb. [IDM] **bez ~a** unconscious

czuć/po- 1 (*poczuć dotykiem*) feel: *Nie czuję nóg.* My legs have gone numb. **2** (*smakiem*) taste **3** (*węchem*) smell **4** (*doznawać emocji*) sense [IDM] **~ coś do kogoś** feel sth for sb ■ **czuć/po- się** feel: *~ się dobrze/źle* feel well/unwell ◊ *Czuł się głupio.* He felt stupid. ◊ *~ jak u siebie w domu* feel at home

czujny 1 alert: *(nie) być ~m* be off/on your guard **2** (*sen*) light: *mieć ~ sen* be a light sleeper

czuł|y 1 affectionate **2** (*wrażliwy*) **~y** (*na coś*) sensitive (to sth) [IDM] **~e miejsce/punkt** sore point

czuwać ~ nad kimś/czymś watch over sb/sth: *~ do późna w nocy* stay up

czwartek Thursday → PONIEDZIAŁEK

czwarty fourth → DRUGI

czy 1 (*w pytaniach zależnych*) whether, if: *Nie wiesz, czy on przyjdzie?* Do you know whether/if he's coming? ❶ **Whether** i **if** można używać wymiennie w zn. 1. Natomiast tylko **whether** może występować przed **to** + cz.: *Have you decided whether to accept the offer yet?* Tylko **whether** używa się po przyimku: *the problem of whether to*

accept the offer. **2** (**~ też**) or **3** (*w pytaniach*): *Czy ten pociąg jedzie do Berlina?* Does this train go to Berlin? ◊ *Czy mógłby pan zamknąć okno?* Would you mind closing the window? ◊ *Czy mógłbym skorzystać z telefonu?* Could I use your telephone? ◊ *Czyś ty zwariował?* Have you gone mad?

czyj whose

czyjś somebody's, someone's

czyli that is (to say)

czyn act: *~ bohaterski* a heroic deed [IDM] **człowiek ~u** man of action | **wcielać słowa w ~** put your words into action

czynić/u- 1 (*robić*) do: *~ cuda* work miracles ◊ *~ komuś krzywdę* harm sb **2** (*powodować*) make, (*form.*) render: *Ograni-czenie prędkości uczyniło ulice bezpieczniejszymi.* The speed limit has made the streets safer.

czynność activity

czynn|y 1 active: *brać ~y udział w czymś* take an active part in sth ◊ *w ~ej służbie wojskowej* on active service **2** (*sklep itp.*) open **3** (*funkcjonujący*) working: *Bankomat jest ~y całą dobę.* The cash machine is in operation 24 hours a day.

czynsz rent

czystk|a purge: *przeprowadzać ~ę w partii* purge the party ◊ *~i etniczne* ethnic cleansing

czysty 1 (*pozbawiony brudu*) clean **2** (*uporządkowany*) tidy **3** (*bez domieszek*) pure **4** (*woda; niebo*) clear **5** (*papier*) blank **6** (*alkohol*) neat, straight (*Am.*) **7** (*moralny*) chaste **8** (*głupota, szaleństwo itp.*) sheer **9** (*zysk*) net | **czysto 1** cleanly **2** (*śpiewać/grać*) in tune **3** (*mówić*): *Mówi ~ po polsku.* He speaks perfect Polish. **4** (*zarabiać/przynosić*): *na ~* net

czyścić/wy- clean: *Wyczyścił buty z błota.* He cleaned the mud off his shoes. ◊ *~ chemicznie* dry-clean

czytać/prze- read: *pobieżnie ~* skim ◊ *~ na głos* read sth out (loud) ◊ *~ z ruchów warg* lip-read ◊ *~ w czyichś myślach* read sb's mind

czytani|e reading: *umiejętność ~a i pisania* literacy

czytanka 1 (*książka*) reader **2** (*tekst*) text

czytelnia reading room

czytelni-k/czka reader

czytelny legible

czyżby really: *Czyżbym się mylił?* Could I have made a mistake?

Ćć

ćma moth

ćwiczeni|e 1 exercise: ~a *wojskowe* military drills **2** (~a) (*rodzaj zajęć*) classes

ćwiczyć 1 exercise, (*na instrumencie itp.*) practise, -tice (*Am.*), (*odmiany czasowników itp.*) drill **2** (*mięśnie itp.*) flex

ćwierćfinał quarter-final

Dd

dach roof

dachówka (roof) tile

dalek|i 1 a long way away/off, (*zwł. o odległości*) far: *Pojechał w ~ie kraje.* He travelled to distant countries (*form.*) /to countries far away. ◇ *Termin zakończenia prac jest ~i.* The deadline is a long way off. ◇ *Czeka nas ~a droga.* We've got a long trip ahead of us. ◇ *~iego zasięgu* long-range **2** (*lot*) long-haul **3** (*krewny itp.*) distant [IDM] **z ~a** from a distance: *Już z ~a zauważył znajomego.* He could make his friend out in the distance. ◇ *Siedział z ~a od gości.* He sat at some distance from the guests. | **trzymać się z ~a od kogoś/czegoś** remain aloof from sb/sth | **daleko** far, (*na samym dole czegoś*) way (down) [IDM] **komuś/czemuś ~ do (jakiegoś stanu)** sb/sth is far from sth: *Twojej figurze ~ do doskonałości.* Your figure is far from perfect. | **~ od (uzyskania/osiągnięcia) czegoś** nowhere near sth: *Jesteśmy daleko od sfinalizowania transakcji.* We are still a long way from concluding the deal. | **dalej** further: *robić coś ~* go on with sth [IDM] **i tak ~** and so on | **no, ~!** go on! | **dalszy** further [IDM] **~ ciąg** continuation | **ciąg ~ nastąpi** to be continued | **~ plan** background

dalekowidz long-sighted/(*Am.*) far-sighted person [*lm* people]: *Jest ~em.* He's long-sighted.

dama 1 lady **2** (*w kartach*) queen

dan|e ❶ Występuje w lm w technicznym angielskim, i wtedy lp jest **datum**. **1** data [*U*]: *~e statystyczne* statistics ◇ *szacunkowe ~e* estimates **2** (*wprowadzane do komputera*) input, (*z komputera*) output [IDM] **baza ~ych** database | **mieć (wszelkie) ~e (na to), żeby kimś zostać** have the makings of sth

danie 1 (*część posiłku*) course: ~ *główne* the main course **2** (*potrawa*) dish

dar (*prezent; talent*) gift: ~ *z nieba* a godsend

daremny futile: ~ *trud* futile efforts

darmo [IDM] **na ~** in vain: *Nie na darmo tak cierpiał.* It was not in vain that he suffered so much. | **pół ~ for** peanuts | **za ~** (for) free

darować/po- 1 give, (*przekazać jako dar*) donate **2** (*prawn.; winę itp.*) pardon: ~ *komuś winę* let sb off ◇ *Więźniom politycznym darowano karę.* An amnesty was granted to political prisoners. **3** (*życie*) spare: *Darował mu życie.* He spared his life. **4** (*przebaczyć*) ~ **komuś coś** forgive sb (for) sth: *Nie darował mu jego krytycznych uwag.* He wouldn't forgive him for his critical remarks. **5** (*żałować*) **nie ~ sobie czegoś** kick yourself for doing sth: *Nie mogę sobie darować, że zmarnowałem taką okazję.* I could kick myself for missing that opportunity. **6** (*odpuścić sobie*) ~ **sobie coś** do without sth: *Daruję sobie ten film.* I'll give the film a miss. ◇ *Mogłeś sobie darować taką uwagę.* You should have kept that remark to yourself.

darowizna donation

daszek 1 → DACH **2** (*czapki*) peak, bill (*Am.*)

data date: *nieprzekraczalna ~ a* deadline ◇ ~ *ważności* the expiry (date)

da(wa)ć give: ~ *koncert* give a concert ◇ ~ *ogłoszenie do gazety* put an advertisement in the paper ◇ ~ *komuś nauczkę* teach sb a lesson ◇ ~ *dziecku klapsa* give a child a slap ◇ ~ *komuś w twarz* slap sb in the face ◇ ~ *znak* give a sign ◇ ~ *dobry/zły przykład* set a good/bad example ◇ ~ *komuś słowo* give sb your word ◇ ~ *komuś spokój* leave sb alone ◇ ~ *komuś znać* let sb know ◇ ~ *komuś coś zrobić* let sb do sth ◇ *Nie dali mi obejrzeć horroru.* They wouldn't let me watch the horror film. ◇ ~ *do zrozumienia* give sb to believe/ understand (that)... ■ **da(wa)ć się 1** give in: *nie dać się* battle on **2** : *To da się zrobić.* It can be done. ◇ *Nie da się przekonać.* He won't be persuaded. ◇ *Ratujmy, co się da.* Let's save as much as we can.

dawać → DAĆ

dawka dose: *za duża* ~ an overdose

dawno ~ **(temu)** a long time ago: *To zdarzyło się ~ temu.* It happened a long time ago. ◊ *Jak ~ tu mieszkasz?* How long have you been living here? ◊ *D~ cię nie widziałem.* I haven't seen you for a long time. ◊ *Dawniej spotykaliśmy się częściej.* We used to see each other more often in the past. |IDM| ~, ~ temu once upon a time

dawn|y 1 (*były*) former: *jego ~a świetność* his former glory **2** (*stary*) old: *~y przyjaciel rodziny* an old friend of the family's ◊ *w ~ych czasach* in the olden days |IDM| **od ~a** for a long time: *Nie śpię już od ~a.* I've been up for ages. | **po ~emu** as before: *U nas wszystko po ~emu.* Everything is just the same with us.

dąb oak |IDM| **stawać dęba 1** (*koń*) rear (up) **2** (*sprzeciwiać się*) be up in arms **3** : *Włosy mu stanęły dęba.* His hair stood on end.

dąć blow

dąsać się ~ *za coś/z jakiegoś powodu* sulk about/over sth, ~ *na kogoś* be cross with sb: *Dąsa się na chłopaka za spóźnienie.* She was annoyed with the boy for being late.

dążenie 1 ~ *do czegoś* aspiration for sth/to do sth **2** (*tendencja*) drift

dążyć 1 ~ *dokądś* (*w określonym kierunku*) head for sth **2** ~ *do czegoś* strive for sth/to do sth: ~ *do celu* pursue a goal

dbać/za- 1 ~ *o kogoś/coś* take care of sb/sth: ~ (*szczególnie*) *o to, żeby* make a point of doing sth **2** : *nie dbać o coś* not care about sth

debatować ~ *nad czymś* debate sth

debet debit: *Mam ~ na koncie.* My account is in debit.

dech breath: *bez tchu* out of breath ◊ *pozbawiać kogoś tchu* wind sb ◊ *zapierać* ~ get your breath (again/ back) ◊ *odczytywać coś jednym tchem* reel sth off |IDM| **z zapartym tchem** with bated breath | **zapierać** ~ **w piersiach** (*przen.*) take your breath away

decydować/z(a)- ~ (*że/o czymś*) decide (that/sth): *Zdecydował, gdzie pojedzie na urlop.* He's decided where to go for his holiday. ◊ *Co w końcu zadecydowało o twoim wyjeździe?* What finally made you decide to leave? ■ **decydować/z-** **się** decide: ~ *się na coś* decide on sth ◊ *nie* ~ *się na coś* decide against sth ◊ *pochopnie* ~ *się na coś* rush into (doing) sth

decydujący decisive: ~ *moment* a decisive moment

decyzj|a decision: *podjąć ~ę* take/make a decision

dedukować/wy- deduce

dedykować/za- ~ *coś komuś* dedicate sth to sb

deficyt 1 (*fin.*) deficit **2** (*brak*) shortage

defilada parade

defilować march

definicja definition

definiować/z- define

deformować/z- deform

defraudować/z- embezzle

dekada 1 (*dziesięć dni*) ten days **2** (*dziesięć lat*) decade

deklamować/wy- recite

deklarować/z- declare ■ **deklarować/z-** **się** commit yourself, ~ *się za czymś/ przeciw czemuś* come out in favour of sth/against sth: ~ *się za przystąpieniem do Unii/przeciw przystąpieniu do Unii* declare your support for joining the EU/voice your opposition to joining the EU

dekolt 1 (*u kobiety*) cleavage **2** (*suknia itp.*): *z ~em* low-cut

dekoracj|a 1 decoration: ~*a wnętrz* interior design **2** (*tortu itp.*) topping **3** (*teatr, film*) (~*e*) set **4** (*dekorowanie*) decorating

dekoracyjny decorative

dekorować decorate, (*brzegi, np. sukienki*) trim

delegacj|a 1 (*grupa ludzi*) delegation **2** (*wyjazd służbowy*) business trip: *wyjechać w ~ę* go on a business trip **3** (*formularz*) expenses (claim) form

delegować/wy/od- delegate

delfin 1 dolphin **2** (*styl pływacki*) butterfly

delikatesy delicatessen [C]

delikatny 1 delicate **2** (*w stosunku do innych*) gentle **3** (*dźwięk, kolor*) soft **4** (*smak, kolor*) subtle **5** (*zapach*) faint **6** (*potrawa*) light **7** (*sprawa*) delicate, sensitive **8** (*wrażliwy, np. na widok krwi*) squeamish

demaskować/z- expose ■ **demaskować/z-** **się** *czymś przed kimś/wobec kogoś* reveal yourself: *Tym niesmacznym dowcipem o Murzynach zdemaskował się przed nami jako rasista.* That tasteless joke about black people revealed him to be a racist.

demilitaryzować/z- disarm

demokracja democracy

demokrat-a/ka democrat

demokratyczny democratic

demonstrować/za- demonstrate

demoralizować/z- corrupt

denerwować/z- 1 (*drażnić; złościć*) ~ **kogoś czymś** annoy sb with sth/by doing sth **2** (*niepokoić*) upset ■ **denerwować/z- się** ~ **się czymś 1** (*irytować/złościć się*) be/get annoyed at/about sth **2** (*niepokoić się*) be/get nervous about sth

dentyst-a/ka dentist

dentystyczn|y dental: *gabinet* ~*y* dental surgery ◇ *płyta* ~*a* a plate

deponować/z- deposit

deportować deport

depozyt deposit: *oddawać coś do* ~*u* deposit sth

deprawować/z- corrupt

depresj|a depression: *być w* ~*i* be depressed

deptać/z- tread: ~ *komuś po nogach* tread on sb's toes ~ *coś/po czymś* trample on/over sth: *Nie deptać trawnika!* Keep off the grass!

deseń design: *materiał w* ~ patterned material

deser (*zwl. w restauracji*) dessert, (*zwl. w domu*) pudding: *Na* ~ *jest mus czekoladowy.* For pudding there's chocolate mousse.

desk|a board, (*długa, wąska, z surowego drewna*) plank: *zabijać* ~*ami* board sth up ◇ *płaski jak* ~*a* as flat as a pancake | [IDM] ~**a do krojenia** chopping board | ~**a podłogowa** floorboard | ~**a do prasowania** ironing board | ~**a surfingowa** surfboard | **od** ~**i do** ~**i** from cover to cover | **ostatnia** ~**a ratunku** last resort

deskorolka skateboard

despotyczny 1 (*władca, rządy*) authoritarian **2** (*osoba*) bossy

destabilizować destabilize

destrukcyjny destructive

destylować/wy- distil, distill (*Am. także*)

deszcz rain: ~ *ze śniegiem* sleet ◇ ~ *radioaktywny* fallout ◇ *kwaśny* ~ acid rain ◇ *na* ~*u* in the rain

deszczow|y rainy [IDM] **pora** ~**a** the wet season

detaliczn|y: *cena* ~*a* the retail/selling price ◇ *handel* ~*y* retail ◇ *sprzedawca* ~*y* a retailer

detektyw detective

detektywistyczn|y: *powieść* ~*a* a detective story ◇ *agencja* ~*a* a private detective agency

detonować/z- detonate

dewaluacja devaluation

dewaluować/z- devalue ■ **dewaluować/z- się** depreciate

dewastować/z- 1 (*kraj*) devastate **2** (*przystanek itp.*) vandalize

dewiz|a 1 (*fin.*) foreign currency: ~*y* foreign exchange ◇ *wymienić* ~*y* change money **2** (*życiowa*) motto [*lm* -s/-es]

dezaprobat|a disapproval: *z* ~*ą* disapprovingly ◇ *w atmosferze* ~*y* under a cloud

dezerter/ka deserter

dezerterować/z- desert

dezodorant deodorant: ~ *antyperspiracyjny* an antiperspirant

dezorganizować/z- upset

dezorientować/z- disorientate, disorient (*Am.*)

dezynfekować/z- disinfect [IDM] **środek dezynfekujący** disinfectant

dętka 1 (*opony*) (inner) tube: *przebita* ~ a puncture **2** (*piłki*) bladder

dęt|y: *orkiestra* ~*a* a brass band

diab|eł devil [IDM] ~**li nadali kogoś**: *Diabli nadali tych gości.* These guests are just a nuisance. | **dlaczego itp., do** ~**ła** why, etc. the devil | **do** ~**ła!** damn! | **gdzie** ~**eł mówi dobranoc** in the middle of nowhere | **jak** ~**li** like hell | **niech to** ~**li wezmął** damn it/you!

diagnoz|a diagnosis [*lm* -noses]: *stawiać* ~*ę* diagnose

diagram diagram, (*w książce*) figure [IDM] ~ **kołowy** pie chart

dialekt dialect

dialog dialogue, -log (*Am. także*)

diament diamond

didżej DJ

diecezj|a diocese

die|ta diet: *być na* ~*cie* be on a diet ◇ *przechodzić na* ~*tę* go on a diet

dla 1 (*cel*) for: *prezent* ~ *ciebie* a present for you ◇ *robić coś* ~ *przyjemności* do sth for pleasure ◇ *z pożytkiem dla kogoś/czegoś* to(wards): *przyjazny* ~ *środowiska* environmentally friendly **3** (*uczucie wobec kogoś*): *pogarda/ szacunek* ~ *kogoś* contempt/respect for sb

dlaczego why: *D*~ *nie?* Why not?

dlatego 1 (*z tego powodu*) that's why, (*form.*) therefore **2** (~, **że**) because

dławić 1 (*kogoś*) choke **2** (*bunt itp.*) crush **3** (*inicjatywę itp.*) stifle **4** (*łzy itp.*) choke sth back ■ **dławić się** choke

dłoń palm: *uścisnąć komuś* ~ shake sb's hand

dłubać 1 (*drążyć*) bore, (*robić dużą dziurę w czymś*) hollow sth out: *łódka dłubana z jednego pnia* a boat hollowed out of a log **2** (*w zębach/nosie*) pick your teeth/nose **3** ~ **przy czymś** (*majstrować*) tinker with sth

dług debt: *mieć ~i* be in debt ◊ *spłacić ~* pay off a debt [IDM] **mieć ~ wdzięczności wobec kogoś (za coś)** be indebted to sb (for sth)

dług|i long: *~i na dwa metry* two metres long ◊ *~a droga* a long way ◊ *~ie buty* high boots ◊ *~ie włosy* long hair ◊ *~i film* a long film

długo long, a long time: *na ~* for a long time ◊ *Czy ~ czekałeś?* Did you have to wait long? ◊ *za ~* too long ◊ *Żyli ~ i szczęśliwie.* They lived happily ever after.

długopis (ballpoint) pen

długoś|ć length: *mieć 2 metry ~ci* be 2 metres long ◊ *~ć fali radiowej* a wavelength ◊ *~ć geograficzna* a longitude ◊ *średnia ~ć życia* life expectancy

długoterminowy long-term

długotrwały prolonged

dłużnik debtor

dmuch-ać/nąć blow

dno bottom: *~ szklanki* the bottom of the glass ◊ *na dnie* at the bottom [IDM] **być na dnie** be in the doldrums | **pójść na ~** (*fin.*) go under, (*duchowo*) sink into depression | **odbić się od dna** (start to) get back on your feet | **drugie ~** hidden meaning | **wypić coś do dna** down sth

do 1 (*w kierunku*) to, towards: *Jadę ~ Paryża.* I'm going to Paris. **2** (*do środka*) into, in: *Wszedł ~ pokoju.* He went into the room. **3** (*cel*) for: *szampon ~ włosów suchych* a shampoo for dry hair ◊ *Idę ~ Ani na kolację.* I'm going round to Ania's for supper. **4** (*aż ~*) (*czas*) until, (*nieform.*) till **5** (*odległość*) as far as **6** (*ilość*) up to sth [IDM] ~ **tego (jeszcze)** too: *Kolacja była droga, ~ tego jeszcze niesmaczna.* Dinner was expensive and tasted awful too.

dob|a day and night: *całą ~ę* day and night ◊ *Doba hotelowa kosztuje 20 funtow.* One night costs 20 pounds.

dobie-gać/c 1 (*końca itp.*) get near to sth: *Dobiega siedemdziesiątki.* He's getting on for 70. ◊ *Dobiega północ.* It'll soon be midnight. **2** (*dźwięk, zapach*) reach: *Z głębi domu dobiegała muzyka.* There was music coming from inside the house. ◊ *Z kuchni dobiegał aromat kawy.* The aroma of coffee wafted up from the kitchen.

dob(ie)rać się 1 ~ **do czegoś** tamper with sth **2** (*seksualnie*) ~ **do kogoś** make a pass at sb **3** (*podejrzewając o przestępstwo*) ~ **do kogoś** be onto sb

4 (*odpowiadać sobie*) match: *~ w pary* form pairs

dobi-jać/ć ~ **kogoś 1** (*zabić*) finish sb off **2** (*przygnębiać*) get sb down [IDM] ~ **targu z kimś** strike a bargain with sb

dobitny emphatic

dobrać się → DOBIERAĆ SIĘ

dobranoc good night

dobr|o 1 (*antonim zła*) right **2** (*pomyślność*) good: *dla czyjegoś ~a* for sb's good ◊ *wyświadczyć komuś ~o* do sb good **3** (*dobroć*) goodness **4** (*~a*) (*towary*) goods **5** (*~a*) (*majątek*) property, (*kulturalne*) heritage

dobrobyt prosperity

dobroczynn|y charitable: *na cele ~e* for charity

dobroczyńca benefactor

dobroć 1 (*cnota*) goodness **2** (*życzliwość*) kindness

dobroduszny good-natured

dobrotliwy kind-hearted

dobrowolny voluntary

dobr|y 1 good: *~y przyjaciel* a good friend ◊ *~y w matematyce* good at maths ◊ *~e i złe strony* the pros and cons **2** (*odpowiedni*) right: *Czy te buty są na ciebie ~e?* Do those shoes fit you? **3** (*życzliwy*) kind: *~a wola* goodwill [IDM] **dobra!** OK! | **dzień ~y** hello, good morning/afternoon | **~y wieczór** hello, good evening | **na ~e** for good | **wszystkiego najlepszego** all the best

dobrze 1 well: *Może kosztować równie dobrze sto, jak pięćset złotych.* It could just as easily cost 100 as 500 zloties. **2** (*~!*) (all) right, OK **3** (*dużo*) a lot: *~ się napracować* get a lot of work done [IDM] ~ **coś komuś robić** (*coś jest korzystne dla kogoś*) do sb good: *Ten spacer ~ mi zrobił.* That walk did me a lot of good. | ~ **mu/jej itp. tak!** serve sb right | **jak dotąd ~** so far so good

dobytek possessions

doceni(a)ć 1 appreciate **2** (**nie ~**) (*nie cenić*) not appreciate: *Nie docenia dobrych win.* He doesn't appreciate good wine. (*oceniać za nisko*) underestimate

dochodowy profitable [IDM] **podatek ~** income tax

dochodzenie investigation: *prowadzić ~* investigate

dochodzić 1 (*prowadzić*) lead: *Droga dochodzi do samego jeziora.* The road goes right up to the lake. **2** (*jeździć*) go/come: *Żadne autobusy nie dochodzą do wioski.* There are no buses to the village. **3** (*godzina*) approach: *Dochodzi druga.* It's nearly two o'clock. **4** (/dojść/) ~ **dokądś** reach: *Po dniu* *marszu doszliśmy do doliny.* After a day of walking we reached the valley. ◊ ~ *do wniosku, że* reach the conclusion that ◊ ~ *do porozumienia* reach an agreement ◊ *dojść do źródła problemu* get to the root of the problem **5** (/dojść) (*wydarzać się*) ~ **do czegoś** come about, (*do czegoś przykrego*) come to sth [IDM] **dochodzić do siebie** come round | **dojść do skutku** come into effect | **nie dojść do słowa** not get a word in edgeways/ (*Am.*) edgewise

dochód 1 (*zarobki*) income, (*państwowy itp.*) revenue **2** (*zysk*) profit

dociekliwy inquiring

do-cierać/trzeć 1 ~ **do czegoś** reach sth **2** (*wiadomości itp.; i przen.*) ~ **do kogoś** get through to sb **3** nie ~ do kogoś: *Nic z tego, co mówiłeś, do niego nie dotarło.* Everything you said was lost on him.

doczekać (*dożyć*) ~ **czegoś** live to see sth: ~ *lata* live to see the summer ■ **doczekać się:** *ktoś nie może się ~ czegoś* sb can't wait for sth/to do sth ◊ *Nie mogę się ~ ciebie.* I can't wait till you get here.

dodać 1 ~ **coś (do czegoś)** add sth (on) (to sth) **2** (*mat.*) add A to B; A and B (together), (*sumować*) add (sth) up **3** ~ **komuś/czemuś czegoś** give sb/sth sth: *Sukienka jeszcze dodała jej wdzięku.* The dress made her look more graceful. ◊ *Koledzy dodawali mu otuchy.* His friends cheered him up.

dodat|ek 1 addition **2** (*do słownika itp.*) appendix [*lm* -dices] **3** (*do pensji*) allowance **4** (*żywnościowy*) additive **5** (~ki) (*do ubrania*) accessories [IDM] **na ~ek; w ~ku** what's more | **w ~ku (do czegoś)** in addition (to sth)

dodatkow|y additional: *opłata ~a* a surcharge

dodatni positive

dodawać → DODAĆ

dodawani|e addition: *znak ~a* a plus sign

dogad(yw)ać ~ **sobie/komuś** bicker (with sb) ■ **dogad(yw)ać się 1** (*rozumieć się*) get on with sb: *Dobrze dogaduję się z moim szefem.* I get on well with my boss. **2** (*po włosku itp.*) make yourself understood **3** (*dójść do porozumienia*) come to an agreement

do-gadzać/godzić (*rozpieszczać*) spoil: ~ *sobie* indulge yourself

do-ganiać/gonić ~ **kogoś/coś** catch up with sb/sth: *Staramy się dogonić bogatsze kraje.* We are constantly trying to catch up with the richer countries.

dogłębn|y deep: ~*a analiza* an in-depth analysis

dogodn|y convenient: *To jest dla mnie* ~*e.* That suits me. ◊ *w* ~*ej chwili* at your leisure

dogodzić → DOGADZAĆ

dogonić → DOGANIAĆ, GONIĆ

doić/wy- milk

dojazd (*droga; podróż*) drive

do-jeżdżać/jechać ~ **do czegoś** reach sth: *dojechać do szkoły/na trening itp.* get to school/training, etc. ◊ *dojeżdżać do pracy* commute

dojrzałość maturity

dojrzały mature, (*dorosły*) grown up, (*owoc, ser*) ripe

dojrze(wa)ć mature, (*stać się dorosłym*) grow up, (*owoc*) ripen, (*drewno*) be seasoned

dojrzewani|e: *wiek* ~*a* adolescence ◊ *okres* ~*a płciowego* puberty

dojść → DOCHODZIĆ

dokańczać → DOKOŃCZYĆ

dokąd where

do-kładać/łożyć 1 add: ~ (*wszelkich*) *starań, żeby coś zrobić* be at (great) pains to do sth ◊ *Ciągle dokładamy do tego interesu.* We keep losing money on that deal. **2** (*dać więcej czegoś*) put some more (of) sth: ~ *drewna do ogniska* put some more wood on the fire ■ **do-kładać/łożyć się** ~ **się do czegoś** contribute to sth

dokładn|y 1 (*precyzyjny*) precise: ~*e obliczenia/rysunki* accurate calculations/drawings ◊ ~*a godzina* the exact time **2** (*w pracy*) thorough

dokon(yw)ać accomplish: *Dokonali wiele dla naszego miasta.* They achieved a lot for our town. ◊ ~ *przeglądu samochodu* service a car ◊ *dokonać odkrycia czegoś* discover sth ◊ ~ *słusznego wyboru* make the right choice ■ **dokon(yw)ać się** take place

dokończyć finish

doktor doctor

doktorant/ka postgraduate

doktorat doctorate

dokucz-ać/yć 1 (*denerwować*) annoy, (*w przykry sposób*) harrass **2** (*zwł. dziecku, złośliwie*) tease

dokuczliw|y annoying: *rzecz/osoba ~a* a nuisance

dokument 1 document **2** (~y) (*dowód tożsamości*) ID

dokumentalny: *film/program* ~ a documentary

dola 1 (*los*) fate **2** (*udział*) cut

dolar dollar

dolegliwość 1 (*choroba*) ailment **2** (*kłopot*) trouble

dolina valley

dolny (*niższy*) lower, (*najniższy*) bottom: ~*a półka* the bottom shelf

dołącz-ać/yć ~ *coś do czegoś* join sth to sth, (*do listu*) enclose sth in sth, (*do dokumentu/e-maila*) attach sth to sth ■ **dołącz-ać/yć się** ~ *się do kogoś/ czegoś* join sb/sth

dołek hole, (*na policzku*) dimple

dołożyć → DOKŁADAĆ

dom 1 (*budynek*) house, (*miejsce, gdzie się mieszka*) home ❶ **Home** to miejsce, w którym się mieszka (dom, mieszkanie itp.): *Let's go home to my flat.* Chodźmy do mnie. ◇ *We've only just moved into our new house and it doesn't feel like home yet.* Niedawno się przeprowadziliśmy i jeszcze nie czujemy się u siebie.: *w* ~*u* at home ◇ *Idziemy do* ~*u.* We're going home. ◇ ~ *parterowy* a bungalow **2** (*specjalnego przeznaczenia*) home: ~ *dziecka* a children's home ◇ ~ *czynszowy* a tenement ◇ *wielki* ~ *handlowy* a superstore ◇ ~ *kultury* a community centre ◇ ~ *letniskowy* a holiday house ◇ ~ *modlitwy* a chapel ◇ ~ *noclegowy* a hostel ◇ ~ *publiczny* a brothel ◇ ~ *towarowy* a (department) store ◇ ~ *wariatów* a lunatic asylum [IDM] *z* ~*u* (*przy nazwisku panieńskim*) née

domagać się ~ *czegoś* demand sth

domek cottage: ~ *dla dzieci* a playhouse ◇ ~ *kempingowy przyczepa* a caravan *na polu kempingowym* a chalet ◇ ~ *myśliwski* a hunting lodge

domokrążca door-to-door salesman [*lm* -men]

domowy 1 home: ~*ego wyrobu* home-made ◇ *praca* ~*a (szkolna)* homework ◇ *prace* ~*e* housework ◇ ~*a atmosfera* a homely atmosphere **2** (*zwierzę*) domestic **3** (*polit.*): *wojna* ~*a* a civil war

domysł guess: ~*y* guesswork

domyśl-ać/ić się guess

doniczka flowerpot

donosiciel/ka informer

do-nosić/nieść 1 (*przynosić*) bring, (*przynosić więcej*) bring more **2** ~ *o czymś* report on sth **3** ~ *na kogoś* inform on sb

dookoła round, around

dopasowany 1 (*ubranie*) fitted **2** (*rower itp.*) customized

dopasow(yw)ać ~ *coś (do czegoś)* (*wymiarem*) fit sth (in/into sth), (*kolorem itp.*) match sth (up) (with sth)

■ **dopasow(yw)ać się** ~ *(do kogoś/ czegoś)* adapt (yourself) (to sth): *Nie umiem się dopasować do nich.* I can't get along with them.

dopełni(a)ć 1 (*dodać*) top sth up **2** (*obowiązku*) fulfil, -fill (*Am.*), (*formalności*) complete

dopełnienie 1 (*uzupełnienie*) complement **2** (*gram.*) object, (*po cz. typu* be, become *itp.*) complement: ~ *bliższe* a direct object ◇ ~ *dalsze* an indirect object

dopiero just: *Wstałem dopiero o 10.* I didn't get up till 10 o'clock. ◇ ~ *co* only just

dopilno(wy)wać ~ *czegoś* see to sth

dopingować encourage

dopisek 1 (*dodany tekst*) insertion **2** (*w liście*) postscript

dopłata surcharge

dopływ flow

dopóki ~ *(nie)* until/ (*nieform.*) till ◇ *D~ mogę, będę ci pomagać.* I'll help you as long as I can.

doprawi(a)ć (~ *do smaku*) (*pieprzem, ziołami itp.*) season, (*solą*) salt, (*przyprawą*) spice

doprowa-dzać/dzić 1 (*kierować*) ~ *kogoś/coś* bring, lead sb/sth: *Doprowadził nas na sam szczyt.* He took us all the way up to the top of the mountain. **2** (*skończyć się czymś*) ~ *do czegoś* lead up to sth **3** (*spowodować*): ~ *coś do końca* go through with sth ◇ ~ *kogoś do szału* drive sb mad ◇ ~ *kogoś do łez* make sb cry ◇ ~ *coś do porządku* tidy sth up

dopu-szczać/ścić 1 (*pozwolić na coś*) allow: ~ *do katastrofy* cause a disaster **2** (*zezwolić*) permit: ~ *kogoś do badań* let sb do research ◇ *nie* ~ *kogoś do głosu* not let sb get a word in ◇ ~ *coś do produkcji/sprzedaży/ rozpowszechniania* permit the production/sale/distribution of sth ◇ ~ *kogoś do ministra* let sb see the minister ◇ ~ *kogoś do tajemnicy* let sb in on a secret **3** (*uznać za możliwe*) allow for sth ■ **dopu-szczać/ścić się** (*popełnić*) ~ *się czegoś* commit

do-rabiać/robić 1 (*zrobić jeszcze jeden egzemplarz*): ~ *klucz* make a duplicate key **2** (*pracować po godzinach*) have a second job ■ **do-rabiać/robić się** (*bogacić się*) get rich

dorad|-ca/czyni adviser [IDM] ~*ca prawny* solicitor

dora-dzać/dzić advise

do-rastać/rosnąć 1 (*stać się dorosłym*) grow up **2** (*osiągnąć pewien wiek*) reach **3** (*dorównać: wzrostem*)

d

measure up (to sth), (*umiejętnościami*)
match up to sb/sth

doręczenie delivery

dorosły *przym.* adult I **dorosł-y/a** *rz.*
adult

dorosnąć → DORASTAĆ

dorówn(yw)ać ~ **komuś/czemuś**
(*czymś*) equal sb (in sth), be a match for
sb/sth: *Dorównywała jej inteligencją.*
She's just as intelligent. ◇ *Ten obraz
nie dorównuje poprzednim.* This
painting isn't as good as the last one.

dorsz cod [*lm* cod]

dorywczo on and off

dorywczy (*nie stały*) casual, (*tylko w
pewnych porach roku*) seasonal

dosadny terse

dosięg-ać/nąć reach: *nie dosięgnąć
celu* fall short of the target

doskonalić/u- perfect

doskonały excellent

dosłowny literal

dostać (się) → DOSTAWAĆ (SIĘ)

dostarcz-ać/yć deliver: ~ *środków na
projekt* fund a project ◇ ~ *komuś
informacji o czymś* inform sb about sth
[IDM] ~ **towar** come up with/deliver the
goods

dostateczn|y 1 (*wystarczający*)
sufficient: ~*a ilość/liczba* enough
2 (*zadowalający*) adequate **3** (*szk.*)
pass

dostawa delivery

dosta(wa)ć 1 get: ~ *coś z powrotem* get
sth back ◇ ~ *coś w spadku* inherit sth
2 (*wysypki itp.*) come out in sth
3 (*zostać uderzonym*): *Dostałam cios w
czoło.* I got hit on my forehead. ◇ *Ale
dostałam!* Oh, I've been hit! [IDM]
dostać po nosie get criticized ■ **dosta-
(wa)ć się 1** ~ **się dokądś/gdzieś** get
somewhere **2** : *Dostanie ci się!* You'll be
in for it!

dostawca supplier

dostęp 1 (*możliwość wejścia gdzieś/
skorzystania z czegoś*) access: *mieć ~ do
kogoś/czegoś* have access to sb/sth
2 (*droga*) approach

dostępny 1 (*droga, miejsce itp.*)
accessible **2** (*towar*) available
3 (*osoba*) approachable

dostoso(wy)wać ~ **coś do czegoś**
adjust sth (to sth) ■ **dostoso(wy)wać się
~ się (do czegoś)** fit in (with sth), (*do
przepisów*) conform to sth

dostrze-gać/c ~ **coś** notice, (*form.*)
perceive sth, (*tylko wzrokiem*) spot sth,
(*za pomocą badań itp.*) detect

dostrzegalny perceptible

dosyć (*także* **dość**) **1** enough: *mieć ~* be
fed up ◇ *Mam go dość!* I've had enough
of him! **2** quite, rather ❶ **Quite, rather,
fairly** i **pretty** mogą wszystkie oznaczać
„niezbyt" lub „średnio". **Fairly** ma
najsłabszy wydźwięk znaczeniowy, a
rather i **pretty** (stosowane w języku
potocznym) najmocniejszy. **Fairly**
przeważnie określa słowa o
pozytywnym znaczeniu: *This room was
fairly tidy.* **Rather** ma wydźwięk
krytyczny: *This room's rather untidy.*
Używając **rather** ze słowem o
pozytywnym znaczeniu, nadaje temu
słowu znamiona zdziwienia lub
zadowolenia: *The new teacher is rather
nice. I'm surprised – he didn't look very
friendly.*

doświadcz-ać/yć (*doznawać*)
experience: ~ *czegoś na własnej skórze*
know sth from your own experience

doświadczenie 1 (*przeżycie*)
experience **2** (*eksperyment*) ~ **na czymś**
experiment on sth

dotąd 1 (*w czasie*): (*jak*) ~ so far **2** (*w
kierunku mówcy*) this far, (*od mówcy*)
that far

dotkliwy 1 (*ból*) acute **2** (*chłód, wiatr*)
biting **3** (*brak itp.*) severe

dotknąć → DOTYKAĆ

dotknięty (*obrażony*) hurt

dotrzeć → DOCIERAĆ

dotrzym(yw)ać (*umowy itp.*) honour
sth, (*warunków*) abide by sth: ~
terminu spotkania/obietnicy/słowa
keep an appointment/your promise/
your word ◇ *nie ~ obietnicy/słowa*
break your promise/word [IDM] ~
(*komuś*) **kroku** keep up (with sb)

dotychczas so far, (*bardziej form.*) to
date

dotyczyć 1 (*mieć związek*) concern
2 (*stosować się*) apply: *Ta zasada nas
nie dotyczy.* This rule doesn't apply to
us.

dotyk 1 (*zmysł*) (the sense of) touch
2 (*dotknięcie*): *być w ~u jak piasek* feel
like sand

dot-ykać/knąć 1 (*stykać się*) touch,
(*palcami*) finger, (*sprawdzać dotykiem*)
feel **2** (*mieć wpływ*) affect
3 (*krzywdzić*) hurt, (*choroba,
nieszczęście itp.*) afflict **4** (*tematu*)
touch on/upon sth ■ **dot-ykać/knąć się**
touch

doustnie (*brać leki*) orally

dowcip joke

dowcipny witty

do-wiadywać/wiedzieć się
1 (*dowiadywać się*) ~ *o kogoś/coś* ask
(about sb/sth) (*form.*) enquire (about

sb/sth) **2** (*dowiedzieć się*) ~ *czegoś o kimś/czymś* find out sth about sb/sth
do-wodzić/wieść 1 (*dowodzić*) (*wojskiem itp.*) be in command (of sth), (*drużyną*) captain sth **2** (*prawdy/że*) prove sth
dowolny (*jakikolwiek*) any: *Przyjdź w ~m momencie.* Come whenever you like.
do-wozić/wieźć 1 (*zawieźć na miejsce*) drive: *Do hotelu dowieziono ich saniami.* They were taken to the hotel in a sleigh. **2** (*przywieźć czegoś więcej*) bring/send in more of sth
dowód 1 (*i prawn.*) evidence, (*ostateczny*) proof **2** (*pokazanie*) demonstration: ~ *wdzięczności/uznania* a token of sb's gratitude/appreciation **3** (*dokument*): ~ *osobisty/tożsamości* an identity card
dozgonny lifelong
dozna(wa)ć ~ *czegoś* experience sth, (*bólu, cierpienia*) suffer from sth, (*porażki itp.*) suffer sth, (*obrażeń*) (*form.*) sustain, (*nieprzyjemności itp.*) meet with sth: ~ *zawodu* be disappointed
dozor-ca/czyni (*w szkole, domu itp.*) caretaker, janitor (*Am.*)
dozwolony permissible, (*prawnie*) legitimate
dożywocie (*kara*) life imprisonment
dożywotni life(long): ~ *wyrok* a life sentence ◊ ~ *senator* a senator for life
dół 1 bottom, (*łóżka*) foot [*lm* feet]: *na/w* ~ down ◊ *Mieszkam na dole.* I live on the ground floor. ◊ *w dole* at the bottom ◊ *schodzić w* ~ (*góry*) go downhill ◊ *w* ~ *schodów* downstairs ◊ *w* ~ *rzeki* downstream ◊ *Ak-cje idą w* ~. The value of shares is dropping. **2** (*dziura*) hole [IDM] **z dołu** in arrears: *być płatnym z dołu* be paid in arrears
drabin(k)a ladder: ~ *składana* a stepladder ◊ ~ *społeczna/płacowa* the social/pay ladder
dramat drama
dramatopisa-rz/rka dramatist
dramatyczn|y (*i przen.*) dramatic: *sztuka ~a* a drama
drapacz: ~ *chmur* a skyscraper
drapać/po- 1 (*paznokciami itp.*) scratch **2** (*ubranie itp.*) itch **3** (*dym, kurz itp.*) irritate: *Kurz drapie mnie w gardle.* The dust is irritating my throat.
■ **drapać/po- się** scratch (yourself)
drapieżnik predator
drapieżny 1 (*zool.*) predatory: *ptak* ~ a bird of prey **2** (*osoba*) ruthless **3** (*wypowiedź itp.*) scathing, (*gazeta, film itp.*) provocative

drastyczny 1 (*zmiany itp.*) drastic **2** (*pełen okrucieństwa; nieprzyzwoity*) shocking
drażliwy 1 (*osoba*) irritable **2** (*sytuacja itp.*) explosive, (*sprawa*) thorny
drażni|ć 1 (*/roz-*) (*irytować*) annoy **2** (*/po-*) (*dokuczać*) tease **3** (*/po-*) (*nos, oczy, skórę*) irritate ■ **drażnić/po- się** ~ **się z kimś** tease sb
drążyć 1 (*/wy-*) (*kopać, wiercić*) bore, (*w ziemi*) excavate: ~ *tunel* tunnel **2** (*temat, problem*) examine sth thoroughly
drelich 1 denim **2** (*roboczy*) overalls
dres tracksuit
dreszcz shiver, (*zwł. strachu*) shudder, (*radości*) thrill: *mieć ~e* be shivering
dreszczowiec thriller
drewniak (*but*) clog
drewniany (*z drewna; i przen.*) wooden
drewn|o wood, (*na budowę*) timber, (*kłoda*) log: ~*o opałowe* firewood ◊ ~*o sosnowe* pine [IDM] **nogi jak z** ~*a* stiff legs ǀ **odpukać w niemalowane** ~*o* touch wood
dręczyć torment, (*pytaniami itp.*) harass ■ **dręczyć się** ~ **się czymś** torment yourself with sth: *Dręczyła się, co zrobić.* She agonized over what to do.
drętwieć/z- 1 (*z zimna*) go numb, (*noga/ręka: od długiego nieruszania się*) go to sleep **2** (*ze strachu*) freeze
drg-ać/nąć 1 (*muskuł*) twitch **2** (*płomień*) flicker **3** (*powieka*) flutter **4** (*głos*) tremble **5** (*struna*) vibrate [IDM] **komuś nie drgnie powieka**: *Nawet mu powieka nie drgnęła, kiedy strzelał.* He fired without batting an eyelid.
drgawk|a (~i) convulsions
drobiazg 1 (*przedmiot*) trinket: ~*i* odds and ends **2** (*nieważna sprawa*) trivial matter: *To* ~. It's nothing.
drobiazgowy 1 (*opis itp.*) detailed **2** (*osoba*) meticulous
drobne (*pieniądze*) small change [U]: *Czy możesz rozmienić jeden funt na* ~? Could you give me change for one pound?
drobn|y 1 small: ~*y druk* small print **2** (*budowa ciała*) slight: *mieć* ~*ą budowę* be slightly built **3** (*nieważny*) minor **4** (*śnieg itp.*) fine
dro|ga 1 (*gdzie jadą samochody*) road: ~*ga szybkiego ruchu* a dual carriageway **2** (*trasa dla innych pojazdów/osób*) path: ~*gą lądową/lotniczą* by road/air ◊ ~*ga wodna* a waterway **3** (*właściwa trasa*) the way: *pytać o* ~*gę* ask the way ◊ *pokazywać komuś* ~*gę* show sb the way ◊ *po* ~*dze* on the way ◊ *Byli w* ~*dze już trzy dni.*

d

They had been on the road for three days already. ◊ *W ~dze nigdy nie śpię.* I never manage to sleep while travelling. ◊ *w połowie ~gi* midway ◊ *Stoisz na mojej ~dze.* You're in the way. ◊ *Z ~gi! Out of my way!* **4** (*możliwa trasa podróży*) route **5** (*odległość*) distance: *długa ~ga* a long way ◊ *mieć długą ~gę przed sobą* have a long way to go |IDM| **~ga sądowa** legal action: *wstąpić na ~gę sądową* take legal action ◊ *dochodzić sprawiedliwości na ~dze sądowej* seek justice through the courts | **na dobrej/złej ~dze** on the right/wrong track | **na ~dze czegoś** through sth: *Pieniądze zdobyli na ~dze przestępstwa.* They made their money through crime. | **zejść na złą ~gę** go off the rails

drogeria chemist's, drugstore (*Am.*)
❶ Nie ma dokładnego angielskiego odpowiednika tego wyrazu. W sklepach **chemist's** / **drugstore** można kupić wszystkie leki, również na receptę, ale nie sprzedaje się tam artykułów chemicznych. W **drugstore** można kupić także napoje i przekąski.

drogi 1 (*nie tani*) expensive **2** (*cenny*) valuable **3** (*osoba*) dear

drogocenny precious

drogowskaz signpost

drób poultry

drug|i 1 second: *~a godzina* two o'clock ◊ *~i czerwca* 2nd June ❶ Mówi się: *the second of June.* ◊ *Jadę ~iego czerwca.* I'm going on 2nd June. ❶ Mówi się: *... on the second of June.* ◊ *~a klasa* second class ◊ *~i język* a second language ◊ *być ~im* (*w wyścigu itp.*) come second ◊ *po ~ie* secondly **2** (*co do jakości itp.*) second-best: *~iego gatunku* second-rate **3** (*od pary; koniec, strona*) the other, (*z dwu wymienionych*) the latter: *co ~i* alternate ◊ *jeden za ~im* one by one |IDM| **~a natura (kogoś)** second nature (to sb) | **z ~iej ręki** second-hand | **z ~iej strony** on the other hand

drugorzędny 1 (*sprawa itp.*) secondary **2** (*aktor itp.*) second-rate

druk 1 (*drukowanie*) printing: *wydać coś ~iem* publish sth **2** (*tekst*) print: *wytłuszczony* ~ bold (type) ◊ *pochyły ~* italics **3** (*~i*) printed matter: *~i urzędowe* official documents

drukarka printer

drukarnia printer's

drukarstwo printing

drukarz printer

drukować/wy- print, (*na drukarce*) print sth out

drut 1 wire: *~ kolczasty* barbed wire ◊ *~y elektryczne/telefoniczne*

electricity/telephone wires **2** (*do robót dziewiarskich*) knitting needle: *robić na ~ach* knit

druzgotać/z- (*krzesło itp.*) smash | **zdruzgotany** (*osoba*) devastated: *Był ~ wiadomością o śmierci matki.* He was devastated by the news of his mother's death.

drużyna team: *~ przeciwna* the other side

drwić ~ z kogoś/czegoś mock sb/sth

drwina mockery

drzazga chip, (*w kształcie igły, zwł. drewna*) splinter

drzeć/ze- tear, (*doszczętnie*) tear sth up ▪ **drzeć się 1** tear **2** (*osoba*) yell

drzemać doze

drzemk|a nap: *uciąć sobie ~ę* have a nap

drzew|o 1 tree, (*młode*) sapling: *na ~ie* in a tree ◊ *~o iglaste* a conifer **2** (*drewno*) wood |IDM| **~o genealogiczne** family tree: *wywodzić swoje ~o genealogiczne* trace your family tree

drzwi 1 door: *~ frontowe/od tyłu* the front/back door ◊ *~ do kuchni* the kitchen door ◊ *oszklone ~* French windows **2** (*otwór zamknięty drzwiami*) doorway: *stać w ~ach* stand in the doorway |IDM| **kuchennymi ~ami** by the back door | **posiedzenie przy ~ach otwartych** open meeting | **tylnymi ~ami** by the back door | **~ się nie zamykają** people are coming and going

drżeć 1 (*zwł. ze strachu*) tremble, (*zwł. z zimna*) shiver, (*silnie, ale krótko*) shudder, (*lekko: np. warga, głos*) quiver **2** **~ o kogoś** (*bardzo się bać*) fear for sb

dubbingować/z- dub

duch 1 (*psychiczny; prawa itp.*) spirit: *w ~u* inwardly ◊ *młody ~em* young at heart **2** (*istota nadprzyrodzona*) ghost: *D~ Święty* the Holy Spirit **3** (*armii, zespołu itp.*) morale |IDM| **ani żywego ~a** not a soul | **iść z ~em czasu** keep up the times | **oddać ~a** die | **podnosić kogoś na ~u** cheer sb up | **tracić ~a; upaść na ~u** lose heart

duchowieństwo clergy

duchowny *przym.* clerical: *stan ~* the ministry ▸ *rz.* clergyman

duchowy spiritual

dudnić rumble

dum|a pride: *robić coś z ~ą* take pride in (doing) sth ◊ *powód do ~y* something to be proud about

dumny proud

dur (*muz.*) major

durszlak colander

dusić 1 (*/u-*) (*ściskać za gardło*)
strangle **2** (*/z-*) ~ **w sobie** (*emocje itp.*)
bottle sth up **3** (*/z-*) (*inicjatywę itp.*)
strangle **4** (*/u-*) (*potrawę*) stew, (*w
mniejszej ilości wody itp.*) braise
■ **dusić/u- się** (*od kaszlu, dymu itp.*)
choke, (*z braku powietrza*) suffocate

dusz|a soul: *z całej ~y* with all your
heart ◊ *w głębi ~y* deep in your heart
◊ *lekko/ciężko na ~y* light/heavy of
heart [IDM] **bratnia ~a** kindred spirit I **z
~ą na ramieniu** with your heart in your
mouth

duszny 1 (*pokój itp.*) stuffy
2 (*powietrze*) close

dużo ~ (*czegoś*) a lot (of sth), (*tylko z rz.
policz.*) many, (*tylko z rz. niepolicz.*)
much: ~ *ludzi* a lot of people ◊ *D-
śpiewam.* I sing a lot. ◊ *za ~* too many/
much ◊ *dość ~* (*czegoś*) quite a lot (of
sth) ◊ ~ *więcej/mniej* a lot more/less
◊ *Tego już za ~.* That's a bit much.
❶ **Many i much** w zdaniach
oznajmujących brzmią bardzo
formalnie. W języku mówionym, a
także w nieformalnym języku pisanym,
używa się **a lot of**. Jednak w zdaniach
pytających i przeczących **many** i **much**
nie mają już znaczenia formalnego.
→ WIELE [IDM] **co za ~**, **to niezdrowo**
enough is enough

duż|y 1 big, large ❶ W odniesieniu do
rozmiarów i liczb można użyć zarówno
big, jak i **large**. **Large** ma znaczenie
bardziej formalne i zazw. nie używa się go
w odniesieniu do ludzi: *a big/large house*
◊ *a big boy* **Great** najczęściej stosuje się,
mówiąc o ważności lub jakości danej
osoby, rzeczy lub wydarzenia: *a great
occasion/musician.* Występuje też w
zestawieniu z rz. niepolicz., w znaczeniu **a
lot of**: *great happiness/care.* **2** (*gorączka*)
high **3** (*ruch*) heavy **4** (*litera*) capital,
(*nieform.*) big: *Literatura przez ~e „L"*
Literature with a big 'L' **5** (*dorosły*)
grown-up

dwa two: *W przyszłym tygodniu skończy
~ lata.* He will be two (years old) next
week. ◊ *Mieszka przy Saskiej 2.* She
lives at 2 Saska Street. ◊ ~ *razy* twice
◊ ~ *razy więcej* twice as much ◊ *co ~
lata* every two years ◊ *na dwie części* in
two ◊ *pracować/jeść za dwóch* do two
people's work/eat enough for two I
dwoje two

dwadzieścia twenty → DWA

dwanaście twelve → DWA

dworzec station

dwójkowy binary

dwór 1 (*królewski*) court **2** (*szlachecki*)
manor (house) [IDM] **na ~/dworze**
outside

dwudziesty twentieth → DRUGI

dwujęzyczny bilingual

dwukropek colon

dwukrotny double: ~ *mistrz* champion
two times over I **dwukrotnie** twice

dwuletni biennial

dwulicowy two-faced

dwunasty twelfth → DRUGI

dwuosobow|y for two people: *łóżko ~e*
double bed ◊ *pokój ~y* double (room)

dwusetn|y two-hundredth: ~*a rocznica*
a bicentenary

dwutlenek dioxide: ~ *węgla* carbon
dioxide

dwuznaczny ambiguous

dyg-ać/nąć curtsy

dygotać 1 (*z zimna*) shiver, (*ze
strachu*) tremble **2** (*okna itp.*) shake
3 (*serce, żołądek*) flutter

dyktando dictation [IDM] **robić coś pod
czyjeś ~** do sth at sb's command

dyktatura dictatorship

dyktować/po- ~ (*komuś*) (*coś*) dictate
(sth) (to sb)

dylemat dilemma: *Mam ~.* I'm in a
dilemma./I've got a dilemma.

dyletancki amateurish

dym smoke: *pójść z ~em* go up in smoke

dymić smoke

dymisj|a resignation: *podawać się do ~i*
resign

dynamit dynamite

dynia pumpkin

dyplom 1 (*szk.*) ~ (**z czegoś**) diploma
in/of sth: *uzyskać/zrobić ~* gain/get a
diploma ◊ ~ *uniwersytecki* a degree
❶ Przyimka **in** używa się w odniesieniu
do konkretnych przedmiotów, a **of** w
stosunku do ogólniejszych dziedzin: *a
diploma in hotel management/of higher
education* ~ z hotelarstwa/szkoły
wyższej. **2** (*w konkursie*) ~ (**za coś**)
certificate (for sth)

dyplomata diplomat

dyplomatyczny (*i przen.*) diplomatic

dyplomow|y : *praca ~a* dissertation

dyrektor/ka 1 (*firmy*) director: ~
naczelny general manager
2 (*stowarzyszenia itp.*) president
3 (*szkoły*) head (teacher)/principal
(*Am.*)

dyrygent conductor

dyrygować 1 (*orkiestrą*) conduct
2 ~ *kimś* order sb about/around

dyscyplina discipline: ~ *wewnętrzna*
self-discipline

dyscyplinarny disciplinary

dysk 1 (*komput.*) disk: *twardy ~* hard
disk/drive ◊ *zapisać coś na twardym*

dyskiet|ka

~*u* save sth to the hard disk
2 (*kręgosłupa*) disc, disk (*Am. zwykle*)
3 (*sport*) discus
dyskiet|ka floppy (disk): *zapisać coś na
~ce* copy sth onto a floppy
dyskotek|a disco: *iść na ~ę* go to a disco
dyskredytować/z- discredit
dyskretny 1 (*zachowanie*) discreet
2 (*muzyka*) unobtrusive, (*kolor*) sober
dyskryminować/z- discriminate
dyskusj|a ~a nad czymś discussion
about sth: *wdać się w ~ę z kimś* get
involved in a discussion with sb [IDM]
bez ~i! and that's the end of it! | *nie
podlegać ~i* be indisputable
dyskutować ~ nad/o czymś (z kimś)
discuss sth (with sb)
dyskwalifikować/z- disqualify
dyspozycj|a instruction: *wydać komuś
~e* give sb instructions [IDM] *być do
czyjejś ~i* be at sb's disposal | *mieć coś
do ~i* have sth at your disposal
dystans distance: *mieć ~ do kogoś/
czegoś* treat sb/sth with (a certain)
detachment ◊ *trzymać się na ~* hold
yourself aloof ◊ *trzymać kogoś na ~*
keep sb at a distance ◊ *być na ~* be
distant ◊ *patrzeć na coś z ~u* put sth in
perspective
dyszeć (*po wysiłku fizycznym itp.*) pant
[IDM] *ledwo ~* (*osoba; coś*) be on your/its
last legs
dywan carpet | **dywanik** rug
dywidenda dividend
dyżu|r 1 (*osoby*) duty: *być na/po ~rze* be
on/off duty ◊ *pełnić ~r* be on duty
◊ *Ma nocny ~r.* He's on night shift.
2 (*instytucji*) hours: *Apteka ma nocny
~r.* The chemist is open nights. [IDM]
ostry ~r (*szpital*) accident and
emergency, emergency room (*Am.*)
dzbanek jug, pitcher (*Am.*): *~ do kawy*
coffee pot
dziać się happen: *Akcja powieści dzieje
się w Afryce.* The story is set in Africa.
◊ *Co tu się dzieje?* What's going on
here? ◊ *Co się z nim dzieje?* What's the
matter with him? ◊ *Coś złego dzieje się
z moim okiem.* Something's wrong with
my eye. [IDM] *niech się dzieje, co chce*
come what may
dziadek grandfather [IDM] *~ do
orzechów* nutcracker
dział 1 (*instytucji*) department: *~
personalny* personnel 2 ◊ *~ sprzedaży*
sales (department) 2 (*czasopisma itp.*)
section 3 (*dziedzina*) branch
działacz activist
działać 1 (*osoba*) act 2 (*urządzenie;
idea itp.*) work 3 (*wywierać wpływ*)
have an effect: *Klimat morski działa*

pozytywnie na niego. The sea weather
had a positive effect on him. ◊
Zastrzyk zaczął ~. The injection
started to work. 4 (*ustawa itp.*) have
force [IDM] *~ komuś na nerwy* get on sb's
nerves
działalność activity: *~ gospodarcza
(państwa)* trade (*osoby*) your own
business
działani|e 1 action: *~a wojenne*
warfare 2 (*mechanizmu*) operation
działka 1 (*ziemi*) plot, (*ogródek
działkowy*) allotment 2 (*część zysku*)
cut
dziąsło gum
dziczyzna venison
dzieciak kid
dziecięc|y children's: *zabawki ~e*
children's toys
dziecinny (*jak u dzieci*) childish, (*jak u
niemowląt*) babyish
dzieciństwo childhood
dziecko child [*lm* children], (*niemowlę*)
baby
dziedziczny hereditary
dziedziczyć/o- ~ coś (po kimś) inherit
sth (from sb)
dziedzina (*ogólnie*) area, (*naukowa*)
field, (*biznesu itp.*) line
dziedziniec courtyard: *~ kościelny*
churchyard
dziekan dean
dzielenie division
dzielić/po- 1 divide: *~ na pod-działy*
subdivide ◊ *Cztery podzielić przez dwa
równa się dwa.* Four divided by two
equals two. ◊ *Dzielił ich mur.* They
were separated by a wall. ◊ *Dzielą nas
poglądy polityczne.* We disagree over
politics. 2 *~ coś z kimś* share sth with
sb: *Dzielił mieszkanie z kolegą.* He
shared a flat with a friend. [IDM] *~ włos
na czworo* split hairs ■ **dzielić/po- się
1** divide 2 *~ się czymś z kimś* share sth
with sb: *~ się czymś po połowie* go
halves with sb
dzielnic|a part: *W której ~y Londynu
mieszkasz?* Which part of London do
you live in? ◊ *To piękna ~a.* It's a nice
area.
dzielnicowy *rz.* police constable
dzielny courageous
dzieło work [IDM] *do ~a!* let's get down
to work!
dziennik 1 (*pamiętnik*) diary: *~
okrętowy/pokładowy* a log ◊ *~ szkolny*
a register ◊ *prowadzić ~* keep a diary/
log 2 (*gazeta*) daily (newspaper)
dziennikarstwo journalism
dziennika-rz/rka journalist

dzień 1 (*cała doba*) day, (*kiedy jest jasno*) daytime: *Jaki dziś ~?* What day is it today? ◊ *poprzedniego dnia* the day before ◊ *~ powszedni* weekday ◊ *~ świąteczny* holiday ◊ *~ roboczy* working day ◊ *~ wolny od pracy* day off ◊ *w ~* in the daytime/during the day ◊ *po ~ dzisiejszy* to date ◊ *na co ~* usually ◊ *Dzień w ~ uprawiam jogging.* I go jogging every day. ◊ *Sytuacja zmieniła się z dnia na ~.* The situation changed overnight. ◊ *żyć z dnia na ~* live from day to day ◊ *~ po dniu* day in, day out ◊ *Wyjeżdża na dniach.* He'll be leaving any day now. ◊ *dniem i nocą* day and night **2** (*światło dzienne*) daylight **[IDM] ~ dobry!** (*o każdej godzinie*) hallo, (*przed południem*) good morning, (*po południu*) good afternoon **I nie znać dnia ani godziny** not know if you will live to see another day

dzierżaw|a lease: *oddać coś komuś w ~ę* lease sth (out) to sb ◊ *wziąć od kogoś coś w ~ę* lease sth from sb

dzierżaw-ca/czyni (*który płaci czynsz za korzystanie z budynku/ziemi*) tenant

dzierżawić/wy- ~ coś (*od kogoś*) rent sth (from sb)

dziesiąty tenth → DRUGI

dziesięć ten → DWA

dziesiętny decimal: *ułamek ~* decimal (fraction)

dziewczyna 1 girl **2** (*sympatia*) girlfriend

dziewiarstwo knitting

dziewiąty ninth → DRUGI

dziewica virgin

dziewięć nine → DWA

dziewięćdziesiąt ninety

dziewięćdziesiąty ninetieth

dziewiętnasty nineteenth → DRUGI

dziewiętnaście nineteen → DWA

dzięki 1 ~ (*komuś*) thanks (to sb), (*pot.*) cheers **2 ~ czemuś** thanks to sth **[IDM] ~ Bogu!** thank God!

dziękować/po- thank: *dziękuję* (*bardzo*) thank you (very much)

dziki 1 (*w przyrodzie*) wild **2** (*plemię itp.*) primitive

dziobać 1 (*ptak*) peck **2** (*jedzenie itp.*) pick at sth

dziób 1 (*ptasi*) beak **2** (*samolotu itp.*) nose **3** (*statku*) bow **4** (*dzbanka itp.*) spout

dzisiaj today: *Który jest ~?* What is the date today? ◊ *od/do ~* from/till today **[IDM] nie od ~** for ages

dzisiejsz|y today's: *~y wieczór* this evening ◊ *~a noc* tonight **2** (*współczesny*) contemporary

dziur|a hole **[IDM] szukać ~y w całym** find fault with sb/sth

dziurawić/prze- ~ coś make a hole/holes in sth, (*oponę itp.*) puncture

dziurk|a 1 small hole, (*od guzika*) buttonhole, (*od klucza*) keyhole **2** (*~i*) (*w papierze*) perforation

dziurkować/prze- ~ coś punch a hole/holes in sth, (*papier*) perforate

dziwaczny (*niezwykły*) eccentric, (*dziwny*) weird

dziwić/z- surprise, (*silnie*) astonish **■ dziwić/z- się ~ się** (*komuś/czemuś*) be surprised/astonished (at/by sth): *Nie dziwię ci się.* I don't blame you.

dziwn|y strange: *Nic ~ego!* No wonder!

dzwon(ek) 1 bell, (*do mieszkania*) doorbell **2** (*dźwięk*) ring **3** (*kwiat*) bluebell

dzwonić/za- 1 (*dzwon, telefon*) ring, (*dzwon, zegar*) chime, (*dzwonki itp.*) jingle **2** (*telefonować*) (tele)phone **3** (*budzik itp.*) go off

dźg-ać/nąć 1 (*nożem itp.*) stab **2** (*łokciem*) jab

dźwięczeć (*być słyszanym*) sound, (*dzwonić*) ring

dźwięk sound: *wydać ~* make a sound

dźwig 1 (*żuraw*) crane **2** (*winda*) lift, elevator (*Am.*)

dźwig-ać/nąć 1 (*podnosić*) lift **2** (*nosić*) carry

dźwignia lever, (*zmiany biegów*) gear lever

dżem jam, (*pomarańczowy/cytrynowy*) marmalade

dżinsowy denim **I dżinsy** jeans

dżudo judo

dżungla jungle

Ee

ech|o echo: *budzić ~o/wracać ~em* echo **[IDM] pozostać/minąć itp. bez ~a** fail to make an impression **I odbić się głośnym ~em** have major repercussions

edukacja education

efekt effect: *~ cieplarniany* the greenhouse effect ◊ *~ dźwiękowy* a sound effect ◊ *~y specjalne* special effects ◊ *~ uboczny* a side effect ◊ *osiągnąć dobre ~y* achieve good results

efektowny (*strój; osoba; zachowanie*) flamboyant, (*samochód itp.*) flashy

efektywny effective, (*pracownik*) efficient

egoist-a/ka egoist

egoistyczny egoistic

egzamin exam, (*form.*) examination, (*mniej ważny i krótszy*) test: *zdawać ~ do/take/sit an exam* ◊ *zdać ~* pass an exam ◊ *nie zdać ~u* fail an exam ◊ *~ z angielskiego* an English exam/an exam in English ◊ *~ próbny* a mock (exam) ◊ *~ końcowy* a final (exam) ◊ *~ ustny* an oral (exam) ◊ *~ wstępny* an entrance exam

egzaminator/ka examiner

egzaminować/prze- ~ kogoś (z czegoś) test sb (in sth)

egzemplarz copy: *w dwu ~ach* in duplicate

ekipa (*sport.; naukowców*) team, (*film; TV*) crew, (*poszukiwaczy*) party, (*robotników*) gang

ekologia ecology

ekologiczny 1 ecological **2** (*nieszkodliwy dla środowiska*) environmentally friendly, (*sprawa, polityka itp.*) green

ekonomia 1 (*nauka*) economics **2** (*gospodarka*) economy

ekonomiczny 1 (*dot. ekonomii*) economic **2** (*oszczędny*) economical

ekonomista economist

ekran screen: *Film wszedł na ~y/zszedł z ~ów.* The film has just come out/finished.

ekscentryczny eccentric

ekskluzywny exclusive

eksmitować/wy- ~ kogoś (skądś) evict sb (from somewhere)

ekspedient/ka shop assistant, storekeeper (*Am. zwykle*)

ekspediować/wy- dispatch

ekspedycja expedition

ekspert (*znawca*) expert

eksperymentalny experimental

eksperymentować experiment

eksploatacj|a 1 (*minerałów itp.; osoby*) exploitation **2** (*wykorzystanie*) usage: *koszty ~i* running costs

eksploatować/wy- 1 (*kopalnię itp.*) exploit, (*teren do zabudowy*) develop **2** (*korzystać*) use

eksplodować explode

eksplozja explosion

eksport export

eksporter exporter

eksportować export

ekspres express: *~em* express ◊ *kawa z ~u* (a) filter coffee ◊ *kupić bilet na ~*

buy a ticket for the express train [IDM] *~ do kawy* filter coffee maker

ekstrawagancki flamboyant

ekstremalny extreme

ekstremist-a/ka extremist

ekwipunek equipment, (*dot. i odzieży*) gear

elastyczny 1 (*przedmiot*) elastic **2** (*osoba; program itp.*) flexible

elegancki (*modny, formalny*) smart, (*wytworny*) elegant

elektroniczny electronic, (*zegar(ek)*) digital

elektrownia power station/ (*Am.*) plant: *~ jądrowa* a nuclear power station ◊ *~ wodna* a hydroelectric power station

elektryczność electricity: *~ statyczna* static

elektryczny 1 (*motor, światło, wtyczka itp.*) electric **2** (*usterka; urządzenie; energia*) electrical

elektryfikować/z- electrify

elektryk electrician

element (*zwykle nieuchwytny*) element, (*często coś konkretnego*) component

eliminować/wy- 1 eliminate **2** (*sport*) *~ kogoś (z czegoś)* knock sb out (of sth)

elokwentny eloquent

emalia (*na metalu*) enamel, (*na ceramice*) glaze

emaliować glaze

emancypować/wy- emancipate

emanować (*i przen.*) radiate

emeryt/ka old-age pensioner

emerytaln|y retirement: *być w wieku ~ym* be of retirement age ◊ *składki ~e* pension contributions ◊ *fundusz ~y* a pension fund

emerytu|ra 1 (*stan*) retirement: *na ~rze* retired ◊ *przejść na ~rę* retire **2** (*świadczenie pieniężne*) pension

emigracj|a emigration, (*polityczna*) exile: *przebywać na ~i* be in exile/an emigre

emigrant/ka emigrant: *~ polityczny* a political refugee

emigrować/wy- emigrate

emisja 1 (*pieniędzy itp.*) issue **2** (*gazu itp.*) emission **3** (*radiowa/telewizyjna*) broadcast

emitować 1 (*pieniądze itp.*) issue **2** (*gaz itp.*) emit **3** (*program radiowy*) broadcast

emocjonalny emotional

emulsja 1 (*chem.; farba*) emulsion **2** (*kosmetyczna*) lotion

encyklopedia encyclopedia

energia (*fiz.*; *u osoby*) energy, (*elektryczna itp.*) power: ~ **jądrowa** atomic energy ◊ ~ **parowa** steam

energiczny energetic

entuzjast-a/ka enthusiast

entuzjastyczny enthusiastic

epidemia epidemic: *W lutym wybuchła* ~ *grypy.* A flu epidemic broke out in February.

epilepty-k/czka epileptic

epoka epoch, (*brązu itp.*) age

er|a era [IDM] **naszej ~y** AD I **przed naszą ~ą** BC

erekcja erection

erotyczny erotic

eskortować escort

estetyczny aesthetic, es- (*Am.*)

estrada stage

etap stage

eta|t: *na pełnym ~cie* full-time ◊ *na pół ~tu* part-time

etniczny ethnic

etyczny ethical

etykiet|a 1 (*na opakowaniu, ubraniu itp.*) label **2** (*reguły zachowania*) etiquette

etykietk|a = ETYKIETA(1) [IDM] **przyklejać komuś jakąś ~ę** label sb (as) sth

euro euro

ewakuować evacuate

ewangelia gospel ❶ Często pisze się **Gospel.**

ewangelicki evangelical

ewentualny possible I **ewentualnie** if necessary

....

Ff

....

fabryka factory

fabularny: *film* ~ a feature film

facet bloke

fachowiec professional

fachowy 1 (*specjalistyczny*) specialist, (*terminologia itp.*) technical **2** (*wykwalifikowany*) pro-fessional

fair fair: *To nie jest zachowanie* ~. That's unfair (behaviour). ◊ *grać nie* ~ play unfairly ◊ *To było nie* ~ *z twojej strony.* That was unfair of you.

fajerwerk firework: *wystrzelić* ~ let off a firework

fajka 1 (*z cybuchem*) pipe **2** (*papieros*) fag **3** (*znak*) tick, check (mark) (*Am.*)

faks fax: *~em* by fax ◊ *wysyłać komuś* ~ fax sb/send sb a fax ◊ *odebrać* ~ receive a fax

fak|t 1 fact: *wiedza po ~cie* hindsight **2** (*potwierdzenie*): *No ~t, dawno się nie widzieliśmy.* That's true – we haven't seen each other for a long time. [IDM] **~t dokonany** fait accompli I **literatura ~tu** non-fiction I **po ~cie** afterwards

faktur|a 1 (*handl.*) invoice: *wystawić ~ę* issue an invoice **2** (*tkaniny itp.*) texture

faktyczny actual, (*w praktyce, ale nie oficjalnie*) effective: *stan* ~ the actual situation I **faktycznie** in fact

fal|a (*wody; dźwięku itp.; i przen.*) wave: *~a pływowa* a tidal wave ◊ *~a upałów* heatwave ◊ *zakres* ~ *radiowych* a waveband

falbanka frill: *z ~mi* frilly

falować 1 (*nieprzechod.*: *morze, łan zboża*) ripple, (*zasłona*) billow, (*tłum ludzi*) surge (up and down) **2** (*pierś*) rise and fall: *ciężko* ~ heave

fałda fold, (*w spódnicy itp.*) pleat, (*na ciele itp.*) wrinkle

fałdować/po- 1 (*układać w fałdy*) pleat, (*marszczyć*) gather **2** (*twarz itp.*) crease

fałszerstwo forgery

fałszerz fake

fałszować/s- 1 (*pieniądze, obraz itp.*) forge, (*fakty*) falsify **2** (*na instrumencie*) be/play out of tune, (*śpiewając*) be/sing out of tune

fałszyw|y 1 (*niezgodny z prawdą*) false, (*obraz itp.*) fake, (*pieniądze, towary*) counterfeit, (*roszczenie*) bogus: *~y alarm* a false alarm ◊ *~e mniemanie* (a) misjudgement **2** (*postępowanie itp.*) insincere

fanatyczny fanatical

fanaty-k/czka fanatic

fantastyczn|y 1 (*wspaniały*) fantastic **2** (*związany z fantazją*) fantastic(al) [IDM] **powieść ~a** fantasy novel

fantazj|a 1 (*wyobraźnia*) imagination **2** (*coś wymyślonego*) fantasy: *wytwór czyjejś ~i* a figment of sb's imagination **3** (*kaprys*) whim: *mieć swoje ~e* have whims **4** (*polot*) flair

farb|a 1 (*artystyczna, na ściany itp.*) paint: *~a olejna/plakatowa* oil/poster paint ◊ *biała ~a* whitewash **2** (*do włosów, tkaniny*) dye [IDM] **puszczać ~ę** spill the beans

farbować/za- 1 (*włosy, tkaninę*) dye: ~ *włosy na rudo* dye your hair red **2** (*w praniu itp.*) run: *Koszula zafarbowała* *w praniu, wszystko jest różowe.* The shirt ran and dyed the rest of the wash pink.

farsz stuffing

fartuch *(kuchenny)* apron, *(z rękawami)* overall, *(chirurgiczny)* gown

fascynować/za- fascinate

fasol|a beans: *~a szparagowa* French beans ◇ *~a typu Jaś* kidney beans ◇ *ziarnko ~i* a bean ❶ W jęz. ang. **bean** jest rz. policz.

fason style

faszerować/na- stuff

faszystowski fascist

fatalny 1 *(pechowy)* disastrous, *(liczba)* unlucky **2** *(okropny)* dreadful **3** *(błąd, decyzja itp.)* fatal

fatygować/po- trouble ▪ **fatygować /po- się nie ~ się (aby coś zrobić)** not trouble yourself: *Proszę się nie ~ gotowaniem obiadu.* Please don't go to the trouble of cooking dinner. ◇ *~ się na próżno* waste your time doing sth

faworyzować favour, -vor *(Am.)*

faza phase

federalny federal

feminist-a/ka feminist

fenomenalny phenomenal

ferie holiday, vacation *(Am.)*: *~ letnie/ szkolne/świąteczne/wielkanocne* the summer/school/Christmas/Easter holidays *(w szkole wyższej)* vacation

fermentować/s- ferment

festiwal festival

fig|a fig [IDM] **pokazać komuś ~ę** rebuff sb

figi *(bielizna)* briefs

fig|iel practical joke: *spłatać komuś ~la* play a trick on sb

figlarny mischievous

figura 1 *(osoba; w sztuce; kształt ciała)* figure: *~ woskowa* a waxwork **2** *(szachowa)* piece **3** *(karta)* picture card **4** *(poetycka itp.)* figure of speech

fikcyjny fictitious

filar pillar

filatelistyka stamp collecting

filc felt

filet fillet, filet *(Am. także)*: *~ z dorsza* (a) cod fillet

filia branch

filigranowy 1 *(techn.)* filigree, *(misternie wykonany)* intricate **2** *(osoba)* slight

filiżanka cup: *~ do herbaty* a teacup ◇ *~ herbaty* a cup of tea

film 1 film, movie *(zwł. Am.)*: *~ animowany* a cartoon ◇ *~ dokumentalny* a documentary ◇ *~*

fabularny a feature film ◇ *~ grozy* a horror film **2** *(kino)* cinema, the movies *(Am. zwykle)* **3** *(do aparatu)* film: *włożyć ~ do aparatu* load a film in the camera ◇ *przewinąć ~ do tyłu* rewind a film ◇ *oddać ~ do wywołania* take a film to be developed

filmować/s- *(scenę, wydarzenie itp.)* film, *(powieść itp.)* make into a film

filmow|y film: *taśma ~a* film ◇ *materiał ~y* footage

filologi|a language studies, *(form.)* philology: *studiować ~ę angielską* study English ◇ *Wydział ~i Polskiej* the Faculty of Polish Language and Literature/the Polish Faculty ◇ *~a klasyczna* Classics

filozoficzny philosophical

filtr filter [IDM] **krem z ~em** *(na twarz)* moisturizer with sunblock, *(na ciało)* suncream with UV, etc. filter

filtrować/prze- *(powietrze, wodę)* filter

finalizować/s- finalize

finał 1 *(sport)* final **2** *(muz.)* finale

finans|e 1 *(na prowadzenie firmy, projektu, działalność)* finance [U]: *Ministerstwo F~ów* Ministry of Finance **2** *(do dyspozycji osoby / instytucji / kraju; zarządzanie nimi)* finances: *~e na opiekę zdrowotną* the health care budget

finansować/s- finance

finansow|y financial: *zasoby ~e* means

fioletowy purple

fiołek violet

firanka curtain

firma company, *(mała)* (small) business: *~ konsultingowa* a consultancy ◇ *~ międzynarodowa* a multinational (company)

fizyczny physical

fizyk physicist

fizyka physics

flaga flag: *~ państwowa* a national flag ❶ Na flagę Wlk. Br. mówi się najczęściej **the Union Jack**.

flamaster felt-tip (pen)

flanela flannel, washcloth *(Am.)*

flegmatyczny phlegmatic

flejtuch slob

fleksyjn|y *końcówka ~a* an inflection

flet flute: *~ prosty* a recorder

flircia-rz/ra flirt

flirtować flirt

flora flora

flota fleet: *~ wojenna* a navy ◇ *~ handlowa* a merchant navy/marine *(Am.)*

foka seal

folia 1 (*do żywności*) cling film, plastic wrap (*Am.*), (*aluminiowa itp.*) foil **2** (*do rzutnika pisma*) transparency

fonetyczny phonetic

fontanna 1 fountain **2** (*krwi itp.*) spurt

form|a 1 form **2** (*szablon*) template **3** (*naczynie: do ciast*) cake tin, (*odlewnicza*) a mould **4** (*kondycja fizyczna*): (*dobra*) ~a fitness ◇ w (*dobrej*) ~ie fit ◇ nie w ~ie out of condition **5** (~y) (*zasady zachowania*) conventions

formalny formal

formować 1 (*/u/s-*) (*nadawać formę; tworzyć*) form **2** (*/u-*) (*kształtować duchowo itp.*) shape ■ **formować** /u/s- **się** form

formularz form: ~ *zamówienia* an order form

formułować/s- formulate

forsować 1 (*/prze-*) (*kandydata, ustawę itp.*) push: ~ *ustawę przez parlament* push/force a bill through parliament **2** (*/s-*) (*męczyć*) ~ **kogoś/coś** tire sb/sth out **3** (*wojsko*) force your way into/ onto sth: *Oddział sforsował rzekę.* The detachment forced their way across the river. **4** (*zamek*) force ■ **forsować/s- się** tire yourself out

fortepian (grand) piano

fortuna fortune

fotel armchair

fotka snap

fotograf photographer

fotografia 1 (*technika*) photography **2** (*zdjęcie*) photo(graph)

fotografować/s- photograph

fotokopia photocopy

fotokopiarka photocopier

fragment 1 (*mała część czegoś*) fragment **2** (*książki itp.*) extract: *najciekawsze* ~y highlights

fragmentaryczny (*wiedza*) patchy

frapując|y (*przedstawienie artystyczne*) impressive, (*utwór*) fascinating: ~a *zagadka* an intriguing mystery

frekwencja 1 (*w teatrze itp.; w szkole*) attendance, (*na wyborach*) turnout **2** (*częstość*) frequency

frędzle fringe

front (*strona; atmosferyczny; wojsk.*) front: ~ *budynku* a facade [IDM] *zmieniać* ~ change your tune

frustrować/s- frustrate

fruwać 1 (*ptak itp.*) fly **2** (*liście itp.*) flutter

frytki chips, French fries (*zwł. Am.*)

fryzjer|ka hairdresser: ~ *męski* a barber

fryzjerski: *zakład* ~ the hairdresser's

fryzura (*styl*) hairstyle, (*ze strzyżeniem*) haircut

fundować 1 (*sfinansować*) fund: *Milioner ufundował nową bibliotekę.* A millionaire financed the new library. ◇ ~ *stypendium* fund a scholarship **2** (*zakładać*) found **3** ~ **sobie/komuś coś** treat yourself/sb; to sth

fundusz 1 (*zasób środków pieniężnych na jakiś cel*) fund: ~ *powierniczy* a trust fund

funkcj|a 1 (*stanowisko*) position: *pełnić* ~ę *dyrektora* (*tymczasowo*) act as director/ (*stale*) be the director **2** (*działanie*) function **3** (*urządzenia*) facility

funkcjonariusz/ka officer

funkcjonować function, (*maszyna*) work, (*fabryka, maszyna*) run

funt 1 (*szterling*) pound **2** (*waga*) pound

furgon(etka) van, (*z otwartym tyłem*) pickup (truck)

furi|a fury: *wpadać w* ~ę fly into a rage ◇ *napadać z* ~ą *na kogoś/coś* attack sb/ sth savagely

furkotać whirr, whir (*Am. zwykle*)

furtka 1 gate **2** (*wyjście z sytuacji*) way out, (*w prawie itp.*) loophole

fusy (*z kawy*) dregs, (*herbaciane*) tea leaves

futbol football, soccer (*Am.*)

futerał (*do okularów, skrzypiec itp.*) case, (*do pistoletu itp.*) holster

futro 1 (*sierść*) fur **2** (*płaszcz*) fur (coat)

futrzany fur

....

Gg

....

gabinet 1 (*pokój, w domu*) study, (*w pracy*) office, (*lekarski*) surgery, office (*Am.*): ~ *kosmetyczny* a beauty salon ◇ ~ *figur woskowych* waxworks **2** (*ministrów*) cabinet

gad reptile

gadać (*mówić*) talk, (*rozmawiać*) chat [IDM] *mieć coś/nie mieć nic do gadania* have sth/nothing to say | *szkoda* ~ don't waste your breath

gadanina chatter

gadatliwy talkative

gadu-gadu 1 (*rozmowa*) chit-chat **2** (*w Internecie*) instant messaging

gaf|a faux pas: *popełnić ~ę* put your foot in it

gajowy forester

galanteria chivalry

galare|ta (*zwł. słodka*) jelly, jello (*Am.*): *ryba w ~cie* fish in aspic

galeria gallery

galon 1 (*na mundurze itp.*) braid **2** (*miara*) gallon

galop gallop

galopować gallop

gałązka twig, (*zwł. czegoś*) sprig: *~ natki/wrzosu* a sprig of parsley/heather

gałąź branch

gałka 1 ball **2** (*u drzwi itp.*) knob **3** (*lodów*) scoop [IDM] *~ muszkatołowa* nutmeg I *~ oczna* eyeball

gama 1 (*zestaw*) range, (*towarów*) line **2** (*muz.*) scale

ganić/z- (*dziecko itp.*) *~ (za coś)* tell sb off, (*form.*) reprimand sb (for (doing) sth), (*publicznie, często w polityce*) censure

gapić się stare, (*z otwartymi ustami*) gape

garaż garage

garb hump

garbić/z- się (*chodząc/stojąc*) stoop, (*na kanapie itp.*) slouch, (*podnieść ramiona*) hunch

garbus/ka hunchback

garderob|a 1 (*mebel; ubranie*) wardrobe: *część ~y* an outfit **2** (*teatr*) dressing room

gardło 1 (*anat.*) throat **2** (*w biznesie itp.*): *wąskie ~* a bottleneck [IDM] **chwycić itp. kogoś za ~:** *Emocje chwyciły go za ~.* His emotions caught in his throat. I **mieć ściśnięte ~** have a lump in your throat I **na całe ~** at the top of your voice

gardzić/po- ~ kimś/czymś despise sb/sth: *nie ~ żadną pracą* do any sort of work

garncarski: *wyroby ~e* pottery ◊ *warsztat ~* a pottery

garncarstwo pottery

garnek pot: *~ żaroodporny (z pokrywką)* a casserole

garnirować garnish

garnitur 1 (*ubranie*) suit **2** (*komplet*) set, (*mebli*) suite

garnuszek mug

garstka (*niewielka ilość*) handful: *~ ludzi/wojska* a handful of people/soldiers

garś|ć 1 (*kształt ręki*) cupped hand **2** (*miara*) handful [IDM] **brać się w ~ć** pull yourself together I **trzymać/mieć coś w ~ci** have sth in your control

gasić 1 (*lz-*) (*ogień, papierosa*) put sth out **2** (*lz-*) (*światło, radio itp.*) turn sth off **3** (*lu-*) (*pragnienie*) quench **4** (*lz-*) (*śmiech itp.*) kill **5** (*lz-*) *~ kogoś* shut sb up: *~ kogoś jednym słowem* shut sb up with a single word

gasnąć/z- 1 (*światło itp.*) go out, (*silnik*) stall **2** (*tracić blask*) go dim **3** (*nadzieja itp.*) fade

gastronomia 1 (*restauracje, bary itp.*): *~ warszawska* the restaurants and bars of Warsaw **2** (*kuchnia*) cuisine

gaśnica fire extinguisher

gatun|ek 1 (*rodzaj*) sort, (*biol.*) species [*lm* species], (*marka*) brand **2** (*jakość*) quality: *towar drugiego ~ku* seconds **3** (*literacki itp.*) genre

gawędzić/po- chat

gaworzyć 1 (*niemowlę*) babble **2** (*rozmawiać*) chat

gaz 1 (*chem.; fiz.*) gas: *~ biologiczny* a biogas ◊ *~ bojowy* gas ◊ *~ łzawiący* tear gas ◊ *~ propan butan* Calor gas ◊ *~y spalinowe z samochodu/z fabryki* (car) exhaust/(industrial) emissions **2** (*w napoju*) fizz: *woda mineralna z ~em/bez ~u* sparkling/still mineral water **3** (*w pojazdach*) accelerator: *dać ~u* put your foot down ◊ *na pełnym ~ie* at full speed **4** (*~y*) (*w jelitach*) wind, gas (*Am.*) [U] [IDM] **~em!** hurry up! I **pod ~em** drunk

gaza gauze

gazeta (news)paper: *~ codzienna/lokalna/ogólnokrajowa* a daily/local/national paper ◊ *~ wielkoformatowa* a broadsheet

gazetka bulletin

gazowany (*wino, woda mineralna*) sparkling, (*zwł. napój bezalkoholowy*) fizzy

gazowy gas

gaźnik carburettor, -buretor (*Am.*)

gąbczasty (*sprężysty*) spongy, (*porowaty*) porous

gąbka 1 (*do mycia*) sponge **2** (*w materacu itp.*) foam

gąsienica caterpillar

gąsior 1 (*ptak*) gander **2** (*butla*) flagon

gbur lout

gburowaty loutish

gdakać cackle

gderać 1 (*narzekać*) grumble **2** *~ na kogoś (na coś)* nag sb (about sth/to do sth)

gderliwy grumpy

gdy 1 (*kiedy*) when: *podczas* ~ while
◊ *Gdy tylko dostanę pieniądze, to oddam dług.* As soon as I get some money, I'll pay off the debt. ◊ *Teraz, ~ skończyłam studia, muszę pomyśleć o pracy.* Now that I've finished my studies I have to think about work. **2** (*jeżeli*) if: *Gdy ulatnia się gaz, włącza się alarm.* If there's a gas leak, the alarm is activated.

gdyby if: *G~m miała czas, zapisałabym się na jogę.* If I had time, I'd enrol in a yoga class. ◊ *G~ padało, poszlibyśmy do kina.* If it rained, we would have gone to the cinema. ◊ *G~ nie padało, wakacje byłyby udane.* If it hadn't rained, the holiday would have been a success. ◊ *G~ nie tamten chłopak, na pewno bym się zgubiła.* If it hadn't been for that boy, I would certainly have got lost. ◊ *G~ tylko ten samochód był tańszy!* If only that car was (*nieform.*) /were cheaper! ◊ *G~ś mogła mi to pożyczyć, byłabym wdzięczna.* I would be grateful if you would lend that to me. ◊ *G~ był pan tak uprzejmy i pomógł mi z bagażem.* Would you please help me with my luggage? ◊ *A ~ ten obraz powiesić trochę wyżej?* What if we hung the picture a little higher up? ◊ *jak ~* as if

gdzie where: ~ *indziej* somewhere else ◊ *Nie miał ~ usiąść.* He didn't have anywhere to sit. ◊ *Połóż to ~ bądź.* Put it wherever you like. [IDM] **a ~ tam!** come off it!

gdziekolwiek anywhere: *Możesz usiąść ~.* You can sit anywhere. ◊ *G~ pójdzie, zawsze ją ktoś rozpozna.* Wherever she goes, someone recognizes her.

gdzieś somewhere, anywhere → SOME [IDM] **mieć kogoś/coś ~** not give a damn about sb/sth

gej gay

gen gene

generalizować generalize

generał general: ~ *brygady* a brigadier ◊ ~ *dywizji* a major general

genetyczny genetic

genialny brilliant

genitalia genitals

geniusz genius, (*młody*) prodigy, (*w krzyżówkach itp.*) whizz

geografia geography

geograficzny geographic

geologia geology

geologiczny geological

geometria geometry

geometryczny geometric

germański Germanic

gest gesture: *zrobić ~ gesture* ◊ ~ *wobec kogoś* gesture towards sb [IDM] **mieć (szeroki) ~** be free with your money

gestykulować gesticulate

gęb|a mouth, (*obraź.*) gob [IDM] **na ~ę** verbally

gęstnieć/z- 1 thicken: *Las tu gęstnieje.* The forest gets thicker here. ◊ *Deszcz gęstniał.* It was raining more heavily. ◊ *Zmierzch gęstniał.* It was getting darker. **2** (*krew*) coagulate **3** (*przen.*): *Atmosfera gęstniała.* You could have cut the atmosphere/air with a knife.

gęstość (*zwartość*) thickness, (*fiz.*) density, (*sosu itp.*) consistency

gęst|y thick: ~*a trawa* thick grass (*włosy; krzak*) bushy

gęś goose [*lm* geese]

giełda: ~*da papierów wartościowych* the stock exchange/market ◊ ~*da walutowa* (a) foreign exchange ◊ ~*da samochodowa* a car auction ◊ *kupić coś na ~dzie* buy sth on the stock market ◊ *grać na ~dzie* play the stock market

giętki flexible

gigantyczny gigantic

gimnasty-k/czka gymnast

gimnastyka 1 (*rodzaj sportu*) gymnastics **2** (*ćwiczenia*) exercises

gimnastykować się exercise, (*w siłowni*) work out

gimnazjalist-a/ka grammar school student

gimnazjum grammar school

giną|ć 1 (/z-) (*umierać*) die **2** (/z-) (*zanikać*) disappear **3** (/z-) (*gubić się*) be/get lost: *Zginęła mi gdzieś parasolka.* I've lost my umbrella somewhere. **4** (/za-) (*osoba*) be/go missing

ginekolog gynaecologist, gyne- (*Am.*)

ginekologiczny gynaecological, gyne- (*Am.*): *gabinet ~* a gynaecological clinic

gips plaster: *włożyć komuś nogę w ~* set sb's broken leg in plaster

gitara guitar: ~ *akustyczna/basowa/ elektryczna* an acoustic/an electric/a bass guitar → GRAĆ

gitarzyst-a/ka guitarist

gleba soil

ględzić witter (on)

glina 1 (*materiał*) clay **2** (*policjant*) cop

glista (*earth*)worm

globalny global

globus globe

gloryfikować glorify

gładki 1 (*równy*) smooth **2** (*tkanina*) plain **3** (*osoba, maniera*) slick

gładzić/po- stroke: ~ *kogoś po ręce* stroke sb's hand

głaskać/po- (*osobę, kota itp.*) stroke: ~ *kogoś po włosach* stroke sb's hair (*psa, dziecko itp.*) pat

głaz boulder [IDM] **twardy jak ~ 1** (*osoba*) hard as nails **2** (*przedmiot*) rock-hard

głąb 1 (*kapusty itp.*) heart **2** (*kraju itp.*) interior: *w głębi kraju* inland ◊ *w głębi pokoju* at the far side of the room **3** (*rzeki itp.*) depths **4** (*głupiec*) moron

głębi|a 1 (*i przen.*) depth: *w ~ serca* deep in sb's heart **2** (*tonu, barwy*) richness

głęboki 1 (*i przen.*) deep: ~ *talerz* a soup bowl ◊ *~e spojrzenie* an intent look **2** (*tonu, barwy*) rich

głęboko 1 (*nisko*) deep **2** (*bardzo*) deeply: ~ *się obrazić* be deeply offended ◊ *Jest ~ wierzący.* He's very devout.

głębokoś|ć depth: *mieć 5 metrów ~ci* be 5 metres deep

głodny hungry

głodować starve

głodówka 1 (*protest*) hunger strike **2** (*med.*) famine

głodzić/za- (się) starve: ~ *się/kogoś na śmierć* starve (sb/yourself) to death

głos 1 (*dźwięk*) voice: *na ~* aloud **2** (*oddany przy głosowaniu*) vote, (*w dyskusji*) say: *mieć prawo ~u* be eligible to vote ◊ *oddawać ~ na kogoś* vote for sb ◊ *Prezydenta wybiera się większością ~ów.* The president is elected by a majority vote.

głosować ~ (za kimś/czymś)/(przeciwko komuś/czemuś) vote (for sb/sth)/ (against sb/sth)

głosowanie voting: *tajne ~* (a) secret ballot ◊ *poddać coś pod ~* take a vote on sth

głośnik loudspeaker

głośno 1 (*hałaśliwie*) loudly, (*nieform.*) loud: *Nie mów tak ~!* Don't speak so loud! **2** (*czytać*) out loud **3** (*mówi się powszechnie*): *Ostatnio ~ o nowej powieści J.K. Rowling.* There has been a lot of talk recently about J.K. Rowling's new novel.

głośny 1 (*nie cichy*) loud, (*hałaśliwy*) noisy ❶ Przym. **loud** zwykle używa się do opisania samego dźwięku lub przedmiotu wydającego dźwięk: *a loud noise/bang, loud music.* **Noisy** oznacza osobę, zwierzę, miejsce, wydarzenie itp., które jest zbyt głośne: *a noisy road/ party, noisy neighbours/children.* **2** (*sprawa*) widely talked about **3** (*reżyser itp.*) prominent

głow|a 1 (*anat.*) head: *odwracać ~ę* turn away ◊ *nad ~ą* overhead ◊ *~ą naprzód* head first **2** (*umysł*) mind: *chodzić komuś po ~ie* have sth on the brain ◊ *wbić komuś coś do ~y* put sth into sb's head ◊ *wbić sobie coś do ~y* get sth into your head ◊ *przychodzić komuś do ~y* occur to sb ◊ *wpaść do ~y* spring to mind ◊ *Nie przyszłoby mi to do ~y.* I would not dream of it! ◊ *łamać sobie ~ę (nad czymś)* rack your brains (to do sth/doing sth/for sth/over sth) ◊ *mieć ~ę do czegoś* have a head for sth ◊ *mieć wiele na ~ie* have a lot on your mind ◊ *mówić coś z ~y* say sth off the top of your head ◊ *mieć coś z ~y* be rid of sth ◊ *wchodzić komuś na ~ę* get on top of sb **3** (*najważniejsza osoba*) head: *~a państwa* the head of state [IDM] **ani mi to w ~ie!** no way! | **co dwie ~y, to nie jedna** two heads are better than one | **~a do góry!** cheer up! | **mieć ~ę na karku** have your head screwed on (the right way) | **na ~ę** per capita | **nie tracić ~y**; **tracić ~ę** keep your head, lose your head | **tęga ~a** brain | **upaść na ~ę** go mad

głód 1 (*odczucie*) hunger **2** (*klęska*) famine

głównie (*przeważnie*) mainly, (*zwłaszcza*) most importantly

główn|y main, (*kara*) capital, (*grzech*) cardinal: *~y księgowy* the chief accountant ◊ *~a linia kolejowa* the main line ◊ *dworzec ~y* the central station

głuchnąć go deaf

głuchoniemy deaf and speech-impaired

głuchota deafness

głuch|y 1 (*osoba*) deaf **2** (*przen.*) *~y na coś* deaf to sth **3** (*dźwięk*) hollow: *~a cisza* dead silence

głupi 1 (*niemądry*) stupid, silly ❶ W tym znaczeniu **stupid** i **silly** są synonimami, ale **stupid** zawiera bardziej negatywną ocenę, sugeruje, że nadawca jest zły itd. Słowo **silly** w niektórych użyciach ma nawet pewien odcień czułości: *Don't be stupid/silly! Silly* może także znaczyć „śmieszny", zwł. w odniesieniu do dziecinnego zachowania: *a silly joke/grin* ◊ *look silly.* **2** (*nieinteligentny*) stupid

głupi|ec (*osoba niemądra*) fool, (*osoba nieinteligentna*) stupid person: *To ~iec!* He's stupid/ a fool! [IDM] **robić z siebie/ kogoś ~ca** make a fool of sb/yourself

głupota (*brak mądrości*) foolishness, (*brak inteligencji*) stupidity

głupstw|o 1 (*coś głupiego, np. czyn*) something stupid: *gadać ~a* talk

nonsense ◊ *zrobić ~o* do sth stupid
2 *(błahostka)* unimportant thing:
przejmować się byle ~em get upset over
any little thing

głuszyć 1 *(dźwięk)* muffle 2 *(zwierzę)*
finish sth off

gmach (big) building

gmatwać/za- *(sprawy)* complicate,
(słowa itp.) muddle

gmatwanina 1 *(sznurków itp.)* tangle
2 *(myśli itp.)* jumble

gmina 1 *(jednostka administracyjna)*
council 2 *(religijna itp.)* community

gnać/po- 1 *(spieszyć się)* rush
2 *(popędzać)* chase

gnębić 1 *(ciemiężyć)* oppress,
(prześladować) persecute 2 *(dręczyć)*
bother: *Gnębią go wyrzuty sumienia.*
His conscience is troubling him.
◊ *Gnębią go częste migreny.* He is
plagued by migraines.

gniazdko: ~ *elektryczne* a socket, outlet
(Am.)

gniazdo nest

gnić/z- rot

gnieść/z- 1 *(przyciskać)* squash,
(owoce) crush, *(ziemniaki)* mash, *(ciasto)*
knead: *Gniecie mnie coś w żołądku.* I've
got a pain in my stomach. 2 *(bluzkę
itp.)* crumple 3 *(but itp.)* pinch
■ **gnieść/z- się** crumple

gniew *(złość)* anger, *(irytacja)*
irritation: *wpaść w ~* fly off the handle

gniewać *(wywołać gniew)* anger,
(irytować) irritate ■ **gniewać się ~ się
na kogoś** get angry/annoyed with sb

gniewny angry

gnieździć/za- się 1 *(ptak)* nest,
(zwierzę) breed 2 *(w domu itp.)* be
cooped up (in sth)

gnój manure

godło emblem

godność | 1 *(duma)* dignity: *pełen ~ci*
dignified ◊ *pozbawiony ~ci* undignified
◊ *uwła-czać czyjejś ~ci* be beneath sb
2 *(nazwisko): Jak pani ~ć?* What's your
name, please?

godny worthy

godzić/po- 1 *(skłóconych)* bring A and
B together, *(form.)* conciliate sb
2 *(łączyć)* reconcile: ~ *pracę z
wychowaniem dziecka* balance the
demands of work with bringing up a
child 3 *(trafiać)* hit ■ **godzić/po- się ~
się (z czymś)** come to terms (with sth),
~ **się (z kimś)** make (it) up (with sb)

godzin|a hour: *Która ~a?* What's the
time? ◊ *pół ~y* half an hour ◊ *płacić za
~ę* pay by the hour ◊ ~*a lekcyjna* a
lesson ◊ ~*a zegarowa* a (full) hour ◊ ~*y
nadliczbowe* overtime ◊ ~*a policyjna* a

curfew ◊ ~*a szczytu* the rush hour ◊ ~*y
urzędowania* office hours ◊ *co ~ę*
hourly ◊ *o pełnej ~ie* on the hour ◊ *do
późnych* ~ till all hours ◊ *po ~ach* off
duty [IDM] **powiedzieć coś w złą ~ę**
predict sth bad that comes true

gofr waffle

goić/za- się heal

gol goal: *strzelić ~* shoot a goal

golf 1 *(sport)* golf → GRAĆ 2 *(u swetra
itp.)* polo neck

golić/o- (się) shave | **golenie (się)**
shave: *elektryczna maszynka do ~a* a
shaver

gołąb pigeon, *(symbol pokoju itp.)* dove

gołoledź black ice

goł|y 1 *(osoba, całe ciało)* naked, *(część
ciała)* bare: *widoczny ~ym okiem* visible
to/with the naked eye ◊ *pod ~ym
niebem* in the open air 2 *(pusty; bez
naturalnego pokrycia)* bare: ~*e ściany/
gałęzie* bare walls/branches ◊ ~*e
mieszkanie* an empty flat 3 *(bez
upiększeń):* ~*e fakty* the bare facts ◊ ~*a
prawda* the plain truth

gonić 1 *(/do-) (ścigać)* ~ **kogoś/coś**
chase (after) sb/sth 2 *(/do-) (popędzać)*
drive 3 *(za sławą itp.)* seek sth

goniec 1 *(w biurze)* internal
messenger 2 *(sza- chy)* bishop

gonitwa 1 *(pościg)* chase 2 *(wyścig)*
race

gorąco *przysł.* 1 *(upalnie)* hot: *Jest mi
~.* I'm hot. ◊ *Strasznie tu ~.* It's terribly
hot here. 2 *(serdecznie)* warmly,
(bardzo) deeply: *G~ przepraszam za
spóź-nienie.* I'm extremely sorry for
being late. *(namiętnie)* passionately
▶ *rz.* heat

gorący 1 *(upalny)* hot 2 *(zwolennik
itp.)* fervent, *(pocałunek itp.)*
passionate, *(podziękowania itp.)* warm
3 *(dyskusja itp.)* heated 4 *(prośba itp.)*
urgent [IDM] ~**a linia telefoniczna** hotline

gorączk|a 1 *(med.)* fever: *mieć ~ę* have
a temperature 2 *(zapał)* fervour

gorączkować have a temp-
erature ■ **gorączkować się** *(przen.)* get
excited: *nie ~ się* keep your hair on

gorączkowy 1 *(med.)* feverish
2 *(tempo, ruchy)* hectic

gorliwy *(bardzo chętny)* eager,
(zwolennik itp.) fervent, *(relig.)* devout

gorszy worse: *coraz ~* worse and worse

gorszyć shock ■ **gorszyć się** be shocked

gorycz bitterness

goryl 1 *(zool.)* gorilla 2 *(ochroniarz)*
bodyguard

gorzej worse

gorzki 1 (*smak; przen.*) bitter **2** (*bez cukru*) unsweetened

gospoda inn

gospodarczy 1 (*odnoszący się do gospodarki*) economic **2** (*wiejski, budynki itp.*) farm, (*narzędzia itp.*) farming

gospodarka 1 (*narodowa itp.*) economy **2** (*zarządzanie*) management **3** (*gospodarstwo rolne*) farm

gospodarny economical

gospodarować 1 (*na gospodarstwie rolnym*) farm **2** (*pieniędzmi*) manage: *oszczędnie* ~ economize

gospodarstwo 1 (*rolne*) farm: ~ *hodowlane* an animal farm ◇ ~ *mleczne* a dairy farm ◇ ~ *ogrodnicze* a market garden **2** : ~ *domowe* a household

gospodarz 1 (*rolnik*) farmer **2** (*na przyjęciu itp.*) host **3** (*odnajmujący mieszkanie itp.*) landlord

gospodyni 1 (*na przyjęciu itp.*) hostess **2** (*odnajmująca pokój, mieszkanie itp.*) landlady **3** (*rolniczka*) farmer [IDM] ~ *domowa* housewife [*lm* -wives]

gosposia housekeeper

gościć 1 (*ju-*) ~ *kogoś* entertain sb, (*hotel*) accommodate, (*dać nocleg*) put sb up **2** (*przebywać u kogoś w gościnie*) stay with sb

gościnność hospitality

gościnny hospitable

gość 1 (*ktoś zaproszony*) guest, (*form.*) visitor: *Będziemy mieć ~ci w sobotę.* We're having people/friends over on Saturday. **2** (*hotelowy*) guest, (*w restauracji itp.*) customer, guest (*Am.*), (*goście w restauracji itp.*) clientele, (*stały gość pewnej restauracji, pewnego hotelu/teatru*) patron, (*form.*) (*Am.*) **3** (*facet*) bloke: *Jakiś ~ć o ciebie pytał.* Some bloke was asking about you.

gotować (*jedzenie*) cook, (*wodę; coś w wodzie*) boil, (*na parze*) steam, (*na wolnym ogniu*) simmer, (*w lekko wrzącej wodzie, w mleku*) poach ■ **gotować się 1** cook, (*w wodzie; woda*) boil, (*na wolnym ogniu*) simmer **2** (*/przy-*) ~ *się na coś* brace yourself for sth

gotowość 1 (*bycie gotowym*) readiness: *być w ~ci* (*na coś/do czegoś*) be on the alert (for sth) **2** (*ochota*) willingness: *Wyrażał ~ć pomocy.* He expressed his willingness to help.

gotowy (*także gotów*) **1** (*wykończony*) done: *Obiad już ~y.* Dinner's ready. (*wcześniej zrobiony: pizza, ciasto itp.*) ready-made **2** (*przygotowany*) ready: *Tylko umaluję usta i będę ~a.* I'll just put on some lipstick and then I'll be

ready. ◇ *Byli ~i nocować w lesie.* They were prepared to sleep in the forest. ◇ *Jestem ~y na najgorsze.* I'm prepared for the worst. **3** (*zdecydowany*): *Jestem ~y czekać nawet długo.* I'll wait as long as it takes.

gotówka cash

goździk 1 (*kwiat*) carnation **2** (*przyprawa*) clove

gó|ra *rz.* **1** (*geogr.*) mountain, (*niższa*) hill: *~ra lodowa* an iceberg ◇ *iść pod ~rę* go up a mountain **2** (*górna część czegoś*) top: *u ~ry strony* at the top of the page ◇ *w ~rę rzeki* upstream ◇ *Ceny idą w ~rę* Prices are going up. ◇ *Poszedł w ~rę.* He's been promoted. **3** (*w domu itp.*): *iść na ~rę/być na ~rze* go upstairs/be upstairs **4** (*sterta*) pile: *~ra śmieci* a mountain of rubbish **5** (*przewaga*) the upper hand: *brać ~rę* get the upper hand [IDM] *do ~ry nogami* upside down | *patrzeć na kogoś/coś z ~ry* look down on sb/sth | *z ~ry* in advance (of sth): *podziękować/płacić komuś z ~ry* thank/pay sb in advance ◇ *z ~ry wyrobiony pogląd* a preconception ◇ *zakładać coś z ~ry* take sth for granted | *góra przysł.* at most: *Kosztują ~ 100 złotych.* They cost 100 zloties at most.

górnictwo mining

górnik miner: ~ *w kopalni węgla* a coal miner

górn|y (*warga, dziąsło, powieka*) upper, (*półka*) top: *~e piętro* the top floor ◇ *~a granica* the upper limit

górski mountain

górzysty mountainous, (*niższy*) hilly

gra 1 (*zabawa; sport*) game, (*sportowa*) play: ~ *w karty/tenisa* a card game/game of tennis ◇ *Wieczorami zajmowali się grą w karty.* In the evenings they played cards. ◇ *G~ w tenisa jest przyjemna.* Playing tennis is fun. ◇ ~ *w chowanego* hide-and-seek ◇ ~ *planszowa* a board game ◇ ~ *pozorów* charades ◇ ~ *fair* fair play **2** (*w sztuce, filmie*) acting **3** (*udawanie*) act [IDM] ~ *słów* a play on words | *wchodzić w grę* be involved

grabić 1 (*/z-*) (*trawę itp.*) rake **2** (*/za-*) (*rabować*) plunder

grabie rake

grabież plunder

gracz player, (*hazardzist-a/ka*) gambler: ~ *w golfa* a golfer

grać/za- 1 (*w grę sportową/hazardową; muzykę; rolę*) play: ~ *coś ze słuchu* play sth by ear ◇ ~ *nieczysto* play dirty ◇ ~ *jazz* play jazz ➊ *W odniesieniu do zabaw i sportu w angielskim nie używa się przyimka:*

play bridge/tennis grać w brydża/ tenisa. Również w kontekście muzyki najczęściej nie używa się przyimka, chociaż zwykle używa się przedimka określonego **the**, zwł. w odniesieniu do muzyki poważnej: *I play the piano/violin.* Gram na fortepianie/ skrzypcach. Mówiąc o jazzie, rocku itp., częściej opusz-cza się **the**: *He plays bass in a band.* Gra na gitarze basowej w zespole. **2** (*w sztuce, na koncercie itp.*) perform, (*w sztuce, filmie*) act **3** (*w kinie itp.; radio, telewizor*) be on: *Co grają w tym tygodniu w kinie?* What's on at the cinema this week? ◇ *Telewizor gra bez przerwy.* The television is on the whole time. **4** (*na czyichś uczuciach itp.*) play on sth [IDM] **Co jest grane?** What's up? I **Coś tu nie gra.** There's something fishy going on here.

grad 1 (*lodu*) hail **2** (*duża liczba/ilość czegoś*) masses of sth, (*kamieni itp.*) shower: *zasypać kogoś ~em pytań* bombard sb with questions

grafika 1 (*obrazy*) graphics **2** (*dziedzina sztuki*) graphic design/art

grafit 1 (*minerał*) graphite **2** (*w ołówku*) lead

grajek: ~ *uliczny* a busker

gram gram

gramatyczny grammatical

gramatyka grammar

granat 1 (*broń*) grenade: ~ *ręczny* a hand grenade **2** (*kolor*) navy blue

granatowy navy blue

granic|a 1 (*państwa itp.*) border, (*miasta*) boundary: *za ~ę/ą* abroad ◇ *przekroczyć zieloną ~ę* cross the border illegally **2** (*li-nia ograniczająca*) limit: *~e możliwości* limitations ◇ *~a nędzy* the poverty line ◇ *~a słyszalności* hearing range ◇ *~a włosów* a hairline ◇ *górna/dolna ~a wiekowa* the cut-off age ◇ *Wahania cen mieszczą się w ~ach dwóch procent.* Prices are fluctuating within a range of two per cent. ◇ *w ~ach rozsądku/ prawa* within reason/the law ◇ *w ~ach dobrego smaku* within the bounds of good taste ◇ *miłość bez ~* boundless love ◇ *Cierpliwość ma swoje ~e.* Patience has its limits. [IDM] **przekraczać wszelkie ~e** go too far

graniczyć ~ z czymś border (on) sth

gratisowy complimentary

gratulacje congratulations

gratulować/po- ~ komuś (czegoś) congratulate sb (on sth)

grawerować/wy- engrave

grejpfrut grapefruit

grobow|y [IDM] **do ~ej deski** till death I **~a cisza** stunned silence

groch 1 (*bot.*) pea(s) ❶ Zwróć uwagę, że **pea** jest rz. policz. i nie używa się go w odniesieniu do zbiorów. **2** (~y) (*deseń*) → GRO-SZEK [IDM] **~ z kapustą** higgledy-piggledy

gromada group, (*zwł. zwierząt/ ptaków*) flock

gromadzić/z- ~ coś gather sth (together/up), (*materiał, fakty*) assemble, (*dużą ilość*) amass, (*zapasy itp.*) stock up (on/with sth): *Zgromadził duży materiał na temat autyzmu.* He assembled a lot of material on autism. ■ **gromadzić/z- się 1** (*ludzie*) gather (round/together), (*zwierzęta*) flock together, (*na spotkanie itp.*) assemble **2** (*pył, książki itp.*) accumulate

grosz penny: *kosztować ~e* cost peanuts ◇ *bez ~a* penniless

grosz|ek 1 (*bot.*) pea(s) ❶ Zwróć uwagę, że **pea** jest rz. policz. i nie używa się go w odniesieniu do zbiorów. **2** (~ki) (*deseń*): *krawat w ~ki* a spotted tie

grot|a 1 cave **2** (*zwł. sztuczna*) grotto [*lm* -s/-es]

groz|a 1 (*strach*) fear: *On budzi w niej ~ę.* He filled her with fear. **2** (*niebezpieczeństwo*) danger: *nastrój ~y* an atmosphere of danger [IDM] **film/ literatura ~y** horror films/stories

grozić/za- 1 (*karą itp.*) ~ **komuś (czymś)** threaten (sb) (with sth) **2** (*zagrażać*) ~ **komuś/czemuś** endanger sb/sth: *Budynkowi grozi pożar.* The building is in danger of catching fire. ◇ *Chłopcu grozi więzienie.* The boy may have to go to prison. ◇ *Dotknięcie przewodów wysokiego napięcia grozi śmiercią.* Danger! High voltage.

groźba threat

groźny 1 (*budzący lęk*) frightening **2** (*mina, gest itp.*) threatening **3** (*niebezpieczny*) dangerous

grób grave

gruboskórny tactless

gruboziarnist|y coarse: *~e pieczywo* grainy bread

grub|y 1 (*osoba*) fat **2** (*rzecz*) thick [IDM] **~a ryba** bigwig I **~sze pieniądze** a packet I **mieć ~ą skórę** be thick-skinned I **z ~sza** crudely I **grubo** a lot: *~ spóź-niony* extremely late I **grubość** thickness: *Lód miał 6 cm ~ci.* The ice was 6 cm thick.

gru|da lump [IDM] *iść jak po ~dzie* be hard work | **grudka** (*ziemi itp.; med.*) lump

grudkowaty lumpy

grudzień December → MAJ

grun|t 1 (*gleba*) soil **2** (*teren*) land **3** (*dno*) bottom **4** (*dla idei itp.*) groundwork: *przygotować ~t dla projektu* lay the groundwork for the project **5** (*podstawa, zasada*) basis [*lm* bases]: *G~ to pieniądze.* Money is essential. ◇ *stać na ~cie czegoś* adhere to sth [IDM] *~t pali się komuś pod nogami* be in danger | *stać na twardym ~cie* be on firm ground | *tracić/ odzyskać ~t pod nogami* be/get out of your depth, regain control (of sth) | *w ~cie rzeczy* in fact

gruntowny 1 (*zmiany itp.*) radical, (*przegląd*) thorough **2** (*wiedza*) deep

grupa group

grupować 1 (*/po-*) (*klasyfikować*) group **2** (*/z-*) (*gromadzić*) assemble

grupow|y group: *terapia ~a* group therapy

gruszka pear

gruz 1 rubble **2** (*~y*) ruins

grymasić be fussy, (*dziecko*) grizzle

grymaśny (*wybredny*) fussy, (*dziecko*) grizzly

grypa flu

gryźć 1 (*zębami*) bite, (*kość*) gnaw **2** (*osa, pszczoła*) sting, (*komar, mrówka*) bite **3** (*dym*) sting **4** (*wełna*) itch **5** (*zmartwienie*) bother: *Gryzło go sumienie.* He had pangs of conscience. ■ **gryźć się** (*obawami itp.*): *Gryzie się, bo operacja się nie udała.* He was distressed because the operation had been a failure. **2** (*kolory*) clash

grzać 1 (*przechod.: wodę itp.*) heat, (*piekarnik*) (pre)heat, (*ręce itp.*) warm, (*silnik*) warm up: *Koc go grzał.* The blanket made him warm. ◇ *~ żelazko* wait till the iron heats up **2** (*nieprzechod.: słońce*) shine (brightly), (*piec*) be hot, (*kaloryfer, lampa*) be on ■ **grzać się 1** (*ogrzewać się*) warm yourself: *~ się w słońcu* bask in the sunshine **2** (*stać gorącym*) heat (up) **3** (*zwierzę*) be on/ (*Am.*) in heat

grzałka 1 (*w czajniku itp.*) element **2** (*podróżna*) immersion heater

grzank|a toast: *piec ~i* make some toast

grządka (*warzywna*) patch, (*kwiatowa*) bed

grząski (*bagnisty*) boggy, (*błotnisty*) muddy, (*śnieg*) slushy

grzbie|t 1 (*zwierzęcia*) back **2** (*tylna strona*) back: *~t dłoni* the back of your

hand ◇ *pływać na ~cie* swim on your back **3** (*łańcucha górskiego*) ridge **4** (*fali*) crest **5** (*książki*) spine | *grzbietowy: styl ~* backstroke

grzebać 1 (*/po-*) (*zmarłego*) bury **2** (*/wy-*) (*szukać*) **~ czegoś w/po czymś** scrabble (around/about) for sth: *~ po kieszeniach* hunt through your pockets ■ **grzebać się 1** (*robić coś powoli*) **~ się (z czymś)** take your time (over sth) **2** (*/wy-*) (*szukać*) **~ się w czymś** potter/(*Am.*) putter around, etc.

grzebień 1 (*do włosów*) comb **2** (*koguta; fali*) crest

grzech sin

grzechotać/za- rattle

grzechotka rattle

grzecznościowy polite

grzeczność 1 (*uprzejmość*) politeness: *przez ~* out of politeness **2** (*przysługa*) favour, -or (*Am.*): *wyświadczyć komuś ~* do sb a favour

grzeczny 1 (*uprzejmy*) polite **2** (*dobrze wychowany*) good: *~ jak aniołek* (as) good as gold

grzejnik 1 (*grzałka*) heater **2** (*kaloryfer*) radiator

grzeszni-k/ca sinner

grzeszny sinful

grzeszyć/z- sin [IDM] *nie ~ urodą/ rozumem* not be too beautiful/very smart

grzęznąć/u- 1 (*w błocie itp.*) get stuck **2** : *~ w długach* be deep in debt

grzmieć/za- 1 (*burza*) thunder: *Grzmi.* It's thundering **2** (*mówić/grać głośno*) boom

grzmot 1 (*podczas burzy*) (clap of) thunder **2** (*wystrzału*) rumble, (*wodospadu*) thundering

grzyb 1 (*organizm*) fungus [*lm* -gi] **2** (*jadalny*) mushroom, (*trujący*) toadstool: *chodzić na ~y* go mushrooming **3** (*na ścianie*) mould, mold (*Am.*)

grzybowy (*zupa itp.*) mushroom

grzywa mane

grzywka (*osoby*) fringe, bangs [*lm*] (*Am.*)

grzywn|a fine: *karać kogoś ~ą* fine sb

gubić/z- lose: *~ krok* get out of step ■ **gubić/z- się** (*i przen.*) get lost: *~ się w prawie podatkowym* get confused by tax regulations

gulasz stew

gulgotać 1 (*woda w odpływie itp.*) gurgle **2** (*indyk*) gobble

gum|a 1 (*materiał*) rubber: *~a arabska* gum **2** (*do żucia*) chewing gum: *~a balonowa* bubble gum

3 (*prezerwatywa*) condom [IDM] **złapać ~ę** have a flat tyre

gumka 1 (*do ścierania*) rubber, eraser (*Am.*) **2** (*w ubraniu itp.*) elastic **3** (*do włosów itp.*) rubber band **4** (*prezerwatywa*) condom

gumowy 1 (*z gumy*) rubber **2** (*w dotyku jak guma*) rubbery

gu|st taste: *mieć ~st* have (good) taste ◇ *nie mieć ~stu* have no taste ◇ *mieć zły ~st muzyczny* have bad taste in music ◇ *bez ~stu* tasteless ◇ *mieć ubranie w dobrym ~ście* have good dress sense ◇ *Ten płaszcz jest w moim ~ście.* I like that style of coat. ◇ *nie być w czyimś ~ście* not be to sb's taste ◇ *zadowalać czyjeś ~sta* be to sb's taste ◇ *zbyt czerwony jak na mój ~st* too red for my liking

gustowny tasteful

guz (*wywołany uderzeniem*) bump, (*niezłośliwy*) lump, (*złośliwy*) tumour, -mor (*Am.*)

guzdrać/wy- się dawdle

guzik 1 (*na ubraniu*) button: *~ na koszuli* a shirt button ◇ *zapinać/ odpinać ~* do up/undo a button ◇ *G~ odprul się.* A button has come off. **2** (*przy aparacie itp.*) button: *nacisnąć na ~* press the button [IDM] **dopięty na ostatni ~** sewn up

gwałciciel rapist

gwałcić 1 (*/z-*) (*osobę*) rape **2** (*/po-*) (*prawo, normy itp.*) violate **3** (*poczucie czegoś*) offend

gwałt 1 (*seksualny*) rape **2** (*przemoc*) violence [IDM] **na ~** ur-gently

gwałtown|y 1 (*wybuchowy*) violent **2** (*silny*): *~a ulewa* a downpour ◇ *~y płacz* uncontrollable crying **3** (*nagły*) sudden: *~y na-pływ uchodźców/ pieniędzy/zamówień* a great influx of refugees/a flood of money/an upsurge in orders

gwar buzz: *~ rozmów* a buzz of conversation

gwara slang

gwaranc|ja guarantee, (*na zakupiony towar*) warranty: *na ~i* under guarantee

gwarantować/za- guarantee

gwiazd|a 1 (*astr.*) star: *spadająca ~a* a shooting star ◇ *niebo usiane ~ami* a starry sky **2** (*~y*) (*horoskop*) the stars **3** (*także gwiazdor*) (*osoba*) star: *~a filmowa* a film star ◇ *wielka ~a* a superstar

gwiazdka 1 (*astr.*) (little) star **2** (*w tekście*) asterisk

gwiaździsty starry

gwizd whistle

gwizd-ać/nąć 1 ~ (na kogoś) whistle (at sb) **2** (**gwizdnąć**) (*ukraść*) nick

gwizdek whistle

gwóźdź nail: *wbijać ~* hammer a nail in [IDM] **~ programu** highlight

Hh

haczyk 1 (*do zwieszania czegoś; do łowienia ryb*) hook **2** (*u drzwi*) catch **3** (*podstęp*) snag

haftka hook and eye

haftować/wy- embroider

hak hook

hala 1 (*sala*) hall: *~ przylotów/odlotów* an arrivals/a departure lounge ◇ *~ produkcyjna* the shop floor ◇ *~ targowa* a covered market ◇ *~ tranzytowa* a transit lounge **2** (*pastwisko*) mountain pasture

halka slip

hall (*w teatrze, kinie itp.*) foyer, (*w muzeum itp.*) entrance hall, (*w hotelu*) lobby, (*w domu/mieszkaniu*) hall

hałas 1 (*głośny dźwięk*) noise **2** (*rozgłos*) fuss

hałasować make a lot of noise

hałaśliwy noisy

hamować 1 (*/za-*) (*proces*) impede, (*wzrost*) stunt, (*żądze, skłonności*) curb **2** (*/za-*) (*samo-chód*) brake **3** (*/po-*) (*łzy itp.*) hold back **4** (*/po-*) **~ kogoś** restrain ▪ **hamować/po- się** restrain yourself

hamul|ec (*w pojeździe*) brake: *~ec ręczny* a handbrake [IDM] **nie mieć żadnych ~ców** not exercise any restraint

handel trade, (*zwł. na wielką skalę*) commerce: *~ wymienny* barter

handla-rz/rka ~ czymś/czegoś dealer in sth: *~ narkotykami* a drug dealer ◇ *~ wędrowny* a travelling salesman

handlować trade, **~ czymś** deal in sth: *~ narkotykami* deal

handlowiec ~ czegoś/czymś dealer in sth, (*jakiejś firmy*) sales representative

handlow|y trade: *dzielnica ~a* commercial district ◇ *operacja ~a* a transaction ◇ *wielki dom ~y* a superstore ◇ *centrum ~a* a shopping centre ◇ *pasaż ~y* a shopping arcade ◇ *szkoła ~a* a business school

g

h

haniebny (*wstydliwy*) shameful,
(*niegodny szacunku*) dishonourable,
-nor- (*Am.*)

hańb|a (*wstyd*) shame, (*utrata
szacunku*) dishonour, -nor (*Am.*):
okrywać kogoś ~ą shame/dishonour sb
◊ *zmyć czyjąś ~ę* restore sb's honour

harcerka Girl Guide

harcerz scout

harfa harp

harmonia 1 harmony **2** (*instrument*)
accordion

harmonijka: *~ ustna* a mouth organ

harmonijny harmonious

harmonizować 1 *~ z czymś* be in
harmony with sth: *Głosy śpiewaków
pięknie harmonizują.* The singers'
voices blend beautifully. ◊ *Spódnica
harmonizuje z bluzką.* The skirt
matches the blouse. **2** *~ coś z czymś*
match sth to sth: *Zharmonizowali
program matematyki z programem
fizyki.* They coordinated the maths
programme with the physics one.

harmonogram schedule

harować slave (away)

harówka grind

hartować/za- (się) toughen sb/
yourself

hasło 1 (*zwrot*) slogan **2** (*do
komputera itp.*) password **3** (*w
słowniku itp.*) entry

hazard gambling: *uprawiać ~* gamble

hazardzist-a/ka gambler

heblować/o- plane

hebrajski Hebrew

hełm 1 helmet **2** (*arch.*) dome

herb coat of arms

herbaciarnia tea shop

herbat|a (*także* -ka) tea: *~a liściasta /
granulowana /ziołowa*leaf/granulated/
herbal tea ◊ *~a w torebkach* tea bags
◊ *Idziemy na ~ę do Tokarskich.* We're
going to the Tokarskis' for a cup of tea.

herbatnik biscuit, cookie (*Am.*)

heroiczny heroic

heroina heroin

heteroseksualny heterosexual,
(*nieform.*) straight

higiena hygiene

higieniczny hygienic: *chusteczka ~a* a
tissue ◊ *papier ~y* toilet paper

hinduski Hindu

hipermarket hypermarket

hipisowski hippie

hipnotyzować/za- hypnotize,
(*pięknym głosem, ciekawym widokiem
itp.*) mesmerize

hipnoza hypnosis

hipokryzja hypocrisy

hipoteka mortgage

hipoteza hypothesis [*lm* -theses]

histeria hysteria

histeryczny hysterical

histori|a 1 (*przeszłość*) history: *~a
życia* a life story ◊ *tworzyć ~ę* make
history **2** (*opowiadanie*) story: *~a
miłosna* a love story

historyczn|y 1 (*związany z
przeszłością*) historical: *fakty ~e*
historical facts **2** (*ważny*) historic: *~e
spotkanie* a historic meeting

historyjka story

historyk historian

hodować/wy- 1 (*rośliny*) grow
2 (*zwierzęta*) keep, (*rozmnażać*) breed

hodowca breeder

hodowl|a 1 (*zool.*) breeding: *~a koni* a
stud **2** (*bot.*) culture: *własnej ~l*
home-grown

hojny generous

hokej (*na trawie*) hockey, field hockey
(*Am.*), (*na lodzie*) ice hockey, hockey
(*Am.*)

hol: *brać coś na ~* tow sth → HALL

holować/do- tow

holownik tug(boat)

hołd homage: *złożyć ~ komuś* pay
homage to sb

homar lobster

homeopatia homeopathy

homoseksualista homosexual

homoseksualny homosexual

honor honour, -nor (*Am.*): *z
wszelkimi ~ami* with great ceremony
[IDM] *punkt ~u* a matter of pride | *słowo
~u!* I promise!

honorarium fee

honorować/u- 1 (*paszport itp.*)
recognize, (*kartę kredytową itp.*) accept,
(*czek, kontrakt itp.*) honour, -nor (*Am.*)
2 (*płacić honorarium*) *~ kogoś za coś*
pay sb for sth **3** (*okazywać szacunek*)
honour, -or (*Am.*)

honorow|y 1 (*mający poczucie honoru*)
honourable, -nor- (*Am.*) **2** (*tytularny*)
honorary: *~e obywatelstwo* honorary
citizenship **3** (*wyrażający szacunek*) of
honour/-or (*Am.*): *kompania ~a* a guard
of honour | **honorowo**
voluntarily: *pracować ~* work on
a voluntary basis

hormon hormone

horoskop horoscope

horror 1 (*gatunek filmu*) horror film
2 (*sytuacja*) horror: *Sobota na*

drogach to prawdziwy ~. It is truly awful on the roads on Saturdays.

horyzont (*i przen.*) horizon: *szeroki ~ myślowy autora książki* the author's broad intellectual range

hospicjum hospice

hotel hotel

hrabia count

hrabina countess

hrabstwo county

huczeć 1 (*i przen.*) roar: *Huczy mi w głowie*. My head is buzzing. ◊ *Miasto aż huczy od plotek o romansie ministra.* The city is abuzz with rumours about the minister's affair. **2** (*na znak dezaprobaty*) boo

huczny 1 (*bankiet itp.*) sumptuous, (*uroczystości*) lavish, (*zabawa*) lively **2** (*głośny*) loud, (*śmiech*) uproarious, (*oklaski*) deafening

huk 1 (*działo itp.*) bang, clap, (*wodospadu, maszyny*) roar **2** (*rozgłos*) noise |IDM| **z ~iem 1** (*nagle*) suddenly **2** (*z roz-głosem*) with great fanfare

huknąć 1 (*wydać głośny odgłos; krzyknąć*) (give a) roar **2** (*uderzyć*) ~ *czymś* bang sth: ~ *pięścią w stół* bang your fist on the table

hulajnoga scooter

humanistyczn|y: *nauki ~e* the humanities

humanitarny humanitarian

humo|r 1 (*to, co ludzi bawi*) humour, -or (*Am.*): *poczucie ~ru* a sense of humour **2** (*nastrój*) mood: *być w (dobrym)/złym ~rze* be in a good/bad mood ◊ *być nie w ~rze* be in a bad mood ◊ *stracić ~r* get in a bad mood ◊ *odzyskać ~r* cheer up **3** (**~ry**) (*kaprysy*) whims

humorystyczny humorous

humorzasty moody

huragan hurricane

hurtownia warehouse

hurtownik wholesaler

hurtowy wholesale

huśtać/roz- swing ■ **huśtać/po- się** swing: ~ *się na wodzie* bob

huśtawka 1 (*urządzenie*) swing, (*na desce*) see-saw **2** (*przen.*): ~ *nastrojów* mood swings ◊ *~cen* a fluctuation in prices

huta foundry: ~ *stali* a steelworks

hydrant hydrant

hydraulik plumber

hymn hymn: ~ *narodowy* a national anthem

I i

i (*również*) and, (*oba*) both: ~ *pies*, ~ *kot* (both) a dog and a cat ◊ *Chcę ~ pływać ~ spacerować.* I want to swim and go for a walk. ❷ Spójnik **and** w takim kontekście jest akcentowany.

ich (*zaim. osobowy*) them ▶ (*zaim. dzierżawczy: z rz.*) their, (*bez rz.*) theirs

idealist-a/ka idealist

idealistyczny idealistic

idealizować/wy- idealize

idealny ideal

ideał ideal

identyczny identical

identyfikować/z- identify ■ **identyfikować się** ~ *się z kimś/czymś* identify with sb/sth

ideologia ideology

ideologiczny ideological

idiom idiom

idiomatyczny idiomatic

idiot-a/ka idiot

idiotyczny idiotic

iglast|y coniferous: *drzewo ~e* a conifer

iglica (*arch.*) spire

igł|a needle: *nawlekać ~ę* thread a needle

ignorować/z- ignore

igrać ~ *z czymś* risk sth (*form.*) court sth: ~ *ze śmiercią* court death

igrzyska: ~ *olimpijskie* the Olympic Games

ile (*także ilu*) how many/much ❶ Z rz. policz. używa się **how many**, z rz. niepolicz. **how much**: *I~ masz kanapek/ pieniędzy?* How many sandwiches/How much money have you got?: *I~ to kosztuje?* How much does it cost? ◊ *I~ masz lat?* How old are you? ◊ *I~ czasu to ci zajęło?* How long did it take you? ◊ *I~ razy?* How many times? ◊ *Jedz, ~ chcesz.* Eat as much as you like. ◊ *Pojedziemy, o ~ będziemy mieć pieniądze.* We'll go as long as we have the money. ◊ *o ~ nie będzie padać* unless it rains ◊ *o ~ się nie mylę* if I'm not mistaken ◊ *o ~ wiem* as far as I know ◊ *Cieszyliśmy się nie tyle z prezentów, ~ z tego, że przyszli.* The fact that they came pleased us more than the actual presents.

iloczyn product

iloraz: ~ *inteligencji* an IQ

ilość quantity, amount ❶ Słowa **amount** używa się najczęściej z rz. niepoliczalnymi: *an amount of money/ food/work*. ◇ *Znaleziono dużą/małą ~ narkotyków.* A large/small quantity of drugs were found. ◇ ~ *i jakość mąki* the quantity and quality of the flour ◇ *dowolna ~ czegoś* any number of sth

ilu → ILE

ilustracja illustration

ilustrować/z- illustrate

iluzjonist-a/ka conjurer

im: ~...*tym*... the... the ◇ *Im człowiek starszy, tym bardziej wyrozumiały.* The older you are, the more understanding you become.

imbir ginger

imiesłów participle: ~ *czasu przeszłego/teraźniejszego* a past/ present participle

imię (first) name: *drugie* ~*ę* a middle name ◇ *Jak masz na* ~*ę?* What's your name? ◇ *(w kościele chrześcijańskim) nadawać komuś* ~*ę* christen sb ◇ *mówić sobie po* ~*eniu* be on first name terms ◇ *w* ~*ę czegoś* in the name of sth ◇ *w* ~*eniu kogoś* on sb's behalf ◇ *wyrabiać sobie (dobre)* ~*ę* make a name for yourself → NAME [IDM] **nazwać rzeczy po** ~**eniu** call a spade a spade

imigrant/ka immigrant

imitacja imitation

imitować imitate

immunitet immunity

imperialny imperial

imperium empire

impertynencki impertinent

impet impetus: *nabrać* ~*u* gain impetus ◇ *z* ~*em* with impetus ◇ *Wpadł do biura z* ~*em.* He burst into the office.

implikacja implication

imponować/za- ~ *(komuś czymś)* impress (sb with sth)

import import

importer importer

importować/za- import

impotencj|a impotence: *cierpiący na* ~*ę* impotent

impregnowany waterproof

impreza 1 *(przyjęcie)* party, *(nieform.)* bash **2** *(sportowa, teatralna itp.)* event **3** *(przedsięwzięcie)* venture

improwizować/za- improvise

impuls 1 impulse: *pod wpływem* ~*u* on impulse ◇ *ulegać* ~*om* be impulsive **2** *(telefoniczny)* unit

impulsywny impulsive

inaczej 1 *(w inny sposób)* differently: *zrozumieć coś* ~ understand sth differently **2** *(w przeciwnym razie)* otherwise [IDM] **tak czy** ~ either way

inaugurować/za- inaugurate

incydent incident

indeks 1 *(w książce)* index **2** *(studencki)* exam, etc. record book **3** *(ocenzurowanych książek itp.)* list of censored books, etc.: *umieszczać reżysera na* ~*ie* blacklist a director

Indian-in (ka) Native American

indoktrynować/za- indoctrinate

indyk turkey

indywidualność 1 *(telewizyjna itp.)* personality **2** *(osobowość)* individuality

indywidualny 1 *(osobisty; oddzielny)* individual **2** *(zajęcia)* one-to-one

infantylny infantile

infekcja infection

inflacja inflation

informacj|a 1 *(wiadomość)* information: *Radio podało* ~*ę o katastrofie.* There was information on the radio about the disaster. ◇ *Zbieram* ~*e o mojej rodzinie.* I've gathering information about my family. ❶ Uwaga! Rz. **information** jest niepolicz. Nie można powiedzieć *I need an information*. Zamiast tego używa się wyrażeń **a bit/a piece of information**. **2** *(dział informacyjny)* information desk/office

informacyjny information: *serwis* ~ a (news) bulletin ◇ *szum* ~ information overload

informator/ka informant

informatyka information technology, *(skrót)* IT

informować/po- ~ *kogoś (o czymś)* inform sb (about sth): ~ *kogoś na bieżąco (o czymś)* liaise with sb (about sth) ◇ *źle* ~ *kogoś* misinform sb ▪ **informować się** ~ się o czymś inquire about sth

infrastruktura infrastructure

ingerować/za- ~ *w coś* **1** *(zakłócać)* interfere in sth **2** *(interweniować)* intervene ▪ **ingerencja** interference

inicjał initial: *podpisywać coś* ~*ami* initial sth

inicjatyw|a 1 *(pomysł; przedsiębiorczość)* initiative: *wolna* ~*a* free enterprise ◇ *występować z* ~*ą* take the initiative ◇ *z własnej* ~*y* on your own initiative **2** *(wniosek)* motion

inicjować/za- initiate

inkasować/za- collect

innowacja innovation

inny other: *(jakiś)* ~ another ◊ ~ *niż* different from ◊ *taki lub* ~ some ◊ *w* ~ *sposób* differently ◊ *~mi słowy* in other words

inscenizować/za- stage

inspekcj|a inspection: *przeprowadzać ~ę czegoś* inspect sth

inspektor/ka inspector

inspiracja inspiration

inspirować/za- inspire

instalacja installation: ~ *elektryczna* wiring ◊ ~ *wodno-kanalizacyjna* plumbing

instalować/za- install

instrukcja directions: ~ *obsługi* instructions

instruktor/ka instructor

instrument 1 *(narzędzie)* instrument → NARZĘDZIE **2** *(muz.)* (musical) instrument: *~y blaszane* brass (instruments) ◊ *~y dęte* wind instruments ◊ *drewniane ~y dęte* woodwind ◊ *~y smyczkowe* strings

instruować/po- instruct

instynkt instinct

instynktowny instinctive

instytucja institution

instytut institute

insynuować insinuate

integracja integration

integralny integral

integrować/z- integrate

intelekt intellect

intelektualist-a/ka intellectual

intelektualny intellectual

inteligencja 1 *(umysł)* intelligence: *sztuczna* ~ artificial intelligence **2** *(warstwa społeczna)* intelligentsia

inteligent/ka intellectual

inteligentny intelligent

intencj|a intention: *w najlepszej ~i* well-meant ◊ *mieć najlepsze ~e* mean well ◊ *modlić się w ~i kogoś/czegoś* pray for sb/sth

intensywność intensity

intensywn|y 1 *(kurs; poszukiwania; rozwój)* intensive, *(badania)* thorough: *oddział ~ej opieki medycznej* intensive care **2** *(kolor; upał)* intense, *(zapach, światło)* strong

interes 1 *(sprawa)* matter: *Mam do ciebie ~.* I want a word with you. ◊ *Nie twój ~!* It's none of your business. **2** *(coś korzystnego)* interest: *w czyimś ~ie* in sb's interest(s) **3** *(małe przedsiębiorstwo)* small business **4** *(~y)* *(biznes)* business: *prowadzić ~y* be in business ◊ *Jest ruch w ~ie.* Business is brisk. ◊ *kokosowy* ~ big business

◊ *zwijać* ~ go out of business **5** *(transakcja)* deal

interesować/za- ~ kogoś (kimś/czymś) interest sb (in sb/sth) ■ **interesować/za- się ~ kimś/czymś** be interested in sb/sth

interesowny mercenary

interesujący interesting

interna|t dormitory: *szkoła z ~tem* a boarding school ◊ *mieszkać w ~cie* board

internauta Internet user

Interne|t Internet: *Kupiłam książkę w ~cie.* I bought the book on the Internet. ◊ *zarezerwować coś przez ~t* book sth on the Internet

internetow|y Internet, online: *kawiarenka ~a* an Internet cafe ◊ *miejsce ~e* a website ◊ *sklep ~y* a dot-com ◊ *strony ~e* Web pages

internista *(w przychodni)* GP, *(w szpitalu)* general doctor, *(specjalista)* specialist in internal medicine, internist *(Am.)*

internować intern

interpretować/z- 1 *(zrozumieć)* interpret: *źle* ~ misinterpret **2** *(piosenkę itp.)* perform: *Interpretował piosenki w zupełnie nowy sposób.* He performed the songs in a completely new way. ◊ *Zinterpretowała rolę wbrew tradycji.* She gave a new interpretation to the role. | **interpretacja** interpretation: *zła* ~ a misinterpretation

interweniować/za- intervene

intruz intruder, *(na przyjęciu)* gatecrasher: *być ~em* intrude

intrygować 1 ~ *przeciw komuś* *(robić intrygi)* scheme against sb **2** ~ *kogoś* *(zaciekawiać)* intrigue sb

intuicja intuition

intymny intimate

inwalid-a/ka *(niepełnosprawny)* physically disabled person, *(długo chorujący)* invalid: ~ *wojenny* a disabled war veteran

inwazj|a *~a na coś* invasion of sth: *dokonywać ~i na Polskę* invade Poland

inwestor investor

inwestować/za- invest

inwestycja investment: ~ *kapitałowa* capital investment

inżynier engineer: ~ *budownictwa lądowego i wodnego* a civil engineer ◊ ~ *chemik/elektryk/mechanik* a chemical/an electrical/a mechanical engineer | **inżynieria** engineering: ~ *genetyczna* genetic engineering

ironi|a irony: *jak na ~ę* ironically ◇ *~a losu* an unfortunate twist of fate

ironiczny ironic

irracjonalny irrational

irytować (*gniewać*) annoy, (*drażnić*) irritate

iskra spark

iskrzyć (*także ~ się*) **1** (*brylant, woda, itp.*) sparkle, (*gwiazda, oczy*) twinkle **2** (*przewód elektryczny*) give off sparks

islamski Islamic

istnieć exist: *Istnieją tylko dwie kopie tego dzieła.* There are only two copies of that work./Only two copies of that work exist. ◇ *Na listach pojawiły się nazwiska nieistniejących osób.* Some made-up names appeared in the lists.

istnienie 1 (*bycie*) existence **2** (*istota*) being: *~ ludzkie* a human being

isto|ta 1 (*stworzenie*) creature: *~ta ludzka* a human being **2** (*podstawowa cecha*) essence, (*osoby*) character: *~ta rzeczy* the essence of the matter ◇ *w ~cie* in (actual) fact ◇ *trafić w ~tę sprawy* speak to the point

istotn|y 1 (*podstawowy*) essential: *rzecz ~a* an essential **2** (*znaczny*) significant

iść/pójść 1 go: *~ na koncert/do kina* go to a concert/to the cinema ◇ *~ na ryby* go fishing ◇ *~ do pracy/szkoły* go to work/school ◇ *~ do wojska* join the army ◇ *~ na emeryturę* go into retirement ◇ *~ do kogoś z wizytą* visit sb ◇ *Powinieneś iść do lekarza.* You should see a doctor. ◇ *Idź precz!* Go away! ◇ *Jego pieniądze idą na płyty.* His money goes on CDs. ◇ *List z Londynu idzie dwa dni.* A letter from London takes two days (to arrive). ◇ *Melodia tej piosenki idzie tak…* The tune to that song goes like this… ◇ *Jak ci poszło?* How did you get on/along? ◇ *Idzie dobrze/źle.* Things are going fine/badly. **2** (*sztuka, film*) be on **3** (*sprzedawać się*) sell well: *Ten samochód idzie.* That car is selling well. **4** (*fabryka*) be in operation, (*maszyna*) work **5** (*dotyczyć*) *~ o coś* be about sth: *Idzie przecież o jego życie.* It's his life that's at stake. **[IDM]** *~ w górę/w dół*; *~ na gorsze/na lepsze* get better/worse **|** *~ za kimś* follow sb/sb's example/advice, etc.

izba chamber: *~ parlamentarna* a house (of parliament) ◇ *I~ Gmin/Lordów/Reprezentantów* the House of Commons/Lords/Represent-atives ◇ *~ przyjęć* accident and emergency

izolat|ka (*w szpitalu*) isolation ward, (*w więzieniu*) solitary confinement (cell): *przebywać w ~ce* be in solitary confinement

izolować/od- 1 (*chorych itp.*) isolate **2** (*ściany domu itp.*) insulate

....

Jj

....

ja I: *To ~!* It's me!

jabłko apple

jacht yacht

jad venom

jadalnia dining-room

jadalny edible

jadłospis 1 menu: *Proszę o ~.* Could we have/see the menu, please? **2** (*dieta*) diet

jadowity 1 (*wąż itp.*) poisonous **2** (*przen.*) malicious

jagnię lamb

jagnięcina lamb

jagoda berry

jajecznica scrambled egg(s)

jaj(k)o egg: *~ na miękko/twardo* a soft/hard-boiled egg ◇ *~ sadzone* a fried egg ◇ *~ wielkanocne* an Easter egg

jajowaty oval

jak (*zaimek przysłowny*) how: *J~ się masz?* How are you? ◇ *J~ wygląda twoja matka?* What does your mother look like? ◇ *J~ długo tu zostaniesz?* How long will you be here? ◇ *~ mu tam?* Mr so-and-so ▸ *przyim.* **1** (*w porównaniach*) like: *Śpiewa ~ anioł.* He sings like an angel. ◇ *Był mi bliski ~ brat.* He was like a brother to me. ◇ *głupi ~ but* as thick as two planks ◇ *tak…~… as…as…* ◇ *W brydża gram tak chętnie ~ w szachy.* I enjoy playing bridge just as much as chess. ◇ *Zarówno mama, ~ i tata byli wysocy.* Both Mum and Dad were tall. ◇ *~ i ktoś/coś* as well as sb/sth **2** *~ na kogoś/coś* for sb/sth: *J~ na koszykarza, to nie jest wysoki.* He isn't tall for a basketball player. **3** (*niż*) than: *nie dalej ~ miesiąc temu* no more than a month ago **|** *spój.* **1** (*w zdaniu wtrąconym*) as: *Ty, ~ widzę, w najlepszym zdrowiu.* You, as I can see, are in the best of health. **2** (*wprowadza zdanie czasowe/celowe/przyczynowe*): *Czytałem, ~ wszedł.* I was reading when he came in. ◇ *Widziałem go, ~ wrzucał pieniądze do worka.* I saw him throwing the money in the bag. ◇ *To już rok, ~ umarła.* It's already a year since she died. **3** (*~ gdyby*) as if/though **4** (*~ tylko*) as soon as:

J~ tylko skończył, wysłał list. As soon as he finished the letter he posted it. **5** (*jeśli*) if: *J~ będziesz grzeczny, pójdziemy do kina.* I If you're good, we'll go to the cinema. I *partykuła* as... as possible: *~ najszybciej* as quickly as possible ◇ *Wyglądał ~ z obrazka.* He looked his best.

jakby *spój.* **1** (*także* **tak ~**) as if, (*nieform.*) like: *Mam wrażenie, ~ tu ktoś był.* It feels like someone's here/ (*form.*) as if someone were here. **2** (*gdyby*) if: *Jakbyście mieli czas, wpadnijcie do nas.* If you have time, come and see us. ► *partykuła: Od tamtej pory ~ jest weselsza.* Since then she's been a bit happier. ◇ *W jego oczach zauważyli ~ satysfakcję.* They could detect a sort of satisfaction in his eyes. ◇ *Praca ~ się nie posuwa.* Work doesn't really seem to be progressing.

jak|i 1 (*pytanie; zd. podrzędne*) what, (*z określonym wyborem*) which: *Jaka będzie pogoda?* What will the weather be like? ◇ *Jaki kolor wolisz – niebieski czy zielony?* Which colour do you prefer – blue or green? ◇ *Zapytaj, ~i to rozmiar.* Ask what/ which size this is. ◇ *w ~i sposób* how ◇ *Wybierz ~i tylko chcesz samochód.* Choose whichever car you want. ◇ *smaki, ~ie pamiętam z dzieciństwa* tastes that I remember from childhood **2** (*podkreślenie*): *Jaki on głupi!* How stupid he is! ◇ *Jaki brzydki krawat!* What an ugly tie! ◇ *Nie masz pojęcia, ~ie się zdarzyło nieszczęście!* You can't imagine the awful thing that happened.

jakikolwiek any, whatever, (*z określonym wyborem*) whichever: *Wątpię, czy ~ turysta chciałby tu mieszkać.* I doubt any tourists would want to stay here. ◇ *Czy sztuka ma jeszcze ~ wpływ na ludzi?* Does art still have any influence on people?

jakiś 1 some, a, (*w pytaniach*) any, a: *J~ człowiek cię szukał.* Someone was looking for you. ◇ *J~ pan Wilk stoi pod drzwiami.* There's a Mr Wilk at the door. ◇ *Był ~ taki facet.* Some bloke was here. ◇ *Chcesz jakąś czekoladę?* Do you want some kind of chocolate? **2** (*nieco*) rather **3** (*około*) about: *~ miesiąc później* about a month later

jakkolwiek *przysł.* however: *J~ będzie, damy sobie radę.* We'll cope no matter what happens. ◇ *Zrób to ~.* Do it any way you like.

jako as: *J~ dziecko lubiłam pływać.* When I was young I liked swimming. ◇ *Znam go ~ dobrego kucharza.* I know him to be a good cook. ◇ *~ że* since ◇ *~ taki* as such ◇ *~ tako* so-so

jakoś 1 (*w jakiś sposób*) somehow **2** (*nieco*) sort of: *J~ niedobrze się czuję.* I don't feel very well.

jakość quality

jałowy 1 (*zwierzę; ziemia*) infertile **2** (*obietnica itp.*) idle **3** (*opatrunek itp.*) sterile **4** (*pożywienie*) poor **5** (*bieg*) neutral

jama (*nora*) burrow

jamnik 1 (*pies*) dachshund **2** (*stolik*) coffee-table

jarmark market

jarzeniowy fluorescent

jarzyć się glow

jarzyna vegetable

jarzynowy vegetable

jaskinia cave

jaskółka swallow

jaskrawy 1 (*kolor*) bold, gaudy, (*z dezaprob.*) **2** (*światło*) glaring **3** (*ubranie*) flashy **4** (*przykład, sposób itp.*) stark

jasn|y 1 (*światło*) bright **2** (*włosy, skóra*) fair: *o ~ych włosach* fair-haired **3** (*oczywisty; umysł*) clear: *być ~ym jak słońce* be crystal clear ◇ *~a sprawa* obviously **4** (*piwo*) light ❶ Słowo **light** może także oznaczać „lekki", więc trzeba czasami wyjaśnić, że chodzi o kolor. I **jasno-** light: *jasnoniebieski* light blue

jaw|a: *śnić na ~ie* daydream

jawny 1 (*obrady, głosowanie itp.*) open **2** (*niechęć itp.*) clear **3** (*lekceważenie prawa itp.*) blatant

jazda (*podróż samochodem itp.*) drive, (*rowerem, motocyklem, na koniu*) ride, (*prowadzenie samochodu itp.*) driving, (*roweru, motocykla*) riding, (*na koniu*) (horse) riding, horseback riding (*Am.*): *~a na deskorolce* skateboarding ◇ *~a na łyżwach* skating ◇ *~a na wrotkach* roller skating ◇ *~a konna* (horse) riding ◇ *~a po pijanemu* drink-driving ◇ *~a próbna* a trial run **[IDM] prawo ~y** driving licence, driver's license (*Am.*) I **rozkład ~y** timetable, schedule (*Am. zwykle*).

jądro 1 (*orzecha*) kernel **2** (*sprawy itp.; planety*) core **3** (*atomowe*) nucleus [*lm* -lei] **4** (*anat.*) testicle

jądrowy nuclear

jąkać się (have a) stutter

jątrzyć/roz- 1 (*sumienie*) trouble **2** (*stosunki*) upset **[IDM] ~ czyjeś rany** rub salt into sb's wounds ∎ **jątrzyć się** (*rana*) fester

jechać (/po-) go: *Pojechał samochodem / pociągiem / autobusem.* He went by car/train/bus. ◇ *On/Pociąg* *jedzie do Berlina* He/This train is going to Berlin. ◊ ~ *nad morze/na Mazury* go to the seaside/to the Mazurian Lakes → JEZDZIĆ **2** (*w kierunku opisanym*) head for; (*drogą itp.*) follow **3** (*jedzie*) (*śmierdzieć*) ~ *od kogoś/czegoś czymś* sb/sth stinks of sth: *Od niego jedzie rybami.* He stinks of fish.

jed|en *liczba* one: ~*en za drugim* one after the other [IDM] **wszystko mi ~no** I don't mind ▶ *zaim. wskaz.* (*pewien*) a

jedenasty eleventh → DRUGI

jedenaście eleven → DWA

jednać/po- się ~ (z kimś) be reconciled (with sb)

jednak (ale/a) ~ but

jednakow|y the same: *Miały* ~*e uczesania.* They had the same hairstyles.

jednoczesny simultaneous

jednoczyć/z- (się) unite

jednogłośny unanimous

jednojęzyczny monolingual

jednokierunkowy one-way

jednolity 1 (*w stylu*) uniform **2** (*tkanina; w kolorze*) plain

jednomyślny unanimous

jednoosobowy single

jednorazow|y one-off, one-shot (*Am.*): *do* ~*ego użycia* disposable ◊ ~*a wypłata* a lump sum

jednorodny homogeneous

jednostajny monotonous

jednostk|a 1 (*oddzielna część czegoś*) entity: ~*a miary* a unit of measurement **2** (*osoba*) individual **3** (~*i*) (*bojowe itp.*) units

jednostronny 1 (*ocena itp.*) one-sided **2** (*ruch*) one-way **3** (*polit.*) unilateral

jedność unity

jednoznaczny 1 (*jasny*) unambiguous **2** ~ **z czymś** synonymous with sth

jedwab silk

jedwabisty silky

jedwabny silk

jedyna-k/czka only child

jedyny only: ~ *w swoim rodzaju* unique

jedzeni|e food: *coś do* ~*a* something to eat

jego 1 (*zaim. osobowy: osoba*) him, (*przedmiot*) it **2** (*zaim. dzierżawczy: osoby*) his, (*przedmiotu; zwierzęcia*) its

jej 1 (*zaim. osobowy: osoba*) her, (*przedmiot*) it **2** (*zaim. dzierżawczy: osoby: z rz.*) her, (*bez rz.*) hers, (*przedmiotu; zwierzęcia*) its

jeleń deer (*lm* deer)

jeniec captive: ~ *wojenny* a prisoner of war

jesienny autumn(al)

jesień autumn, fall (*Am.*)

jeszcze 1 (*dotychczas*) still: *Nie dostaliśmy ~ żadnych odpowiedzi.* We still haven't had any replies./We haven't had any replies yet. ◊ ~ *nie teraz* not yet **2** (*w dodatku*) else: *Czy chcesz coś ~?* Do you want anything else? ◊ ~ *jeden* (yet) another ◊ ~ *raz* again ◊ *Zostało* ~ *pięć ćwiczeń.* There are five exercises to go. ◊ ~ *do tego* ~ moreover **3** (*nawet*) even: ~ *lepiej* even better [IDM] ~ **jak!** you bet!

jeść/z- eat: *Zjadłam tosty na śniadanie.* I had toast for breakfast. ◊ ~ *śniadanie/ obiad/kolację* have breakfast/dinner/ supper ◊ ~ *obiad w restauracji* eat out [IDM] ~ **komuś z ręki** eat out of sb's hand

jeśli if: *A co ~ będzie padać?* What if it rains? ◊ *Był jednym z lepszych studentów, ~ nie najlepszym.* He was one of the best students, if not the best. ◊ *Dostaniesz się na studia, ~ zdasz egzamin.* You'll be able to go to university if you pass the exam. ◊ *J~ dostanę ten spadek, to zainwestuję w akcje.* If I inherit that money, I'll invest it in shares. ◊ *Skończę tę pracę, ~ nie dziś to jutro.* I'll finish the work, if not today then tomorrow. ◊ *Nie pójdziesz do kina, ~ nie pozmywasz.* You won't be able to go to the cinema unless you wash up.

jezdnia road(way): ~ *jednopasmowa/ dwupasmowa* a single/dual carriageway

jezioro lake

jeździć go: ~ *co roku nad morze* go to the seaside each year ◊ *Dziś nie jeżdżą tramwaje.* There are no trams today. ◊ *Pociągi do Poznania jeżdżą co godzinę.* There are hourly trains to Poznań. ◊ *Zwykle jeżdżę do pracy samochodem.* I usually drive to work. ◊ *Czy jeździsz konno?* Can you ride a horse? ◊ ~ *na rowerze* cycle ◊ ~ *na łyżwach* skate ◊ ~ *na wrotkach* roller skate ◊ ~ *na nartach* ski [IDM] ~ **po kimś (jak po łysej kobyle)** push sb about/ around

jeździec rider

jeździectwo (horse) riding, horseback riding (*Am.*)

jeż hedgehog

jeżeli → JEŚLI

jeży/c- się bristle

jeżyna blackberry, (*dzika*) bramble

jęczeć 1 (*z bólu itp.*) groan **2** (*skarżyć się*) ~ **nad czymś** moan about sth, (*zwl. dziecko*) whine

jęczmień 1 (*bot.*) barley **2** (*na powiece*) sty

jędrny 1 (*twardy*) firm **2** (*język*) pithy

jędza (*kobieta*) bitch

jęk groan

język 1 (*anat.*; *u buta*) tongue: *pokazywać* ~ stick your tongue out **2** (*polski itp.*) language: *~ ojczysty* a mother tongue ◊ *~ obcy* a foreign language ◊ *~ angielski* English/the English language ◊ *~ nowożytny* a modern language ◊ *~ migowy* a sign language [IDM] *mieć długi ~* have a big mouth | *trzymać ~ za zębami* keep your mouth shut

językow|y linguistic: *laboratorium ~e* a language laboratory

językoznawca linguist

językoznawstwo linguistics

jidysz Yiddish

jodyna iodine

jogurt yoghurt

jubiler jeweller, -weler (*Am.*) | **jubilerski:** *sklep* ~ a jeweller's ◊ *wyroby ~e* jewellery

jubileusz jubilee: *~ urodzin Sienkiewicza* the anniversary of Sienkiewicz's birth

juror (*arbiter*; *sport*) adjudicator, (*biegły*) assessor

jury jury, (jury) panel (*Am.*): *zasiadać w ~* sit on a jury

jutro tomorrow

już 1 already: *J~ to zrobiłem.* I've already done it. ◊ *„ Palisz?" „ J~ nie."* 'Do you smoke?' 'Not any more.' ◊ *J~ nie tęsknię za nim.* I don't miss him any more./I no longer miss him. ◊ *No i ~ po wszystkim.* That's all over! ◊ *Nie pójdę tam i ~!* I'm not going and that's that! ◊ *No to ~ przesada!* That's really too much! **2** (*w pytaniach*) yet: *Czy ~ przyjechał?* (*zwyczajne pytanie*) Has he arrived yet?/ (*wyraża zaskoczenie, że ktoś przyjechał wcześniej niż oczekiwano*) Has he arrived already?

....

Kk

....

kabaczek marrow, squash (*Am.*)

kabel 1 (*techn.*) cable **2** (*osoba*) sneak

kabina 1 (*na statkach itp.*) cabin, (*pilota; w samochodzie wyścigowym*) cockpit **2**

kablow|y: *telewizja ~a* a cable television

kac hangover: *Mam ~a.* I've got a hangover.

kaczka duck

kadencja 1 term (of office): *~ prezydencka* the presidency **2** (*muz.*) cadence

kadłub: *~ samolotu* a fuselage ◊ *~ statku* a hull

kadr|a (~y) 1 (*pracownicy*) personnel **2** (*sport*) team

kadź tub

kafel tile

kaftan: *~ bezpieczeństwa* a straitjacket

kaganiec muzzle: *nałożyć psu* ~ put a muzzle on a dog

kajak kayak: *pływać ~iem* go kayaking

kajdanki handcuffs: *zakuty w ~* handcuffed

kajuta cabin

kakao cocoa

kaktus cactus [lm cacti]

kalafior cauliflower

kalectwo (physical) disability

kaleczyć/s- 1 cut **2** (*jakiś język*) murder ■ **kaleczyć/s- się** cut yourself: *Skaleczyłem się w palec.* I've cut my finger.

kaleka (physically) disabled person

kalendarz calendar | **kalendarzyk** diary, datebook (*Am.*)

kalk|a 1 (*papier z farbą*) carbon paper: *pisać przez ~ę* make a carbon copy of sth **2** (*techniczna*) tracing paper

kalkować/prze- trace

kalkulator calculator

kalkulować/s- calculate

kaloryfer radiator

kał faeces, feces (*Am.*) [lm]

kałuża puddle

kamera: *~ filmowa* a camera ◊ *~ wideo* a video camera

kameraln|y: *muzyka ~a* chamber music

kamerzysta cameraman [lm -men] | **kamerzystka** camerawoman [lm -women]

kamieniarz (stone)mason

kamieniołom quarry: *eksploatować ~* quarry

kamienisty stony

kamienny 1 (*zrobiony z kamienia*) stone **2** (*twarz, milczenie itp.*) stony

kamie|ń stone: *~ń brukowy* a paving stone ◊ *~ń milowy* a milestone ◊ *~ń nagrobny* a tomb-stone ◊ *~ń nazębny* plaque ◊ *~ń szlachetny* a precious stone ◊ *~ń do zapalniczki* (a) flint [IDM] *iść jak z ~nia* be hard work | *~ń spadł mi*

j

k

z serca it was a load off my mind **│ ~ń węgielny** cornerstone **│ siedzieć ~niem (nad czymś)** sit for a long time (doing sth)

kamizelka (*do garnituru*) waistcoat, vest (*Am.*): *~ ratunkowa* a life jacket

kampani|a ~a o coś/przeciw czemuś campaign for/against sth: *przeprowadzać ~ę* campaign

kamyk pebble

kanalizacja (*sanitarna*) sewers, (*do osuszania terenów*) drainage

kanał 1 (*morski*) channel: *K~ La Manche* the English Channel **2** (*sztuczny*) canal, (*rów*) ditch **3** (*ściekowy*) sewer **4** (*TV*) channel **[IDM] ~ zębowy** root canal

kanapa sofa

kanapka sandwich

kanciasty angular

kanclerz chancellor

kandydat/ka ~ na coś/do czegoś candidate for sth, (*do pracy*) applicant for sth: *~ na prezydenta* a candidate for the presidency/presidential candidate

kandydować ~ na coś/do czegoś stand/(*Am.*) run for sth: *~ do parlamentu* stand for parliament

kant 1 (*krawędź*) edge **2** (*spodni*) crease **3** (*oszustwo*) fiddle: *~y* a racket

kantor bureaude change

kantyna canteen

kapa bedspread

kapać 1 (*woda itp.*) drip: *Kapie z kranu.* The tap is dripping. **2 ~ komuś** (*pieniądze*): *Kapnęło mi trochę grosza.* I've got a few extra pennies.

kapeć slipper

kapelan chaplain

kapelusz hat

kapitalistyczny capitalist

kapitaln|y 1 (*ważny*) great: *~e głupstwo* complete stupidity **2** (*znakomity*) brilliant **[IDM] remont ~y** (*domu itp.*) complete renovation, (*urządzenia itp.*) overhaul: *przeprowadzać remont ~y czegoś* overhaul/completely renovate sth

kapitał capital

kapitan captain

kapitulować/s- 1 ~ przed kimś/czymś capitulate to sb/sth **2** (*rezygnować z czegoś*) give up, (*dać się przekonać*) give in

kaplica chapel

kapłan/ka priest

kapok life jacket

kapral corporal

kaprys 1 (*osoby*) whim **2** (*losu itp.*) quirk

kapryśny capricious

kapsel cap

kapsuł(k)a capsule

kaptur hood

kapusta cabbage: *~ kiszona* sauerkraut

kar|a punishment, (*sport*) penalty: *~a cielesna* corporal punishment ◊ *~a śmierci* the death penalty ◊ *wymierzyć komuś ~ę* punish sb ◊ *ponieść ~ę* be punished **[IDM] za ~ę** as a punishment

karabin rifle: *~ maszynowy* a machine-gun

karać/u- ~ kogoś (za coś) punish sb (for sth), (*za złamanie przepisu; sport*) penalize: *~ kogoś grzywną/mandatem* fine sb

karalny punishable

karaluch cockroach

karambol (*samochodowy itp.*) pile-up

karawan hearse

karawana caravan

karb notch **[IDM] zwalać coś na ~ czegoś** put sth down to sth

karcić/s- rebuke, (*zwł. dziecko*) scold, (*oficjalnie*) censure

kardynał cardinal

kareta carriage

karetka ambulance

karier|a career: *Zrobił wielką ~ę.* He's hit the big time.

kark (nape of the) neck: *wziąć kogoś za ~* take sb by the scruff of the neck **[IDM] mieć coś na ~u** have sth on your plate **│ na złamanie ~u** at breakneck speed **│ nadstawiać za kogoś ~u** risk your neck for sb **│ siedzieć komuś na ~u** keep pestering sb

karłowaty dwarf

karmazynowy crimson

karmelowy caramel

karmić/na- feed: *~ piersią* breastfeed

karnawał carnival

karn|y 1 (*prawo*) criminal: *kodeks ~y* a penal code ◊ *kolonia ~a* a penal colony **2** (*sport*) penalty: *strzelić ~ego* take a penalty shot

karo diamond

karoseria bodywork

kart|a 1 card: *talia ~* a pack of cards ◊ *~a do bankomatu* a cash card ◊ *~a do głosowania* a ballot paper ◊ *~a kredytowa* a credit card ◊ *~a magnetyczna* a smart card ◊ *~a pokładowa* a boarding card ◊ *~a telefoniczna* a phonecard ◊ *płacić ~ą kredytową* pay by credit card **2** (*dań*) menu: *~a win* a wine list

3 (*dokument*) charter: *~a pływacka/ rowerowa* a swimming/cycling licence ◊ *~a gwarancyjna* a guarantee [IDM] **grać w otwarte ~y** lay your cards on the table | **~a atutowa** trump card | **~a przetargowa** bargaining counter/(*Am.*) chip | **odkryć wszystkie ~y** lay all your cards on the table | **stawiać wszystko na jedną ~ę** put all your eggs in one basket

kartka 1 (*papieru*) sheet (of paper), (*mała*) slip of paper: *~ samoprzylepna* a Post-it™ **2** (*w książce itp.*) page **3** (*do kogoś*) card: *~ pocztowa* a postcard ◊ *~ świąteczna* a Christmas card

kartkować/prze- ~ coś leaf through sth

kartofel potato

karuzela merry-go-round

karygodny 1 (*prawn.*) punishable: *czyn ~* a crime **2** (*skandaliczny*) outrageous

ka-rzeł/rlica dwarf [*lm* dwarves]

kas|a 1 (*żelazna skrzynka*) till **2** (*miejsce: w sklepie*) cash desk, (*w supermarkecie*) checkout, (*w teatrze, kinie*) box office, (*na dworcu itp.*) ticket office **3** (*pieniądze*) money: *Film zarobił ogromną ~ę.* The film made a lot of money. ◊ *Księgowy prowadzi ~ę.* The accountant looks after the petty cash. **4** (*instytucja*) fund

kaseta 1 (*magnetofonowa*) cassette, (*wideo*) video (cassette) **2** (*fot.*) cartridge **3** (*pudełko*) (jewellery) box

kasjer/ka cashier

kask (crash) helmet

kasować/s- 1 (*bilet*) stamp **2** (*plik*) delete, (*nagranie*) erase

kaszel cough

kaszleć cough

kasztan chestnut

kasztanowy chestnut

kat (*który ścina*) executioner, (*który wiesza*) hangman

katalizator 1 (*i przen.*) catalyst **2** (*w samochodzie itp.*) catalytic converter

katalog catalogue, -log (*Am. także*): *~ fiszkowy* a card index

katalogować/s- catalogue, -log (*Am. także*)

katar 1 (*choroba*) cold: *Mam ~.* I've got a cold./I've got a runny nose. ◊ *~ sienny* hay fever **2** (*nieżyt*) catarrh

katastrofa 1 (*wypadek*) accident: *~ lotnicza* a plane crash ◊ *~ morska* a shipwreck **2** (*nieszczęście*) disaster

katastrofalny disastrous

katedra 1 (*relig.*) cathedral **2** (*wydział*) faculty **3** (*stanowisko*) chair

kategoria category

katolicki Catholic

katolicyzm Catholicism

kaucj|a 1 (*prawn.*) bail: *uwolnić kogoś z aresztu za ~ą* release sb on bail **2** (*za butelkę itp.*) deposit

kawa coffee

kawaler bachelor

kawał 1 (*część czegoś*) chunk, (*chleba*) hunk **2** (*dowcip*) joke: *opowiedzieć ~* tell a joke **3** (*figiel*) trick: *zrobić komuś ~* play a trick on sb [IDM] **~ czasu** ages

kawał|ek piece: *Na podłodze leży ~ek ciasta.* There's a bit of cake on the floor. ◊ *na ~ki* to pieces ◊ *rozkładać na ~ki* take sth apart ◊ *rwać na ~ki* tear sth up

kawiarenka: *~ internetowa* an Internet cafe

kawiarnia cafe

kazać ~ komuś coś zrobić tell, (*rozkazać*) order sb to do sth: *~ komuś dokądś iść* send sb somewhere ◊ *~ komuś na siebie czekać* keep sb waiting

kazani|e sermon: *wygłaszać ~e* preach [IDM] **prawić komuś ~a** preach (at sb)

każd|y each, every, (*osoba*) everybody, everyone: *K~a chwila jest cenna.* Every second counts. ◊ *Myliła się za ~ym razem.* She was wrong every time. ◊ *Sprawdził ~ą stronę.* He checked every page. ◊ *K~y, kto zauważy coś podejrzanego, powinien powiadomić policję.* Anyone who notices anything suspicious should inform the police. ◊ *K~y, kto chce dokładkę, niech mówi.* If you want a second helping, just say. ❶ Zwróć uwagę na różnice w formułowaniu zdania ze słowem **each**: *Each lesson lasts an hour.* ◊ *Each of the lessons lasts an hour.* ◊ *The lessons each last an hour.* ◊ *He gave each child a present.* ◊ *He gave each of the children a present.* ◊ *He gave the children a present each.* [IDM] **w ~ym razie** in any case

kąpać/wy- bath, bathe (*Am.*) ■ **kąpać/wy- się 1** (*w wannie*) have/ (*zwł. Am.*) take a bath **2** (*w morzu/rzece itp.*) swim **3** (*w słońcu*) sunbathe

kąpiel 1 (*mycie się*) bath: *płyn do ~i* bubble bath **2** (*w morzu itp.*) swimming

kąpielówki (swimming) trunks

kąsać/ukąsić bite

kąt 1 (*mat.*) angle: *~ prosty* a right angle ◊ *~ ostry* an acute angle ◊ *pod (jakimś) ~em* at an angle **2** (*w pokoju itp.*) corner [IDM] **~ widzenia** angle

kciuk thumb [IDM] **trzymać ~i** keep your fingers crossed

kelner waiter I **kelnerka** waitress

kemping campsite, campground (*Am.*): *jeździć na* ~ go camping

kędzierzawy curly

kęs bite

kibic fan

kibicować support

kich-ać/nąć sneeze

kiedy when, (*podczas gdy*) while: *K~ będzie przerwa?* When's the break? ◇ *Daj znać,* ~ *będziesz gotowy.* Let me know when you're ready. ◇ *Telefon zadzwonił,* ~ *brała prysznic.* The phone rang while she was in the shower. ◇ *K~ tylko wyszedł, od razu zrobiło się przyjemniej.* As soon as he left the atmosphere improved. ◇ *Rzadko* ~ *chodzi do kina.* He hardly ever goes to the cinema. ◇ *Teraz,* ~ *jest cicho...* Now that it's quiet... ◇ *Od* ~ *studiuje, ma mniej czasu.* He's had less time since he started university/college. ◇ *Do* ~ *biblioteka będzie zamknięta?* When will the library open? ◇ *Na* ~ *skończysz tę pracę?* By when will you finish that work? ◇ *Spotkamy się* ~ *indziej.* We can meet some other time.

kiedykolwiek whenever

kiedyś (*w przeszłości*) once, (*w przyszłości*) one day

kielich 1 (*naczynie*) goblet **2** (*pot.: porcja alkoholu*) drink (of vodka, whisky, etc.): *Idziemy na* ~*a?* Shall we go for a drink?

kieliszek glass [IDM] ~ **do jajek** egg cup

kieł (*psa itp.*) fang, (*słonia itp.*) tusk

kiełbasa sausage

kiepski 1 rotten **2** (*osoba*) ~ **(w czymś)** useless (at sth)

kier heart

kierować 1 (*prowadzić*) lead: ~ *kogoś do dyrektora szkoły* send sb to the head teacher **2** ~ **kimś** push sb about/around, ~ **czymś** organize **3** ~ **coś do kogoś** (*jakąś sprawę*) refer sth to sb **4** ~ **coś na kogoś** (*spojrzenie, słowa itp.*) direct sth at sb, (*broń*) aim, (*skargi itp. do kogoś/czegoś*) file sth with sb/sth **4** (*pojazdem*) drive sth, (*kierować kierownicą*) steer **5** (*biznesem itp.*) manage ■ **kierować się 1** ~ **się do kogoś/czegoś** head for sb/sth **2** ~ **się czymś** go by sth

kierowca driver: *pijany* ~ a drink-driver

kierownic|a 1 (*samochodu*) (steering) wheel: *Był za* ~*ą.* He was at the wheel. **2** (*roweru*) handlebars

kierownictw|o management: *objąć* ~*o czegoś* take over the management of sth ◇ *pod* ~*em kogoś* under sb's management

kierowniczy managerial

kierowni-k/czka manager: ~ *sceny* a stage manager ◇ ~ *sali* the head waiter/waitress

kierun|ek 1 direction: *w* ~*ku kogoś/czegoś* towards sb/sth ◇ *praca napisana pod* ~*kiem prof. X* a dissertation written with Prof. X as supervisor **2** (*nurt*) trend: ~*ek działania* a line of action **3** (*studiów*) main subject, major (*Am.*): *Na jaki* ~*ek zdajesz?* What subject are you taking your entrance exams for?

kierunkowskaz indicator, turn signal (*Am.*)

kiesze|ń pocket [IDM] **dostać po ~ni** be hit badly I **na każdą ~ń** to suit every pocket I **schować coś do ~ni** keep quiet about sth I **znać coś jak własną ~ń** know sth inside out

kieszonkowe pocket money, allowance (*Am.*)

kieszonkowiec pickpocket

kij stick, (*baseballowy, do krykieta*) bat, (*do golfa*) club, (*hokejowy itp.*) stick, (*bilardowy*) cue: ~ *od miotły* a broomstick [IDM] **jakby** ~ **połknął** bolt upright

kilim rug

kilka several, a few: *Mam* ~. I've got several/a few. ◇ *Mam tylko* ~ *książek na ten temat.* I've only got a few books on that subject. ◇ *Ma* ~ *dobrych słowników.* He's got quite a few dictionaries.

kilkadziesiąt dozens

kilogram kilo

kilometr kilometre, -meter (*Am.*)

kiosk (*budka*) kiosk, (*na targach*) stall, (*stoisko na wystawach*) stand, (*z gazetami*) news-stand

kipieć 1 (*woda itp.*) bubble **2** (*ze złości itp.*) fume

kisić pickle

kiszony pickled

kiść (*winogron itp.*) bunch

kitel overall

kiw-ać/nąć (*ręką*) wave, (*głową*) nod, ~ **na kogoś** motion to sb [IDM] **nie kiwnąć palcem** not do a stroke (of work) ■ **kiwać się 1** (*głowa*) nod, (*ręka*) wave **2** (*być niestabilnym*) wobble

klacz mare

klakson horn

klamka (*podłużna*) handle, (*okrągła*) knob, (*od furtki itp.*) latch |IDM| ~ **zapadła** it's too late now

klamr|a 1 (*zapięcie na buty*) buckle: *zapiąć buty na* ~*y* buckle your shoes on/up **2** (*do włosów*) (hair)clip: *spiąć włosy* ~*ą* clip your hair back **|** **klamerka** (*do bielizny*) (clothes) peg, clothespin (*Am.*)

klap|a 1 (*marynarki itp.*) lapel **2** (*niepowodzenie*) flop: *zrobić* ~*ę* flop **3** (*sedesu*) lid, (*czołgu*) hatch, (*piwnicy*) trapdoor

klap-ać/nąć 1 (*uderzać: ręką*) slap, (*butami*) stamp **2** (*ciężko siadać*) flop down

klaps smack: *dać komuś* ~*a* smack sb

klarnet clarinet

klarowny lucid

klas|a 1 class: *pierwsza* ~*a* first class ◇ ~*a robotnicza/średnia/wyższa* the working/middle/upper class **2** (*pomieszczenie*) classroom

klask-ać/nąć clap

klasówka test

klasyczn|y 1 (*związany ze starożytną kulturą grecką/rzymską; tradycyjny*) classical: *filologia* ~*a* Classics ◇ *balet* ~*y* classical ballet ◇ *styl* ~*y* (*w pływaniu*) breaststroke **2** (*typowy*) classic

klasyfikować/s- classify

klasyk classic

klasztor (*męski*) monastery, (*żeński*) convent

klatka 1 (*pomieszczenie*) cage, (*dla królików itp.*) hutch **2** (*fot.*) exposure, (*film*) frame |IDM| ~ **piersiowa** chest **|** ~ **schodowa** staircase

klawiatura keyboard

klawisz key

kląć swear

klątw|a curse: *rzucić na kogoś* ~*ę* curse sb

kleić/s- stick, (*klejem*) glue: ~ *deski* glue the boards together/to each other (*taśmą klejącą*) sellotape ■ **kleić się 1** (*/s-*) stick **2** (*rozmowa itp.*) nie ~ się go badly **3** (*/przy-*) ~ się do kogoś cling to sb

kleisty sticky

klej glue

klejnot (*kamień*) jewel, (*biżuteria*) piece of jewellery

klekotać 1 (*maszyna itp.*) rattle **2** (*dziób*) clack

klepać/po- slap |IDM| ~ **biedę** be poor

kler clergy

kleszcz tick

kleszcz|e 1 (*techn.*) pliers, (*med.*) forceps **2** (*zool.*) pincers |IDM| **w** ~**ach czegoś** in the grip of sth

klękać ~ **przed kimś** kneel in front of/ (*form.*) before sb

klęsk|a 1 (*niepowodzenie*) defeat: *ponieść* ~*ę* suffer defeat **2** (*katastrofa*) disaster: ~*a żywiołowa* a natural disaster

klient/ka (*w sklepie, restauracji*) customer, (*usługi*) client: *stały* ~ a regular customer

klik-ać/nąć click

klimat climate

klimatyczny climatic

klimatyzacja air-conditioning

klimatyzowany air-conditioned

kliniczny clinical

klinika clinic

klinować/za- wedge

klips 1 (*do uszu*) (clip-on) earring **2** (*do papieru*) paper clip

klomb (flower) bed

klonować clone

klub club |IDM| ~ **nocny** night club

klucz 1 (*i przen.*) key: *zamykać kogoś na* ~ lock sb in/out ◇ *być pod* ~*em* under lock and key ◇ *chować coś pod* ~*em* keep sth locked away ◇ ~ *do zagadki* (*tajemnicy*) a key to the mystery/ (*zadania*) puzzle **2** (*muz.*) clef **3** (*płaski*) spanner

kluczow|y key: *słowo* ~*e* a keyword

kluska dumpling

kładka footbridge

kłamać/s- ~ (*komuś*) (*że*) lie (to sb) (about sth): *Kłamał szefowi, że się nie spóźnił.* He lied to his boss about being late.

kłam-ca/czucha liar

kłamliwy 1 (*osoba*) dishonest **2** (*nieprawdziwy*) untrue

kłamstwo lie: *niewinne* ~ a white lie

kłaniać/u- się ~ (*ciałem*) bow, (*głową*) nod **2** ~ *komuś od kogoś* remember sb to sb

kłaść/położyć 1 put: ~ *kafelki* lay tiles ◇ ~ *kogoś spać* put sb to bed **2** (*sprawę itp.*) make a mess of sth ■ **kłaść/położyć się** lie down: ~ *się spać* go to bed ◇ *nie kłaść się spać do późna* stay up late

kłębek 1 (*nici itp.*) ball: *Wąż/Jeż zwinął się w* ~. The snake coiled up./ The hedgehog rolled itself into a ball. **2** (*dymu*) puff |IDM| ~ **nerwów** nervous wreck

kłębić się 1 (*dym*) billow **2** (*ludzie*) seethe

kłopot problem: *mały/duży* ~ a small/big problem ◊ *Mam z nim/tym ~y.* I'm having trouble with him/it. ◊ *narobić sobie ~ów* get into trouble ◊ *sprawiać komuś* ~ inconvenience sb ◊ *Proszę nie robić sobie ~u!* Please don't go to any trouble. ◊ *wybawiać kogoś z ~ów* get sb out of trouble

kłopotliwy 1 (*trudny*) difficult **2** (*nie-zręczny*) awkward

kłócić/po- się argue, (*zwł. o sprawy osobiste*) quarrel

kłódk|a padlock: *zamykać coś na ~ę* padlock sth

kłótni|a argument, (*zwł. o sprawy osobiste*) quarrel: *wszcząć ~ę* start an argument ◊ *Wywiązała się ~a.* They started arguing. ◊ *szukać* ~ be looking for a fight

kłuć/u- 1 (*iglą itp.*) prick **2** (*ból*) ~ *kogoś* have a pain: *Kłuje mnie w boku.* I've got a pain in my side. ◊ *Coś mnie kłuje w oku.* Something is making my eye sting. [IDM] **kłuć kogoś (czymś) w oczy** get on sb's nerves: *Kłuje mnie w oczy swoim bogactwem.* He annoys me with all his money. ◊ *Prawda w oczy kole.* The truth hurts.

kłusować 1 (*koń*) trot **2** (*polować nielegalnie*) poach

kłusowni-k/czka poacher

kneblować/za- gag

knuć/u- plot

kobiec|y 1 (*odnoszący się do kobiet*) female: *czasopismo ~e* a woman's magazine ◊ *literatura ~a* women's writing ◊ *choroby ~e* women's health problems **2** (*typowy dla kobiet*) feminine: *~y instynkt* female intuition ◊ *~a ręka* a woman's touch

kobieta woman [*lm* women]: ~ *sukcesu* a career woman [IDM] ~ **fatalna** femme fatale

koc blanket

kochać love [IDM] **jak Boga kocham!** cross my heart (and hope to die)
■ **kochać się 1** ~ **się (w kimś)** be in love (with sb) **2** ~ **się (z kimś)** make love (to sb)

kochan-ek/ka lover

kochanie darling

kochany beloved: *mój* ~ *synku* my dear boy

koci feline

kociak 1 kitten **2** (*kobieta*) babe

kocioł 1 (*naczynie*) pot, (*czarownicy*) cauldron **2** (*parowy*) boiler **3** (*kotły*) (*muz.*) timpani [*lm*]

kocur tomcat

koczowni-k/czka nomad

kod code: ~ *kreskowy* a bar code ◊ ~ *pocztowy* a postcode ◊ ~ *genetyczny* a genetic code ◊ *złamać* ~ *nieprzyjaciela* break an enemy code

kodeks code

kodować/za- encode

kofeina caffeine

kogut cock, rooster (*Am.*)

koja (*w statku*) berth, (*piętrowa*) bunk

kojarzyć/s- 1 (*fakty*) associate **2** ~ *kogoś w pary* pair sb off (with sb)
■ **kojarzyć się** ~ **się komuś z czymś** make sb think of sth: *Z Polską kojarzy się papież.* People associate Poland with the Pope. ◊ *Palma kojarzy mi się z tropikami.* Palm trees are linked in my mind with the tropics. ◊ *Kształt butelki kojarzy się z kobietą.* The bottle is shaped like a woman. ◊ *Jej nazwisko z czymś mi się kojarzy.* Her name rings a bell. ◊ *Czy ta twarz z czymś ci się kojarzy?* Is that face familiar to you?

kojący soothing

kok bun: *uczesać się w* ~ do your hair in a bun

kokarda bow

kolacja supper

kolan|o (*anat.*) knee: *po ~a* knee-deep ◊ *siedzieć u kogoś na ~ach* sit on sb's lap/knee [IDM] **robić coś na ~ie** knock sth together | **rzucić kogoś na ~a** knock sb out

kolarz cyclist

kolczasty thorny, (*z małymi kolcami*) prickly [IDM] **drut ~** barbed wire

kolczyk earring, (*wkrętka w uchu*) stud, (*wkrętka w nosie*) nose stud

kolec 1 (*bot.*) thorn, (*mały*) prickle **2** (*zool.*) spine, (*mały*) prickle

kole-ga/żanka friend, (*z pracy*) colleague, (*z klasy*) classmate: *koleżanki i koledzy ze studiów* fellow students → FRIEND

kolej 1 (*szyny; system szyn*) railway, railroad (*Am.*): *~j jednoszynowa* monorail ◊ *~j podziemna* underground ◊ *~j linowa* cable railway ◊ *pracować na ~i* work on the railways **2** (*środek transportu*) rail: *podróżować ~ją* travel by rail **3** (*w grze itp.*) go, turn (*zwł. Am.*): *po ~i* in turn ◊ *robić coś po ~i* take turns at sth ◊ *czekać na swoją ~j* wait your turn ◊ *drugi z ~i* the second in a row **4** (*bieg wydarzeń*): *~j rzeczy* a course of events ◊ *burzliwe ~je jego życia* dramatic changes in his life

kolej|ka 1 (*pociąg*): *~ka linowa* a cable car ◊ *~ka górska* (*w wesołym miasteczku*) a roller-coaster **2** (*w sklepie itp.*) queue, line (*Am.*): *stać w ~ce po coś* queue for sth/wait in line for sth ◇ *bez ~ki* without queuing **3** (*w grze itp.*) turn

kolejnoś|ć sequence: *~ć alfabetyczna* alphabetical order ◇ *w odwrotnej ~ci* in reverse order ◇ *poza ~cią* ahead of the queue ◇ *w pierwszej ~ci* first (of all) ◇ *poza ~cią* out of turn

kolejn|y (*następny*) next, (*jeszcze jeden*) another: *~y dzień/miesiąc* the next day/month ◇ *~a część* a sequel ◇ *~y błąd* another mistake ◇ *K~a podwyżka będzie w marcu.* The next rise will be in March. ◇ *Po raz ~y powtarzam ci...* I'll tell you again...

kolejow|y rail: *sieć ~a* a railway

kolekcjonować collect

koleżeńsk|i 1 (*życzliwy*) friendly **2** (*kolegów*) of friends: *spotkanie ~e* meeting of friends

kolęda carol

kolokwium test

kolonia colony [IDM] *~ karna* penal colony **l kolonie** holiday/(*Am.*) summer camp ◇ *jechać na ~* go to a holiday camp

kolonialny colonial

kolor 1 (*barwa*) colour, *-lor* (*Am.*): *Jaki ~ ma twój samochód?* What colour is your car? ◇ *~ podstawowy* a primary colour ◇ *nabrać ~ów* get some colour back (in your cheeks/face) **2** (*karty*) suit

kolorować/po- colour/(*Am.*) *-lor* sth (in)

kolorow|y 1 (*telewizor itp.*) colour, *-lor* (*Am.*) **2** (*barwny; i przen.*) colourful, *-lor-* (*Am.*)

kolportaż distribution

kolporter distributor

kolumna 1 column **2** (*głośnikowa*) speaker

kołdra duvet

kołek peg

kołnierz(yk) collar

koło *rz.* **1** (*mat.; geogr.*) circle **2** (*pojazdu*) wheel [IDM] *~ polarne* polar circle l *w ~* in a circle l *~ ratunkowe* lifebelt l *błędne ~* vicious circle l **koło przyim. 1** (*w przybliżeniu*) about: *Spotkamy się ~ szóstej.* We are meeting about six. ◇ *coś ~ tego* something like that **2** (*w pobliżu*) next to, by: *K~ mojego domu jest park.* There's a park next to my house. ◇ *K~ płotu stał samochód.* A car was parked alongside the hedge.

kołysać 1 (*w powietrzu*) swing, (*kolebkę itp.*) rock, (*wiatr*) toss: *~ głową* toss your head ◇ *~ łodzią* be tossed about in a boat **2** (*/u-*) lull: *~ dziecko do snu* rock a baby to sleep ■ **kołysać się**

(*na huśtawce*) swing, (*drzewo*) sway, (*w fotelu*) rock, (*na falach*) toss, (*statek*) pitch: *~ się w biodrach* swing your hips

kołysanka lullaby

kołyska cradle

komar mosquito [*lm* *-s/-es*], (*mniejszy*) gnat

kombinezon (*roboczy: z rękawami*) boiler suit, coveralls (*Am.*): *~ narciarski* a skisuit ◇ *~ kosmonauty* a spacesuit ◇ *~ nurka* a wetsuit

kombinować 1 (*/s-*) (*łączyć*) put sth together **2** (*szukać rozwiązania*) try and work sth out **3** (*działać nieuczciwie*) scheme

komentarz (*uwagi*) commentary, (*uwaga*) comment: *bez ~* no comment ◇ *~ na żywo* a running commentary

komentować/s- (*zrobić uwagę*) comment, (*robić uwagi*) commentate

komercjalizować/s- commercialize

komercyjny commercial

komfortowy comfortable

komiczny comic

komiks (*historyjka*) comic strip, (*broszura*) comic (book), (*TV*) cartoon

komin 1 (*arch.*) chimney **2** (*na statku*) funnel

kominek fireplace, (*miejsce przed paleniskiem*) hearth

komisariat (*policji*) police station

komisj|a commission: *~a sejmowa* a Sejm commission ◇ *~a egzaminacyjna* an examination board ◇ *~a lekarska* (*nie istnieje w Wlk. Br.*) a medical board ◇ *powołać ~ę* set up a commission

komitet committee

komoda chest of drawers

komora 1 (*pokój*) chamber: *~ gazowa* a gas chamber **2** (*serca*) ventricle

komorne rent

komórk|a 1 (*telefon*) mobile: *Zadzwoń na moją ~ę.* Ring me on my mobile. **2** (*biol.*) cell: *~a jajowa* an egg

komórkowy cellular

kompatybilny compatible

kompensować/(z)re- ~ coś czymś compensate for sth with/by sth: *Brak talentu rekompensuje ciężką pracą.* He works hard to compensate for his lack of talent.

kompetencj|a (*zwykle ~e*) competence: (*w życiorysie*) *~a zawodowa* professional qualifica-tions ◇ *leżeć w ~i sądu* fall within the jurisdiction of the court ◇ *mieć ~e do zrobienia czegoś* have the authority to do sth ◇ *przekroczyć czyjeś ~e* exceed your authority

k

kompetentny competent: ~ *nauczyciel* a competent teacher ◊ *specjalista ~ w dziedzinie chirurgii laserowej* a specialist trained in laser surgery ◊ ~ *organ władzy* a competent authority ◊ *urzędnik ~ w sprawach konsularnych* an official with the authority to deal with consular matters

kompilacja compilation

kompleks (*sklepów itp.*; *psych.*) complex

komplementować/s- ~ coś compliment sb on sth: *Skomplementował moją nową fryzurę.* He complimented me on my new hairstyle.

komplet 1 (*zestaw*) set **2** (*posiedzenie*) quorum

kompletny complete

kompletować/s- (*zbiór*) complete, (*załogę itp.*) make sth up: ~ *sprzęt tenisowy* buy a complete tennis kit ◊ ~ *meble do salonu* buy a complete set of living room furniture

komplikować/s- complicate

komponować/s- compose: ~ *muzykę do wiersza* set a poem to music

kompot juice ❶ Nie ma ścisłego odpowiednika. Angielski **compote** nie jest napojem, lecz daniem. Podaje się go zwykle na zimno, często jako danie śniadaniowe w hotelach.

kompozytor composer: ~ *piosenek* a songwriter

kompromis compromise: *pójść na ~* agree to a compromise

kompromitować/s- (*osobę, instytucję, ideę itp.*) discredit: ~ *rodzinę* disgrace the family name ■ **kompromitować/s- się** disgrace yourself

komputer computer: *miniaturowy ~* a palmtop ◊ ~ *osobisty* a PC ◊ ~ *przenośny* a laptop/ (*mniejszy*) notebook

komputerowy 1 (*dot. sprzętu*) computer **2** (*robiony na komputerze/ w Internecie*) online

komputeryzować/s- computerize

komunaln|y municipal: *mieszkanie ~e* a council flat

komunikacja 1 : ~ *miejska* public transport **2** (*porozumiewanie się*) communication

komunikować/za- communicate

komunist-a/ka communist

komunistyczny communist

konar bough

koncentrować/s- (się) concentrate

koncer|t 1 (*wydarzenie*) concert: *pójść na ~t* go to a concert ◊ *wystąpić na ~cie* perform at a concert **2** (*utwór*) concerto

koncesj|a licence, license (*Am.*): *wydawać ~ę* license

kondensować/s- condense

kondolencje condolences

kondolencyjny: *list ~* a letter of sympathy

kondycj|a 1 (*osoby*) fitness: *w dobrej ~i* in shape ◊ *w słabej ~i* out of shape **2** (*przedsiębiorstwa*) (financial) state

konewka watering can

konferansjer compere

konferencja conference: ~ *prasowa* a press conference

konfiskować/s- confiscate

konfitur-a/y jam

konflikt conflict: ~ *pokoleń* the generation gap ◊ *wchodzić w ~ z kimś/ czymś* come into conflict with sb/sth

konfrontować/s- (*poglądy itp.*) compare

kongres congress

koniec 1 end, (*dnia handlowego itp.*) close: *na końcu* at the end ◊ *na ~ maja* at the end of May ◊ *pod ~ roku* towards the end of the year ◊ *bez końca* endlessly ◊ *doprowadzać coś do końca* bring sth to an end ◊ *Jestem przy końcu opowiadania.* I'm near the end of the story. ◊ *Ta powieść ma smutny ~.* That book has a sad ending. **2** (*śmierć*) death |IDM| ~ (*z tym*)! enough (of that)! | **mieć coś na końcu języka** have sth on the tip of your tongue | **na ~; w końcu** finally | **ledwo wiązać ~ z końcem** struggle to make ends meet

konieczny necessary, essential | **koniecznie** necessarily: ~ *coś zrobić* be sure to do sth | **konieczność** necessity: ~*ć życiowa* a fact of life ◊ *w razie ~ci* if necessary

konkretny 1 (*specyficzny*) specific **2** (*przykład*) concrete

konkretyzować/s- specify

konkub-ent/ina partner

konkurencja 1 (*rywalizacja*) competition **2** (*sportowa*) event

konkurencyjny 1 (*sklep itp.*) rival **2** (*cena*) competitive

konkurować compete

konkurs competition: ~ *piękności* a beauty contest

konn|y 1 (*dot. koni*) horse: *przejażdżka ~a* a horse ride **2** (*policja*) mounted | **konno** on horseback

konsekwentny consistent

konserw|a tinned/(*Am.*) canned food: ~*y rybne* tinned fish

konserwatyst-a/ka conservative

konserwatywny conservative
konserwować/za- 1 (*żywność*) preserve, (*przez suszenie/wędzenie/ solenie*) cure 2 (*zabytek*) conserve 3 (*narzędzie*) maintain
konserwowy 1 (*w puszkach*) tinned, canned (*Am.*) 2 (*ogórek*) pickled
konsolidować/s- consolidate
konspirować conspire
konstrukcja 1 (*struktura*) construction: ~ *powieści* the structure of a novel 2 (*psych.*) construct
konstruktor constructor, (*projektant*) designer
konstruktywny constructive
konstruować/s- 1 (*most itp.; teorię itp.*) construct 2 (*system*) set up
konstytucja constitution
konsul consul
konsularny consular
konsulat consulate
konsultant/ka consultant: *lekarz* ~ a consultant
konsultingow|y: *firma* ~*a* a consultancy
konsultować/s- ~ (coś) z kimś consult sb (about sth)
konsument/ka consumer
konsumować/s- 1 (*żywność*) consume 2 (**skonsumować**) (*małżeństwo*) consummate
kontak|t 1 (*związek*) contact: *nawiązać z kimś* ~*t* make contact with sb ◊ *być z kimś w* ~*cie* be in contact with sb ◊ *zerwać z kimś* ~*t* break off contact with sb 2 (*elektr.*) socket, outlet (*Am.*): *włączyć coś do* ~*tu* plug sth in
kontaktować/s- 1 ~ **kogoś z kimś** put sb in touch with sb: *Biuro kontaktuje ze sobą szukających pracy i pracodawców.* The agency puts jobseekers in touch with potential employers. 2 (*elektr.*) make contact: *Latarka nie kontaktuje.* The torch has a loose connection. ■ **kontak-tować/s- się ~ się z kimś (w jakiejś sprawie)** contact sb (about sth)
kontemplować contemplate
kontener container
kon|to account: ~*to bieżące* a current account ◊ ~*to oszczędnościowe* a deposit/savings account ◊ *saldo* ~*ta* the balance [IDM] **mieć coś na swoim** ~**cie** 1 (*zdobyć uznanie/wyróżnienie*) have sth to your credit 2 (*dokonać czegoś*) have sth under your belt [IDM] **na** ~**to czegoś:** *Ten płaszcz to na* ~*to zwrotu podatku.* The tax return will pay for this coat.
kontrabas double bass

kontrahent contractor
kontrakt contract: *zawierać* ~ *z kimś* enter into a contract with sb
kontrast contrast
kontrastować contrast
kontrol|a 1 (*sprawdzenie*) inspection: ~*a paszportów* passport control ◊ ~*a urodzeń* birth control ◊ *przejąć* ~*ę (nad czymś)* take charge (of sth) ◊ *pod* ~*q* under control ◊ *poza* ~*q* out of control ◊ *wymykać się spod* ~*i* get out of control 2 (*ksiąg rachunkowych*) audit
kontroler inspector: ~ *ruchu powietrznego* an air traffic controller
kontrolować/s- 1 (*sprawdzać*) inspect 2 (*mieć wpływ na działanie*) control
kontrowersyjny controversial
kontynent continent
kontynuować ~ coś continue (doing) sth/with sth: ~ *naukę* continue your studies ◊ ~ *tradycję* keep up a tradition
konwencjonalny conventional
ko|ń horse: ~*ń wyścigowy* a racehorse ◊ *obrządzać* ~*nia* groom a horse [IDM] ~*ń* **mechaniczny** horsepower | **robić kogoś w** ~**nia** mess sb about/around
końcow|y final: ~*a/y stacja/przystanek* a terminus ◊ ~*y termin* a cut-off
końcówka 1 (*reszta*) end 2 (*gram.*) ending: ~ *fleksyjna* an inflection
kończyć (*pracę, szkołę, jakieś zadanie*) finish, (*stosunki*) end: *Kończyli przedstawienie piosenką.* They ended the performance with a song. ◊ *skończyć z kimś/czymś* finish with sb/ sth ◊ *kończąc* finally 2 (*wiek*) turn: *Skończył sześć lat.* He turned six. ■ **kończyć się** 1 end, finish 2 ~ **się czymś** culminate in sth 3 (*mleko itp.*) ~ **się komuś** run out (of sth)
kończyna limb
koordynować/s- coordinate
kopać 1 (/**kopnąć**) (*nogą*) kick 2 (/**wy-**) (*łopatą itp.*) dig, (*w ziemi*) excavate, (*norę itp.*) burrow, (*kartofle itp.*) dig sth up
kopalnia mine: ~ *węgla* a coal mine
koper dill (weed)
koperta envelope
kopi|a copy: *wierna* ~*a* a facsimile ◊ ~*a przez kalkę* a carbon copy ◊ *zapasowa* ~*a (np. pliku)* a backup (copy) ◊ *robić zapasową* ~*ę czegoś* back sth up
kopiować/s- copy
kopulować copulate
kopuła dome
kopyto hoof [*lm* hooves]
kora bark
koral 1 coral 2 (~**e**) beads

korba crank

korcić ~ kogoś, żeby coś zrobić be bursting to do sth

korek 1 (*do butelki*) cork **2** (*do wanny*) plug **3** (*uliczny*) traffic jam

korekta 1 (*poprawka*) correction **2** (*sprawdzenie tekstu*) proof-reading **3** (*strony wydrukowane*) proofs

korelować correlate

korepetycje private lessons: *dawać komuś ~ z francuskiego* coach sb in French

korepetytor/ka private teacher

korespondencja 1 (*pisanie/zbiór listów*) correspondence **2** (*w gazecie*) correspondent's report

korespondent/ka correspondent

korespondować correspond

korkociąg corkscrew

korodować corrode

korona crown

koronka lace

korsarz pirate

kort court

korumpować/s- corrupt

korygować/s- correct

korytarz 1 (*w budynku*) corridor **2** (*powietrzny*) lane

koryto 1 (*naczynie*) trough **2** (*rzeki itp.*) bed

korzeń root

korzystać/s- ~ z czegoś 1 (*odnosić korzyść*) benefit from sth, (*mieć zysk*) profit from sth **2** (*z sytuacji*) take advantage of sth: *~ z okazji* take the opportunity to do sth/of doing sth **3** (*z pieniędzy itp.*): *Skorzystał z pomocy rodziców.* He was helped by his parents. **4** (*z telefonu itp.*) use sth **5** (*z przywileju, prawa*) exercise sth

korzystny 1 (*zyskowny*) profitable **2** (*pomyślny; pochlebny*) favourable, -vor- (*Am.*)

korzyść (*pożytek*) advantage, (*zysk*) profit: *przynosić komuś ~* benefit/profit sb ◊ *odnosić ~* gain/profit from sth ◊ *na czyjąś ~* in sb's favour ◊ *zmienić się na ~* change for the better

kosiarka (lawn)mower

kosić/s- (*trawę*) mow, (*zboże*) cut

kosmetyczka 1 (*osoba*) beautician **2** (*torebka*) sponge bag

kosmetyczny cosmetic

kosmos space

kostium 1 (*teatr*) costume **2** (*damski*) suit **3** : *~ gimnastyczny* a gym kit ◊ *~ kąpielowy* a swimsuit ◊ *jedno/ dwuczęściowy ~ kąpielowy* a one/ two-piece swimsuit

kostk|a 1 (*anat.*) bone, (*u ręki*) knuckle, (*u nogi*) ankle **2** (*cukru*) lump, (*mydła*) bar: *~i brukowe* cobblestones ◊ *~a lodu* an ice cube **3** (*do gry*) dice

kostnica morgue, mortuary (*Am.*)

koszmar nightmare

koszmarny ghastly

koszt cost, (*~y*) expenses: *dodatkowy ~* an extra ◊ *~y stałe* overheads ◊ *~ przewozu* haulage ◊ *~em czegoś* at the expense of sth ◊ *czyimś ~em* at sb's expense → CENA

kosztować 1 cost **2** (*/s-*) (*potrawę*) taste

kosztowny expensive

koszula shirt: *~ nocna* a nightdress

koszulka 1 (*ubranie*) T-shirt **2** (*na dokumenty*) plastic pocket

kosz(yk) basket: *~ na zakupy* a shopping basket ◊ *~ zakupów* a basket of shopping ◊ *~ na śmieci (w biurze)* a waste-paper basket/ (*na ulicy*) litter bin

koszyk → KOSZ

koszykówka basketball

kościół church ❶ Mówiąc o chodzeniu do kościoła w celu uczestniczenia w praktykach religijnych nie stosuje się żadnego przedimka – **in church, to church, at church** /(*US*) **in church.**

kościsty bony

kość 1 (*anat.*) bone: *~ policzkowa* a cheekbone ◊ *~ słoniowa* ivory **2** (*do gry*) dice, die (*Am.*) ❶ Forma lm dla obu wariantów to **dice.** [IDM] **zmarznąć na ~** freeze

kot cat, (*samiec*) tomcat

kotlet 1 (*z kością*) chop **2** (*mielony*) rissole

kotlina valley

kotłownia boiler room

koza goat

kozioł goat [IDM] **~ ofiarny** scapegoat | **koziołek** (*przewrót*) somersault

Koziorożec (*znak zodiaku*) Capricorn

kożu-ch/szek 1 (*skóra*) sheepskin **2** (*ubranie*) sheepskin coat **3** (*na mleku itp.*) skin, (*z brudu*) scum

kółko 1 ring **2** (*fotograficzne itp.*) club [IDM] **~ i krzyżyk** noughts and crosses | **~ na klucze** key ring | **kręcić się w ~** go round and round in circles | **robić coś w ~** do sth over and over (again)

kpić/za- ~ z kogoś/czegoś mock sb/sth

kpin|a ridicule: *To są ~y.* That's ridiculous.

krach crash

kraciasty checked

kradzież theft: *~ z włamaniem* burglary

kraj 1 (*państwo*) country: ~ *ojczysty* a homeland ◊ *do/w ~u* home **2** (*skraj*) margin

krajać/po- cut, (*na plasterki*) slice, (*mięso*) carve

krajobraz scenery, (*i sztuka*) landscape **❶** Jeśli jakiś teren jest malowniczo położony i miły dla oka, stosuje się rz. **scenery**. Mówiąc o naturalnych cechach jakiegoś obszaru, używa się słowa **landscape**: *Trees and hedges are a typical feature of the British landscape.* Widok z okna itp. określa się mianem **view**: *There was a marvellous view of the sea from our hotel room.*

krajow|y 1 (*ogólnokrajowy*) national: *~y konkurs plastyczny* a national art competition **2** (*wewnętrzny*) domestic: *lotnisko ~e* a domestic airport

krajoznawcz|y: *wycieczka ~a* a tour

kran tap, faucet (*Am. zwykle*)

krańcowy extreme

kraść (/o~) rob, (/u~) steal: *Ukradli mu portfel.* They stole his wallet.

krat|a 1 (*zamknięcie*) bar, (*okratowanie*) grating **2** (*także* ~ka) (*wzór*) check: *spódnica w ~ę* a checked skirt [IDM] **za ~ami** behind bars

krawat tie

krawcowa dressmaker

krawę|dź 1 edge **2** (*kubka, łyżki itp.*) rim [IDM] **na ~dzi załamania nerwowego** on the verge of a nervous breakdown

krawiec (*męski*) tailor, (*damski*) dressmaker

krąg 1 circle **2** (*zakres*) range

krążek 1 (*płyta CD*) disc, disk (*Am.*) **2** (*blok*) pulley **3** (*w hokeju*) puck

krążyć 1 (*poruszać się wokół*) circle **2** (*krew; wiadomość itp.*) circulate: *Krąży pogłoska, że...* It is rumoured that... **3** (*butelka itp.*) go around/round: *Krążyły półmiski zakąsek.* They passed (a)round dishes of hors d'oeuvres.

kreda chalk

kredens sideboard, (*z półkami na górze*) dresser

kredka coloured pencil: ~ *świecowa/ woskowa* a crayon

kredowy 1 (*dot. kredy*) chalk **2** (*papier*) glossy

kredyt credit: *kupić coś na* ~ buy sth on credit ◊ ~ *hipoteczny* a mortgage ◊ *zaciągać* ~ *hipoteczny* take out a mortgage

krem (*żywnościowy; do rąk itp.*) cream: ~ *nawilżający* a moisturizer

kremowy 1 (*z kremem*) cream **2** (*kolor*) creamy

kres limit [IDM] **położyć czemuś** ~ put a stop to sth | **u** ~**u sił** at the end of your tether/(*Am.*) rope

kresk|a 1 (*linia*) line **2** (*myślnik*) dash, (*łącznik*) hyphen **3** (*akcent*) accent **4** (*na termometrze itp.*) mark [IDM] **być pod ~ą** be in debt | **kłaść na kimś ~ę** give up on sb

kreślić 1 (/wy-) (*projekt*) draw, (*wykres*) plot **2** (/na-) (*wizję itp.*) map out **3** (/prze-) (*źle napisane słowo*) cross sth out **4** (/s-) (*z listy*) cross sth off sth

krew blood: *grupa krwi* a blood group ◊ *przelewać* ~ shed blood [IDM] ~ **mnie zalała** I saw red | **z zimną krwią** in cold blood

krewetka prawn, shrimp (*Am.*)

krewn|y *przym.* related | ~**y/a** rz. relative: *najbliższy/i* ~/*i* next of kin

kręcić 1 (*ruszać: korbą, gałką itp.*) turn sth: ~ *palcami* twiddle your fingers **2** (*włosy*) curl **3** (*nie mówić wprost*) beat about the bush **4** (*film*) shoot [IDM] ~ **na coś nosem** turn your nose up at sth ■ **kręcić się 1** (*wokół osi*) turn, (*szybko*) spin: *Kręci mi się w głowie.* My head's spinning. **2** (*chodzić*) move about/around: ~ *się po pokoju* wander about/around the room ◊ ~ *się koło kogoś/czegoś* hover around sb/sth ◊ ~ *się bez celu* hang about/around **3** (*nie siedzieć spokojnie*) wriggle, (*ze wstydu itp.*) squirm **4** (*rzeka itp.*) twist **5** (*włosy*) curl **6** : ~ *się koło swoich interesów* look after your own interests [IDM] **wszystko mi się kręci** I'm confused

kręcony (*włosy*) curly

kręgiel 1 skittle **2** (~**le**) (*gra*) skittles

kręgosłup spine

kręgowy spinal

krępować/s- 1 (*żenować*) embarrass **2** (*ograniczać*) constrain, (*ubranie itp.*) constrict ■ **krępować się** feel shy/ embarrassed: *Nie krępuj się, weź więcej.* Feel free to take some more.

krępy stocky

kręty 1 (*droga itp.*) winding **2** (*wyjaśnienia itp.*) devious

krnąbrny defiant

kroczyć march, (*wielkimi krokami*) stride, (*pompatycznie*) strut

kroić 1 (/po-) (*na kawałki*) cut sth up **2** (/u-) ~ *czegoś* cut off a piece of sth **3** (/s-) (*ubranie*) cut sth out

krok (*ruch; miara*) step: *Zrób dwa ~i w przód.* Take two steps forward. ◊ ~ *po ~u* step by step ◊ *dotrzymywać komuś ~u* keep up with sb ◊ *gubić* ~ (*np. w marszu*) get out of step ◊ *podjąć ~i, żeby coś zrobić* take steps to do sth [IDM]

być o ~ od czegoś be on the brink (of (doing) sth) | **na każdym ~u** everywhere

kromka slice: ~ *chleba* a slice of bread

kronika chronicle: ~ *szkolna* a yearbook ◊ ~ *towarzyska* a gossip column

kropić/po- sprinkle

krop|ka 1 dot **2** *(interpunkcja)* full stop **|IDM| znaleźć się w ~ce** be at your wits' end

kropla drop, *(perfum, farby)* dab: ~ *deszczu* a raindrop **|IDM| ~ w morzu (potrzeb)** a drop in the bucket | **ostatnia ~** the last straw

krowa cow

król king

królestwo kingdom

królewsk|i royal: *K~a mość* Royal Highness ◊ *Wasza / Jego / Jej K~a Mość* Your/His/Her Maj-esty

królik rabbit **|IDM| ~ doświadczalny** guinea pig

królowa queen

krótki short, *(wypowiedź itp.)* brief: *~e spodnie shorts* ◊ *~e spięcie* a short circuit | **krótko 1** *(czas)* briefly: *wpaść na ~* drop in for a little while ◊ *~ mówiąc* in short **2** : *Był ostrzyżony na ~.* He had his hair cut short.

krótkoterminowy short-term

krótkotrwały short-lived

krótkowidz short-/(*Am.*) near-sighted

kruchy 1 *(szkło itp.)* fragile, *(paznokieć itp.)* brittle, *(herbatnik itp.)* crisp, *(ser itp.)* crumbly, *(pieczeń itp.)* tender **2** *(osoba)* delicate

kruk raven: *czarny jak ~* jet-black

kruszyć 1 *(/po-) (chleb itp.)* crumble sth (up) **2** *(/na-) ~ czymś na coś* crumble sth onto sth: *Kruszy ciastem na podłogę.* He is dropping cake crumbs on the floor. **3** *(/roz-) (kamień itp.) (/s-) (przen.)* crush

krwawić bleed

krwawy bloody

krwiożerczy bloodthirsty

kryć 1 *(/u-) (chować)* hide, *(fakty)* cover sth up **2** *(ukrywać czyjś błąd itp.)* ~ **kogoś** cover for sb **3** *(/po-) (farbą itp.)* cover sth with sth **4** *(sport)* mark ■ **kryć/u- się 1** *(chować się)* hide **2** *(fakt itp.)* ~ **się za czymś** lie behind sth

kryjówka hiding place, *(zwł. przestępcy)* hideout

kryminał 1 *(książka)* detective story **2** *(więzie- nie)* nick

krystalizować/s- się *(i przen.)* crystallize

kryształ crystal

krytyczny critical

krytyk critic

krytyka 1 *(analiza)* criticism **2** *(recenzja)* critique

krytykować/s- criticize

kryzys 1 crisis [*lm* crises] **2** *(ekon.)* depression

krzak bush

krzątać się bustle about/around

krzepki 1 *(osoba)* robust, *(ciało itp.)* strong **2** *(uścisk)* firm **3** : *~e kopnięcie / uderzenie* a hefty kick/blow

krzepnąć 1 *(/s-) (woda itp.)* solidify, *(galaretka itp.)* set **2** *(/za-) (krew itp.)* congeal

krzesło chair

krzew shrub

krztusić/za- się 1 *(osoba)* choke **2** *(silnik itp.)* falter

krzy-czeć/knąć/wykrzyczeć ~ coś *(na kogoś)* shout sth (at sb), *(wrzeszczeć)* scream

krzyk shout, *(wrzask)* scream

krzykliwy 1 *(głosiny)* noisy **2** *(kolor)* gaudy **3** *(styl)* flamboyant

krzywd|a *(fizyczna)* harm, *(moralnie itp.)* injustice: *doznawać ~y* come to harm ◊ *wyrządzać komuś ~ę* do sb an injustice

krzywdzić/s- 1 *(fizycznie)* harm **2** *(moralnie)* wrong

krzywić/s- *(zagiąć)* bend, *(skręcić)* twist ■ **krzywić/s- się 1** get bent/ twisted **2** *(z bólu itp.)* wince

krzywy 1 crooked **2** *(uśmiech)* wry

krzyż 1 cross **2** *(anat.)* sacrum **|IDM| na ~ 1** *(przekroić itp.)* in a cross **2** : *parę książek na ~* just a couple of books

krzyżować 1 *(/s-) cross **2** *(/po-) (komuś plany)* upset ■ **krzy-żować/s- się** intersect

krzyżówk|a 1 crossword: *rozwiązywać ~ę* do a crossword **2** *(biol.)* cross, *(gatunek)* hybrid

krzyżyk 1 *(relig.; znak)* cross **2** *(muz.)* sharp

ksero photocopy: *robić ~ czegoś* photocopy sth

kserograf photocopier

kserować/s- photocopy

ksiądz 1 *(w Kościele Katolickim/ Anglikańskim/Prawosławnym)* priest, *(tytuł)* Father **2** *(w innych kościołach protestanckich)* minister

książeczka 1 *(mała książka)* booklet, *(z obrazkami)* picture book: ~ *do nabożeństwa* a prayer book ◊ ~ *czekowa* a chequebook **2** *(dokument)* certificate: ~ *wojskowa* military papers

książę duke, *(syn król-a/owej)* prince

książka book: ~ *informacyjna* a reference book ◇ ~ *kucharska* a cookery book ◇ ~ *telefoniczna* a telephone directory

księgarnia bookshop, bookstore (*Am. zwykle*)

księgow-y/a accountant

księżna duchess, *(żona księcia)* princess

księżniczka princess

księżyc moon: *światło* ~*a* moonlight

kształcić/wy- educate ■ **kształ·cić/ wy- się** *(na lekarza itp.)* train to be sth

kształt shape: *nadawać czemuś* ~ give sth shape

kształtować/u- shape

kto who [IDM] ~ *jak* ~: *K~ jak* ~, *ale marynarz powinien umieć pływać. Of all people, as a sailor he ought to know how to swim.*

ktokolwiek anybody: *K~ pokaże wam drogę. Anybody could show you the way.* ◇ *K~ to wziął, powinien to zwrócić. Whoever took it should bring it back.*

ktoś somebody, *(w pytaniach/ przeczeniach)* anybody: ~ *inny/jeszcze* somebody/anybody else [IDM] **być kimś** be somebody

któr·y *(tylko rzecz)* which, *(rzecz/osoba)* that, *(tylko osoba)* who: *osoba, z* ~*ą rozmawiałem* the person (who) I was talking to ◇ *ta pani,* ~*ej pióro pożyczyłam* the lady whose pen I borrowed ◇ ~*y tylko chcesz* whichever ◇ *Sytuacja, w* ~*ej się znalazł, była bardzo trudna.* The situation in which he found himself was very difficult. ❶ *W codziennej angielszczyźnie to samo zdanie będzie miało formę następującą: The situation which/that he found himself in was very difficult.* Which/that *często pomija się: The situation he found himself in...* [IDM] ~*a godzina?* what's the time? | ~*ego dzisiaj?* what's the date?

którykolwiek any, *(z dwu)* either

kubek mug

kuc·ać/nąć squat

kucha-rz/rka cook, *(w restauracji)* chef

kuchenka cooker, range (*Am.*): ~ *mikrofalowa* a microwave (oven)

kuchnia 1 *(pokój)* kitchen **2** *(sposób przyrządzania potraw)* cuisine

kuć 1 *(metal)* hammer, *(kamień)* chisel sth out **2** *(na egzamin itp.)* cram

kudłaty shaggy

kufel beer mug

kufer trunk

kujon/ka swot, grind (*Am.*)

kukurydza maize, corn (*Am.*): *prażona* ~ popcorn

kula 1 ball, *(w geometrii)* sphere: ~ *kryształowa* a crystal ball ◇ ~ *śnieżna* a snowball ◇ ~ *ziemska* a globe **2** *(w pistolecie)* bullet **3** *(podpórka)* crutch **4** *(sport)* shot [IDM] ~ **u nogi** bind

kulawy lame

kuleć limp

kulić/s- się 1 *(z zimna itp.)* huddle (up), be huddled up **2** *(ze strachu)* cringe

kulisty spherical

kulk·a ball, *(lodów itp.)* scoop, *(farby)* blob, *(oleju)* drop [IDM] **gra w** ~**i** marbles

kultur·a 1 culture **2** *(osobista)* good manners: *brak* ~*y* bad manners

kulturalny 1 *(centrum itp.)* cultural **2** *(wykształcony)* cultured **3** *(grzeczny)* polite

kulturowy cultural

kulturyst-a/ka bodybuilder

kulturystyka bodybuilding

kultywować *(tradycje)* keep sth alive, *(wartości)* foster

kumpel mate

kundel mongrel, mutt (*Am.*)

kupa 1 *(sterta)* pile **2** *(wielka ilość)* loads

kup·iec 1 *(nabywca)* buyer **2** *(handlowiec)* merchant: *stowarzyszenie* ~*ów* a traders' association

kup·ować/ić buy

kura hen

kurcz spasm, *(w karku/szyi)* crick

kurczak chicken

kurczyć/s- się 1 *(tkanina; ilość czegoś; rynek)* shrink, *(metal)* contract **2** *(ze strachu)* cringe **3** *(cierpliwość)* run out, *(zainteresowanie)* wane

kurs 1 *(szk.)* course: ~ *wakacyjny* a summer school **2** *(działania)* line **3** *(fin.)* rate: ~ *wymienny* an exchange rate **4** *(statek itp.)*: *trzymać się* ~*u/ zbaczać z* ~*u* be on/off course

kursor cursor

kursować ~ *między A i B* run between A i B: *Kursuję tylko dom-praca-szpital.* I run back and forth between home, work and the hospital.

kurtka jacket

kurtyna curtain

kurz dust

kusić/s- tempt: *Kusi mnie, żeby przemalować cały dom na fioletowo.* I'm tempted to paint the whole house purple. ◇ *Sprzedawca kusił niską ceną.* The salesman tried to draw people in with his low prices. ◇ ~ *los* tempt fate

◇ *Kusi ją niebezpieczeństwo.* She likes taking risks.

kuśtykać limp

kuzyn/ka cousin

kwadrans quarter: *(Jest)* ~ *po drugiej.* It's a quarter past two. ◇ *Za* ~ *druga.* It's a quarter to two.

kwadrat square: *podniesiony do* ~*u* squared

kwadratowy square

kwalifikacj|a 1 *(ocena)* evaluation, assessment **2** *(~e)* qualifications: *zdobyć* ~*e do pracy adwokata* qualify as a lawyer

kwalifikować *(oceniać)* evaluate, assess ■ **kwalifikować/za- się** ~ *się do czegoś* qualify for sth

kwartalny quarterly

kwartał quarter

kwartet quartet

kwas acid

kwaśn|y 1 *(zawierający kwas)* acid, *(smak)* sour **2** *(uśmiech itp.)* wry: ~*a mina* a pout [IDM] ~*y deszcz* acid rain

kwaterować/za- house

kwestionariusz questionnaire

kwestionować/za- question

kwiaciarnia florist's

kwiat flower, *(drzew owocowych)* blossom [IDM] **w kwiecie wieku** in the prime of life

kwiczeć/za- squeak

kwiecień April → MAJ

kwietnik (flower) bed

kwintet quintet

kwit receipt

kwitnąć 1 *(/za-)* *(roślina)* flower, *(kwiat)* bloom **2** *(/roz-)* *(osoba, biznes itp.)* thrive

kwota amount

L|

lać 1 *(/na/wy-)* pour: ~ *łzy* shed tears **2** *(/po/z-)* *(bić)* beat [IDM] ~ **wodę** waffle (on) ■ **lać się** pour

lada counter

laicki lay

lakier varnish, *(na ozdobioną skrzynkę itp.)* lacquer: ~ *do paznokci* nail varnish/polish *(Am.)*: ~ *do włosów* hairspray

lakierować/po- varnish, *(ozdobioną skrzynkę itp.)* lacquer

lakoniczny laconic

lakować/za- seal

lalka doll

lamentować lament

lampa lamp: ~ *błyskowa* (a) flash

lansować/wy- 1 *(wprowadzić na rynek)* launch **2** *(promować)* promote

lapidarny terse

las wood, *(większy)* forest

laska 1 walking stick **2** *(dziewczyna)* babe

latać fly

latarka *(elektryczna)* torch, flashlight *(Am.)*

latarnia *(uliczna)* street light, *(chińska itp.)* lantern: ~ *morska* a lighthouse

latawiec kite

lat|o summer: ~*em* in (the) summer

lawina 1 *(śniegu itp.)* avalanche **2** *(przen.; kamieni itp.)* shower, *(listów itp.)* flood

ląd land: ~ *stały (nie woda)* dry land/ *(nie wyspa)* the mainland ◇ *schodzić na* ~ go ashore ◇ *podróżować* ~*em* travel overland

lądować/wy- land

lądowanie landing: ~ *awaryjne* a crash landing

lądow|y 1 *(dot. lądu)* land **2** *(transport)* overland: *poczta* ~*a* surface mail **3** *(zwierzę)* terrestrial

lecieć 1 *(/po-)* *(ptak itp.)* fly **2** *(/z-)* *(spaść)* fall: *Wszystko mi leci z rąk.* I keep dropping things. **3** *(/po-)* *(iść/ jechać szybko)* run **4** *(film, sztuka itp.)* be on **5** *(ceny itp.: w górę)* soar, *(w dół)* slump **6** *(życie, wydarzenia)*: *Jak leci?* How are things? ◇ *Dobrze/źle leci.* Everything's fine./Things are going badly. **7** *(pożądać)* ~ *na kogoś/coś* be attracted to sb/sth [IDM] **brać jak leci** take sth at random I **lecieć z nóg** be run off your feet

leczniczy *(terapeutyczny)* therapeutic, *(ziele)* medicinal: *w celach* ~*ch* for medicinal purposes

leczyć/wy- 1 ~ *kogoś (na coś)* treat sb (for sth) **2** *(lek itp.)* cure

ledwie *(także ledwo)* hardly: *L~ zaczęliśmy, jak musieli wracać do domu.* We had hardly begun when we had to go home. ◇ *L~ co wstał, już sięga po papierosa.* No sooner has he got up than he reaches for a cigarette. ◇ *L~ co przyszłam do domu, jeszcze nie rozpakowałam zakupów.* I've only just got home and haven't yet put the shopping away. ◊ ~ *widoczny* barely visible ◊ ~ ~ narrowly

legalizować/za- legalize

legalny legal: ~ *dokument* a legal document ◊ ~ *posiadacz* the lawful owner

legendarny legendary

legitymacja *(tożsamości)* identity card, *(członkowstwa)* membership card

lejek funnel

lek drug, *(w płynie)* medicine

lekarski medical

lekarstwo medicine: ~ *na kaszel* cough medicine

lekarz doctor: ~ *konsultant* a consultant ◊ ~ *pierwszego kontaktu* a GP

lekceważyć/z- 1 *(traktować z pogardą)* treat sb with disdain 2 *(nie zwracać uwagi na kogoś/coś)* ignore 3 *(przepisy itp.)* flout I **lekceważący ~ kogoś/coś** 1 *(bez szacunku)* disrespectful (to sb/sth) 2 *(niedbający)* neglectful (of sb/sth)

lekcj|a lesson: ~*a angielskiego* an English lesson [IDM] **dać komuś ~ę** teach sb a lesson I **dostać ~ę** learn your lesson

lekki 1 *(nieciężki; posiłek, papieros itp.)* light 2 *(zapach)* faint 3 *(zmęczenie, grypa itp.)* slight 4 *(łatwy)* easy

lekkoatletyka athletics, track and field *(Am.)*

lekkomyślny reckless

lektor 1 announcer 2 *(na uniwersytecie itp.)* foreign language teacher

lektura 1 *(czytanie)* reading 2 *(materiały)* reading matter: ~ *obowiązkowa* a set book

lemoniada lemonade

lenistwo laziness

leniuch layabout

leniuchować laze (about/around)

leniwy lazy

lepić/z- (się) stick

lepiej better: *Jest mi ~.* I feel better.

lepki sticky

lepsz|y better [IDM] **~e towarzystwo** high society

leszczyna hazel

leśny forest

letni 1 *(w czasie lata)* summer 2 *(ciepły)* lukewarm

lew 1 lion 2 (L~) *(znak zodiaku)* Leo [IDM] **~ morski** sea lion

lewica the left

lewicowy left-wing

lewo left: *skręcić na/w* ~ turn left ◊ *pierwsza ulica na* ~ the first street on the left I **robić coś na** ~ do sth illegally

lew|y left: *jechać po ~ej stronie* drive on the left ◊ *z/po ~ej stron-y/ie* left-hand [IDM] **~a strona** inside: *wywrócić coś na ~ą stronę* turn sth inside out I **mieć dwie ~e ręce** be clumsy

leżak deckchair

leżeć 1 lie: ~ *w łóżku* be in bed ◊ *Leży dwa tygodnie w szpitalu.* He's been in hospital for two weeks. 2 *(ubranie)* fit 3 *(nie działać)* be not working [IDM] ~ **na pieniądzach** be rolling in money/it I ~ **odłogiem** be neglected

lęk *(strach)* fear, *(zmartwienie)* anxiety: *chorobliwy* ~ *przestrzeni* agoraphobia ◊ ~ *wysokości* vertigo

lękać się ~ *czegoś* be afraid of sth, ~ *o kogoś/coś* fear for sb/sth

lgnąć/przy- cling

liberalny liberal

liceum secondary school

lich|o devil: *Dlaczego do ~a to powiedział?* Why the devil did he say that?

lich|y 1 *(kiepski)* shoddy 2 *(mały)* paltry: *za ~e pieniądze* for next to nothing

licytacja auction

licytować 1 *(/wy-)* *(sprzedać na aukcji)* auction 2 *(zgłaszać sumę)* bid

liczba number: ~ *pojedyncza* the singular ◊ ~ *mnoga* the plural

liczebnik numeral: ~ *główny/ porządkowy* a cardinal/an ordinal number

licznik meter: ~ *gazowy* a gas meter ◊ ~ *Geigera* a Geiger counter

liczny numerous

liczyć/po- 1 count 2 ~ **na kogoś/coś** count on sb/sth: ~, *że* reckon (that) ◊ *nie licząc* exclusive of sb/sth ■ **liczyć się** 1 count 2 ~ **się z kimś/ czymś** take sb/sth into account

likier liqueur

likwidować/z- liquidate

lina rope, *(w cyrku itp.)* tightrope

linij|a 1 line: *w ~e* lined ◊ ~*a brzegowa* a coastline ◊ ~*a włosów* a hairline ◊ ~*a kolejowa* a railway line ◊ ~*a lotnicza* an airline ◊ ~*a telefoniczna* a telephone line 2 *(postępowania)* policy: *iść po ~i (np. partyjnej)* toe the (party, etc.) line [IDM] **być na pierwszej ~i (frontu)** be in the lead I **dbać o ~ę** watch your figure I **iść po ~i najmniejszego oporu** take the line of least resistance I **~e papilarne** fingerprints I **przegrana/zwycięstwo na całej ~i** total failure/complete victory I

na ~i oczu itp. at eye level **| w ~i prostej** as the crow flies **| z ~i matki/ojca:** *dziadek z ~i matki/ojca* a maternal/paternal grandfather

linieć/wy- moult, molt (*Am.*)

linijka ruler

lipa 1 (*drzewo*) lime **2** (*tandeta*) dud

lipiec July → MAJ

liryczny 1 (*poetycki*) lyrical **2** (*poezja*) lyric

lis fox

list letter: *~ polecający* a letter of recommendation ◇ *~ motywacyjny* a covering letter ◇ *~ intencyjny* a letter of intent ◇ *~ gończy* a wanted notice ◇ *~y uwierzytelniające* credentials

lista list: *umieszczać kogoś/coś na liście* put sb/sth on a list ◇ *~ adresowa* a mailing list ◇ *~ obecności* an attendance record ◇ *~ przebojów* the charts ◇ *~ rezerwowa* a waiting list ◇ *czarna ~* a blacklist

listonosz postman [*lm* -men], mailman (*Am.*)

listopad November → MAJ

listwa strip

liść leaf [*lm* leaves]

liter|a letter: *duża ~a* a capital (letter) ◇ *mała ~a* a lower-case/small letter ◇ *~y drukowane* type

literatura literature: *~ faktu* non-fiction ◇ *~ piękna* fiction

literować/prze- spell

litościwy merciful

litość 1 (*łaska, często relig.*) mercy **2** (*współczucie*) compassion [IDM] **na ~ boską|** for God's sake!: *Gdzie na ~ boską on poszedł?* Where on earth has he gone?

litr litre, -ter (*Am.*)

lizać 1 (*/po-/liznąć*) lick **2** (*liznąć*) (*matematyki itp.*) do a bit of sth [IDM] *palce ~!* yum-yum!

lizak lollipop

lizus creep

lniany (*płótno*) linen [IDM] *olej ~* linseed oil

lodowaty 1 ice-cold **2** (*maniera*) frosty

lodowisko skating rink

lodówka fridge, (*form.; US*) refrigerator

lody ice-cream: *~ na patyku* an ice lolly

logiczny logical

logika logic

logować się 1 (*/za-*) log on: *Zaloguj się, to zaczniemy pracę.* Log on and then we'll start work. **2** (*/wy-*) log off: *Zanim*

wyłączysz komputer, wyloguj się. Before you turn the computer off, log off.

lojalny loyal

lok curl

lokal 1 premises, (*mieszkalny*) (*private*) accommodation, (*biurowy*) office space: *wynająć ~* rent a flat/office premises **2** (*restauracja*) restaurant: *~ nocny* a (night)club [IDM] *~ wyborczy* polling station

lokalizować/z- 1 (*określać miejsce czegoś*) locate **2** (*ograniczać do najbliższych terenów*) localize

lokalny local

lokata 1: *~ kapitału* (an) investment **2** (*w banku*) account

lokator/ka (*mieszkania, domu*) tenant, (*pokoju*) lodger

lokomocyjn|y: *choroba ~a* travel-sickness

lokomotywa railway engine

lokować/u- 1 (*umieszczać*) place **2** (*fin.*) invest

lokówk|a 1 (*przyrząd elektryczny*) curling tongs [*lm*] **2** (*~i*) curlers

lornetka binoculars [*lm*]

los 1 fate: *Masz ci ~!* (That's) bad luck! ◇ *zostawić kogoś na pastwę ~u* leave sb in the lurch ◇ *na ~ szczęścia* hit-and-miss **2** (*kartka*) lot, (*bilet*) lottery ticket: *ciągnąć ~y* draw lots ◇ *wygrać ~ na loterii (i przen.)* hit the jackpot

losować/wy- draw lots

lot flight [IDM] *robić coś w locie* do sth on the run

loteria lottery: *~ fantowa* a raffle

lotnicz|y air: *linia ~a* an airline ◇ *port ~y* an airport ◇ *list ~y* an aerogramme ◇ *pocztą ~ą* (by) airmail

lotnisko airport

lotny (*płyn*) volatile

lód ice: *kostka lodu* an ice cube [IDM] *przełamać lody* break the ice

lśnić (*brylant itp.*) glitter, (*coś mokrego*) glisten, (*delikatnie*) shimmer, (*oczy*) twinkle, (*włosy, futro*) shine

lub or

lubić/po- like: *polubić kogoś/coś* take a liking to sb/sth ■ **lubić się** like each other: *polubić się* hit it off (with sb)

lubieżny lustful

ludność population

ludobójstwo genocide

ludowy 1 (*muzyka itp.*) folk **2** (*republika*) people's, (*partia*) peasant

ludzie people

ludzk|i 1 (*dot. człowieka*) human: *natura ~a* human nature ◇ *rasa ~a* the human race **2** (*humanitarny*) humane: *po ~u* humanely ◇ *Trzeba to załatwić po ~u.* It should be arranged in a decent manner.

ludzkość humanity

luk|a 1 gap: *zapełniać ~ę* fill a gap **2** (*w prawie*) loophole **3** (*w koncentracji*) lapse

lukrować/po- ice, frost (*Am.*)

luksus luxury

luksusowy luxury

lustro mirror

luty February → MAJ

luz [IDM] **na ~ie 1** (*osoba*) laid-back **2** (*samo- chód*) in neutral

luzować/wy- 1 (/z-) **~ kogoś** relieve sb **2** (/po-) (*linę itp.*) loosen

luźny 1 loose, (*lina*) slack, (*sweter itp.*) baggy, (*sukienka itp.*) full **2** (*przepis itp.*) lax

lżyć/ze- insult

•••••••••••••••••••••••••••••••••••••

Łł

•••••••••••••••••••••••••••••••••••••

łabędź swan

łachman rag

łacina Latin

łaciński Latin: *alfabet ~* the Roman alphabet

ład order: *doprowadzać do ~u* sort sth out

ładny 1 (*zwł. kobieta*) pretty, (*zwł. mężczyzna*) handsome **2** (*pogoda*) fine I **ładnie** prettily: *To ~ z twojej strony, że pomogłeś.* It was very kind of you to help.

ładować 1 (/za/na-) (*na ciężarówkę itp.; broń*) load sth **2** (/w-) **~ coś w coś** cram sth in(to) sth: *~ pieniądze w coś* pump money into sth **3** (/na-) (*baterię itp.*) charge ■ **ładować się** (*do samochodu itp.*) pile into sth [IDM] **~ się w kłopoty** get into trouble

ładunek 1 load, (*statku, samolotu*) cargo: *brać ~* load **2** (*elektr.*) charge

łagodnieć/z- 1 soften **2** (*deszcz itp.*) ease (off)

łagodny 1 (*charakter*) gentle **2** (*smak; pogoda*) mild **3** (*guz*) benign **4** (*kolor*) muted

łagodzić/z- lessen, (*ból itp.*) alleviate, (*obawy itp.*) allay, (*problem*) mitigate: *~*

przepis relax a regulation ◇ *~ formę wypowiedzi* tone a statement down ◇ *~ czyjś gniew* placate sb

łajda-k/czka scoundrel

łamać/z- 1 (*kość; prawo; obietnicę*) break: *~ komuś serce* break sb's heart **2** (*opór*) break down **3** (*karierę*) ruin [IDM] **łamać sobie głowę (nad czymś)** rack your brains, puzzle over sth ■ **łamać/z- się** break

łamigłówka puzzle

łamliwy fragile, (*kość itp.*) brittle

łańcuch chain: *przykuwać/wiązać coś ~em* chain sth (up) I **łańcuszek** chain

łapa paw

łapać/z- 1 (*piłkę; autobus itp.*) catch **2** (*sygnał radia itp.*) get **3** (*rozumieć*) understand, (*tylko z dopełnieniem lub zdaniem podrzędnym*) catch: *Czy złapałeś, co powiedział?* Did you catch what he said? [IDM] **złapać kogoś na pomyłce** trip sb up ■ **łapać się** catch yourself: *W ostatniej chwili złapałam się poręczy.* I caught hold of the rail just in time (to stop myself falling).

łapówk|a bribe: *dawać komuś ~ę* bribe sb

łas|ka mercy: *na ~ce kogoś/czegoś* at the mercy of sb/sth [IDM] **z ~ki** reluctantly

łaskawie kindly: *Proszę ~ chwilę poczekać.* Would you please wait here a minute?/ (*form.*) Would you be so kind as to wait here a minute?

łaskotać/po- tickle

łata patch

łatać/za- patch sth (up)

łatwo easily: *Teraz ~ o chorobę, taka brzydka pogoda.* You can easily catch something with such bad weather.

łatwopalny (in)flammable ❶ **Flammable** oznacza to samo, ale **inflammable** jest słowem częściej używanym.

łatwoś|ć 1 (*brak trudności*) ease: *z ~cią* easily **2** (*problemu matematycznego itp.*) easiness

łatwowierny gullible

łatwy easy

ława 1 bench: *~ oskarżonych* the dock ◇ *~ przysięgłych* the jury (box) **2** (*w salonie*) coffee table

ławka bench, (*kościelna*) pew

łazienka bathroom

łaźnia baths, (*parowa*) sauna

łącznie ~ z kimś/czymś including sb/sth

łączność 1 communication, liaison: *mieć ~ z kimś/czymś* be in communication with sb/sth ◇ *~ duchowa* communion **2** (*radio; TV*) telecommunications

łączyć 1 (/po-) join, (*organizacje itp.*) amalgamate: ~ *siły* (*z kimś*) join forces (with sb) ◇ *Ich coś łączy.* They are connected in some way. **2** (/pod-) (*do komputera itp.*) hook sb/sth up (to sth) **3** (/po-) (*telefonicznie*) connect: ~ *kogoś z wewnętrznym numerem* put sb through **4** (/po-) ~ **w sobie** incorporate **5** (/po-) (*kojarzyć*) associate **6** (/po-) ~ **coś i coś/z czymś** combine: *Łączy pracę w firmie z wykładami na uczelni.* He combines work in the firm with lectures at the institute. [IDM] **Łączę wyrazy szacunku itp.** Yours sincerely/ (*kiedy nie wiesz, jak się nazywa adresat*) faithfully ■ **łączyć/po- się 1** ~ **się** (**z kimś/czymś**) join (with) sb/sth, (*być połączonym*) be joined **2** (*organizacje itp.*) amalgamate **3** (*kojarzyć się*) be associated

łąka meadow

łeb (*zwierzęcy*) head, (*osoby*) nut [IDM] ~ **w** ~ (**z kimś/czymś**) neck and neck (with sb/sth) | **na** ~ **na szyję** headlong | **patrzeć spode łba** scowl

łkać sob

łodyga stem

łokieć elbow

łomot crash, (*artylerii*) thunder, (*serca*) pounding: ~ *do drzwi* banging on the door

łomotać/za- bang, (*serce*) pound

łopat|a 1 spade, (*z zakrzywionymi krawędziami*) shovel: *przerzucać coś ~ą* shovel sth **2** (*śmigła itp.*) blade

łopatka 1 (*kuchenna*) spatula, (*do ryb*) fishslice **2** (*anat.*) shoulder blade

łopotać/za- flutter

łosoś salmon [lm salmon]

łot-r/rzyca scoundrel

łowić 1 (/z-) (*zwierzę*) hunt, (*rybę*) catch: ~ *ryby* fish **2** (/wy-) (*informację, dźwięk*) strain to catch sth

łódka (small) boat

łód|ź boat: ~*ź motorowa* a motor boat ◇ ~*ź podwodna* a submarine ◇ ~*ź ratownicza* a lifeboat ◇ ~*ź wiosłowa* a rowing boat ◇ *łodzią* by/in a boat

łóżk|o bed: ~*o dwuosobowe/ jednoosobowe* a double/single bed ◇ ~*o piętrowe* a bunk (bed) ◇ ~*o polowe* a camp bed ◇ *przykuty do* ~*a* bedridden

łudzić (się) delude (yourself)

łuk 1 (*geom.*) curve: *biec* ~*iem* curve **2** (*arch.*) arch **3** (*do strzelania*) bow

łup loot

łupić/z- loot

łupina 1 (*orzecha*) (nut)shell **2** (*ziemniaka, banana*) skin

łuskać/wy- shell

łuszczyć/z- się peel (off)

łydka calf [lm calves]

łyk mouthful

łysy bald

łyżka spoon, (*do lodów itp.*) scoop: ~ *stołowa* a tablespoon ◇ ~ *wazowa* a ladle | **łyżeczka**: ~ *do herbaty* a teaspoon ◇ ~ *deserowa* a dessertspoon

łyżwa skate: *jeździć na* ~*ch* skate

łz|a tear: *lać* ~*y* shed tears

łzawić water

łzawy 1 (*głos itp.*) tearful **2** (*film itp.*) sentimental: *Ten film jest bardzo* ~. That film is a tear jerker.

Mm

---

macać 1 (/po-) (*dotykać*) finger, (*seksualnie*) grope **2** (/wy-) (*odszukać*) discover

mach-ać/nąć 1 (*ręką, flagą*) wave: ~ *komuś na pożegnanie* wave sb off **2** (*ogonem*) wag **3** (*machnąć*) (*szybko coś pokazać*) flash sth [IDM] **machnąć na kogoś/coś ręką** give sb/sth up, give up on sb (*Am.*)

macic|a uterus: *szyjka* ~*y* a cervix

macierzyński (*uczucia*) maternal, (*miłość*) motherly, (*oddział; urlop*) maternity

macierzyństwo motherhood

macka tentacle

macocha stepmother

maczać dip [IDM] ~ **w czymś palce** have a hand in sth

magazyn 1 (*pokój*) storeroom, (*budynek*) warehouse **2** (*czasopismo*) magazine, (*kolorowy dodatek do gazety*) colour supplement **3** (*radio; TV*) information programme/-gram (*Am.*)

magazynować/z- 1 (*przechowywać*) store **2** (*gromadzić*) store sth up

magia magic

magiczny (*zaklęcie, sztuczka itp.*) magic, (*siły, efekt, świat*) magical

magist|er: *stopień* ~*ra* a Master's degree ◇ ~*er nauk humanistycznych* an MA ◇ ~*er nauk ścisłych* an MSc ◇ ~*er zarządzania* an MBA

magistersk|i: *praca* ~*a* a Master's thesis

magnes magnet

magnetofon (*kasetowy*) cassette recorder

magnetowid video (cassette recorder)
magnetyczny magnetic
maj May: *w ~u* in May ◊ *pod koniec maja* at the end of May ◊ *w ~u zeszłego roku/przyszłego roku* last/next May ◊ *drugiego ~a* the second of May/May the second ◊ *Ma urodziny 17 ~a.* Her birthday is (on) May 17. ❶ Można powiedzieć, ale nie napisać, **on May the seventeenth** lub **on the seventeenth of May** lub w Am. ang. **May seventeenth.** Nazwy miesięcy zawsze pisze się dużą literą. [IDM] **1 Maja** (*święto*) May Day
majaczyć/za- **1** (*bredzić*) be delirious **2** (*pojawiać się*) loom
majątek 1 (*ziemski*) property, (*bogactwo*) wealth, (*ruchomy*) possessions **2** (*nieform.: dużo pieniędzy*) fortune
majestatyczny majestic
majonez mayonnaise
majówka picnic
majstrować/z- tinker
majtki briefs, (*damskie*) knickers
mak poppy
makabryczny macabre
makaron pasta, (*typu nitki*) noodle, (*typu rurki*) macaroni
makieta model
makijaż make-up: *robić sobie* ~ make yourself up
makler/ka broker: ~ *giełdowy* a stockbroker
maksymalizować/z- maximize
maksymalny maximum
mala-rz/rka painter
maleć/z- (*stawać się mniejszym: w wymiarze*) get smaller, (*w ilości*) decrease: *Bezrobocie maleje.* Unemployment is falling.
maleńki tiny
malina raspberry
malować 1 (*/po/na-*) (*na jakiś kolor; obraz*) paint **2** (*/u-*) ~ **kogoś** make sb up ■ **malować/u- się** make yourself up
malowanie 1 painting: ~ *i/lub tapetowanie* painting and decorating **2** (*pomalowana powierzchnia*) paintwork
malowniczy 1 (*piękny*) picturesque **2** (*opis*) vivid
maltretować/z- maltreat
malutki tiny
mało (*z rz. niepolicz.*) little, (*z rz. policz.*) few: ~ *co/kto* hardly anything/anyone → MNIEJ [IDM] **o ~ (co) nie** nearly: *O ~ co nie złamałam nogi.* I nearly broke my leg.
małoletni juvenile
małosolny low-salt

małpa monkey, (*bezogonowa*) ape
mał|y 1 little, small: *~e litery* small/lower-case letters ◊ *~y palec* a little finger ◊ *~y spacer* a little walk ❶ **Small** jest najczęściej używanym antonimem przym. **big** lub **large**. **Little** używa się z innymi przym. w celu wyrażenia emocji oraz podkreślenia, że coś/ktoś jest mały: *a lovely little girl* ◊ *a nice little house* ◊ *a horrible little man.* **Small** często występuje z takimi słowami jak **rather**, **quite** i **very** i stopniuje się: *The village is quite small.* ◊ *a very small car* ◊ *My flat is smaller than yours.* **Little** rzadko występuje z tymi słowami i zwykle nie podlega stopniowaniu. **2** (*szanse; pojęcie*) slight [IDM] **bez mała** almost i **małe** (*lp*) baby, (*lm*) young
małżeński marital: *związek* ~ matrimony ◊ *problemy ~e* marital problems ◊ *życie ~e* married life
małżeństw|o marriage: *być ~em* be married ◊ *rozbite ~o* a broken marriage
małżon-ek/ka spouse: *małżonek* a husband ◊ *małżonka* a wife
mama mum, mom (*Am.*), (*zwł. w jęz. małych dzieci*) mummy, mommy (*Am.*)
mamrotać/wy- mutter
mandat 1 (*kara*) fine: ~ *za niewłaściwe parkowanie* a parking ticket ◊ *karać kogoś ~em* fine sb **2** (*pełnomocnictwo*) mandate, (*parlamentarny*) seat
manier|a 1 (*właściwa dla danej osoby*) mannerism **2** (*~y*) manners: *~y przy stole* table manners
manifestacja demonstration
manifestować/za- demonstrate
manipulować manipulate
mankiet 1 (*koszuli*) cuff **2** (*spodni*) turn-up, cuff (*Am.*)
map|a map, (*morska/nieba*) chart: *~a samochodowa* a road map
marchew carrot
margines 1 (*kartki*) margin: *szeroki/wąski* ~ a wide/narrow margin **2** (*społeczny*) the fringes of society [IDM] **na ~ie 1** (*poza centrum uwagi*) ~ **czegoś**: *być na ~ie firmy* be marginalized in the company **2** (*dygresja*) in passing: *powiedzieć coś na ~ie* say sth in passing ◊ *Tak na ~ie, metro moskiewskie funkcjonuje znacznie lepiej od londyńskiego.* By the way, the Moscow metro is a lot better than the London underground.
marginesowy marginal
marka (*kawy, proszku itp.*) brand, (*samochodu, pralki itp.*) make
marker highlighter

m

markotny gloomy
marmur marble
marnieć/z- **1** (*dom*) go to rack and ruin
2 (*osoba, zwierzę*) waste away
3 (*roślina*) wither
marnować/z- waste ■ mar-nować/z- się
go to waste
marn|y **1** (*pensja itp.*) miserable
2 (*wymówka*) flimsy **3** (*jakość itp.*)
indifferent **4** (*pomieszczenie*) grotty
[IDM] **iść na ~e** be a waste: *Ten wysiłek*
idzie na ~e. It's a waste of effort.
marsz march
marszczyć/z- **1** (*/z-*) (*czoło itp.*)
wrinkle: ~ *brwi* a frown **2** (*tkaninę*)
crease **3** (*powierzchnię wody*) ripple
■ **marszczyć/z- się** (*czoło itp.*) (*/z-*)
wrinkle (up), (*/po-*) become wrinkled
martwić/z- worry: *Nie chcę cię martwić,*
ale w tym kolorze nie jest ci do twarzy. I
don't want to upset you, but that colour
doesn't suit you. ■ **martwić/z- się** worry
martw|y dead [IDM] **~a natura** still life
[*lm* still lifes] | **~e pole widzenia** blind
spot | **~y punkt** **1** standstill **2** (*przen.*)
deadlock
marudzić ~ **komuś** (*narzekać*) complain
to sb, (*prosić w męczący sposób*) go
on at sb
marynarka **1** (*ubranie*) jacket
2 : ~ *handlowa* a merchant navy ◊ ~
wojenna a navy
marynarz sailor
marynować/za- **1** (*ogórki itp.*) pickle
2 (*przed gotowaniem*) marinade
marzec March → MAJ
marzenie dream, (*na jawie*) daydream
marznąć **1** (*/z-*) freeze: *Marznę.* I'm
freezing. **2** (*/za-*) freeze to death
marzyciel/ka dreamer
marzycielski dreamy
marzyć dream, (*na jawie*) daydream
marża margin
mas|a **1** (*duża ilość*) masses **2** (*~y*)
(*społeczeństwa*) the masses **3** (*na ciasto*
itp.) mixture **4** (*fiz.*) mass **5** (*elektr.*)
earth, ground (*Am.*)
masakrować/z- massacre
masaż massage: *robić komuś* ~ give sb a
massage
mask|a **1** (*na twarz*) mask: *~a*
przeciwgazowa a gas mask
2 (*przykrywka*) cover: *~a samochodu* a
bonnet **3** (*zachowanie*) facade: *pod ~ą*
dobroci behind a virtuous facade
maskować/za- **1** (*zwierzę, żołnierz*)
camouflage **2** (*przen.*) mask
■ **maskować/za- się 1** (*zwierzę,*
żołnierz) camouflage yourself
2 (*przen.*) be masked

masło butter [IDM] **iść jak po maśle** go
smoothly
masować/wy- massage
masowy mass
masywny massive, (*osoba*) solid
maszerować march
maszt mast
maszyna machine: ~ *do pisania*
a typewriter ◊ ~ *do szycia* a sewing
machine
maszynist-a/ka **1** (*pociągu*) engine
driver, engineer (*Am.*) **2** (-**ka**)
(*stenotypistka*) typist
maszynka (*do golenia*) shaver: ~ *do*
mielenia mięsa a mincer ◊ ~ *gazowa/*
elektryczna a small gas/electric cooker
◊ ~ *spirytusowa* a Primus stove
maść ointment
maślanka buttermilk
mata mat
matczyny maternal
matematyczny mathematical
matematyka (*form.*) mathematics,
(*nieform.*) maths, math (*Am.*)
materac mattress: ~ *nadmuchiwany* an
air mattress
materializować/z- się materialize
materialny **1** (*fizyczny*) material
2 (*finansowy*) financial
materiał material
matk|a mother: *~a chrzestna* a
godmother ◊ *przyszła ~a* an expectant
mother ◊ *przybrana ~a* a foster mother
◊ *samotna ~a* a single mother
◊ *dziadek ze strony ~i* a maternal
grandfather [IDM] **Matka Boska** the
Virgin Mary | **o ~o!** God!
matowieć/z- tarnish
matowy **1** (*farba*) matt, mat (*Am.*)
2 (*szkło*) frosted **3** (*głos*) husky
matrymonialny matrimonial
maturzyst-a/ka school-leaver
mazać **1** (*/po-*) (*smarem itp.*) smear
2 (*/na-*) (*ołówkiem itp.*) scribble
mazak felt-tip pen
mącić/za- **1** (*/z-*) (*wodę*) cloud **2** (*/za-*)
(*lekarstwo*) shake sth up **3** (*/za-*) (*robić*
zamieszanie) confuse **4** (*/na-*) (*robić*
intrygi) scheme **5** (*/z-*) (*spokój,*
porządek) disturb: ~ *ciszę* break the
silence [IDM] ~ **komuś w głowie** confuse
sb ■ **mącić się** [IDM] **mąci się komuś w**
głowie: *Mąci się mi w głowie.* I'm
confused.
mądrość wisdom
mądr|y **1** (*nie głupi*) intelligent, (*zwł.*
starsza osoba) wise **2** (*rozsądny*)
sensible [IDM] **To dla mnie za ~e.** That's
too clever for me.

mąka flour
mąż husband [IDM] ~ **stanu** statesman
mdleć 1 (/ze-) (*stracić przytomność*)
faint **2** (/o-) (*ręka itp.*) go numb **3** (/ze)
(*przen.*) swoon
mdlić/ze- ~ **kogoś** make sb feel sick/
(*Am. zwykle*) feel sick to your stomach:
Mdli mnie. I feel sick.
mdłość|ć: ~*ci* nausea: *mieć* ~*ci* feel sick
mdły 1 (*nijaki*) bland
2 (*przyprawiający o mdłości*)
nauseating
meble furniture **❶ Furniture** jest rz.
niepolicz.: *The furniture in your new
flat is very modern.*
meblować/u- furnish
mecenas (*adwokat*) lawyer [IDM] ~
sztuki patron (of the arts)
mech moss
mechaniczny mechanical
mechanik mechanic
mechanizować/z- mechanize
mecz match: ~ *finałowy* a final ◇ ~
półfinałowy a semi-final
meczet mosque
medal medal
medycyna medicine
medyczny medical
medytować meditate
megabajt megabyte
meldować/za- report ■ **meldo-wać/
za- się** ~ **się (komuś/czemuś)** report (to
sb/sth), (*w hotelu*) check into sth, (*na
lotnisku*) check in, (*w mieszkaniu*)
register at a certain address: ~ *się na
policji* report to the police
meldunek 1 (*sprawozdanie*) report
2 (*w spisie*) registration
melodia (*piosenki itp.*) tune, (*zwł.
abstrakcyjnie*) melody
melodyjny tuneful, (*form.*) melodious
menedżer/ka manager
menedżerski managerial: *studia* ~*e*
business studies
menstruacja menstruation
met|a finish, (*w baseballu*) base [IDM] **na
dłuższą** ~**ę** in the long run
metal metal: ~ *szlachetny* a precious
metal
metaliczny metallic
metka (*naklejana*) label, (*przyszyta*)
tag, (*z ceną*) price tag: ~ *domu mody* a
designer label
metoda method: ~ *działania* a tactic
◇ *wypróbowana* ~ *zwalczania mrówek*
a tried and tested way of getting rid of
ants ◇ ~ *prób i błędów* trial and error
metodyczny methodical

metr metre, -ter (*Am.*)
metro underground, subway (*Am.*)
metryczny metric
metryka certificate
mewa gull
męczarnia agony
męczący 1 (*praca*) tiring **2** (*osoba*)
tiresome
męczyć 1 (/z-) (*powodować zmęczenie*)
tire **2** (/za-) (*torturować*) torture **3** (/za-)
(*dokuczać*) annoy, ~ **kogoś o coś** pester
sb about sth ■ **męczyć/z- się 1** (*być/stać
się zmęczonym*) be/get tired **2** ~ **się nad/z
czymś** toil over sth
męka torment
męski (*płeć*) male, (*cecha; gram.*)
masculine, (*ubranie itp.*) men's: *płaszcz*
~ a man's coat
męskość masculinity
męstwo valour, -lor (*Am.*)
mętny 1 (*woda*) cloudy **2** (*oczy*) bleary
3 (*mowa*) inarticulate **4** (*pojęcie*)
vague **5** (*interesy itp.*) shady
mężczyzna man [*lm* men]
mężny valiant
mglisty 1 (*pogoda: z gęstą mgłą*) foggy,
(*z lekką mgłą*) misty, (*z powodu upału
itp.*) hazy **2** (*wspomnienie itp.*) vague
mgła (*gęsta*) fog, (*lekka*) mist,
(*spowodowana upałem itp.*) haze
miałki 1 (*sypki*) fine **2** (*płytki*) shallow
mianować ~ **kogoś (czymś)**
1 (*zatrudniać*) appoint sb (to sth); sb
(as) sth **2** (*wysuwać jako kandydata*)
nominate sb (for/as sth) | **mianowanie
1** (*na stanowisko*) appointment **2** (*jako
kandydata*) nomination
mianowicie namely
miar|a (*temperatury itp.*) measure
(ment): *zrobiony na* ~**ę** made to
measure [IDM] **bez** ~**y** without restraint
| **ponad** ~**ę** excessively | **w dużej**
mierze largely | **w** ~**ę** quite: *w* ~*ę dobrze*
quite well | **w** ~**ę możności/potrzeb itp.**
as far as possible/necessary, etc. | **w** ~**ę
jak** as | **wielkiej** ~**y** great: *osiągnięcie
wielkiej* ~*y* a great achievement | **żadną**
~**ą** by no means
miarowy steady
miasto town, (*wielkie*) city
miauczeć miaow, meow (*Am.*)
miazga pulp
miażdżyć/z- crush
miąć/z- (się) (*tkanina*) crease, (*papier*)
crumple
miąższ (*owocu*) flesh: ~ *sera* the inside
of the cheese
miecz sword

m

mieć 1 have (got): *Masz!* There you are. **2** (*mierzyć; wiek*) be: *Ma 1,8m wzrostu.* He's 1.8 m tall. ◊ *Ile ona ma lat?* How old is she? ◊ ~ **coś na sobie** have sth on **4** (*musieć*) ~ **coś zrobić** have (got) to do sth: *Muszę iść.* I have to go. → MUSIEĆ **5** (*spodziewane zdarzenie*) be going to do sth: *Mam się z nim jutro zobaczyć.* I'm going to see him tomorrow. [IDM] ~ **coś za sobą:** *Mam to spotkanie za sobą.* That's that meeting over. I **nie ma:** „*Czy są cukierki?" „Już nie ma."* 'Are there any sweets?' 'They've all gone.' ◊ *Nie ma czasu.* There isn't (enough) time. ◊ *Nie ma nic gorszego.* There isn't anything worse. ◊ *Nie ma go w domu.* He isn't home. ◊ *Nie mamy w domu cukru.* We've run out of sugar. ◊ *Nie ma co czekać.* There's no use waiting. ◊ *Jeszcze nie ma szóstej,* It isn't six (o'clock) yet. ◊ *Nie ma za co.* You're welcome. I **nie mieć co:** *Nie masz się co tak spieszyć.* There's no need to hurry. ◊ *Nie masz się co tak przejmować.* There's no use getting upset about it. ■ **mieć się** be: *Jak się masz?* How are you? ◊ *Sprawy mają się dobrze.* Everything's fine.

miednica 1 (*naczynie*) bowl **2** (*anat.*) pelvis

miedziany copper

miedź copper

miejsc|e 1 (*wolna przestrzeń*) space, room: *Jest dużo ~a.* There's a lot of space/room. **2** (*jakiegoś wydarzenia; w kinie itp.; w wyścigu*) place, (*koncertu itp.*) venue, (*zbrodni, akcji itp.*) scene: *~e pracy* a workplace ◊ *~e spotkania* a meeting place ◊ *~e urodzenia* a birthplace ◊ *~e zamieszkania* a place of residence ◊ *~e siedzące* a seat ◊ *~e sypialne w pociągu* a sleeper **3** (*położenie*) position: *na (swoim) ~u* in place **4** (*chwila*): *w tym ~u* at that moment ◊ *na ~u* on the spot [IDM] **nie na (swoim) ~u** out of place I **na twoim ~u** if I were you I **w ~e czegoś** instead of sth I **z ~a** at once

miejscowość place: *~ wypoczynkowa* a resort

miejscowy *przym.* local, (*w sporcie*) home ▶ *rz.* local

miejsk|i urban: *rada ~a* a town council

mielony (*kawa itp.*) ground, (*mięso*) minced: *kotlet ~* a rissole

mierny mediocre

mierzyć/z- 1 measure: *~ czas czegoś* time sth ◊ *~ czyjąś temperaturę* take sb's temperature **2** (*ubranie, buty*) try sth on [IDM] ~ **kogoś wzrokiem** look sb up and down

miesiąc month: *~ kalendarzowy* a calendar month ◊ *w przyszłym / zeszłym ~u* next/last month ◊ *na początku/końcu ~a* at the beginning/ end of the month [IDM] ~ **miodowy** honeymoon

miesiączk|a period: *mieć ~ę* have your period

miesiączkować menstruate

miesięcznik monthly (magazine/ journal)

miesięczny monthly

mieszać 1 (*za-*) (*herbatę itp.*) stir **2** (*wy-*) (*składniki ciasta itp.*) mix **3** (*po-*) (*robić bałagan*) ~ **coś (z czymś)** muddle sth (up) (with sth) **4** (*w-*) ~ **kogoś w coś** involve sb in sth **5** (*za-*): ~ **komuś w głowie** confuse sb ■ **mieszać się 1** (*z-*) (*łączyć się*) merge **2** (*z-*) (*ludzie na imprezie itp.*) mingle **3** (*w-*) (*wtrącać się*) ~ **się (w coś)** interfere (in sth)

mieszaniec 1 (*bot.*) hybrid **2** (*zool.*) cross, (*pies*) mongrel, mutt (*Am.*)

mieszanina mixture

mieszanka mixture

mieszany mixed

mieszkać (*stale*) live, (*w hotelu itp.*) stay: ~ **na dziko** (*w jakimś budynku*) squat

mieszkaln|y habitable: *pomieszczenia ~e* housing

mieszkanie flat, apartment (*Am.*)

mieszka|n-iec/ka (*budynku*) occupant, (*miasta itp.*) inhabitant: *liczba ~ńców* the population ◊ *Ilu ~ńców ma Londyn?* What's the population of London? ◊ *stały ~niec* a resident

mieścić/z- ~ się hold, (*określoną liczbę osób: teatr itp.*) seat, (*dom itp.*) accommodate, (*pokój*) sleep ■ **mieścić się 1** (*z-*) (*ludzie, rzeczy w czymś*) fit **2** (*znajdować się*) be

między (*dwoma osobami/rzeczami*) between, (*wieloma osobami/rzeczami*) among: ~ *pierwszą a drugą* between one and two (o'clock) [IDM] ~ **innymi** among other things I **mówiąc ~ nami** (just) between you and me

międzymiastowy long-distance

międzynarodow|y international: *firma ~a* a multinational (company)

miękki 1 soft **2** (*mięso*) tender **3** (*ruch*) floppy [IDM] **mieć ~e serce** be soft-hearted

mięknąć/z- 1 soften **2** (*serce*) melt

mięsień muscle: *naciągnąć ~* pull a muscle

mięsisty 1 (*nos itp.; owoce, warzywa*) fleshy **2** (*wełna itp.*) thick

mięsny meaty

mięso meat: ~ *mielone* mince

mięśniowy muscular

mięta mint: ~ *pieprzowa* peppermint ◊ ~ *zielona* spearmint

miętowy mint

migacz indicator, turn signal (*Am.*)

mig-ać/nąć flash

migdał almond

migdałlek (*anat.*) tonsil: *zapalenie ~ków* tonsillitis

migotać/za- flicker

migowy: *język* ~ (a) sign language

migrować migrate

mi-jać/nąć 1 (*przejść obok; czas*) pass: *Mijaliśmy kolejne domy.* We passed more houses. ◊ *Minęliśmy restaurację i trzeba było się wracać.* We went past the restaurant so had to go back. ◊ *Mija trzecia godzina egzaminu.* The third hour of the exam is over. ◊ *Minęła druga.* It's past two o'clock. **2** (*słabnąć*) wear off **3** (*awans*) pass sb by: *Minął mnie awans.* I didn't get promoted. ■ **mi-jać/nąć się 1** (*w drodze*) pass **2** (*nie spotkać się*) ~ **się z kimś** miss sb

mikrobus minibus

mikrofalowly: *kuchenka ~a* a microwave (oven)

mikroskop microscope

miksować/z- liquidize

milczenile silence

miliard billion

milimetr millimetre, -ter (*Am.*)

milion million [*lm* million]

milioner millionaire

miło 1 (*uśmiechać się itp.*) nicely **2** (*przyjemnie*) nice: *To bardzo ~ z twojej strony.* That's very nice of you. ◊ *Będzie nam ~ spotkać się z wami.* We look forward to seeing you. [IDM] **Bardzo mi ~.** Nice to meet you. I **mile** agreeably: ~ *widziany* welcome ◊ ~ *wspominać coś* ~ have fond memories of sth

miłosierny merciful

miłosny love: *list* ~ a love letter

miłość ~ (do kogoś) love (for sb): ~ *platoniczna* platonic love [IDM] **na ~ Boską!** for God's sake!

miłośni-k/czka lover: ~ *sztuki* an art lover ◊ ~ *teatru* a keen theatregoer ◊ ~ *win/opery* a wine/an opera buff ◊ *Nie jestem miłośnikiem długich spotkań.* I'm not a fan of long meetings.

miły ~ (dla kogoś) nice (to sb)

mimo ~ *czegoś* despite sth: ~ *to* nevertheless ◊ ~ *wszystko* despite

everything ◊ ~ *że* (even) though [IDM] ~ **woli 1** (*śmiać się itp.*) involuntarily **2** (*zrobić błąd itp.*) unintentionally

mimowolny 1 (*ruch itp.*) involuntary **2** (*sprawca*) unintentional

minla 1 (*wyraz twarzy*) expression: *robić ~y (do kogoś)* pull faces/a face (at sb) **2** (*bomba*) mine [IDM] **robić dobrą ~ę do złej gry** make the best of sth/a bad job I **zrzednie mu ~a** he'll be laughing on the other side of his face

minąć (się) → MIJAĆ (SIĘ)

minimalny 1 (*najmniejszy*) minimum: ~*a emerytura* a basic pension **2** (*bardzo mały*) minimal: *Koszty produkcji są ~e.* Production costs are minimal.

minionly past: ~*y rok* last year ◊ *dawno* ~*e dzieje* events of long ago ◊ ~*a epoka* a bygone age

minister minister, secretary (*Am.*): *M~ Skarbu* the Minister for Finance/(*w Wlk. Br.*) Chan-cellor (of the Exchequer) ◊ *M~ Spraw Wewnętrznych* the Minister of the Interior/ (*w Wlk. Br.*) Home Secretary ◊ *M~ Spraw Zagranicznych* the Minister for Foreign Affairs/ (*w Wlk. Br.*) Foreign Secretary

ministerstwo ministry, department (*Am.*): *M~ Skarbu* the Treasury ◊ *M~ Spraw Wewnętrznych (w Wlk. Br.)* the Home Office ◊ *M~ Spraw Zagranicznych (w Wlk. Br.)* the Foreign and Commonwealth Office

minus 1 (*mat.*) minus **2** (*negatywna strona*) disadvantage

minulta minute: *Za pięć (~t) dziewiąta.* It's five (minutes) to nine. ◊ *Jest pięć (~t) po dziewiątej.* It's five (minutes) past nine. ◊ *lada ~ta* any minute (now) ◊ *Z ~ty na ~ę robił się coraz bardziej ponury.* He got gloomier by the minute. ◊ *Opowiedział im spotkanie ~ta po ~cie.* He gave them a blow-by-blow account of the meeting.

miotać 1 (*rzucać*) hurl, (*morze, wiatr: statkiem itp.*) buffet **2** (*ogniem itp.*) belch ■ **miotać się 1** (*ruszać się*) rush about/around **2** (*przen.*) ~ **się między czymś a czymś** be torn between sth and sth

miotła broom

miód honey: *plaster miodu* a honeycomb

miska bowl

mistrz/yni (*w rzemiośle itp.*) master, (*w sporcie*) champion, (*du-chowy*) guru

mistrzowskli expert: *po ~u* expertly

mistyczny mystical

m

miś 1 : ~ *koala* a koala ◊ ~ *pluszowy* a teddy (bear) **2** : *palto na misiu* a sheepskin coat

mityczny mythical

mizerny 1 (*ilość*) measly **2** (*jakość*) poor **3** (*osoba: mały*) weedy **4** (*blady*) wan

mknąć/prze- speed, (*z hałasem*) zoom

mleczarnia dairy

mleczarz milkman [*lm* -men]

mleczn|y milky: *czekolada ~a* milk chocolate

mleć/ze- (*kawę itp.*) grind, (*mięso*) mince, (*w młynie/młynku*) mill

mleko milk: ~ *tłuste* whole milk ◊ ~ *chude* skimmed/semi-skimmed milk ◊ ~ *zero procent* skimmed milk ◊ ~ *w proszku* powdered milk ◊ ~ *kozie/ krowie* goat's/cow's milk ◊ *zsiadłe* ~ curds

młode baby, (*zbiorowo: zwierząt*) young: ~ *lisa* a baby fox ❶ Dorośli, określając dane zwierzę, używają raczej specjalnych terminów, np. **cub** (lisiątko, niedźwiadek itp.), **kitten** (kotek), **puppy** (szczenię), itp.

młodociany *przym.* juvenile: ~ *przestępca* a juvenile delinquent ▶ *rz.* juvenile

młodość youth

młody young: ~ *duchem* young at heart

młodzieńczy youthful

młodzież youth

młot: ~ *kowalski* a sledgehammer | **młotek** hammer, (*drewniany*) mallet

młyn mill

młynek grinder: ~ *do pieprzu* a pepper mill ◊ ~ *do kawy* a coffee grinder

mnich monk

mniej (*z rz. niepolicz.; z przym., przysł., cz.*) less, (*z rz. policz.*) fewer: ~ *czasu* less time ◊ ~ *inteligentny* less intelligent ◊ *Ma* ~ *zajęć niż w zeszłym roku.* He has fewer classes than last year. ◊ *coraz* ~ less and less/fewer and fewer ◊ *Im* ~ *pracuje, tym* ~ *zarabia.* The less he works, the less he earns. ❶ W języku mówionym często używa się słowa **less** z rz. policz., jednak niektórzy nadal uważają tą formę za niepoprawną. [IDM] **~ więcej** more or less | **ni ~, ni więcej, tylko**......, no less | **nie ~ niż** no less/fewer than: *Był zdumiony nie ~ niż ja.* He was just as surprised as me.

mniejszość minority

mniejsz|y → MAŁY [IDM] **M~a o to.** That's neither here nor there. | **~e zło** the lesser of two evils

mnożyć/po- multiply: ~ *przez pięć* mulitply by five ■ **mno-żyć/po- się** multiply

mnóstwo ~ (czegoś) a lot (of sth) (*nieform.*) masses

mobilizować/z- (się) mobilize

moc 1 (*siła fizyczna/psychiczna*) power: *o wysokiej ~y* high-powered **2** (*stopień stężenia*) strength: ~ *kawy* the strength of the coffee **3** (*duża ilość*) a lot: ~ *ludzi* a lot of people **4** (*w prawie itp.*) force: ~ *prawna* validity ◊ *nabierać ~y* take effect ◊ *w ~y* in effect [IDM] **~ą czegoś** by virtue of sth | **na ~y czegoś** on the strength of sth | **być/leżeć w czyjeś ~y (coś zrobić)** be (with)in sb's power (to do sth)

mocarstwo power

mocn|y 1 strong **2** (*chwyt itp.*) firm, (*uścisk itp.*) tight **3** (*uderzenie*) heavy **4** (*ból*) sharp **5** (*argument itp.*) powerful [IDM] **~a strona** strong point | **być ~ym w gębie** be all talk | **mocno** (*uderzać itp.*) hard, (*pachnieć*) strongly, (*zakręcać itp.*) tightly, (*przymocowany itp.*) securely: *trzymać się* ~ hold tight

mocować 1 (*guzik*) sew **2** (*przy-kręcać*) screw sth on **3** (*bagaż*) tie sth on ■ **mocować się 1** (*sport*) wrestle **2** (*z problemem*) grapple with sth **3** (*z zapięciem itp.*) struggle with sth

mocz urine: *oddawać* ~ urinate

moczary marsh [C]

moczyć/z- wet ■ **moczyć/z- się** get wet

mo|da fashion: *chwilowa ~da* a fad ◊ *wchodzić w ~de/być w ~dzie* come into/be in fashion ◊ *wychodzić z ~dy* go out of fashion ◊ *ustalać ~dę* set a trend

model/ka model

modelować/wy- 1 model **2** (*włosy*) blow-dry

modem modem: *łączyć się przez* ~ be connected to the Internet

modernizować/z- (się) modernize

modlić/po- się ~ (do kogoś) pray (to sb)

modlitw|a prayer, (*przed posiłkiem*) grace: *M~a Pańska* the Lord's Prayer ◊ *odmawiać ~ę* pray

modn|y fashionable: *~e słowo* a buzzword

modyfikować/z- modify

moknąć/z- get wet

mokry wet

molestować (*seksualnie itp.*) molest

moll minor: *symfonia A-moll* a symphony in A minor

molo jetty, (*dłuższe*) pier

momen|t moment: *w tym ~cie (teraz)* at this moment/ (*wtedy*) at that moment

◊ ~t *zwrotny* a watershed ◊ *za* ~t in a moment ◊ *M~t!* Wait a moment!

monet|a coin [IDM] **brać coś za dobrą ~ę** take sth at face value

monit reminder

monopol monopoly

monopolizować/z- monopolize

monotonny monotonous

monstrualny monstrous

montaż 1 (*urządzeń; składanie*) assembly, (*instalacja*) installation **2** (*filmu*) montage

montować/z- 1 assemble **2** (*film*) edit **3** (*muzykę*) dub

moralizować moralize

moralność morality

moralny moral

mord murder

mord|a muzzle [IDM] **dać komuś w ~ę** punch sb in the face

morder-ca/czyni murderer

morderczy murderous

morderstwo murder

mordować/za- murder

morela apricot

morski sea, (*bot.; zool.*) marine, (*żegl.*) nautical, (*wojsk.*) naval, (*ryba itp.*) saltwater: *port* ~ a seaport ◊ *żołnierz piechoty ~ej* a marine ◊ *choroba ~a* seasickness

morz|e sea: *na ~u* at sea ◊ *nad ~e/em* to/at the seaside

mosiądz brass

most bridge [IDM] **mówić prosto z ~u** speak frankly

motocykl motorcycle

motocyklist-a/ka motorcyclist

motor 1 motor → SILNIK **2** (*pojazd*) motorbike

motorówka motor boat

motyl butterfly

motylek (*styl pływacki*) butterfly

motywować/u- 1 (*zachęcać*) **~ kogoś do czegoś** motivate sb to do sth **2** (*wyjaśniać*) justify **3** (*być przyczyną czegoś*) motivate sth

mow|a speech: *Władam francuskim w ~ie i piśmie.* I'm fluent in written and spoken French. ◊ *~a ciała* body language ◊ *część ~y* a part of speech ◊ *~a zależna/niezależna* direct/ indirect speech ◊ *~a była o...* We were talking about.../ (*form.*) The discussion was about... [IDM] **nie ma ~y!** no way!: *Nie było ~y, żeby tak długo siedzieć przed telewizorem.* We weren't allowed to watch the television for hours.

mozolny difficult, (*praca fizyczna*) strenuous

może ((być) ~) maybe: *M~ by zorganizować przyjęcie?* Why don't we have a party? ◊ *M~ napijesz się kawy?* Will you have coffee?

możliwoś|ć possibility, (*okazja*) chance, (*zdolność*) capability: *Nie ma ~ci.* There's no question of that. ◊ *Nie mamy innej ~ci, musimy pójść przez przełęcz.* There's no alternative: we have to go through the pass.

możliw|y possible: *M~e, że już na nas czekają.* Maybe they're already waiting for us. ◊ *~y do zrealizowania* feasible

można: *Gdzie tu ~ parkować?* Where can we park here? ◊ *M~ by zorganizować bal.* We could organize a dance. ◊ *M~ ci zaproponować herbatę?* Can I get you a tea? ◊ *robić, co tylko ~* do your best ◊ *M~ powiedzieć, że odnieśli sukces.* You could say they've been successful. ◊ *M~ pomyśleć, że jest w tej sprawie ekspertem.* You can consider him an expert in this area.

móc can: *Nie mogę długo czekać.* I can't wait long. ◊ *Czy możesz dziś wieczorem iść do kina?* Can you come to the cinema this evening? ◊ *Nie mogłam otworzyć zamka.* I wasn't able to open the lock. ◊ *Czy mógłbym skorzystać z telefonu?* Could/May I use your telephone? ◊ *Czy mógłbyś zamknąć okno?* Could you close the window?/ Would you mind closing the window? [IDM] **może być** all right

mój (*z rz.*) my, (*bez rz.*) mine

mól moth [IDM] **~ książkowy** bookworm

mówić/powiedzieć ~ coś say sth, **~ (o czymś)** talk (about sth): ~ *coś komuś* say sth to sb/tell sb sth ◊ **~ komuś, że** tell sb that ◊ *mówić po polsku* speak Polish ◊ *mówić z dziwnym akcentem/pięknie* speak with a strange accent/beautifully ◊ **~ prawdę** tell the truth ◊ *chcieć coś powiedzieć* mean sth ◊ *Mów dalej.* Go on. ◊ *mówić do rzeczy* speak to the point ◊ *mówić od rzeczy* get off the track ◊ *mówić za siebie/kogoś* speak for itself/sb ◊ *To nazwisko coś mi mówi.* That surname rings a bell. ◊ *A nie mówiłem?* I told you so! ◊ *Mówią, że...* I've heard that... ◊ *powiedzmy* let's say ◊ *że tak powiem* so to speak ◊ *krótko mówiąc* in short ◊ *ogólnie mówiąc* in general ◊ *ściśle mówiąc* strictly speaking ◊ *między nami mówiąc* (just) between us ◊ *nie mówiąc o kimś/czymś* not to mention sb/sth ◊ *Można powiedzieć, że kłopoty mamy za sobą.* It's safe to say that the troubles are over. ◊ *Nie ma o czym mówić.*

m

Don't mention it. ◊ *To za mało
powiedziane.* That's an understatement.
→ SPEAK ■ *mówi/mówiło się* it is/was
reported to be/as sth

mózg 1 (*anat.*) brain **2** (*planu itp.*)
mastermind [IDM] **burza ~ów**
brainstorming (session) | **drenaż ~ów**
brain drain | **pranie ~u** brainwashing

mroczny dark

mrok dark(ness)

mrowienie (*w nodze itp.*) pins and
needles

mrozić 1 (*/z-*) (*twarz itp.; w
zamrażarce*) freeze **2** (*/za-*) (*w lodówce:
wino itp.*) chill [IDM] **~ komuś krew w
żyłach** make sb's blood run cold

mroźny frosty

mrówka ant

mróz frost: *6 stopni mrozu* 6 degrees
below zero ◊ *Będzie ~.* It's going to
freeze.

mru-czeć/knąć 1 (*osoba*) murmur
2 (*kot*) purr

mrug-ać/nąć blink,
(*porozumiewawczo*) wink [IDM] **nawet
nie mrugnąć** not turn a hair | **mrugnięc|
ie** [IDM] **bez ~a (okiem)** without
hesitation

mrużyć: *~ oczy* screw your eyes up

msza Mass

mścić/ze- się ~ (na kimś) (za coś) take
(your) revenge (on sb) (for sth)

mściwy vindictive

mucha 1 (*zool.*) fly **2** (*do garnituru*)
bow tie

mulisty muddy

muł 1 (*zool.*) mule **2** (*szlam*) sludge

mundur uniform

mundur|ek uniform [IDM] **ziemniak w
~ku** jacket potato

mur wall

murarz bricklayer

Murzyn/ka black (person)

musieć must, have (got) to: *Muszę iść.*
I've got to go./ I have to go. ◊ *Muszę
mieć tę płytę!* I must have that CD!
◊ *Musi już być w domu.* He must be
home already. ◊ *Musiał jej powiedzieć.*
He must have told her. ❶ Zwrotu **have
(got) to** używa się, kiedy istnieje
zewnętrzny przymus, natomiast **must**
używa się, kiedy osoba mówiąca
wydaje polecenie lub oczekuje, że coś
się wydarzy. W przeczeniu używa się
tylko cz. **have to**: *You don't have to come.*
Nie musisz przychodzić. Zwrot *You
must not come* znaczy „Nie wolno ci
przyjść".

muskularny muscular

musujący (*wino, woda mineralna*)
sparkling, (*napój bezalkoholowy*) fizzy

musz|ka 1 (*owad*) midge **2** (*do
garnituru*) bow tie [IDM] **na ~ce** at
gunpoint

muszla (sea)shell [IDM] **~ klozetowa**
toilet (bowl)

musztarda mustard

muzeum museum

muzułmański Muslim

muzyczny musical

muzyk musician

muzyka music: *~ country*
country-and-western ◊ *~ jazzowa* jazz
◊ *~ kameralna* chamber music ◊ *~ pop*
pop (music) ◊ *~ poważna* classical
music ◊ *~ soul* soul

muzykalny musical

my we

myć/u- wash, (*zęby*) clean: *~
szamponem* shampoo ■ **myć/u- się** wash
(yourself)

mydło soap

mylący confusing

mylić 1 (*/po-*) **~ coś/kogoś (z czymś/
kimś innym)** mix sb/sth up (with sb/
sth) **2** (*/z-*) (*wprowadzać w błąd*)
mislead ■ **mylić/po- się 1** (*popełniać
błąd*) make a mistake/mistakes, (*w
rachunkach*) be out **2** (*źle zrozumieć*) be
mistaken: *o ile się nie mylę* if I'm not
mistaken

mylny incorrect, (*opinia*) misguided

mysz mouse [*lm* mice]

myszkować poke about/around

myśl thought: *mieć coś na ~i* mean sth
◊ *przychodzić komuś na ~* occur to sb
◊ *pogrążać się w czarnych ~ach* mope

myśleć/po- think

myślistwo hunting

myśliwy hunter

myślnik dash

mżawka drizzle

mżyć drizzle: *Mży.* It's drizzling.

Nn

na 1 (*położenie; kierunek*) on, onto: *Leży
~ stole.* It's on the table. ◊ *Połóż ~ stół.*
Put it on the table. ◊ *Kot wskoczył ~
stół.* The cat jumped onto the table. ◊ *~
drzewie* in a tree ◊ *~ niebie* in the sky
◊ *~ ulicy* in/on (*Am.*) the street ◊ *~
obrazie/zdjęciu* in a picture/photo ◊ *~
wsi* in the country ◊ *~ Śląsku/*

Węgrzech in Silesia/Hungary ◊ ~
Kubie in Cuba ◊ ~ *zachodzie* in the
West ◊ ~ *deszczu* in the rain ◊ ~ *dole/
górze* at the top/bottom ◊ *(jakąś ilość)*
a(n), per: *80 km ~ godzinę* 80 km an hour
◊ *jedna rodzina ~ dziesięć* one family in
ten **3** *(czas; czynność, zajęcie)* for: *Jadę
~ kilka dni.* I'm going away for a few
days. ◊ *Wynajęłam orkiestrę ~
przyjęcie.* I've hired a band for the
party. ◊ *iść ~ spacer* go for a walk ◊ *Idę
do kawiarni ~ kawę.* I'm going to a cafe
for a coffee. **4** *(koncercie itp.)* at,
(koncert itp.) to **5** *(jakąś chorobę)*:
umrzeć ~ raka die of cancer ◊ *chorować
~ grypę* have the flu **6** *(sposób)*:
malować ścianę ~ zielono paint the wall
green ◊ *ubrany ~ czarno/~ wampa*
dressed in black/as a vamp
nabałaganić → BAŁAGANIĆ
nabawić się *(choroby)* catch
nabazgrać → BAZGRAĆ
nabiał dairy products
nabierać → NABRAĆ
nabi(ja)ć 1 *(na ciele)* bruise: *nabić
sobie siniaka* bruise yourself **2** *(na
liczniku itp.)* clock sth up **3** *(broń)* load
■ **nabijać się ~ się z kogoś/czegoś** poke
fun at sb/sth
nabożeństwo service
nabój cartridge
nabrać 1 *(wziąć dużo)* take: *Nabrałeś
pełną walizkę rzeczy!* You've brought a
whole suitcase of stuff! *(wody itp.)*
scoop sth (up) **2** ~ *kogoś* fool sb
3 *(przyzwyczajenia)* develop
4 *(doświadczenia itp.)* gain ■ **nabrać
się** be fooled: *Nabrałam się na jego
obietnice.* I was taken in by his
promises.
nabrzeże *(murowane/z ziemi)*
embankment, *(murowane: gdzie
cumują łodzie)* quay, *(gdzie rozładowują
statki)* wharf [*lm* wharves]
nabrzmie(wa)ć swell
naby(wa)ć 1 *(kupować)* purchase
2 *(zdobywać)* acquire
nachyl-ać/ić bend, *(zmienić kąt lampy
itp.)* tilt ■ **nachyl-ać/ić się 1** *(osoba)*
bend (down) **2** *(przedmiot)* slant, *(teren)*
slope
naciąć → NACINAĆ
naciąg-ać/nąć 1 *(mięsień)* pull
2 *(ubranie, buty)* pull sth on **3** *(koc)* ~
coś na coś pull sth over sth **4** *(napar)*
brew **5** ~ **kogoś na coś** scrounge sth
from sb
na-cinać/ciąć ~ coś make a small cut
in sth, *(długim, wąskim nacięciem)* slit,
(zwł. przez pomyłkę) nick

nacisk 1 *(fizyczny/moralny)* pressure:
wywierać na kogoś ~ put pressure on sb
2 *(na słowo/fakt)* emphasis [*lm*
-phases] [IDM] **grupa ~u** pressure group
nacis-kać/nąć *(przycisk)* press
nacjonalistyczny nationalistic
nacjonalizować/z- nationalize
naczelnik *(wydziału)* head: ~ *policji/
wojska/związku zawodowego* a police/
an army/a union chief ◊ ~ *więzienia* a
prison governor/(*Am.*) warden ◊ ~
poczty a postmaster ◊ ~ *stacji* a
stationmaster
naczelny *przym.* head: ~ *ogrodnik* the
head gardener ◊ *wódz* ~ a
commander-in-chief ◊ *dyrektor* ~ a
managing director ◊ ~ *inżynier* a chief
engineer ◊ *redak-tor* ~ an
editor-in-chief ▶ *rz.* head
naczyni|e *(kuchenne)* dish: ~*a* crockery
◊ *zmywać* ~*a* do the dishes [IDM] ~**e
krwionośne** blood vessel
nad 1 *(powyżej)* above, over: *Woda
sięgała ~ kolana.* The water came
above our knees. ◊ *lecieć ~ chmurami*
fly above the clouds ◊ *lecieć ~ domami*
fly over the houses ◊ *w mieszkaniu ~
nami* in the flat above us ◊ *Miasto leży
~ rzeką/jeziorem/morzem.* The town is
on a river/lake/by the sea. ◊ ~ *rzekę/
jezioro/morze* to the river/lake/sea
(side) → ABOVE **2** *(pracować itp.)* on
3 *(bardziej)* before: *firma, która
przedkłada zysk ~ bezpieczeństwo* a
company that puts profit before safety
◊ *Nie ma nic piękniejszego ~ wiosnę.*
There's nothing more beautiful than
the spring. [IDM] ~**e wszystko** above all
nadal still
nada(wa)ć 1 *(ofiarować)* give,
(nagrodę itp.) confer: ~ *komuś
obywatelstwo* grant sb citizenship
2 *(cechę)* set: ~ *styl/tempo/nastrój* set
the trend/pace/mood ◊ ~ *czemuś
kształt* give shape to sth **3** *(radio; TV)*
broadcast: ~ *mecz w telewizji* televise a
match **4** *(wysyłać)* send **5** *(coś na
bagaż)* check sth in ■ **nadawać się ~ się
(do czegoś)** be fit (for sth)
nadawca sender
nadąć → NADYMAĆ
nadąż-ać/yć ~ (za czymś/kimś) keep up
(with sth/sb): ~ *za modą* follow a
fashion
nadbagaż excess baggage
nad-chodzić/ejść come
nadciśnienie hypertension
nadep-tywać/nąć tread: ~ *komuś na
palec* tread on sb's toe
nadgarstek wrist
nadgorliwy officious

n

nadliczbow|y: *godziny ~e* overtime

nadmia|r excess: *w ~rze* in excess

nadmierny excessive

nadmuch(iw)ać (*balon*) blow sth up, (*kamizelkę ratunkową*) inflate

nadobowiązkowy optional

nadprzyrodzony supernatural

nad-rabiać/robić: ~ *stracony czas/ opóźnienie* make up for the time lost ◇ ~ *zaległości* clear a backlog

naduży(wa)ć ~ *czegoś* abuse sth: ~ *czyjegoś zaufania* abuse sb's trust ◇ ~ *czyjegoś czasu* encroach on sb's time ◇ ~ *czyjejś cierpliwości* try sb's patience

nadwag|a 1 (*osoby*): *mieć ~ę* be overweight 2 : *~a bagażu* excess baggage

nadweręż-ać/yć 1 put a strain on sth: *Ładunek nadwerężył linę, która pękła.* The load put such a strain on the rope that it snapped. 2 (*mięsień*) pull 3 (*tkaninę*) wear ∎ **nadweręż-ać /yć się** strain yourself ǀ **nadwerężony** 1 (*osoba*) worn out 2 (*tkanina itp.*) worn

nadwozie bodywork

nadwyżka surplus

nadziej|a 1 hope: *mieć ~ję* hope ◇ *Mam ~ję, że tak/nie.* I hope so/not. ◇ *w ~i na coś/że* in the hope of (doing) sth/that... ◇ *z ~ją* hopefully ◇ *pełen ~i* hopeful 2 (*oczekiwanie*) expectation

nadzienie (*w cieście, czekoladzie*) filling, (*w mięsie*) stuffing

na-dziewać/dziać 1 (*farszem*) stuff, (*ciasto, czekoladę*) fill 2 (*na szpikulec*) put sth on a skewer, (*na rożen*) put sth on a spit

nadzorca supervisor

nadzorować supervise

nadzór supervision: *mieć ~ nad kimś/ czymś* supervise sb/sth ◇ *oddać kogoś pod ~ policji* put sb under police surveillance

nadzwyczajny extraordinary

nafaszerować → FASZEROWAĆ

nafta 1 (*do lampy itp.*) paraffin, kerosene (*Am.*) 2 (*ropa naftowa*) oil

nagan|a reprimand: *udzielić komuś ~y* reprimand sb

nagi (*część ciała; ściana itp; fakt*) bare, (*całe ciało*) naked

na-ginać/giąć 1 (*gałąź itp.*) bend sth down 2 (*przepisy*) bend

nagle suddenly: ~ *umrzeć* die unexpectedly

nagły (*zmiana itp.*) sudden, (*śmierć itp.*) unexpected, (*wzrost cen itp.*) sharp: ~ *przypływ radości* a surge of joy

nagniotek corn

nagrać → NAGRYWAĆ

nagradzać/wy- ~ kogoś czymś/za coś reward sb with sth/for sth

nagranie recording, (*na taśmę*) tape-recording

nagrobek gravestone, (*tylko pionowy*) headstone, (*tylko poziomy*) tombstone

nagroda prize, (*często tylko honorowa*) award, (*za ujawnienie informacji itp.*) reward: ~ *pocieszenia* a booby prize

nagromadzenie accumulation

nagr(yw)ać record: ~ (*na*) *dyskietkę /CD-ROM* copy (sth onto) a floppy/ CD-ROM ◇ ~ *na taśmę* tape ◇ ~ *na wideo* video

naiwny naive

najazd invasion

najbardziej most: ~ *życzliwy/ denerwujący nauczyciel* the friendliest/ most annoying teacher [IDM] **jak ~!** yes, definitely!

najemca (*samochodu itp.*) hirer, renter (*Am.*), (*mieszkania itp.*) tenant

najemnik mercenary

najeść się eat your fill: *Najadłem się.* I'm full up.

najeźdźca invader

najgorszy the worst: *w ~m razie* at (the) worst

najlepiej best: *jak ~* as well as you can

najlepszy best: *w ~m razie* at best

najmniej (*z cz.; z rz. niepolicz.*) least, (*z rz. policz.*) fewest: *N~ lubię ten styl.* I like that style least. ◇ *Pije ~ piwa.* He drinks the least beer. ◇ *Zrobił ~ błędów.* He made the fewest mistakes. [IDM] **co ~** at least

najmować (*do pracy*) hire ❶ W Br. ang. cz. **hire** oznacza tylko „zatrudniać na krótki okres", a w Am. ang. może znaczyć również na stałe. W Br. ang. **take sb on** używa się w każdej sytuacji.

najpierw first (of all)

najpóźniej (the) latest: *Musimy to dostać ~ w piątek.* We have to receive it by Friday at the latest.

najstarszy oldest, (*z trojga lub więcej w rodzinie*) eldest

najwcześniej (the) earliest: *Skończę ~ we wtorek.* I'll finish on Tuesday at the earliest.

największy (*w wymiarze*) biggest, (*w talentach, ważności*) greatest: ~ *pianista naszego pokolenia* the greatest pianist of our generation

najwyżej 1 (*liczba itp.*) highest, (*wiek itp.*) most, (*wzrost*) tallest: *Może mieć ~ dziesięć lat.* He is 10 at (the) most. ◇ *Wypiję ~ tylko kawę i idę.* I've just got time for a coffee before I go.

2 (*sytuacja*): (*Co*) ~ *odwołamy spotkanie.* We'll cancel the meeting if really necessary.

nakarmić → KARMIĆ

nakaz order: ~ *aresztowania* a warrant for sb's arrest ◊ ~ *rewizji* a search warrant ◊ ~ *sądowy* an injunction ◊ ~ *stawiennictwa* a summons ◊ ~ *moralny* a moral imperative

nakiero(wy)wać ~ *coś na kogoś/coś* direct sth to/towards sb/sth

nakład 1 (*często* ~y) (*pieniędzy*) outlay, (*pracy, energii*) commitment **2** (*gazety*) circulation, (*książki*) print run **3** (*wydanie*) edition

na-kładać/łożyć 1 ~ *coś na coś* put sth on sth **2** ~ *coś do czegoś* put sth in sth **2** ~ *coś na siebie* put sth on **3** (*podatek, ograniczenie itp.*) impose

nakrapiany spotted

nakrę-cać/cić 1 (*śrubę*) screw **2** (*zegarek itp.*) wind, (*sprężynę w zabawce itp.*) wind sth up **3** : ~ *włosy na wałki* put your hair in curlers **4** (*kłamać*) → KRĘCIĆ

nakrętka 1 (*na śrubę*) nut **2** (*przykrywka*) cap

nakry(wa)ć 1 (*obrusem itp.*) cover: *nakryć stół do obiadu* lay the table for lunch **2** ~ *kogoś na czymś* catch sb doing sth: ~ *kogoś na kradzieży* catch sb stealing

nalać → NALEWAĆ

nalegać ~ *na coś* insist on (doing) sth: ~ *na kogoś, żeby coś zrobił* insist that sb does sth

nalepka sticker, (*na butelce itp.*) label

naleśnik pancake

na-lewać/lać ~ *czegoś do czegoś/na coś* pour sth in(to) sth/on(to) sth: ~ *sok do szklanki* pour juice in the glass ◊ ~ *coś do pełna* fill sth (up) ◊ ~ *wody do wanny* run the water for a bath

należeć 1 belong: *Owies należy do zbóż.* Oats are a kind of cereal. **2** *należy/należało coś zrobić* it's/it was necessary to do sth: *Należało wcześniej kupić bilety.* We should have bought the tickets earlier. ■ *należeć się ~ się komuś* (*według przepisów itp.*) be due to sb, (*z przyczyn moralnych*) deserve: *Każdemu należy się szacunek.* Everyone deserves respect. ◊ *Ile się należy?* How much do I owe you?

należność charge

nalot (*powietrzny*) air raid, (*policyjny*) raid

naładować → ŁADOWAĆ

nałogowy habitual, (*pijak itp.*) compulsive: *On jest ~m fanem piłki nożnej.* He's addicted to football.

nałożyć → NAKŁADAĆ

nałóg addiction, (*niemoralny*) vice: *w nałogu* addicted

namalować → MALOWAĆ

na-mawiać/mówić ~ *kogoś do czegoś* (try and) persuade sb to do sth

namiętny passionate | **namiętność** passion

namiot tent: *rozbijać* ~ pitch a tent ◊ *spać pod* ~*em* (*w ogóle*) go camping/ (*raz*) sleep in a tent ◊ *jeździć pod* ~ go camping

namówić → NAMAWIAĆ

namy|sł thought: *działać z* ~*słem/bez* ~*słu* think before acting/do sth impulsively ◊ *po* ~*śle* on second thoughts

namyśl-ać/ić się ~ *nad czymś* think sth over/about sth, (*zdecydować się*) decide, (*zwł. o czymś w przeszłości*) reflect (up)on sth

naokoło round, around

napad 1 attack, (*na bank itp.*) robbery: *zbrojny* ~ an (armed) raid **2** (*kaszlu, gniewu itp.*) fit

na-padać/paść ~ *na kogoś/coś* attack sb/sth: ~ *na bank* hold up a bank

naparstek thimble

napastni-k/czka 1 attacker **2** (*sport*) forward

napastować 1 (*w prasie itp.; na ulicy*) attack **2** ~ *kogoś o coś* pester sb for sth **3** (*seksualnie*) molest

napaść *rz.* assault: ~ *uliczna* a mugging ▶ *cz.* → NAPADAĆ

napchać → NAPYCHAĆ

napełni(a)ć się fill

napęd (*rakiety itp.*) propulsion, (*samochodu; dysku*) drive: ~ *na cztery koła* four-wheel drive

napę-dzać/dzić (*samochód*) drive, (*rakietę itp.*) propel

napięcie 1 (*naprężenie; emocjalne*) tension **2** (*elektr.*) voltage: *pod* ~*m* live

na-pinać/piąć 1 (*linę*) tighten **2** (*mięśnie*) tense, (*zwł. na pokaz*) flex

napis 1 writing, (*pod obrazem*) caption, (*wypisany lub wyryty*) inscription **2** (~y) (*na filmie*) subtitles **3** (*po zakończeniu filmu*) credits

napisać → PISAĆ

napiwek tip: *dawać komuś* ~ tip sb/give sb a tip

napły-wać/nąć 1 (*woda*) flow in **2** (*listy, ludzie itp.*) flood in, (*myśli itp.*) flood: *Napłynęły mi do głowy przerażające myśli.* My mind was flooded with terrifying thoughts.

napompo(wy)wać pump sth up, inflate sth (*form.*)

n

napom-ykać/knąć ~ o kimś/czymś mention sb/sth

napot(y)kać come across sb/sth, *(opór itp.)* face

napój drink

naprawa repair

naprawdę really

naprawi(a)ć 1 *(samochód itp.)* repair, *(coś małego)* fix, *(ubranie)* mend **2** *(błąd)* correct, *(stosunki itp.)* put sth right, *(straty itp.)* remedy, *(zło)* undo

napromienio(wy)wać irradiate

naprzeciw *(także ~ko)* opposite

naprzód ahead: *iść* ~ go ahead ◊ *Zrobił krok* ~. He took one step forward. ◊ *głową* ~ head first

naprzykrzać się ~ komuś 1 *(domagać się czegoś)* nag sb (to do sth) **2** *(niepokoić)* bother sb

nap(y)chać ~ coś czymś *(torbę itp.)* stuff sth with sth

narada 1 *(naradzanie się)* consultation **2** *(zebranie)* meeting

nara-dzać/dzić się ~ z kimś nad czymś *(z adwokatem itp.)* consult sb about sth, *(z żoną itp.)* discuss sth with sb

naraz 1 *(nagle)* (all) at once **2** *(jednocześnie)* all together

nara-żać/zić 1 *(życie, zdrowie itp.)* risk **2** ~ **kogoś/coś** *(na niebezpieczeństwo itp.)* expose sb/sth to sth **3** : ~ *kogoś/coś na stratę* cause sb/sth to sustain a loss ◊ ~ *kogoś/coś na wydatek* make sb/sth incur an expense ■ **nara-żać/zić się 1** *(na niebezpieczeństwo)* expose yourself to sth **2** *(na wydatek/stratę)* incur sth **3** ~ **komuś** antagonize

narciarski ski

narciarstwo skiing: ~ *przełajowe/ zjazdowe* cross-country/downhill skiing

narcia-rz/rka skier

nareszcie at last

narkoman/ka drug addict

narkotyk drug, *(bardziej form.)* narcotic

narodowość nationality

narodowy national

narodziny birth *[U, C]*

narośl growth

naród nation

narta ski: *jeździć na ~ch* ◊ ~ *wodna* waterski

narusz-ać/yć 1 *(prawo itp.)* violate **2** *(równowagę, pokój)* upset **3** *(prywatność)* encroach (up)on sth **4** *(granicę państwową)* cross sth illegally **5** *(towary do sprzedaży itp.)* tamper with sth **6** : *naruszyć tajemnicę*

give away a secret *[IDM]* ~ *oszczędności* break into your savings

narząd organ: *zewnętrzne ~y płciowe* genitals

narzeczony fiancé I **narzeczona** fiancée

narzekać ~ (na kogoś/coś) *(oficjalnie itp.)* complain (about sb/sth), *(pod nosem)* grumble (about sb/sth)

narzędzi|e tool, instrument, implement, device ❶ **Tool** oznacza zwykle coś, co można trzymać w ręce, np. klucz lub młotek. **Implement** oznacza narzędzie często używane poza domem, np. w rolnictwie lub ogrodnictwie. **Instrument** często używa się, mówiąc o narzędziach stosowanych w pracy technicznej lub precyzyjnej: *a dentist's instruments.* **Device** to słowo ogólne oznaczające jakieś przydatne urządzenie: *a safety device on a machine.*

narzu-cać/cić 1 ~ **coś na kogoś/coś** *(i ubranie)* throw sth on sth **2** ~ **komuś coś** *(warunki itp.)* impose sth on sb ■ **narzu-cać/cić się** ~ **się komuś (z czymś)** impose (up)on sb: *Nie chcę ci się narzucać.* I don't want to impose on you. ◊ *Narzucali się z pomocą.* They were over-anxious to help. ◊ *Cały wieczór się im narzucał.* He hung around them the whole evening.

narzuta bedspread

nasenny narcotic: *środek* ~ a sleeping pill

nasienie 1 *(rośliny)* seed **2** *(męskie)* semen

nasil-ać/ić się intensify

naskórek cuticle

nastawi(a)ć 1 *(w jakimś kierunku; urządzenie itp.; kość)* set, *(uszy)* cock: ~ *radio na coś* tune a radio (in) to sth ◊ *głośniej* ~ *radio* turn the radio up **2** *(nad ogniem)* put sth on (to cook) **3** ~ **kogoś do kogoś/czegoś** *(uprzedzająco)* prejudice sb against sb, *(przychylnie)* make sb think favourably/ *(Am.)* -vor- of sb/sth ■ **nastawi(a)ć się** ~ **się na coś 1** *(przygotować się)* prepare yourself for sth **2** *(cel)* be aimed at sb/sth

następ-ca/czyni successor: ~ *tronu* an heir (to the throne)

następnie next

następny next

na-stępować/stąpić ~ po kimś/czymś 1 follow sb/sth: *jak następuje* as follows **2** *(król itp.)* succeed

następstw|o 1 consequence: *w ~ie wojny* in the aftermath of the war **2** *(tronu)* succession

nastolat-ek/ka teenager

na-strajać/stroić 1 (*instrument muzyczny*) tune **2** ~ **coś** (**na coś**) (*radio; TV*) tune sth (in) (to sth) **3** (*usposabiać*) incline: *Atmosfera nastroiła nas romantycznie.* The atmosphere put us in a romantic mood. ◊ *Spokój lasu nastroił mnie do rozważań o sensie życia.* The peace of the woods set me thinking about the meaning of life. ◊ *Sukces nastroił mnie optymistycznie.* Success made me optimistic. ■ **na-strajać/stroić się** (*przygotować się psychicznie*) get yourself in the mood for sth: ~ **się romantycznie** get into a romantic mood

nastraszyć frighten

nastr|ój 1 (*osoby*) mood: *być w dobrym/ złym ~oju* be in a good/bad mood ◊ *ulegający ~ojom* temperamental **2** (*sytuacji*) atmosphere

nasu-wać/nąć 1 (*naciągać*) ~ **na coś** pull **2** (*wątpliwości itp.*) raise, (*refleksje itp.*) give rise to sth

nasy-cać/cić 1 (*osobę, ciekawość itp.*) satisfy **2** ~ **coś** (**czymś**) (*rynek*) saturate sth (with sth) ■ **nasy-cać/cić się 1** (*osoba*) have had enough of sth **2** (*rynek*) become saturated

nasyp embankment

nasz (*z rz.*) our, (*bez rz.*) ours

naszkicować → SZKICOWAĆ

naszyjnik necklace

naśladować ~ **kogoś 1** (*wzorować się*) model yourself on sb **2** (*udawać*) imitate sb

naświetl-ać/ić 1 (*promieniami*) irradiate **2** (*kwestię itp.*) elucidate

natarczyw|y: ~*e żądania* insistent demands ◊ ~*e pytanie* aggressive questioning ◊ ~*y ból* a nagging pain ◊ ~*y dźwięk telefonu* an insistent ringing of a telephone

natchnąć inspire

natchnienie inspiration

natęż-ać/yć strain ■ **natężać się 1** strain (yourself) **2** (*dźwięk itp.*) intensify

natężenie: ~ *ruchu* the volume of traffic

natrafi(a)ć 1 (*znaleźć*) come across sth **2** (*na trudności itp.*) come up against sb/sth

natręt 1 (*natrętna osoba*) pest **2** (*gość nieproszony*) intruder

natrętny (*osoba*) persistent, (*mucha itp.*) annoying, (*myśl*) obsessive, (*wzrok*) insistent

natu|ra nature: ~*ra ludzka* human nature ◊ *druga* ~*ra* second nature ◊ *z* ~*ry* by nature ◊ *wbrew* ~*rze* unnatural

naturalny natural, (*żywność*) organic

natychmiast immediately

natychmiastowy immediate

na-tykać/tknąć się 1 ~ **na kogoś/coś** (*spotkać (przypadkiem)*) come across sb/sth **2** (*na problem itp.*) hit sth

naucz-ać/yć ~ (**kogoś**) (**czegoś**) teach (sb) (sth); sth to sb

nauczanie teaching

nauczk|a lesson: *dać komuś* ~*ę* teach sb a lesson

nauczyciel/ka teacher: ~ *muzyki* a music teacher

nauk|a 1 (*uczenie się: w ogóle*) learning, (*na uniwersytecie*) study, (*w szkole*) schooling: ~*i humanistyczne* arts ◊ ~*i pedagogiczne* education ◊ ~*i polityczne* politics ◊ ~*i przyrodnicze/ścisłe* science ◊ ~*i społeczne* social science **2** (*wniosek*) lesson

naukowiec (*w ogóle*) academic, (*specjalista od nauk ścisłych*) scientist ❶ Słowo **academic** może także odnosić się do pracownika naukowego.

naukow|y 1 (*w ogóle*) academic: *badania* ~*e* academic research ◊ *pracownik* ~*y* a researcher ◊ *literatura* ~*a* academic books ◊ *pomoce* ~*e* teaching materials **→** NAUKOWIEC **2** (*dot. nauk ścisłych*) scientific: *eksperyment* ~*y* a scientific experiment

nawet even

nawias bracket, parenthesis [*lm* - theses] (*Am.*): *w* ~*ie* in brackets ◊ *brać coś w* ~ bracket sth [IDM] ~**em mówiąc** by the way

nawiąz(yw)ać 1 (*stosunki itp.*) establish: ~ *kontakt (z kimś)* make contact (with sb)/contact sb ◊ ~ *rozmowę (z kimś)* enter into a conversation (with sb) **2** ~ **do czegoś** refer to sth

nawierzchnia surface

nawieźć fertilize

nawi-jać/nąć wind

na-wlekać/wlec 1 (*iglę*) thread **2** (*korale itp.*) string

nawóz fertilizer

na-wracać/wrócić 1 (*samochodem*) turn back **2** (*wrócić*) come back **3** ~ **kogoś** (**na coś**) (*relig.*) convert sb (to sth) ■ **na-wracać/wrócić się** ~ **się** (**na coś**) be converted (to sth)

nawrót recurrence: ~ *choroby* a relapse ◊ ~ *do przeszłości* revisit the past

nawyk habit: *zrobić coś z* ~*u/siłą* ~*u* do sth out of (force of) habit ◊ *mieć ustalone* ~*i* be set in your ways

nawzajem each other: *pomagać sobie* ~ help each other ◊ *robić sobie* ~ *prezenty* give each other presents ◊ *wykluczać*

n

się ~ be mutually exclusive ◊ *N~!* (The) same to you!

nazw|a 1 name: *nadać czemuś* ~ę give sth a name ◊ *wymieniać* ~ę *czegoś* name sth **2** (*gram.*): *~a własna* a proper noun

nazwisk|o surname: *~o panieńskie* a maiden name ◊ *Mam pokój zarezerwowany na* ~o *Wilk.* I've got a reservation in the name of Wilk. ◊ *Zostawiłam przesyłkę na twoje ~o.* I've left the parcel with your name on it. ◊ *z ~a* by name → NAME

naz(y)wać call ■ **nazywać się** be called: *Nazywam się Kasia.* My name's Kasia.

negatywny negative

negocjacje negotiations: *rozpocząć/ przerwać* ~ enter into/break off negotiations

negocjować negotiate

nekrolog obituary

nerka kidney

nerw nerve |IDM| *działać komuś na ~y* get on sb's nerves | *~y mu puściły* he lost his temper | *robić coś z ~em* do sth with flair

nerwowy nervous

netto net: *twój dochód* ~ your net income

neutralny neutral

nędza poverty

nędzny 1 (*osoba*) poor, (*wygląd, życie itp.*) wretched **2** (*płaca itp.*) measly

nękać (*sumienie itp.: niepokoić*) trouble, (*problemy zdrowotne itp.*) plague, (*osoba: dręczyć*) hassle

niania nanny

niby: *N~ taki dobry kierowca, a boi się jeździć zimą.* He's supposed to be good driver, but he's afraid to drive in the winter. ◊ *Interesują się tym tylko na ~.* They are only pretending to be interested in it.

nic nothing: *N~ nie słyszałem.* I didn't hear anything. ◊ *do niczego* useless ◊ *na ~* for nothing ◊ *Za ~ nie zgodzę się na zmiany.* No way will I agree to any changes. ◊ *~ tylko* nothing but ◊ *prawie tyle co* ~ next to nothing ◊ *wrócić z niczym* return empty-handed ◊ *~ takiego* nothing much ❶ W jęz. ang. nie istnieje podwójne zaprzeczenie. Dlatego nie mówi się: ~~I can't see nothing/nobody~~. W przeczeniach i pytaniach używa się formy **any** zamiast **no**: *I can't see anything/anyone.* ◊ *Can you see anything/anyone?*

nić thread

nie *partykuła* no ▶ (*z cz., przysł. itp.*) not: *Nie lubię go.* I don't like him. ◊ *Tak, czy* ~? Yes or no?/ (*na pytania w quizie itp.*) True or false? |IDM| *jak* ~, *to* ~ too bad | *~ ma za co* not at all | *wykrzyk.: Przyjdziesz, ~?* You're coming, aren't you?

niebezpieczeństwo danger: *narazić kogoś/siebie na* ~ put sb/yourself in danger

niebezpieczny dangerous, (*ryzykowny*) risky, (*pies itp.*) vicious

niebieski blue: *kolor* ~ blue

nieb|o 1 (*przestrzeń nad nami*) sky: *na ~ie* in the sky **2** (*boskie*) heaven: *w ~ie* in heaven |IDM| *być o (całe) ~o lepszym od kogoś/czegoś* be streets ahead of sb/ sth | *~o w gębie!* that's delicious! | *wielkie ~a!* (good) heavens!

niech 1 (*chęć, żeby coś się stało; wyraża obojętność*) let: *N~ żyje król!* Long live the King! ◊ *N~ Bóg ma cię w swojej opiece.* May God protect you. ◊ *N~ cię Bóg broni!* God forbid! ◊ *N~ no ja to tylko sprawdzę.* Let me just check. ◊ *N~ sobie pada!* Well, let it rain! **2** (*tryb rozkazujący*): *N~ pan idzie do lekarza.* You should see a doctor. **3** (n~ nawet) (*nawet gdyby*): *N~ nawet mnie zwolnią z pracy, nie ustąpię.* Even if they sack me, I won't give in. **4** (*wyraża zgodę*): *N~ci będzie!* Yes, you can have it! |IDM| *a ~ to!* bother!

niechcący unintentionally: *Uraził ją* ~. He unintentionally offended her. ◊ *Kopnął ją* ~. He kicked her by accident. ◊ *To było* ~. I didn't mean it.

niechę|ć *~ć do kogoś/czegoś* dislike of/for sb/sth: *czuć* *~ć do pracy* have an aversion to work ◊ *poczuć* *~ć do kogoś/ czegoś* take a dislike to sb/sth ◊ *robić coś z ~cią* do sth reluctantly

niechętny 1 (*bez ochoty*) reluctant: *~ do rozmowy* untalkative **2** (*nieżyczliwy*) unfriendly: *mieć* *~ stosunek do kogoś* not be favourably disposed towards sb

niechlujny (*osoba i jej praca*) sloppy, (*ubranie*) scruffy, (*pokój itp.*) untidy | **niechlujstwo** sloppiness

nieciekawy uninteresting

niecierpliwić make sb impatient ■ **niecierpliwić się** get impatient

niecierpliwoś|ć impatience: *z ~cią* impatiently

niecierpliwy impatient

nieco 1 (*z przym./przysł.*) somewhat: *~ za duży* a little too big **2** (*z rz.*) a little: *Nalał sobie* *~ wina.* He poured himself a little wine. ◊ *Zarobił* *~ pieniędzy.* He made a bit of money. |IDM| *co* *~* a little: *Przekąsił co* ~. He had a little bit to eat.

niecodzienny unusual: ~ *wypadek* a freak accident

nieczuły insensitive

nieczynn|y 1 (*maszyna*) not working: *~a winda* lift out of order **2** (*sklep, fabryka*) closed

nieczystości rubbish, garbage (*Am.*) [*U*], (*chemiczne itp. z fabryki*) waste (*Am.*)

nieczytelny illegible

niedalek|i near(by), close: *Szli w stronę ~ich gór.* They went off towards the mountains nearby. ◇ *~a podróż* a short journey ◇ *N~i jest ten dzień, w którym zrobię karierę.* The day when I'll become successful is approaching. ◇ *~a przeszłość/przyszłość* the recent past/the near future

niedaleko 1 (*odległość*) ~ od/do kogoś/czegoś not far from/to sb/sth **2** (*czas*) ~ do czegoś not long till sth

niedawno recently

niedawny recent

niedbały careless, (*ubranie*) sloppy

niedobór shortage, (*witamin itp.*) deficiency, (*budżetowy*) deficit

niedobry 1 bad **2** (*nieodpowiedni*) wrong **3** (*potrawa, napój*) horrible

niedobrze 1 (*niepoprawnie*) wrong(ly): *N~ wykonał zadanie.* He did the exercise wrong. **2** (*czuć się: z powodu choroby*) unwell: *N~ mi.* I feel unwell. (*z powodu towarzystwa itp.*) uncomfortable **3** (*niepomyślnie; nieodpowiednio*) not well, badly: *~ traktować kogoś* treat sb badly ◇ *Sprawa wygląda ~.* Things look bad. ◇ *Z matką jest ~.* Things are bad with my mother. ◇ *„ Słyszałem, że nie przyjdzie”. „To ~."* 'I heard that he's not coming.' 'That's no good.' [IDM] **i tak źle, i tak ~** you can't win

niedociągnięcie shortcoming

niedogodny (*nieodpowiedni*) inconvenient, (*niewygodny*) awkward

niedojrzały immature

niedokładny inaccurate

niedokonany (*w polskiej gramatyce*) imperfective, (*w angielskiej gramatyce*) imperfect [IDM] **czas przeszły ~** past continuous

niedołężn|y 1 (*niesprawny fizycznie*) infirm **2** (*pozbawiony umiejętności*) incompetent **niedołęstwo 1** (*fizyczne*) infirmity **2** (*brak umiejętności*) incompetence

niedopałek (cigarette) butt

niedopatrzenie oversight

niedopuszczalny unacceptable, (*prawn.*) inadmissible

niedorajda loser

niedorosł|y not fully grown: *Mam ~e dzieci.* My children aren't grown-up yet.

niedorozwinięty 1 (*umysłowo itp.*) disabled **2** (*kraj itp.*) underdeveloped

niedorzeczny absurd **niedorzeczność** absurdity

niedoskonały imperfect

niedosłyszalny inaudible

niedostateczny 1 inadequate, (*zwł. ilość czegoś*) insufficient **2** (*szk.*): *ocena ~a* a fail

niedostępny 1 (*miejsce*) inaccessible **2** (*osoba*) unapproachable **3** (*cel itp.*) unattainable

niedostrzegalny imperceptible

niedościgniony 1 (*mistrz*) unrivalled, -valed (*Am. zwykle*) **2** (*ideał*) unattainable

niedoświadczony inexperienced

niedouczony (*bez odpowiedniego wykształcenia*) under-educated, (*bez odpowiednich kwalifikacji*) under-qualified

niedowag|a mieć ~ę be underweight

niedowiarek 1 (*niewierzący*) non-believer **2** (*sceptyk*) doubter

niedowidzieć have poor eyesight

niedozwolon|y illicit: *~e towary* illicit goods ◇ *film ~y dla dzieci* an adult film

niedożywiony malnourished **niedożywienie** malnutrition

niedrogi inexpensive

nieduż|y small: *mieć ~ą emeryturę* have a small pension ◇ *Był ~ego wzrostu.* He was short.

niedwuznaczny unambiguous

niedyskrecja indiscretion

niedyskretny indiscreet

niedziela Sunday → PONIEDZIAŁEK

niedźwiedź bear: ~ *polarny* a polar bear

nieekonomiczny uneconomical

nieelegancki 1 inelegant **2** (*niegrzeczny*) rude

nieformalny informal

niefortunny unfortunate

niefrasobliwy light-hearted

niegazowany (*woda*) still

niegodny ~ kogoś/czegoś unworthy of sb/sth

niegramatyczny ungrammatical

niegrzeczny 1 (*nieuprzejmy*) rude **2** (*nieżyczliwy*) unkind **3** (*zachowanie dziecka*) naughty

nieistotny 1 (*nieważny*) insignificant **2** (*niezwiązany z tematem*) irrelevant

niejadalny inedible

n

niejasny unclear, (*poczucie*) vague, (*wspomnienie itp.*) hazy

niejeden 1 (*więcej niż jeden*) more than one **2** (*wielu*) many

niekiedy at times

niekompatybilny incompatible

niekompetentn|y (*bez odpowiednich kwalifikacji*) unqualified, (*niezdolny*) incompetent: *W tej dziedzinie był zupełnie ~y.* He lacked any expertise in that area. ◇ *Jest ~a do kierowania firmą.* She doesn't have the skills to manage the company.

niekoniecznie not necessarily

niekonsekwentny inconsistent

niekorzystny unfavourable, -vor- (*Am.*)

niekorzyść disadvantage: *na czyjąś ~* to sb's disadvantage

niektóry a certain: *Niektórzy z zebranych zabrali głos.* Some of the people at the meeting took the floor.

nielegalny illegal

nieletni *przym.* under age, (*form.; prawn.*) juvenile ▶ *rz.* minor: *~ przestępca* a juvenile delinquent

nielogiczny illogical

nieludzki inhuman: *~e czyny* atrocities

niela|d disorder: *jej włosy w ~dzie* her hair in disarray

nieładny 1 (*wygląd*) unattractive **2** (*zachowanie itp.*) unpleasant I **nieładnie:**~*z czyjejś strony* not nice of sb

niełaska disgrace

niełatwy difficult

niemało ~ (czegoś) quite a lot (of sth)

niemały considerable: *Mam ~ kłopot.* I've got a big problem.

niemiłosierny 1 (*bezwzględny*) merciless **2** (*upał*) ferocious, (*mróz*) bitter

niemiły unpleasant

niemoc weakness: *Ogarnęła go ~.* He was overcome by weakness.

niemodny unfashionable

niemoralny immoral

niemowa speech-impaired person

niemowlę baby

niemożliwy 1 impossible **2** (*nieznośny*) damned **3** (*bardzo zły*) hopeless: *Jest ~ w szkole.* He's doing very badly at school.

niemy 1 (*osoba*) speech-impaired **2** (*litera*) silent

nienaganny faultless

nienaruszalny 1 (*prawo*) inalienable **2** (*granica*) inviolable

nienaruszony intact

nienasycony insatiable

nienawidzić hate

nienawistny hateful

nienawiś|ć ~ć (do kogoś/czegoś) hatred (for/of sb/sth): *zaślepiony ~cią* blinded by hatred

nieobecność absence

nieobecny *przym.* absent: *~ w pracy/ szkole przez tydzień* absent/(*mniej form.*) away from school/work for a week ◇ *patrzeć ~m wzrokiem* look absently I **nieobecn|y/a** *rz.* absentee, (*form.*): *Ilu jest ~ych dzisiaj w szkole?* How many people are absent from school today?

nieobliczalny 1 (*nieprzewidywalny*) unpredictable **2** (*ogromny*) incalculable

nieobowiązkowy 1 (*uczeń*) lazy, (*pracownik*) unconscientious **2** (*przedmiot*) optional

nieoceniony invaluable

nieoczekiwany unexpected

nieodłączny inseparable

nieodparty 1 (*chęć; wdzięk*) irresistible **2** (*argumentacja*) irrefutable

nieodpowiedni inappropriate

nieodpowiedzialny irresponsible

nieodwołalny 1 (*decyzja*) irreversible **2** (*termin*) unalterable

nieodwracalny 1 (*decyzja itp.*) irreversible **2** (*szkoda*) irreparable

nieodzowny indispensable

nieoficjalny unofficial

nieograniczony unlimited

nieokreślony 1 (*niesprecyzowany*) indefinite **2** (*kolor, wiek itp.*) indeterminate: *Weszła osoba w ~m wieku.* Someone came in –I couldn't tell how old he was. **3** (*nie do określenia*) indefinable

nieomylny infallible

nieopanowany 1 (*osoba*) quick-tempered **2** (*ruchy*) involuntary **3** (*gniew itp.*) uncontrollable

nieopisany indescribable

nieopłacalny unprofitable

nieosiągalny unattainable

nieostrożny careless

niepaląc|y *przym.* non-smoking I **~y/a** *rz.* non-smoker

niepalny non-flammable

nieparzysty odd

niepełnoletni under age

niepełnosprawny disabled

niepewność uncertainty

niepewny ~ (czegoś) uncertain: *~ siebie* unsure of yourself

niepiśmienny illiterate
niepodatny ~ na coś immune to sth
niepodległość independence
niepodległy independent
niepodobny dissimilar, ~ do kogoś/czegoś unlike sb/sth
niepodzielny 1 indivisible **2** (*władza*) absolute
niepohamowany uncontrollable
niepojęty inconceivable
niepokoić (*martwić*) worry, (*zasmucać*) upset, (*nie dawać spokoju*) bother
■ **niepokoić się** worry
niepokonany unbeatable, (*bardziej form.*) invincible
niepokój 1 (*osoby*) ~ój (o kogoś/coś) anxiety (about sb/sth) **2** (~oje) (*społeczne itp.*) unrest [*U*]
niepoprawny 1 (*niezgodny z normą*) incorrect **2** (*niezmienny*) incorrigible
nieporozumienie misunderstanding
nieporządek (*w mieszkaniu itp.*) mess, (*w papierach itp.*) disorder
nieporządny 1 (*osoba*) untidy **2** (*pismo itp.*) messy
nieposkromiony uncontrollable
nieposłuszeństwo disobedience
nieposłuszny disobedient
niepotrzebny unnecessary
niepoważny frivolous, (*głupi*) silly
niepowodzenie failure: *skazany na ~* doomed
niepowstrzymany irrepressible
niepowtarzalny unique
niepozorny inconspicuous
niepożądany undesirable
niepraktyczny impractical
nieprawda lie, (*form.*) untruth: *mówić ~ę* tell a lie ◊ *To ~a!* That's not true!
nieprawdopodobny 1 (*niezbyt wiarygodny*) improbable **2** (*niesamowity*) incredible
nieprawdziwy 1 (*niezgodny z prawdą*) untrue **2** (*nierzeczywisty*) unreal **3** (*sztuczny*) artificial
nieprawidłowość 1 (*kształtu itp.*) abnormality **2** (*zachowania*) impropriety
nieprawidłowy 1 (*niewłaściwy*) incorrect, (*nienormalny*) abnormal **2** (*zachowanie*) improper
nieproszony uninvited
nieprzejezdny impassable
nieprzekraczalny 1 : ~ termin a deadline **2** (*granica*) impassable
nieprzemakalny waterproof
nieprzerwany continuous
nieprzezwyciężony insurmountable

nieprzyjaciel enemy
nieprzyjazn|y unfriendly: ~e działania nowego prezydenta the hostile actions of the new president
nieprzyjemny unpleasant
nieprzystosowany maladjusted
nieprzytomny unconscious
nieprzyzwoity indecent
nieracjonalny irrational
nieraz 1 (*wielokrotnie*) many times **2** (*czasem*) sometimes
nierdzewn|y rustproof: *stal ~a* stainless steel
nierealny unreal
nieregularny irregular
nierentowny uneconomic
nierozdzielny inseparable
nierozgarnięty slow
nierozłączny inseparable
nieroztropny (*decyzja itp.*) rash
nierozważny careless
nierób slacker
nierówny 1 (*niegładki; pismo; włosy; artystycznie*) uneven **2** (*sportowiec, artysta itp.*) inconsistent **3** (*ilością*) unequal
nieruchomoś|ć 1 immobility **2** (~ci) (*domy itp.*) property, real estate (*Am.*)
nieruchomy immobile
niesamowity 1 (*niezwykły*) strange **2** (*przerażający*) weird **3** (*stopień/natężenie*) incredible
niesforny (*dziecko*) disobedient
nieskaziteln|y 1 (*bez plam*) unblemished: ~a biel pure white ◊ ~a czystość wody the absolute purity of the water **2** (*doskonały*) perfect
nieskomplikowany simple
nieskończony 1 (*teren*) limitless **2** (*czas*) endless **3** (*mat.*) infinite I
nieskończoność 1 (*czas*) eternity **2** (*mat.; teren*) infinity
nieskromny 1 (*nieprzyzwoity*) indecent **2** (*zarozumiały*) immodest
niesłychan|y unheard-of: *N~e głupoty są w tej gazecie.* There is some incredible nonsense in this paper.
niesmaczn|y 1 foul-tasting: *Ta zupa jest ~a.* That soup tastes awful. **2** (*i przen.*) tasteless
niesmak 1 (*odczucie*) distaste: *odczuwać ~* be disgusted **2** (*w ustach*) bad taste: *mieć ~ w ustach* have a bad taste in your mouth
niespodzianka surprise
niespodziewany unexpected
niespokojny 1 (*w ruchu*) restless **2** ~ (o kogoś/coś) anxious (about sb/sth)

n

niespotykany unheard-of

niesprawiedliwość injustice

niesprawiedliwy ~ (**dla/wobec kogoś**) unfair (to sb)

niestety unfortunately

niestosowny inappropriate

niestrawny indigestible | **niestrawność** indigestion

niestrudzony tireless

nieswojo: *czuć się* ~ not feel yourself

nieswój not right: *Jakiś jestem ~ po tych lekarstwach.* I don't feel right after those medicines. ◊ *Była jakaś nieswoja.* She wasn't quite herself. | **nieswojo** uncomfortable

nieszczęś|cie 1 (*złe zdarzenie*) piece of bad luck **2** (*zły los*) bad luck **3** (*brak radości*) unhappiness [IDM] **jak półtora ~cia 1** (*brzydki*) ugly **2** (*nieciekawy*) boring | **na ~cie** unfortunately

nieszczę|śliwy 1 (*cierpiący zły los*) unlucky, (*wydarzenie*) unfortunate **2** (*smutny*) unhappy **3** (*biedny*) poor

nieszkodliwy harmless

nieścisły inaccurate

nieść 1 (*pomoc, pociechę*) bring: *Wiatr niósł po parku liście.* The wind blew leaves around the park. **2** (*narty, sanki*) take **2** (*skutki*) have: *Ta decyzja niesie ze sobą poważne skutki finansowe.* The decision has serious financial consequences. ■ **nieść się** (*głos itp.*) carry

nieślubny illegitimate

nieśmiały shy

nieśmiertelny immortal

nieświadomy unconscious, ~ **czegoś** unaware of sth | **nieświadomoś|ć** unconsciousness, **~ć czegoś** unawareness of sth: *pozostawać w zupełnej ~ci* be in complete ignorance ◊ *trzymać kogoś w ~ci (czegoś)* keep sb in the dark (about sth)

nieświeży 1 (*owoce itp.*) not fresh, (*chleb*) stale, (*mleko, masło, mięso*) off **2** (*ubranie itp.*) dirty **3** (*oddech*) bad

nietakt lack of tact: *popełnić* ~ commit a faux pas

nietaktowny tactless

nietłukący unbreakable

nietoperz bat

nietrzeźwy drunk: *w stanie ~m* intoxicated

nietykalność immunity

nietypowy unusual: ~ *dla kogoś/czegoś* uncharacteristic for sb/sth

nieuchronny inevitable

nieuchwytny 1 (*nie dający się złapać*) elusive **2** (*nieokreślony*) indefinable **3** (*dla oka*) imperceptible, (*dla ucha*) inaudible

nieuczciwy dishonest, (*konkurencja, gra*) unfair

nieudolny incompetent

nieugięty inflexible

nieuleczalny incurable

nieumyślny unintentional

nieunikniony unavoidable

nieuprzejmy impolite

nieurodzajny 1 (*ziemia*) infertile **2** (*rok*) lean

nieustający (*także* **nieustanny**) constant

nieustraszony fearless

nieusuwalny (*ze stanowiska; plama*) that cannot be removed: *Sędzia jest ~.* The judge cannot be removed from his post.

nieuwag|a inattention: *w chwili ~i* in an unguarded moment ◊ *Przez ~ę rozlałam mleko.* I wasn't paying attention and spilt the milk. ◊ *Korzystając z ~i strażnika, wśliznął się do środka.* While the guard wasn't looking, he slipped inside.

nieuważny careless, (*roztargniony*) inattentive

nieważn|y 1 (*nieistotny*) unimportant: *To ~e.* It doesn't matter. **2** (*bilet*) invalid, (*umowa*) null and void

niewątpliwy undoubted

niewdzięczny ungrateful

niewiadomy unknown

niewiarygodny 1 (*świadek*) unreliable **2** (*nieprawdopodobny*) incredible

niewidoczny invisible

niewidomy blind

niewidzialny invisible

niewiele (*także* **niewielu**) (*z rz. policz.*) not many, (*z rz. niepolicz., przym., przysł.*) not much: ~ *lepszy od poprzedniego* not much better than the previous one ◊ *N~ to pomogło.* It didn't help much.

niewielki 1 (*mały*) small **2** (*nadzieja itp.; pieniądze*) little

niewierny 1 (*mąż itp.*) unfaithful **2** (*nieufny*) distrustful

niewierząc-y/ka rz. non-believer

niewinny innocent

niewłaściwy 1 (*niepoprawny*) wrong **2** (*nieodpowiedni*) inappropriate

niewol|a captivity: *brać kogoś do ~i* take sb captive

niewolnictwo slavery

niewolni-k/ca slave
niewybredny 1 (*widz itp.*)
undemanding **2** (*smak*) unrefined,
(*wyrażenie itp.*) unsophisticated
niewychowany badly brought-up
niewyczerpany inexhaustible
niewydajny (*pracownik, system*)
inefficient
niewygod|a discomfort: ~*y*
inconveniences
niewygodny 1 (*fotel itp.*)
uncomfortable **2** (*fakt*) inconvenient,
(*prawda*) awkward **3** (*świadek itp.*)
problematic
niewykonalny unfeasible
niewykwalifikowany (*bez
odpowiednich kwalifikacji*) unqualified
niewypał 1 (*bomba*) live bomb
2 (*niepowodzenie*) flop
niewypłacalny insolvent
niewyraźny 1 (*niejasny: zarysy czegoś*)
fuzzy, (*fotografia*) out of focus, (*światło*)
dim, (*dźwięk*) indistinct, (*język*)
unclear **2** (*niepewny, niespokojny*)
restless **3** (*podejrzany*) shady
niewyrobiony (*towarzysko*) unrefined
niewzruszony inflexible
niezależny ~ (od kogoś/czegoś)
independent (of sb/sth)
niezamężna single
niezapomniany unforgettable
niezaprzeczalny undeniable
niezastąpiony irreplaceable
niezawodny reliable
niezbadany unfathomable
niezbędny essential
niezbyt not very: *N~ się starał.* He
didn't try very hard. ◊ *N~ się
napracował.* He didn't do much work.
niezdarny clumsy
niezdatny ~ do czegoś unfit for sth
niezdecydowanie *rz.* indecision
niezdecydowany (*raz*) undecided,
(*stale*) indecisive
niezdolność 1 (*brak zdolności*)
inability **2** (*niezdatność*) incapacity:
*Stwierdzono u niego trwałą/chwilową ~
do pracy.* He has been declared
permanently/temporarily unfit to
work.
niezdolny 1 (*nieinteligentny*)
unintelligent **2 ~ do czegoś** incapable
of doing sth, (*do uczestniczenia w
konkursie*) ineligible (for sth)/(to do
sth), (*do zawarcia związku
małżeńskiego itp.*) unfit: ~ *do służby
wojskowej* unfit for military service
niezdrowy unhealthy

niezgłębiony 1 (*morze*) bottomless
2 (*ciemność; tajemnica*) impenetrable
niezgod|a disagreement: *siać ~ę* spread
discord [IDM] **kość ~y** bone of
contention
niezgodn|y 1 (*osoba*) argumentative,
(*zwł. dziecko*) quarrelsome **2** (*z
przepisami itp.*) **~y z czymś** not in
accordance with sth: ~*y z prawdą*
contrary to the truth ◊ *Ta pisownia jest
~a z wymową.* This spelling isn't
consistent with the pronuciation.
3 (*poglądy itp.*) incompatible
niezgrabny 1 (*niekształtny*) shapeless
2 (*niezręczny*) clumsy
nieziemski 1 (*nie z tej ziemi*)
supernatural, (*dotyczący duchów*)
ghostly **2** (*gwałtowny, intensywny*)
almighty **3** (*wspaniały*) sublime
niezliczony countless
niezł|y 1 (*dobry*) not bad: *Jest ~ym
aktorem.* He's a decent actor. ◊ *Mam ~y
pomysł.* I've got quite a good idea.
2 (*duży*) quite a big: *Nałożyła jej ~y
kawałek tortu.* She gave her quite a big
piece of cake. ◊ *Masz ~y bałagan.*
You've got quite a mess here. ◊ *Z niego
to ~a szuja!* He's a real rat!
niezmienny invariable
niezmierny immense
niezmordowany tireless
nieznaczny insignificant
nieznajom-y/a *rz.* stranger
nieznany unknown
niezniszczalny indestructible
nieznośny unbearable
niezręczny 1 (*osoba*) clumsy
2 (*sytuacja*) awkward
niezrozumiały incomprehensible
niezrównany incomparable
niezwyciężony 1 (*armia*) invincible
2 (*trudności*) insurmountable
niezwykły unusual
nieżonaty single
nieżyciowy unrealistic
nieżyczliwy ~ (komuś/dla kogoś)
unfriendly (to sb)
nieżywy lifeless
nigdy never: *N~ nie byłam w Maroku.*
I've never been to Morocco.
nigdzie nowhere: „*Gdzie idziesz?*"
„*N~.*" 'Where are you going?'
'Nowhere.' ◊ *N~ nie mógł jej znaleźć.*
He couldn't find her anywhere.
nijaki 1 (*bez charakterystycznych cech*)
nondescript, (*smak, styl*) bland,
(*krajobraz itp.*) featureless, (*odpowiedź
itp.*) vague **2** (*malarz itp.; jego dzieła*)
mediocre **3** (*gram.*) neuter

n

nikczemny dishonourable, -nor- (*Am.*), (*zdrajca itp.*) base, (*postępek itp.*) mean

nikły 1 faint **2** (*szanse*) slim

niknąć 1 (/z-) vanish **2** (/za-) wear off

nikt nobody, no one, (*w pytaniach/ przeczeniach*) anybody, anyone: *N~ nie chciał pomóc.* Nobody wanted to help. ◊ *Nikogo nie widziałam.* I didn't see anybody. ◊ „*Kto tam był?"* „*N~."* 'Who was there?' 'Nobody.' ◊ *W domu nie było nikogo.* No one was home. ◊ *~ z nas* none of us ◊ *~ inny* nobody else → NIC

niniejszy present

niski 1 low **2** (*osoba*) short **3** (*dźwięk, głos*) deep, (*głos śpiewaka*) low, (*nuta*): *za ~* flat

nisko 1 low: *~ płatny* low-paid **2** (*grać itp.*): *za ~* flat

niszczycielski destructive

niszczyć/z- destroy

nitka thread

nizina lowland I **nizinny** low-lying

niż than

niższy 1 lower **2** *~ (od kogoś)* shorter (than sb) **3** (*w jakości*) inferior **4** (*rangą*) junior I **niższość** inferiority: *kompleks ~ci* an inferiority complex

no 1 (*zakończenie wypowiedzi*) well: *No to na razie.* Well, bye then. ◊ *No cóż, muszę już iść.* Well then, I have to go. **2** (*podkreślenie wypowiedzi*): *No pewnie!* Of course! ◊ *No nie, w to nie uwierzę!* I can't believe that! ◊ *No i co dalej?* So what else? **6** (*pociesząjąc kogoś*) now: *No, nie płacz, ~ wszystko będzie dobrze.* Now don't cry – everything will be fine.

noc night: *dzisiejsza ~* tonight ◊ *Rozmawiali przez całą ~.* They talked the whole night (long). ◊ *Została u niej na ~.* She stayed the night at her place. ◊ *w samym środku ~y* in the dead of night ◊ *w ~y* at night ◊ *W ~y bywa tu hałaśliwie.* This area can be very noisy at night-time. (*zwł. kiedy jest ciemno*) ❶ Z rz. **night** stosuje się różne przyimki. Najczęstszym jest **at**: *I'm not allowed out after 11 o'clock at night.* **By** stosujemy, mówiąc o czymś, co zwykle robi się w dzień: *They slept by day and travelled by night.* **In/during the night** stosuje się zwykle w odniesieniu do minionej nocy: *I woke up twice in the night.* **On** używamy, mówiąc o jakiejś

konkretnej nocy: *On the night of Saturday 30 June.* **Tonight** oznacza nadchodzącą właśnie noc lub wieczór: *Where are you staying tonight?*

nocleg accommodation: *Szukam ~u.* I'm looking for somewhere to stay. ◊ *dać komuś ~* put sb up

nocn|y night, (*zwierzę*) nocturnal, (*co noc*) nightly: *~y lokal* a (night)club ◊ *~a pora* night-time ◊ *~e życie* nightlife

nocować/prze-~ (u kogoś) sleep (over) (at sb's place): *przenocować kogoś* put sb up

nog|a (*kończyna; stołu itp.*) leg, (*stopa*) foot [*lm* feet]: *podstawiać komuś ~ę* trip sb (up) [IDM] *być na ~ach* be on the go I *dawać ~ę do a bunk* I *pod ~ami* **1** underfoot **2** (*przen.*) under your feet

nogawka leg

nokautować/z- knock sb out

nominować nominate I **nominacja ~** (na kogoś) nomination (as sth)

nonsens nonsense

nora 1 hole **2** (*przen.*) dump

norka mink

norm|a 1 (*wzór, reguła*) norm: *odbiegający od ~y* abnormal **2** (*określona ilość*) quota **3** (*golf*) par

normalizować/z- (się) normalize

normalny normal: *bilet ~* a full-fare ticket

nos nose [IDM] **mieć kogoś/coś w ~ie** not give a damn about sb/sth

nosić 1 (*dźwigać*) carry **2** (*ubranie, biżuterię, okulary, włosy*) wear, have (got) sth on: *Nosi dziwne spodnie.* He's wearing some strange trousers./ He's got some strange trousers on. ◊ *Nosi proste, długie włosy.* He has long straight hair. ◊ *Nosi bródkę w szpic.* He has a pointy beard. **3** (*rozmiar butów itp.*) take **4** (*nazwę, nazwisko*): *Noszę imię po babci.* I'm named after my grandmother. ◊ *Nosi nazwisko po drugim mężu.* She uses her second husband's surname. **5** (*w sercu/ pamięci*) remember ■ **nosić się 1** (*ubierać się*) dress **2** (*być noszonym*): *~ się dobrze* wear well ◊ *Ten kostium dobrze się nosi.* That suit is comfortable/doesn't crumple/hangs well, etc. ❶ Nie ma pełnego ekwiwalentu. Trzeba określić odpowiednie cechy. [IDM] **~ z zamiarem** intend

nosowy nasal

nosze stretcher

notariusz notary

notatk|a note: *robić ~i* take notes

notatnik notebook

notes notebook

notoryczny notorious

notować/za- 1 take notes, ~ **coś** write sth down 2 (*policjant*) book | **notowany**: *być notowanym* have a criminal record

nowatorski innovative

nowela short story

nowicjusz/ka novice

nowiny news [U]

nowo newly: ~ *narodzony* newborn ◊ ~ *wybrany* incoming

nowoczesny modern

noworodek newborn baby

nowość|ć 1 (*cecha*) newness 2 (*cecha czegoś niekonkretnego*) novelty: *Życie małżeńskie było dla niej ~cią*. Married life was a novelty for her. 3 (*przedmiot*) something new: *~ci wydawnicze* new books

nowotwór tumour, -mor (*Am.*)

nowożeńc|y newly-weds: *apartament dla ~ów* a bridal suite

nowożytny modern: *język* ~ a modern language

now|y new [IDM] **na ~o**; **od ~a** (*zacząć itp.*) anew, (*patrzeć na coś itp.*) afresh | **N~y Rok** New Year's Day

nożyce (*ogrodnicze*) shears

nożyczki (pair of) scissors: ~ *do paznokci* nail scissors

nóż knife [*lm* knives]

nucić/za- hum

nuda 1 (*stan*) boredom 2 (*ktoś/coś nudnego*) bore

nudności nausea [U]: *mieć* ~ feel sick

nudny boring

nudzić/za- bore ■ **nudzić/za- się** be bored

numer 1 number: ~ *telefonu* a telephone number ◊ ~ *wewnętrzny* an extension ◊ ~ *kierunkowy* a dialling code ◊ ~ *reje-stracyjny samochodu* a registration number ◊ ~ *sprawy* a reference number 2 (*ubrania, buta*) size 3 (*czasopisma*) issue 4 (*w kabarecie itp.*) act 5 (*osoba*): *Ale z niej numer! (zrobiła coś złego)* She's a fine one!/*(jest dziwna)* She's a weirdo! | **numerek** (*do szatni*) number, (*papierowy*) ticket

numerować/po- number

nurkować/za- (*w wodzie*) dive

nurkowani|e diving: *~e bez pianki* skin diving ◊ *rurka do ~a* a snorkel

nurt 1 (*rzeki*) current 2 (*myślenia*) trend

nut|a 1 note 2 (*~y*) (*utwór*) music

nużyć/z- (się) tire

Oo

o 1 (*temat*) about: *rozmawiać ~ muzyce* talk about music 2 (*opierać, rzucać itp.*) against: *Oprzyj rower ~ mur.* Lean your bike against the wall. 3 (*czas*) at: ~ *drugiej* at 2 (o' clock) 4 (*z liczbą*) by: *Ceny podniosły się ~ 5 procent.* Prices have gone up by 5 per cent. ◊ *Spóźniłam się na pociąg ~ pięć minut.* I missed the train by five minutes. 5 (*cel*) for: *walczyć ~ coś* fight for sth 6 (*cecha*) with: *chłopak ~ czarnych włosach* a boy with black hair

oba (*także* **obaj**; **obie**; **oboje**) both ❶ Uwaga! Nie można powiedzieć ~~the both women~~ ani ~~my both sisters~~. Zob. struktury różnych zdań, w których występuje słowo both: *Both women were French.* ◊ *Both the women were French.* ◊ *Both of the women were French.* ◊ *I talked to the women. Both of them were French/They were both French.* ◊ *I liked them both.* ◊ *both (of) my sisters.*

obal-ać/ić 1 (*władzę itp.*) overthrow 2 (*teorię itp.*) disprove 3 (*powalić*) knock sb/sth down/over 4 (*zrąbać/ściąć*) chop sth down 5 (*wypić*) finish sth off

obandażować → BANDAŻOWAĆ

obarcz-ać/yć ~ **kogoś czymś** burden sb with sth

obaw|a 1 ~**a** (**o kogoś/coś**) concern (for sb/sth) 2 ~**a** (**przed kimś/czymś**) fear (of sb/sth): *Nie ma ~y.* No fear.

obawiać się ~ **kogoś/czegoś** be afraid of sb/sth [IDM] **obawiam się, że** I'm afraid that

obcas heel

obcęgi pliers, (*mniejsze*) pincers

ob-chodzić/ejść 1 (*wokół*) go/walk around/round sth, (*strażnika*) patrol 2 (*uroczyście*) celebrate, (*rocznicę*) mark 3 (*interesować się*) concern: *Kogo to obchodzi?* Who cares? ◊ *Nic mnie to nie obchodzi.* That doesn't concern me./ (*ostrzej powiedziane*) I don't care about that. 4 (*przepis*) get around/round sth, (*form.*) evade ■ **ob-chodzić/ejść się** ~ **się z czymś** use sth, ~ **się bez czegoś** do without sth: *źle ~ się z czymś* misuse sth 2 ~ **się z kimś** treat sb: *źle ~ się z kimś* mistreat sb

obch|ód 1 round, (*strażnika*) patrol
2 (~ody) celebrations

obciąż-ać/yć 1 (*ciężar*) ~ **kogoś/coś
(czymś)** load sb/sth (up) (with sth),
(*nadmiernie*) weigh sb/sth down (with
sth) **2** (*pamięć*) (over)burden, (*wzrok,
żołądek, kręgosłup*) put a strain on sth
3 (*obowiązkami*) burden sb with sth
4 : ~ **kogoś kosztami (za coś)** charge sb
(for sth) **5** (*dowody*) incriminate sb |
obciążony 1 (*wadami*) full of sth
2 (*długami*) burdened with sth
3 (*linia*) busy [IDM] **dziedzicznie
obciążony:** *Dziecko jest dziedzicznie
obciążone tą chorobą.* The child has a
genetic predisposition to the disease.

ob-cierać/etrzeć 1 ~ **coś (z czegoś)**
(*pot itp.*) wipe sth away; sth from sth
2 (*skórę*) graze

ob-cinać/ciąć 1 ~ **coś (z czegoś)** cut
sth (off sth): *Obciąłaś włosy?* Have you
had your hair cut? **2** (*wydatki*) cut back
on sth **3** (*zarobki*) dock

obcisły (skin)tight

obcokrajowiec foreigner

obc|y 1 (*nie mój itp.*) someone else's: ~*e
mieszkanie* someone else's flat **2** (*kraj,
kultura itp.*) foreign **3** (*nieznany*)
unfamiliar, (*dziwny*) strange: ~*a osoba*
a stranger ◊ *Przemoc jest mu zupełnie
~a.* Violence is alien to him.

obdarty 1 (*osoba*) in rags **2** (*koszula
itp.*) ragged

ob-dzierać/edrzeć (*korę z drzewa,
farbę z drzwi itp.*) strip, (*nalepkę z
czegoś*) peel sth off [IDM] **obedrzeć
kogoś ze skóry** (*wykorzystać finansowo*)
rip sb off

obecnie at present

obecn|y 1 (*na miejscu*) present: *On jest
teraz ~y.* He's here now. **2** (*aktualny*)
current: ~*e czasy* the present day

obedrzeć → OBDZIERAĆ

ob-ejmować/jąć 1 (*przytulać*) hug,
(*form.*) embrace **2** (*zawierać*) include,
(*okres*) span, (*teren*) cover
3 (*stanowisko, władzę*) assume
4 (*umysłem*) take sth in

obejrzeć (się) → OGLĄDAĆ (SIĘ)

obejść (się) → OBCHODZIĆ (SIĘ)

obetrzeć → OBCIERAĆ

obezwładni(a)ć 1 (*przestępcę, zwierzę
itp.*) overpower **2** (*uroda*) overwhelm,
(*głupota itp.*) astound

obeżreć się → OBŻERAĆ SIĘ

obfity abundant

obiad dinner, lunch **→** DINNER: *jeść ~*
have dinner/lunch

obić → OBIJAĆ

obiec(yw)ać promise

obieg 1 (*astr.*) orbit **2** (*wody itp.;
czasopism itp.*) circulation: *puszczać
listę w* ~ circulate a list ◊ *puszczać
butelkę w* ~ pass round a bottle

obiektyw lens: ~ *ze zmienną ogniskową*
a zoom lens

obiektywny objective

ob(ie)rać 1 (*ziemniak itp.*) peel, (*jajko*)
shell: ~ *mięso z kości/rybę z ości* bone
some meat/a fish **2** ~ **kogoś na kogoś**
appoint sb as sth: ~ *kogoś/coś za cel
czegoś* target sb/sth for sth

obietnic|a promise: *dotrzymać* ~*y* keep
a promise ◊ *złamać* ~*ę* break a promise

obi(ja)ć 1 (*uderzyć się*) bruise
2 (*meble*) upholster ■ **obijać się** hang
about/around

ob-jadać/jeść się stuff yourself

objaśni(a)ć explain

objaw symptom: ~*y pochorobowe*
after-effects

objazd 1 (*komun.*) diversion, detour
(*Am.*) **2** (*okrężna droga*) round trip
3 (*z występami*) tour

objąć → OBEJMOWAĆ

objeść się → OBJADAĆ SIĘ

ob-jeżdżać/jechać go/drive around/
round, (*jako turysta*) tour

objętość volume

ob-legać/lec (*miasto*) besiege

obl(ew)ać 1 (*wodą itp.*) douse
2 (*morze*) wash **3** (*egzamin; kogoś przy
egzaminie*) fail **4** (*awans itp.*) celebrate:
~ *nowe mieszkanie* have a house-
warming (party) ■ **obl(ew)ać się:** ~ *się
potem* be covered in sweat [IDM] ~ **się
rumieńcem** blush from your head to
your neck

oblicz-ać/yć (*pieniądze*) count, (*sumę*)
calculate: *źle* ~ miscalculate | **obliczon|**
y ~*y na coś* intended for sth; to do sth:
~*a na zrobienie wrażenia* intended to
make an impression

obligacja bond

oblodzony covered in ice

obluzowany loose

obluzo(wy)wać (się) slacken

obładować load sth (up)

obłąkan|y *przym.* insane ▸ *rz.*
madman [*lm*-men], (~**ka**) madwoman
[*lm* -women]

obłęd insanity

obłudny insincere

obmyśl-ać/eć 1 (*rozważać*) think sth
over **2** (*planować*) devise

obniż-ać/yć lower ■ **obniż-ać/yć się** fall

obniżka reduction

obojętnie indifferently [IDM] ~ **co**
anything | ~ **gdzie** anywhere | ~ **kiedy**

(at) any time | **~ kto** anyone | **~ który** whichever

obojętn|y indifferent: *Jest mi to ~e.* I'm not bothered.

obok 1 (*w pobliżu*) near, (*sąsiedni*) next to: *Mieszkam ~ szkoły.* I live next to/near the school. ◊ *Mieszka ~.* He lives next door. ◊ *O~ jest miła kawiarnia.* There's a nice cafe nearby/next door. ◊ *Siedzieli ~ siebie.* They sat near/next to each other. **2** (*mimo*) past

obolały (*muskuły*) aching, (*z powodu choroby*) sore

obora cowshed

obowiąz|ek duty: *poczucie ~ku* a sense of duty ◊ *czuć się w ~ku coś zrobić* feel obliged to do sth ◊ *wypełniać swój patriotyczny ~ek* fulfil your patriotic duty

obowiązkow|y 1 (*przymusowy*) compulsory: *lektura ~a* a set book **2** (*osoba: pracownik, uczeń itp.*) diligent, (*syn itp.*) dutiful

obowiązując|y 1 ((*prawnie*) *ważny*) valid: *~y rozkład lotów* the current timetable of departures **2** (*konieczny*) compulsory: *egzamin ~y studentów IV roku* a compulsory exam for 4th-year students ◊ *~e przepisy prawa* binding regulations

obowiązywać 1 (*mieć moc prawną*) be in force: *Ustawa zacznie ~ 15 lutego.* The act will go into force on 15th February. **2** (*być obowiązkiem*) bind: *Uczniów obowiązuje regulamin.* The pupils are bound by the regulations.

obóz camp: *~ koncentracyjny* a concentration camp ◊ *~ wakacyjny* a holiday camp

obrabować → RABOWAĆ

ob-racać/rócić 1 (*pieniędzmi*) deal in sth **2** (*koło, klucz itp.*) turn sth (around/round) : **3** : *~ coś na swoją korzyść* make capital (out) of sth [IDM] **~ coś w żart** turn sth into a joke ■ **ob-racać/rócić się 1** (*osoba; koło itp.*) turn (around/round), (*wokół osi*) revolve: *~ się na pięcie* turn on your heels **2** (*w pewnym kręgu*) move **3** : **~ się przeciw komuś** turn against sb [IDM] **~ się na dobre/gorsze** turn out for the better/worse

obrać → OBIERAĆ

obradować ~ (nad czymś) debate (sth)

obrady proceedings

obraz 1 (*w ogóle*) picture, (*sztuka*) painting, (*w głowie*) image: *~ olejny* an oil painting ◊ *na ~ie* in a picture ◊ *dawać czemuś ~* depict sth **2** (*komput.*) display

obraz|a offence, -se (*Am.*): *~a sądu* contempt of court ◊ *~a moralności* indecency ◊ *~a munduru/urzędu* an insult to the uniform/office [IDM] **bez ~y** no offence

obrazkow|y illustrated: *historyjka ~a* a picture book

obraźliwy 1 (*słowo itp.*) offensive **2** (*osoba*) touchy

obra-żać/zić offend ■ **obra-żać/zić się ~ się (o coś)** take offence (at sth)

obrażenia injuries

obrączka ring

obron|a 1 (*przed atakiem; ujmowanie się za kimś*) defence, -se (*Am.*): *w ~ie własnej* in self-defence ◊ *występować w ~ie czegoś* defend sth ◊ *powiedzieć coś na swoją ~ę* say sth in your defence **2** (*prawn.*) the defence [*z cz. w lm lub lp*]

obronić (się) → BRONIĆ (SIĘ)

obroń-ca/czyni 1 defender **2** (*prawn.*) the counsel for the defence **3** (**~cy**) (*sport*) the defence

obroża collar

obr|ót 1 (*dookoła osi*) revolution, (*silnika*) (*nieform.*) rev **2** (*spraw itp.*) turn: *nieoczekiwany ~ót sprawy* an unexpected turn of events **3** (*handlowy*) turnover: *Firma ma małe/duże ~oty.* The company has a low/high turnover. [IDM] **brać kogoś w ~oty** take sb in hand | **chodzić na zwolnionych ~otach** tick over

obrus (table)cloth

obrzeż|a 1 edge **2** (**~e**) (*miasta*) outskirts: *mieszkać na obrzeżach miasta* live on the outskirts of the town

obrzęk swelling

obrzydliwy (*wygląd*) hideous, (*smak, zapach*) disgusting, (*zachowanie*) abominable

obrzy-dzać/dzić ~ komuś (coś) put sb off (sth)

obsada cast

obsa-dzać/dzić 1 (*roślinami*) plant **2** (*posadę*) fill: *~ coś personelem* staff sth ◊ *~ kogoś w roli Makbeta* cast sb as Macbeth

obserwować/za- observe | **obserwowanie: ~ ptaków** birdwatching

obsesj|a obsession: *mieć ~ę (na punkcie kogoś/czegoś)* be obsessed (by/with sb/sth)

obskurny 1 (*dom*) dilapidated, (*pokój*) dingy **2** (*ubranie*) drab

obsługa 1 (*obsługiwanie*) service **2** (*personel*) staff

obsłu-giwać/żyć 1 (*klienta*) serve **2** (*maszynę itp.*) operate ■ **obsłu-giwać/żyć się** help yourself

obsu-wać/nąć się fall: *Obsunęła się na ziemię.* She fell to the ground. ◊ *Ziemia mu się obsunęła pod nogami.* The ground sank beneath his feet. ◊ *Apaszka obsunęła jej się z włosów.* Her scarf slipped off her hair.

obszar area

obszerny 1 (*mieszkanie itp.*) spacious 2 (*płaszcz*) large, (*spódnica itp.*) full 3 (*artykuł*) wide-ranging

obszy(wa)ć ~ coś czymś edge sth with sth

obudzić (się) → BUDZIĆ (SIĘ)

oburz-ać/yć disgust: *Oburzyło ją jego zachowanie.* She was disgusted by his behaviour. ■ **oburz-ać/yć się ~ się (na kogoś/coś)** be disgusted (at/by/with sb/sth)

obustronn|y (*znajdujący się po obu stronach*) on both sides: *~e zapalenie płuc* pneumonia in both lungs 2 (*dziejący się między dwoma stronami*) mutual: *umowa ~a* a reciprocal arrangement

obuwie footwear

obwini-a|ć ~ kogoś (za coś) blame sb (for sth)

obwodnica ring road, outer belt (*Am.*)

obwód 1 (*okręgu*) circumference, (*terenu*) perimeter 2 (*elektr.*) circuit 3 (*obszar*) district

obwódka border

obyczaj 1 (*tradycja*) custom, (*nawyk*) habit 2 (*~e*) (*zachowanie*) behaviour, -vior (*Am.*) [*U*], (*moralne*) morals

oby(wa)ć się ~ bez kogoś/czegoś do without (sb/sth)

obywatel/ka citizen: *~ Polski* a Polish citizen

obywatelski 1 (*dot. obywatela*) citizen's: *areszt ~* a citizen's arrest 2 (*obowiązek itp.*) civic 3 (*prawo itp.*) civil

obywatelstwo citizenship: *mieć polskie ~* have Polish citizenship ◊ *mieć podwójne ~* have dual nationality ◊ *mieć ~ Wielkiej Brytanii* be a citizen of the United Kingdom ◊ *ubiegać się o ~* apply for citizenship

ob-żerać/eżreć się ~ (czymś) stuff yourself (with sth)

ocal-ać/ić ~ kogoś (przed kimś/czymś; od czegoś) save sb (from sb/sth)

ocean ocean

ocen|a 1 (*osąd*) assessment: *poddać kogoś ~ie* assess sb 2 (*szacowanie*) estimate 3 (*szk.*) mark, grade (*Am.*): *Zdał egaminy z dobrymi ~ami.* He got good grades in his exams/(*Am.*) on his exams. ◊ *Dostał z klasówki ~ę bardzo dobrą.* He got a very good mark for his

test. ◊ *wystawić uczniom ~y* mark a student's work

oceni(a)ć 1 (*wydać opinię*) assess: *źle ~* misjudge 2 (*szacować*) estimate: *zbyt nisko ~* underestimate 3 (*pracę uczniów*) mark, grade (*Am.*)

ocenzurować → CENZUROWAĆ

ocet vinegar

ochlap(yw)ać 1 (*opryskiwać*) splash 2 (*farbą, na ścianę*) slap

ochłodzić make sb/sth cold/cool: *Wiatr ją ochłodził.* The wind made her feel cold. ■ **ochłodzić się** get cold/cool: *Ochłodził się pod zimnym prysznicem.* He cooled off under a cold shower. ◊ *Ochłodziło się.* It's got cold.

ochot|a willingness: *mieć ~ę na coś* feel like (doing) sth ◊ *jeżeli masz na to ~ę* if you like

ochotni-k/czka volunteer

ochrona 1 **~ (czegoś/przed czymś)** protection (of sth)/(from/against sth): *~ zdrowia* health protection ◊ *~ środowiska* environmental protection ◊ *~ zabytków* preservation of historical buildings and monuments ◊ *~ przed korozją* protection against corrosion 2 (*grupa ochroniarzy*) bodyguard [*lp, lm*], (*organizacja*) security

ochroniarz guard, (*osobisty*) bodyguard

ochronić (się) → CHRONIĆ (SIĘ)

ochrypły hoarse

ochrzcić → CHRZCIĆ

ociągać się ~ (z czymś) 1 (*nie robić*) put off doing sth, put sth off 2 (*wolno robić*) take your time (over sth)

ocieniać shade

ocieplać 1 (*ogrzewać*) warm 2 (*dach itp.*) insulate ■ **ocieplać się** get warmer

ocieplany (*bielizna itp.*) thermal

ocieplenie warming: *stopniowe ~* a gradual rise in temperature ◊ *Spodziewane jest ~.* Warmer weather is expected. ◊ *globalne ~* global warming

o-cierać/trzeć 1 **~ coś (z czegoś)** (*łzy z oczu itp.*) wipe sth (from/off sth), (*oczy itp.*) rub sth 2 **~ coś o coś** (*kaleczyć*) graze ■ **o-cierać/trzeć się** 1 **~ się (o coś)** rub yourself against sth 2 (*przen.*) **~ się o kogoś** rub shoulders with sb

ocknąć się wake (up)

ocucić → CUCIĆ

oczaro(wy)wać enchant

oczekiwać ~ kogoś/czegoś 1 (*czekać*) await sb/sth 2 (*spodziewać się*) expect sb/sth

oczekiwani|e 1 (*czekanie*) wait: *długie/krótkie ~e* a long/short wait ◊ *w ~u na coś/że* in the hope of sth/that

2 (*spodziewanie się*) expectation: *wbrew wszelkim ~om* contrary to (all) expectation(s) ◇ *zawieść czyjeś ~a* not come up to sb's expectations

oczerni(a)ć blacken sb's name

oczko 1 → OKO **2** (*z włóczki*) stitch **3** (*w rajstopach*) ladder, run (*Am.*) **4** (*w pierścionku*) stone

oczy-szczać/ścić 1 (*usunąć brud*) clean: *~ płaszcz z błota* clean the mud off the coat ◇ *~ chodnik z liści* clear the leaves off the pavement **2** (*wodę itp.*) purify **3** (*z zarzutów itp.*) clear; (*prawn.; relig.*) absolve **4** (*przen.*) **~ z czegoś** cleanse: *oczyścić atmosferę* clear the air

oczywisty obvious: *~ nonsens* utter nonsense

oczywiście obviously: *„Czy mogę przyjść?" „O~!"* 'Can I come?' 'Of course!'

od 1 (*kierunek; wskazuje np. na ofiarodawcę*) from: *Wieje ~ okna.* There's a draught coming through the window. ◇ *odłączyć się ~ grupy* break away from the group ◇ *list ~ Jacka* a letter from Jacek ◇ *kupić coś ~ kogoś* buy sth from sb **2** (*strona*) *okno ~ ulicy* the window overlooking the street **3** (*przyczyna*) *mokry ~ deszczu* wet from the rain ◇ *mokry ~ potu* pouring with sweat **4** (*czas: od kiedyś*) since, (*od kiedyś do kiedyś*) from: *~ wczoraj* since yesterday ◇ *~ tego czasu* since then ◇ *~ piątku do niedzieli* from Friday to Sunday **5** (*duża ilość*) with: *Dom roił się ~ karaluchów.* The house was swarming with cockroaches. ◇ *List roił się ~ błędów.* The letter was full of mistakes. **6** (*zabezpieczenie*) against: *ubezpieczenie ~ kradzieży* insurance against theft **7** (*przeznaczenie; pochodzenie*) for: *Gdzie jest korek ~ tej butelki?* Where's the cork for this bottle? ◇ *spodnie ~ tego kompletu* the trousers from that suit ◇ *dziurka ~ klucza* a keyhole **8** (*specjalizacja*) in: *nauczyciel ~ biologii* a biology teacher **9** (*wyłączenie czegoś*): *zwolnienie ~ opłat* free of charge **10** (*jednostka*) by: *płacić komuś ~ arkusza* pay sb by the sheet **11** (*zależność*) on: *Wszystko zależy ~ jego zgody.* It's all dependent on his approval. **12** (*porównanie*) than: *To lato jest cieplejsze ~ poprzedniego.* This summer is warmer than the last one. **13** (*w obelgach*): *wymyślać komuś ~ chamów* call sb a bastard

odbicie 1 (*w lustrze*) reflection **2** (*światła*) deflection **3** (*piłki*) bounce **4** (*kopia*) print **5** (*jeńca*) rescue ■ **odbicie się 1** (*piłki*) bounce **2** (*po jedzeniu*) burp

od-biegać/biec 1 (*oddalić się, biegnąc*) **~ (od kogoś/czegoś)** run away (from sb/sth) **2** (*różnić się*) **~ (od czegoś)** diverge (from sth): *~ od tematu* digress ◇ *~ od normy* be unorthodox

od-bierać/ebrać 1 (*wziąć*) pick sb/sth up, (*bardziej form.*) collect **2** (*zabrać z powrotem*) get sth back, (*form.*) reclaim **3** (*wiadomości*) receive, (*sygnał radiowy/telewizyjny*) pick sth up **4** (*krytykę itp.*) perceive: *Jak odebrałeś ten film? What did you think of the film?* ◇ *Krytyka odebrała ten film z entuzjazmem.* The film got enthusiastic reviews. ◇ *Publiczność dobrze/źle odebrała ten film.* Public reaction to the film was positive/negative. ◇ *Wszyscy właściwie odebrali przesłanie sztuki.* Everyone understood the play's message. **5** (*telefon*) answer **6 ~ kogoś/coś (komuś)** take sb/sth away (from sb) [IDM] **~ sobie życie** take your (own) life

odbi(ja)ć 1 (*coś w lustrze*) reflect **2** (*światło*) deflect **(*piłkę*)** bounce, (*do przeciwnika*) return **4** (*dźwięk*) echo **5** (*na kserze itp.*) print sth (off) ■ **odbi(ja)ć się** (*światło*) deflect **2** (*piłka*) bounce **3** (*dźwięk*) echo **4** : **~ się pozytywnie/negatywnie na kimś/czymś** reflect well/badly on sb/sth **5 ~ się komuś** burp

odbiornik (*radio; TV*) set

odbiór (*radio; TV*) reception **2** (*odebranie*) collection

odbudo(wy)wać rebuild

odby(wa)ć do: *~ służbę wojskową* do your military service ◇ *~ podróż* make a journey ◇ *~ praktykę zawodową* do work experience/(*w fabryce*) serve your apprenticeship ■ **odby(wa)ć się** take place

odchody waste matter [U], (*zwł. jako nawóz*) manure [U], (*małych zwierząt*) droppings

od-chodzić/ejść 1 (*oddalić się*) **~ (od kogoś/czegoś)** go away (from sb/sth), (*pociąg itp.*) depart: *~ od tematu* digress ◇ *Od placu odchodzi główna ulica.* The main street runs from the square. ◇ *Odeszła od męża.* She's left her husband. ◇ *Złość mu odeszła.* His anger has gone. **2** (*umrzeć*) pass away **3** (*odrywać się*) **~ płatami** peel (off) [IDM] **~ na emeryturę** retire ǀ **~ od zmysłów** go out of your mind ǀ **~ z pracy** leave a job

odchrząk-iwać/nąć clear your throat

odchu-dzać/dzić (*proces*) stream-line ■ **odchu-dzać/dzić się** lose weight

odchyl-ać/ić 1 (*zasłonę, gałąź*) pull back **2** (*głowę*) tilt ■ **od-chyl-ać/ić się**

(*głowę*) tilt your head, (*tułów*) lean forward/back

odcie|ń (*koloru*) shade: *z ~niem smutku w głosie* in a voice tinged with sadness

od-cinać/ciąć cut sth off (sth), (*kończynę*) amputate, (*dostęp*) seal sth off, (*dopływ gazu itp.*) disconnect: ~ *kogoś od świata* cut sb off from the world ■ **od-cinać/ciąć się ~ się od czegoś** dissociate yourself from sth

odcin|ek section, (*czeku*) counterfoil, (*drogi*) stretch, (*podróży*) leg, (*serialu*) episode, (*książki*) instalment, -stall- (*Am. zwykle*): *wydawać coś w ~kach* serialize sth

odcisk 1 (*odbicie*) imprint: ~ *palca* a fingerprint **2** (*na palcu*) corn

odczepi(a)ć unfasten ■ **odczepi(a)ć się (od kogoś)** lay off (sb)

odczu(wa)ć perceive: ~ *swój wiek* feel your age

odczyt(yw)ać 1 read: ~ *coś na głos* read sth out **2** (*odczytać*) (*interpretować*) make sth out

oddać (się) → ODDAWAĆ (SIĘ)

oddal-ać/ić (*odsunąć*) distance: *Fale oddaliły łódkę od brzegu.* The waves carried the boat away from the shore. **2** (*niebezpieczeństwo itp.*) stave off **3** (*skargę itp.*) reject **4** (*pracownika itp.*) dismiss ■ **oddal-ać/ić się** recede

oddalony distant: *Dom jest bardzo ~ od dworca.* The house is a long way from the station. ◊ ~ *od centrum o 5 km* 5 km from the city centre

oddany 1 (*przywiązany*) ~ **komuś/ czemuś** devoted to sb/sth **2** (*zaabsorbowany*) ~ **czemuś** intent on/upon sth

odda(wać) 1 (*dać*) ~ **coś (komuś)** give sth (to sb): ~ *krew* give blood ◊ ~ *za kogoś życie* give your life for sb ◊ ~ *bagaż do przechowalni* put your luggage in the left-luggage office ◊ ~ *broń* give up your weapons ◊ ~ *kogoś w czyjeś ręce* hand sb over to sb **2** (*zwracać*) give sth back (to sb), (*książkę do biblioteki*) return: *oddać dług* pay back a debt **3** : ~ *głos na kogoś* vote for sb **4** (*władzę*) give up, (*form.*) relinquish **5** : ~ *kał* excrete ◊ ~ *mocz* urinate **6** (*przedstawić*) capture: *Ten opis nie oddaje piękna tego kraju.* The description doesn't capture the beauty of the country. **7** (*w bójce*) ~ **komuś** fight back **8** (*umieścić*) put: *oddać dziecko do przedszkola* send a child to nursery school **9** (*przekazać do użytkowania*): ~ *nowy most* open a new bridge **|IDM| ~ cześć boską** worship | ~ **komuś hołd** pay homage/tribute to sb | ~ **komuś przysługę** do sb a favour/(*Am.*) -vor | ~ **komuś sprawiedliwość** do sb

justice ■ **odda(wa)ć się ~ się (komuś)** give yourself up (to sb)

oddech breath: *ciężki* ~ heavy breathing ◊ *wziąć głęboki* ~ take a deep breath ◊ *wstrzymywać* ~ hold your breath ◊ *złapać* ~ get your breath (again/back)

oddychać breathe

oddział unit, (*banku itp.*) branch, (*policji*) squad, (*szpitalny*) ward: ~ *intensywnej opieki medycznej* intensive care

oddziaływać ~ na kogoś/coś affect sb/ sth

oddziel-ać/ić (się) separate

oddzielny separate

oddzwonić ~ (do kogoś) phone (sb) back

odebrać → ODBIERAĆ

odegrać (się) → ODGRYWAĆ (SIĘ)

od-ejmować/jąć 1 ~ **coś od czegoś** take sth away from sth **2** (*mat.*) subtract, (*podatek itp.*) deduct | **odejmowan||e** subtraction: *znak ~a* a minus (sign)

odejść → ODCHODZIĆ

odepchnąć → ODPYCHAĆ

odeprzeć → ODPIERAĆ

oderwać → ODRYWAĆ

odesłać → ODSYˆAĆ

odfajko(wy)wać tick sth (off), check sth off (*Am.*).

od-ganiać/gonić ~ kogoś/coś (skądś) drive sb/sth away, (*mu-chę itp.*) shoo sth away

odgonić → ODGANIAĆ

od-gradzać/grodzić ~ coś czymś (*płotem*) fence sth off, (*linią*) rope sth off: ~ *część pokoju regałem* separate off part of a room with a set of bookshelves ◊ *Krzaki odgradzały domy od ulicy.* The houses were screened from the road by bushes.

odgrażać się ~ (komuś) (czymś); że threaten (sb) (with sth); that

od-grywać/egrać 1 (*utwór muzyczny, sztukę, rolę*) play, (*sztukę*) perform: ~ *znaczącą rolę w czymś* play a significant part in sth **2** (*w grze*) win sth back ■ **od-grywać/egrać się 1** (*w grze itp.*) strike back **2** ~ **się na kimś (za coś)** take revenge on sb (for sth)

odizolować → IZOLOWAĆ

odjazd departure

odjąć → ODEJMOWAĆ

od-jeżdżać/jechać leave, (*form.*) depart, (*samochód*) drive away/off, (*rower, konno*) ride away/off, (*pojazd: od krawężnika*) pull out (from sth), (*pociąg: ze stacji*) pull out (of sth)

odkasz-lnąć/liwać cough

odka-żać/zić ~ coś czymś/za pomocą czegoś disinfect sth (with sth): *środek odkażający* a disinfectant

odkąd (ever) since: *Wygląda młodziej, ~ wróciła z wakacji.* She looks younger (ever) since she returned from her holidays. ◊ *O~ pamiętam, była złośliwa.* She's been malicious for as long as I can remember. ◊ *A ~ to my jesteśmy na „ty"?* Since when have we be on familiar terms?

odkle-jać/ić ~ coś (od czegoś) unstick sth (from sth) ■ **odkle-jać/ić się** come unstuck

od-kładać/łożyć 1 (*położyć na swoje miejsce*) put sth away **2** (*odsunąć na bok*) put sth aside **3** (*spotkanie itp.*) postpone, (*zrobienie czegoś*) put off doing sth **4** : ~ *słuchawkę* hang up ◊ *nie ~ słuchawki* hold **5** (*sprawę*) shelve sth

odkop(yw)ać dig sth up, (*form.*) excavate

od-krawać/kroić ~ coś (od czegoś) cut sth (off), sth off sth

odkrę-cać/cić 1 (*śrubę*) unscrew **2** (*wieczko*) twist sth off **3** (*kran, gaz*) turn sth on

odkrycie discovery: *dokonać ~a* make a discovery

odkryty (*teren; pojazd*) open: ~ *basen* an outdoor swimming pool

odkry(wa)ć 1 (*odsłonić*) uncover **2** (*dokonać odkrycia*) discover **3** (*tajemnicę itp.*) reveal

odkrywca (*penicyliny itp.*) discoverer, (*nowego lądu*) explorer

odkurzacz vacuum cleaner

odkurz-ać/yć (*odkurzaczem*) vacuum, (*zmiotką*) dust

od-latywać/lecieć 1 (*samolot*) depart **2** (*guzik*) come off (sth)

odległość distance: *O~ć od mojego domu do centrum wynosi 2 km.* The distance from my house to the city centre is 2 km. ◊ *Jezioro znajduje się w ~ci 100 m od domu.* The lake is 100 m from the house.

odległy (*czas; miejsce*) distant, remote: *~e peryferie miasta* the distant fringes of the city ◊ *~y spacer* a long walk ◊ *~e czasy/miejsca* faraway times/places ◊ *~y o parę kroków* a few steps away ❶ W odniesieniu do miejsca przym. **remote** znaczy „daleko od domów innych ludzi": *Mieszka w ~ej części lasu.* He lives in a remote part of the forest.

odlot 1 (*samolotu*) departure **2** (*podniecenie*) buzz: *Ale ~!* Cool!

odlotowy (*wspaniały*) fantastic

odludny deserted

odłamek (*szkła*) sliver, (*drewna*) splinter, (*porcelany*) chip, (*pocisku itp.*) shrapnel

odłam(yw)ać (się) break (sth) off

odłącz-ać/yć detach, (*prąd itp.*) disconnect ■ **odłącz-ać/yć się** break away

odłożyć → ODKŁADAĆ

odłup(yw)ać (się) chip (sth) off

od-mawiać/mówić 1 ~ (komuś) (czegoś) refuse (sb) (sth): ~ *spotkania* cancel a meeting ◊ ~ *komuś wstępu* turn sb away **2** (*modlitwę*) say **3** ~ *sobie czegoś* deny yourself sth [IDM] ~ *komuś posłuszeństwa* refuse to obey sb

odmian|a 1 (*zmiana*) change: *~a losu* a change of fate ◊ *dla ~y* for a change ◊ *stanowić miłą ~ę* make a nice change **2** (*rośliny, zwierzęcia, choroby*) strain: *~y jabłek* varieties of apples **3** (*pisowni*) variant **4** (*gram.*) inflection, (*tylko cz.*) conjugation, (*tylko rz./przym.*) declension

odmieni(a)ć 1 (*przeobrazić*) transform **2** (*czasownik*) conjugate, (*rzeczownik, przymiotnik*) decline ■ **odmieni(a)ć się** alter

odmienny 1 (*różny*) different, (*odrębny*) distinctive **2** (*gram.*) inflected

od-mładzać/młodzić rejuvenate

odmow|a refusal: *~a składania zeznań* (a) refusal to testify ◊ *spotkać się z ~ą* meet with a refusal

od-mrażać/mrozić (*szybę*) de-ice, (*lodówkę*) defrost, (*mięso; ręce, nos itp.*) thaw sth out

odmrożenie frostbite, (*na palcach*) chilblain

od-najdować/naleźć find

od-nawiać/nowić 1 (*kontakty*) renew **2** (*dom, pokój*) renovate **3** (*obraz*) restore **4** : ~ *lokatę w banku* reinvest

odniesienie reference: *w ~u do kogoś/ czegoś* in/with relation to sb/sth

od-nosić/nieść 1 (*zanieść coś z powrotem*) take sth back **2** (*wrażenie itp.*) get/, (*bardziej form.*) have, form: *Odnoszę wrażenie, że już tu byłam.* I have the impression I've been here before ◊ *Odniosłem wrażenie, że mnie nie lubi.* I got the impression he doesn't like me. **3** (*osiągnąć coś*): ~ *sukces* succeed ◊ ~ *zwycięstwo nad kimś/ czymś* triumph over sb/sth **4** (*obrażenia itp.*) sustain ■ **od-nosić/nieść się** ~ *się do kogoś z czymś* treat sb with sth

odór stench

od-padać/paść 1 (*guzik itp.*) ~ **(od czegoś)** come off (sth); ~ *płatami* peel **2** (*na egzaminie*) fail sth, (*w eliminacjach*) not get through sth, (*w wyborach*) be defeated

odpad|ek (~ki) waste

odpę-dzać/dzić ~ **kogoś/coś (od kogoś/czegoś)** drive sb/sth away (from sb/sth)

odpierać/odeprzeć 1 (*atak itp.*) ~ **kogoś/coś** fight sb/sth off **2** (*argumenty itp.*) disprove

odpis(yw)ać 1 (*przepisywać*) copy **2** (*odpowiadać na list*) reply

odplamiacz stain remover

odpła-cać/cić (się) ~ **(się) komuś (czymś)** pay sb back (for sth) |IDM| **odpłacić pięknym za nadobne** get your own back (on sb)

odpływ 1 (*gazu*) outflow, (*wanny*) plughole **2** (*zmiana miejsca*) movement **3** (*morza*) low tide

odpły-wać/nąć 1 (*łódź*) sail (away), (*według rozkładu*) depart **2** (*woda*) drain **3** (*morze*) ebb

odpoczynek rest

odpo-czywać/cząć relax: *Pracowałam cały dzień i muszę teraz odpocząć.* I've worked all day and need a rest now.

odporny ~ **(na coś) 1** (*nie słaby*) resilient, (*roślina*) hardy: *metal ~ na korozję* a metal resistant to corrosion **2** (*na chorobę*) immune to sth: ~ *na przeziębienia* resistant to colds **3** (*osoba: na zmiany itp.*) resistant to sth: ~ *na krytykę* thick-skinned

odpo-wiadać/wiedzieć 1 answer ❶ Answer i reply to najczęściej używane cz. w sytuacjach, gdy odpowiada się na pytania, listy itp.: *I asked him a question but he didn't answer.* ◇ *I sent my application but they haven't replied yet.* Zwróć uwagę, że answer używa się bez przyimka: *answer a person/question/letter;* zaś reply z przyimkiem to: *reply to a letter.* Respond używa się rzadziej i w bardziej formalnych sytuacjach: *Applicants must respond within seven days.* Częściej używa się go w znaczeniu „reagować w pożądany sposób": *Despite all the doctor's efforts the patient did not respond to treatment.* **2** ~ **przed kimś za coś** answer to sb for sth, ~ **za kogoś/coś** answer for sb/sth **3** ~ **czemuś** correspond to sth, (*normom itp.*) conform to sth **4** (*podobać się*) ~ **komuś** be to your liking

odpowiedni appropriate, (*do pewnej pracy itp., w pewnej sytuacji*) suitable,

(*kandydat*) eligible, (*kwalifikacje*) adequate: *wypełnić ~ formularz* fill in the relevant form ◇ *spełnić ~e warunki* fulfill the relevant conditions

odpowiedzialnoś|ć 1 responsibility: *wziąć ~ć (za kogoś/coś)* take responsibility (for sb/sth) ◇ *ponosić ~ć (za kogoś/coś)* bear responsibility (for sb/sth) ◇ *zrzucać ~ć za coś na kogoś* hand over responsbility for sth to sb **2** (*prawn.*) liability: *spółka z ograniczoną ~cią* a limited (liability) company

odpowiedzialn|y ~y **(za kogoś/coś)** responsible (for sb/sth), ~y **przed kimś (za coś)** answerable to sb (for sth): *Objęła bardzo ~e stanowisko.* She's taken on a very responsible position.

odpowiedź ~ **(na coś) 1** answer (to sth) ❶ Rz. reply i respond używa się w takich samych sytuacjach, jak cz. reply i respond. **2** (*rozwiązanie*) solution (to sth)

odpraw|a 1 (*zebranie*) briefing **2** (*ostra odpowiedź*) rebuff **3** (*wynagrodzenie*) severance pay **4** : ~*a celna* customs **5** (*na lotnisku itp.*) check-in: *przechodzić ~ę* check in

odprawi(a)ć ~ **kogoś** turn sb away, (*pracownika*) dismiss sb |IDM| **odprawić kogoś z kwitkiem** send sb away empty-handed

odpręż-ać/yć (*mięśnie*) relax: ~ *umysł* relax your mind ■ **odpręż-ać/yć się** relax

odprowa-dzać/dzić 1 (*osobę*) take, (*form.*) escort: ~ *kogoś na dworzec* take sb to the station ◇ ~ *kogoś do domu* walk sb home **2** (*pieniądze*) transfer **3** (*wodę, ścieki itp.*) carry sth away

odpruć (się) → PRUĆ (SIĘ)

odpryskiwać (*emalia*) get chipped, (*farba*) peel off, (*tynk*) come off

odpukać |IDM| ~ **w niemalowane drewno** touch wood

od-pychać/epchnąć ~ **kogoś/coś** drive sb/sth off

odra (*med.*) measles

od-rabiać/robić 1 (*zaległości*) work through sth **2** (*błąd itp.*) make up for sth: ~ *spóźnienia* make up for being late **3** (*lekcje*) do your homework

od-raczać/roczyć postpone

odra-dzać/dzić ~ **komuś coś** advise sb against (doing) sth

odraz|a revulsion: *budzić ~ę* revolt ◇ *czuć ~ę* loathe

odrażający revolting

odrestaurować → RESTAUROWAĆ

odrębny distinct

odręczny 1 (*list itp.*) handwritten, (*zrobiony bez linijki itp.*) freehand **2** (*naprawy itp.*) on the spot

odrobin|a *rz.* **1** (*cząsteczka*) particle **2** (*mała ilość*) **~a czegoś** a bit (of sth), (*pokarmu*) morsel: *Napijesz się ~y wina?* Will you have a drop of wine? ◇ *Zjadła ~ę chleba.* She ate a tiny piece of bread. ◇ *~a szczęścia* a bit of luck | **odrobinę** *przysł.* a bit: *Ciekawa postać – ~ ekscentryczna.* He's/She's an interesting person – a bit eccentric. ◇ *Zaspałam ~.* I overslept a bit.

odróżni(a)ć 1 (*dostrzec różnicę*) **~ kogoś/coś od kogoś/czegoś** distinguish sb/sth from sb/sth, (*od siebie*) tell A and B apart **2** (*widzieć*) make sb/sth out ■ **odróżni(a)ć się** stand out

odruch reaction: **~ *warunkowy*** a reflex

odruchowy involuntary

od-rywać/erwać ~ coś (od czegoś) detach sth (from sth) ■ **od-rywać/erwać się ~ się od kogoś/czegoś** come away (from sb/sth), (*od oglądania filmu itp.*) tear yourself away (from sb/sth) [IDM] **nie ~ wzroku od kogoś** not take your eyes off sb | **oderwany** (*od tematu*) irrelevant

odrzu-cać/cić 1 (*piłkę*) throw sth back: **~ *głowę do tyłu*** toss your head (back) **2** (*wniosek itp.*) disallow, (*prośbę itp.*) refuse, (*kandydata*) reject, (*propozycję*) throw sth out

odrzutowiec jet

odset|ek 1 percentage **2** (**~ki**) **~ki (od czegoś)** interest (on sth)

od-siadywać/siedzieć 1 (*długo przebywać*) sit sth out **2** (*wyrok*) do

od-skakiwać/skoczyć 1 (*piłka: od nogi itp.*) bounce off sth **2** (*odsunąć się: do tyłu*) jump back, (*w bok*) jump to the side **3** (*otworzyć się: drzwi*) fly open, (*zamek*) snap

od-słaniać/słonić 1 uncover, (*część ciała*) expose, (*pomnik*) unveil **2** (*zasłonę*) draw sth (back) **3** (*tajemnicę itp.*) reveal

odstęp 1 (*odległość*) distance **2** (*czas*) interval: *w ~ach* at intervals ◇ *w krótkich ~ach czasu* in quick succession

od-stępować/stąpić 1 (*oddać, zrzec się czegoś*) **~ coś (komuś)** give, (*form.*) cede sth (to sb) **2** (*zrezygnować: od zasad itp.*) depart from sth, (*od religii panującej itp.*) dissent **3** (*oddalić się*) step back

odstrasz-ać/yć 1 (*wzbudzić strach*) **~ kogoś** scare sb away **2** (*zniechęcać*) **~ kogoś (od czegoś)** deter sb (from sth)

odsu-wać/nąć 1 (*odstawić*) move sth away: **~ *na bok*** move sth aside **2** (*decyzję itp.*) put sth off **3** (*zasłonę*) draw sth back **4** (*myśl*) push sth aside **5** (*premiera itp.*) remove ■ **odsu-wać/nąć się 1** (*cofać się*) move back : **~ się na bok** move sth aside **2** (*zerwać kontakty*) distance yourself

odsyłacz 1 (*tekst*) cross-reference **2** (*znak*) asterisk

od-syłać/esłać 1 (*przesyłać*) send **2** (*zwracać*) send sth back **3** (*z boiska*) send sb off [IDM] **~ kogoś z kwitkiem** send sb away empty-handed

odszkodowani|e compensation: *przyznanie ~a* an award of damages

odszukać find

odświeżacz: ~ *powietrza* (an) air freshener

odśwież-ać/yć 1 refresh **2** (*wiedzę o czymś*) brush sth up, brush up on sth: **~ *pamięć*** refresh your/sb's memory ■ **odświe-ż-ać/yć się** freshen (yourself) up

odtąd 1 (*czas: kiedy akcja sięga teraźniejszości*) since (then), (*kiedy akcja skończyła się w przeszłości*) from then (on): *Skończyłam szkołę w 1993 roku i ~ pracuję w szpitalu.* I finished school in 1993 and since then I've been working in a hospital. ◇ *Rozwiązaliśmy spółkę i ~ pracowałam na własny rachunek.* We dissolved the company and from then on I was self-employed. **2** (*miejsce*) from here: *O~ dotąd pomalujmy ścianę na zielono.* From here to there let's paint the wall green.

odtwarzacz: ~ *płyt kompaktowych* a CD player

od-twarzać/tworzyć 1 (*po zniszczeniu; wiernie przedstawić*) **~ coś (z czegoś)** recreate sth (from sth): *Dokument odtworzono z drobnych kawałeczków.* They reconstructed the document from tiny fragments. ◇ **~ *atmosferę tamtych dni*** recreate the atmosphere of those days ◇ **~ *rolę*** recreate a role **2** (*z urządzenia: film itp.*) play sth back

odurz-ać/yć intoxicate, (*podstępnie*) dope ■ **odurz-ać/yć się** become intoxicated | **odurzający** intoxicating, (*zapach itp.*) heady

od-wadniać/wodnić 1 (*teren*) drain **2** (*osobę*) dehydrate | **od-wadniać/wodnić się** become dehydrated

odwaga courage

odważ-ać/yć się dare

odważny brave

odwie-dzać/dzić visit

odwiedziny visit [C]: *wpaść w ~ do kogoś* pay a visit to sb

odwieźć → ODWOZIĆ

odwilż thaw

od-wlekać/wlec (*decyzję*) defer

odwodnić → ODWADNIAĆ

odwodnienie dehydration

odwołani|e 1 (*spotkania itp.*) cancellation: *do ~a* until further notice **2** (*do wyższej instancji itp.*) appeal

odwoł(yw)ać 1 (*spotkanie itp.*) cancel **2** (*z posady itp.*) remove ■ **odwoł(yw) ać się ~ się** (*do kogoś/czegoś*) appeal (to sb/sth), **~ się od czegoś** appeal against sth

od-wracać/wrócić turn sth (around/round), (*kartkę*) turn sth over: *~ oczy* avert your eyes ◊ *~ czyjąś uwagę od czegoś* divert sb's attention from sth ■ **od-wracać/wrócić się** turn (around/round), **~ się od kogoś** turn your back on sb, (*stracić zainteresowanie*) turn away

odwrotnie the other way round/ around: *~ proporcjonalny do czegoś* in inverse proportion to sth ◊ *i ~* and vice versa

odwrotn|y reverse: *~a strona* the reverse side ◊ *w ~ej kolejności* in reverse order

odwrócić → ODWRACAĆ

odwr|ót retreat: *dokonać ~otu* retreat [IDM] *na ~ót* back to front

odwzajemni(a)ć return ■ **odwzajemni(a)ć się ~ się komuś** (*za coś*) repay sb (for sth)

odziedziczyć → DZIEDZICZYĆ

odzież clothing

odznaka (*za jakieś osiągnięcia itp.*) decoration, (*członkostwa*) badge

odzwierciedl-ać/ić reflect

odzysk(iw)ać get sth back, (*bardziej form.*) regain, (*przytomność, zdrowie*) recover, (*surowce*) recycle

odży(wa)ć rejuvenate

odżywcz|y 1 (*potrawy*) nutritious: *o niskiej wartości ~ej* of low nutritional value **2** (*krem kosmetyczny*) nourishing

odżywi(a)ć nourish

odżywianie nutrition

odżywka 1 (*w pokarmie*) nutrient **2** (*do włosów*) conditioner

oferować/za- offer

ofert|a offer, (*przetargowa*) tender: *składać ~ę (na coś)* make a bid (for sth)

ofiar|a 1 (*dar*) gift, (*pieniądze*) donation, (*relig.*) offering **2** (*osoba*) victim, (*wypadku, bitwy*) casualty, (*żartu*) butt, (*życiowa*) loser: *bez ~* without loss of life ◊ *~a nagonki* sb's quarry ◊ *~a żartu primaaprilisowego* an April Fool **3** (*relig.*) sacrifice:

składać ~y bogom offer sacrifices to the gods

ofiarow(yw)ać 1 (*pieniądze itp. na jakiś cel*) donate **2** (*prezent*) give sb sth **3** (*proponować*) offer ■ **ofiarow(yw)ać się** volunteer: *~ się z pomocą* offer to help

oficjalny official

ogar-niać/nąć 1 (*uczucie*) *~ kogoś* sweep over sb **2** : *~ coś umysłem/wzrokiem* take sth in **3** (*teren*) spread across sth: *Epidemia ogarnęła całą Europę.* The epidemic has spread across the whole of Europe.

ogień 1 (*płomień*) fire **2** (*żar*) heat **3** (*do papierosa*) light **4** (*z broni palnej*) fire: *krzyżowy ~* crossfire ◊ *~ zaporowy/pytań itp.* barrage ◊ *otwierać ~ (do kogoś/czegoś)* open fire (at/on sb/sth) [IDM] **brać kogoś w krzyżowy ~ pytań** cross-examine sb | **upiec dwie pieczenie przy/na jednym ogniu** kill two birds with one stone

o-glądać/bejrzeć (*książkę itp.*) look at sth, (*telewizję*) watch, (*nowe mieszkanie itp.*) look around/round sth, (*w księgarni itp.*) browse ■ **o-glądać/bejrzeć się** (*dokoła*) look around/round

o-głaszać/głosić (*podać do publicznej wiadomości*) announce ■ **o-głaszać/głosić się** (*w prasie itp.*) advertise

ogłoszeni|e 1 (*wiadomość*) announcement **2** (*że się poszukuje itp.*) advertisement: *~a drobne* classified advertisements

ogłusz-ać/yć 1 (*dźwięk*) deafen **2** (*uderzenie*) knock sb/sth out

ogniotrwały fireproof

ognisko 1 bonfire **2** (*soczewki*) focus

ognisty 1 fiery **2** (*kolor*) flaming

ogniwo 1 (*łańcucha*) link **2** (*w baterii*) cell

ogolić (się) → GOLIĆ (SIĘ)

ogolony shaven, (*gładko*) clean-shaven

ogon tail [IDM] **koński ~** ponytail | **ogonek** (*kolejka*) queue, line (*Am.*) [IDM] **mysi ~ek** pigtail

ogólnokrajowy nationwide

ogóln|y general: *~a suma* the total

ogół: *w ~le* in general ◊ *w ~le (nie)* (not) at all ◊ *~łem* altogether

ogórek cucumber

o-gradzać/grodzić enclose, fence

ogranicz-ać/yć 1 (*prędkość; używanie/robienie czegoś*) limit **2** (*granica*) confine: *Od północy posiadłość ograniczona jest przez rzekę.* The river forms the northern boundary of the property. ■ **ogranicz-ać/yć się ~ się (do czegoś)** confine yourself to sth

ograniczelnie 1 (*wydatków, nakładów itp.*) **~nie (czegoś)** limit (on sth) **2** (*swobody*) restriction: *~nie prędkości* a speed limit ◊ *korzystać z czegoś bez ~ń* have unlimited use of sth **3** (*~nia*) (*przepisy*) restrictions, (*zwyczaje*) constraints |IDM| **~nie umysłowe** learning difficulty

ograniczonly 1 limited: *~a widoczność* limited visibility **2** (*mat.*) finite **3** (*osoba*) narrow-minded

ogrodnictwo gardening, (*techn.*) horticulture

ogrodniczki (*spodnie*) dungarees, (bib) overalls (*Am.*)

ogrodni-k/czka gardener

ogrodzenie fence

ogromnly 1 (*duży*) enormous **2** (*intensywny*) great

ogród garden, (*koło domu*) yard (*Am.*): *uprawiać ~* garden |IDM| **~ zoologiczny** zoo | **ogródek:** *~ działkowy* an allotment

o-gryzać/gryźć (*mysz itp.*) nibble, (*kość*) gnaw

ogryzek core

ogrz(ew)ać (*podgrzewać: pokój, wodę itp.*) heat, (*ręce itp.*) warm sth up ■ **ogrz(ew)ać się** get warm

ogrzewanie heating, heat (*zwł. Am.*): *centralne ~* central heating

ohydny (*wygląd*) hideous, (*zapach*) disgusting, (*zachowanie*) atrocious

ojciec father: *~ chrzestny* a godfather ◊ *przybrany ~* a foster father ◊ *~ samotny ~* a single father ◊ *dziadek ze strony ojca* a paternal grandfather

ojczym stepfather

ojczysty native

ojczyzna homeland

okalecz-ać/yć 1 (*spowodować kalectwo*) cripple **2** (*ranić*) injure

okazać (się) → OKAZYWAĆ (SIĘ)

okazały (*budynek*) imposing, (*zbiór, przyjęcie*) splendid, (*wzrost*) spectacular

okaziciel/ka (*biletu, paszportu*) holder, (*czeku*) bearer

okazjla 1 (*szansa*) chance: *z ~i jego urodzin* for/on/ (*form.*) on the occasion of his birthday ◊ *przy ~i* by the way ◊ *korzystać z ~i* take the opportunity to do sth/of doing sth ❶ **Chance** lub **opportunity** oznaczają faktyczną możliwość wykonania czegoś: *I was only in Paris for one day and I didn't get the chance/opportunity to visit the Louvre.* **Occasion** oznacza dogodną porę, aby coś zrobić: *I saw them at the*

funeral, but it was not a suitable occasion for discussing holiday plans. **2** (*korzystny zakup*) bargain

okaz(yw)ać (*paszport itp.; gniew itp.*) show: *~ komuś pomoc* give sb help ◊ *~ skruchę* repent ■ **okaz(yw)ać się** turn out (to be sth)

oklaski applause [*U*]

oklaskiwać clap, (*bardziej form.*) applaud

okładka cover

okno 1 window **2** (*komput.*): *~ dialogowe* a dialogue box

oko eye: *mieć ~ na kogoś/coś* keep an eye open/out (for sb/sth) |IDM| **jak okiem sięgnąć** as far as the eye can see | **mówić komuś prosto w oczy** say sth to sb's face | **na czyichś oczach** before sb's (very) eyes | **na ~** at a guess | **~ w ~ (z kimś/czymś)** face to face (with sb/sth) | **puścić do kogoś ~** give sb a wink | **rzucać okiem na kogoś/coś** cast an eye/ your eye(s) over sb/sth | **rzucać się w oczy** stand out | **w cztery oczy** one-to-one | **w czyichś oczach** in the eyes of sb/ in sb's eyes | **zejść (komuś) z oczu** disappear from sight

okolicla (*obszar*) area, (*otoczenie*) surroundings: *w najbliższej ~y* locally |IDM| **w ~y czegoś** in the vicinity of sth

okoliczność circumstance: *w tych ~ciach* in/under the circumstances ◊ *zbieg ~ci* a coincidence ◊ *zależnie od ~ci* as the case may be

około (*liczba; czas*) about: *gdzieś ~* somewhere

okra-dać/ść rob

okrągły round

okrąż-ać/yć 1 (*jezioro, stół, Ziemię itp.; przeszkodę*) go around/round sth **2** (*stanąć w koło*) stand in a circle around/round sth, (*wojsko*) encircle

okrążenie (*bieżni*) lap

okres (*czas; miesiączka*) period: (*dziecko, młoda osoba*) *przechodzić trudny ~* go through a difficult stage ◊ (*kobieta*) *mieć ~* have your period ◊ *~ próbny* a trial period ◊ *~ wojenny* wartime ◊ *~ wystawiania sztuki/ wyświetlania filmu* a run of a play/film ◊ *w dłuższym/krótszym ~ie* in the long/ short term

okresowy periodic: *bilet ~* a season ticket

określ-ać/ić 1 (*opisywać*) describe **2** (*kogoś mianem*) label sb sth **3** (*znaczenie czegoś*) define **4** (*wiek itp.*) determine

okrę-cać/cić (*coś szalikiem itp.*) wrap sth (up) (in sth); sth round/ around sth **2** (*obrócić*) twist sth round/

around ■ **okrę-cać/cić się ~ się wokół czegoś** twist yourself round/around sth

okręt ship: ~ *wojenny* a warship ◊ *wodować* ~ launch a ship

okrężny 1 (*droga, ruch*) circular **2** (*sposób*) roundabout

okropny terrible

okruch 1 (*chleba itp.*) crumb, (*szkła itp.*) piece **2** (~y) (*przen.*) remains

okrucieństw|o cruelty: ~*a wojenne* atrocities

okrutny cruel

okry(wa)ć ~ kogoś/coś (czymś) 1 (*kocem itp.*) cover sb/sth (with sth) **2** (*wstydem, sławą itp.*) cover sb in sth [IDM] **okryć kogoś żałobą** fill sb with grief

okrzyk shout, (*aprobaty*) cheer: *wznosić ~i* cheer

okulary glasses: ~ *dwuogniskowe* bifocals ◊ ~ *ochronne* goggles ◊ ~ *przeciwsłoneczne* sunglasses

okupować occupy

olbrzym (*osoba*) giant

olbrzymi gigantic

oleisty oily

olej oil: ~ *lniany* linseed oil ◊ ~ *napędowy* diesel

olejny: *obraz* ~ an oil painting

olimpiada the Olympic Games

olimpijski Olympic

oliwa oil: ~ *z oliwek* olive oil

oliwić/na- oil

oliwka olive

ol-śniewać/śnić dazzle: *Olśniło mnie nagle, jak rozwiązać to zadanie.* It suddenly dawned on me how to solve the problem.

olśniewając|y (*uroda itp.*) dazzling, (*kreacja, widok*) stunning: ~*a inteligencja* brilliance

ołów lead

ołów|ek pencil: *pisać/rysować coś ~kiem* write/draw sth with a pencil/in pencil ◊ ~*ek do powiek* eyeliner

ołtarz altar

o-mawiać/mówić discuss: ~ *sprawy* talk things over

omdle(wa)ć 1 (*tracić przytomność*) faint **2** (*osłabnąć*) go weak

omi-jać/nąć 1 (*rafy itp.*) go around/round sth: ~ *kogoś/coś z daleka* keep your distance from sb/sth **2** (*temat*) skirt around/round sth **3** (*przepis*) bypass **4** (*trudności, niebezpieczeństwo itp.*) avoid **5** (*nagroda itp.*) ~ *kogoś*: *Nagroda go ominęła.* He missed out on

a prize. [IDM] **nie omijać żadnej okazji, żeby…** not miss any opportunity to…

omylny fallible

on (*osoba*) he, (*przedmiot; zwierzę*) it

ona (*osoba*) she, (*przedmiot; zwierzę*) it

one they

oni they

ono it, (*dziecko*) he/she

ONZ UN

o-padać/paść 1 (*liście*) fall, (*mgła*) descend, (*woda*) drop, (*woda morska podczas odpływu*) ebb, (*teren*) slope **2** (*skarpetki itp.*) fall down **3** (*gorączka; gniew*) subside, (*zmęczenie itp.*) go **4** (*kwiat*) wilt [IDM] **~ z sił** run out of steam | **komuś ręce opadają** throw up your hands in despair

opakowanie 1 (*tekturowe itp.: czegoś w pudełku itp.*) packaging, (*czekolady itp.*) wrapper **2** (*razem z zawartością: orzechów itp.*) bag, (*mąki itp.*) packet, (*mleka itp.*) carton, (*proszku*) sachet, (*margaryny itp.*) tub

opal-ać/ić 1 (*sobie nogi itp.*) (sun)tan **2** (*nad ogniem: rumienić*) brown, (*podgrzewać*) heat, (*przypadkiem*) singe ■ **opal-ać/ić się** sunbathe: *opalić się na brązowo* get a tan

opalenizna (sun)tan

opalony (sun)tanned

opał fuel

opanowanie (*samokontrola*) self-control, (*spokój*) composure

opanow(yw)ać 1 (*miasto itp.*) invade **2** (*sytuację itp.*) have/bring sth under control **3** (*strach itp.*) overcome: *Opanowała go senność.* He was overcome by tiredness. **4** (*wiedzę, technikę*) master ■ **opanow(yw)ać się** (*zapanowywać nad sobą*) control yourself, (*uspokoić się*) calm yourself down

oparci|e 1 (*krzesła*) back(rest), (*na głowę*) headrest, (*na ramię*) arm(rest), (*dla stóp*) footrest, (*dla stóp alpinisty*) foothold **2** (*poparcie*) support [IDM] **w ~u o coś** based on sth

oparzenie burn: ~ *słoneczne* sunburn

oparzyć → PARZYĆ ■ **oparzyć się** get scalded/burnt

opaska 1 (*taśma, pasek ma-teriału*) band: ~ *na głowę* a headband ◊ ~ *na oczy* a blindfold ◊ ~ *na oko* an eyepatch ◊ ~ *na rękę* an armband **2** (*med.*) bandage

opaść → OPADAĆ

opatentować → PATENTOWAĆ

opatrunek dressing

opa-trywać/tryć 1 *(ranę)* dress, *(rannego)* dress sb's wounds **2** *(dokument czymś)* add sth (to sth): ~ *coś datą/pieczęcią/podpisem* date/ stamp/sign sth

opatul-ać/ić (się) wrap (sb/yourself) (up)

opera 1 *(utwór)* opera **2** *(budynek)* opera house

operacja 1 *(med.; wojsk.; komput.)* operation: ~ *plastyczna* plastic surgery ◇ ~ *usuwająca zmarszczki* a facelift **2** *(handlowa)* transaction

operacyjn|y 1 *(med.)* surgical: *rękawiczki ~e* surgical gloves ◇ *sala ~a* an operating theatre **2** *(system itp.)* operating

operator/ka operator

operować operate

opieczętować → PIECZĘTOWAĆ

opiek|a 1 ~a (nad kimś/czymś) care (of sb/sth): *pod czyjąś ~ą* in sb's care ◇ ~a *medyczna* medical care ◇ ~a *społeczna* social welfare ◇ *oddział intensywnej ~i medycznej* intensive care ◇ *bez ~i* unaccompanied ◇ *sprawować ~ę nad kimś/czymś* take care of sb/sth **2** *(prawn.)* ~a nad dziećmi custody of sb: *uzyskać ~ę nad dziećmi* gain custody of the children

opiekować/za- się ~ kimś/czymś look after sb/sth/yourself, *(chorym)* nurse, *(ogrodem)* tend

opiekun/ka guardian, *(grupy studentów)* tutor

o-pierać/przeć 1 ~ coś o coś lean sth against sth **2** *(na faktach itp.)* base sth on sth ■ **o-pierać/przeć się 1** ~ się o coś lean against sth **2** *(na faktach itp.)* be based on sth **3** *(zaufać)* ~ się na kimś rely on sb **4** ~ się komuś/czemuś resist sb/sth

opieszały sluggish

opini|a 1 *(pogląd)* opinion, *(użytkownika itp.)* feedback: ~a *publiczna* public opinion ◇ *wymieniać ~e* exchange views ◇ *w mojej ~i* in my opinion **2** *(o postępach w nauce)* school report **3** *(reputacja)* reputation: *cieszyć się dobrą ~ą* be highly regarded

opis 1 *(określenie)* description **2** *(relacja)* account **3** : ~ *techniczny* a specification

opis(yw)ać describe

opła-cać/cić *(abonament, pracownika itp.)* pay ■ **opła-cać/cić się** *(być wartym czegoś)* pay

opłacalny 1 *(fin.)* commercially viable **2** *(przen.)* worthwhile

opłat|a payment, *(za egzamin, wstęp itp.)* fee, *(za bilet autobusowy itp.)* fare:

~a *dodatkowa* a surcharge ◇ ~a *za obsługę* a service charge ◇ ~a *pocztowa* postage ◇ ~a *za przejazd (np. autostradą)* a toll ◇ ~a *za wstęp* a cover charge ◇ ~a *za wypożyczenie* rental ◇ *pobierać od kogoś ~ę* charge sb ◇ ~a *skarbowa* stamp duty ◇ ~y *za mieszkanie* rent ◇ ~y *za gaz/prąd/ wodę* gas/electricity/water rates

opłatek wafer

opodatko(wy)wać tax

opona tyre, tire *(Am.)*: *przebita ~* a puncture

oporn|y 1 *(osoba)* disobedient: ~y *dłużnik* a recalcitrant debtor **2** ~y na coś resistant to sth: *bakterie ~e na antybiotyki* bacteria resistant to antibiotics **3** *(śruba itp.)*: *Te śruby są bardzo oporne.* I can't get these screws to go in.

opo-wiadać/wiedzieć tell: ~ *kawał* tell a joke ◇ ~ *wspomnienia* reminisce

opowiadanie 1 *((prawdziwa lub wymyślona) historia)* story, *(utwór literacki)* short story **2** *(relacja)* narration

opór resistance: *stawiać ~* put up some resistance: *łamać czyjś ~* break (down) sb's resistance

opóźni(a)ć ~ coś/zrobienie czegoś delay (doing) sth ■ opóźni(a)ć się **1** ~ się z czymś be behind with sth **2** *(pociąg itp.; sezon)* be late

opóźnienie delay: *mieć ~* be running late ◇ *Pociąg przyszedł z ~m.* The train arrived late.

opraco(wy)wać work sth out, *(publikację)* compile

opraw|a 1 *(książki)* binding: *książka w twardej/miękkiej ~ie* a hardback/ paperback **2** *(klejnotu)* setting **3** *(okularów; obrazu)* frame **4** *(muzyczna itp.)* set-ting

oprawi(a)ć 1 *(książkę)* bind **2** *(klejnot)* set **3** *(w ramę)* frame

oprocentowanie interest

oprogramowanie software

oprowadzać show sb around/round

oprócz 1 *(w dodatku do czegoś)* besides: *Oprócz psa, mamy jeszcze dwa koty.* Besides the dog we have two cats. **2** *(z wyjątkiem czegoś)* except: *Kupił wszystko oprócz mąki.* He bought everything except the flour.

opróżni(a)ć/(się) empty

oprysk(iw)ać 1 *(wodą)* splash, *(błotem itp.)* spatter **2** *(rośliny)* spray

opryskliwy *(sprzedawca itp.)* brusque, *(zwł. nastolatek)* surly, *(ktoś starszy)* gruff

oprzeć (się) → OPIERAĆ (SIĘ)

oprzytomnieć → PRZYTOMNIEĆ
optyk optician, optometrist (*Am.*)
optymist-a/ka optimist
optymistyczny optimistic
opublikować → PUBLIKOWAĆ
opuchlizna swelling
opuchnięty swollen
opustoszeć → PUSTOSZEĆ
opustoszyć → PUSTOSZYĆ
opu-szczać/ścić 1 (*głowę itp.; flagę; cenę*) lower 2 (*fragment tekstu itp.*) ~ coś (z czegoś) leave sth out (of sth) (*bardziej form.*) omit 3 (*szybę*) wind sth down 4 (*kraj, dom, rodzinę itp.*) leave, (*bardziej form.*) abandon 5 (*lekcje itp.*) miss 6 (*humor, szczęście*) ~ kogoś desert sb: ~ *kogoś zdrowie* become unhealthy
orać/za- plough, plow (*Am.*)
oraz and
ordynarn|y vulgar: ~*e słowo* a swear word ◇ ~*e kłamstwo* an outright lie
organ organ
organiczny organic
organizacja organization
organizator/ka 1 (*osoba*) organizer 2 (*książka, program komputerowy*) planner
organizm 1 organism 2 (*osoby*) system: *mieć silny* ~ have a strong constitution
organizować/z- organize, (*spotkanie*) arrange, (*grupę*) set (sth) up
organki mouth organ [C]
organy organ [C]
orientować/z- się 1 understand: *o ile się orientuję* as far as I can see 2 : ~ *w terenie* orient yourself
orkiestra orchestra: ~ *dęta/ smyczkowa / symfoniczna* a wind/ string/symphony orchestra
ortografia spelling
oryginalny original
oryginał 1 (*tekst, obraz*) the original 2 (*osoba*) eccentric
orzech nut: ~ *brazylijski* a Brazil nut ◇ ~ *kokosowy* a coconut ◇ ~ *laskowy* a hazelnut ◇ ~ *nerkowca* a cashew ◇ ~ *włoski* a walnut [IDM] **twardy ~ do zgryzienia** a hard nut (to crack) | **orzeszek:** ~ *ziemny* a peanut
orzeł eagle [IDM] ~ **czy reszka?**: *O~ czy reszka?* Heads or tails? ◇ *Zagrajmy w orła i reszkę.* Let's toss for it.
orzeźwi(a)ć (*chłodny napój itp.*) refresh, (*ćwiczenie itp.*) invigorate
osa wasp
osada 1 (*miejscowość*) settlement 2 (*sport*) team

osadnik settler
osa-dzać/dzić 1 (*wcisnąć, nacisnąć*) ~ coś (w/na czymś) fix sth (to/on sth) 2 (*akcję filmu itp.*) set 3 (*osiedlić*) settle ∎ **osa-dzać/dzić się** settle
osą-dzać/dzić judge
oschły 1 (*nie pokazujący emocji*) stiff 2 (*słowo; sposób bycia*) harsh
oscylować oscillate
oset thistle
o-siadać/siąść 1 (*osoba; pył itp.*) settle 2 (*ziemia; budynek*) subside
osiąg-ać/nąć 1 (*cel*) achieve 2 (*pewien poziom*) reach: ~ *szczyt* peak 3 (*cenę*) fetch
osiągnięcie achievement
osiedl-ać/ić się settle
osiedle estate: ~ *mieszkaniowe* a housing estate ◇ ~ *przemysłowe* an industrial estate
osiem eight
osiemdziesiąt eighty
osiemnaście eighteen
osiero-cać/cić orphan
osiodłać → SIODŁAĆ
osioł (*zool.*) donkey, (*i osoba*) ass [IDM] uparty jak ~ as stubborn as a mule
osiwieć → SIWIEĆ
oskarż-ać/yć ~ kogoś (o coś) accuse sb (of sth) (*prawn.*) charge sb (with sth)
oskarżeni|e accusation, (*prawn.*) charge: *wzajemne* ~*a* recrimination(s) ◇ *akt* ~*a* a charge ◇ *wnosić* ~*e przeciw komuś* bring charges against sb
oskarżon-y/a *rz.* the accused [*lp, lm*]
oskrobać → SKROBAĆ
osłabi(a)ć weaken, (*wypowiedź*) water sth down, (*ból*) alleviate, (*argumentami itp.*) wear sb down
o-słaniać/słonić 1 (*ochraniać*) protect, (*od wiatru itp.*) shelter, (*od słońca itp.*) shield, (*przed światłem*) shade 2 : ~ *kogoś przed odpowiedzialnością* cover up for sb
osłon|a (*od wiatru itp.*) shelter, (*przed słońcem itp.*) shield: *pod* ~*ą czegoś* under (the) cover of sth
osłupienie bewilderment: *wprawić kogoś w* ~ bewilder sb
osob|a 1 person [*lm* people]: *we własnej* ~*ie* in the flesh 2 (*gram.*): *pierwsza* ~*a* the first person
osobistość personality, (*zwl. w mediach*) celebrity
osobisty personal
osobliwy peculiar
osobnik 1 (*biol.*) specimen 2 (*osoba*) individual
osobny separate

osobowość personality

ospa smallpox: ~ *wietrzna* chickenpox

ospały (*senny*) sleepy, (*w ruchach*) lethargic

ostatecznie finally: *Szkołę zamknięto ~ w 1970 r.* The school was closed for good in 1970. ◊ *Długo się starałam, ale ~ dostałam tę pracę.* I tried for a long time and eventually got the job.

ostateczny final: ~ *termin* a deadline ◊ *zdążyć przed ~m terminem* meet a deadline [IDM] **w ~m rachunku** at the end of the day

ostat|ek 1 ~ (czegoś) the rest (of sth) **2 (~ki)** (*relig.*) Shrove Tuesday

ostatni 1 (*kończący*) last: ~ *rozdział* the last/final chapter **2** (*ostateczny*) final: *~e poprawki przed premierą* final improvements before the premiere **3** (*niedawny*) recent: *~e wydarzenia* recent events **4** (*najgorszy*) worst [IDM] **do ~ch granic** to the very limit I **mieć ~e słowo** have the last word

ostatnio recently ❶ Przysł. **recently** może się odnosić zarówno do jakiegoś momentu w niedalekiej przeszłości, jak i do pewnego okresu (odcinka czasu). Jeżeli odnosi się do momentu w przeszłości, należy użyć czasu *simple past*: *He died recently.* Jeżeli przysł. odnosi się do teraźniejszości, należy użyć czasu *present perfect continuous*: *I haven't done anything interesting recently.* ◊ *She's been working hard recently.* Synonim **lately** odnosi się tylko do odcinka czasu. Z tym przysł. należy używać czasu *present perfect* lub *present perfect continuous*: *I've seen a lot of films lately.* ◊ *I've been spending too much money lately.*

ostoja (*podpora*) support, (*gospodarki itp.*) backbone: ~ *tradycyjnego wytwórstwa wędlin* the main centre for smoked meat production

ostrożnoś|ć carefulness: *środek ~ci* a precautionary measure ◊ *z ~cią* with care

ostrożny careful, (*obliczenia*) conservative

ostrugać → STRUGAĆ

ostry 1 (*nóż itp.; i przen.*) sharp, (*ból*) acute, (*zapach*) pungent, (*jedzenie*) hot, (*dźwięk*) shrill, (*wiatr*) bitter, (*mróz*) heavy, (*choroba; zima*) severe, (*krytyka; przepis, norma*) harsh: ~ *zakręt* a sharp bend **2** (*wzrost*) steep, (*zmiana itp.*) drastic **3** (*ścierny*) abrasive I **ostrość 1** (*noża itp.; i przen.*) sharpness **2** (*krytyki itp.*) harshness [IDM] **nastawiać ~** focus

ostryga oyster

ostrzałka sharpener

ostrz|e 1 (*noża itp.*) blade, (*szpikulca itp.*) spike [IDM] **stawiać coś na ~u noża** bring sth to a head

ostrze-gać/c ~ (kogoś) (o czymś)/ (przed kimś/czymś) warn (sb) (of sth)/ (about/against sb/sth): *Ostrzegałem cię!* I told you (so).

ostrzegawczy warning

ostrzel(iw)ać bombard, (*pociskami artyleryjskimi*) shell

ostrzeżenie warning

ostrzyc → STRZYC

ostrzyć/na- sharpen

ostudzić → STUDZIĆ

osusz-ać/yć 1 (*ubranie itp.*) dry **2** (*bagno itp.*) drain: ~ *coś bibułą* soak sth up with blotting paper **3** (*łzy, pot*) ~ **coś (czymś)** wipe sth away (with sth)

osu-wać/nąć się 1 (*z braku sił*) slump **2** (*w dół*) fall down, (*ziemia*) slide **3** (*noga*) give

o-swajać/swoić 1 (*przyzwyczaić*) ~ **kogoś (z czymś)** accustom sb (to sth) **2** (*zwierzę*) tame

oswo-badzać/bodzić free

oswojony 1 (*przyzwyczajony*) ~ **z czymś** accustomed to sth **2** (*zwierzę*) tame

oszacować → SZACOWAĆ

oszaleć → SZALEĆ

o-szałamiać/szołomić 1 (*narkotykami itp.*) daze **2** (*wiadomościami*) stun

oszczep javelin

oszczerstw|o slander: *rzucać na kogoś ~a* slander sb

oszczędność 1 (*oszczędne używanie*) economy: ~ *wody w czasie suszy* water conservation during the drought ◊ ~ *formy* economy of form **2** (*osoby*) thrift I **oszczędności 1** (*pieniężne*) savings: *robić* ~ save (money) ◊ *Mamy niewielkie* ~. We haven't managed to save much. **2** (*wody itp.*) saving [C] (of sth): *Silnik pozwala na spore ~ paliwa.* The engine cuts fuel consumption significantly.

oszczędny (*osoba*) thrifty, (*metoda itp.*) economical

oszczę-dzać/dzić 1 (*oszczędzać*) (*pieniądze, czas, gaz itp.; głos*) save, (*ograniczać wydatki, używanie czegoś*) economize: ~ *ubranie* be careful with your clothes ◊ *urządzenie, które oszczędza pracy* a labour-saving device **2** (*oszczędzić*) ~ **komuś czegoś** (*przykrości itp.*) spare sb sth, (*kłopotu (z czymś*)) save sb the trouble (of doing sth) [IDM] ~ **kogoś** spare sb's life

■ **oszczę-dzać/dzić się** take it easy: *Nikt*

się nie oszczędzał. Everyone gave their all.

oszklić → SZKLIĆ

oszlifować → SZLIFOWAĆ

oszołomić → OSZAŁAMIAĆ

oszpecić → SZPECIĆ

oszuk(iw)ać 1 cheat: *~ na cenie/ rachunku* overcharge **2** *~ kogoś* trick, *(bardziej form.)* deceive sb: *~ samego siebie* delude yourself

oszust/ka *(przestępca)* crook

oszustwo *(podrobienie dokumentów itp.)* fraud

oś axis *[lm* axes], *(w samochodzie)* axle

ość (fish) bone

oślepi(a)ć blind: *~ kogoś światłem* dazzle sb

ośmielać się 1 *(pewność siebie)* gain confidence **2** *(odwaga)* dare: *Ośmielę się zauważyć, że* If I may be so bold as to say that

ośmiesz-ać/yć mock ■ **ośmie-sz-ać/yć się** make a fool of yourself

ośmiobok octagon

ośmiornica octopus

ośrod|ek *(budynek; miasto, region)* centre, -ter *(Am.)*: *~ek kultury* a community centre ◊ *Londyn jest ważnym ~kiem kulturalnym.* London is an important cultural centre.

oświadcz-ać/yć state ■ **oświadcz-ać/yć się ~ się (komuś)** propose (to sb) | *oświadczenie* statement, *(zwł. urzędowe)* an-nouncement

oświadczyny proposal *[C]*

oświata education

oświetl-ać/ić light sth (up)

oświetlenie 1 *(światło)* lighting: *dobre/złe ~* good/poor lighting **2** *(lampy itp.)* light: *zainstalować ~* install lights

o-taczać/toczyć surround: *~ coś ogrodzeniem* enclose sth ◊ *~ kogoś ramieniem* put your arm around sb ◊ *~ dziecko opieką* take good care of a child

otępienie 1 *(zobojętnienie)* stupor: *Po śmierci żony wpadł w ~.* After his wife's death he went into a dazed state. **2** *(med.)* dementia

oto *(na coś blisko mówcy)* this is, *(na coś dalej od mówcy)* that is: *O~ sypialnia króla.* This is the king's bedroom. ◊ *O~ moje dokumenty, tam na stole.* Those are my papers on the table over there. ◊ *W tym ~ oknie stał zamachowiec.* In this very window stood the assassin.

otoczenie 1 *(naturalne itp.)* surroundings *[lm]* **2** *(ludzkie)* milieu

otoczyć → OTACZAĆ

otóż well

otręby bran

otruć → TRUĆ

otrzeć (się) → OCIERAĆ (SIĘ)

otrzeźwieć → TRZEŹWIEĆ

otrzym(yw)ać receive: *~ wiadomość od kogoś* hear sth from sb

otuch|a comfort: *dodać komuś ~y (pocieszyć)* comfort sb/ *(rozweselić)* cheer sb up ◊ *nabierać ~y* cheer up ◊ *stracić ~ę* lose heart

otul-ać/ić ~ kogoś wrap sb (up), *(w łóżku)* tuck sb in/up

otwarcie *rz.* opening ▶ *przysł.* openly

otwarty 1 *(niezamknięty)* open **2** *(basen)* out-door **3** *(tolerancyjny)* open-minded *[IDM]* *dzień ~ch* drzwi open day | *przy ~ch drzwiach (spotkanie)* open, *(w sądzie)* in open court

otwieracz opener: *~ do butelek* a bottle-opener ◊ *~ do konserw* a tin-opener

o-twierać/tworzyć 1 open: *Otwórz drzwi!* Open the door! ◊ *(po pukaniu itp.) ~ drzwi* answer the door ◊ *~ coś kluczem* unlock sth **2** *(rozpościerać)* spread: *~ parasol* put an umbrella up **3** *(wodę, gaz)* turn sth on *[IDM]* **~ ogień (na kogoś/coś)** open fire (at/on sb/ sth) ■ **o-twierać/tworzyć się 1** *(drzwi itp.)* open **2** *(widok) ~ się (przed kimś)* open up (before sb)

otwór *(w żywopłocie itp.)* opening, *(dziura)* hole, *(na monetę, list itp.)* slot: *~ wentylacyjny* a vent

otyły obese | *otyłość* obesity

otynkować → TYNKOWAĆ

owad insect

owadobójczy: *środek ~* (an) insecticide

owalny oval

owca *(w ogóle)* sheep *[lm* sheep], *(samica)* ewe

owczarek sheepdog: *~ niemiecki* an Alsatian ◊ *~ szkocki* a collie

owies oats *[lm]*

owi-jać/nąć ~ coś (w coś/czymś) wrap sth (in sth), **~ coś czymś** wind sth (a) round sth: *~ szyję szalikiem* wind a scarf round your neck ◊ *~ rękę bandażem* put a bandage on your arm *[IDM]* **~ w bawełnę** beat about/(*Am.*) around the bush ■ **owi-jać/nąć się 1 ~ się czymś** wrap yourself in sth **2** *(bluszcz itp.)* wind

owoc *(i przen.)* fruit: *~ cytrusowy* a citrus fruit ◊ *~e morza* seafood

owocny fruitful

owsianka porridge, oatmeal *(Am. zwykle)*

o-zdabiać/zdobić decorate: *~ brzegi czegoś czymś* trim sth with sth

ozdoba 1 (*dekoracja*) decoration, (*biżuteria*) jewellery, -welry (*Am.*): ~ *we włosach* a hair ornament **2** (*kolekcji itp.*) jewel

ozdobny 1 (*nie (tylko) funkcjonalny*) decorative **2** (*styl pełen ozdób*) ornate

oziębły 1 cold **2** (*płciowo*) frigid

oznacz-ać/yć 1 (*pokazywać znakiem*) mark sth (out), (*naszywką itp.*) label **2** (**oznaczać**) (*znaczyć*) mean, (*wyrażać*) signify, (*skrót itp.*) stand for sth, (*symbolem*) symbolize

oznajmi(a)ć announce

oznak|a 1 sign: *być ~ą czegoś* indicate sth **2** (*choroby*) symptom

ozonow|y ozone: *warstwa ~a* the ozone layer

ozór tongue

ożenić się → ŻENIĆ SIĘ

oży(wa)ć 1 (*osoba; muzeum itp.*) come alive **2** (*gospodarka*) liven up **3** (*tradycja; uczucia, wspomnienia*) be revived

ożywi(a)ć 1 (*przywracać do życia*) revive **2** (*czynić weselszym*) liven sb/sth up ■ **ożywi(a)ć się 1** (*zainteresować się*) come to life **2** (*stać się weselszym*) liven up **3** (*oczy*) light up

ożywienie 1 (*podniecenie*) animation **2** (*zainteresowania; ekonomiczne itp.*) revival

Óó

ósemka (figure of) eight

ósmy eighth

Pp

pach|a 1 (*anat.*) armpit: *nieść coś pod ~ą* carry sth under your arm ◊ *depilacja ~* underarm waxing **2** (*w ubraniu*) armhole

pachnieć smell: *Pachnie pysznie.* It smells delicious. ◊ *Pachnie mokrą wełną.* It smells of wet wool.

pachwina groin

pacierz prayer: *odmawiać ~* say your prayers

pacjent/ka patient: ~ *ambulatoryjn-y/a* an outpatient

paczka 1 (*pocztowa*) parcel, package (*Am. zwykle*), (*chusteczek do nosa*) pack, (*papierosów itp.*) packet: ~ *żywnościowa* a food parcel ◊ (*dla ubogich dzieci itp.*) ~ *świąteczna* a Christmas parcel **2** (*ludzi*) bunch

paczyć/s- (się) warp

padaczka epilepsy

pa-dać/ść 1 fall, (*z wyczerpania itp.*) collapse **2** (*deszcz*) rain, (*śnieg*) snow, (*grad*) hail: *Pada (deszcz)/śnieg/grad.* It's raining/snowing/hailing. [IDM] **padać na nos** be shattered | **paść trupem** drop dead

pagórek hill

pająk spider

pajęczyna web, (*zwł. stara, zapylona i w domu*) cobweb

pakiet 1 (*listów itp.*) file, (*banknotów*) bundle **2** (*ustaw itp.*) package [IDM] **kontrolny ~** *akcji* controlling interest

pakować 1 (*za-*) pack, (*do wysyłki*) package, (*owijać*) wrap, (*do pudełka*) box **2** (*/w-*) (*wpychać*) stuff [IDM] **(w)~** *kogoś do więzienia* clap sb in prison ■ **pakować się 1** (*/s-*) (*swoje rzeczy*) pack up **2** (*/w-*) (*do samochodu itp.*) squeeze into sth

pakunek package

palacz/ka 1 (*papierosów itp.*) smoker **2** (*w kotłowni itp.*) stoker

palący *przym.* **1** (*słońce; sprawy; potrzeba*) burning **2** (*wspomnienia itp.*) painful: ~ *wstyd* deep shame | **paląc-ya** *rz.* smoker

pal|ec 1 (*u ręki*) finger: ~*ec wskazujący* an index finger ◊ ~*ec serdeczny* a ring finger ◊ *koniuszek* ~*ca* a fingertip **2** (*u nogi*) toe: *duży* ~*ec* a big toe ◊ *chodzić na* ~*cach* tiptoe [IDM] **mieć coś w małym** ~**cu** have sth at your fingertips | **nie kiwnąć** ~**cem** not do a stroke (of work) | **patrzeć na coś przez** ~**ce** turn a blind eye to sth

palenie (*tytoniu*) smoking

palić 1 (*/s-*) burn, (*doszczętnie*) burn sth down **2** (*/wy-*) (*papierosa itp.*) smoke: ~ *nałogowo* chain-smoke [IDM] **palą kogoś uszy** sb's ears are burning ■ **palić się 1** (*ogień*) burn **2** (*światło*) be on **3** ~ **się do czegoś** be bursting to do sth

paliwo fuel, (*płynne*) petrol, gas(oline) (*Am.*)

palnik 1 (*gazowy*) gas ring **2** (*spawacza*) blowlamp, (*blow*)torch (*Am.*)

paln|y *broń* ~*a* firearms

palto (over)coat

pałac (*króla itp.*) palace, (*bogatej rodziny*) mansion

pałeczka 1 stick: ~ *sztafetowa* a baton **2** (*do gry na perkusji*) drumstick **3** (*do jedzenia chińskich itp. potraw*) chopstick

pałka club: ~ *policyjna* a truncheon

pamiątk|a memento, (*z wakacji*) souvenir: ~*a rodzinna* a family heirloom ◊ ~*i* (*z danego okresu, środowiska itp.*) memorabilia

pamię|ć memory: *na* ~*ć* by heart ◊ *nauczyć się czegoś na* ~*ć* memorize sth ◊ *odświeżać czyjąś* ~*ć* jog sb's memory ◊ *wymazać coś z* ~*ci* block sth out ◊ *wryć się w pamięć* stick in your mind ◊ *ku* ~*ci kogoś* in memory of sb [IDM] **bez** ~**ci** head over heels: *Zakochał się bez* ~*ci.* He fell head over heels in love. **| świętej** ~**ci** late

pamiętać/za- remember

pamiętnik 1 diary **2** (~**i**) memoirs

pan 1 (*mężczyzna*) gentleman [*lm* - men]: *wielki* ~ a lord **2** (*tytuł*) Mr **3** (*przy zwracaniu się do nieznanego mężczyzny*) you, (*zwrot grzecznościowy w liście*) sir: *Proszę* ~*a, tu nie wolno palić.* Excuse me, (*tylko bardzo form.*) sir, you aren't allowed to smoke here. **4** (*właściciel*) master [IDM] ~ **młody** (bride)groom **| pana 1** (*z rz.*) your **2** (*bez rz.*) yours

pani *rz.* **1** (*kobieta*) lady: *wielka* ~ a lady **2** (*tytuł*) Mrs, (*niezamężna; nauczycielka*) Miss **3** (*przy zwracaniu się do nieznanej kobiety*) you, (*zwrot grzecznościowy w liście*) madam: *Proszę* ~*i, tu nie wolno palić.* Excuse me, (*tylko bardzo form.*) madam, you aren't allowed to smoke here. **4** (*właścicielka*) mistress ▶ **1** (*z rz.*) your **2** (*bez rz.*) yours

panieński: *nazwisko* ~*e* a maiden name [IDM] ~ **wieczór** hen party

panna 1 (*dziewczyna*) maiden **2** (*tytuł*) Miss **3** (P~) (*znak zodiaku*) Virgo [IDM] ~ **młoda** bride **| stara** ~ spinster

panorama panorama

panować 1 (*król itp.*) rule **2** ~ **nad kimś/czymś** (be in) control of sb/sth: ~ *nad sytuacją* be on top of the situation ◊ ~ *nad sobą* keep your temper **3** (*istnieć*) be: *W pokoju panował idealny porządek.* There was perfect order in the room. **4** (*mieć przewagę*) predominate

pantof|el shoe, (*ranny*) slipper [IDM] **być pod czyimś** ~**lem** be under sb's thumb **| pod** ~**lem** (*mąż*) henpecked

państwo 1 (*polit.*) state: ~ *opiekuńcze* the/a welfare state ◊ ~ *policyjne* a police state **2** (*pan i pani*) Mr and Mrs **3** (*osoby*) you **| państwa 1** (*z rz.*) your **2** (*bez rz.*) yours

państwowy state

papier paper: ~ *listowy* writing paper ◊ ~ *milimetrowy* graph paper ◊ ~ *pakowy* brown paper ◊ ~ *ścierny* sandpaper ◊ ~ *toaletowy* toilet paper ◊ ~ *woskowany* greaseproof paper ◊ *zużyty* ~ waste paper

papierniczy: *sklep* ~ a stationer's

papieros cigarette

papież pope

paplać chatter

paproć fern

papryka 1 (*warzywo*) pepper, bell pepper (*Am.*): ~ *chilli* (a) chilli **2** (*przyprawa*) paprika

papuga parrot

pa|ra 1 (*dwie osoby/rzeczy*) pair: *nie do* ~*ry* odd ◊ ~*rami* in pairs ◊ *w* ~*rze z czymś* hand in hand with sth ◊ *w* ~*rze* (*z kimś/czymś*) together (with sb/sth) ◊ *dobierać kogoś/coś do* ~*ry* pair sb/sth off (with sb/sth) **2** (*małżonków, narzeczonych itp.*) couple: *młoda* ~*ra* the bride and groom **3** (*wodna*) steam: *gotować coś na* ~*rze* steam sth [IDM] **nie puszczać** ~**ry z ust** not breathe/say a word **| pełną** ~**rą** at full speed

parafia parish

paragon receipt

paragraf (*zwł. traktatu, prawa*) article, (*zwł. umowy*) clause

paraliż paralysis: ~ *dziecięcy* heinemedina

paraliżować/s- (*i przen.*) paralyse, -lyze (*Am.*): *Paraliżował go strach.* He was paralysed with fear.

parapet (window) sill

parasol/ka (*od deszczu*) umbrella, (*od słońca*) parasol

parawan screen

parcela plot

park park, (*miejski*) municipal gardens, (*przy pałacu itp.*) grounds: ~ *narodowy* a national park ◊ ~ *rozrywki* a theme park

parkan fence

parking car park: ~ *wielopoziomowy* a multi-storey car park ◊ ~ (*nie*) *strzeżony* a secure/an unguarded car park

parkometr parking meter

parkować/za- park

parlament parliament
parlamentarny parliamentary
parny sultry
parodiować (*naśladować kogoś/czyjeś maniery*) mimic, (*w sztuce*) parody
parować 1 (*zamieniać się w parę*) evaporate **2** (*odpierać atak*) parry: ~ *czyjeś argumenty* rebuff sb's arguments
parowóz steam engine
parówka 1 (*kiełbaska*) frankfurter **2** (*gorące powietrze*): *Ale dziś ~!* What a scorcher!
parsk|ać/nąć snort: ~ *śmiechem* snort with laughter
parszywy lousy
partaczyć/s- mess sth up
parte|r 1 (*bloku*) ground/, first (*Am.*) floor **2** (*teatr*): *rzędy na ~rze* the stalls I **parterowy** one-storey: *dom ~ a* bungalow
parti|a 1 (*polit.*) party **2** (*zespół ludzi*) group **3** (*szachów, w grze w karty itp.*) game, (*golfa, brydża itp.*) round **4** (*towaru*) batch, (*do wysłania*) consignment **5** (*w operze itp.*) part
partner/ka partner I **partnerski** based on partnership I **partnerstwo** partnership
partyzan|t/ka guerrilla, (*zwł. podczas drugiej wojny światowej*) partisan: *~ci* (*w Polsce, Francji*) the Resistance
parzyć 1 (*być bardzo gorącym*) be very hot **2** (*/o-*) (*kaleczyć: słońce*) burn, (*gorąca woda/zupa itp.*) scald **3** (*/o/po-*) (*pokrzywa*) sting **4** (*/za-*) (*kawę, herbatę*) brew ■ **parzyć się 1** (*pokrzywami*) sting yourself **2** (*kawa itp.*) be brewing **3** (*zool.*) mate
parzysty even
pas 1 (*do spodni itp.*) belt, (*sukienki itp.*) waistband: ~ *bezpieczeństwa* a seat belt ◇ ~ *do pończoch* a suspender belt **2** (*talia*) waist **3** (*smuga koloru itp.*) band: *w ~y* striped **4** (*fragment drogi*): ~ *ruchu* a lane ◇ ~ *startowy* a runway **5** (*~y*) (*na ulicy*) zebra crossing **6** (*obszar*) zone: ~ *graniczny* the borderland ◇ ~ *przybrzeżny* coastal waters [IDM] *poniżej* ~a below the belt I *do* ~a to the waist I *od* ~a from the waist down I ~ *ratunkowy* lifebelt
pasażer/ka passenger: ~ *na gapę* a stowaway
pas|ek 1 (*do spodni itp.*) belt, (*sukienki itp.*) waistband: *~ek do zegarka* a watchband **2** (*koloru itp.*) band: *w ~ki* striped [IDM] *~ek do przewijania* (*komput.*) scrollbar I *~ek klinowy* fan belt I *~ek narzędzi* (*komput.*) toolbar
pasemka highlights
pasiasty striped

pasierb/ica stepchild, (*chłopiec*) stepson, (*dziewczynka*) stepdaughter
pasj|a 1 (*zamiłowanie*) passion **2** (*gniew*) rage: *wpaść w ~ę* fly into a rage ◇ *doprowadzać ko-goś do ~i* enrage sb
pasjonować absorb ■ **pasjonować się** ~ *się czymś* be fascinated by sth
pasjonujący (*bardzo ciekawy*) fascinating, (*podniecający*) thrilling
paskudny nasty
paskudzić/s- (*coś*) mess ■ **paskudzić/s-się** (*rana*) fester
pasmo 1 strip **2** (*ruchu*) lane **3** (*górskie*) mountain range
pasować ~ (*do kogoś/czegoś*) **1** (*być odpowiednim*) suit: *Meble nie pasują do tego pokoju.* This furniture doesn't suit this room. ◇ *Ta para zupełnie do siebie nie pasuje.* They don't suit each other at all. ◇ *Szminka nie pasuje do bluzki.* The lipstick doesn't match the blouse. ◇ *Do łososia świetnie pasuje cytryna.* Lemon goes wonderfully with salmon. **2** (*być odpowiedniego wymiaru/kształtu*) fit: *Klucz nie pasuje do zamka.* The key doesn't fit the lock. ◇ *Sukienka pasuje jak ulał.* The dress fits like a glove.
pasożyt parasite
pasożytować ~ *na kimś* sponge off sb
pasta 1 (*spożywcza*) paste **2** (*do polerowania*) polish: ~ *do zębów* toothpaste ◇ ~ *do butów* shoe polish
pastelowy pastel
pasteryzować pasteurize
pasterz shepherd, sheepherder (*Am.*)
pastwisko pasture
pastylka 1 (*med.*) tablet, (*na kaszel*) lozenge **2** (*cukierek*) drop, (*zwł. owocowa*) pastille
pasywny passive
pasza fodder
paszcza mouth
paszport passport
pasztecik savoury pastry
pasztet pate
paść (*krowy*) graze → PADAĆ ■ **paść się** graze
pat stalemate
patelnia frying pan
patriot-a/ka patriot
patriotyczny patriotic
patrolować patrol, (*policja*) police
patroszyć/wy- gut
patrzeć ~ (*na kogoś/coś*) look (at sb/ sth): ~ *komuś prosto w oczy* look sb in the eye ◇ ~ *w przeszłość* look back ◇ ~ *w przyszłość* look ahead [IDM] *komuś*

p

dobrze/źle z oczu patrzy sb looks nice/ nasty I **~ krzywo na kogoś/coś** look disapprovingly at sb/sth I **nie móc/ chcieć ~ na kogoś/coś** not stand the sight of sb/sth I **~ na coś przez palce** turn a blind eye to sth I **~ na kogoś wilkiem** scowl at sb

patyk 1 stick **2** (*pieniądze*) grand

pauza 1 pause **2** (*szk.*) break, recess (*Am.*) **3** (*muz.*) rest

paw peacock

paznok|ieć nail, (*u ręki*) fingernail, (*u nogi*) toenail: *obgryzać ~cie* bite your nails

pazur claw

październik October → MAJ

pączek doughnut, donut (*zwł. Am.*)

pączkować bud

pąk bud

pchać/pchnąć 1 (*przemieścić siłą*) push **2** (pchać) (*wkładać*) stuff **3** (*nakłaniać*) **~ kogoś** drive **4** : *pchnąć kogoś nożem* stab sb ■ **pchać się** push **pchnąć się:** *~ się nożem* stab yourself

pchła flea

pecet personal computer

pech bad luck: *mieć ~a* have (some) bad luck ◊ *A to ~!* Bad luck!

pechowy unlucky: *~ dzień* a bad day

pedał 1 (*roweru, fortepianu itp.*) pedal **2** : *~ gazu* an accelerator

pedałować (*na rowerze*) pedal

pedantyczny pedantic

pejzaż landscape

pelargonia geranium

peleryna cloak, (*krótsza*) cape

pełen → PEŁNY

pełni|a 1 (*księżyca*) full moon **2** (*największe nasilenie czegoś: życia*) prime, (*sezonu; sił; szczęścia*) height [IDM] **w ~** fully

pełnić (*funkcję, służbę*) perform: *~ wartę* keep guard

pełnoetatowy full-time

pełnoletność majority: *osiągnąć ~* come of age

pełnomocnictwo ~ kogoś (do czegoś) authority, (*prawn.*) power of attorney

pełnomocnik (*form.*) plenipotentiary, (*mniej form.*) representative

pełnoprawny (*partner*) with full rights, (*właściciel*) rightful, (*członek organizacji*) paid-up

pełnowartościowy (*dieta*) balanced

pełnoziarnisty wholemeal, wholewheat (*zwł. Am.*)

peł|ny (*także pełen*) **1** (*kompletny*) **~ny** (*czegoś*) full (of sth): *~en niebezpieczeństw* fraught with danger

◊ *komisja w ~nym składzie* the full commission **2** (*zaufanie*) complete [IDM] **~ne morze** the open sea I **~ny po brzegi** (*szklanka itp.*) full to the brim, (*pokój itp.*) chock-a-block

pełzać 1 (*także pełznąć*) (*dziecko; gąsiennica, ślimak itp.*) crawl, (*roślina*) creep **2** **~ przed kimś** (o coś) grovel to sb (for sth)

pensj|a salary: *dodatek do ~i* a fringe benefit

pensjonat (*rodzaj hotelu*) guest house, (*gdzie ludzie długo mieszkają*) boarding house, (*dla starszych ludzi*) old people's home

perfidny treacherous

perfumy perfume [C,U]

perkusist-a/ka drummer, (*w muzyce poważnej*) percussionist

perkusja drums, (*w muzyce poważnej*) percussion

perła pearl

peron platform: *pójść na ~* go to the platform

perski Persian [IDM] **puścić do kogoś ~e oko** wink at sb

personalny: *dział ~* personnel

personel personnel

perspektyw|a 1 (*w rysunku itp.*) perspective **2** (*widok*) view **3** (*to, co może być w przyszłości*) prospect: *Mam przed sobą ~ę zmiany pracy.* I have the possibility of changing work. ◊ *Otwierają się przed nami szerokie ~y.* The outlook for us is good. **4** (*odległość w czasie*): *z ~y czasu* in retrospect ◊ *z ~y kilku lat* with the hindsight of several years

peruka wig

peryferie periphery, (*miasta*) outskirts

pestka 1 (*śliwki itp.*) stone, pit (*Am. zwykle*), (*jabłka, pomarańczy itp.*) pip, (*dyni itp.*) seed **2** (*coś łatwego*) a piece of cake

pesymist-a/ka pessimist

pesymistyczny pessimistic

pew|ien → PEWNY (*jakiś*) a (certain): *Informacje przekazał mi ~ien polityk.* I got the information from a (certain) politician. ◊ *W ~nym stopniu cię rozumiem.* To some extent I understand you. ◊ *~nego razu* once upon a time ◊ *po ~nym czasie* after a while

pewno surely: *P~ jesteś głodny.* You must be hungry. ◊ *na ~* certainly

pewnoś|ć 1 certainty: *z (całą) ~cią* certainly **2** (*siebie*) (self-)confidence

pew|ny 1 certain, sure: *rzecz ~a* a certainty ◊ *Jestem ~a, że wszystko się ułoży.* I'm sure (that) everything will work out. **O** Sure i **certain** mają bardzo podobne znaczenie. Jednak w wyrażeniu *It is certain that...* nie można stosować ich wymiennie: *It is certain that there will be an election next year.* Pewne jest, że w przyszłym roku będą wybory. Chcąc użyć **sure** należy powiedzieć: *There is sure to be an election next year.* **2** *(siebie)* (self-) confident: *~y czegoś* confident of sth **3** *(godny zaufania)* reliable: *informacje z ~ego źródła* information from a reliable source **4** *(ręka, itp.)* steady

pęcherz blister [IDM] **~ moczowy** bladder | **pęcherzyk:** *~ żółciowy* a gall bladder

pędzel paintbrush [IDM] **~ do golenia** shaving brush

pędzić rush: *~ na oślep* stampede

pęk-ać/nąć *(balon itp.)* burst, *(sufit itp.)* crack, *(tkanina)* rip, *(szew)* split, *(struna)* snap: *~ z trzaskiem* pop [IDM] **~ ze śmiechu** laugh your head off | **~ w szwach (od czegoś)** *(przen.)* be bursting at the seams (with sth) | **głowa mi pęka** I've got a splitting headache | **uszy pękają:** *Uszy pękają od tej muzyki.* That's ear-splitting music.

pękaty squat

pęknięcie 1 → PĘKAĆ **2** *(w spódnicy itp.)* split **3** *(kości)* fracture **4** *(opony)* blowout

pępek navel, *(nieform.)* belly button

pępowina umbilical cord

pęseta (a pair of) tweezers

pętla 1 loop, *(do polowania na zwierzęta)* lasso [lm -s/-es], *(do wieszania ludzi)* noose **2** *(tramwajowa itp.)* terminus

piach sand [IDM] **iść do ~u** die

piana *(napoju)* froth, *(na plaży)* foam, *(z mydła)* lather

pianino piano

pianist-a/ka pianist

pianka 1 → PIANA **2** *(materiał)* foam **3** *(kosmetyk):* *~ do ukła-dania włosów* styling mousse

piasek sand

piaszczysty sandy

piątek Friday → PONIEDZIAŁEK

piątka 1 *(cyfra)* five **2** *(stopień w szkole)* A

piątly fifth [IDM] **~e koło u wozu** fifth wheel

picie *(alkoholu)* drinking: *Czy chcesz coś do ~a?* Do you want something to drink?

pić/wy- 1 drink: *Wypij sok i chodźmy.* Drink up your juice and let's go. ◊ *wypić coś do dna* down your drink

◊ *wypić coś haustami* take swigs of sth **2** *(uwierać)* pinch [IDM] **pić do kogoś** allude to sb | **wypić czyjeś zdrowie** drink sb's health

pidżama → PIŻAMA

piec *rz.* *(do pieczenia chleba itp.)* oven, *(w stalowni itp.)* furnace, *(do spalania nieczystości)* incinerator

piec/u- *cz.* **1** *(mięso itp.)* roast, *(ciasto, chleb itp.)* bake, *(na ruszcie w piecyku)* grill: *~ grzanki* make toast **2** *(oczy itp.)* smart [IDM] **upiec dwie pieczenie przy jednym ogniu** kill two birds with one stone

piechot|a *(wojsk.)* infantry [IDM] **~a/na ~ę** on foot

piecyk 1 *(w kuchence)* oven **2** *(do ogrzewania)* heater, *(w łazience itp.)* water heater

pieczara cavern

pieczarka mushroom

pieczątka (rubber) stamp

pieczeń roast

pieczęć 1 *(pieczątka)* stamp **2** *(znak na wosku/laku)* seal

pieczętować/o- 1 *(odbijać na papierze)* stamp **2** *(zamykać pieczęcią z wosku)* seal

pieczony roast

pieczywo bread: *~ chrupkie* crispbread

pieg freckle

piegowaty freckled

piekarnia bakery

piekarnik oven: *włożyć ciasto do ~a* put a cake in the oven

piekarz baker

piekielny 1 *(związany z piekłem)* of hell/hell's **2** *(diabelski)* diabolical **3** *(straszny)* hellish

piekło hell [IDM] **robić komuś ~** give sb hell | **rozpętało się ~** all hell broke loose

pielęgnia-rz/rka nurse

pielęgnować 1 *(osoby)* nurse **2** *(rośliny)* cultivate

pielgrzym pilgrim

pielgrzymka pilgrimage

pielić/wy- weed

pieluszk|a nappy, diaper *(Am.):* *zmienić dziecku ~ę* change a baby's nappy

pieniądz|e money [U] [IDM] **ciężkie/ grube/duże ~e** a for-tune | **leżeć na ~ach** be rolling in money/it | **wyrzucać ~e w błoto** throw money away | **za psie ~e** for peanuts

pieniężny monetary

pień trunk [IDM] **głuchy jak ~** deaf as a post

pieprz pepper

p

pieprzyć/po- 1 (*pieprzem*) pepper 2 (*mówić głupoty*) talk crap

pieprzyk mole

piernik gingerbread

pier|ś 1 chest 2 (*kobieca*) breast: *karmić ~sią* breastfeed

pierścień ring | **pierścionek** ring

pierwotny 1 (*kultura itp.*) primitive 2 (*las itp.*) primeval 3 (*pierwszy*) original, (*kontakt*) initial

pierwszeństw|o priority: *prawo ~a* right of way ◇ *dawać ~o przejazdu* (*komuś/czemuś*) give way (to sb/sth)

pierwsz|y first: *~y* (*z dwu wymienionych*) the former ◇ *po raz ~y* for the first time ◇ *po ~e* first (of all) ◇ *~a klasa* first class ◇ *~a pomoc* first-aid |IDM| *kto ~y, ten lepszy* (*zajmie lepsze miejsce, itp.*) first come, first served, (*wygra*) the early bird catches the worm | *~a osoba* (*gram.*) the first person | *~y lepszy* 1 : *Ja nie jestem ~a lepsza!* I'm not just anybody! 2 : *Zamówił ~e lepsze danie.* He ordered the first thing that caught his eye on the menu.

pierzyna duvet

pies dog: *~ gończy* a hound ◇ *~ pasterski* a sheepdog |IDM| *być/czuć się pod psem* be/feel under the weather | *schodzić na psy* go to the dogs

piesz|y *przym.* pedestrian: *~y turysta* a hiker ◇ *~a wycieczka* a hike ◇ *robić ~e wycieczki* go walking | **piesz-ya** *rz.* pedestrian

pieścić (się) 1 (*gładzić; dotykać*) caress, (*seksualnie*) pet 2 (*przesadnie o siebie dbać*) pamper 3 (*mówić jak małe dziecko*) babble

pieśń song: *~ religijna* a hymn

pietruszka 1 (*korzeń*) parsley-root 2 (*natka*) parsley

pięciobok pentagon

pięciobój pentathlon

pięć five |IDM| *ni w ~ ni w dziewięć* irrelevantly

pięćdziesiąt fifty | **pięćdziesiąty** fiftieth

piękno beauty

piękny beautiful, (*zwł. mężczyzna*) handsome

pieś|ć fist: *uderzyć kogoś ~cią* punch sb ◇ *zacisnąć ~ć* clench your fist

pięta heel

piętnaście fifteen | **piętnasty** fifteenth

pięt|ro 1 (*odnosi się do budynku, w którym ktoś mieszka, szuka czegoś, itp.*) floor, (*w określeniu jakiegokolwiek budynku*) storey (Am.) story: *na pierwszym ~rze* on the first floor/(Am.) second floor ◇ *Na którym ~rze mieszkasz?* Which floor do you live on? ◇ *Ile ~er ma ten budynek?* How many storeys has that building got? 2 (*w autobusie*) deck | **piętrowy** storey: *dwupiętrowy dom* a two-storeyed house

pigułka pill: *~ antykoncepcyjna* the (contraceptive) pill

pija-k/czka alcoholic

pijan|y drunk: *po ~emu* drunkenly ◇ *jazda po ~emu* drink-driving ◇ *~y szczęściem* drunk with happiness

pijaństwo drunkenness

pik spade

pikantny 1 (*jedzenie*) spicy 2 (*dowcip itp.*) dirty

piknik picnic: *urządzić ~* go on a picnic

pilnik file: *~ do paznokci* a nailfile

pilnować 1 (*strzec*) keep watch over sb/sth, (*strażnik*) guard: *~ mieszkania sąsiadom* mind a neighbours' flat ◇ *~ swoich interesów* look after yourself 2 (*zwracać uwagę na coś*): *Pilnuj, żeby dzieci nie oglądały telewizji.* Make sure the children don't watch television. ◇ *~ porządku* keep order ◇ *~ przepisów* follow the rules 3 (*pracownika*) supervise 4 : *~ (studentów) podczas egzaminu* invigilate an exam |IDM| *~ własnego nosa* mind your own business

pilny 1 (*sprawa*) urgent 2 (*osoba*) diligent

pilot 1 (*samolotu*) pilot 2 (*wycieczki*) guide 3 (*do telewizora itp.*) remote (control)

piła saw: *~ łańcuchowa* a chainsaw

piłka ball: *~ nożna* a football

piłkarz footballer, soccer player (Am.)

piłować/s- saw

pinceta (pair of) tweezers

pinezka drawing pin, (thumb)tack (Am.)

ping-pong table tennis, Ping-Pong™

pionek (*w warcabach itp.*) counter, (*w szachach; i przen.*) pawn

pionierski 1 (*badania itp.*) pioneering 2 (*dot. osadników*) pioneer

pionow|y vertical: *~a postawa* an upright posture

piorun lightning

piorunochron lightning conductor/ (Am.) rod

piosenka song

piosenka-rz/rka singer

piórnik pencil case

pióro 1 (*ptaka*) feather 2 (*do pisania*) pen: *wieczne ~* a fountain pen

piracki pirate I **piractwo** piracy: ~ *komputerowe* hacking

pirat pirate [IDM] ~ **drogowy** road hog

pisać/na- 1 write: ~ *sprawozdanie* write out a report ◊ ~ *coś na czysto/ brudno* write sth up/draft sth ◊ *pisany ręcznie* handwritten **2** *(na komputerze)* key sth, *(na komputerze/maszynie itp.)* type **3** *(w liście/książce itp.)* say, write, *(form.)*: *Pisze, że przyjedzie w piątek.* He says he's coming on Friday. ◊ *W książce jest napisane, że...* The book says that... [IDM] **być komuś pisanym,** że be destined (to do sth) ■ **pisać/na- się** spell: *Jak to się pisze?* How do you spell that? [IDM] **nie ~ się na coś 1** *(nie zgadzać się)* not agree to sth **2** *(nie mieć ochoty)* not feel like doing sth

pisanie writing: ~*e na komputerze* keying ◊ ~*e na maszynie* typing ◊ *Czy masz coś do ~a?* Have you got something to write with?

pisa-rz/rka writer

pisemny written

pisk *(małego ptaka)* peep, *(dzieci)* squeal, *(myszy itp.)* squeak

piskliwy *(skrzypce itp.)* squeaky, *(przenikliwy)* shrill

pism|o script: *charakter ~a* (hand) writing ◊ *na piśmie* in writing ◊ *Zna angielski w mowie i w piśmie.* He knows how to speak and write in English. [IDM] **P~o Święte** Scripture

pisownia spelling

pistolet pistol

pi-szczeć/snąć *(mały ptak, mysz)* squeak, *(dzieci, z radości itp.)* squeal, *(kobieta: ze strachu itp.)* shriek ❶ **Squeal** jest głośniejszy i dłuższy od **squeak.** [IDM] *aż piszczeć do czegoś* be dying for sth I *bieda aż piszczy* extreme poverty I **nie pisnąć (nikomu) ani słowa** not breathe a word of/about sth (to sb)

piśmienn|y 1 *(osoba)* literate **2** : *przybory/materiały* ~*e* stationery

piwnica cellar, *(w bloku mieszkalnym)* basement

piwny 1 *(dot. piwa)* beer **2** *(kolor oczu)* hazel

piw|o beer: ~*o jasne/ciemne* (a) light/ dark beer ◊ ~*o beczkowe* draught beer → JASNY [IDM] **małe ~o** a piece of cake I **nawarzyć sobie ~a** get into trouble

piżama pyjamas, paj- *(Am.)* [lm]

plac square: ~ *budowy* a building site ◊ ~ *gier* a playing field ◊ ~ *targowy* a market place ◊ ~ *zabaw* a playground

plac|ek cake: ~*ek z jabłkami* an apple pie [IDM] **leżeć/upaść ~kiem** lie/fall flat

plaga *(mrówek itp.)* plague, *(bezrobocia itp.)* problem, scourge, *(jęz. pis.)*: ~ *przestępstw* an epidemic of crime

plagiat plagiarism: *popełnić* ~ plagiarize

plakat poster

plam|a 1 *(tłusta itp.)* stain: *krwawa* ~*a* a bloodstain ◊ ~*a ropy* an oil slick **2** *(mała część powierzchni)* patch, *(światła)* pool **3** (~*y*) *(na skórze/futrze zwierzęcia)* spots **4** *(zmaza)* blot [IDM] **dać ~ę** put your foot in it/*(Am.)* in your mouth

plamić 1 *(/po-)* *(koszulę itp.)* stain **2** *(/s-)* *(reputację itp.)* tarnish ■ **plamić się 1** *(/po-)* *(koszula itp.)* stain **2** *(/s-)* *(reputacja)* tarnish your reputation

plan 1 *(zamiar; schemat)* plan, *(program)* programme, -gram *(Am.)*: ~ *lekcji* a timetable ◊ ~ *podróży* an itinerary ◊ *iść zgodnie z* ~*em* go according to plan **2** *(miasta)* (street) map **3** *(w filmie, na obrazie)*: *przedni* ~ the foreground ◊ *dalszy* ~ the background [IDM] **wysuwać się na pierwszy** ~ come to the fore

planeta planet

planować/za- plan

plaster 1 *(med.)* plaster, Band-Aid™ **2** *(szynki itp.)* slice [IDM] ~ **miodu** honeycomb

plastyczn|y 1 : *sztuki* ~*e* fine arts **2** *(fotografia, litery)* three-D: *mapa* ~*a* a relief map **3** *(opis)* vivid [IDM] **operacja** ~**a** plastic surgery

plastyk 1 *(i* ~**ka)** *(osoba)* artist **2** *(materiał)* plastic

plastykowy plastic

plaża beach

plądrować/s- plunder

plątać 1 *(/s-)* *(włosy itp.)* tangle **2** *(/po-)* *(mylić)* ~ *coś (z czymś)* mix sth up (with sth): *Wszystko mu się poplątało.* He's all confused.

plebania presbytery

plecak backpack

plecy back [C] [IDM] **mieć** ~ have backing I **zadać komuś cios w** ~ stab sb in the back

pled blanket

plemienny tribal

plemię tribe

plene|r the open air: *w* ~*rze* on location

pleść 1 *(warkocz)* plait, braid *(Am.)* **2** *(mówić)* blabber (on) (about sth): ~ *głupstwa* talk nonsense

pleśnieć/za- get mouldy/*(Am.)* moldy

pleśń mould, mold *(Am.)*

plewić/o- weed

plik 1 (*papierów*) bundle, (*banknotów*) wad **2** (*komput.*) file

plisowany pleated

plomba 1 (*na paczce itp.*) seal **2** (*w zębie*) filling

plon (*także* ~y) **1** crop **2** (*przen.*) fruit

plotka gossip

plotka-rz/rka gossip

plotkować gossip

pluć spit: ~ *krwią* cough blood [IDM] ~ **sobie w brodę** kick yourself I ~ **na kogoś/coś** not give a damn about sb/sth

plugawy (*anegdota itp.; spelunka*) squalid, (*język; zachowanie*) foul

plus 1 (*mat.*) plus: ~ *trzy stopnie* three degrees above zero **2** (*pozytywna strona*) advantage [IDM] **mieć ~a u kogoś** be in sb's good books I ~**y i minusy** the pros and cons I ~ **minus** more or less

plusk splash

pluskać splash ∎ **pluskać się** splash about/around

pluskw|a 1 (*zool.*) (bed)bug **2** (*mikrofon*) bug: *podłożyć* ~ę *w pokoju* bug the room **3** (*osoba*) rat

płaca pay ➊ **Pay** ogólnie oznacza wynagrodzenie za pracę. **Wage(s)** wypłaca się zwykle cotygodniowo. **Salary** dostają zwł. specjaliści i pracownicy biurowi co miesiąc, bezpośrednio na konto bankowe. **Payment** oznacza zapłatę za pracę jednorazową lub wykonywaną dorywczo. **Income** to całkowity dochód.

płacić pay: ~ *gotówką/czekiem* pay in cash/by cheque

płacz crying: *Zbierało się jej na* ~. She was on the brink of tears.

płaczliwy 1 (*dziecko itp.*) tearful **2** (*głos*) pitiful **3** (*piosenka*) sad

płakać/za- 1 (*ronić łzy*) cry **2** (*lamentować*) ~ (*nad kimś/czymś*)/(*po/za kimś*) mourn (for sb/sth)

płaski flat: ~ *talerz* a dinner plate

płaszcz (over)coat: ~ *nieprzemakalny* a raincoat ◊ *Włóż* ~. Put your coat on. ◊ *Zdejmij* ~. Take your coat off.

płaszczyć się ~ (**przed kimś**) grovel (to sb)

płaszczyzna plane

płat 1 (*tkaniny*) piece **2** (*mięsa itp.*) slice, (*bekonu*) rasher

płat|ek 1 (*róży itp.*) petal **2** (*cienki kawałek czegoś*) flake: ~*ek śniegu* a snowflake ◊ ~*ki zbożowe* cereal ◊ ~*ki kukurydziane* cornflakes ◊ ~*ki mydlane* soapflakes ◊ ~*ek szynki* a thin slice of ham **3** : ~*ek ucha* an (ear) lobe [IDM] **iść jak z ~ka** go smoothly

płatny (*o rachunku itp.*) due, payable: *nisko* ~ low-paid

płciowy sexual

płeć sex: *płci męskiej* male ◊ *płci żeńskiej* female

płetwonurek scuba diver

płochliwy timid

płodny 1 (*osoba, ziemia, roślina*) fertile **2** (*pisarz itp.*) prolific

płomie|ń 1 flame: *w* ~*niach* ablaze ◊ *wybuchać* ~*niem* burst into flame(s) **2** (*przen.*): *twarz w* ~*niach* a flushed face

płonąć 1 (*ogień*) burn **2** (*gwiazda, lampa*) shine **3** (*gniewem, miłością itp.*) burn with sth

płoszyć/s- ~ kogoś/coś scare sb/sth away/off

płot fence

płótno cloth, (*w malarstwie*) canvas: ~ *lniane* linen

płuc|o lung: *zapalenie* ~ pneumonia

pług plough, plow (*Am.*): ~ *śnieżny* a snowplough

płukać/wy- rinse: ~ *gardło* gargle

płyn liquid: ~ *po goleniu* aftershave ◊ ~ *do kąpieli* bubble bath ◊ ~ *do płukania ust* mouthwash ◊ ~ *do zmywania* washing-up liquid

płynąć → PŁYWAĆ **1** (*/po-*) (*przemieszczać się*) flow **2** (*/u-*) (*czas*) pass **3** (*/wy-*) (*wynikać*) ~ **z czegoś** follow (from sth): *Jej słowa płynęły z głębi serca.* Her words came from the bottom of her heart. [IDM] ~ **z prądem/ pod prąd** conform/rebel

płynny 1 (*ciekły*) liquid, (*metal*) molten **2** (*ruch*) smooth **3** (*ję-zyk, styl*) fluent

płyta (*metalowa*) plate, (*z kamieni, betonowa*) slab, (*szklana itp.*) sheet: ~ *nagrobna* a gravestone ◊ ~ *pamiątkowa* a plaque [IDM] ~ **gramofonowa** record I ~ **kompaktowa** compact disc I ~ **kuchenna** hob

płytka plate, (*ceramiczna*) tile

płytki 1 (*woda; naczynie*) shallow: ~ *talerz* a dinner plate **2** (*osoba itp.*) superficial

pływać 1 (*osoba, zwierzę*) swim: ~ *na desce* surf **2** (*statek itp.*) sail **3** (*unosić się na powierzchni wody*) float

pływalnia (swimming) pool

po 1 (*przestrzeń*) about, around: *Jeździła* ~ *kraju.* She travelled around the country. ◊ ~ *ulicy* along the street **2** (*część ciała; strona czegoś*) on: ~ *bokach* on the sides ◊ *szukać* ~ *wszystkich kątach* search everywhere ◊ *Głaskała go* ~ *głowie.* She stroked him on the head. **3** (*granice w* *przestrzeni)* up to: *woda ~ kolana* water up to your knees **4** *(narzędzie)*: *wspinać się ~ linie* climb up a rope **5** *(miejsce, naczynie wypełnione wcześniej przez coś)*: *szklanka ~ mleku* a dirty milk glass ◊ *butelka ~ winie* an empty wine bottle **6** *(dziedziczenie po kimś)* from: *Miał talent ~ ojcu.* He got his talent from his father. **7** *(znak rozpoznawczy)* by: *Rozpoznał ją ~ głosie.* He recognised her by her voice. **8** *(miara, liczba)*: *Zapła-cono ~ pięć funtów.* They were paid five pounds each. **9** *(kolejność)* after: *~ kilku latach* after a few years/a few years later ◊ *Po chwili nadjechał pociąg.* A moment later the train arrived. **10** *(rozciągłość w czasie)* for: *~ całych dniach* for days on end **11** *(granice w czasie)* till: *~ dziś dzień* till now **12** *(mówić)* in: *Powiedz to ~ angielsku.* Say it in English. ◊ *Jak jest ~ polsku...?* What is the Polish for...? **13** *(sposób)* in a... way: *~ bratersku* in a brotherly way **14** *(cel)* for: *pójść ~ pomoc* go for help ◊ *~ to, żeby* (in order) to

pobić (się) → BIĆ (SIĘ)

pobiec → BIEC

pob(ie)rać 1 *(pensję, zasiłek itp.)* receive **2** *(opłatę)* charge, *(podatek)* levy **3** *(na próbki)* take ■ **pob(ie)rać się** get married, *(bardziej form.)* marry

pobieżny cursory

pobliski nearby

pobłażać ~ komuś be lenient with sb, **~ czemuś** tolerate sth: *Pobłażał wybrykom swoich dzieci.* He put up with his children's antics. ◊ *Szef nie pobłażał żadnemu pracownikowi.* The boss showed no leniency towards any of the workers.

pobłażliwy lenient

pobłogosławić → BŁOGOSŁAWIĆ

pobocze 1 *(drogi: trawiaste)* verge, soft shoulder *(Am.)* **2** *(na autostradzie)* hard shoulder, breakdown lane *(Am.)*, *(trawiste)* verge, soft shoulder *(Am.)*

pobożn|y pious |IDM| **~e życzenia** wishful thinking

pob|ór 1 *(do wojska)* conscription, the draft *(Am.)* **2** *(~ory)* pay → PŁACA **3** *(wody itp.)* consumption **4** *(podatków itp.)* collection

pobrać (się) → POBIERAĆ (SIĘ)

pobud|ka 1 ~ka (do czegoś) motive (for sth): *działać z ~ek osobistych* act from personal motives

pobudliwy excitable

pobu-dzać/dzić stimulate: *~ czyjąś wyobraźnię* stimulate sb's imagination ◊ *~ czyjś apetyt* whet sb's appetite ◊ *~ czyjąś ciekawość* arouse sb's curiosity

◊ *~ czyjąś ambicję* fire sb's ambition ◊ *~ jakieś wspomnienia* revive some memories ◊ *~ kogoś do działania* prompt sb to action ◊ *~ kogoś do śmiechu* make sb laugh

pobyt stay: *stały/tymczasowy ~* a permanent/temporary residence ◊ *prawo stałego ~u* right of abode

pocałować (się) → CAŁOWAĆ (SIĘ)

pocałunek kiss

pochlapać → CHLAPAĆ

pochlebiać flatter

pochlebny flattering

po-chłaniać/chłonąć 1 *(wodę; czyjąś uwagę; fiz.)* absorb, *(odkurzacz)* suck sth up **2** *(czas; koszty)* take **3** *(ofiary)* claim: *Katastrofa pochłonęła wiele ofiar.* The disaster claimed a lot of lives. **4** *(jeść/pić łapczywie; książki itp.)* devour

pochmurny 1 *(pogoda)* cloudy **2** *(osoba; nastrój)* gloomy

pochodzenie origin, *(społeczne)* background, *(zwierzęcia)* pedigree, *(wyrazu)* derivation: *Jest Hiszpanem polskiego pochodzenia.* He's Spanish of Polish origin.

pochodzić 1 *(skądś)* come from somewhere: *Pochodzi z zamożnej rodziny.* He comes from a wealthy family. ◊ *Ten samochód pochodzi z fabryki w Gliwicach.* This car was made in a factory in Gliwice. **2** *(słowo)* derive from sth **3** *(przedmiot: z danego okresu)* date from a certain time

pochopny rash

pochować → CHOWAĆ

pochód procession

pochwa 1 *(anat.)* vagina **2** *(pokrowiec na broń)* sheath

pochwal-ać/ić 1 *(aprobować)* approve **2** *(wyrazić pozytywną opinię)* **~ kogoś/coś (za coś)** praise sb/sth (for sth) → CHWALIĆ (SIĘ)

pochwała *(uznanie)* praise, *(aprobata)* approval: *godny ~y* praiseworthy

pochyl-ać/ić bend ■ **pochyl-ać/ić się** *(osoba)* bend down, *(budynek itp.)* lean

pochyły *(drzewo itp.)* leaning, *(grunt)* sloping

pociąć → CIĄĆ

pociąg 1 train: *podróżować ~iem* travel by train/go on the train ◊ *~ osobowy* a slow train ◊ *~ pospieszny* a fast train ◊ *~ sypialny* a sleeper ◊ *~ towarowy* a freight train **2** **~ (do kogoś/czegoś)** attraction (to sb/sth)

pociąg-ać/nąć → CIĄGNĄĆ **1** *(przesunąć)* pull **2** *(być atrakcyjnym)* attract **3** *(skutki)* **~ za sobą** entail sth

p

[IDM] ~ kogoś do odpowiedzialności (za coś) call sb to account (for/over sth) | ~ nosem sniff | ~ za sznurki pull strings

pocić/s- się sweat, (*form.*) perspire

pociecha comfort, (*po stracie*) consolation

po-cierać/trzeć rub: ~ ręce rub your hands together

pociesz-ać/yć comfort, (*po stracie*) console

począt|ek beginning, start: *na ~ku* at the beginning ◇ *z ~ku* at first ◇ *od (samego) ~ku* from the (very) beginning ◇ *dobry ~ek* a good start **[IDM] na ~ek** to start with | **od ~ku świata** since the dawn of time | **~ek końca** the beginning of the end

początkowy (*etap itp.*) initial, (*rozdział*) opening

poczekać → CZEKAĆ

poczekalnia waiting room

poczęstować (się) → CZĘSTOWAĆ (SIĘ)

poczęstunek (*kanapki itp.*) food and drinks

poczt|a 1 (*listy*) post, mail: *~a elektroniczna* email ◇ *~a głos-owa* voicemail ◇ *~a lądowa* surface mail ◇ *~a lotnicza* airmail ◇ *zwrotną ~ą* by return (of post) **❶ Post** (rz. i cz.) częściej używa się w Br. ang., natomiast **mail** w Am. ang.: *send sth by post (Br.)/mail (Am.)* ◇ *The cheque is in the post. (Br.)/ The check is in the mail. (Am.)* ◇ *There isn't much post (Br.)/mail (Am.) today.* Jednakże **mail** występuje dosyć często w Br. ang. Oficjalna nazwa urzędu poczty brytyjskiej to the **Royal Mail**. Zwróć też uwagę na wyrażenia **airmail**, **surface mail** i **mail order**. **2** (*budynek*) post office **[IDM] ~a pantoflowa** the grapevine

pocztow|y postal: *urząd ~y* a post office ◇ *skrytka ~a* a post-office/PO box ◇ *znaczek ~y* a postage stamp

pocztówka postcard

poczucie feeling, sense: ~ *humoru* a sense of humour ◇ ~ *własnej godności* self-respect ◇ ~ *własnej wartości* self-esteem ◇ ~ *wyższości* a sense of superiority ◇ ~ *bezpieczeństwa* a feeling/sense of security ◇ ~ *odpowiedzialności* a sense of responsibility

poczuć (się) → CZUĆ (SIĘ)

pod 1 (*poniżej*) under, below: ~ *ziemią* underground **❶** Por. **under**, **below**, **beneath** i **underneath**. **Under** używa się, żeby powiedzieć, że jakaś rzecz jest pod inną, dotykając jej lub nie: *The cat is asleep under the table.* ◇ *I think your letter is under that book.* Słowa **below**

używa się, kiedy mówi się o rzeczach w tym samym budynku, w tej samej części ciała: *They live on the floor below us.* ◇ *a bruise just below my knee.* Należy użyć **under** (nie **below**), mówiąc o ruchu czegoś z jednej strony na drugą: *We swam under the bridge.* Czasem stosuje się **beneath**, kiedy mówi się o rzeczy umieszczonej bezpośrednio pod drugą, ale **under** jest częściej używane. **Beneath** jest słowem literackim. Można zastosować **underneath** zamiast **under**, kiedy chce się podkreślić, że coś jest przykryte inną rzeczą lub schowane pod nią: *Have you looked underneath the sofa as well as behind it?* **2** (*miastem*) near **3** (*kierunek*): ~ *wiatr* against the wind ◇ ~ *górę* uphill ◇ ~ *prąd* upstream **3** (*wieczór itp.*) towards

podać (się) → PODAWAĆ (SIĘ)

podanie application: *składać ~ o coś* apply for sth ◇ ~ *piłki zawodnikowi* pass the ball to sb

podarować → DAROWAĆ

podarunek gift

podat|ek tax: *~ek akcyzowy* excise ◇ *~ek dochodowy* (an) income tax ◇ *~ek drogowy* road tax ◇ *wolny od ~ku* tax-free

podatny ~ **(na coś) 1** (*ulegający czemuś*) susceptible (to sth), (*na chorobę*) vulnerable (to sth) **2** (*grunt*) receptive (to sth)

poda(wa)ć 1 give: *Czy może mi pani podać sól?* Could you pass the salt, please? ◇ ~ *komuś rękę (na powitanie/ pożegnanie)* shake sb's hand/shake hands (with sb)/shake sb by the hand ◇ ~ *do stołu* serve ◇ ~ *coś do publicznej wiadomości* announce sth ◇ ~ *kogoś do sądu* sue sb **2** (*lekarstwo*) administer **3** (*piłkę zawodnikowi*) pass **[IDM] ~ czas** tell the time | ~ **ogień** give sb a light | ~ **płaszcz** help sb put their coat on ■ **poda(wa)ć się** ~ **się za kogoś** pose as sb **[IDM] podać się do dymisji** hand in your resignation

podaż supply

podbić 1 (*kraj itp.*) conquer **2** (*uderzyć*): ~ *komuś oko* give sb a black eye

pod-biegać/biec/biegnąć ~ **(do kogoś/czegoś)** run (up) (to sb/sth)

podbródek chin: *podwójny ~* a double chin

podburz-ać/yć incite

pod-chodzić/ejść 1 ~ **(do kogoś/ czegoś)** walk up (to sb/sth) (*bardziej form.*) approach (sb/sth): ~ *do lądowania* get ready to land **2** (*wspinać się*): ~ *pod górę* climb (up) a mountain/

hill 3 (*zwierzynę*) stalk 4 (*do problemu itp.*) approach sth 5 (*nakłonić podstępem*) ~ **kogoś (żeby coś zrobić)** trick sb (into doing sth) 6 (*do egzaminu*) take an exam

pod-cinać/ciąć 1 (*gałąź, włosy itp.*) trim 2 slit: ~ *sobie żyły* slit your wrists 3 (*nogę*) trip 4 (*piłkę*) slice [IDM] ~ **komuś skrzydła** clip sb's wings

podczas during: *P~ kolacji rozmawiali.* They chatted over supper. ◇ *P~ gdy mama pisała, tata grał z nami.* While Mum was writing, Dad played with us.

poddasz|e attic

podda(wa)ć 1 (*miasto itp.*) surrender 2 ~ **coś pod coś** put sth to sth, ~ **komuś coś** suggest sth to sb: ~ *propozycję pod głosowanie* put the proposal to the vote ◇ ~ *pomysł pod dyskusję* put sth up for discussion 3 ~ **kogoś/coś czemuś** subject sb to sth: ~ *kogoś/coś próbie* put sb/sth to the test ◇ *Przestępcę poddano obserwacji psychiatrycznej.* The criminal was put under psychiatric observation. ◇ *Poddano ich surowym przesłuchaniom.* They underwent a rigorous interrogation. ■ **podda-(wa)ć się 1** (*zrezygnować*) give up, (*w bitwie itp.*) surrender, (*czyjejś woli itp.; rozpaczy itp.*) give in (to sb/sth) 2 (*operacji itp.*) undergo 3 (*chorobie*) succumb (to sth)

pod-ejmować/jąć 1 (*podnosić*) pick sth up: ~ *słuchawkę* pick up the receiver 2 (*pieniądze z banku*) withdraw 3 (*pracę*) take 4 (*decyzję*) make: ~ *kroki, żeby coś zrobić* take steps to do sth 5 (*inicjatywę itp.*) take, (*pomysł*) take sth up 5 : ~ *gości* entertain ■ **pod-ejmować/jąć się** ~ **się czegoś/coś zrobić** undertake sth; to do sth

podejrzan|y 1 (*posądzony*): *być ~ym o coś* be suspected of sth 2 (*osoba; zachowanie; paczka itp.*) suspicious: ~*a paczka* a suspicious-looking package | **podejrzan-y/a** *rz.* suspect

podejrzeni|e suspicion: *wzbudzić czyjeś ~a* arouse sb's suspicions

podejrzewać ~ **kogoś (o coś)** suspect sb (of sth): *Nie podejrzewałem go o taką obłudę.* I wouldn't have expected such hypocrisy from him.

podejrzliwy ~ (*wobec kogoś/czegoś*) suspicious (of sb/sth)

podejść → PODCHODZIĆ

podeprzeć → PODPIERAĆ

podeptać → DEPTAĆ

poderwać (się) → PODRYWAĆ (SIĘ)

podeszwa sole

podgrz(ew)ać 1 (*wodę, mleko; basen itp.*) heat, (*zupę, obiad*) heat sth up 2 (*emocje itp.*) stir sth up

podjąć (się) → PODEJMOWAĆ (SIĘ)

pod-jeżdżać/jechać 1 (*zbliżyć się*) drive up 2 (*pod górę*) go uphill 3 ~ **po kogoś** pick sb up

podju-dzać/dzić incite

podkład 1 (*podłoże*) base 2 (*pod farbę*) undercoat 3 (*pod makijaż*) foundation 4 : ~ *muzyczny* incidental music 4 (*kolejowy*) sleeper, tie (*Am.*)

podkładka pad, (*komputerowa*) mouse mat

podkop(yw)ać (*autorytet itp.*) undermine, (*znaczenie itp. czegoś*) erode

podkoszulek 1 (*bielizna*) vest, undershirt (*Am.*) 2 (*koszulka z rękawkami*) T-shirt

podkowa horseshoe

podkreśl-ać/ić 1 (*zdanie w tekście*) underline 2 (*położyć nacisk na coś*) emphasize

podlać → PODLEWAĆ

podlegać 1 ~ **komuś/czemuś** be subordinate to sb/sth: *Podlegam panu Kowalskiemu.* I report to Mr Kowalski. 2 (*karze itp.*) be liable to sth 3 (*prawu itp.*) be subject to sth

podl(ew)ać water

podlicz-ać/yć add (sth) up

podłącz-ać/yć connect sb/sth (up) to sth: ~ *komputer do Internetu* connect a computer to the Internet ◇ ~ *kogoś do respiratora/kroplówki* put sb on a respirator/drip ■ **podłącz-ać/yć się:** ~ *się do Internetu* go online

podłoga floor

podłoże 1 (*podstawa*) base 2 (*na której coś rośnie*) ground 3 (*przyczyna*) ~ **czegoś** basis of sth [*lm* bases]

podłożyć → PODKŁADAĆ

podłużny 1 (*twarz; pokój*) long, (*stół itp.*) oblong 2 (*pasy itp.*) vertical

podły mean

podmiejski suburban: *pociąg* ~ a commuter train

podmuch (*wiatru*) gust

podniebienie palate

podnie-cać/cić excite, (*wyobraźnię itp.*) stimulate, (*apetyt*) whet ■ **podnie-cać/cić się** get excited

podnieść (się) → PODNOSIĆ (SIĘ)

pod-nosić/nieść 1 (*w górę*) pick sth up 2 (*cenę itp.; rękę*) put sth up, (*bardziej form.*) raise: *Podnieście ręce, kto chce…!* Hands up who wants…! 3 (*głos; kwestię; alarm*) raise 4 (*żagle; ładunek*) hoist [IDM] ~ **kogoś na duchu**

p

cheer sb up ■ **pod-nosić/ nieść się 1** (*w górę; i przen.*) rise, (*mgła*) lift **2** (*z krzesła itp.*) get up

podnoszenie: ~ *ciężarów* weightlifting

podobać się ~ *komuś* appeal to sb: *Ten kolor mi się podoba.* I like that colour. ◊ *Nie podoba mi się, jak śpiewa.* I don't like the way he sings.

podobieństwo ~ (*do kogoś/czegoś*) similarity, (*zwł. osoby; filmu do książki itp.*) resemblance (to sb/sth)

podobno they say/it's said: *Ma* ~ *wspaniałą kolekcję.* They say he has a wonderful collection. ◊ *P~ jest bardzo odważny.* He's said to be very brave.

podobn|y ~y (**do kogoś/czegoś**) similar (to sb/sth): *być* ~*ym do kogoś/czegoś* resemble sb/sth ◊ *Jestem* ~*a do mamy.* I take after my mother. |IDM| **Coś ~ego!** Good God! | i **tym** ~*e* and so on (and so forth)

podołać ~ (**czemuś**) cope (with sth): ~ *zadaniu/stanowisku* be up to the task/ job

podpal-ać/ić ~ *coś* set fire to sth

podpaska (*higieniczna*) sanitary towel/napkin (*Am.*)

pod-pierać/eprzeć support, (*coś, co może się zawalić*) prop sth up

podpis 1 (*osobisty*) signature **2** (*pod obrazkiem itp.*) caption

podpis(yw)ać sign, (*własne dzieło*) autograph ■ **podpis(yw)ać się 1** (*nazwiskiem*) sign: ~ *się coś inicjałami* initial sth **2** ~ *się pod czymś* agree with sth

podpora support, (*mostu itp.*) pillar

podpo-wiadać/wiedzieć ~ *komuś* (*coś*) prompt sb (with sth)

podpórka prop

podpuchnięt|y swollen: ~*e oczy* puffy eyes

pod-rabiać/robić forge

podrapać (się) → DRAPAĆ (SIĘ)

podrażni(a)ć irritate

podręcznik textbook, (*na kurs*) coursebook: ~ *do fizyki* a physics textbook

podrobiony forged: ~ *obraz/dokument/ podpis* a forgery

podrożeć → DROŻEĆ

podróż journey, (*morska lub w kosmos*) voyage: ~ *służbowa* a business trip ◊ *w* ~*y służbowej* on business ◊ *biuro* ~*y a* travel agency ◊ *plan* ~*y* an itinerary ❶ Na określenie przenoszenia się z punktu do punktu, używa się rz. **journey** oznaczającego długą (*the journey across Canada*) lub krótką, ale regularnie odbywającą się (*the journey*

to work) podróż. **Tour** to wycieczka po kraju, mieście albo jakimś obiekcie: *a three-week tour around Italy* ◊ *a guided tour of the castle.* Często używa się rz. **trip**, określającego łącznie pobyt w jakimś miejscu/gdzieś i podróż w obie strony: *They're just back from a trip to Japan.* (Por. użycie słowa **journey** w następnym pytaniu: *'How was the journey back?' 'Awful – the plane was delayed!'*) **Trip** to podróż krótka (*a day trip*), lub dłuższa (*a trip round the world*), służbowa lub dla przyjemności: *a trip to the seaside* ◊ *He's on a trip to New York to meet a client.* **Excursion** to zorganizowana, wieloosobowa wycieczka: *The holiday includes a full day excursion by coach to the Lake District.***Travel** jest rz. niepolicz. i można go używać tylko mówiąc ogólnie o procesie przenoszenia się z miejsca na miejsce: *Foreign travel is very popular these days.*

podróżnik traveller, -veler (*Am.*)

podróżny *przym.* (*bagaż*) travell(ing), -veling (*Am.*), (*czek*) traveller's, -veler's (*Am.*) | **podróż-n-y/a** *rz.* traveller, -veler (*Am.*)

podróżować travel

pod-rywać/erwać 1 (*w klubie nocnym itp.*) ~ **kogoś** (try and) pick sb up **2** (*autorytet itp.*) undermine **3** ~ *kogoś* (*do działania/walki*) rouse sb to (do) sth ■ **pod-rywać/erwać się** jump to your feet

podrzędn|y second-rate |IDM| **zdanie** ~*e* subordinate clause

pod-skakiwać/skoczyć jump (up), (*z radości itp.*) jump with sth

podskok jump, (*na jednej nodze*) hop

podsłuch (*telefoniczny*) tap, (*w pokoju*) bug: *na* ~*u* tapped/bugged ◊ *zakładać* ~ *telefoniczny/w pokoju* tap sb's phone/ bug sb's room

podsłuch(iw)ać ~ (**kogoś/coś**) (*specjalnie*) eavesdrop (on sb/sth), (*przypadkowo*) overhear (sb/sth)

podstaw|a 1 (*budynku itp.*) foundations, (*mebla*) stand **2** (*działań, teorii*) basis [*lm* bases]: ~*y* the fundamentals ◊ *na* ~*ie czegoś* on the basis of sth ◊ *od* ~ from scratch

podstawi(a)ć 1 ~ *coś pod coś* put sth under sth **2** : ~ *komuś nogę* trip sb up (*przen.*) make trouble for sb

podstawka (*pod coś gorącego*) mat, (*pod doniczkę: okrągła*) saucer, (*prostokątna*) tray

podstawow|y basic: *wynagrodzenie* ~*e* the basic pay ◊ *szkoła* ~*a* a primary school ◊ *kolor* ~*y* a primary colour ◊ ~*e produkty* staples

podstemplować → STEMPLOWAĆ

podstęp trick

podstępny (*pytanie*) trick, (*osoba; zachowanie*) devious

podsumo(wy)wać 1 (*cyfry*) add sth up **2** (*streszczać*) sum (sth) up

podszewk|a lining [IDM] znać coś od ~i know sth inside out

podszy(wa)ć line ▪ podszy(wa)ć się ~ się pod kogoś/coś pass yourself off as sb/sth

podświadomy subconscious

podtrzym(yw)ać 1 (*podpierać*) support **2** (*pielęgnować; kontynuować*) keep sth up **3** (*decyzję itp.*) uphold [IDM] ~ kogoś na duchu buoy sb up

podu-padać/paść 1 (*gospodarka itp.*) go into decline **2** (*obyczaje*) go out of use [IDM] ~ na duchu lose heart | ~ na zdrowiu: *Podupadam na zdrowiu.* My health is deteriorating.

poduszka 1 (*na łóżku*) pillow, (*w salonie*) cushion: ~ *powietrzna* (*w samochodzie*) an air bag **2** (*łapy kota; usztywniająca ramiona marynarki*) pad

pod-wajać/woić (się) double

podważ-ać/yć 1 (*łomem itp.: otworzyć*) prise sth open, (*podnieść*) lever sth up **2** (*autorytet*) undermine, (*wiarę*) shake, (*teorię itp.*) question

podwieczorek (*posiłek*) tea

podwodn|y underwater: *łódź* ~a a submarine

pod-wozić/wieźć ~ kogoś give sb a lift

podwójn|y double: ~*e łóżko* a double bed ◊ ~*e obywatelstwo* dual nationality ◊ ~*e dno* a false bottom [IDM] ~a gra double-dealing

podwórko yard, (*za domem*) backyard

podwórze (*zwykle betonowe/kamienne*) (court)yard, (*przy gospodarstwie*) farmyard

podwyżka rise ➊ Mówiąc o dochodach, Amerykanie stosują słowo **raise**.

podwyższ-ać/yć 1 (*podnieść*) raise **2** (*nutę*) sharpen

podyktować → DYKTOWAĆ

podyplomowy postgraduate

podział division, (*na mniejsze części/ jednostki*) subdivision, (*państwa*) partition

podziałka 1 (*na termometrze itp.*) scale **2** (*na gryfie gitary*) fret

podzielać share

podzielić (się) → DZIELIĆ (SIĘ)

podziemi|e (*polit.*) the underground: *zejść do* ~a go underground

podziemn|y 1 (*pod ziemią*) underground: *kolej* ~a an underground

railway ◊ *przejście* ~*e* an underpass **2** (*tajny*) clandestine

podziękować → DZIĘKOWAĆ

podziękowanie thanks [*lm*]

podziwiać admire: ~ *kogoś za coś/coś w kimś* admire sb for sth/sth in sb

poet-a/ka poet

poetycki poetic

poezja poetry

pofałdować (się) → FAŁDOWAĆ (SIĘ)

pofatygować (się) → FATYGOWAĆ (SIĘ)

pogański pagan

pogard|a contempt: *zasługujący na* ~*ę* contemptible ◊ *odczuwać* ~*ę dla kogoś/ czegoś* feel/show contempt for sb/sth

pogardliwy contemptuous

pogar-dzać/dzić ~ kimś/czymś (za coś) despise sb/sth (for sth)

po-garszać/gorszyć (się) worsen

pogawędka chat

pogląd (*polityczny itp.*) view: ~ *na świat* an outlook

pogładzić → GŁADZIĆ

pogłaskać → GŁASKAĆ

pogłębi(a)ć (się) deepen

pogłoska rumour, -mor (*Am.*)

pognać → GNAĆ

pogniewać się → GNIEWAĆ SIĘ

pogoda weather [IDM] ~ ducha cheerfulness

pogodny 1 (*dzień*) sunny, (*niebo*) clear **2** (*osoba; uśmiech itp.*) cheerful

pogodzić (się) → GODZIĆ (SIĘ)

pogo|ń chase: *ruszać w* ~*ń za kimś/ czymś* go after sb/sth ◊ *w* ~*ni za kimś/ czymś* in pursuit of sb/sth

pogorszyć (się) → POGARSZAĆ (SIĘ)

pogotowi|e 1 (*alarm/larum*) alert: *być w* ~*u* be on the alert (for sth) ◊ *Dwaj lekarze są w* ~*u.* Two doctors are on call. **2** (*karetka*) ambulance

pogranicz|e 1 (*geogr.*) border(land) **2** (*przen.*) ~*e czegoś i czegoś* borderline between sth and sth: *badania z* ~*a biologii i chemii* research in the area where biology and chemistry overlap [IDM] na ~u czegoś: *na* ~*u kiczu/dobrego smaku* bordering on bad/good taste ◊ *na* ~*u prawa* on the fringes of the law

pogrąż-ać/yć plunge ▪ pogrą-ż-ać/yć się ~ się w czymś immerse yourself in sth pogrążony: *być* ~*m w myślach* be deep in thought ◊ *być* ~*m w smutku* be overcome by sadness

pogróżka threat

pogrzeb funeral

pogrzebacz poker

p

pogrzebowy: *przedsiębiorca* ~ an undertaker ◇ *dom* ~ a funeral parlour

pogwałcić violate

pointa *(dowcipu)* punchline

pojawi(a)ć się appear, *(trudności itp.)* crop up: *ponownie* ~ reappear ◇ ~ *znienacka* pop up

pojazd vehicle: ~ *kosmiczny* a spacecraft

pojąć → POJMOWAĆ

pojechać → JECHAĆ

pojednać reconcile

pojednawczy conciliatory

pojedyncz|y 1 single: *pokój ~y* a single (room) ◇ *gra ~a* singles ◇ *~e wydarzenia z przeszłości* particular events from the past **2** *(gram.)* singular | **pojedynczo** singly: *Kandydaci zgłaszali się ~.* The candidates announced themselves one by one.

pojemnik container

pojęci|e 1 *(w nauce/teorii)* concept **2** *(rozumienie)* idea: *nie mieć ~a* have no idea **[IDM]** **nie mieć zielonego ~a** not have the foggiest idea

pojętny intelligent

poj-mować/ąć comprehend

pojutrze the day after tomorrow

pokaz(yw)ać show, *(zegar; mapa)* say, *(przyrząd pomiarowy)* register: ~ *palcem* point **[IDM]** **ja ci pokażę!** I'll show you! | **~ komuś figę** rebuff sb | **~ swoją wartość** do yourself justice ■ **pokaz(yw)ać się** appear

pokaźny substantial

poklep(yw)ać pat: ~ *kogoś po plecach* pat sb on the back

pokład 1 *(na statku)* deck: *wchodzić na ~ statku* go aboard **2** *(warstwa)* layer

pokłócić się → KŁÓCIĆ SIĘ

pokojowy peaceful **[IDM]** **malarz ~** (house) painter

pokojówka (chamber)maid

pokole|nie generation: *konflikt ~ń* the generation gap

pokolorować → KOLOROWAĆ

pokon(yw)ać 1 *(armię wroga)* defeat, *(rywala)* beat **2** *(przeszkodę)* overcome **3** *(odległość)* cover

pokorny humble

pokój 1 *(w mieszkaniu itp.)* room: ~ *dzienny* a living-room ◇ ~ *stołowy* a dining-room ◇ ~ *ze śniadaniem* a B and B (bed and breakfast) ◇ *wolny ~ w hotelu* a vacancy ◇ ~ *pojedynczy/ dwuosobowy* a single/double (room) **2** *(polit.)* peace

pokrewny 1 *(z tej samej kategorii)* related **2** ~ *czemuś* akin to sth

pokroić → KROIĆ

pokropić → KROPIĆ

pokruszyć (się) → KRUSZYĆ (SIĘ)

pokryć (się) → POKRYWAĆ (SIĘ)

pokrywa 1 *(wieko)* lid **2** *(warstwa)* layer: ~ *lodowa* a sheet of ice

pokry(wa)ć *(ogólnie i koszty itp.)* cover, *(czekoladą itp.)* coat ■ **pokry(wa)ć się ~ się czymś** be/get covered (in sth)

pokrywka lid

pokrzyżować (się) → KRZYŻOWAĆ (SIĘ)

pokusa temptation

pokuta penance

pokwitowanie receipt

polać (się) → LAĆ (SIĘ), POLEWAĆ

polakierować → LAKIEROWAĆ

polana clearing

polano log

polar fleece

polarny polar

pol|e 1 field: *~e pszenicy* a wheatfield a field of wheat ◇ *~e minowe* a minefield ◇ *~e naftowe* an oilfield ◇ *~e bitwy* a battleground **2** *(sport)* course: *(w piłce nożnej) ~e karne* a penalty area **3** : *~e widzenia* a field of vision ◇ *martwe ~e widzenia* a blind spot ◇ *tracić kogoś/coś z ~a widzenia* lose sight of sb/sth

pole-cać/cić 1 *(kazać)* instruct, direct **2** *(zachęcać)* ~ *(komuś) coś* recommend sth (to sb)

poleceni|e 1 *(instrukcja)* instruction **2** *(rekomendacja)* recommendation: *z czyjegoś ~a* on sb's recommendation ◇ *godny ~a* a commendable **3** *(komput.)* keyword

polecieć → LECIEĆ *(wystartować)* take off

polecon|y: *przesyłka ~a* a registered post

polegać 1 *(zasadzać się na czymś)* consist in sth **2** *(liczyć na kogoś/coś)* rely on sb/sth: ~ *na sobie samym* be self-reliant

polepsz-ać/yć (się) improve

polerować/wy- polish

polewa 1 *(na ceramice)* glaze **2** *(na metalu)* enamel **3** *(lukier)* icing, frosting *(Am.)*

policja police: *tajna* ~ the secret police ◇ ~ *drogowa* the traffic police

policjant/ka police officer

policyjn|y police: *państwo ~e* a police state ◇ *godzina ~a* a curfew

policzek cheek

policzyć (się) → LICZYĆ (SIĘ)

polityczny political

polityk politician

polityka 1 (*działalność publiczna*)
politics **2** (*zasada postępowania*) policy
polować ~ na kogoś/coś 1 (*myślistwo,
ściganie*) hunt sb/sth **2** (*starać się
uzyskać, szukać*) hunt for sb/sth
polowanie hunting: *~ na lisa*
fox-hunting
polubić (się) → LUBIĆ (SIĘ)
połączeni|e 1 (*kombinacja*)
combination **2** (*organizacji itp.*)
amalgamation **3** (*komun.; telefon*)
connection [IDM] **w ~u z czymś** in
combination with
połączyć (się) → ŁĄCZYĆ (SIĘ)
połknąć → POŁYKAĆ
połow|a 1 (½) half [*lm* halves]: *na ~ę* in
half **2** (*czasu, dystansu itp.*) middle: *w
~ie maja* in the middle of May ◊ *w ~ie
drogi* halfway ◊ *w ~ie książki* halfway
through the book **3** (*meczu*) half-time
[IDM] **po ~ie** fifty-fifty: *Dzielimy się po
~ie.* Let's divide it fifty-fifty. ◊ *o ~ę
więcej* half as much more
położenie 1 (*miejsce*) position
2 (*sytuacja*) situation **3** (*według
kompasu*) bearing
położna midwife [*lm* -wives]
położniczy (*szpital itp.*) maternity,
(*narzędzia*) obstetric
położyć (się) → KŁAŚĆ (SIĘ)
połów 1 (*zajęcie*) fishing **2** (*złowione
ryby*) catch
południ|e 1 (*czas*) midday, noon:
Spotkamy się w ~e. We'll be meeting at
noon. ◊ *o czwartej po ~u* at four o'clock
in the afternoon ◊ *jutro po ~u*
tomorrow afternoon ◊ *wczoraj po ~u*
yesterday afternoon ◊ *przed ~em* in the
morning ◊ (*przy podawaniu czasu*)
przed ~em/po ~u a.m./p.m.
2 (*kierunek*) south: *na ~* south(wards)
południowo-wschodni south-east
(ern)
południowo-zachodni south-west
(ern)
południowy south(ern): *~ wiatr* a south
(erly) wind ◊ *~ wschód* the south-east
◊ *~ zachód* the south-west
poł-ykać/knąć swallow
połysk gloss
pomadka: *~ do ust* lipstick
pom-agać/óc help
pomalować (się) → MALOWAĆ (SIĘ)
pomarańcza orange
pomarańczowy: (*kolor*) *~* orange
◊ *sok ~* orange juice
pomiar measurement
pomidor tomato
pomieścić (się) → MIEŚCIĆ (SIĘ)

pomiędzy → MIĘDZY
pomi-jać/nąć 1 (*nie uwzględnić*) omit
2 (*nie brać pod uwagę*) ignore:
pomijając to apart from that [IDM] **~ coś
milczeniem** pass over sth in silence:
Głupi żart pominęła milczeniem. She
didn't react to the stupid joke.
pomimo ~ czegoś in spite of sth,
despite sth: *~ to* all the same ◊ *~ że*
even though
pomn-ażać/ożyć (*majątek itp.*)
amass ■ **pomn-ażać/ożyć się** (*liczba
czegoś*) multiply, (*zbiory*) build up
pomniejsz-ać/yć diminish, (*znaczenie,
zasługi itp.*) belittle ■ **pomniejsz-ać/yć
się** diminish
pomnik monument
pomoc help, (*charytatywna*) aid:
pierwsza ~ first-aid ◊ *~e naukowe*
teaching materials ◊ *~ drogowa* road
assistance ◊ *P~y!* Help! ◊ *przychodzić
komuś z ~ą* come to sb's rescue ◊ *przy
~y kogoś* with sb's help ◊ *przy
~ za ~ą czegoś*
by means of sth
pomocniczy auxiliary
pomocni-k/ca/czka helper
pomocn|y helpful: *~a dłoń* a helping
hand
pomodlić się → MODLIĆ SIĘ
pomóc → POMAGAĆ
pompa 1 (*techn.*) pump **2** (*ceremonia*)
pomp
pompka 1 (*techn.*) pump **2** (*ćwiczenie
gimnastyczne*) press-up
pompować/na- pump
pomrukiwać (*osoba*) murmur, (*kot*)
purr, (*niedźwiedź*) growl
pomylić (się) → MYLIĆ (SIĘ)
pomylony 1 (*wariacki*) mad, crazy
(*Am.*) **2** (*błędny*) wrong
pomyłk|a 1 mistake: *przez ~ę* by
mistake ◊ *popełniać ~ę* make a mistake
◊ *~a sądowa* a miscarriage of justice
2 (*telefon*) wrong number
pomysł idea
pomysłowy ingenious
pomyślność well-being: *zapewnić
komuś ~ć* look after sb's welfare
◊ *życzyć komuś ~ci* wish sb (good) luck
pomyślny 1 (*korzystny*) favourable,
-vor- (*Am.*): *~ zbieg okoliczności* a happy
coincidence **2** (*dobry*) good
ponad 1 (*wyżej niż; i przen.*) above,
(*kierunek*) over: *lecieć ~ chmurami* fly
above the clouds **2** (*z ilością*) over: *Było
tam ~ 100 osób.* The were over a
hundred people there.
ponadto furthermore
ponagl-ać/ić hurry sb along: *~ kogoś
do zrobienia czegoś* press sb to do sth

p

po-nawiać/nowić renew

ponętny tempting, (*zapach*) enticing, (*osoba*) alluring

poniedziałek Monday: *w ~ek* on Monday ◊ *ten/zeszły/przyszły ~ek* this/ last/next Monday ◊ *Zwykle gramy w tenisa w ~ki*. We usually play tennis on Mondays/on a Monday. ◊ „ *Jaki dziś jest dzień?" „P~ek."* 'What day is it today?' 'It's Monday.' ◊ *Zobaczę się z tobą w ~ek przed południem/po południu/wieczorem/nocą.* I'll see you (on) Monday morning/afternoon/ evening/night. ◊ *przedostatni ~ek* the Monday before last ◊ *~ek za tydzień* Monday week/a week on Monday ◊ *~ek za dwa tygodnie* the Monday after next ◊ *od ~ku do piątku* from Monday to Friday ❶ Dni tygodnia zawsze pisze się dużą literą. [IDM] **lany ~ek** Easter Monday

ponieść → PONOSIĆ

ponieważ because, (*na początku zdania*) since

poniewierać/s- ~ kimś maltreat sb
■ **poniewierać się 1** (*ktoś*) be homeless **2** (*coś*) lie around/about

poniż-ać/yć ~ kogoś put sb down
■ **poniż-ać/yć się 1** put yourself down **2 ~ się do czegoś** stoop to sth

poniżej 1 (*niżej niż*) below: *~ zera* below zero (*wiek, zarobki itp.*) under **2** (*poziomu; oczekiwań itp.*) beneath **3** (*mniej niż*) less than

poniżenie humiliation

po-nosić/nieść (*koszt; karę*) incur, (*ryzyko*) carry, (*odpowiedzialność; koszt*) bear, (*stratę, porażkę*) suffer

ponowić → PONAWIAĆ

ponownie again: *napisać/porozmawiać ~* get back to sb

ponury gloomy, (*przyszłość itp.*) bleak

pończocha stocking

poparcie support

poparzenie burn

popchnąć → POPYCHAĆ

popełni(a)ć (*morderstwo itp.*) commit: *~ grzech* (commit a) sin ◊ *~ błąd/ pomyłkę* make a mistake

popęd drive: *~ płciowy* sex(ual) drive

popędliwy impulsive

popę-dzać/dzić hurry

popielniczka ashtray

po-pierać/przeć 1 (*osobę; działanie*) support **2** (*wniosek*) second

popijać drink, (*małymi łykami*) sip

popiół ash

popis(yw)ać się show off, *~ czymś* flaunt sth

poplątać → PLĄTAĆ

popłoch panic: *wpadać w ~* get into a panic

popołudni|e afternoon: *Siedzieliś-my w ogrodzie całe ~e.* We sat in the garden all afternoon. ◊ *On pływa każdego ~a.* He goes swimming every afternoon. ◊ *Pracuje dwa ~a w tygodniu.* He works two afternoons a week. ❶ Mówiąc o konkretnym popołudniu używa się formy **on Monday / Tuesday** itp. **afternoon**, zaś mówiąc ogólnie o porze dnia – **in the afternoon**.

poprawa improvement

poprawi(a)ć 1 (*polepszać*) improve **2** (*błędy*) correct ■ **poprawi(a)ć się 1** (*polepszać się*) improve **2** (*własny błąd*) correct yourself

poprawk|a 1 (*błędu*) correction, (*mała zmiana*) adjustment **2** (*prawn.*) amendment: *wnosić ~ę do czegoś* make an amendment to sth

poprawny correct, (*maniery itp.*) proper

poprzeć → POPIERAĆ

poprzedni previous

poprzedni-k/czka predecessor

poprze-dzać/dzić precede

poprzez → PRZEZ

popsuć (się) → PSUĆ (SIĘ)

popularny popular

popularyzować/s- popularize

po-pychać/pchnąć (*i przen.*) push

popyt ~ (*na coś*) demand (for sth): *cieszący się olbrzymim ~em* best-selling

por 1 (*anat.*) pore **2** (*warzywo*) leek

por|a time: *Do tej ~y dostaliśmy 5 ofert.* To date we've received five offers. ◊ *Do tej ~y niczego nie znalazł.* He hasn't found anything yet. ◊ *od tamtej ~y* since then ◊ *o różnych ~ach* at all hours ◊ *~a roku* a season ◊ *~a snu* bedtime [IDM] **w samą ~ę** just in time

porad|a advice: *~a prawna* legal advice ◊ *udzielić ~y* give advice

poradnictwo guidance, (*finansowe, zawodowe itp.*) counselling, -seling (*Am.*)

poradnik handbook

poradzić (się) → RADZIĆ (SIĘ)

poranek morning

pora-żać/zić paralyse, -lyze (*Am.*)

porażenie paralysis: *~ mózgowe* cerebral palsy ◊ *~ prądem* an electric shock ◊ *śmiertelne ~ prądem elektrycznym* electrocution ◊ *~ słoneczne* sunstroke

porażka 1 (*na bitwie; sport*) defeat **2** (*niepowodzenie*) failure

porcelana porcelain

porcja portion, *(jedzenia)* helping, *(dawka)* dose

poręcz 1 *(na balkonie)* hand(rail), *(przy schodach)* banister **2** *(fotela)* arm

poręczny handy

poręczyć → RĘCZYĆ

pornograficzny pornographic

poronić miscarry

poronienie miscarriage

porowaty porous

porozumieni|e 1 *(wzajemne)* *zrozumienie)* understanding: *dojść do* *~a z kimś* come to an agreement with sb **2** *(uzgadnianie)*: *w ~u z kimś* in consultation with sb ◊ *bez ~a ze mną* without consulting me

porozumie(wa)ć się 1 *(komunikować)* communicate, *(w obcym języku itp.)* make yourself understood **2** *(porozumieć się)* *(zgodzić się)* come to an agreement

porozumiewawczy meaningful

poród (child)birth: *łatwy/ciężki ~* an easy/difficult labour ◊ *odbierać ~* deliver a baby

porównani|e comparison: *w ~u (z* *kimś/czymś)* in comparison (with sb/ sth)/compared with sb/sth ◊ *bez ~a* *lepszy/gorszy* far better/worse

porówn(yw)ać compare |IDM| *nie da* *się porównać z niczym* not compare with anything

port port

portfel wallet

portier/ka *(przy drzwiach)* porter, *(recepjonist-a/ka)* receptionist

portiernia *(dla portier-a/ki)* (porter's) lodge, *(recepcja)* reception (desk)

portmonetka purse

portret portrait

portretować/s- portray

porucznik lieutenant

poruszać 1 ~ czymś move sth **2** *(temat* *itp.)* **~ coś (z kimś)** bring sth up (with sb), *(delikatny temat)* broach **3** *(serce)* touch ∎ **poruszać się** move: *Ona* *porusza się z wdziękiem.* She moves gracefully. ◊ **~ się w kierunku czegoś/** *kogoś* make for sb/sth

porwać (się) → PORYWAĆ (SIĘ)

porwanie *(dla okupu)* kidnapping, *(samolotu itp.)* hijacking

poryw *(wiatru)* gust

porywacz/ka 1 *(osoby)* kidnapper **2** *(samolotu itp.)* hijacker

por(y)wać 1 *(chwytać)* seize **2** *(dla* *okupu)* kidnap, *(samolot itp.)* hijack **3** *(woda)* wash sth away, *(wiatr)* sweep

sth away **4** *(wzbudzić zachwyt)* grip **5 ~ kogoś/do czegoś** rouse sb to (do) sth **6** *(żal itp.)* overcome: *Porwał ją* *gniew.* She was overcome by anger. ∎ **por(y)wać się ~ się na coś** attempt sth

porywczy impetuous

porząd|ek 1 *(kolejność itp.; spokój)* order: *Sąd przywołał zebranych do ~ku.* The court was called to order. **2** *(ład)* tidiness: *robić ~ek* tidy (up) ◊ *doprowadzać coś do ~ku* tidy sth up ◊ *wiosenne ~ki* spring-clean-(ing) **3** : *~ek dzienny zebrania* an agenda |IDM| *w ~ku* alright: *Coś tu nie jest w ~ku.* Something's wrong here.

porządkować/u- *(pokój itp.)* tidy sth (up), *(sprawy)* sort sth out

porządny 1 *(dobry; duży)* good **2** *(utrzymujący porządek)* neat **3** *(moralny)* decent

porzeczka currant: *czarna ~ a* blackcurrant ◊ *czerwona ~ a* redcurrant

porzu-cać/cić 1 leave sth (behind), *(bardziej form.)* abandon **2** *(pracę)* leave, *(zajęcie)* drop

posada job: *wolna ~* a vacancy

posag dowry

posąg statue

pos-eł/łanka Member of Parliament, *(skrót)* MP

posępny 1 *(osoba; mina)* gloomy **2** *(las itp.)* forbidding

posiadacz/ka owner

posiadać possess: *nie ~* lack ∎ **posiadać** **się** *(nie ~ się)* *(z radości itp.)* be beside yourself with sth

posiadłość property

posiedzenie session

posiłek 1 meal: *ciężki/lekki ~ek* a heavy/light meal **2** *(~ki)* *(ludzie)* reinforcements

posiniaczyć bruise

po-skramiać/skromić 1 *(zwierzę)* tame, *(niebezpieczną osobę)* restrain **2** *(ambicje itp.)* suppress

posłaniec messenger

posłu-giwać/żyć się ~ czymś/kimś use sth/sb

posłuszny obedient: *być ~m komuś/* *czemuś* obey sb/sth

posłużyć (się) → POSŁUGIWAĆ SIĘ

posmak 1 flavour, -vor *(Am.)* *(w ustach* *po wypiciu/jedzeniu)* aftertaste: *mieć ~* *czegoś* taste of sth **2** *(przen.)* hint

pospieszać → POŚPIESZAĆ

pospieszny → POŚPIESZNY

pospolity common

post fast: *Wielki P~* Lent

p

postalć 1 (*forma*) form: *pod ~cią czegoś* in the form of sth **2** (*osoby*) figure **3** (*w książce itp.*) character

postan-awiać/owić ~ *coś zrobić* decide to do sth, ~, **że** (*sąd*) rule that: *Postanowił nie sprzedawać domu* He decided against selling the house.

postanowienie 1 decision **2** (*prawn.*) ruling

postarać się → STARAĆ SIĘ

postawa 1 (*życiowa itp.*) ~ **wobec** (*kogoś/czegoś*) attitude (towards sb/sth) **2** (*sposób stania itp.*) posture

postawić → STAWIAĆ

posterunek post: ~ *policji* a police station

postęp progress [U]: *robić (wielkie) ~y* make (great) progress

po-stępować/stąpić 1 (*zachować się*) behave: ~ *z kimś* deal with sb **2** (*rozwijać się*) proceed

postępowanie 1 conduct **2** : ~ *prawne* legal proceedings

postępowy progressive

postój stop, (*przerwa w podróży*) stopover [IDM] ~ **taksówek** taxi rank

postrach terror: *strzelać w powietrze na* ~ fire a warning shot

postrzał (*rana*) gunshot wound

postrzegać perceive

postrzelić shoot

posunięcie move

posu-wać/nąć ~ *coś naprzód* **1** move sth forward **2** (*zegar(ek)*) put sth forward ■ **posu-wać/nąć się 1** (*do przodu*) move forward **2** (*robić postępy*) progress [IDM] **posunąć się w latach** have grown old I **za daleko się posunąć** go too far

pos(y)łać send, ~ *po kogoś/coś* send for sb/sth

posyp(yw)ać ~ *coś* (*czymś*) sprinkle sth (with sth)

poszarpać → SZARPAĆ

poszczególny individual

poszerz-ać/yć 1 broaden, widen: ~ *działalność (o coś)* branch out (into sth) **2** (*sukienkę itp.*) let sth out ■ **poszerz-ać/yć się** broaden, widen

poszewka pillowcase

poszkodowany injured

poszukiwać ~ (*kogoś/czegoś*) search (for sb/sth)

poszwa duvet cover

poście fast

pościel (*bielizna*) bedclothes, (*łącznie z materacem itp.*) bedding

pościg ~ *za kimś/czymś* chase after sb/sth

pośladek buttock

poślizg skid: *wpaść w* ~ go into a skid

pośliz(g)nąć się slip

poślubn|y: *noc ~a* a wedding night ◊ *podróż ~a* a honeymoon

pośmiertny posthumous

pośpiech hurry: *w ~u* in a hurry ◊ *Skąd ten ~?* What's the hurry?

pośpiesz-ać/yć ~ *kogoś* hurry sb up → ŚPIESZYĆ

pośpieszny 1 (*szybki*) hurried, (*decyzja, wniosek itp.*) hasty **2** (*pociąg*) fast

pośpieszyć się → ŚPIESZYĆ SIĘ

pośredni 1 (*niebezpośredni*) indirect: *podatek* ~ (an) indirect tax **2** (*etap itp.*) intermediate **3** (*między*): *Ten film to coś ~ego między czarną komedią a melodramatem.* The film is part black comedy and part melodrama.

pośrednictw|o 1 (*w rozwiązywaniu sporu itp.*) mediation **2** (*handl.*) brokerage: *Specjalizujemy się w ~ie handlowym z Chinami.* We facilitate trade with China. ◊ *biuro ~a pracy* an employment agency **3** : *za ~em komputera* by computer ◊ *za ~em agencji dla absolwentów* through an agency for graduates

pośredniczyć (*w rozwiązywaniu sporu itp.*) mediate: ~ *w nawiązaniu kontaktu* help establish contact

pośredni-k/czka 1 (*w rozwiązywaniu sporu itp.*) mediator **2** (*handl.*) agent, (*między producentem i detalistą*) middleman [lm -men]: ~ *w handlu nieruchomościami* an estate agent

pośrodku ~ (*czegoś*) in the middle (of sth)

pośród among

poświadcz-ać/yć certify

poświę-cać/cić 1 (*czas, energię*) devote **2** (*książkę itp.*) dedicate **3** (*relig.*) consecrate

pot sweat, (*bardziej form.*) perspiration

potajemny secret I **potajemnie** in secret

potargać → TARGAĆ

potem then

potęga power

potępi(a)ć condemn

potężny powerful

potknąć się → POTYKAĆ SIĘ

potoczny colloquial

potok (*woda; wspomnień itp.*) stream, (*łez; światła*) flood

potomek descendant

potop deluge

potrafić ~ *coś zrobić* be able to do sth

po-trajać/troić (się) triple

potrą-cać/cić 1 (*uderzyć*) knock, (*samocho-dem*) knock sb/sth down **2** (*podatki*) deduct **3** ~ **o coś** touch on sth

potrójny triple

potrząs-ać/nąć shake, (*bronią*) brandish: ~ **głową** (*na znak odmowy*) shake your head

potrzeb|a need: *bez* ~y unnecessarily ◊ *w razie* ~y if needed

potrzebny necessary

potrzebować need

potrzeć → POCIERAĆ

potulny meek

potwier-dzać/dzić confirm, (*odbiór listu itp.*) acknowledge

potworny monstrous

potwór monster

po-tykać/tknąć się ~ (**na czymś/o coś**) stumble (over/on sth)

poufały familiar

poufny confidential

powab charm

powabny charming

powag|a 1 (*sytuacji; osoby*) seriousness **2** (*autorytet*) authority [IDM] **zachowywać** ~**ę** keep a straight face

poważać respect

poważani|e respect: (*w listach*) *z* ~*em* yours (*gdy znane jest nazwisko adresata*) sincerely/ (*gdy nieznane jest nazwisko adresata*) faithfully [IDM] **mieć kogoś/coś w głębokim** ~**u** not give a damn about sb/sth

poważny 1 (*pełen powagi*) serious **2** (*szanowany*) distinguished **3** (*ważny*) important [IDM] **muzyka** ~**a** classical music

powiad-amiać/omić ~ **kogoś** (**o czymś**) inform sb (about sth)

powiedzeni|e saying [IDM] **mieć coś do** ~**a** have something to say

powiedzieć → MÓWIĆ ❶ **Say czy tell?** Say zwykle używa się, gdy przytacza się czyjąś wypowiedź, albo w mowie zależnej przed that: *'I'll be late,' he said.* ◊ *He said that he would be late.* Zwróć uwagę, że używa się przyimka to, żeby określić, do kogo się mówi: *He said to me that he would be late.* Tell zawsze łączy się z rz. lub zaimkiem oznaczającym osobę, z którą się rozmawia: *He told me that he would be late.* Przytaczając polecenia lub porady, używa się tell: *I told him to hurry up.* ◊ *She's always telling me what I ought to do.* → SPEAK

powieka eyelid

powiel-ać/ić make a copy of sth: ~ **coś w 15 egzemplarzach** make 15 copies of sth

powierz-ać/yć ~ **coś komuś** entrust sth to sb; sb with sth

powierzchnia 1 (*zewnętrzna strona*) surface **2** (*obszar*) area

powierzchowność 1 (*wygląd*) appearance **2** (*płytkość*) superficiality

powierzchowny superficial

powiesić → WIESZAĆ

powieściopisa-rz/rka novelist

powieść novel: ~ **detektywistyczna** a detective story ◊ ~ **obyczajowa** a novel of manners ◊ ~ **z dreszczykiem** a thriller

powietrz|e air: *na świeżym* ~*u* in the open air [IDM] **zaczerpnąć świeżego** ~**a** take a breath of fresh air

powiew 1 (*podmuch*) breath: ~**y a** breeze ◊ (*i przen.*) ~ **świeżego powietrza** a breath of fresh air **2** (*zwycięstwa itp.*) scent

powiększ-ać/yć enlarge, (*terytorium*) expand, (*zdjęcie itp.*) blow sth up: *Rodzina się nam po-większyła.* We've just had a baby. ■ **powiększ-ać/yć się** enlarge, expand

powikłanie complication

powinien should: *P~ do mnie zadzwonić.* He should call me. ◊ *P~ był nam to powiedzieć.* He should have told us that.

powinowa|t-y/a relative: ~**ci** kin

powitać → WITAĆ

powitanie welcome

powłoczka pillowcase

powłoka 1 (*ochronna*) coat(ing) **2** (*ozonowa itp.*) layer **3** (*balonu itp.*) envelope

powodować/s- cause: *Zwłoka spowodowana była jego chorobą.* The delay was caused by his illness.

powodzenie 1 (*sukces*) success **2** (*popularność*) popularity: *mieć* ~ be popular ◊ *cieszyć się wielkim* ~*m* (*osoba*) be successful/ (*produkt*) be in great demand

powodzić się ~ **komuś** (**w czymś**) succeed (in (doing) sth): *Dobrze/źle mu się powodzi.* He's doing well/badly.

powojenny post-war

powoli slowly

powolny slow

powołanie 1 (*zawód itp.*) vocation: *minąć się z* ~**m** be in the wrong job **2** (*założenie*) creation, (*rządu itp.*) formation

powoł(yw)ać 1 (*mianować*) appoint **2** (*zakładać*): ~ **coś do życia** bring sth

p

into being ■ **powoł(yw)ać się** ~ **się na kogoś/coś** refer to sb/sth

powód 1 (*przyczyna*) cause: *z powodu czegoś* because of sth **2** (~/ka) (*osoba*; *prawn.*) plaintiff

powódź flood

po-wracać/wrócić return, (*do poprzedniego stanu/właściciela*) revert: *powracać do zdrowia* recover

powrotny return: *bilet* ~ a return (ticket)

powrót return: ~ *do zdrowia* a recovery (*na scenę itp.*) comeback: ~ *do domu/ ojczyzny* a homecoming [IDM] **tam i z powrotem** to and fro

powstanie uprising

powsta(wa)ć 1 (*pojawiać się*) emerge **2** (*wstawać*) stand up **3** ~ (**przeciw komuś/ czemuś**) rise up (against sb/sth)

powstrzym(yw)ać 1 ~ **kogoś/coś (od czegoś)** restrain sb/sth (from (doing) sth) **2** (*uśmiech, ziewnięcie itp.*) suppress, (*łzy*) hold sth back ■ **powstrzym(yw)ać się** ~ **się od czegoś** refrain (from (doing) sth), (*zwł. od alkoholu, seksu, narkotyków*) abstain (from sth)

powszechn|y 1 (*szeroko podzielany itp.*) common: ~*e oczekiwania* general expectations **2** (*ogólny*) general: *wybory* ~*e* general elections

powszedni everyday: *dzień* ~ a weekday

powściągliwy restrained

po-wtarzać/wtórzyć repeat: ~ *materiał do egzaminu* revise sth for an exam ◊ ~ *jak echo* echo ■ **powtarzać/ wtórzyć się 1** (*zdarzać się ponownie*) recur, (*historia*) repeat itself **2** (*osoba*) repeat yourself

powtórka repetition, (*materiału*) revision, (*TV: jednego programu*) repeat, (*serialu*) rerun

powyżej 1 (*wyżej*) above: ~ *ramion* over her arms ◊ *5 stopni* ~ *zera* 5 degrees above zero **2** (*ponad*) over **3** (*na rzece*) higher than sth

poz|a *rz.* pose: *przybierać* ~*ę* strike a pose ■ **poza przym. 1** (*dalej*) beyond: ~ *swoim środowiskiem* outside his milieu **2** : *Jest* ~ *biurem/domem.* He's out of the office/not at home. **3** (*w przeszłości*) behind: *Najgorsze mamy* ~ *sobą.* The worst is behind us. [IDM] ~ **tym** besides (that)

pozaszkolny extra-curricular

pozbawi(a)ć ~ **kogoś czegoś** deprive sb of sth, (*praw*) strip sb of sth, (*snu*) rob sb of sth

pozbierać → ZBIERAĆ ■ **pozbierać się** pull yourself together

pozby(wa)ć się ~ **kogoś/czegoś** get rid of sb/sth

pozdrawi(a)ć greet

pozdrowieni|e greeting: (*w oficjalnym liście*) ~*a* regards ◊ (*w nieformalnych listach*) ~*a* love ◊ *przesyłać komuś* ~*a* give/send sb your love

poziom 1 (*wysokość*) level: ~ *morza* sea level **2** (*jakość*) standard: *być na* ~*ie* be/ come up to scratch | **poziomy** horizontal

pozna(wa)ć 1 (*zacząć znajomość*) meet, (*dobrze znać*) get to know sb (better): *Miło mi pana/cię* ~. Nice to meet you. ❶ Mówiąc o zawarciu znajomości, używa się cz. **meet**: *We met at university in 2001.* Poznaliśmy się na uniwersytecie w 2001 r. Mówiąc o pogłębianiu znajomości, używa się zwrotu **get to know sb**: *I'd like to get to know her better.* Chciałbym ją bliżej poznać. Natomiast mówiąc o poznawaniu nowych miejsc, używa się **see** lub **visit**: ~ *obce kraje* visit foreign countries. **2** ~ **kogoś (z kimś)** introduce sb (to sb) **3** ~ **kogoś/coś (po czymś)** recognize sb/sth (by sth): *Łatwo poznać, że to falsyfikat.* You can easily see it's a fake. ◊ *Nie dał po sobie poznać zdenerwowania.* He didn't show his anxiety. ◊ *Dał się poznać jako pilny uczeń.* He proved to be a diligent student. **4** (*dowiedzieć się*) find out, (*uczyć się*) learn: ~ *przyczynę trudności* find out what the cause of the problem is **5** (*doświadczać*) experience

pozorn|y apparent: ~*y brak zainteresowania* an apparent lack of interest ◊ ~*a obojętność* seeming indifference

pozorować/u- ~ **coś** pretend (to do) sth: *On tylko pozorował pracę.* He was only pretending to work.

pozostałość|ć remnant: ~*ci* remains

pozosta(wa)ć 1 (*nie opuszczać miejsca*) stay, (*bardziej form.*) remain: ~ *w domu* stay at home ◊ ~ *komuś wiernym* remain faithful/loyal to sb **2** (*nadal być w jakimś stanie*) still be: *Pozostał skromną osobą.* He's still a modest person. ◊ *Przestępca wciąż pozostaje na wolności.* The criminal is still at large. **3** (*brakować*) be left: *Pozostała tylko minuta.* There's only one minute to go. [IDM] ~ **w tyle** (*i przen.*) ~ (**za kimś/czymś**) lag behind (sb/sth)

pozostawi(a)ć ~ **kogoś/coś** leave sb/ sth (behind) [IDM] **nie** ~ **wątpliwości**

leave no doubt I **pozostawiać wiele do życzenia** leave a lot do be desired
pozować ~ (na kogoś/coś) pose (as sb/sth): *~ do zdjęcia* pose for a photo
poz|ór pretence, -tense *(Am.)*: *ha ~ór* outwardly **|IDM| pod żadnym ~orem** on no account I **zachować ~ory** keep up appear-ances
pozwać → POZYWAĆ
po-zwalać/zwolić 1 *(zgadzać się)* **~ komuś coś robić** allow sb to do sth, **~ na coś** consent to sth ❶ Por. cz. **allow**, **permit** i **let. Allow** można używać w form. i nieform. angielszczyźnie. Bardzo często używana jest zwł. strona bierna **be allowed to do sth. Permit** jest słowem form., zwykle stosowanym tylko w pisanej angielszczyźnie. **Let** często spotyka się w codziennej, mówionej angielszczyźnie. Mówi się **allow sb to do sth**, albo **let sb do sth. Let** nie występuje w stronie biernej: *Visitors are not allowed/permitted to smoke in this area.* ◇ *Smoking is not allowed/permitted.* ◇ *I'm not allowed to smoke in my bedroom.* ◇ *My Dad won't let me smoke in my bedroom.* **2 (nie) móc (sobie)** **pozwolić na coś** (not) be able to afford sth: *Nie mogę sobie pozwolić na wakacje za granicą.* I can't afford a holiday abroad. **3 ~ sobie na coś:** *Pozwoliłem sobie otworzyć list.* I took the liberty of opening the letter. ◇ *Pozwolę sobie zadać pytanie.* May I ask a question?
pozwolenie ~ (na coś) 1 permission (to do sth) **2** *(dokument)* permit: *~ na pracę/pobyt* a work/residence permit ◇ *~ na broń* a gun licence
pozycj|a 1 *(położenie)* position, *(społeczna)* status **2** *(w spisie itp.)* item, *(w konkursie)* entry
pozysk(iw)ać gain: *~ kogoś (do czegoś)* win sb over (to sth)
pozytywny positive
poz(y)wać: *~ kogoś do sądu* sue sb
pożałowani|e |IDM| godny ~a 1 *(nędzny)* pitiful **2** *(niestosowny)* regrettable
pożar fire
pożądać *(ogólnie)* **~ kogoś/czegoś** desire sb/sth I **pożądanie ~ (kogoś/czegoś)** desire (for sb/sth), *(czekolady itp.)* craving (for sth)
pożegnać się → ŻEGNAĆ SIĘ
pożegnani|e farewell: *Pomachaj babci na ~e.* Wave goodbye to Granny. ◇ *bez ~a* without saying goodbye ◇ *bolesna chwila ~a* the painful moment of parting ◇ *ucałować kogoś na ~e* kiss sb goodbye

pożycz-ać/yć 1 ~ coś (komuś) lend sth (to sb) **2 ~ coś (od kogoś)** borrow sth (from sb)
pożyczk|a loan: *wziąć ~ę z banku* take out a bank loan ◇ *spłacić ~ę* pay off a loan ◇ *~a nieoprocentowana* an interest-free loan
pożyteczny useful
pożyt|ek benefit: *odnosić ~ek z czegoś* profit from sth ◇ *Żaden z niego ~ek!* He's no use!
pożywienie nourishment
pożywny nutritious
pójść → IŚĆ
pół half *[lm* halves*]: dzielić coś na ~* halve sth ◇ *w ~ drogi* half-way **|IDM| ~ na ~** fifty-fifty I **na ~ etatu** part-time
półfinał semi-final
półgłosem in an undertone
półka shelf *[lm* shelves*], (na książki)* bookshelf, *(na bagaż)* rack, *(nad kominkiem)* mantelpiece
półkole semicircle
półkula hemisphere
północ 1 *(czas)* midnight: *o ~y* at midnight **2** *(kierunek)* north: *na ~* north(wards)
północno-wschodni north-east(ern)
północno-zachodni north-west(ern)
północny north(ern): *~ wiatr* a north (erly) wind ◇ *~ wschód* the north-east ◇ *~ zachód* the north-west
półpiętro landing
półwysep peninsula
później later: *przekładać coś na ~* put sth off till later
późno late: *Robi się ~.* It's getting late.
późn|y late: *pracować do ~a* work late
prac|a 1 *(zawodowa; artystyczna)* work, job ❶ **Work** jest rz. niepolicz., a **job** rz. policz.: *I've found work at the hospital.* ◇ *I've got a new job at the hospital.* **Employment** jest rz. niepolicz. i bardziej oficjalnym niż **work** lub **job**: *Many married women are in part-time employment.* **Occupation** występuje w formularzach przy pytaniach o wykonywane zajęcie lub zawód: *Occupation: student. Occupation: bus driver.* **Profession** oznacza pracę wymagającą specjalnego wykształcenia i studiów wyższych: *the medical profession.* **Trade** oznacza pracę fizyczną wymagającą specyficznych umiejętności: *He's a carpenter by trade.*: *być w ~y* be at work ◇ *szukać ~y/starać się o ~ę/znajdować ~ę* look for/apply for/find a job ◇ *dobrze płatna/intratna ~a* a well-paid/highly paid job ◇ *~a na cały etat/pół/część etatu* a full-time/

p

part-time job ◇ *stała/okresowa* ~*a* a
permanent/temporary job ◇ ~*a*
fizyczna manual labour ◇ *miejsce* ~*y* a
workplace ◇ ~*a dodatkowa* a sideline
◇ ~*a przygotowawcza* groundwork
◇ ~*a społeczna* social work ◇ ~*a*
zespołowa teamwork ◇ *bez* ~*y* out of
work **2** (*naukowa*) research,
(*magisterska*) dissertation,
(*doktorancka*) thesis **3** (~*e*) (*komisji*
itp.) proceedings **4** (*komputera,*
maszyny) operation [IDM] ~*a domowa*
(*ze szkoły*) homework ׀ ~*e domowe* (*w*
domu) housework

pracodaw-ca/czyni employer

pracować work: ~ *na własne konto* be
self-employed

pracowity hard-working

pracownia (*artysty*) studio, (*fizyczna,*
językowa itp.) lab(oratory),
(*rzemieślnicza*) workshop,
(*komputerowa*) computer room

pracowni-׀k/czka/ca employee: ~*k*
biurowy/fabryczny an office/a factory
worker ◇ ~*k fizyczny/umysłowy* a blue-
collar/white-collar worker ◇ ~*k*
naukowy a researcher ◇ ~*k socjalny* a
social worker

prać/wy- wash, (*chemicznie*)
dry-clean ■ **prać/wy- się** wash

pragnąć/za- desire

pragnienie 1 (*chęć napicia się*) thirst
2 (*wielka chęć*) desire

praktyczny practical

praktyka (*doświadczenie; praca*
lekarza/adwokata) practice: ~
zawodowa work experience

praktykować practise, -tice (*Am.*): ~ *w*
przychodni be in general practice

pralka washing machine

pralnia laundry: ~ *samoobsłu-gowa* a
launderette ◇ ~ *chemiczna* a dry-
cleaner's

pranie 1 (*czynność prania*) washing
2 : *bielizna do* ~*a* laundry [IDM] ~*e*
mózgu brainwashing ׀ ~*e brudnych*
pieniędzy money laundering

prasa press: ~ *drukarska* a printing
press

prasować iron

prawd׀a truth: *mówić* ~*ę* tell the truth
◇ *To* ~*a*. That's true. ◇ *Nie zapomnisz,*
~*a?* You won't forget, will you? [IDM] ~*ę*
powiedziawszy actually ׀ *co* ~*a* as a
matter of fact

prawdopodobieństwo probability, ~
czegoś likelihood of sth (happening):
Istnieje małe ~. It's unlikely.

prawdopodobny probable: *mało* ~
unlikely

prawdziwy 1 (*niesztuczny*) real, (*skóra*
itp.) genuine **2** (*opowieść*) true

prawica (*polit.*) the right

prawicowy (*polit.*) right-wing

prawidłowy 1 (*poprawny*) correct
2 (*stosowny*) proper

prawie almost: *P~ skończyłem*. I'm
nearly finished. ◇ ~ *nic/nigdy/nigdzie/*
nikt hardly anything/ever/anywhere/
anyone

prawni-k/czka lawyer

prawn׀y 1 (*związany z prawem*) legal:
porada ~*a* legal advice **2** (*na mocy*
prawa) lawful: ~*y właściciel* the rightful
owner

praw׀o 1 (*przepisy; reguły fizyki itp.*)
law: ~*o zwyczajowe* common law ◇ ~*o*
cywilne/karne civil/criminal law
2 (*uprawnienie*) ~*o* (*do czegoś*) right
(to sth), (*do majątku itp.*) claim (to sth):
~*o autorskie* copyright ◇ *mieć* ~*o coś*
robić have the right to do sth ◇ *uzyskać*
~*o do zrobienia czegoś* gain the right to
do sth ◇ ~*a człowieka* human rights
◇ ~*o głosu* the (right to) vote ◇ ~*o jazdy*
a driving licence ◇ ~*a obywatelskie*
civil rights ◇ ~*o opieki* custody ◇ ~*o*
pierwszeństwa right of way **3** (*nie lewo*)
right: *skręcić na/w* ~*o* turn right
◇ *pierwsza ulica na* ~*o* the first street
on the right

prawodawstwo legislation

praworządność law and order

praworządny 1 (*zgodny z prawem*)
legal **2** (*postępujący zgodnie z prawem*)
law-abiding

prawosławny orthodox

praw׀y 1 (*nie lewy*) right: *jechać po* ~*ej*
stronie drive on the right ◇ *z/po* ~*ej*
stron-y/ie right-hand **2** (*szlachetny*)
righteous [IDM] ~*a strona* (*sukni itp.*) the
outside

prażony roast(ed)

prażyć roast

prąd 1 (*elektryczny; rzeki*) current: *z*
~*em rzeki* downstream ◇ *pod* ~ *rzeki*
upstream **2** (*elektryczność*) electricity

precedens precedent: *stworzyć* ~ set a
precedent ◇ *bez* ~*u* unprecedented

precyzja precision

precyzować/s- specify

preferencja preference

prehistoryczny prehistoric

premedytacj׀a : *z* ~*ą* premeditated

premia 1 (*dodatek*) bonus **2** (*nagroda*)
prize

premier prime minister

premiera premiere

prenumerata subscription

prenumerować/za- ~ (coś) subscribe (to sth)

presj|a pressure: *wywierać ~ę na kogoś (żeby coś zrobił)* put pressure on sb (to do sth) ◇ *pod ~ą* under pressure

prestiż prestige

pretekst pretext

pretensj|a 1 (*roszczenia*) claim: *rościć sobie ~e do czegoś* lay claim to sth ◇ *Nie roszczę sobie ~i do doskonałości.* I make no claim to be perfect. **2** (*żal*) grudge: *mieć do kogoś ~ę (o coś)* bear a grudge against sb (for sth) ◇ *Nie mam do niego ~i.* I bear him no grudge.

pretensjonalny pretentious

prezent present

prezentacja (*osób*) introduction, (*towarów, poglądów itp.*) presentation

prezenter/ka presenter

prezentować 1 (*pokazywać/wyrażać publicznie*) present **2** (*strój na pokazie mody*) model

prezerwatywa condom

prezes/ka (*firmy*) chief executive (officer) (*Am.*), (*zarządu firmy*) chairperson, (*stowarzyszenia*) president

prezydent 1 (*państwa*) president **2** (*miasta*) mayor

prędki 1 (*szybki*) fast: *~ oddech* fast breathing **2** (*decyzja itp.*) quick

pręt rod

prężny 1 (*ciało*) supple, (*nogi, ręce*) flexible **2** (*krok*) springy **3** (*organizacja, kraj*) dynamic, (*gospodarka*) buoyant

problem 1 (*kłopot*) problem: *Nie ma ~u.* No problem. ◇ *P~ w tym, że ten stół jest za mały.* The thing is the table's too small. **2** (*kwestia*) question: *~y dyskutowane na konferencji* issues discussed at the conference

proboszcz (*w kościele katolickim*) parish priest, (*w kościele protestanckim*) vicar

probówka test tube

procent 1 (*ze stu*) per cent, percent (*zwl. Am.*): *duży ~ ludzi* a high percentage of people **2** (*od kapitału*) interest [IDM] **na sto ~** a hundred per cent

procentow|y per cent, percent (*zwl. Am.*): *stopa ~a* an interest rate [IDM] *pożyczka ~a* loan with interest

proces 1 (*przebieg*) process **2** (*prawn.*) *~ (o coś)* trial (for sth): *wytoczyć komuś ~* bring a suit against sb ◇ *wygrać/ przegrać ~* win/lose a lawsuit

procesować się ~ z kimś (o coś) fight sb (over sth) in the courts

proch 1 (*materiał wybuchowy*) powder: *~ strzelniczy* gunpowder **2** (*~y*) (*ludzkie szczątki*) ashes

producent producer

produkcja production

produkować/wy- produce, (*maszynowo*) manufacture

produkt product: *~y spożywcze* food products ◇ *~y mleczne/mięsne* dairy/ meat products ◇ *~y rolne* farm produce ◇ *~ końcowy* an end product ◇ *~ uboczny* a by-product [IDM] **~ krajowy brutto** gross domestic product (GDP) | **~ narodowy brutto** gross national product (GNP)

produktywny productive

profesjonalist-a/ka professional

profesor professor, full professor (*Am.*): *~ chemii* a chemistry professor/ (*bardziej form.*) professor of chemistry

profilaktyczny preventive

prognoza prognosis [lm -noses]: *~ pogody* a weather forecast

program 1 (*działania; teatr; radio; TV*) programme, -gram (*Am.*): *~ dokumentalny* a documentary ◇ *~ rozrywkowy* a variety show **2** (*kanał*) channel **3** (*lista audycji*) TV guide **4** (*komput.*) program **5** *:* *~ nauczania* a curriculum **6** (*polit.*) policies [lm] [IDM] **mieć coś w ~ie** (*prywatnie*) have sth on, (*oficjalnie*) have sth on the agenda

programować/za- programme, -gram (*Am.*), (*komputer*) program

projekt 1 (*podróży itp.*) plan, (*plan, zamierzenie*) project **2** (*szkic*) design **3** (*wstępny*) draft: *~ ustawy* a bill

projektant/ka designer: *~ wnętrz* an interior designer

projektować/za- design, (*krajobraz*) landscape

prom ferry

promieniotwórczy radioactive

promieniować (*i przen.*) radiate: *~ szczęściem* radiate happiness

promienny (*uśmiech*) radiant

promień 1 (*słońca itp.*) ray **2** (*okręgu*) radius [lm radii]

promocja (*towaru*) promotion

promotor/ka supervisor

promować 1 (*kadeta na oficera itp.*) promote sb (to sth): *~ kogoś na doktora filozofii* make sb a Doctor of Philosophy **2** (*ucznia*) put sb up into the next class

propagować/roz- popularize

proponować/za- suggest, (*bardziej form.*) propose: *Zaproponował gościom herbatę.* He offered the guests some tea.

p

proporcjonalny proportional: *system ~ (w wyborach politycznych)* proportional representation

propozycj|a 1 *(sugestia)* suggestion, *(bardziej form.)* proposal **2** *(oferta)* offer: *składać komuś ~ę kupna/ sprzedaży* make sb an offer

prorokować prophesy

prosiak piglet

prosić/po- 1 *~ kogoś (o coś)* ask sb (for sth): *Poprosiła go, żeby jej pomógł* She asked him to help her. **2** *(proszę) (rozkaz; zaproszenie)* please: *Proszę o spokój!* Quiet, please! ◊ *Proszę wyjść!* Please leave! ◊ *Bardzo proszę do stołu!* Would you like to come and sit down? **3** *(proszę)* please: *tak,* ~ yes, please ◊ *„Dziękuję za pomoc!" „Proszę bardzo."* 'Thanks for the help.' 'Don't mention it. / You're welcome.' ◊ *„Czy mogę skorzystać z telefonu?" „Proszę bardzo."* 'Could I please use your telephone?' 'Yes, go ahead.' ❶ Zwróć uwagę, że w odpowiedzi na thank you nie używa się **please**. Można wówczas nic nie odpowiedzieć. Można też (zwł. gdy wyświadczyłeś komuś przysługę) użyć jednego z następujących zwrotów: **that's all right / OK, it's / it was a pleasure, my pleasure, don't mention it,** *(zwł. w Am. ang.)* **you're welcome** lub *(form.)* **not at all.** Podając coś komuś, zapraszając kogoś do stołu lub częstując kogoś, również nie używa się **please.** Przy podawaniu można powiedzieć **Here/ There you are,** ale nie jest to konieczne. **[IDM] no proszę!** really? **I ~ kogoś do tańca** ask sb for a dance **I proszę o głos** may I say something **I proszę!** *(zapraszając do środka)* come in **I proszę pana/pani** please: *Proszę pana, czy mógłby mi pan pomóc?* Excuse me, could you please help me?

prosperować prosper: *doskonale ~* thrive

prostacki vulgar

prosto 1 *(nie skręcając)* direct: *iść ~ przed siebie* go straight ahead **2** *(pionowo)* upright **3** *(zwyczajnie)* simply, *(ubrany)* plainly

prostoduszny 1 *(dobroduszny)* guileless **2** *(naiwny)* naive

prostokąt rectangle **I prostokątny** rectangular

prostolinijny straightforward

prostopadły perpendicular

prostota simplicity

prostować 1 *(krawat itp.)* straighten sth (out) **2** *(zagniecenia w czymś)* smooth sth out **3** *(błąd itp.)* correct

■ **prostować się** straighten (yourself) (up)

prost|y 1 *(nie zgięty)* straight, *(stojący)* erect **2** *(bezpośredni)* direct **3** *(łatwy)* simple: *po ~u* simply

prostytutka prostitute

prosz|ek powder: *w ~ku* powdered ◊ *~ek do prania* (a) washing powder

proszę → PROSIĆ

próśb|a ~a (o coś) (do kogoś) request for sth, *(o informację)* enquiry: *mieć do kogoś ~ę o coś* need to ask sb for sth ◊ *pisać ~ę o informację dotyczącą czegoś* send off for information on sth ◊ *na czyjąś ~ę* at sb's request

protekcj|a favouritism, *-vor- (Am.):* *załatwić sobie coś przez czyjąś ~ę* arrange sth with sb's (inside) help

protest protest

protestancki Protestant

protestować/za- ~ *(przeciwko komuś/ czemuś)* protest (against sb/sth)

proteza prosthesis, *(~ ręki/nogi)* an artificial arm/leg ◊ *~ zębowa* false teeth

protok|ół 1 *(spotkania)* minutes: *powiedzieć coś poza ~ołem* say sth off the record **2** *(akt)* report **3** *(dyplomatyczny itp.)* protocol

prowadzić 1 *(wieść; droga)* lead, *(kierować)* guide **2** *(samochód itp.)* drive, *(samolot)* fly **3** *(sklep itp.)* run **4** *(realizować):* ~ *prace badawcze* do research ◊ *~ dochodzenie* carry out an investigation **5** *(wojnę)* wage **6** *(zapiski)* keep **7** *(rozmowę)* hold **8 :** *~ sprawę sądową* prosecute ◊ *~ czyjąś sprawę* plead sb's case ■ **prowadzić się** conduct yourself

prowincjonalny provincial

prowizj|a commission: *pobierać ~ę od czegoś* charge a commission on sth

prowizoryczny provisional, *(mniej form.)* makeshift, *(plany)* tentative

prowokować/s- provoke

proza prose

prób|a 1 *(badanie)* test, *(nowego towaru itp.)* trial: *~a wytrzymałości* an endurance test ◊ *~a głosu* an audition ◊ *poddawać kogoś/coś ~ie* put sb/sth to the test ◊ *tytułem ~y* on a trial basis **2** *(wysiłek)* attempt **3** *(teatr)* rehearsal: *robić ~ę* rehearse **[IDM] metodą ~ i błędów** by trial and error

próbka *(wody itp.)* sample

próbny test, *(egzamin)* mock, *(badanie, projekt)* pilot: *okres ~ (w nowej pracy)* probation ◊ *bieg ~* a trial run

próbować *(/s-) (podjąć próbę)* ~ **coś robić** try to/and do sth **2** *(/s-)*

(*sprawdzić*) test **3** (*/s-*) (*potrawę/napój*) taste **4** (*teatr*) rehearse

próchnieć/s- (*ząb*) decay, (*drzewo*) rot

próg threshold: *Stała w progu.* She stood on the threshold. ◊ *przekraczać ~* cross the threshold [IDM] **tuż za progiem** on your doorstep

próżnia 1 (*fiz.*) vacuum **2** (*przen.*) void

próżniak slacker

próżno: *na ~* in vain

próżny 1 (*osoba; zachowanie*) vain **2** (*nadaremny*) futile **3** (*pusty*) empty [IDM] **z ~mi rękami** empty-handed

pruć 1 (*szwy itp.*) unpick, (*sweter*) unravel **2** (*fale*) cleave **3** (*jechać szybko*) tear off/along/past, etc. ∎ **pruć się** come apart

pruderyjny prudish

prych-ać/nąć snort

prymitywny primitive

prys-kać/nąć 1 (*wodą itp.*) splash, (*sprayem*) spray **2** (*uciekać*) get out (of here)

pryszcz pimple

prysznic shower: *brać ~* have/ (*zwł. Am.*) take a shower

prywatka party

prywatn|y private: *własność ~a* private property ◊ *To moja ~a sprawa.* That is a personal matter.

prywatyzować/s- privatize

przebacz-ać/yć ~ (coś) (komuś) forgive (sb) (sth)

przebić → PRZEBIJAĆ

prze-biegać/biec 1 (*biec przez jakąś odległość; ciągnąć się*) run **2** (*przemieścić się*) flit: *Uśmiech przebiegł mu po twarzy.* A smile played across his face. **3** (*dziać się*) go [IDM] *~ wzrokiem po czymś* scan sth

przebiegły cunning

przeb(ie)rać 1 *~ kogoś (w coś)* change sb (into sth) **2** (*przebierać*) (*grymasić*) pick and choose **3** (*palcami itp.*) tap sth ∎ **przebierać się** *~ się (w coś)* change (into sth), *~ się (za kogoś/coś)* disguise yourself (as sb/sth)

przebieralnia changing room

prze-bijać/bić 1 (*przekłuć*) pierce, (*zwł. opon*) puncture, (*balonik*) pop **2** (*wykuć*) bore **3** (*prześwitywać przez coś*) show through sth **4** (*przedzierać się*) fight your way through sth ∎ **prze-bijać/bić się** show through

przebitka (*carbon*) copy

przebłysk (*światła; nadziei*) glimmer, (*natchienia, geniuszu*) flash, (*talentu*) spark

przebojowy (*osoba*) go-ahead

przebłój (*piosenka itp.*) hit: *lista ~ojów* the charts

przebranije disguise, (*na bal maskowy itp.*) fancy dress: *w ~u* in disguise

przebrnąć 1 (*przez egzamin itp.*) scrape through sth **2** (*przez książkę; przez błoto itp.*) wade through sth

przebudow(yw)ać (*dom*) rebuild, (*strych na mieszkanie itp.*) convert sth (into sth), (*osiedle itp.*) redevelop

przeby(wa)ć 1 (*mieszkać*) stay: *~ za granicą* stay abroad **2** (*przejść, przejechać*) travel **3** (*przeżyć*) go through sth **4** *~ z kimś* spend time with sb

przecedzić → CEDZIĆ

przecen|a discount: *kupić coś z ~y* buy sth with a discount

przecenij(a)ć 1 (*za wysoko ocenić jakość*) overrate, (*ilość itp.*) overestimate **2** (*cenę towaru*) mark sth down

przechadzać się stroll

przechodzić/przejść 1 *~ (przez coś)* cross (sth) **2** *~ obok kogoś/czegoś* pass (by) (sb/sth) **3** (*doświadczyć, przebyć*) go through sth, (*operację itp.*) undergo: *~ przegląd* be serviced **4** (*skończyć się: katar, ból itp.*) go, (*dolegliwości skóry itp.*) clear up **5** *~ do czegoś/na coś innego* go over to sth, (*do nowego tematu*) move on (to sth): *~ na inną wiarę* convert to another religion **6** *~ samego siebie* excel yourself **7** (*ustawa*) go through [IDM] **bez echa/wrażenia** pass unnoticed ∎ *~ na „ty"* start being on first-name terms ∎ *~ wszelkie oczekiwania* surpass all expectations ∎ *~ z rąk do rąk* change hands

przechodzień passer-by [*lm* -ers-by]

przechowalnia (*owoców itp.*) storeroom **2** (*bagażu*) left-luggage office, checkroom (*Am.*)

przechow(yw)ać (się) keep

przechwalać praise too highly ∎ **przechwalać się** *~ się (czymś)* brag (about sth)

przechwy-tywać/cić (*informację*) intercept **2** (*władzę*) seize

przechyl-ać/ić (*głowę itp.*) tilt [IDM] *~ szalę na czyjąś stronę* tip the scales in sb's favour/-vor ∎ **przechyl-ać/ić się** tilt, (*płot itp.*) lean over, (*statek*) list, (*samolot*) bank

przechytrzyć outwit

przeciąć → PRZECINAĆ

przeciąg draught, draft (*Am.*): *z ~ami* draughty

przeciąg-ać/nąć 1 *~ coś przez coś* pull sth through sth, (*nitkę*) thread

2 *(ciężki worek itp.)* drag **3** *(rozmowę itp.)* prolong **4** *(słowa)* drawl |IDM| **~ kogoś na swoją stronę** win sb over (to your side) ■ **przeciąg-ać/nąć się 1** *(czas)* drag on **2** *(osoba)* stretch yourself (out)

przeciąż-ać/yć overload, *(pracą)* overwork, *(obowiązkami)* overburden

przeciekać 1 *(woda itp.)* leak **2** *(informacje)* leak out

prze-cierać/trzeć ~ coś (czymś) 1 *(szmatką itp.)* wipe sth (with sth) **2** *(owoce itp.)* sieve |IDM| **~ szlak** blaze a trail ■ **przecierać się 1** *(ubranie)* wear through **2** *(pogoda)* clear (up)

przecież 1 *(uzasadnienie)* after all: *P~ o tym wiedziałeś.* You knew about it, didn't you? **2** *(jednak)* but: *Nie możemy ~ ciągle robić postojów.* But we can't keep on stopping. ◊ *. . .ale ~ nie wszyscy lubią teatr. . . .*but then again not everyone likes the theatre.

przeciętny average

prze-cinać/ciąć 1 *(nożem itp.; więzy)* cut **2** *(na plastry)* slice **3** *(drogę)* cross **4** *(dyskusję itp.)* cut sth short **5** *(ruch)* cut across (sth) ■ **przecinać się 1** *(drogi)* cross **2** *(przen.): Nasze szlaki często się przecinają.* Our paths often cross.

przecinek comma

przecis-kać/nąć squeeze

przeciw *(także przeciwko)* against, *(zwł. w sporcie)* versus |IDM| **za i ~** the pros and cons

przeciwbólowy: *środek ~* a painkiller

przeciwdziałać ~ czemuś counteract sth

przeciwieństw|o 1 *(sprzeczność)* conflict, *(coś zupełnie innego)* contrast, *(coś zupełnie przeciwstawnego)* opposite: *w ~ie do kogoś/czegoś* unlike sb/sth **2** *(trudność)* difficulty

przeciwległy opposite

przeciwnie ~ do czegoś counter to sth: *~ niż moja siostra* unlike my sister |IDM| **wręcz ~** on the contrary

przeciwni-k/czka opponent

przeciwn|y 1 *(strona)* opposite **2** *(różny)* contrary: *w ~ym razie* otherwise **3** *(nie w zgodzie)* against: *być ~ym komuś/czemuś* be against/ *(bardziej form.)* opposed to sth/sth ◊ *być ~ym czyjejś naturze* not be in sb's nature ◊ *drużyna ~a* the other side

przeciwsłoneczn|y: *okulary ~e* sunglasses ◊ *(w samochodzie) osłona ~a* a visor

przeciwstawi(a)ć contrast
■ **przeciwstawi(a)ć się ~ się ko-muś/ czemuś** oppose sb/sth

przeczący negative

przecznic|a street (off another street): *na następnej ~y* in the next street ◊ *skręcić w drugą ~ę w lewo* take the second turning on the left ◊ *dwie ~e stąd* two blocks from here

przeczucie intuition: *złe ~ a* premonition ◊ *Mam złe ~, że będą kłopoty.* I smell trouble.

przeczulony oversensitive: *być ~m na punkcie czegoś* be oversensitive about sb/sth

przeczytać → CZYTAĆ

przed 1 *(miejsce)* in front of sb/sth: *Stoi ~ tablicą.* He's standing in front of the blackboard. **2** *(deszczem itp.)* from **3** *(wcześniej)* before: *Dzwonił ~ obiadem.* He rang before lunch. **3** *(godziną itp.)* ago: *Wyjechał ~ tygodniem.* He left a week ago. **4** *(do przodu)* ahead (of sb/sth): *Mam ~ sobą jeszcze trzy lata studiów.* I've still got three years of study to go. |IDM| **~ czasem** ahead of its/your time | **~e wszystkim** above all

przedimek: **~** *nieokreślony* an indefinite article ◊ *~ określony* a definite article

przedłuż-ać/yć 1 *(ulicę itp.; pobyt; wizę)* extend, *(rozmowę itp.)* prolong **2** *(kontrakt, paszport)* renew
■ **przedłuż-ać/yć się** extend

przedmieści|e suburbs: *mieszkać na ~u* live in the suburbs

przedmiot 1 *(rzecz)* object **2** *(nauki; rozmowy)* subject

przedmowa preface

przedni front

przedostatni *(w rzędzie itp.)* second last, *(form.)* penultimate: *Byłem ~ na egzaminie.* I came second to last in the exam. ◊ *w ~m tygodniu* the week before last

przedosta(wa)ć się 1 *(dotrzeć)* **~ do czegoś/na coś** make your way to sth: *z powrotem* make your way back **2** *(pył itp.)* **~ do czegoś/przez coś** penetrate sth

przedpokój hall

przedpołudnie morning: *wczesnym ~m* in the early hours of the morning

przedrzeć się → PRZEDZIERAĆ SIĘ

przedsiębiorca entrepreneur: *drobny ~* a small businessman

przedsiębiorczy enterprising

przedsiębiorstwo company

przedsięwzięcie undertaking

przedstawi(a)ć 1 ~ kogoś (komuś) introduce sb (to sb) ➊ W jęz. ang. istnieje kilka sposobów przedstawienia sobie osób, w zależności od sytuacji.

Nieformalna odpowiedź na
przedstawienie kogoś komuś to **Hello**
lub **Nice to meet you.** Odpowiedź
formalna (i coraz częściej odczuwana
jako staromodna) to **How do you
do?** Druga osoba także odpowiada **How
do you do? 2** (*sztukę itp.*) put sth on
3 (*wyjaśniać*) present: *fałszywie* ~
misrepresent **4** (*kandydaturę*) put sb
forward **5** (*pokazać*) show

przedstawiciel/ka representative
przedstawienie 1 (*faktów itp.*)
presentation: *błędne* ~ (a)
misrepresentation **2** (*interpretacja*)
representation **3** (*widowisko*) show,
(*sztuki*) performance **4** ~ **kogoś komuś**
introduction

przedszkole nursery school, preschool
(*Am.*)

przedtem before (that)

przedwczesny premature

przedwczoraj the day before yesterday

przedział 1 (*w pociągu*) compartment
2 (*między czymś i czymś*) division
3 (*czasowy*) period (of time) **4** (*liczbowy*) range: ~ *wiekowy* an age group

przedziałek (*włosów*) parting, part
(*Am.*)

prze-dzierać/drzeć tear ■ **prze-
dzierać/drzeć się ~ się (przez coś)**
(*przedzierać się*) try to break through
(sth) (**przedrzeć się**) break through
(sth)

przedziurawi(a)ć pierce

przedziurkować → DZIURKOWAĆ

przegapi(a)ć miss

przegląd 1 (*wojska*) inspection
2 (*techniczny*) service **3** (*filmów*)
festival, (*prasy itp.*) survey

przeglądać/przejrzeć look through
sth, (*w księgarni, Internecie itp.; książkę
itp.*) browse | **przeglądarka** browser

przegotow(yw)ać 1 (*doprowadzać do
stanu wrzenia*) boil **2** (*za długo
gotować*) overcook **3** (*znowu gotować*)
reheat

przegroda division, (*ściana*) partition

przegródka compartment, (*na listy*)
pigeon-hole

przegr(yw)ać 1 (*mecz itp.*) lose **2** (*z
innej taśmy itp.*) copy

przegub 1 (*ręki*) wrist **2** (*techn.*) joint

prze-jadać/jeść (*trwonić*) squander ■ **prze-jadać/jeść się 1** (*za dużo
jeść*) overeat **2** (*znudzić się*) ~ **się
komuś** pall on sb: *Przejadły mi
się jego historyjki.* I'm fed up with his
stories.

przejaśnienie sunny interval

przejazd 1 (*podróż*): *trasa ~u* a route
◇ *opłata za* ~ a fare ◇ *Jestem tu ~em.*
I'm just passing through. **2** (*dwóch linii
kolejowych*) crossing, (*kolei z drogą*)
level crossing: ~ *podziemny* an
underpass **3** (*miejsce*) clearance

przejażdżka ride

przejąć (się) → PRZEJMOWAĆ (SIĘ)

przejeść się → PRZEJADAĆ SIĘ

prze-jeżdżać/jechać 1 ~ **(przez coś)**
cross sth **2** ~ **kogoś/coś** (*samochodem*)
run sb/sth over

przejęzyczenie się slip of the tongue

przej-mować/ąć seize, (*kontrolę,
firmę itp.*) take (sth) over
■ **przejmować/przejąć się ~ (czymś)** be
concerned (about sth): ~ *się
drobiazgami* fuss ◇ *nie* ~ *się czymś*
never mind (about sth) ◇ *nie* ~ *się* take
it/things easy

przejmujący (*ból*) sharp, (*zimno*)
biting, (*głos; spojrzenie*) piercing,
(*smutek*) deep, (*cisza*) deathly

przejrzeć → PRZEGLĄDAĆ

przejrzysty 1 (*materiał itp.*)
transparent **2** (*tekst*) clear

przejści|e 1 (*graniczne itp.*) crossing,
(*w budynku itp.*) passage, (*między
rzędami krzeseł w teatrze/kościele*)
aisle: ~*e dla pieszych* a pedestrian
crossing ◇ ~*e podziemne* an underpass
2 (*zmiana*) transition [IDM] **ciężkie ~a**
ordeal [C]

przejściowy 1 (*tymczasowy*) passing,
(*opady*) intermittent **2** (*pośredni*)
transitional

przejść → PRZECHODZIĆ

przekaz 1 (*pieniędzy itp.*) transfer
2 (*blankiet*) postal/money (*Am.*) -order
form: ~ *pocztowy* a postal order

**przekaz(yw)ać ~ kogoś/coś (komuś)
1** transfer sb/sth (to sb), (*wiadomości,
list*) pass sth on (to sb) (*bardziej form.*)
convey: ~ *komuś pozdrowienia* give
your regards to sb **2** (*radio; TV*)
transmit **3** (*w spadku*) hand sth down
(to sb) (*form.*) bequeath **4** (*na cele
społeczne*) donate

przekąska snack

przekątna diagonal

przekleństwo 1 (*wulgarny wyraz*)
swear word **2** (*klątwa*) curse

prze-klinać/kląć swear, ~ **(ko-goś/coś)**
curse (sb/sth)

przekład translation

prze-kładać/łożyć 1 (*inaczej układać,
ustawiać*) rearrange **2** (*spotkanie itp.*)
reschedule: ~ *coś na później* postpone
sth ◇ ~ *coś na wcześniejszy termin*
bring sth forward **3** (*tłumaczyć*)
translate

p

przekłu(wa)ć 1 (*ucho itp.*) pierce
2 (*oponę itp.*) puncture
przekomarzać się banter
przekonanie 1 (*zwykle ~a*) (*polityczne itp.*) beliefs: *błędne ~e a fallacy* ◊ *być w błędnym ~u* be under a/the misapprehension **2** (*pewność siebie*) conviction: *robić coś z ~em* do sth with conviction [IDM] **nie mieć ~a do czegoś** have your doubts about sth
przekon(yw)ać ~ o czymś convince sb (of sth), **~ do czegoś** persuade sb (to do sth) ❶ Cz. **convince** i **persuade** używa się w kontekstach dokonanych. Formy niedokonane tłumaczy się za pomocą wyrażeń typu **try to convince/persuade sb**: *Przekonywał nas bardzo długo do kupna tego samochodu.* He spent a long time trying to persuade us to buy the car. ◊ *Przekonujemy ich pomału.* Slowly we are managing to persuade them. ◊ *Przekonał wyborców swoimi argumentami.* He won the voters over with his arguments. ■ **przekon(yw)ać się 1 ~ się do czegoś** be persuaded **2** (*zrozumieć*) **przekonać się, że** see: *Przekonałam się, że mieli rację.* I saw that they were right.
przekorny perverse
prze-kraczać/kroczyć 1 (*granicę itp.*) cross **2** (*przewyższać*) exceed: ~ *czyjeś pojęcie* be beyond sb ◊ ~ *dozwoloną prędkość* break the speed limit ◊ ~ *wyznaczony czas* overrun **3** (*przepis*) contravene
przekreśl-ać/ić 1 (*tekst*) cross sth out **2** (*szanse*) ruin, (*nadzieje*) dash
przekrę-cać/cić 1 (*głowę, czapkę*) tilt **2** (*klucz itp.*) turn **3** (*zna-czenie*) twist ■ **przekrę-cać/cić się 1** (*czapka*) slip **2** (*obrócić się*) turn
przekrój section, (*poprzeczny; przen.*) cross section
przekształ-cać/cić transform
przekupstwo bribery
prze-kupywać/kupić bribe
przelew draft: *dokonać ~u* make a transfer
prze-lewać/lać ~ coś (z czegoś) (do czegoś) (*płyn*) pour sth (from sth) (into sth) **2** (*pieniądze*) transfer ■ **prze-lewać/lać się** overflow
przelicz-ać/yć 1 (*rzeczy itp.*) count sth (out) **2** (*cale na centymetry itp.*) convert ■ **przeliczyć się ~ się w/z czymś 1** (*pieniądze itp.*) miscalculate sth **2** (*z siłami itp.*) overestimate sth
przeliterow(yw)ać spell sth out
przelot flight

przeładow(yw)ać overload, (*pracą*) overwork
przełaj: *na ~* cross-country ◊ *pójść na ~* take a short cut
przełam(yw)ać 1 (*na części*) break sth (in two) **2** (*opór itp.*) overcome: ~ *impas* break an impasse
przełącz-ać/yć switch sth over
przełęcz pass
przełknąć → PRZEŁYKAĆ
przełom 1 (*moment zwrotny*) breakthrough **2** (*rzeki*) gorge **3** (*med.*) turning-point [IDM] **na ~ie wieku** at the turn of the century
przełożon|-y/a superior: *Chcę rozmawiać z ~ym.* I'd like to speak to the person in charge. ◊ ~*a pielęgniarek* a senior nursing officer ◊ *Matka ~a* Mother Superior
przełożyć → PRZEKŁADAĆ
przeł-ykać/knąć swallow
prze-makać/moknąć get drenched: ~ *na wskroś/do suchej nitki* be soaked to the skin
przemarz-ać/nąć freeze: ~ *do szpiku kości* be frozen stiff
prze-mawiać/mówić 1 (*wygłosić mowę; powiedzieć coś*) speak: ~ *na zebraniu* speak at a meeting ◊ ~ *za kimś/za czymś* speak in support of sb/ sth ◊ ~ *komuś do rozsądku* make sb see reason **2** (*idea itp.*) ~ **do kogoś** appeal
przemęcz-ać/yć się 1 (*zmęczyć się (czymś)*) tire yourself out (with sth) **2** (*być w męczącej sytuacji*) suffer
przemiana ~ czegoś (w coś) transformation of sth (into sth) [IDM] ~ **materii** metabolism
przemieni(a)ć ~ coś (w coś) transform sth (into sth) ■ **przemien(i)ać się ~ (w coś)** change (into sth)
przemierz-ać/yć 1 (*zmierzyć*) measure sth again **2** (*chodzić: po pokoju*) pace, (*po kraju itp.*) cover: ~ *tę samą drogę* tread the same path
przemie-szczać/ścić move, (*kość przy złamaniu*) dislocate
przemi-jać/nąć pass, (*ból*) go away
przemilcz-ać/eć 1 (*nie odzywać się*) stay silent **2** (*zataić*) ~ **coś** hold sth back
przemknąć → PRZEMYKAĆ
przemoc violence: ~*ą* forcibly
przemoknąć → PRZEMAKAĆ
przemówić → PRZEMAWIAĆ
przemówienie speech: *wygłosić ~* make a speech
przemy-cać/cić smuggle: ~ *coś przez granicę/do kraju* smuggle sth across the border/into the country

przemyk-ać/nąć speed past, (*ptak itp.*) flit [IDM] **przemknąć komuś przez myśl** flash through sb's mind
■ **przemykać się** sneak
przemysł industry: ~ *rozrywkowy* show business
przemysłowy industrial
przemyśleć ~ coś think sth over: ~ *coś ponownie* reconsider sth
przemyt smuggling
przemytnik smuggler
przenieść (się) → PRZENOSIĆ (SIĘ)
przenigdy never ever
przenik-ać/nąć ~ przez coś penetrate sth, ~ **coś** permeate sth: *Chłód go przenikał.* He was frozen through. ◊ *Powietrze przeniknęło wilgocią.* The air was very damp.
przenikliw|y penetrating: ~*y ból* an acute pain ◊ ~*a cisza* a deafening silence ◊ ~*a interpretacja* an insightful interpretation
przenocować → NOCOWAĆ
prze-nosić/nieść 1 move, (*form.; przen.*) transfer, (*bagaż itp.*) carry: ~ *prawo własności* transfer ownership ◊ ~ *kogoś na wyższe/niższe stanowisko* promote/demote sb **2** (*chorobę*) transmit **3** (*przekopiować*) copy sth over from sth to sth [IDM] ~ **wyraz** break a word ■ **prze-nosić/nieść się** move, (*bardziej form.*) transfer
przenośni|a metaphor: *w ~i* metaphorically
przenośny 1 (*ruchomy*) portable **2** (*język*) figurative
przeobra-żać/zić transform
■ **przeobra-żać/zić się ~ się (z czegoś) (w coś)** change (from sth) (into sth)
przeoczyć miss
prze-padać/paść 1 (*zginać*) get lost **2** (*w mgle itp.*) disappear, (*na wojnie itp.*) go missing **3** (*przegrać*) fail: *Przepadł w przedbiegach.* He didn't make it through the heats. **4** (*nie udać się*): *Obiad mi przepadł przez to zebranie.* I missed lunch because of the meeting. ◊ *Dobry pomysł przepadł na skutek nieporozumień między pracownikami.* The good idea came to nothing because of the disagreement among the workers. **5** (*zmarnować*): *Przepadły moje dobra.* I lost my possessions. ◊ *Zbiory przepadły z powodu ulewy.* The crop was ruined by the heavy rain. **6** (**przepadać**) ~ **za kimś/czymś** be keen on sb/sth [IDM] **wszystko przepadało** all is lost
przepal-ać/ić (się) (*o bezpieczniku*) blow

przepaś|ć 1 (*geogr.*) precipice **2** (*przen.*) gap: *pokonać* ~*ć* bridge a/the gap ◊ *na skraju* ~*ci* on the brink of disaster/collapse
przepchnąć się → PRZEPYCHAĆ SIĘ
przepełni(a)ć (*ludzie*) overcrowd, (*rzeczy*) overfill
przepiórka quail
przepis 1 (*kulinarny*) recipe **2** (*prawny*) regulation
przepis(yw)ać 1 (*tekst*) copy sth (out), (*na komputerze itp.*) type sth out/up **2** (*lek*) prescribe
przepłacać overpay
przepływ flow
przepły-wać/nąć 1 (*osoba*) ~ (**coś/ przez coś**) swim (across sth), (*jacht itp.*) sail (across sth) **2** (*woda*) flow
przepo-wiadać/wiedzieć foretell, (*pogodę*) forecast
przepraco(wy)wać się overwork
przepraszać ~ kogoś (za coś) apologize to sb (for sth): *Przepraszam (bardzo).* (I'm) (very) sorry. ◊ *Przepraszam, że przeszkadzam.* Sorry to bother you. ◊ *Przepraszam, która godzina?* Excuse me, what's the time?
przeprawa 1 crossing **2** (*przen.*) ordeal
przeprawi(a)ć ferry ■ **przeprawi(a)ć się** get to the other side
przeprosić → PRZEPRASZAĆ
przeprosiny apolog-y/ies
przeprowa-dzać/dzić 1 ~ ko-goś/coś przez coś take sb/sth across sth **2** (*program; badania; wywiad*) carry out: ~ *wywiad z kimś* interview sb
■ **przeprowa-dzać/dzić się** move (house)
przeprowadzka move
przepustka pass
prze-puszczać/puścić 1 ~ kogoś/coś let sb/sth through, let sb/sth get through, (*ciecz, gaz*) leak sth: ~ *samochód* give way to a car ◊ ~ *ucznia do następnej klasy* let a student go up to the next class **2** (*nie zauważać/ korzystać*) miss **3** (*pieniądze*) throw sth away
przepych splendour, -dor (*Am.*)
prze-pychać/pchnąć 1 (*pchając, przesunąć*) push **2** (*przeczyścić*) unblock ■ **prze-pychać/ pchnąć się** push: ~ *się na początek kolejki* shove to the front of the queue
przepyt(yw)ać ~ kogoś (z czegoś) quiz sb (on sth), (*ostro*) grill sb (on sth)
prze-rabiać/robić 1 (*ubranie*) alter, (*meble itp.*) convert, (*książ-kę na film itp.*) adapt, ~ **kogoś/coś na kogoś/coś**

make sb/sth into sb/sth 2 *(zadania szkolne)* go over sth
przeraźliwy 1 *(budzący strach)* terrifying 2 *(okropny)* terrible
przera-żać/zić terrify ■ **przera-żać/zić się** be terrified
przerażający terrifying
przerażenie terror
przerw|a break, *(w teatrze)* interval, intermission *(Am.)*, *(między lekcjami)* break, recess *(Am.)*: *~a na kawę* a coffee break ◊ *~a w rozmowie* a pause in the conversation ◊ *~a w dopływie prądu* a power cut ◊ *zrobić sobie ~ę* take a break ◊ *(w podróży) robić sobie ~ę gdzieś* stop off at/in... ◊ *bez ~y* without a break
przer(y)wać 1 *(rozerwać)* break 2 *(nie skończyć)* interrupt, *(studia)* discontinue: *~ połączenie telefoniczne* cut sb off [IDM] *~ ciążę* perform an abortion | *~ komuś w pół słowa/zdania* cut sb short
przerzu-cać/cić 1 *(rzucić; przewiesić)* *~ coś nad czymś/przez coś* throw sth over/through sth: *Przerzucił płaszcz przez ramię.* He threw his coat over his shoulder. 2 *(przenieść nielegalnie)* smuggle 3 *(przejrzeć)* flip through sth ■ **przerzu-cać/cić się** *~ się (z czegoś) (na coś)* switch (from sth) (to sth)
przesad|a exaggeration: *~a w gestykulacji* exaggerated gestures ◊ *Bez ~y!* Don't exaggerate! ◊ *do ~y* excessively
przesa-dzać/dzić 1 *(roślinę)* transplant 2 *(pasażerów itp.)* move 3 *(przebrać miarę)* *~ z czymś* overdo sth: *nie ~ z solą* go easy on the salt 4 *(przeskoczyć)* jump over sth
przesąd 1 *(zabobon)* superstition 2 *(uprzedzenie)* prejudice
przesądny superstitious
prze-siadać/siąść się: *Przesiadam się w Warszawie.* I have to change trains in Warsaw. ◊ *Przesiadł się na przednie siedzenie auta.* He moved to the front seat of the car. ◊ *Przesiedli się z metra na autobus.* They changed from the underground to the bus.
przesiadk|a: *mieć ~ę* have to change trains/planes, etc. ◊ *Leciał do Florencji z ~ą w Rzy-mie.* He flew to Florence with a transfer in Rome.
przesiąk-ać/nąć *~ przez coś* 1 *(przeniknąć)* soak through sth: *Woda przesiąka przez sufit.* Water is seeping through the ceiling. 2 *(zostać przepojonym zapachem)* permeate: *Sweter przesiąknął zapachem*

papierosów. The jumper reeked of cigarettes.
prze-skakiwać/skoczyć *~ (przez) coś* jump (over) sth [IDM] **nie mów** hop, **póki nie przeskoczysz** don't count your chickens before they're hatched
przeskok jump
przesłuch(iw)ać 1 *(oskarżonego itp.)* interrogate 2 *(aktora itp.)* audition sb 3 *(płytę)* listen to sth
przestarzały dated
przesta(wa)ć stop: *nie ~ czegoś robić* keep doing sth
przestawi(a)ć 1 *~ coś (z czegoś) na coś* move sth (from sth) to sth 2 *(wyrazy w zdaniu itp.)* change the word order 3 *(produkcję itp.)* switch ■ **przestawi(a)ć się** *~ się (z czegoś) na coś* switch (over) (from sth) to sth
przestępca criminal
przestępczość crime: *~ zorganizowana* organized crime
przestępczy criminal
przestępstwo crime: *popełniać ~* commit a crime
przestraszyć scare ■ **przestraszyć się** get scared
przestrog|a caution: *zalecenia i ~i* do's and don'ts
przestronny spacious
przestrzegać 1 *~ kogoś (przed kimś/czymś)* warn sb (about sb/sth)/(against doing sth) 2 *(prawa)* obey, *(przepisu)* comply with sth, *(zwyczaju)* observe, *(zaleceń)* follow
przestrzenny 1 *(wyobraźnia itp.)* spatial 2 *(mający dużo przestrzeni)* spacious 3 *(figura)* three-dimensional
przestrze|ń space: *~ń kosmiczna* (outer) space ◊ *~ń powietrzna* airspace ◊ *na ~ni 10 km* for 10 km
przes(y)łać send: *~ coś na nowy adres* forward sth ◊ *~ coś pocztą elektroniczną* email sth
przesyłk|a 1 *(coś przesłanego pocztą: paczka)* parcel, package *(Am. zwykle)*, *(list)* letter, *(towarów)* consignment 2 *(przesła-nie)*: *~a priorytetowa/ zwykła/polecona* airmail/standard/ registered delivery ◊ *koszt ~i* postage ◊ *~a drogą morską* a shipment
przeszczepi(a)ć transplant, *(skórę)* graft
prze-szkadzać/szkodzić *~ ko-muś* disturb sb, *~ w czymś* interfere with

sth: *Jan przeszkadzał Marii w pracy.*
Jan disturbed Maria while she was
working. **[IDM] nie przeszkadzaj sobie**
don't let me disturb you

przeszko|da obstacle **[IDM] stać komuś/
czemuś na ~dzie** stand in sb's way

przeszłość past

przeszły past

przeszuk(iw)a|ć (*czegoś zgubionego/
pożądanego*) search for sth, (*pokoju
itp.*) search sth

przeszy(wa)ć 1 (*zeszyć*) sew
2 (*dźwięk; ból*) pierce **[IDM] ~ kogoś
wzrokiem** glare at sb

prześcieradło sheet

prześcig-ać/nąć ~ kogoś (w czymś)
outdo sb (in sth)

prześladować 1 (*politycznie, religijnie
itp.*) persecute **2** (*wspomnienia, sen itp.*)
haunt, (*tele-fonami itp.*) harass, (*nie móc
przestać o czymś myśleć*) obsess

prześladow-ca/czyni persecutor

prześwietl-ać/ić 1 (*kliszę*) overexpose
2 : ~ *promieniami Roent-gena* X-ray
3 (*walizkę, osobę*) scan

przetarg 1 (*licytacja*) auction
2 (*konkurs ofert*) tender: *brać udział w
~u* tender for sth ◊ *ogłosić ~ na coś* put
sth out to tender

przetłumaczyć → TŁUMACZYĆ

przetrwać 1 (*trwać*) last: *Nasza
przyjaźń przetrwała wiele lat.* Our
friendship's lasted (for) many years.
◊ *Zginął w bitwie, ale przetrwał w
legendzie.* He died in battle but lives on
in legend. **2** (*wypadek itp.*) survive

przetrzas-ać/nąć (*torebkę itp.*)
rummage through sth, (*miejsce itp.*)
scour

przetrzym(yw)ać 1 (*ból itp.*) endure
2 (*w areszcie*) detain **3** (*przechowywać*)
keep

prze-twarzać/tworzyć process

przewag|a ~a (nad kimś/czymś)
advantage (over sb/sth), (*większość*)
majority: *mający ~ę jednego punktu*
ahead by one point ◊ *mieć ~ę liczebną
nad kimś* outnumber sb

przeważ-ać/yć 1 (*być (za) ciężkim; i
przen.*) outweigh: *Zalety przeważają
nad wadami.* The advantages outweigh
the disadvantages. **2** (*stanowić
większość*) predominate **3** (*zwyciężać*)
prevail: *Przeważył zdrowy rozsądek.*
Common sense prevailed.

prze-widywać/widzieć 1 (*przyszłość*)
predict, (*pogodę itp.*) forecast: *Nie
przewidujemy żadnych problemów.*
We don't foresee any problems.
2 (*zaplanować*) anticipate, (*oczekiwać*)
expect: *zapłacić więcej niż*

przewidywaliśmy pay more than we
expected **3** (*brać pod uwagę*) take sth
into consideration **4** (*ustalać*)
stipulate: *Umowa przewiduje datę
dostawy.* The contract stipulates the
delivery date. ◊ *przewidywać wydatki*
budget

przewietrzyć air, air sth out
(*Am.*) ■ **przewietrzyć się** get a breath of
fresh air

przewiewny 1 (*pomieszczenie*) airy
2 (*ubranie*) cool

przewieźć → PRZEWOZIĆ

przewi-jać/nąć 1 (*taśmę: do tyłu*)
rewind, (*do przodu*) fast forward **2** (*na
komputerze*) ~ **do przodu/tyłu** scroll up/
down **3** (*dziecko*) change a child/nappy
■ **przewijać się 1** (*kaseta: do tyłu*)
rewind, (*do przodu*) fast forward **2** (*w
powieści*) run through sth
3 (*przepływać*) pass: *Dużo ludzi
przewija się przez to lotnisko.* Many
people pass through this airport. |
przewijani|e: *klawisz szybkiego ~a* fast
forward button

przewlekać 1 ~ coś przez coś thread
sth (through sth) **2** (*po-byt*) draw sth
out

przewlekły 1 (*med.*) chronic
2 (*trwający długo*) long-drawn-out

przewodnicząc-y/a (*obrad itp.*) chair
(person), (*kierownik*) president

przewodniczyć ~ czemuś chair sth

przewodni|k 1 (*i ~czka*) (*osoba*) guide:
zwiedzanie z ~kiem a guided tour
2 (*książka*) guide(book) **3** (*przywódca*)
leader **4** (*elektryczności itp.*) conductor

przewodzić 1 (*prowadzić*) lead,
(*kierować organizacją*) head, (*akcji,
atakowi itp.*) spearhead: ~ *dyskusji/
armii/wyprawie* lead a discussion/an
army/an expedition **2** (*elektryczność
itp.*) conduct

prze-wozić/wieźć transport: ~
promem/samolotem ferry/fly

przewoźnik carrier

przewód 1 (*elektryczny*) wire: *główny ~
elektryczny* a main **2** (*kanalizacyjny
itp.*) pipe: ~ *wentylacyjny* an air duct
3 (*anat.*) canal

przew|óz transport, transportation
(*Am.*), (*towarów*) freight: ~*óz
samochodowy/kolejowy* haulage
◊ *zagubiony podczas ~ozu* lost in
transit

prze-wracać/wrócić 1 (*stronę książki
itp.*) turn **2** (*na ziemię*) knock sb/sth
over **3** (*wywracać*) overturn **[IDM] ~
coś do góry nogami** turn sth upside
down | ~ **komuś w głowie** turn sb's head
■ **prze-wracać/wrócić się 1** (*spaść*) fall

p

(over) **2** (*na drugi bok*) turn over
3 (*łódź*) capsize
przewrotny perverse
przewyższ-ać/yć 1 (*być wyższym*) be
taller **2** (*być większym*) exceed: ~
liczebnie outnumber **3** (*być lepszym*)
surpass: ~ *kogoś o klasę* outclass sb
przez 1 (*na drugą stronę*) across
2 (*ponad; mijając przeszkodę*) over
3 (*poprzez*) through, (*przez punkt*) via
4 (*czas*) for: ~ *cały tydzień* for a whole
week ◊ *P~ cały czas myślałam, że
chcesz mi pomóc!* And all the time I
thought you wanted to help me! **5** (*z
powodu*) because of: *Spóźniliśmy się ~
korki.* We were late because of the
traffic jam. ◊ ~ *pomyłkę/przypadek* by
mistake/accident **6** (*za pomocą; w
konstrukcjach strony biernej*) by: ~
telefon on the phone ◊ *powieść
napisana przez Dickensa* a novel by
Dickens |IDM| *Co ~ to rozumiesz?* What
do you mean by that?
przezię bi(a)ć się catch a cold |
przeziębion|y: *Jestem ~a.* I've got a cold.
przeziębienie cold
przeznacz-ać/yć ~ *coś na coś*
(*wykorzystać jako coś*) designate sth as
sth, (*przypisać obowiązki*) assign sb to
do sth, (*czas, środki itp.*) allocate sth for
sth
przezorny 1 (*zapobiegliwy*) prudent:
Bądź ~ na drodze! Drive carefully.
2 (*ostrożny*) cautious
przezroczysty transparent
przezwisko nickname
przezwycięż-ać/yć overcome
przez(y)wać (*dawać przezwisko*)
nickname ■ **przez(y)wać się** call each
other names
przeżegnać się cross → ŻEGNAĆ SIĘ
przeżu(wa)ć chew
przeży(wa)ć 1 (*żyć dłużej*) outlive, (*o
jakiś czas*) outlast **2** (*doświadczać*)
experience: ~ *czegoś na nowo* relive sth
3 (*wypadek itp.*) survive, (*o chlebie itp.*)
get by (on sth)
przodek ancestor
prz|ód front: *numer na ~odzie autobusu*
the number on the front of the bus ◊ *w
~ód/do ~odu* forward ◊ *tył na ~ód* back
to front
przy 1 (*obok*) by: *Usiądź ~ mnie.* Sit
(down) by me. ◊ ~ *biurku* at the desk
◊ *z toru ~ peronie drugim* from
platform two ◊ *Nie mam ~ sobie
pieniędzy.* I don't have any money on
me. **2** (*podczas*) at: ~ *kolacji* at supper
◊ ~ *sobocie* on Saturday **3** (*wzdłuż*)
along(side): *P~ tej ulicy jest wiele
księgarni.* There are many bookshops

in this street. **4** (*w obecności kogoś*)
in front of sb **5** (*w porównaniu*)
alongside: *P~ swojej żonie wydawał
się stary.* Alongside his wife he
seemed old.
przy-biegać/biec ~ (*do kogoś/czegoś*)
run (up) (to sb/sth): *Przybiegł, kiedy
tylko usłyszał alarm.* He came running
as soon as he heard the alarm.
przyb(ie)rać 1 : ~ *kształt* take shape
◊ ~ *na sile* intensify ◊ ~ *na wadze* put
on weight **2** (*rze-ka*) swell **3** (*nazwisko;
pozę*) assume **4** (*potrawę*) garnish
przybi(ja)ć: ~ *gwoździem* nail
przybliż-ać/yć 1 (*w czasie*) bring sth
forward **2** (*przysunąć*) bring sth closer
3 (*powiększać*) magnify, (*zdjęcie itp.*)
zoom in on sth
przybliżony approximate
przybory: ~ *do pisania* stationery ◊ ~
do szycia a sewing kit ◊ ~ *toaletowe*
toiletries
przybrać → PRZYBIERAĆ
przybrzeżny coastal
przybudówka extension, addition
(*Am.*)
przybysz newcomer
przyby(wa)ć 1 (*przyjeżdżać*) arrive,
(*do celu; i przen.*) reach **2** (*zwiększać*)
get: *Przybyło mi kilka kilogramów.* I've
put on a few kilos.
przychodnia health centre
przychodzić/przyjść arrive: *Kiedy
przyszedł?* When did he get here? ◊ *Czy
możesz przyjść na imprezę?* Can you
come to the party? ◊ ~ *z wizytą* come
round ◊ ~ *po kogoś/coś* call for sb/sth
◊ ~ *na świat* be born ◊ ~ *do siebie*
recover ◊ ~ *komuś do głowy* occur to sb
◊ *łatwo ~ komuś* come easily to sb
◊ *jak/kiedy przyjdzie co do czego* if/
when it comes to the point
przychylny favourable, -vor- (*Am.*)
przyciąć → PRZYCINAĆ
przyciąg-ać/nąć 1 (*osobę, uwagę itp.*)
attract **2** (*bliżej itp.*) pull
przy-cinać/ciąć (*paznokcie, gałęzie
itp.*) clip, (*brodę, włosy; kartkę*) trim:
przyciąć sobie palec (*czymś*) catch your
finger (in sth)
przycisk button
przycis-kać/nąć 1 (*przygniatać*) press
2 (*przytulać*) ~ *kogoś/coś* (*do siebie*)
hug sb/sth **3** (*zmuszać*) ~ *kogoś, żeby
coś zrobił* push sb (to do sth)/(into
(doing) sth)
przycisz-ać/yć (*radio itp.*) turn sth
down
przyczaić się → CZAIĆ SIĘ

przyczepa trailer: ~ *kempingowa* a caravan

przyczepi(a)ć attach: ~ *szpilką* pin ◊ ~ *klamerkami* peg ◊ ~ *sznurem* tie ■ **przyczepi(a)ć się ~ się do kogoś** **1** (*mieć pretensje*) pick on sb **2** (*narzucać się*) tag along with sb

przyczyn|a reason: *z tej* ~*y* for that reason

przyczyni(a)ć się contribute

przy-ćmiewać/ćmić 1 overshadow **2** (*w czasie zaćmienia*) eclipse **3** (*przen.*) outshine

przydatny (*użyteczny*) useful, (*pomocny*) helpful: *okazać się* ~*m* come in handy

przyda(wa)ć impart ■ **przyda(wa)ć się** come in handy

przydomek nickname

przydrożny roadside

przydział (*pieniędzy itp.*) allocation, (*żywności itp.*) ration

przydziel-ać/ić (*czas, pieniądze itp.*) allocate, (*obowiązki itp.; osobę do czegoś*) assign

przygas-ać/nąć (*umierać*) be dying → GASNĄĆ

przyglądać/przyjrzeć się ~ komuś/ czemuś watch sb/sth: *bacznie* ~ *komuś/ czemuś* peer at sb/sth

przygnębi(a)ć depress

przygnębieni|e depression: *poddawać się* ~*u* mope

przygoda 1 adventure **2** (*miłosna*) (love) affair

przygotow(yw)ać get sth ready, (*bardziej form.*) prepare ■ **przygoto-w(yw)ać się ~ się na coś** get (yourself) ready for sth (*bardziej form.*) prepare (yourself) for sth

przyjaci-el/ółka 1 (close) friend → FRIEND **2** (*sympatia*) boyfriend/ girlfriend, (*konkub-ent/ina*) partner

przyjazd arrival

przyjazny friendly, (*komput. itp.*) user-friendly: ~ *dla środowiska* environmentally friendly

przyjaźnić/za- się be/make friends (with sb)

przyjaźń friendship

przyjąć (się) → PRZYJMOWAĆ (SIĘ)

przyjemnoś|ć pleasure: *znajdować w czymś* ~*ć* enjoy sth ◊ *sprawiać komuś* ~*ć* please sb ◊ *z* ~*cią* with pleasure ◊ *Przyjmuję z wielką* ~*cią.* I would be pleased to accept. ◊ *Cała* ~*ć po mojej stronie.* You're welcome. ◊ *dla* ~*ci* for fun

przyjemn|y pleasant, (*miły*) nice [IDM] **łączyć ~e z pożytecznym** mix business with pleasure

przyjezdny *przym.* visiting | **przyjezdn-y/a** *rz.* visitor

przy-jeżdżać/jechać arrive: ~ *po kogoś/coś* call for sb/sth

przyj|ęcie 1 (*akceptacja*) acceptance: *(nie) do* ~*cia* (un)acceptable **2** (*impreza; oddźwięk*) reception: *zgotować serdeczne* ~*cie* make sb welcome **3** : *godziny* ~*ć lekarza* surgery

przyj-mować/ąć 1 (*akceptować*) accept **2** (*wniosek, propozycję itp.*) adopt **3** (*gości itp.*) receive, (*pacjentów*) see **4** ~ **kogoś** (*do pracy*) take sb on, (*na uniwersytet/kurs*) admit sb (to/into sth) **5** (*zakładać*) assume ■ **przyj-mować/ąć się 1** (*ogólnie*) be accepted **2** (*zwyczaj*) catch on **3** (*przeszczep*) take **4** (*sadzonka*) take root

przyjść → PRZYCHODZIĆ

przykaza|nie commandment: *dziesięcioro* ~*ń* the Ten Commandments

przyklas-kiwać/nąć applaud

przy-klejać/kleić stick: ~ *klejem* glue ◊ ~ *taśmą klejącą* sellotape

przykład example: *być typowym* ~*em* typify ◊ *iść za czymś* ~*em* follow sb's example ◊ *dawać (komuś) dobry/zły* ~ set a good/bad example (to sb) ◊ *na* ~ for example

przy-kładać/łożyć ~ coś (do czegoś) put sth to sth [IDM] ~ **wagę do czegoś** attach importance to sth ■ **przy-kładać/łożyć się** (*do pracy*) apply yourself (to sth)

przykrę-cać/cić (się) screw (sth) (in)

przykroś|ć 1 (*niezadowolenie*) distress **2** (*żal*) regret: *Z* ~*cią zawiadamiam, że...* I regret to inform you that... **3** (*obraza*) offence, -se (*Am.*): *sprawiać komuś* ~*ć* upset sb ◊ *narażać kogoś na* ~*ć* get sb into trouble

przykry unpleasant | **przykro**: *P~ mi.* I'm sorry.

przykry(wa)ć cover

przyku(wa)ć 1 (*łańcuchem*) chain **2** (*uwagę*) engage [IDM] **przykuty do łóżka** bedridden

przylądek cape

przy-legać/lec 1 (*dotykać*) stick: *przylegające ubranie* skintight clothing **2** (*sąsiadować*) adjoin sth (*mniej form.*) be next to sth

przylepi(a)ć stick

przylgnąć → LGNĄĆ

przyłapać ~ kogoś (na czymś) catch sb (doing sth)

p

przyłącz-ać/yć attach ■ **przyłącz-ać/yć się ~ się do kogoś** join sb, **~ się do czegoś** join in ((doing) sth)

przymierz-ać/yć try sth on ■ **przymierz-ać/yć się** (*planować*) **~ się do czegoś** plan (to do) sth: *Przymierzamy się do kupna nowego domu.* We're intending to buy a new house.

przymiotnik adjective

przymoco(wy)wać (*taśmą klejącą itp.*) stick, (*spinaczem*) attach, (*liną itp.*) fix

przymus compulsion: *pod ~em* under duress

przymu-szać/sić force

przymyk-ać/nąć 1 (*drzwi itp.*) leave sth ajar **2** (*aresztować*) put sb away [IDM] **~(na coś) oczy** turn a blind eye (to sth) ■ **przymyk-ać/nąć się** (*zamilknąć*) shut up

przynagl-ać/ić ~ kogoś hurry sb up

przynajmniej at least

przynęt|a 1 (*dla ryb itp.*) bait **2** (*dla osób*) enticement: *na ~ę* as (an) enticement

przy-nosić/nieść 1 bring: *~ kogoś/coś z powrotem* bring sb/sth back **◇ ~ wiadomość** bring news **2** (*skutki*) result in sth **3** (*dochód itp.*) generate, (*zysk*) earn

przy-padać/paść 1 (*szybko doskoczyć*) **~ do kogoś/czegoś** throw yourself (on) to sth **2** (*część*) get **3** (*funkcja*) **~ komuś** fall to sb **4** (*data*) fall [IDM] **~ sobie do gustu**: *Przypadł jej do gustu.* She took a liking to him.

przypad|ek 1 (*zdarzenie nieplanowane*) chance, (*zbieg okoliczności*) coincidence **2** (*przykład; med.; gram.*) case: *w jego ~ku* in his case [IDM] **~kiem 1** (*uderzyć itp.*) by accident **2** (*spotkać się itp.*) by chance **3** (*w pytaniach itp.*) by any chance: *Nie wiesz ~kiem, gdzie on jest?* Do you know by any chance where he is?

przypadkowy accidental

przypal-ać/ić 1 (*jedzenie*) burn, (*żelazkiem*) scorch **2** : *~ papierosa komuś* light a cigarette (for sb) ■ **przypa-lać/lić się** burn, (*żelazkiem*) get scorched

przypa-trywać/trzyć się ~ komuś/ czemuś look closely at sb/sth

przy-piekać/piec (*chleb, ser*) toast, (*mięso*) brown, (*ciasto itp.*) bake sth till it is brown

przy-pierać/przeć ~ kogoś (*żeby nie miał wyjścia*) corner sb: *Przyparli go do muru i sprawca się przyznał.* They forced the man to admit his guilt.

przy-pinać/piąć fasten: *~ spinaczem* clip **◇ ~ szpilką** pin **◇ ~ paskiem** strap

przypis(yw)ać ~ coś komuś ascribe sth to sb, **~ coś czemuś** attribute sth to sth

przypływ 1 (*zwł. ludzi, pieniędzy*) influx, (*nagły; radości, emocji*) surge, (*energii*) burst, (*natchnienia; gniewu*) flash **2** (*morski*) high tide

przypom-inać/nieć 1 ~ kogoś/coś resemble sth **2 ~ kogoś (o czymś)** remind sb (about sth): *~ sobie coś* remember sth ■ **przypom-inać/nieć się ~ sobie** recall: *Przypomniał sobie, że widział ją tamtego wieczora.* He recalled seeing her that evening.

przyprawa seasoning, (*korzenna*) spice

przyprawi(a)ć 1 (*jedzenie*) season **2 ~ kogoś o coś** give sb sth: *Wspomnienie o tym przyprawia mnie o zawrót głowy.* Thinking of it gave me a headache. **◇ ~ kogoś o mdłości** make sb sick

przyprowa-dzać/dzić bring

przyprzeć → PRZYPIERAĆ

przypu-szczać/ścić suppose: *Przypuszcza się, że chorobę wywołuje wirus.* It is believed that a virus causes the illness.

przyroda nature

przyrodni (*z kim ma się wspólnego rodzica*) half-, (*dziecko ojczyma lub macochy*) step-: *~ brat* a stepbrother/ half-brother

przyrost increase

przyrząd instrument, (*drobny*) gadget, (*w gospodarstwie domowym*) appliance, (*gimnastyczny*) apparatus **→** NARZĘDZIE

przyrzeczenie pledge

przyrze-kać/rzec pledge

przysadzisty squat

przy-siadać/siąść sit down for a while [IDM] **przysiąść fałdów** put your shoulder to the wheel ■ **przy-siadać/siąść się ~ się do kogoś/ czegoś** join sb/sth

przysięg|a oath: *zeznawać pod ~ą* testify under oath **◇ ~a małżeńska** wedding vows

przy-sięgać/siąc swear

przysięgły 1 : *ława ~ch* the jury (box) **2** : *tłumacz ~* a certified translator

przy-słaniać/słonić 1 (*oczy itp.; lampę*) shade **2** (*widok*) obscure

przysłowie proverb

przysłówek adverb

przysług|a favour, -vor (*Am.*): *wyświadczać komuś ~ę* do sb a favour **◇ poprosić kogoś o ~ę** ask sb a favour/ ask a favour of sb [IDM] **niedźwiedzia ~a** disservice

przysłu-giwać/żyć ~ komuś: *Pracownikowi przysługuje ur-lop.* The worker is entitled to a holiday. ■ przysłużyć się ~ się komuś/czemuś do sb/sth a service

przysmak delicacy

przystanek stop: ~ *końcowy* a terminus

przystań port: ~ *jachtowa* a marina ◊ ~ *pływająca* a landing stage

przysta-wać/nąć stop

przystawka 1 (*jedzenie*) starter, appetizer (*Am.*) **2** (*urządzenie*) accessory

przystępny 1 (*teren itp.; język itp.*) accessible **2** (*osoba*) approachable **3** (*cena*) affordable

przy-stępować/stąpić 1 (*zaczynać*) ~ do czegoś start doing sth: ~ *do negocjacji* enter into negotiations ◊ ~ *do egzaminu* take an exam **2** (*przyłączyć się*) ~ do czegoś join **3** (*podchodzić*) ~ do kogoś/czegoś approach sb/sth [IDM] ~ do rzeczy get to the point

przystojny handsome

przystosow(yw)ać ~ coś (do czegoś) adapt sth (to sth) ■ przystosow(yw)ać się adapt (to sth)

przysu-wać/nąć ~ coś do kogoś/czegoś bring/push sth closer to sb/sth: *Przysuń krzesło do biurka.* Bring the chair closer to the desk. ◊ *Przysuwamy stoły do ściany.* We are pushing the tables against the walls.

przyszłość|ć future: *Na ~ć najpierw dzwoń.* In future, ring first. ◊ *W ~ci może odkryją lekarstwo na raka.* In the future maybe they will find a cure for cancer.

przyszły future

przyszy(wa)ć ~ coś (do czegoś) sew sth (on to sth)

przyśpie-szać/szyć speed sth up

przy-tłaczać/tłoczyć 1 (*przygnębić*) depress **2** (*ciężar*) weigh sb/sth down: *Skała przytłoczyła alpinistę.* The climber was crushed by a rock.

przytomnoś|ć consciousness: *tracić ~ć* lose consciousness ◊ *odzyskiwać ~ć* regain consciousness ◊ *brak ~ci* unconsciousness ◊ *przywracać kogoś do ~ci* bring sb round [IDM] ~ć umysłu presence of mind

przytomny conscious

przytrafi(a)ć się ~ (komuś) happen (to sb)

przytul-ać/ić hug, (*zwł. dziecko lub seksualnie*) cuddle ■ przy-tul-ać/ić się ~ się do kogoś cuddle sb

przytulny cosy, -zy (*Am.*)

przytwier-dzać/dzić attach

przywiązanie attachment

przywiąz(yw)ać 1 (*przymocować*) ~ kogoś/coś (do czegoś) tie sb/sth (up) (to sth) **2** (*wagę itp.*) ~ do czegoś attach to sth ■ przywiąz(yw)ać się (*polubić*) ~ się do kogoś/czegoś become attached to sb/sth

przywilej privilege

przywłasz-czać/czyć ~ coś sobie appropriate sth

przywoł(yw)ać call, (*wspomnienie*) evoke

przy-wozić/wieźć bring, (*towary*) import

przywód-ca/czyni leader

przywóz 1 (*z zagranicy*) import **2** (*dostawa*) delivery

przy-wracać/wrócić restore: ~ *kogoś do życia* resuscitate sb ◊ ~ *kogoś na stanowisko* reinstate sb

przyzna(wać)ć 1 (*rację*) admit **2** (*nagrodę itp.*) ~ coś (komuś) award (sb) sth; sth (to sb) ■ przyzna(wa)ć się ~ się do czegoś own up (to sth), (*do czegoś poważniejszego*) confess (sth); (to (doing) sth): (*nie*) ~ *się do winy* plead (not) guilty

przyzwoity decent

przyzwy-czajać/czaić ~ kogoś do czegoś accustom ■ przyzwyczajać/czaić się ~ się do kogoś/czegoś get used, (*bardziej form.*) become accustomed to sb/sth: ~ *się coś robić* get into the habit of doing sth

przyzwyczaje|nie habit: *nabrać złych ~ń* develop bad habits

psikus prank: *spłatać (komuś) ~a* play a trick (on sb)

psotny mischievous

pstrąg trout [*lm* trout]

pstryk-ać/nąć 1 click, ~ czymś flick sth: *Pstryknęła zapalniczka.* The lighter clicked. ◊ ~ *palcami* snap your fingers **2** (*zdjęcia*) snap

psuć/ze-/po- 1 (*niszczyć; i oczy*) ruin, (*maszynę*) break: ~ *komuś szyki* thwart sb's plans **2** (*zwł. dziecko*) spoil **3** (*charakter itp.*) pervert ■ psuć się (*maszyna*) break down, (*żywność*) go off, (*komputer*) crash, (*pogoda*) get bad, (*stosunki dyplomatyczne itp.*) worsen

psychiatryczny psychiatric

psychiczny mental

psychologia psychology

psychologiczny psychological

pszczoła bee

pszenica wheat

ptak bird: ~ *drapieżny* a bird of prey

publiczność audience

publiczny public

publikować/o- publish

puch (*pióra; włosy*) down
puchnąć/s- swell (up) [IDM] **uszy puchną (od czegoś)**: *Uszy mi puchną od tej muzyki!* That music is deafening!
pudełko box: ~ *zapałek* a matchbox ◊ ~ *z farbami* a paintbox ◊ ~ *czekoladek* a box of chocolates
puder powder
pud|ło 1 (*pudełko*) box **2** (*więzienie*) nick: *siedzieć w ~le* do time **3** (*chybiony strzał*) miss
pudrować/u- powder
puenta → POINTA
pukać/za- knock
pula 1 (*stawka w grze*) pool **2** (*w kartach itp.*) kitty: ~ *skumulowana* the jackpot
pulchny 1 (*ciasto itp.*) spongy **2** (*twarz itp.*) plump
pulower pullover
pulpet meatball
pulpit 1 (*na ekranie monitora*) desktop **2** (*ste- rowniczy*) console **3** (*do nut*) music stand
puls pulse [IDM] **trzymać rękę na ~ie** keep your finger on the pulse
pulsować pulsate
pułap (*szczyt*) the highest point, (*cen itp.*) ceiling
pułapk|a (*i przen.*) trap: *wpaść w ~ę* fall into a trap ◊ *zastawić ~ę na kogoś/coś* set a trap for sb/sth
pułk regiment
pułkownik colonel
punk|t 1 point: ~*t kulminacyjny* a climax **2** : ~*t sprzedaży detalicznej* an outlet ◊ ~*t krwiodawstwa* a blood donation centre **3** (*programu*) item [IDM] **na czyimś/jakimś ~cie** about sb/sth: *mieć bzika na jego ~cie* be crazy about him | **mieć mocne/słabe ~ty** have your, etc. good/strong/bad/weak points | **~t kontrolny** checkpoint | **~t widzenia** (point of) view | **~t wyjścia** (*w dyskusji*) starting point | **~t zwrotny** turning point | **stanąć w martwym ~cie** come to a standstill
punktualny punctual ❷ Mówiąc np. o pociągu, zamiast słowa **punctual** często używa się wyrażenia **on time.**
pupa bum
purpurowy crimson
pustelni-k/ca hermit
pustk|a emptiness [IDM] **czuję ~ę w głowie** my mind is a blank
pustkowie wilderness
pustoszeć/o- empty
pustoszyć ravage

pusty (*szklanka itp.; i przen.*) empty, (*kłoda itp.*) hollow, (*karta*) blank, (*ściana*) bare [IDM] **z ~mi rękami** empty-handed | **~ śmiech** hollow laugh
pustynia desert
puszcz|a (*las*) (primeval) forest
pu-szczać/ścić 1 (*wypuścić*) let go of sb/sth, (*bardziej form.*) release: *Puścił jej rękę.* He let go of her hand. **2** (*wodę do wanny itp.*) fill sth (up) (with sth) **3** (*latawca itp.*) fly **4** (*pozwolić odejść*) let sb go, (*form.*) release **5** (*liście*) put sth out **6** (*owoce itp: sok*) ooze **7** (*płytę itp.*) play [IDM] **~ coś w obieg** circulate sth | **~ farbę** spill the beans | **~ coś mimo uszu** pretend not to hear sth | **nie ~ pary z ust** not say/breathe a word
puszka can, tin ❶ W Br. ang. słowa **tin** albo **can** oznaczają pojemniki, w których przechowuje się jedzenie, farbę itp. Tylko wyraz **can** odnosi się do pojemnika na napoje. W Am. ang. najczęściej używa się słowa **can** w każdym kontekście.
puszysty fluffy
puzon trombone
pycha pride
pył dust [IDM] **~ wodny** spray
pyłek 1 speck of dust **2** (*kwiatowy*) pollen
pysk muzzle [IDM] **stul ~!** shut up! | **dać komuś w ~** punch sb in the face
pyszny 1 (*wyniosły*) haughty **2** (*jedzenie*) delicious
pytać/za- ~ kogoś (o coś) ask sb (about sth), **~ o kogoś** ask after sb: *~ kogoś o radę* ask advice for advice ◊ *~ kogoś o drogę/godzinę* ask sb the way/time ◊ *Z czego pytali cię na egzaminie?* What were you questioned on in the exam?
pytanie question: *zadać komuś ~* ask a question ◊ *odpowiedzieć komuś na ~* answer sb's question
pyzaty chubby

Rr

rabarbar rhubarb
rabat discount
rabin rabbi
rabować/o- (*osobę; bank*) rob
rabunek robbery
rabuś robber
rachub|a: *brać kogoś/coś w ~ę* take sb/sth into account ◊ *wchodzić w ~ę* come into question ◊ *nie wchodzić w ~ę* be

out of the question ◊ *stracić ~ę czasu* lose track of time

rachun|ek 1 (*działanie matematyczne*) arithmetic **2** (*konto*) account **3** (*należność*) bill: *na czyjś ~ek* at sb's expense ◊ *na ~ek firmy* on the house [IDM] **pracować na własny ~ek** be self-employed I **w ostatecznym ~ku** at the end of the day

racj|a 1 (*słuszność*): *mieć ~ę* be right ◊ *przyznać komuś ~ę* admit sb is right **2** (*powód; argument*) reason: *z ~i czegoś* by virtue of sth **3** (*żywnościowa*) ration [IDM] **~a!** hear! hear!

racjonalizować/z- rationalize

racjonalny rational

racjonować ration

raczej rather: *R~ nie pójdę na tę imprezę.* I'd rather not go to that party. ◊ *R~ umrę, niż poproszę go o pomoc.* I'd rather die than ask him for help. ◊ *„Pójdziemy na kawę?" „R~ nie."* 'Shall we go for a coffee?' 'I don't think so.'

rad|a 1 (*porada*) advice: *udzielić komuś ~y* give sb some advice ◊ *prosić kogoś o ~ę* ask sb for advice **2** (*instytucja*) council: *~a miejska* a town council [IDM] **dać sobie ~ę** manage I **nie ma ~y** there's nothing to be done about it I **Rada Ministrów** the Cabinet

radca counsellor, -selor (*Am. także*): *~ prawny* a legal adviser

radio radio

radioaktywny radioactive

radioodbiornik radio

radn-y/a councillor, -cilor (*Am. także*)

radosny joyful

rado|ść joy: *krzyczeć z ~ci* shout for joy

radykalny radical

radzić/po- 1 *~ komuś* advise sb **2** *~ sobie* manage, *~ sobie z kimś/czymś* deal with sb/sth: *~ sobie bez czegoś* do without sth ▪ **radzić/po-się** *~ się kogoś* consult sb

rafa reef

raj paradise

rajd rally: *~ konny* pony-trekking

rajski heavenly

rajstopy tights, pantyhose (*Am.*)

rak 1 (*zool.*) crayfish, crawfish (*Am.*) [*lm* cray/craw-fish] **2** (*med.*) cancer **3** (R~) (*znak zodiaku*) Cancer **4** (*~i*) (*do wspinaczki*) crampons

rakieta 1 (*statek kosmiczny; pocisk*) rocket **2** (*sygnał*) flare **3** (*sport*) racket

rakietka (*do tenisa stołowego*) bat

rakotwórczy carcinogenic

rama frame, (*roweru*) crossbar [IDM] **w ~ch czegoś** within sth

ramię 1 (*ręka*) arm, (*bark*) shoulder: *wzruszać ~onami* shrug your shoulders **2** (*ośmiornicy itp.*) tentacle [IDM] **~ę przy ~eniu** side by side I **~ę w ~ę** abreast I **z czyjegoś ~enia** on sb's behalf I **z otwartymi ~onami** with open arms

ramka (*w formularzu*) box

ran|a wound, (*cięta*) cut, (*głęboka*) gash, (*otwarta*) sore: *zadawać komuś ~y* wound sb [IDM] **o ~y (boskie)!** God!

randk|a date: *iść na ~ę* go on a date ◊ *~a w ciemno* a blind date

ranek morning

ranga 1 (*stanowisko*) rank **2** (*ważność*) importance

ranić/z- 1 (*zadać ranę*) wound ❶ *Por.* **hurt**, **injure** i **wound**. Ktoś może być **wounded** nożem, mieczem, pistoletem itp., zwykle w wyniku walki: *a wounded soldier.* Ludzie są zwykle **injured** w wypadku: *Five people were killed in the crash and twelve others were injured.* **Hurt** i **injured** mają podobne znaczenie, ale **hurt** używa się częściej, kiedy obrażenie nie jest poważne: *I hurt my leg when I fell off my bike.* **2** (*uczucia*) hurt

ranny 1 (*zwł. w wypadku*) injured, (*zwł. w bitwie*) wounded **2** (*dziejący się rano*) morning [IDM] **~ ptaszek** early riser

ran|o morning: *nad ~em* in the small hours of the morning

raport report: *złożyć komuś ~ o czymś* give sb a report on sth

raptowny sudden

rasa 1 (*ludzi*) race: *~ ludzka* the human race **2** (*psa itp.*) breed

rasist-a/ka racist

rasistowski racist

rasow|y 1 (*sprawa itp.*) racial: *stosunki ~e* race relations **2** (*pies itp.*) pedigree

rat|a instalment, -stall- (*Am. zwykle*): *zakup na ~y* hire purchase

ratować/u- (*tonącego itp.*) rescue, (*od śmierci; i przen.*) save, (*przed chorobą*) cure sb of sth

ratownicz|y *służby ~e* emergency services ◊ *ekipa ~a* a rescue party ◊ *lina ~a* a lifeline

ratowni-k/czka rescuer, (*na plaży/ basenie*) lifeguard

ratun|ek rescue: *pośpieszyć komuś na ~ek* go to sb's rescue [IDM] **~ku!** help!

ratusz town hall

raz 1 (*chwila*) time, (*jeden raz*) once: *po ~ pierwszy itp.* for the first, etc. time ◊ *jeszcze ~* once again/more ◊ *~ na zawsze* once and for all ◊ *na ~* together ◊ *~ za ~em* time and (time) again I

r

2 (*przypadek*): *w ~ie czegoś* in case of sth ◊ *w takim ~ie* in that case ◊ *w każdym ~ie* in any case ◊ *(bo) w przeciwnym ~ie* or (else) ◊ *w najlepszym ~ie* at best ◊ *w najgorszym ~ie* at (the) worst |IDM| **na ~ie 1** for the time being **2** (*cześć*) see you (later) | *od ~u* at once | **w sam ~** tailor-made

razem together: *wszystko ~ wziąwszy* altogether ◊ *To będzie ~ 50 euro.* That will be 50 euros altogether.

rażący (*blask; błąd*) glaring, (*zachowanie*) gross, (*naruszanie, lekceważenie*) flagrant

rąbać (*drewno itp.*) chop

rączka handle

rdza rust

rdzeń 1 (*najważniejszy element*) core **2** (*gram.*) root

rdzewieć/za- rust

reagować/za- react

reakcja reaction: *~ łańcuchowa* a chain reaction

reaktor reactor: *~ jądrowy* a nuclear reactor

realistyczny realistic

realizować/z- 1 (*wykonać*) realize, (*plan*) carry sth out **2** (*film itp.*) produce **3** (*czek*) cash ∎ **realizować/z-się** fulfil, -fill (*Am.*) yourself

reanimować resuscitate

recenzja review

recenzować/z- review

recepcja reception

recepcjonist-a/ka receptionist

recepta 1 (*lekarska*) prescription **2** (*na sukces itp.*) recipe

recesja recession

recytować/wy- recite

redagować/z- edit

redaktor|/ka editor: *~ naczelny* an editor-in-chief

redukować/z- 1 (*pomniejszać*) reduce **2** (*obcinać; liczbę; pracowników*) cut: *Zredukowano zatrudnienie podczas kryzysu.* The workforce was cut during the recession.

referencje (*list polecający*) reference

referować/z- ~ coś report (on) sth

refleksja afterthought

refleksyjny reflective

reflektor 1 (*latarka*) searchlight **2** (*wąskostrumieniowy; teatralny*) spotlight: *w świetle ~ów* in the spotlight **3** (*rowerowy*) reflector, (*samochodowy*) headlight

reforma reform

reformować/z- reform

refren refrain

regał bookcase

regenerować/z- regenerate

region region

regionalny regional

regulamin regulations: *wedle ~u* under the regulations

regularny regular

regulować 1 (*kontrolować*) regulate **2** (*radio; silnik*) tune **3** (*zegarek*) set **4** (*należność*) pay

reguł|a 1 (*ogólnie*) rule: *z ~y* as a (general) rule **2** (*zasada*) principle

rehabilitować/z- rehabilitate

rejestracja 1 (*zapisy*) registration **2** (*recepcja; miejsce*) reception **3** (*do lekarza*) appointment with sb **4** (*dźwięku*) recording **5** (*samochodu*) number/(*Am.*) license plates

rejestrować/za- 1 (*zapisać*) register **2** (*dźwięk*) record ∎ **rejestrować/za- się 1** (*zapisać się*) register **2** (*do lekarza*) make an appointment with sb

rejs (*lotniczy*) flight, (*morski, kosmiczny*) voyage, (*turystyczny*) cruise

rekin shark

reklama 1 (*reklamowanie*) advertising **2** (*w gazecie*) advertisement, (*w radiu/telewizji*) commercial, (*na dużej tablicy*) poster **3** (*rozgłos*) publicity

reklamować/za- 1 (*promować*) advertise **2** (*składać reklamację*) complain

reklamówka carrier bag, plastic/paper bag (*Am.*)

rekomendować/za- recommend

rekonstruować/z- reconstruct

rekord record: *pobić ~* break a record

rekordowy record(-breaking)

rekordzist-a/ka record holder

rekrutować recruit

rektor (*szk.*) vice chancellor, president (*Am.*)

relacj|a 1 (*sprawozdanie*) report **2** (*stosunek*) relationship **3** (*kolejowa*): *pociąg ~i Poznań-Warszawa* a Poznań-Warszawa train

relacjonować/z- ~ coś (komuś) report on sth (to sb)

relaksować/z- się relax

religia religion

religijny religious

remanent stocktaking

remis draw

remisować/z- draw

remont 1 (*mieszkania*) refurbishment **2** (*budynku*) renovation

3 (*urządzenia*) repair: *kapitalny ~* overhaul

remontować/wy- 1 (*mieszkanie*) refurbish **2** (*budynek*) renovate **3** (*urządzenie*) repair

renta disability pension: *~ po mężu* widow's pension

rentowny profitable

reorganizować/z- reorganize

reperacja repair

reperować/z- repair

reporter/ka reporter

represj|a (*zwykle ~e*) repression: *stosować ~e* impose repressive measures

represyjny repressive

reprezentować represent

reprodukować reproduce

republika republic

republikański republican

reputacja reputation

respektować respect

restauracja 1 (*miejsce*) restaurant, (*oferująca potrawy na wynos*) takeaway, takeout (*Am.*) **2** (*odbudowa*) restoration

restaurować/od- restore

reszka head: *Orzeł czy ~?* Heads or tails?

reszt|(k)a 1 (*pozostałość*) rest, (*jęz. pis.*) remainder ❶ Rz. **rest** łączy się z cz. w lp, kiedy odnosi się do części czegoś: *The rest of the cheese is in the fridge.*, a kiedy odnosi się do grupy rzeczy/osób łączy się z cz. w lm: *The rest of the students are in the library.* **2** (*pieniędzy*) change **3** (*jedzenia*) leftovers [*lm*] [IDM] **oddać się czemuś bez ~y** devote yourself completely to sth

retoryczny rhetorical

rewanżować/z- się *~ komuś (za coś)* repay sb (for sth)

rewelacyjny sensational

rewidować/z- 1 (*przeszukiwać*) search **2** (*zmieniać*) revise

rewizj|a 1 (*przeszukanie*) search: *nakaz ~i* a search warrant **2** (*zmiana*) review: *poddawać coś ~i* reconsider sth **3** (*ksiąg podatkowych*) audit **4** (*prawn.*) appeal

rewolucjonizować/z- revolutionize

rewolucyjny revolutionary

rezerwa (*zapas; sport; osoby*) reserve: *Ci zawodnicy to ~ na ten mecz.* These players are the reserves for the match. ◇ *Ten gracz jest wystawiony jako ~.* That player is down as a reserve.

rezerwacj|a reservation (*Br.*), (*biletu*) booking: *dokonać ~i* make a reservation

rezerwat reserve

rezerwować/za- reserve (*Br.*), (*bilet*) book

rezerwow|y reserve: *lista ~a* a waiting list

rezulta|t result: *w ~cie* as a result ◇ *przynosić coś w ~cie* result in sth

rezygnować/z- ~ z czegoś 1 (*pozbawiać/poddawać się*) give sth up **2** (*ze stanowiska*) resign, (*ze studiów*) drop out (of sth)

reżyser/ka director

reżyserować/wy- direct

ręcznik towel

ręczny manual: *bagaż ~* hand luggage

ręczyć/po- ~ za kogoś/coś vouch for sb/sth

rę|ka arm, (*dłoń*) hand: *podawać komuś ~kę* shake sb's hand/shake hands (with sb) ◇ *Ręce do góry!* Hands up! ◇ *trzymać się za ~ce* hold hands ◇ *pod ~kę* arm in arm ◇ *założyć ~ce* cross your arms ◇ *Ręce przy sobie!* Hands off (me)! [IDM] **mieć coś pod ~ką** have sth handy | **mieć wolną ~kę** have a free hand | **mieć pełne ~ce roboty** have your hands full | **mieć związane ~ce** have your hands tied | **na własną ~kę** off your own bat | **od ~ki** then and there | **prawa ~ka** (*osoba*) right-hand man | **przechodzić z rąk do rąk** change hands | **umywać od czegoś ~ce** wash your hands of sth | **w czyichś ~kach** in sb's hands | **w dobrych ~kach** in safe hands | **z drugiej ~ki** second-hand | **z pierwszej ~ki** first-hand: *Wiem to z pierwszej ~ki.* I have that first-hand. | **z pustymi ~kami** empty-handed

rękaw sleeve: *bez ~ów* sleeveless

rękawic(zk)a glove, (*z jednym palcem*) mitten

rękodzieło handicraft

rękopis manuscript

robak 1 (*pełzający*) worm **2** (*pasożyt domowy, komput.*) bug

robić/z- make, do: *Rób to dalej!* Keep it up! ◇ *Dobrze ci to zrobi.* It will do you good. ◇ *~ swoje* do your own thing ◇ *~ z kogoś idiotę* make sb look like an idiot ❶ Cz. **make** i **do** łączą się w ustalone kolokacje z niektórymi rz.: *~ błąd/ herbatę/pieniądze/wrażenie* make a mistake/some tea/money/an impression ◇ *~ zadanie domowe/ zakupy* do your homework/the shopping. Czasami ekwiwalentem **robić** jest inny cz.: *~ zdjęcie* take a picture ◇ *~ śniadanie* get the breakfast

r

◇ *~ na drutach* knit ◇ *~ komuś krzywdę* harm (sb) ◇ *~ siku* pee [IDM] **~ komuś na złość** spite sb ■ **robić/z- się 1** (*stać się*) get: *Robi się późno/zimno.* It's getting late/cold. **2** (*malować się*) **~ się (na kogoś/coś)** make yourself up (as sb/sth)

roboczly work: *ubranie ~e* work(ing) clothes ◇ *siła ~a* a workforce ◇ *dzień ~y* a weekday

robot robot [IDM] **~ kuchenny** food processor

robotla 1 (*praca*) work: *papierkowa ~a* paperwork ◇ *~y drogowe* roadworks ◇ *ręcznej ~y* handmade ◇ *mieć dużo do ~y* have a lot to do **2** (*wykonana praca*) job **3** (*~y*) (*ciężkie*) labour, -bor (*Am.*) [IDM] **czarna ~a** hard slog

robotni-k/ca worker

rocznica anniversary: *dziesiąta ~ ślubu* a tenth wedding anniversary ◇ *setna ~* a centenary ◇ *dwusetna ~* a bicentenary

rocznly 1 (*trwający rok*) a year's: *~y urlop* a year's leave ◇ *~y kurs* a one-year course ◇ *plan ~y* the plan for the year **2** (*istniejący od roku*) year-old: *Mam ~q córkę.* I have a one-year-old daughter.

rodzaj 1 (*odmiana, gatunek*) kind: *~ jabłka* a kind of apple ◇ *coś w tym ~u* something of that kind ◇ *wszystkie ~e czegoś* all kinds of sth ◇ *~ ludzki* humankind **2** (*biol.*) genus **3** (*w sztuce itp.*) genre **4** (*gram.*) gender [IDM] **jedyny w swoim ~u** one of a kind

rodzeństwo siblings ❶ Słowo sibling jest używane rzadko i tylko w języku oficjalnym. Najczęściej używa się zwrotu **brothers and sisters**: *Have you got any brothers and sisters?* Czy masz ~?

rodzice parents: *~ chrzestni* godparents ◇ *przybrani ~* adoptive parents

rodzicielski parental

rodzić/u- 1 ~ kogoś/coś give birth (to sb/sth) **2** (*gleba, roślina*) bear **3** (*przen.*) give rise to sth ■ **rodzić/ u- się** be born

rodzina family: *~ niepełna* a one-parent family

rodzinny 1 (*dom itp.; dot. rodziny*) family: *obchodzić coś w ~m gronie* have a family celebration ◇ *Jest bardzo ~.* He's very close to his family. **2** (*miasto*) home, (*kraj*) native

rodzynlek (*także ~ka*) raisin: *~ka sułtańska* a sultana

roić/za- się 1 (*owady*) swarm **2** (*od owadów itp.*) swarm with sth **3** (*przen.: od błędów itp.*) be full of sth

rok year: *w tym ~u* this year ◇ *w przyszłym/zeszłym ~u* next/last year ◇ *~ kalendarzowy* a calendar year ◇ *~ akademicki* an academic year ◇ *~ szkolny* a school year ◇ *~ przestępny* a leap year ◇ *~ świetlny* a light year [IDM] **Nowy R~** New Year's Day | **Do siego ~u!** Happy New Year!

rolla 1 (*i przen.*) role: *główna ~a w sztuce* lead role in the play ◇ *odgrywać znaczącą ~ę (w czymś)* play a significant part (in sth) **2** (*uprawna*) farmland: *pracować na ~i* farm

roleta blind

rolnictwo agriculture

rolniczy agricultural

rolnik farmer

romans 1 (*miłosny*) (love) affair **2** (*powieść*) love story

romantyczny romantic

romański 1 (*język*) Romance **2** (*arch.*) Romanesque ❶ W Anglii ten sam styl zwykle nazywa się **Norman.**

rondel (*sauce*)pan

rondo 1 (*drogowe*) roundabout, traffic circle **2** (*kapelusza*) brim

ropa 1 (*med.*) pus **2** (*naftowa*) (crude) oil

ropieć suppurate

rosa dew

rosnąć 1 (*/u-*) (*i przen.*) grow **2** (*/wy-*) grow up **3** (*/wz-*) rise

roszczenie claim: *wysunąć ~ o ubezpieczenie* make an insurance claim

roślina plant: *~ doniczkowa* a pot plant

roślinność vegetation

rowelr bicycle, (*nieform.*) bike, (*na trzech kołach*) tricycle: *Przyjechałam na ~rze.* I cycled here. ◇ *Czy umiesz jeździć na ~rze?* Can you ride a bike?

rowerzyst-a/ka cyclist

rozbawi(a)ć amuse

rozbiegać się (*osoby*) run off in different directions, (*tłum*) disperse

roz-bierać/ebrać 1 (*osobę*) undress **2** (*rozkładać*) take sth apart **3** (*dom itp.*) knock sth down ■ **roz-bierać/ebrać się** undress

rozbieżny divergent | **rozbieżność** discrepancy

rozbi(ja)ć 1 (*niszczyć*) break sth, (*samochód*) smash, (*budynek*) wreck: *~ na kawałki* break/smash sth to bits **2** (*rozgromić*) crush **3** (*poróżnić*) break sth up [IDM] **~ bank** break the bank | **~ namiot** pitch a tent | **~ obóz** set up camp ■ **rozbi(ja)ć się 1** (*maszyna; waza itp.; fale o skałę itp.*) break, (*samochód*) smash, (*budynek*) get wrecked: *~ się na* *kawałki* break to bits 2 (*osoby: rozdzielić się*) break up

rozbiór 1 (*problemu*) analysis [*lm* -lyses] **2** (*państwa*) annexation, (*Polski*) partition

rozbitek 1 (*ze statku*) castaway **2** (*życiowy*) loser, (*bezdomny*) down and out

roz-brajać/broić 1 (*osobę*) disarm **2** (*ładunek wybuchowy*) defuse

■ **roz-brajać/broić się** disarm

rozbrzmie(wa)ć ~ *czymś* resound with sth

rozbudow(yw)ać 1 (*powiększać*) extend **2** (*rozwijać*) develop

rozbu-dzać/dzić 1 (*obudzić*) wake sb (up) **2** (*uczucia itp.*) ~ *coś* (*w kimś*) awaken sth (in sb)

rozchmurz-ać/yć się 1 (*pogoda*) clear up **2** (*osoba*) cheer up

roz-chodzić/ejść się 1 (*tłum*) disperse **2** (*z żoną/mężem*) split up (with sb), divorce **3** (*drogi*) diverge **4** (*wiadomości*) travel **5** (*rozchodzić się*): *Te nowe buty muszą się jeszcze rozchodzić.* I still need to break these shoes in.

rozciąg-ać/nąć 1 (*wyciągnąć, rozszerzyć*) stretch **2** (*rozwinąć*) spread sth (out) ■ **rozciągać się 1** (*wyciągnąć się*) stretch **2** (*rozprzestrzenić się; być widocznym*) spread: *Za oknem rozciągał się piękny widok.* From the window you looked out on a beautiful panorama. **3** (*położyć się*) stretch (yourself) out

rozcieńcz-ać/yć dilute, (*farbę*) water sth down

rozcięcie (*i w spódnicy*) slit, (*w płaszczu itp.*) vent

roz-cinać/ciąć (*zranić*) cut sth: *Rozciąłem sobie palec o szkło.* I cut my finger on the glass. (*kopertę itp.*) slit: ~ *coś na dwie części* cut sth in two

rozczarowanie 1 (*zawód*) disappointment **2** (*pozbawienie złudzeń*) disillusionment

rozczarow(yw)ać 1 (*zawodzić oczekiwania*) disappoint **2** (*niszczyć złudzenia*) disillusion

rozdarcie tear

rozda(wa)ć 1 give sth out, (*bardziej form.*) distribute: *Rozdał wszystkie swoje pieniądze.* He gave all his money away. **2** (*karty*) deal

rozdmuch(iw)ać 1 (*ogień*) fan **2** (*wiatr*) blow sth about/around **3** (*przen.*) blow sth up

roz-drabniać/drobnić 1 (*śmieci itp.*) crush, (*owoce itp.*) liquidize, (*chleb*) crumble **2** (*majątek*) break sth up

■ **roz-drab-niać/drobnić się** (*rozpadać się*) fragment |IDM| ~ **się w szczegółach** get bogged down in details

rozdrażni(a)ć annoy

rozdział 1 (*w książce*) chapter **2** (*funduszy itp.*) distribution **3** (*rozgraniczenie*) separation, (*z powodu konfliktu*) division

rozdziel-ać/ić 1 (*pieniądze itp.*) distribute **2** (*na części/między ludzi*) divide **3** ~ *od siebie* separate from sth ■ **rozdziel-ać/ić się 1** (*tłum itp.*) disperse **2** (*na części*) divide **3** ~ *od siebie* separate from sth

roz-dzierać/edrzeć (się) tear (sth) (apart)

rozebrać (się) → ROZBIERAĆ (SIĘ)

rozegrać się → ROZGRYWAĆ SIĘ

rozejść się → ROZCHODZIĆ SIĘ

rozeprzeć się → ROZPIERAĆ SIĘ

rozgałęzi(a)ć się branch off

roz-glądać/ejrzeć się look around/round, (*w księgarni itp.*) browse

rozgłos 1 (*sława*) fame **2** (*rozgłaszanie*) publicity: *bez ~u* low-key ◊ *nadawać czemuś* ~ publicize sth widely

roz-gniatać/gnieść crush, (*orzech*) crack, (*owada*) squash, (*niedopałek*) stub sth out

roz-gramiać/gromić (*przeciwnika*) thrash

roz-grywać/egrać play ■ **roz-grywać/egrać się** (*akcja filmu itp.*) be set

rozgrywk|a 1 (*sport; brydża itp.*) game: *~i sportowe* a tournament **2** (*polit.*) battle: *podstępne ~i polityczne* intrigues ◊ *ostateczna ~a* a showdown

rozgrz(ew)ać 1 heat sth up, (*osobę, rękę itp.*) warm sth up **2** (*osobę*) fire sb up, (*emocje*) whip sth up ■ **roz-grz(ew)ać się 1** (*osoba*) get fired up, (*dyskusja itp.*) hot/ (*Am.*) heat up

rozjaśni(a)ć 1 (*dać więcej światła*) lighten, (*dać więcej koloru*) brighten **2** (*włosy*) bleach **3** (*twarz*) light sth up **4** (*sprawę*) make sth clear ■ **rozjaśni(a)ć się 1** get lighter/brighter **2** (*twarz*) light up **3** (*sprawa*) become clear

rozkaz order

rozkaz(yw)ać ~ *komuś, żeby coś zrobił* order sb to do sth

rozkład 1 (*plan: zajęć, jazdy*) timetable, schedule (*Am. zwykle*): ~ *dnia* the day's programme ◊ *sporządzać* ~ schedule **2** (*upadek*) collapse **3** (*biol.*) decay: *reklamówka ulegająca ~owi* a biodegradable carrier bag

r

roz-kładać/łożyć 1 (*przedmioty*) lay sth out, (*mapę itp.; krzesło*) unfold, (*kanapę*) pull sth out, (*obrus itp.; spłaty*) spread **2** (*spowodować upadek*) break sth up **3** (*na części*) take sth apart, (*na czynniki*) break sth down ■ **roz-kładać/łożyć się 1** (*krzesło itp.*) unfold **2** (*materia*) decompose **3** (*położyć się*) stretch (yourself) out

rozkosz 1 (*uczucie*) bliss **2** (*coś, co wywołuje to uczucie*) delight

rozkoszny (*osoba*) adorable, (*smak, zapach*) delicious, (*dźwięk*) delightful

rozkoszować się ~ czymś delight in (doing) sth

rozkwit-ać/nąć 1 (*kwiat*) bloom, (*drzewo*) blossom **2** (*przen.*) flourish

roziać (się) → ROZLEWAĆ SIĘ

roz-latywać/lecieć się (*krzesło itp.*) fall apart

rozległy (*i przen.*) vast: *~e plany* extensive plans ◊ *~e wykształc-enie* a broad education ◊ *~e kontakty* a wide range of contacts

rozl(ew)ać 1 (*wylewać niechcący*) spill **2** (*napoje do naczyń*) pour sth (out) ■ **rozl(ew)ać się** spill

rozlicz-ać/yć 1 (*czek*) clear **2** : *~ delegację* do your expenses ■ **rozlicz-ać/yć się ~ się z kimś** settle (with sb)

rozluźni(a)ć 1 (*mięsień*) relax **2** (*linę itp.*) loosen ■ **rozluźni(a)ć się** (*osoba*) relax

rozłado(wy)wać 1 (*towary itp.*) unload **2** (*sytuację*) defuse

rozłącz-ać/yć 1 (*zwł. sprzęt elektroniczny*) disconnect, (*i osobę*) separate **2** ~ **kogoś** (*mówiącego przez telefon*) cut sb off

rozłożyć (się) → ROZKŁADAĆ (SIĘ)

rozłup(yw)ać (*na dwie części*) split, (*orzech itp.*) crack ■ **rozłup(yw)ać się** split, (*orzech itp.*) crack

rozmaitość variety

rozmait|y various: *Ma ~e zainteresowania.* He has diverse interests.

rozmawiać/po- ~ (*z kimś*) (*o czymś*) talk (to sb) (about sth): *~ przez telefon* talk on the telephone ◊ *Nie rozmawiają ze sobą.* They're not talking. ◊ *Musimy poważnie porozmawiać.* We have to have a serious talk.

rozmaz(yw)ać smear, (*zwł. atrament*) smudge

rozmiar 1 size: *Sukienka ma ~ 40.* It's a size 10 dress. ◊ *Jaki ~ buta nosisz?* What size shoes do you take? ◊ *Jakie są ~y tego łóżka?* What are the bed's dimensions? **3** (*często ~y*) (*znaczenie*) proportions: *Nie było dotąd powodzi*

tych ~ów. There hasn't been a flood before on that scale. ◊ *Przemoc w szkole przybiera zastraszające ~y.* Violence in schools is taking on terrifying proportions. ◊ *~ sukcesu* the level of success

rozmieni(a)ć change

rozmie-szczać/ścić 1 (*postawić*) place, (*po równo*) distribute **3** (*dać kwaterę*) accommodate

rozmn-ażać/ożyć się 1 (*zool.*) breed **2** (*zwielokrotnić*) multiply

rozmow|a 1 conversation: *oficjalne ~y* official talks **2** (*kwalifikacyjna*) interview: *~a rozmowę kwalifikacyjną do pracy* interview sb for a job

rozmowny talkative

rozmówki: *~ obcojęzyczne* a phrase book

roz-mrażać/mrozić 1 (*jedzenie*) thaw **2** (*lodówkę*) defrost **3** (*szybę*) de-ice

rozmyślać ~ nad/o kimś/czymś think sth over; about sb ■ **rozmyślić się** change your mind

rozmyślny deliberate

roz-nosić/nieść 1 distribute, (*pocztę*) deliver **2** (*chorobę itp.*) spread ■ **roz-nosić/nieść się** (*choroba; plotka itp.*) spread

rozpacz despair: *doprowadzony do ~y* desperate

rozpaczać despair

rozpaczliwy desperate

rozpad 1 (*państwa itp.*) break-up **2** (*fiz.*) ~ **na coś** breakdown into sth

roz-padać/paść się 1 (*but itp.*) fall apart **2** (*grupa ludzi*) break up **3** (*fiz.*) ~ **na coś** break down into sth

rozpakow(yw)ać (*walizkę*) unpack, (*prezent itp.*) unwrap ■ **rozpakow(yw)ać się** unpack

rozpa-trywać/trzyć consider, (*sprawę w sądzie*) hear

rozpę-dzać/dzić 1 (*tłum*) disperse **2** (*chmury itp.*) blow sth away **3** (*samochód itp.*) make sth go faster

rozpiąć → ROZPINAĆ

roz-pierać/eprzeć się lounge

rozpie-szczać/ścić pamper

roz-pinać/piąć 1 (*ubranie*) undo, (*guziki*) unbutton, (*zamek błyskawiczny*) unzip, (*klamrę*) unbuckle **2** (*parasol itp.*) put sth up **3** (*skrzydła*) spread

rozpląt(yw)ać 1 (*sznur itp.*) untangle **2** (*tajemnicę*) unravel

rozpocz-ynać/ąć (się) commence

rozporek fly

rozpowszechniony widespread

rozpozna(wa)ć 1 (*osobę, przedmiot*) recognize **2** (*chorobę*) diagnose **3** (*prawn.*) examine

roz-praszać/proszyć 1 (*tłum itp.*) disperse **2** (*wysiłki itp.*) spread sth too thin **3** : ~ czyjąś uwagę distract sb **4** (*światło*) diffuse **5** (*pył itp.*) spread **6** (*chmury itp.*) drive sth away

rozprawa 1 (*prawn.*) trial **2** (*naukowa*) dissertation: ~ doktorska a doctoral thesis

rozpropagować → PROPAGOWAĆ

rozprostow(yw)ać stretch

rozprowa-dzać/dzić 1 (*towary itp.*) distribute **2** (*substancję po jakiejś powierzchni*) spread, (*makijaż*) put sth on **3** (*wodą itp.*) dilute

rozprysk(iw)ać spatter

rozprzestrzeni(a)ć (się) spread

rozpu-szczać/ścić 1 (*sól itp.*) dissolve **2** (*lód itp.*) melt **3** (*włosy*) let sth out **4** (*plotki itp.*) spread **5** (*zwł. dziecko*) spoil ■ **rozpu-szczać/ścić się 1** (*w wodzie*) dissolve **2** (*lód itp.*) melt

rozpychać się jostle: ~ łokciami elbow

rozpyl-ać/ić (się) spray

rozróżni(a)ć distinguish

rozrusznik 1 (*med.*) pacemaker **2** (*aut.*) starter

roz-rywać/erwać 1 (*na kawałki; przen.*) tear sth apart **2** (*zabawić*) amuse ■ **roz-rywać/erwać się 1** (*pęknąć*) tear **2** (*wybuchnąć*) explode

rozrywk|a entertainment: *park* ~i a theme park

rozrywkowy 1 (*zabawa; odprężenie*) entertaining **2** (*osoba*) fun-loving

rozrze-dzać/dzić dilute

rozrzu-cać/cić scatter

rozrzutny wasteful

rozsa-dzać/dzić 1 (*od środka*) burst, (*wysadzać w powietrze*) blow sth up **2** (*przen.*): Rozsadzili partię od środka. They destroyed the party from within. **3** (*ból*): Migrena rozsadza mi głowę. My head feels like it's splitting from this migraine. **4** (*rośliny*) plant sth out **5** (*posadzić*) seat

rozsąd|ek reason: zdrowy ~ek common sense ◇ brak ~ku a lack of sense ◇ przemawiać komuś do ~ku make sb see reason [IDM] w granicach ~ku within reason

rozsądn|y sensible: ~a cena a reasonable price

rozstanie parting

rozsta(wa)ć się ~ z kimś/czymś part company with sb, part with sth

rozstawi(a)ć 1 (*sprzęty itp.*) put sth out **2** (*straże, graczy itp.*) position **3** (*broń, wojsko*) deploy

roz-strajać/stroić 1 (*osobę*) distress: ~ czyjeś nerwy distress sb **2** (*instrument*) make sth go out of tune

rozstrzyg-ać/nąć 1 ~ coś adjudicate sth **2** ~ o czymś decide sth

rozsupł(yw)ać 1 (*rozwiązać*) untie **2** (*rozplątać*) disentangle

rozsu-wać/nąć 1 (*rozdzielić*) separate, (*zasłony*) open **2** (*stół*) extend

rozsyp(yw)ać (*celowo*) scatter, (*niechcący: proszek itp.*) spill, (*przedmioty*) drop

rozszaleć się 1 (*zacząć szaleć*) go crazy **2** (*ogień itp.; przen.*) break out

rozszarp(yw)ać tear sth apart

rozszczepi(a)ć (się) split

rozszerz-ać/yć widen, (*i przen.*) broaden ■ **rozszerz-ać/yć się 1** widen **2** (*epidemia itp.*) spread

rozśmiesz-ać/yć amuse

roztargniony absent-minded

rozter|ka: być w ~ce be torn between A and B

roztropny prudent

roztrwonić → TRWONIĆ

roztrzask(iw)ać (się) shatter

rozum 1 (*rozsądek*) reason **2** (*umysł*) mind [IDM] brać na ~ think sth over | być niespełna ~u be mad | chłopski ~ common sense | postradać ~ lose your senses | przemówić komuś do ~u talk some sense into sb

rozumieć/z- understand: Rozumiesz, o co mi chodzi? Do you see what I mean? ◇ błędnie/źle ~ misunderstand ■ rozumieć się **1** (*odpowiedź itp.*) be understood: To się rozumie (samo przez się). That goes without saying. **2** ~ się ze sobą understand each other

rozumny rational

roz-wadniać/wodnić water sth down

rozwag|a (*ostrożność*) carefulness, (*rozważanie*) consideration: brać coś pod ~ę take sth into consideration ◇ brak ~i carelessness

rozwal-ać/ić smash sth (up) ■ **rozwal-ać/ić się 1** (*rozlecieć się*) smash **2** (*na krześle itp.*) lounge around/about

rozwałkować roll sth (out)

rozważ-ać/yć consider

rozważny prudent

rozwesel-ać/ić (się) cheer (sb) up

rozwiać (się) → ROZWIEWAĆ (SIĘ)

rozwiązani|e 1 (*zagadki itp.*) solution: nie do ~a unsolvable **2** (*Sejmu;*

małżeństwa) dissolution 3 (*projekt*) design

rozwiąz(yw)ać 1 (*węzeł*) untie **2** (*problem, zagadkę*) solve **3** (*sytuację*) resolve **4** (*umowę*) terminate **5** (*ugrupowanie, stowarzyszenie*) disband, (*Sejm; małżeństwo*) dissolve

rozwidl-ać/ić się fork

rozwiedziony divorced

rozwieść się → ROZWODZIĆ SIĘ

roz-wiewać/wiać 1 (*wiatr: w różne strony*) blow sth about/around, (*żeby zniknęło*) blow sth away **2** (*obawy itp.*) dispel, (*nadzieje*) dash ■ **rozwiewać się** (*mgła itp.*) lift, (*dym itp.*) clear

rozwi-jać/nąć 1 (*coś zwiniętego: wąż itp.*) unwind, (*spadochron itp.*) open sth out/up **2** (*talent itp.*) develop **3** (*komentarz*) expand on sth ■ **rozwijać się** (*talent itp.*) develop

rozwodnić → ROZWADNIAĆ

rozw-odnik/ódka divorcee

roz-wodzić/wieść się 1 (get a) divorce, **~ z kimś** divorce sb **2 ~ nad czymś** dwell (up)on sth

rozwód divorce: *wziąć ~* divorce

rozw|ój development: *w miarę ~oju akcji* as the story unfolds

rozzłościć enrage ■ **rozzłościć się** get angry

roż|en 1 (*szpikulec*) spit: *kurczak z ~na* (a) chicken on the spit **2** (*grill*) barbecue

ród family, (*arystokratyczny*) house

róg 1 (*ulicy*) corner: (*zaraz*) *za rogiem* (just) round the corner **2** (*byka itp.*) horn, (*jelenia*) antler **3** (*muz.*) horn [IDM] **po-kazywać rogi** become difficult

rój swarm

rów ditch

rówieśnik peer

równać 1 (*czynić równym*) level, (*spychaczem*) bulldoze **2** (*usuwać różnice*) make sb/sth equal ■ **równać się 1** (*mat.*) equal **2 ~ się z czymś** amount to sth **3** (*dorównywać*) **~ się z kimś/czymś** compare with/to sb/sth

równanie equation

również also: *nie tylko…ale ~* not only…(but) also

równik equator

równina plain

równoczesny simultaneous

równoległy parallel

równomierny even

równorzędny equivalent

równouprawnienie equality: *~ pod względem płci* sexual equality

równowag|a 1 balance: *utrzymywać/ tracić ~ę* keep/lose your balance ◇ *brak ~i* an imbalance ◇ *~a sił* a balance of power **2** (*tenis*) deuce [IDM] **wypro-wadzić kogoś z ~i** throw sb off balance

równoważyć/z- balance

równy 1 (*płaski*) even **2** (*tej samej ilości/jakości*) equal **3** (*kształt itp.*) regular **4** (*facet itp.*) (*nieform.*) good

róż 1 (*kolor*) pink **2** (*kosmetyk*) blusher

róża rose

różaniec rosary

różnic|a difference: *~a zdań* a difference of opinion ◇ *~a czasu* the time difference ◇ *stanowić ~ę (dla kogoś/czegoś)* make a difference (to sb/ sth) ◇ *Czyta wszystko bez ~y.* He reads indiscriminately.

różnić ~ kogoś/coś (od kogoś/czegoś) distinguish sth/sb (from sb/sth) ■ **różnić się ~ się (od kogoś/czegoś) (czymś)** differ (from sb/sth) (in sth)

różnorodny varied

różny 1 (*rozmaity*) various **2** (*odmienny*) different

różowy pink: *kolor ~* pink

różyczka German measles

rtęć mercury

rubin ruby

rubryka 1 (*w formularzu*) blank (space) **2** (*w gazecie*) column

ruch 1 (*zmiana miejsca, poruszanie się ; polit. itp.*) movement: *bez ~u* motionless ◇ *~ oporu* a resistance movement **2** (*ćwiczenie fizyczne*) exercise, (*rąk w pływaniu*) stroke **3** (*drogowy itp.*) traffic **4** (*w szachach itp.*) move: *wykonać ~* move [IDM] **być w (ciągłym) ~u** (*być zaganianym*) be on the go | **~ w interesie**: *Jest ~ w interesie.* Business is brisk.

ruchliwy 1 (*ulica itp.*) busy **2** (*dziecko*) fidgety **3** (*zajęcie itp.*) non-sedentary **4** (*płomień*) flickering

ruchom|y 1 (*w ruchu*) moving **2** (*dający się poruszyć*) movable: *~y czas pracy* flexitime [IDM] **~e schody** escalator

ruda ore: *~ żelaza* iron ore

rudy red

rufa stern

ruin|a ruin: *w ~ie* in ruins ◇ *doprowadzać coś do ~y* ruin sth

rujnować/z- ruin

rulon roll

rumianek chamomile

rumienić (*kotlety itp.*) brown ■ **rumienić się 1** (*kotlety itp.*) brown **2** (*osoba*) blush

rumie|niec (*zwl. ze wstydu*) blush, (*zwl. z powodu gorąca*) flush: *nabrać ~ńców* get some colour in your cheeks

runąć 1 (*upadać; przen.*) collapse **2** (*tlum itp.*) **~ do czegoś** stampede into/towards, etc. sth **3** (*żywiol*) **~ na coś** flood into/onto sth, (*fala*) crash onto sth

runda round

rura pipe: *~ wydechowa* an exhaust pipe

rurka tube: *~ do nurkowania* a snorkel ◇ *~ do picia* a straw

rusz-ać/yć move: *~ z miejsca* get going [IDM] **nie ruszyć palcem** not lift a finger | **Rusz głową!** Use your head! | **sumienie kogoś ruszyło** sb had a pang of conscience ■ **ruszać się** move

ruszt 1 (*w piecyku*) grill **2** (*w kominku*) grate

rusztowanie scaffolding

rwać 1 (*rozrywać*) tear: *~ na kawalki* tear sth up **2** (*wyrywać*) tear sth out, (*ząb*) pull sth out **3** (*zbierać*) pick **4** (*boleć*): *Wątroba mnie rwie.* I've got a stabbing pain in my liver. **5** (*szybko się przemieszczać*) tear off ■ **rwać się 1** (*papier itp.*) tear **2** **~ się do czegoś** be impatient to do sth

ryb|a 1 fish [*lm* fish]: *lowienie ~* fishing **2** (*Ryby*) (*znak zodiaku*) Pisces

rybak fisherman [*lm* -men]

rybny fish: *sklep ~* a fishmonger's

rycerz knight

ry-czeć/knąć 1 (*krowa*) moo, (*niedźwiedź*) growl, (*lew*) roar, (*jeleń*) bark **2** (*osoba*) **~ na kogoś** bellow at sb **3** : *~ z radości* hoot with laughter ◇ *~ z bólu* howl in pain ◇ *~ z wściekłości* roar in anger **4** (*plakać*) bawl

ryć 1 (/z-) (*kopać*) burrow **2** (/wy-) (*napis*) engrave

ryglować/za- bolt

ryj snout

ryknąć → RYCZEĆ

rym rhyme

rymować (się) rhyme

ryn|ek 1 (*targowisko; i fin.*) market: *Zrobiłem zakupy na ~ku.* I did the shopping at the market. ◇ *~ek wewnętrzny/zagraniczny* the home/overseas market ◇ *dostępny na ~ku* available on the market ◇ *badanie ~ku* market research **2** (*glówny plac; i fin.*) market place [IDM] **czarny ~ek** black market | *~ek papierów wartościowych* stock exchange

rynna (*rura*) drainpipe, (*koryto wzdluż okapu*) gutter

rynsztok gutter

rysa (*zadrapanie*) scratch, (*pęknięcie*) crack

rysować/na- draw

rysunek 1 (*olówkiem itp.*) drawing **2** (*ksztalt*) shape

rytm rhythm

rytmiczny rhythmic

rytuał ritual

rywal/ka rival

rywalizować ~ z kimś (o coś) compete with/against sb (for sth): *~ między sobą* compete against each other

ryzyko risk [IDM] **ponosić ~** incur some risk | **na własne ~** at your own risk

ryzykować/za- 1 take a risk/risks, *~ coś* risk sth **2** (*stwierdzenie*) hazard

ryzykowny risky

ryż rice

rzadk|i 1 (*nieczęsty*) rare: *z ~a* once in a while **2** (*wlosy itp.*) sparse **3** (*konsystencja*) runny, (*zupa itp.*) watery

rząd 1 row: *rzędy na parterze* the stalls ◇ *Przez dwa tygodnie z rzędu padało.* It rained for two weeks in a row. ◇ *maszerować w jednym rzędzie* file past ◇ *ustawiać itp. coś rzędami* line sth up **2** (*polit.*) government

rządowy governmental

rządzić ~ kimś/czymś govern sth, (*król itp.*) rule (over) sb/sth

rzecz thing [IDM] **być (całkiem) do ~y** be clever/all right | **do ~y:** *Co to ma do ~y?* What's that got to do with it? ◇ *To nie ma nic do ~y.* That's irrelevant. | **na ~ kogoś/czegoś** on behalf of sb, in support of sth | **od ~y** irrelevant(ly): *mówić od ~y* wander ◇ *być nie od ~y* not go amiss | **praktycznie ~ biorąc** to/for all intents and purposes | *~ jasna* naturally | *ściśle ~ biorąc* to be precise

rzecznik spokesperson [*lm* -persons/ -people]: *~ praw obywatelskich* an ombudsman

rzeczownik noun

rzeczowy (*stwierdzenie; osoba*) matter-of-fact, (*w stosunkach, dyskusjach itp.*) businesslike

rzeczpospolita republic

rzeczywistoś|ć reality: *w ~ci* in reality ◇ *~ć wirtualna* virtual reality

rzeczywisty real

rzednąć/z- thin, (*męskie wlosy*) recede

rzeka 1 river **2** (*przen.*) stream

rzekomy so-called

rzemieślnik craftsman [*lm* -men]

r

rzemiosło 1 (*działalność*) craft
2 (*umiejętność*) craftsmanship
rześki 1 (*osoba*) energetic
2 (*powietrze*) bracing
rzetelny (*osoba; praca*) reliable,
(*rozwiązanie*) credible
rzeź (*zwierząt*) slaughter, (*ludzi*)
massacre
rzeźba sculpture
rzeźbia-rz/rka sculptor
rzeźbić/wy- (*zwł. cały kamień itp.*)
sculpt, (*płaskorzeźbę*) carve
rzeźnik butcher
rzęs|a 1 (*anat.*) eyelash: *tusz do ~*
mascara **2** (*na stawie itp.*) weed
rzodkiewka radish
rzu-cać/cić 1 throw: *~ kotwicę* drop
anchor **2** (*pracę itp.*) throw sth in,
(*palenie itp.*) give sth up **3** *~ kogoś*
dump sb, (*męża/żonę*) walk out on sb
4 (*światło, cień*) throw **5** (*slajdy*)
project **6** (*spojrzenie*) shoot |IDM| *~ cień
(na coś)* cast a shadow (across/over sth)
| *~ okiem na kogoś/coś* cast an eye over
sb/sth | *~ światło na coś* shed light on
sth ■ **rzucać się 1** throw yourself, (*do
drzwi itp.*) rush for sth: *~ się komuś
na pomoc* spring to sb's aid **2** (*miotać
się*) thrash about/around **3** *~ się na
kogoś/coś* (*żeby złapać*) pounce on
sb/sth |IDM| *~ się w oczy* stand out
rzut throw: *~ karny* a penalty ◇ *~ rożny*
a corner |IDM| *~ oka* glance: *na pierwszy
~ oka* at first glance
rzygać puke
rzymski Roman
rżeć/za- neigh
rżną-ć/za- 1 (*dzielić*) cut, (*piłą*) saw
2 (*zabić*) kill

audience: *Koncert odbył się przy pełnej
~i.* They played to a full house.
saldo balance
salon 1 (*fryzjerski itp.*) salon,
(*samochodowy, sprzętu grającego itp.*)
showroom: *~ gier* an amusement
arcade **2** (*w hotelu itp.*) lounge, (*w
mieszkaniu*) living room
salowa orderly
salutować/za- salute
salw|a 1 (*wystrzał*) volley **2** (*zwykle
~y*) (*śmiechu itp.*) peal
sałata lettuce
sałatka salad
sam 1 (*samotny, w pojedynkę*) alone:
Mieszkam ~. I live on my own. → ALONE
2 (*samodzielnie; przez ważną
osobistość*) yourself, etc. [*lm* -selves]:
Zrobiłem to ~. I did it myself. ◇ *Sama
królowa otworzyła wystawę.* The Queen
herself opened the exhibition. **3** : *ten/
taki ~* the same **4** : *~ początek/koniec*
the very beginning/end ◇ *z ~ego rana*
first thing in the morning ◇ *w ~ym
środku* right in the middle ◇ *Na ~ą
myśl o tym robi mi się niedobrze.* The
mere thought of it makes me feel sick.
5 (*znaczenie wzmacniające*): *Mamy z
nim ~e problemy.* There's nothing but
problems with him. |IDM| *~ w sobie* as
such | *tym ~ym* thereby
samica female
samiec male
samobójczy 1 (*odbierający sobie życie*)
suicidal **2** (*zachowanie itp.*) self-
destructive **3** (*gol*) own
samobójstwo suicide: *popełnić ~*
commit suicide
samochód car: *samochodem* by car/in
the car ◇ *~ ciężarowy* a lorry ◇ *~
kempingowy* a camper ◇ *sportowy* ~ a
sports car ◇ *~ terenowy* a Jeep™
samolot (aero)plane, (air)plane (*Am.*):
~ myśliwski a fighter plane ◇ *~em* by
air
samolubny selfish
samoobrona self-defence, -defense
(*Am.*)
samoobsługowy self-service
samotnik loner
samotność 1 (*brak towarzystwa*)
loneliness **2** ((*przyjemne*) *odosobnienie*)
solitude
samotn|y 1 (*bez towarzystwa*) lonely
2 (*odosobniony*) lone: *~e drzewo* a lone
tree **3** ((*robiony*) *w pojedynkę*) solitary:
~e życie a solitary life **4** (*stanu
wolnego*) single: *~a matka* a single
mother
samowolny wilful, will- (*Am.*)

r

s

Ss

sad orchard
sadza soot
sadzać (*do stołu itp.*) seat
sadzawka pond
sadzić/za- plant, (*w doniczce*) pot
sal|a 1 (*ogólnie: duża*) hall, (*mała*)
room: *~a szkolna* a classroom ◇ *~a
gimnastyczna* a gym(nasium) ◇ *~a
operacyjna* an operating theatre ◇ *~a
sądowa* a courtroom **2** (*widownia*)

samowystarczalny self-sufficient

sandał sandal

sanie sleigh

sanitariusz/ka nurse

sanitarny sanitary

sankcj|a sanction: *Wprowadzono ~e za jazdę w stanie nietrzeźwym.* A crackdown has been launched on drink-driving.

sank|i sledge, sled (*Am.*) [C]: *zjeżdżać na ~ach* sledge

sapać pant

sardynka sardine

sarkastyczny sarcastic

satelitarn|y satellite: *antena ~a* a satellite dish

satyryczny 1 satirical **2** (*program TV/radio*) comedy

satysfakcja satisfaction

satysfakcjonować/u- satisfy

sączyć sip ■ **sączyć się** trickle

sąd 1 (*miejsce; instytucja*) court, (*publiczność w sądzie*) the court: *S~ Najwyższy* the High/Supreme Court ◇ *Wysoki Sądzie!* Your Honour ◇ *podawać kogoś do ~u* sue sb ◇ *~ wojskowy* (a) court martial **2** (*opinia*) judgement

sądow|y 1 (*system itp.*) judicial: *pomyłka ~a* a miscarriage of justice ◇ *proces ~y* a lawsuit **2** (*procedura itp.*) legal **3** (*medycyna*) forensic

sądzić 1 (*prawn.*) **~ kogoś (za coś)** try sb (for sth) **2** (*oceniać*) judge: *sądząc z wyglądu kogoś/coś* by/from the look of sb/sth **3** (*myśleć*) think

sąsiad/ka neighbour, -bor (*Am.*)

sąsiedni (*kraj itp.*) neighbouring, -bor- (*Am.*), (*dom, pokój itp.*) next

sąsiedztwo neighbourhood, -bor- (*Am.*)

scena 1 (*miejsce w teatrze itp.*) stage **2** (*w sztuce, filmie itp.; kłótnia; polit. itp.*) scene: *~ z przeszłości* a flashback

scenariusz 1 (*filmowy*) screenplay **2** (*przebieg wydarzeń*) scenario

sceptyczny sceptical, skep- (*Am.*)

scharakteryzować → CHARAKTERY-ZOWAĆ

schlebiać flatter

schludny neat

schłodzić make sth cold/cool

schodek step

schod|y (*wewnątrz budynku*) stairs, (*na zewnątrz budynku*) steps: *wchodzić/ schodzić po ~ach* go upstairs/ downstairs ◇ *rząd ~ów* a flight of stairs ◇ *ruchome ~y* an escalator

schodzić/zejść 1 (*na dół*) go down sth, (*form.*) descend: *~ po schodach* go down the stairs **2** (*z pokładu/roweru*) get off sth **3** (*plama*) come out **4** (*sprzedawać się*) sell (well) ■ **scho-dzić/zejść się 1** (*gromadzić się*) meet, (*tłumnie*) flock **2** (*odbywać się w tym samym czasie*) coincide **3** (*łączyć się*) join

schować (się) → CHOWAĆ (SIĘ)

schowek compartment

schronić (się) → CHRONIĆ (SIĘ)

schronienie shelter

schronisko 1 (*młodzieżowe*) (youth) hostel **2** (*dla bezdomnych/zwierząt*) shelter

schwytać → CHWYTAĆ

schyl-ać/ić (*głowę itp.*) incline ■ **schylać się** stoop

scyzoryk penknife [*lm* -knives], (*duży*) jackknife

sedes toilet

sedn|o point: *dochodzić do ~a sprawy* get to the heart of the matter ◇ *trafiać w samo ~o* hit the nail on the head

segregator 1 (*teczka*) file **2** (*szafa z przegródkami*) filing-cabinet, (*pudełko*) card index

segregować/po- sort

sekcja 1 (*dział; grupa*) section **2** : *~ zwłok* a post-mortem

sekret secret

sekretarka secretary [IDM] **~ automatyczna** answering machine

sekretarz secretary: (*w USA*) *S~ stanu* a Secretary of State

seks sex

seksowny sexy

seksualny sexual

sekunda second

seler 1 (*korzeń*) celeriac **2** (*łodygi*) celery

semestr semester

sen 1 (*odpoczynek w nocy*) sleep: *pora snu* bedtime ◇ *zapadać w ~* fall asleep ◇ *mówić przez ~* talk in your sleep ◇ *przed snem* before going to bed **2** (*marzenie*) dream: *~ na jawie* a daydream **3** : *~ zimowy* hibernation ◇ *zapadać w ~ zimowy* hibernate

senn|y 1 (*śpiący*) sleepy **2** (*dot. snu*): *marzenia ~e* dreams

sens 1 (*znaczenie*) sense: *ogólny ~* the gist ◇ *nadać ~ życiu* give some meaning to your life ◇ *bez ~u* meaningless ◇ *mieć ~* make sense **2** (*trafna przyczyna*) point: *Nie ma ~u tego poprawiać.* There's no point in correcting that. [IDM] **w pewnym ~ie** in a sense

sensacyjny 1 (*wiadomość*) sensational
2 : *film* ~ a thriller
sensowny sensible: ~ *pomysł* a
reasonable idea
sentyment 1 ~ do kogoś/czegoś
affection for sb/sth: *mieć* ~ *do kogoś/
czegoś* be fond of sb/sth **2** (*-y*)
sentimentality: *robić coś bez ~ów* do sth
without any show of emotion
sentymentalny sentimental
separacj|a separation: *w ~i* separated
seplenić lisp
ser cheese
serc|e (*i przen.*) heart: *bicie ~a* a
heartbeat ◊ *atak ~a* a heart attack
[IDM] **bez ~a 1** *przym.* heartless
2 *przysł.* heartlessly | **brać coś do ~a**
take sth to heart | **nie mieć ~a (do
czegoś)** not enjoy doing sth | **otworzyć
~e (przed kimś)** pour your heart out (to
sb) | **~e skoczyło mi do gardła** my heart
missed a beat | **w głębi ~a** deep down |
zachowywać coś w ~u treasure sth | **z
bijącym ~em** with trepidation | **z całego
~a** wholeheartedly | **z głębi ~a** from the
bottom of your heart
serdeczny 1 (*życzliwy*) warm(-
hearted) **2** (*śmiech*) hearty [IDM] **~
przyjaciel** bosom friend
seri|a 1 series [*lm* series]: *film z ~i
„Proste historie"* an episode of 'Simple
Stories' ◊ *program z ~i „Polska na
rowerze"* a programme in the series
'Poland by Bike' **2** (*tabletek itp.*) course
3 (*partia towarów*) batch **4** (*rozmów; z
broni*) round [IDM] **numer ~i** serial
number
serio: (*na*) ~ seriously ◊ *Mówisz na ~?*
Are you serious?
sernik cheesecake
serwatka whey
serwer server
serwetka 1 (*do ust/rąk*) napkin **2** (*na
stół*) table mat
serwis 1 service **2** (*tenis itp.*) serve
[IDM] **~ informacyjny** (news) bulletin
serwować/za- 1 (*tenis itp.*) serve
2 (*krykiet*) bowl
seryjnie: *produkować* ~ mass-produce
sezon season: ~ *letni/wiosenny/zimowy*
summertime / springtime/wintertime
◊ ~ *jesienny* autumn ◊ *szczyt ~u* the
high season ◊ *martwy* ~ the low season
◊ *w ~ie* in season ◊ *po ~ie/poza ~em*
out of season
sezonowy seasonal
sędzia judge, (*w tytułach*) justice,
(*sport*) referee, (*tenis/krykiet*) umpire:
~ *liniowy* a linesman [IDM] **~ pokoju**
Justice of the Peace

sędziować judge, (*sport*) referee,
(*tenis/krykiet*) umpire
sęp vulture
sfałszować → FAŁSZOWAĆ
sfermentować → FERMENTOWAĆ
sfilmować → FILMOWAĆ
sfinalizować → FINALIZOWAĆ
sfinansować → FINANSOWAĆ
sformować → FORMOWAĆ
sformułować → FORMUŁOWAĆ
sforsować → FORSOWAĆ
sfotografować → FOTOGRAFOWAĆ
sfrustrować → FRUSTROWAĆ
siać/za- (*i przen.*) sow: ~ *strach* fuel
fears ◊ ~ *postrach* terrorize
siadać/siąść 1 sit (down): ~ *do obiadu*
sit down for dinner ◊ ~ *do stołu/
fortepianu* sit down at the table/piano
◊ ~ *do kart* sit down to play cards
2 (*ptak*) perch
siano hay
siarka sulphur, -fur (*Am.*)
siatk|a 1 (*tworzywo*) netting: *z
drucianej ~i* wire mesh **2** (*torba*) string
bag **3** (*ulic; organizacja*) network
4 (*układ*): ~ *płac* a pay/salary scale
5 (*sport*) net [IDM] **~a geograficzna** grid
siatkówka 1 (*sport*) volleyball
2 (*anat.*) retina
sidła snare, (*i przen.*) trap: *zakładać* ~
lay a snare/trap
siebie yourself, etc. [*lm* -selves]: *Robię
to dla* ~. I'm doing it for myself.
(*wzajemnie*) each other: *Możemy na* ~
liczyć. We can count on each other.
◊ *być sobą* be yourself ◊ *być u* ~ be at
home ◊ *Czuj się, jak u* ~. Make yourself
at home.
sieć 1 (*rybacka*) net **2** (*druciana itp.*)
netting **3** (*sklepów itp.*) chain
4 (*kolejowa, radiowa, komputerowa
itp.*) network: ~ *elektryczna/gazowa/
wodociągowa* the mains **5** (*komput.*):
światowa ~ *komputerowa* the World
Wide Web ◊ ~ *wewnętrzna* an Intranet
siedem seven → DWA
siedemdziesiąt seventy → DWA
siedemnaście seventeen → DWA
siedzenie 1 (*krzesło; spodni itp.*) seat
2 (*osoby*) bottom
siedzib|a 1 (*organizacji*): *mieć swoją ~ę
w Londynie* be based in London
◊ *główna ~a* headquarters **2** (*rodziny*)
residence
siedzieć 1 sit: ~ *do późna w nocy* stay
up late **2** (*zajmować się czymś*) ~ *w
czymś* be in sth **3** (*pracować*) ~ *nad
czymś* work at/on sth **4** (*w więzieniu*)
do time [IDM] **~ w długach po uszy** be up
to your ears in debt

S

siekać/po- chop
siekiera axe, ax (*zwł. Am.*)
sień hall
sierociniec orphanage
sierota orphan
sierp sickle: ~ *księżyca* a crescent
sierpień August → MAJ
sierść fur, (*psa*) hair
sierżant sergeant
się 1 (*siebie*) yourself, etc. [*lm* -selves], (*wzajemnie*) each other: *Oskarżali* ~ *wzajemnie o kłam-stwo.* They accused each other of lying. 2 (*w znaczeniu uogólniającym*): *W Polsce je* ~ *dużo kartofli.* A lot of potatoes are eaten in Poland. 3 (*w znaczeniu zwrotnym*): *Rozpoznał* ~ *na zdjęciu.* He recognized himself in the photo. ◊ *Ogolił* ~. He shaved. 3 (*w znaczeniu nieosobowym*): *Dobrze mi* ~ *tu mieszka.* I like living here. ◊ *Nie widuje* ~ *tu wielu ptaków.* You don't see many birds here. ❻ Takie zdania z podmiotem **one** zamiast **you** są stylistycznie bardziej formalne.
sięg-ać/nąć 1 (*dotknąć*) ~ **do czegoś** reach: *Włosy sięgały jej do ramion.* Her hair came down to her shoulders. 2 ~ **po coś** reach (out) for sth (*do kieszeni itp.*) reach into sth: ~ *do oszczędności* dip into your savings 3 ~ **wstecz (do czegoś)** go back (to sth) 4 (*do pewnego poziomu, wysokości itp.*) come up to sth [IDM] **jak sięgam pamięcią** as far as I remember
silnik engine, motor ❻ **Engine** oznacza zazwyczaj silnik benzynowy, zaś **motor** – silnik elektryczny: ~ *odrzutowy* a jet engine ◊ ~ *spalinowy* an internal combustion engine ◊ ~ *wysokoprężny* a diesel
silny strong, (*ból*) acute
sił|a 1 strength, (*i polit.*) power: *tracić* ~*y* lose strength ◊ *użycie* ~*y przez policję* use of force by the police ◊ *zdany na własne* ~*y* unaided ◊ ~*ą rzeczy* naturally ◊ ~*a wyższa* a higher power 2 (*fiz.; przyrody, zła itp.*) force: ~*y nadprzyrodzone* the supernatural 3 (~*y*) (*zbrojne*) force(s) [IDM] **czuć się na ~ach** feel up to sth | **łączyć ~y (z kimś)** join forces (with sb) | **na ~ę** by force | ~*a nawyku* force of habit | ~*a robocza* workforce | ~*a woli* will power | **w sile wieku** in your prime
siłownia 1 (*sport*) gym 2 (*elektrownia*) power station/ (*Am.*) plant
siniak bruise: *nabić sobie* ~*a* bruise yourself
siodełko seat: *tylne* ~ *motocykla* a pillion (seat)
siodłać/o- saddle

siodło saddle
siorbać slurp
siostra (*i zakonna, przełożona*) sister: ~ *stryjeczna/cioteczna* a cousin
siostrzenica niece
siostrzeniec nephew
sito sieve
sitowie bulrush
siusiać pee, (*zwł. dziecko*) wee
siusiu pee, (*zwł. dziecka*) wee: *robić* ~ pee/wee
siwieć/o- (go) grey/gray (*Am. zwykle*)
siwy grey, gray (*Am. zwykle*)
skafander 1 (*kurtka*) anorak, jacket (*Am.*) 2 (*kosmiczny*) spacesuit 3 (*do nurkowania*) diving suit
s-kakać/koczyć 1 (*na dwóch nogach*) jump, (*na jednej nodze; ptak, królik itp.*) hop, (*przez skakankę*) skip, (*do wody*) dive, (*ze spadochronem*) parachute: ~ *z radości* jump for joy 2 ~ **na kogoś/coś** pounce on sb/sth 3 (*do sklepu itp.*) dash to sth 4 (*ceny itp.*) shoot up [IDM] ~ **koło kogoś/czegoś** make a fuss of/ over sb/sth | ~ **sobie do oczu** fly at one another | ~ **z tematu na temat** jump from one subject to another
skakanka skipping-/(*Am.*) jump rope
skal|a 1 (*miary*) scale 2 (*barw, uczuć itp.*) range [IDM] **na dużą/małą ~ę** 1 *przysł.* on a large/small scale 2 *przym.* large-scale/small-scale
skaleczyć (się) → KALECZYĆ (SIĘ)
skalisty rocky
skalkulować → KALKULOWAĆ
skała rock
skamielina fossil
skandal scandal
skandaliczny scandalous
skandować/wy- chant
skaner scanner
skapitulować → KAPITULOWAĆ
skarb treasure: *ministerstwo* ~*u państwa* the treasury
skarbni-k/czka treasurer
skarbonka money box, (*w kształcie świnki*) piggy bank
skarbowy: *urząd* ~ the Inland Revenue
skarcić → KARCIĆ
skarg|a complaint: *złożyć* ~*ę* lodge a complaint
skarpa slope
skarpet(k)a sock
skarżyć 1 (/po-/na-) (*zwł. dziecko: donosić*) ~ (**komuś**) **na kogoś** tell on sb 2 (*lza-*) (*kogoś do sądu*) sue sb, (*na policję itp.*) report sb to sb ■ **skarżyć się** 1 ~ **się (komuś) na kogoś/coś** complain

S

(to sb) about sb/sth **2** (*na ból itp.*) complain of sth

skasować → KASOWAĆ

skaza flaw

skaz(yw)ać sentence

ska-żać/zić contaminate

skąd (*zaim. przysłówkowy*) where... from: *S~ on pochodzi?* Where does he come from? ◊ *Nie wiem, ~ przyszedł.* I don't know where he turned up from. ◊ *S~ wiesz?* How do you know? | *skąd! wykrzyk.* not at all!

skąpić/po- 1 ~ (**komuś**) **czegoś** give little of sth (to sb), ~ (**na coś**) skimp (on sth): *Skąpili chłopcu jedzenia.* They restricted the amount of food they gave the boy. **2** (*przen.*) be mean with sth: *Matka nie skąpiła im czułości.* The mother lavished affection on them. |IDM| **nie skąpić wysiłków coś zrobić** make every effort to do sth

skąpiec miser

skąpy 1 (*nadmiernie oszczędzający*) miserly, (*nie lubiący wydawać pieniędzy*) stingy, (*w pochwałach itp.*) mean, (*w słowach*) taciturn **2** (*mały*) meagre, (*sukienka itp.*) skimpy

skierować (się) → KIEROWAĆ (SIĘ)

skin skinhead

skinąć ~ **na kogoś** beckon (to) sb: ~ *głową* nod

sklasyfikować → KLASYFIKOWAĆ

skleić (się) → KLEIĆ (SIĘ)

sklejka plywood

sklep shop: ~ *internetowy* a dot-com ◊ ~ *jubilerski* a jeweller's ◊ ~ *papierniczy* a stationer's ◊ ~ *samoobsługowy* a supermarket ◊ ~ *spożywczy* a grocer's ◊ ~ *zoologiczny* a pet shop

sklepika-rz/rka shopkeeper

skła|d 1 (*zespół*) make-up: *sąd w ~dzie trzech sędziów* a bench made up of three judges ◊ *drużyna w nowym składzie* a new line-up **2** (*składniki*) composition **3** (*budynek*) warehouse **4** (*zapas*) stock: *(nie) na ~dzie* in/out of stock |IDM| **w pełnym ~dzie** at full strength

składać/złożyć 1 (*budować*) put sth together **2** (*pieniądze*) deposit, (*dokument*) submit **3** (*robić*): ~ *podanie (o coś)* apply (for sth) ◊ ~ *prośbę* make a request ◊ ~ *ofertę* make a bid ◊ ~ *rezygnację* tender your resignation ◊ ~ *skargę u kogoś* make a complaint to sb ◊ ~ (*komuś*) *wizytę* pay (sb) a visit ◊ ~ *zamówienie* place an order ◊ *Złożył mi życzenia.* He wished me all the best. **4** (*papier itp.*) fold ■ **składać/złożyć się 1** (*papier itp.*) fold **2** ~ **się z czegoś** consist of sth **3** (*robić składkę*) ~ **się na coś** club

together to do sth |IDM| **tak się składa/ złożyło, że** as it happens/happened

składanka compilation, (*muz.*) medley

składany (*stolik itp.*) collapsible

składka 1 (*na jakiś cel*) collection **2** (*członkowska*) fee **3** : ~ *ubezpieczeniowa* a premium

składnica (*budynek*) storehouse, (*teren*) (storage) yard

składnik component, (*zwł. w potrawie*) ingredient

składować store

skłamać → KŁAMAĆ

s-kłaniać/kłonić 1 ~ **kogoś do zrobienia czegoś** induce sb to do sth **2** (*głowę itp.*) bow ■ **s-kłaniać/kłonić się** incline, bend

skłonność (*zwyczaj, podatność*) ~ **do czegoś** tendency to do sth, to/towards sth: *Ona ma ~ do przesady.* She has a tendency to exaggerate./She tends to exaggerate.

skłonny 1 (*podatny*) ~ **coś robić** inclined to do sth, (*do przeziębień itp.*) prone to sth **2** (*chętny*) ~ **coś robić** willing to do sth

skoczek jumper, (*do wody*) diver

skocznia (*naciarska*) ski jump, (*do wody*) diving board

skoczyć → SKAKAĆ

skojarzenie association

skojarzyć → KOJARZYĆ

skok (*i przen.*) jump, (*naprzód*) leap, (*do wody*) dive: ~*i narciarskie* ski-jumping ◊ ~ *o tyczce* the pole vault ◊ ~ *w dal* long jump ◊ ~ *wzwyż* high jump |IDM| ~ **w bok** one-night stand

skombinować → KOMBINOWAĆ

skomentować → KOMENTOWAĆ

skomercjalizować → KOMERCJA-LIZOWAĆ

skompensować → KOMPENSOWAĆ

skompletować → KOMPLETOWAĆ

skomplikować → KOMPLIKOWAĆ

skomponować → KOMPONOWAĆ

skompromitować → KOMPROMI-TOWAĆ

skomputeryzować → KOMPUTE-RYZOWAĆ

skoncentrować (się) → KONCEN-TROWAĆ (SIĘ)

skondensować → KONDENSOWAĆ

skonfiskować → KONFISKOWAĆ

skonfrontować → KONFRONTOWAĆ

skonkretyzować → KONKRETYZOWAĆ

skonsolidować (się) → KONSOLI-DOWAĆ (SIĘ)

skonstruować → KONSTRUOWAĆ

skonsultować się → KONSULTOWAĆ SIĘ

skonsumować → KONSUMOWAĆ

skontaktować (się) → KONTAKTOWAĆ (SIĘ)

skontrolować → KONTROLOWAĆ

skończyć (się): *Skończyła dzisiaj sto lat.* She's/She turned 100 today. → KOŃCZYĆ (SIĘ)

skoordynować → KOORDYNOWAĆ

skopiować → KOPIOWAĆ

skorcić → KORCIĆ

skorpion 1 scorpion **2 (S~)** *(znak zodiaku)* Scorpio

skorumpować → KORUMPOWAĆ

skorupa shell: *~ ziemska* the earth's crust

skorupiak crustacean, *(wodny)* shellfish

skorupka *(jajka)* eggshell

skory ~ do czegoś *(szybki)* quick to do sth, *(chętny)* willing to do sth: *~ do gniewu* bad-tempered

skorygować → KORYGOWAĆ

skorzystać → KORZYSTAĆ

skos slant

skosić → KOSIĆ

skosztować → KOSZTOWAĆ

skośny slanting

skowronek lark

skowyczeć yelp

skó|ra 1 *(na ciele)* skin: *~ra głowy* a scalp **2** *(jako wyrób)* leather, *(całościowo: jako materiał)* hide: *owcza ~ra* a sheepskin ◇ *~ra lakierowana* patent leather **3** *(cytryny itp.: sera, boczku)* rind, *(jabłka, ziemniaka)* peel [IDM] **czuć coś przez ~rę** feel sth in your bones | **mieć grubą ~rę** have a thick skin | **na własnej ~rze** to your cost

skórka 1 *(przy paznokciu)* cuticle **2** *(jarzyn, owoców)* skin, *(cytryny itp.: sera, boczku)* rind **3** *(chleba)* crust [IDM] **gęsia ~** gooseflesh

skórzany leather

s-kracać/krócić shorten, *(wyraz)* abbreviate [IDM] **~ sobie czas** while away | **~ sobie drogę** take a short cut ∎ **skracać się** get shorter

skradać się creep

skraj edge [IDM] **na ~u nędzy** on the brink of poverty

skrajność|ć extremity: *popadać w ~ć/ze ~ci w ~ć* go to extremes/from one extreme to another

skrajny extreme

s-kraplać/kroplić (się) condense

skrawek *(tkaniny itp.)* snippet

skreśl-ać/ić delete, *(przekreślić)* cross sth out, *(z listy)* cross sth off (sth): *Niepotrzebne skreślić.* Delete as appropriate.

skrę-cać/cić 1 *(sznurek itp.)* twist **2** *(złączyć śrubami)* screw sth together **3** *(nogę itp.)* sprain **2** *(w prawo/lewo: pojazd)* turn: *Droga skręca w lewo.* The road goes off to the left. ∎ **skręcać się** *(osoba)* writhe

skrępowany 1 *(spięty)* self-conscious **2** *(zażenowany)* embarrassed

skręt 1 *(część ciała itp.)* twist **2** *(drogi, rzeki itp.)* turn **3** *(dru-tu itp.)* kink

skrobać scrape

skromny modest

skroń temple

skrócić → SKRACAĆ

skró|t abbreviation: *„Capt." jest ~tem słowa „captain".* 'Capt.' is short for 'captain'. ◇ *~t najważniejszych wiadomości* a summary of the news [IDM] **iść na ~ty** take a short cut | **w ~cie** in brief

skruch|a repentance: *okazać ~ę* repent ◇ *ze ~ą* remorsefully

skrupulatny meticulous

skrupuł|y scruples: *bez ~ów* unscrupulous

skrytka 1 *(schowek)* hiding place **2** : *~ pocztowa* a post office box/ *(skrót)* PO box

skryty 1 *(osoba)* reserved **2** *(plany itp.)* secret

skrytykować → KRYTYKOWAĆ

skrzeczeć *(żaba; osoba)* croak, *(kruk itp.)* squawk

skrzela gills

skrzep clot

skrzepnąć → KRZEPNĄĆ

skrzyczeć scold

skrzyć się sparkle

skrzydło 1 *(ptaka; budynku)* wing **2** *(oddziału wojska)* flank

skrzynia crate: *~ do pakowania* a packing case [IDM] **~ biegów** gearbox

skrzynka 1 box, *(z siatki)* crate **2** *(pocztowa)* letter box, mailbox *(Am.)*, *(w emailu)* mailbox

skrzypce violin

skrzyp-ek/aczka violinist

skrzypieć/za- *(drzwi)* creak, *(śnieg)* crunch, *(głos)* squeak

skrzywdzić → KRZYWDZIĆ

skrzywi(a)ć 1 *(zgiąć)* bend, *(skręcić)* twist **2** *(twarz itp.)* contort ∎ **skrzywić się** → KRZYWIĆ SIĘ

S

skrzyżować → KRZYŻOWAĆ

skrzyżowanie 1 (*dróg*) intersection
2 (*gatunek*) hybrid

skserować → KSEROWAĆ

skubać/o- 1 (*l/o/wy-*) (*drób; brwi itp.*) pluck **2** (*ubranie*) pluck at sth

skulić się → KULIĆ SIĘ

skupi(a)ć 1 (*zebrać*) ~ wokół kogoś/ czegoś bring sb/sth together: *Skupił wokół siebie zwolenników.* He gathered together his supporters. **2** (*uwagę, wzrok*) focus ■ skupi(a)ć się **1** ~ się wokół kogoś/czegoś (*osoby*) gather, (*przedmioty*) be clustered **2** ~ się na czymś concentrate on sth

skupisko concentration

skurcz cramp: ~ *w szyi* a crick in the neck ◊ ~ *porodowy* a contraction

skurczyć (się) → KURCZYĆ (SIĘ)

skusić → KUSIĆ

skuteczn|y effective, (*metoda pracy itp.*) efficient: *Leki okazały się bardzo ~e.* The medicine proved to be very effective.

skut|ek effect: *~ek uboczny* a side effect ◊ *~kiem tego* as a result ◊ *dochodzić do ~ku* come into effect

skuter scooter, motor scooter (*Am.*): ~ *wodny* a Jet Ski™

skutkować/po- work

skwapliwy eager

skwarny scorching

skwaśniały sour

skwierczeć/za- sizzle

slipy underpants

slumsy slums

słabnąć/o- 1 (*tracić siły/intensywność*) weaken, (*bardziej nieform.*) get weaker: *W czasie choroby bardzo osłabła.* She became very weak during her illness. **2** (*wiatr*) die down **3** (*tempo*) slacken **4** (*ból*) wear off

słabo 1 (*bez siły*) weakly **2** (*lekko*) lightly **3** (*czuć się*): *S~ mi.* I feel faint. **4** (*mało*) poorly: ~ *uprzemysłowiony* not highly industrialized ◊ ~ *pamiętać* not remember very well

słabość 1 (*brak sił*) weakness **2** ~ do czegoś weakness for sth: *mieć ~ do kogoś* have a soft spot for sb

słabowity 1 (*zwł. dziecko*) sickly, (*zwł. starsza osoba*) frail **2** (*film itp.*) bad

słab|y 1 (*bez siły; nieintensywny*) weak: *~a strona/~y punkt* a weakness ◊ *~e światło* poor light ◊ *~y zapach* a faint smell ◊ *~y wiatr* a slight wind ◊ *być ~ym z matematyki* be poor at maths ◊ *w ~ej kondycji* (*osoba*) unfit/ (*firma itp.*) in a poor state **2** (*możliwości itp.*) slim

słaniać się stagger

sław|a 1 (*rozgłos*) fame: *zła ~a* notoriety ◊ *światowej ~y* world-famous ◊ *cieszyć się dobrą/złą ~ą* have a good/ bad reputation ◊ *zdobyć ~ę* achieve fame **2** (*osoba*) celebrity

sławny famous

słodki 1 sweet **2** (*woda*) fresh

słodycz 1 sweetness **2** (*~e*) sweets, candy (*Am.*)

słodzić/po- sweeten: *Czy słodzisz kawę?* Do you take sugar in your coffee?

słodzik sweetener

słoik jar

słoma straw

słomka (*do picia*) straw

słonecznik sunflower

słoneczn|y 1 (*od słońca itp.*) sun, (*energia*) solar: *światło ~e* sunlight ◊ *oparzenie ~e* sunburn **2** (*pogoda; pokój*) sunny

słon|y 1 (*zawierający sól*) salted, (*często za dużo*) salty: *~e orzeszki ziemne* salted peanuts ◊ *Zupa jest za ~a.* The soup is too salty. **2** (*woda morska*) salt **3** (*dowcip*) crude **4** (*ceny itp.*) steep

słoń elephant

słońce 1 (*gwiazda*) sun **2** (*światło*) sunshine [IDM] jasny jak ~ crystal clear

Słowian-in/ka Slav

słowiański Slavic

słowik nightingale

słownictwo vocabulary

słownik dictionary: *sprawdzić coś w ~u* look sth up in a dictionary ◊ ~ *synonimów* a thesaurus

słown|y 1 (*wyrażony słowami*) verbal **2** : *~a osoba* a person who keeps their word

słow|o word: *brzydkie ~a* bad language ◊ *modne ~o* a buzzword ◊ *~o kluczowe* a keyword ◊ *~a piosenki* the lyrics [IDM] innymi ~y in other words | nie dopuścić kogoś do ~a not let sb get a word in edgeways/ (*Am.*) edgewise | ~o w ~o word for word | ~o wstępne foreword | w dwóch ~ach in a word

stój 1 (*pojemnik*) jar **2** (*w drzewie*) grain

słuch hearing: *być poza zasięgiem/w zasięgu ~u* be out of/within sb's earshot ◊ *o słabym ~u* hard of hearing [IDM] grać (coś) ze ~u play (sth) by ear

słuchacz/ka listener

słuchać/po- 1 (*ze zrozumieniem*) listen: *Słucham!* Hello! ◊ *Słucham?* Sorry? (*form.*) pardon ◊ *Posłuchaj!* Listen! ◊ *Słuchaj!* Look here! **2** (*polecenia itp.*) obey: *nie ~* disobey

słuchawk|a 1 *(telefoniczna)* receiver: *odkładać ~ę* hang up ◊ *nie odkładać ~i* hold (on) **2** *(~i)* *(do walkmana itp.)* headphones, *(zwł. małe)* earphones [IDM] **~a lekarska** stethoscope

słuchowy aural: *aparat ~* a hearing aid

słup 1 pole: *~ latarni* a lamp post ◊ *~ sieci elektrycznej* a pylon ◊ *~ telegraficzny* a telegraph pole **2** *(dymu)* column

słupek 1 post: *~ drogowy* a bollard ◊ *~ bramki* a goalpost **2** *(liczb itp.)* column

słuszny 1 *(właściwy)* right **2** *(wnioski itp.)* justified, *(pretensje)* legitimate **3** *(nagroda itp.)* well-earned

służąc-y/a servant

służb|a service: *~a państwowa* the Civil Service ◊ *~a wojskowa* military service ◊ *~y bezpieczeństwa* a secret service ◊ *~y miejskie* civic amenities ◊ *~a zdrowia* a health service ◊ *~y ratownicze* emergency services ◊ *na/po ~ie* on/off duty ◊ *w ~ie czynnej* on active service

służyć serve: *~ do jakiegoś celu* serve some purpose

słychać *o czymś* hear about sth: *Co ~?* How are things? ◊ *Nie było ~ o nim przez lata.* Nothing was heard of him for years.

słynny ~ (z czegoś) famous (for sth): *~ na cały świat* world-famous

słyszalny audible

słyszeć/u~ (o kimś/czymś) hear (about sb/sth): *Nigdy nie słyszałam o tym aktorze.* I've never heard of that actor. ◊ *Z tego, co słyszę…* By the sound of it/things… [IDM] **nie chcieć o kimś słyszeć** not want to have anything to do with sb

smaczn|y tasty: *S~ego!* Bon appetit. **❶** Zwrot rzadko stosowany. Najczęściej przed jedzeniem nie mówi się nic.

smak 1 *(jedzenia)* flavour, -vor *(Am.)*: *mieć ~ cytryny* taste of lemons ◊ *bez ~u* bland ◊ *doprawiać coś do ~u* season sth **2** *(este-tyczny)* taste

smakować 1 *(kwaśno itp.)* taste: *To dobrze smakuje.* This tastes good. **2** *(potrawa)* ~ *komuś*: *Czy smakuje ci zupa?* Do you like the soup?

smakowity tasty

smar grease, *(bardziej form.)* lubricant

smark (~i) snot

smarować/po- 1 ~ (coś) czymś *(dżemem itp.)* spread sth (on sth): *~ coś tłuszczem* grease sth ◊ *~ coś olejem* oil sth **2** *(przekupywać)* grease sb's palm

smażyć/u- (się) fry

smoczek *(dla niemowląt)* dummy, pacifier *(Am.)*

smok dragon

smoking dinner suit, tuxedo *(Am.)*

smoła tar

smród stench

SMS text message: *wysłać ~a do kogoś* text sb

smucić sadden ■ **smucić się** be sad

smuga *(światła, koloru)* streak, *(brudu)* smudge, *(dymu)* plume, *(za samolotem)* vapour/-por *(Am.)* trail

smukły slender

smutek sadness

smutny sad

smycz lead, leash *(Am.)*

smycz|ek 1 *(skrzypiec itp.)* bow **2** *(~ki)* *(instrumenty)* strings

snobistyczny snobbish

snobizm snobbery

snop 1 *(słomy itp.)* sheaf **2** *(światła)* beam

snuć 1 : *~ domysły* speculate **2** *(opowiadanie itp.)* spin **3** *(intrygi)* engage in sth ■ **snuć się** *(chodzić)* moon about/around

sobie yourself, etc. *[lm* -selves]: *~ nawzajem* each other [IDM] **tak ~** so-so

sobota Saturday → PONIEDZIAŁEK

sobowtór double

socjalistyczny socialist

socjalny social

socjologia sociology

soczewic|a lentils: *ziarnko ~y* a lentil

soczewk|a lens: *~i kontaktowe* contact lenses

soczysty 1 *(owoc)* juicy, *(i mięso)* succulent **2** *(kolor)* rich

soja soya beans, soybeans *(Am.)*

sojusz alliance

sojusznik ally

sok juice, *(rośliny)* sap: *~ pomarańczowy* orange juice

solić/po- salt

solidarność solidarity

solidny 1 *(osoba; firma)* reliable **2** *(ściana itp.; wykształcenie itp.)* solid **3** *(ubranie)* sturdy **4** *(duży)* substantial

solist-a/ka soloist

sondaż *(opinion)* poll

sopel icicle

sopran soprano

sortować/po- sort

sos sauce, *(sałatkowy)* dressing: *~ pomidorowy* tomato sauce

sosna pine

sowa owl

sól salt

S

spacer(ek) walk: *pójść na* ~ go for a walk

spacerować stroll

spaczyć → PACZYĆ

spać sleep: *iść* ~ go to bed ◊ ~ *głęboko* be sound asleep ◊ *nie* ~ be awake

s-padać/paść 1 (*osoba, przedmiot*) fall (down), ~ **z czegoś** fall off sth **2** (*cena, temperatura itp.*) fall, (*gwałtownie*) plummet **3** (*odpowiedzialność itp.*) ~ **na kogoś** fall on sb **4** (*tragedia itp.*) ~ **na kogoś** strike sb [IDM] **Spadaj!** Get lost!

spad|ek 1 (*cen itp.*) fall: *gwałtowny* ~*ek* a crash **2** (*terenu itp.*) slope **3** (*dziedzictwo*) inheritance: *dostać coś w* ~*ku* inherit sth ◊ *zostawić coś komuś w* ~*ku* leave sth to sb

spadkobier-ca/czyni heir

spadochron parachute

s-pajać/poić join, (*klejem; przen.*) cement

spakować (się) → PAKOWAĆ (SIĘ)

spal-ać/ić (się) → PALIĆ (SIĘ) [IDM] **spalić na panewce** fall flat

spaliny exhaust (fumes)

sparaliżować → PARALIŻOWAĆ

spartaczyć → PARTACZYĆ

spaskudzić → PASKUDZIĆ

spaść (*deszcz, śnieg*) fall → SPADAĆ

spawać/ze- weld

specjalist-a/ka specialist

specjalistyczny specialist

specjalizować/wy- się ~ **(w czymś)** specialize (in sth)

specjalny special

specyficzny particular, ~ **dla kogoś/ czegoś** specific to sb/sth

spekulować (*na giełdzie itp.*) speculate

spełni(a)ć fulfil, -fill (Am.), (*obietnicę*) keep, (*zadanie*) carry sth out, (*rozkaz*) comply with sth, (*wymagania*) satisfy: ~ *czyjeś oczekiwania* live up to sb's expectations ◊ ~ *funkcję czegoś* serve as sth ■ **spełniać się 1** (*marzenie*) come true **2** (*w pracy*) find satisfaction

speszyć → PESZYĆ

spę-dzać/dzić (*czas*) spend: *miło* ~ *czas nad/na czymś* enjoy doing sth

spętać → PĘTAĆ

spiąć (się) → SPINAĆ (SIĘ)

spiczasty pointed

spierać się argue

spieszyć (się) → ŚPIESZYĆ (SIĘ)

spięcie 1 (*sprzeczka*) clash **2** (*elektr.*) short circuit

spięty tense

spiker/ka announcer

spiłować → PIŁOWAĆ

spinacz paper clip

s-pinać/piąć (*szpilką*) pin, (*spinaczem*) clip, (*klamrą*) buckle: ~ *włosy* pin your hair back

spinka (*wsuwka*) hairpin, (*metalowa/ plastikowa*) hairgrip, (*do kołnierzyka*) stud, (*do mankietów*) cufflink

spirala 1 (*kształt; przen.*) spiral **2** (*grzejna*) heating coil

spiralny spiral

spirytualizm spiritualism

spirytusowy alcoholic

spis list, (*instytucji, ulic miasta itp.*) directory: *umieszczać coś w* ~*ie* list sth [IDM] ~ **ludności** census | ~ **towarów** inventory | ~ **treści** (table of) contents

spisek conspiracy

spiskować conspire

spis(yw)ać 1 (*sporządzić wykaz/ listę*) ~ **coś** make a list of sth **2** (*na podstawie materiałów*) write sth up, (*umowę itp.*) draw sth up [IDM] ~ **kogoś/coś na straty** write sb/sth off ■ **spis(yw)ać się** (*osoba*) acquit yourself

splamić (się) → PLAMIĆ (SIĘ)

s-platać/pleść plait, braid (Am.) [IDM] ~ **dłonie** clasp your hands ■ **s-platać/pleść się** intertwine

splądrować → PLĄDROWAĆ

splot 1 (*to, co zostało splecione*) coil **2** (*zbieg okoliczności*) coincidence [IDM] ~ **słoneczny** solar plexus

spła-cać/cić (*dług itp.; kogoś*) repay [IDM] ~ **dług wdzięczności** return a favour/-vor (Am.)

spłaszcz-ać/yć (się) flatten

spłata repayment

spłonąć → PŁONĄĆ

spłoszyć (się) → PŁOSZYĆ (SIĘ)

spłuk(iw)ać ~ **coś** (**z czegoś/czegoś**) (**czymś**) rinse sth (off sb/sth) (with sth): ~ *wannę* rinse out the bath

spły-cać/cić (*zagadnienie itp.*) oversimplify

spły-wać/nąć 1 (*ściec*) flow **2** (*przen.: ciemność itp.; opadać*) fall **3** (*płynąć w dół*) float down [IDM] **Spływaj!** Get lost!

spocić się → POCIĆ SIĘ

spodek saucer

spodni|e 1 trousers, pants (Am. zwykle): *para* ~ a pair of trousers ◊ *krótkie* ~*e* shorts ◊ ~*e sztruksowe* cords **2** (*od piżamy itp.*) bottoms

spodobać się → PODOBAĆ SIĘ

spodziewać się ~ **kogoś/czegoś** be expecting sb/sth, ~ **czegoś po kimś** expect sth of/from sb: *Spodziewa się dziecka.* She's expecting a baby.

spo-glądać/jrzeć glance: ~ *w górę* look up [IDM] ~ **w przeszłość** look back (on sth) | ~ **w przyszłość** look ahead (to sth) | **spójrzeć prawdzie w oczy** face facts

spojrzenie glance: ~ *pełne gniewu/ nienawiści itp.* a glare [IDM] **mieć krytyczne itp.** ~ **na świat** have a critical, etc. outlook on life

spokojny calm, (*woda*) still [IDM] **być ~o kogoś/coś** trust sb; be relaxed about sth | **bądź** ~ don't worry

spokój calmness: *zachowywać/tracić* ~ keep/lose your cool ◊ *nie dawać komuś ~u* not give sb any peace [IDM] **dać sobie** ~ **z kimś/czymś** give yourself a break from sb/sth | **daj** ~! come off it! | **dla świętego ~u** to keep the peace

spokrewniony ~ **(z kimś)** related (to sb)

społeczeństwo society

społeczn|y social: *opieka ~a* social welfare ◊ *praca ~a* social work ◊ *nauki ~e* social science

sponiewierać → PONIEWIERAĆ

sponsorować sponsor

spontaniczny spontaneous

spopularyzować → POPULARYZOWAĆ

sporadyczny sporadic

sporny debatable

sporo ~ *czegoś* (quite) a lot (of sth)

sport sport, (*ogólnie*) sports (*Am.*): *uprawiać* ~ do sport/play a sport [IDM] **zrobić coś dla ~u** do sth for fun

sportowiec sportsman [*lm* -men]

sportow|y 1 (*związany ze sportem; ubranie itp.*) sports: *rozgrywki ~e* a tournament ◊ *ubierać się na ~o* dress casually **2** (*postawa*) sporting

spory considerable

sporzą-dzać/dzić 1 (*testament itp.*) draw sth up, (*mapę, wykres itp.*) plot **2** (*lekarstwo*) dispense

sposobność ~ **(do) czegoś** opportunity to do sth; for (doing) sth

spos|ób way: *w ten ~ób* (in) this/that way ◊ *w jaki ~ób* how ◊ *~ób na schudnięcie* a way to lose weight ◊ *~ób postępowania* a procedure [IDM] **jakim ~obem** how on earth | **mieć na kogoś/ coś ~ób** know how to deal with sb/sth | **na swój ~ób** in a way | **nie ~ób czegoś zrobić** there's no way of doing sth

spostrze-gać/c 1 (*zauważać*) notice **2** (*zdać sobie sprawę*) realize

spostrzegawczy perceptive

spośród out of

spotkanie meeting: *umówione* ~ an appointment ◊ ~ *na szczycie* a summit meeting ◊ ~ *Legii z Widzewem* a game between Legia and Widzew

spot(y)kać 1 (*zobaczyć się z kimś*) ~ **kogoś** meet sb **2** (*natknąć się na kogoś*) come across sb ■ **spot(y)kać się 1** ~ **się z kimś** meet ((up) with) sb **2** ~ **się z czymś** meet with sth [IDM] ~ **się z kimś twarzą w twarz** meet sb face to face

spowiedź confession

spowodować → POWODOWAĆ

spożycie consumption

spoży(wa)ć consume: *Najlepiej ~ przed końcem…* Best before…

spód bottom [IDM] **pod spodem** underneath | **od spodu** from below

spódnica skirt

spójny coherent

spółdzielczy cooperative

spółdzielnia cooperative

spółk|a 1 (*firma*) corporation: *~a akcyjna* a joint-stock company ◊ *~a z ograniczoną odpowiedzialnością* a limited (liabil-ity) company **2** (*wspólne interesy*) partnership: *wejść z kimś w ~ę* go into partnership with sb [IDM] **do ~l z kimś 1** together with sb **2** (*fin.*) in partnership with sb

sp|ór argument: *być przedmiotem ~oru* be in dispute

spóźni(a)ć się be late: *Spóźniłam się na pociąg.* I missed the train.

spóźnienie delay

spóźniony late, (*życzenia*) belated

spragniony 1 thirsty **2** (*miłości itp.*) starved of sth

spraw|a 1 (*problem*) matter: *~a sporna* a matter of opinion ◊ *~y zagraniczne* foreign affairs ◊ *To nie twoja ~a.* It's nothing to do with you. ◊ *w ~ie kogoś/ czegoś* concerning sb/sth **2** (*prawn.*) case **3** (*rzecz istotna, przedmiot zainteresowania*) cause [IDM] **na dobrą ~ę** actually | **nie ma ~y** that's fine | **zdawać sobie ~ę (z czegoś)** realize (sth)

spraw-dzać/dzić (*skontrolować*) check, (*czyjąś wiedzę/znajomość tematu*) examine **2** (*w słowniku itp.*) look sth up ■ **spraw-dzać/dzić się 1** (*spełniać się*) come true **2** (*okazać się użytecznym*) turn out to be useful

sprawdzian test

sprawi(a)ć (*ból itp.*) cause: ~ *komuś przykrość* cause sb distress ◊ *Nowa fryzura sprawiła, że poczuła się lepiej.* Her new haircut made her feel better. [IDM] ~ **(jakieś) wrażenie** come across as sth: *On sprawia wrażenie dobrego człowieka* He seems to be a good person.

sprawiedliwość justice [IDM] **oddawać komuś/czemuś** ~ do sb/sth justice

sprawiedliwy fair

sprawny 1 (*osoba: fizycznie*) fit, (*umysłowo*) of sound mind, (*w pracy*) efficient **2** (*mózg itp.*) sound **3** (*maszyna*) in working order, (*komput.*) up
sprawozdanie report
sprawozdawca reporter
sprecyzować → PRECYZOWAĆ
sprężyna spring
sprężysty springy
sprostać 1 ~ **czemuś** be up to (doing) sth, (*trudnej sytuacji*) cope with sth: ~ *zadaniu* be equal to the task **2** (*dorównać komuś*) be a match for sb
sprośny obscene, (*piosenka, sztuka*) bawdy
sprowa-dzać/dzić 1 (*spowodować, że ktoś przybędzie: lekarza itp.*) get sb **2** (*spowodować, że coś zostanie dostarczone (z zagranicy)*) import **3** (*wywołać*) cause: ~ *na kogoś nieszczęście* bring sb bad luck **4** (*skierować*): *Sprowadziła rozmowę na inny temat.* She steered the conversation onto another subject. **5** (*pomóc zejść*) take sb down: ~ *pacjenta po schodach* help the patient down the stairs **6** (*ograniczyć*) ~ **coś do czegoś** reduce sth to sth |IDM| ~ **coś do absurdu** take sth to absurd lengths
   ■ **sprowa-dzać/dzić się** ~ **się do czegoś** amount to sth
sprowokować → PROWOKOWAĆ
spróbować → PRÓBOWAĆ
spróchnieć → PRÓCHNIEĆ
spruć (się) → PRUĆ (SIĘ)
spryt shrewdness
sprytny (*osoba*) sharp
sprywatyzować → PRYWATYZOWAĆ
sprzączka buckle
sprzątacz/ka cleaner
sprzątać/po- clean: *posprzątać ze stołu* clear the table
sprzeciw 1 (*protest*) opposition: *To budziło mój* ~, That got me up in arms. **2** (*prawn.*) objection
sprzeciwi(a)ć się ~ **komuś/czemuś** be opposed to sb/sth, (*wyrazić sprzeciw*) object to sth
sprzeczać/po- się argue
sprzeczka quarrel
sprzeczność contradiction
sprzeczn|y contradictory: *być ~ym z czymś* conflict with sth ◇ ~*e ze sobą* mutually exclusive ◇ ~*y z prawem* against the law
sprzeda(wa)ć ~ **coś (komuś)** sell sth (to sb) ■ **sprzeda(wa)ć się** (*po pewnej cenie*) sell (for/at sth)

sprzedaw-ca/czyni seller, (*w sklepie*) sales assistant, (*i w firmie*) salesperson, (*prawn.: domu, ziemi*) vendor
sprzedaż sale: ~ *wysyłkowa* mail order ◇ *dział* ~*y* a sales (department) ◇ *na* ~ for sale ◇ *w* ~*y* on sale
sprzeniewierz-ać/yć embezzle
sprzęgło clutch
sprzęt 1 (*wędkarski itp.*) equipment: ~*y kuchenne* kitchen gadgets **2** (*wieża hi-fi*) (music) system **3** (*komput.*) (computer) hardware
sprzyjać ~ **czemuś** be conducive to sth, ~ **komuś** support sb: *Klimat nadmorski sprzyja chorym na astmę.* The sea climate benefits people with asthma.
sprzykrzyć się ~ **komuś** pall on sb
sprzymierzeniec ally
spust (*pistoletu*) trigger
spustoszyć → PUSTOSZYĆ
spu-szczać/ścić 1 (*obniżyć, zsunąć*) lower **2** (*wodę w toalecie*) flush |IDM| **nie** ~ **kogoś/czegoś z oka** not let sb/sth out of your sight
spuścizna 1 (*kulturowa itp.*) heritage **2** (*po komunizmie itp.*) legacy
srebrn|y 1 (*ze srebra*) silver: ~*a moneta* silver **2** (*przypominający srebro*) silvery
srebro silver
srebrzysty silvery
srogi 1 (*osoba*) stern **2** (*mróz*) severe
ssać suck
ssak mammal: ~*i naczelne* primates
stabilizacja stability
stabilizować/u- stabilize
stabilny stable
stacja 1 (*autobusowa, kolejowa; radio; TV*) station **2** (*komput.*): ~ *dysków* a (disk) drive |IDM| ~ **benzynowa** petrol station
stać 1 (*być w pozycji pionowej*) stand **2** (*zatrzymać się*) → STAWAĆ **3** (*umowa*): *Stoi!* Done. **4** ~ **kogoś na coś** afford sth |IDM| ~ **przed czymś** face sth | ~ **w miejscu** get nowhere | ~ **za czymś** (*być powodem/wyjaśnieniem*) be at the bottom of sth | **Stój!** Stop!
stadion stadium
stado (*bydła*) herd, (*ptaków*) flock, (*wilków*) pack
stajnia stable
stal steel: ~ *nierdzewna* stainless steel
stale constantly
stał|y 1 (*uczucie, pogląd itp.*) constant **2** (*adres; praca*) permanent: ~*y pobyt* permanent residence ◇ *na* ~*e* permanently **3** (*ciało; paliwo*) solid **4** (*klient; dochód*) regular

5 (*oprocentowanie, cena*) fixed
6 (*komisja*) standing [IDM] **~y ląd**
1 (*nie wyspa*) mainland **2** (*nie woda*)
dry land | **~y prąd** direct current

stan 1 (*sytuacji; emocji; polit.*) state: ~
gospodarki kraju the state of the
country's economy ◊ *Był w ~ie szoku.*
He was in a state of shock. **2** (*zdrowia;
budynku itp.*) condition **3** (*sukienki,
spodni*) waistline [IDM] **być w ~ie coś
zrobić** be able to do sth | **istniejący ~
rzeczy** status quo | **~ cywilny** marital
status | **~ konta** balance | **~ rzeczy** state
of affairs | **~ umysłu** state of mind | **~
wojenny** martial law | **~ wyjątkowy**
emergency | **w ~ie budowy** under
construction | **w ~ie wojny** at war

stanąć → STAWAĆ

stancj|a lodgings: *na ~i* in rented
accommodation

stanik bra

stanowcz|y firm: *~a odmowa* a flat
refusal

stanowić 1 (*być*) constitute: ~
zagrożenie constitute a threat ◊ ~
problem present a problem **2** (*tworzyć*)
make **3** (*decydować*) determine

stanowisko (*posada; zdanie*) position:
zajmować ~ (w jakiejś sprawie) take a
stand (on sth) [IDM] **~ komputerowe**
workstation

s-tapiać/topić 1 (*łączyć*) fuse **2** (*roz-
puścić*) dissolve **3** (*zmienić w ciecz*) melt

starać/po- się ~ o coś; **~ coś zrobić** try
for sth; to do sth

staranny careful

starcz-ać/yć 1 (*trwać*) last: *Pieniędzy
starczy na jeden dzień.* The money will
last for a day. **2** (*być w dostatecznej
ilości*) be enough: *Czy starczy czasu?* Is
there enough time?

starodawny ancient

staromodny old-fashioned

starość (*usuby*) old age, (*rzeczy*) age

staroświecki old-fashioned

starożytność antiquity

starożytny ancient

starszy older, (*wśród rodziny*) elder,
(*rangą*) senior [IDM] **starsi (ludzie)** the
elderly

startować/wy- (*zaczynać*) start,
(*samolot*) take off

sta|ry *przym.* old [IDM] **~rej daty** old-
fashioned | **~ry maleńki** precocious |
sta|r-y/a *rz.* **1** (*nieform.*) (*ojciec*) old
man, (*matka*) old woman **2** (*~rzy*) the
elderly

starzeć/ze- się 1 (*osoba*) get old,
(*bardziej form.*) age **2** (*ubranie, wyraz*)

date, (*urządzenie*) become obsolete
3 (*chleb itp.*) go stale, (*masło*) go rancid

stateczny 1 (*osoba; zachowanie*)
sedate **2** (*statek*) stable

statek ship

statyczny static

statyst-a/ka extra

statystyczny statistical, (*przeciętny*)
average

staw 1 (*zbiornik wodny*) pond **2** (*anat.*)
joint, (*palca*) knuckle

sta-wać/nąć 1 (*do pozycji pionowej*)
stand up, (*w pozycji pionowej*) stand
2 (*zatrzymać się*) stop, (*silnik, pojazd*)
stall **3** (*do konkursu itp.*) take part in
sth [IDM] **~ dęba** (*włosy*) stand on end,
(*koń*) rear (up) | **~ na czele czegoś** lead
sth | **~ na nogach** stand on your own
(two) feet | **~ na wysokości zadania** rise
to the challenge | **~ po czyjejś stronie**
side with sb | **~ twarzą w twarz z kimś/
czymś** confront sb/sth | **~ w obliczu
czegoś** face sth | **~ w czyjejś obronie;
~ w obronie czegoś** stand up for sb/sth |
~ w płomieniach burst into
flames ■ **sta(wa)ć się 1** (*robić się*)
become, (*mniej form.*) get **2** (*zdarzyć
się*) happen: *Co mu się stało?* What's the
matter with him? ◊ *Jak to się stało,
że…?* How come…? ◊ *Nic się nie stało!*
No harm done.

stawiać/postawić 1 (*umieszczać*)
put, (*wznosić*) put sth up, (*podnosić*)
raise **2** (*na straży itp.*) post **3** (*pytanie*)
ask, (*diagnozę*) make **4** (*fundować*) **~
komuś coś** stand sb sth **5** **~ coś na
kogoś/coś** put sth on sb/sth [IDM] **~
czoło komuś/czemuś** confront sb/sth | **~
na swoim** get your own way | **stawiać
opór** (*komuś/czemuś*) make a stand
(against sb/sth) | **~ sobie jakiś cel** set
out to do sth

stawka 1 (*w grze*) stake **2** (*godzinowa*)
rate: *zwyczajowa ~* (*za coś*) the going
rate (for sth)

stąd 1 (*z tego miejsca*) from here **2** (*z
tej przyczyny*) therefore [IDM] **ni ~, ni
zowąd** out of the blue

stąp-ać/nąć tread

stchórzyć → TCHÓRZYĆ

stek 1 (*mięso*) steak **2** (*kłamstw*) pack,
(*przekleństw*) stream

stempel stamp: *~ pocztowy* a postmark

stemplować/pod- stamp

stepować tap-dance

ster 1 (*żegl.*) rudder **2** (*przen.*) helm: *u
~u* at the helm

sterczeć 1 (*odstawać*) stick out
2 (*długo być w jednym miejscu*) hang
around/about

stereotypowy stereotypical

S

sterować 1 (*statkiem*) steer, (*samolotem*) fly, (*urządzeniem*) control 2 (*z ukrycia*) engineer

sterroryzować → TERRORYZOWAĆ

sterta heap

sterylny sterile

steward steward

stewardesa air hostess

stęchły musty

stępi(a)ć blunt

stężenie concentration

s-tłaczać/tłoczyć jam ■ **s-tłaczać/tłoczyć (się)** crowd → TŁOCZYĆ

stłuczka 1 (*zniszczony w transporcie towar itp.*) breakage 2 (*wypadek*) bump

stłumić → TŁUMIĆ

sto hundred: *Było stu ludzi w sali.* There were a/one hundred people in the room. [IDM] **~ lat!** many happy returns (of the day)

stocznia shipyard

stoczniowiec shipbuilder

stoczyć (się) → STACZAĆ (SIĘ)

stodoła barn

stoisko (*na targach*) stand, (*stragan*) stall

stojak stand

stok slope

stokrotka daisy

stolarz carpenter

stolica capital

stolik table, (*ława*) coffee-table

stołek stool

stołówka canteen

stopa foot [*lm* feet] [IDM] **od stóp do głów** from head to toe | **~ procentowa** interest rate | **~ życiowa** standard of living

stopić → STAPIAĆ

stopi|eń 1 (*naukowy; miary*) degree, (*wojskowy*) rank: *do jakiego ~nia* to what extent 2 (*schodów: wewnątrz budynku*) stair, (*na zewnątrz budynku*) step 3 (*szk.; ocena*) grade [IDM] **~ień wyższy** (*gram.*) comparative | **~ień najwyższy** (*gram.*) superlative | **uwaga! ~ień** mind/(*Am.*) watch the step

stopnieć → TOPNIEĆ

stopniowy gradual

stos 1 (*książek itp.*) stack, (*ubrań itp.*) pile, (*z elementów ułożonych nierówno*) heap 2 (*do spalenia zmarłego*) pyre, (*do spalenia ofiary*) stake

stosować/za- (*metody itp.*) apply, (*lek*) administer, (*produkt; język*) use ■ **stosować/za- się** (*do reguł*) follow sth

stosowny appropriate

stosun|ek 1 (*związek*) relation: *~ek płciowy* sex(ual intercourse) ◊ *być w dobrych/przyjaznych ~kach (z kimś)* be on good/friendly terms (with sb) 2 (*proporcja*) ratio 3 **~ do kogoś/czegoś** (*nastawienie*) attitude to(wards) sb/sth

stosunkowy relative

stowarzyszenie association

stożek cone

stożkowaty conical

stół table: *nakryć ~* lay the table ◊ *siedzieć przy stole* sit at the table

strach fear

stracić → TRACIĆ

stragan stall

strajk strike: *~ głodowy* a hunger strike ◊ *zacząć ~* go on strike

strajkować/za- strike

straszliwy 1 (*budzący przerażenie; złej jakości*) horrible 2 (*olbrzymich rozmiarów*) horrendous

straszny 1 (*przerażający*) scary 2 (*złej jakości*) terrible

straszyć (*wywoływać strach*) scare, (*duchy*) haunt

strat|a (*materialna; przegrana*) loss, (*czasu, pieniędzy*) waste, (*materiałowa*) wastage: *~y w ludziach* casualties [IDM] **spisy-wać kogoś/coś na ~y** write sb/sth off

strategiczny strategic

strawić → TRAWIĆ

straż guard [IDM] **~ pożarna** fire brigade

strażak firefighter

strażni-k/czka guard [IDM] **~ więzienn-y/a** warder, warden (*Am.*)

strąk pod

strefa zone

stres stress

stresować ~ kogoś stress sb (out) | **stresujący** stressful

stre-szczać/ścić summarize

streszczenie summary

stręczyciel pimp

strofa verse

stroić 1 (*instrument itp.*) tune 2 (*ozdabiać*) decorate 3 (*ubierać*) dress sb up [IDM] **~ fochy** be sulky | **~ miny** make faces | **~ sobie żarty (z kogoś/czegoś)** make fun of sb/sth ■ **stroić się** dress up

stromy steep

stron|a 1 side: *po drugiej ~ie ulicy* on the other side of the street ◊ *ze ~y ojca/matki* paternal/maternal ◊ *po lewej ~ie* on the left(-hand side) ◊ *po czyjejś ~ie* on sb's side ◊ *rozpatrzyć problem ze wszystkich ~* consider all aspects of the

problem **2** (*kierunek*) direction: *w ~ę
sklepu* towards the shop **3** (*cecha*)
point: *mocna/słaba ~a* a strong/weak
point **4** (*uczestnik sporu/procesu itp.*)
party **5** (*książki itp.*) page
6 (*internetowa*) (**~y**) (web)site
7 (*gram.*) voice [IDM] **dobre i złe ~y
czegoś** the pros and cons of sth I **na
lewą ~ę** (*ubranie*) inside out I **to bardzo
miło z twojej ~y** that's very kind of you I
w jedną ~ę (*bilet*) single, one-way (*Am.*)
I **w obie ~y** (*bilet*) return, round-trip
(*Am.*) I **z jednej ~y...z drugiej ~y** on the
one hand... on the other (hand)
stronniczy biased

stronni-k/czka supporter

strój dress: *~ kąpielowy* (*dla mężczyzn*)
swimming trunks/ (*dla kobiet*) a
swimming costume ◊ *~ sportowy*
sports gear ◊ *~ wieczorowy* evening
dress

stróż|/ka 1 (*wartownik*) (security)
guard: *~ nocny* a nightwatchman
2 (*obrońca*) guardian

struga spurt

strugać 1 (*/o-*) *~ coś* (*z czegoś*) shave
sth off (sth) **2** (*/wy-*) *rzeźbić*) carve

struktura structure

strumień stream

strumyk brook

strun|a string [IDM] **przeciągnąć ~ę** go
too far I **uderzyć w czyjąś czułą ~ę**
strike a chord with sb

strych loft: *na ~u* in the roof/attic

stryj/ek uncle

strzał shot

strzał(k)a arrow

strząs-ać/nąć (*strącić; i przen.*) shake
sth off, (*okruszki itp.*) flick off

strzec/u- *~ przed kimś/czymś* guard
against sb/sth ■ **strzec się *~ się kogoś/
czegoś*** beware of sb/sth

strzel-ać/ić 1 (*gola itp.*) shoot **2** (*z
broni*) fire [IDM] **co ci strzeliło do
głowy?** what came over you? I **~ palcami**
snap your fingers I **~ w dziesiątkę** hit
the jackpot

strzelba gun

strzelec 1 shooter, (*myśliwy*) hunter,
(*wojskowy*) rifleman: *~ wyborowy* a
sniper **2** (*sport; sportowiec*) scorer [IDM]
wolny ~ freelancer I **S~** (*znak zodiaku*)
Sagittarius

strzep(yw)ać (*kurz itp.*) brush sth
away/off, (*okruszki itp.*) shake sth off

strzęp 1 shred: *podrzeć coś na ~y* tear
sth to shreds **2** (**~y**) (*informacji*)
snippets

strzępić/wy- (się) fray [IDM] *~ sobie
język* waste your breath

strzyc/o- 1 (*włosy*) cut, (*na krótko*) crop
2 (*trawę*) mow **3** (*owcę*) shear
■ **strzyć/o- się** have your hair cut

strzykawka syringe

student/ka student

studiować study

studnia well

studzić/o- cool

stukać 1 (*uderzać*) hit, (*lekko*) tap
2 (*do drzwi*) knock [IDM] **stuknęła mu
trzydziestka itp.** he's past thirty, etc.
now ■ **stukać się *~ się* (w coś)** hit sth:
Stuknąłem się w kolano. I hit my knee.

stuknięty 1 (*uszkodzony*) hit
2 (*wariat*) crazy

stukotać clatter

stulecie 1 (*wiek*) century **2** (*rocznica*)
centenary

stwardnieć → TWARDNIEĆ

s-twarzać/tworzyć create, (*kłopot;
okazję*) present

stwier-dzać/dzić 1 (*potwierdzić;
uznać*) confirm, (*sprawdzić*) determine:
*Stwierdził, że egzamin przebiegł
zgodnie z regulaminem.* He confirmed
that the exam went according to the
regulations. ◊ *~ autentyczność podpisu*
determine the authenticity of the
signature **2** (*powiedzieć*) say, (*bardziej
form.*) state: *muszę ~* I must say
→ TWIERDZIĆ

stwór creature

stwórca creator

styczeń January **→** MAJ

stygnąć/wy- cool

styk contact [IDM] **na *~*** (*przylegać ściśle*)
end to end I **robić coś na *~*** cut sth fine

stykać/zetknąć 1 (*przykładać do
siebie*) connect **2** (*kontaktować*) *~
kogoś* (*z kimś*) put sb in touch (with
sb) ■ **stykać/zetknąć się 1** (*przylegać do
siebie*) touch **2** (*spotykać*) *~ się* (*z kimś*)
meet (with) sb, (*doświadczyć*) *~ się z
czymś* encounter sth

styl 1 (*typ; klasa*) style: *~ życia* a
lifestyle **2** (*pływania*) stroke: *~
grzbietowy* backstroke ◊ *~ klasyczny*
breaststroke ◊ *~ motylkowy* butterfly
[IDM] **coś w tym *~u*** something like that I
to (nie) w jego itp. *~u* (*coś robić*) it's
(not) like him, etc. (to do sth): *To nie w
moim ~u spóźniać się.* It's not like me to
be late.

stylowy 1 (*elegancki*) stylish
2 (*reprezentujący dany styl*) period

stymulować stimulate

stypendium (*naukowe*) scholarship,
(*socjalne*) grant: *~ badawcze* a research
grant

stypendyst-a/ka (*naukowy*)
scholarship holder, (*socjalny*) someone
who receives a grant

subiektywny subjective

substancja substance

subtelny subtle

sucho drily: *mieć ~ w gardle* have a dry
throat [IDM] **pranie na ~** dry-cleaning

such|y dry [IDM] **~e fakty** the bare facts I
~y prowiant packed lunch I **zmoknąć do
~ej nitki** get soaked to the skin

sufit ceiling

sugerować/za- suggest

sugestywny suggestive

suka bitch

sukces success: *odnosić ~* succeed

sukienka dress

suknia dress, (*uroczysta*) gown

sum|a 1 (*wynik*) sum **2** (*kwota; ilość*)
amount: *ogólna ~a* the total **3** (*msza*)
mass [IDM] **w ~ie** all in all

sumieni|e conscience: *czyste/nieczyste
~e* a clear/guilty conscience ◊ *mieć coś
na ~u* have sth on your conscience
◊ *wyrzuty ~a* remorse

sumienny conscientious

sumować/z- (*wyniki itp.*) add (sth)
up, (*pieniądze itp.*) total sth up
■ **sumować/z- się** sum up

sunąć/po- glide

supeł knot

supernowoczesny high-tech

suro|wiec (raw) material: *~wce
naturalne* natural resources ◊ *~wce
wtórne* recyclable materials

surowy 1 (*wymagający*) strict
2 (*wyraz twarzy*) stern **3** (*prawo*)
stringent **4** (*klimat*) harsh **5** (*żywność*)
raw **6** (*warunki*) severe **7** (*skromny,
prosty*) austere

surówka salad

sus leap: *dać ~a* leap

susza drought

suszarka dryer: *~ do włosów* a
hairdryer ◊ *~ do bielizny* a tumble-
dryer ◊ *~ do naczyń* a draining board

suszon|y dried: *~a śliwka* a prune

suszyć/wy- (się) dry (sth) (out)

sutek nipple

suwerenny sovereign

swatać/wy- match

swawolny (*figlarny*) playful,
(*niemoralny*) frisky

sweter (*nierozpinany*) sweater ❶ W Br.
ang. częściej używa się słowa **jumper**.
(*rozpinany*) cardigan

swędzić (*także swędzieć*) itch: *Swędzi
mnie nos.* My nose's itching.

swoboda 1 (*wolność*) freedom, (*często
bardziej form.*) (*prawn.*) liberty
2 (*naturalna łatwość*) ease

swobodny 1 (*wolny; naturalny*) free:
iść ~m krokiem walk with a free and
easy step **2** (*nieformalny*) casual
3 (*nieograniczony*) unconstrained

sw|ój (*mój: z rz.*) my, (*bez rz.*) mine
❶ Zob. też **twój, jego** itp.: *Lubisz ~oje
miasto?* Do you like your town? [IDM]
postawić na ~oim get your own way I
zrobić po ~ojemu do sth your own way

syczeć/za- hiss

sygnalizować/za- 1 (*dawać sygnały*)
signal **2** (*oznaczać; wskazywać*)
indicate

sygnał 1 (*oznaki; informacje*) signal: *~
ostrzegawczy* an alarm ◊ *~ świetlny* a
flare ◊ *dawać ~* signal **2** (*zapowiedź*)
indication **3** (*radio; TV*) signature tune
4 (*telefoniczny*) (dialling) tone, dial
tone (*Am.*)

sylaba syllable

Sylwester New Year's Eve, New Years
(*Am.*)

sylwetka 1 (*kształt*) silhouette
2 (*budowa ciała*) figure **3** (*opis osoby*)
profile

symbol symbol

symboliczny 1 (*związany z symbolem*)
symbolic **2** (*wynagrodzenie itp.*)
nominal

symbolizować symbolize

symfonia symphony

sympati|a 1 (*uczucie*) liking: *~e
i antypatie* likes and dislikes **2** (*osoba*)
sweetheart, (*chłopak*) boyfriend,
(*dziewczyna*) girlfriend: *poczuć ~ę do
kogoś* fancy sb

sympatyczny nice

syn son [IDM] **~ chrzestny** godson

synowa daughter-in-law [*lm* -ers-in-
law]

syp-ać/nąć 1 ~ *coś na coś* sprinkle sth
on(to) sth **2** (*śnieg*) snow **3** (*żartami,
komplementami itp.*) reel sth off
■ **sypać się 1** (*pojawiać się w dużej
ilości*) stream **2** (*o(d)padać*) fall (off),
(*niszczyć się*) fall apart

sypialnia bedroom

sypnąć → SYPAĆ

syrena 1 (*urządzenie*) siren **2** (*nimfa*)
mermaid

syrop syrup

system system

systematyczny 1 (*osoba*) methodical
2 (*praca, wzrost itp.*) systematic

sytuacj|a situation [IDM] **w dobrej/złej ~i
materialnej** well/badly off

sytuować/u- set

S

szachy chess [*U*]

szacować/o- estimate

szacun|ek 1 (*poszanowanie*) respect: *z ~kiem* respectfully ◊ *brak ~ku* disrespect **2** (*oszacowanie*) estimate [IDM] **z wyrazami ~ku** (*w liście*) with kind regards

szafa (*na ubrania*) wardrobe, (*wbudowana w ścianę*) (built-in) cupboard, closet (*Am.*) [IDM] **~ grająca** jukebox | **~ pancerna** safe

szafka 1 (*kuchenna itp.*) cupboard **2** (*w szatni*) locker [IDM] **~ nocna** bedside table

szajka ring

szal shawl

szaleć/o- 1 (*wariować; złościć się*) go mad **2** **~ za kimś/czymś** be crazy about sb/sth **3** (*bawić się*) have a wild/great time **4** (*walka, choroba itp.*) rage

szaleniec lunatic, (*ryzykant/ka*) daredevil

szaleństw|o 1 (*obłąkanie*) madness **2** (*szał*) frenzy [IDM] **do ~a** to distraction

szalik scarf [*lm* scarves]

szalony 1 (*osoba; uczucie, czyn itp.*) mad **2** (*niesamowity*) terrible

szał 1 (*furia*) madness: *doprowadzać kogoś do ~u* drive sb mad ◊ *wpaść w ~* go crazy **2** (*szaleństwo*) frenzy, (*mania*) craze

szamotać się struggle

szampan champagne

szampon shampoo: *myć włosy ~em* shampoo your hair

szanować 1 (*poważać*) respect **2** (*chronić*) **~ coś** take care of sth ■ **szanować się 1** (*poważać siebie samego*) have self-respect, (*poważać siebie nawzajem*) respect one another **2** (*dbać o siebie*) take care of yourself

szanowny (*w liście*) dear

szans|a chance, (*możliwość*) opportunity: *mieć ~ę* (*coś zrobić*) stand a chance (of (doing) sth)

szantażować/za- blackmail

szarp|ać/nąć 1 (*ciągnąć*) pull **2** (*rozrywać*) tear **3** (*nerwy*) rack **4** (*struny*) pluck **5** (*pojazd*) jerk ■ **szarp-ać/nąć się 1** (*walczyć*) struggle **2** (*martwić się*) fret **3** **~ się na coś** splash out on sth

szary 1 (*kolor*) grey, gray (*Am. zwykle*) **2** (*nieciekawy*) bland **3** (*dzień itp.*) gloomy [IDM] **~ człowiek** the man in the street

szatan 1 (*diabeł*) Satan **2** (*zły człowiek*) monster

szatnia 1 (*przechowalnia*) cloakroom, checkroom (*Am.*) **2** (*przebieralnia*) changing room

szatynka brunette

szczątki 1 (*ciała*) remains **2** (*resztki budynku itp.*) debris [*U*], (*statku*) wreckage [*U*]

szczebel 1 (*pozycja w hierarchii*) rank **2** (*drabiny*) rung

szczebiotać/za- chirp

szczecina 1 (*zwierząt*) bristle **2** (*zarost*) stubble

szczególnie 1 (*zwłaszcza*) particularly **2** (*dziwnie*) peculiarly

szczególny 1 (*specjalny*) special **2** (*dziwny*) peculiar

szczegół 1 detail **2** (*~y*) particulars

szczegółowy detailed

szczekać/za- bark

szczelina crack

szczelny tight

szczenię pup(py)

szczepić/za- 1 **~ kogoś** (*przeciw czemuś*) vaccinate sb (against sth) **2** (*drzewa itp.*) graft

szczepienie vaccination

szczepionka vaccine

szczerba chip

szczer|y 1 (*otwarty*) sincere: *Będę z tobą ~y.* I'll be frank with you. **2** (*prawdziwy*) genuine: *~e złoto* pure gold [IDM] **~a prawda** the plain truth

szczerze sincerely [IDM] **~ mówiąc** frankly speaking

szczęka jaw [IDM] **sztuczna ~** false teeth

szczęka|ć/za- clank [IDM] **~ zębami:** *Zaczął ~ zębami z zimna.* His teeth started chattering from the cold.

szczęście 1 (*radość*) happiness **2** (*powodzenie*) luck: *(nie) mieć ~e/a* be in/out of luck [IDM] **całe ~e, że** it's a good job that | **na ~e 1** (*szczęśliwie*) fortunately **2** (*talizman*) for good luck

szczęśliw|y 1 (*radosny*) happy **2** (*pomyślny*) lucky [IDM] **S~ego Nowego Roku!** Happy New Year!

szczodry generous

szczot(ecz)ka brush: *~ do zębów* a toothbrush ◊ *~ do włosów* a hairbrush

szczotkować/wy- brush

szczupły 1 (*smukły*) slim **2** (*niewielki*) slender

szczur rat

szczycić/po- się ~ czymś pride yourself on (doing) sth

szczypać/uszczypnąć 1 (*w rękę itp.*) pinch **2** (*ból; dym itp.*) sting: *Mróz szczypał mnie w twarz.* The frost make my face tingle.

szczypce 1 (*narzędzie: techniczne*) pliers, (*medyczne*) tongs **2** (*zool.*) pincers

szczypiorek chives

szczyt 1 (*wierzchołek*) top **2** (*góry; kariery*) peak: *~t mody* the height of fashion ◇ *u ~tu formy* on top form **3** (*stołu*) head [IDM] **godzina ~tu** rush hour ɪ **spotkanie na ~cie** summit meeting ɪ **poza godzinami ~tu** off-peak

szczytow|y peak: *~a forma* top condition ◇ *~e osiągnięcie techniczne* the state of the art in technology

szef/owa boss [IDM] **~ kuchni** chef ɪ **~ rządu** Prime Minister

szeleścić/za- rustle

szelki braces, suspenders (*Am.*)

szemrać/za- murmur

szept whisper: *~em* in a whisper ◇ *mówić ~em* whisper

szep-tać/nąć whisper

szereg 1 (*rząd*) row: *ustawiać/wieszać w ~u* line sth (up) **2** (*ciąg*) series [*lm* series] **3** (*~i*) ranks **4** (*wiele*) a number of

szermierk|a fencing: *uprawiać ~ę* fence

szerok|i wide, broad ❶ Mówiąc o odległości między jedną krawędzią a drugą częściej używa się **wide** niż **broad**: *~i stół/ulica/plaża* a wide table/street/beach. **Broad** często używa się w opisach geograficznych: *~a przestrzeń pustyni* a broad expanse of desert, w pewnych utartych wyrażeniach: *~ie ramiona/uśmiech* broad shoulders/a broad smile oraz w znaczeniu przenośnym: *~ie poglądy/zainteresowania* broad views/interests.

szerokoś|ć width: *mający X m itp. ~ci* be X m wide [IDM] **~ć geograficzna** latitude

szerzyć/roz- 1 (*propagować*) disseminate **2** (*plotki itp.*) spread **s▪ szerzyć/roz- się** spread

szesnaście sixteen → DWA

sześcienny cubic

sześć six → DWA

sześćdziesiąt sixty → DWA

szew 1 (*krawiecki*) seam **2** (*chirurgiczny*) stitch

szewc shoemaker

szkarłatny dark red

szkic 1 (*rysunek; utwór literacki*) sketch **2** (*wstępna wersja*) draft

szkicować/na- sketch

szkielet 1 (*anat.*) skeleton **2** (*konstrukcji*) frame(work)

szklanka glass

szklany (*zrobiony ze szkła*) glass, (*podobny do szkła*) glassy

szklarnia greenhouse

szklarz glazier

szklić/o- glaze

szklisty 1 (*jak szkło*) glassy **2** (*wzrok*) glazed

szkło glass(ware) [IDM] **~ kontaktowe** contact lens ɪ **~ powiększające** magnifying glass

szkod|a rz. **1** (*krzywda*) harm: *ze ~ą dla kogoś/czegoś* to the detriment of sb/sth ◇ *wyrządzać komuś ~ę* harm sb/damage sth **2** (*przykrość*) pity: *Jaka ~a, że nie mógł przyjść.* What a pity he couldn't come. ► *cz.* **1** (*żal*): *S~a mi ciebie.* I feel sorry for you. **2** (*czasu itp.*) waste: *S~a słów.* I'm/You're, etc. wasting my/your, etc. breath. ɪ **szkoda!** *wykrzyk.* too bad!

szkodliw|y harmful: *~y dla zdrowia* bad for your health ◇ *Taka polityka jest ~a dla stosunków międzynarodowych.* Such a policy damages international relations.

szkodnik pest

szkodzić/za- ~ komuś/czemuś be bad for sb/sth: *Nie zaszkodzi go spytać.* There's no harm in asking him. ◇ *Co ci szkodzi spróbować?* There's no harm in trying. ◇ *Truskawki mi szkodzą.* Strawberries disagree with me. [IDM] **(nic) nie szkodzi** it doesn't matter

szkolić (się) train

szkolny school

szko|ła school: *~ła podstawowa* a primary school ◇ *~ła średnia* a secondary school ◇ *~ła z internatem* a boarding school ◇ *~ła wieczorowa* a night school ◇ *~ła wyższa* a college of further education ◇ *w ~le* at school

szlachetny noble: *w ~m celu* for/in a good cause [IDM] **kamień/metal ~** precious stone/metal

szlachta nobility

szlafrok dressing gown, bathrobe (*Am.*)

szlag: *Telewizor ~ trafił.* The TV has had it. [IDM] **~ by to trafił** damn that!

szlak route [IDM] **przetrzeć ~i** (*w jakiejś dziedzinie*) blaze a trail

szlam slime

szlifować/o- 1 (*diament itp.*) cut, (*szkło*) grind **2** (*wykończyć, udoskonalić*) polish

szlochać/za- sob

szmaragd emerald

szmata rag

szminka lipstick

sznur 1 (*lina*) rope: *~ do wieszania bielizny* a clothes line **2** (*elektr.*) flex, cord (*Am.*) **3** (*pereł itp.*) string

sznurek string

sznurować/za- 1 (*buty*) lace 2 (*usta*) purse

sznurowadło shoelace

szok shock

szokować/za- ~ kogoś (czymś) shock sb (with sth/by doing sth)

szopa shed

szorować/wy- 1 (*szczotką itp.*) scrub 2 ~ o coś/po czymś rub against sth

szorstki 1 (*tkanina itp.*) rough, (*włosy*) coarse 2 (*osoba; zachowanie; słowa*) abrasive

szorty shorts

szosa road

szpada sword

szpara crack

szparag asparagus

szpecić/o- mar, (*napisami powierzchnię budynku*) deface

szperać/po- 1 (*w sklepach*) browse in sth, (*po Internecie*) surf the net 2 (*w kieszeni itp.*) rummage around in sth; through sth

szpetny unsightly

szpic 1 (*wierzchołek*) point 2 (*buta*) toe 3 : *bródka w* ~ a pointed beard ◇ *sweter w* ~ a V-necked jumper

szpiczasty pointed

szpieg spy

szpiegować spy

szpik (*kostny*) (bone) marrow [IDM] przenikać kogoś do ~u kości chill sb to the bone

szpilka 1 (*do spinania*) pin 2 (*but; obcas*) stiletto

szpinak spinach

szpital hospital

szpon claw [IDM] być w ~ach 1 (*kogoś*) be in sb's clutches 2 (*czegoś*) be hooked on sth

szpul(k)a reel, spool (*Am.*), (*najmniejsza w maszynie do szycia*) bobbin

szrama scar

szron frost

sztab : ~ *generalny* general headquarters

sztaba bar, (*złota/srebra*) bullion

sztafeta relay

sztalugi easel [C]

sztandar standard

sztruksowy corduroy

sztuczka 1 (*fortel*) ploy 2 (*magiczna*) trick

sztuczn|y 1 artificial, (*jedwab itp.*) synthetic: ~*a skóra* imitation leather ◇ *tworzywo* ~e plastic ◇ ~*e zęby* false teeth ◇ ~*e oddychanie* resuscitation

2 (*oso-ba; zachowanie*) affected [IDM] ~e ognie fireworks

sztućce cutlery, flatware (*Am.*) [U]

sztuka 1 (*twórczość artystyczna*) art: *kultura i* ~ the arts 2 (*umiejętność*) artistry, ~ (robienia czegoś) knack (for doing sth): ~ *aktorska* acting ◇ ~ *kulinarna* cookery 3 (*teatr*) play 4 (*kawałek*) piece

szturch-ać/nąć prod

szturm attack: *wziąć coś* ~*em* storm sth

szturmować storm

sztylet dagger

sztywnieć/ze- stiffen

sztywny 1 (*tkanina itp.; osoba; zachowanie*) stiff 2 (*przepisy, zasady itp.*) rigid

szufl|a shovel: *przerzucać coś* ~*ą* shovel sth | **szufelka** (*do szczotki*) dustpan

szuflada drawer

szukać/po- ~ kogoś/czegoś look for sb/ sth [IDM] ~ nieszczęścia be asking for trouble | ~ dziury w całym pick holes in sth

szum 1 (*wiatru, wody*) rush, (*w uszach*) buzzing 2 (~y) (*radio*) static 3 (*zamieszanie*) hype [IDM] robić ~ wokół czegoś (*narzekać*) make a noise about sth

szumieć (*wiatr, woda*) rush, (*w uszach*) buzz

szurać/za- scrape: ~ *nogami* shuffle

szwagier brother-in-law [*lm* -ers-in-law]

szwagierka sister-in-law [*lm* -ers-in-law]

szyba (window)pane: *przednia* ~ *samochodu* a windscreen ◇ ~ *kuloodporna* bulletproof glass

szybki (*ruch*) fast, (*decyzja itp.; zysk; śmierć*) quick

szybkość speed

szybować/po- glide

szybowiec glider

szycie sewing

szyć/u- sew

szydełkować crochet

szyderczy derisive

szyderstw|o sneer: *narażać się na* ~*a* leave yourself open to ridicule

szydzić ~ z kogoś/czegoś sneer at sb/ sth

szyfr code

szyj|a neck

szyjka (*butelki itp.*) neck

szyk 1 (*elegancja*) style 2 (*układ: w zdaniu*) word order, (*samolotów itp.*) formation [IDM] popsuć komuś ~i thwart sb's plans | zadać ~u dazzle

szykanować persecute
szykować prepare ∎ **szykować się ~ się
(do czegoś)** prepare (for sth): *Szykuje
się awantura.* We're heading for an
argument.
szykowny stylish
szyld sign
szyna 1 (*kolej.*) rail **2** (*med.*) splint
szynka ham
szyszka cone: ~ *jodły* a fir cone

....

Śś

....

ściana wall
ściąć (się) → ŚCINAĆ (SIĘ)
ściąg-ać/nąć 1 (*zsunąć, opuścić*) pull
sth down **2** (*zdjąć*) pull/take sth off
3 (*sprowadzić*) take **4** (*ukraść*) pinch
5 (*odpisywać*) copy **6** (*komput.*)
download [IDM] **ściągnąć brwi** knit your
brows
ścieg stitch
ściek 1 sewer **2** (*~i*) sewage
ściemni(a)ć (się) darken: *ściemnić
światło* dim a light
ścierać/zetrzeć 1 (*z powierzchni*) **~
coś (z czegoś)** wipe sth (off/away from
sth), (*kurze*) dust **2** (*gumką*) rub sth
out **3** (*na tarce: jabłko itp.*) grate
4 (*kolano itp.*) graze ∎ **ścierać/zetrzeć
się 1** (*zniszczyć się: podeszwy*) wear
out, (*materiał*) get worn, (*napis*) fade
2 (*walczyć; poróżnić się; poglądy*) clash
ścierka cloth: ~ *do kuru* a duster ◇ ~
do wycierania naczyń a tea towel ◇ ~ *do
zmywania* a dishcloth
ściernisko stubble
ścierpieć stand
ścierpnąć → CIERPNĄĆ
ścieżka path [IDM] ~ **dźwiękowa**
soundtrack
ścigać 1 (*gonić*) chase **2** (*podążać za
kimś*) pursue sb **3** (*zwierzę, przestępcę
itp.*) hunt sth; (*for*) sb **4** (*sądownie*)
prosecute ∎ **ścigać się** race
ś-cinać/ciąć 1 (*drzewo*) cut sth down,
(*trawę itp.*) mow **2** (*włosy*) cut **3** : ~
czyjąś głowę decapitate sb **4** (*piłkę*)
smash **5** (*skrzepnąć*), (*krew*) congeal,
clot [IDM] ~ **kogoś z nóg** knock sb
sideways ǀ ~ **zakręt** cut a corner
∎ **ś-cinać /ciąć się 1** (*twardnieć*) set
2 (*krew*) clot
ścisk crush

ścis-kać/nąć 1 (*długo i mocno
trzymać; tłoczyć*) squeeze, (*imadłem*)
grip **2** (*przytulać*) hug **3** (**Ściskam**)
(*pożegnanie w liście*) love **4** (*rękę na
powitanie/pożegnanie*) shake **5** (*zęby,
pięści*) clench [IDM] **ściska mnie z głodu**
I'm starving ∎ **ścis-kać/nąć się
1** (*tłoczyć się*) squeeze **2** (*tulić się*) hug
ścisł|y 1 (*dokładny*) exact **2** (*związek*)
close **3** (*zasady, dieta*) strict **4** (*przepis
itp.*) stringent **5** : *nauki ~e* science/the
exact sciences
ściśle 1 (*dokładnie*) exactly **2** (*opinać*)
tight(ly) **3** (*blisko*): ~ *związany z czymś*
closely related to sth [IDM] ~ **mówiąc**
strictly speaking ǀ ~ **tajny** top secret
ślad 1 (*trop*) track, (*stopy*) footprint: *iść
czyimś ~em* follow sb ◇ *tracić kogoś/
czegoś* ~ lose track of sb/sth **2** (*zwykle
~y*) (*pozostałości; mała ilość*) traces
3 (*doświadczenia*) imprint: *odcisnąć ~
w czyimś życiu* leave an imprint on sb's
life [IDM] **przepaść bez ~u** disappear
without trace ǀ *iść ~em kogoś/czegoś*
follow sb/sth ǀ *iść w czyjeś ~y*
(*wzorować się na kimś*) follow in sb's
footsteps
śledzić 1 (*szpiegować*) follow,
(*obsesyjnie: zwł. kobietę*) stalk **2** (*czyjeś
losy itp.*) keep track of sb/sth
śledztwo 1 (*policyjne*) investigation:
prowadzić ~ investigate sth
2 (*poselskie itp.*) enquiry
śledź 1 (*ryba*) herring **2** (*do namiotu*)
peg
ślepo blindly [IDM] **na ~** at random
ślep|y (*niewidomy; przen.*) **~y (na coś)**
blind (to sth): *~y traf* blind chance
2 (*nabój*) blank [IDM] **~a kiszka**
appendix [*lm* -dixes] ǀ *~a uli-ca/czka*
1 cul-de-sac **2** (*przen.*) blind alley ǀ *~y
zaułek* dead end
ślęczeć (*nad książką itp.*) pore over sth
śliczny lovely
ślimak (*ze skorupą*) snail, (*bez skorupy*)
slug
ślina (*zwł. w ustach*) saliva, (*zwł.
wypluta*) spit
ślinić się 1 (*dziecko*) dribble **2** (*z
łakomstwa/podniecenia; zwierzę*) drool
śliski slippery
śliwka (*świeży owoc; w czekoladzie*)
plum: ~ *suszona* a prune
ślizgać się 1 (*na łyżwach*) skate,
(*na butach*) slide **2** (*tracić równowagę*)
skid
ślub wedding: ~ *kościelny* a church
wedding ◇ ~ *cywilny* a civil marriage
ceremony ◇ *brać z kimś* ~ marry sb
◇ *udzielać komuś ~u* marry sb

ślubny 1 (*ceremonia; obrączka itp.*) wedding, (*suknia, apartament*) bridal **2** (*żona/mąż*) lawful **3** (*dziecko*) legitimate

ślubować pledge

śmiać się ~ (z kogoś/czegoś) laugh (at sb/sth)

śmiałoś|ć 1 (*odwaga*) courage: *nabrać ~ci (żeby coś zrobić)* pluck up the courage (to do sth) **2** (*pewność siebie*) boldness **3** (*czelność*) cheek: *mieć ~ć coś zrobić* have the cheek to do sth

śmiały 1 (*ryzykowny*) daring **2** (*odważny; pewny siebie*) bold

śmiech laughter, (*zduszony*) chuckle: *wybuchnąć ~em* burst out laughing ◇ *pękać ze ~u* laugh your head off ◇ *~u wart* ludicrous ◇ *dla ~u* for a laugh

śmieciarz dustman, garbage man (*Am.*) [*lm* -men]

śmiecić/za- litter

śmieć cz. dare: *Jak śmiesz?* How dare you? | **śmie|ć** rz. (*często ~ci*) (*odpadki; rzecz bezwartościowa*) rubbish, garbage (*Am.*), (*papier*) waste paper: *wyrzucić ~ci* take the rubbish out

śmier|ć death [IDM] **na ~ć zapomnieć (o czymś)** clean forget (about sth) | **zanudzić kogoś na ~ć** bore sb to death

śmierdzieć stink

śmiertelny 1 (*osoba; wróg*) mortal **2** (*choroba*) terminal, (*wypadek, rana*) fatal **3** (*trucizna; nuda*) deadly, (*dawka*) lethal **4** (*cisza*) deathly

śmieszny 1 (*zabawny*) funny **2** (*żałosny*) ridiculous: *Nie bądź ~!* Don't be absurd.

śmietan(k)a cream

śmietnik 1 (*miejsce na śmiecie*) dustbin, garbage / trash can (*Am.*) **2** (*bałagan*) mess

śmig-ać/nąć whiz: *Kula śmignęła koło mojej głowy.* A bullet whizzed past my head.

śmigło propeller

śniadanie breakfast: *jeść ~* have breakfast ◇ *drugie ~* a morning coffee break

śnić 1 (*we śnie; marzyć*) ~ **(o kimś/czymś)** dream (of/about sb/sth) **2** (*na jawie*) daydream ■ **śnić się** dream: *Śniłaś mi się.* I dreamt about you.

śnieg snow

śnieżyca snowfall

śpiący 1 (*senny*) sleepy **2** (*pogrążony we śnie*) asleep

śpiączka coma

śpieszyć/po- hurry [IDM] **~ komuś z pomocą** rush to the aid of sb

■ **śpieszyć/po- się 1** hurry: *Strasznie*

się śpieszę. I'm in a terrible rush. **2** (*zegar*) be fast

śpiew 1 (*lekcja itp.*) singing **2** (*ptaków*) song

śpiewać sing

śpiewa-k/czka singer

śpiwór sleeping bag

średni 1 (*przeciętny*) average **2** (*rozmiar*) medium: *~ego wzrostu* of medium/average height ◇ *(radio) fale ~e* medium wave [IDM] **w ~m wieku** middle-aged

średnik semicolon

średniowieczny medieval

środa Wednesday → PONIEDZIAŁEK

środ|ek 1 (*punkt centralny*) middle, centre, -ter (*Am.*) ❶ **Centre** i **middle** często mają bardzo podobne znaczenie, ale **centre** używa się w celu określenia dokładnego środka czegoś: *the centre of a circle.* Mówiąc o odcinku czasu, należy stosować **middle**: *in the middle of the night* ◇ *the middle of July.* **2** (*sposób (działania)*) measure: *~ek zaradczy* a remedy ◇ *~ek do osiągnięcia celu* a means to an end ◇ *~ek ostrożności* a precautionary measure ◇ *~ki bezpieczeństwa* security ◇ *~ek płatniczy* a method of payment **3** (*~ki*) (*fundusze*) resources **4** (*komunikacji*) medium [*lm* media/mediums] **5** (*~ki*) (*transportu*) means **6** (*lek*) medication: *~ek pobudzający* a stimulant ◇ *~ek znieczulający* an anaesthetic ◇ *~ek uspokajający* a sedative ◇ *~ek przeciwbólowy* a painkiller ◇ *~ek antykoncepcyjny* a contraceptive **7** (*chemiczny*) agent: *~ek czyszczący* (a) detergent ◇ *~ek dezynfekujący* (a) disinfectant ◇ *~ek odstraszający owady* (a) repellent ◇ *~ek owadobójczy* (an) insecticide ◇ *~ek konserwujący* (a) preservative [IDM] **~ki (masowego) przekazu** (mass) media | **w ~ku** (*wewnątrz*) inside, inside of (*zwł. Am.*)

środkow|y 1 central: *Europa S~a* Central Europe ◇ *S~y Wschód* the Middle East **2** (*sport*) centre, -ter (*Am.*)

środowisk|o 1 (*naturalne*) environment: *ochrona ~a* environmental protection ◇ *przyjazny dla ~a* environmentally friendly **2** (*otoczenie*) surroundings **3** (*grupa zawodowa*) profession

śruba screw

śrubokręt screwdriver

świadczenie 1 (*fin.; socjalne*) benefit **2** (*usług*) service(s)

świadczyć 1 (*usługi*) provide **2** (*pokazywać*) show **3** (*/za-*) (*zeznawać*) testify **4** (*/wy-*): ~ *komuś*

Ś

przysługę do sb a favour [IDM] **dobrze o kimś/czymś** ~ reflect well on sb/sth
świadectwo 1 (*dokument*) certificate: ~ *urodzenia* a birth certificate **2** (*dowód*) evidence
świad|ek 1 (*obserwator; w sądzie*) witness: *być ~kiem czegoś* witness sth ◊ *~ek naoczny* an eye witness ◊ *~ek obrony/oskarżenia* a witness for the defence/prosecution **2** (*panny młodej*) bridesmaid, (*pana młodego*) best man
świadomy (*ogólnie*) conscious, (*zdający sobie sprawę*) aware
świat world: *na całym świecie* worldwide [IDM] *~a poza kimś nie widzieć* think the world of sb | *za nic w świecie* not for anything
światło (*jasność; źródło oświetlenia*) light: ~ *dzienne/słoneczne/księżyca/ świec* daylight/sunlight / moonlight / candlelight ◊ ~ *sygnalizacyjne* a (traffic) light ◊ ~ *przednie ~ (w samochodzie)* a headlamp ◊ ~ *reflektorów* a floodlight [IDM] *rzucać ~ na coś* shed light on sth | *w dobrym/ złym świetle* in a good/bad light | *wychodzić/wyciągać coś na ~ dzienne* come/bring sth to light
światow|y 1 (*wydarzenie*) world, (*trend itp.*) worldwide: *~ej sławy* world-famous **2** (*osoba: obyty*) worldly
świąteczny festive: *dzień ~* a holiday
świątynia temple
świeca 1 (*woskowa*) candle **2** (*aut.; zapłonowa*) spark plug
świecić (się) 1 (*słońce*) shine, (*światło*) be on **2** (*błyszczeć się: złoto*) glitter, (*cera*) be shiny **3** (*lśnić czystością*) gleam
świecki 1 (*instytucja*) secular **2** (*osoba*) lay
świecznik candlestick
świergotać/za- twitter
świetlica common room
świetny 1 (*rewelacyjny*) splendid **2** (*pomysł; pisarz itp.*) excellent
świeży 1 (*jedzenie; kwiaty; powietrze*) fresh: *na ~m powietrzu* in the open air **2** (*niedawny*) recent
święt|o 1 (*obchody*) festival: *Ś~a Bożego Narodzenia* Christmas ◊ *Ś~a Wielkanocne* Easter **2** (*dzień wolny od pracy*) holiday, vacation (*Am.*) [IDM] *od ~a* once in a blue moon
świętować celebrate
święt|y 1 holy: *~y obowiązek* a sacred duty ◊ *Życie ludzkie jest ~e.* Human life is sacred. **2** (*przed imieniem*) saint: *Ś~y Mikołaj* Father Christmas [IDM] *daj mi ~y spokój* leave me alone | *~ej pamięci*

late | *~a prawda* gospel (truth): *Ś~a prawda!* You're dead right!
świnia (*zwierzę; osoba*) pig
świnka 1 (*zool.*): ~ *morska* a guinea pig **2** (*med.*) mumps
świt dawn
świtać/za- dawn

Tt

ta → TEN
tabela table
tabletka tablet: ~ *nasenna* a sleeping pill ◊ ~ *antykoncepcyjna* a contraceptive pill ◊ ~ *przeciwbólowa* a painkiller
tablica board: ~ *szkolna* a blackboard ◊ ~ *ogłoszeń* a noticeboard ◊ ~ *przyjazdów* an arrivals board ◊ ~ *wyników* a scoreboard ◊ ~ *rejestracyjna* a number plate ◊ ~ *rozdzielcza (w samochodzie)* a dashboard
tabliczka 1 (*czekolady*) bar **2** (*z nazwiskiem*) nameplate **3** : ~ *mnożenia* a multiplication table
taboret stool
taca 1 (*do noszenia jedzenia*) tray **2** (*w kościele*) collection (plate)
taić/za- conceal
tajać thaw
tajemnic|a secret: *w ~y* in secret
tajemniczy mysterious
tajemn|y 1 (*tajny*) secret: *motyw ~y* an ulterior motive **2** (*magiczny*): *wiedza ~a* the occult
tajn|y 1 (*policjant itp.*) secret, (*agent*) undercover: *~e służby* the secret service ◊ *~e gło-sowanie* a secret ballot **2** (*dokument*) classified: *ściśle ~y* top secret
tak *wykrzyk.*, *rz.* yes, (*pot.*) yeah ▶ *przysł.* **1** (*w taki sposób*) like this/that: *Jeśli dalej będzie ~ padać...* If it keeps raining like this... ◊ *Zrób ~, jak Ania zrobiła.* Do it the same way Ania did it. ◊ *~, żeby coś zrobić* so as to do sth ◊ *~ samo* the same (way) **2** (*bardzo*) so: *~ gorąco* so hot [IDM] *czuć się ~ sobie* feel/ be so-so
taki 1 (*rodzaj*) such: ~ *jak* such as ◊ *~ sam* the same ◊ *~ sobie* so-so **2** (*wzmocnienie*) so, such: *Dzień jest ~ ładny.* It's such a nice day.
taksówka taxi

takt 1 (*zachowanie się*) tact **2** (*muz.*) bar, measure (*Am.*)

taktowny tactful

także 1 (*w zdaniach twierdzących*) also → TEŻ **2** (*w przeczeniach*) either

talent talent: *mieć ~ do języków* have a gift for languages

talerz plate: *płaski ~* a dinner plate ◊ *głęboki ~* a soup bowl |IDM| **~ latający** flying saucer I **~e perkusyjne** cymbals I **~ satelitarny** satellite dish

talia 1 (*anat.*) waist **2** (*kart*) pack, deck (*Am.*)

tam there: *~ i z powrotem (kilka razy)* to and fro/ (*raz*) there and back

tama dam

tamować/za- 1 (*rzekę*) dam **2** (*krwotok*) stem

tamten that [*lm* those]

tance-rz/rka dancer

tandetny (*towar*) shoddy, (*film itp.*) trashy

tani cheap |IDM| **~ jak barszcz** dirt cheap

ta|niec 1 (*utwór*) dance **2** (*czynność*) dancing: *tradycyjny ~niec towarzyski* ballroom dancing ◊ *iść na ~ńce* go dancing

tańczyć dance

tapczan divan

tapeta wallpaper

tapetować/wy- wallpaper

tapicerka upholstery

tarapat|y trouble [*U*], troubles [*lm*]: *być w ~ach* be in trouble ◊ *wpaść w ~y* get into trouble

taras terrace

tarasować/za- obstruct

tarcz|a 1 (*żołnierza; herbowa*) shield **2** (*zegara itp.*) dial **3** (*strzelnicza*) target

targ 1 market **2** (*~i*) (trade) fair |IDM| **dobijać ~u (z kimś)** strike a bargain (with sb)

targować się ~ (z kimś) (o coś) bargain (with sb) (over sth)

tarka grater

tasiemka tape, (*lamówka*) ribbon

tasować/po- shuffle

taśma 1 (*z tkaniny itp.; magnetofonowa itp.*) tape: *przezroczysta ~ klejąca* Sellotape™: *~ wideo* (a) videotape **2** : *~ montażowa* an assembly line

tatuaż tattoo

tatuować/wy- tattoo

tatuś daddy

tchórz coward

tchórzliwy cowardly

tchórzyć/s- ~ (przed czymś) chicken out (of sth)

teatr theatre, -ter (*Am.*)

teatralny 1 (*dot. teatru*) theatre, -ter (*Am.*) **2** (*dramatyczny; mina*) theatrical

techniczny technical, (*postęp*) technological |IDM| **szczegół ~** technicality

technik technician

technika 1 (*metoda; umiejętności techniczne*) technique **2** (*wiedza*) technology: *~ komputerowa* computer technology

technologia technology

technologiczny technological

teczka 1 (*z papieru*) folder **2** (*aktówka*) briefcase **3** (*szkolna*) satchel

tekst text, (*piosenki*) lyrics

tekstylny textile

tektura cardboard

telefon 1 (*narzędzie*) (tele)phone: *~ komórkowy* a mobile (phone) ◊ *~ komórkowy w samochodzie* a car phone ◊ *~ wewnętrzny* an intercom **2** (*rozmowa*) ((tele)phone) call

telefonist-a/ka operator

telefonować/za- ~ do kogoś (tele) phone sb

teleturniej game show

telewizj|a television, (*nieform.*) TV: *~a kablowa/satelitarna* cable/satellite television ◊ *~a przemysłowa* closed-circuit television ◊ *w ~i* on television ◊ *nadawać coś w ~i* televise sth

telewizor television (set), (*nieform.*) TV

temat 1 (*główna myśl*) subject: *zmieniać ~* change the subject ◊ *odchodzić od ~u* digress ◊ *na ~ kogoś/czegoś* about sb/sth ◊ *nie na ~* beside the point ◊ *oderwany od ~u* irrelevant **2** (*muz.; liter. itp.*) theme **3** (*wyrazu*) stem

temblak sling: *na ~u* in a sling

temperatur|a 1 temperature: *~a topnienia / wrzenia / krzepnięcia* melting/boiling/freezing point ◊ *mierzyć komuś ~ę* take sb's temperature **2** (*gorączka*): *wysoka ~a* a fever

temperówka (pencil) sharpener

temp|o pace, (*zwł. muz.*) tempo: *zwolnione ~o (w filmie itp.)* slow motion ◊ *nadać ~o* set the pace |IDM| **łapać ~o** (*pracy itp.*) get into your stride I **nabierać ~a** hot/(*Am.*) heat up

temu (*czas*) ago

ten (*blisko mówcy*) this [*lm* these], (*daleko od mówcy*) that [*lm* those]

tendencj|a tendency: *mieć ~ę do czegoś* have a tendency to do sth ◊ *ostatnie ~e*

t

w muzyce pop recent trends in pop music

tenis tennis: ~ *stołowy* table tennis

tenisówka tennis shoe

tenor tenor

teologia theology

teoretyczny theoretical

teoria theory

terapeut-a/ka therapist

terapeutyczny therapeutic

terapia therapy

teraz now, (*w obecnych czasach*) today: ~, *gdy* now (that)

teraźniejszość present

teraźniejszy present

teren 1 (*obszar ziemi i jej cechy*) terrain **2** (*przeznaczony do pewnych celów*) land: ~ *budowy* a building site **3** (*około budynku*) grounds [*lm*]: ~ *szkolny* the school grounds ◇ ~ *uniwersytetu* a (university) campus

termiczny thermal

termin 1 (*czas*) term: ~ *półroczny* a six-month period ◇ *w ~ie dwóch dni* (with)in two days ◇ *zrobiony w ~ie* done on time ◇ *ostateczny* ~ a deadline **2** (*data*) date [IDM] **w krótkim ~ie** at short notice

terminarz 1 (*rozkład*) schedule **2** (*kalendarz*) diary, datebook (*Am.*)

termometr thermometer

termos Thermos™

terroryst-a/ka terrorist

terrorystyczny terrorist

terroryzować/s- terrorize

terytorialny territorial

testament 1 (*akt*) will **2** (*Stary/Nowy*) Testament

testować/prze- test

teściowa mother-in-law [*lm* -ers- in-law]

teściowie in-laws

teść father-in-law [*lm* -ers- in-law]

też also, (*w zdaniach przecz.*) either: *ja* ~ me too ◇ *ja* ~ *nie* me neither ❶ **Too** i **as well** są mniej formalne niż **also** i bardzo często stosowane w mówionej angielszczyźnie. **Also** zwykle występuje przed głównym cz. lub po **is, are, were** itp. **Too** i **as well** zwykle stawia się na końcu zwrotu/zdania: *He also enjoys reading.* ◇ *He enjoys reading too.* ◇ *He is also rich.* ◇ *He's rich too.*

tęcza rainbow

tęgi 1 (*osoba*) stout **2** (*duży*) big: ~*i mróz* a severe frost [IDM] **~a głowa** brain

tępić 1 (*lwy-*) (*gryzonie*) exterminate **2** (*lwy-*) (*praktykę itp.*) eradicate **3** (*ls-*) (*nóż itp.*) blunt

tępy 1 (*nóż itp.*) blunt **2** (*osoba*) dim (-witted)

tęsknić/za- ~ ~ za kimś/czymś long for sb/sth

tęsknota ~ za kimś/czymś longing for sb/sth: ~ *za domem/ojczyzną* homesickness

tętnica artery

tętnić 1 (*ziemia*) shake **2** (*krew; gwarem itp.*) throb: *Miasto tętni życiem podczas festiwalu.* The town buzzes with life during the festival.

tężec tetanus

tężeć/s- (*galaretka itp.*) set

tkać/u- weave

tkanina fabric

tkanka tissue

tkwić/u- 1 ~ w czymś be sitting somewhere: *W mojej nodze tkwi kawałek metalu.* There's a piece of metal stuck in my leg. **2** (*osoba: w jakiejś sytuacji*) hang around/about **3** (*w jakimś stanie*): ~ *w długach* be deeply in debt ◇ ~ *w nędzy* be desperately poor **4** (*problem*) ~ **w czymś** lie in sth **5** (*cecha*) ~ **w kimś/ czymś** be found in sb/sth

tlen oxygen

tlić się smoulder, smol- (*Am.*)

tło background

tłoczyć 1 (*gaz, płyn*) force **2** (*wyciskać*) press **3** (*za pomocą prasy*) print, (*płytę kompaktową*) burn ■ **tłoczyć się ~ się wokół kogoś/czegoś** crowd around sb/sth

tłok 1 crowd: *W pociągu jest* ~. The train is packed. **2** (*techn.*) piston

tłuc/po- 1 (*rozbijać*) break **2 ~ kogoś** clobber sb **3** (*łomotać*) **~ coś** bang (on/ against) sth ■ **tłuc/po- się** break

tłum crowd

tłumacz/ka translator, (*ustny*) interpreter

tłumaczyć 1 (*z jednego języka na drugi*) translate from sth to sth, (*ustnie*) interpret **2** (*wyjaśniać*) explain ■ **tłumaczyć/wy- się** explain yourself

tłumić/s- 1 (*dźwięk*) muffle **2** (*organizację; działalność; ziewnięcie itp.*) suppress, (*protest*) put sth down **3** (*uczucie*) repress: ~ *coś w sobie* bottle sth up **4** (*płomień*) smother

tłusty 1 (*jedzenie*) fatty **2** (*garnek itp.; włosy*) greasy **3** (*osoba*) fat

tłuszcz fat

to → TEN

toaleta toilet ❶ W Br. ang. zwykle mówi się **toilet** o ubikacji w domu. Czasem używa się słowa **lavatory** lub (nieformalnie) **loo**. Toalety w miejscach publicznych są zwykle oznaczone tabliczkami **Toilets, Gents** (toaleta męska) lub **Ladies** (toaleta damska). Czasem spotyka się też oznaczenia **WC** lub **Public conveniences**. W Am. ang., mówiąc o ubikacji w domu, używa się słowa **bathroom**, natomiast o toaletach w miejscach publicznych mówi się **restroom** lub **ladies'/men's room**.

toaletka dressing table

toast toast: *wznosić ~ za kogoś/coś* toast sb/sth

tobół bundle

toczyć 1 (*/po-*) (*beczkę itp.*) roll **2** (*/s-*) (*wojnę*) wage, (*spór, dyskusję*) carry sth on ■ **toczyć się 1** (*beczka itp.*) roll **2** (*sprawy, życie*) carry on

tok process: *w ~u* in progress

tolerancyjny tolerant

tolerować tolerate

tom volume

ton 1 tone **2** (*nuta*) note [IDM] **nadawać czemuś ~** set a trend in sth **I w dobrym/ złym ~ie** in good/poor taste

tona (*metryczna*) tonne, (= *2200 funtów ang.*) ton

tonąć 1 (*/za-*) (*statek itp.*) sink **2** (*/u-*) (*osoba*) drown

tonik 1 (*napój*) tonic (water) **2** (*kosmetyk*) (skin/hair) tonic

topić (się) 1 (*/u-*) (*osoba*) drown **2** (*/s-*) (*śnieg itp.*) melt **3** (*/za-*) (*statek*) sink

topnieć/s- 1 (*lód itp.*) melt, (*lód, śnieg: zwł. wiosną*) thaw **2** (*zapasy*) dwindle

tor path, (*kolej.*) track, (*na bieżni*) lane: *~ wyścigowy* a racecourse

torba 1 bag: *~ -reklamówka* a carrier bag **2** (*kangura itp.*) pouch

torebka bag: *~ damska* a handbag ◊ *~ na ramię* a shoulder bag ◊ *~ herbaty* a tea bag

torf peat

tornister satchel

tors torso

tort gateau

tortur|a (*~a/y*) torture

torturować torture

totalny total

towar commodity: *~y goods* ◊ *~y żelazne* hardware ◊ *spis ~ów* an inventory

towarzyski sociable: *mecz ~ a friendly match*

towarzystw|o 1 (*ludzi*) company: *bez ~a unaccompanied* ◊ *dotrzymać komuś ~a keep sb company* **2** (*naukowe itp.*) society

towarzysz/ka 1 companion **2** (*w partii komunistycznej*) comrade

towarzyszyć ~ komuś/czemuś accompany sb/sth

tożsamość identity

tracić/s- 1 (*już dłużej nie mieć*) lose: *~ równowagę* lose your balance ◊ *~ życie* lose your life ◊ *~ na wadze* lose weight ◊ *~ na wartości* depreciate ◊ *~ wzrok* go blind ◊ *~ ważność* expire **2** (*czas, pieniądze*) waste **3** (*okazję*) miss, **~ (na czymś)** miss out (on sth) **4** (*stracić*) (*dokonać egzekucji*) **~ kogoś** execute sb

tradycja tradition

tradycyjny traditional

traf chance: *szczęśliwym ~em* by a stroke of luck

trafi(a)ć 1 (*w cel*) hit: *nie ~* miss **2** (*na jakieś wydarzenie*) make it (to sth) **3** (*na jakąś okazję*) find sth **4** **~ gdzieś** land up (in...) [IDM] **~ w sedno** hit the nail on the head ■ **trafić się** (*mieć niespodziewane szczęście*): *Trafił mi się wyjazd do Meksyku.* I got a trip to Mexico.

trafny 1 (*rzut, uderzenie itp.*) accurate **2** (*uwaga*) apt **3** (*argument*) valid **4** (*rozwią- zanie*) neat

tragarz porter

tragiczny tragic

trak|t *być w ~cie (robienia) czegoś* be in the middle of (doing) sth

traktor tractor

traktować/po- treat: *~ kogoś/coś poważnie* take sb/sth seriously

tramwaj tram

transakcja transaction

transferować transfer

transfuzja (*krwi*) (blood) transfusion

transmitować (*program*) broadcast

transparent banner

transport transport, transportation (*Am.*): *~ wodny* shipping

transportować/prze- transport

tranzyt transit: *jechać ~em przez Niemcy* go via Germany

tras|a (*połączenie komunikacyjne*) route: *kursować na ~ie Londyn-Toronto* fly from London to Toronto **2** (*wyścigu*) course, (*wycieczki*) itinerary: *~a koncertowa* a concert circuit

tratwa raft: *~ ratunkowa* a life raft

trawa grass

trawiasty grassy

trawić/s- 1 (*pokarm*) digest **2** (*ogień*) consume **3** (*znosić*) **~ kogoś** put up with sb **4** (*zmartwienie*) prey on sb's mind

trawienny digestive

trawnik lawn

trąba 1 (*muz.*) horn **2** (*słonia*) trunk [IDM] ~ **powietrzna** whirlwind

trąbić 1 (*/za-*): ~ **klaksonem** toot your horn **2** (*głośno mówić*) bellow

trąbka trumpet

trą-cać/cić jog: ~ **łokciem** nudge ◊ (*zwł. o zwierzęciu*) ~ **nosem** nuzzle ◊ ~ **łapą** paw

trefl club

trema nervousness, (*przed wyjściem na scenę*) stage fright

trener/ka trainer

trening (*sport*) training, (*ćwiczenie*) practice, -tise (*Am.*)

trenować 1 (*ćwiczyć*) train, (*boks itp.*) practise, -tice (*Am.*) **2** (*osobę, ekipę*) coach

tresować/wy- train

treść 1 (*książki itp.*) content **2** (*znaczenie*) meaning

triumfalny triumphant

triumfować ~ **nad kimś** triumph over sb

troch|ę ~ę (*czegoś*) a little (sth), a bit (of sth): ~ę **sera** a little (bit of) cheese ◊ ~ę **spóźniony** a little late ◊ ~ę **rozumieć po francusku** understand a little French ◊ ~ę **pomóc** help a little ◊ **Ani** ~ę **nie pomogło.** It didn't help at all. ◊ **Weźcie sobie po** ~**u wszystkiego.** Take a little of everything.

trociny sawdust [*U*]

trojaczki triplets

trolejbus trolley bus

tron throne

trop (*odcisk łap itp.*) tracks [*lm*]: **być na** ~**ie kogoś/czegoś** be on sb's/sth's trail [IDM] **na dobrym/złym** ~**ie** on the right/wrong track | **zbić kogoś z** ~**u** throw sb off the track

tropić track: *Policja tropi mordercę już od kilku lat.* The police have been trying to track down the killer for several years now.

troska 1 (*niepokój*) worry **2** (*dbałość*) ~ **o kogoś/coś** care for sb/sth

troskliwy caring

troszczyć się ~ **o kogoś/coś 1** (*dbać*) take care of sb/sth **2** (*niepokoić*) be concerned about sb/sth

trójkąt triangle

trójkątny triangular

trójnóg tripod

trójwymiarowy three-dimensional

trucizna poison

truć/o- poison

trud 1 (*wysiłek*) effort: *zadać sobie* ~, *żeby* take the trouble to do sth **2** (~**y**) (*niewygoda*) hardship(s) **3** (*trudność*) difficulty: *z* ~*em* with difficulty

trudno with difficulty, (*np. spodziewać się, uwierzyć, zrobić*) hardly: *T*~ *powiedzieć.* It's hard to tell. ◊ *T*~, *żeby dziecko to pojęło.* It would be hard for a child to understand that.

trudność difficulty

trudny difficult: ~ *do zrozumienia* hard to understand

trumna coffin, casket (*Am.*)

trup corpse [IDM] **iść po ~ach (do celu)** be ruthless | **kłaść kogoś ~em** kill sb

truskawka strawberry

trwać 1 ((*przez*) *jakiś czas*) last: ~ *rok* last (for) a year ◊ *Rozmowa jeszcze trwa.* The conversation hasn't ended yet. **2** (*nie zostawiać*) ~ **przy kimś** stay with sb **3** (*nie zmieniać*): ~ *przy swoim zdaniu* stick to your opinion

trwał|y 1 (*długo trwający; niezmienny*) lasting **2** (*odporny*) heavy-duty **3** (*kolor*) fast [IDM] ~**a ondulacja** perm

trwonić/roz- (*czas, talent itp.*) waste: *trwonić zdrowie* ruin your health

tryb 1 (*pracy itp.*) mode: ~ *życia* a life(style) **2** (*gram.*) mood: ~ *przypuszczający* the conditional ◊ ~ *rozkazujący* the imperative

trybuna 1 (*mównica*) rostrum **2** (*na stadionie; na paradzie itp.*) stand

tryskać 1 (*woda itp.*) gush **2** : ~ **energią** be bursting with energy ◊ ~ **radością** be brimming over with happiness

tryumfalny → TRIUMFALNY

tryumfować → TRIUMFOWAĆ

trzas-kać/nąć 1 (*uderzać: ręką*) hit, (*pięścią*) bang, (*drzwiami*) slam **2** (*trzeszczeć; piorun*) crack

trząść (się) shake

trzcina reed [IDM] ~ **cukrowa** sugar cane

trzeba read this./This should be read. ◊ *jeśli* ~ if necessary

trzeci third → DRUGI

trzeć 1 (*pocierać*) rub **2** (*/ze-*) grate

trzepotać (*skrzydłami*) flutter

trzeszczeć crackle

trzeźwieć/wy- sober up

trzeźwy (*i przen.*) sober

trzęsienie : ~ *ziemi* an earthquake

trzoda herd

trzy three → DWA

trzydzieści thirty → DWA

trzymać 1 (*w rękach itp.*) hold: *mocno* ~ grasp ◊ ~ *w niewoli* hold sb captive ◊ ~ *kogoś z dala* keep sb at bay

2 (*przechować, nie wyrzucać*) keep: ~ *coś pod kluczem* lock sth away [IDM] ~ **kogoś za słowo** keep sb to their word | ~ **kciuki** keep your fingers crossed

■ **trzymać się ~ się kogoś/czegoś 1** (*rękami itp.*) hold on to sb/sth: ~ *się razem* stick together ◇ ~ *się za ręce* hold hands (with sb) **2** (*przepisu itp.*) keep to sth: ~ *się lewej strony jezdni* keep to the left **3** (*nie poddawać się*) keep **4** (*być zamocowanym*) be held (together), (*być całością*) hold together [IDM] ~ **się z daleka** keep your distance | **trzymaj się!** take care!

trzynaście thirteen → DWA

tu here

tubylec native

tuczyć/u- fatten

tulić hug ■ **tulić się ~ się do kogoś/ czegoś** snuggle up to sb/sth: ~ *się do siebie* cuddle

tulipan tulip

tułać się wander

tułów torso

tunel tunnel: *drążyć* ~ build a tunnel

tuńczyk tuna [*lm* tuna]

tupać (*nogami*) stamp your feet

tupet 1 (*odwaga*) nerve **2** (*zuchwałość*) impudence

tupot patter

tureck|i Turkish [IDM] **siedzieć po ~u** sit cross-legged

turkotać rattle

turkusowy turquoise

turniej tournament, (*wiedzy*) quiz

turyst-a/ka tourist, (*piesz-y/a*) hiker

turystyczny tourist

turystyka tourism: ~ *ekstremalna* extreme sports ◇ ~ *górska* climbing ◇ ~ *narciarska* skiing ◇ ~ *piesza* hiking ◇ ~ *rowerowa* cycling

tusz (*atrament*) ink [IDM] ~ **do rzęs** mascara

tuszować/za- (*ukryć*) hush sth up, (*ukryć wady*) gloss over sth

tutaj here

tuzin dozen

tuż: ~ *przed drugą* just before two (o'clock) ◇ ~ *po lunchu* straight after lunch ◇ ~ *przed zakrętem* just round the corner ◇ ~ *obok mnie* right beside me

twardnieć/s- harden

tward|y 1 hard, (*mięso*) tough **2** (*osoba; zachowanie*) hard-headed: ~*e stanowisko* a hard line **3** (*reguła itp.*) rigid **4** (*jajko*): *ugotowane na* ~*o* hard-boiled [IDM] **mieć ~ą skórę** have a thick skin | ~**y dysk** hard disk | ~**a ręka** firm

hand | ~**y sen** sound sleep | ~**a waluta** hard currency

twaróg cottage/curd cheese

twarz face [IDM] **komuś jest do ~y w/z czymś** somebody looks good in sth | **tracić** ~ lose face | ~**ą w** ~ face to face: *stanąć* ~*ą w* ~ (*z kimś*) confront sb | **zachować** ~ save face

twierdzić/s- claim

tworzyć/s- 1 (*stwarzać*) create **2** (*całość*) form ■ **tworzyć/s- się** (*powstawać*) form, be formed

tworzywo substance: *sztuczne* ~ plastic

twój (*z rz.*) your, (*bez rz.*) yours

twórca creator, (*artysta*) artist: ~ *piosenek* a songwriter

twórczy creative, (*dot. artystów*) artistic

ty you

tycz|ka pole [IDM] **skok o ~ce** the pole vault

tydzień week: *co* ~ weekly ◇ *dwa tygodnie* a fortnight ◇ *w połowie tygodnia* midweek

tygodnik weekly

tygodniowy weekly

tygrys tiger

tyle (*z rz. policz.*) so many, (*z rz. niepolicz.*) so much: ~...*co*... as...as... ◇ ~, *ile* as much as ◇ *Zarabiam dwa razy* ~ *co poprzednio.* I earn twice as much as before. ◇ *T~ o pałacu.* Enough about the palace. ◇ *i* ~ that is that

tylko only: *Gdy* ~ *przyszliśmy, zadzwoniłem do mamy.* As soon as we arrived, I phoned Mum. ◇ *Jak* ~ *zaczyna mówić, ktoś mu przerywa.* As soon as he starts talking, someone interrupts him. ◇ *T~ co przyszłam.* I've just got here. ◇ *Proszę* ~ *kawę.* Just a coffee please. ◇ *nic* ~ nothing but

tylny back, (*bardziej form.*) rear, (*kończyny zwierzęcia*) hind

tył back, (*bardziej form.*) rear: *w* ~ backwards ◇ ~ *na przód* back to front

tymczasem meanwhile

tymczasowy temporary, (*rząd*) interim

tynk plaster

tynkować/o- plaster

typ type

typować/wy- 1 (*wybierać*) select, (*na stanowisko*) nominate **2** (*przewidywać*) predict

typowy ~ dla kogoś/czegoś (*charakterystyczny*) typical of sb/sth

tyran tyrant

tyrania tyranny

tyranizować/s- tyrannize

tysiąc thousand [*lm* thousand]
tytoń tobacco
tytuł title: *pod ~em* entitled
tytułować/za- 1 (*zwracać się*) address **2** (*książkę itp.*) entitle

Uu

u 1 (*przy; w czyimś domu itp.*) at: *~ nas* at our place ◇ *mieszkać ~ babci* stay with grandma ◇ *zostawić wiadomość ~ kogoś* leave a message with sb **2** (*część*): *palce ~ rąk* fingers ◇ *guzik ~ bluzki* a blouse button **3** (*usługi itp.*): *zamówić spodnie ~ krawca* order a pair of trousers from the tailor ◇ *naprawiać krzesła ~ tapicera* get an upholsterer to repair some chairs **4** (*mieć cechę*): *skóra delikatna jak ~ noworodka* skin as delicate as a baby's [IDM] **co ~ ciebie?** how are things?

uaktualni(a)ć update
uargumentować → ARGUMENTOWAĆ
ubezpiecz-ać/yć ~ coś (od czegoś) insure sth (against sth)
ubezpieczenie ~ (od czegoś) insurance (against sth): *~ na życie* life insurance
ubiegać ~ kogoś beat sb ■ **ubiegać się ~ się o coś** (*o pracę*) apply for sth, (*o prezydenturę*) run for sth
ubiegły past: *w ~m roku* last year
ub(ie)rać 1 (*osobę*) dress **2** (*choinkę itp.*) decorate ■ **ub(ie)rać się** get dressed: *On ładnie się ubiera.* He dresses well.
ubi(ja)ć 1 (*jajka itp.*) beat, (*śmietanę*) whip, (*masło*) churn **2** (*zabijać*) slay [IDM] **ubić interes** clinch a deal
ubikacja toilet → TOALETA
uboczny incidental: *produkt ~* a by-product ◇ *skutek ~* a side effect
ubogi poor
ubóstwiać (*uwielbiać*) love
ubrać (się) → UBIERAĆ (SIĘ)
ubranie clothes [*lm*]
ubrudzić (się) → BRUDZIĆ (SIĘ)
ubytek 1 (*zmniejszenie ilości*) loss **2** (*w zębie*) cavity
ucharakteryzować (się) make sb/yourself up
ucho 1 ear: *ból ucha* (an) earache **2** (*dzbanka itp.*) handle **3** (*igły*) eye [IDM] **być po uszy w czymś** be up to your eyes in sth I **mieć kogoś/czegoś**

powyżej uszu be fed up with sb/sth I **nadstawiać usz-y/u** prick up your ears I **palą kogoś uszy** sb's ears are burning
u-chodzić/jść 1 (*wydostać się*) escape: *Powietrze uchodzi z tylnej opony.* Air is escaping from the back tyre. ◇ *~ czyjejś uwadze* escape sb's attention **2 ~ za kogoś/coś** pass for sb/sth [IDM] **to nie ujdzie ci na sucho** you won't get away with it
uchodźca refugee
uchwal-ać/ić pass
uchwała resolution
uchwycić seize ■ **uchwycić się** clutch at sth
uchwyt 1 (*ręką*) grip **2** (*torby itp.*) handle
uchyl-ać/ić (*prawo*) repeal, (*przepis*) waive, (*decyzję*) overrule ■ **uchyl-ać/ić się ~ się od czegoś** evade sth
uciąć → UCINAĆ
uciążliw|y (*obowiązek itp.*) burdensome, (*podróż*) arduous: *osoba ~a* a nuisance
ucichnąć → CICHNĄĆ
uciecha delight
uciec (się) → UCIEKAĆ (SIĘ)
ucieczka escape
ucie-kać/c 1 escape **2** (*z pieniędzmi itp.*) run off with sth ■ **ucie-kać/c się ~ się do czegoś** resort to sth
uciekinier/ka fugitive: *~ polityczn-y/a* a defector
u-cierać/trzeć 1 (*rozdrobnić*) grate **2** (*mieszać*) mix [IDM] **~ komuś nosa** snub sb
ucieszyć (się) → CIESZYĆ (SIĘ)
u-cinać/ciąć 1 (*obciąć*) cut sth (off) **2** (*ograniczyć*) cut **3** (*ugryźć: komar*) bite, (*osa*) sting [IDM] **~ rozmowę** cut a conversation short
ucisk 1 (*ból*) pressure **2** (*polit.*) oppression
ucis-kać/nąć 1 (*palcami itp.*) press, (*buty*) pinch: *Kręgosłup uciska na nerw.* I've got a pinched nerve. **2** (*polit.*) oppress
ucisz-ać/yć silence sb/sth ■ **ucisz-ać/yć się** fall silent
uczcić → CZCIĆ
uczciwość honesty
uczciwy honest
uczelnia (*wyższa*) college, (*uniwersytet*) university
ucze-ń/nnica 1 (*szk.*) student, (*w młodszych klasach*) pupil **2** (*u stolarza itp.*) apprentice **3** (*zwolennik*) follower
uczesać (się) → CZESAĆ (SIĘ)

uczestniczyć ~ w czymś participate in sth

uczestni-k/czka participant, *(w konkursie)* entrant

uczony *przym.* learned I **uczo-n-y/a** *rz.* scholar, *(w naukach ścisłych)* scientist

uczta feast

uczuci|e 1 *(miłość, nienawiść itp.)* emotion, **~e czegoś** sense, **~e do kogoś** affection for sb, *(fizyczne)* sensation: *~e zadowolenia* a sense of satisfaction ◊ *Mieliśmy ~e, że nastąpiło coś ważnego.* We had a feeling that something important was about to happen. ◊ *Grał z ~em.* He played with feeling. ◊ *mieć mieszane ~a* have mixed feelings (about sb/sth) **2 (~a)** *(patriotyczne itp.)* sentiments

uczuciowy emotional

uczul-ać/ić ~ kogoś na coś alert sb to sth

uczulenie allergy: *mieć ~ na coś* be allergic to sth

uczulony ~ na coś allergic to sth

uczyć/na- ~ (kogoś) (czegoś) teach (sb) (sth) ■ **uczyć/na- się ~ się czegoś/o czymś** learn sth; about sth: *~ się czegoś na pamięć* learn sth by heart

uczynić → CZYNIĆ

udany successful

udar stroke: *~ słoneczny* sunstroke

udaremni(a)ć thwart: *Policja udaremniła kradzież.* The police prevented the robbery.

uda(wa)ć fake, **~ kogoś/coś** pretend to be sb/sth, **~, że** pretend to do sth; to be doing sth: *Udaje, że słucha.* He's (only) pretending to listen. ■ **uda(wa)ć się ~ się komuś**: *Udało nam się kupić ostatnie bilety.* We managed to buy the last tickets.

uderz-ać/yć 1 hit, **~ w/o coś** bang on/ against sth, *(pięścią: kogoś)* punch, *(pięścią: w stół)* thump, *(batem)* whip: *~ głową* butt **2** *(wywierać wrażenie)* **~ kogoś** strike sb **3** *(działać na niekorzyść)* **~ kogoś** be detrimental to sb [IDM] **~ komuś do głowy** *(przen.)* go to sb's head ■ **uderz-ać/yć się 1** hit yourself, **~ się w/o coś** bump into sth: *~ się w palec u nogi* stub your toe **2** *(wzajemnie)* hit one another

uderzający striking

uderzenie 1 hit, *(pięścią)* punch, *(batem)* lash **2** *(militarne, zwł. lotnicze)* strike **3** *(wiosłem, rakietą itp.)* stroke [IDM] **~ serca** heartbeat

udławić → DŁAWIĆ

udo thigh

udobruchać placate

udoskonal-ać/ić (się) improve

udo-wadniać/wodnić prove

udręka torment

udusić → DUSIĆ

udział 1 *(uczestnictwo)* participation: *brać ~ (w czymś)* take part (in sth) ◊ *mieć w czymś ~* be involved in sth **2** *(fin.)* share

udziec leg

udziel-ać/ić ~ czegoś (komuś) give sth (to sb)/sb sth: *~ zgody na coś* give/ *(bardziej form.)* grant sb permission to do sth ◊ *~ komuś ślubu* marry sb ■ **udziel-ać/ić się ~ się komuś**: *Udzielił nam się jego entuzjazm* His enthusiasm was infectious.

UE EU

ufać ~ komuś/czemuś trust sb/sth

ufny trusting

ugasić → GASIĆ

u-gaszczać/gościć entertain: *Ugościli nas obiadem.* They gave us lunch.

u-ginać/giąć się 1 *(stół itp.)* bend: *Stół uginał się od potraw.* The table was groaning with food. **2** *(drzewo; osoba)* **~ pod ciężarem czegoś** be weighed down by sth

u-gniatać/gnieść 1 *(ściskać)* press sth down **2** *(ciasto)* knead **3** *(boleć)* rub

ugotować → GOTOWAĆ

ugrupowanie group

ugryźć → GRYŹĆ

ujawni(a)ć reveal ■ **ujawni(a)ć się 1** *(fenomen)* manifest itself, *(wada itp.)* develop **2** *(osoba)* reveal yourself (to be sth)/(as sth)

ujednoli-cać/cić standardize

ujemny negative

uj-mować/ąć 1 *(wziąć)* take **2** *(złapać)* catch **3** *(w jakiś sposób)* express **4** *(zdobyć sympatię)* win sb over ■ **uj-mować/ąć się ~ się za kimś/sobą/ czymś** stick up for sb/yourself/sth

ujście 1 *(rynny)* outlet **2** *(rzeki)* mouth

ujść → UCHODZIĆ

ukarać → KARAĆ

ukaz(yw)ać *(pokazać)* show, *(przedstawić)* present ■ **ukaz(yw)ać się 1** *(pojawić się)* appear **2** *(słońce; książka itp.)* come out

ukąsić → KĄSAĆ

układ 1 *(system; schemat)* system: *~ nerwowy* the nervous system ◊ *~ kierowniczy* the steering ◊ *~ tańca* a dance routine **2** *(polit.)* treaty **3**: *~ scalony* a microchip ◊ *krzemowy scalony* a silicon chip **4** *(towarzyski itp.)* relations [lm] **5 (~y)** *(powiązania)*

u

connections **6** (*książki itp.*) layout [IDM] ~ **słoneczny** the solar system
u-kładać/łożyć 1 (*porządkować*) arrange: ~ *coś w stos* put sth in a pile **2** (*kłaść*) put sth down **3** (*tworzyć*) compose: ~ *choreografię czegoś* choreograph sth ■ **u-kładać/łożyć się 1** (*kłaść się*) lie down **2** (*warunki*) negotiate **3** (*przebiegać*) go
układanka jigsaw (puzzle)
ukłon (*całym ciałem*) bow, (*głową*) nod
ukłucie (*igły itp.*) prick, (*owada; pokrzywy*) sting, (*bólu w żołądku itp.*) stab
ukłuć (się) → KŁUĆ (SIĘ)
uknuć → KNUĆ
ukośny slanting
ukradkiem surreptitiously: ~ *spojrzeć na kogoś/coś* steal a glance at sb/sth
ukradkowy surreptitious
ukraść → KRAŚĆ
ukrócić curb
ukryci|e concealment: ~*e prawdy* a cover-up ◊ *w* ~*u* in hiding
ukryć (się) → KRYĆ (SIĘ), UKRYWAĆ (SIĘ)
ukryty hidden, (*powody*) underlying, (*motyw*) ulterior, (*emocje itp.*) repressed
ukry(wa)ć hide, (*informację*) hold sth back, (*władze itp.; fakty*) cover sth up ■ **ukry(wa)ć się** hide
ukształtować → KSZTAŁTOWAĆ
ul beehive
u-latniać/lotnić się (*gaz itp.*) leak
ulec → ULEGAĆ
uleczalny curable
ule-gać/c 1 ~ **czemuś** give in, (*bardziej form.*) yield to sth, (*pokusie*) succumb to sth: ~ *nastrojom* be moody **2** ~ **komuś** be defeated by sb, (*jego życzeniom*) indulge sb [IDM] **nie ulega wątpliwości** there's no doubt
uległość submission
uległy submissive
ulepsz-ać/yć (się) improve
ulewa downpour
ulewny (*deszcz*) torrential
ulga 1 (*uczucie*) relief: ~ *w bólu* pain relief **2** (*zniżka*) concession: ~ *podatkowa* tax relief
ulgowy 1 (*bilet itp.*) concessionary **2** (*traktowanie*) lenient
ulic|a street: *na* ~*y* in/(*Am.*) on the street ◊ *iść* ~*ą* walk along/down the street
uliczka street: *wąska* ~ an alley(way) ◊ *ślepa* ~ a cul-de-sac
ulokować (się) → LOKOWAĆ (SIĘ)
ulotka leaflet

ulotnić (się) → ULATNIAĆ (SIĘ)
ultradźwięk ultrasound: *terapia* ~*ami* ultrasound treatment
ultrasonograficzn|y: *badanie* ~*e* an ultrasound scan
ulubieni-ec/ca favourite, -vor- (*Am.*)
ulubiony favourite, -vor- (*Am.*)
ulżyć 1 (*zmniejszyć ciężar; i przen.*) ~ **komuś/czemuś** lighten sb's/sth's load: ~ *cierpieniom* relieve sb's suffering **2** (*pocieszyć*) ~ **komuś** be a relief to sb **3** ~ **sobie** get sth off your chest
ułamek fraction: ~ *dziesiętny* a decimal [IDM] ~ **sekundy** split second
ułatwi(a)ć simplify: ~ *ich wejście do UE* facilitate their entry into the EU
ułożyć (się) → UKŁADAĆ (SIĘ)
u-macniać/mocnić strengthen: ~ *kogoś w przekonaniu* strengthen sb's conviction ■ **u-mac-niać/mocnić się**: *umocnić się na pozycji lidera* strengthen your position as leader
u-mawiać/mówić agree ■ **u-mawiać/ mówić się ~ się z kimś 1** (*w jakiejś sprawie*) agree on sth **2** (*co do miejsca i godziny spotkania*) make an appointment with sb
umeblować → MEBLOWAĆ
umiar moderation: *z* ~*em* in moderation
umiarkowany moderate
umieć know how to do sth: *Umiem szyć.* I know how to/I can sew.
umiejętność ability, (*zwł. szczególnego rodzaju*) skill: *podstawowa* ~ *gotowania* basic cook-ing skills ◊ ~ *czytania i pisania* literacy ◊ *cenna* ~ an asset ◊ *wrodzona* ~ a gift
umiejsc-awiać/owić locate
um-ierać/rzeć die: ~ *z głodu* die of hunger ◊ ~ *z ciekawości* be on tenterhooks ◊ ~ *ze śmiechu* die laughing ◊ ~ *z nudy* die of boredom
umie-szczać/ścić 1 place: ~ *coś w spisie* list sth **2** (*w szpitalu psychiatrycznym itp.*) commit
umknąć → UMYKAĆ
umniejsz-ać/yć (*osiągnięcia, ważność itp.*) belittle, (*winę*) lessen
umocnić (się) → UMACNIAĆ (SIĘ)
umocow(yw)ać fix
umotywować → MOTYWOWAĆ
umow|a 1 (*kontrakt*) contract: *na* ~*ę-zlecenie* freelance ◊ ~*a o pracę* a contract of employment **2** (*ugoda*) agreement
umożliwi(a)ć enable, (*ułatwiać*) facilitate
umówić się → UMAWIAĆ SIĘ
umrzeć → UMIERAĆ

u

umysł mind

umysłowy 1 (*psychiczny*) mental **2** (*rozumowy*) intellectual [IDM] **pracownik ~** white-collar worker

umyślny deliberate I **umyślnie** on purpose

umywalka (wash)basin

unia union [IDM] **U~ Europejska** the European Union

unicestwi(a)ć annihilate

uniemożliwi(a)ć ~ komuś coś prevent sb from doing sth

unieruch-amiać/omić immobilize

unieszkodliwi(a)ć neutralize

unieść (się) → UNOSIĆ (SIĘ)

unieważni(a)ć 1 (*zamówienie itp.*) cancel **2** (*umowę, wybory itp.*) invalidate

uniewinni(a)ć acquit

uniezależnić się ~ od kogoś/czegoś become independent of sb/sth

unik-ać/nąć avoid

uniwersytet university

u-nosić/nieść raise, (*z nurtem rzeki itp.*) drift ■ **u-nosić/nieść się 1** (*podnieść się*) rise **2** (*ponad ziemią*) hover **3** (*na wodzie*) float **4** (*zapach, dźwięk*) waft, (*mgła*) drift **5** (*kurtyna*) go up **6** (*irytować się*) get worked up

unowocześni(a)ć (się) modernize

uod-parniać/pornić ~ kogoś/coś (przeciwko czemuś/na coś) immunize sb/sth against sth; sb/sth to sth I **uodporniony ~ (na coś)** immune (to sth): ~ *na wirusy/krytykę* immune to viruses/criticism

uogólni(a)ć generalize

u-padać/paść 1 (*przewrócić się*) fall (down) **2** (*zbankrutować*) go under **3** (*projekt itp.*) fall through

upad|ek 1 (*przewrócenie się*) fall **2** (*zepsucie*) decadence, (*klęska*) downfall: *Kraj chyli się ku ~kowi.* The country is in decline. [IDM] **wzloty i ~ki** ups and downs

upalny sweltering

upał 1 heat **2** (**~y**) heatwave [C]

upamiętni(a)ć commemorate

upańst-wawiać/wowić nationalize

uparty obstinate

upaść → UPADAĆ

upewni(a)ć ~ kogoś (o czymś) assure sb (of sth) ■ **upewni(a)ć się ~ się co do czegoś** make sure (that)

upiec (się) → PIEC (SIĘ)

u-pierać/przeć się ~ (przy czymś) insist (on sth)

upływ passage: *przed ~em tygodnia* within a week ◊ *z ~em czasu* in (the) course of time [IDM] **~ krwi** loss of blood

upły-wać/nąć 1 (*czas*) go by **2** (*termin*) expire: *Termin zgłaszania podań upływa w przyszły wtorek.* The closing date for submitting applications is next Tuesday.

upo-karzać/korzyć humiliate

upolować → POLOWAĆ

upom-inać/nieć rebuke ■ **upom-inać/ nieć się ~ się o coś** claim sth

uporać się ~ z kimś/czymś cope with sb/sth

uporczywy persistent

uporządkować → PORZĄDKOWAĆ

upośledzony *przym.* disabled I **upośledzon-y/a** *rz.* disabled person

upoważni(a)ć ~ kogoś do czegoś authorize sb to do sth

upór obstinacy

u-praszczać/prościć 1 (*robić prostym*) simplify **2** (*robić zbyt prostym*) oversimplify

uprawa cultivation

uprawi(a)ć 1 (*ziemię*) cultivate, (*rośliny itp.*) grow **2** (*sport*) practise, -tice (*Am.*), (*hobby*) pursue: ~ *jogging* jog ◊ ~ *narciarstwo* ski ◊ ~ *pływanie* swim ◊ ~ *tenis/piłkę nożną* play tennis/ football

uprawni(a)ć ~ kogoś do czegoś entitle sb to sth

uprowa-dzać/dzić abduct, (*dla okupu*) kidnap

uprząść → PRZĄŚĆ

uprząt-ać/nąć 1 (*pomieszczenie*) tidy sth (up): ~ *garaż z pudełek* clear the boxes out of the garage **2** (*przedmioty*) clear sth away

uprze-dzać/dzić 1 (*ostrzec*) warn **2** (*ubiec*) beat **3** (*fakty, zamiary*) anticipate ■ **uprze-dzać/dzić się ~ się do kogoś/czegoś** be prejudiced against sb/sth

uprzedze|nie prejudice: *przedstawić coś bez ~ń* present sth impartially [IDM] **bez ~nia** without warning

uprzejmoś|ć politeness [IDM] **dzięki ~ci kogoś** (by) courtesy of sb

uprzejmy polite

uprzemysł-awiać/owić industrialize

upudrować → PUDROWAĆ

u-puszczać/puścić drop

uran uranium

uratować → RATOWAĆ

uraz|a grudge [IDM] **bez ~y** no hard feelings

ura-żać/zić 1 (*ranić*) hurt **2** (*obrażać*) offend

uregulować → REGULOWAĆ

urlop (*dni wolne do pracy*) leave, (*wakacje*) holiday, vacation (*Am.*) |IDM| **~ dziekański** deferment: *Chce dostać ~ dziekański na rok.* He wants to defer his studies for a year. | **~ macierzyński** maternity leave

urna urn |IDM| **~ wyborcza** ballot box

uroczy charming

uroczystość ceremony

uroczysty 1 (*niecodzienny*) ceremonial **2** (*pełen powagi*) solemn

uroda beauty

urodzajny fertile

urodzenie birth

urodzić (się) → RODZIĆ (SIĘ)

urodziny birthday [*C*]

urodzony born

urok 1 (*uroda*) charm **2** (*magiczny*) spell |IDM| **być pod czyimś ~iem** be under sb's spell | **rzucać na kogoś ~** cast a spell on sb

urosnąć → ROSNĄĆ

urozmai-cać/cić vary

urozmaicenie variety, (*w przyrodzie*) diversity

uru-chamiać/chomić 1 (*samochód; firmę*) start **2** (*urządzenie; proces*) activate

urwis rascal

urwisko precipice

urywek fragment

urząd office |IDM| **~ pocztowy** post office | **~ skarbowy** Inland Revenue, the Internal Revenue Service (*Am.*) | **~ stanu cywilnego** registry office

urzą-dzać/dzić 1 (*zorganizować*) arrange: **~ przyjęcie** throw a party **2** (*pomieszczenie*) furnish **3** **~ kogoś** get sb into trouble ■ **urzą-dzać/dzić się 1** (*zamieszkać*) settle down **2** (*wpakować się w tarapaty*) get yourself into trouble

urządzenie device, (*w gospodarstwie domowym*) appliance: **~ kontrolne** a monitor **→** NARZĘ-DZIE

urzędni-k|/czka clerk, (*wysoki rangą*) official |IDM| **~ państwowy** civil servant

urzędowy official

usadzić → SADZAĆ

usamodzielni(a)ć emancipate

usatysfakcjonować → SATYS-FAKCJONOWAĆ

uschnąć → USYCHAĆ

USG ultrasound scanner

usiąść → SIADAĆ

usiłować attempt

usług|a (~i) service [*C,U*]: **~i pocztowe** a postal service

usłyszeć → SŁYSZEĆ

usmażyć (się) → SMAŻYĆ (SIĘ)

usnąć → USYPIAĆ

uspo-kajać/koić (się) 1 (*odsunąć obawy*) calm (sb) (down) **2** (*uciszyć*) quieten (sb) (down)

usprawiedliwi(a)ć 1 (*uzasadniać*) justify **2** (*tłumaczyć*) explain ■ **usprawiedliwi(a)ć się** explain yourself: **~ się ze spóźnienia** explain why you are late

usprawni(a)ć rationalize

usta mouth: *całować kogoś w ~* kiss sb on the lips

ustabilizować → STABILIZOWAĆ

ustać (się) → USTAWAĆ (SIĘ)

ustal-ać/ić 1 (*potwierdzić*) establish **2** (*zaplanować*) arrange ■ **ustal-ać/ić się 1** (*zwyczaj itp.*) become established, (*rząd*) take office **2** (*pogoda*) set in

usta-nawiać/nowić 1 (*prawo itp.*) make **2** (*mianować*) appoint **3** (*rekord*) set

ustaw|a act: *projekt ~y* a bill |IDM| **~a zasadnicza** constitution

usta(wa)ć cease |IDM| **nie ~ w wysiłkach** persist in your efforts

ustawi(a)ć 1 (*umieścić*) put **2** (*wznieść*) put sth up **3** (*nastawić*) set, (*automatycznie*) programme ❶ W Am. ang. pisze się **program**. W Br. ang. pisze się **programme**, choć w kontekście komputerowym używa się **program**. ■ **ustawi(a)ć się:** **~ się w szeregu** line up

usterka (*defekt*) fault, (*błąd*) error

ustęp 1 (*w książce*) passage, (*z dzieła*) excerpt **2** (*ubikacja*) loo

ustępliwy compliant

u-stępować/stąpić 1 (*ulegać*) **~ (komuś/czemuś)** give in (to sb/sth) **2** **~ (komuś/czemuś)** (*miejsce w autobusie itp.*) give your seat up (to sb), (*miejsca na drodze*) give way (to sb/sth) **3** **~ komuś/czemuś** (*pod względem czegoś*) (*być gorszym*): *Druga część tego filmu w niczym nie ustępuje pierwszej.* The sequel is as good as the first film. **4** (*zanikać*) recede, (*ból*) subside **5** (*z posady*) step down (from sth)

ustępstw|o concession |IDM| **ro-bić/pójść na ~a** make concessions | **wzajemne ~a** give and take

ustny (*umowa*) verbal, (*egzamin*) oral

ustrój system

ustrzec → STRZEC

usu-wać/nąć 1 (*z miejsca*) remove **2** (*ze stanowiska*) dismiss, (*ze szkoły*) expel **3** (*ząb*) take sth out: *Usunąłem ząb.* I've had a tooth out. [IDM] **~ ciążę** perform an abortion: *Usunęła ciążę.* She's had an abortion.

u-sychać/schnąć wither [IDM] **~ z tęsknoty za kimś/czymś** pine for sb/sth

u-sypiać/śpić 1 (*kłaść kogoś spać; do operacji*) put sb to sleep **2** (*zasypiać*) fall asleep **3** (*czujność*) blunt **4** (*zwierzę*) put sth down

usytuować → SYTUOWAĆ

uszanować → SZANOWAĆ

uszczelka seal

uszczelni(a)ć seal, (*dom, drzwi itp.*) make sth draughtproof

uszczerbjek damage [IDM] **bez ~ku** (*zwł. przen.*) unscathed **| przynosić ~ek komuś/czemuś** cause damage to sb/sth **| z ~kiem dla kogoś/czegoś** to the detriment of sb/sth

uszczęśliwi(a)ć make sb happy

uszczypliwy cutting

uszczyp-nąć/ać → SZCZYPAĆ

usz-kadzać/kodzić damage

usztywni(a)ć (się) stiffen

uszyć → SZYĆ

uścisk 1 (*chwycenie*) grip **2** (*objęcie*) hug: **~ dłoni** a handshake **3** (*w liście*): *serdeczne ~i* love

uścis-kać/nąć (*objąć*) hug: **~ komuś dłoń** shake sb's hand

uśmiać się → ŚMIAĆ SIĘ

uśmiech smile [IDM] **~ losu** a stroke of luck

uśmiech-ać/nąć się ~ (do kogoś) smile (at sb), (*szeroko*) grin, (*drwiąco*) sneer [IDM] **to mi się nie uśmiecha** I'm not happy about it

uśmierz-ać/yć (*ból*) ease

uśpić → USYPIAĆ

uświa-damiać/domić ~ sobie realize, **~ coś komuś** make sb aware of sth [IDM] **~ kogoś** (*przen.*) tell sb the facts of life

uświęcić → ŚWIĘCIĆ

utalentowany talented

utkać → TKAĆ

utknąć (*w korku itp.*) get caught, (*w windzie; w pracy*) get stuck [IDM] **~ w martwym punkcie** come to a standstill

utkwić → TKWIĆ

utonąć → TONĄĆ

utopić (się) → TOPIĆ (SIĘ)

utożsami(a)ć (się) identify

utracić forfeit

utrapienie nuisance

utrata loss

utrudni(a)ć make sth difficult

utrwal-ać/ić 1 (*stanowisko*) consolidate **2** (*przyjaźń*) cement **3** (*konflikt itp.*) perpetuate **4** (*zapisać; nagrać*) record **5** (*fot.*) fix **■ utrwal-ać/ić się** consolidate

utrzeć → UCIERAĆ **■ utrzeć się** (*wejść w zwyczaj*) be the custom

utrzymanije 1 (*zachowanie w dobrym stanie*) maintenance **2** (*środki do życia*) keep: *środki ~a* a means of livelihood ◊ *koszty ~a* the cost of living [IDM] **być na czyimś ~u** be financially dependent on sb

utrzym(yw)ać 1 (*porządek, stan rzeczy*) keep: **~ coś w dobrym stanie** keep sth in good condition **2** (*ciężar*) bear **3** (*rodzinę*) provide for sth **4** (*twierdzić*) insist **■ utrzym(yw)ać się 1** (*w tej samej pozycji*) keep **2** (*na stanowisku*) stay **3** (*pogoda*) hold **4** (*zapewniać środki do życia*) keep yourself

utuczyć → TUCZYĆ

utwar-dzać/dzić (się) harden

utwór work, (*mniej form.*) piece

utykać: ~ na nogę limp

uwagja 1 (*koncentracja*) attention: *zwracać ~ę na kogoś/coś* take notice of sb/sth ◊ *przyciągnąć czyjąś ~ę* catch sb's attention ◊ *zwracać na siebie ~ę* draw attention to yourself **2** (*komentarz*) remark: *robić ~ę (o czymś)* comment (on sth) **3** (*upomnienie*) reproof **4** (**Uwaga!**) Watch out!, (*na znakach*) Danger! [IDM] **wziąć coś pod ~ę** take sth into consideration

u-walniać/wolnić free, (*z więzów*) untie **■ u-walniać/wolnić się** free yourself

uważać 1 ~ kogoś/coś za coś consider sb/sth as sth **2** (*twierdzić*) think: *Uważam, że nie powinnaś tego robić.* I don't think you shoud do that. **3** (*dbać*) **~ na kogoś/coś** take care of sb/sth **4** (*być ostrożnym*) be careful, (*zwracać uwagę na coś*) mind/ (*Am.*) watch sth: **~ na stopień** mind the step ◊ *Uważaj!* Look out! **■ uważać się ~ się za kogoś/ coś** consider yourself as sb/sth

uważny careful

uwiąz(yw)ać ~ kogoś/coś tie sb/sth up

uwi-daczniać/docznić show

uwielbiać adore

uwierać pinch, (*plecak itp.*) dig in

uwierzyć → WIERZYĆ

uwieść → UWODZIĆ

uwięzić 1 (*w więzieniu*) imprison **2** (*utknąć*) trap

u-wijać/winąć się bustle about/
around

uwodzicielski seductive

u-wodzić/wieść seduce

uwolnić (się) → UWALNIAĆ (SIĘ)

uwspółcześniać update

uwydatni(a)ć emphasize

■ **uwydatni(a)ć się** become prominent

uwypukl-ać/ić accentuate

uwzględni(a)ć 1 (*decyzję itp.*) take sth
into consideration: *nie* ~ exclude
2 (*życzenia itp.*) respect

uzależni(a)ć 1 ~ **od kogoś** be/become
dependent on sb **2** (*od używki*) be/
become addicted to sth

uzależnienie 1 ~ **od kogoś** dependence
on sb **2** (*od używki*) addiction to sth:
powodujący ~ addictive

uzasadni(a)ć justify

uzbrojenie 1 (*wojsk.*) weapons [*lm*]
2 (*techn.*) fittings [*lm*]

uzda bridle

u-zdrawiać/zdrowić cure

uzdrowiciel healer

uzdrowisko spa

u-zgadniać/zgodnić agree: ~ *plan
działania* draw up a plan of action
◊ *Muszę to* ~ *z rodzicami.* I need to
discuss it with my parents.

uziemi(a)ć earth, ground (*Am.*)

uznanie 1 (*zasług itp.*) recognition:
wyrażać ~*e za coś* acknowledge sth
2 (*poważanie*) respect **3** (*decyzja*)
discretion: *według czyjegoś* ~*a* at sb's
discretion

uzna(wa)ć recognize: ~ *kogoś/
coś za kogoś/coś* recognize sb/sth as sb/
sth ■ **uzna(wa)ć się** ~ **się za kogoś/coś**
consider yourself (as) sb/sth: *Uznaje się
za najwybitniejszego pisarza w kraju.*
He is acknowledged to be the country's
greatest writer.

uzupełni(a)ć 1 (*dietę*) supplement
2 ~ (*coś*) (*czymś*) (*do pełna*) fill sth up
(with sth) **3** (*dokończyć*) complete
■ **uzu-pełni(a)ć się** (*wzajemnie*)
complement (one another)

uzysk(iw)ać 1 (*dostać*) obtain: ~ *pomoc*
get help **2** (*kontrakt itp.*) secure [IDM] ~
połączenie telefoniczne get through

użalać się 1 ~ **nad kimś** be/feel sorry
for sb **2** ~ **na kogoś/coś** complain about
sb/sth

użądlić → ŻĄDLIĆ

użycie use

użyć → UŻYWAĆ

użyteczny useful

użytkowni-k/czka user [IDM] **rodzim-
y/a** ~ **języka** native speaker

uży(wa)ć use: *niewłaściwie* ~ misuse
[IDM] ~ **życia/świata** live it up

używany 1 (*w użyciu*) used **2** (*ubranie*)
second-hand

użyźni(a)ć fertilize

Ww

w 1 (*wewnątrz*) in(side), (*domu, szkole,
kinie itp.*) at, (*samolocie, pociągu,
autobusie*) on: *wejść* ~ *tłum* go into the
crowd ◊ *inwestować* ~ *akcje* invest in
shares ◊ *Zimno mi* ~ *ręce.* My hands
are cold. **2** (*czas: rok, miesiąc*) in, (*dni
tygodnia*) on **3** (*w przeciągu czasu*)
within, (*w ciągu trwania*) during: ~
podróży during the journey
4 (*kierunek*) to: *iść* ~ *prawo/lewo* go to
the right/left ◊ *skręcić* ~ *prawo/lewo*
turn right/left ◊ ~ *stronę kościoła*
towards the church ◊ *popatrzeć* ~ *górę/
dół* look up/downwards ◊ *jechać* ~ *góry*
go into the mountains **5** (*spośród;
forma, wzór; ubranie; opakowanie;
stan*) in: *najlepszy* ~ *klasie* the best in
the class ◊ ~ *paski/kropki* striped/
spotted ◊ ~ *sukience* in a dress ◊ ~
modzie/biedzie in fashion/poverty
6 (*telewizji, radiu*) on **7** (*rodzaj
czynności*): *grać* ~ *karty/piłkę nożną*
play cards/football ◊ *kroić coś* ~
plasterki slice sth/cut sth into slices
◊ *iść do kogoś* ~ *odwiedziny* visit sb

wachlarz 1 (*przedmiot*) fan **2** (*gama*)
range

wachlować fan

wada 1 (*negatywna cecha*) flaw
2 (*usterka*) defect [IDM] ~ **wymowy**
speech impediment

wadliwy defective

wa|ga 1 (*ciężar*) weight: *przybierać/
tracić na* ~*dze* put on/lose weight
◊ *bokser* ~*gi lekkiej* a lightweight boxer
2 (*przyrząd*) scales [*lm*] **3** (*znaczenie*)
importance: *przywiązywać dużą* ~*gę do
czegoś* attach great importance to sth
4 (**Waga**) (*znak zodiaku*) Libra

wagary truancy [*U*]: *chodzić na* ~ play
truant

wagon (*pasażerski*) carriage, car (*Am.*),
(*towarowy*) wagon, freight car (*Am.*): ~
sypialny a sleeping car

wahać się 1 (*osoba*) hesitate
2 (*temperatura, nastrój itp.*) fluctuate

wahanie (się) 1 (*niezdecydowanie*) hesitation **2** (*temperatury, nastroju itp.*) fluctuation

wakacje holiday(s), vacation (*Am.*)

walc waltz: *tańczyć ~a* waltz

walczyć ~ przeciwko komuś/czemuś; ~ z kimś/czymś fight against sb/sth, **~ o coś** fight for sth

walec 1 (*mat.*) cylinder **2** (*drogowy*) steamroller

wal·ić/nąć 1 (*uderzyć*) **~ (w coś)** bang (sth), **~ w kogoś** bash sb **2** (*serce*) thump **3** (*strzelać*) shoot **4** (*przychodzić tłumnie*) stream (in) ■ **wal·ić/nąć się 1** (*upadać*) come down **2** (*rozpadać się*) collapse

waliz(k)a (suit)case

walka fight

walkman personal stereo

waluta currency [IDM] **twarda ~** hard currency

walutowy monetary

wał 1 (*nasyp*) bank **2** (*techn.*) shaft

wałek (*tech.; do włosów*) roller: **~ do ciasta** a rolling pin

wałęsać się wander about/around

wandal vandal

wanilia vanilla

wanna bath(tub)

wapno 1 (*lekarstwo*) calcium **2** (*budowlane*) lime: **~ do bielenia** whitewash

warcaby draughts [U], checkers [U] (*Am.*)

warczeć 1 (*osoba; zwierzę*) growl **2** (*urządzenie*) whirr, whir (*Am. zwykle*)

warga lip

wariacki crazy [IDM] **robić coś na ~ch papierach** do sth illegally

wariat/ka lunatic [IDM] **dom ~ów 1** (*szpital*) lunatic asylum **2** (*przen.*) madhouse

wariować/z- go mad

warkocz 1 (*fryzura*) plait, braid (*Am.*) **2** (*ogon*) tail

warkotać whirr, whir (*Am. zwykle*)

warstwa 1 (*materiału, substancji*) layer, (*farby*) coat: **~ ozonowa** the ozone layer **2** (*społeczna*) class: *niższa/ średnia/wyższa ~ społeczna* the lower/ middle/upper class

warsztat 1 (*pomieszczenie; zajęcia*) workshop **2 : ~ samochodowy** a garage **3** (*umiejętności*) technique

wart (*także* **warto**) **1** (*sumy pieniędzy*) worth ❶ Można powiedzieć **it isn't worth repairing the car** lub **the car isn't worth**

repairing. **2** (*zaufania itp.*) worthy [IDM] **nic nie ~** worthless

warta guard: **~ honorowa** a guard of honour

wartościowy valuable

wartoś|ć value [IDM] **~ć nominalna** face value | **poczucie własnej ~ci** self-esteem

warun|ek condition: **pod ~kiem, że** on condition that

warunkow|y conditional [IDM] **zwolnienie ~e** parole

warzywo vegetable

wasz (*z rz.*) your, (*bez rz.*) yours

wata cotton wool, cotton (*Am.*)

ważny 1 (*istotny*) important **2** (*mający moc prawną*) valid

ważyć weigh ■ **ważyć się** (*sprawdzać swoją wagę*) weigh yourself [IDM] **~ słowa** weigh your words

wąchać/po- smell

wągier blackhead

wąs (**~y**) moustache, mus- (*Am.*), (*kota itp.*) whisker

wąski narrow, (*obcisły*) tight

wątek 1 (*powieści*) plot **2** (*myśli, zdarzeń*) train [IDM] **stracić ~** lose the thread

wątły frail

wątpić doubt

wątpliwoś|ć doubt: *mieć ~ci co do czegoś* have doubts about sth ◊ *poddawać coś w ~ć* question sth

wątpliwy 1 (*problematyczny*) questionable **2** (*nieprawdopodobny*) doubtful **3** (*przyjemność*) dubious

wątroba liver

wątróbka liver

wąwóz ravine

wąż 1 (*zool.*) snake **2** (*szlauch*) hose

wbi(ja)ć ~ (w coś) 1 (*gwóźdź*) hammer sth in(to sth) **2** (*zęby itp.*) dig sth into sth **3** (*nóż itp.*) plunge sth into sth [IDM] **~ sobie/komuś coś do głowy** get sth into your/sb's head | **~ w coś wzrok** fix your eyes on sth ■ **wbi(ja)ć się** dig in

wbrew ~ komuś/czemuś in defiance of sb/sth: **~ sobie** despite yourself ◊ **~ czyjejś woli** against sb's will

wbudow(yw)ać build sth into/onto sth

wcale 1 (*bynajmniej, zupełnie*) (not) at all: *prawie ~* scarcely ◊ *W~ nie jest szczęśliwy.* He's far from happy. **2** (*dość*) quite

w·chłaniać/chłonąć absorb

wchodzić/wejść 1 (*do pomieszczenia*) enter sth **2** (*na drzewo/górę*) climb sth **3** (*mieścić się, pasować*) **~ (do czegoś)** fit (in sth) [IDM] **nie wchodzić w grę** be out of the question I **~ na ekrany** be released I **~ komuś na głowę** walk (all) over sb I **~ na rynek** come onto the market I **~ komuś w zwyczaj** become a habit: *Nie chcę, aby spóźnianie się weszło ci w zwyczaj.* I don't want you to make a habit of being late. I **~ w życie** come into force

wciąg-ać/nąć 1 (*do środka*) pull sth (into sth), (*wir itp.*) suck sth in, (*powietrze itp.*) breathe sth in **2** (*flagę itp.*) hoist **3** (*zainteresować*) absorb **4** (*ubranie*) pull sth on **5** (*na listę*) put sb on sth **6** (*w działalność*) involve sb (in sth) ■ **wciąg-ać/nąć się:** *~ się w normalny tok pracy* get into your stride

wciąż still

wcierać/wetrzeć ~ coś (w coś) rub sth in(to sth)

wcis-kać/nąć 1 ~ coś (w coś) squeeze sth in(to sth) **2 ~ coś (komuś)** palm sth off (on sb) ■ **wcis-kać/nąć się ~ się (w coś)** crowd in(to sth)

wczesny early I **wcześnie** early [IDM] **wcześniej czy później** sooner or later

wcześniak premature baby

wcześniejszy earlier, (*uprzedni*) prior

wczoraj yesterday: *~ w nocy* last night

wczorajszy yesterday's

wczu(wa)ć się ~ w coś identify with sth

wczyt(yw)ać 1 (*kartę magnetyczną*) read **2** (*komput.*) load

wda(wa)ć się 1 (*w szczegóły*) go into sth **2** (*w bójkę itp.*) get into sth

wdech breath

wdowa widow

wdowiec widower

wdrap(yw)ać się ~ na coś climb (up) sth

wdychać inhale

wdzierać/wetrzeć się 1 (*do miasta itp.*) invade sth, (*do pokoju itp.*) burst into sth **2** (*na wysokość*) scale sth

wdzięcznoś|ć gratitude: *z ~cią* gratefully ◇ *mieć dług ~ci wobec kogoś* be in sb's debt

wdzięczny grateful

wdzięk grace: *bez ~u* graceless(ly)

według according to: *~ mnie* in my opinion

wedrzeć się → WDZIERAĆ SIĘ

wegetariański vegetarian

wejście 1 (*drzwi; wchodzenie*) entrance: *~ na statek* embarkation **2** (*wstęp*) entry **3** (*elektr.*) socket **4** (*znajomości*) connections

welon veil

wełna wool

wełniany woollen, woolen (*Am.*)

wentylator fan

wepchnąć (się) → WPYCHAĆ (SIĘ)

werbować/z- recruit

wertować/prze- (*przewracać strony czegoś*) turn the pages of sth, (*szukając czegoś*) browse

werwa verve

wesele wedding

weselny wedding

wesoł|y cheerful [IDM] **~e miasteczko** funfair I **W~ych Świąt!** (*Boże Narodzenie*) Happy Christmas, (*Wielkanoc*) Happy Easter

wesprzeć (się) → WSPIERAĆ (SIĘ)

westchnąć → WZDYCHAĆ

westchnienie sigh

wesz louse [*lm* lice]

weterynarz vet, (*form.*) veterinary surgeon, veterinarian (*Am. zwykle*)

wetknąć → WTYKAĆ

wetrzeć → WCIERAĆ

wewnątrz inside, inside of (*zwł. Am.*): *do ~* inside

wewnętrzn|y internal: *~a strona* the inside ❶ Brytyjski Minister Spraw Wewnętrznych to **Home Secretary**, a Ministerstwo Spraw Wewnętrznych – **Home Office**.

wezbrać → WZBIERAĆ

wezwać → WZYWAĆ

węch (sense of) smell

wędka fishing rod

wędkarstwo fishing

wędrować wander

wędrowiec (*także* **wędrownik**) hiker

wędrówka (*turystyczna*) hike

wędzony smoked

węgie|l 1 (*opał*) coal: *~iel drzewny* charcoal **2** (*pierwiastek chemiczny*) carbon: *tlenek ~la* carbon monoxide ◇ *dwutlenek ~la* carbon dioxide **3** (*lekarstwo*) charcoal tablets [IDM] *czarny jak ~iel* jet-black

węglowodan carbohydrate

węgorz eel

węszyć/z- 1 (*pies, itp. szukając*) sniff, (*wyczuć węchem*) scent **2** (*osoba: starać się coś znaleźć*) nose about/around **3** (*podejrzewać coś złego*) smell

węzeł (*i miara*) knot [IDM] *~ kolejowy* (railway) junction

w-ginać/giąć dent

wgłębienie depression

wgr(yw)ać (*komput.*) load

wiać (*wiatr*) blow

wiadomo (*form.*) it is known: *W~, że spędził tu kilka lat.* Everyone knows he spent several years here. ◊ *Nie ~, co się potem stało.* Nobody knows what happened next. ◊ *nigdy nie ~* you never know

wiadomoś|ć 1 (*informacja*) a new piece of information, (*zwł. w środkach przekazu*) a piece of news **2** (*dla/od kogoś*) message **3** (*~ci*) (*radio; TV*) the news **4** (*~ci*) (*wiedza*) knowledge [IDM] **podać coś (komuś)/do (publicznej) ~ci** make sth known (to sb) | **przyjąć coś do ~ci** accept sth (reluctantly) (as fact)

wiadro bucket

wiar|a 1 (*relig.*) faith **2** **~a (w coś)** belief (in sth): *~a w siebie* self-confidence [IDM] **nie do ~y** unbelievable | **w dobrej wierze** in good faith

wiarygodny 1 (*niezawodny*) reliable **2** (*zgodny z rzeczywistością*) credible

wiatr wind: *pod ~* against the wind

wiatrak windmill

wiatrówka 1 (*kurtka*) anorak, windbreaker (*Am.*) **2** (*broń*) air gun

wiązać/z- 1 (*łączyć węzłem*) tie **2** (*obietnica itp.*) bind **3** (*zespajać*) stick [IDM] **~ koniec z końcem** make ends meet ■ **wiązać/z- się** (*mieć związek*) **~ się z kimś/czymś** relate to sb/sth

wiązanie (*narciarskie*) binding

wiązanka 1 (*kwiatów*) bunch **2** (*muz.*) medley

wichrzyć (*włosy*) ruffle ■ **wichrzyć się** get ruffled

wić się 1 (*droga itp.*) wind **2** (*osoba*) writhe **3** (*włosy*) curl **4** (*roślina*) twine

widać 1 (*coś jest widoczne*) *W~ już szczyt.* You can see the peak now. **2** (*wniosek*) *W~ nie zdążył na autobus.* It seems he missed the bus.

widelec fork

wideo video: *rejestrować coś na ~* video sth

widły (pitch)fork [C]

widmo 1 (*duch*) phantom **2** (*fiz.*) spectrum

widny light

widoczny visible

widok 1 (*z okna itp.*) view: *pokój z ~iem na morze* a room with a sea view **2** (*bycie widocznym*) sight: *na ~ kogoś/czegoś* at the sight of sb/sth ◊ *dziać się na ~u* happen in front of sb **3** (*~i*) *~ (na coś)* prospects (of sth) [IDM] **mieć coś na ~u** have the prospect of sth

widokówka postcard

widowisko spectacle

widowiskowy spectacular

widownia (*ludzie*) audience, (*miejsce*) auditorium

widywać (się) see each other: *często ~ się z kimś* see a lot of sb

widz 1 (*sport*) spectator **2** (*świadek*) bystander **3** (*filmu itp.*) member of the audience, (*stały widz teatru*) theatregoer, theater- (*Am.*): *Widzowie dużo się śmiali.* The audience laughed a lot.

widzeni|e 1 (*zmysł*) sight: *znać kogoś z ~a* know sb by sight **2** (*z dziećmi itp.*) access to sb [IDM] **do ~a** goodbye

widzialny visible

widzieć/zobaczyć see: *~ coś we śnie* dream sth [IDM] **świata poza kimś nie widzieć** think the world of sb | **zobaczysz!** (just) you wait! ■ **widzieć się ~ się z kimś** see sb

wieczny eternal

wieczorowy night(ly), (*suknia itp.; szkoła*) evening

wiecz|ór evening: *dziś ~orem/dzisiejszy ~ór* this evening ◊ *wczoraj ~orem* yesterday evening ◊ *Przyjechałem w piątek ~orem.* I arrived on Friday evening. ◊ *W~orami oglądam telewizję.* I watch television in the evening. ◊ *Zwykle pływam w piątki ~orem.* I usually go swimming on Friday evenings. [IDM] **dobry ~ór** hello, (*form.*) good evening

wiedz|a 1 (*wiadomości*) knowledge: *~a po fakcie* hindsight **2** (*zgoda*) approval: *za ~ą jej rodziców* with the approval of her parents

wiedzieć know: *Czy wiesz coś o tym?* Do you know anything about this? [IDM] **no wiesz!** you know **2** (**no wiesz!**) come on | **o ile wiem** as far as I know | **wiesz co** (I'll) tell you what

wiedźma witch

wiejski country, (*tryb życia; gospodarstwo*) rural, (*szynka itp.*) country-style

wiek 1 age: *~ szkolny* school age ◊ *w ~u dwóch lat* aged two/at (the age of) two ◊ *średni ~* middle age ◊ *w średnim ~u* middle-aged ❶ Pytając o czyjś wiek, zazwyczaj mówimy: *How old is she?* Odpowiedź może brzmieć: *She's eighteen* albo: *She's eighteen years old*, (ale nie *She's eighteen years*, ani nie *She has 18 years*). Oto kilka przykładów mówienia o wieku: *I'm nearly ten.* ◊ *a girl of ten* ◊ *a ten-year-old girl* ◊ *The girl, aged 10, said she came from Perth.* **2** (*sto lat*) century [IDM] **od ~ów** for ages

wieko lid

wielbiciel/ka 1 (*miłośnik*) enthusiast, (*opery, win*) buff **2** (*admirator*) admirer

wielbić 1 (*relig.*) worship **2** (*uwielbiać*) adore

wielbłąd camel

wiele ~ (czegoś) a lot (of sth), (*tylko z rz. policz.*) many, (*tylko z rz. niepolicz.*) much: *o ~ lepszy/lepiej* much better → DUŻO [IDM] **tego już za ~!** that's a bit much!

Wielkanoc Easter: *w czasie ~y* at Easter

wielk|i 1 (*duży*) large → DUŻY **2** (*liczny; intensywny; ważny*) great: *To ~i wyczyn.* That's a great feat. ◇ *~ie pieniądze* a lot of money ◇ *na ~ą skalę* large-scale ◇ *~i mróz* a severe frost ◇ *Panował ~i głód.* There was a great famine. [IDM] **nic ~lego** nothing much ǀ **W~i Piątek** Good Friday ǀ **W~i Tydzień** Holy Week

wielkomiejski urban

wielkość|ć 1 (*rozmiar*) size: *~ci naturalnej* full-scale **2** (*miara*) quantity **3** (*znaczenie*) greatness

wielokrotn|y repeated: *W~e prośby nie pomogły.* Repeated requests didn't do any good.

wielonarodowy multinational

wielopiętrow|y multi-storey: *~e bloki* high-rise flats

wieloraki multiple

wieloryb whale

wielostronn|y 1 (*mający różne aspekty*) multifaceted: *~e zainteresowania* diverse interests **2** (*rozmowy itp.*) multilateral **3** (*kształt*) many-sided **4** (*osoba; umysł*) versatile

wieloznaczny ambiguous

wielu → WIELE

wieniec wreath

wieprzowina pork

wiercić bore, (*wiertarką*) drill ■ **wiercić się** fidget

wiern|y *przym.* **1** (*partnerowi; tradycji*) faithful, (*królowi/partii/przyjacielowi itp.*) loyal **2** (*zgodny z oryginałem*) true: *~a kopia* a facsimile ◇ *~y przekład* an accurate translation ǀ **wiern|y/a** *rz.* worshipper: *~i* the congregation

wiersz 1 (*utwór*) poem **2** (*linijka*) line [IDM] *~em* in rhyme

wierszyk rhyme: *tradycyjny rymowany ~ dla dzieci* a nursery rhyme

wierząc-y/a *rz.* believer

wierzba willow

wierzch 1 (*górna część*) top **2** (*pizzy itp.*) topping [IDM] **na ~u** on top

wierzchołek top [IDM] **~ góry lodowej** the tip of the iceberg

wierzgać buck

wierzyć/u- ~ (w kogoś/coś) believe (in sb/sth) [IDM] **~ komuś na słowo** take sb's word for sth

wieszać/powiesić 1 hang, (*pranie*) hang sth out, (*płaszcz*) hang sth up **2** (*ogłoszenie*) put sth up

wieszak (*do szafy*) (coat) hanger, (*kołek*) peg, (*wiszący*) coat rack, (*poziomy*) rail, (*stojący*) coat stand

wieś 1 (*teren poza miastem*) country: *na wsi* in the country **2** (*jednostka administracyjna*) village

wieśniaczka countrywoman [*lm* -women]

wieśniak countryman [*lm* -men]

wietrzny windy

wietrzyć/wy- air, air sth out (*Am.*) ■ **wietrzyć/wy- się** be aired

wiewiórka squirrel

wieża 1 (*budowla*) tower **2** (*stereofoniczna*) hi-fi **3** (*szachy*) castle

wieżowiec tower block

więc so, (*form.*) therefore

więcej more, (*w zakazie*) again: *Nigdy ~ tego nie rób!* Don't ever do that again! ◇ *co ~* what's more ◇ *mniej ~* more or less ◇ *coraz ~* more and more

więdnąć/z- 1 (*kwiat*) wilt **2** (*uroda*) fade

większoś|ć majority: *być w ~ci* be in the/a majority ◇ *Salony kosmetyczne w ~ci odwiedzają kobiety.* It's mostly/mainly women who go to beauty salons.

więzieni|e prison: *kara ~a* a prison sentence

wię-zień/źniarka prisoner

wię|ź bond: *~zy krwi* blood ties

wigilia eve: *W~ Bożego Narodzenia* Christmas Eve

wigor vigour, -gor (*Am.*)

wikłać 1 (*/u-*) **~ kogoś (w coś)** involve sb (in sth) **2 ~ coś** confuse sth ■ **wikłać się 1** (*sytuacja*) get complicated **2** (*/u-*) (*osoba*) **~ się (w coś)** get embroiled (in sth): *~ się w kłopoty* get into trouble

wilgoć moisture, (*ścian itp.*) damp, (*powietrza*) humidity

wilgotny moist, (*ściana itp.*) damp, (*powietrze*) humid, (*skóra: zwł. ręce*) clammy

wilk wolf [*lm* wolves] [IDM] **~ o ~u mowa (a ~ tuż)** speak of the devil ǀ **patrzeć ~iem** scowl

win|a (*czyn*) fault, (*uczucie; odpowiedzialność*) guilt: (*Nie*) *przy-znała się do ~y.* She pleaded (not) guilty to the crime. ◇ *ponosić ~ę za coś* take the blame for sth ◇ *obarczyć kogoś ~q* put the blame on sb

winda lift, elevator (*Am.*)

winiarnia wine bar

winić ~ kogoś (za coś) blame sb (for sth)

winnica vineyard

winny (*także winien*) **1** (*odpowiedzialny*) guilty **2** (*dłużny*): *być ~m komuś pieniądze* owe sb money

◇ *Jestem ci ~ podziękowanie*. I owe you a debt of gratitude. **3** (*dot. wina*) wine | **winien** should: *W~ cię przeprosić*. He should apologize to you.

wino wine

winogrono grape: *czerwone ~a* black grapes

winowaj-ca/czyni culprit, (*przestępca*) offender

winyl vinyl

wiolonczela (violon)cello

wiolonczelist-a/ka cellist

wiosenny spring

wioska village

wiosło oar, (*do kajaka itp.*) paddle

wiosłować row, (*z kajaka itp.*) paddle

wiosna spring(time)

wir|r whirl, (*wodny*) whirlpool |IDM| *rzucać się w ~r pracy itp.* throw yourself into sth | *w ~rze pracy itp.* in the thick of sth

wirować 1 (*bieliznę w pralce*) spin-dry **2** (*przed oczami*) swim

wirtualn|y virtual: *~a rzeczywistość* virtual reality

wirus virus

wisieć 1 (*i przen.*) ~ (*nad kimś*) hang (over sb) **2** (*pozostać w powietrzu*) hover |IDM| *coś wisi w powietrzu* something's in the air

wisiorek pendant

wiśnia black cherry

witać greet: *Witaj/cie!* Welcome!

witamina vitamin

witraż stained glass

witryna 1 (*w sklepie*) window **2** (*internetowa*) website

wiwatować ~ (*na czyjąś cześć*) cheer (sb)

wiza visa

wizerunek image

wizyt|a visit: *złożyć* (*komuś*) *~ę* pay (sb) a visit ◇ *Jutro mam ~ę u lekarza.* I've got a doctor's appointment tomorrow.

wizytówka 1 (*karta*) (business)card **2** (*przen.*) showcase

wjazd 1 (*wjechanie*) entering: *zakaz ~u* no entry **2** (*miejsce*) entrance, (*do garażu*) driveway, (*brama*) gateway, (*na autostradę*) slip road

w-jeżdżać/jechać (*aut.*) ~ *w/na coś* drive into sth, (*pociąg*) pull into sth, (*na górę*) go up somewhere

w-klejać/kleić ~ *coś* (*w coś*) (*klejem; komput.*) paste sth in; into sth, (*taśmą klejącą*) stick sth in; into sth

wklęsły hollow, (*szkła, lustra itp.*) concave

wkład 1 (*udział*) contribution: *wnosić ~ do czegoś* make a contribution to sth ◇ *~ pracy* an amount of work **2** (*do długopisu*) cartridge **3** (*w banku*) deposit

w-kładać/łożyć 1 ~ *coś do czegoś* put sth in sth, (*monetę, dyskietkę itp.*) insert, (*film, nabój itp.*) load **2** (*czas, pracę itp.*) put sth into (doing) sth, (*kapitał, czas itp.*) invest **3** (*ubranie*) put sth on

wkładka 1 insert **2** : ~ *domaciczna* an IUD

w-kraczać/kroczyć 1 (*wejść*) ~ *do czegoś* enter sth **2** (*wstąpić na teren itp.*) invade sth: ~ *bez pozwolenia na czyjś grunt* trespass **3** (*w czyjeś prawa itp.*) violate sth **4** (*interweniować*) ~ *w coś* intervene (in sth)

wkra-dać/ść się ~ *do czegoś/gdzieś* sneak in(to sth) |IDM| ~ *w czyjeś łaski* ingratiate yourself with sb

wkrę-cać/cić (*śrubę*) screw sth in ■ **wkrę-cać/cić się 1** (*śruba itp.*) screw **2** (*włosy itp.*) get caught **3** (*papier itp.*) jam

wkrótce soon

wlać → WLEWAĆ

w-latywać/lecieć 1 (*insekt itp.*) fly in, (*tłumnie*) swarm **2** (*spotykać kogoś*) ~ *na kogoś* bump into sb

wlec drag ■ **wlec się 1** (*iść*) drag: ~ *się z tyłu za kimś/czymś* lag behind sb/sth **2** (*czas*) wear on

wlecieć → WLATYWAĆ

w-lewać/lać ~ *coś* (*w coś*) pour sth (into sth)

wllcz-ać/yć include

władać 1 (*rządzić*) rule **2** (*językiem*) speak **3** (*ręką itp.*) have use of sth, (*szablą itp.*) wield

wład-ca/czyni ruler

władczy imperious

władować się → ŁADOWAĆ SIĘ

władz|a 1 (~*e*) (*polit.*) authorities: *~e lokalne* local government **2** (*oddziaływanie*) *~a* (*nad kimś/czymś*) power (over sb/sth): *mieć ~ę* have power ◇ *być u ~y* be in power **3** (*w ręce itp.*) use: *stracić ~ę w ręce* lose the use of your hand/arm |IDM| *być w pełni ~ umysłowych* be of sound mind

włamanie break-in: *kradzież z ~m* (a) burglary

włamywacz/ka burglar

włam(yw)ać się ~ *do czegoś* break in (to sth)

własność 1 (*mienie*) property **2** (*prawo*) ownership: *mieć coś na ~* own sth **3** (*cecha*) quality

w

własn|y own [IDM] **nazwa ~a** proper name I **z ~ej woli** of your own accord

właściciel/ka owner, (*małego hotelu, domu czynszowego, pubu*) landlord/ landlady

właściwy 1 (*osoba; odpowiedź*) right, (*zachowanie*) proper: *we ~m czasie* in due course **2** **~ komuś/czemuś** unique to sb/sth

właśnie just: *~ ten* the very one ◇ *~ tak* just so ◇ *w tym ~ czasie* at that particular time ◇ *~ mieć zamiar coś zrobić* be about to do sth [IDM] **No ~!** Exactly!

włącz-ać/yć 1 (*światło itp.*) switch sth on **2** (*do sieci*) plug sth in **3** (*jako część czegoś*) include, (*do akt/kartoteki itp.*) file ■ **włącz-ać/yć się 1** (*do dyskusji itp.*) join in ((doing) sth) **2** (*urządzenie*) come/go on: *Jak to się włącza?* How do you switch it on?

włochaty hairy

włos a (strand of) hair, (**~y**) hair: *o jasnych ~ach* fair-haired [IDM] **o mały ~** by the skin of your teeth: *uniknięcie nieszczęścia o mały ~* a narrow escape I *sprawiać, że komuś ~y stają dęba* make sb's hair stand on end

włożyć → WKŁADAĆ

włóczęga tramp

włóczyć się wander

włókno fibre, **-ber** (*Am.*)

wmasować → MASOWAĆ

w-mawiać/mówić ~ komuś coś (try and) make sb believe sth

wmieszać 1 ~ coś (do czegoś) stir sth (into sth) **2** ~ kogoś (do czegoś) involve sb (in sth) ■ **wmieszać się** ~ się w coś be/get mixed up in sth: *~ się w tłum* get lost in the crowd

wnęka recess

wnętrz|e 1 (*część wewnętrzna*) inside: *Zajrzała do ~a szafy.* She looked inside the cupboard. **2** (*pomieszczenie*) interior: *projektowanie ~* interior design

wnętrzności insides

wnieść → WNOSIĆ

wnik-ać/nąć ~ w coś enquire/(*Am.*) inquire into sth

wnikliwy penetrating

wnios|ek 1 (*wynik*) conclusion: *dojść do ~ku* come to a conclusion ◇ *wyciągnąć z czegoś ~ek* draw a conclusion from sth **2** (*propozycja*) motion: *wysuwać ~ek* put forward a proposal ◇ *podtrzymać / odrzucać ~ek* carry/reject a motion

wnioskować/wy- conclude

w-nosić/nieść 1 (*walizkę itp.*) ~ **do czegoś** carry/bring/take sth in somewhere, **~ coś do góry** carry/bring/ take sth up somewhere **2** : ~ **wkład do czegoś** make a contribution to sth ◇ ~ *podanie o coś* apply for sth ◇ ~ **skargę** lodge a complaint ◇ ~ *oskarżenie przeciw komuś* bring charges against sb

wnuczka granddaughter

wnuk grandson

wobec 1 (*w stosunku do kogoś/czegoś*) to(wards): *Był niegrzeczny ~ nauczyciela.* He was rude to the teacher. **2** (*z powodu*) because of sth: *~ tego* then **3** (*w porównaniu z czymś*) in comparison with sth: *Oceny były niskie ~ oczekiwanych.* The results were lower than expected.

wod|a 1 water: *~a pitna* drinking water ◇ *bieżąca ~a* running water ◇ *~a z kranu* tap water **2** (**~y**) (*terytorialne*) waters [IDM] **~a kolońska (gazowana/niegazowana)** (sparkling/ still) mineral water I **~a sodowa** soda (water)

Wodnik (*znak zodiaku*) Aquarius

wodnisty watery

wodny water, (*sport*) aquatic

wodolot hovercraft

wodoodporny waterproof

wodorost seaweed

wodospad waterfall

wodoszczelny waterproof

wodór hydrogen

wojenn|y war, (*sąd itp.*) martial: *działania ~e* warfare ◇ *zbrodnia ~a* a war crime ◇ *stan ~y* martial law

wojewoda governor

województwo province

wojn|a war: *~a jądrowa* nuclear warfare ◇ *~a domowa* (a) civil war ◇ *~a światowa* a world war ◇ *na ~ie* at war ◇ *czas ~y* wartime ◇ *W~a wybuchła.* War broke out. ◇ *być w stanie ~y* be at war ◇ *wypowiadać ~ę* declare war ◇ *zginąć na ~ie* be killed in the war ◇ *toczyć ~ę* fight a war ◇ *~a cenowa* a price war

wojsk|o army: *służyć w ~u* do military service ◇ *wstąpić do ~a* join the army

wojskow|y military: *służba ~a* military service

wokoło (*także wokół*) round, around

wol|a will: *dobra ~a* goodwill ◇ *wolna ~a* free will ◇ *z własnej ~i* of your own accord

woleć prefer ❸ Zwróć uwagę, że **prefer** można użyć następująco: *She prefers going by train to flying.* ◇ *She prefers to*

w

go by train rather than to fly. Woli
jeździć pociągiem niż latać samolotem.
◇ *My parents would prefer me to study
law at university.* ◇ *My parents would
prefer it if I studied law at university.*
◇ *My parents would prefer that I
studied law at university.* Moi rodzice
woleliby, żebym studiował prawo na
uniwersytecie. Dwa ostatnie przykłady
stosowane są w języku form.

wolno *przysł.* **1** *(powoli)* slowly: *Mów
wolniej.* Speak slower/more slowly.
2 *(swobodnie)* freely ▶ *cz. pomoc.* ~
komuś coś robić be allowed to do sth:
nie ~ palić no smoking

wolnocłowy duty-free

wolność freedom: ~*ć słowa* freedom of
expression/speech ◇ *morderca na ~ci* a
murderer at large ◇ *zwierzęta na ~ci*
animals in the wild

wolny 1 ~**y (od czegoś)** free (from sth),
(czas; miejsce) spare: ~*y od podatku*
tax-free ◇ *dzień ~y od pracy* a day off
◇ *w ~ej chwili* at your leisure **2** : ~*a/y
posada/pokój w hotelu* a vacancy
3 *(nieżonaty/niezamężna)* single
4 *(tempo)* slow

wołać/za- call: ~ *taksówkę* hail a taxi

wołowina beef

wołowy beef

worek 1 *(torba)* sack **2** *(~ki) (pod
oczami)* bags | [IDM] **wrzu-cać coś do
jednego ~ka** lump sth together | **wyszło
szydło z ~ka** the cat is out of the bag

wosk wax

wozić transport, *(samochodem)* drive

wódka vodka

wódz 1 *(plemienia)* chief **2** *(przywódca)*
leader

wół ox [*lm* oxen]

wówczas then

wóz 1 *(furmanka)* cart **2** *(ładu-nek)*
cartload **3** *(samochód)* car [IDM] ~
strażacki fire engine

wózek 1 *(handlarza)* barrow **2** *(w
sklepie, na dworcu)* trolley
3 *(dziecinny)* pram: ~ *spacerowy* a
pushchair **4** *(inwalidzki)* wheelchair

wpa-dać/ść 1 ~ **do czegoś** fall into
sth, ~ **na kogoś/coś** bang into sb/sth
2 *(gdzieś)* go around/round (to sth), ~
do kogoś drop in on sb **3** *(spotkać się)*
~ **na kogoś** bump into sb **4** *(w tarapaty
itp.)* get into sth [IDM] **(łatwo) wpadać w
ucho** be easy to remember | ~ **komuś do
głowy** occur to sb | ~ **na pomysł** have an
idea | ~ **pod samochód** be run over by a
car | ~ **komuś w oko** take sb's fancy

w-pajać/poić ~ **komuś coś** inculcate sb
with sth; sth (into sb)

wpat-rywać/rzyć się ~ **w kogoś/coś**
stare at sb/sth

wpis 1 *(do pamiętnika itp.)* entry **2** *(do
dokumentów)* registration

wpis(yw)ać ~ **coś (w coś)** write sth (in
sth), *(do rejestru)* enter sth (in sth): ~ *do
komputera* key sth into sth

wplą t(yw)ać 1 *(wstążkę we włosy itp.)*
plait sth into sth **2** ~ **kogoś w coś**
involve sb in sth ■ **wplą t(yw)ać się** ~ **się
w coś** be/get mixed up in sth

wpła-cać/cić pay sth in

wpłata payment

wpływ 1 *(oddziaływanie)* influence
2 *(~y) (znajomości)* connections **3** *(~y)
(dochód)* in-come: ~*y kasowe* the
takings

wpły-wać/nąć 1 *(oddziaływać)*
influence, affect ❶ *Cz.* **affect** i **influence**
mają podobne znaczenie. *Cz.* **affect**
zwykle używa się opisując zmiany
materialne i fizyczne, podczas gdy
influence odnosi się najczęściej do
zmiany uczuć czy opinii: *Drinking
alcohol can affect your ability to drive.*
Picie alkoholu może wpłynąć na
zdolność kierowania pojazdem. ◇ *The
article has influenced my attitude
towards drink driving.* Ten artykuł
wpłynął na mój stosunek do jazdy po
pijanemu. **2** *(statek)* sail in(to sth/
somewhere), *(osoba)* swim in(to sth/
somewhere) **3** *(poczta)* arrive,
(pieniądze) come in

wpływowy influential

wpoić → WPAJAĆ

wpół half: ~ *do piątej* half past four

wprawa skill: *mieć ~ę w czymś* be adept
at (doing) sth ◇ *nabierać ~y w czymś*
master sth ◇ *wyjść z ~y* get out of
practice

wprawny skilled

wprost direct(ly) [IDM] **na ~ czegoś**
opposite sth | ~ **przeciwnie** just the
opposite

wprowa-dzać/dzić 1 *(do
pomieszczenia)* lead sb into sth
2 *(zapoznać itp.)* ~ **kogoś/coś (w coś)**
introduce sb/sth (to sth) **3** *(ustawę itp.)*
implement **4** *(komput.)* key sth (in)/
(into sth) [IDM] ~ **kogoś w błąd** mislead
sb | ~ **coś w życie** bring sth into force
■ **wprowa-dzać/dzić się** move in

wpu-szczać/ścić ~ **kogoś gdzieś** let
sb/sth in

wpychać/wepchnąć 1 ~ **coś do
czegoś** stuff sth into sth **2** ~ **coś komuś**
push sth on sb ■ **wpychać/wepchnąć się**
push in, cut in *(Am.)*: ~ *się bez kolejki*
jump the queue

wracać/wrócić return, (*skądś*) come back, (*dokądś*) go back [IDM] **~ do zdrowia** recover

wrak wreck

wrażenie 1 (*doznanie*) sensation **2** (*opinia*) impression [IDM] **odnosić/ mieć ~, że** be under/have the impression that | **robić/wywierać ~ (na kimś)** make an impression (on sb): *Robiła ~ osoby niezainteresowanej.* She gave the impression that she wasn't interested.

wrażliwy ~ na coś sensitive to sth

wreszcie finally

wręcz-ać/yć ~ (komuś) coś present sb with sth; sth (to sb)

wrodzony 1 (*talent itp.*) innate **2** (*choroba itp.*) congenital

wrogi hostile

wrotka roller skate

wróbel sparrow

wrócić → WRACAĆ

wróg enemy

wróżb|a 1 (*przepowiednia*) prediction **2** (*~y*) (*przepowiadanie*) fortune tellling **3** (*zapowiedź*) omen

wróżbita fortune teller

wróżka fairy

wróżyć 1 (*z kart itp.*) **~ komuś** tell sb's fortune **2** (*przewidywać*) foretell [IDM] **~ dobrze/źle (ko-muś/czemuś) bode** well/ill (for sb/sth)

wrzask yell

wrzaskliwy noisy

wrzasnąć → WRZESZCZEĆ

wrzawa uproar

wrzeć boil

wrzesień September → MAJ

w-rzeszczeć/rzasnąć ~ na kogoś yell at sb

wrzód ulcer, (*ropień*) abscess

wrzu-cać/cić ~ coś do czegoś throw sth in(to) sth [IDM] **~ bieg** engage a gear

wsa-dzać/dzić ~ kogoś/coś do czegoś put sb/sth in sth

wschodni east(ern)

wschodzić/wzejść 1 (*słońce itp.*) rise **2** (*roślina*) come up

wschód (*geogr.*) east: *na ~* east(wards) ◊ *na ~ od Polski* east of Poland [IDM] **~ słońca** sunrise

w-siadać/siąść (*do autobusu/pociągu/ samolotu; na rower/konia*) get on a bus/train/plane/bike/horse, (*do samochodu*) get in(to) a car, (*na statek*) board a ship

wsiąk-ać/nąć ~ w coś 1 (*nasączyć*) soak into sth **2** (*osoba w grupę*) assimilate sth into sth

wskazówk|a 1 (*wskaźnik*) pointer **2** (*zegara*) hand **3** (*rada*) suggestion, (*podpowiedź*) clue

wskaz(yw)ać 1 ~ na kogoś/coś point to sb/sth **2 ~ coś (komuś)** point sth out (to sb) **3** (*znak itp.*) show: *Termometr wskazuje wysoką temperaturę.* There's a high reading on the thermometer. **4** (*wyznaczyć*) **~ kogoś jako/na kogoś** designate sb (as) sth [IDM] **~ (komuś) drogę** give (sb) directions

wspaniałomyślny generous

wspaniały wonderful

wsparcie support

wspiąć się → WSPINAĆ SIĘ

wspierać/wesprzeć support ■ **wspierać/wesprzeć się 1** (*opierać się*) **~ się o coś/na czymś** lean against/on sth **2** (*pomagać sobie nawzajem*) support one another

wspinaczk|a climb(ing): *~a górska* mountaineering ◊ *uprawiać ~ę górską* go climbing

w-spinać/spiąć się climb [IDM] **~ na palce** stand on your toes

wspom-inać/nieć 1 (*nadmieniać*) **~ o czymś** mention sth **2** (*przypominać sobie*) remember

wspomnieni|e (*pamięć*) memory **2** (*przypominanie sobie*) recollection **3** (*~a*) (*pamiętnik*) memoirs [IDM] **na samo ~e o tym** at the mere mention of it

współni-k/czka partner

wspólnota 1 (*społeczność*) community **2** (*polit.*) commonwealth [IDM] **~ majątkowa/małżeńska** common property

wspóln|y 1 (*zainteresowanie, pogląd*) common **2** (*znajomy*) mutual **3** (*pokój, kuchnia itp.*) shared **4** (*konto; wysiłek*) joint [IDM] **mieć coś ~ego z kimś/czymś 1** (*dotyczyć*) be/have to do with sb/sth **2** (*dzielić*) have sth in common with sb/ sth

współczesny *przym.* contemporary | **współczesn-y/a** *rz.* contemporary

współczuci|e sympathy [IDM] **wyrazy ~a** condolences

współczuć ~ komuś sympathize with sb

współlokator/ka (*w pokoju*) room-mate, (*w mieszkaniu*) flatmate, room-mate (*Am.*)

współmierny proportional

współpraca 1 (*współdziałanie*) cooperation **2** (*nad projektem artystycznym/naukowym; z wrogiem*) collaboration

współpracować 1 (*współdziałać*) cooperate **2** (*nad projektem*

artystycznym/naukowym; z wrogiem)
collaborate

współpracowni-k/czka 1 (*w pracy*)
colleague **2** (*pisma itp.*) contributor
3 (*policji*) informer

współzawodnictwo competition

współzawodniczyć ~ (z kimś) (o coś)
compete (with/against sb) (for sth)

wsta(wa)ć 1 (*obudzić się*) get up **2** (*do
pozycji stojącej*) stand up **3** (*słońce*) rise

wstawi(a)ć 1 ~ coś do czegoś put sth
in(to) sth **2** (*wodę itp.*) put sth on:
Wstawię wodę na herbatę. I'll put the
kettle on (for some tea). ■ **wstawi(a)ć się**
~ się za kimś put in a (good) word for sb

wstąpić → WSTĘPOWAĆ

wstążka (*do włosów/opakowania*)
ribbon, (*do kapelusza*) band

wstecz (*do tyłu; w przeszłości*) back
(ward(s)): *patrząc ~* in retrospect
◊ *sięgać myślą ~* think back

wstęp 1 (*początek; w książce*)
introduction **2** (*wejście*) entry [IDM]
bilet ~u admission I na ~ie to begin with
I ~ wzbroniony no entry

wstępny 1 (*początkowy*) initial
2 (*przygotowawczy*) preparatory
3 (*wprowadzający*) introductory

w-stępować/stąpić 1 (*zapisywać się*)
~ do czegoś join sth: ~ do wojska join
the army ◊ ~ na uniwersytet enrol at a
university **2** (*odwiedzać*) ~ do kogoś
drop in on sb, ~ gdzieś stop off
somewhere [IDM] ~ na tron ascend the
throne I ~ w związek małżeński get
married

wstręt repulsion: *czuć ~ do kogoś/
czegoś* find sb/sth repulsive

wstrętny repulsive

wstrząs 1 (*psychiczny*) shock: *przeżyć
~ get a shock* **2** (*geol.*) tremor [IDM] ~
mózgu concussion

wstrząs-ać/nąć 1 (*butelkę itp.*) shake
2 (*zszokować*) shock

wstrzykiwać inject

wstrzym(yw)ać 1 (*ruch, pracę
itp.*) suspend **2** (*wypłatę*) withhold ■ **wstrzym(yw)ać się** (*odłożyć*) ~
się (z czymś) hold off ((doing) sth):
*Wstrzymali się z decyzją do następnego
miesiąca.* They put the decision off till
the following month. **2** ~ się (od
czegoś) (*powstrzymać się*) abstain
(from (doing) sth): ~ się od picia abstain
from drinking ◊ ~ się od zbyt
pochopnych opinii stop yourself
forming rash opinions ◊ *Trudno było
mi ~ się od śmiechu.* It was difficult to
keep myself from laughing. ◊ ~ się od
głosu abstain

wstyd shame: *W~ mi za ciebie.* I'm
ashamed of you.

wstydliwy 1 (*nieśmiały*) bashful
2 (*powodujący uczucie: zażenowania*)
embarrassing, (*wstydu*) shameful

wstydzić się 1 (*odczuwać wstyd*) ~
(kogoś/czegoś) be ashamed (of sb/sth)
2 (*być nieśmiałym*) ~ (coś zrobić) be
embarassed (to do sth)

wsu-wać/nąć 1 (*włożyć*) insert

wszechstronny 1 (*osoba*) versatile
2 (*wykształcenie*) comprehensive
3 (*zainteresowania*) wide-ranging

wszechświat universe

wszelki every

wszerz across

wszędzie everywhere

wszyscy everybody, everyone

wszystkie all: ~ *książki* all the books
◊ *Czy masz ~ rzeczy?* Have you got all of
them/them all/everything?

wszystk|o everything [IDM] nade ~o
first and foremost I przede ~im above all
I ~o jedno kto/co/gdzie itp. no matter
who/what/where, etc. I ~o mi jedno it's
all the same to me: *Wszytko mi jedno,
który film obejrzymy.* I don't mind
which film we watch. I ~iego
najlepszego! all the best! I ~iego
najlepszego z okazji urodzin! Happy
Birthday! I ~o razem wziąwszy
altogether

wścibski *przym.* inquisitive

w-ściekać/ściec make sb angry ■ **w-ściekać/ściec się** get angry

wścieklizna rabies

wściekłoś|ć rage: *doprowadzać kogoś
do ~ci* enrage sb

wściekły ~ (na kogoś) mad (at/with sb)

wśród (*wielu*) among, (*dwóch*) between

wtajemniczać ~ kogoś (w coś) (*w
tajniki zawodu*) initiate sb (into sth): ~
kogoś w tajemnicę let sb into a secret

wtargnąć 1 (*do kraju*) invade **2** (*na
czyjąś ziemię*) trespass on sb's land, (*do
pomieszczenia*) burst into sth

wtedy then

w-tłaczać/tłoczyć 1 (*ludzi,
przedmioty*) cram **2** (*płyn, gaz itp.*)
force [IDM] ~ coś komuś do głowy
drum sth into sb/sb's head
■ **w-tłaczać/tłoczyć się** cram

wtorek Tuesday → PONIEDZIAŁEK

wtrą-cać/cić 1 (*słowo itp.*) put sth
in ■ **wtrą-cać/cić się** meddle: *nie
wtrącaj się w nie swoje sprawy* mind
your own business

wtyczka 1 (*urządzenie*) plug

wtykać/wetknąć (*wkładać*) stick [IDM]
~ nos w coś poke your nose into sth

W

wuj/ek uncle
wulgarny vulgar
wulkan volcano
wy you
wyasygnować → ASYGNOWAĆ
wybacz-ać/yć ~ komuś (coś) forgive sb (for (doing) sth); (sb) sth : *Pani wybaczy, ale muszę już wyjść.* Excuse me, but I have to leave now.
wybaczalny forgivable
wybaw-ca/czyni rescuer
wybawiać rescue [IDM] ~ kogoś z kłopotu get sb out of trouble
wybełkotać → BEŁKOTAĆ
wybieg 1 (*podstęp*) trick **2** (*dla koni*) paddock, (*dla świń, owiec*) pen **3** (*dla modelek*) catwalk
wybiegać 1 (*biec*) run out of sth **2** (*prowadzić dokądś*) lead to sth: *Ścieżka wybiega do ogrodu.* The path leads to the garden. ◇ *Nie wybiegam tak daleko naprzód w swoich planach.* I don't plan so far ahead. **3** (*wykraczać*) ~ poza coś be/go beyond sth
wybiel-ać/ić 1 (*ubranie*) bleach, (*zęby*) whiten **2** (*oczyścić z zarzutów; pomalować ściany*) whitewash
wyb(ie)rać 1 (*wyselekcjonować*) choose, (*spośród wielu*) select **2** (*na stanowisko*) elect **3** (*pieniądze z konta*) withdraw [IDM] ~ numer telefonu dial a telephone number ■ wyb(ie)rać się go: ~ się na narty/spacer go ski-ing/for a walk
wybi(ja)ć 1 (*korek z butelki, ząb, okno itp.*) knock sth out: ~ dziurę w ścianie knock a hole in the wall **2** (*takt*) beat **3** (*godziny*) strike **4** (*zabijać*) kill sth off **5** (*rękę/nogę ze stawu*) dislocate **6** (*sport*) throw, (*kijem*) hit [IDM] ~ komuś coś z głowy get sth out of sb's head ■ wybi(ja)ć się **1** (*wyróżniać się*) stand out **2** (*ze snu*) be unable to get back to sleep, (*z rytmu*) get out of rhythm
wybitny outstanding
wyblakły faded
wyblaknąć → BLAKNĄĆ
wybor-ca/czyni voter
wyborczy electoral
wyborowy prime
wybor|y election(s): ~y powszechne a general election ◇ ~y dodatkowe a by-election ◇ stawać do ~ów stand for election
wybój bump
wybór choice, (*spośród takich samych rzeczy/osób*) selection
wybrakowany defective: ~ towar a reject

wybredny fussy
wybrnąć get out of sth
wybryk excess [IDM] ~ natury freak (of nature)
wybrzeże coast
wybuch 1 (*bomby*) explosion **2** (*wulkanu*) eruption **3** (*epidemii, wojny*) outbreak **4** (*entuzjazmu*) burst, (*gniewu, śmiechu*) outburst
wybuch-ać/nąć 1 (*bomba*) explode: ~ płomieniem burst into flames **2** (*wulkan*) erupt **3** (*wojna, epidemia*) break out **4** (*przen.*): ~ gniewem blow up ◇ ~ płaczem burst into tears ◇ ~ śmiechem burst out laughing
wybuchowy 1 (*substancja*) explosive **2** (*osoba*) bad-tempered
wyburz-ać/yć knock sth down
wycelow(yw)ać → CELOWAĆ
wyceni(a)ć value
wychodzić/wyjść 1 (*z domu, pracy itp.*) leave **2** (*na scenę*) come on **3** (*okno, pokój itp.*) ~ na coś overlook, sth **4** (*zabawić się*) go out **5** (*z wypadku*) get through sth **6** (*pomysł*) work **7** (*zdjęcie; druk; słońce*) come out **8** (*z opresji itp.*) come out of sth [IDM] ~ cało get through in one piece i ~ na czymś dobrze/źle come off well/badly i ~ na dobre be (all) for the best i ~ na jaw come to light i ~ na swoje break even i ~ za mąż get married i ~ z mody/użycia go out of fashion/use i ~ z siebie **1** (*denerwować się*) be beside yourself **2** (*starać się*) bend over backwards
wychowan-ek/ka 1 (*w szkole*) pupil **2** (*osierocone dziecko wychowywane przez kogoś*) ward
wychowanie upbringing, (*ogłada*) manners
wychowaw-ca/czyni (*szk.*) tutor, advisor (*Am.*)
wychowawczy educational
wychowywać bring sb up
wychwalać glorify
wychyl-ać/ić się lean out/over sth
wyciąg 1 (*wywar*) essence **2** (*dźwig*) hoist **3** (*wypis*) extract [IDM] ~ narciarski ski lift i ~ z konta bank statement
wyciąg-ać/nąć 1 (*wydostać*) pull sth out **2** (*prostować ręce/nogi; rozciągnąć*) stretch sth (out) **3** (*rękę*) reach out, (*szyję*) crane **4** (*za pomocą wyciągarki*) winch **5** ~ coś od kogoś drag sth out (of sb) **6** ~ kogoś (*skądś*) (*przen.*) get sb out (of sth) **7** (*wniosek*) draw [IDM] ~ coś na światło dzienne bring sth to light i ~ nogi die ■ wycią-g-ać/nąć się (*na łóżko itp.*) stretch (yourself) out

wycie howl(ing)
wycieczka excursion, (*po mieście itp.*) tour of sth: ~ *piesza* a hike
wyciek leak(age)
wycie-kać/c leak
wycieraczka 1 (*przed drzwiami*) doormat **2** (*szyby samochodowej*) windscreen/windshield (*Am.*) wiper
wy-cierać/trzeć 1 (*buty*) wipe, (*tablicę*) clean, (*rozlany płyn*) wipe sth (up), (*podłogę, czoło*) mop: ~ *kurze z czegoś* dust sth **2** (*ręce, naczynia itp.*) dry **3** (*ubranie*) wear out [IDM] ~ *nos* blow your nose ■ **wy-cierać/ trzeć się** (*materiał*) wear out
wy-cinać/ciąć 1 ~ *coś* (*z czegoś*) cut sth out (of sth) **2** (*rzeźbić*) carve **3** (*med.*) remove sth surgically
wycinek 1 (*prasowy*) cutting, clipping (*Am.*) **2** (*geol.*) segment
wycis-kać/nąć 1 (*cytrynę itp.*) squeeze sth **2** (*z tubki itp.*) squeeze sth out **3** (*pranie*) wring sth out
wycof(yw)ać (się) withdraw
wyczerpanie exhaustion
wyczerpany 1 (*osoba; zapasy*) exhausted **2** (*bateria*) flat **3** (*nakład książki*) out of print
wyczerp(yw)ać exhaust ■ **wyczerp-(yw)ać się 1** (*osoba*) be/get exhausted **2** (*temat*): *Wyczerpaliśmy ten temat.* We've exhausted that topic. **3** (*zapasy*) (*wyczerpywać się*) run low, (*wyczerpać się*) run out **4** (*bateria*) run down **5** (*cierpliwość*) wear thin
wyczucie ~ *czegoś* feeling for sth [IDM] *robić coś na* ~ **1** (*dotykając*) do sth feeling your way **2** (*polegając na instynkcie*) do sth by instinct | *z* ~*m* tactfully
wyczu(wa)ć 1 (*rozumieć*) sense **2** (*dotykiem*) feel, (*węchem*) smell
wyczyn 1 (*osiągnięcie*) achievement **2** (~*y*) (*wybryki*) exploits
wyczyścić → CZYŚCIĆ
wyć 1 (*zwierzę; z bólu/rozpaczy*) howl **2** (*syrena*) wail
wydać (się) → WYDAWAĆ (SIĘ)
wydajność efficiency
wydajny efficient
wydalać expel
wydanie 1 (*edycja: książki, gazety*) edition, (*czasopisma*) issue **2** (*opublikowanie*) publication **3** (*przestępcy, zbiega*) extradition
wydarz-ać/yć się happen
wydarzenie event: *przełomowe* ~ *a* turning point
wydat|ek expense, (~*ki*) expenditure

wydatny 1 (*widoczny*) salient **2** (*oczy, nos itp.*) prominent **3** (*wpływ, straty itp.*) considerable
wyda(wa)ć 1 (*pieniądze*) spend **2** (*przyjęcie; polecenie; resztę; opinię; okrzyk*) give **3** (*potwierdzenie, dekret itp.*) issue **4** (*gaz itp.*) emit **5** (*wyrok*) pass **6** (*przestępcę; tajemnicę; za mąż*) give sb/sth away **7** (*drukiem*) publish **8** (*zapach*) give off sth **9** (*posiłek*) serve ■ **wydawać się 1** ~ *się komuś* seem to sb **2** (*informacja*) leak out, (*tajemnica*) get out
wydawca publisher
wydawnictwo 1 (*instytucja*) publishing house **2** (*publikacja*) publication
wydech breath
wydedukować → DEDUKOWAĆ
wydeklamować → DEKLAMOWAĆ
wydelegować → DELEGOWAĆ
wydestylować → DESTYLOWAĆ
wydłub(yw)ać dig sth out
wydłuż-ać/yć lengthen, (*podróż*) prolong, (*pobyt*) extend ■ **wydłuż-ać/yć się** lengthen
wydma (sand) dune
wydoby(wa)ć 1 (*spod ziemi*) extract, (*węgiel itp.*) mine **2** (*wyciągnąć; uwidaczniać*) get sth out: *Wydobyła z siebie kilka słów.* She managed to get a few words out. **3** (*informacje itp.*) elicit [IDM] ~ *głos* utter a sound ■ **wydoby(wa)ć się 1** (*wydostać się*) escape **2** (*dźwięk*) come out
wydoić → DOIĆ
wydoroślić → DOROŚLEĆ
wydosta(wa)ć ~ *coś* (*z kogoś/czegoś*) get sth out (of sb/sth)
wydrąż-ać/yć hollow sth (out) → DRĄŻYĆ
wydruk printout
wydrukować → DRUKOWAĆ
wydrzeć → WYDZIERAĆ
wydychać exhale
wyd-ymać/ąć 1 (*usta*) pout **2** (*policzki*) blow sth out **3** (*żagle, firanki itp.*) fill sth (out)
wydział department, (*na uniwersytecie*) faculty
wydziel-ać/ić 1 (*przydzielić*) ration sth out **2** (*med.; ropę*) discharge, (*gruczoł*) secrete **3** (*zapach, ciepło itp.*) give off sth, (*bardziej form.*) emit
wy-dzierać/drzeć tear sth out [IDM] ~ *coś sobie z rąk* (try to) snatch sth from sb ■ **wy-dzierać/drzeć się** (*krzyczeć*) scream your head off
wydzierżawić → DZIERŻAWIĆ

W

wyeksmitować → EKSMITOWAĆ

wyekspediować → EKSPEDIOWAĆ

wyeksploatować → EKSPLOATOWAĆ

wyeliminować → ELIMINOWAĆ

wyemancypować → EMANCYPOWAĆ

wyemigrować → EMIGROWAĆ

wyg-aniać/nać drive sb/sth away

wygas-ać/nąć 1 (*świeca itp.*) go out **2** (*bilet itp.*) expire **3** (*ród itp.*) die out **4** (*emocje*) fade **5** (*zanikać*) disappear: *Epidemia wygasła.* The epidemic has subsided. ◇ *Tradycje rodzinne wygasają.* Family traditions are dying out.

wygaszacz: ~ *ekranu* a screen saver

wyg-inać/iąć (się) bend: ~ *w łuk* arch

wygląd appearance

wygląda-ć/ć 1 (*mieć wygląd; zdawać się być*) look: ~ *ładnie/na zmęczonego* look nice/tired ◇ ~ *nieswojo* not look yourself ◇ *Jak on wygląda?* What does he look like? ◇ *Wygląda na to, że już wyjechał.* It looks (to me) as if he's already left. **2** (*patrzeć się: przez dziurkę od klucza itp.*) peep through sth, (*przez okno*) look out of sth **3** (*wystawać*) ~ *zza/spod czegoś* appear from behind/under sth **4** (*oczekiwać*) ~ *kogoś/czegoś* look out for sb/sth

wygła-dzać/dzić smooth sth (out)

wy-głaszać/głosić deliver

wygłupi(a)ć się fool about/around

wygnanie exile

wygod-a 1 (*zadowolenie*) comfort **2** (*dogodność*) convenience **3** (~*ody*) amenities: *bez* ~*ód* basic

wygodny 1 (*krzesło itp.*) comfortable **2** (*termin itp.*) convenient **3** (*osoba*) lazy

wygrać → WYGRYWAĆ

wygr(yw)ać win

wygrzewać się (*przy piecyku*) warm yourself: ~ *w słońcu* bask in the sun

wyhodować → HODOWAĆ

wyidealizować → IDEALIZOWAĆ

wyjaśni(a)ć explain ■ **wyjaśni(a)ć się** be cleared up

wyjaśnienie explanation

wyjąć → WYJMOWAĆ

wyjąt|ek 1 (*odstępstwo*) exception: *z* ~*kiem* except ◇ *zrobić (dla kogoś)* ~*ek* make an exception (for sb) **2** (*z dzieła*) excerpt

wyjątkowy exceptional

wyje-żdżać/chać leave: ~ *na weekend* go away for the weekend ◇ ~ *na wakacje* go on holiday

wyj-mować/ąć ~ *coś* (*z czegoś*) get/ take sth out (of sth)

wyjści|e 1 (*drzwi itp.*) exit, (*na lotnisku*) gate: ~*e ewakuacyjne* a fire escape ◇ *po* ~*u z domu* after I left home **2** (*z sytuacji*) option: *nie mieć* ~*a* have no way out **3** (*w dyskusji*): *punkt* ~*a* a starting point **4** (*z partii itp.*) breakaway

wyjść → WYCHODZIĆ

wyk-ańczać/ończyć 1 (*skończyć*) put the finishing touches to sth **2** (*męczyć kogoś*) finish sb off

wykaz list

wykaz(yw)ać 1 (*dowieść*) demonstrate **2** (*pokazać*) show **3** (*ujawniać*) reveal ■ **wykaz(yw)ać się 1** (*dokonać czegoś*) prove yourself **2** (*dokumentem*) show sth

wykąpać (się) → KĄPAĆ (SIĘ)

wyklucz-ać/yć 1 ~ *kogoś/coś skądś* exclude sb/sth from sth **2** ~ *coś/że* rule sth out: *Nie można* ~, *że…* We can't rule out the possibility that… ■ **wykluczać/ yć się:** ~ *się nawzajem* be mutually exclusive | **wykluczon|y [IDM] to jest** ~**e!** that's out of the question!

wykład lecture

wy-kładać/łożyć 1 ~ *coś* (*czymś*) line sth (with sth): ~ *coś kafelkami* tile sth **2** (*wyjąć*) lay sth out **3** (*prowadzić wykłady*) ~ *coś* lecture in sth **4** (*przedsta-wić*) present ■ **wykładać/ łożyć się** ~ *się na czymś* (*przewrócić się*) trip over/on sth **2** (*przen.*) do badly (in sth)

wykładow-ca/czyni lecturer

wykonaw-ca/czyni 1 (*budowy itp.*) contractor, (*testamentu*) executor **2** (*artysta*) performer

wykon(yw)ać 1 (*badania, plan itp.*) carry sth out, (*ćwiczenie*) do: ~ *zawód nauczyciela* work as a teacher ◇ ~ *telefon* make a phone call **2** (*piosenkę; obowiązki*) perform

wykończyć → WYKAŃCZAĆ

wykop(yw)ać dig sth up

wykorzeni(a)ć 1 (*wyrywać z ziemi*) pull sth out by the roots **2** (*przen.*) root sb/sth out

wykorzyst(yw)ać 1 (*użyć*) use: ~, *jak się tylko da* make the most of sth **2** (*skorzystać*) take advantage of sth **3** (*wyzyskać*) exploit

wykres diagram

wykreśl-ać/ić 1 (*usunąć*) ~ *coś* (*z czegoś*) cross sth off (sth)

wykrę-cać/cić 1 (*rękę; znaczenie*) twist, (*głowę*) turn **2** (*pranie*) wring **3** (*numer telefonu*) dial **4** (*śrubę itp.*) unscrew ■ **wykrę-cać/cić się** ~ *się od czegoś* get out of (doing) sth

wykręt excuse

wykroczenie offence, -se (*Am.*)

wykroić → KROIĆ

wykrywacz detector: ~ *kłamstw* a lie detector

wykry(wa)ć 1 (*przestępstwo*) detect **2** (*przestępcę*) find

wykrztusić 1 (*mówić*) splutter **2** (*kaszleć*) cough sth up

wykrzyk-iwać/nąć shout sth (out)

wykrzywi(a)ć contort: ~ *twarz* screw your face up ◊ ~ *usta* curl your lips ■ **wykrzywi(a)ć się 1** (*twarz itp.*) contort **2** ~ **się** (*na coś*) (*osoba*) pull faces (at sth)

wykształceni|e education: *Kim jest z ~a?* What is he by profession?

wykształcić (się) → KSZTAŁCIĆ (SIĘ)

wykształcony educated

wykup-ywać/ić 1 (*cały towar*) buy sth up **2** (*swoją własność*) buy sth back **3** (*z lombardu; talony*) redeem **4** : ~ *receptę* get sth on prescription **5** (*abonament*) take sth out **6** (*z niewoli*) ransom

wykwalifikowany qualified, (*robotnik*) skilled

wylansować → LANSOWAĆ

wy-latywać/lecieć 1 (*samolot*) fly out **2** (*gaz itp.*) escape [IDM] **wyleciało mi z głowy** it slipped my mind | ~ **z pracy** get the sack

wylądować → LĄDOWAĆ

wyleczyć → LECZYĆ

wyl(ew)ać 1 ~ coś (z czegoś na coś) pour sth out (of sth onto sth) **2** (*rzeka*) burst its banks **3** (*przelewać się*) overflow **4** (*łzy*) shed **5** (*z pracy*) fire ■ **wyl(ew)ać się 1** (*rzeka*) flood **2** (*rozlewać się; przen.*) pour out of sth: *Kawa wylała się na obrus.* Coffee spilt onto the tablecloth.

wylewny effusive

wylicz-ać/yć 1 (*wymieniać*) enumerate **2** (*obliczać*) calculate ■ **wylicz-ać/yć się ~ się z czegoś** account for sth

wyliniéć → LINIEĆ

wylogować log off/out

wylosować → LOSOWAĆ

wylot 1 (*ulicy*) exit **2** (*lufy*) muzzle, (*rury*) nozzle **3** (*samolotu*) departure [IDM] **znać kogoś na ~** know sb inside out

wyłado(wy)wać 1 (*towar*) unload **2** (*złość*) vent ■ **wyła-do(wy)wać się ~ się na kimś** take sth/it out on sb

wyłam(yw)ać break sth down ■ **wyłam (yw)ać się ~ się (z/spod czegoś)** break away (from sth), (*z norm itp.*) break with sth

wy-łaniać/łonić appoint

■ **wy-łaniać/łonić się** emerge

wyłącz-ać/yć 1 (*radio, światło itp.*) switch/turn (sth) off, (*prąd, telefon itp.*) cut sth off, (*z prądu*) disconnect: ~ *coś z kontaktu* unplug sth **2** (*ze spisu*) exclude ■ **wyłącz-ać/yć się 1** (*urządzenie itp.*) go off: *Jak to się wyłącza?* How do you switch/turn it off? **2** (*wzajemnie się wykluczać*) be mutually exclusive

wyłączny exclusive

wyłu-dzać/dzić ~ coś (od kogoś) wangle sth from/out of sb

wyłysieć → ŁYSIEĆ

wymachiwać (*ręką itp.*) swing sth, (*bronią*) brandish sth

wymagać need, (*bardziej form.*) require: *Ten system wymaga reform.* This system needs to be reformed. ◊ *To wymaga odwagi.* That takes courage. ◊ *Mój szef wymaga ode mnie dokładności.* My boss expects accuracy from me. | **wymagający** demanding

wymagania demands: *mieć duże ~* be very demanding

wymamrotać → MAMROTAĆ

wymarły 1 (*zwierzę*) extinct **2** (*miasto*) deserted

wy-mawiać/mówić pronounce

wymaz(yw)ać 1 (*gumką*) rub sth out **2** (*z pamięci*) block sth out

wymeldow(yw)ać się (*z hotelu*) check out (of sth)

wymiana 1 (*zamiana*) exchange: ~ *walut* foreign exchange ◊ ~ *towarowa* barter **2** (*części zamiennych*) replacement

wymiar dimension, (*rozmiar*) measurement

wy-miatać/mieść sweep sth out

wymieni(a)ć 1 (*zamieniać; poglądy*) exchange, (*części zapasowe*) ~ **coś na coś** replace sth with sth, (*walutę*) change **2** (*wyliczać*) list: ~ *imię/ nazwisko/nazwę* name sth ◊ ~ *kogoś w testamencie* remember sb in your will ■ **wymieni(a)ć się** (*towar na towar*) barter

wymienialny convertible

wymienny interchangeable [IDM] **handel ~** barter

wymierać die out

wymierz-ać/yć 1 (*pobierać miarę*) measure (*karę itp.*) ~ (*komuś*) **coś** mete sth out (to sb), (*cios itp.*) deliver **4** (*celować*) aim

wymi-jać/nąć overtake

wymiotować vomit

wymknąć się → WYMYKAĆ SIĘ

W

wymodelować → MODELOWAĆ

wymowa 1 (*sposób wymawiania*) pronunciation **2** (*znaczenie*) significance

wym|óg requirement: *spełniać ~ogi* satisfy requirements

wymówienie notice: *dostać/złożyć ~* be given/hand in your notice

wymówka 1 (*pretekst*) excuse **2** (*wyrzut*) reproach

wymu-szać/sić 1 ~ coś (na kimś) extort sth (from sb) **2** ~ na kimś zrobienie czegoś force sb into doing sth

wym-ykać/knąć się 1 (*uciekać skądś*) sneak out of sth **2** (*uwaga itp.*) slip (out) **3** (*z rąk*) slip out (of sth) **4** (*regułom itp.*) go beyond sth: *Ten film wymyka się wszelkim kategoriom.* That film is impossible to categorize. [IDM] ~ spod kontroli go out of control

wymysł invention

wymyśl-ać/ić 1 (*wynaleźć; kłamać*) invent **2** (*mieć pomysł*) think sth up **3** ~ komuś call sb names

wynagradzać 1 ~ komuś coś (*kompensować*) compensate sb for sth, (*komuś krzywdę/czas itp.*) make sth up to sb, (*szkodę/zło*) make amends (for sth) **2** ~ kogoś (za coś) (*nagradzać*) reward sb (for sth) **3** (*płacić*) ~ kogoś pay sb

wynagrodzenie 1 (*strat itp.*) compensation (for sth) **2** (*nagroda*) reward **3** (*płaca*) pay → PŁACA

wy-najdować/naleźć invent

wynajem (*samochodu itp.*) hire, rent (*Am.*), (*mieszkania itp.*) rent

wynaj-mować/ąć 1 (*samochód itp.*) hire, rent (*Am.*), (*mieszkanie itp.*) rent ❶ W Br. ang. **hire** znaczy wypożyczać coś na krótki czas: *hire a suit for the wedding*; a rent znaczy wypożyczać coś na dłużej. W Am. ang. **rent** używa się w obu powyższych sytuacjach. W Br. ang. **rent** i let używa się, mówiąc o wynajmowaniu mieszkania itp. na dłuższy czas. **2** ~ kogoś hire sb, (*na podstawie umowy*) contract sb

wynalazek invention

wynaleźć → WYNAJDOWAĆ

wynik result, (*sport*) score: *w ~u czegoś* as a result of sth

wynik-ać/nąć ~ z czegoś **1** (*sytuacja*) result from sth **2** (*konflikt*) ensue **3** (*wniosek*) follow

wyniosły 1 (*osoba*) haughty **2** (*górujący*) tall

wy-nosić/nieść 1 (*gdzieś indziej*) put/take sth away, (*na zewnątrz*) put/take sth out **2** (*na wyższe stanowisko*) elevate **3** (*suma itp.*) come to sth

■ **wy-nosić/nieść się 1** (*wychodzić*) ~ się (skądś) clear out (of somewhere) **2** (*wywyższać się*) ~ się ponad kogoś look down on sb

wyobco(wy)wać alienate

wyobraźnia imagination

wyobra-żać/zić 1 ~ sobie coś imagine sth **2** (*przedstawiać*) represent

wyobrażeni|e 1 (*myśl*) idea: *być nie do ~a* be beyond sb's imagination **2** (*wizerunek*) image

wyodrębniać isolate

wyolbrzymi(a)ć exaggerate

wypa-dać/ść 1 (*przez okno, z ręki itp.*) fall out (of sth) **2** (*wybiegać*) burst out of sth **3** (*z gry*) go out **4** : ~ z pamięci/głowy slip your mind **5** (*udać się: koncert itp.*) go, (*osoba*) do: *On kiepsko wypada na egzaminach.* He does badly in exams. **6** (*zdarzyć się*) come up: *Nie mógł przyjść, bo coś mu wypadło.* He couldn't make it because something had come up. **7** (*być w dobrym tonie*) be appropriate: *Kobiet nie wypada pytać się o wiek.* You shouldn't ask women their age.

wypad|ek 1 (*kolizja*) accident **2** (*przykład*) instance [IDM] na wszelki ~ek (just) in case | w najgorszym ~ku if the worst comes to the worst, if worst comes to worst (*Am.*) | w żadnym ~ku in/under no circumstances

wypal-ać/ić 1 (*niszczyć ogniem; zużyć: benzynę*) burn **2** (*papierosa*) smoke **3** (*świeczkę itp.*) burn sth out **4** (*znak*) brand **5** (*strzelać*) fire **6** (*powieść się*) work out ■ **wypal-ać/ić się 1** (*zgasnąć*) burn (itself) out **2** (*przen.*) burn yourself out

wyparow(yw)ać evaporate

wypaść → WYPADAĆ

wypatroszyć → PATROSZYĆ

wypatrywać ~ kogoś/czegoś look out for sb/sth

wypchać → WYPYCHAĆ

wypełni(a)ć 1 (*napełniać*) fill **2** (*formularz itp.*) fill sth in/ (*Am.*) out **3** (*wykonać*) fulfil, -fill (*Am.*) ■ **wypełni(a)ć się** fill up with sb/sth

wyperswado(wy)wać ~ komuś coś/robienie czegoś dissuade sb from (doing) sth

wypić → PIĆ

wypielić → PIELIĆ

wy-pierać/przeć displace ■ **wy-pierać/przeć się 1** (*rodziny*) disown **2** (*fakt*) deny: ~ danego słowa go back on your word

wypis(yw)ać 1 (*zapisać*) write sth out **2** (*czek itp.*) make sth out, (*formularz itp.*) fill sth in/ (*Am.*) out **3** (*ze szpitala* *itp.*) ~ **kogoś** discharge sb (from sth), *(z klubu itp.)* sign sb out (of somewhere) ■ **wypis(yw)ać się 1** *(z klubu itp.)* sign out **2** *(pióro)* run out

wypląt(yw)ać disentangle

wypluć → PLUĆ

wypła-cać/cić 1 ~ **(komuś) coś** pay (sb) sth; sth (to sb) **2** *(pieniądze z banku)* withdraw sth (from sth)

wypłata 1 *(pensja)* pay → PŁACA **2** *(z banku)* withdrawal

wypłukać → PŁUKAĆ

wypły-wać/nąć 1 *(w morze: statek)* set sail, *(pływak)* set off **2** *(na powierzchnię; wychodzić na jaw)* surface, *(w dyskusji)* come up **3** *(wynikać)* follow

wypoczynek rest

wypolerować → POLEROWAĆ

wyposaż-ać/yć 1 ~ **kogoś w coś** equip sb with sth **2** ~ **coś w coś** fit sth with sth

wyposażenie 1 *(wnętrza)* furnishings [*lm*] **2** *(urządzenia)* equipment: *dodatkowe* ~ accessories

wypo-wiadać/wiedzieć 1 *(słowa)* utter **2** *(poglądy)* voice **3** *(pracę itp.)* ~ **(komuś) coś** give (sb) notice **4** *(wojnę)* declare ■ **wypo-wiadać/wiedzieć się** express your opinion

wypowiedź utterance

wypożycz-ać/yć 1 ~ **coś (komuś)** lend sth (to sb); sb sth **1** ~ **coś (od kogoś)** borrow sth (from sb)

wypracowanie essay

wypraco(wy)wać 1 *(pieniądze)* make **2** *(metodę, styl, plan itp.)* develop **3** *(opinię)* earn: *Wypracowała sobie stanowisko dyrektora.* She worked hard to become a director.

wyprać (się) → PRAĆ (SIĘ)

wyprasować → PRASOWAĆ

wyprawa *(podróż)* expedition

wyprodukować → PRODUKOWAĆ

wypromować → PROMOWAĆ

wyprorokować → PROROKOWAĆ

wyprostować (się) → PROSTOWAĆ (SIĘ)

wyprostowany straight

wyprowa-dzać/dzić 1 *(psa; samochód z garażu itp.)* take sth out **2** *(mat.)* work sth out ■ **wyprowa-dzać/dzić się** *(z domu)* move out

wypróbo(wy)wać test

wyprysk 1 *(krosta)* pimple **2** *(egzema)* eczema

wyprzeda(wa)ć sell sth off ■ **wyprzeda(wa)ć się** sell up

wyprzedaż *(clearance)* sale

wyprzedzać 1 *(samochodem)* overtake **2** *(być postępowym)* be ahead of your time

wypu-szczać/ścić 1 *(na wolność; płytę itp.)* release **2** *(gaz itp.)* discharge **3** *(z ręki)* let go of sth **4** *(liście)* put sth out **5** *(znaczek)* issue **6** : ~ **coś na rynek** launch sth

wyp(y)chać 1 *(wypełnić)* stuff **2** *(pchać na zewnątrz)* push sth out

wypyt(yw)ać ~ **kogoś (o coś)** question sb (about sth)

wy-rabiać/robić 1 *(opinię, pogląd)* form, *(charakter)* develop: *wyrobić sobie opinię człowieka, który…* acquire a reputation for being sb who… ◇ ~ *sobie (dobre) imię* make a name for yourself **2** *(pozycję)* establish **3** *(wytwarzać)* produce **4** *(dokumenty)* obtain **5** *(ciasto)* knead **6** *(pot.: robić)* do ■ **wy-rabiać/robić się 1** *(formować się)* develop **2** *(nabrać ogłady towarzyskiej)* become refined **3** ~ **się (z czymś)** *(zrobić na czas)* make it (with sth)

wyrachowany 1 *(osoba)* calculating **2** *(ruch itp.)* calculated

wyrafinowany sophisticated

wy-rastać/rosnąć ~ **z czegoś** grow out of sth

wyraz 1 *(twarzy)* (facial) expression **2** *(słowo)* word [IDM] **~y szacunku** *(w liście)* regards | **~y uznania** congratulations

wyrazisty expressive

wyraźny *(błąd itp.)* clear, *(dźwięk itp.)* distinct

wyra-żać/zić express: ~ *komuś swoje uznanie* pay tribute to sb ■ **wyra-żać/zić się 1** *(wypowiadać się)* express yourself **2** *(przeklinać)* swear

wyrażenie expression

wyrecytować → RECYTOWAĆ

wyregulować → REGULOWAĆ

wyremontować → REMONTOWAĆ

wyreżyserować → REŻYSEROWAĆ

wyrobić → WYRABIAĆ

wyrok sentence: ~ *sądowy w zawieszeniu* probation

wyrost|ek 1 *(med.)*: ~*ek robaczkowy* an appendix ◇ *zapalenie* ~*ka robaczkowego* appendicitis **2** *(młoda osoba)* youngster

wyrozumiały understanding

wyr|ób 1 *(produkt)* product **2** *(wyrabianie)* production: ~*oby cukiernicze* confectionery

wyrównanie 1 *(rekompensata)* compensation **2** *(linii)* alignment

wyrówn(yw)ać 1 *(rachunek)* settle
2 *(wygładzać)* level, *(robić jednolitym)*
even sth out **3** *(sport)* equalize
4 *(rekompensować)* compensate
5 *(krzywdy)* make up for sth **6** *(linie
itp.)* align [IDM] ~ **(z kimś) rachunki** get
even (with sb) ■ **wyrówn(yw)ać się**
1 *(stać się jednolitym)* level off/out
2 *(dług)* pay up
wyróżni(a)ć 1 *(klasyfikować;
odróżniać)* distinguish: *W Polsce można
wyróżnić dwa rodzaje partii
politycznych.* There are two main
categories of political party in Poland.
2 *(zaznaczać tekst itp.)* highlight
3 *(zwrócić uwagę)* single sb/sth out
(for sth) **4** *(nagradzać)* honour,
-nor *(Am.)* ■ **wyróżni(a)ć się**
1 *(pracowitością itp.)* be exceptional
(for sth) **2** : *W języku polskim wyróżnia
się trzy rodzaje gramatyczne.* There are
three genders in Polish.
wyrusz-ać/yć set off/out
wyryć → RYĆ
wyr(y)wać 1 *(ząb)* extract: *Dentysta
wyrwał mi ząb.* I've had a tooth out.
2 *(wyszarpać)* snatch, *(rękę)* pull
sth away: ~ *coś z korzeniami* uproot sth
■ **wyr(y)wać się 1** *(na wolność)* break
free **2** *(z pracy itp.)* get away **3** *(z
pomysłem itp.)* come out with sth
wyrywkow|y random: ~*a kontrola* a
spot check
wyrzą-dzać/dzić: ~ *komuś krzywdę* do
sb an injustice ◇ ~ *komuś przykrość*
upset sb
wyrze-kać/c utter ■ **wyrze-kać/c się**
(rodziny itp.) disown sb/sth
wyrzeźbić → RZEŹBIĆ
wyrzu-cać/cić ~ *coś* throw sth away, ~
kogoś throw sb out: ~ *kogoś z pracy*
sack sb [IDM] ~ **coś z siebie** come clean
(about sth)
wyrzut reproach: ~ *sumienia* remorse
wyrzutek outcast
wysa-dzać/ić 1 *(w powietrze)* blow sth
up **2** *(kogoś z samochodu)* drop sb off
(somewhere) **3** ~ **coś (czymś)** line sth
(with sth): *ulica wysadzana drzewami* a
street lined with trees ◇ *broszka
wysadzana diamentami* a brooch edged
with diamonds
wyschnąć → WYSYCHAĆ
wy-siadać/siąść *(z autobusu/pociągu/
samolotu/statku)* get off (sth), *(ze
statku, samolotu)* *(form.)* disembark
(from sth): ~ *z samochodu* get out of a
car

wy-siadywać/siedzieć 1 *(jaja)*
(wysiadywać) sit on eggs, **(wysiedzieć)**
hatch **2** *(wytrzymać)* ~ **na czymś** sit
through sth
wysiedl-ać/ić displace, *(lokatorów)*
evict
wysil-ać/ić: ~ *mózg* rack your brains
◇ ~ *słuch* strain your ears ◇ ~ *wzrok*
look carefully ■ **wysil-ać/ić się ~ się,
aby coś zrobić** make an effort to do sth,
~ **się na coś** *(pokonując: niechęć)* bother
to do sth: *Nie wysilaj się.* Don't bother.
wysiłek effort
wy-skakiwać/skoczyć 1 *(z autobusu
itp.)* hop off sth, *(korek z butelki itp.;
wyjść na chwilę)* pop out, *(z ubrania)*
throw sth off **2** *(pryszcz)* appear
3 *(zdarzyć się niespodziewanie)* crop up
4 *(powiedzieć)* ~ **z czymś** come out with
sth
wysłać → WYSYŁAĆ
wysławiać glorify ■ **wy-sławiać/słowić
się** express yourself
wysoki tall, high ❶ **Tall** i **high** mają
podobne znaczenia. **Tall** używa się w
celu opisania ludzkiego wzrostu,
wysokości drzew, a także często do
określenia wąskich i wysokich
przedmiotów. Budynki mogą być
opisywane zarówno przez **tall** jak i
przez **high**. Wysokość gór opisywana
jest przez **high**. **High** jest też używane w
znaczeniu przenośnym: *a high official/
voice* wysoki urzędnik/głos. [IDM] **w ~m
stopniu** highly
wysokogórski alpine
wysokoś|ć 1 *(miara, odległość)* height:
mieć X cm ~*ci* be X cm high **2** *(geogr.;
nad ziemią)* altitude **3** *(w pobliżu)* at:
skręcić na ~*ci banku* turn at the bank
4 *(suma)* total: *pensja w* ~*ci pięciuset
funtów* a salary of £500 **5** *(dźwięku)*
pitch **6** *(tytuł)* Highness [IDM] **stawać na
~ci zadania** rise to the challenge
wysp|a island [IDM] **W~y Bry-tyjskie** the
British Isles
wyspecjalizować się → SPECJA-
LIZOWAĆ SIĘ
wysportowany athletic
wyssać → WYSYSAĆ
wystarcz-ać/yć be enough: ~ *na długo*
go a long way
wystartować → STARTOWAĆ
wystawa 1 *(w muzeum)* exhibition,
exhibit *(Am. zwykle)* **2** *(pokaz)* show
3 *(w sklepie)* display
wystawać 1 *(odstawać)* protrude
2 *(długo stać)* hang around/about

wystawi(a)ć 1 (*na zewnątrz*) put sth out, (*głowę, język*) stick sth out **2** (*w muzeum*) exhibit, (*w teatrze*) stage **3** (*obnażać*) expose **4** (*na niebezpieczeństwo*) jeopardize **5** (*dokument*) issue, (*czek*) make sth out: ~ *coś na licytację* put sth up for auction ◊ ~ *ocenę za coś* mark sth **6** (*kandydata*) put sb up

wystąpić → WYSTĘPOWAĆ

występ 1 (*pojawienie się*) appearance **2** (*w filmie/koncercie itp.*) performance, (*muzyków pop lub jazzowych na żywo*) gig **3** (*skalny itp.*) ledge

wy-stępować/stąpić 1 (*znajdować się*) be found, (*pokazać się*) appear **2** (*w filmie*) feature: ~ *w głównej roli* star **3** (*gram.*) ~ *z czymś* take sth: ~ *razem* collocate **4** ~ *o coś* claim sth, (*pisemnie*) apply for sth **5** (*wystawać*) jut out **6** : ~ *z brzegów* overflow **7** (*z organizacji*) leave sth

wystroić się → STROIĆ SIĘ

wystrój decor

wystrzał (gun)shot

wystrzegać się ~ **kogoś/czegoś** beware of sb/sth

wystrzępić (się) → STRZĘPIĆ (SIĘ)

wystyg-ać/nąć → STYGNĄĆ

wysubtelni(a)ć refine

wysusz-ać/yć dry ■ **wysu-sz-ać/yć się** dry out → SUSZYĆ (SIĘ)

wysu-wać/nąć 1 (*kasetę*) eject, (*podbródek, głowę*) stick sth out, (*szufladę*) pull sth out **2** (*wniosek itp.*) put sth forward **3** (*kandydaturę*) put sb forward ■ **wysu-wać/nąć się 1** (*pojawiać się*) appear **2** (*wyjść*): ~ *się do przodu* get ahead **3** (*wypaść*): ~ **się z czegoś** slip out of sth [IDM] ~ **się na pierwszy plan** come to the fore

wyswatać → SWATAĆ

wy-sychać/schnąć (*ubranie itp.*) dry out, (*rzeka itp.*) dry up

wys(y)łać ~ **coś (komuś)** send sth (to sb); sb sth

wysyłka (*pocztowa*) dispatch, (*towaru*) consignment

wysypisko (*śmieci*) (rubbish) dump

wysypka rash

wysyp(yw)ać 1 (*wyrzucać*) dump **2** (*posypać*) ~ **coś czymś** sprinkle sth with sth ■ **wysyp(yw)ać się** spill out

wys(y)sać suck sth (out)

wyszarp-ywać/ać/nąć pull sth out

wyszczerbi(a)ć (się) chip: *Filiżanka dawno się wyszczerbiła.* The cup got chipped long ago.

wyszczerzyć → SZCZERZYĆ

wyszczotkować → SZCZOTKOWAĆ

wyszorować → SZOROWAĆ

wyszperać → SZPERAĆ

wyszukiwać search sth/sb out, (*komput.; w księgarni itp.*) browse

wyszukiwarka search engine

wyszy-dzać/dzić ~ **(kogoś/coś)** jeer (at sb/sth) → SZYDZIĆ

wyściel-ać/ić ~ **coś (czymś)** pad sth (with sth)

wyścig race: ~*i konne* the races

wyśledzić → ŚLEDZIĆ

wyśliz-giwać/(g)nąć się ~ **(z czegoś)** slip out (of sth)

wyśmi(ew)ać ~ **kogoś/coś** laugh at sb/sth ■ **wyśmi(ew)ać się** ~ **się z kogoś/czegoś** make fun of sb/sth

wyświadcz-ać/yć: ~ *komuś przysługę do sb a favour

wyświetl-ać/ić 1 (*film*) show **2** (*tekst na monitorze*) display

wytapetować → TAPETOWAĆ

wytarty 1 (*ubranie*) threadbare **2** (*dowcip*) corny: ~ *frazes* a cliché

wytatuować → TATUOWAĆ

wytępić → TĘPIĆ

wytęż-ać/yć strain ■ **wytęż-ać/yć się** exert yourself

wytłumaczenie explanation

wytłumaczyć (się) → TŁUMACZYĆ (SIĘ)

wytrawny 1 (*wino*) dry **2** (*specjalista*) practised

wytresować → TRESOWAĆ

wytrwały persistent

wytrys-kiwać/nąć 1 (*ropa itp.*) spurt (out) **2** (*nasienie*) ejaculate

wytrzeć → WYCIERAĆ

wytrzeszcz-ać/yć (*oczy*) pop

wytrzeźwieć → TRZEŹWIEĆ

wytrzymałość 1 (*materiału*) durability, (*urządzenia*) sturdiness **2** (*osoby*) endurance [IDM] **u kresu ~ci** at the end of your tether/(*Am.*) rope

wytrzymały 1 (*osoba*) with stamina **2** (*materiał*) durable, (*urządzenie*) heavy-duty

wytrzym(yw)ać bear: ~ *do końca* stick it/sth out

wytw-arzać/orzyć produce

wytworny refined

wytyczna guideline

wytypować → TYPOWAĆ

wywabi(a)ć 1 (*zwierzę*) coax **2** (*plamę*) remove

wywar stock

w

wywiad 1 (*szpiegowski*) intelligence **2** (*dziennikarski*) interview: *przeprowadzać z kimś* ~ interview sb

wywiąz(yw)ać się 1 (*z obowiązku itp.*) do sth, (*z obietnicy*) fulfil/(*Am.*) -fill a promise: *źle/dobrze* ~ *z czegoś* make a bad/good job of sth **2** (*rozpocząć się*) ensue

wy-wierać/wrzeć ~ **coś na kimś** exert sth on sb: ~ *presję na kogoś* (*żeby coś zrobił*) put pressure on sb (to do sth) ◊ ~ *wpływ na kogoś* try to influence sb

wywieść → WYWODZIĆ

wywietrzyć (się) → WIETRZYĆ (SIĘ)

wywieźć → WYWOZIĆ

wywnioskować → WNIOSKOWAĆ

wy-wodzić/wieść (*dowodzić*) derive

■ **wy-wodzić/wieść się** ~ **się z czegoś** stem from sth

wywoł(yw)ać 1 ~ **kogoś** (**gdzieś**) call sb (somewhere), (*duchy*) invoke **2** (*powodować*) give rise to sth, (*pożar*) start, (*dyskusję*) trigger **3** (*fot.*) develop

wy-wozić/wieźć 1 (*osobę*) take sb away **2** (*śmieci*) remove **3** (*towary*) export

wy-wracać/wrócić knock sth/sb over, (*łódź*) capsize: ~ *do góry nogami/na lewą stronę* turn sth upside down/inside out ■ **wy-wracać/wrócić się** (*osoba*) fall over (sb/sth), (*drzewo itp.*) fall down, (*krzesło itp.*) overturn, (*łódź*) capsize

wywrócić (się) → WYWRACAĆ (SIĘ)

wywrzeć → WYWIERAĆ

wyzdrowieć → ZDROWIEĆ

wyziewy fumes

wyznacz-ać/yć 1 (*granicę*) set, (*dzień, cenę*) name, (*termin*) fix **2** (*kogoś na stanowisko*) appoint sb to sth

wyznanie 1 (*religia*) religion **2** (*zwierzenie się*) confession

wyzn(aw)ać ~ (**coś**) (**komuś**) confess (sth) (to sb)

wyzwać → WYZYWAĆ

wy-zwalać/zwolić 1 (*dać wolność*) liberate **2** (*wywołać*) bring sth out: ~ *to, co najlepsze/najgorsze w kimś* bring out the best/worst in sb ■ **wy-zwalać/zwolić się** ~ **się** (**od kogoś/z czegoś**) break away (from sb/sth)

wyzwanie challenge

wyzwolenie liberation

wyzwolić → WYZWALAĆ

wyzysk exploitation

wyzysk(iw)ać exploit

wyz(y)wać 1 ~ **kogoś** (**do** (**zrobienia**) **czegoś**) challenge sb (to do sth) **2** ~ **kogoś** (**od czegoś**) call sb names

wyzywający provocative

wyż high: ~ *demograficzny* a population explosion

wyż(e)rać 1 (*osoba*) eat sth up **2** (*rdza itp.*) corrode

wyższość superiority

wyższ|y 1 (*wyżej położony; bardziej zaawansowany*) higher: *studia* ~e higher education ◊ ~e *wykształcenie* a (university) degree ◊ *szkoła/uczelnia* ~a a college/university **2** (*rangą*) high-ranking: ~a *klasa społeczna* the upper class **3** (*osoba*) taller **4** (*gram.*): *stopień* ~y *przymiotnika/przysłówka* the comparative adjective/adverb

wyżyć 1 (*z pensji*) live on sth **2** (*po wypadku*) survive

wyżyn|a 1 (*geogr.*) upland(s) **2** (~y) (*kariery itp.*) high point [*C*]

wyżywienie 1 (*ogólnie*) food **2** (*posiłki na wczasach itp.*) board: *z pełnym* ~m with full board

wzajemny mutual

wzboga-cać/cić enrich

wz-braniać/bronić ~ **komuś coś/ zrobienie czegoś** forbid sb to do sth ■ **wzbraniać się** ~ **się przed czymś** shrink from (doing) sth

wzbronion|y prohibited [IDM] **palenie** ~e no smoking I **wstęp** ~y no entry

wzbu-dzać/dzić arouse

wzburz-ać/yć 1 ~ **kogoś** agitate sb up **2** ~ **coś** churn sth up ■ **wzbu-rzać/rzyć się 1** (*osoba*) get agitated **2** (*woda itp.*) get churned up

wzburzony 1 (*morze*) stormy **2** (*rozgniewany*) agitated

wzdłuż 1 (*znajdować się; iść*) along: *Szedł* ~ *ulicy Miodową.* He was walking along/down Miodowa Street. ◊ *W-jeziora rozciąga się piękny widok.* The scenery is very beautiful along the side of the lake. ◊ *wycieczka* ~ *Nilu* a trip down the Nile ◊ *Objechał Polskę* ~ *jej granic.* He travelled along the Polish border. **2** (*ciąg*) lengthways [IDM] ~ **i wszerz czegoś** the length and breadth of sth

wzdychać/westchnąć 1 (*oddychać*) sigh **2** ~ **za kimś/czymś**; ~ **do kogoś/ czegoś** pine for sb/sth

wzejść → WSCHODZIĆ

wzgardzić scorn sb/sth

wzgląd 1 (*szacunek*) respect, (*na czyjeś uczucia*) consideration (for sth) **2** (~**ędy**) (*przychylność*) favours, -vors (*Am.*) **3** (*powód*) regard: *ze* ~*ędu na kogoś/coś* with regard to sb/sth ◊ *pod* ~*ędem finansowym* in financial terms ◊ *pod pewnymi* ~*ędami* in some ways ◊ *pod tym* ~*ędem* in this/that/one respect ◊ *bez ~ędu na coś/to* regardless of sth/that

względny relative

wzgórze hill

wziąć (się) → BRAĆ (SIĘ)

wzięty in demand [IDM] **wszyscy razem wzięci** all of them/us put together

wzmacniacz amplifier

wz-macniać/mocnić strengthen, (*dźwięk*) amplify ■ **wz-macniać/mocnić się** get stronger

wz-magać/móc (*bardziej intensywny*) intensify, (*większy*) increase ■ **wz-magać/móc się** (*przemoc*) escalate, (*uczucie*) intensify, (*wiatr*) grow stronger

wzmianka mention

wzmocnić (się) → WZMACNIAĆ (SIĘ)

wzmóc (się) → WZMAGAĆ (SIĘ)

wz-nawiać/nowić (*rozmowę itp.*) resume

wznie-cać/cić 1 (*pożar*) start **2** (*kurz itp.*) stir sth up **3** (*uczucia*) stir sth (up)

wznieść → WZNOSIĆ

wzniosły lofty

wz-nosić/nieść 1 (*budować*) erect **2** (*rękę itp.*) raise: *~ wzrok* raise your eyes [IDM] **~ toast za kogoś/coś** toast sb/sth ■ **wz-nosić/nieść się 1** (*podnosić się*) rise **2** (*górować*) tower

wznowić → WZNAWIAĆ

wzorować się ~ na kimś/czymś model yourself on sb/sth

wzorowy exemplary: *~ student* a model student

wzorzysty patterned

wzór 1 (*przykład, wzorzec*) example **2** (*deseń*) pattern, (*typ*) model **3** (*chem.*) formula [*lm* formulae]

wz-rastać/rosnąć grow, (*dorastać: osoba*) grow (up), (*zwiększać się*) increase, (*ceny*) go up

wzrok (*bycie*)sight: *dobry/zły ~* good/poor eyesight ◊ *odwrócić ~* look away ◊ *przyciągający ~* eye-catching

wzrosnąć → WZRASTAĆ

wzrost 1 (*rośliny, osoby itp.*) growth, (*wysokość osoby*) height **2** (*cen itp.*) increase

wzrusz-ać/yć move [IDM] **~ ramionami** shrug your shoulders ■ **wzrusz-ać/yć się** be moved

wzruszeni|e emotion: *Ogarnęło mnie ~e.* I was overcome by emotion. ◊ *Ze ~a nie mogłem mówić.* I was so overcome I couldn't speak. [IDM] **~e ramion** shrug (of the shoulders)

wzwyż up(wards)

wzywać/wezwać 1 (*przywołać*) summon, (*lekarza itp.*) call (for) sb **2** **~ kogoś do zrobienia czegoś** appeal to sb to do sth

Zz

z 1 (*z miejsca/czasu*) from: *On jest ~ Polski.* He's from Poland ◊ *wyjść ~ domu* leave the house ◊ *wyciągnąć książkę ~ torby* take a book out of the bag ◊ *To są dane ~ wczoraj.* This is information from yesterday. ◊ *pana list ~ drugiego maja* your letter of 2 May **2** (*z grupy*): *żaden ~ nas* none of us ◊ *kolega ~ klasy* a classmate **3** (*razem z; posiadający coś; rezultat*) with: *Mieszkam ~ rodzicami.* I live with my parents. ◊ *kawa ~ mlekiem* white coffee ◊ *herbata ~ mlekiem* tea with milk ◊ *kanapka ~ serem* a cheese sandwich ◊ *zdać egzamin ~ dobrym wynikiem* pass your exam with a good result **4** (*z powodu*): *~ wdzięczności* out of gratitude ◊ *~ bólu/zimna* from pain/cold **5** (*przeciwko*) against: *Gra ~ Agassim.* He's playing (against) Agassi. ◊ *walczyć ~ korupcją* fight corruption **6** (*budulec; wypełniony czymś*) of: *zrobiony ~ kamienia* made of stone ◊ *domek ~ kart* a house of cards ◊ *dom ~ drewna* a wooden house ◊ *sałatka ~ tuńczyka* (a) tuna salad ◊ *termos ~ kawą* a thermos of coffee **7** (*fizyki itp.*): *dobry ~ angielskiego* good at English ◊ *egzamin ~ chemii* an exam in chemistry/a chemistry exam **8** (*w przybliżeniu*) about: *Naprawa zajmie ~ tydzień.* The repairs will take about a week.

za *przyim.* **1** (*miejsce*) behind: *Siedział ~ mną.* He was sitting behind me. ◊ *siedzieć ~ stołem* sit at the table ◊ *~ miastem/miasto* out of town **2** (*cel*) for: *walczyć ~ wolność* fight for freedom ◊ *zapłacić fortunę ~ komputer* pay a fortune for a computer ◊ *funt ~ kilo* a pound a kilo ◊ *wznosić toast ~ kogoś/coś* toast sb/sth **3** (*czas*): *~ tydzień* in a week ◊ *Jest ~ pięć piąta.* It's five to five. **4** (*rękę itp.*) by: *chwycić kogoś ~ rękę* take sb by the hand **5** (*funkcja*) as: *służyć komuś ~ przykład* serve sb as an example **6** (*podczas*): *~ panowania królowej Elżbiety* in/during the reign of

W

Z

Queen Elizabeth **7** (*wykrzyknik*): *Co ~ bałagan!* What a mess! [IDM] **być ~ kimś/czymś** be in favour of sb/sth | **jeden ~ drugim** one after the other | **~ i przeciw** the pros and cons ▶ *przysł.* (*zbyt*) too: *~ dużo/późno* too much/late

zaadoptować → ADOPTOWAĆ

zaadresować → ADRESOWAĆ

zaakcentować → AKCENTOWAĆ

zaakceptować → AKCEPTOWAĆ

zaalarmować → ALARMOWAĆ

zaangażować (się) → ANGAŻOWAĆ (SIĘ)

zaapelować → APELOWAĆ

zaaprobować → APROBOWAĆ

zaaranżować → ARANŻOWAĆ

zaaresztować → ARESZTOWAĆ

zaatakować → ATAKOWAĆ

zaawansowany advanced: *średnio ~* intermediate

zabandażować → BANDAŻOWAĆ

zabarwić → BARWIĆ

zabarwienie 1 (*kolor*) tint **2** (*słowa*) nuance **3** (*głosu*) timbre

zabaw|a 1 (*impreza*) party, (*taneczna*) dance **2** (*gra*) game **3** (*przyjemne spędzenie czasu*) fun: *dla ~y* for fun

zabawi(a)ć entertain

zabawka toy

zabawny amusing

zabezpiecz-ać/yć 1 ~ (*kogoś/coś/się*) przed **kimś/czymś** guard (sb/sth/ yourself) against sb/sth **2 ~ coś czymś** make sth safe (with sth) (*fin.; linami itp.*) secure sth (with sth)

zabezpieczenie security

zabić → ZABIJAĆ

zabieg 1 (*med.*) procedure: *~ chirurgiczny* surgery **2** (*~i*) endeavours

za-biegać/biec 1 (*starać się*) **~ o coś** strive for sth: *~ o głosy wyborców* campaign for election **2** : *~ komuś drogę* block sb's path

zab(ie)rać 1 (*przynieść, przyprowadzić*) **~ (ze sobą)** bring, (*od mówcy*) take: *~ swoje rzeczy z biurka* take your things off the desk ◊ *~ kogoś na przyjęcie/kolację* take sb out to a party/to dinner ◊ *~ psa na spacer* take the dog for a walk **2 ~ coś (komuś)** take sth away (from sb) **3** (*czas*) take: *Przejazd zabiera mi godzinę.* The trip takes me an hour. ◊ *Nie chcę ~ ci za dużo czasu.* I don't want to take up too much of your time. ◊ *Ten autobus zabiera 20 osób.* The bus takes 20 people. [IDM] **~ głos** (*w jakiejś sprawie*) speak on sth ■ **zab(ie)rać się 1** (*zaczynać*) **~ się**

do robienia czegoś get down to sth **2** (*wynosić się*) **~ się skądś** get out of somewhere

zabi(ja)ć 1 (*uśmiercać*) kill **2** : *~ coś deskami* board sth up [IDM] **~ czas** kill time

zablokować (się) → BLOKOWAĆ (SIĘ)

zabłąkać się → BŁĄKAĆ SIĘ

zabłocony muddy

zabłysnąć → BŁYSKAĆ, BŁYSZCZEĆ

zaboleć → BOLEĆ

zaborczy 1 (*zachłanny*) possessive **2** (*wrogi*) aggressive

zabój-ca/czyni killer

zabójczy 1 (*śmiertelny*) fatal **2** (*robiący wrażenie*) seductive

zabójstwo killing

zab|ór annexation: *Polska pod ~orami* the partitions of Poland

zabrać (się) → ZABIERAĆ (SIĘ)

zabraknąć → BRAKOWAĆ

za-braniać/bronić ~ czegoś forbid sth, **~ komuś robić coś** forbid sb (from doing sth)

zabrnąć → BRNĄĆ

zabrzmieć → BRZMIEĆ

zabudowany (*obszar*) built-up

zabukować → BUKOWAĆ

zaburczeć → BURCZEĆ

zaburz-ać/yć (*porządek*) disturb, (*równowagę*) upset

zaburzenie disturbance

zabytek monument

zabytkowy (*mebel*) antique, (*budynek*) historic

zachę-cać/cić ~ kogoś do czegoś encourage sb to do sth

zachęta (*słowna*) encouragement, (*bodziec*) incentive

zachłanny ~ (*na coś*) greedy (for sth)

zachmurz-ać/yć się cloud over

zachmurzony overcast

zachodni west(ern)

za-chodzić/jść 1 (*słońce*) set **2** (*odwiedzać*) **~ do kogoś** drop in on sb **3** : *~ jedno na drugie* overlap **4** (*wydarzenie*) take place [IDM] **~ w ciążę** get, (*burdziej form.*) become pregnant | **~ w głowę** rack your brains | **zajść daleko** go far

zachorować ~ (*na coś*) fall ill (with sth)

zachowanie 1 (*sposób bycia*) behaviour, -vior (*Am.*) **2** (*utrzymanie*) preservation

zachow(yw)ać 1 (*utrzymywać*) keep: *~ spokój* keep your cool **2** (*bilet itp.*)

retain 3 (*tradycje*) preserve [IDM] ~
twarz save face ■ **zachow(yw)ać się**
1 (*postępować*) behave 2 (*przetrwać*)
survive

zach|ód 1 (*geogr.*) west: *na* ~ west
(wards) ◊ *na* ~*ód od Polski* west of
Poland ◊ *na* ~*odzie* in the West
2 (*słońca*) sunset

zachwiać (się) → CHWIAĆ (SIĘ)

zachwy-cać/cić ~ **kogoś (czymś)**
delight sb (with sth) ■ **zachwy-cać/cić
się** ~ **się (czymś)** be delighted (by sth)

zachwyt delight: *wpadać w* ~ go into
raptures

zachybotać (się) → CHYBOTAĆ (SIĘ)

zaciąć (się) → ZACINAĆ (SIĘ)

zaciąg-ać/nąć 1 (*zasłony*) draw,
(*pasek*) tighten 2 ~ **kogoś gdzieś**
drag sb somewhere 3 (*pożyczkę*)
take sth out, (*dług*) incur 4 (*mówić*)
drawl ■ **zaciąg-ać/nąć się** (*papierosem*)
take a drag of sth

zaciekawić → CIEKAWIĆ

zaciekły 1 (*walka*) fierce
2 (*przeciwnik*) sworn

zaciemni(a)ć 1 (*pomieszczenie*) make
sth darker 2 (*sens; umysł*) obscure

zacieśni(a)ć tighten sth (up)

zaci-nać/ąć (*konia*) whip ■ **zaci-nać/ąć
się 1** (*skaleczyć się*) cut yourself
2 (*urządzenie*) jam 3 (*jąkać się*)
stammer

zacis-kać/nąć tighten: ~ *usta* purse
your lips ◊ ~ *zęby* grit your teeth [IDM]
~ **pasa** tighten your belt

zacisze seclusion

zaciszny secluded

zacofany backward

zacumować → CUMOWAĆ

zacytować → CYTOWAĆ

zaczaić się → CZAIĆ SIĘ

zaczarować charm

zacząć → ZACZYNAĆ

zaczekać → CZEKAĆ

zaczepi(a)ć 1 ~ **coś (o coś)** catch sth
(on sth) 2 ~ **kogoś** accost sb
■ **zaczepi(a)ć się** get caught

zaczernić → CZERNIĆ

zaczerwienić się → CZERWIENIĆ SIĘ

za-czynać/cząć (się) start, begin
❶ Begin i start mają podobne znaczenie,
ale start częściej używa się w języku
codziennym. Po obu może występować
bezokolicznik z **to** albo forma *-ing* cz.:
The baby began/started crying/to cry.
Kiedy jednak **begin** albo **start** same
występują w formie z końcówką *-ing*,
wówczas po nich trzeba użyć

bezokolicznika z **to**: *The baby was just
beginning/starting to cry.*

za-ćmiewać/ćmić 1 (*zaciemnić*)
darken 2 (*przen.*) eclipse

zadanie 1 (*praca*) task 2 (*ćwiczenie*)
exercise, (*matematyczne*) problem [IDM]
~ **domowe** homework

zadarty (*nos*) snub

zadat|ek 1 (*pieniądze*) advance 2 (~**ki**):
mieć ~*i na kogoś/coś* have the makings
of sth

zada(wa)ć 1 (*pracę*) set, (*bardziej
form.*) assign: ~ *sobie trud, żeby coś
zrobić* take the trouble to do sth
2 (*pytanie*) ask 3 (*ból*) inflict, (*cios*)
deal: ~ *komuś rany* wound sb ■ **zada-
(wa)ć się** ~ **się z kimś** hang around/a-
round with sb

zadbać → DBAĆ

zadecydować → DECYDOWAĆ

zadedykować → DEDYKOWAĆ

zadłużony indebted: (*nie*) *być* ~*m* be in/
out of debt

zado-walać/wolić please ■ **zado-
walać/wolić się** ~ **się czymś** make do
with sth

zadowolenie satisfaction: ~ *z siebie*
complacency

zadowolony ~ (**z kogoś/czegoś**)
pleased (with sb/sth), (*z siebie lub
sytuacji*) complacent (about sth), (*z
powodu spełnienia marzeń itp.*) fulfilled

zadrap-ać/nąć scratch

zadrasnąć graze

zadyszany breathless

zadziałać 1 (*zacząć działać*) take effect
2 (*podjąć działanie*) take action
3 (*pomysł, przedsięwzięcie itp.*) do
the job

zadzierać 1 (*skórę*) tear 2 (*podnosić*)
pull sth up, (*szyję*) crane 3 ~ **z kimś**
mess with sb [IDM] ~ **nosa** put on airs

zadziwi(a)ć astonish

zadzwonić → DZWONIĆ

zadźwięczeć → DŹWIĘCZEĆ

zafarbować → FARBOWAĆ

zafascynować → FASCYNOWAĆ

zagadka 1 (*pytanie*) riddle
2 (*tajemnica*) mystery

zagadkowy enigmatic

zagadnienie issue

zagajnik woods

za-ganiać/gonić ~ **kogoś do czegoś**
drive sb to do sth

zagarn-iać/ąć 1 (*przysunąć*) scoop
2 (*przywłaszczyć sobie*) seize

zagę-szczać/ścić (się) thicken

zagięcie (*materiału, kartki*) fold, (*druta*) bend

zagi-nać/ąć 1 (*materiał, kartkę*) fold, (*drut*) bend **2** ~ **kogoś** catch sb out

zaginąć → GINĄĆ

zaginiony (*przedmiot*) lost, (*osoba*) missing

za-glądać/jrzeć 1 ~ **do kogoś** look in on sb **2** ~ **do czegoś** look into sth, (*do słownika itp.*) consult sth

zagłębi(a)ć się ~ **(w coś)** immerse yourself (in sth)

zagłębienie hollow

zagłodzić (się) → GŁODZIĆ (SIĘ)

zagłusz-ać/yć 1 (*dźwięk*) drown sth out, (*fale radiowe*) jam **2** (*zapach*) overpower **3** (*uczucia, myśli*) suppress

zagmatwać (się) → GMATWAĆ (SIĘ)

zagmatwany tangled

zagnieździć się → GNIEŹDZIĆ SIĘ

zagoić się → GOIĆ SIĘ

zagorzały fervent

zagotować (się) → GOTOWAĆ (SIĘ)

zagrać → GRAĆ

za-gradzać/grodzić obstruct, (*drogę*) bar

zagraniczny foreign

za-grażać/grozić ~ **komuś (czymś)** threaten sb (with sth)

zagrożenie danger, (*pożarowe itp.*) risk

zagrożony (*w niebezpieczeństwie*) under threat: *gatunek* ~ *wyginięciem* an endangered species

zagubiony (*osoba, rzecz*) lost

zahacz-ać/yć 1 ~ **czymś (o coś)** catch sth (on sth) **2** (*zapytać*) touch (upon sth) ■ **zahacz-ać/yć się** (*zaczepić się*) catch on sth **2** (*dostać pracę*) land yourself a job

zahartować (się) → HARTOWAĆ (SIĘ)

zahipnotyzować → HIPNOTYZOWAĆ

zaimprowizować → IMPROWIZOWAĆ

zainaugurować → INAUGUROWAĆ

zainfekować → INFEKOWAĆ

zainicjować → INICJOWAĆ

zainscenizować → INSCENIZOWAĆ

zainspirować → INSPIROWAĆ

zainstalować → INSTALOWAĆ

zainteresować (się) → INTERESOWAĆ (SIĘ)

zainteresowanie ~ **(czymś)** interest (in sth): *wzbudzać w kimś* ~ *do czegoś* interest sb in sth

zainwestować → INWESTOWAĆ

zajaśnieć → JAŚNIEĆ

zajazd inn

zając hare

zająć (się) → ZAJMOWAĆ (SIĘ)

zająknąć się → JĄKAĆ SIĘ

zajezdnia depot

zajęcie 1 (*praca; czynność*) occupation **2** (*szkolne*) class **3** (*terytorium*) seizure

zajęty 1 (*osoba*) ~ **(czymś)** busy (with sth) **2** (*telefon*) engaged **3** (*miejsce*) taken

zaj-mować/ąć 1 occupy, (*czas; miejsce*) take (up) sth **2** (*kraj*) seize [IDM] ~ **stanowisko (w jakiejś sprawie)** take a stand (on sth) ■ **zaj-mować/jąć się** ~ **(czymś)** occupy yourself (in doing sth/ with sth)

zajrzeć → ZAGLĄDAĆ

zajście incident

zajść → ZACHODZIĆ

zakamarek nook

za-kańczać/kończyć complete ■ **za-kańczać/kończyć się** end

zakaz ban, (*w napisach*) no: *Z~ palenia.* No smoking

zakaz(yw)ać ~ **komuś czegoś** prohibit sth; sb from doing sth

zakaźny infectious

zakażenie infection

zakle-jać/ić seal

zaklęcie spell

zaklinować → KLINOWAĆ

zakład 1 (*przedsiębiorstwo*) establishment: ~ *fryzjerski* a hairdresser's ◇ ~ *pracy* a workplace ◇ ~ *produkcyjny* a works ◇ ~ *przemysłowy* an industrial plant **2** (*karny, wychowawczy itp.*) institution **3** (*na uniwersytecie*) department **4** ~ **o coś** (*, że coś*) bet (on sth): ~ *o ligi piłkarskiej* the football pools ◇ *Pójdę o* ~ *o sto funtów, że Anglia nie przejdzie do ćwierćfinałów.* I'll bet you a hundred pounds that England won't get through to the quarterfinals. ◇ *iść o* ~, *ze wygra koń z Polski* place a bet on the horse from Poland

za-kładać/łożyć 1 (*ubranie*) put sth on **2** (*gaz itp.*) install **3** (*instytucję, organizację*) found, (*firmę*) set sth up **4** (*rodzinę*) start **5** : ~ *ręce* cross your arms ◇ ~ *nogę na nogę* cross your legs **6** (*przypuszczać*) assume: *założywszy, że* assuming (that) ■ **za-kładać/łożyć się** ~ **się (z kimś) (o coś)** bet (sb) (sth)

zakładka bookmark

zakładni-k/czka hostage

zakłopotanie embarrassment: *wprawiać kogoś w* ~ embarrass sb

zakłó-cać/cić disturb

zakłóceni|e 1 (*porządku publicznego*) disturbance **2** (~a) (*w radiu/TV*) interference

zakneblować → KNEBLOWAĆ

zakochany ~ **w kimś** in love (with sb)

zakoch(iw)ać się ~ **(w kimś)** fall in love (with sb)

zakodować → KODOWAĆ

zakomunikować → KOMUNIKOWAĆ

zakonnica nun

zakonnik monk

zakonserwować → KONSERWOWAĆ

zakończenie 1 (*czynności*) end, (*filmu itp.*) ending, (*serialu*) conclusion (to sth) **2** (*ołówka itp.*) tip [IDM] **na** ~ in conclusion

zakończyć → KOŃCZYĆ

zakop(yw)ać bury

zakpić → KPIĆ

za-kradać/kraść się sneak

zakres 1 (*wyboru*) range: *praca magisterska z* ~*u polityki zagranicznej* an MA in International Politics **2** : ~ *fal radiowych* a waveband [IDM] **wyżywnienie we własnym** ~**ie** self-catering

zakreśl-ać/ić circle

zakrę-cać/cić 1 (*wodę itp.*) turn sth off, (*butelkę, słoik itp.*) screw sth on **2** (*samochód*) turn **3** (*włosy*) curl ■ **zakrę-cać/cić się** (*obrócić się*) turn around/round

zakręt turn

zakry(wa)ć cover sth (up)

zaktualizować → AKTUALIZOWAĆ

zakup purchase, (~y) shopping: *dokonywać* ~*u* purchase sth ◊ *robić* ~*y* do the shopping

zakwalifikować (się) → KWALIFI-KOWAĆ (SIĘ)

zakwaterowanie accommodation

zakwatero(wy)wać accommodate → KWATE- ROWAĆ

zakwestionować → KWESTIONOWAĆ

zakwiczeć → KWICZEĆ

zakwitnąć → KWITNĄĆ

zalać → ZALEWAĆ

zalakować → LAKOWAĆ

zale-cać/cić ~ **coś** (*komuś*) recommend sth (to sb) ■ **zalecać się** ~ **się** (*do kogoś*) (*raz*) chat sb up, (*w ogóle*) be after sb

zalecenie recommendation

zaleczyć → LECZYĆ

zaledwie barely: *Miał* ~ *piętnaście lat, kiedy został przyjęty na uniwersytet.* He was barely fifteen when he was

accepted at university. ◊ *Z*~ *zaczął jeść obiad, gdy zadzwonił telefon.* No sooner had he started his dinner than the telephone rang.

zalegać ~ **(z czymś)** get behind (with sth)

zalegalizować → LEGALIZOWAĆ

zaległ|ości 1 (*w pracy*) backlog [C] **2** (*w płatnościach*) arrears: *mieć* ~ be in arrears

zaległ|y (*zapłata itp.*) outstanding: ~*a wypłata* arrears

zaleta virtue

zalew 1 (*nad morzem*) bay, (*sztuczny zbiornik*) reservoir **2** (*przen.: towarów, skarg*) flood

zal(ew)ać flood [IDM] **krew mnie zalała** I saw red | **zalać się w pestkę** get sloshed

zależeć ~ **od kogoś/czegoś** depend on sb/sth: *To zależy.* It/That depends.

zależność 1 (*osoby*) dependence **2** (*między zjawiskami*) relation(ship)

zależn|y dependent [IDM] **mowa** ~**a** indirect speech

zalicytować → LICYTOWAĆ

zalicz-ać/yć 1 ~ **kogoś/coś do czegoś** rate sb/sth among sth **2** (*zdać egzamin*) pass ■ **zalicz-ać/yć się** ~ **się do czegoś** rank amongst sth

zaliczka advance

zaludni(a)ć populate

zaludnienie population

załadować → ŁADOWAĆ

załagodzić (*spór*) patch sth up

załamać się → ZAŁAMYWAĆ SIĘ

załamanie 1 (*fizyczne/nerwowe*) collapse: ~ *nerwowe* a nervous breakdown **2** (*zgięcie*) bend ■ **załamanie się** breakdown

załam(yw)ać się 1 (*pod ciężarem*) yield, (*zgiąć się*) bend **2** (*osoba; dyskusja itp.*) break down **3** (*produkcja itp.*) slump

załatać → ŁATAĆ

załatwi(a)ć 1 (*sprawy*) settle (sth), ~ **coś komuś** arrange sth for sb **2** (*obsługiwać*) serve **3** (*zabijać*) ~ **kogoś** bump sb off ■ **załatwi(a)ć się** (*potrzeby fizjologiczne*) relieve yourself

załącz-ać/yć (*w liście*) enclose, (*spinaczem itp., w emailu*) attach

załącznik enclosure, (*i komput.*) attachment

załoga staff, (*statku*) crew

założenie 1 (*instytucji, organizacji itp.*) founding **2** (*domniemanie*) assumption, (*prawn.*) presumption

Z

założyciel founder

założyć (się) → ZAKŁADAĆ (SIĘ)

zamach 1 ~ **(na kogoś)** assassination (of sb): *dokonywać ~u na kogoś* assassinate sb **2** : ~ *stanu* a coup (d'etat) **3** *(bombowy)* attack [IDM] **za jednym ~em** at a/one stroke

zamachnąć się *(ręką)* ~ **(na kogoś)** swing your arm (at sb)

zamachowiec 1 *(morderca)* assassin **2** *(podkładający bombę)* bomber

zamanifestować → MANIFESTOWAĆ

zamarynować → MARYNOWAĆ

zamarz-ać/nąć freeze (over) → MARZNĄĆ [IDM] **zamarznąć na śmierć** catch your death (of cold)

zamaskować (się) → MASKOWAĆ (SIĘ)

zamaszysty *(ruch)* sweeping

za-mawiać/mówić 1 *(towar, danie)* order, *(usługi)* commission **2** *(rezerwować)* book, reserve *(Am.)*

zamącić → MĄCIĆ

zamek 1 *(budowla)* castle: ~ *z piasku* a sandcastle **2** *(w drzwiach itp.)* lock [IDM] ~ **błyskawiczny** zip, zipper *(Am.)*: *zapinać coś na~błyskawiczny* zip sth up

zameldować (się) → MELDOWAĆ (SIĘ)

zamęcz-ać/yć ~ **kogoś (czymś)** torment sb (with sth)

zamęt confusion

zamężna married

zamglić *(oczy; obraz)* blur ■ **zamglić się 1** *(oczy)* blur **2** *(okulary)* mist up **3** *(niebo)* mist over

zamglony 1 *(oczy; obraz)* blurred **2** *(okulary)* misted up **3** *(niebo)* misty

zamiana 1 *(wymiana)* exchange **2** *(przemiana)* conversion

zamiar intention: *mieć* ~ *(coś zrobić)* intend (to do sth)

zamiast ~ **czegoś** instead (of (doing) sth)

za-miatać/mieść sweep sth (up)

zamieć blizzard

zamiejscowy *(rozmowa telefoniczna)* long-distance

zamieni(a)ć 1 ~ **coś (na coś)** exchange sth (for sth) **2** ~ **kogoś/coś w coś** turn sb/sth into sth [IDM] ~ **słowo z kimś** have a word with sb ■ **zamieni(a)ć się 1** ~ **się na coś swap (sth):** ~ *się (z kimś) miejscami* change places (with sb) **2** ~ **się w coś** turn into sth [IDM] **zamieniam się w słuch** I'm all ears

zamienn|y: *część* ~*a* a spare part

zamierać 1 *(głos)* tail away/off **2** *(osoba)* freeze: ~ *z przerażenia* be petrified **3** *(nie rozwijać się)* come to a standstill [IDM] **serce mi zamarło** my heart sank

zamierzać intend ((to do) sth)

zamieszać → MIESZAĆ

zamieszanie confusion

zamieszkani|e: *miejsce* ~*a* a (place of) residence

zamieszki riots

zamieszk(iw)ać inhabit

zamieść → ZAMIATAĆ

zamigotać → MIGOTAĆ

zamiłowanie ~ **(do czegoś)** fondness (for sth)

zamknąć (się) → ZAMYKAĆ (SIĘ)

zamknięty closed: ~ *na klucz* locked

zamocow(yw)ać fix

zamordować → MORDOWAĆ

zamożny well-off

zamówić → ZAMAWIAĆ

zamówienie order

zam-rażać/rozić (się) freeze

zamrażarka freezer

zamrozić → MROZIĆ, ZAMRAŻAĆ

zamsz suede

za-mykać/mknąć 1 close, shut: ~ *na klucz* lock ◊ ~ *na kłódkę* padlock **❶ Close** i **shut** mogą być użyte, gdy opisują zamykanie drzwi, okien, oczu itp. **Shut** zazwyczaj używane jest wtedy, kiedy zamykaniu towarzyszy hałas oraz kiedy zamyka się pojemniki, np. pudełka, walizki. **Close** używane jest w języku formalnym, kiedy opisuje się zakończenie, np. zebrań. **2** *(w więzieniu, klasztorze)* shut sb up (in sth) ■ **za-mykać/mknąć się** close, shut (up)

zamyślony thoughtful

zanalizować → ANALIZOWAĆ

zanieczy-szczać/ścić pollute

zaniedbany neglected

zaniedb(yw)ać neglect ■ **zanied-b(yw)ać się** let yourself go

zaniemówić become speechless

zanik-ać/nąć die out/away

zanim before

zaniż-ać/yć understate: ~ *cenę czegoś* underprice sth

za-nosić/nieść carry, take ■ **za-nosić/nieść się 1** : *Zanosi się na... It looks as if it is going to...* **2** : ~ *się od śmiechu* laugh your head off ◊ ~ *się od płaczu* cry your eyes out

zanucić → NUCIĆ

zanu-dzać/dzić ~ **kogoś (czymś)** bore sb (with sth) → NUDZIĆ

zanurkować → NURKOWAĆ

zanurz-ać/yć immerse ■ **zanu-rz-ać/yć się 1** (*osoba*) dive **2** (*przedmiot*) sink

zaobserwować → OBSERWOWAĆ

zaogni(a)ć inflame ■ **zaogni(a)ć się** become inflamed

zaokrągl-ać/ić: ~ *w górę/w dół* round sth up/down

zaopa-trywać/trzyć ~ *kogoś w coś* supply sb with sth

zaopiekować się → OPIEKOWAĆ SIĘ

zaorać → ORAĆ

zaostrz-ać/yć 1 (*ołówek; apetyt*) sharpen **2** (*restrykcje itp.*) tighten up (on) sth **3** (*konflikt*) inflame ■ **zaostrz-ać/yć się 1** (*konflikt itp.*) escalate **2** (*restrykcje itp.*) tighten up

zaoszczę-dzać/dzić save → OSZCZĘDZAĆ

zapach smell

zapa-dać/ść 1 (*decyzja itp.*) be made **2** (*kurtyna; milczenie itp.*) fall **3** (*wgłębiać się*) ~ (**w coś**) fall (into sth): ~ *w sen* fall asleep **4** (*na jakąś chorobę*) catch |IDM| **klamka zapadła** the die is cast ■ **zapa-dać/ść się** cave in

zapakować → PAKOWAĆ

zapal-ać/ić 1 (*światło*) turn sth on **2** (*papierosa*) light sth (up) **3** (*silnik*) start ■ **zapal-ać/ić się 1** (*zacząć płonąć*) catch fire **2** (*oczy*) light up **3** (*światło itp.*) go on **4** ~ **się do czegoś** become enthusiastic about sth

zapalczywy fierce

zapalenie inflammation: ~ *migdałków* tonsillitis ◇ ~ *płuc* pneumonia ◇ ~ *wyrostka robaczkowego* appendicitis ◇ ~ *opon mózgowych* meningitis

zapalić (się) → ZAPALAĆ (SIĘ)

zapalniczka (cigarette) lighter

zapał eagerness: *z* ~*em* eagerly ◇ *pełen* ~*u* eager

zapałka match(stick)

zapamięt(yw)ać memorize → PAMIĘTAĆ

zaparkować → PARKOWAĆ

zaparow(yw)ać mist over/up

zaparz-ać/yć (*herbatę itp.*) brew

zapas 1 supply, (*towaru*) stock **2** (~y) provisions: *robić* ~*y czegoś* hoard sth |IDM| **na** ~ **1** (*na później*) for good measure **2** (*przedwcześnie*) prematurely

zapasowy spare

zapasy wrestling

zapaść → ZAPADAĆ

zapaśnik wrestler

zapchać → ZAPYCHAĆ

zapełni(a)ć fill sth (up)

zapewni(a)ć 1 ~ **kogoś** assure sb **2** ~ **coś** ensure sth

zapi-nać/ąć fasten, (*na guziki/zamek*) do sth up: ~ *pas w samochodzie* put your seat belt on |IDM| ~ **coś na ostatni guzik** put the finishing touches to sth ■ **zapi-nać/ąć się** fasten, (*na guziki/zamek*) do up

zapis 1 (*rozmowy*) transcript **2** (*w testamencie*) bequest **3** (~y) (*do szkoły itp.*) registration

zapis(yw)ać 1 write sth down **2** (*komput.*) ~ **coś na czymś** save sth to sth **3** (*w testamencie*) bequeath **4** (*do szkoły*) register ■ **zapis(yw)ać się 1** (*do szkoły itp.*) register **2** (*na kurs*) sign up (for sth)

zaplanować → PLANOWAĆ

za-platać/pleść plait, braid (*Am.*)

zapląt(yw)ać entangle ■ **zapląt(yw)ać się 1** (*wplątać się*) get/become entangled **2** (*stracić wątek*) flounder

zapłacić → PŁACIĆ

zapłacony paid (for)

za-pładniać/płodnić 1 (*jajko*) fertilize **2** (*tech: osobę; zwierzę*) inseminate

zapłakać → PŁAKAĆ

zapłata payment

zapobie(ga)ć ~ *czemuś* prevent sth (from happening)

zapobiegawczy preventive

zapobiegliwy far-sighted

zapodzi(ew)ać mislay ■ **zapodzi(ew)ać się** be mislaid

zapom-inać/nieć forget ❶ Mówiąc, że zapomnieliśmy wziąć ze sobą jakąś rzecz, używamy cz. **leave**: *My father left his passport at home.* Ojciec zapomniał paszportu, (a nie ~~*My father forgot his passport at home*~~). ■ **zapo-minać/nieć się** forget yourself

zapominalski forgetful

zapora 1 : ~ *wodna* a dam ◇ ~ *przeciwpowodziowa* a dyke **2** (*przeszkoda*) barrier

zapotrzebowanie ~ (**na coś**) demand (for sth)

zapo-wiadać/wiedzieć 1 (*program itp.*) introduce **2** (*zwiastować*) herald ■ **zapo-wiadać/wiedzieć się 1** (*rokować nadzieję*) (show) promise **2** (*z wizytą itp.*) announce sth |IDM| **zapowiada się gorące lato** it's going to be a hot summer

zapozn(aw)ać 1 (*poznać kogoś*) meet **2** ~ **kogoś** (**z kimś/czymś**) introduce sb

Z

(to sb/sth) → PRZEDSTAWIAĆ ■ zapo-
zn(aw)ać się ~ się (z czymś) familiarize
yourself (with sth)

zapożycz-ać/yć borrow ■ **zapożycz-
ać/yć się** get into debt, **~ się u kogoś** be
in debt to sb

zapracowany busy

zapragnąć → PRAGNĄĆ

za-praszać/prosić ~ kogoś invite sb,
(*do siebie do domu*) invite sb over/
round/around, (*do wspólnego wyjścia*)
ask sb out

zaprawa 1 (*fizyczna*) workout
2 (*murarska*) mortar

zaprawi(a)ć (*jedzenie*) add spice to sth

zaprenumerować → PRENUMEROWAĆ

zaprezentować → PREZENTOWAĆ

zaprogramować → PROGRAMOWAĆ

zaprojektować → PROJEKTOWAĆ

zaproponować → PROPONOWAĆ

zaprosić → ZAPRASZAĆ

zaproszenie invitation

zaprotestować → PROTESTOWAĆ

zaprowa-dzać/dzić 1 ~ kogoś gdzieś
lead sb somewhere **2** (*porządek itp.*)
introduce

zaprząść → ZAPRZĘGAĆ

zaprzecz-ać/yć 1 (*być w sprzeczności*)
contradict **2** (*nie zgadzać się*) disagree

zaprzest(aw)ać cease (to do sth/doing
sth)

zaprzyjaźni(a)ć się be/make friends
(with sb)

zapu-szczać/ścić 1 (*włosy*) grow
2 (*zaniedbać*) neglect ■ **zapu-
szczać/ścić się** venture somewhere

zapuszczony run-down

zap(y)chać block sth up

zapytać (się) → PYTAĆ (SIĘ)

zapytanije inquiry **[IDM] znak ~a**
question mark

za-rabiać/robić 1 (*pieniądze; na
opinię*) earn sth **2** (*ciasto*) knead

zaradczy remedial

zaradny resourceful

zaraz 1 (*natychmiast*) immediately
2 (*wkrótce*) soon

zaraza plague

zarazek germ

zaraźliwy infectious

zara-żać/zić infect ■ **zara-żać/zić się ~
się czymś (od kogoś)** catch sth (from
sb)

zardzewiały rusty

zardzewieć → RDZEWIEĆ

zareagować → REAGOWAĆ

zarejestrować (się) → REJESTROWAĆ
(SIĘ)

zareklamować → REKLAMOWAĆ

zarekomendować → REKOMENDOWAĆ

zarezerwować → REZERWOWAĆ

zaręcz-ać/yć guarantee ■ **zaręcz-
ać/yć się ~ się (z kimś)** become engaged
(to sb)

zaręczyny engagement **[C]:** *zerwać ~*
break off your engagement |
zaręczynowy: *pierścionek ~* an
engagement ring

zarobjek (*~ki*) earnings → PŁACA

zarobić → ZARABIAĆ

zaroić się → ROIĆ SIĘ

zarost stubble

zarośla shrubbery

zarozumiały conceited

zarówno: ~... (*jak i...*) both... and...

zaryglować → RYGLOWAĆ

zarys outline

zarysow(yw)ać 1 (*pokryć rysunkami*)
cover sth with drawings **2** (*zaznaczyć
kontury; uwidaczniać się*) outline
3 (*zadrapać*) scrape

zaryzykować → RYZYKOWAĆ

zarząd board of directors

zarządca manager

zarzą-dzać/dzić 1 (*kierować*) **~ czymś**
manage sth **2** (*wydawać
rozporządzenia*) order sth

zarządzanie management

zarządzenie 1 (*rozporządzenie*)
regulation **2** (*polecenie*) order

zarzu-cać/cić 1 ~ coś komuś accuse
sb (of sth) **2** (*ubranie*) throw sth on
3 ~ coś czymś scatter sth (all) over sth
4 (*przyzwyczajenia itp.*) give sth up
5 (*wędkę*) cast **6** (*samochód*) skid:
Zarzuciło samochód. The car skidded.

zarzut (*oskarżenie*) accusation,
(*domniemanie*) allegation: *pod ~em
morderstwa* on a charge of murder **[IDM]
bez ~u** impeccable

za-rzynać/rżnąć (*zwierzęta*) slaughter
→ RŻNĄĆ

zarżeć → RŻEĆ

zasa|da 1 (*reguła*) principle: *w ~dzie*
basically ◊ *z ~dy* as a (general) rule

zasadniczy 1 (*podstawowy*) basic
2 (*zmiana*) radical

zasadzić → SADZIĆ

zasalutować → SALUTOWAĆ

zaserwować → SERWOWAĆ

zasiać → SIAĆ

zasięg range [*lm* radii] [IDM] **poza czymś ~iem** beyond/out of (sb's) reach ı **w czymś ~u** within (sb's) reach

zasil-ać/ić 1 (*dostarczać*) ~ **kogoś/coś** (czymś) supply sb/sth (with sth) **2** (*wzmacniać*) reinforce

zasiłek benefit: ~ *dla bezrobotnych* an unemployment benefit/ (*nieform.*) the dole

zask-akiwać/oczyć 1 (*wprawiać w zaskoczenie*) surprise **2** (*zrozumieć; na właściwe miejsce*) click (into place) **3** (*silnik*) start

zaskarż-ać/yć 1 (*osobę*) sue **2** (*wyrok*) appeal (against sth)

zaskoczenie surprise

zaskoczyć → ZASKAKIWAĆ

zaskrzypieć → SKRZYPIEĆ

zasł-aniać/onić 1 (*przykrywać*) cover, ~ **coś (czymś)** block sth (out) (with sth) **2** (*firankę*) draw ■ **zasł-aniać/onić się ~ się (czymś) 1** shield yourself (with sth) **2** (*przen.*) hide behind sth: *Powiedział, że nie może przyjść, zasłaniał się brakiem czasu.* His excuse for not being able to come was a lack of time.

zasłona curtain [IDM] ~ **dymna** (*i przen.*) smokescreen

zasług|a 1 merit: *przypisywać sobie ~i za coś* take the credit for sth **2** (~i) service [C]

zasłu-giwać/żyć ~ na coś deserve sth

zasłynąć → SŁYNĄĆ

zasnąć → ZASYPIAĆ

zas|ób resource: *~ób wiedzy* a store of knowledge ◇ *~ób słów* a vocabulary ◇ *~oby finansowe* the (financial) means

zaspa snowdrift

zaspać oversleep

zaspok-ajać/oić (*potrzeby*) fulfil, -fill (*Am.*), (*ciekawość, apetyt*) satisfy, (*czyjeś życzenia*) carry sth out

zastan-awiać/owić się 1 (*dziwić się*) wonder: *Zastanawiam się, dlaczego nie odpowiedział.* I wonder why he didn't reply. **2** (*przemyśleć*) ~ **się nad czymś** think sth over

zastawi(a)ć 1 (*w lombardzie*) pawn **2** (*pułapkę*) lay **3** (*zasłaniać*) block sth up **4** (*tłoczyć*) cram: *pokój zastawiony meblami* a room crammed with furniture ◇ *stół zastawiony jedzeniem i piciem* a table laden with food and drink

zastęp-ca/czyni 1 (*dyrektora itp.*) deputy **2** (*pod nieobecność*) substitute

zastępczy substitute, (*matka*) surrogate

za-stępować/stąpić 1 (*pod nieobecność*) ~ **(kogoś)** stand in (for sb) **2** ~ **coś (czymś)** substitute sth (for sth) [IDM] ~ **komuś drogę** block sb's way

zastępstwo substitution: *brać za kogoś* ~ stand in for sb

zastosowanie application

zastosow(yw)ać implement → STOSOWAĆ

zastój stagnation [IDM] **w ~oju** stagnant: *Handel jest w ~oju.* Business is slow.

zastrajkować → STRAJKOWAĆ

zastrasz-ać/yć intimidate

zastrze-gać/c 1 stipulate **2** (*telefon*): ~ *numer* have your number listed [IDM] ~ **sobie prawo do czegoś** reserve the right to sth ■ **zastrze-gać/c się ~ się, że** make it clear that

zastrzelić 1 (*zabić*) shoot sb/sth (down) **2** (*przen.*): ~ *kogoś wiadomością* spring sth on sb ◇ ~ *kogoś pytaniem* throw a question at sb

zastrzyk injection

zastyg-ać/nąć 1 (*z przerażenia*) freeze **2** (*jedzenie*) set

zasugerować → SUGEROWAĆ

zasyczeć → SYCZEĆ

zasygnalizować → SYGNALIZOWAĆ

zasymilować → ASYMILOWAĆ

za-sypiać/snąć go to sleep

zasyp(yw)ać 1 (*wypełniać*) fill, (*przysypać*) cover: *Turystów zasypała lawina kamieni.* The tourists were buried in a rockfall. **2** (*komplementami itp.*) shower sb with sth, (*listami*) swamp sb with sth

zaszantażować → SZANTAŻOWAĆ

zaszczebiotać → SZCZEBIOTAĆ

zaszczepi(a)ć 1 (*med.*) vaccinate **2** ~ **coś komuś** inculcate sth (in/into sb); sb with sth

zaszczękać → SZCZĘKAĆ

zaszczy-cać/cić honour/(*Am.*) -nor sb (with sth)

zaszczyt honour, -nor (*Am.*)

zaszczytny honourable

zaszeleścić → SZELEŚCIĆ

zaszemrać → SZEMRAĆ

zaszkodzić → SZKODZIĆ

zaszlochać → SZLOCHAĆ

zasznurować → SZNUROWAĆ

zaszokować → SZOKOWAĆ

zaszy(wa)ć sew sth up, (*dziurę*) mend ■ **zaszy(wa)ć się** hide (away)

zaś *spój.* whereas: *Prezydent opowiadał się za nową ustawą, premier ~ był jej*

z

przeciwny. The president came out in favour of the new bill whereas the prime minister was against it. ▶ *partykuła: Poeta odwiedzi nową szkołę, szczególną ~ uwagę zwróci na bibliotekę jego imienia.* The poet will visit the new school, in particular the library named after him. [IDM] **na ~** for/ till later: *Odłożył pisanie listu na ~.* He put off writing the letter till later. ◇ *„Po co kupujesz tyle biletów?„ "Na ~."* 'Why are you buying so many tickets?' 'For later.'

zaśmiać się → ŚMIAĆ SIĘ

zaśmie-cać/cić 1 (*brudzić*) litter **2** (*pamięć itp.*) clutter

zaświadcz-ać/yć → ŚWIADCZYĆ

zaświadczenie certificate

zaświecić (się) → ŚWIECIĆ (SIĘ)

zaświtać → ŚWITAĆ

za-taczać/toczyć 1 (*łuk*): *Samochód zatoczył łuk i uderzył w drzewo.* The car swung around and hit a tree. ◇ **~ koło** circle (round and round) **2** (*rzeka*) wind **3** (*beczkę itp.*) roll ■ **za-taczać/toczyć się** (*iść chwiejnym krokiem*) stagger

zata-jać/ić conceal

zatamować → TAMOWAĆ

za-tapiać/topić 1 (*zalewać*) flood, (*statek itp.*) sink **2** (*nóż*) plunge ■ **za-tapiać/topić się** [IDM] **~ się w myślach** immerse yourself in thought

zatarasować → TARASOWAĆ

zatelefonować → TELEFONOWAĆ

zatem therefore

zatęsknić → TĘSKNIĆ

zatłoczony crowded

zato(cz)ka 1 (*morska*) bay, (*większa*) gulf: *wąska ~* a creek **2** (*med.*) sinus **3** (*na jezdni*) lay-by

zatoczyć się → ZATACZAĆ SIĘ

zatonąć → TONĄĆ

zatopić → ZATAPIAĆ

zator (traffic) jam

zatrąbić → TRĄBIĆ

zatrucie poisoning: *~ pokarmowe* food poisoning

zatruć → ZATRUWAĆ

zatrudni(a)ć employ

zatrudnienie employment

zatru(wa)ć poison [IDM] **~ atmosferę** ruin the atmosphere I **~ komuś życie** be the bane of sb's life

zatrzask 1 (*do drzwi*) latch **2** (*do odzieży*) popper, snap (*Am.*)

zatrzas-kiwać/nąć (się) 1 (*zamknąć (się) z trzaskiem*) slam **2** (*nie móc się wydostać*) lock yourself in

zatrzym(yw)ać 1 (*przerwać*) stop **2** (*zachowywać*) keep, (*bardziej form.*) retain **3** (*policja*) arrest: *~ kogoś w areszcie* remand sb in custody **4** (*taksówkę*) hail: *~ samochód (prosząc o podwiezienie)* thumb a lift ■ **zatrzym(yw)ać się 1** (come to a) stop, (*samochód*) pull up: *~ się w podróży* stop off (at/in...) **2 ~ się u kogoś** stay with sb

zatuszować → TUSZOWAĆ

zatwardziały confirmed

zatwier-dzać/dzić approve

zatyczka stopper, (*do uszu/wanny*) plug

zat(y)kać 1 (*dziurę itp.*) plug sth (up) **2** (*nos*) block [IDM] **zatkało mnie** I was speechless

zatytułować → TYTUŁOWAĆ

zaufanije trust, (*pewność*) confidence: *w ~u* confidentially ◇ *godny ~a* trustworthy ◇ *zyskać czyjeś ~e* gain sb's trust ◇ *stracić ~e do kogoś* lose confidence in sb [IDM] **wotum ~a** vote of confidence

zaufany trustworthy

zautomatyzować → AUTOMATYZOWAĆ

zauważ-ać/yć 1 (*spostrzec*) notice: *Czy możesz zauważyć różnicę między tymi dwoma fotografiami?* Can you spot the difference between these two pictures? **2** (*powiedzieć*) remark

zawa-dzać/dzić 1 (*przeszkadzać*) obstruct **2** (*potrącić*) **~ o coś** knock against sth

zawahać (się) → WAHAĆ (SIĘ)

zawal-ać/ić się collapse

zawał: *~ serca* a heart attack

zawdzięczać ~ coś komuś owe sth to sb; sb sth

zawę-żać/zić narrow sth (down)

zawiad-amiać/omić ~ kogoś (o czymś) notify sb (of sth)

zawiadomienie notification

zawiąz(yw)ać 1 (*sznurówkę itp.*) tie **2** (*spółkę itp.*) form

za-wierać/wrzeć 1 (*obejmować części*) contain, include ❶ **Contain** odnosi się do przedmiotów, w których znajdują się jakieś rzeczy: *The parcel contained six books.* Paczka zawierała sześć książek. **Include** używa się, gdy kilka przedmiotów tworzy pewną całość lub należy do pewnej grupy (zawiera coś w sobie): *The price of the holiday includes* *accommodation*. W cenę wczasów wliczone jest zakwaterowanie. ◊ *a team of seven people including a cameraman* ekipa siedmiu ludzi wliczając kamerzystę ◊ *The paper includes a TV magazine.* Gazeta zawiera dodatek telewizyjny. **2** (*umowę itp.*) reach: ~ *kontrakt z kimś* negotiate a contract with sb ◊ ~ *związek małżeński* get married ◊ ~ *z kimś znajomość* make sb's aquaintance

zawie-szać/sić 1 (*obraz itp.*) hang **2** (*działalność; karę; w obowiązkach*) suspend [IDM] **~ głos** pause

zawieszeni|e suspension: *~e wyroku sądowego* probation ◊ *wyrok w ~u* a suspended sentence ◊ *~e broni* a ceasefire

zawieść → ZAWODZIĆ

zawi-jać/nąć 1 (*prezent itp.*) wrap **2** (*włosy; zagiąć*) curl ■ **zawi-jać/nąć się** curl

zawiły complex

zawinąć → ZAWIJAĆ

zawistny envious

zawiść envy

zawodni-k/czka contestant

zawodowiec professional

zawodow|y professional: *armia ~a* the regular army ◊ *szkoła ~a* a vocational school ◊ *związek ~y* a trade union ◊ *choroba ~a* an occupational disease

zawody contest [C]

za-wodzić/wieść 1 (*rozczarować*) disappoint: *Dobrze zna angielski, ale jej wymowa ją zawodzi.* She has a good command of English but her pronunciation lets her down. ◊ *Oni mnie nigdy nie zawiodą.* They will never let me down. ◊ ~ *czyjeś oczekiwania* not come up to sb's expectations **2** (*nerwy itp.*) fail: *Zawodzi mnie pamięć.* My memory fails me. **3** (*jęczeć*) wail **4** (*prowadzić gdzieś*) lead

zawołać → WOŁAĆ

za-wozić/wieść (*samochodem*) drive

zaw|ód 1 (*fach*) occupation: *z ~odu* by profession ◊ *uprawiać wolny ~ód* work freelance → PRACA **2** (*rozczarowanie*) disappointment: *sprawić komuś ~ód* disappoint sb

za-wracać/wrócić (*z drogi*) turn back/ around/round [IDM] **~ komuś (czymś) głowę** bother sb (with sth): *Nie chcę zawracać sobie tym głowy.* I can't be bothered to do it. | **~ komuś w głowie** (*rozkochać*) turn sb's head | **~ komuś**

głowę czymś (*przeszkadzać*) bother sb with sth

zawrotny (*oszałamiający*) astounding, (*prędkość itp.*) breakneck

zawroty: ~ *głowy* dizziness ◊ *mieć ~ głowy* have dizzy spells

zawrzeć → ZAWIERAĆ

zawsty-dzać/dzić shame

zawsze always: *na ~* forever ◊ *raz na ~* once and for all

zawzięty fierce

zazdrosny jealous

zazdrościć ~ komuś (czegoś) envy sb (sth)

zazdrość jealousy

zazię-bi(a)ć się catch a cold

zaziębiony: *Jest ~.* He has a cold.

zaznacz-ać/yć 1 (*fragment tekstu itp.*) mark, (*markerem*) highlight **2** (*pozycję w spisie*) check sth off **3** (*stwierdzić*) stress

zazna-jamiać/jomić ~ kogoś (z kimś) introduce sb (to sb) ■ **zazna-jamiać/jomić się ~ się (z czymś)** familiarize yourself (with sth)

zazwyczaj usually

zażalenie complaint: *złożyć ~ na kogoś/ coś* file a complaint against/about sb/ sth

zażarty fierce

zażądać → ŻĄDAĆ

zażenować → ŻENOWAĆ

zażenowany embarrassed

zaży(wa)ć (*tabletki itp.*) take, (*coś przyjemnego*) enjoy: ~ *ruchu* exercise

ząb 1 tooth [*lm* teeth]: ~ *mądrości* a wisdom tooth ◊ *ból zęba* (a) toothache ◊ *sztuczne zęby* false teeth **2** (*w kole zębatym*) cog [IDM] **coś na ~** a bite to eat | **zaciskać zęby 1** clench your teeth **2** (*przen.*) grit your teeth

ząbek (*czosnku*) clove

z-baczać/boczyć deviate: ~ *z tematu* stray from the subject

zbadać → BADAĆ

zbagatelizować → BAGATELIZOWAĆ

zbankrutować → BANKRUTOWAĆ

zbesztać → BESZTAĆ

zbędny 1 (*niepotrzebny*) dispensable **2** (*bezużyteczny*) unnecessary

zbić → BIĆ

zbić (się) → ZBIJAĆ (SIĘ)

zbieg 1 (*uciekinier*) fugitive, (*dziecko*) runaway **2** (*ulic itp.*) junction [IDM] **~ okoliczności** coincidence

Z

zbie-gać/c 1 (*uciekać*) run away **2** (*na dół*) run down ■ **zbie-gać/c się 1** (*zgromadzić się*) gather **2** (*ulice itp.*) converge **3** (*okoliczności*) coincide **4** (*ubranie*) shrink

zbierać/zebrać gather, (*kwiaty*) pick [IDM] ~ **obfite żniwo** take a heavy toll/ take its toll (on sth) ■ **zbierać/zebrać się** [IDM] ~ **się w sobie** brace yourself | ~ **się na odwagę (coś zrobić)** pluck up the courage (to do sth)

zbieżny ~ **z czymś** concurrent (with sth)

zbi(ja)ć 1 zbić kogoś beat sb **2** ~ **coś** break sth **3** : ~ *coś gwoździami* nail sth down **4** (*argumenty*) refute **5** (*majątek*) make [IDM] ~ **kogoś z tropu** throw sb off the track ■ **zbi(ja)ć się** (*w grupę*) huddle

zbilansować się → BILANSOWAĆ SIĘ

zbiornik container, (*na paliwo*) tank, (*na wodę*) cistern, (*wodny*) reservoir

zbiornikowiec tanker

zbiorowy collective

zbiór 1 (*kolekcja*) collection **2** (*warzyw itp.*) crop **3** (*zbieranie plonów*) harvest

zbiórka assembly, (*pieniędzy*) collection

zbir thug

zblednąć → BLEDNĄĆ

zbliż-ać/yć bring sth nearer/ together ■ **zbliż-ać/yć się** approach

zbocze slope

zboczenie deviation

zboczeniec pervert

zboczyć → ZBACZAĆ

zbojkotować → BOJKOTOWAĆ

zbombardować → BOMBARDOWAĆ

zboże cereal

zbożowy cereal: *płatki* ~*e* (a) cereal ◇ *kawa* ~*a* chicory coffee

zbrązowieć → BRĄZOWIEĆ

zbrodni|a crime: *popełniać* ~*ę* commit a crime

zbrodnia-rz/rka criminal

zbroić/u- (się) arm

zbrojny armed

zbudować → BUDOWAĆ

zbuntować się → BUNTOWAĆ SIĘ

zburzyć → BURZYĆ

zbyć → ZBYWAĆ

zbyt *przysł.* too ▸ rz. **1** (*popyt*) market **2** (*sprzedaż*) sale

zbyteczny superfluous

zby(wa)ć 1 (zbywać) (*mieć dużo*) have an excess of sth: *Pieniędzy im nie zbywa.* They've got plenty of money.

2 (*sprzedawać*) sell sth off/up **3** ~ **kogoś (czymś)** fob sb off (with sth)

zdać (się) → ZDAWAĆ (SIĘ)

zdaln|y: ~*e sterowanie* remote control

zdanie 1 (*opinia*) opinion: *moim/twoim itp.* ~*m* in my/your, etc. opinion ◇ *zmieniać* ~ change your mind ◇ *mieć o kimś/czymś dobre/złe* ~ have a good/ bad/high/low, etc. opinion of sb/sth **2** (*gram.*) sentence: ~ *podrzędne* a subordinate clause [IDM] **bez dwóch zdań** indisputably

zdarz-ać/yć się happen

zdarzenie incident

zdatn|y ~*y* (do czegoś) fit (for sth): *woda* ~*a do picia* drinkable water ◇ ~*y do użycia* in working order

zd(aw)ać 1 (*egzamin*) (zdawać) take, (zdać) pass, (nie zdać) fail **2** (*sprawozdanie itp.*) relate **3** : ~ *sobie sprawę (z czegoś)* realize (sth) **4** (*oddawać*) return **5** (*obowiązki itp.*) pass sth over (to sb) ■ **zdawać się 1** (*wydawać się*) appear: *Zdaje mi się, że… It seems to me (that)…* **2** ~ **się na kogoś** depend on sb

zdąż-ać/yć 1 (*gdzieś na czas*) make it **2** (*na autobus itp.*) catch sth: *nie zdążyć na pociąg* miss the train

zdecydować → DECYDOWAĆ

zdecydowany 1 (*wynik itp.*) decided **2** (*postępowanie*) decisive **3** (*osoba*) determined

zdefiniować → DEFINIOWAĆ

zdeformować → DEFORMOWAĆ

zdefraudować → DEFRAUDOWAĆ

zdejmować/zdjąć 1 (*usunąć*) remove, (*z półki itp.*) take sth down from sth **2** (*ubranie*) take sth off **3** (*farbę, warstwę*) strip

zdeklarować → DEKLAROWAĆ

zdemaskować → DEMASKOWAĆ

zdemilitaryzować
→ DEMILITARYZOWAĆ

zdemoralizować → DEMORALIZOWAĆ

zdenerwować (się) → DENERWOWAĆ (SIĘ)

zdenerwowanie 1 (*niepokój*) nervousness **2** (*złość*) anger, (*irytacja*) irritation

zdenerwowany 1 (*zaniepokojony*) nervous **2** (*zły*) ~ **czymś/na kogoś** angry (with/at sb for sth)/(at/about sth), (*poirytowany*) irritated (at/by/ with sth)

zdeponować → DEPONOWAĆ

zdeprawować → DEPRAWOWAĆ

zdeptać → DEPTAĆ

Z

zderz-ać/yć się crash
zderzak bumper
zderzenie 1 (*wypadek*) crash
  2 (*konfrontacja*) clash
zdewaluować → DEWALUOWAĆ
zdewastować → DEWASTOWAĆ
zdezorganizować
  → DEZORGANIZOWAĆ
zdezorientować → DEZORIENTOWAĆ
zdezynfekować → DEZYNFEKOWAĆ
zdjąć → ZDEJMOWAĆ
zdjęci|e 1 (*fotografia*) photo(-graph):
  na ~u in a photo ◊ *robić ~e* take a photo
  ◊ *robić ~e rentgenowskie* take an
  X-ray ◊ *~a próbne* a screen test
  2 (*ściągnięcie*) removal
zdmuch-iwać/nąć 1 (*świeczkę*) blow
  sth out **2** (*kurze itp.*) blow sth off **[IDM] ~**
  komuś coś sprzed nosa snatch sth
  from under sb's nose
zdobycz 1 (*łup*) loot **2** (*zwierzęcia*)
  prey **3** (*~e*) (*nauki itp.*) achievements
zdoby(wa)ć 1 (*dostęp do czegoś; sławę*
  itp.) gain, (*nagrodę*) win **2** (*miasto itp.*)
  capture **3** (*bramkę*) score **4** (*szczyt*)
  reach **■ zdoby(wa)ć się:** *~ się na odwagę*
  (*coś zrobić*) pluck up the courage (to do
  sth)
zdobyw-ca/czyni 1 (*twierdzy, nowych*
  lądów) conqueror **2** (*zwycięzca*)
  winner: *~ drugiego miejsca* a runner-up
  3 : *~ bramki* a scorer
zdolnoś|ć ability, (*myślenia,*
  odczuwania) faculty, (*~ci*) skills
zdolny *~ do zrobienia czegoś* capable of
  doing sth, (*inteligentny*) talented
zdołać *~ coś zrobić* manage to do sth
zdominować → DOMINOWAĆ
zdrada betrayal **[IDM] ~ małżeńska**
  adultery **I ~ stanu** high treason
zdradliwy treacherous
zdra-dzać/dzić 1 (*oszukać*) betray,
  (*żonę/męża*) be unfaithful (*to sb*)
  2 (*tajemnicę itp.*) give sth/sb away
  3 (*czynić widocznym*) show: *Wyraz*
  twarzy ją zdradził. The expression on
  her face gave her away. **■ zdra-dzać/dzić**
  się (*ujawnić się*) give yourself away
zdradziecki treacherous
zdraj-ca/czyni traitor
zdrap(yw)ać scratch sth off
zdrętwiały numb
zdrętwieć → DRĘTWIEĆ
zdrobnieni|e (*imienia*) diminitive: *w*
  ~u for short
zdrowie health **[IDM] na ~! 1** (*toast*)
  cheers! **2** (*po kichnięciu*) bless you!

zdrowieć/wy- get better, (*bardziej*
  form.) recover
zdrow|y 1 (*nie chory; klimat; moralność*
  itp.) healthy: *~a żywność* (a) health food
  2 (*sen itp.*) sound **[IDM] cały i ~y** safe
  and sound **I przy ~ych zmysłach** sane **I**
  ~y rozsądek common sense
zdruzgotać → DRUZGOTAĆ
zdrzemnąć się doze off
zdumienie astonishment
zdumie(wa)ć astonish **■ zdumie(wa)ć**
  się ~ się (kimś/czymś) be amazed (at/
  by sb/sth)
zdumiony amazed
zdusić 1 → DUSIĆ **2** (*powstanie*) put
  sth down **[IDM] ~ coś w zarodku** nip sth
  in the bud
zdyskredytować → DYSKREDYTOWAĆ
zdyskwalifikować
  → DYSKWALIFIKOWAĆ
zdzierać/zedrzeć 1 (*zużywać*) wear
  sth out, (*buty*) scuff **2** (*zrywać*) tear sth
  off **[IDM] zdzierać z kogoś skórę** rip sb
  off **■ zdzierać/zedrzeć się** wear out
zdziwić (się) → DZIWIĆ (SIĘ)
zdziwienie surprise
zebra 1 (*zool.*) zebra [*lm* zebra]
  2 (*przejście dla pieszych*) zebra
  crossing
zebrać (się) → ZBIERAĆ (SIĘ)
zebrani|e meeting: *być na ~u* be in/at a
  meeting
zechcieć → CHCIEĆ
zedrzeć (się) → ZDZIERAĆ (SIĘ)
zegar clock: *~ cyfrowy* a digital clock
zegarek (wrist)watch
zejść → SCHODZIĆ
zelektryfikować → ELEKTRYFIKOWAĆ
zemdleć → MDLEĆ
zemleć → MLEĆ
zemst|a revenge: *z ~y za coś* in revenge
  for sth
zemścić się → MŚCIĆ SIĘ
zepsuć (się) → PSUĆ (SIĘ)
zepsuty 1 (*urządzenie*) broken(-down)
  2 (*jedzenie*) bad **3** (*osoba*) corrupt: *~ do*
  szpiku kości rotten to the core
zerk-ać/nąć ~ (na kogoś/coś) peek (at
  sb/sth)
zer|o 1 zero: *pięć stopni poniżej/*
  powyżej ~a a five degrees below/above
  freezing ❶ W Br. ang. cyfra 0 ma
  kilka różnych nazw. Zero najczęściej
  używa się w języku naukowym lub
  technicznym; nil najczęściej spotyka
  się w języku mówionym przy
  podawaniu wyników sportowych: *lose*

Z

three-nil (przegrać trzy do zera). **Nought** używa się w odniesieniu do cyfry **0** tworzącej jakąś liczbę: *A million is one followed by six noughts*. **0** (wymawiane /əʊ/) na ogół używa się w języku mówionym przy podawaniu numeru telefonu, autobusu itp. **2** (*w tenisie*) love **3** (*osoba*) nobody [IDM] **zaczynać od ~a** start from scratch

zerwać → ZRYWAĆ

zesłać → ZSYŁAĆ

zespawać → SPAWAĆ

zespołowy team

zespół 1 (*drużyna*) team, (*załoga*) crew, (*specjalistów*) panel, (*muzyczny itp.*) band, (*muzyki poważnej*) ensemble **2** (*urządzenia*) unit **3** (*szkół itp.*) complex **4** (*med.*) syndrome: *~ Downa* Down's syndrome

zestarzeć się → STARZEĆ SIĘ

zestaw set, (*narzędzi*) kit: *~ wypoczynkowy* a suite

zestawi(a)ć 1 (*łączyć*) *~ coś z czymś* juxtapose sth with sth **2** (*ściągnąć*) take sth down/off **3** (*med.*) set

ze-strajać/stroić się tune up

zestrzeli(wa)ć shoot sth down

zeszły last: *w ~m miesiącu* last month

zesztywnieć → SZTYWNIEĆ

zeszyt exercise book, notebook (*Am.*)

ześliz-giwać/nąć się 1 (*zjeżdżać*) slide down **2** (*wzrok*) *~ z czegoś* glance off (sth)

zetknąć (się) → STYKAĆ (SIĘ)

zetrzeć (się) → ŚCIERAĆ (SIĘ), TRZEĆ

zewnątrz outside, outside of (*zwł. Am.*), (*być zwróconym w kierunku; poruszać się*) outward(s): *na ~* outside

zewnętrzny 1 outside, (*ściana itp.*) external **2** (*oznaki; objawy itp.*) outward: *wygląd* ~ the outward appearance

zewrzeć (się) → ZWIERAĆ (SIĘ)

zez squint: *mieć ~a* be cross-eyed

zeznanie testimony: *składać* ~ testify ◇ *fałszywe* ~ perjury [IDM] *~ podatkowe* tax return

zezna(wa)ć testify

zezować squint

zezowaty cross-eyed

zezw-alać/olić *~ komuś na coś* permit sb to do sth

zezwolenie 1 (*zgoda*) permission **2** (*na pracę/pobyt itp.*) permit, (*na broń/sprzedaż alkoholu itp.*) licence, *-se* (*Am.*): *wydawać komuś* ~ (*na zrobienie czegoś*) license sb (to do sth)

zgad-ywać/nąć guess

z-gadzać/godzić się 1 (*być takiego samego zdania*) *~ (z kimś/czymś)* agree (with sb/sth) **2** (*pozwalać*) *~ (na coś)* agree (to sth) **3** (*fakty, wyniki itp.*) *~ z czymś* square with sth: *Zgadza się!* That's right!

zgarbić się → GARBIĆ SIĘ

zgarn-iać/ąć 1 (*w jedno miejsce*) scoop **2** (*wygraną itp.*) rake sth in: *~ co najlepsze* cream sth off

zgasić → GASIĆ

zgasnąć → GASNĄĆ

zgęstnieć → GĘSTNIEĆ

zgiąć (się) → ZGINAĆ (SIĘ)

zgiełk commotion

zgięcie bend

zgi-nać/ąć (się) bend

zginąć → GINĄĆ

z-głaszać/głosić 1 (*propozycję, plan itp.*) submit: *~ wniosek* put forward a motion **2** (*zawiadamiać*) report sth: *~ kradzież na policji* report a theft to the police **3** (*kandydata; udział*) enter (in/for sth): *~ swój udział w konkursie* enter a competition [IDM] *~ coś do oclenia* declare sth ■ **zgł-aszać/osić się 1** (*przyjść*) report **2** (*do konkursu itp.*) enter (for sth)

zgłębi(a)ć 1 (*sekret*) fathom: *~ tajniki czegoś* penetrate the mysteries of sth **2** (*dziedzinę wiedzy*) explore

zgłoszenie 1 (*podanie, formularz*) application **2** (*zawiadomienie*) report

zgn-iatać/ieść 1 (*tłoczyć*) squeeze **2** (*miażdżyć*) squash **3** (*tłumić*) quell

zgnić → GNIĆ

zgnieść (się) → GNIEŚĆ (SIĘ)

zgniły rotten

zgod|a 1 (*gram.; porozumienie*) agreement: *Z~a!* All right! ◇ *wyrażać ~ę na coś* agree to sth **2** (*stan pokoju*) harmony, (*pojednanie*) reconciliation **3** (*zezwolenie*) *~a na coś* consent (to sth): *za czyjąś ~ą* with sb's consent

zgodny 1 (*osoba*) agreeable **2** (*grupa*) *~ w czymś/co do czegoś* unanimous (in sth) **3** *~ z czymś* consistent with sth: *~ z prawem* legal

zgodzić się → ZGADZAĆ SIĘ

zgolić → GOLIĆ

zgon demise: *akt ~u* a death certificate

zgorzkniały bitter

zgrabny 1 (*osoba*) slender, (*nogi*) shapely **2** (*ruchy itp.*) deft **3** (*rozwiązanie, wypowiedzi itp.*) neat

z

zgromadzenie assembly, (*relig.*) congregation

zgryźliwy (*osoba*) snappy, (*ton itp.*) cutting

zgrzyt 1 (*dźwięk*) creak **2** (*nieporozumienie; brak harmonii*) discord

zgrzytać grate: ~ *zębami* grind your teeth

zguba 1 (*rzecz*) lost property **2** (*klęska*) doom

zgubny ruinous

ziać (*także* **zionąć**) (*otwór, dziura itp.*) gape

ziarn(k)o (*zboża*) grain, (*kawy*) bean, (*nasienie*) seed [IDM] ~ *prawdy* a grain of truth

zidentyfikować → IDENTYFIKOWAĆ

zielenieć turn green

zieleń 1 (*kolor*) green **2** (*roślinność*) greenery

zielon|y 1 (*kolor; partia polityczna*) green: *wiecznie* ~*y* evergreen **2** (*dolar*) buck **3** (*niedoświadczony*) clueless [IDM] *nie mieć* ~*ego pojęcia* not have the foggiest (idea) | Z~e Świątki Whitsun

ziemi|a 1 (*grunt*) ground: *rosnąć nad/ pod* ~*ą* grow above/below the ground ◊ *pod* ~*ą* underground ◊ *siedzieć na* ~ sit on the ground **2** (*do sprzedaży itp.*) land: *kupić* ~*ę pod Warszawą* buy land on the outskirts of Warsaw ◊ ~*a niczyja* no-man's-land ◊ ~*a obiecana* the promised land **3** (*gleba*) soil **4** (*planeta*) (**Z~a**) Earth **5** (*suknia itp.*): *do* ~ full-length [IDM] *iść do* ~ die | *nie z tej* ~ out of this world

ziemniak potato: ~ *w mundurku* a jacket potato

ziemski 1 (*dot. planety*) earth **2** (*dot. życia*) earthly

ziew-ać/nąć yawn

zięć son-in-law

zignorować → IGNOROWAĆ

zilustrować → ILUSTROWAĆ

zima winter

zimno *rz.* **1** (*temperatura*) cold **2** (*opryszczka*) cold sore ► *przysł.* **1** : *Jest mi* ~. I'm cold. ◊ *Strasznie mi* ~. I'm freezing. **2** (*niechętnie*) coldly

zimny cold

zimowy winter

zinterpretować → INTERPRETOWAĆ

zioło herb

ziołowy herbal

zionąć → ZIAĆ

zirytować (się) → IRYTOWAĆ (SIĘ)

z-jadać/jeść eat

zjadliwy 1 (*cięty, złośliwy*) scathing **2** (*jedzenie*) edible

zjawa phantom

zjawi(a)ć się (*pojawić się*) appear, (*przyjść*) turn up

zjawisko phenomenon [*lm* -mena]

zjazd 1 (*konferencja*) convention, (*szkolny*) reunion **2** : ~ *z głównej drogi* a turn-off ◊ ~ *z autostrady* an exit

zjechać → ZJEŻDŻAĆ

zjednoczyć (się) → JEDNOCZYĆ (SIĘ)

zjedn(yw)ać ~ *kogoś* (*do czegoś*) win sb over (to sth)

zjełczały rancid

zjeść → JEŚĆ

zje-żdżać/chać 1 (*z głównej drogi*) turn off (sth), (*na pobocze*) pull into sth, (*na bok*) pull over **2** (*na dół*) go down: ~ *na sankach* sledge **3** (*zsuwać się*) slip off **4** (*przyjeżdżać*) arrive **5** (*krytykować*) blast [IDM] **zjeżdżaj!** get lost!

zjeżdżalnia slide

zle-cać/cić ~ *komuś coś/zrobienie czegoś* commission sb to do sth

zlecenie commission: ~ *stałe* a standing order ◊ *pracować na* ~ work freelance

zlekceważyć → LEKCEWAŻYĆ

zlepek conglomeration

zlew(ozmywak) sink

zlikwidować → LIKWIDOWAĆ

zlokalizować → LOKALIZOWAĆ

złagodnieć → ŁAGODNIEĆ

złagodzić → ŁAGODZIĆ

złamać (się) → ŁAMAĆ (SIĘ)

złamanie 1 (*med.*) fracture **2** (*prawa itp.*) infringement [IDM] *na* ~ *karku* at breakneck speed

złapać (się) → ŁAPAĆ (SIĘ)

złączyć → ŁĄCZYĆ

zło evil: *mniejsze* ~ the lesser of two evils

złocisty golden

złoczyńca offender

złodziej/ka thief [*lm* thieves]

złodziejstwo theft

złom scrap

złościć/roz- anger ■ **złościć/roz- się** ~ *się* (*na kogoś*) (*o coś*) get angry (with sb) (about sth)

złość|ć anger: *na* ~*ć komuś* to spite sb ◊ *ze* ~*cią* angrily

złośliwy 1 (*osoba*) malicious **2** (*med.*) malignant

Z

złotnik jeweller, -weler (*Am.*)

złoto gold

złot|y 1 (*ze złota*) gold **2** (*kolor*) golden [IDM] ~a rączka handyman | znaleźć ~y środek strike a happy medium

złowić → ŁOWIĆ

złowrogi sinister

złożony 1 (*skomplikowany*) complex: *być ~m z czegoś* be composed of sth **2** (*składający się z czegoś*) composed of sth **3** (*gram.*) compound

złożyć → SKŁADAĆ

złudzenie illusion

złupić → ŁUPIĆ

złuszczyć się → ŁUSZCZYĆ SIĘ

zły 1 (*niepoprawny; nieodpowiedni*) wrong, (*słaby*) poor **2** (*zepsuty*) bad, (*bardzo ~*) evil, (*dziecko*) naughty **3** ~ (**na kogoś/coś**) angry (with/at sb) (at/about sth)

zmagać się ~ (**z kimś/czymś**) struggle (against/with sb/sth)

zmagazynować → MAGAZYNOWAĆ

zmajstrować → MAJSTROWAĆ

zmaleć → MALEĆ

zmaltretować → MALTRETOWAĆ

zmarły deceased

zmarnieć → MARNIEĆ

zmarnować (się) → MARNOWAĆ (SIĘ)

zmarszczka 1 (*na twarzy*) wrinkle **2** (*na materiale*) crease **3** (*na wodzie*) ripple

zmarszczyć (się) → MARSZCZYĆ (SIĘ)

zmartwić (się) → MARTWIĆ (SIĘ)

zmartwienie worry

zmartwiony worried

zmarznąć get cold: *Strasznie zmarzłem.* I'm frozen.

zmarznięty frozen

zmasakrować → MASAKROWAĆ

zmaterializować się → MATE-RIALIZOWAĆ SIĘ

zmatowieć → MATOWIEĆ

z-mawiać/mówić się conspire

zmaz(yw)ać 1 (*gąbką itp.*) wipe sth off, (*gumką*) rub sth out, erase (*Am.*) **2** (*grzechy itp.*) wipe sth away

zmącić → MĄCIĆ

zmechanizować → MECHANIZOWAĆ

zmęczenie tiredness

zmęczony tired

zmęczyć (się) → MĘCZYĆ (SIĘ)

zmian|a 1 change, (*drobna*) alteration: ~a na lepsze/gorsze a change for the better/worse **2** ~a czegoś na coś substitution of sth for sth **3** (*w pracy*) shift, (*w stołówce*) sitting: *robić coś z kimś na* ~ę take turns to do sth

zmiażdżyć → MIAŻDŻYĆ

zmiąć (się) → MIĄĆ (SIĘ)

zmieni(a)ć change: ~ *zdanie* change your mind ■ **zmieni(a)ć się 1** ~ **się (w kogoś/coś)** change yourself (into sb/sth): ~ *się na lepsze* change for the better **2** (*robić kolejno*) ~ **się (w robieniu czegoś)** take turns (to do sth)

zmienny changeable

zmierz-ać/yć 1 (*jechać*) head for sth **2** (*sugerować*) get at sth: *Do czego zmierzasz?* What are you getting at? ■ **zmierzyć się** (*z zadaniem itp.*) set yourself sth

zmierzch twilight

zmierzyć (się) → MIERZYĆ (SIĘ)

zmieszać 1 (*łączyć*) blend **2** (*za-wstydzić*) embarrass, (*zaskoczyć*) confuse

zmieszany confused

zmieścić (się) → MIEŚCIĆ (SIĘ)

zmiękcz-ać/yć soften

zmięknąć → MIĘKNĄĆ

zmiksować → MIKSOWAĆ

zmniejsz-ać/yć decrease, (*temperaturę itp.*) reduce, (*ból itp.*) alleviate, (*ciężar*) lighten ■ **zmniej-sz-ać/yć się** decrease

zmobilizować (się) → MOBILIZOWAĆ (SIĘ)

zmodernizować (się) → MODERNIZOWAĆ (SIĘ)

zmodyfikować → MODYFIKOWAĆ

zmoknąć → MOKNĄĆ

zmoknięty soaked

zmonopolizować → MONOPOLIZOWAĆ

zmontować → MONTOWAĆ

zmora 1 (*koszmar*) nightmare **2** (*udręka*) spectre

zmotoryzowany rz. motorist ► przym. motorized

zmow|a conspiracy: *w* ~ie *z kimś* in league with sb

zmrok dusk

zmu-szać/sić ~ **kogoś do (zrobienia) czegoś** force sb (into sth/to do sth) ■ **zmu-szać/sić się** ~ **się do (zrobienia) czegoś** bring yourself to do sth

zmyć (się) → MYĆ (SIĘ), ZMYWAĆ (SIĘ)

zmylić → MYLIĆ

zmysł sense: *przy zdrowych* ~ach sane ◊ *postradać* ~y be/go out of your mind

zmysłowy 1 (*pobudzający zmysły*) sensual **2** (*sztuka itp.*) sensuous

zmyśl·ać/ić make sth up

zmyślony imaginary

zmywacz: ~ *do paznokci* nail polish remover

zmy(wa)ć wash, (*naczynia*) wash (sth) up, do the dishes (*zwł. Am.*), (*makijaż*) wash sth off

zmywak dishcloth, dishrag (*Am. zwykle*), (*na kiju*) mop

zmywanie wash(ing): ~ *naczyń* washing-up

zmywarka dishwasher

znacjonalizować → NACJONALIZOWAĆ

znaczek 1 (*pocztowy*) stamp **2** (*odznaka*) badge **3** (*ślad*) mark

znaczeni|e 1 (*sens*) meaning: *bez* ~*a* meaningless ◊ *mieć* ~*e* mean sth **2** (*waga*) significance: *bez* ~*a* of no importance ◊ *mieć* ~*e* be important ◊ *nie mieć* ~*a* not make any difference

znaczny considerable

znaczyć 1 (*oznaczać*) mean **2** (*być ważnym*) matter **3** (*zaznaczać*) mark

znać know: ~ *kogoś z widzenia* know sb by sight ◊ *dawać komuś* ~ let sb know ■ **znać się 1** ~ *się siebie* know yourself, ~ *się z kimś* know each other **2** ~ *się na czymś* be knowledgeable about sth

zna·jdować/leźć 1 (*odszukać*) find **2** (*poparcie itp.*) meet with sth ■ **znaj· dować/leźć się**) be (situated)

znajomość|ć 1 (*towarzystwo*) ~*ć z kimś* acquaintance with sb: *zawierać* ~*ć z kimś* make sb's acquaintance **2** (~*ci*) connections **3** (*wiedza*) knowledge, (*języka obcego*) command

znajomy *przym.* familiar | **znajom·y/a** *rz.* acquaintance

znak 1 (*symbol*) sign, (*wdzięczności, przyjaźni itp.*) token of sth: ~ *drogowy* a road sign ◊ *dawać* ~ signal ◊ ~ *zodiaku* a sign of the zodiac **2** (*litera itp.*) character: ~ *dziesiętny* a decimal point ◊ ~ *przestankowy* a punctuation mark ◊ ~ *zapytania* a question mark ◊ ~ *dodawania/odejmowania* a plus/minus sign **3** : *chroniony* ~ *firmowy* a trademark [IDM] **stawiać coś pod** ~**iem zapytania** question sth

znakomity excellent

znaleźć (się) → ZNAJDOWAĆ (SIĘ)

znamię (*na ciele*) birthmark

znan|y known, (*sławny*) famous, (*z czegoś złego*) notorious: *być rzeczą powszechnie* ~*ą* be common knowledge

znaw·ca/czyni ~ *czegoś* expert (at/in/ on sth)

znęcać się ~ *nad kimś* abuse sb, (*nad słabszym w szkole/pracy*) bully sb

znękać → NĘKAĆ

zniechę·cać/cić ~ *kogoś (do (robienia) czegoś)* discourage sb (from doing sth)

zniechęc·anie/enie discouragement

zniecierpliwienie impatience: *ze* ~*m* impatiently

zniecierpliwiony impatient

znieczul·ać/ić anaesthetize, anes- (*Am.*)

znieczulenie anaesthetic, anes- (*Am.*)

zniekształ·cać/cić 1 deform **2** (*prawdę*) distort

zniekształcenie distortion

zniekształcony distorted

znienacka unawares

znieruchomieć → NIERUCHOMIEĆ

zniesławi(a)ć (*na piśmie*) libel, (*w mowie*) slander

znieść → ZNOSIĆ

znieważ·ać/yć insult

zniewieściały effeminate

znik·ać/nąć disappear

zniszczeni|e destruction: *w stanie* ~*a* in a state of disrepair

zniszczyć → NISZCZYĆ

zniż·ać/yć lower ■ **zniż·ać/yć się 1** (*schodzić itp.*) descend **2** (*przen.: do czyjegoś poziomu*) condescend: *nie* ~ *się do (robienia) czegoś* be above (doing) sth

zniżka (*w sklepie*) discount, (*dla studentów itp. na bilet itp.*) concession

znokautować → NOKAUTOWAĆ

z-nosić/nieść 1 (*na dół*) take/carry sth down **2** (*w jedno miejsce*) gather **3** (*prąd rzeki, powietrze*) carry **4** ~ *kogoś/coś* stand sb/sth, (*krytykę*) take: *Nie znoszę hałasu.* I can't stand noise. **5** (*ustawę itp.*) abolish, (*ograniczenia*) lift **6** (*jaja*) lay

znośny tolerable

znowu (*także znów*) again

znudzić się → NUDZIĆ SIĘ

znudzony bored

znużenie weariness

znużony ~ *kimś/czymś* tired of sb/ (*doing*) sth

znużyć (się) → NUŻYĆ (SIĘ)

zobaczeni|e: *do* ~*a* goodbye

zobaczyć (się) → WIDZIEĆ (SIĘ)

zobowiązanie obligation

Z

zobowiąz(yw)ać ~ kogoś do czegoś oblige sb to do sth ■ **zobowiąz(yw)ać się** ~ się do czegoś commit yourself to (doing) sth

zoologiczny zoo(logical) [IDM] **sklep** ~ pet shop

zorganizować → ORGANIZOWAĆ

zorientować się → ORIENTOWAĆ SIĘ

zost(aw)ać 1 (*pozostać*) stay, (*bardziej form.*) remain: ~ *w domu* stay in **2** (*być: zazw. w stronie biernej*) be: *Paczka została poddana dokładnemu badaniu.* The parcel was examined thoroughly. **3** (*stać się kimś*) become: *Został lekarzem.* He became a doctor. **4** (*reszta jedzenia itp.*) be left, (*bardziej form.*) remain: *Zostało nam jeszcze 50 mil do przejechania.* We've still got 50 miles to go.

zostawi(a)ć leave

zracjonalizować → RACJONALIZOWAĆ

zranić → RANIĆ

z-raszać/rosić sprinkle

zra-żać/zić antagonize

zrealizować (się) → REALIZOWAĆ (SIĘ)

zrecenzować → RECENZOWAĆ

zredagować → REDAGOWAĆ

zredukować → REDUKOWAĆ

zreformować → REFORMOWAĆ

zregenerować → REGENEROWAĆ

zrehabilitować → REHABILITOWAĆ

zrekonstruować → REKONSTRUOWAĆ

zrelacjonować → RELACJONOWAĆ

zrelaksować się → RELAKSOWAĆ SIĘ

zrelaksowany relaxed

zremisować → REMISOWAĆ

zreorganizować → REORGANIZOWAĆ

zreperować → REPEROWAĆ

zresztą anyhow

zrewanżować się → REWANŻOWAĆ SIĘ

zrewidować → REWIDOWAĆ

zrewolucjonizować → REWOLUCJONIZOWAĆ

zrezygnować → REZYGNOWAĆ

zrezygnowany resigned

zręczny 1 (*umiejętny*) skilful, skill- (*Am.*) **2** (*sprytny*) clever

zrobić (się) → ROBIĆ (SIĘ)

zrosić → ZRASZAĆ

zrozpaczony desperate

zrozumiały 1 (*argument itp.*) comprehensible: ~ *sam przez się* self-explanatory **2** (*motywy itp.*) understandable

zrozumieć → ROZUMIEĆ

zrozumieni|e understanding: *wzajemne* ~*e* a rapport ◇ *dawać komuś do* ~*a, że* give sb to understand (that)

zrównoważony 1 (*osoba*) even-tempered **2** (*dieta itp.*) balanced

zrównoważyć → RÓWNOWAŻYĆ

zrówn(yw)ać 1 (*usunąć różnice*) equate **2** (*teren*) flatten [IDM] ~ *coś z ziemią* raze sth to the ground ■ **zrówn(yw)ać się** ~ się z kimś/czymś draw level with sb/sth

zrujnować → RUJNOWAĆ

zryw spurt

zrywać/zerwać 1 (*umowę, zaręczyny*) break sth off, ~ (z kimś) break up (with sb), ~ z czymś break with sth **2** (*zdjąć szarpnięciem*) tear sth off **3** (*kwiaty itp.*) pick ■ **zrywać/zerwać się 1** (*pęknąć*) break **2** (*wstawać*) leap up: ~ *się na równe nogi* jump to your feet

zrzednąć → RZEDNĄĆ

zrze-kać/c się ~ czegoś renounce sth

zrzędliwy (*narzekający*) whinging, (*proszący*) nagging

zrzędzić (*narzekać*) whine, (*prosić*) nag

zrzu-cać/cić 1 (*upuścić*) drop **2** (*kilogramy; liście itp.*) shed **3** (*na kogoś obowiązki, winę itp.*) shift the blame/responsibility (for sth) (onto sb): ~ *ciężar z serca* get sth off your chest **4** (*ubranie*) throw sth off ■ **zrzu-cać/cić się** (*zbierać pieniądze*) chip in: *Zrzuciliśmy się po pięć funtów na prezent.* We each chipped in (with) £5 for the present.

z-siadać/siąść ~ (z czegoś) get off (sth) ■ **zsi-adać/ąść się** (*mleko itp.*) curdle

zsiadł|y sour: ~*e mleko* curds

zsychać/zeschnąć się shrivel

zsyłać/zesłać 1 (*na wygnanie*) (send sb into) exile **2** (*na pomoc itp.*) ~ kogoś/coś (komuś) send sb/sth (to sb)

zszywacz stapler

zszy(wa)ć 1 (*nitką*) sew sth up **2** (*zszywaczem*) staple

zuboż-ać/yć impoverish

zuchwały 1 (*arogancki*) impertinent **2** (*brawurowy*) bold

zupa soup

zupełnie completely: *Z~ się z tobą nie zgadzam.* I don't agree with you at all.

zupełny complete

zuży(wa)ć use sth up ■ **zuży(wa)ć się** wear (away/down)

zwabi(a)ć lure

zwal-ać/ić 1 (*strącać*) knock sth down **2** (*na kupę*) pile **3** ~ **kogoś/coś na kogoś** land sb with sb/sth: ~ *na kogoś winę* pin the blame on sb **4** (*odpisywać*) copy [IDM] ~ **kogoś z nóg 1** (*powalić na ziemię*) knock sb down **2** (*zaskoczyć*) bowl sb over ■ **zwal-ać/ić się** [IDM] **zwalić się komuś na kark:** *Miałam odpocząć w weekend, ale rodzina zwaliła mi się na kark.* I was going to relax over the weekend, but my family turned up.

zwalcz-ać/yć ~ (*kogoś/coś*) fight (against sb/sth)

z-walniać/wolnić 1 ~ *kogoś* release sb, (*pracownika, ucznia z lekcji do domu*) dismiss, (*podczas kryzysu itp.*) make sb redundant, (*kogoś z obowiązku*) exempt sb from sth **2** (*szybkość*) slow sb/sth down **3** (*budynek; posadę*) vacate **4** (*hamulec itp.*) release

zwany: *tak* ~ so-called

zwariować → WARIOWAĆ

zwariowany ~ **na czymś/jakimś punkcie** crazy about sb/sth

zwarty 1 (*tłum*) dense **2** (*zabudowa*) high-density

zwarzyć (się) → WARZYĆ (SIĘ)

zważyć (się) → WAŻYĆ (SIĘ)

zwerbować → WERBOWAĆ

zwęszyć → WĘSZYĆ

zwęż-ać/yć (się) narrow, (*ubranie*) take sth in

zwiać → ZWIEWAĆ

zwiadowca scout

zwiastun 1 (*osoba*) forerunner **2** (*filmu*) trailer

związać (się) → WIĄZAĆ (SIĘ), ZWIĄZYWAĆ

związany 1 (*mający związek*) ~ **z czymś** connected with sth **2** (*umową itp.*) bound by sth **3** (*będący w związku*) ~ **z kimś** involved with sb: *nie* ~ unattached **4** (*unieruchomiony*) tied

związek 1 (*powiązanie*) ~ **z kimś/czymś** connection with sb/sth **2** (*miłosny*) relationship **3** (*organizacja*) association: ~ *zawodowy* a trade union **4** (*chemiczny*) compound [IDM] ~ **wyrazowy** collocation

związ(yw)ać tie sth up ■ **związ(yw)ać się** ~ **się z kimś/czymś** be/become involved with sb/sth

zwichnąć dislocate

zwie-dzać/dzić visit

zwiedzanie (*pałacu itp.*) tour, (*miasta*) sightseeing

zwierać/zewrzeć (*zetknąć ściśle*) press sth together, (*zęby, pięści; trzymać*) clench ■ **zwie-rać/zewrzeć się 1** (*zamykać się*) close **2** (*zaciskać się*) clench **3** (*ludzie*) close up

zwierz beast

zwierz-ać/yć się ~ **komuś** confide in sb

zwierzę animal: ~ *domowe* a pet ◇ ~ *stadne* a herd/ (*osoba*) social animal

zwierzęcy animal

zwierzyć się → ZWIERZAĆ SIĘ

zwierzyna game [U]

zwieść → ZWODZIĆ

zwi(ew)ać 1 (*strącać*) blow sth/sth down/off/over, etc. **2** (*uciec*) run away

zwiędnąć → WIĘDNĄĆ

zwiększ-ać/yć increase, (*ogrzewanie itp.*) turn sth up ■ **zwiększ-ać/yć się** increase

zwięzły concise

zwi-jać/nąć 1 (*zawijać*) roll sth up **2** (*kraść*) nick [IDM] ~ **interes** wind up the business ■ **zwi-jać/nąć się 1** (*w kłębek*) curl up **2** (*wyjechać*) go away **3** (*pracować*) rush about/around

zwilż-ać/yć moisten

zwinny agile

zwisać overhang [IDM] **to mi zwisa** I don't give a damn (about that)

zwle-kać/c 1 (*odwlekać w czasie*) **zwlekać z czymś** delay (doing) sth **2** (*przynosić*) drag

zwłaszcza especially

zwłoki corpse [C]

zwodniczy deceptive

z-wodzić/wieść deceive

zwolenni-k/czka follower

zwolnić → ZWALNIAĆ

zwolnienie 1 (*wymówienie z pracy*) dismissal **2** : ~ *lekarskie* sick leave **3** : ~ *warunkowe z więzienia* parole ◇ ~ *za kaucją* release on bail **4** : ~ *podatkowe* tax exemption

zwolnion|y 1 (*z pracy*) dismissed, (*podczas kryzysu itp.*) redundant **2** (*z obowiązku, podatku itp.*) exempt (from sth) **3** (*spowolniony*) sluggish, (*w filmie, TV*) slow motion

zwoł(yw)ać (*zebranie*) convene

zwój (*pętla*) coil, (*papieru*) scroll, (*banknotów*) wad

z-wracać/wrócić 1 (*oddawać*) ~ **coś** (**komuś**) give/take sth back (to sb), (*książki do biblioteki*) return, (*dług*)

repay, (*koszty itp.*) reimburse
2 : ~ *uwagę na kogoś/coś* pay attention
to sb/sth ◇ ~ *czyjąś uwagę na coś* draw
sb's attention to sth **3** : ~ *komuś uwagę*
tell sb off ▪ **z-wracać/wrócić się** (*do
kogoś o pomoc itp.*) turn to sb for sth
zwrot 1 (*oddanie*) return, (*mienia itp.*)
recovery: ~ *długu* repayment of a debt
◇ ~ *pieniędzy* a refund **2** (*ruch*) turn
3 (*wyrażenie*) expression
zwrotny 1 (*bilet; butelka itp.*)
returnable, (*dług*) repayable, (*zadatek
itp.*) refundable **2** (*gram.*) reflexive
[IDM] **adres ~** return address │ **moment/
punkt ~** turning point
zwrócić (się) → ZWRACAĆ (SIĘ)
zwycięski victorious
zwycięstwo victory: *odnosić ~ nad
kimś/czymś* triumph over sb/sth
zwycię-zca/żczyni winner
zwycięż-ać/yć 1 (*w meczu/bitwie itp.*)
win **2** (*nieprzyjaciela; słabość itp.*)
defeat **3** (*pomysł itp.*) prevail: *Zwyciężył
zdrowy rozsądek.* Common sense
prevailed.
zwyczaj 1 (*tradycja*) custom **2** (*nawyk*)
~ **(coś robić)** habit (of doing sth):
nabierać ~u take to (doing) sth
◇ *zmienić swoje ~e* change your ways
zwyczajny 1 (*zwykły*) usual, (*ubranie*)
casual, (*herbata itp.*) ordinary **2** (*po
prostu*) outright: *To ~ oszust!* He's an
outright cheat!
zwyczajow|y customary: *prawo ~e*
common law ◇ *~a stawka za coś* the
going rate for sth
zwykle (*zazwyczaj*) usually, (*na ogół*)
generally: *jak ~* as usual
zwykł|y 1 (*zwyczajowy*) usual: *o ~ej
porze* at the usual time ◇ *~a ilość* the
usual number/amount **2** (*dzień, osoba
itp.*) ordinary: *~e życie* a normal life
❶ *Normal* używa się przy opisie
zwyczajowych zdarzeń: *We are open
during normal working hours.*
Natomiast **ordinary** często używa się
przy opisie czegoś nieszczególnego,
przeciętnego: *He was clearly no
ordinary student.* **3** (*ubranie*) plain
4 : *przez ~ą ciekawość* out of mere
curiosity ◇ *To ~a kradzież!* It's
daylight robbery!
zysk profit: *przynoszący ~* profitable
zysk(iw)ać ~ (na czymś) profit (from
sth): ~ *na czasie* buy time
zyskowny profitable
zżółknąć → ŻÓŁKNĄĆ

źdźbło blade: ~ *słomy* a piece of straw
źle 1 (*niedobrze*) bad(ly): ~ *iść* go badly
◇ ~ *wyglądać* look bad **2** (*niewłaściwie/
nieodpowiednio*) wrong(ly), (*słabo*) poor
(ly): ~ *iść* go wrong **3** (*niezdrowo*) not
well: ~ *czuję się.* I don't feel well. [IDM] **i
tak ~, i tak niedobrze** you can't win │ ~
wywiązywać się z czegoś make a bad
job of sth
źrebak colt
źródło source

żaba frog
żabka (*styl pływacki*) breaststroke
żad|en (*z rz.*) no, (*zamiast rz. w
twierdzeniach: z wielu*) none, (*w
przeczeniach*) any, (*z dwóch*) neither/
either: *w ~nym razie* on no account
żagiel sail
żaglówka sailing boat, sailboat (*Am.*)
żal 1 (*smutek*) grief: *być pogrążonym w
~u* be overcome by grief ◇ *Ż~ mi ciebie.*
I feel sorry for you. **2** (*pretensje*)
grudge: *mieć ~ do kogoś o coś* bear a
grudge (against sb) (for sth) **3**
(*ubolewanie*) regret: *z ~em*
regretfully
żaluzja blind, (*z poziomych listewek*)
venetian blind
żałob|a mourning: *w ~ie* bereaved
żałobny mournful
żałosny 1 (*smutny*) sorrowful
2 (*budzący litość*) pathetic
żałować 1 ~ czegoś regret sth
2 (*grzechu*) repent of sth **3 ~ kogoś** be/
feel sorry for sb **4 ~ (komuś) czegoś**
begrudge (sb) sth
żar 1 (*upał*) heat **2** (*ogniska*) glow
3 (*przekonań itp.*) zeal
żarliwy fervent

żarłoczny greedy
żarłok glutton
żarówka (light) bulb: *Ż~ się przepaliła.*
The bulb's gone.
żart joke: *bez ~ów* seriously ◊ *na ~y*
(just) in fun [IDM] robić (sobie) ~y z
kogoś make fun of sb
żartobliwy humorous
żartować joke, ~ z kogoś/czegoś make
fun of sb/sth: *Chyba żartujesz!* You
must be joking!
żarzyć się glow
żądać/za- ~ czegoś demand sth
żądanie ~ czegoś/żeby demand (for
sth/that): *na ~* on demand
żądlić/u- sting
żądło sting
żądny ~ czegoś avid for sth
żądza ~ czegoś lust for sth
że that
żebrać beg
żebra-k/czka beggar
żebro rib
żeby ~ coś zrobić (in order) to. do sth:
Poprosił mnie, ~m zamknął drzwi. He
asked me to close the door. ◊ ~ *tylko* if
only
żeglarski nautical
żeglarstwo sailing
żegla-rz/rka sailor
żeglować sail
żegnać/po- ~ kogoś say goodbye to
sb ∎ żegnać/po- się 1 *(rozstać się)* say
goodbye 2 *(ze stanowiskiem itp.)* bow
out (of sth)
żelazko iron
żelazny iron
żelazo iron
żenić/o- się ~ z kimś marry sb
żeński 1 *(dot. kobiet)* female 2 *(szkoła*
itp.) girls' 3 *(gram.)* feminine
żeton token
złobek 1 creche 2 *(relig.)* manger
żłób manger
żmija adder
żmudny tedious
żniwa harvest [*C*]
żołądek stomach
żołnierz soldier: ~ *zawodowy* a regular
◊ ~ *piechoty morskiej* a marine
żona wife [*lm* wives]
żonaty married
żonglować juggle

żółknąć/z- turn yellow, *(od tytoniu, ze*
starości) become discoloured/-colored
(Am.)
żółtaczka jaundice
żółtko yolk
żółty yellow
żółw *(lądowy)* tortoise, *(morski)* turtle
żrący *(substancja itp.)* corrosive
żubr (European) bison [*lm* bison]
żuć chew
żużel *(sport)* speedway
żwawy brisk
żwir gravel
życi|e 1 *(proces; bycie żywym)* life
[*lm* lives]: *średnia długość ~a* life
expectancy ◊ *na całe ~e* lifelong ◊ *styl*
~a a lifestyle ◊ *nocne ~e* nightlife ◊ *~e*
intymne a love life ◊ *~e zawodowe* a
career ◊ *tracić ~e* lose your life
◊ *odbierać sobie ~e* take your (own) life
◊ *utrzymywać kogoś przy ~u* keep sb
alive ◊ *kwestia ~a i śmierci* a matter of
life and death ◊ *prowadzić spokojne ~e*
lead a quiet life 2 *(utrzymanie się)*
living: *zarabiać na ~e* earn your living
3 : *wprowadzać coś w ~e* enforce sth
◊ *wchodzić w ~e* come into force [IDM]
nigdy w ~u! not on your life!
życiorys 1 *(opis)* life story
2 *(dokument)* curriculum vitae,
resume *(Am.)*
życiowy 1 *(doświadczenie itp.)* life [*lm*
lives] 2 *(proces, funkcje)* vital
3 *(oferma itp.)* complete 4 *(praktyczny)*
realistic
życzeni|e 1 wish: *na czyjeś ~e* at sb's
request/at the request of sb ◊ *Spełniło*
się moje ~e. My wish came true. 2 *(~a)*
greetings
życzliwość kindness
życzliwy *(dobry)* kind, *(przyjacielski)*
friendly
życzyć ~ komuś czegoś wish sb sth:
Czego pan sobie życzy? What would you
like? ◊ *Nie życzę sobie takiego hałasu!* I
won't have such noise!
żyć live: *dobrze z kimś* ~ get on/along
together/with sb ◊ ~ *o chlebie* live on
bread ◊ ~ *z ziemi* live off the land ◊ ~
zgodnie z czymś live according to sth
Żyd/ówka Jew
żydowski Jewish
żyletka razor (blade)
żyła vein
żyrafa giraffe
żyrandol chandelier
żytni rye

Ż

żyto rye

żywić 1 (*odżywiać*) nourish **2** (*nadzieję itp.*) cherish, (*negatywne uczucie*) bear: *Żywię głęboki podziw dla jego pracy.* I have great admiration for his work. ■ **żywić się ~ się czymś** feed on sth

żywioł element: (*nie*) *w swoim ~le* in/out of your element

żywnościowy: *artykuł ~* a food item

żywność food

żywo lively [IDM] **na ~** live: *przekazać coś na ~* broadcast sth live ◇ *komentarz na ~* a running commentary

żywopłot hedge

żywy 1 (*żyjący*) alive: *jak ~* lifelike **2** (*ruchliwy*) lively **3** (*światło, wspomnienie, kolor itp.*) vivid **4** (*osobowość*) vibrant **5** (*wyobraźnia itp.*) fertile

żyzny fertile

Aa

A, a /eɪ/ n **1** litera a **2** szóstka (w szkole), piątka (na uniwersytecie, w szkole wyższej) **3** (muz.) A/a: A major A-dur ◇ A minor a-moll

a /ə; f. akcent. eɪ/ (także an /ən; f. akcent. æn/) przedimek determiner. **❶** Forma **an** występuje przed wyrazami zaczynającymi się na samogłoskę (w wymowie, nie w pisowni!, np. an uncle, ale a university). **1** jeden **❶** Często nie tłumaczy się. **2** jakiś **3** (w wyrażeniach dot. cen, częstotliwości, miar) za, w, na

A2 (level) /eɪ 'tuː levl/ n brytyjski odpowiednik egzaminu maturalnego → A LEVEL

aback /ə'bæk/ adv [IDM] **be taken aback (by sb/sth)** być zaskoczonym/ zaszokowanym (kimś/czymś)

abandon /ə'bændən/ v **1** opuszczać, porzucać **2** zaniechać, rezygnować z czegoś

abattoir /'æbətwɑː(r)/ n (Br.) rzeźnia

abbey /'æbi/ n opactwo

abbreviate /ə'briːvieɪt/ v skracać | **abbreviation** /ə,briːvi'eɪʃn/ n ~ (for/of sth) skrót

ABC /,eɪ biː 'siː/ n **1** alfabet **2** abecadło

abdicate /'æbdɪkeɪt/ v **1** abdykować **2** zrzekać się

abdomen /'æbdəmən/ n brzuch | **abdominal** /æb'dɒmɪnl/ adj brzuszny

abduct /æb'dʌkt/ v uprowadzać

abide /ə'baɪd/ v **can't/couldn't ~ sb/ (doing) sth** nie cierpieć kogoś/czegoś [PV] **abide by sth** dotrzymywać/ przestrzegać czegoś

ability /ə'bɪləti/ n **1** (pl -ies) umiejętność **2** [U] zdolności: A person of his ~ will have no difficulty getting a job. Osoba o takich zdolnościach nie powinna mieć trudności ze znalezieniem pracy.

ablaze /ə'bleɪz/ adj w płomieniach

able /'eɪbl/ adj **1 be ~ to do sth** móc: I was ~ to solve the problem. Byłem w stanie rozwiązać zadanie. **❶** W str. biernej używa się can/could: The arrangement can't be changed. → CAN¹ **2** zdolny

abnormal /æb'nɔːml/ adj anormalny: ~ weather conditions anomalie pogodowe | **abnormality** /,æbnɔː'mæləti/ n (pl -ies) nie- prawidłowość

aboard /ə'bɔːd/ adv, prep w, do (pociągu, autobusu), na pokła-d/dzie (statku, samolotu)

abode /ə'bəʊd/ n (form.) miejsce zamieszkania: the right of ~ prawo stałego pobytu ◇ of no fixed ~ bez stałego miejsca zamieszkania

abolish /ə'bɒlɪʃ/ v znosić | **abolition** /,æbə'lɪʃn/ n zniesienie

abominable /ə'bɒmɪnəbl/ adj okropny, ohydny

abort /ə'bɔːt/ v **1** przerwać ciążę **2** zaniechać| **abortion** n przerywanie ciąży | **abortive** adj nieudany

abound /ə'baʊnd/ v **1 ~ with sth** obfitować w coś

about /ə'baʊt/ adv **❶** Around występuje w v. złoż., np. come about. Zob. hasła odpowiednich v. → AROUND **1** około **2** prawie **3** tam i z powrotem **4** tu i tam, po (np. podłodze) **5** obecny **6** bez celu, tak sobie [IDM] **be about to do sth** właśnie mieć zamiar coś zrobić: The film's ~ to start. Film zaraz się zacznie. ▶ prep **1** o: There's nothing I can do ~ it. Nic nie mogę zrobić. **2** po (np. mieście) **3** w (kimś)

above /ə'bʌv/ adv, prep **1** nad, ponad **❶** Zarówno above jak i over używa się, by opisać położenie czegoś, co znajduje się powyżej czegoś innego: They built a new room above/over the garage. Kiedy opisuje się ruch z jednej strony na drugą, można użyć tylko over: They jumped over the stream. Over stosuje się także, opisując pokrywanie czymś jakiejś powierzchni: He put a blanket over the sleeping child. Above i over mogą też oznaczać „więcej niż". Above używa się w odniesieniu do minimalnego poziomu bądź ustalonego stałego punktu: 2 000 feet above sea level. ◇ Temperatures will not rise above zero tonight. Over używa się z liczbami, wiekiem, pieniędzmi i czasem: He's over 50. ◇ It costs over £200. ◇ We waited over two hours. **2** wyżej wymieniony **3** powyżej, ponad **4** (osoba, być) ponad coś: She's not ~ telling a few lies. Pozwala sobie skłamać. **5** na wyższym stanowisku [IDM] **above all** przede wszystkim

abrasive /ə'breɪsɪv/ adj **1** ostry, ścierny **2** (osoba) szorstki, opryskliwy

abreast /ə'brest/ adv ~ (of sb/sth) w jednym rzędzie, ramię w ramię [IDM] **keep abreast of sth** mieć aktualne informacje o czymś, być na bieżąco

abridged /ə'brɪdʒd/ adj skrócony

abroad /ə'brɔːd/ adv za granic-ą/ę

a

abrupt /ə'brʌpt/ *adj* **1** nagły **2** (*osoba*) szorstki, obcesowy

abscess /'æbses/ *n* ropień

absence /'æbsəns/ *n* **1** nieobecność **2** brak: *the ~ of noise* kompletna cisza l **absent** *adj* **1** nieobecny **2** (*wyrażenie twarzy itp.*) bezmyślny ● ˌ**absent-minded** *adj* roztargniony

absentee /ˌæbsən'tiː/ *n* nieobecn-y/a

absolute /'æbsəluːt/ *adj* **1** całkowity, zupełny: *an ~ majority* bezwzględna większość głosów **2** mierzony w bezwzględnych kategoriach: *in ~ terms* bezwzględnie l **absolutely** *adv* **1** /'æbsəluːtli/ całkowicie, zupełnie: *I ~ refuse to go.* W żadnym wypadku nie pójdę. **2** /ˌæbsə'luːtli/ oczywiście, naturalnie

absolve /əb'zɒlv/ *v* **~ sb (from/of sth)** oczyszczać (*np. z winy*)

absorb /əb'sɔːb/ *v* **1** wchłaniać **2** przyswajać sobie **3** absorbować (*czyjąś uwagę*), pasjonować l **absorbed** *adj* **~ in sth** pochłonięty l **absorbing** *adj* pasjonujący

abstain /əb'steɪn/ *v* **~ (from sth) 1** powstrzymywać się (od czegoś) **2** wstrzymywać się (*od głosu*)

abstract /'æbstrækt/ *adj* abstrakcyjny ▶ *n* **1** dzieło sztuki abstrakcyjnej **2** streszczenie

absurd /əb'sɜːd/ *adj* absurdalny: *look ~* wyglądać idiotycznie ◊ *Don't be ~ !* Nie bądź śmieszny! l **absurdity** *n* (*pl* -ies) absurd, niedorzeczność

abundant /ə'bʌndənt/ *adj* obfity l **abundance** *n* obfitość

abuse /ə'bjuːz/ *v* **1** nadużywać **2** obrzucać kogoś obelgami **3** krzywdzić: *sexually ~ sb* molestować kogoś ▶ /ə'bjuːs/ *n* **1** nadużywanie **2** obelgi **3** krzywdzenie: *human rights ~s* naruszanie praw człowieka ◊ *sexual ~* molestowanie ◊ *child ~* maltretowanie dzieci l **abusive** /-sɪv/ *adj* obelżywy

academic /ˌækə'demɪk/ *adj* **1** akademicki, naukowy **2** nieistotny, (czysto) teoretyczny ▶ *n* pracownik naukowy

academy /ə'kædəmi/ *n* (*pl* -ies) akademia, szkoła

accelerate /ək'seləreɪt/ *v* przyśpieszać l **accelerator** *n* pedał gazu

accent /'æksent; -sənt/ *n* **1** akcent (*wyrazowy, typ wymowy*) **2** znak diakrytyczny **3** nacisk

accentuate /ək'sentʃueɪt/ *v* podkreślać, uwypuklać

accept /ək'sept/ *v* **1** przyjmować **2** uznawać, brać (*np. odpowiedzialność*) **3** godzić się (z czymś) **4** wierzyć l **acceptable** *adj* do przyjęcia l

acceptance *n* **1** przyjęcie **2** pogodzenie się **3** akceptacja

access /'ækses/ *n* [*U*] **1** wejście **2** dostęp **3 ~ (to sb)** widzenie (*np. z dziećmi*) ▶ *v* otwierać (*plik komputerowy*) l **accessible** /ək'sesəbl/ *adj* **1** dostępny **2** przystępny

accessory /ək'sesəri/ *n* (*pl* -ies) **1** akcesoria **2** dodatek (*do ubrania*) **3 ~ (to sth)** (*prawn.*) współwinn-y/a (*np. zbrodni*)

accident /'æksɪdənt/ *n* wypadek: *Sorry – it was an ~.* Przepraszam – to było niechcący. [IDM] **by accident** przypadkiem l **accidental** /ˌæksɪ'dentl/ *adj* przypadkowy ● ˌ**accident and e'mergency** *n* (*Br.*) (*szpital*) ostry dyżur

acclaim /ə'kleɪm/ *v* przyjmować z uznaniem: *The novel was acclaimed as a classic.* Powieść uznano za klasykę. ▶ *n* uznanie (*krytyki*)

accommodate /ə'kɒmədeɪt/ *v* **1** mieścić **2** zakwaterowywać **3** zaspokajać (*czyjeś życzenia*) l **accommodation** /ə,kɒmə'deɪʃn/ *n* zakwaterowanie, nocleg, dom/mieszkanie

accompany /ə'kʌmpəni/ *v* (*3rd sing czasu pres* -ies; *pt, pp* -ied) **1** towarzyszyć: *Children must be accompanied by an adult.* Dzieci muszą być pod opieką osoby dorosłej. **2** załączać **3** akompaniować l **accompaniment** *n* **1** dodatek **2** akompaniament

accomplice /ə'kʌmplɪs; *Am.* -'kɑːm-/ *n* (*prawn.*) współsprawca

accomplish /ə'kʌmplɪʃ; *Am.* -'kɑːm-/ *v* osiągać, dokonywać l **accomplished** *adj* znakomity l **accomplishment** *n* osiągnięcie

accord /ə'kɔːd/ *n* porozumienie [IDM] **in accord (with sth/sb)** (*form.*) zgodny/ zgodnie (z czymś); **in accord (with kimś) l of your own accord** z własnej woli ▶ *v* **1** udzielać, przyznawać **2** (*form.*) zgadzać się (z czymś)

accordance /ə'kɔːdns/ *n* [IDM] **in accordance with sth** zgodny/zgodnie z czymś

according /ə'kɔːdɪŋ/ *prep* **~ to sth 1** według kogoś/czegoś: *~ to the statistics* z danych statystycznych wynika, że **2** zgodnie z czymś **3** stosownie do czegoś

accordingly /ə'kɔːdɪŋli/ *adv* **1** odpowiednio **2** zatem, dlatego (też)

accordion /ə'kɔːdiən/ *n* akordeon

account /ə'kaʊnt/ *n* **1** konto **2** [*zwykle pl*] rachunki **3** kredyt: *Put it on my ~, please.* Proszę to zapisać na mój rachunek. **4** relacja [IDM] **on account of sth** z powodu czegoś l **on no account; not**

actual

on any account pod żadnym pozorem I **take account of sth; take sth into account** brać coś pod uwagę ▶ v [PV] **account for sth 1** wyjaśniać/tłumaczyć coś: *I had to ~ for what I had spent.* Poproszono mnie o wyliczenie się z pieniędzy, które wydałem. **2** stanowić *(jakąś sumę)* I **accountable** *adj* odpowiedzialny (przed kimś, za coś)

accountant /ə'kaʊntənt/ n księgow-y/ a I **accountancy** n księgowość

accumulate /ə'kju:mjəleɪt/ v gromadzić/zbierać (się)

accurate /'ækjərət/ *adj* dokładny I **accuracy** n dokładność

accuse /ə'kju:z/ v ~ **sb (of sth)** oskarżać I **accusation** /,ækju'zeɪʃn/ n oskarżenie, zarzut I **the accused** n *(pl* **the accused)** oskarżon-y/a

accustomed /ə'kʌstəmd/ *adj* **1** przyzwyczajony: *become/get/grow ~ to sth* przyzwyczaić się do czegoś

ace /eɪs/ n as

ache /eɪk/ n ból ❶ W n złoż. w Br. ang. **ache** zwykle występuje bez przedimków a lub an: *I've got toothache.* Natomiast ze słowem **headache** zawsze używa się przedimka a: *I've got a headache.* W Am. ang. **ache** zwykle używa się z przedimkiem a lub an, zwł. gdy chodzi o pewien określony atak dolegliwości: *I have an awful toothache.* ▶ v boleć: *My legs are aching.* Bolą mnie nogi.

achieve /ə'tʃi:v/ v osiągać I **achievement** n osiągnięcie

acid /'æsɪd/ n kwas ▶ *adj (także* **acidic)** kwaśny ● ,**acid 'rain** n kwaśny deszcz

acknowledge /ək'nɒlɪdʒ/ v **1** przyznawać, uznawać **2** pozdrawiać **3** potwierdzać odbiór **4** wyrażać uznanie za coś I **acknowledg(e)ment** n **1** uznanie **2** potwierdzenie odbioru **3** podziękowani-e/a

acne /'ækni/ n trądzik

acorn /'eɪkɔ:n/ n żołądź

acoustic /ə'ku:stɪk/ *adj* akustyczny I **acoustics** n akustyka

acquaintance /ə'kweɪntəns/ n **1** znajom-y/a → FRIEND **2** *(form.)* znajomość powierzchowna: *make sb's ~* zawierać z kimś znajomość I **acquainted** *adj (form.)* **1 ~ with sth** zapoznany **2 ~ (with sb)** zaznajomiony

acquire /ə'kwaɪə(r)/ v *(form.)* nabywać, zdobywać: ~ *British citizenship* otrzymać obywatelstwo brytyjskie ◊ ~ *a reputation (for sth)* wyrobić sobie opinię (dzięki czemuś)

acquisition /,ækwɪ'zɪʃn/ n **1** nabytek **2** nabywanie

acquit /ə'kwɪt/ v (-tt-) **1 ~ sb (of sth)** uniewinniać **2 ~ yourself** *(form.)* spisywać się I **acquittal** n uniewinnienie

acre /'eɪkə(r)/ n akr *(4047 m²)*

acrobat /'ækrəbæt/ n akrobat-a/ka

across /ə'krɒs/ *adv, prep* **1** z jednej strony na drugą, przez: *jump ~ a stream* przeskoczyć przez strumień ◊ *He walked ~ the field.* Przeszedł przez pole. ◊ *I drew a line ~ the page.* Narysowałem kreskę w poprzek strony. ◊ *A smile spread ~ his face.* Uśmiech rozjaśnił mu twarz. **2** po drugiej stronie **3** wszerz, od jednej krawędzi do drugiej: *The river was about 20 metres ~.* Rzeka miała 20 metrów szerokości.

acrylic /ə'krɪlɪk/ *adj* akrylowy

act /ækt/ n **1** uczynek: *an act of kindness* dobry uczynek ◊ *an ~ of generosity* wielkoduszność ❶ **Act** i **action** mogą oznaczać to samo: *It was a brave act/action.* **Act**, ale nie **action**, może łączyć się z przyimkiem **of**: *It was an act of bravery.* **Activity** odnosi się do czynności wykonywanych regularnie: *I like outdoor activities.* **2** *(teatr)* akt **3** *(fragment przedstawienia)* numer, punkt programu **4** ustawa **5** *(nieform.)* gra, udawanie: *She's just putting on an ~.* Tylko udaje. [IDM] **get your act together** brać się w garść I **in the act (of doing sth)** w trakcie (robienia czegoś): *She caught him in the ~.* Złapała go na gorącym uczynku. ▶ v **1** działać: *He acted as our guide.* Pełnił funkcję naszego przewodnika. **2** zachowywać się (jak): *Don't ~ like a fool.* Nie udawaj głupiego. **3** *(teatr; film)* grać I **acting** n **1** n *(teatr; film)* gra **2** n sztuka aktorska **3** *adj* pełniący obowiązki

action /'ækʃn/ n **1** działanie: *take action* działać → ACT **2** akcja: *a film with lots of ~* film akcji ◊ *There's not much ~ in this town.* Nie ma życia w tym mieście. **3** walka **4** proces sądowy: *take legal ~ against sb* wytoczyć komuś proces [IDM] **in action 1** w akcji **2** podczas działania I **out of action** nieczynny I **put sth into action** zastosować w praktyce

activate /'æktɪveɪt/ v uruchamiać, powodować włączenie się

active /'æktɪv/ *adj* czynny: *He's very ~ for his age.* Jak na swój wiek, jest pełen wigoru. ◊ *a verb in the ~* czasownik w stronie czynnej I **activity** /æk'tɪvəti/ n *(pl* -ies) **1** ruch, ożywienie **2** zajęcie *(zazw. rekreacyjne)* → ACT **3** działalność

activist /'æktɪvɪst/ n działacz

actor /'æktə(r)/ *(f. żeńska* **actress)** /'æktrəs/ n aktor/ka ❶ Obecnie n **actor** używa się także, mówiąc o kobiecie.

actual /'æktʃuəl/ *adj* **1** rzeczywisty, faktyczny: *in ~ fact* faktycznie ◊ *What*

a

were his ~ words? Co dokładnie
powiedział? ◊ *based on ~ events* na
podstawie prawdziwych wydarzeń
◊ *The preparations take weeks but the
actual ceremony takes only an hour.*
Przygotowania zajmują wiele tygodni,
a sama ceremonia trwa tylko godzinę.
2 dokładnie ten **| actually** *adv*
1 naprawdę **2** faktycznie, prawdę
mówiąc **❸** **Actual** i **actually**
nie oznaczają, wbrew pozorom,
„aktualny"/„aktualnie". W tym
znaczeniu stosuje się **current(ly)** lub **(at)
present.**
acupuncture /'ækjupʌŋktʃə(r)/ *n*
akupunktura
acute /ə'kjuːt/ *adj* **1** dotkliwy **2** ostry
3 silny, wyczulony **4** wnikliwy
AD /ˌeɪ 'diː/ *skrót* n.e.
ad /æd/ *n (nieform.)* ogłoszenie,
reklama
adamant /'ædəmənt/ *adj (form.)*
nieugięty
Adam's apple /ˌædəmz 'æpl/ *n (anat.)*
jabłko Adama
adapt /ə'dæpt/ *v* **1** przystosowywać się
2 ~ sth (for sth) przystosowywać coś
(do czegoś), przerabiać coś (na coś)
3 adaptować **| adaptable** *adj* łatwo
przystosowujący się **| adaptation**
/ˌædæp'teɪʃn/ *n* **1** adaptacja
2 przystosowanie **| adaptor** *n*
1 rozgałęziacz **2** nasadka na wtyczkę,
dopasowana do innego typu gniazdka
add /æd/ *v* dodawać **[PV] add sth on (to
sth)** dodawać coś (do czegoś): *10% will
be added on to your bill.* 10% zostanie
wliczone do waszego rachunku. **| add up**
zgadzać się: *His story doesn't ~ up.* Coś
tu nie gra. **| add (sth) up** podliczać (coś) **|
add up to sth** wynosić *(jakąś kwotę)*
addict /'ædɪkt/ *n* nałogowiec: *a drug ~*
narkoman **| addicted** /ə'dɪktɪd/ *adj ~ (to
sth)* uzależniony, w nałogu: *He's ~ to
gambling.* Jest nałogowym hazardzistą.
| addiction /ə'dɪkʃn/ *n* nałóg **| addictive**
/ə'dɪktɪv/ *adj* powodujący uzależnienie
addition /ə'dɪʃn/ *n* **1** dodawanie
2 dodatek: *They've got a new ~ to the
family.* Powiększyła im się rodzina.
[IDM] in addition (to sth) oprócz czegoś,
ponadto **| additional** *adj* dodatkowy
additive /'ædətɪv/ *n* dodatek: *food ~s*
substancje dodawane do produktów
spożywczych
address /ə'dres; *Am.* 'ædres/ *n* **1** adres:
an ~ book notes na adresy ◊ *email ~*
adres e-mail **2** przemówienie ▶ /ə'dres/
v **1** adresować **2** wygłosić przemówienie
3 *(form.)* kierować **4** tytułować
5 ~ yourself to sth *(form.)* przykładać
się do czegoś
adept /ə'dept/ *adj ~ (at sth)* biegły

adequate /'ædɪkwət/ *adj*
1 wystarczający **2** dostateczny
adhere /əd'hɪə(r)/ *v (form.)* **1** przylegać
2 ~ to sth stosować się do czegoś;
trzymać się czegoś **| adherent** *n*
stronni-k/czka
adhesive /əd'hiːsɪv/ *n* środek klejący,
przylepiec ▶ *adj* przylepny
adjacent /ə'dʒeɪsnt/ *adj* sąsiedni
adjective /'ædʒɪktɪv/ *n* przymiotnik
adjoining /ə'dʒɔɪnɪŋ/ *adj* przylegly
adjourn /ə'dʒɜːn/ *v* odraczać
adjudicate /ə'dʒuːdɪkeɪt/ *v (form.)*
rozstrzygać
adjust /ə'dʒʌst/ *v* **1** dostosowywać,
regulować **2** przystosowywać/
przyzwyczajać się **| adjustment** *n*
1 poprawka, dostrojenie
2 przystosowanie/przyzwyczajenie się
ad lib /ˌæd 'lɪb/ *adj, adv* za/
improwizowany, z głowy: *speak ~*
improwizować
administer /əd'mɪnɪstə(r)/ *v*
1 zarządzać **2** *(form.)* podawać *(zwł.
lekarstwo)*
administration /ədˌmɪnɪ'streɪʃn/ *n*
1 administracja, zarządzanie **2** zarząd
3 *(często the Administration)* rząd **|
administrative** /əd'mɪnɪstrətɪv; *Am.*
-streɪt-/ *adj* administracyjny **|
administrator** /əd'mɪnɪstreɪtə(r)/ *n*
zarządca
admirable /'ædmərəbl/ *adj* godny
podziwu, wspaniały
admiral /'ædmərəl/ *n* admirał
admiration /ˌædmə'reɪʃn/ *n* podziw
admire /əd'maɪə(r)/ *v* podziwiać **|
admirer** *n* wielbiciel/ka **| admiring** *adj*
pełen podziwu
admission /əd'mɪʃn/ *n* **1** wstęp, dostęp
2 przyznanie się
admit /əd'mɪt/ *v* **(-tt-)** **1 ~ to (doing) sth;
~ (that…)** przyznawać się do czegoś,
przyznawać *(że)* **2 ~ sb/sth (into/to sth)**
wpuszczać, umożliwiać wstęp **3 ~ sb
(to/into sth)** przyjmować *(do szpitala)* **|
admittedly** *adv* trzeba przyznać, że
adolescence /ˌædə'lesns/ *n* wiek
dojrzewania **| adolescent** **1** *n*
młodzieniec, dziewczyna **2** *adj*
młodzieńczy, dotyczący okresu
dojrzewania: *an ~ boy/girl* nastolat-ek/
ka
adopt /ə'dɒpt/ *v* **1** adoptować
2 przyjmować **| adopted** *adj*
adoptowany **| adoption** *n* **1** adopcja
2 przyjęcie
adore /ə'dɔː(r)/ *v* uwielbiać
adorn /ə'dɔːn/ *v* ozdabiać
adrenalin /ə'drenəlɪn/ *n* adrenalina
adrift /ə'drɪft/ *adj (łódź)* unoszony na
fali

adult /'ædʌlt; ə'dʌlt/ n dorosł-y/a ► adj dorosły I adulthood n dorosłość

adultery /ə'dʌltəri/ n cudzołóstwo

advance /əd'vɑːns; Am. -'væns/ v posuwać (się) naprzód ► n 1 posuwanie się naprzód 2 natarcie 3 postęp 4 zaliczka [IDM] in advance (of sth) z góry, z wyprzedzeniem I advanced adj 1 zaawansowany 2 rozwinięty

advantage /əd'vɑːntɪdʒ; Am. -'væn-/ n 1 an ~ (over sb) przewaga 2 korzyść, zaleta [IDM] take advantage of sb wykorzystywać kogoś I take advantage of sth skorzystać z czegoś I advantageous /ˌædvən'teɪdʒəs/ adj korzystny

advent /'ædvent/ n 1 (form.) nastanie (np. epoki), przybycie (kogoś) 2 (Advent) adwent

adventure /əd'ventʃə(r)/ n przygoda I adventurous adj 1 śmiały, lubiący ryzyko 2 pełen przygód

adverb /'ædvɜːb/ n przysłówek

adversary /'ædvəsəri; Am. -seri/ n (pl -ies) (form.) przeciwni-k/czka

adverse /'ædvɜːs/ adj (form.) nie sprzyjający I adversity /əd'vɜːsəti/ n (pl -ies) (form.) przeciwność (losu)

advert /'ædvɜːt/ n (Br., nieform.) = ADVERTISEMENT

advertise /'ædvətaɪz/ v 1 reklamować, ogłaszać 2 ~ for sb/sth ogłaszać, że się poszukuje kogoś/czegoś I advertisement /əd'vɜːtɪsmənt; Am. ˌædvər'taɪz-/ n reklama, ogłoszenie I advertising /'ædvətaɪzɪŋ/ n reklama, reklamowanie

advice /əd'vaɪs/ n [U] rada, porada: a piece of advice rada ● ad'vice columnist n (Am.) osoba odpowiadająca na listy czytelników

advisable /əd'vaɪzəbl/ adj (form.) wskazany, rozsądny

advise /əd'vaɪz/ v 1 ~ (sb) (to do sth); ~ (sb) (against sth/against doing sth) radzić, doradzać 2 (form.) informować I adviser (Am. -or) n doradca I advisory /-zəri/ adj doradczy

advocate /'ædvəkeɪt/ v (form.) zalecać ►/-kət/ n zwolenni-k/czka

aerial /'eəriəl/ n (Br.) antena ► adj 1 powietrzny 2 lotniczy

aerobics /eə'rəʊbɪks/ n aerobik

aeroplane /'eərəpleɪn/ (Br.) n samolot

aesthetic /iːs'θetɪk; Am. es-/ adj estetyczny

affair /ə'feə(r)/ n 1 sprawa: a state of affairs stan rzeczy 2 wydarzenie 3 romans

affect /ə'fekt/ v 1 oddziaływać, wpływać na coś/kogoś 2 dotykać, poruszać ❶ Zwróć uwagę, że affect to v., zaś effect – n.

affected /ə'fektɪd/ adj sztuczny, afektowany

affection /ə'fekʃn/ n ~ (for/towards sb/sth) przywiązanie, sympatia: great ~ uczucie I affectionate /ə'fekʃənət/ adj czuły, kochający

affiliate /ə'fɪlieɪt/ v ~ sth (to sth) stowarzyszać

affinity /ə'fɪnəti/ n (pl -ies) 1 ~ (for/with sb/sth) sentyment, bliskość (duchowa) 2 ~ (with sb/sth); ~ (between A and B) podobieństwo

affirm /ə'fɜːm/ v (form.) 1 twierdzić, stwierdzać 2 potwierdzać, oświadczać

afflict /ə'flɪkt/ v (form.) dotykać: He was afflicted with a serious illness. Cierpiał na poważną chorobę.

affluent /'æfluənt/ adj zamożny

afford /ə'fɔːd/ v 1 (zwykle po słowach can, could lub be able to) stać (kogoś na coś) 2: I can't afford the time. Nie mam czasu. 3 (can't/couldn't afford) nie móc (sobie) pozwolić (na coś) I affordable adj (cena) niewygórowany, (produkt) niedrogi

afloat /ə'fləʊt/ adj 1 na wodzie 2 (biznes, gospodarka itp.) w dobrej formie

afraid /ə'freɪd/ adj 1 be ~ (of sb/(doing) sth)/(to do sth) bać się 2 be ~ (that.../of doing sth) obawiać się 3 be ~ for sb/sth lękać się o kogoś/coś

afresh /ə'freʃ/ adv (form.) od nowa

African American /ˌæfrɪkən ə'merɪkən/ n Afro-Amerykan-in/ka ► adj afro-amerykański

after /'ɑːftə(r); Am. 'æf-/ prep 1 po: ~ that potem 2 ...after... za: time ~ time tyle razy 3 za: After you. (w przejściu, przepuszczając kogoś przodem) Proszę bardzo. 4 be ~ sb/sth poszukiwać, ścigać 5 (nazwany) imieniem [IDM] after all w końcu, jednak I one after another/the other jeden za drugim ► adv potem: They lived happily ever ~. Żyli długo i szczęśliwie. ❶ Na końcu zdania często używa się słowa afterwards, a nie after: We played tennis and then went to Angela's house afterwards. I conj po ● 'after-effect n następstwo (nieprzyjemne)

aftermath /'ɑːftəmæθ; Am. 'æf-/ n następstwo

afternoon /ˌɑːftə'nuːn; Am. ˌæf-/ n popołudnie: ~ tea podwieczorek → MORNING, POPOŁUDNIE [IDM] good afternoon dzień dobry ❶ W języku nieformalnym często mówi się tylko Afternoon.

aftershave /'ɑːftəʃeɪv; Am. 'æf-/ n płyn po goleniu

afterthought /'ɑːftəθɔːt; Am. 'æf-/ n namysł, refleksja: as an ~ po namyśle

a

afterwards /'ɑːftəwədz/; *Am.* 'æf-/ (*Am.* *także afterward*) *adv* później, potem

again /əˈgen; əˈgeɪn/ *adv* **1** jeszcze raz, (*w zakazie*) więcej: *again and again* wielokrotnie ◇ *Don't ever do that ~!* Nigdy więcej tego nie rób! ❶ *Cz.*, po którym występuje **again** często tłumaczy się v. z przedrostkiem „prze-", który wówczas oznacza powtórzenie czynności: *Write the letter out ~.* Przepisz list. **2** znowu **3** jeszcze

against /əˈgenst; əˈgeɪnst/ *prep* **1** przeciw **2** (*walczyć, grać*) z **3** pod (*wiatr, prąd*) **4** przy, o **5** wbrew (*prawu, przepisom*) **6** przed (*np. chorobą, zimnem*)

age /eɪdʒ/ *n* **1** wiek: *children from 5-10 years of ~* dzieci w wieku 5-10 lat ◇ *She's your ~.* Jest w twoim wieku. → WIEK **2** starość **3** era **4** (**ages**) (*nieform.*) (strasznie) długo [IDM] **come of age** osiągnąć pełnoletność! **under age** nieletni ▶ *v* (*pres part.* aging; *pt, pp* **aged** /eɪdʒd/) **1** starzeć się **2** postarzać! **aged** /eɪdʒd/ *adj* w wieku ● **'age group** *n* grupa wiekowa

agency /'eɪdʒənsi/ *n* (*pl* -ies) agencja

agenda /əˈdʒendə/ *n* porządek dzienny

agent /'eɪdʒənt/ *n* **1** agent/ka, przedstawiciel/ka **2** = SECRET AGENT

aggravate /'ægrəveɪt/ *v* **1** pogarszać **2** (*nieform.*) denerwować, jątrzyć

aggressive /əˈgresɪv/ *adj* **1** agresywny **2** natarczywy, energiczny! **aggression** *n* agresja

agile /'ædʒaɪl; *Am.* 'ædʒl/ *adj* zwinny, ruchliwy

agitated /'ædʒɪteɪtɪd/ *adj* zdenerwowany

ago /əˈgəʊ/ *adv* (*w okolicznikach czasu*) temu: *How long ~ did this happen?* Jak dawno temu to się stało? ❶ **Ago** występuje w zdaniach w czasie *simple past*: *I arrived in Britain three months ago.* Por. **ago** z **before**. **Before** znaczy „przedtem" (tj. przed konkretnym momentem w przeszłości): *She married him a year ago.* ◇ *She had left her first husband six years before.* → SINCE

agonize (*także* -ise) /'ægənaɪz/ *v* trapić się, dręczyć się! **agonized** *adj* pełen boleści/zmartwienia! **agonizing** *adj* **1** dręczący **2** rozdzierający

agony /'ægəni/ *n* (*pl* -ies) męczarnia, agonia ● **'agony aunt** *n* (*Br., nieform.*) osoba odpowiadająca na listy czytelników

agree /əˈgriː/ *v* **1** ~ ((on) sth) zgadzać się **2** ~ (to sth) wyrażać zgodę **3** ~ (to do sth) umawiać się **4** ~ with sth popierać **5** wykazywać zgodność [IDM] **not agree with sb** (*jedzenie*) zaszkodzić

agreeable /əˈgriːəbl/ *adj* (*form.*) **1** miły **2 be ~ (to sth)** zgadzać się

agreement /əˈgriːmənt/ *n* **1** porozumienie, umowa **2** zgoda

agriculture /'ægrɪkʌltʃə(r)/ *n* rolnictwo! **agricultural** /ˌægrɪˈkʌltʃərəl/ *adj* rolniczy

ah /ɑː/ *interj* ach!

ahead /əˈhed/ *adv, adj* ~ (of sb/sth) **1** przed, z/do przodu **2** naprzód **3** na prowadzenie **4** mający przewagę: *The Japanese are way ~ of us in their research.* Japończycy prześcignęli nas w badaniach.

aid /eɪd/ *n* **1** pomoc: *go to sb's ~* przychodzić komuś z pomocą ◇ *in aid of sb/sth* na rzecz kogoś/czegoś ◇ *a hearing ~* aparat słuchowy **2** pomocni-k/ca ▶ *v* (*form.*) pomagać

aide /eɪd/ *n* doradca

AIDS (*Br. także* **Aids**) /eɪdz/ *abbr* **Acquired Immune Deficiency Syndrome** AIDS

ailment /'eɪlmənt/ *n* (*form.*) dolegliwość

aim /eɪm/ *n* **1** cel **2** celowanie: *Take ~. Wyceluj!* ▶ *v* **1** zamierzać **2** ~ at/for sth dążyć **3** ~ sth at sb/sth kierować do kogoś/czegoś: *be aimed at sth/doing sth* mieć coś na celu **4** ~ (sth) (at sb/sth) celować! **aimless** *adj* bezcelowy

ain't /eɪnt/ (*nieform.*) **1** *abbr* AM/IS/ARE NOT, BE **2** *abbr* HAS/HAVE NOT, HAVE

air /eə(r)/ *n* **1** powietrze **2** lot: *travel by ~* podróżować samolotem ◇ *an ~ ticket* bilet lotniczy **3** wrażenie **4** atmosfera [IDM] **be in the air** wisieć w powietrzu, zanosić się na coś! **be on (the) air** nadawać ▶ *v* **1** suszyć (się) **2** wietrzyć (się) **3** wypowiadać (publicznie), przewentylować (*np. kwestię*) ● **'air bag** *n* poduszka powietrzna! **'air bed** (*Br.*) (*także* '*air mattress*) *n* materac nadmuchiwany! **'air-conditioned** *adj* klimatyzowany! **'air conditioning** *n* klimatyzacja! **'airfield** *n* lądowisko! **'airforce** *n* lotnictwo wojskowe! **'air hostess** *n* stewardesa! **'airing cupboard** *n* szafka do wietrzenia i suszenia odzieży! **'airline** *n* linia lotnicza! **'airliner** *n* samolot pasażerski! **'airmail** *n* poczta lotnicza! **'airplane** *n* (*Am.*) samolot! **'airport** *n* lotnisko! **'air raid** *n* nalot! **'air steward** *n* (*w samolocie*) steward! **'airtight** *adj* szczelny! **ˌair ˌtraffic 'controller** *n* kontroler ruchu powietrznego

aircraft /'eəkrɑːft/ *n* (*pl* aircraft) samolot

aisle /aɪl/ *n* przejście między rzędami krzeseł/ławek

akin /əˈkɪn/ *adj* ~ to sth zbliżony do czegoś

alarm /ə'lɑːm/ *n* **1** przerażenie **2** alarm
▶ *v* trwożyć | **alarmed** *adj* ~ (at/by sth)
zatrwożony | **alarming** *adj* zatrważający
● **a'larm clock** (*także* alarm) *n* budzik

alas /ə'læs/ *interj* (*form.*) niestety

albeit /ˌɔːl'biːɪt/ *conj* (*form.*) chociaż

album /'ælbəm/ *n* **1** album **2** klaser
3 płyta/kaseta (*zawierająca nagrania
jednego artysty*)

alcohol /'ælkəhɒl/ *n* alkohol | **alcoholic**
/ˌælkə'hɒlɪk/ **1** *adj* alkoholowy **2** *n*
alkoholi-k/czka

ale /eɪl/ *n* rodzaj piwa

alert /ə'lɜːt/ *adj* ~ (to sth) czujny,
wyczulony (na coś) ▶ *n* alarm,
pogotowie: *be on the ~ (for sth)* być w
gotowości (na coś) | *v* ~ **sb** (to sth)
ostrzegać kogoś (przed czymś)

A level /'eɪ levl/ *n* brytyjski
odpowiednik egzaminu maturalnego
● W wieku siedemnastu lat uczniowie
zdają egzamin **AS levels**, a w
następnym roku **A2** levels. Oba
egzaminy, **AS** i **A2**, tworzą egzamin **A
levels**, który umożliwia dostanie się
na wyższą uczelnię. W Szkocji
system egzaminacyjny nazywa się
National Qualifications. Uczniowie w
wieku szesnastu lat przystępują
do egzaminu na poziomie **Standard
Grade**, a w kolejnych latach
na poziomie **Intermediate 1,
Intermediate 2, Higher** lub **Advanced
Higher**.

algae /'ældʒiː; -giː/ *n* [*pl, z v. w pl lub s*]
alga

algebra /'ældʒɪbrə/ *n* algebra

alien /'eɪliən/ *n* **1** (*form.*)
cudzoziem-iec/ka **2** przybysz z innej
planety ▶ *adj* obcy

alienate /'eɪliəneɪt/ *v* **1** zrażać
2 wyobcowywać

alight /ə'laɪt/ *adj* płonący: *set sth ~*
zapalić coś

align /ə'laɪn/ *v* **1** wyrównywać,
ustawiać w szeregu: *~ the wheels of a
car* ustawiać zbieżność kół **2** ~ **yourself
with sb** przyjmować zbieżne stanowisko
(*z czyimś stanowiskiem*)

alike /ə'laɪk/ *adj* **1** podobny
2 jednakowy ▶ *adv* jednakowo

alimony /'ælɪməni; *Am.* -məʊni/ *n* [*U*]
alimenty

alive /ə'laɪv/ *adj* żywy: *keep sb alive*
utrzymać kogoś przy życiu ◇ *In the
evening the town really comes ~.*
Wieczorem miasto naprawdę ożywa.

alkali /'ælkəlaɪ/ *n* (*chem.*) zasada

all /ɔːl/ *dem pron, pron* **1** wszystko:
They've eaten ~ of it. / *They've eaten it ~.*
Zjedli wszystko. ◇ *This money is ~
yours.* Te wszystkie pieniądze
są twoje. **2** cały: *all (of) the food* całe

jedzenie **3** wszyscy, wszystkie, każdy
[IDM] **in all** w sumie | **not all that...** nie
(tak/za) bardzo | **(not) at all** wcale (nie)
● Można też powiedzieć **not at all**
(proszę bardzo) w odpowiedzi na czyjeś
podziękowanie. ▶ *adv* **1** całkiem,
zupełnie **2** bardzo **3**: *The score was two
~.* Końcowy wynik to remis 2:2. [IDM] **all
along** od początku | **all the better/harder,**
etc. jeszcze (*np. lepiej, trudniej*)
● **the ˌall-'clear** *n* **1**: *The doctor gave her
the all-clear.* Lekarz powiedział jej,
że niebezpieczeństwo minęło.
2 pozwolenie | **ˌall-'in** *adj* (*cena*) łączny |
'all out 1 *adj* (*wysiłek itp.*) całkowity,
zdecydowany **2** *adv*: *go all out* iść na
całość | **ˌall-'round** *adj* wszechstronny

allege /ə'ledʒ/ *v* (*form.*) zarzucać |
allegation /ˌælə'geɪʃn/ *n* zarzut | **alleged**
/ə'ledʒd/ *adj* domniemany | **allegedly**
/ə'ledʒɪdli/ *adv* przypuszczalnie

allegiance /ə'liːdʒəns/ *n* (*form.*)
wierność, posłuszeństwo

allergy /'ælədʒi/ *n* (*pl* -**ies**) **an** ~ (to sth)
uczulenie, alergia | **allergic** /ə'lɜːdʒɪk/
adj **1** ~ (to sth) uczulony **2** uczuleniowy

alleviate /ə'liːvieɪt/ *v* ulżyć

alley /'æli/ (*także* '~way) *n* wąskie
przejście (*między budynkami*), wąska
uliczka

alliance /ə'laɪəns/ *n* sojusz

allied /ə'laɪd; 'ælaɪd/ *adj*
1 sprzymierzony, połączony (*np.
umową*) **2** ~ (to sth) pokrewny

allocate /'æləkeɪt/ *v* przydzielać |
allocation /ˌælə'keɪʃn/ *n* przydział

allot /ə'lɒt/ *v* (-**tt**-) przydzielać |
allotment /ə'lɒtmənt/ *n* (*Br.*) ogródek
działkowy

allow /ə'laʊ/ *v* **1** ~ **sb/sth to do sth; ~ sth**
pozwalać: *Smoking is not allowed.* Nie
wolno palić. ◇ *No dogs allowed.*
Zabrania się wprowadzania psów.
◇ *I'm only allowed out on Saturday
nights.* Wolno mi wychodzić tylko w
soboty wieczorem. **2** ~ **sb sth**
przyznawać **3** ~ **sth** (for sb/sth)
przeznaczać

allowance /ə'laʊəns/ *n* **1** przydział,
dozwolona ilość **2** zasiłek, dodatek (*do
pensji*) [IDM] **make allowances for sb/sth**
uwzględniać (*np. brak doświadczenia*),
potraktować kogoś ulgowo

alloy /'ælɔɪ/ *n* stop

all right /ˌɔːl 'raɪt/ *adj* **1** w porządku
2 bezpieczny **3** zdrowy ● Wyrażenia
That's all right używa się w odpowiedzi
na czyjeś podziękowanie lub w
odpowiedzi na czyjeś przeprosiny:
*'Thanks for the lift home.' 'That's (quite)
~ (proszę bardzo).* ◇ *'I'm so sorry I'm
late.' 'That's ~ (nic nie szkodzi).* ▶ *adv*
dobrze, nieźle | *interj* zgoda!

allude /ə'lu:d/ *v* ~ **to sb/sth** (*form.*) napomykać

ally /'ælaɪ/ *n* (*pl* **-ies**) **1** sojusznik **2** sprzymierzeniec

almighty /ɔ:l'maɪti/ *adj* wszechmogący

almond /'ɑ:mənd/ *n* migdał

almost /'ɔ:lməʊst/ *adv* prawie (że), niemal(że): *I ~ fell into the water!* O mało nie wpadłam do wody!

alone /ə'ləʊn/ *adj*, *adv* **1** sam, samotnie ➊ Obydwa słowa **alone** i **lonely** oznaczają przede wszystkim, że nie jest się w towarzystwie innych ludzi. **Lonely** (*US* **lonesome**) może też oznaczać dokuczliwą samotność, czego **alone** zwykle nie sugeruje. **Alone** nie występuje przed n W znaczeniu **alone** można też stosować zwroty **on your own** i **by yourself**. Wyrażenia te są mniej formalne i częściej używa się ich w mówionej angielszczyźnie. **2** tylko (sam): *You ~ can help us.* Tylko ty możesz nam pomóc.

along /ə'lɒŋ/ *prep* **1** po, wzdłuż (*np. ulicy*): *I walked ~ the road.* Szedłem ulicą. ◇ *She looked ~ the corridor.* Popatrzyła na koniec korytarza. **3** na, przy: *halfway ~ the street* w połowie ulicy ▶ *adv* **1** naprzód **2** (*nieform.*) (razem) z (kimś): *Why don't you come ~ too?* Chodź z nami! [IDM] **along with sb/ sth** razem z kimś/czymś| **go along with sb/sth** zgadzać się z kimś/czymś pomysłem/planem ● **a¸long'side 1** *prep* obok, wzdłuż **2** *prep* (razem) z **3** *adv* obok

aloof /ə'lu:f/ *adj* **1** wyniosły **2** nie zajmujący się (czymś), z daleka od kogoś/czegoś

aloud /ə'laʊd/ *adv* głośno, na głos

alphabet /'ælfəbet/ *n* alfabet| **alphabetical** /¸ælfə'betɪkl/ *adj* alfabetyczny

already /ɔ:l'redi/ *adv* już: *Surely you're not going ~!* Chyba jeszcze nie wychodzisz!

alright (*nieform.*) = ALL RIGHT

also /'ɔ:lsəʊ/ *adv* też, także → TEŻ

altar /'ɔ:ltə(r)/ *n* ołtarz

alter /'ɔ:ltə(r)/ *v* przerabiać, zmieniać (się)| **alteration** /¸ɔ:ltə'reɪʃn/ *n* (drobna) zmiana

alternate /ɔ:l'tɜ:nət/; *Am.* 'ɔ:ltɜ:r-; -tər-/ *adj* **1** przemienny **2** co drugi ▶ /'ɔ:ltəneɪt/ *v* **1** występować itp. na zmianę **2** oscylować (między A i B) **3** zmieniać coś kolejno

alternative /ɔ:l'tɜ:nətɪv/ *adj* inny ▶ *n* alternatywa

although /ɔ:l'ðəʊ/ *conj* **1** chociaż, mimo że **2** ale ➊ Można też użyć **though**, które jest mniej formalne niż **although**. **Even** można użyć razem z **though** (ale nie z **although** w celu nadania emfazy): *She didn't want to go to the party, although/though/even though she knew all her friends would be there.* **Though**, ale nie **although**, może występować na końcu zdania.

altitude /'æltɪtju:d; *Am.* -tu:d/ *n* wysokość

alto /'æltəʊ/ *n* kontralt, alt

altogether /¸ɔ:ltə'geðə(r)/ *adv* **1** całkowicie, całkiem **2** razem **3** wszystko razem wziąwszy, ogólnie ➊ **Altogether** nie znaczy to samo co **all together**. **All together** oznacza „wszystko/wszyscy razem".

aluminium /¸ælj(j)ə'mɪniəm/ (*Am.* **-num** /ə'lu:mɪnəm/) *n* aluminium

always /'ɔ:lweɪz/ *adv* **1** zawsze **2** ciągle **3** (na) zawsze **4** stale, ciągle ➊ Słowo **always** zwykle nie występuje na początku zdania. Zazwyczaj stawia się je przed głównym v. lub po **is**, **are**, **were** itp.: *He ~ wears those shoes* ◇ *I have ~ wanted to visit Egypt.* ◇ *Fiona is ~ late.* Można jednak postawić **always** na początku zdania, które jest w formie polecenia: *Always stop and look before you cross the road.*

am¹ /əm/; *f. akcent.* æm/ → BE

a.m.² /¸eɪ 'em/ (*Am.* **A.M.**) *skrót przed* południem

amalgamate /ə'mælgəmeɪt/ *v* łączyć (się)

amateur /'æmətə(r)/ *n* amator/ka ▶ *adj* **1** amatorski: *an ~ photographer* fotograf amator **2** (*także* **amateurish**) dyletancki

amaze /ə'meɪz/ *v* zdumiewać: *It ~s me that anyone could be so stupid!* To zdumiewające, że można być aż tak głupim!| **amazed** *adj* zdumiony: *be ~ (that)* dziwić się, że| **amazement** *n* zdumienie| **amazing** *adj* zdumiewający

ambassador /æm'bæsədə(r)/ *n* ambasador/ka

amber /'æmbə(r)/ *n* **1** bursztyn **2** kolor bursztynowy, (*światła sygnalizacji miejskiej*) żółty ▶ *adj* bursztynowy

ambiguity /¸æmbɪ'gju:əti/ *n* (*pl* **-ies**) dwuznaczność, wieloznaczność| **ambiguous** /æm'bɪgjuəs/ *adj* dwuznaczny, wieloznaczny

ambition /æm'bɪʃn/ *n* ambicja| **ambitious** /æm'bɪʃəs/ *adj* ambitny

ambivalent /æm'bɪvələnt/ *adj* mający mieszane uczucia, ambiwalentny

ambulance /'æmbjələns/ *n* karetka pogotowia

ambush /'æmbʊʃ/ *n* atak z zasadzki

amend /ə'mend/ *v* wnosić poprawki| **amendment** *n* poprawka

amenities /ə'mi:nətiz; Am. -'men-/ n
udogodnienia

amiable /'eɪmɪəbl/ adj sympatyczny

amicable /'æmɪkəbl/ adj polubowny,
przyjazny

amid /ə'mɪd/ (także amidst /ə'mɪdst/)
prep (form.) pośród, wśród

amiss /ə'mɪs/ adv [IDM] not go/come
amiss przydawać się, być nie od rzeczy

ammunition /ˌæmju'nɪʃn/ n
1 amunicja 2 (przen.) broń

amnesty /'æmnəsti/ n (pl -ies)
amnestia

among /ə'mʌŋ/ (także amongst
/ə'mʌŋst/) prep między, pomiędzy,
wśród, pośród: She is ~ the nicest people
I have ever met. Jest jedną z
najmilszych osób, jakie kiedykolwiek
spotkałam. → BETWEEN

amount /ə'maʊnt/ n 1 ilość: I have a
certain ~ of sympathy with her. Trochę
jej współczuję. 2 kwota, suma ► v ~ to
sth 1 (suma) wynosić 2 być
równoznacznym z czymś

amp /æmp/ n amper

amphibian /æm'fɪbiən/ n płaz

ample /'æmpl/ adj 1 wystarczający, aż
nadto 2 przestronny, obszerny

amplify /'æmplɪfaɪ/ v (3rd sing czasu
pres -ies; pt, pp -ied) 1 wzmacniać
(dźwięk) | amplifier n wzmacniacz

amuse /ə'mju:z/ v 1 rozbawiać,
rozśmieszać 2 zabawiać: amuse yourself
bawić się ◊ find something to amuse
yourself with znaleźć coś, czym możesz
się zająć | amused adj rozbawiony,
rozśmieszony: I'm not ~. To mnie nie
bawi. ◊ I was ~ to hear his account of
what happened. Z rozbawieniem
wysłuchałem jego opowiadania o tym,
co się wydarzyło.| amusement n
1 rozbawienie, rozweselenie
2 rozrywka, zabawa | amusing adj
śmieszny, zabawny ● a'musement
arcade n salon gier

an → A

anaemia (Am. -nem-) /ə'ni:miə/ n
anemia | anaemic adj anemiczny

anaesthetic /ˌænəs'θetɪk/ n środek
znieczulający: under ~ pod
znieczuleniem

analogy /ə'nælədʒi/ n (pl -ies) analogia
| analogous /ə'næləɡəs/ adj (form.) ~
(to/with sth) analogiczny

analyse (Am. -lyze) /'ænəlaɪz/ v
analizować| analysis /ə'næləsɪs/ n (pl
-lyses /-ləsi:z/) analiza | analyst /
'ænəlɪst/ n analityk

anarchy /'ænəki/ n anarchia| anarchic
/ə'nɑ:kɪk/ adj anarchiczny| anarchist
n anarchist-a/ka

anatomy /ə'nætəmi/ n (pl -ies)
anatomia

ancestor /'ænsestə(r)/ n przodek|
ancestry /'ænsestri/ n (pl -ies)
przodkowie, ród

anchor /'æŋkə(r)/ n kotwica

ancient /'eɪnʃənt/ adj 1 starożytny
2 starodawny 3 (nieform.) bardzo stary

and /ənd; ən; także n; f. akcent. ænd/
conj 1 i ❶ Jeśli wymieniane rzeczy są
blisko ze sobą związane, nie trzeba
powtarzać przedimka a itp.: a knife ~
fork. 2 a 3 coraz: get worse ~ worse
❶ Słowa and używa się także zamiast to
po v. come, go i try: Go ~ answer the
door. ◊ I'll try ~ find out.

anecdote /'ænɪkdəʊt/ n anegdota

anemia, anemic (Am.) = ANAEMIA

anesthetic (Am.) = ANAESTHETIC

angel /'eɪndʒl/ n anioł

anger /'æŋɡə(r)/ n gniew ► v złościć

angle /'æŋɡl/ n 1 kąt 2 punkt (np.
widzenia): Viewed from this ~...
Patrząc pod tym kątem... [IDM] at an
angle pod (jakimś) kątem: This hat is
meant to be worn at an ~. Ten kapelusz
nosi się na bakier.

angry /'æŋɡri/ adj ~ (with/at sb) (for
doing sth); ~ (at/about sth) zły, gniewny:
get ~ złościć się| angrily adv gniewnie

anguish /'æŋɡwɪʃ/ n [U] udręka,
boleść| anguished adj udręczony,
cierpiący

angular /'æŋɡjələ(r)/ adj kanciasty,
kościsty

animal /'ænɪml/ n zwierzę

animated /'ænɪmeɪtɪd/ adj 1 ożywiony
2 (film) rysunkowy

ankle /'æŋkl/ n kostka (u nogi)

annihilate /ə'naɪəleɪt/ v 1 unicestwiać,
zniszczyć 2 (sport) zmiażdżyć

anniversary /ˌænɪ'vɜ:səri/ n (pl -ies)
rocznica, jubileusz

announce /ə'naʊns/ v 1 ogłaszać
2 oznajmiać (podniesionym głosem)|
announcement n ogłoszenie|
announcer n spiker/ka

annoy /ə'nɔɪ/ v irytować| annoyance
/-əns/ n 1 irytacja 2 utrapienie|
annoyed adj 1 zirytowany 2 zły|
annoying adj irytujący

annual /'ænjuəl/ adj roczny, coroczny
► n rocznik| annually adv o roku,
rocznie

anonymous /ə'nɒnɪməs/ adj
anonimowy| anonymity /ˌænə'nɪməti/
n anonimowość

anorak /'ænəræk/ n (Br.) 1 skafander
2 (slang) kowal

another /ə'nʌðə(r)/ dem pron, pron
1 jeszcze (jeden) 2 (jakiś) inny

answer /ˈɑːnsə(r); *Am.* ˈæn-/ *v*
1 odpowiadać (komuś/na coś)
2 odbierać (*telefon*) **3** otwierać (*drzwi*)
[PV] **answer back** bronić się słowami |
answer (sb) back odpowiadać (komuś)
niegrzecznie | **answer for sb/sth**
1 odpowiadać za kogoś/coś **2** ręczyć za
kogoś/coś | **answer to sb (for sth)**
odpowiadać przed kimś (za coś) ▸ *n* ~
(to sb/sth) **1** odpowiedź (komuś/na coś)
2 rozwiązanie **3** (poprawna) odpowiedź
(*na egzaminie*)

answering machine /ˈɑːnsərɪŋ məʃiːn;
Am. ˈæn-/ *n* (*Br.* także **answerphone**
/ˈɑːnsəfəʊn/) automatyczna sekretarka

ant /ænt/ *n* mrówka

antagonism /ænˈtægənɪzəm/ *n* ~
(towards sb/sth)/(between A and B)
antagonizm | **antagonistic** /
ænˌtægəˈnɪstɪk/ *adj* wrogi,
nieprzyjazny

antenna /ænˈtenə/ *n* **1** (*pl* -**nae** /-niː/)
czułek **2** (*pl* -**nas**) (*Am.*) antena

anthem /ˈænθəm/ *n* hymn

anthology /ænˈθɒlədʒi/ *n* (*pl* -**ies**)
antologia

anthropology /ˌænθrəˈpɒlədʒi/ *n*
antropologia

antibiotic /ˌæntibaɪˈɒtɪk/ *n* antybiotyk

antibody /ˈæntibɒdi/ *n* (*pl* -**ies**)
przeciwciało

anticipate /ænˈtɪsɪpeɪt/ *v*
przewidywać, oczekiwać | **anticipation**
/ænˌtɪsɪˈpeɪʃn/ *n* **1** oczekiwanie,
przewidywanie **2** niecierpliwe
oczekiwanie

anticlimax /ˌæntiˈklaɪmæks/ *n*
rozczarowanie, zawód

anticlockwise /ˌæntiˈklɒkwaɪz/ *adv,*
adj przeciwnie/ny do ruchu
wskazówek zegara

antics /ˈæntɪks/ *n* popisy, błazeństwa

antidote /ˈæntidəʊt/ *n* **1** odtrutka
2 (*przen.*) antidotum

antiperspirant /ˌæntiˈpɜːspərənt/ *n*
dezodorant antyperspiracyjny

antiquated /ˈæntɪkweɪtɪd/ *adj*
przestarzały

antique /ænˈtiːk/ *adj* zabytkowy,
antyczny ▸ *n* antyk (*zwykle meble, które
powstały ponad sto lat temu*): *an ~
shop* sklep z antykami | **antiquity** /
ænˈtɪkwəti/ *n* (*pl* -**ies**) **1** starożytność
2 starożytności, antyki (*np. greckie,
rzymskie*) **3** starość: *priceless objects of
great* ~ bezcenne przedmioty
pochodzące ze starożytnych czasów

antiseptic /ˌæntiˈseptɪk/ *n* środek
antyseptyczny ▸ *adj* antyseptyczny

antisocial /ˌæntiˈsəʊʃl/ *adj*
1 nietowarzyski **2** aspołeczny

antithesis /ænˈtɪθəsɪs/ *n* (*pl* -**theses**
/-θəsiːz/) (*form.*) antyteza,
przeciwieństwo

antler /ˈæntlə(r)/ *n* róg jelenia: *a pair
of* ~*s* poroże

anus /ˈeɪnəs/ *n* odbyt

anxiety /æŋˈzaɪəti/ *n* (*pl* -**ies**) niepokój,
lęk

anxious /ˈæŋkʃəs/ *adj* **1** ~ (about/for
sb/sth) niespokojny, zaniepokojony: *be/
get anxious* niepokoić się **2** ~ to do sth
palący się do czegoś: *Police are* ~ *to find
the thief.* Policji bardzo zależy na
odnalezieniu złodzieja. | **anxiously** *adv*
z zaniepokojeniem

any /ˈeni/ *dem pron, pron*
❻ W znaczeniach 1 i 2 **any** często nie
tłumaczy się. → SOME **1** (*w
przeczeniach*) żaden: *I wanted chips but
there aren't* ~. Chciałem frytki, ale ich
nie ma. ◊ *We didn't have* ~ *lunch.* Nie
jedliśmy obiadu. ◊ *I speak hardly* ~
Spanish. Prawie wcale nie mówię po
hiszpańsku. **2** (*w pytaniach*) jakiś: *Are
there* ~ *apples?* Czy są jabłka? ◊ *Do you
know* ~ *French?* Czy znasz język
francuski? ◊ *He asked if we had* ~
questions. Zapytał, czy mamy jakieś
pytania. **3** jakikolwiek, którykolwiek,
każdy [IDM] **any moment / second /
minute / day (now)** lada chwila/minuta/
dzień ▸ *adv* **1** (*w przeczeniach*) ani
trochę **2** (*w pytaniach*) do pewnego
stopnia: *Is she* ~ *better?* Czy ona czuje
się trochę lepiej?

anybody /ˈenibɒdi/ (*także* **anyone**
/ˈeniwʌn/) *pron* **1** (*w przeczeniach*) nikt
→ SOMEBODY **2** (*w pytaniach*) ktoś
3 każdy, ktokolwiek

anyhow /ˈenihaʊ/ *adv* **1** tak czy owak
2 jednak, w każdym razie: *I'm afraid I
can't come, but thanks anyway.* Niestety,
nie mogę przyjść, niemniej, dziękuję.
3 przynajmniej **4** byle jak

anything /ˈeniθɪŋ/ *pron* **1** (*w
przeczeniach*) (zupełnie) nic **2** (*w
pytaniach*) coś **3** cokolwiek, obojętnie
co [IDM] **anything but** bynajmniej nie |
(not) anything like wcale: *This car isn't
* ~ *like as fast as mine.* Ten samochód nie
jest ani trochę tak szybki jak mój. | **(not)
anything like sb/sth** wcale, w ogóle | **as
anything** (*jęz. mów.*): *as happy as
anything* bardzo szczęśliwy

anyway /ˈeniweɪ/ *adv* = ANYHOW(1,2,3)

anywhere /ˈeniweə(r)/ (*Am.* **anyplace**)
adv **1** (*w pytaniach*) gdzieś **2** (*w
przeczeniach*) nigdzie: ~ *else* nigdzie
indziej **3** gdziekolwiek

apart /əˈpɑːt/ *adv* **1** od siebie: *The doors
slid* ~. Drzwi otworzyły się. ◊ *Plant the
potatoes two feet* ~. Sadź ziemniaki co
dwie stopy. **2** osobno **3** na części/
kawałki: *take sth apart* rozkładać na

części/kawałki ◊ *The material fell/ came ~ in my hands.* Tkanina po prostu rozsypała mi się w rękach. ◊ *Their relationship is falling ~.* Ich związek rozlatuje się. |IDM| **tell A and B apart** odróżniać od siebie ▸ *adj* osobny, oddzielny |IDM| **far apart** (*i przen.*) oddalony ● **a'part from** oprócz: *Apart from anything else, you're my brother.* Pomijając inne sprawy, jesteś moim bratem.

apartment /ə'pɑːtmənt/ *n* (*zwł. Am.*) mieszkanie ● **'apartment block** *n* (*zwł. Am.*) blok mieszkalny

apathy /'æpəθi/ *n* apatia | **apathetic** /ˌæpə'θetɪk/ *adj* apatyczny

ape /eɪp/ *n* małpa bezogonowa ▸ *v* małpować

apologetic /əˌpɒlə'dʒetɪk/ *adj* **1** przepraszający **2** skruszony

apologize (*także* **-ise**) /ə'pɒlədʒaɪz/ *v* ~ **(to sb) (for sth)** przepraszać (kogoś) (za coś) | **apology** /-dʒi/ *n* (*pl* **-ies**) ~ **(to sb) (for sth)** przeprosiny (kogoś) (za coś)

appal (*Am.* **appall**) /ə'pɔːl/ *v* (**ll-**) wstrząsać, przerażać | **appalling** *adj* wstrząsający, przerażający

apparatus /ˌæpə'reɪtəs; *Am.* -'ræt-/ *n* [U] sprzęt

apparent /ə'pærənt/ *adj* **1** pozorny **2** ~ **(to sb) (that)** oczywisty, widoczny | **apparently** *adv* **1** podobno **2** pozornie

appeal /ə'piːl/ *v* **1** ~ **(to sb) (for sth); ~ to sb to do sth** zwracać się (*o pomoc itp.*), wzywać kogoś do zrobienia czegoś **2** ~ **(to sb)** podobać się, (*pomysł*) przemawiać do kogoś **3** ~ **to sth** odwoływać się do czegoś **4** ~ **(to sb) (for/ against sth)** wnosić apelację ▸ *n* **1** ~ **(to sb) (for sth)** apel, wezwanie **2** apelacja **3** urok, pociąg (*do czegoś*) | **appealing** *adj* **1** pociągający **2** błagalny

appear /ə'pɪə(r)/ *v* **1** *v link* zdawać się: *It ~s so/not.* Zdaje się, że tak/nie. ◊ *She ~s to be content.* Zdaje się, że jest zadowolona. **2** pojawiać się **3** ukazywać się **4** występować

appearance /ə'pɪərəns/ *n* **1** wygląd **2** pozór **3** pojawienie się, przybycie, początek **4** występ

appendicitis /əˌpendə'saɪtɪs/ *n* zapalenie wyrostka robaczkowego

appendix /ə'pendɪks/ *n* **1** (*pl* **-dixes**) wyrostek robaczkowy **2** (*pl* **-dices** /-dɪsiːz/) dodatek

appetite /'æpɪtaɪt/ *n* **1** apetyt **2** żądza

appetizing (*także* **-ising**) /'æpɪtaɪzɪŋ/ *adj* apetyczny, smakowity

applaud /ə'plɔːd/ *v* **1** oklaskiwać **2** przyklaskiwać: *The decision was applauded by everybody.* Decyzja uzyskała ogólny poklask. | **applause** *n* [U] oklaski

apple /'æpl/ *n* jabłko: *an ~ tree* jabłoń

appliance /ə'plaɪəns/ *n* urządzenie, przyrząd

applicable /ə'plɪkəbl; 'æplɪk-/ *adj* **be ~ (to sb/sth)** odnosić się, dotyczyć: *Give details where applicable.* Podać szczegóły w stosownych przypadkach.

applicant /'æplɪkənt/ *n* kandydat/ka

application /ˌæplɪ'keɪʃn/ *n* **1** ~ **(to sb) (for sth)** podanie (*do kogoś*) (*o coś*) **2** zastosowanie, użytek **3** przykładanie się **4** (*komput.*) program użytkowy

apply /ə'plaɪ/ *v* (*3rd sing czasu pres* **-ies**; *pt, pp* **-ied**) **1** ~ **(to sb) (for sth)** składać podanie (*do kogoś*) (*o coś*) **2** ~ **yourself/sth (to sth/to doing sth)** skupiać się (nad czymś), przykładać się **3** ~ **(to sb/sth)** odnosić się, dotyczyć **4** ~ **sth (to sth)** stosować; przykładać, smarować | **applied** *adj* (*przedmiot*) stosowany

appoint /ə'pɔɪnt/ *v* **1** ~ **sb (to sth)** mianować kogoś (kimś) **2** ~ **sth (for sth)** (*form.*) wyznaczać | **appointment** *n* **1** umówione spotkanie: *make an ~ to see the manager* umówić się na spotkanie z kierownikiem ◊ *keep an ~* dotrzymać terminu spotkania ◊ *Visits are by ~ only.* Tylko umówione wizyty. **2** posada, stanowisko **3** ~ **(to sth)** mianowanie (*kimś*)

appreciate /ə'priːʃieɪt/ *v* **1** doceniać **2** zdawać sobie sprawę **3** podrożeć | **appreciation** /əˌpriːʃi'eɪʃn/ *n* **1** zrozumienie, znajdowanie w czymś przyjemności **2** pojęcie **3** wdzięczność **4** wzrost wartości | **appreciative** /ə'priːʃətɪv/ *adj* **1** pochwalny **2** ~ **(of sth)** wdzięczny (za coś)

apprehensive /ˌæprɪ'hensɪv/ *adj* obawiający się: *be/feel ~* obawiać się | **apprehension** *n* (*form.*) obawa

apprentice /ə'prentɪs/ *n* terminator/ ka, ucze-ń/nnica | **apprenticeship** /-tɪʃɪp/ *n* (*nauka rzemiosła*) termin

approach /ə'prəʊtʃ/ *v* **1** zbliżać się (do kogoś/czegoś) **2** zwracać się (do kogoś) **3** podchodzić (*do problemu itp.*) ▸ *n* **1** zbliżanie się **2** zwracanie się **3** droga dojazdowa, podjazd, dojście **4** podejście (*do problemu itp.*)

appropriate /ə'prəʊpriət/ *adj* ~ **(for/to sth)** odpowiedni ▸ /ə'prəʊprieɪt/ *v* (*jęz. pis.*) przywłaszczyć sobie | **appropriately** *adv* odpowiednio

approve /ə'pruːv/ *v* **2** ~ **(of sb/sth)** aprobować, pochwalać **2** zatwierdzać | **approval** *n* **1** zgoda **2** pochwała | **approving** *adj* **1** aprobujący **2** pochwalny

approximate /ə'prɒksɪmət/ *adj* przybliżony, zbliżony | **approximately** *adv* około

apricot /'eɪprɪkɒt/ *n* morela

April /'eɪprəl/ *n* kwiecień

apron /'eɪprən/ *n* fartuch

apt /æpt/ *adj* **1** trafny **2** ~ **to do sth** skłonny coś robić: *I'm ~ to forget.* Często zapominam. | **aptly** *adv* trafnie

aptitude /'æptɪtjuːd; *Am.* -tuːd/ *n* ~ **(for sth/doing sth)** uzdolnienie

aquarium /ə'kweəriəm/ *n* akwarium

Aquarius /ə'kweəriəs/ *n* (*znak zodiaku*) Wodnik

aquatic /ə'kwætɪk/ *adj* wodny

Arab /'ærəb/ *n* Arab/ka ▶ *adj* (*kraj, ludzie*) arabski ❶ Język arabski to **Arabic**, a nie **Arab**.

arable /'ærəbl/ *adj* orny

arbitrary /'ɑːbɪtrəri; *Am.* -treri/ *adj* **1** przypadkowy **2** arbitralny

arbitrate /'ɑːbɪtreɪt/ *v* rozsądzać, rozstrzygać (*polubownie*) | **arbitration** /ˌɑːbɪ'treɪʃn/ *n* arbitraż

arc /ɑːk/ *n* (*geom.*) łuk

arcade /ɑː'keɪd/ *n* **1** arkada **2** salon gier: ~ *games* gry komputerowe

arch /ɑːtʃ/ *n* **1** (*arch.*) łuk **2** (*anat.*) podbicie

archaeology (*zwł. Am.* **arche-**) /ˌɑːki'ɒlədʒi/ *n* archeologia

archaic /ɑː'keɪɪk/ *adj* archaiczny

archbishop /ˌɑːtʃ'bɪʃəp/ *n* arcybiskup

archery /'ɑːtʃəri/ *n* łucznictwo

architect /'ɑːkɪtekt/ *n* architekt

architecture /'ɑːkɪtektʃə(r)/ *n* architektura | **architectural** /ˌɑːkɪ'tektʃərəl/ *adj* architektoniczny

archive /'ɑːkaɪv/ *n* (*także* archives /'ɑːkaɪvz/) archiwum: *archive material* materiały archiwalne

ardent /'ɑːdnt/ *adj* żarliwy

arduous /'ɑːdjuəs; -dʒu-/ *adj* uciążliwy

are /ə(r)/, *f. akcent.* ɑː(r)/ → BE

area /'eəriə/ *n* **1** obszar, teren, dzielnica: *The winds scattered litter over a wide ~.* Wiatry rozniosły śmieci na znaczną odległość. **2** część (*np. sypialna*), rejon: *a non-smoking ~* strefa dla niepalących **3** dziedzina: *your area of responsibility* zakres odpowiedzialności **4** (*mat.*) powierzchnia ● **'area code** *n* (*Am.*) numer kierunkowy

arena /ə'riːnə/ *n* **1** arena **2** (*polit.*) scena

aren't /ɑːnt/ *abbr* ARE NOT

arguable /'ɑːgjuəbl/ *adj* **1** dyskusyjny **2** prawdopodobny: *It is ~ that...* Można powiedzieć, że... | **arguably** *adv* prawdopodobnie, zapewne: *'King Lear' is ~ Shakespeare's best play.* „King Lear" jest chyba najlepszą sztuką Szekspira.

argue /'ɑːgjuː/ *v* **1** ~ **(with sb) (about/ over sth)** sprzeczać się **2** ~ **that** dowodzić, że **3** ~ **(for/against sth)** argumentować | **argument** *n* **1** ~ **(with sb) (about/over sth)** spór, sprzeczka: *Sue had an ~ with her father.* Sue posprzeczała się z ojcem. ◇ *without ~* bez dyskusji **2** argument: *His ~ was that...* Twierdził, że...

arid /'ærɪd/ *adj* (*klimat*) suchy, (*ziemia*) jałowy

Aries /'eəriːz/ *n* (*znak zodiaku*) Baran

arise /ə'raɪz/ *v* (*pt* **arose** /ə'rəʊz/; *pp* **arisen** /ə'rɪzn/) pojawiać się

aristocrat /'ærɪstəkræt; *Am.* ə'rɪst-/ *n* arystokrata | **aristocracy** /ˌærɪ'stɒkrəsi/ *n* (*pl* **-ies**) arystokracja | **aristocratic** /ˌærɪstə'krætɪk; *Am.* əˌrɪst-/ *adj* arystokratyczny

arithmetic /ə'rɪθmətɪk/ *n* [*U*] arytmetyka, rachunki: *mental ~* liczenie w pamięci

arm /ɑːm/ *n* **1** ramię, ręka ❶ Dłoń to **hand**. **2** rękaw **3** poręcz **4** odnoga **5** korba [IDM] **arm in arm** pod rękę ▶ *v* zbroić (się) ● **'armful** *n* naręcze | **'armhole** *n* pacha (*w odzieży*) | **'armpit** *n* (*anat.*) pacha

armaments /'ɑːməmənts/ *n* [*pl*] zbrojenia, uzbrojenie

armchair /'ɑːmtʃeə(r)/ *n* fotel

armed /ɑːmd/ *adj* uzbrojony, zbrojny: ~ *robbery* napad z bronią w ręku ◇ *the ~ forces* siły zbrojne

armistice /'ɑːmɪstɪs/ *n* zawieszenie broni

armour (*Am.* **-mor**) /'ɑːmə(r)/ *n* zbroja

arms /ɑːmz/ *n* **1** broń **2** = COAT OF ARMS [IDM] **be up in arms (about/over sth)** być rozjuszonym (czymś)

army /'ɑːmi/ *n* (*pl* **-ies**) **1** wojsko **2** armia

arose *pt od* ARISE

around /ə'raʊnd/ *adv* ❶ Around występuje w v. złoż., np. **lie around**. Zob. hasła odpowiednich v. **1** około **2** wokoło: *a garden with a wall all ~* ogród otoczony murem **3** (*zwł. Am.*) dookoła **4** tu i tam: *I'm just looking ~.* (w sklepie) Tylko oglądam. ◇ *show sb ~* oprowadzać kogoś **5** bez celu, tak sobie **6** obecny: *There was nobody ~.* Nikogo nie zastałem. **7** dostępny **8** w drugą stronę: *turn ~* odwracać się ▶ *prep* **1** dookoła, wokoło: *She had a bandage ~ her leg.* Miała zabandażowaną nogę. **2** za **3** za **4** po (*np. mieście*) [IDM] **around here** w pobliżu ❶ Around i round często używa się w Br. ang. w tym samym znaczeniu, chociaż around jest słowem bardziej formalnym: *The earth goes round/around the sun.* W Am. ang. jedynie around można użyć w

powyższym znaczeniu. W Br. ang.
można też stosować **around**, **round** i
about w takim samym znaczeniu: *The
kids were running around/round/about
outside.* W Am. ang. jedynie **around**
można użyć w tym znaczeniu. **About** i
around można używać w Br. ang i Am.
ang. w znaczeniu **approximately** (około,
w przybliżeniu).

arouse /əˈraʊz/ *v* **1** wzbudzać
2 podniecać

arrange /əˈreɪndʒ/ *v* **1** układać,
ustawiać **2** planować, organizować

arrangement /əˈreɪndʒmənt/ *n*
1 przygotowanie **2** uzgodnienie,
umowa: *make an ~ to do sth* uzgodnić,
że... **3** kompozycja, ułożenie

array /əˈreɪ/ *n* ekspozycja, wystawa

arrears /əˈrɪəz/ *n* [IDM] **be in arrears**;
fall/get into arrears mieć zaległości | **be
paid in arrears** być opłacanym z dołu

arrest /əˈrest/ *v* aresztować ► *n* areszt:
under arrest aresztowany

arrive /əˈraɪv/ *v* przy-bywać/chodzić/
jeżdżać ❶ Uwaga! Mówiąc o mieście,
kraju itp. używa się **arrive in**, zaś
mówiąc o jakimś miejscu, budynku itp.
stosuje się **arrive at**. **2** nadchodzić [PV]
arrive at sth dochodzić (*do wniosku itp.*):
arrive at a decision podjąć decyzję |
arrival *n* **1** przybycie, przyjazd **2** nowo
przybyły

arrogant /ˈærəɡənt/ *adj* arogancki

arrow /ˈærəʊ/ *n* **1** strzała **2** strzałka

arson /ˈɑːsn/ *n* (*prawn.*) podpalenie

art /ɑːt/ *n* **1** sztuka (*plastyczna*): *an ~
class* zajęcia plastyczne **2** umiejętność,
sztuka: *There's an ~ to writing a good
letter.* Napisanie dobrego listu wymaga
umiejętności. **3** (**the arts**) kultura i
sztuka: *fine ~(s)* sztuki piękne **4** (**arts**)
przedmioty/nauki humanistyczne | **arty**
adj (*nieform.*) artystyczny (*często w
sposób pretensjonalny*) ● '**artwork** *n*
1 oprawa plastyczna (*np. książki*)
2 dzieło sztuki

artery /ˈɑːtəri/ *n* (*pl* **-ies**) tętnica

arthritis /ɑːˈθraɪtɪs/ *n* artretyzm

artichoke /ˈɑːtɪtʃəʊk/ *n* karczoch

article /ˈɑːtɪkl/ *n* **1** artykuł
2 przedmiot: *an article of clothing* część
garderoby **3** (*gram.*) przedimek

articulate /ɑːˈtɪkjələt/ *adj* umiejący
dobrze się wysławiać ► /ɑːˈtɪkjuleɪt/ *v*
1 wyraźnie wymawiać **2** wypowiadać
(*opinię*)

artificial /ˌɑːtɪˈfɪʃl/ *adj* sztuczny
● ˌartificial insemiˈnation *n* sztuczne
zapłodnienie

artillery /ɑːˈtɪləri/ *n* artyleria

artist /ˈɑːtɪst/ *n* artysta, twórca | **artistic**
adj **1** artystyczny **2** uzdolniony
artystycznie

as /əz; *f.* akcent. æz/ *prep* **1** jako **2** jak
3 za ► *adv* (**as... as**) tak...jak/co...: *~
soon ~ possible* jak najszybciej | *conj*
1 kiedy, gdy, jak: *The phone rang just ~ I
was leaving the house.* Telefon
zadzwonił właśnie wtedy, gdy
wychodziłem z domu. **2** tak jak
3 ponieważ **4** jak [IDM] **as for sb/sth** co
się tyczy, co do | **as if/though** jak gdyby |
as of/from od | **as to** jak

asap /ˌeɪ es eɪ ˈpiː/ *abbr* **as soon as
possible** jak najszybciej

ascend /əˈsend/ *v* (*form.*) **1** wznosić się
2 iść w górę | **ascent** *n* **1** wznoszenie się
2 wspinanie się: *the ~ of the mountain*
zdobycie szczytu góry **3** wzniesienie
(*terenu*)

ascertain /ˌæsəˈteɪn/ *v* (*form.*)
stwierdzać, upewniać się (co do czegoś)

ascribe /əˈskraɪb/ *v* [PV] **ascribe sth to
sb** przypisywać coś komuś

ash /æʃ/ *n* **1** (*także* **ashes**) popiół
2 (**ashes**) prochy **3** jesion ● '**ashtray** *n*
popielniczka

ashamed /əˈʃeɪmd/ *adj* **be ~ (of sth/sb/
yourself)/ (that)/(to do sth)** wstydzić się:
I'm ~ of you! Wstyd mi za ciebie!

ashore /əˈʃɔː(r)/ *adv* na brzeg/ląd

aside /əˈsaɪd/ *adv* **1** na stronę
2 (*odkładać*) na bok ● **a'side from** *prep*
(*zwł. Am.*) oprócz

ask /ɑːsk/ *v* **1** pytać: *~ sb the time/way*
zapytać kogoś o godzinę/drogę **2 ~ (sb)
for sb/sth; ~ sth (of sb); ~ sb to do sth**
prosić, żeby ktoś coś zrobił; kogoś/o
coś: *You are asking too much of him.*
Zbyt wiele od niego wymagasz. ◊ *I
asked him if he would drive me home./I
asked him to drive me home.* Poprosiłem
go o podwiezienie mnie do domu.
3 prosić (o pozwolenie) **4** życzyć sobie
(*pewnej ceny*) **5 ~ sb (to sth)** zapraszać
[IDM] **ask for trouble/it** szukać
nieszczęścia [PV] **ask after sb** pytać o
kogoś | **ask sb out** zaprosić kogoś na
randkę

asleep /əˈsliːp/ *adj* **we śnie**: *be asleep*
spać ◊ *fall ~* zasnąć → SLEEP

AS (level) /ˌeɪ ˈes levl/ *n* brytyjski
odpowiednik egzaminu maturalnego
→ A LEVEL

asparagus /əˈspærəɡəs/ *n* [U] szparag

aspect /ˈæspekt/ *n* aspekt, strona

asphalt /ˈæsfælt/; *Am.* -fɔːlt/ *n* asfalt

asphyxiate /əsˈfɪksieɪt/ *v* dusić

aspic /ˈæspɪk/ *n* galareta

aspire /əˈspaɪə(r)/ *v* **~ to (do) sth** (*form.*)
dążyć, mieć aspiracje (do czegoś):
an aspiring dancer tance-rz/rka o
wysokich aspiracjach | **aspiration**

/ˌæspəˈreɪʃn/ n (*często w pl*) dążenie, aspiracja

aspirin /ˈæsp(ə)rɪn/ n aspiryna

ass /æs/ n osioł (*i nieformalnie o osobie*)

assailant /əˈseɪlənt/ n (*form.*) napastni-k/czka

assassin /əˈsæsɪn/ *Am.* -sn/ n zamachowiec I **assassinate** /əˈsæsɪneɪt; *Am.* -sən-/ v dokonywać zamachu na kogoś

assault /əˈsɔːlt/ n napaść ▶ v napadać na kogoś: *assault a police officer* czynnie znieważyć policjanta

assemble /əˈsembl/ v 1 zbierać/ gromadzić (się) 2 montować, składać I **assembly** n (*pl* -ies) 1 zgromadzenie 2 (*szk.*) apel 3 montaż ● **as'sembly line** n taśma montażowa

assert /əˈsɜːt/ v 1 twierdzić (stanowczo), zapewniać o czymś 2 ~ **yourself** zachowywać się z pewnością siebie 3 domagać się (*np. władzy, przestrzegania prawa*) I **assertion** n 1 zapewnienie, (stanowcze) stwierdzenie 2 domaganie się (*np. władzy, przestrzegania prawa*): *the ~ of power* demonstracja siły I **assertive** *adj* stanowczy

assess /əˈses/ v szacować I **assessment** n 1 ocenianie, oszacowanie 2 (*szk.*) ocena I **assessor** n juror

asset /ˈæset/ n 1 **an ~ (to sb/sth)** cenny nabytek, cenna umiejętność 2 aktywa

assign /əˈsaɪn/ v ~ **sth to sb; ~ sb to sth** wyznaczać, przydzielać I **assignment** n zadanie

assimilate /əˈsɪmɪleɪt/ v 1 asymilować , 2 przyswajać sobie

assist /əˈsɪst/ v ~ **(sb) with sth/in (doing) sth** (*form.*) pomagać I **assistance** n (*form.*) pomoc: *Can I be of any ~?* Czym mogę służyć? I **assistant** n 1 asystent/ka: *the ~ manager* wicedyrektor 2 ekspedient/ka

associate /əˈsəʊʃieɪt/ v 1 kojarzyć 2 powiązać 3 obcować 4 ~ **yourself with sth** współdziałać z czymś, przyłączać się do czegoś ▶ /əˈsəʊʃiət/ n współpracowni-k/czka I **association** /əˌsəʊsiˈeɪʃn/ n 1 stowarzyszenie, związek 2 współpraca 3 skojarzenie, połączenie

assorted /əˈsɔːtɪd/ *adj* różnorodny I **assortment** /əˈsɔːtmənt/ n wybór, mieszanka

assume /əˈsjuːm/ *Am.* əˈsuːm/ v 1 przypuszczać, zakładać (że) 2 przybierać (*np. nazwisko*) 3 obejmować

assumption /əˈsʌmpʃn/ n 1 przypuszczenie, założenie 2 objęcie (*np. posady*), przejęcie (*np. władzy*)

assure /əˈʃʊə(r); *Br.* także -ˈʃɔː(r)/ v zapewniać I **assurance** n 1 pewność siebie 2 zapewnienie: *give sb an ~ that...* zapewnić kogoś, że... I **assured** *adj* pewny siebie

asterisk /ˈæstərɪsk/ n (*odsyłacz*) gwiazdka

asthma /ˈæsmə; *Am.* ˈæz-/ n astma I **asthmatic** /æsˈmætɪk/ n astmaty-k/ czka

astonish /əˈstɒnɪʃ/ v dziwić, zadziwiać I **astonished** *adj* zdziwiony I **astonishing** *adj* zadziwiający I **astonishment** n zdumienie

astound /əˈstaʊnd/ v zdumiewać I **astounded** *adj* zdumiony I **astounding** *adj* zdumiewający

astray /əˈstreɪ/ *adv* [IDM] **go astray** gubić się, ginąć

astrology /əˈstrɒlədʒi/ n astrologia

astronaut /ˈæstrənɔːt/ n astronauta

astronomy /əˈstrɒnəmi/ n astronomia I **astronomical** /ˌæstrəˈnɒmɪkl/ *adj* (*i przen.*) astronomiczny

astute /əˈstjuːt/ *Am.* əˈstuːt/ *adj* bystry, wnikliwy

asylum /əˈsaɪləm/ n azyl polityczny

at /ət/ *f. akcent.* æt/ *prep* 1 (*położenie*) przy, na, u, w 2 o (*godzinie*) 3 (*czas*) w: *~ the weekend* podczas weekendu ◇ *~ Christmas* na Boże Narodzenie ◇ *She got married ~ 18.* Wyszła za mąż w wieku 18 lat. 4 (*kierunek*) na, do, w 5 (*z powodu*): *I was surprised ~ her behaviour.* Byłem zdziwiony jej zachowaniem. ◇ *We laughed ~ his jokes.* Śmialiśmy się z jego dowcipów. 6 przy (*np. pracy*): *be ~ war* być w stanie wojny 7 (*cena*) po, z (*prędkością*), w (*tempie*) 8 (*dobry itp.*) w czymś

ate *pt od* EAT

atheism /ˈeɪθiɪzəm/ n ateizm I **atheist** /ˈeɪθiɪst/ n ateist-a/ka

athlete /ˈæθliːt/ n sportowiec, sportsmenka I **athletic** /æθˈletɪk/ *adj* 1 wysportowany 2 (*Br.*) lekkoatletyczny 3 (*Am.*) sportowy I **athletics** n 1 (*Br.*) lekkoatletyka 2 (*Am.*) sport

atlas /ˈætləs/ n atlas

ATM /ˌeɪ tiː ˈem/ n (*Am.*) bankomat: *an ~ card* karta do bankomatu

atmosphere /ˈætməsfɪə(r)/ n 1 (**the atmosphere**) (*geogr.*) atmosfera 2 otoczenie 3 nastrój

atom /ˈætəm/ n 1 atom 2 odrobina I **atomic** /əˈtɒmɪk/ *adj* atomowy

atrocious /əˈtrəʊʃəs/ *adj* okropny, ohydny I **atrocity** /əˈtrɒsəti/ n (*pl* -ies) okrucieństwo

attach /əˈtætʃ/ v 1 przymocowywać 2 ~ **yourself to sb/sth** przyłączać się 3 ~ **sb to sb/sth** przydzielać kogoś do kogoś/czegoś 4 przywiązywać, przypisywać

| **attached** *adj* ~ **to sb/sth** przywiązany do kogoś/czegoś | **attachment** *n* **1** przyrząd do przymocowania: *a bath with a shower* ~ wanna z prysznicem **2** ~ **(to/for sb/sth)** przywiązanie (do kogoś/czegoś): *feel a strong* ~ *to sb/sth* być głęboko przywiązanym do kogoś/czegoś

attack /ə'tæk/ *n* **1** atak: *be under* ~ być atakowanym **2** (*choroba*) napad, atak ▸ *v* atakować! | **attacker** *n* napastni-k/czka

attain /ə'tem/ *v* osiągać

attempt /ə'tempt/ *v* usiłować, próbować ▸ *n* **1** an ~ **(to do sth/at doing sth)** usiłowanie, próba: *make an* ~ spróbować **2** an ~ **(on sb/sb's life)** próba zamachu, atak (na kogoś/coś)

attend /ə'tend/ *v* **1** chodzić do czegoś/ na coś **2** być na/w czymś! | **attendance** /ə'tendəns/ *n* **1** obecność **2** frekwencja! | **attendant** /ə'tendənt/ *n* członek obsługi, dozorca

attention /ə'tenʃn/ *n* **1** uwaga **2** opieka **3** baczność ▸ *interj* uwaga!! | **attentive** /ə'tentɪv/ *adj* uważny, troskliwy

attic /'ætɪk/ *n* poddasze

attitude /'ætɪtjuːd; *Am.* -tuːd/ *n* ~ **(to/ towards sb/sth)** stosunek, nastawienie

attorney /ə'tɜːni/ *n* (*zwł. Am.*) prawni-k/czka (*zwł. adwokat*)

attract /ə'trækt/ *v* **1** przyciągać: *He's attracted to older women.* Ma słabość do starszych kobiet. **2** wabić! | **attraction** *n* **1** atrakcyjność, pociąg **2** atrakcja! | **attractive** /ə'træktɪv/ *adj* **1** ładny, przystojny **2** interesujący, atrakcyjny

attribute /ə'trɪbjuːt/ *v* przypisywać ▸/'ætrɪbjuːt/ *n* cecha

aubergine /'əʊbəʒiːn/ *n* (*Br.*) bakłażan, oberżyna

auction /'ɔːkʃn/ *n* aukcja, licytacja ▸ *v* wystawiać coś na aukcję/licytację! | **auctioneer** /ˌɔːkʃə'nɪə(r)/ *n* licytator, aukcjoner

audible /'ɔːdəbl/ *adj* słyszalny

audience /'ɔːdiəns/ *n* **1** widownia, publiczność **2** audiencja

audio-visual /ˌɔːdiəʊ'vɪʒu(ə)l/ *adj* audiowizualny

audit /'ɔːdɪt/ *n* kontrola (*np. ksiąg rachunkowych*)! | **auditor** *n* rewident

audition /ɔː'dɪʃn/ *n* przesłuchanie ▸ *v* **1** ~ **sb (for sth)** przeprowadzać przesłuchanie **2** ~ **(for sth)** uczestniczyć w przesłuchaniu

auditorium /ˌɔːdɪ'tɔːriəm/ *n* (*pl* **-riums** *lub* **-ria**) widownia

August /'ɔːɡəst/ *n* sierpień

aunt /ɑːnt; *Am.* ænt/ *n* ciotka! | **auntie** (*także* aunty) *n* (*nieform.*) ciocia

au pair /ˌəʊ 'peə(r)/ *n* dziewczyna do pomocy w domu i opieki nad dziećmi

austere /ʊ'stɪə(r)/ *adj* surowy

authentic /ɔː'θentɪk/ *adj* **1** autentyczny **2** prawdziwy

author /'ɔːθə(r)/ *n* autor/ka

authoritarian /ɔːˌθɒrɪ'teəriən/ *adj* apodyktyczny, despotyczny

authoritative /ɔː'θɒrətətɪv; *Am.* -teɪtɪv/ *adj* **1** autorytatywny, rozkazujący **2** wiarygodny, miarodajny

authority /ɔː'θɒrəti/ *n* (*pl* **-ies**) **1** (*często w pl*) władza, zarząd **2** (*władza, ekspert*) autorytet: *speak with* ~ wypowiadać się autorytatywnie **3** upoważnienie, prawo

authorize (*także* **-ise**) /'ɔːθəraɪz/ *v* **1** aprobować **2** upoważniać

autobiography /ˌɔːtəbaɪ'ɒɡrə/ *n* (*pl* **-ies**) autobiografia

autograph /'ɔːtəɡrɑːf; *Am.* -ɡræf/ *n* autograf ▸ *v* składać autograf, podpisywać (*własne dzieło*)

automate /'ɔːtəmeɪt/ *v* automatyzować

automatic /ˌɔːtə'mætɪk/ *adj* automatyczny ▸ *n* **1** broń maszynowa **2** samochód z automatyczną skrzynią biegów

automobile /'ɔːtəməbiːl/ *n* (*Am.*) samochód

autonomous /ɔː'tɒnəməs/ *adj* autonomiczny

autopsy /'ɔːtɒpsi/ *n* (*pl* **-ies**) sekcja zwłok

autumn /'ɔːtəm/ *n* (*zwł. Br.*) jesień

auxiliary /ɔːɡ'zɪliəri/ *adj* pomocniczy, wspomagający ● au,xiliary 'verb *n* czasownik posiłkowy

available /ə'veɪləbl/ *adj* dostępny, osiągalny: *flats* ~ *in the area* mieszkania do wynajęcia/na sprzedaż w tej dzielnicy

avalanche /'ævəlɑːnʃ; *Am.* -læntʃ/ *n* (*i przen.*) lawina

avant-garde /ˌævɒ̃ 'ɡɑːd/ *n* (**the avant-garde**) awangarda

avenue /'ævənjuː; *Am.* -nuː/ *n* **1** (*abbr* **Ave.**) aleja, ulica **2** możliwość, ścieżka

average /'ævərɪdʒ/ *n* **1** średnia **2** przeciętna ▸ *adj* **1** średni **2** przeciętny! | *v* osiągać średnio

aversion /ə'vɜːʃn; *Am.* -ʒn/ *n* **1** awersja **2** przedmiot awersji/odrazy

avert /ə'vɜːt/ *v* zapobiegać

aviation /ˌeɪvi'eɪʃn/ *n* lotnictwo

avid /'ævɪd/ *adj* zapalony: ~ *for news* żądny wiadomości

avoid /ə'vɔɪd/ *v* ~ **(doing sth)** unikać

await /ə'weɪt/ *v* (*form.*) czekać, oczekiwać

awake /ə'weɪk/ *adj* **be/keep** ~ nie spać ▸ *v* (*pt* **awoke** /ə'wəʊk/; *pp* **awoken** /ə'wəʊkən/) (*form.*) **1** budzić (się)

a

b

2 wzbudzać I **awaken** *v* (*form.*) **1** budzić (się) **2** wzbudzać

award /ə'wɔːd/ *n* **1** nagroda **2** odszkodowanie ▸ *v* przyznawać (*np. nagrodę, odszkodowanie*)

aware /ə'weə(r)/ *adj* **1** świadomy: *as far as I am ~* o ile wiem **2** zorientowany I **awareness** *n* świadomość

away /ə'weɪ/ *adv* ❶ **Away** występuje w v. złoż. Zob. hasła odpowiednich v., np. **give away, take away. 1 ~ (from sb/sth):** *Go ~!* Odejdź! ◇ *look ~* odwrócić wzrok **2** w odległości, stąd **3 ~ (from sth)** w przyszłości, za: *three weeks ~* za trzy tygodnie **4** (*odkładać*) na swoje miejsce: *They cleared the dishes ~.* Sprzątnęli naczynia ze stołu. **5** (*występować/grać*) gościnnie **6**: *They chatted ~ for hours.* Gadali całymi godzinami. ◇ *work ~* pracować zawzięcie ▸ *adj* **1 ~** (*from sth*) nieobecny, poza domem, w terenie **2** (*mecz*) wyjazdowy

awe /ɔː/ *n* szacunek połączony z lękiem lub podziwem I **awesome** /-səm/ *adj* **1** wzbudzający jednocześnie podziw i lęk ● '**awe-inspiring** *adj* wzbudzający jednocześnie szacunek i lęk lub podziw

awful /'ɔː/ *adj* **1** okropny, straszny **2** (*nieform.*) straszny: *I'm in an ~ hurry.* Strasznie się śpieszę. ◇ *an ~ lot of work* strasznie dużo pracy I **awfully** *adv* (*nieform.*) strasznie

awkward /'ɔːkwəd/ *adj* **1** niedogodny, kłopotliwy, niewygodny **2** krępujący **3** (*osoba*) trudny **4** niezgrabny, niezdarny

awoke *pt od* AWAKE

awoken *pp od* AWAKE

axe (*zwł. Am.* **ax**) /æks/ *n* siekiera ▸ *v* obcinać, redukować

axis /'æksɪs/ *n* (*pl* **axes** /'æksiːz/) (*mat.*) oś

axle /'æksl/ *n* (*w pojeździe*) oś

Bb

B, b /biː/ *n* **1** litera *b* **2** (*ocena szkolna*) dobry **3** (*muz.*) H/h: *B major* H-dur ◇ *B minor* h-moll ◇ *B flat* B/b

BA /ˌbiː 'eɪ/ *skrót* bakałarz nauk humanistycznych

babble /'bæbl/ *v* **1** paplać **2** szemrać

babe /beɪb/ *n* **1** (*zwł. Am., slang*) dziecinka **2** (*slang*) (*kobieta*) laska **3** (*przestarz.*) niemowlę

baby /'beɪbi/ *n* (*pl* **-ies**) **1** niemowlę, dziecko: *a ~ boy/girl* chłopczyk/

dziewczynka **2** (*zool.*) młode **3** (*Am., slang*) mała I **babyish** *adj* (*z dezaprob.*) dziecinny ● '**baby carriage** *n* (*Am.*) wózek dziecinny I '**babysit** *v* (**-tt-**; *pt, pp* **babysat**) opiekować się (dzieckiem) I **babysitter** *n* (dochodząc-y/a) opiekun/ka do dziecka

bachelor /'bætʃələ(r)/ *n* **1** kawaler **2** osoba legitymująca się dyplomem wyższej uczelni (*po trzy/czteroletnich studiach licencjackich*) → DEGREE

back /bæk/ *n* **1** plecy, grzbiet **2** tył, koniec **3** oparcie (*np. krzesła*) [IDM] **back to front** tył na przód, na odwrót ▸ *adj* **1** tylny **2** zaległy I *adv* ❶ **Back** występuje w v. złoż. Zob. np. **keep back. 1**: *be ~* wrócić ◇ *Go ~ to sleep.* Śpij dalej. **2**: *look ~* oglądać się za siebie ◇ *move ~* cofać się **3**: *phone sb ~* oddzwonić do kogoś **4** w przeszłości, temu: *think ~* sięgać myślą wstecz [IDM] **back and forth** tam i z powrotem I *v* **1** cofać (się) **2** popierać, wspierać **3** stawiać na kogoś/coś (*pieniądze*) [PV] **back away (from sb/sth)** cofać się (przed kimś/czymś) I **back down** ustępować I **back out (of sth)** wycofywać się, wykręcać się (od czegoś) I **back sb up** popierać kogoś I **back (sth) up** cofać (się) I **back sth up 1** potwierdzać coś **2** (*komput.*) robić zapasową kopię I **backing** *n* poparcie, wsparcie ● ˌback '**bench** *n* (*Br.*) tylna ławka w Izbie Gmin (*miejsca, które zajmują zwykli posłowie*) I ˌback-ˈbencher *n* (*Br.*) szeregowy poseł I '**backbone** *n* **1** kręgosłup **2** ostoja I ˌback'date *v* obowiązywać z wcześniejszą datą I '**backdrop** (*Br. także*) '**backcloth** *n* (*teatr*) zasłona dekoracyjna w głębi sceny I ˌback'fire *v* **1** osiągać rezultat odwrotny do zamierzonego **2** (*gaźnik*) strzelać I '**backlash** *n* (silna) reakcja (*przeciw czemuś w polityce itp.*) I '**backlog** *n* zaległości I '**backside** *n* (*nieform.*) tyłek I '**backstroke** *n* styl grzbietowy I '**backtrack** *v* **1** wracać tą samą drogą **2 ~ (on sth)** wycofywać się (*np. z decyzji*) I '**back-up** *n* **1** poparcie, pomoc **2** (*komput.*) zapasowa kopia I '**backyard** *n* **1** (*Br.*) podwórko za domem **2** (*Am.*) teren/ogród z tyłu domu

background /'bækgraʊnd/ *n* **1** pochodzenie (*społeczne*) **2** tło: *~ information* dodatkowe informacje ◇ *Her husband stays in the ~.* Jej mąż jest na drugim planie. ◇ *~ music* podkład muzyczny (*w filmie*)/dyskretna muzyka (*w lokalu*)

backpack /'bækpæk/ *n* plecak ▸ *v* uprawiać turystykę pieszą z plecakiem: *go backpacking* wędrować z plecakiem I **backpacker** *n* turysta uprawiający wędrówkę z plecakiem

backward /'bækwəd/ *adj* **1** w tył, do tyłu, wstecz: *a ~ glance* spojrzenie za siebie **2** zacofany **I backwards** (*zwł. Am. backward*) *adv* **1** w tył, do tyłu, wstecz **2** odwrotnie **3** w przeszłość [IDM] **backward(s) and forward(s)** tam i z powrotem

bacon /'beɪkən/ *n* bekon

bacteria /bæk'tɪəriə/ *n* bakterie

bad /bæd/ *adj* (**worse** /wɜːs/, **worst** /wɜːst/) **1** (*niedobry*) zły: *~ weather* brzydka pogoda ◇ *The traffic is ~ today.* Dzisiaj jest strasznie duże natężenie ruchu. **2** ~ **(at (doing) sth)** kiepski (w czymś) **3** poważny: *a ~ headache* silny ból głowy **4** nieodpowiedni **5** (*dziecko*) niegrzeczny **6** (*jedzenie*) zepsuty **7** (*część ciała*) chory, bolący **8** szkodliwy **9** [IDM] **too bad** (*nieform.*) wielka szkoda! ● **bad 'language** *n* [U] brzydkie słowa I **bad-'tempered** *adj* **1** wybuchowy **2** w złym humorze

badge /bædʒ/ *n* odznaka, plakietka

badger /'bædʒə(r)/ *n* borsuk

badly /'bædli/ *adv* (**worse**; **worst**) **1** źle **2** poważnie, dotkliwie: *~ hurt* ciężko ranny **3** bardzo (*np. chcieć*)

baffle /'bæ/ *v* wprawiać w zakłopotanie I **baffling** *adj* trudny do zrozumienia/ rozwiązania

bag /bæg/ *n* **1** torba, torebka: *~s under the eyes* worki pod oczami **2** (**bags**) (*Br.*) mnóstwo **3** (*slang*) (*kobieta*) małpa ▶ *v* (-gg-) (*nieform.*) zaklepywać ● **'bag lunch** *n* (*Am.*) kanapki itp. przygotowane jako drugie śniadanie poza domem

baggage /'bægɪdʒ/ *n* bagaż

baggy /'bægi/ *adj* luźny, workowaty

bagpipes /'bægpaɪps/ *n* dudy

baguette /bæ'get/ *n* bagietka

bail /beɪl/ *n* **1** kaucja: *release on ~* zwalniać za kaucją **2** zwolnienie za kaucją

bailiff /'beɪlɪf/ *n* komornik

bait /beɪt/ *n* przynęta

bake /beɪk/ *v* **1** piec/wypiekać (się) (*np. chleb, ciasto*) **2** prażyć, spalać (się)

baker /'beɪkə(r)/ *n* piekarz I **baker's** *n* piekarnia, ciastkarnia I **bakery** *n* (*pl -ies*) piekarnia

balance /'bæləns/ *v* **1** utrzymywać równowagę/coś w równowadze **2** bilansować (się) **3** ~ **sth (out) (with sth)** równoważyć: *It's difficult to ~ the demands of a career with caring for elderly parents.* Trudno pogodzić obowiązki pracy z opieką nad starymi rodzicami. **4** ~ **sth against sth** rozważać coś w stosunku do czegoś ▶ *n* **1** równowaga: *catch/throw sb off balance* sprawiać, że ktoś traci równowagę ◇ *a sense of balance*

umiejętność utrzymywania równowagi **2** waga **3** stan konta **4** (**the balance**) saldo, reszta [IDM] **on balance** wziąwszy wszystko pod uwagę ● **,balance of 'payments** *n* bilans płatniczy I **,balance of 'power** *n* **1** równowaga sił **2**: *hold the balance of power* być języczkiem u wagi I **'balance sheet** *n* zestawienie bilansowe

balcony /'bælkəni/ *n* (*pl -ies*) balkon

bald /bɔːld/ *adj* **1** łysy: *go bald* łysieć **2** prosty: *the ~ truth* naga prawda

balk (*zwł. Am.*) = BAULK

ball /bɔːl/ *n* **1** piłka **2** kula, gałka **3** rzut, wykop **4** (*slang*) (*anat.*) jajo **5** bal ● **'ball game** *n* **1** gra, w której używa się piłki **2** (*Am.*) mecz baseballowy **3** (*nieform.*) sytuacja I **'ballpark** *n* (*Am.*) boisko baseballowe [IDM] **a ballpark figure/ estimate** orientacyjna suma/liczba itp. I **in the ballpark** (*nieform.*) tego samego rzędu wielkości I **,ballpoint 'pen** *n* długopis I **'ballroom** *n* sala balowa

ballad /'bæləd/ *n* ballada

ballet /'bæleɪ/ *n* balet ● **'ballet dancer** *n* tance-rz/rka baletu

balloon /bə'luːn/ *n* **1** balonik **2** = HOT-AIR BALLOON

ballot /'bælət/ *n* tajne głosowanie: *a ~ paper* karta do głosowania ▶ *v* ~ **sb (about/on sth)** zapraszać do udziału w tajnym głosowaniu; organizować tajne głosowanie ● **'ballot box** *n* urna wyborcza

bamboo /ˌbæm'buː/ *n* bambus

ban /bæn/ *v* (-nn-) zakazywać ▶ *n a ~* **(on sth/sb)** zakaz

banana /bə'nɑːnə; *Am.* -'næn-/ *n* banan

band /bænd/ *n* **1** opaska, taśma, wstążka: *an elastic/rubber ~* gumka **2** pas(ek) **3** banda **4** zespół (*muzyki pop/ rockowej/jazzowej*): *a brass ~* orkiestra dęta **5** = WAVEBAND

bandage /'bændɪdʒ/ *n* bandaż ▶ *v* ~ **sth/sb (up)** bandażować ● **'Band-Aid™** *n* (*Am.*) plaster

B and B /ˌbiː ən 'biː/ *skrót* bed and breakfast (mały hotel, który oferuje) nocleg ze śniadaniem

bang /bæŋ/ *v* **1** trzaskać, stukać, łomotać: *He banged his fist on the table.* Uderzył pięścią w stół. **2** uderzać o/w coś [PV] **bang into sth** wpadać na coś ▶ *n* **1** huk **2** uderzenie, cios! *interj* pif-paf! I *adv* (*nieform.*) dokładnie, w samym (środku) [IDM] **bang goes sth** (*nieform.*) i już po

bangle /'bæŋgl/ *n* bransoleta

bangs /bæŋz/ *n* (*Am.*) grzywka

banish /'bænɪʃ/ *v* **1** skazywać na banicję **2** wypędzać **3** odganiać (*np. myśli*)

banister (*także* -nn-) /'bænɪstə(r)/ *n*
(*zwł. Br. banisters*) balustrada: *slide
down the ~(s)* zjechać w dół po poręczy

bank /bæŋk/ *n* **1** bank **2** brzeg **3** nasyp,
wał **4** zaspa ▶ *v* [PV] **bank on sb/sth**
liczyć na kogoś/coś | **banker** *n* bankier
● ˌ**bank ˈholiday** *n* święto zwyczajowe,
kiedy banki są zamknięte | ˈ**banknote** *n*
(*Br.*) banknot | ˈ**bank statement** *n*
wyciąg z konta

bankrupt /'bæŋkrʌpt/ *adj*
zbankrutowany: *go bankrupt*
zbankrutować ▶ *v* doprowadzać do
bankructwa | **bankruptcy** /-krʌptsi/ *n*
(*pl* **-ies**) bankructwo

banner /'bænə(r)/ *n* transparent

banquet /'bæŋkwɪt/ *n* bankiet

banter /'bæntə(r)/ *n* przekomarzanie
się

baptism /'bæptɪzəm/ *n* chrzest | **baptize**
(*także* -**ise**) /bæp'taɪz/ *v* chrzcić

bar /bɑː(r)/ *n* **1** bar **2** drążek, krata,
sztaba **3** tabliczka, kostka, baton
4 przeszkoda **5** (*muz.*) takt [IDM] **behind
bars** (*nieform.*) za kratami ▶ *v* (-**rr**-)
1 zamykać na zasuwę **2** zagradzać
(*drogę*) **3** ~ **sb from (doing) sth**
zabraniać | *prep* oprócz ● ˈ**bar chart** *n*
(*Am. także* ˈ**bar graph**) histogram,
wykres kolumnowy | ˈ**bar code** *n* kod
kreskowy | ˈ**barman** (*pl* -**men** /-mən/) (*f.
żeńska* ˈ**barmaid**) *n* (*Br.*) barman/ka

barbarian /bɑː'beəriən/ *n* barbarzyńca

barbaric /bɑː'bærɪk/ (*także* barbarous
/'bɑːbərəs/) *adj* barbarzyński

barbecue /'bɑːbɪkjuː/ *n* **1** rożen
2 przyjęcie na świeżym powietrzu, na
którym serwuje się kiełbaski,
hamburgery itp. pieczone na rożnie ▶ *v*
opiekać na rożnie

barbed wire /ˌbɑːbd 'waɪə(r)/ *n* drut
kolczasty

barber /'bɑːbə(r)/ *n* fryzjer (*męski*) |
barber's *n* zakład fryzjerski męski

bare /beə(r)/ *adj* **1** nagi, goły **2** pusty
3 podstawowy, główny: *the ~ facts* suche
fakty | **barely** *adv* ledwie ● ˈ**barefoot** *adj*
bosy | ˈ**barefoot** *adv* boso

bargain /'bɑːgən/ *n* **1** umowa: *It's a ~!*
Umowa stoi! ◊ *keep your side of a
bargain* dotrzymać słowa **2** okazja [IDM]
into the bargain na dodatek ▶ *v* ~ (**with
sb**) (**about/over/for sth**) targować się
[PV] **bargain for/on sth** oczekiwać
czegoś, liczyć na coś

barge /bɑːdʒ/ *n* barka ▶ *v* przepychać
się

baritone /'bærɪtəʊn/ *n* baryton

bark /bɑːk/ *n* **1** kora **2** szczekanie ▶ *v*
1 ~ (**at sb/sth**) szczekać **2** ~ (**sth**) (**out**) (**at
sb**) wykrzykiwać

barley /'bɑːli/ *n* jęczmień

barn /bɑːn/ *n* **1** stodoła **2** stajnia

barometer /bə'rɒmɪtə(r)/ *n* barometr

baron /'bærən/ *n* **1** (*f. żeńska* baroness
/'bærənəs/) baron/owa **2** magnat

barracks /'bærəks/ *n* (*pl* **barracks**)
koszary

barrage /'bærɑːʒ; *Am.* bə'rɑːʒ/ *n*
1 ogień zaporowy **2** nawał

barrel /'bærəl/ *n* **1** beczka, baryłka
2 lufa

barren /'bærən/ *adj* **1** jałowy
2 nieurodzajny

barricade /ˌbærɪ'keɪd/ *n* barykada ▶ *v*
barykadować

barrier /'bæriə(r)/ *n* bariera

barrister /'bærɪstə(r)/ *n* adwokat
(*upoważniony do występowania w
sądach wyższej instancji*)

barrow /'bærəʊ/ *n* **1** = WHEELBARROW
2 wózek (*handlarza*)

bartender /'bɑːtendə(r)/ *n* (*Am.*)
barman/ka

barter /'bɑːtə(r)/ *v* **1** prowadzić handel
wymienny **2** wymieniać

base /beɪs/ *n* **1** podstawa **2** baza ▶ *v*
1 opierać (*np. na faktach*) **2** (*zwykle w
str. biernej*) zakładać bazę: *I'm based in
New York, although I travel a lot.* Mam
siedzibę w Nowym Yorku, ale dużo
podróżuję.

basement /'beɪsmənt/ *n* **1** suterena
2 piwnica

bases *pl od* BASIS

bash /bæʃ/ *v* (*nieform.*) **1** walić kogoś/
w coś/o coś **2** ~ **against/into sb/sth**
wpadać na kogoś/coś, zderzać się z
kimś/czymś **3** mocno krytykować ▶ *n*
(*nieform.*) **1** mocny cios **2** impreza [IDM]
have a bash (**at sth/doing sth**) (*Br., jęz.
mów.*) próbować (*coś robić*)

bashful /'bæʃfl/ *adj* nieśmiały,
wstydliwy

basic /'beɪsɪk/ *adj* podstawowy,
zasadniczy: *The rooms in this hotel are
very ~.* Pokoje w tym hotelu są bardzo
skromne. | **basically** /-kli/ *adv* w
zasadzie

basin /'beɪsn/ *n* **1** = WASHBASIN **2** misa
3 (*geogr.*) basen

basis /'beɪsɪs/ *n* (*pl* **bases** /'beɪsiːz/)
1 zasada: *on a regular ~* regularnie ◊ *on
a voluntary ~* dobrowolnie **2** podstawa

basket /'bɑːskɪt; *Am.* 'bæs-/ *n* kosz/yk

basketball /'bɑːskɪtbɔːl; *Am.* 'bæs-/ *n*
koszykówka

bass /beɪs/ *n* **1** bas **2** = DOUBLE BASS ▶
adj basowy ● ˌ**bass guiˈtar** (*także* bass)
n gitara basowa → GRAĆ

bassoon /bə'suːn/ *n* fagot → GRAĆ

bastard /'bɑːstəd; *Am.* 'bæs-/ *n* (*slang*)
cham

bat /bæt/ *n* **1** rakietka (*do tenisa stołowego*), kij (*baseballowy/do krykieta*) **2** nietoperz ► *v* (-**tt**-) wybijać piłkę [IDM] **not bat an eyelid**; (*Am.*) **not bat an eye** nie mrugnąć okiem

batch /bætʃ/ *n* grupa, partia

bath /ba:θ; *Am.* bæθ/ *n* **1** wanna **2** kąpiel ► *v* **1** kąpać **2** kąpać się (*w wannie*) ● '**bathroom** *n* **1** łazienka **2** (*Am.*) toaleta → TOALETA

bathe /beɪð/ *v* **1** kąpać się (*np. w morzu, rzece*) **2** przemywać

baton /'bætɒn; *Am.* bə'tɑ:n/ *n* **1** batuta **2** pałka policyjna **3** pałeczka sztafetowa

battalion /bə'tæliən/ *n* batalion

batter /'bætə(r)/ *v* **1** walić: *The wind battered against the window.* Wiatr łomotał oknem. ◇ *He battered the door down.* Staranował drzwi. **2** maltretować (*fizycznie*) ► *n* ciasto naleśnikowe **battered** *adj* zniszczony, zniekształcony

battery[1] /'bæt(ə)ri/ *n* (*pl* -**ies**) **1** bateria **2** akumulator **3** (*Br.*) kurnik bateryjny

battery[2] /'bætəri/ *n* (*prawn.*) pobicie

battle /'bætl/ *n* bitwa, walka ► *v* ~ **(with/against sb/sth) (for sth); ~ (on)** walczyć: *Life is hard at the moment but we're battling on.* Życie jest trudne, ale się nie dajemy. ● '**battlefield** (*także* 'battleground) *n* pole bitwy | '**battleship** *n* pancernik

bauble /'bɔ:bl/ *n* **1** błyskotka **2** bombka (*na choinkę*)

baulk /bɔ:k/ *v* ~ **(at sth)** wahać się (*przed czymś*), sprzeciwiać się (*czemuś*)

bawl /bɔ:l/ *v* **1** wykrzykiwać, wrzeszczeć **2** (*płakać*) ryczeć

bay /beɪ/ *n* **1** zatoka **2** część (*np. budynku lub samolotu o specjalnym przeznaczeniu*): *the loading* ~ ładownia [IDM] **hold/keep sb at bay** trzymać kogoś z dala ● ,**bay 'window** *n* okno wykuszowe

bayonet /'beɪənət/ *n* bagnet

bazaar /bə'zɑ:(r)/ *n* **1** bazar **2** wenta

BBQ *abbr* barbecue

BC /ˌbi: 'si:/ *skrót* p.n.e.

be /bi; *f. akcent.* bi:/ *v* **⊕** Zob. dodatek Czasowniki nieregularne. **1** *v link* być: *He's very tired.* On jest bardzo zmęczony. ◇ *Sue is 18.* Sue ma 18 lat. ◇ *How much was your ticket?* Ile kosztował twój bilet? **2** *v link* (*ze słowem* **there**) istnieć, znajdować się, być: *Is there a God?* Czy Bóg istnieje? ◇ *There are some people outside.* Jest kilka osób na zewnątrz. ◇ *There was no answer.* Nie było odpowiedzi. **3** (*tylko w czasach* *perfect*) pójść/pojechać dokądś i wrócić: *Have you ever been to Japan?* Czy byłeś kiedyś w Japonii? → GO [IDM] -**to-be** przyszły: *his wife-to-be* przyszła żona ► *v aux* **1** (*używa się do* tworzenia czasów **continuous**): *You're sitting on my book.* Siedzisz na mojej książce. ◇ *We were chatting when he arrived.* Rozmawialiśmy, kiedy przyszedł. ◇ *Is he coming?* Czy on przyjdzie? ◇ *How long have we been waiting?* Jak długo już czekamy? **2** (*używa się do tworzenia str. biernej*) być, zostać **3** mieć koniecznie coś robić **4**: *If they were to offer me the job, I'd take it.* Gdyby zaproponowano mi tę pracę, przyjąłbym ją.

beach /bi:tʃ/ *n* plaża

beacon /'bi:kən/ *n* światło ostrzegawcze

bead /bi:d/ *n* **1** koralik, paciorek **2** (**beads**) korale **3** kropla, kropelka

beak /bi:k/ *n* dziób

beaker /'bi:kə(r)/ *n* **1** wysoki kubek bez ucha **2** zlewka

beam /bi:m/ *n* **1** belka **2** snop (*światła*), wiązka (*promieni*) ► *v* **1** promieniować, wysyłać promienie **2** uśmiechać się promiennie **3** transmitować

bean /bi:n/ *n* **1** fasola: *broad* ~s bób ◇ *soya* ~s soja ◇ *baked* ~s fasolka w sosie pomidorowym **2** ziarnko

bear /beə(r)/ *n* niedźwiedź ► *v* (*pt* **bore** /bɔ:(r)/; *pp* **borne** /bɔ:n/) **1** znosić **2** wytrzymywać (*np. próbę*) **3** (*jęz. pis.*) ponosić **4** (*form.*) żywić (*negatywne uczucie*) **5** dźwigać, utrzymywać **6** nosić (*ślad czegoś*), być naznaczonym czymś: *The coins* ~ *the Queen's head on them.* Na monetach jest wybita głowa królowej. ◇ *He still* ~*s the scars of his accident.* Nadal ma blizny spowodowane wypadkiem. ◇ *She* ~*s a strong resemblance to her mother.* Jest bardzo podobna do swojej matki. **7** rodzić (*owoce*): *Our plan is beginning to* ~ *fruit.* Nasz plan zaczyna przynosić owoce. **8** skręcać [IDM] **bear in mind that** pamiętać, że [PV] **bear sb/sth out** potwierdzać czyjeś słowa/zdanie

bearable /'beərəbl/ *adj* znośny

beard /bɪəd/ *n* broda | **bearded** *adj* brodaty

bearer /'beərə(r)/ *n* okaziciel/ka, właściciel/ka

bearing /'beərɪŋ/ *n* **1** ~ **on sth** związek z czymś **2** położenie (*według kompasu*)

beast /bi:st/ *n* (*form.*) bestia, zwierzę

beat /bi:t/ *v* (*pt* **beat**; *pp* **beaten**) **1** uderzać, bić: *beat time (to sth)* wybijać rytm (w takt czegoś) **2** ubijać **3** trzepotać **4** pokonywać **5**: *You can't* ~ *a nice cup of tea.* Nie ma nic lepszego niż filiżanka dobrej herbaty. [IDM] **(it) beats me** (*jęz. mów.*) nie mam pojęcia [PV] **beat sb to sth** ubiegać/wyprzedzać kogoś | **beat sb up** pobić kogoś ► *n* **1** bicie, uderzenie: *Her heart skipped a* ~.

Jej serce przestało na moment bić.
2 dudnienie, bębnienie **3** (*muz.*) takt
4 obwód: *policemen on the* ~ policjanci
patrolujący ulice| **beating** *n* **1** bicie,
lanie **2** porażka [IDM] **take a lot of/some
beating** być wyjątkowym

beautician /bjuːˈtɪʃn/ *n* kosmetyczka
beautiful /ˈbjuːtɪ/ *adj* piękny
❶ Beautiful odnosi się zazw. do kobiet i
dziewczynek, podobnie jak **pretty**.
Mówiąc o mężczyznach używa się
handsome. Good-looking można użyć
zarówno w odniesieniu do mężczyzn,
jak i kobiet.| **beautifully** /-fli/ *adv*
pięknie

beauty /ˈbjuːti/ *n* (*pl* **-ies**) **1** piękno
2 piękność

beaver /ˈbiːvə(r)/ *n* bóbr

became *pt od* BECOME

because /bɪˈkɒz; -ˈkəz; *Am.* -ˈkɔːz; -ˈkʌz/
conj ponieważ| **be'cause of sb/sth** *prep*
z powodu kogoś/czegoś

beckon /ˈbekən/ *v* skinąć (na kogoś)

become /bɪˈkʌm/ *v link* (*pt* **became**
/bɪˈkeɪm/; *pp* **become** /bɪˈkʌm/) stawać
się, zostawać (kimś): *They became
friends.* Zaprzyjaźnili się. [PV]
become of sb/sth stać się z kimś/czymś

bed /bed/ *n* **1** łóżko **❶** Przedimka
nie używa się w następujących
wyrażeniach: *be in* ~ ◇ *get into/out of* ~
◇ *go to* ~ iść spać ◇ *It's time for* ~. Czas
iść spać. **2** koryto **3** dno morskie
4 = FLOWER BED| **bedding** *n* pościel
(*czasami także materac i poduszki*)
● **'bedclothes** (*Br.* także *'bedcovers*) *n*
pościel| **'bedroom** *n* sypialnia| **'bedside**
n miejsce przy łóżku: *a* ~ *table* szafka
nocna| **'bedsit** *n* (*Br.*) wynajęty pokój,
używany jako salon i sypialnia|
'bedspread *n* narzuta| **'bedtime** *n* pora
snu

bed and 'breakfast *n* (mały hotel,
który oferuje) nocleg ze śniadaniem

bee /biː/ *n* pszczoła ● **'beehive** *n* ul

beech /biːtʃ/ *n* buk

beef /biːf/ *n* wołowina

been *pp od* BE, GO

beep /biːp/ *v* trąbić (*klaksonem*),
wydać krótki wysoki dźwięk

beer /bɪə(r)/ *n* piwo

beet /biːt/ *n* **1** burak pastewny/
cukrowy **2** (*Am.*) = BEETROOT

beetle /ˈbiːtl/ *n* chrząszcz

beetroot /ˈbiːtruːt/ *n* (*Br.*) burak
(ćwikłowy)

before /bɪˈfɔː(r)/ *prep* **1** przed: *the week*
~ *last* przedostatni tydzień ◇ ~ *long*
niedługo **2** nad ▸ *conj* **1** zanim: *Turn the
lights off* ~ *you leave.* Wyłącz światła
przed wyjściem.| *adv* przedtem: *the day*
~ przedwczoraj → AGO

beforehand /bɪˈfɔːhænd/ *adv* przedtem

beg /beg/ *v* (**-gg-**) **1** żebrać **2** ~ (**for**) sth
(**from/of sb**); ~ **sth** (**of sb**); ~ (**sb**) **for sth**
błagać kogoś o coś: ~ *a favour of sb*
prosić kogoś o przysługę [IDM] **I beg
your pardon 1** przepraszam **2** słucham?|
beggar *n* żebrak/czka

begin /bɪˈgɪn/ *v* (*pres part.* **-nning**; *pt*
began /bɪˈgæn/; *pp* **begun** /bɪˈgʌn/)
zaczynać (się) → ZACZYNAĆ [IDM] **to
begin with 1** po pierwsze **2** z początku,
najpierw| **beginner** *n* początkując-y/a|
beginning *n* początek

begrudge /bɪˈgrʌdʒ/ *v* ~ (**sb**) **sth**
żałować (komuś) czegoś

behalf /bɪˈhɑːf; *Am.* -ˈhæf/ *n* [IDM] **on
behalf of sb; on sb's behalf** w imieniu/
na rzecz kogoś

behave /bɪˈheɪv/ *v* ~ (**yourself**)
zachowywać się: *You behaved very
badly towards your father.* Zachowałeś
się źle w stosunku do ojca.

behaviour (*Am.* **-ior**) /bɪˈheɪvjə(r)/ *n*
zachowanie

behind /bɪˈhaɪnd/ *prep* **1** za: *Look* ~
you. Obejrzyj się. ◇ *The train is twenty
minutes* ~ *schedule.* Pociąg spóźnia się o
dwadzieścia minut. **2**: *the reason* ~ *sth*
powód czegoś **3**: *It's time you put your
problems* ~ *you.* To wszystko już
minęło. ▸ *adv* **1** za: *I'll follow on* ~.
Pójdę za wami. ◇ *Try not to look* ~.
Spróbuj nie oglądać się za siebie.
2 ~ (**in/with sth**) spóźniony **3**: *Arsenal
were* ~ *at half-time.* W połowie meczu
Arsenal przegrywał.| *n* (*nieform.*) tyłek

being /ˈbiːɪŋ/ *n* **1** istnienie: *come into* ~
powstać **2** istota, stworzenie

belated /bɪˈleɪtɪd/ *adj* spóźniony

belch /beltʃ/ *v* **1** odbijać się (komuś):
He belched. Odbiło mu się. **2** buchać
(*np. dymem*) ▸ *n* beknięcie: *give a loud*
~ głośno beknąć

belief /bɪˈliːf/ *n* **1** wiara: *The price has
risen beyond* ~. Cena nieprawdopo-
dobnie wzrosła. **2** przekonanie, opinia:
It's my ~ *that…* Jestem przekonany,
że… ◇ *He was killed in the mistaken* ~
that he was a terrorist. Został zabity,
ponieważ omyłkowo uznano go za
terrorystę.

believe /bɪˈliːv/ *v* **1** wierzyć: *believe it
or not* choć trudno w to uwierzyć
2 wydawać się (komuś), przypuszczać:
*The escaped prisoner is believed to be in
this area.* Sądzi się, że zbieg przebywa
w tej okolicy. [PV] **believe in sb/sth**
wierzyć w kogoś/coś| **believe in sb/sth/
doing sth** popierać kogoś/coś: *He
doesn't* ~ *in going by car, if he can walk.*
Nie jest zwolennikiem jazdy
samochodem, jeśli może iść pieszo.|
believable *adj* wiarygodny| **believer**

n wierząc-y/a: *a great/firm ~ in sth* wielki zwolennik czegoś

bell /bel/ *n* dzwon(ek)

bellow /ˈbeləʊ/ *v* ryczeć

belly /ˈbeli/ *n* (*pl* -ies) brzuch ● ˈbelly button *n* (*nieform.*) pępek

belong /bɪˈlɒŋ/ *v* **1** ~ **to sb/sth** należeć **2** mieć swoje miejsce: *It took a long time before we felt we belonged.* Długo trwało, zanim poczuliśmy się u siebie. **3** pasować| **belongings** *n* ruchomości, rzeczy

beloved /bɪˈlʌvd; *przed rzeczownikiem* bɪˈlʌvɪd/ *adj* (*form.*) u/kochany

below /bɪˈləʊ/ *prep* pod, poniżej → POD ► *adv* poniżej

belt /belt/ *n* **1** pas(ek) **2** taśma **3** strefa

bemused /bɪˈmjuːzd/ *adj* zakłopotany, zmieszany

bench /bentʃ/ *n* **1** ławka **2** (*Br.*) (*w bryt. parlamencie*) ława **3** stół (*np. montażowy, laboratoryjny*)

benchmark /ˈbentʃmɑːk/ *n* wzór, standard

bend /bend/ *v* (*pt, pp* bent) **1** zginać **2** skręcać **3** pochylać się ► *n* **1** zakręt **2** wygięcie

beneath /bɪˈniːθ/ *prep* (*form.*) poniżej, pod: *She felt that washing up was ~ her.* Uważała, że zmywanie naczyń uwłacza jej godności. → POD

benefactor /ˈbenɪfæktə(r)/ *n* dobroczyńca

beneficial /ˌbenɪˈfɪʃl/ *adj* ~ (**to sb/sth**) korzystny

benefit /ˈbenɪfɪt/ *n* **1** korzyść, pożytek: *the ~ of a good education* korzyści płynące z dobrego wykształcenia ◇ *be to sb's ~* przynosić komuś korzyści ◇ *for sb's ~* specjalnie dla kogoś **2** świadczenie **3** zasiłek [IDM] **give sb the benefit of the doubt** uwierzyć komuś (w braku dowodów, że jest inaczej (niż mówi) ► *v* (-t- *lub* -tt-) **1** przynosić korzyść **2** ~ (**from sth**) korzystać

benevolent /bəˈnevələnt/ *adj* (*form.*) łaskawy, życzliwy

benign /bɪˈnaɪn/ *adj* (*i med.*) łagodny

bent /bent/ *pt, pp od* BEND ► *adj* **1** przygarbiony **2 be ~ on** (**doing**) **sth** koniecznie chcieć coś zrobić

bequeath /bɪˈkwiːð/ *v* (*form.*) zapisywać (*w testamencie*)

bequest /bɪˈkwest/ *n* (*form.*) zapis (*w testamencie*)

bereaved /bɪˈriːvd/ *adj* dotknięty śmiercią bliskiej osoby| **the bereaved** (*pl* the bereaved) *n* osoba pogrążona w żałobie| **bereavement** *n* **1** żałoba **2** utrata bliskiej osoby

beret /ˈbereɪ; *Am.* bəˈreɪ/ *n* beret

berry /ˈberi/ *n* (*pl* -ies) jagoda

berserk /bəˈzɜːk/ *adj* wściekły: *go ~* wpaść w szał

berth /bɜːθ/ *n* **1** koja **2** miejsce sypialne (*w pociągu*)

beside /bɪˈsaɪd/ *prep* obok [IDM] **be beside yourself (with sth)** nie posiadać się (*np. z radości*)

besides /bɪˈsaɪdz/ *prep* oprócz, poza ► *adv* poza tym

besiege /bɪˈsiːdʒ/ *v* oblegać

best /best/ *adj* (*st. najwyższy od* good) najlepszy: *my ~ friend* mój najbliższy przyjaciel ◇ *It's ~ to arrive early.* Najlepiej przyjąć wcześnie. ◇ *What's the ~ way to do it?* Jak najlepiej to zrobić? ◇ *The ~ thing to do is to forget all about it.* Najlepiej o tym zupełnie zapomnieć. [IDM] **best before** najlepiej spożyć/zużyć przed ► *adv* (*the superlative of* **well**) najlepiej, najbardziej: *as ~ you can* jak najlepiej| *n* (**the best**) najlepszy: *When you pay that much for a meal you expect the ~.* Jeśli płacisz tyle za posiłek, oczekujesz najwyższej jakości. ◇ *I'm not in the ~ of health.* Nie czuję się najlepiej. ◇ *the ~ of friends* serdeczni przyjaciele [IDM] **all the best** (*nieform.*) wszystkiego najlepszego!| **at best** w najlepszym razie| **at its/your best** u szczytu formy| **be (all) for the best** wyjść na dobre| **bring out the best in sb** wyzwalać w kimś najlepsze cechy| **do/try your best** dokładać wszelkich starań| **make the best of sth/a bad job** zrobić z czegoś jak najlepszy użytek ● ˌbest ˈman *n* drużba

bet /bet/ *v* (*pres part.* -tt-; *pt, pp* bet) **1** stawiać pieniądze (*na coś*) **2** (*nieform.*) zakładać się [IDM] **you bet** (*nieform.*) a pewnie! ► *n* **1** zakład **2** opinia: *My ~ is that...* Moim zdaniem... [IDM] **your best bet** (*nieform.*) najlepsze, co można zrobić to

betray /bɪˈtreɪ/ *v* zdradzać| **betrayal** *n* zdrada

better /ˈbetə(r)/ *adj* **1** (*st. wyższy od* good) lepszy: *It would be ~ to take the train.* Lepiej będzie jechać pociągiem. ◇ *You'd be ~ getting the train.* Byłoby lepiej, gdybyś pojechał pociągiem. **2** zdrowszy: *feel better* czuć się lepiej ◇ *get better* wyzdrowieć ► *adv* (*the comparative of* **well**) lepiej [IDM] **be better off 1** być w korzystniejszych warunkach **2** być dobrze sytuowanym| **you, etc. had better** powinien| *n* coś lepszego [IDM] **get the better of sb/sth** wygrać, przewyższyć kogoś

between /bɪˈtwiːn/ *prep* między, pomiędzy: *We've saved 90 pounds ~ us.* Zaoszczędziliśmy do spółki 90 funtów. ❶ Between zazw. używa się w odniesieniu do dwóch osób lub rzeczy. Jednak czasem można użyć **between**,

b

mówiąc o więcej niż dwóch osobach lub rzeczach, zwłaszcza gdy traktuje się je indywidualnie: *We drank a bottle of wine ~ the three of us.* Wypiliśmy we trójkę butelkę wina. **Among** zawsze używa się w odniesieniu do więcej niż dwóch osób lub rzeczy, traktowanych raczej grupowo niż indywidualnie: *You're among friends here.* Jesteś wśród przyjaciół. | **between** (*zwykle* **in between**) *adv* w śród-ek/ku, między jednym a drugim

beverage /'bevərɪdʒ/ *n* (*form.*) napój

beware /bɪ'weə(r)/ *v* ~ **(of sb/sth)** wystrzegać się, mieć się na baczności: *Beware of the dog!* Uwaga, zły pies!

bewilder /bɪ'wɪldə(r)/ *v* dezorientować | **bewildered** *adj* zdezorientowany | **bewildering** *adj* dezorientujący | **bewilderment** *n* konsternacja, osłupienie

bewitch /bɪ'wɪtʃ/ *v* oczarowywać

beyond /bɪ'jɒnd/ *prep* **1** za, poza czymś: *work ~ the age of 65* pracować po ukończeniu 65 lat życia **2** nie do (*zrobienia czegoś*): ~ *repair* nie do naprawienia ◇ *what I could afford* poza zasięgiem moich możliwości ◇ *be ~ all our expectations* przekroczyć wszelkie nasze oczekiwania ◇ ~ *doubt* niewątpliwy **3** oprócz [IDM] **be beyond sb** (*nieform.*) przechodzić wszelkie/czyjeś pojęcie/wyobrażenie ► *adv* (położony) dalej, za

bias /'baɪəs/ *n* **1** uprzedzenie **2** stronniczość ► *v* (**-s-** *lub* **-ss-**) przychylnie/nieprzychylnie nastawiać | **biased** *adj* stronniczy

bib /bɪb/ *n* śliniak

bible /'baɪbl/ (*także* the Bible) *n* Biblia | **biblical** /'bɪblɪkl/ *adj* biblijny

bibliography /ˌbɪbli'ɒgrə/ *n* (*pl* -ies) bibliografia

biceps /'baɪseps/ *n* (*pl* biceps) biceps

bicker /'bɪkə(r)/ *v* kłócić się o drobiazgi

bicycle /'baɪsɪkl/ *n* rower

bid /bɪd/ *v* (**-dding**; *pt, pp* bid; *pp* bidden) licytować, składać ofertę ► *n* **1** pokuszenie się o coś, usiłowanie **2** oferta (*licytacyjna/przetargowa*) | **bidder** *n* licytujący, osoba składająca ofertę: *the highest* ~ osoba, która składa największą ofertę

biennial /baɪ'eniəl/ *adj* dwuletni, dwuroczny

bifocals /ˌbaɪ'fəʊklz/ *n* okulary dwuogniskowe

big /bɪg/ *adj* (**-gg-**) **1** duży → DUŻY **2** wielki **3** (*tylko przed n*) (*nieform.*) starszy ► *adv* (*slang*) z rozmachem, na wielką skalę ● **big-'headed** *adj* (*iron.*) ważny, przemądrzały | **'big time** *n*

(*nieform.*) (**the big time**) wielki sukces, sława: *She's made/hit the big time.* Zrobiła wielką karierę.

bigoted /'bɪgətɪd/ *adj* fanatyczny, nietolerancyjny

bike /baɪk/ *n* (*nieform.*) **1** rower **2** motor

bilberry /'bɪlbəri; *Am.* -beri/ *n* (*pl* -ies) borówka czarna

bilingual /ˌbaɪ'lɪŋgwəl/ *adj* dwujęzyczny

bill /bɪl/ *n* **1** (*Br.*) rachunek **2** (*Am.*) banknot **3** projekt ustawy **4** program, afisz: *a double* ~ program składający się z dwóch przedstawień **5** dziób ► *v* reklamować ● **'billboard** *n* (*zwł. Am.*) duża tablica reklamowa | **'billfold** *n* (*Am.*) portfel

billiards /'bɪliədz/ *n* bilard

billion /'bɪljən/ *liczba* miliard
❶ Dawniej słowo **billion** znaczyło „milion milionów". Obecnie w tym znaczeniu używa się słowa **trillion**.

bin /bɪn/ *n* **1** kosz na śmieci **2** pojemnik (*zwykle z przykrywką do przechowywania produktów żywnościowych*)

binary /'baɪnəri/ *adj* **1** dwójkowy **2** dwuczłonowy, dwuskładnikowy

bind /baɪnd/ *v* (*pt, pp* bound /baʊnd/) **1** ~ A **(to B)**; ~ A and B **(together)** wiązać, przywiązywać **2** ~ A **(to B)**; ~ A and B **(together)** jednoczyć **2** ~ **sb/yourself (to sth)** zobowiązywać **3** oprawiać (*książkę*) ► *n* (*nieform.*) coś nieprzyjemnego/nudnego itp., ciężar | **binder** *n* segregator | **binding** *n* **1** oprawa (*książki*) **2** obszycie, lamówka **3** wiązanie (*butów narciarskich*) | **binding** *adj* wiążący, obowiązujący

binge /bɪndʒ/ *n* (*nieform.*) **1** obżarstwo **2** pijatyka

binoculars /bɪ'nɒkjələz/ *n* lornetka

biodegradable /ˌbaɪəʊdɪ'greɪdəbl/ *adj* rozkładający się naturalnie

biography /baɪ'ɒgrə/ *n* (*pl* -ies) biografia | **biographer** /baɪ'ɒgrəfə(r)/ *n* biograf | **biographical** /ˌbaɪə'græfɪkl/ *adj* biograficzny

biological /ˌbaɪə'lɒdʒɪkl/ *adj* biologiczny

biology /baɪ'ɒlədʒi/ *n* biologia

birch /bɜːtʃ/ *n* brzoza

bird /bɜːd/ *n* **1** ptak **2** (*Br., slang*) lala
❶ Wiele kobiet nie lubi tego określenia.

birth /bɜːθ/ *n* **1** [*C,U*] poród, narodziny: *give birth (to sb)* rodzić (kogoś) ◇ *What's your date of ~?* Kiedy się urodziłeś? **2** urodzenie: *She's German by ~.* Jest Niemką z urodzenia. **3** początek (*czegoś*) ● **'birthmark** *n* (*anat.*)

znamię | **'birthplace** *n* miejsce urodzenia

birthday /'bɜːθdeɪ/ *n* [C] urodziny ❶ Kiedy ktoś obchodzi urodziny, wówczas składa mu się życzenia słowami **Happy Birthday!** lub **Many happy returns!**

biscuit /'bɪskɪt/ *n* (*Br.*) herbatnik

bisexual /ˌbaɪ'sekʃʊəl/ *adj* biseksualny

bishop /'bɪʃəp/ *n* biskup

bison /'baɪsn/ *n* (*pl* bison) **1** żubr **2** bizon

bit /bɪt/ *n* **1** kawałek, odrobina, trochę: *a ~ of a problem* mały problem ◊ *He's a bit of a tyrant.* Jest w nim coś z tyrana. **2** (*zwł. ze słowem* quite) (*nieform.*): *quite a bit* sporo **3** bit [IDM] **a bit** trochę| bit by bit stopniowo, po trochu | **a bit much** (*nieform.*) już za wiele | bits and pieces (*nieform.*) drobiazgi | do your bit (*nieform.*) robić to, co do kogoś należy | not a bit ani trochę, wcale nie| to bits **1** na kawałki/strzępy **2** (*nieform.*) (*kochać, cieszyć się*) strasznie

bitch /bɪtʃ/ *n* **1** suka **2** (*slang*) (*kobieta*) jędza

bite /baɪt/ *v* (*pt* bit /bɪt/; *pp* bitten /'bɪtn/) **1 ~ sb/sth; ~ (into sth)** gryźć **2** żądlić ▶ *n* **1** kęs **2** ukąszenie, ugryzienie (*i ślad po nim*) **3** (*nieform.*) coś do jedzenia: *Would you like a ~ to eat?* Chcesz coś na ząb?

bitter /'bɪtə(r)/ *adj* **1** zgorzkniały **2** przykry **3** zażarty **4** gorzki **5** (*pogoda*) przenikliwie zimny: *a ~ wind* lodowaty wiatr | **bitter** *n* (*Br.*) ciemne piwo gorzkie| **bitterly** *adv* **1** szalenie **2** z goryczą

bizarre /bɪ'zɑː(r)/ *adj* dziwaczny

black /blæk/ *adj* **1** czarny **2** czarnoskóry **3** ponury **4** wściekły: *a ~ mood* wisielczy nastrój ▶ *n* **1** kolor czarny, czerń **2** (*zwykle* Black) Murzyn/ka [IDM] in black and white czarno na białym| *v* [PV] black out tracić przytomność (*na krótko*)| blacken *v* **1** czernić **2** oczerniać ● 'blackberry *n* (*pl* -ies) jeżyna | 'blackbird *n* kos| 'blackboard *n* tablica szkolna| ˌblack'currant *n* czarna porzeczka| ˌblack 'eye *n* podbite oko| 'blackhead *n* wągier| 'blackout *n* **1** zaciemnienie (*w czasie wojny*) **2** chwilowa utrata przytomności

blacklist /'blæklɪst/ *n* czarna lista

blackmail /'blækmeɪl/ *n* szantaż

blacksmith /'blæksmɪθ/ *n* kowal

bladder /'blædə(r)/ *n* pęcherz moczowy

blade /bleɪd/ *n* **1** ostrze, klinga **2** łopatka (*śmigła*) **3** źdźbło

blame /bleɪm/ *v* **1 ~ sb (for sth); ~ sth on sb** winić: *be to blame (for sth)* być

winnym (czegoś) **2 not ~ sb (for sth)** nie mieć komuś za złe: *I don't ~ you.* Nie dziwię ci się. ▶ *n ~ (for sth)* wina

bland /blænd/ *adj* **1** (*styl itp.*) szary, nijaki **2** (*jedzenie*) bez smaku, łagodny **3** (*wyraz twarzy itp.*) obojętny, zdawkowy

blank /blæŋk/ *adj* **1** (*nie zapisany*) czysty **2** obojętny, pusty: *My mind went ~.* Miałem pustkę w głowie. ▶ *n* **1** wolne miejsce, luka **2**: *My mind was a ~.* Miałem pustkę w głowie. ● ˌblank 'cheque (*Am. ~ check*) *n* czek in blanco | ˌblank 'verse *n* biały wiersz

blanket /'blæŋkɪt/ *n* koc| blanket *adj* dotyczący wszystkich lub każdej ewentualności

blare /bleə(r)/ *v ~ (sth) (out)* wyć, wydzierać się

blasphemy /'blæsfəmi/ *n* bluźnierstwo | blasphemous *adj* bluźnierczy

blast /blɑːst; *Am.* blæst/ *n* **1** wybuch **2** podmuch powietrza/wiatru **3** zadęcie (*np. na trąbce*) ▶ *v* **1** wysadzać (*w powietrze*) **2** (*krytykować*) zjechać [PV] **blast off** (*rakieta*) odpalać| *interj* o kurczę!| **blasted** *adj* (*nieform.*) piekielny

blatant /'bleɪtnt/ *adj* (*z dezaprob.*) jawny

blaze /bleɪz/ *n* **1** pożar **2** płomień **3 a ~ of sth** (*i przen.*) blask (*światła, kolorów*) ▶ *v* **1** buchać płomieniem **2 ~ (with sth)** (*i przen.*) błyszczeć

blazer /'bleɪzə(r)/ *n* blezer

bleach /bliːtʃ/ *v* wybielać, rozjaśniać ▶ *n* wybielacz

bleak /bliːk/ *adj* **1** niewesoły **2** ponury

bleary /'blɪəri/ *adj* (*oko*) kaprawy, mętny

bleed /bliːd/ *v* (*pt, pp* bled /bled/) krwawić

blemish /'blemɪʃ/ *n* skaza, plama, wyprysk (*na skórze*) ▶ *v* plamić, szpecić

blend /blend/ *v* **1** zmieszać **2 ~ (in) (with sth)** pasować (*do czegoś*), współgrać (*z czymś*) **3 ~ (into sth)** zlewać się w jedno (*z czymś*), wpasowywać ▶ *n* mieszanka | blender *n* mikser

bless /bles/ *v* (*pt, pp* blessed /blest/) błogosławić [IDM] be blessed with sth/sb być obdarzonym czymś/kimś | bless you na zdrowie!

blessed /'blesɪd/ *adj* **1** święty **2** błogosławiony, szczęśliwy **3** (*ulga itp.*) błogi

blessing /'blesɪŋ/ *n* **1** błogosławieństwo **2** szczęście [IDM] a blessing in disguise niespodziewana korzyść

blew *pt od* BLOW

blind /blaɪnd/ *adj* **1** niewidomy: *go blind* ślepnąć ❶ Mówiąc o osobie

niewidomej, lepiej jest użyć zwrotu
visually handicapped. 2 ~ (to sth) ślepy
(na coś) **3** całkowity: *in a ~ panic* w
szalonym popłochu **4** (*zakręt itp.*) z
ograniczoną widocznością [IDM] **turn a
blind eye (to sth)** przymykać oczy (na
coś)| **the blind** *n* niewidomi| *v* (*i przen.*)
oślepiać| *n* roleta, żaluzja| **blindly** *adv*
(na) ślepo| **blindness** *n* ślepota ● ¸**blind
'date** *n* randka w ciemno| **'blind spot** *n*
1 czyjaś słaba strona **2** martwy punkt
(*podczas jazdy samochodem*)

blindfold /'blaɪndfəʊld/ *v* zawiązać
komuś oczy ► *n* opaska na oczy

blink /blɪŋk/ *v* **1** mrugać oczami
2 (*światło*) migotać

bliss /blɪs/ *n* rozkosz, błogość| **blissful**
adj błogi

blister /'blɪstə(r)/ *n* pęcherz, bąbel|
blistering *adj* **1** (*żar*) intensywny
2 (*atak itp.*) zażarty

blitz /blɪts/ *n* **1** (*wojsk.*) nalot **2** a ~ (on
sth) (*nieform.*) nagły przypływ energii: *I
had a ~ on the garden.* Ostro zabrałem
się do pracy w ogrodzie.

blizzard /'blɪzəd/ *n* zamieć

bloated /'bləʊtɪd/ *adj* opuchnięty

blob /blɒb/ *n* kropelka (*gęstej cieczy*)

bloc /blɒk/ *n* (*polit.*) blok

block /blɒk/ *n* **1** blok **2** kloc **3** ciąg
budynków (*otoczony z czterech stron
ulicami*) **4** przeszkoda: *have a mental ~*
mieć zaćmienie umysłu ► *v* **1** ~ **sth (up)**
blokować, zapychać **2** uniemożliwiać
3 zasłaniać [PV] **block sth off** zagradzać|
block sth out wymazać coś z pamięci|
blockage /-kɪdʒ/ *n* zatkanie, zator
● ¸**block 'capitals** (*także* ¸**block 'letters**)
n duże litery

blockade /blɒ'keɪd/ *n* blokada ► *v*
blokować

blockbuster /'blɒkbʌstə(r)/ *n* przebój

bloke /bləʊk/ *n* (*Br., nieform.*) facet

blonde /blɒnd/ *n* blondynka ► *v* (*także*
blond) *adj* blond, jasnowłosy

blood /blʌd/ *n* krew ● ¸**bloodbath** *n*
rozlew krwi| **blood pressure** *n*
ciśnienie krwi| ¸**bloodshed** *n* rozlew
krwi| ¸**bloodshot** *adj* (*oko*) nabiegły
krwią| ¸**blood sport** *n* polowanie|
¸**bloodstream** *n* krwiobieg| ¸**blood
vessel** *n* naczynie krwionośne

bloody /'blʌdi/ *adj* **1** krwawy
2 zakrwawiony **3** (*Br., obraź., jęz. mów.*)
cholerny ► *adv* (*Br., obraź., jęz. mów.*)
cholernie

bloom /blu:m/ *n* (*jęz. pis.*) kwiat
[IDM] **in bloom** kwitnący ► *v* (*i przen.*)
kwitnąć

blossom /'blɒsəm/ *n* kwiat/y (*zwł.
drzew owocowych*) ► *v* **1** kwitnąć
2 ~ **(out) (into sth)** (*przen.*) rozkwitać

blot /blɒt/ *n* **1** kleks **2** plama (*np. na
reputacji*) ► *v* (**-tt-**) **1** plamić **2** osuszać
(*bibułą*) [PV] **blot sth out 1** zakrywać
2 wymazywać (*np. wspomnienie*)
● ¸**blotting paper** *n* bibuła

blotch /blɒtʃ/ *n* plama (*zwł. na skórze*)

blouse /blaʊz; *Am.* -s/ *n* bluzka

blow /bləʊ/ *v* (*pt* **blew** /blu:/; *pp* **blown**
/bləʊn/) **1** wiać **2** dmuchać
3 wydmuchiwać (*np. bańki mydlane*)
4 grać (*na instrumencie dętym*): *blow a
horn* trąbić klaksonem **5** (*instrument
dęty*) wydawać dźwięk: *I heard the
whistle ~.* Usłyszałem gwizdek.
6 (*nieform.*) marnować (*okazję*)
7 (*nieform.*) przepuścić (*pieniądze*)
8 (*bezpiecznik*) przepalać (się) [IDM]
blow your nose wycierać nos [PV] **blow
down/off/over, etc.** zostać
zdmuchniętym: *blow away* odlecieć
◇ *Paper blew all over the garden.* Wiatr
porozwiewał papiery po ogrodzie.| **blow
sb/sth down/off/over, etc.** zdmuchiwać|
blow sth out zdmuchiwać (*np. świecę*)|
blow over przemijać| **blow up
1** wybuchać **2** rozszaleć się **3** (*nieform.*)
wybuchać gniewem| **blow sth up
1** wysadzać (*w powietrze*)
2 nadmuchiwać **3** powiększać
(*fotografię*)| **blow** *n* **1** dmuchnięcie: *Give
your nose a ~!* Wytrzyj nos! **2** cios [IDM] **a
blow-by-blow account** szczegółowe
sprawozdanie| **come to blows (with sb)
(over sth)** posunąć się do rękoczynów
2 zaczynać kłótnię | **deal sb/sth a blow;
deal a blow to sb/sth** → DEAL² ● ¸**blow-dry**
v (*pt, pp* **-dried**) wymodelować włosy

blue /blu:/ *adj* **1** niebieski **2** (*nieform.*)
smutny **3** pornograficzny, erotyczny ►
n **1** kolor niebieski **2 (the blues)** blues
3 (the blues) (*nieform.*) chandra [IDM]
out of the blue znienacka| **bluish** *adj*
niebieskawy ● ¸**blue-'collar** *adj* dot.
pracy fizycznej

bluebell /'blu:bel/ *n* (*bot.*) dzwonek

blueberry /'blu:bəri; *Am.* -beri/ *n*
borówka amerykańska

blueprint /'blu:prɪnt/ *n* podstawy
projektu

bluff /blʌf/ *v* blefować [IDM] **bluff your
way in/out/through, etc. sth** dostać się/
wydostać się podstępem

blunder /'blʌndə(r)/ *n* gafa ► *v*
popełnić gafę

blunt /blʌnt/ *adj* **1** tępy **2** (*mówiący*)
bez ogródek, nietaktowny ► *v* stępiać

blur /blɜ:(r)/ *n* **1** mglisty zarys
2 mgliste wspomnienie ► *v* (**-rr-**)
zamglić/zamazywać (się)

blurt /blɜ:t/ *v* [PV] **blurt sth out**
wypaplać coś, wygadać (się)

blush /blʌʃ/ *v* rumienić się ► *n*
rumieniec| **blusher** *n* róż

boar /bɔː(r)/ *n* (*pl* boar *lub* -s) **1** knur **2** dzik

board /bɔːd/ *n* **1** deska **2** tablica **3** plansza: *a ~ game* gra planszowa **4** zarząd (*np. firmy, organizacji*) **5** wyżywienie (*np. w hotelu*) [IDM] **above board** (*zwl. interes*) legalny i uczciwy| **across the board** grupowo: *a 10% pay increase ~ the board* 10-procentowa podwyżka grupowa| **on board** na pokładzie (*statku, samolotu*) ▶ *v* **1** wsiadać do czegoś/na coś **2** be **~ing**: *The flight is now boarding at Gate 27.* Pasażerowie proszeni są do wyjścia 27. **3** wynajmować u kogoś pokój z wyżywieniem **4** mieszkać w internacie | **boarder** *n* **1** sublokator/ka **2** mieszkaniec internatu ● 'boarding card *n* karta pokładowa| 'boarding house *n* pensjonat| 'boarding school *n* szkoła z internatem

boast /bəʊst/ *v* **1** chwalić się **2** (*miasto itp.*) szczycić się ▶ *n* **1** przechwałka **2** duma, chluba| **boastful** *adj* chełpliwy

boat /bəʊt/ *n* łódź, statek ❶ Zazw. boat oznacza małą łódź, ale może być również użyte w odniesieniu do dużego statku, zwł. pasażerskiego.

bob /bɒb/ *v* (-bb-) **1** podskakiwać (*jak korek*): *bob up and down in the water* huśtać się na wodzie **2**: *She bobbed her head around the door.* Zajrzała do pokoju.

bode /bəʊd/ *v* [IDM] **bode well/ill (for sb/ sth)** (*jęz. pis.*) wróżyć dobrze/źle (dla kogoś/czegoś)

bodily /'bɒdɪli/ *adj* fizyczny, cielesny

body /'bɒdi/ *n* (*pl* -ies) **1** ciało **2** tułów **3** zwłoki **4** grono **5** przedmiot: *remove a foreign ~ from a wound* usunąć obce ciało z rany ● 'bodybuilding *n* kulturystyka| 'body odour *n* (nieprzyjemny) zapach potu

bodyguard /'bɒdiɡɑːd/ *n* **1** ochroniarz **2** (*grupa ludzi*) ochrona ❶ W zn. 2 występuje w s lub lm.

bog /bɒɡ/ *n* bagno [IDM] **get bogged down 1** ugrzęznąć **2** utknąć (*np. w rozmowie*)

bogus /'bəʊɡəs/ *adj* podrobiony, fałszywy

boil /bɔɪl/ *v* **1** wrzeć: *The kettle's boiling.* Woda się gotuje. **2** gotować (się) (*w wodzie*) **3** kipieć (*np. ze złości*) [PV] **boil down to sth** sprowadzać się do czegoś| **boil over** (*i przen.*) wykipieć ▶ *n* **1**: *bring sth to the* ~ doprowadzać do wrzenia ◊ *come to the* ~ zagotować się **2** czyrak| **boiling** *adj* (*nieform.*) bardzo gorący: *It's ~ hot in here.* Można się tu ugotować. ◊ *I'm* ~. Strasznie mi gorąco. ● 'boiling point *n* temperatura wrzenia

boiler /'bɔɪlə(r)/ *n* **1** bojler **2** kocioł parowy ● 'boiler suit *n* kombinezon

boisterous /'bɔɪstərəs/ *adj* hałaśliwy, żywy

bold /bəʊld/ *adj* **1** śmiały **2** wyraźny, jaskrawy **3** (*druk*) tłusty

bolster /'bəʊlstə(r)/ *v* ~ sb/sth (up) wzmacniać, podpierać

bolt /bəʊlt/ *n* **1** sworzeń **2** rygiel ▶ *v* **1** umacniać sworzniem **2** ryglować **3** wyrywać się **4** ~ sth (down) połykać (bardzo szybko) (*jedzenie*)

bomb /bɒm/ *n* **1** bomba **2** (the bomb) broń jądrowa **3** (a bomb) (*nieform.*) fortuna ▶ *v* bombardować (*bombami*); wysadzać w powietrze

bombard /bɒm'bɑːd/ *v* (*i przen.*) bombardować

bomber /'bɒmə(r)/ *n* **1** bombowiec **2** terrorysta

bombshell /'bɒmʃel/ *n* (*sensacja*) bomba: *Then he dropped the* ~. I wtedy zasunął bombę.

bond /bɒnd/ *n* **1** (*często w pl*) więź **2** obligacja

bone /bəʊn/ *n* **1** kość: *a fish bone* ość ◊ *a funny* ~ czułe miejsce w łokciu **2** tkanka kostna [IDM] **have a bone to pick with sb** mieć z kimś na pieńku ● ,bone 'dry *adj* suchy jak pieprz| 'bone marrow *n* szpik kostny

bonfire /'bɒnfaɪə(r)/ *n* ognisko ● 'Bonfire Night *n* piątego listopada ❶ W tym dniu Brytyjczycy świętują rocznicę nieudanej próby wysadzenia w powietrze gmachu parlamentu przez Guya Fawkesa w 1605 r. Palą ogniska, wystrzeliwują fajerwerki i palą kukłę przedstawiającą Fawkesa.

bonnet /'bɒnɪt/ *n* **1** (*Br.*) maska (*samochodu*) **2** czepek

bonus /'bəʊnəs/ *n* **1** premia **2** dodatek

bony /'bəʊni/ *adj* kościsty

boo /buː/ *n* **1** buczenie publiczności (*na znak dezaprobaty*) **2**: *say 'boo'* huknąć ▶ *v* buczeć

booby trap /'buːbi træp/ *n* **1** bomba-pułapka, zasadzka **2** rodzaj zabawki-pułapki ▶ *v* **1** urządzać zasadzkę, podkładać bombę **2** zrobić komuś psikusa

book /bʊk/ *n* **1** książka **2** karnet, bloczek **3** (books) księgi rachunkowe [IDM] **be in sb's good/bad books** (*nieform.*) mieć plus/krechę u kogoś| **by the book** zgodnie z regulaminem ▶ *v* **1** rezerwować **2** (*prawn.*) notować nazwisko **3** (*sport*) udzielić upomnienia komuś| **booking** *n* rezerwacja ● 'bookcase *n* regał| 'booking office *n* kasa biletowa| 'bookkeeping *n* rachunkowość| 'bookmaker *n* bukmacher| 'bookmark *n* (*i komput.*) zakładka| 'bookseller *n* księgarz| 'bookshop (*Am.* 'bookstore) *n*

księgarnia | **bookstall** *n* (*Br.*) kiosk |
'bookworm *n* mól książkowy
booklet /'buklət/ *n* broszura,
książeczka
boom /bu:m/ *n* boom (*np.
gospodarczy*): *a baby boom* wyż
demograficzny ► *v* **1** dobrze
prosperować **2 ~ (sth) (out)** grzmieć;
zabuczeć
boost /bu:st/ *v* zwiększać, zasilać ► *n*
1 wzmocnienie: *give a ~ to their morale*
podnieść ich morale **2** wzrost
boot /bu:t/ *n* **1** but z cholewą, botek
2 (*Br.*) bagażnik (*wewnątrz samochodu*)
► *v* **~ (sth) (up)** (*komput.*) uruchamiać
booth /bu:ð; *Am.* bu:θ/ *n* budka, kabina
booty /'bu:ti/ *n* [*U*] łup
booze /bu:z/ *n* alkohol ► *v* (*nieform.*)
pić (ostro)
border /'bɔ:də(r)/ *n* **1** granica **2** (*często
dekoracyjny*) brzeg, obramowanie ► *v*
graniczyć: *bordered with trees*
obsadzony drzewami [PV] **border on sth**
1 stykać się z czymś **2** (*przen.*)
graniczyć z czymś ● **'borderline** *n*
pogranicze: *He's a borderline case.* On
jest na pograniczu.
bore /bɔ:(r)/ *v* **1** nudzić **2** wiercić ► *n*
1 nudzia-rz/ra **2** (*nieform.*) nuda | *pt od*
BEAR | **bored** *adj* znudzony: *be ~* nudzić
się ◇ *~ stiff* śmiertelnie znudzony
◇ *give a ~ yawn* ziewnąć ze znudzenia |
boredom *n* nuda | **boring** *adj* nudny
born /bɔ:n/ *v* (**be born**) **1** rodzić się
2 pojawić się ► *adj* urodzony, prawdziwy
borne *pp od* BEAR
borough /'bʌrə; *Am.* 'bɜːroʊ/ *n*
1 miasto **2** dzielnica (*w dużym mieście*)
borrow /'bɒrəʊ/ *v* **~ (sth) (from sb/sth)**
1 pożyczać, wypożyczać (coś) (od kogoś/
skądś) **2** zapożyczać (*np. pomysł*) |
borrower *n* pożyczając-y/a (od kogoś),
dłużnik
bosom /'buzəm/ *n* **1** łono **2** pierś
boss /bɒs/ *n* szef/owa: *OK. You're the
~.* Dobrze, ty decyduj. ► *v* **~ sb (about/
around)** rządzić kimś, narzucać swoją
wolę | **bossy** *adj* narzucający swoją
wolę
botany /'bɒtəni/ *n* botanika
botch /bɒtʃ/ *v* (*nieform.*) **~ sth (up)**
partaczyć
both /bəʊθ/ *dem pron, pron* obaj, oba ►
adv both..., and... zarówno..., jak i...;
i..., i...
bother /'bɒðə(r)/ *v* **1** niepokoić kogoś:
Don't ~ Sue with that. Nie zawracaj Sue
tym głowy. **2** martwić **3 ~ (to do sth); ~
about sth** (*usually negative*) fatygować
się: *not ~ to say thank you* nie raczyć
komuś podziękować ► *n* kłopot | *interj*
o kurczę! | **bothered** *adj* **1** zmartwiony:

be ~ about sth martwić się czymś **2**: *I'm
not bothered.* Jest mi to obojętne. [IDM]
can't be bothered (to do sth) nie chcieć
zawracać sobie czymś głowy
bottle /'bɒtl/ *n* butelka ► *v* rozlewać do
butelek, butelkować [PV] **bottle sth up**
dusić coś w sobie ● **'bottle bank** *n*
kontener na butelki do zwrotu |
'bottleneck *n* **1** zwężenie jezdni
powodujące korek **2** wąskie gardło (*w
pracy itp.*) | **'bottle-opener** *n* otwieracz
do butelek
bottom /'bɒtəm/ *n* **1** spód, dół, dno: *at
the ~ of a hill* u podnóża góry **2** koniec
3 (*anat.*) siedzenie **4** (**bottoms**) spodnie
(*odzieży dwuczęściowej, np. piżamy,
dresu*) [IDM] **be at the bottom of sth** być
przyczyną czegoś | **get to the bottom of
sth** dochodzić do sedna sprawy ► *adj*
dolny ● **,bottom 'line** *n* **1** (**the bottom
line**) sedno sprawy, najważniejszy
argument **2** zysk/strata całkowit-y/a
3 cena minimalna
bough /baʊ/ *n* konar
bought *pt, pp od* BUY
boulder /'bəʊldə(r)/ *n* głaz
bounce /baʊns/ *v* **1** odbijać (się)
2 skakać, podskakiwać **3** (*czek*) okazać
się bez pokrycia [PV] **bounce back**
pozbierać się, wracać do normy
bouncer /'baʊnsə(r)/ *n* (*w klubie itp.*)
bramkarz
bound /baʊnd/ *adj* **1 ~ to do sth**: *You're
~ to pass the exam.* Na pewno zdasz
egzamin. **2** zobowiązany, zmuszony: *be
~ by a law* podlegać jakiemuś prawu
[IDM] **bound up with sth** związany z
czymś ► *adj* **~ (for...)** będący w drodze
dokądś | *v* biec susami | *pt, pp od* BIND
boundary /'baʊndri/ *n* (*pl* **-ies**)
(*i przen.*) granica
boundless /'baʊndləs/ *adj*
nieograniczony, bezgraniczny
bounds /baʊndz/ *n* granice [IDM] **out of
bounds (to/for sb)**: *This area is out of ~.*
Zabrania się wstępu na ten teren.
bouquet /buˈkeɪ/ *n* bukiet (*kwiatów*)
bourgeois /'bʊəʒwɑː/ *adj*
mieszczański
bout /baʊt/ *n* **1** czas (*poświęcony
czemuś*) **2** atak (*np. grypy*)
bow[1] /baʊ/ *v* **1** kłaniać się, skłaniać
2 ~ to sb/sth uginać się przed kimś/
czymś ► *n* **1** ukłon **2** dziób (*statku*)
bow[2] /bəʊ/ *n* **1** kokarda **2** (*broń*) łuk
3 (*muz.*) smyczek ● **,bow 'tie** *n* (*odzież*)
muszka
bowel /'baʊəl/ *n* jelito (*zwł. grube*)
bowl /bəʊl/ *n* **1** miska **2** miednica ► *v*
(*krykiet*) serwować [PV] **bowl sb over**
1 przewracać kogoś **2** zadziwiać kogoś,
wprawiać kogoś w podziw

bowler /ˈbəʊlə(r)/ *n* **1** (*krykiet*) gracz serwujący piłkę **2** (*Br.*) (*także* ,~ 'hat) melonik

bowling /ˈbəʊlɪŋ/ *n* gra w kręgle ● 'bowling alley kręgielnia

bowls /bəʊlz/ *n* gra w kule

box /bɒks/ *n* **1** pudło, pudełko, skrzynka **2** ramka **3** budka **4** (*teatr*) loża **5** (the box) (*Br., nieform.*) telewizor, telewizja ▶ *v* **1** pakować do pudełka: *a boxed set of CDs* zestaw płyt kompaktowych **2** boksować| **boxer** *n* bokser/ka| **boxing** *n* boks ● 'box number *n* numer przydzielany ogłoszeniodawcy, na który osoby zainteresowane mogą przysyłać oferty| 'box office *n* kasa biletowa

boxer shorts /ˈbɒksə ʃɔːts/ (*także* boxers) *n* bokserki

Boxing Day /ˈbɒksɪŋ deɪ/ *n* drugi dzień Świąt Bożego Narodzenia

boy /bɔɪ/ *n* chłopiec| **boyish** *adj* chłopięcy ● 'boyfriend *n* chłopak, sympatia| ‚Boy 'Scout *n* skaut

boycott /ˈbɔɪkɒt/ *v* bojkotować

bra /brɑː/ *n* biustonosz

brace /breɪs/ *n* **1** aparat ortodontyczny **2** (braces) (*Br.*) szelki ▶ *v* **1** ~ yourself zbierać się w sobie **2** ~ yourself (for sth) przygotowywać się (na coś)| **bracing** *adj* (*powietrze itp.*) orzeźwiający

bracelet /ˈbreɪslət/ *n* bransoletka

bracket /ˈbrækɪt/ *n* **1** (*Br.*) nawias **2** podpórka, klamra **3** kategoria (*ludzi*): *people in the 30-40 age ~* ludzie w przedziale wiekowym 30-40 lat

brag /bræɡ/ *v* (-gg-) przechwalać się

braid /breɪd/ *n* (*ozdoba*) galon **2** (*Am.*) warkocz, plecionka ▶ *v* (*Am.*) **1** pleść (*warkocz*) **2** splatać

brain /breɪn/ *n* **1** mózg **2** umysł, rozum **3** (*nieform.*) tęga głowa: *the ~ drain* drenaż mózgów **4** (the brains) mózg (*np. organizacji*) |IDM| have sth on the brain (*nieform.*): *I've got that song on the ~.* Ta piosenka chodzi mi po głowie.| **brainless** *adj* głupi| **brainy** *adj* (*nieform.*) rozgarnięty

brainwash /ˈbreɪnwɒʃ/ *v* ogłupiać, mącić komuś w głowie

brake /breɪk/ *n* (*i przen.*) hamulec: *a ~ light* światło stopu ▶ *v* hamować

bramble /ˈbræmbl/ *n* (*zwł. Br.*) jeżyna

bran /bræn/ *n* [U] otręby pszenne

branch /brɑːntʃ; *Am.* bræntʃ/ *n* **1** gałąź **2** oddział, filia **3** dziedzina (*dyscypliny naukowej*) ▶ *v* [PV] branch off (*droga*) rozgałęziać się| branch out (into sth) rozszerzać działalność (o coś)

brand /brænd/ *n* **1** znak firmowy **2** rodzaj, gatunek ▶ *v* (*i przen.*) piętnować: *She was branded as a*

troublemaker. Przyczepiono jej etykietę wichrzycielki. ● ‚brand 'new *adj* nowiusieńki

brandish /ˈbrændɪʃ/ *v* wymachiwać (*zwł. bronią*)

brash /bræʃ/ *adj* **1** zuchwały **2** krzykliwy

brass /brɑːs; *Am.* bræs/ *n* **1** mosiądz **2** instrumenty blaszane: *a ~ band* orkiestra dęta

brat /bræt/ *n* bachor

brave /breɪv/ *adj* odważny ▶ *v* stawiać czoło czemuś: *She braved the rain.* Odważnie wyszła na deszv.| **bravery** /ˈbreɪvəri/ *n* odwaga

brawl /brɔːl/ *n* burda, bijatyka ▶ *v* awanturować się

breach /briːtʃ/ *n* **1** naruszenie: *a ~ of confidence* nadużycie zaufania **2** zerwanie stosunków **3** wyłom, wyrwa ▶ *v* **1** naruszać **2** robić wyłom/wyrwę

bread /bred/ *n* chleb ● 'breadcrumbs *n* bułka tarta

breadth /bredθ/ *n* **1** szerokość **2** zasięg: *~ of knowledge* rozległa wiedza

break /breɪk/ *v* (*pt* broke /brəʊk/; *pp* broken /ˈbrəʊkən/) **1** łamać/rozbijać/tłuc (się) **2** (*maszyna itp.*) psuć (się) **3** naruszać, nie dotrzymywać: *~ the speed limit* przekraczać dozwoloną prędkość **4** bić (*rekord*) **5** przerywać **6** robić przerwę **7** zrywać (*np. z nałogiem*) **8** przełamywać **9** (*burza*) rozpętać się **10** (*wiadomości*) zostawać rozpowszechnionym **11** (*głos chłopca*) przechodzić mutację ● Break występuje w idiomach, np. break even. Zob. hasła odpowiednich n, adj itp. [PV] break away (from sb/sth) **1** wyzwalać się (od kogoś/z czegoś) **2** odłączać się (od kogoś/czegoś) | break down **1** (*maszyna itp.*) psuć się **2** (*negocjacje itp.*) kończyć się niepowodzeniem **3** (*osoba*) załamywać się| break sth down **1** wyłamywać (*np. drzwi*) **2** rozkładać coś na czynniki| break in **1** włamywać się **2** wtrącać (się) | break in (on sth) wtrącać się (*np. do rozmowy*)| break into sth **1** włamywać się **2**: *He broke into a smile.* Nagle uśmiechnął się. ◊ *She broke into a run.* Nagle zaczęła biec.| break off **1** zatrzymywać się **2** odłamywać się| break sth off **1** przełamywać coś **2** zrywać coś| break out (*wojna, pożar itp.*) wybuchać| break out (of sth) uciekać (*skądś*)| break out in sth (*skóra itp.*) pokryć się czymś: *I broke out in a rash.* Dostałam wysypki na całym ciele. ◊ *He broke out in a sweat.* Oblał go pot.| break through (sth) przedrzeć się (przez coś)| break up **1** (*spotkanie itp.*) zakończyć się **2** (*Br.*) kończyć naukę przed feriami/wakacjami| break up (*małżeństwo itp.*) rozpadać się| break up

(with sb) zrywać z kimś: *We've broken up.* Zerwaliśmy ze sobą. | **break (sth) up** rozbijać (się) | **break sth up** rozpraszać (*tłum*), przerywać (*bójkę*) | **break with sb/sth** zrywać z kimś/czymś ▶ *n* **1** przerwa: *take a ~* zrobić sobie przerwę **2 ~ (in sth)/(with sb/sth)** zerwanie **3** luka, przerwa: *a ~ in the clouds* przejaśnienie **4** (*nieform.*) szansa **5** złamanie, stłuczenie, pęknięcie [IDM] **give sb a break 1** zostawiać kogoś w spokoju **2** (*zwł. Am.*) traktować kogoś łagodnie

breakaway /'breɪkəweɪ/ *adj* (*grupa polityczna itp.*) oderwany

breakdown /'breɪkdaʊn/ *n* **1** awaria **2** załamanie się, niepowodzenie **3** =NERVOUS BREAKDOWN **4** lista, analiza

breakfast /'brekfəst/ *n* śniadanie: *have ~* jeść śniadanie

break-in /'breɪk m/ *n* włamanie

breakthrough /'breɪkθru:/ *n* (*postęp*) przełom

breast /brest/ *n* pierś (*kobiety, ptaka*) ● 'breastfeed *v* (*pt, pp* '-fed) karmić piersią | 'breaststroke *n* (*pływanie*) styl klasyczny

breath /breθ/ *n* **1** oddech, dech: *have bad ~* mieć nieprzyjemny zapach z ust **2** wdech, wydech [IDM] **a breath of fresh air 1** świeże powietrze: *I need a ~ of fresh air.* Muszę się przewietrzyć. **2** powiew świeżego powietrza | **get your breath (again/back)** odsapnąć | **hold your breath 1** wstrzymywać oddech **2**: *I held my ~ as I waited for her reply.* Czekałem z zapartym tchem na jej odpowiedź. | **out of/short of breath** zadyszany | **under your breath** szeptem, półgłosem | **take your breath away** zapierać dech w piersiach ● 'breath test *n* kontrola trzeźwości kierowcy za pomocą alkoholomierza

breathalyse /'breθəlaɪz/ *v* badać trzeźwość kierowcy alkoholomierzem

breathe /bri:ð/ *v* oddychać: *~ in* wdychać ◇ *~ out* wydychać [IDM] **not breathe a word (of/about sth) (to sb)** nie puszczać pary z ust (o czymś) | **breathing** *n* oddech, oddychanie

breathless /'breθləs/ *adj* **1** zadyszany **2** bez tchu: *be ~ with fear* osłupieć ze strachu

breathtaking /'breθteɪkɪŋ/ *adj* zapierający dech w piersiach

breed /bri:d/ *v* (*pt, pp* bred /bred/) **1** rozmnażać się **2** hodować **3** wywoływać, powodować ▶ *n* (*zool.*) rasa

breeze /bri:z/ *n* wietrzyk

brew /bru:/ *v* **1** warzyć (*piwo*) **2** zaparzać (*herbatę, kawę*) **3** (*herbata*)

naciągać [IDM] **be brewing** wisieć w powietrzu | **brewery** *n* (*pl* -ies) browar

bribe /braɪb/ *n* łapówka ▶ *v* przekupywać, dawać łapówkę

brick /brɪk/ *n* cegła ● 'brickwork *n* część budowli wykonana z cegły

bride /braɪd/ *n* panna młoda

bridegroom /'braɪdɡruːm/ *n* pan młody

bridesmaid /'braɪdzmeɪd/ *n* druhna

bridge /brɪdʒ/ *n* **1** most: *a footbridge* kładka dla pieszych **2** mostek kapitański **3** brydż ▶ *v* [IDM] **bridge a/ the gap (between A and B)** zbliżyć (*np. dwa kraje, przeciwników*)

bridle /'braɪdl/ *n* uzda

brief /bri:f/ *adj* krótki, zwięzły [IDM] **in brief** w skrócie ▶ *n* zadanie | *v* informować, instruować | **briefly** *adv* (na) krótko, zwięźle

briefcase /'bri:fkeɪs/ *n* aktówka, teczka

briefs /bri:fs/ *n* majtki

bright /braɪt/ *adj* **1** (*błyszczący*) jasny **2** (*dzień itp.*) pogodny **3** jaskrawy **4** inteligentny, błyskotliwy **5** (*pomysł*) świetny **6** optymistyczny **7** ożywiony [IDM] **look on the bright side (of sth)** dostrzegać jasny punkt w złej sytuacji | 'brighten *v* ~ (sth) (up) rozjaśniać (się)

brilliant /'brɪliənt/ *adj* **1** błyszczący **2** jaskrawy **3** błyskotliwy **4** znakomity | **brilliance** *n* **1** jasność **2** błyskotliwość **3** znakomitość

brim /brɪm/ *n* **1** brzeg (*np. szklanki*) **2** rondo (*kapelusza*) ▶ *v* (-mm-) ~ (with sth) napełniać się

bring /brɪŋ/ *v* (*pt, pp* brought /brɔːt/) **1** przynosić, przywozić: *~ sb into the room* wprowadzać kogoś do pokoju ◇ *~ sb to a party* przyprowadzać kogoś na imprezę **2** wnosić **3** powodować, wywoływać coś: *Money doesn't always ~ happiness.* Pieniądze nie zawsze przynoszą szczęście. **4** doprowadzać, sprowadzać: *Their screams brought people running.* Na ich krzyki zbiegli się ludzie. **5** ~ yourself to do sth zmuszać się ❶ Bring występuje w idiomach, np. **bring charges (against sb)**. Zob. hasła odpowiednich n, adj itp. [PV] **bring sth about** powodować/ wywoływać coś | **bring sb/sth back** oddawać kogoś/coś, przywozić kogoś/ coś z powrotem | **bring sth back 1** przywracać coś **2** przywodzić coś na myśl | **bring sb/sth down** obalać kogoś/ coś | **bring sth down** obniżać coś | **bring sth forward 1** przekładać coś na wcześniejszy termin, przybliżać coś **2** przedstawiać (*np. propozycję*) | **bring sb in** sprowadzać/zatrudniać kogoś | **bring sth in** wprowadzać coś | **bring sth**

off (*nieform.*) zdołać coś zrobić|
bring sth on powodować (*zwł. coś
nieprzyjemnego*)| **bring sth out**
1 wydawać (*np. książkę*), lansować
2 wyzwalać (*np. czyjeś zalety*)| **bring sb
round** (*około* kogoś| **bring sb round (to
sth**) przekonywać kogoś (do czegoś)|
bring sth round to sth kierować
rozmowę na jakiś temat| **bring sb up**
wychowywać kogoś: *a well brought up
child* dobrze wychowane dziecko| **bring
sth up 1** wymiotować coś **2** poruszać coś

brink /brɪŋk/ *n* (*i przen.*) skraj (*np.
przepaści*): *She was on the ~ of tears.*
Była bliska płaczu.

brisk /brɪsk/ *adj* **1** żwawy **2** (*biznes*)
ożywiony **2** energiczny, rzutki

bristle /ˈbrɪsl/ *n* **1** włosek: *~s* szczecina
2 włosie

Briton /ˈbrɪtn/ *n* Brytyj-czyk/ka
❶ Wyraz ten jest zazw. używany w
prasie lub w odniesieniu do plemienia
zamieszkującego niegdyś Wyspy
Brytyjskie: *the Ancient ~s.* W
pozostałych kontekstach stosuje się **a
British man** lub **a British woman.**

brittle /ˈbrɪtl/ *adj* łamliwy, kruchy

broach /brəʊtʃ/ *v* poruszać (*delikatny
temat*)

broad /brɔːd/ *adj* **1** szeroki → SZEROKI
2 (*akcent*) silny **3** ogólny **4** masowy [IDM]
in broad daylight w biały dzień **broaden**
v ~ (**sth**) (**out**) poszerzać (się): *Travel ~s
the mind.* Podróże kształcą.| **broadly**
adv **1** ogólnie: *broadly speaking* ogólnie
rzecz biorąc **2** (*uśmiechać się*) od ucha
do ucha ● **broad 'bean** *n* [C] fasolka
bobu: *broad beans* bób| **broad-'minded**
adj tolerancyjny

broadcast /ˈbrɔːdkɑːst; *Am.* -kæst/ *v
(pt, pp* **broadcast**) **1** transmitować,
nadawać **2** występować w radiu/
telewizji ▶ *n* audycja, program

broccoli /ˈbrɒkəli/ *n* brokuły

brochure /ˈbrəʊʃə(r); *Am.* brəʊˈʃʊr/ *n*
prospekt, broszura reklamowa

broil /brɔɪl/ *v* (*zwł. Am.*) piec (się) na
ruszcie w piecyku

broke /brəʊk/ *pt od* BREAK ▶ *adj*
(*nieform.*) spłukany

broken /ˈbrəʊkən/ *pp od* BREAK ▶ *adj*
1 zepsuty, złamany, rozbity, potłuczony
2 przerywany **3** nie dotrzymany
4 (*język*) łamany ● **broken-'down** *adj*
1 uszkodzony, rozlatujący się **2** (*aut.*)
zepsuty| **broken-'hearted** *adj* ze
złamanym sercem

broker /ˈbrəʊkə(r)/ *n* **1** akwizytor,
makler **2** = STOCKBROKER

bronchitis /brɒŋˈkaɪtɪs/ *n* zapalenie
oskrzeli

bronze /brɒnz/ *n* **1** brąz **2** kolor brązu
▶ *adj* brązowy, brunatny

brooch /brəʊtʃ/ *n* brosz(k)a

brood /bruːd/ *v* **1** ~ (**on/over sth**)
rozmyślać (*o czymś nieprzyjemnym*)

brook /brʊk/ *n* strumyk

broom /bruːm/ *n* miotła ● **'broomstick**
n kij od miotły

broth /brɒθ/ *n* gęsta zupa

brothel /ˈbrɒθl/ *n* burdel

brother /ˈbrʌðə(r)/ *n* brat| **brotherhood**
/-hʊd/ *n* **1** braterstwo **2** bractwo
● **'brother-in-law** *n* (*pl* **-s-in-law**)
szwagier

brought *pt, pp od* BRING

brow /braʊ/ *n* **1** = EYEBROW **2** (*książk.*)
(*anat.*) czoło **3** szczyt (*np. góry*)

brown /braʊn/ *adj* **1** brązowy
2 opalony ▶ *n* brąz: *go ~* opalać się| *v*
1 brązowieć **2** (*kotlety itp.*) rumienić
(się)| **brownish** *adj* brązowawy, (*oczy*)
piwny ● **,brown 'paper** *n* papier pakowy

brownie /ˈbraʊni/ *n* **1** (**Brownie**)
dziewczynka należąca do drużyny
zuchów **2** rodzaj ciastka czekoladowego

browse /braʊz/ *v* **1** rozglądać się (*w
sklepie, zwł. w księgarni*) **2** ~ **through
sth** przeglądać, wertować (*np. książkę*)
3 szperać (*w Internecie*)| **browser** *n*
(*komput.*) przeglądarka

bruise /bruːz/ *n* siniak ▶ *v*
1 posiniaczyć **2** nabijać sobie siniaka
3 obijać (*owoce*)

brush /brʌʃ/ *n* **1** szczotka, pędzel,
miotła **2** czyszczenie (szczotką)
3 utarczka ▶ *v* **1** szczotkować, czyścić
(szczotką) **2** muskać, (lekko) ocierać się
o coś [PV] **brush sb/sth aside**
1 ignorować kogoś/coś, pomijać coś
2 zbywać kogoś/coś, odsuwać kogoś/coś na
bok| **brush sth up/brush up on sth**
odświeżać (*wiedzę*)

brusque /bruːsk; *Am.* brʌsk/ *adj*
opryskliwy, obcesowy

Brussels sprout /ˌbrʌslz ˈspraʊt/ *n*
brukselka

brutal /ˈbruːtl/ *adj* brutalny| **brutality**
/bruːˈtæləti/ *n* (*pl* **-ies**) brutalność

brute /bruːt/ *n* **1** bestia **2** brutal ▶ *adj*
brutalny, zwierzęcy: *use ~ force* użyć
siły

BSc /ˌbiː es ˈsiː/ *skrót* bakałarz nauk
ścisłych

BSE /ˌbiː es ˈiː/ *n* gąbczaste
zwyrodnienie mózgu

bubble /ˈbʌbl/ *n* **1** bąbel/ek **2** bańka
▶ *v* bulgotać, kipieć, musować| **bubbly**
adj **1** gazowany, musujący **2** ożywiony,
radosny ● **'bubble bath** *n* płyn do
kąpieli| **'bubblegum** *n* guma balonowa

buck /bʌk/ *n* **1** (*Am., nieform.*) (*dolar*)
zielony **2** (*pl* **buck** *lub* **-s**) samiec
jelenia/królika [IDM] **pass the
buck** zrzucać odpowiedzialność (na

kogoś) ▸ *v* (*koń*) stawać dęba [PV] **buck up** (*nieform.*) nabierać otuchy | **buck sb up** (*nieform.*) podnosić kogoś na duchu

bucket /'bʌkɪt/ *n* wiadro

buckle /'bʌkl/ *n* klamra, sprzączka, zapinka ▸ *v* 1 zapinać/spinać (się) 2 wykrzywiać (się)

bud /bʌd/ *n* pąk [IDM] **in bud** w pąkach | **budding** *adj* (*pianista, aktor itp.*) obiecujący

budge /bʌdʒ/ *v* 1 przesuwać (się): *It wouldn't ~.* Nawet nie drgnęło. 2 ustępować 3 zmieniać (*czyjeś zdanie*)

budgerigar /'bʌdʒəriga:(r)/ *n* papużka falista

budget /'bʌdʒɪt/ *n* budżet ▸ *v* ~ **(sth) (for sth)** asygnować fundusze, przewidywać wydatki | *adj* (*nieform.*) na każdą kieszeń

buff /bʌf/ *n* (*nieform.*) miłośnik: *a wine ~* znawca win

buffalo /'bʌfələʊ/ *n* (*pl* **buffalo** *lub* **-es**) bawół

buffer /'bʌfə(r)/ *n* (*i przen.*) bufor

buffet[1] /'bʊfeɪ; 'bʌ-; *Am.* bə'feɪ/ *n* 1 bufet: *the ~ car* wagon restauracyjny 2 szwedzki stół

buffet[2] /'bʌfɪt/ *v* miotać, poniewierać

bug /bʌg/ *n* 1 insekt 2 wirus 3 (*zwykle* **the bug**) (*nieform.*) namiętne zainteresowanie (czymś): *He's been bitten by the golf ~.* Zaraził się bakcylem golfa. 4 (*podsłuch*) pluskwa 5 problem (*zwł. w komputerze*) ▸ *v* (**-gg-**) 1 podłożyć pluskwę: *The room is bugged.* W pokoju jest podsłuch. 2 (*nieform.*) wkurzać: *It ~s him that...* On się gryzie, bo...

buggy /'bʌgi/ *n* (*pl* **-ies**) (*Br.*) składany wózek dziecinny

build /bɪld/ *v* (*pt, pp* **built** /bɪlt/) 1 budować 2 rozwijać [PV] **build sth in/on; build sth into/onto sth** 1 wbudować/zabudować/wmurować coś 2 wmontować coś | **build (sth) on sth** (*i przen.*) budować (coś) na czymś | **build up wzrastać, wzmagać się | build sth up (to sth)** 1 rozdmuchiwać coś 2 rozwijać/wzmacniać coś: *~ up your strength* odzyskać siły ▸ *n* budowa (*ciała*) | **builder** *n* budowniczy ● **'build-up** *n* 1 a ~ **(of sth)** narastanie 2 a ~ **(to sth)** przygotowania, końcowe odliczenie (*przed ważnym wydarzeniem*) | ‚built-'in *adj* 1 wmurowany, wbudowany 2 stanowiący integralną część czegoś | ‚built-'up *adj* (*obszar*) zabudowany

building /'bɪldɪŋ/ *n* 1 budynek 2 budownictwo ● **'building site** *n* plac budowy | **'building society** *n* (*Br.*) kasa oszczędnościowa udzielająca pożyczek hipotecznych

bulb /bʌlb/ *n* 1 = LIGHT BULB 2 cebulka (*np. tulipana*)

bulge /bʌldʒ/ *n* wypukłość ▸ *v* 1 wybrzuszać się, wystawać: *bulging muscles* potężne muskuły ◊ *bulging eyes* wyłupiaste oczy 2 ~ **with sth** być wypchanym czymś

bulk /bʌlk/ *n* 1 masa, duży rozmiar 2 cielsko 3 **the ~ (of sth)** ogromna większość [IDM] **in bulk** hurtowo | **bulky** *adj* nieporęczny, zajmujący dużo miejsca

bull /bʊl/ *n* 1 byk 2 samiec (*np. słonia, wieloryba*)

bulldoze /'bʊldəʊz/ *v* równać spychaczem | **bulldozer** *n* spychacz

bullet /'bʊlɪt/ *n* kula, pocisk ● **'bulletproof** *adj* kuloodporny

bulletin /'bʊlətɪn/ *n* 1 (*radio; TV*) serwis informacyjny: *a news ~* wydanie wiadomości 2 komunikat 3 (*gazeta*) biuletyn ● **'bulletin board** *n* (*Am.*) tablica ogłoszeń

bullion /'bʊliən/ *n* [U] sztaby (*złota/srebra*)

bullseye /'bʊlzaɪ/ *n* 1 środek (*tarczy*) 2 strzał w dziesiątkę

bully /'bʊli/ *n* (*pl* **-ies**) osoba znęcająca się nad słabszymi ▸ *v* (*3rd sing czasu pres* **-ies**; *pt, pp* **-ied**) znęcać się nad słabszym

bum /bʌm/ *n* (*nieform.*) 1 (*Br.*) pupa 2 (*zwł. Am.*) włóczęga, żebrak 3 (*zwł. Am.*) próżniak ● **'bumbag** *n* (*Br., nieform.*) mała torebka noszona przy talii

bumblebee /'bʌmblbi:/ *n* trzmiel

bump /bʌmp/ *v* 1 ~ **against/into sb/sth** zderzać/uderzać się o coś 2 ~ **sth (against/on sth)** uderzać czymś o coś 3 iść po wyboistej drodze [PV] **bump into sb** wpadać na kogoś, spotkać kogoś | **bump sth up** (*nieform.*) spowodować gwałtowny wzrost czegoś ▸ *n* 1 uderzenie 2 łoskot 3 guz 4 wybój | **bumpy** *adj* 1 wyboisty 2 (*podróż*) niewygodny: *It was a ~ flight.* Samolot się kołysał.

bumper /'bʌmpə(r)/ *n* (*aut.*) zderzak ▸ *adj* rekordowy

bun /bʌn/ *n* 1 słodka bułeczka 2 rodzaj bułki 3 (*włosy*) kok

bunch /bʌntʃ/ *n* 1 bukiet 2 kiść 3 pęk 4 (**bunches**) (*włosy*) kucyki 5 (*nieform.*) paczka (*ludzi*) ▸ *v* 1 ~ **up/together** skupiać/ścieśniać się 2 ~ **sth/sb (up/together)** wiązać, gromadzić

bundle /'bʌndl/ *n* wiązka, plik ▸ *v* ~ **sth (up)** z(a)wiązywać

bung /bʌŋ/ *n* szpunt, zatyczka ▸ *v* (*Br., nieform.*) wrzucać

bungalow /'bʌŋgələʊ/ *n* dom parterowy

bungle /ˈbʌŋgl/ v partaczyć
bunk /bʌŋk/ n 1 koja 2 (także '~ bed) łóżko piętrowe
bunny /ˈbʌni/ n (pl -ies) króliczek
buoy /bɔɪ/ n boja ► v 1 ~ sb (up) podtrzymywać na duchu 2 ~ sth (up) utrzymywać na wysokim poziomie (ceny)| **buoyant** adj 1 pływający 2 wesoły 3 (biznes itp.) prężny 4 wzrastający lub utrzymujący się na wysokim poziomie
burden /ˈbɜːdn/ n ciężar ► v ~ sb/ **yourself (with sth)** obciążać, obarczać
bureau /ˈbjʊərəʊ/ n (pl -x lub -s /-rəʊz/) 1 (Br.) sekretarzyk 2 (Am.) komoda 3 (departament w USA, agencja informacyjna) biuro ● ˌbureau de 'change n (pl -x de change) (Br.) kantor (wymiany walut) ❶ Rzadko używa się tego zwrotu w języku mówionym. O drogę do kantoru wymiany walut pyta się: Where can I ~ money?
bureaucracy /bjʊəˈrɒkrəsi/ n (pl -ies) 1 biurokracja 2 formalności| **bureaucrat** /ˈbjʊərəkræt/ n biurokrat-a/ka| **bureaucratic** /ˌbjʊərəˈkrætɪk/ adj biurokratyczny, urzędowy
burger = HAMBURGER
burglar /ˈbɜːglə(r)/ n włamywacz/ka| **burglary** n (pl -ies) kradzież z włamaniem| **burgle** v (Br.) (Am. burglarize) włamywać się do czegoś (w celu kradzieży) ● 'burglar alarm n alarm przeciwwłamaniowy
burial /ˈberiəl/ n pogrzeb
burly /ˈbɜːli/ adj (osoba; ciało) masywny
burn /bɜːn/ v (pt, pp -t /bɜːnt/ lub -ed /bɜːnd/) 1 palić (się) 2 (s)parzyć (się) 3 przypalać się 4 (o)parzyć się 5 wypalać (np. dziurę) 6 (i przen.) płonąć 7 być gorącym, odczuwać gorąco [PV] **burn yourself out** (osoba) wypalić się ► n poparzenie, oparzenie| **burning** adj (i przen.) palący
burp /bɜːp/ v odbijać się: He burped. Odbiło mu się. ► n odbicie się (po jedzeniu)
burrow /ˈbʌrəʊ/ n nora, jama ► v ryć, kopać (np. norę)
burst /bɜːst/ v (pt, pp burst) pękać, rozsadzać, rozerwać (się), wylewać [IDM] **be bursting to do sth**: I'm bursting to do sth. Korci mnie, żeby coś zrobić.| **burst into tears** wybuchać (np. płaczem) | **burst open** gwałtownie się otworzyć| **burst out laughing** wybuchać śmiechem ► n 1 pęknięcie 2 wybuch (np. entuzjazmu), przypływ (np. sił)
bury /ˈberi/ v (3rd sing czasu pres -ies; pt, pp -ied) 1 grzebać 2 zakopywać 3 przykrywać 4 ~ yourself in sth; be

buried in sth zatapiać się (np. w lekturze)
bus /bʌs/ n autobus ● 'bus stop n przystanek autobusowy
bush /bʊʃ/ n 1 krzak 2 (the bush) busz| **bushy** adj 1 gęsty 2 krzaczasty 3 puszysty
busier, busiest, busily → BUSY
business /ˈbɪznəs/ n 1 [U] biznes, interesy: go out of ~ zwijać interes ◇ Fitness has become big business. Troska o sprawność fizyczną stała się świetnym interesem. 2 praca: away on ~ w podróży służbowej ◇ a ~ trip podróż służbowa 3 ruch w interesie 4 firma, zakład, sklep: a ~ partner wspólnik ◇ a ~ executive pracownik firmy (często wyższego szczebla) 5 (czyjaś) sprawa: Our ~ is to collect the information. Do nas należy zbieranie informacji. 6 [lp] sprawa: It was a nasty business. To była przykra sprawa. 7 [U] sprawy: ~ to deal with sprawy do załatwienia [IDM] **get down to business** zabierać się do roboty| **have no business doing sth** nie mieć prawa czegoś robić ● 'business card n wizytówka| 'businesslike adj praktyczny, rzeczowy| 'businessman (f. żeńska businesswoman) n (pl -men; -women) biznesmen, kobieta interesu| 'business studies n zarządzanie i administracja
busk /bʌsk/ v muzykować na ulicy| **busker** n grajek uliczny
bust /bʌst/ v (pt, pp bust lub -ed) (nieform.) 1 rozwalać 2 przymknąć kogoś ► n 1 popiersie 2 biust 3 (nieform.) nalot| adj (nieform.) rozwalony [IDM] **go bust** (nieform.) plajtować
bustle /ˈbʌsl/ v 1 krzątać się 2 ~ (with sth) szumieć, roić się od czegoś ► n [U] zgiełk, bieganina
busy /ˈbɪzi/ adj 1 ~ (at/with sth)/(doing sth) zajęty 2 zapracowany 3 ruchliwy 4 (Am.) (telefon) zajęty ► v (3rd sing czasu pres -ies; pt, pp -ied) ~ yourself with/doing sth zajmować się czymś| **busily** adv pracowicie
busybody /ˈbɪzibɒdi/ n (pl -ies) wścibsk-i/a
but /bət; f. akcent. bʌt/ conj ale [IDM] **but then** zresztą, ale ► prep oprócz: We've had nothing ~ trouble. Mamy same kłopoty. [IDM] **but for sb/sth** gdyby nie ktoś/coś
butcher /ˈbʊtʃə(r)/ n 1 rzeźnik 2 morder-ca/czyni| **butcher's** n sklep mięsny
butler /ˈbʌtlə(r)/ n kamerdyner
butt /bʌt/ n 1 grubszy koniec (broni lub narzędzia) 2 niedopałek 3 (zwł. Am.,

nieform.) tyłek **3** ofiara (*np. żartu*) ▶ *v*
uderzać głową [PV] **butt in (on sb/sth)**
wtrącać się (*np. do rozmowy*)

b **butter** /'bʌtə(r)/ *n* masło ▶ *v* smarować
masłem ● '**buttermilk** *n* maślanka

c **buttercup** /'bʌtəkʌp/ *n* jaskier

butterfly /'bʌtəaɪ/ *n* **1** (*pl* -ies) motyl
2 (*pływanie*) styl motylkowy [IDM] **have
butterflies (in your stomach)** (*nieform.*)
mieć tremę

buttock /'bʌtək/ *n* pośladek

button /'bʌtn/ *n* **1** guzik **2** przycisk
● '**buttonhole** *n* dziurka (*od guzika*)

buy /baɪ/ *v* (*pt, pp* **bought** /bɔːt/)
kupować [IDM] **buy time** zyskiwać na
czasie [PV] **buy sb out** spłacać kogoś ▶ *n*
zakup| **buyer** *n* **1** kupując-y/a
2 pracowni-k/ca działu zakupów

buzz /bʌz/ *v* **1** bzyczeć, brzęczeć
2 ~ **(with sth)** huczeć (*np. w głowie*): *The
office was buzzing with rumours.* W
biurze zawrzało od plotek. **3** dzwonić ▶
n **1** bzyk, bzyczenie **2** gwar **3** (*nieform.*)
odlot: *give sb a real* ~ strasznie kogoś
rajcować| **buzzer** *n* brzęczyk

buzzword /'bʌzwɜːd/ *n* modne słowo

by /baɪ/ *prep* **1** (*położenie*) obok, przy: ~
the sea nad morzem **2** (*ruch*) obok, koło:
He walked straight ~ *me.* Przeszedł tuż
koło mnie. **3** do: ~ *now* już ◇ *by this time
tomorrow* jutro o tej godzinie **4** w
(*ciągu*) **5** przy **5** przez: *shocked* ~ *the
news* zaszokowany wiadomościami
◇ *Who was the book written* ~?/*Who is
the book* ~? Kto napisał tę książkę?
◇ ~ *accident* przez pomyłkę ◇ ~ *chance*
przypadkowo **7** (**by** + *n* tłumaczy się
rzeczownikiem w narzędniku*): pay* ~
cheque płacić czekiem ◇ ~ *train*
pociągiem **8** według **9** (*mat.*) przez
10 (*mat.*) na **11** (*ze słowem* the) na, w
12 po, za: *one* ~ *one* jeden za drugim
13 o (*jakąś ilość*) **14** za (*np. rękę*) **15** z
(*np. urodzenia*) ▶ *adv* (*często
odpowiada polskiemu przedrostkowi,
zwł. „prze-"*): *sail* ~ przepływać
◇ *watch people go* ~ patrzeć na
przechodzących ludzi ◇ *The hours went
by slowly.* Godziny mijały powoli. ◇ *let
the ambulance get* ~ przepuścić karetkę

bye /baɪ/ (*także* bye-bye /ˌbaɪ'baɪ/)
interj (*nieform.*) cześć!, pa!

by-election /'baɪ ɪlekʃn/ *n* wybory
dodatkowe

bygone /'baɪɡɒn/ *adj* miniony

bypass /'baɪpɑːs; *Am.* -pæs/ *n*
1 obwodnica **2** pomostowanie
aortalno-wieńcowe: *heart* ~ *surgery*
operacja wszczepienia bypassów ▶ *v*
1 objeżdżać **2** omijać

by-product /'baɪ prɒdʌkt/ *n* produkt/
skutek uboczny

bystander /'baɪstændə(r)/ *n*
przypadkowy świadek

byte /baɪt/ *n* bajt

....

Cc

....

C, c /siː/ *n* **1** litera *c* **2** (*ocena szkolna*)
dostateczny **3** (*muz.*) C/c: *C major* C-dur
◇ *C minor* c-moll

cab /kæb/ *n* **1** taksówka **2** szoferka (*np.
w ciężarówce*), kabina (*np. operatora*)

cabaret /'kæbəreɪ; *Am.* ˌkæbə'reɪ/ *n*
kabaret

cabbage /'kæbɪdʒ/ *n* kapusta

cabin /'kæbɪn/ *n* **1** kajuta **2** kabina
3 chata

cabinet /'kæbɪnət/ *n* **1** szafka, gablotka
2 (*zwykle* **Cabinet**) (*polit.*) gabinet, rada
ministrów

cable /'keɪbl/ *n* **1** lina **2** kabel
3 = CABLE TELEVISION ● '**cable car** *n*
wagonik kolejki linowej| **cable
'television** (*także* ˌ~ T'V) *n* telewizja
kablowa

cackle /'kækl/ *n* **1** gdakanie **2** rechot
▶ *v* **1** gdakać **2** rechotać

cactus /'kæktəs/ *n* (*pl* **-es** *lub* **cacti**
/-taɪ/) kaktus

cadet /kə'det/ *n* kadet

Caesarean /sɪ'zeərɪən/ *n* cesarskie
cięcie

cafe (*także* café) /'kæfeɪ; *Am.* kæ'feɪ/ *n*
kawiarnia, herbaciarnia ❶ W Wlk. Br.
w **cafe** na ogół nie podaje się napojów
alkoholowych. **Cafe** oferuje kawę
poranną, lekkie obiady, podwieczorki,
herbatę. Zazwyczaj jest zamykana
około 18.00.

cafeteria /ˌkæfə'tɪərɪə/ *n* stołówka

caffeine /'kæfiːn/ *n* kofeina

cage /keɪdʒ/ *n* klatka

cagey /'keɪdʒi/ *adj* ~ **(about sth)**
(*nieform.*) tajemniczy, robiący uniki

cake /keɪk/ *n* **1** ciast(k)o **2** placek [IDM]
have your cake and eat it: *You can't have
your* ~ *and eat it.* Wybieraj: albo – albo.|
a piece of cake (*nieform.*) (*przen.*)
pestka ▶ *v* oblepiać

calamity /kə'læməti/ *n* (*pl* -ies)
katastrofa, klęska

calcium /'kælsɪəm/ *n* wapno

calculate /'kælkjuleɪt/ *v* **1** obliczać
2 kalkulować [IDM] **calculated to do sth**
powiedziany/zrobiony naumyślnie,
żeby| **calculating** *adj* wyrachowany|
calculation /ˌkælkju'leɪʃn/ *n* obliczenie

calculator /'kælkjuleɪtə(r)/ *n* kalkulator

calendar /'kælɪndə(r)/ *n* kalendarz: ~ *month/year* miesiąc/rok kalendarzowy

calf /kɑːf; *Am.* kæf/ *n* (*pl* **calves** /kɑːvz; *Am.* kævz/) **1** cielę **2** młode (*słonia, wieloryba*) **3** łydka

call /kɔːl/ *v* **1** ~ (**out**) **to sb**; ~ (**sth**) (**out**) wołać, krzyczeć **2** dzwonić do kogoś: *Thank you for calling.* Dziękuję za telefon. **3** (**be called**) nazywać się **4** nazywać **5** wzywać **6** ogłaszać **7** ~ (**in/round**) (**on sb/at**…) zaglądać (do kogoś) **8** ~ **at**… zatrzymywać się (*w jakimś miejscu/na jakiejś stacji*) |IDM| **call it a day** (*nieform.*) skończyć coś robić: *Let's* ~ *it a day.* Wystarczy na dzisiaj.| **call sb names** wymyślać komuś, wyzywać kogoś| **call the shots/tune** (*nieform.*) nadawać ton, (*przen.*) dyrygować (kimś) |PV| **call (sb) back 1** zadzwonić (do kogoś) jeszcze raz **2** oddzwonić| **call by** (*nieform.*) zaglądać/wpadać (do kogoś)| **call for sb** (*zwł. Br.*) przychodzić/przyjeżdżać po kogoś| **call for sth** wymagać czegoś: *This* ~*s for a celebration!* To trzeba uczcić. ◊ *That was not called for.* To było zupełnie nie na miejscu.| **call sth off** odwoływać coś| **call sb out** wzywać kogoś| **call sb up 1** (*zwł. Am.*) zadzwonić do kogoś **2** powoływać kogoś (*np. do wojska*)| **call sth up** wywoływać (*dane w komputerze*) ▶ *n* **1** wołanie, krzyk **2** śpiew (*ptaka*) **3** rozmowa telefoniczna: *Were there any* ~*s for me?* Czy były do mnie jakieś telefony? ◊ *make a* ~ zadzwonić ◊ *give sb a* ~ zadzwonić do kogoś ◊ *take a* ~ odebrać telefon **3** wizyta **4** żądanie **5** ~ **for sth** powód do czegoś |IDM| **on call** na dyżurze, w pogotowiu| **caller** *n* **1** telefonujący-a/a **2** odwiedzający-a/a ● **'call box** *n* (*Br.*) budka telefoniczna| **'call-in** *n* (*Am.*) audycja radiowa/telewizyjna, podczas której można zadzwonić do studia, aby zadać pytanie lub wyrazić swoją opinię

callous /'kæləs/ *adj* nieczuły, bezduszny

calm /kɑːm; *Am.* kɑːlm/ *adj* **1** spokojny, opanowany: *keep* ~ uspokoić się **2** bezwietrzny ▶ *n* spokój| *v* ~ (**sb/sth**) (**down**) uspokajać (się)

calorie /'kæləri/ *n* kaloria

calves *pl od* CALF

came *pt od* COME

camel /'kæml/ *n* wielbłąd

camera /'kæmərə/ *n* **1** aparat fotograficzny **2** kamera filmowa ● **'cameraman** (*f. żeńska* **camerawoman**) *n* (*pl* **-men; -women**) kamerzyst-a/ka

camomile = CHAMOMILE

camouflage /'kæməɑːʒ/ *n* kamuflaż ▶ *v* kamuflować

camp /kæmp/ *n* obóz ▶ *v* ~ (**out**) biwakować, spać pod namiotem: *go camping* biwakować| **camper** *n* **1** biwakowicz **2** (*także* '~ **van**) (*Br.*) samochód kempingowy **3** (*Am.*) przyczepa kempingowa ● **campsite** (*także 'camping site*) *n* (*Br.*) (*Am.* **campground**) kemping

campaign /kæm'peɪn/ *n* kampania ▶ *v* ~ (**for/against sb/sth**) **1** uczestniczyć w kampanii **2** przeprowadzać kampanię| **campaigner** *n* uczestni-k/czka kampanii

campus /'kæmpəs/ *n* teren uczelni

can[1] /kən/; *f. akcent.* kæn/ *v mod* (*f. przev.* **cannot** /'kænɒt/ *f. krótka* **can't** /kɑːnt; *Am.* kænt/; *pt* **could** /*f. przev.* **couldn't**) **1** móc: *You* ~ *be very annoying.* Potrafisz być bardzo denerwującym. ❶ **Can** nie występuje w bezokoliczniku ani w formach imiesłowowych. Aby wyrazić czas przyszły lub formy dokonane używa się **be able to**: *One day people will be able to travel to Mars.* **Could have** używa się, aby powiedzieć, że ktoś miał możliwość coś zrobić, ale tego nie zrobił: *She could have passed the exam but she didn't really try.* Aby wyrazić ogólne pozwolenie w przeszłości, używa się **could**: *I could do anything I wanted when I stayed with my grandma.* Kiedy mówi się o jednej konkretnej sytuacji, wtedy nie używa się **could**: *They were allowed to visit him in hospital yesterday.* **2** umieć **3** ❶ *Cz.* **feel, hear, see, smell, taste** nie używa się w czasach *continuous.* Stosuje się **can**+bezokolicznik: *I* ~ *smell something burning.* Czuję, że coś się pali.

can[2] /kæn/ *n* puszka → PUSZKA ▶ *v* (-nn-) puszkować

canal /kə'næl/ *n* **1** kanał **2** (*anat.*) przewód

canary /kə'neəri/ *n* (*pl* **-ies**) kanarek

cancel /'kænsl/ *v* (-ll-; *Am.* -l-) **1** odwoływać **2** unieważnić, anulować |PV| **cancel (sth) out** wyrównywać się| **cancellation** /ˌkænsə'leɪʃn/ *n* odwołanie

Cancer /'kænsə(r)/ *n* (*znak zodiaku*) Rak

cancer /'kænsə(r)/ *n* (*med.*) rak

candid /'kændɪd/ *adj* otwarty, bezpośredni

candidate /'kændɪdət; -deɪt/ *n* kandydat/ka| **candidacy** *n* kandydatura

candle /'kændl/ *n* świe-ca/czka ● **'candlelight** *n* światło świec: *by* ~ przy świecach| **'candlestick** *n* świecznik

candy /'kændi/ *n* (*Am.*) **1** cukierki **2** [C] (*pl* **-ies**) cukierek

cane /keɪn/ *n* **1** trzcina **2** laska
cannabis /'kænəbɪs/ *n* marihuana
cannibal /'kænɪbl/ *n* kanibal
cannon /'kænən/ *n* (*pl* cannon *lub* -s) armata
cannot *f. przecz od* CAN
canoe /kə'nu:/ *n* kajak, kanoe |
  canoeing *n* pływanie kajakiem
canopy /'kænəpi/ *n* (*pl* -ies) baldachim
can't *abbr* CANNOT
canteen /kæn'ti:n/ *n* stołówka
canter /'kæntə(r)/ *v* (*koń, jeździec*) galopować ▶ *n* galop
canvas /'kænvəs/ *n* płótno
canvass /'kænvəs/ *v* **1** zabiegać (*o głosy wyborców*) **2** badać opinie
canyon /'kænjən/ *n* kanion
cap /kæp/ *n* **1** czapka, czepek **2** nakrętka, kapsel, nasadka ▶ *v* (-pp-) **1** pokrywać **2** uwieńczyć
capable /'keɪpəbl/ *adj* **1** zdolny, kompetentny **2** ~ of (doing) sth w stanie (coś zrobić), zdolny do czegoś |
  capability /ˌkeɪpə'bɪləti/ *n* (*pl* -ies) umiejętność, zdolność: *have nuclear* ~ mieć broń jądrową
capacity /kə'pæsəti/ *n* (*pl* -ies) **1** pojemność: *The hall was filled to* ~. Sala była wypełniona do ostatniego miejsca. **2** wydajność **3** ~ (for sth) zdolność (do czegoś) **4** stanowisko
cape /keɪp/ *n* **1** peleryn(k)a **2** przylądek
capital /'kæpɪtl/ *n* **1** (*także* ~ 'city) stolica **2** kapitał: ~ *investment* inwestycja kapitałowa **3** (*także* ~ 'letter) duża litera [IDM] make capital (out) of sth obracać coś na swoją korzyść ▶ *adj* **1** najwyższy: ~ *punishment* kara śmierci **2** (*litera*) duży
capitalism /'kæpɪtəlɪzəm/ *n* kapitalizm | **capitalist 1** *n* kapitalist-a/ka **2** *adj* kapitalistyczny
capitalize (*także* -ise) /'kæpɪtəlaɪz/ *v* [PV] capitalize on sth wykorzystywać coś
capitulate /kə'pɪtʃuleɪt/ *v* (*form.*) kapitulować
capricious /kə'prɪʃəs/ *adj* kapryśny
Capricorn /'kæprɪkɔːn/ *n* (*znak zodiaku*) Koziorożec
capsize /kæp'saɪz; *Am.* 'kæpsaɪz/ *v* (*łódź*) wywracać (się)
capsule /'kæpsjuːl; *Am.* -sl/ *n* **1** (*med.*) kapsułka **2** (*astr.*) kapsuła
captain /'kæptɪn/ *n* kapitan ▶ *v* dowodzić (*np. ekipą*)
caption /'kæpʃn/ *n* podpis pod obrazkiem
captivate /'kæptɪveɪt/ *v* oczarowywać |
  captivating *adj* czarujący

captive /'kæptɪv/ *n* jeniec: *hold sb* ~ trzymać kogoś w niewoli ▶ *adj* **1** uwięziony **2** trzymany w klatce |
  captivity /kæp'tɪvəti/ *n* niewola
captor /'kæptə(r)/ *n* zdobywca, porywacz
capture /'kæptʃə(r)/ *v* **1** brać do niewoli, pojmać **2** zdobywać (*np. miasto*) **3** : ~ sb's imagination/interest/attention zafascynować kogoś **4** (*wiersz, obraz itp.*) (dobrze) oddawać ▶ *n* pojmanie, zdobycie
car /kɑː(r)/ *n* **1** samochód **2** wagon ● 'car park *n* parking
caramel /'kærəmel/ *n* **1** karmel **2** karmelek
carat /'kærət/ *n* karat
caravan /'kærəvæn/ *n* **1** przyczepa kempingowa **2** karawana
carbohydrate /ˌkɑː'bəʊ'haɪdreɪt/ *n* węglowodan
carbon /'kɑːbən/ *n* (*chem.*) węgiel ● ˌcarbon di'oxide *n* dwutlenek węgla | ˌcarbon mon'oxide *n* tlenek węgla
carcass /'kɑːkəs/ *n* padlina
carcinogenic /ˌkɑːsɪnə'dʒenɪk/ *adj* rakotwórczy
card /kɑːd/ *n* **1** karton **2** karta [IDM] on the cards; (*Am.*) in the cards (*nieform.*) prawdopodobny ● 'card index *n* (*Am.* '~ catalog*) kartoteka
cardboard /'kɑːdbɔːd/ *n* tektura
cardiac /'kɑːdiæk/ *adj* sercowy: *a* ~ *arrest* zatrzymanie pracy serca
cardigan /'kɑːdɪgən/ *n* sweter rozpinany
cardinal /'kɑːdɪnl/ *n* **1** kardynał **2** (*także* ~ 'number*) liczebnik główny
care /keə(r)/ *v* **1** dbać: *I don't* ~. Wszystko mi jedno. ◇ *Who cares?* Kogo to obchodzi? **2** ~ for sth; ~ to do sth (*form.*) (*w pytaniach z* would) mieć ochotę na coś, życzyć sobie **3** ~ for sb/sth lubić [PV] care for sb opiekować się kimś ▶ *n* **1** ~ (over sth/in doing sth) staranność, ostrożność **2** ~ (for sb) opieka: *She's in intensive* ~. Jest na oddziale intensywnej terapii. ◇ *children in* ~ dzieci mieszkające w domu dziecka **3** troska [IDM] care of sb z listami kogoś, za pośrednictwem kogoś take care (*jęz. mów.*) trzymaj(cie) się | take care (that.../to do sth) uważać | take care of sb/sth brać coś na siebie, zajmować się kimś | take care of yourself/sb/sth uważać na siebie, opiekować się kimś/czymś, dbać o kogoś/coś | **carer** (*Am.* caregiver) *n* opiekun/ka | **caring** *adj* opiekuńczy ● 'carefree *adj* beztroski
career /kə'rɪə(r)/ *n* **1** kariera, zawód **2** życie zawodowe

catapult

careful /'keə/ *adj* 1 ~ (of/with sth)
ostrożny, uważny: *Be* ~! Uważaj!
2 dokładny, staranny: *give sth some* ~
thought dokładnie coś przemyśleć |
carefully *adv* 1 uważnie 2 dokładnie
careless /'keələs/ *adj* nieostrożny,
niedbały
caress /kə'res/ *v* pieścić, gładzić
caretaker /'keəteɪkə(r)/ *n* (*Br.*)
dozor-ca/czyni
cargo /'kɑːgəʊ/ *n* (*pl* -es; *Am. także* -s)
ładunek (*na statku/w samolocie*)
caricature /'kærɪkətʃʊə(r)/ *n*
karykatura
carnation /kɑː'neɪʃn/ *n* (*kwiat*)
goździk
carnival /'kɑːnɪvl/ *n* karnawał
carnivore /'kɑːnɪvɔː(r)/ *n* zwierzę
mięsożerne | **carnivorous** /kɑː'nɪvərəs/
adj mięsożerny
carol /'kærəl/ *n* kolęda
carpenter /'kɑːpəntə(r)/ *n* stolarz |
carpentry *n* stolarka
carpet /'kɑːpɪt/ *n* 1 dywan 2 kobierzec
(*np. śniegu*)
carriage /'kærɪdʒ/ *n* 1 powóz, kareta
2 wagon 3 transport ● **'carriageway** *n*
pas ruchu
carrier /'kæriə(r)/ *n* 1 przewoźnik
2 transportowiec 3 nosiciel (*choroby*)
● **'carrier bag** *n* torba-reklamówka
carrot /'kærət/ *n* (*i przen.*) marchew
(ka)
carry /'kæri/ *v* (*3rd sing czasu pres*
-ies; *pt, pp* **-ied**) 1 nosić ❶ W znaczeniu
„mieć coś na sobie" (np. o odzieży,
biżuterii itp.), używa się **wear**, a nie
carry. 2 mieć przy sobie 3 przewozić,
przenosić 4 przyjmować (*w głosowaniu*)
5 (*dźwięk*) docierać [IDM] **be/get carried
away** dawać się ponieść (*uczuciom*) [PV]
carry sth off dobrze się spisać | **carry
on (with (doing) sth); carry sth on**
kontynuować | **carry sth out** 1 wypełniać
(*np. obowiązki*) 2 wykonywać
● **'carrycot** *n* przenośny kosz dla
niemowląt
carsick /'kɑːsɪk/ *adj* cierpiący na
chorobę lokomocyjną (*w samochodzie*)
cart /kɑːt/ *n* wóz, fura ▶ *v* (*nieform.*)
taszczyć, nosić: ~ *sb off to a police
station* odwieźć kogoś do komisariatu
carton /'kɑːtn/ *n* karton
cartoon /kɑː'tuːn/ *n* 1 rysunek,
karykatura 2 film animowany |
cartoonist *n* rysowni-k/czka,
karykaturzyst-a/ka
cartridge /'kɑːtrɪdʒ/ *n* 1 nabój 2 wkład,
kaseta
carve /kɑːv/ *v* 1 rzeźbić, wycinać
2 krajać | **carving** *n* (płasko)rzeźba
cascade /kæ'skeɪd/ *n* kaskada

case /keɪs/ *n* 1 przypadek: *He is a
serious case.* Jest poważnie chory. 2 (**the
case**) stan faktyczny: *That wasn't the* ~.
Tak nie było. 3 sprawa, proces
4 argumenty 5 futerał, pudełko
6 = SUITCASE [IDM] **a case of (doing) sth**
kwestia czegoś: *It's just a* ~ *of hard
work.* Tu trzeba po prostu ciężko
pracować. | **in any case** 1 mimo
wszystko 2 w każdym razie | **in case** na
wszelki wypadek, w razie czegoś | **in
case of sth** w razie/wypadku czegoś | **in
that case** w takim razie ● **'case study** *n*
studium przypadku

cash /kæʃ/ *n* 1 gotówka: *petty* ~ kasa
podręczna ◇ *a* ~ *dispenser* bankomat
2 (*nieform.*) pieniądze ▶ *v* realizować
(*czek*) [PV] **cash in (on sth)** korzystać z
sytuacji ● **'cash card** *n* karta do
bankomatu | **'cash desk** *n* kasa | **'cash
flow** *n* przepływ gotówki | **'cash
machine** (*także* '~ dispenser; cashpoint)
n (*Br.*) bankomat
cashier /kæ'ʃɪə(r)/ *n* kasjer/ka
casino /kə'siːnəʊ/ *n* kasyno gry
cask /kɑːsk; *Am.* kæsk/ *n* beczz(uł)ka
casserole /'kæsərəʊl/ *n* 1 potrawa
(*duszona w piekarniku*) 2 garnek
żaroodporny (*z pokrywką*)
cassette /kə'set/ *n* kaseta ● **cas'sette
recorder** (*także* ~ player) *n* magnetofon
kasetowy
cast /kɑːst; *Am.* kæst/ *v* (*pt, pp* **cast**)
1 obsadzać (*w roli*) 2 odlewać 3 zarzucać
(*wędkę*) [IDM] **cast doubt on sth**
podawać coś w wątpliwość | **cast an eye/
your eye(s) over sb/sth** rzucać okiem na
kogoś/coś | **cast light on sth** rzucać
(nowe) światło na coś | **cast your mind
back** wspominać | **cast a shadow
(across/over sth)** (*i przen.*) rzucać cień
na coś | **cast a/your vote** oddawać głos
▶ *n* obsada ● **'cast 'iron** *n* żeliwo |
'cast-'iron *adj* 1 żeliwny 2 (*przen.*)
żelazny
castle /'kɑːsl; *Am.* 'kæsl/ *n* 1 zamek
2 (*szachy*) wieża
castrate /kæ'streɪt; *Am.* 'kæ-/ *v*
kastrować
casual /'kæʒuəl/ *adj* 1 swobodny, na
luzie: *a* ~ *remark* uwaga rzucona
mimochodem 2 niedbały 3 (*odzież*)
codzienny 3 (*praca*) dorywczy,
sezonowy
casualty /'kæʒuəlti/ *n* (*pl* -ies) 1 ofiara
2 [U] (*szpital*) ostry dyżur
cat /kæt/ *n* kot
catalogue (*Am.* -log) /'kætəlɒg/ *n*
1 katalog 2 seria (*np. nieszczęść*) ▶ *v*
katalogować
catalyst /'kætəlɪst/ *n* a ~ (for sth)
(*i przen.*) katalizator
catapult /'kætəpʌlt/ *n* (*Br.*) proca

C

cataract /'kætərækt/ *n* (*med.; geogr.*) katarakta

catarrh /kə'tɑ:(r)/ *n* wydzielina z nosa (*spowodowana katarem*)

catastrophe /kə'tæstrə/ *n* katastrofa l **catastrophic** /,kætə'strofɪk/ *adj* katastrofalny; katastroficzny

catch /kætʃ/ *v* (*pt, pp* caught /kɔ:t/) **1** łapać, chwytać: ~ *sb doing sth* łapać kogoś na czymś **2** zdążać (*na pociąg itp./czas*) **3** dosłyszeć, zrozumieć **4** zahaczać, zaczepiać: *I caught my finger in the drawer.* Przyciąłem sobie palec szufladą. ◊ *I got caught in the traffic.* Utknąłem w korku **5** trafić w kogoś/coś, uderzać **6** nabawić się (*choroby*) [IDM] **catch sb's attention/eye** zwrócić czyjąś uwagę l **catch your breath 1** złapać oddech **2** zapierać dech (*ze zdumienia*) l **catch fire** zapalać się l **catch sb red-handed** łapać kogoś na gorącym uczynku l **catch sight/a glimpse of sb/sth** dostrzegać kogoś/coś [PV] **catch on** (*nieform.*) **1** chwytać, pojmować **2** przyjmować się l **catch sb out** zaginać kogoś l **catch up (with sb); catch sb up** doganiać kogoś l **catch up on sth** nadrabiać zaległości l **be/get caught up in sth** być/zostać zamieszanym w coś ▸ *n* **1** chwyt, złapanie **2** połów **3** zamek, zatrzask, zacisk **4** pułapka

catchphrase /'kætʃfreɪz/ *n* powiedzenie, slogan

catchy /'kætʃi/ *adj* wpadający w ucho

categorical /,kætə'gɒrɪkl; *Am.* -'gɔ:r-/ *adj* kategoryczny l **categorically** /-kli/ *adv* kategorycznie

category /'kætəgəri; *Am.* -gɔ:ri/ *n* (*pl* -ies) kategoria l **categorize** (*także* -ise) *v* klasyfikować

cater /'keɪtə(r)/ *v* **1** ~ **for sb/sth; ~ to sth** zaspokajać (*potrzeby*), zadowalać (*gusta*) **2** ~ **(for sb/sth)** zaopatrywać w żywność l **catering** *n* dostarczanie artykułów żywnościowych: *the ~ industry* gastronomia

caterpillar /'kætəpɪlə(r)/ *n* gąsienica

cathedral /kə'θi:drəl/ *n* katedra

Catholic /'kæθlɪk/ *n* katoli-k/czka ▸ *adj* katolicki l **Catholicism** /kə'θɒləsɪzəm/ *n* katolicyzm

cattle /'kætl/ *n* bydło

caught *pt, pp od* CATCH

cauliflower /'kɒliaʊə(r)/ *n* kalafior

cause /kɔ:z/ *n* **1** przyczyna **2** ~ **(for sth)** powód l sprawa ▸ *v* powodować, sprawiać

caustic /'kɔ:stɪk/ *adj* **1** kaustyczny **2** (*humor.*) zjadliwy

caution /'kɔ:ʃn/ *n* **1** uwaga, ostrożność **2** upomnienie, pouczenie ▸ *v* przestrzegać, ostrzegać l **cautionary** /'kɔ:ʃənəri; *Am.* -neri/ *adj* ostrzegawczy

cautious /'kɔ:ʃəs/ *adj* ostrożny

cavalry /'kævlri/ *n* kawaleria, konnica

cave /keɪv/ *n* jaskinia ▸ *v* [PV] **cave in** zapadać się ● **'caveman** *n* jaskiniowiec

cavern /'kævən/ *n* pieczara, jaskinia

cavity /'kævəti/ *n* (*pl* -ies) **1** wydrążenie, dziura **2** ubytek

CD /,si: 'di:/ *skrót* płyta kompaktowa ● **'CD player** *n* odtwarzacz płyt kompaktowych

cease /si:s/ *v* (*form.*) zaprzestawać l **ceaseless** *adj* nieustanny, nieprzerwany ● **'ceasefire** *n* zawieszenie broni

cede /si:d/ *v* (*form.*) cedować

ceiling /'si:lɪŋ/ *n* **1** sufit **2** pułap

celebrate /'selɪbreɪt/ *v* **1** świętować, obchodzić (uroczyście) **2** celebrować l **celebration** /,selɪ'breɪʃn/ *n* **1** uroczystość **2** uczczenie l **celebratory** /,selə'breɪtəri/ *adj* uroczysty

celebrity /sə'lebrəti/ *n* (*pl* -ies) (*osoba*) sława

celery /'seləri/ *n* seler

celibate /'selɪbət/ *adj* (*form.*) żyjący w celibacie

cell /sel/ *n* **1** komórka **2** cela l **cellular** /'seljələ(r)/ *adj* komórkowy ● **,cellular 'phone** (*także* cellphone /'selfəʊn/) *n* (*zwł. Am.*) telefon komórkowy

cellar /'selə(r)/ *n* piwnica

cello /'tʃeləʊ/ *n* wiolonczela → GRAĆ l **cellist** *n* wiolonczelist-a/ka

cement /sɪ'ment/ *n* **1** cement **2** rodzaj kleju ▸ *v* **1** cementować **2** spajać (*klejem*) **3** utrwalać (*stosunki*)

cemetery /'semətri; *Am.* -teri/ *n* (*pl* -ies) cmentarz

censor /'sensə(r)/ *n* cenzor ▸ *v* cenzurować l **censorship** *n* cenzura

censure /'senʃə(r)/ *v* (*form.*) ostro krytykować ▸ *n* dezaprobata: *a vote of ~* wotum nieufności

census /'sensəs/ *n* spis ludności

cent /sent/ *n* cent

centenary /sen'ti:nəri; *Am.* -'tenəri/ *n* (*pl* -ies) (*Am. także* centennial /sen'teniəl/) setna rocznica

centimetre (*Am.* **-ter**) /'sentɪmi:tə(r)/ *n* centymetr

central /'sentrəl/ *adj* **1** centralny, środkowy: *Our flat is very ~.* Nasze mieszkanie jest w śródmieściu. **2** (*polit. itp.*) centralny **3** główny l **centralize** (*także* -ise) *v* /'sentrəlaɪz/ centralizować l **centralization** /,sentrəlaɪ'zeɪʃn; *Am.* -lə'z-/ *n* centralizacja l **centrally** /'sentrəli/ *adv* centralnie ● **,central 'heating** *n* centralne ogrzewanie

centre (*Am.* **-ter**) /'sentə(r)/ *n* **1** środek → ŚRODEK **2** centrum (*miasta; uwagi*) **3** ośrodek ► *v* [PV] **centre on/around sb/ sth** skupiać się na kimś/czymś

century /'sentʃəri/ *n* (*pl* **-ies**) stulecie, wiek

ceramic /sə'ræmɪk/ *adj* ceramiczny

cereal /'sɪəriəl/ *n* **1** zboże **2** płatki zbożowe

cerebral /'serəbrəl; *Am.* sə'riː-/ *adj* mózgowy

ceremonial /,serɪ'məʊniəl/ *adj* uroczysty

ceremony /'serəməni; *Am.* -məʊni/ *n* (*pl* **-ies**) **1** uroczystość **2** ceremonia: *with great* ~ z wszelkimi honorami

certain /'sɜːtn/ *adj* **1** pewny, przekonany: *He's* ~ *to agree.* Na pewno się zgodzi. → PEWNY **2** pewien **3** jakiś [IDM] **for certain** na pewno: *I don't know for* ~. Nie jestem pewny. | **make certain (that…)** **1** zapewniać (sobie) **2** upewniać się | **certainly** *adv* **1** na pewno, zdecydowanie **2** (*w odpowiedzi*) oczywiście, zdecydowanie | **certainty** *n* (*pl* **-ies**) **1** pewność **2** rzecz pewna

certificate /sə'tɪfɪkət/ *n* świadectwo, metryka

certify /'sɜːtɪfaɪ/ *v* (*3rd sing czasu pres* **-ies**; *pt, pp* **-ied**) poświadczać

cervix /'sɜːvɪks/ *n* (*pl* **-vices** -vɪsiːz/ *lub* **-vixes** /-vɪksɪz/) szyjka macicy

cesarean (*Am.*) = CAESAREAN

chain /tʃeɪn/ *n* **1** łańcuch, łańcuszek **2** sieć **3** szereg: *a* ~ *reaction* reakcja łańcuchowa ► *v* ~ **sb/sth (up) (to sth)** przykuwać łańcuchem ● **'chain-smoke** *v* palić nałogowo (*jednego papierosa za drugim*)

'chain store *n* sklep danej sieci

chair /tʃeə(r)/ *n* **1** krzesło **2** katedra (*uniwersytecka*) ► *v* przewodniczyć

chairperson /'tʃeəpɜːsn/ *n* **1** prezes **2** przewodnicząc-y/a ● W tych znaczeniach używa się także słów **chairman** (mężczyzna), **chairwoman** (kobieta) i **chair**.

chalet /'ʃæleɪ/ *n* dom/ek letniskowy/ kempingowy

chalk /tʃɔːk/ *n* kreda ● **'chalkboard** *n* (*Am.*) tablica szkolna

challenge /'tʃælɪndʒ/ *n* wyzwanie, zadanie (*wymagające wysiłku*) ► *v* **1** ~ **sb (to sth)** rzucać wyzwanie **2** kwestionować | **challenging** *adj* stawiający wysokie wymagania, ambitny

chamber /'tʃeɪmbə(r)/ *n* **1** sala **2** komora **3** izba ● **'chambermaid** *n* pokojówka | **'chamber music** *n* muzyka kameralna

chamomile /'kæməmaɪl/ *n* rumianek

champagne /ʃæm'peɪn/ *n* szampan

champion /'tʃæmpiən/ *n* **1** mistrz/yni **2** orędowni-k/czka ► *v* być orędownikiem | **championship** *n* mistrzostwo

chance /tʃɑːns; *Am.* tʃæns/ *n* **1** ~ **of (doing) sth;** ~ **(that…)** szansa: *stand a* ~ *(of sth/of doing sth)* mieć szansę (czegoś/coś robić) ◇ *There's a good* ~ *that…* Jest duże prawdopodobieństwo, że… **2 a** ~ **(of doing sth/to do sth)** okazja: *Give her a* ~ *to explain.* Pozwól jej wyjaśnić. → OKAZJA **3** ryzyko **4** traf, przypadek: *We'll have to leave it to* ~. Musimy się zdać na los szczęścia. ◇ *by* ~ przypadkiem [IDM] **by any chance** (*w pytaniu*) przypadkiem | **the chances are (that)…** (*nieform.*) wygląda na to, że | **on the off chance** na wszelki wypadek, na wypadek czegoś ► *v* (*nieform.*) ryzykować

chancellor /'tʃɑːnsələ(r); *Am.* 'tʃæns-/ *n* **1** kanclerz **2** (*także* ,Chancellor of the Ex'chequer) (*Br.*) minister finansów/ skarbu

chandelier /,ʃændə'lɪə(r)/ *n* żyrandol

change /tʃeɪndʒ/ *v* **1** zmieniać (się): ~ *the bed* zmieniać pościel **2** ~ **(sb/sth) (from sth) to/into sth** przemieniać (się) **3** wymieniać, zamieniać **4** przesiadać się (*do innego pociągu itp.*) **5** przebierać się (*w coś*): *get changed* przebierać się **6** rozmieniać, wymieniać (*pieniądze*) [IDM] **change hands** przechodzić z rąk do rąk | **change your tune** (*nieform.*), zmieniać front | **change your ways** zmienić się na lepsze [PV] **change over (from sth) (to sth)** przechodzić (*np. z jednego systemu na drugi*), z(a)mieniać się ► *n* **1** ~ **(in/to/of sth)** zmiana **2** [*U*] (*pieniądze*) drobne; reszta [IDM] **for a change** dla odmiany | **make a change** stanowić miłą odmianę | **changeable** *adj* zmienny ● **'changing room** *n* (*sport*) szatnia

channel /'tʃænl/ *n* kanał ► *v* (**-ll-**; *Am. także* **-l-**) nakierowywać

chant /tʃɑːnt; *Am.* tʃænt/ *n* **1** rytmicznie powtarzane hasło **2** pieśń ► *v* wykrzykiwać/śpiewać rytmicznie

chaos /'keɪɒs/ *n* chaos | **chaotic** /keɪ'ɒtɪk/ *adj* chaotyczny

chap /tʃæp/ *n* (*zwł. Br., nieform.*) facet

chapel /'tʃæpl/ *n* kaplica

chaplain /'tʃæplɪn/ *n* kapelan

chapter /'tʃæptə(r)/ *n* rozdział

character /'kærəktə(r)/ *n* **1** charakter: *in/out of* ~ (nie)typowy **2** (*nieform.*) osobnik **3** (*nieform.*) (ciekawa) postać, dziwa-k/czka **4** (*lit.*) postać: *the main* ~ bohater/ka **5** dobre imię **6** znak

characteristic /,kærəktə'rɪstɪk/ *n* cecha ► *adj* charakterystyczny

characterize (*także* -**ise**)
/'kærəktəraɪz/ *v* **1** charakteryzować
2 opisywać

charade /ʃəˈrɑːd; *Am.* -ˈreɪd/ *n*
1 (**charades**) kalambury **2** gra (*pozorów*)

charcoal /ˈtʃɑːkəʊl/ *n* węgiel drzewny

charge /tʃɑːdʒ/ *n* **1** opłata: *free of ~*
bezpłatnie → CENA **2** ~ (**of sth**)
oskarżenie: *bring/press ~s (against sb)*
wnosić oskarżenie (przeciwko komuś)
3 : *be in ~ (of sb/sth)* sprawować nadzór
nad kimś/czymś ◊ *take ~ (of sth)*
przejąć kontrolę/odpowiedzialność
◊ *Who is in ~ of the office today?* Kto
zarządza dziś biurem? **4** (*elektr.*)
ładunek **5** szarża ▶ *v* **1** pobierać opłatę,
policzyć komuś **2** ~ **sb** (**with sth**)
oskarżać **3** szarżować **4** (*elektr.*) ładować

chariot /ˈtʃæriət/ *n* rydwan

charisma /kəˈrɪzmə/ *n* charyzma |
charismatic /ˌkærɪzˈmætɪk/ *adj*
charyzmatyczny

charity /ˈtʃærəti/ *n* (*pl* -**ies**)
1 organizacja charytatywna: *raise
money for ~* zbierać pieniądze na cele
dobroczynne **2** życzliwość, miłosierdzie
| **charitable** *adj* **1** charytatywny
2 życzliwy ● '**charity shop** *n* sklep z
tanimi (zwykle używanymi)
artykułami, którego dochód jest
przekazywany (*na cele dobroczynne*)

charm /tʃɑːm/ *n* **1** urok **2** talizman ▶ *v*
1 oczarować **2** zaczarować | **charming**
adj uroczy

chart /tʃɑːt/ *n* **1** wykres **2** mapa
(*morska/nieba*) **3** (**the charts**) (*muz.*)
lista przebojów ▶ *v* **1** sporządzać mapę
(*morską/nieba*) **2** (prze)śledzić

charter /ˈtʃɑːtə(r)/ *n* **1** statut **2** czarter
▶ *v* **1** czarterować **2** wydawać licencję,
rejestrować: *a chartered accountant*
dyplomowany księgowy ● '**charter flight**
n lot czarterowy

chase /tʃeɪs/ *v* **1** gonić, ścigać **2** pędzić
▶ *n* pogoń, pościg

chasm /ˈkæzəm/ *n* (*i przen.*) przepaść

chassis /ˈʃæsi/ *n* (*pl* chassis /-siːz/)
podwozie

chaste /tʃeɪst/ *adj* cnotliwy, czysty
(*dot. seksu*) | **chastity** /ˈtʃæstəti/ *n*
cnota, czystość (*moralna*)

chat /tʃæt/ *n* pogawędka ▶ *v* (-**tt**-)
porozmawiać [PV] **chat sb up** (*Br.,
nieform.*) podrywać kogoś | **chatty** *adj*
1 gadatliwy **2** gawędziarski ● '**chat
room** *n* pokój czatowy (*w Internecie*) |
'**chat show** *n* telewizyjny/radiowy
wywiad ze znanymi ludźmi

chatter /ˈtʃætə(r)/ *v* **1** trajkotać
2 szczękać (*zębami*)

chauffeur /ˈʃəʊfə(r); *Am.* ʃəʊˈfɜːr/ *n*
szofer ▶ *v* wozić (zawodowo)
samochodem

chauvinism /ˈʃəʊvɪnɪzəm/ *n*
szowinizm | **chauvinist** *n* szowinist-a/
ka

cheap /tʃiːp/ *adj* **1** tani **2** tandetny ▶
adv (*nieform.*) tanio | **cheaply** *adv* tanio

cheat /tʃiːt/ *v* **1** ~ (**at sth**) oszukiwać
2 ~ (**on sb**) zdradzać [PV] **cheat sb** (**out**)
of sth wyłudzać coś od kogoś ▶ *n*
oszust/ka

check /tʃek/ *v* **1** sprawdzać
2 powstrzymywać **3** (*Am.*) zakreślać [PV]
check in (**at...**) przechodzić odprawę |
check in (**at...**); **check into...** (**za**)
meldować się | **check sth in** odprawiać
(*bagaż*) | **check sth off** zaznaczać
(*pozycje w spisie*) | **check** (**up**) **on sb/sth;
check sb/sth out** sprawdzać kogoś/coś |
check out (**of...**) wymeldować się (*z
hotelu*) ▶ *n* **1** a ~ (**on sth**) kontrola
2 zahamowanie **3** szach **4** (*Am.*) =
CHEQUE **5** (*Am.*) rachunek **6** (*Am.*) fajka
7 krat(k)a[IDM] **hold/keep sth in check**
powstrzymywać coś | **checked** *adj* w
krat(k)ę ● '**checkbook** (*Am.*) =
CHEQUEBOOK | '**check-in** *n* **1** odprawa
2 stanowisko odprawy pasażerów |
'**checking account** *n* (*Am.*) konto
bieżące | '**checklist** *n* lista rzeczy (*do
załatwienia*) | '**checkout** *n* kasa |
'**checkpoint** *n* punkt kontrolny | '**check-
up** *n* badanie lekarskie

checkers /ˈtʃekəz/ *n* (*Am.*) warcaby

checkmate /ˌtʃekˈmeɪt/ *n* szach i mat

cheek /tʃiːk/ *n* **1** policzek **2** (*Br.*)
bezczelność | **cheeky** *adj* bezczelny
● '**cheekbone** *n* kość policzkowa

cheer /tʃɪə(r)/ *v* **1** wznosić okrzyki,
wiwatować **2** dodawać otuchy [PV]
cheer (**sb/sth**) **up** rozweselać (się):
Cheer up! Głowa do góry! ▶ *n* okrzyk,
wiwat

cheerful /ˈtʃɪə/ *adj* pogodny

cheerio /ˌtʃɪəriˈəʊ/ *interj* (*Br., nieform.*)
cześć! (*na pożegnanie*)

cheers /tʃɪəz/ *interj* (*zwł. Br., nieform.*)
1 na zdrowie! **2** czołem! **3** dziękuję

cheery /ˈtʃɪəri/ *adj* wesoły

cheese /tʃiːz/ *n* ser

cheesecake /ˈtʃiːzkeɪk/ *n* sernik

cheetah /ˈtʃiːtə/ *n* gepard

chef /ʃef/ *n* szef kuchni

chemical /ˈkemɪkl/ *adj* chemiczny ▶ *n*
substancja chemiczna

chemist /ˈkemɪst/ *n* **1** apteka-rz/rka
2 chemik | **chemist's** *n* apteka

chemistry /ˈkemɪstri/ *n* **1** chemia
2 skład chemiczny

cheque /tʃek/ *n* czek ● '**chequebook** *n*
książeczka czekowa | '**cheque card** *n*
karta gwarantująca czek

cherish /ˈtʃerɪʃ/ *v* (*jęz. pis.*) **1** troszczyć
się o kogoś/coś: *The ring is her most*

cherished possession. Ten pierścionek to najcenniejsze, co posiada. **2** żywić (*pozytywne myśli, uczucia*)

cherry /'tʃeri/ *n* (*pl* **-ies**) wiśnia, czereśnia: *a ~ (tree)* wiśnia/czereśnia

cherub /'tʃerəb/ *n* aniołek

chess /tʃes/ *n* szachy: *a ~board* szachownica

chest /tʃest/ *n* **1** skrzynia **2** klatka piersiowa [IDM] **get sth off your chest** (*nieform.*) wygadać się ● **,chest of 'drawers** *n* komoda

chestnut /'tʃesnʌt/ *n* kasztan

chew /tʃuː/ *v* **1** żuć **2 ~ (on) sth** obgryzać ● **'chewing gum** *n* guma do żucia

chick /tʃɪk/ *n* **1** pisklę **2** kurczątko

chicken /'tʃɪkɪn/ *n* kurczę, kurczak ● **'chickenpox** *n* ospa wietrzna

chicory /'tʃɪkəri/ *n* (*Br.*) cykoria

chief /tʃiːf/ *n* **1** wódz (*plemienia*) **2** szef, kierownik: *the ~ of police* komendant policji ▶ *adj* **1** główny **2** naczelny | **chiefly** *adv* głównie

child /tʃaɪld/ *n* (*pl* **-ren** /'tʃɪldrən/) dziecko: *an only ~* jedyna-k/czka | **childhood** *n* dzieciństwo | **childless** *adj* bezdzietny | **childish** *adj* (*często z dezaprob.*) dziecinny ● **'childbirth** *n* poród | **'childcare** *n* opieka nad dziećmi | **'childlike** *adj* (*zwł. z aprob.*) dziecięcy | **'childminder** *n* (*Br.*) opiekun/ka do dziecka

chill /tʃɪl/ *n* **1** chłód **2** przeziębienie: *catch a ~* przeziębiać się ▶ *v* chłodzić (się) | **chilling** *adj* mrożący krew w żyłach | **chilly** *adj* **1** zimny **2** oziębły

chilli (*Am.* **chili**) /'tʃɪli/ *n* (*pl* **-es**) papryka chilli

chime /tʃaɪm/ *v* **1** wydzwaniać **2** wybijać godziny ▶ *n* **1** dzwonek **2** kurant

chimney /'tʃɪmni/ *n* komin ● **'chimney sweep** *n* kominiarz

chimpanzee /ˌtʃɪmpæn'ziː/ (*nieform.* chimp) *n* szympans

chin /tʃɪn/ *n* podbródek: *a double ~* podwójny podbródek

china /'tʃaɪnə/ *n* porcelana

chink /tʃɪŋk/ *n* szpara, szczelina

chip /tʃɪp/ *n* **1** drzazga, odłamek **2** szczerba: *This dish has a ~ in it.* Ten talerz jest wyszczerbiony. **3** frytka **4** = POTATO CHIP **5** żeton **6** = MICROCHIP [IDM] **have a chip on your shoulder (about sth)** (*nieform.*) mieć pretensje do całego świata (o coś) ▶ *v* (**-pp-**) wyszczerbiać (się), odłupywać (się) ● **'chip shop** (*nieform.* chippy) *n* smażalnia (*ryb i chipsów*)

chirp /tʃɜːp/ *v* szczebiotać, ćwierkać

chisel /'tʃɪzl/ *n* dłuto

chlorine /'klɔːriːn/ *n* chlor

chocolate /'tʃɒklət/ *n* czekolada ▶ *adj* czekoladowy

choice /tʃɔɪs/ *n* wybór: *a ~ of six films* sześć filmów do wyboru ◇ *What is your ~ of colour?* Jaki kolor byś wybrał? [IDM] **out of/from choice** z (własnego) wyboru

choir /'kwaɪə(r)/ *n* chór

choke /tʃəʊk/ *v* **1** dławić (się) **2 ~ sth (up) (with sth)** wypełniać, zatykać [PV] **choke sth back** dławić (*np. łzy*), dusić w sobie (*np. emocje*) ▶ *n* (*aut.*) ssanie

cholera /'kɒlərə/ *n* (*med.*) cholera

cholesterol /kə'lestərɒl; *Am.* -rɔːl/ *n* cholesterol

choose /tʃuːz/ *v* (*pt* **chose** /tʃəʊz/; *pp* **chosen** /'tʃəʊzn/) **1** wybierać **2** decydować się, woleć: *whenever you ~* kiedy tylko zechcesz

choosy /'tʃuːzi/ *adj* (*nieform.*) grymaśny, wybredny

chop /tʃɒp/ *v* (**-pp-**) **~ sth (up) (into sth)** rąbać, siekać [IDM] **chop and change** często zmieniać zdanie [PV] **chop sth down** ścinać| **chop sth off (with sth)** odcinać, odrąbywać coś (od/z czegoś) ▶ *n* **1** rąbanie, ścięcie **2** kotlet (*z kostką*) ● **'chopping board** *n* deska do krojenia

choral /'kɔːrəl/ *adj* chóralny

chord /kɔːd/ *n* akord

chore /tʃɔː(r)/ *n* robota: *household ~s* prace domowe

choreographer /ˌkɒri'ɒɡrəfə(r)/ *n* choreograf

chorus /'kɔːrəs/ *n* **1** refren **2** utwór chóralny **3** chór(ek) **4** chóralne okrzyki ▶ *v* mówić/śpiewać chórem

chose *pt od* CHOOSE

chosen *pp od* CHOOSE

Christ /kraɪst/ Chrystus

christen /'krɪsn/ *v* **1** chrzcić **2** nadawać imię | **christening** *n* chrzciny

Christian /'krɪstʃən/ *n* chrześcijan-in/ka ▶ *adj* chrześcijański ● **'Christian name** *n* (*Br.*) imię → NAME

Christmas /'krɪsməs/ *n* Boże Narodzenie: *~ Day* dzień Bożego Narodzenia ◇ *Merry ~!* Wesołych Świąt (Bożego Narodzenia)! ◇ *the ~ holidays* ferie świąteczne (w okresie Bożego Narodzenia) ❶ Christmas dinner to tradycyjny obiad bożonarodzeniowy, na który podaje się pieczonego indyka i Christmas pudding (deser z owoców suszonych i przypraw korzennych, często z dodatkiem brandy, ugotowany na parze). ● **'Christmas card** *n* kartka świąteczna| **,Christmas 'Eve** *n* Wigilia| **'Christmas tree** *n* choinka

chrome /krəʊm/ (*także* chromium /-ɪəm/) *n* chrom

chromosome /ˈkrəʊməsəʊm/ *n* chromosom

chronic /ˈkrɒnɪk/ *adj* przewlekły

chronicle /ˈkrɒnɪkl/ *n* (*często w pl*) kronika

chronological /ˌkrɒnəˈlɒdʒɪkl/ *adj* chronologiczny

chubby /ˈtʃʌbi/ *adj* pucołowaty

chuck /tʃʌk/ *v* (*nieform.*) **1** rzucać **2** wyrzucać **3 ~ sth(in)** rzucać (*np. pracę*)

chuckle /ˈtʃʌkl/ *v* chichotać ▸ *n* zduszony śmiech

chunk /tʃʌŋk/ *n* kawał(ek)| **chunky** *adj* **1** grudkowaty, gruby **2** (*osoba*) przysadzisty

church /tʃɜːtʃ/ *n* kościół → KOŚCIÓŁ ● **'churchyard** *n* dziedziniec kościelny

churn /tʃɜːn/ *v* **1 ~ (sth) (up)** wzburzać (się) **2**: *It made my stomach ~.* Robiło mi się niedobrze. [PV] **churn sth out** (*nieform.*) produkować coś szybko i w dużych ilościach

chute /ʃuːt/ *n* zsyp, rynna

cider /ˈsaɪdə(r)/ *n* (*napój*) jabłecznik

cigar /sɪˈɡɑː(r)/ *n* cygaro

cigarette /ˌsɪɡəˈret; *Am.* ˈsɪɡ-/ *n* papieros ● **ciga'rette lighter** *n* zapalniczka

cinders /ˈsɪndəz/ *n* [*pl*] **1** rozżarzone węgielki **2** żużel

cinema /ˈsɪnəmə/ *n* kino: *He's interested in ~.* Interesuje się filmem.

cinnamon /ˈsɪnəmən/ *n* cynamon

circle /ˈsɜːkl/ *n* **1** koło, krąg **2** (*teatr*) balkon ▸ *v* **1** krążyć **2** zakreślać

circuit /ˈsɜːkɪt/ *n* **1** (*elektr.*) obwód **2** arena sportowa **3** okrążenie

circular /ˈsɜːkjələ(r)/ *adj* **1** okrągły **2** okrężny ▸ *n* okólnik

circulate /ˈsɜːkjəleɪt/ *v* **1** krążyć **2** puszczać w obieg **3** utrzymywać cyrkulację czegoś

circulation /ˌsɜːkjəˈleɪʃn/ *n* **1** obieg **2** nakład **3** krążenie krwi

circumcise /ˈsɜːkəmsaɪz/ *v* obrzezywać| **circumcision** /ˌsɜːkəmˈsɪʒn/ *n* obrzezanie

circumference /səˈkʌmfərəns/ *n* (*geom.*) obwód

circumstance /ˈsɜːkəmstəns/ *n* **1** okoliczność **2** (**circumstances**) sytuacja materialna [IDM] **in/under no circumstances** w żadnym wypadku| **in/ under the circumstances** w tych okolicznościach

circus /ˈsɜːkəs/ *n* cyrk

cistern /ˈsɪstən/ *n* zbiornik (*na wodę*), rezerwuar klozetowy

cite /saɪt/ *v* (*form.*) cytować

citizen /ˈsɪtɪzn/ *n* **1** obywatel/ka: *a senior ~* emeryt **2** mieszkaniec miasta| **citizenship** *n* obywatelstwo

citrus fruit /ˈsɪtrəs fruːt/ *n* owoc cytrusowy

city /ˈsɪti/ *n* (*pl* **-ies**) **1** miasto **2** (**the City**) centrum finansowe Londynu

civic /ˈsɪvɪk/ *adj* miejski, obywatelski: *~ pride* patriotyzm lokalny ◊ *a ~ centre* administracyjne centrum miasta

civil /ˈsɪvl/ *adj* **1** społeczny, obywatelski **2** cywilny: *~ engineering* inżynieria lądowa i wodna- **3** poprawny, uprzejmy ● ˌcivil 'servant *n* urzędnik państwowy| ˌcivil 'war *n* wojna domowa

civilian /səˈvɪliən/ *n* cywil

civilization (*także* **-isation**) /ˌsɪvəlaɪˈzeɪʃn; *Am.* -ləˈz-/ *n* **1** cywilizacja **2** ludzkość

civilize (*także* **-ise**) /ˈsɪvəlaɪz/ *v* cywilizować

CJD /ˌsiː dʒeɪ ˈdiː/ *skrót* choroba Creutzfeldta-Jakoba

claim /kleɪm/ *v* **1** twierdzić: *~ responsibility for sth* przyznać się do czegoś **2 ~ (for sth)** występować o coś, domagać się czegoś ▸ *n* **1** twierdzenie **2 ~ (for sth)** roszczenie, wystąpienie o coś: *a pay ~* wystąpienie o podwyżkę **3 ~ (to sth)** prawo (do czegoś)| **claimant** *n* osoba zgłaszająca roszczenia

clam /klæm/ *n* małż ▸ *v* (**mm-**) [PV] **clam up** (*nieform.*) zamykać się w sobie, przestawać mówić

clamber /ˈklæmbə(r)/ *v* wdrapywać się

clammy /ˈklæmi/ *adj* wilgotny

clamour (*Am.* **-or**) /ˈklæmə(r)/ *v* **~ for sth** głośno domagać się czegoś ▸ *n* wrzawa

clamp /klæmp/ *n* **1** klamra **2** = WHEEL CLAMP ▸ *v* **1** spinać klamrą **2** ściskać **3** nakładać blokadę kół [PV] **clamp down on sb/sth** (*nieform.*) brać się za kogoś/ do czegoś

clandestine /klænˈdestɪn/ *adj* (*form.*) podziemny, potajemny, tajny

clang /klæŋ/ *n* brzęk ▸ *v* **1** brzęczeć **2** pobrzękiwać

clank /klæŋk/ *n* szczęk ▸ *v* **1** szczękać **2** pobrzękiwać

clap /klæp/ *v* (**-pp-**) **1** klaskać **2** szybko nakładać ▸ *n* **1** oklaski **2** huk: *a ~ of thunder* grzmot

clarify /ˈklærəfaɪ/ *v* (*3rd sing czasu pres* **-ies**; *pt, pp* **-ied**) wyjaśniać| **clarification** /ˌklærəfɪˈkeɪʃn/ *n* wyjaśnienie

clarinet /ˌklærəˈnet/ *n* klarnet → GRAĆ

clarity /ˈklærəti/ *n* jasność

clash /klæʃ/ *v* **1 ~ (with sb) (over sth)** ścierać się **2** kolidować ze sobą **3** (*kolory*) gryźć się ze sobą, nie pasować

4 szczękać ▶ *n* **1** starcie **2** sprzeczność **3** brzęk, szczęk

clasp /klɑːsp; *Am.* klæsp/ *v* ściskać ▶ *n* zameczek, zapinka

class /klɑːs; *Am.* klæs/ *n* **1** klasa **2** lekcja, zajęcia **3** (*zool.*) gromada **4** (*Br.*): *a first-class degree* ukończenie studiów z wynikiem bardzo dobrym ▶ *v* klasyfikować I **classy** *adj* (*nieform.*) wytworny ● **'classmate** *n* kole-ga/żanka z klasy I **'classroom** *n* klasa

classic /'klæsɪk/ *adj* klasyczny ▶ *n* **1** dzieło klasyki **2** (**Classics**) filologia klasyczna

classical /'klæsɪkl/ *adj* **1** (*muz.*) poważny **2** klasyczny

classify /'klæsɪfaɪ/ *v* (*3rd sing czasu pres* -ies; *pt, pp* -ied) klasyfikować I **classified** *adj* zastrzeżony, tajny ● **classified ad'vertisements** (*Br., nieform.* ˌclassified 'ads*) *n* ogłoszenia drobne

clatter /'klætə(r)/ *n* stukot ▶ *v* stukotać

clause /klɔːz/ *n* **1** klauzula **2** zdanie

claw /klɔː/ *n* **1** pazur **2** szpon

clay /kleɪ/ *n* glina

clean /kliːn/ *adj* **1** czysty **2** przyzwoity **3** nie karany: *a ~ driving licence* prawo jazdy bez punktów karnych ▶ *v* **1** czyścić **2** sprzątać [PV] **clean sth out** wyczyścić (*wnętrze czegoś*) I **clean (sth) up 1** po-/sprzątać (coś) **2** wyczyścić coś I *adv* (*nieform.*) kompletnie, całkowicie I **cleanly** *adv* (*kroić itp.*) równo [IDM] **come clean (with sb) (about sth)** (*nieform.*) przyznawać się (do czegoś) I **cleanliness** /'klenlinəs/ *n* czystość ● ˌclean-'shaven *adj* ogolony

cleaner /'kliːnə(r)/ *n* **1** sprzątacz/ka **2** substancja/przyrząd do czyszczenia **3** (**cleaner's**) = DRY-CLEANER'S

cleanse /klenz/ *v* oczyszczać I **cleanser** *n* płyn do zmywania twarzy

clear /klɪə(r)/ *adj* **1** przejrzysty **2** jasny: *make yourself ~* wyrażać się jasno ◊ *make sth ~ to sb* dać coś komuś jasno do zrozumienia ◊ *a ~ advantage* oczywista korzyść **3** (*głos itp.*) wyraźny **4** ~ (**about/on sth**) pewny **5** czysty **6** (*skóra*) gładki **7** wolny (od czegoś) ▶ *v* **1** uprzątać, sprzątać **2** rozwiewać się **3** przecierać się **4** przeskakiwać **5** przepuszczać: *The plane was cleared for take-off.* Samolot dostał pozwolenie na start. **6** załatwiać **7** realizować (*czek*) **8** ~ **sb** (**of sth**) oczyszczać (*z zarzutów*) [IDM] **clear the air** oczyścić atmosferę I **clear your throat** odchrząkiwać [PV] **clear off** (*nieform.*) spływać I **clear sth out** wysprzątać I **clear up 1** przecierać się **2** przechodzić I **clear (sth) up** sprzątać (coś) I **clear sth up** rozwiązywać/wyjaśniać coś I *adv* **1** wyraźnie **2** z dala: *stand ~ of the doors*

odsunąć się od drzwi I **clearly** *adv* wyraźnie ● ˌclear-'cut *adj* oczywisty I , clear-'headed *adj* trzeźwo myślący I , clear-'sighted *adj* wnikliwy i przewidujący

clearance /'klɪərəns/ *n* **1** oczyszczenie, usunięcie: *a ~ sale* wyprzedaż **2** dopuszczaln-y/a odstęp/wysokość (*np. statku, samochodu*) **3** zezwolenie **4** odprawa

clearing /'klɪərɪŋ/ *n* polana

cleavage /'kliːvɪdʒ/ *n* rowek (*między piersiami*), dekolt

clef /klef/ *n* (*muz.*) klucz

clench /klentʃ/ *v* zaciskać

clergy /'klɜːdʒi/ *n* duchowieństwo ● **'clergyman** (*f. żeńska* '-woman) *n* (*pl* -men; -women) duchown-y/a

clerical /'klerɪkl/ *adj* **1** biurowy **2** klerykalny

clerk /klɑːk; *Am.* klɜːrk/ *n* **1** urzędni-k/czka **2** (*Am.*) = SALES CLERK

clever /'klevə(r)/ *adj* **1** zdolny **2** pomysłowy

cliché /'kliːʃeɪ; *Am.* kliːˈʃeɪ/ *n* komunał

click /klɪk/ *v* **1** lekko trzaskać **2** pstrykać **3** klikać **4** (*Br., nieform.*) przypaść sobie do gustu **3** (*nieform.*): *Once I'd found the missing letter, everything clicked into place.* Gdy znalazłam zagubiony list, wszystkie sprawy ułożyły sięwspaniale. ▶ *n* **1** trzask, pstryk **2** klik

client /'klaɪənt/ *n* **1** klient/ka **2** komputer przyłączony do serwera

clientele /ˌkliːənˈtel; *Am.* ˌklaɪ-/ *n* klientela ❶ Znaczy zarówno **clients** (usługi), jak i **customers** (sklepu, restauracji itp.).

cliff /klɪf/ *n* klif, urwisko

climate /'klaɪmət/ *n* **1** klimat **2** nastrój, atmosfera

climax /'klaɪmæks/ *n* punkt kulminacyjny ▶ *v* osiągać punkt kulminacyjny

climb /klaɪm/ *v* **1** wspinać się **2** wchodzić (*na górę*) **3** gramolić się **4** wznosić się **5** podnosić się [PV] **climb down (sth)** schodzić (z czegoś/po czymś) I **climb down (over sth)** (*nieform.*) ustąpić (w kwestii czegoś) ▶ *n* wspinanie się I **climber** *n* alpinist-a/ka

clinch /klɪntʃ/ *v* (*nieform.*) **1** sfinalizować (*np. sprawę*) **2** rozstrzygnąć (*np. spór*)

cling /klɪŋ/ *v* (*pt, pp* clung /klʌŋ/) **1** ~ (**on**) **to sb/sth; ~ together** lgnąć: *They clung together.* Przytulili się do siebie. **2** trwać przy czymś **3** przylegać ● **'cling film** *n* folia do żywności

clinic /'klɪnɪk/ *n* **1** klinika **2** godziny przyjęć lekarza

clinical /'klınıkl/ *adj* **1** kliniczny **2** (*osoba*) chłodny

clink /klıŋk/ *n* brzęk ▶ *v* **1** brzęczeć **2** pobrzękiwać: ~ *glasses* stuknąć się kieliszkami

clip /klıp/ *n* **1** spinacz, spinka **2** (*film*) zwiastun **3** (*nieform.*) kuksaniec ▶ *v* (**-pp-**) **1** spinać (się), przypinać (*spinaczem*) **2** przycinać | **clipping** *n* (*Am.*) wycinek (*prasowy*) ● **'clip art** *n* (*komput.*) zestaw ilustracji dołączany do programów

clipboard /'klıpbɔ:d/ *n* **1** twarda podkładka z klipsem do wpinania kartek **2** (*komput.*) schowek

clippers /'klıpəz/ *n* [*pl*] **1** obcinacz do paznokci **2** maszynka do strzyżenia **3** sekator

clitoris /'klıtərıs/ *n* łechtaczka

cloak /kləʊk/ *n* peleryna

cloakroom /'kləʊkru:m/ *n* szatnia

clock /klɒk/ *n* **1** zegar **2** (*aut.*) licznik [IDM] **against the clock** pod presją czasu: *a race against the* ~ wyścig z czasem | **around/round the clock** całą dobę ▶ *v* [PV] **clock in/on; clock off/out** rejestrować godzinę przyjścia do/ wyjścia z pracy | **clock sth up 1** (*aut.*) przejechać **2** (*robotnik itp.*) przepracować | **clockwise** *adv, adj* zgodnie/ny z kierunkiem ruchu wskazówek zegara

clockwork /'klɒkwз:k/ *n* mechanizm zegarowy: *go like* ~ iść jak w zegarku

clog /klɒg/ *n* (*obuwie*) drewniak ▶ *v* (**-gg-**)~(**sth**) (**up**) (**with sth**) zapychać (się)

clone /kləʊn/ *n* klon ▶ *v* klonować

close¹ /kləʊs/ *adj* **1** bliski: ~ *to the beach* blisko plaży ◊ ~ *together* blisko siebie ◊ *come closer* zbliżać się ◊ *It's* ~ *to midnight.* Zbliża się północ. **2** (*wygrane konkursu itp.*) z niewielką przewagą **3** dokładny **4** duszny: *It's* ~ *in here.* Duszno tu. [IDM] **a close shave** uniknięcie nieszczęścia o mały włos | **keep a close watch on sb/sth** nie spuszczać kogoś/czegoś z oka ▶ *adv* blisko: *hold sb* ~ przytulić kogoś do siebie [IDM] **close by (sb/sth)** tuż obok (kogoś/czegoś) | **close on** niemal | **close up (to sb/sth)** z bliska | **come close (to (doing) sth)** być o włos (od (zrobienia) czegoś) | określenie ulicy (*zwł. bez wylotu*) | **closely** *adv* uważnie, dokładnie

close² /kləʊz/ *v* **1** zamykać (się) **2** zaciągać (*zasłony*) **3** kończyć (się) [PV] **close down** ulegać likwidacji | **close sth down** likwidować (*np. fabrykę*) | **close in (on sb/sth)** otaczać (kogoś/coś) (*zwł. w celu ataku*) | **close sth off** zamykać (*np. ulicę*) ▶ *n* koniec: *come to a* ~ kończyć

się ◊ *bring sth to a* ~ zakończyć coś | **closed** *adj* zamknięty ● **'close-up** *n* (*fot.*) zbliżenie

closet /'klɒzıt/ *n* (*zwł. Am.*) szafa w ścianie

closure /'kləʊʒə(r)/ *n* likwidacja (*np. fabryki*)

clot /klɒt/ *n* skrzep ▶ *v* (**-tt-**) (*krew, śmietana*) ścinać się

cloth /klɒθ/ *n* (*pl* **-s** /klɒθs; *Am.* klɔ:ðz/) **1** materiał, tkanina **2** ścierka **3** = TABLECLOTH

clothe /kləʊð/ *v* ubierać

clothes /kləʊ(ð)z/ *n* [*pl*] ubranie ❶ Do określenia pojedynczej części ubrania używa się **an item/a piece/an article of clothing.** ● **'clothes-hanger** = HANGER | **'clothes line** *n* sznur do suszenia bielizny | **'clothes peg** (*Br.*) (*Am.* *'clothespin*) *n* klamerka do bielizny

clothing /'kləʊðıŋ/ *n* odzież (*konkretnego rodzaju*): *waterproof* ~ odzież nieprzemakalna

cloud /klaʊd/ *n* **1** chmura **2** kłąb, tuman ▶ *v* **1** mglić (się) **3** zaburzać [PV] **cloud over** (*i przen.*) zachmurzyć się | **cloudless** *adj* bezchmurny | **cloudy** *adj* **1** zachmurzony **2** mętny

clout /klaʊt/ *n* (*nieform.*) **1** kuksaniec **2** posłuch

clove /kləʊv/ *n* **1** (*przyprawa*) goździk **2** ząbek (*czosnku*)

clover /'kləʊvə(r)/ *n* koniczyna ❶ Znalezienie czterolistnej koniczyny uważane jest za dobry znak również w krajach anglojęzycznych.

clown /klaʊn/ *n* błazen ▶ *v* ~ (**about/ around**) błaznować

club /klʌb/ *n* **1** klub **2** = NIGHTCLUB **3** maczuga **4** kij do golfa **5** trefl ▶ *v* (**-bb-**) walić ciężkim przedmiotem [PV] **club together (to do sth)** składać się (*na kupno czegoś*)

clue /klu:/ *n* trop, wskazówka [IDM] **not have a clue** (*nieform.*) nie mieć pojęcia | **clueless** *adj* (*nieform.*) (*przen.*) ciemny, głupi

clump /klʌmp/ *n* kępa

clumsy /'klʌmzi/ *adj* **1** niezdarny **2** nietaktowny

clung *pt, pp* od CLING

cluster /'klʌstə(r)/ *n* **1** grono **2** kiść ▶ *v* [PV] **cluster round sb/sth** gromadzić się wokół kogoś/czegoś

clutch /klʌtʃ/ *v* trzymać kurczowo ▶ *n* (**clutches**) szpony **2** sprzęgło

clutter /'klʌtə(r)/ *n* rozgardiasz ▶ *v* ~ **sth** (**up**) zaśmiecać

coach /kəʊtʃ/ *n* **1** autokar **2** wagon **3** powóz, kareta **4** dyliżans **5** trener ▶ *v* trenować

coal /kəʊl/ *n* **1** węgiel **2** (**coals**) żarzące się węgle

coalition /ˌkəʊəˈlɪʃn/ *n* koalicja

coarse /kɔːs/ *adj* **1** gruboziarnisty **2** szorstki **3** grubiański

coast /kəʊst/ *n* wybrzeże, brzeg ▶ *v* **1** zjeżdżać (*na wolnym biegu*) **2** łatwo dochodzić do czegoś: *They coasted to victory.* Zwycięstwo przyszło im bez trudu. | **coastal** *adj* przybrzeżny ● **'coastline** *n* linia brzegowa

coat /kəʊt/ *n* **1** płaszcz, palto **2** sierść **3** warstwa ▶ *v* ~ **sth** (**with/in sth**) **1** pokrywać **2** powlekać | **coating** *n* **1** warstewka **2** powłoka ● **'coat hanger** *n* = HANGER | ˌcoat of 'arms *n* herb

coax /kəʊks/ *v* nakłonić kogoś do zrobienia czegoś: ~ *a cat out of a basket* wywabić kota z koszyka

cobbles /ˈkɒblz/ (*także* 'cobblestones) *n* [*pl*] kostka brukowa | **cobbled** *adj* brukowany

cobweb /ˈkɒbweb/ *n* pajęczyna (*zwł. stara i zakurzona*)

cocaine /kəʊˈkeɪn/ *n* kokaina

cock /kɒk/ *n* **1** (*Br.*) kogut **2** samiec (*ptaka*) ● **'cock-up** *n* partanina

cockney /ˈkɒkni/ *n* **1** rodowity londyńczyk (*zwł. z dzielnicy wschodniej*) **2** gwara mieszkańców dzielnicy wschodniej Londynu ▶ *adj* wschodniolondyński

cockpit /ˈkɒkpɪt/ *n* kabina (*pilota/ samochodu wyścigowego*)

cockroach /ˈkɒkrəʊtʃ/ *n* (*Br.*) karaluch

cocktail /ˈkɒkteɪl/ *n* koktajl

cocoa /ˈkəʊkəʊ/ *n* kakao

coconut /ˈkəʊkənʌt/ *n* kokos, orzech kokosowy

cocoon /kəˈkuːn/ *n* kokon

cod /kɒd/ *n* (*pl* cod) dorsz

code /kəʊd/ *n* **1** kod, szyfr, numer **2** kodeks ▶ *v* kodować

coerce /kəʊˈɜːs/ *v* (*form.*) zmuszać

coexist /ˌkəʊɪɡˈzɪst/ *v* współistnieć

coffee /ˈkɒfi/ *n* kawa ● **'coffee break** *n* przerwa na kawę | **'coffee table** *n* niski stolik

coffin /ˈkɒfɪn/ *n* trumna

cog /kɒɡ/ *n* (*mech.*) tryb

coherent /kəʊˈhɪərənt/ *adj* spójny, logiczny

coil /kɔɪl/ *v* zwijać (się) w kłębek ▶ *n* **1** zwój **2** spirala domaciczna

coin /kɔɪn/ *n* moneta ▶ *v* ukuć

coincide /ˌkəʊɪnˈsaɪd/ *v* **1** zbiegać się **2** być zbieżnym

coincidence /kəʊˈɪnsɪdəns/ *n* zbieg okoliczności: *By an incredible ~...*

Niesamowitym zbiegiem okoliczności...

coincidental /kəʊˌɪnsɪˈdentl/ *adj* przypadkowy

colander /ˈkʌləndə(r)/ *n* durszlak, cedzak

cold /kəʊld/ *adj* **1** zimny: *It's ~.* Jest zimno. ◇ *I'm ~.* Jest mi zimno. **2** (*osoba*) chłodny |IDM| **cold turkey** nagle i zdecydowanie coś robić (*np. rzucić palenie*)| **get/have cold feet** (*nieform.*) bać się ▶ **1** *n* zimno: *feel the ~* źle znosić zimno **2** przeziębienie: *catch/get a ~* przeziębić się ▶ ● ˌcold-'blooded *adj* **1** zimnokrwisty **2** bezlitosny | ˌcold-'hearted *adj* zimny, nieczuły

collaborate /kəˈlæbəreɪt/ *v* **1** współpracować **2** kolaborować

collapse /kəˈlæps/ *v* **1** zawalić się **2** padać (*z wyczerpania*) **3** upadać **4** bankrutować ▶ *n* **1** zawalenie się **2** załamanie (*fizyczne/nerwowe*) **3** upadek **4** krach

collar /ˈkɒlə(r)/ *n* **1** kołnierz(yk) **2** obroża ● **'collarbone** *n* obojczyk

collateral /kəˈlætərəl/ *n* zastaw, zabezpieczenie spłaty długu

colleague /ˈkɒliːɡ/ *n* kolega (*z pracy*) → FRIEND

collect /kəˈlekt/ *v* **1** ~ **sth** (**up**) zbierać **2** gromadzić się **3** kolekcjonować **4** pobierać (*opłaty*) **5** zbierać pieniądze (*na cele dobroczynne*) **6** odbierać **7** ~ **yourself** opanować się **8** pozbierać (*np. myśli*) ▶ *adj*, *adv* (*Am.*) na koszt abonenta

collection /kəˈlekʃn/ *n* **1** kolekcja, zbiór **2** grupa **3** stos **4** odbiór **5** (*lit.*) wybór, antologia **6** zbiórka pieniędzy **7** zestaw

collective /kəˈlektɪv/ *adj* zbiorowy ▶ *n* spółdzielnia

collector /kəˈlektə(r)/ *n* **1** kolekcjoner **2** poborca (*podatkowy*), inkasent: *a ticket ~* kontroler biletów

college /ˈkɒlɪdʒ/ *n* **1** szkoła wyższa ❶ Jeżeli ktoś uczęszcza do **college** jako student/ka, wówczas przed tym *n* nie używa się **the**: *He's at ~ in York.* Natomiast mówiąc o **college** jako instytucji czy budynku, używa się **the**: *I went to an exhibition at the ~ last night.* **2** kolegium

collide /kəˈlaɪd/ *v* ~ (**with sb/sth**) zderzać się, wpadać (na kogoś/coś)

colliery /ˈkɒliəri/ *n* (*pl* -ies) (*Br.*) kopalnia węgla (*z budynkami*)

collision /kəˈlɪʒn/ *n* zderzenie

colloquial /kəˈləʊkwiəl/ *adj* potoczny

collusion /kəˈluːʒn/ *n* (*form.*) zmowa

colon /ˈkəʊlən/ *n* dwukropek

colonel /'kɜːnl/ n pułkownik

colony /'kɒləni/ n (pl **-ies**) kolonia I **colonial** /kə'ləʊniəl/ adj kolonialny

colossal /kə'lɒsl/ adj olbrzymi

colour (Am. **-or**) /'kʌlə(r)/ n **1** kolor, barwa: a ~ television telewizor kolorowy **2** (na twarzy) rumieniec (zdrowy) **3** kolor skóry **4** koloryt [IDM] **off colour** (czuć się) nieswojo, marnie (wyglądać) ▶ v **1** kolorować, malować (na jakiś kolor) **2** wpływać na coś [PV] **colour sth in** kolorować I **colourful** adj **1** kolorowy **2** barwny: a ~ past bujna przeszłość I **coloured** adj kolorowy, barwny: coffee-coloured w kolorze kawowym I **colouring** nr **1** karnacja **2** barwnik, farbka I **colourless** adj (i przen.) bezbarwny ● **'colour-blind** adj: She is ~. Jest daltonistką. I **'colour scheme** n tonacja kolorystyczna

column /'kɒləm/ n **1** słup **2** szpalta **3** rubryka **4** felieton I **columnist** /'kɒləmnɪst/ n felietonist-a/ka

coma /'kəʊmə/ n śpiączka

comb /kəʊm/ n **1** grzebień **2** czesanie (się): Give your hair a ~. Uczesz się. ▶ v **1** czesać **2** ~ **(through) sth (for sb/sth)** przeczesywać

combat /'kɒmbæt/ n walka ▶ v walczyć przeciw czemuś, zwalczać

combination /ˌkɒmbɪ'neɪʃn/ n kombinacja, połączenie: for a ~ of reasons z wielu różnych powodów

combine[1] /kəm'baɪn/ v łączyć (się)

combine[2] /'kɒmbaɪn/ (także ˌ~ 'harvester) n kombajn

come /kʌm/ v (pt **came** /keɪm/; pp **come** /kʌm/) **1** przychodzić, przyjeżdżać: He came running into the room. Wbiegł do pokoju. **2** nadchodzić **3** zajmować określoną pozycję: ~ after sth następować po czymś ◊ He came second. Był drugi. **4** być dostępnym **5** pochodzić z/od czegoś **6** stawać się: ~ undone rozpinać się **7** ~ **to do sth**: How did you ~ to lose it? Jak to zgubiłeś? ◊ ~ to understand sth zrozumieć coś ◊ ~ to love sb pokochać kogoś ◊ ~ to believe sth uwierzyć w coś **8** dochodzić do czegoś: ~ to an end skończyć się [IDM] **come to nothing; not come to anything** spełznąć na niczym I **come what may** mimo wszystko I **how come...?** (nieform.) jak to się stało, że...? I **to come** w przyszłości I **when it comes to (doing) sth** gdy/jeśli chodzi o coś ● Come występuje w innych idiomach, np. **come to a head**. Zob. hasła odpowiednich n, adj itp. [PV] **come about** zdarzać się I **come across (as sth)** sprawiać wrażenie (czegoś) I **come across sb/sth** natykać się na kogoś/coś I **come along 1** pojawiać się **2** zbliżać się (np. ulicą) **3** przychodzić **4** robić

postępy, posuwać się (naprzód) **5 (come along!)** no dalej! **6 (come along!)** no wiesz! I **come apart** rozpadać się I **come away (from sth)** odpadać, odrywać się (od czegoś) I **come away with sth** odchodzić (z określonymi wrażeniami) I **come back** wracać I **come back (to sb)** wracać (do kogoś): When I went to Italy, my Italian started to ~ back. Gdy pojechałam do Włoch, zaczęłam przypominać sobie włoski I **come before sb/sth** być ważniejszym od kogoś/ czegoś I **come between sb and sb** poróżnić kogoś z kimś I **come by sth** zdobywać coś I **come down 1** walić się, runąć **3** lądować **4** obniżać się I **come down (sth)** schodzić/zjeżdżać (z czegoś) I **come down to sth** sięgać (w dół) do czegoś I **come down to (doing) sth** (nieform.) sprowadzać się do czegoś I **come down with sth** zachorować na coś: I'm coming down with flu. Bierze mnie grypa. I **come forward** przychodzić (np. z pomocą): ask witnesses to ~ forward zaapelować do świadków o zgłaszanie się I **come from...** pochodzić skąd/z jakiegoś miejsca I **come from (doing) sth** wynikać z czegoś, być rezultatem czegoś I **come in 1** wchodzić (do środka) **2** zbliżać się: The tide is coming in. Nadchodzi przypływ. **3** wchodzić w modę **4** przychodzić, nadchodzić I **come in for sth** być poddanym czemuś, spotykać się (np. z ostrą krytyką) I **come of (doing) sth** wynikać z czegoś: Nothing has ~ of it. Nic z tego nie wyszło. I **come off 1** dawać się odłączać/ zdejmować **2** (nieform.) udawać się, powieść się **3** (nieform.) (przed adv) wychodzić na czymś (dobrze lub źle) I **come off (sth) 1** spadać (z czegoś) **2** odpadać/odlatywać (z czegoś) I **come off it** (nieform.) nie przesadzaj!, no co ty! I **come on 1** pojawiać się, wychodzić (np. na scenę) **2** robić postępy **3 (Come on!)** no dalej! **4 (Come on!)** no wiesz! **4** (choroba) brać kogoś I **come out 1** wychodzić (np. drukiem, na jaw) **2** ujawnić swoją orientację homoseksualną I **come out (of sth)** (plama itp.) schodzić (z czegoś) I **come out against/in favour of sth** wypowiadać się przeciw czemuś/za czymś I **come out in sth** dostawać (np. wysypki) I **come out with sth** wyrywać się z czymś I **come over (as sth)** sprawiać wrażenie (czegoś) I **come over (to...)** przychodzić (z wizytą) I **come over sb** (uczucie itp.) ogarniać kogoś I **come round 1** nadchodzić **2** odzyskiwać przytomność I **come round (to...)** przychodzić (z wizytą) I **come round (to sth)** przekonać się (do czegoś) I **come through** nadchodzić I **come through (sth)** wychodzić cało z czegoś I **come to** odzyskiwać przytomność I **come to**

C

sth **1** wynosić (*pewną sumę*)
2 dochodzić do czegoś | **come under sth**
należeć (*do pewnej kategorii*) | **come up**
1 wschodzić **2** wyrastać **3** zbliżać się
4 wypływać (*np. w dyskusji*) | **come up**
(sth) wchodzić (na coś) | **come up**
against sb/sth natrafiać na kogoś/coś |
come up to sth 1 sięgać do czegoś
2 dorównywać czemuś | **come up with**
sth znaleźć (*np. rozwiązanie problemu*)
● **'comeback** *n* powrót (*np. do dawnej
pozycji*) | **'comedown** *n* (*nieform.*)
obniżenie się stopy życiowej,
pogorszenie (*sytuacji*)

comedian /kə'mi:diən/ *n* komik

comedy /'kɒmədi/ *n* (*pl* -**ies**)
1 komedia **2** komizm

comfort /'kʌmfət/ *n* **1** komfort: *in* ~
wygodnie **2** wygoda **3** pociecha ► *v*
pocieszać, podnosić na duchu

comfortable /'kʌmftəbl; -fət-/ *adj*
1 wygodny: *not feel* ~ czuć się nieswojo
2 mający/zapewniający życie bez
problemów finansowych: *They're quite*
~. Nieźle im się powodzi.

comic /'kɒmɪk/ *adj* komiczny ► *n*
1 komik **2** komiks ● **'comic strip** *n*
historyjka obrazkowa

comma /'kɒmə/ *n* przecinek

command /kə'mɑ:nd; *Am.* -'mænd/ *v*
1 rozkazywać **2** dowodzić **3** wzbudzać
► *n* **1** rozkaz **2** dowództwo, władanie: *be
in* ~ dowodzić ◊ *take* ~ *of a situation*
zapanować nad sytuacją **3** znajomość:
have a good ~ *of French* dobrze władać
francuskim

commander /kə'mɑ:ndə(r); *Am.*
-'mæn-/ *n* **1** dowódca **2** (*Br.*) komandor

commandment /kə'mɑ:ndmənt; *Am.*
-'mæn-/ *n* (*relig.*) przykazanie

commemorate /kə'meməreɪt/ *v*
1 czcić **2** upamiętniać

commence /kə'mens/ *v* (*form.*) ~
(doing) sth rozpoczynać

commend /kə'mend/ *v* chwalić |
commendable *adj* chwalebny, godny
pochwały

comment /'kɒment/ *n* ~ **(on sth)**
uwaga, komentarz ► *v* ~ **(on sth)**
wypowiadać się (*na jakiś temat*),
komentować

commentary /'kɒməntri; *Am.* -teri/ *n*
(*pl* -**ies**) sprawozdanie, komentarz

commentator /'kɒmənteɪtə(r)/ *n*
1 komentator **2** sprawozdawca

commerce /'kɒmɜ:s/ *n* handel

commercial /kə'mɜ:ʃl/ *adj* **1** handlowy
2 komercyjny ► *n* reklama |
commercialize (*także* -**ise**) /
kə'mɜ:ʃəlaɪz/ *v* komercjalizować

commission /kə'mɪʃn/ *n* **1** komisja
2 prowizja **3** zamówienie, zlecenie ► *v*
zlecać, zamawiać | **commissioner**

/kə'mɪʃənə(r)/ *n* członek komisji,
komisarz

commit /kə'mɪt/ *v* (-**tt-**) **1** popełniać
(*przestępstwo*) **2** zobowiązywać (się)
3 przeznaczać, poświęcać **4** ~ **yourself
(on sth)** deklarować/angażować się |
commitment *n* **1** zaangażowanie,
poświęcenie **2** zobowiązanie

committee /kə'mɪti/ *n* [*z v. w pl lub s*]
komisja, komitet

commodity /kə'mɒdəti/ *n* (*pl* -**ies**)
towar

common /'kɒmən/ *adj* **1** powszechny,
pospolity: *It is quite* ~ *to go abroad.*
Wiele osób jeździ za granicę. **2** wspólny
3 zwyczajny **4** (*nieform.*) prostacki ► *n*
1 błonie (*gminne*) **2** (**the Commons**) =
THE HOUSE OF COMMONS |IDM| **have sth
in common (with sb/sth)** mieć coś
wspólnego (z kimś/czymś) | **commonly**
adv powszechnie, zwykle ● **,common
'ground** *n* wspólne zainteresowania/
poglądy itp. | **'common room** *n* świetlica
(*dla studentów*), pokój nauczycielski |
,common 'sense *n* zdrowy rozsądek

commonplace /'kɒmənpleɪs/ *adj*
zwyczajny, prozaiczny

commotion /kə'məʊʃn/ *n*
zamieszanie, zgiełk

communal /kə'mju:nl; 'kɒmjənl/ *adj*
wspólny

commune /'kɒmju:n/ *n* **1** komuna
2 gmina

communicate /kə'mju:nɪkeɪt/ *v*
1 porozumiewać się **2** przekazywać |
communication /kə,mju:nɪ'keɪʃn/ *n*
1 kontakt, łączność **2** (*form.*)
wiadomość **3** (**communications**)
łączność, połączenia, telekomunikacja

communion /kə'mju:niən/ *n* **1** ((Holy)
Communion) komunia **2** (*form.*)
łączność duchowa: ~ *with nature*
obcowanie z naturą

communiqué /kə'mju:nɪkeɪ; *Am.*
kə,mju:nə'keɪ/ *n* komunikat

communism /'kɒmjunɪzəm/ *n*
komunizm | **communist** *n* komunist-a/
ka | **communist** *adj* komunistyczny

community /kə'mju:nəti/ *n* (*pl* -**ies**)
1 społeczeństwo, społeczność: ~ *service*
praca społeczna **2** środowisko
3 wspólnota ● **com'munity centre** (*Am.* ~
center) *n* ośrodek kultury

commute /kə'mju:t/ *v* dojeżdżać do
pracy | **commuter** *n* dojeżdżając-y/a do
pracy

compact /kəm'pækt/ *adj* zajmujący
mało miejsca ● **,compact 'disc** *n* płyta
kompaktowa

companion /kəm'pæniən/ *n*
towarzysz/ka | **companionship** *n*
towarzystwo

company /'kʌmpəni/ *n* (*pl* **-ies**)
1 przedsiębiorstwo, firma
2 towarzystwo **3** trupa teatralna

comparable /'kɒmpərəbl/ *adj* ~ (**to/**
with sb/sth) porównywalny

comparative /kəm'pærətɪv/ *adj*
1 względny **2** porównawczy ▶ *n* (*gram.*)
stopień wyższy

compare /kəm'peə(r)/ *v* **1** ~ **A and B;** ~
A with/to B porównywać **2** równać się,
dawać się porównać [IDM] **compare**
notes (with sb) wymieniać np. poglądy
(z kimś) | **compared** *adj* ~ **to/with sb/sth**
w porównaniu (z kimś/czymś) |
comparison /kəm'pærɪsn/ *n*
porównanie [IDM] **by/in comparison**
(with sb/sth) w porównaniu (z kimś/
czymś)

compartment /kəm'pɑːtmənt/ *n*
1 przedział **2** przegródka, schowek

compass /'kʌmpəs/ *n* **1** kompas
2 (**compasses**) cyrkiel

compassion /kəm'pæʃn/ *n* ~ (**for**
sb) współczucie | **compassionate**
/kəm'pæʃənət/ *adj* współczujący

compatible /kəm'pætəbl/ *adj* **1** zgodny
(z kimś/czymś): *They are not* ~. Nie
pasują do siebie. **2** kompatybilny

compel /kəm'pel/ *v* (**-ll-**) (*form.*)
zmuszać | **compelling** *adj* **1** zajmujący
2 przekonywający

compensate /'kɒmpenseɪt/ *v*
1 wynagradzać (*stratę*) **2** równoważyć |
compensation /ˌkɒmpen'seɪʃn/ *n*
1 odszkodowanie **2** rekompensata;
zadośćuczynienie: *The job is tiring but*
there are ~*s.* Ta praca jest męcząca, ale
ma też swoje dobre strony.

compete /kəm'piːt/ *v* ~ (**against/with**
sb) (**for sth**) konkurować (z kimś) (o
coś)

competent /'kɒmpɪtənt/ *adj*
1 kompetentny **2** dostateczny |
competence *n* [U] kwalifikacje,
umiejętności

competition /ˌkɒmpə'tɪʃn/ *n*
1 konkurs **2** rywalizacja: *be in* ~ *with sb*
konkurować **3** (**the competition**)
konkurencja

competitive /kəm'petətɪv/ *adj*
1 oparty na rywalizacji **2**
konkurencyjny **3** skory do rywalizacji

competitor /kəm'petɪtə(r)/ *n*
konkurent

compile /kəm'paɪl/ *v* **1** zbierać i
porządkować (*informacje*) **2** opracować
(*publikację*)

complacent /kəm'pleɪsnt/ *adj*
zadufany (*we własne siły*), zbyt pewny
czegoś | **complacency** *n* zadufanie,
zadowolenie (*z siebie lub sytuacji*)

complain /kəm'pleɪn/ *v* **1** po/skarżyć
(się), narzekać **2** ~ **of sth** skarżyć się

(*np. na ból*) | **complaint** *n* **1** skarga
2 narzekanie **3** zażalenie **4** dolegliwość,
choroba

complement /'kɒmplɪmənt/ *n*
1 uzupełnienie **2** komplet **3** (*gram.*)
dopełnienie ▶ *v* uzupełniać się |
complementary /ˌkɒmplɪ'mentri/ *adj*
uzupełniający się, dopełniający

complete /kəm'pliːt/ *adj* **1** pełny, cały
2 zakończony **3** łącznie z czymś **4** (*tylko*
przed n) kompletny, całkowity ▶ *v*
1 kompletować **2** zakańczać
3 wypełniać | **completely** *adv* zupełnie,
w całości | **completion** *n* zakończenie,
zrealizowanie

complex /'kɒmpleks; *Am.* kəm'pleks/
adj złożony, skomplikowany
▶ /'kɒmpleks/ *n* kompleks | **complexity**
/kəm'pleksəti/ *n* (*pl* **-ies**) **1** złożoność
2 szczegół

complexion /kəm'plekʃn/ *n* **1** cera
2 charakter: *put a different/new* ~ *on*
sth stawiać coś w innym świetle

complicate /'kɒmplɪkeɪt/ *v*
komplikować | **complicated** *adj*
skomplikowany | **complication**
/ˌkɒmplɪ'keɪʃn/ *n* **1** komplikacja,
problem **2** (*med.*) powikłanie

compliment /'kɒmplɪmənt/ *n* **1** a ~ (**on**
sth) komplement **2** (**compliments**)
(*form.*) wyrazy szacunku/pozdrowienia
(*przy posyłaniu/darowaniu czegoś w*
upominku) ▶ *v* ~ **sb** (**on sth**) prawić
komplementy | **complimentary**
/ˌkɒmplɪ'mentri/ *adj* **1** pochlebny
2 gratisowy

comply /kəm'plaɪ/ *v* (*3rd sing czasu*
pres **-ies**; *pt, pp* **-ied**) ~ (**with sth**) (*form.*)
przestrzegać, spełniać

component /kəm'pəʊnənt/ *n* część
składowa ▶ *adj* składowy

compose /kəm'pəʊz/ *v* **1** komponować
2 układać z namysłem **3** tworzyć
(*całość*): *be composed of sth* składać się z
czegoś **4** ~ **yourself** opanowywać się
5 porządkować (*myśli*) | **composer** *n*
kompozytor | **composition**
/ˌkɒmpə'zɪʃn/ *n* **1** utwór **2** kompozycja
3 komponowanie **4** wypracowanie
5 skład, budowa

composure /kəm'pəʊʒə(r)/ *n*
opanowanie, spokój

compound /'kɒmpaʊnd/ *n* **1** (*chem.*)
związek **2** wyraz złożony **3** ogrodzony
teren zabudowany ▶ /kəm'paʊnd/ *v*
(*jęz. pis.*) pogarszać

comprehend /ˌkɒmprɪ'hend/ *v* (*form.*)
rozumieć | **comprehension** *n*
1 zrozumienie: *It's beyond my* ~. Nie
mogę tego zrozumieć. **2** ćwiczenie
sprawdzające rozumienie

comprehensive /ˌkɒmprɪ'hensɪv/ *adj*
1 wszechstronny, wyczerpujący **2** (*Br.*)

ogólnokształcący ▶ (*także*
compre'hensive school) *n* (*Br.*) szkoła
średnia ogólnokształcąca

compress /kəm'pres/ *v* **1** ściskać,
skupiać **2** kondensować (*np. tekst*)

comprise /kəm'praɪz/ *v* **1** składać się z
czegoś **2** stanowić

compromise /'kɒmprəmaɪz/ *n* a ~
(between/on sth) kompromis ▶ *v*
1 ~ **(with sb) (on sth)** pójść na
kompromis **2** ~ **yourself**
kompromitować się **3** postępować
wbrew czemuś

compulsion /kəm'pʌlʃn/ *n* **1** przymus
2 pokusa | **compulsive** /-sɪv/ *adj*
1 (*gracz itp.*) nałogowy **2** pasjonujący

compulsory /kəm'pʌlsəri/ *adj*
obowiązkowy

computer /kəm'pjuːtə(r)/ *n* komputer |
computerize (*także* **-ise**) *v*
komputeryzować | **computing** *n*
technika komputerowa

con /kɒn/ *v* (**nn-**) (*nieform.*) **1** ~ **sb (into
doing sth)** wrabiać kogoś (w coś) **2** ~ **sb
(out of sth)** wyłudzić coś od kogoś ▶ *n*
(*nieform.*) kant

conceal /kən'siːl/ *v* ~ **sth/sb (from sb/
sth)** ukrywać, skrywać (przed kimś/
czymś)

concede /kən'siːd/ *v* **1** przyznawać,
uznawać, przyznawać się do czegoś
2 ~ **sth (to sb)** oddawać: ~ *a goal* utracić
bramkę

conceit /kən'siːt/ *n* zarozumiałość |
conceited *adj* zarozumiały

conceive /kən'siːv/ *v* **1** począć
(*dziecko*): *She is unable to* ~. Nie może
zajść w ciążę. **2** mieć (*pomysł*),
wyobrażać sobie | **conceivable** /-əbl/ *adj*
wyobrażalny

concentrate /'kɒnsntreɪt/ *v* ~ **(sth) (on
(doing) sth)** skupiać (się) | **concentration**
/ˌkɒnsn'treɪʃn/ *n* **1** skupienie
2 stężenie **3** skupisko ● **concen'tration
camp** *n* obóz koncentracyjny

concept /'kɒnsept/ *n* **1** pojęcie
2 zasada | **conception** /kən'sepʃn/ *n*
1 poczęcie **2** pojęcie **3** koncepcja

concern /kən'sɜːn/ *v* **1** dotyczyć,
odnosić się do czegoś: *all those
concerned* wszyscy zainteresowani
2 ~ **yourself with sth** troszczyć się o coś,
zajmować się czymś **3** niepokoić [IDM]
be concerned with sth dotyczyć czegoś
▶ *n* **1** ~ **(about/for/over sb/sth)/(that...)**
obawa, troska **2** zainteresowanie: *The
Government's main concern is to
improve health care.* Rząd jest przede
wszystkim zainteresowany poprawą
opieki zdrowotnej. **3** sprawa | **concerned**
adj ~ **(about/for sth)(that...)** zatroskany |
concerning *prep* dotyczący

concert /'kɒnsət/ *n* koncert

concerted /kən'sɜːtɪd/ *adj* wspólny,
zbiorowy

concerto /kən'tʃɜːtəʊ/ *n* (*utwór*)
koncert

concession /kən'seʃn/ *n* **1** ustępstwo
2 zniżka **3** koncesja

conciliation /kənˌsɪli'eɪʃn/ *n*
pojednanie | **conciliatory** /-liətəri; *Am.*
-tɔːri/ *adj* pojednawczy

concise /kən'saɪs/ *adj* zwięzły

conclude /kən'kluːd/ *v* **1** (*form.*)
zakończyć **2** wnioskować **3** zawrzeć |
conclusion /-ʒn/ *n* **1** zakończenie
2 wniosek **3** zawarcie [IDM] **in
conclusion** na zakończenie | **conclusive**
/-sɪv/ *adj* rozstrzygający

concoct /kən'kɒkt/ *v* **1** sporządzać
(*mieszankę*) **2** (u)pichcić **3** wymyślać |
concoction *n* mieszanka, mikstura

concrete /'kɒŋkriːt/ *adj* **1** betonowy
2 konkretny ▶ *n* beton

concur /kən'kɜː(r)/ *v* (**-rr-**) (*form.*) ~
(with sb/sth) (in sth) zgadzać się (co do
czegoś) | **concurrent** /kən'kʌrənt/ *adj*
jednoczesny

concussion /kən'kʌʃn/ *n*
wstrząśnienie mózgu

condemn /kən'dem/ *v* **1** potępiać
2 przeznaczać (*np. do rozbiórki*) **3** ~ **sb
(to (do) sth)** skazywać na coś |
condemnation /ˌkɒndem'neɪʃn/ *n*
potępienie

condense /kən'dens/ *v* **1** skraplać (się)
2 gęstnieć **3** zagęszczać **4** ~ **sth (into
sth)** skracać (*tekst*) | **condensation**
/ˌkɒnden'seɪʃn/ *n* skroplenie: *windows
covered in* ~ zaparowane okna

condescending /ˌkɒndɪ'sendɪŋ/ *adj*
protekcjonalny

condition /kən'dɪʃn/ *n* **1** stan: *in/out of*
~ w formie/nie w formie **2** warunek
3 choroba: *have a heart* ~ chorować na
serce [IDM] **on condition that...** pod
warunkiem, że... | **on no condition**
(*form.*) pod żadnym pozorem ▶ *v*
1 warunkować **2** utrzymywać w
dobrym stanie | **conditional** *adj* **1** ~ **(on/
upon sth)** zależny (od czegoś) **2**
warunkowy | **conditioner** *n* odżywka

condolence /kən'dəʊləns/: *condolences*
wyrazy współczucia ◇ *a letter of* ~ list
kondolencyjny

condom /'kɒndɒm/ *n* prezerwatywa

condone /kən'dəʊn/ *v* aprobować

conducive /kən'djuːsɪv; *Am.* -'duː-/ *adj*
sprzyjający: *be* ~ *to sth* sprzyjać czemuś

conduct¹ /'kɒndʌkt/ *n* **1** zachowanie
2 prowadzenie, kierowanie

conduct² /kən'dʌkt/ *v* **1** oprowadzać
2 przeprowadzać **3** dyrygować
(*orkiestrą*) **4** ~ **yourself** (*form.*)
zachowywać się **5** (*fiz.*) przewodzić |

conductor /n/ **1** dyrygent **2** kierownik pociągu **3** (Br.) konduktor/ka **4** (fiz.) przewodnik

cone /kəʊn/ n **1** stożek: *an ice-cream ~* wafel (w kształcie stożka) **2** szyszka

confectionery /kən'fekʃənəri; Am. -neri/ n [U] słodycze

confederation /kən,fedə'reɪʃn/ n konfederacja

confer /kən'fɜː(r)/ v (-rr-) **1** ~ (on/about sth) naradzać się **2** ~ sth (on sb) nadawać

conference /'kɒnfərəns/ n konferencja

confess /kən'fes/ v **1** ~ (to (doing) sth); ~ (sth) (to sb) przyznawać się (do czegoś), wyznawać **2** (wy)spowiadać się I **confession** /-ʃn/ n **1** przyznanie się (do czegoś), wyznanie **2** spowiedź

confide /kən'faɪd/ v ~ sth to sb zwierzać się komuś z czegoś [PV] **confide in sb** zwierzać się komuś

confidence /'kɒnfɪdəns/ n **1** ~ (in sb/ sth) zaufanie, ufność: *I have every confidence in her.* Mam do niej pełne zaufanie. ◇ *in strict* ~ w największej tajemnicy ◇ *take sb into your* ~ zwierzać się komuś ◇ *a ~ trick* oszustwo **2** pewność (siebie): *not have the ~ to do sth* nie ośmielać się czegoś robić I **confident** adj ~ (of sth)/(that...) pewny (siebie/czegoś)/(że)

confidential /,kɒnfɪ'denʃl/ adj poufny

confine /kən'faɪn/ v **1** zamykać (w czymś) **2** ~ sb/sth/yourself to sth ograniczać (się) do czegoś I **confined** adj ograniczony, ścieśniony I **confinement** n zamknięcie w małej przestrzeni: *solitary ~* więzienna izolatka

confirm /kən'fɜːm/ v **1** potwierdzać **2** bierzmować, konfirmować I **confirmed** adj zatwardziały

confiscate /'kɒnfɪskeɪt/ v konfiskować

conflict /'kɒnflɪkt/ n **1** konflikt **2** sprzeczność: *have a ~ of loyalties* czuć się rozdartym ▶ /kən'flɪkt/ v **A and B ~; A ~s with B** być sprzecznym, kolidować

conform /kən'fɔːm/ v ~ (to sth) **1** dostosowywać się (do czegoś) **2** odpowiadać (np. normom) I **conformist** n konformist-a/ka

confront /kən'frʌnt/ v **1** stawać (wobec problemu itp.): ~ sb with the evidence przedstawić komuś dowody **2** stawać twarzą w twarz z kimś/czymś I **confrontation** /,kɒnfrʌn'teɪʃn/ n konfrontacja

confuse /kən'fjuːz/ v **1** (za)mącić komuś w głowie: *I'm a bit confused.* Nie całkiem rozumiem. **2** mylić **3** gmatwać I **confused** adj **1** zdezorientowany **2** pogmatwany I **confusing** adj mylący I **confusion** n **1** zamieszanie: *throw sb's*

plans into ~ pogmatwać czyjeś plany **2** nieporozumienie **3** pomyłka

congenial /kən'dʒiːniəl/ adj (form.) przyjemny

congenital /kən'dʒenɪtl/ adj wrodzony

congested /kən'dʒestɪd/ adj **1** zatłoczony **2** przeciążony **3** zapchany

conglomerate /kən'glɒmərət/ n konglomerat

congratulate /kən'grætʃuleɪt/ v ~ sb (on sth) gratulować I **congratulations** n ~ (on sth) gratulacje (z okazji czegoś)

congregate /'kɒŋgrɪgeɪt/ v gromadzić się I **congregation** /,kɒŋgrɪ'geɪʃn/ n [C, z v. w pl lub s] **1** parafianie **2** wierni

congress /'kɒŋgres; Am. -grəs/ n [z v. w pl lub s] **1** zjazd **2** (**Congress**) Kongres ❶ The US Congress to połączone izby parlamentu: **Senate** oraz **House of Representatives.**

conifer /'kɒnɪfə(r); 'kəʊn-/ n drzewo iglaste

conjugate /'kɒndʒəgeɪt/ v odmieniać (czasownik)

conjunction /kən'dʒʌŋkʃn/ n spójnik [IDM] **in conjunction with sb/sth** razem z kimś/czymś

conjure /'kʌndʒə(r)/ v [PV] **conjure sth up** wyczarowywać, wywoływać I **conjuror** (także -rer) n iluzjonista

connect /kə'nekt/ v **1** łączyć (się) (z kimś/czymś), podłączać do czegoś **2** wiązać (z kimś/czymś): *be connected with a crime* być zamieszanym w zbrodnie I **connection** n **1** związek **2** (techn.) złącze **3** (i elektr.) połączenie **4** [zwykle pl] koneksje, znajomości

connoisseur /,kɒnə'sɜː(r)/ n koneser/ka

connotation /,kɒnə'teɪʃn/ n zabarwienie (słowa)

conquer /'kɒŋkə(r)/ v **1** podbić **2** pokonać I **conqueror** n zdobywca

conquest /'kɒŋkwest/ n **1** podbój **2** zdobycie (góry) **3** podbity obszar

conscience /'kɒnʃəns/ n sumienie

conscientious /,kɒnʃi'enʃəs/ adj skrupulatny, sumienny
● ,conscientious ob'jector n człowiek uchylający się od służby wojskowej ze względów moralnych/religijnych

conscious /'kɒnʃəs/ adj **1** przytomny **2** świadomy I **consciousness** n **1** przytomność **2** świadomość

conscript /'kɒnskrɪpt/ n poborowy I **conscription** /kən'skrɪpʃn/ n pobór (do wojska)

consecrate /'kɒnsɪkreɪt/ v święcić

consecutive /kən'sekjətɪv/ adj kolejny

consensus /kən'sensəs/ n ogólna zgoda: *reach a ~* dojść do porozumienia

consent /kən'sent/ v ~ (to sth) zgadzać się ► n zgoda [IDM] **the age of consent** pełnoletność (*prawna do rozpoczęcia współżycia seksualnego*)

consequence /'kɒnsɪkwəns; Am. -kwens/ n **1** następstwo, skutek **2** (*form.*) znaczenie| **consequently** *adv* wskutek (czegoś)

conservation /ˌkɒnsə'veɪʃn/ n **1** ochrona: *the* ~ *of energy* oszczędność energii **2** ochrona środowiska

conservative /kən'sɜːvətɪv/ *adj* **1** (*także* Conservative) konserwatywny **2** ostrożny ► n (*także* Conservative) konserwatyst-a/ka

conservatory /kən'sɜːvətri; Am. -tɔːri/ n (*pl* -ies) oranżeria

conserve /kən'sɜːv/ v **1** chronić **2** oszczędzać

consider /kən'sɪdə(r)/ v **1** ~ sb/sth (for/ as sth); ~ doing sth rozważać, zastanawiać się (nad czymś) **2** sądzić **3** brać pod uwagę, mieć wzgląd na coś| **considering** *prep*, *conj* zważywszy na coś

considerable /kən'sɪdərəbl/ *adj* znaczny: *He had* ~ *difficulty getting tickets.* Miał poważne trudności ze zdobyciem biletów.| **considerably** *adv* znacznie

considerate /kən'sɪdərət/ *adj* delikatny, troskliwy: *It was very* ~ *of you.* Bardzo ładnie z twojej strony.| **consideration** /kənˌsɪdə'reɪʃn/ n **1** (*form.*) namysł: *give* ~ *to sth* rozważać coś ◊ *take sth into* ~ brać coś pod uwagę **2** ~ (for sb/sth) wzgląd na kogoś/ coś **3** okoliczność

consignment /kən'saɪnmənt/ n **1** wysyłka (*towaru*) **2** partia (*towaru*)

consist /kən'sɪst/ v [PV] **consist of sth** składać się z czegoś

consistency /kən'sɪstənsi/ n (*pl* -ies) **1** konsekwencja **2** konsystencja, gęstość

consistent /kən'sɪstənt/ *adj* **1** konsekwentny **2** zgodny (z czymś)| **consistently** *adv* **1** konsekwentnie **2** niezmiennie

console /kən'səʊl/ v pocieszać| **consolation** /ˌkɒnsə'leɪʃn/ n **1** pocieszenie **2** pociecha

consolidate /kən'sɒlɪdeɪt/ v wzmacniać/utrwalać (się)

consonant /'kɒnsənənt/ n spółgłoska

conspicuous /kən'spɪkjuəs/ *adj* rzucający się w oczy: *Her red hair made her* ~. Jej rude włosy zwracały uwagę.

conspiracy /kən'spɪrəsi/ n (*pl* -ies) spisek

conspire /kən'spaɪə(r)/ v **1** spiskować **2** sprzysięgać się (przeciwko komuś/ czemuś)

constable /'kʌnstəbl; Am. 'kɑːn-/ n policjant (*najniższej rangi*)

constant /'kɒnstənt/ *adj* **1** ciągły, nieustanny: *There were* ~ *interruptions.* Ciągle nam przeszkadzano. **2** stały| **constantly** *adv* ciągle, stale

constellation /ˌkɒnstə'leɪʃn/ n gwiazdozbiór

constipated /'kɒnstɪpeɪtɪd/ *adj* cierpiący na zaparcie

constituency /kən'stɪtjuənsi/ n (*pl* -ies) okręg wyborczy

constituent /kən'stɪtjuənt/ n **1** mieszkaniec okręgu wyborczego **2** składnik

constitute /'kɒnstɪtjuːt; Am. -tuːt/ u, v *link* (*form.*) **1** stanowić **2** tworzyć

constitution /ˌkɒnstɪ'tjuːʃn; Am. -'tuːʃn/ n **1** konstytucja **2** skład

constrain /kən'streɪn/ v (*form.*) **1** przymuszać **2** ograniczać| **constraint** n **1** przymus **2** ograniczenie

constrict /kən'strɪkt/ v **1** ściśniać, kurczyć **2** ograniczać

construct /kən'strʌkt/ v konstruować| **construction** n **1** budowa: *the* ~ *industry* budownictwo **2** konstrukcja| **constructive** *adj* konstruktywny

construe /kən'struː/ v (*form.*) rozumieć coś jako coś: *be construed as sth* być odbieranym jako coś

consul /'kɒnsl/ n konsul| **consulate** /'kɒnsjələt; Am. -səl-/ n konsulat

consult /kən'sʌlt/ v **1** ~ sb (about sth) radzić się **2** ~ (with) sb (about/on sth) naradzać się **3** sprawdzać| **consultancy** n (*pl* -ies) **1** firma konsultingowa **2** doradztwo| **consultant** n **1** konsultant/ka, dorad-ca/czyni **2** (*Br.*) lekarz konsultant| **consultation** /ˌkɒnsl'teɪʃn/ n **1** naradzanie się **2** konsultacja **3** wizyta (*u lekarza*) **4** sprawdzenie

consume /kən'sjuːm; Am. -'suːm/ v (*form.*) **1** zużywać **2** spożywać **3** (*ogień, uczucie*) trawić: *She was consumed by grief.* Ogarnął ją żal.| **consumer** n konsument/ka| **consuming** *adj* trawiący, pasjonujący: *Sport is her* ~ *passion.* Sport jest jej życiową pasją.

consummate[1] /'kɒnsəmət/ *adj* (*form.*) doskonały

consummate[2] /'kɒnsəmeɪt/ v (*form.*) skonsumować (*małżeństwo*)

consumption /kən'sʌmpʃn/ n **1** spożycie **2** zużycie

contact /'kɒntækt/ n **1** kontakt **2** styczność: *come into* ~ *with sb/sth* stykać się z kimś/czymś ► v kontaktować się z kimś ● **'contact lens** n soczewka kontaktowa

contagious /kən'teɪdʒəs/ *adj* (*i przen.*) zaraźliwy

contain /kən'tem/ *v* **1** zawierać → ZAWIERAĆ **2** powstrzymywać | **container** *n* **1** pojemnik **2** (*komun.*) kontener

contaminate /kən'tæmɪneɪt/ *v* skazić, zanieczyszczać

contemplate /'kɒntəmpleɪt/ *v* **1** zastanawiać się nad czymś **2** rozważać **3** kontemplować

contemporary /kən'temprəri; Am. -pəreri/ *adj* współczesny ► *n* (*pl* -ies) współczesn-y/a

contempt /kən'tempt/ *n* pogarda | **contemptuous** *adj* pogardliwy

contend /kən'tend/ *v* ~ (for sth) współzawodniczyć [PV] **contend with sth** walczyć z czymś | **contender** *n* **1** zawodni-k/czka **2** kandydat/ka

content¹ /kən'tent/ *adj* ~ (with sth)/(to do sth) zadowolony ► *v* ~ **yourself with sth** zadowalać się | **contented** *adj* zadowolony | **contentment** (*także* content) *n* zadowolenie

content² /'kɒntent/ *n* **1** (*także* contents) zawartość: *the ~s page* spis treści **2** treść

contention /kən'tenʃn/ *n* (*form.*) **1** spór **2** argument, twierdzenie | **contentious** /kən'tenʃəs/ *adj* sporny

contest /'kɒntest/ *n* konkurs, zawody: *a ~ between political parties* walka między partiami politycznymi ► /kən'test/ *v* **1** kwestionować **2** walczyć o coś | **contestant** / kən'testənt/ *n* zawodni-k/czka

context /'kɒntekst/ *n* kontekst

continent /'kɒntɪnənt/ *n* **1** kontynent **2** (the Continent) (*Br.*) Europa (*bez Wysp Brytyjskich*) | **continental** /ˌkɒntɪ'nentl/ *adj* **1** kontynentalny **2** (*także* Continental) (*Br.*) europejski (*ale nie brytyjski*) ● ˌcontinental 'breakfast *n* rodzaj lekkiego śniadania (*pieczywo, dżem i kawa*)

contingency /kən'tɪndʒənsi/ *n* (*pl* -ies) ewentualność: ~ *plans* plan awaryjny

contingent /kən'tɪndʒənt/ *n* **1** delegacja **2** kontyngent (*wojsk*)

continual /kən'tɪnjuəl/ *adj* ciągły, bezustanny → CIĄGŁY | **continually** *adv* ciągle, bezustannie

continuation /kənˌtɪnju'eɪʃn/ *n* **1** kontynuacja **2** ciąg dalszy **3** przedłużenie

continue /kən'tɪnju:/ *v* **1** ~ (doing/to do sth)/(with sth) kontynuować **2** utrzymywać się **3** mówić dalej **4** iść/posuwać się dalej **5** pozostawać | **continued** *adj* ciągły, nieprzerwany | **continuity** /ˌkɒntɪ'nju:əti; Am. -'nu:-/ *n* ciągłość

continuous /kən'tɪnjuəs/ *adj* ciągły, nieprzerwany: ~ *assessment*

systematyczne ocenianie pracy ucznia/ studenta → CIĄGŁY | **continuously** *adv* ciągle, nieprzerwanie

contort /kən'tɔːt/ *v* wykrzywiać (się)

contour /'kɒntʊə(r)/ *n* **1** zarys **2** (*także* '~ line) warstwica

contraception /ˌkɒntrə'sepʃn/ *n* antykoncepcja | **contraceptive 1** *n* środek antykoncepcyjny **2** *adj* antykoncepcyjny

contract /'kɒntrækt/ *n* **1** kontrakt: *breach of* ~ naruszenie warunków umowy **2** przetarg ► /kən'trækt/ *v* **1** wynajmować kogoś (*na podstawie umowy*) **2** nabawić się (*choroby*) **3** kurczyć (się) **4** skracać (się) [PV] **contract sth out (to sb)** zlecać (*pracę na zewnątrz*) | **contractor** *n* wykonawca

contradict /ˌkɒntrə'dɪkt/ *v* **1** zaprzeczać **2** być sprzecznym z czymś | **contradiction** *n* sprzeczność | **contradictory** *adj* sprzeczny

contrary /'kɒntrəri; Am. -treri/ *adj* przeciwny: ~ *to sth* w przeciwieństwie do czegoś ► *n* [IDM] **on the contrary** (*wprost*) przeciwnie | **to the contrary** inaczej, odwrotnie

contrast /kən'trɑːst; Am. -'træst/ *v* **1** przeciwstawiać **2** ~ **with sb/sth** kontrastować, odróżniać się ► /'kɒntrɑːst; Am. -'træst/ *n* ~ (to/with sb/ sth)/(between A and B) **1** przeciwieństwo **2** kontrast

contravene /ˌkɒntrə'viːn/ *v* przekraczać, naruszać

contribute /kən'trɪbjuːt/ *v* **1** ~ (sth) (to/ towards sth) wnosić (*wkład do czegoś*), dokładać się **2** wnosić swój udział **3** pisywać (*np. artykuły do pisma*) | **contribution** /ˌkɒntrɪ'bjuːʃn/ *n* **1** wkład **2** udział | **contributor** *n* **1** osoba, która wnosi swój wkład do czegoś **2** współpracowni-k/czka (*np. czasopisma*) | **contributory** /kən'trɪbjətəri; Am. -tɔːri/ *adj* przyczyniający się

contrived /kən'traɪvd/ *adj* **1** naciągany **2** sztuczny

control /kən'trəʊl/ *n* **1** ~ (of/over sb/ sth) panowanie nad kimś/czymś, wpływ: *take* ~ *of sth* przejąć kierownictwo nad czymś ◊ *be in* ~ (*of sth*) kierować (*czymś*) ◊ *get out of* ~ wymykać się spod kontroli ◊ *It's beyond my* ~. Nie mogę tego opanować. ◊ *get sth under* ~ opanować coś **2** a ~ (on/over sth) regulacja **3** ~ (on/over sth) nadzór **4** (controls) urządzenia sterownicze **5** punkt kontroli **6** sterownia ► *v* (-ll-) **1** mieć władzę, panować nad kimś/czymś **2** regulować

controversial /ˌkɒntrə'vɜːʃl/ *adj* kontrowersyjny | **controversy** /'kɒntrəvɜːsi; kən'trɒvəsi/ *n* (*pl* -ies) kontrowersja

convene /kən'vi:n/ *v* **1** zwoływać **2** gromadzić się

convenience /kən'vi:niəns/ *n* **1** wygoda **2** udogodnienie **3** = PUBLIC CONVENIENCE ● con'venience food *n* [C,U] półprodukty

convenient /kən'vi:niənt/ *adj* **1** dogodny, wygodny **2** ~ (for sth) blisko/dogodnie usytuowany

convent /'kɒnvənt/ *n* klasztor (*żeński*)

convention /kən'venʃn/ *n* **1** zjazd **2** zwyczaj, obyczaj **3** konwencja | **conventional** *adj* konwencjonalny

converge /kən'vɜ:dʒ/ *v* ~ (on sb/sth) skupiać/zbiegać się

conversation /ˌkɒnvə'seɪʃn/ *n* rozmowa: *She finds it difficult to make* ~. Z trudnością nawiązuje rozmowę.

converse /kən'vɜ:s/ *v* (*form.*) rozmawiać

conversely /'kɒnvɜ:sli/ *adv* (*form.*) odwrotnie

convert /kən'vɜ:t/ *v* **1** zamieniać (się): ~ *pounds into kilos* przeliczać funty na kilogramy ◇ ~ *a house into flats* przebudować dom na mieszkania **2** ~ (sb) (from sth) (to sth) nawracać (się) (*na inną wiarę*) ▶ /'kɒnvɜ:t/ *n* a ~ (to sth) neofit-a/ka | **convertible** /kən'vɜ:təbl/ *adj* **1** rozkładany **2** wymienialny | *n* kabriolet

convey /kən'veɪ/ *v* **1** (*form.*) przewozić **2** przekazywać ● con'veyor belt *n* transporter taśmowy

convict /kən'vɪkt/ *v* ~ sb (of sth) skazywać

conviction /kən'vɪkʃn/ *n* **1** skazanie **2** wyrok **3** przekonanie

convince /kən'vɪns/ *v* ~ sb (of sth/that…) przekonać | **convincing** *adj* **1** przekonujący **2** zdecydowany

convulse /kən'vʌls/ *v* mieć drgawki: *be convulsed with laughter* trząść się ze śmiechu | **convulsion** *n* konwulsja

cook /kʊk/ *v* gotować (się) ❶ Cook jest v. o znaczeniu ogólnym. Inne v. określają różne sposoby gotowania, np. boil, steam i poach. ▶ *n* kucha-rz/rka | **cooker** *n* kuchenka | **cooking** *n* **1** gotowanie: *do the* ~ gotować **2** kuchnia (*np. domowa*) | **cookery** *n* sztuka kulinarna ● 'cookery book (*także* 'cookbook) *n* książka kucharska

cookie /'kʊki/ *n* (*Am.*) herbatnik

cool /ku:l/ *adj* **1** chłodny **2** spokojny **3** oziębły, obojętny **4** (*slang*) odjazdowy ▶ *v* **1** ~ (down/off) stygnąć, chłodzić się **2** ~ sth/sb (down/off) chłodzić, studzić **3** ochłonąć | *n* (the cool) chłód [IDM] keep/lose your cool zachowywać/tracić spokój

coop /ku:p/ *v* [PV] coop sb/sth up (in sth) zamykać kogoś/zwierzęta w małym pomieszczeniu

cooperate (*także* co-operate) /kəʊ'ɒpəreɪt/ *v* współpracować | **cooperation** /kəʊˌɒpə'reɪʃn/ *n* współpraca | **cooperative** /kəʊ'ɒpərətɪv/ *adj* **1** wspólny, spółdzielczy **2** pomocny | *n* spółdzielnia

coordinate (*także* co-ordinate) /kəʊ'ɔ:dɪneɪt/ *v* koordynować | **coordination** /kəʊˌɔ:dɪ'neɪʃn/ *n* koordynacja

cop /kɒp/ *n* (*nieform.*) (*policjant*) glina ● 'cop-out *n* (*nieform.*) unik

cope /kəʊp/ *v* radzić sobie

copious /'kəʊpiəs/ *adj* obfity

copper /'kɒpə(r)/ *n* **1** miedź **2** miedziak

copy /'kɒpi/ *n* (pl -ies) **1** kopia **2** egzemplarz ▶ *v* (*3rd sing czasu pres* -ies; *pt, pp* -ied) **1** kopiować **2** ~ sth (down/out) przepisywać **3** = PHOTOCOPY **4** naśladować **5** ~ (from sb) odpisywać, ściągać

copyright /'kɒpiraɪt/ *n* prawo autorskie

coral /'kɒrəl/ *n* koral

cord /kɔ:d/ *n* **1** sznur **2** (*zwł. Am.*) przewód elektryczny **3** (cords) spodnie sztruksowe

cordial /'kɔ:diəl; *Am.* -dʒəl/ *n* syrop owocowy ▶ *adj* (*form.*) serdeczny

corduroy /'kɔ:dərɔɪ/ *n* sztruks

core /kɔ:(r)/ *n* **1** gniazdo nasienne, ogryzek **2** (*przen.*) rdzeń: *the* ~ *vocabulary of a language* podstawowe słownictwo języka ◇ *the* ~ *curriculum* minimum programowe **3** jądro (*planety*) [IDM] to the core do szpiku kości

cork /kɔ:k/ *n* korek ● 'corkscrew *n* korkociąg

corn /kɔ:n/ *n* **1** (*zwł. Br.*) zboże, ziarno **2** (*Am.*) kukurydza **3** (*med.*) odcisk ● 'cornflakes *n* płatki kukurydziane | 'cornflour (*Br.*) (*Am.* 'cornstarch) *n* mąka kukurydziana | ˌcorn on the 'cob *n* gotowana kolba kukurydzy

corner /'kɔ:nə(r)/ *n* **1** kąt **2** róg **3** zakątek ▶ *v* **1** osaczać **2** przypierać kogoś do muru **3** opanowywać (*np. rynek*)

corny /'kɔ:ni/ *adj* (*nieform.*) wytarty

coronary /'kɒrənri; *Am.* -neri/ *adj* wieńcowy ▶ *n* (pl -ies) zawał serca

coronation /ˌkɒrə'neɪʃn/ *n* koronacja

coroner /'kɒrənə(r)/ *n* koroner

corporal /'kɔ:pərəl/ *n* kapral ● ˌcorporal 'punishment *n* kara cielesna

corporation /ˌkɔ:pə'reɪʃn/ *n* [z v. w pl lub s] korporacja

corps /kɔː(r)/ *n* (*pl* **corps**) korpus, służby

corpse /kɔːps/ *n* zwłoki

correct /kəˈrekt/ *adj* **1** poprawny: *Have you got the ~ time?* Która dokładnie jest godzina? **2** odpowiedni ▶ *v* poprawiać I **correction** *n* poprawka

correlation /ˌkɒrəˈleɪʃn/ *n* współzależność, korelacja

correspond /ˌkɒrəˈspɒnd/ *v* **1** ~ **(to sth)** odpowiadać (czemuś) **2** ~ **(with sth)** zgadzać się **3** korespondować I **correspondence** *n* **1** korespondencja **2** zgodność I **correspondent** *n* korespondent/ka I **corresponding** *adj* odpowiedni

corridor /ˈkɒrɪdɔː(r)/ *n* korytarz

corrosion /kəˈrəʊʒn/ *n* korozja

corrugated /ˈkɒrəɡeɪtɪd/ *adj* (*tektura*) fałdowany; (*blacha*) falisty

corrupt /kəˈrʌpt/ *adj* **1** skorumpowany **2** przekupny ▶ *v* korumpować I **corruption** *n* korupcja

corset /ˈkɔːsɪt/ *n* gorset

cosmetic /kɒzˈmetɪk/ *n* kosmetyk ▶ *adj* **1** kosmetyczny **2** powierzchowny

cosmopolitan /ˌkɒzməˈpɒlɪtən/ *adj* kosmopolityczny

cost /kɒst/ *n* **1** koszt/y → CENA **2** cena **3** (**costs**) koszty sądowe [IDM] **at all costs; at any cost** za wszelką cenę I **to your cost** na własnej skórze ▶ *v* (*pt, pp* **cost** *w zn. 2* -ed) **1** kosztować **2** wyceniać I **costly** *adj* **1** drogi **2** kosztowny (*np. błąd*)

costume /ˈkɒstjuːm; *Am.* -tuːm/ *n* **1** kostium **2** strój **3** kostium kąpielowy

cosy /ˈkəʊzi/ *adj* przytulny

cot /kɒt/ *n* (*Br.*) łóżeczko dziecięce

cottage /ˈkɒtɪdʒ/ *n* **1** domek **2** chata ● ˌcottage ˈcheese *n* serek wiejski

cotton /ˈkɒtn/ *n* **1** bawełna **2** nić **3** (*Am.*) = COTTON WOOL ● ˌcotton ˈwool *n* wata

couch /kaʊtʃ/ *n* **1** kanapa **2** leżanka

cough /kɒf/ *v* **1** kaszleć **2** ~ **sth (up)** odkaszlnąć: *He was coughing blood.* Pluł krwią. [PV] **cough (sth) up** (*nieform.*) **1** wydusić coś (z siebie) **2** bulić (*pieniądze*) ▶ *n* kaszel

could /kəd; *f. akcent.* kʊd/ *v mod* (*f. krótka f. przev.* **couldn't** /ˈkʊdnt/) → *f. v.* CAN

council /ˈkaʊnsl/ *n* **1** rada (*miejska/państwowa*): *a ~ house* dom wybudowany przez miasto i będący jego własnością **2** zarząd I **councillor** *n* radn-y/a ● ˈcouncil tax *n* [*lp, U*] podatek komunalny

counsel /ˈkaʊnsl/ *v* (II-; *Am.* I-) radzić ▶ *n* **1** (*form.*) (po)rada **2** adwoka-t/ci (*w sądzie*): *the ~ for the defence/prosecution* obrońca, obrona/oskarżyciel,

oskarżenie I **counselling** (*Am.* -I-) *n* **1** porada **2** forma psychoterapii I **counsellor** (*Am.* -I-) *n* (do)radca

count /kaʊnt/ *v* **1** liczyć **2** ~ **sth (up)** rachować **3** ~ **(for sth)** liczyć się **4** ~ **(as sth)** być uznawanym **5** uważać za coś **6** wliczać [IDM] **don't count your chickens (before they're hatched)** nie mów hop, dopóki nie przeskoczysz [PV] **count on sb/sth** liczyć na kogoś/coś I **count sb/sth out** (*nieform.*) skreślać kogoś/coś I **count sth out** odliczać ▶ *n* **1** obliczenie: *at the latest* ~ ostatecznie ◇ *keep/lose* ~ (*of sth*) prowadzić rachunek/stracić rachubę (*czegoś*) **2** względ **3** hrabia

counter /ˈkaʊntə(r)/ *n* **1** lada **2** pionek **3** licznik ▶ *v* **1** odparowywać **2** usiłować zapobiegać czemuś ● ˌcounter-ˈclockwise *adv, adj* (*Am.*) przeciw-nie/ny do ruchu wskazówek zegara

counteract /ˌkaʊntərˈækt/ *v* przeciwdziałać

counterfeit /ˈkaʊntəfɪt/ *adj* podrobiony

counterpart /ˈkaʊntəpɑːt/ *n* odpowiednik

counterproductive /ˌkaʊntəprəˈdʌkt-ɪv/ *adj* ze skutkiem odwrotnym (do oczekiwanego)

countess /ˈkaʊntəs; -es/ *n* hrabina

countless /ˈkaʊntləs/ *adj* niezliczony

country /ˈkʌntri/ *n* (*pl* -**ies**) **1** kraj **2** (**the country**) wieś **3** teren ● ˌcountry-and-ˈwestern *n* muzyka country

countryman /ˈkʌntrimən/ (*f. żeńska* -**woman** /-wʊmən/) *n* (*pl* -**men** /-mən/, -**women** /-wɪmɪn/) roda-k/czka

countryside /ˈkʌntrisaɪd/ *n* krajobraz (*wiejski*), okolica (*wiejska*)

county /ˈkaʊnti/ *n* (*pl* -**ies**) hrabstwo

coup /kuː/ *n* (*pl* -**s** /kuːz/) **1** (*także* ~ d'etat) /ˌkuː deɪˈtɑː/ (*pl* -**s d'etat** /ˌkuː-/) zamach stanu **2** wyczyn

couple /ˈkʌpl/ *n* **1** para **2 a** ~ **of sth** para, kilka ▶ *v* łączyć

coupon /ˈkuːpɒn/ *n* **1** talon **2** kupon

courage /ˈkʌrɪdʒ/ *n* odwaga I **courageous** /kəˈreɪdʒəs/ *adj* odważny

courgette /kʊəˈʒet/ *n* (*Br.*) cukinia

courier /ˈkʊriə(r)/ *n* **1** pilot/ka turystyczn-y/a **2** kurier

course /kɔːs/ *n* **1 a** ~ **(in/on sth)** kurs **2** (*kierunek*) kurs **3** (*także* ~ of 'action) sposób postępowania **4** bieg, tryb: *in the* ~ *of sth* w trakcie czegoś ◇ *in the normal* ~ *of events* w naturalnej kolei rzeczy **5** danie **6** pole, tor wyścigowy **7** (*med.*) seria [IDM] **of course** oczywiście, naturalnie ● ˈcoursebook *n* podręcznik

court /kɔːt/ *n* **1** sąd: *a courtroom* sala sądowa **2** dwór **3** kort ▶ *v* **1** zabiegać o czyjeś względy 2 (*form.*) narażać się na coś 3 (*przestarz.*) zalecać się, romansować

courteous /ˈkɜːtiəs/ *adj* uprzejmy

courtesy /ˈkɜːtəsi/ *n* (*pl* **-ies**) uprzejmość |IDM| (**by**) **courtesy of sb** dzięki uprzejmości, za zgodą kogoś

court martial /ˌkɔːt ˈmɑːʃl/ *n* (*pl* **-s martial** *lub* **court -s**) sąd wojskowy

courtyard /ˈkɔːtjɑːd/ *n* **1** dziedziniec **2** podwórze

cousin /ˈkʌzn/ (*także* first '~) *n* brat cioteczny/siostra cioteczna

cover /ˈkʌvə(r)/ *v* **1** ~ **sb/sth** (**up/over**) (**with sth**) przykrywać, okrywać **2** ~ **sb/ sth** (**in/with sth**) pokrywać **3** zajmować **4** obejmować **5** pokrywać (*koszt*) **6** pokonywać (*odległość*) **7** relacjonować **8** ~ **sb/sth against/for sth** ubezpieczać |PV| **cover** (**sth**) **up** ukrywać (coś) ▶ *n* **1** pokrywa, przykrycie **2** poszwa **3** okładka: *from ~ to ~* od deski do deski **4** (**the covers**) (*w łóżku*) przykrycie **5** ~ (**against sth**) ubezpieczenie (od czegoś) **6** schronienie, osłona: *take ~ from sth* schronić się przed czymś **7 a** ~ (**for sth**) parawan | **coverage** *n* **1** relacja **2** opracowanie, sposób przedstawienia ● '**cover charge** *n* opłata za wstęp | '**covering 'letter** *n* list przewodni | '**cover-up** *n* zatuszowanie prawdy

coveralls /ˈkʌvərɔːlz/ *n* [*pl*] (*Am.*) kombinezon

covert /ˈkʌvət; ˈkəʊvɜːt/ *adj* tajny

cow /kaʊ/ *n* **1** krowa **2** samica

coward /ˈkaʊəd/ *n* tchórz | **cowardice** /ˈkaʊədɪs/ *n* tchórzostwo | **cowardly** *adj* tchórzliwy

cowboy /ˈkaʊbɔɪ/ *n* **1** kowboj **2** (*Br., nieform.*) partacz; naciągacz

coy /kɔɪ/ *adj* **1** nieśmiały **2** nieskory (*np. do rozmowy*)

cozy (*Am.*) = COSY

crab /kræb/ *n* krab

crack /kræk/ *n* **1** pęknięcie **2** trzask **3** uderzenie **4** kpina **5** (*także* , - co'caine) odmiana kokainy |IDM| **the crack of dawn** brzask ▶ *v* **1** pękać **2** spowodować pęknięcie **3** rozbijać, rozłupywać **4** trzaskać **5** załamywać się **6** (*nieform.*) rozgryźć **7**: ~ *a joke* opowiedzieć kawał |IDM| **get cracking** ruszać się |PV| **crack down** (**on sth**) stosować sankcje | **crack down on sb** brać się do kogoś | **crack up 1** (*nieform.*) załamać się **2** (*slang*) parsknąć śmiechem ● '**crackdown** *n* akcja specjalna przeciw przestępczości

cracker /ˈkrækə(r)/ *n* **1** krakers **2** atrakcja bożonarodzeniowa z niespodzianką, strzelająca przy otwarciu

crackle /ˈkrækl/ *v* trzeszczeć

cradle /ˈkreɪdl/ *n* kołyska

craft /krɑːft; *Am.* kræft/ *n* **1** rzemiosło **2** (*fach*) sztuka **3** (*pl* **craft**) statek, samolot | **craftsman** /-smən/ *n* (*pl* **-men**) rzemieślnik

crafty /ˈkrɑːfti; *Am.* ˈkræfti/ *adj* przebiegły, chytry

craggy /ˈkrægi/ *adj* skalisty, urwisty

cram /kræm/ *v* (**-mm-**) **1** wpychać, wciskać **2** wtłaczać się w coś **3** wkuwać | **crammed** *adj* **1** napchany **2** zapchany

cramp /kræmp/ *n* skurcz

cramped /kræmpt/ *adj* zatłoczony

cranberry /ˈkrænbəri; *Am.* -beri/ *n* (*pl* **-ies**) żurawina

crane /kreɪn/ *n* (*żuraw*) dźwig ▶ *v* wyciągać szyję

crank /kræŋk/ *n* dziwa-k/czka, maniak

crap /kræp/ *n* (*wulg.*) (*i przen.*) gówno | **crappy** /ˈkræpi/ *adj* (*wulg.*) gówniany

crash /kræʃ/ *n* **1** trzask, łoskot **2** zderzenie, katastrofa (*np. lotnicza*) **3** (*fin.*) krach **4** (*zwł. komput.*) awaria ▶ *v* **1** zwalać/przebijać się z trzaskiem **2** zderzać się **3** rozbijać **4** huczeć **5** (*fin.*) upadać **5** (*komput.*) ulegać awarii | *adj* (*kurs itp.*) intensywny ● '**crash helmet** *n* kask | '**crash-land** *v* lądować w trybie awaryjnym

crass /kræs/ *adj* **1** bezmyślny, rażący **2** beznadziejny

crate /kreɪt/ *n* skrzynka

crater /ˈkreɪtə(r)/ *n* krater

crave /kreɪv/ *v* ~ (**for**) **sth** pragnąć czegoś

crawl /krɔːl/ *v* **1** pełzać **2** czołgać się **3** wlec się **4** (*nieform.*) podlizywać się (*komuś*) przed kimś |IDM| **be crawling with sb/sth** roić się od kogoś/czegoś ▶ *n* **1** wleczenie się **2** (*często* **the crawl**) kraul

crayon /ˈkreɪən/ *n* kredka

craze /kreɪz/ *n* a ~ (**for**) **sth** szaleństwo/ szał (na punkcie czegoś)

crazy /ˈkreɪzi/ *adj* (*nieform.*) **1** szalony **2** wściekły: *go ~* wściekać się **3** ~ **about sb/sth** zwariowany na punkcie czegoś/ na czyimś punkcie **4**: *go ~* oszaleć

creak /kriːk/ *v* skrzypieć, zgrzytać

cream /kriːm/ *n* **1** śmietan-a/ka **2** krem **3** (**the cream**) elita; najlepsza część (czegoś) ▶ *adj* kremowy | **creamy** *adj* **1** śmietan(k)owy **2** kremowy

crease /kriːs/ *n* **1** zagięcie: *full of ~s* cały pognieciony **2** zmarszczka **3** kant ▶ *v* **1** gnieść (się) **2** marszczyć (się)

create /kriˈeɪt/ *v* **1** tworzyć **2** powodować | **creation** *n* **1** u/tworzenie, stworzenie **2** (*zwykle* **the Creation**) stworzenie świata **3** wy/twór | **creative** *adj* **1** twórczy **2** pomysłowy | **creator** *n* twórca

creature /ˈkriːtʃə(r)/ *n* stworzenie, istota

creche /kreʃ/ *n* żłobek

credentials /krəˈdenʃlz/ *n* [*pl*] 1 kwalifikacje 2 świadectwo czegoś, dyplom (*zawodowy*)

credible /ˈkredəbl/ *adj* wiarygodny I **credibility** /ˌkredəˈbɪləti/ *n* wiarygodność

credit /ˈkredɪt/ *n* 1 kredyt 2 (*fin*.) saldo dodatnie 3 zasługa, uznanie 4 (**credits**) napisy (*po zakończeniu filmu*) 5 chluba 6 zaliczona część kursu akademickiego [IDM] **do sb credit** przynosić komuś zaszczyt I **have sth to your credit** mieć coś na swoim koncie I **to sb's credit** trzeba komuś coś przyznać ▶ *v* 1 zapisać (*na dobro czyjegoś rachunku*) 2 ~ **sb/sth with sth; ~ sth to sb/sth** przypisywać coś komuś/czemuś: *Credit me with a bit more sense than that!* Przyznasz chyba, że mam trochę więcej rozumu! 3 (*zwł. w przeczeniach i pytaniach*) uwierzyć I **creditable** *adj* chwalebny I **creditor** *n* wierzyciel ● **'credit card** *n* karta kredytowa

creed /kriːd/ *n* 1 kredo 2 wyznanie

creep /kriːp/ *v* (*pt, pp* **crept** /krept/) 1 skradać/zakradać się 2 posuwać się powoli ▶ *n* (*nieform*.) lizus [IDM] **give sb the creeps** (*nieform*.): *It gives me the ~s.* Ciarki mnie przechodzą. I **creepy** *adj* (*nieform*.) niesamowity, budzący niepokój

cremation /krəˈmeɪʃn/ *n* kremacja

crescent /ˈkresnt/ *n* 1 sierp księżyca 2 rożek 3 ulica (*w kształcie półkola*)

cress /kres/ *n* rzeżucha

crest /krest/ *n* 1 grzebień 2 szczyt

crestfallen /ˈkrestfɔːlən/ *adj* 1 zawiedziony 2 przygnębiony

crevice /ˈkrevɪs/ *n* szczelina, szpara

crew /kruː/ *n* 1 załoga 2 ekipa ● **'crewman** *n* (*pl* -**men**) członek załogi

crib /krɪb/ *n* (*Am*.) łóżeczko dziecięce

cricket /ˈkrɪkɪt/ *n* 1 krykiet 2 świerszcz I **cricketer** *n* gracz w krykieta

crime /kraɪm/ *n* 1 przestępstwo, zbrodnia 2 przestępczość 3 (*zwykle* **a crime**) skandal I **criminal** /ˈkrɪmɪnl/ *adj* 1 przestępczy, karny: *a ~ offence* przestępstwo 2 skandaliczny I **criminal** *n* przestęp-ca/czyni, zbrodnia-rz/rka

crimson /ˈkrɪmzn/ *adj* karmazynowy ▶ *n* karmazyn

cringe /krɪndʒ/ *v* 1 kurczyć się 2 odczuwać zażenowanie

cripple /ˈkrɪpl/ *n* 1 (*przestan*) kaleka ❶ Często uważane za obraźliwe. Lepiej używać **disabled person**. 2 osoba z zahamowaniami (*np. emocjonalnymi*) ▶ *v* 1 okaleczać 2 paraliżować I **crippling** *adj* paraliżujący, ciężki

crisis /ˈkraɪsɪs/ *n* (*pl* **crises** /-siːz/) kryzys: *in times of* ~ w ciężkich czasach

crisp /krɪsp/ *adj* 1 chrupiący, świeży 2 (*banknot*) szeleszczący 3 rześki 4 (*mowa*) oschły ▶ *n* = POTATO CRISP

criterion /kraɪˈtɪərɪən/ *n* (*pl* -**ria** /-rɪə/) kryterium

critic /ˈkrɪtɪk/ *n* krytyk I **critical** *adj* krytyczny I **criticism** /-sɪzəm/ *n* krytyka: *come in for severe* ~ być ostro krytykowanym ◇ *My main* ~ *is...* Mój główny zarzut to... I **criticize** (*także* -**ise**) /-saɪz/ *v* krytykować I **critique** /krɪˈtiːk/ *n* krytyka, opracowanie krytyczne

croak /krəʊk/ *n* 1 rechot 2 chrypka ▶ *v* 1 rechotać 2 chrypieć

crochet /ˈkrəʊʃeɪ/ *v* (*pt, pp* **crocheted** /ˈkrəʊʃeɪd; *Am*. krəʊˈʃeɪd/) szydełkować

crockery /ˈkrɒkəri/ *n* porcelana (*stołowa/kuchenna*)

crocodile /ˈkrɒkədaɪl/ *n* krokodyl

crony /ˈkrəʊni/ *n* (*pl* -**ies**) (*nieform*.) koleś

crook /krʊk/ *n* 1 (*nieform*.) oszust/ka 2: *the* ~ *of your arm/elbow* zgięcie w łokciu I **crooked** /ˈkrʊkɪd/ *adj* I krzywy, zagięty 2 (*nieform*.) nieuczciwy

crop /krɒp/ *n* 1 zboże i inne uprawy 2 zbiór 3 masa ▶ *v* (-**pp**-) 1 strzyc na krótko, obcinać bardzo krótko 2 dawać plony [PV] **crop up** pojawiać się

cross /krɒs/ *n* 1 krzyż/yk 2 **a** ~ (**between A and B**) (*biol*.) krzyżówka ▶ *v* 1 ~ (**over**) (**from sth**) (**to sth**) prze-chodzić/jeżdżać (*przez coś*), przekraczać (*np. granicę*) 2 przecinać się 3 rozmijać się 4 zakładać (*np. nogę na nogę*) 5 ~ **yourself** przeżegnać się 6 sprzeciwiać się komuś 7 krzyżować [IDM] **cross your fingers** trzymać kciuki ❶ Mówi się także (**keep your**) **fingers crossed**. Odnośny gest różni się od polskiego tym, że palec środkowy zakłada się na wskazujący. I **cross your mind** przychodzić do głowy [PV] **cross sth off** (**sth**) skreślać coś (*z czegoś*) I **cross sth out** skreślać coś I *adj* ~ (**with sb**) (**about sth**) zły (na kogoś) złościć się na kogoś ● ˌcross-'country 1 *adj* przełajowy 2 *adv* na przełaj I ˌcross-e'xamine *v* przesłuchiwać I 'cross-eyed *adj* zezowaty I ˌcross 'purposes *n* [IDM] **be/talk at cross purposes** nie rozumieć się nawzajem I ˌcross 'reference *n* odnośnik, odsyłacz I 'cross section *n* przekrój

crossbar /ˈkrɒsbɑː(r)/ *n* 1 poprzeczka 2 rama

crossfire /ˈkrɒsfaɪə(r)/ *n* ogień krzyżowy (*i przen. pytań itp.*): *killed in* ~ zabity podczas strzelaniny

crossing /'krɒsɪŋ/ *n* **1** przejście
2 przejazd: *a level* ~ przejazd kolejowy
3 przeprawa (*przez wodę*)

cross-legged /ˌkrɒs ˈlegd; -ˈlegɪd/ *adj,
adv* (*siedzieć*) po turecku

crossroads /'krɒsrəʊdz/ *n* (*pl
crossroads*) skrzyżowanie

crosswalk /'krɒswɔːk/ *n* (*Am.*)
przejście dla pieszych

crossword /'krɒswɜːd/ (*także* '~ *puzzle*)
n krzyżówka

crotch /krɒtʃ/ *n* krocze

crouch /kraʊtʃ/ *v* **1** przykucać
2 gotować się do skoku

crow /krəʊ/ *n* wrona **[IDM]** as the crow
flies w linii powietrznej ▶ *v* (*i przen.,
nieform.*) piać

crowbar /'krəʊbɑː(r)/ *n* łom

crowd /kraʊd/ *n* **1** tłum **2** (the crowd):
follow the ~ naśladować innych
3 (*nieform.*) paczka (*ludzi*) ▶ *v*
1 ~ around/round (sb) tłoczyć się
2 wypełniać | **crowded** *adj* zatłoczony,
przeludniony

crown /kraʊn/ *n* **1** korona **2** ciemię
(*głowy*) **3** denko (*kapelusza*) **4** szczyt
(*góry*) ▶ *v* koronować **2** wieńczyć
● ˌCrown 'prince *n* (f. żeńska Crown
princess) następ-ca/czyni tronu

crucial /'kruːʃl/ *adj* ~ (to/for sth)
decydujący, niezbędny

crucifix /'kruːsəfɪks/ *n* krucyfiks |
crucifixion /ˌkruːsəˈfɪkʃn/ *n*
ukrzyżowanie

crude /kruːd/ *adj* **1** surowy: ~ *oil* ropa
naftowa **2** prymitywny **3** grubiański

cruel /'kruːəl/ *adj* **1** okrutny **2** srogi |
cruelty *n* (*pl* -ies) okrucieństwo

cruise /kruːz/ *v* **1** żeglować **2** jechać z
jednakową prędkością, krążyć ▶ *n* rejs
statkiem (*wycieczkowy*) | **cruiser** *n*
1 krążownik **2** (*także* 'cabin ~) łódź
motorowa z kabiną

crumb /krʌm/ *n* okruch

crumble /'krʌmbl/ *v* **1** ~ (sth) (up) (into/
to sth) kruszyć (się) **2** rozpadać się |
crumbly *adj* kruchy, rozpadający się

crumple /'krʌmpl/ *v* ~ (sth) (up) (into
sth) miąć (się), gnieść (się)

crunch /krʌntʃ/ *v* **1** ~ sth (up) chrupać
2 chrzęścić, skrzypieć
▶ *adj* chrupiący

crusade /kruːˈseɪd/ *n* **1** (Crusade)
wojna krzyżowa **2** krucjata

crush /krʌʃ/ *v* **1** gnieść, miażdżyć
2 ~ sth (up) rozgniatać **3** tłumić ▶ *n*
1 tłok **2** a ~ (on sb) (*nieform.*): *have a* ~
on sb podkochiwać się w kimś |
crushing *adj* druzgocący, miażdżący

crust /krʌst/ *n* **1** skórka (*np. chleba*)
2 skorupa (*np. planety, lodu*) | **crusty** *adj*
1 chrupiący **2** (*nieform.*) zrzędny

crutch /krʌtʃ/ *n* **1** (*med.*) kula
2 = CROTCH

crux /krʌks/ *n* sedno

cry /kraɪ/ *v* (*3rd sing czasu pres* cries;
pt, pp cried) **1** płakać **2** ~ (sth) (out)
krzyczeć **[IDM]** cry your eyes out
wypłakiwać oczy **[PV]** cry out for sth
(*aż*) się prosić o coś, pilnie potrzebować
▶ *n* (*pl* -ies) **1** krzyk **2** płacz: *have a good*
~ wypłakać się | **crying** *adj* krzyczący,
palący

cryptic /'krɪptɪk/ *adj* tajemniczy,
zagadkowy

crystal /'krɪstl/ *n* kryształ ● ˌcrystal
'ball *n* kula kryształowa | ˌcrystal 'clear
adj **1** krystalicznie czysty **2** jasny jak
słońce

cub /kʌb/ *n* **1** młode lisa/niedźwiedzia/
lwa/tygrysa/wilka **2** (Cub) (*także* Cub
Scout) (*chłopiec*) zuch

cube /kjuːb/ *n* **1** sześcian **2** (*mat.*)
trzecia potęga: *the ~ root of 64*
pierwiastek trzeciego stopnia z 64

cubicle /'kjuːbɪkl/ *n* kabina

cuckoo /'kʊkuː/ *n* kukułka

cucumber /'kjuːkʌmbə(r)/ *n* ogórek

cuddle /'kʌdl/ *v* przytulać (się) ▶ *n*
przytulenie: *give sb a* ~ przytulić kogoś
| **cuddly** *adj* wywołujący chęć
przytulenia

cue /kjuː/ *n* **1** sygnał **2** przykład: *take
your* ~ *from sb* naśladować kogoś **3** kij
(*bilardowy*)

cuff /kʌf/ *n* **1** mankiet **2** (cuffs) =
HANDCUFFS **3** trzepnięcie **[IDM]** off the
cuff bez przygotowania/zastanowienia
▶ *v* dać klapsa ● 'cufflink *n* spinka do
mankietów

cuisine /kwɪˈziːn/ *n* (*gotowanie*)
kuchnia

cul-de-sac /'kʌl də sæk/ *n* (*pl* -s) ślepa
uliczka

cull /kʌl/ *v* **1** odstrzeliwać
(selektywnie) **2** zbierać

culminate /'kʌlmɪneɪt/ *v* (*form.*) ~ in
sth osiągnąć szczyt w czymś, kończyć
się czymś| **culmination** /ˌkʌlmɪˈneɪʃn/ *n*
punkt kulminacyjny

culprit /'kʌlprɪt/ *n* winowaj-ca/czyni

cult /kʌlt/ *n* **1** kult **2** przedmiot kultu

cultivate /'kʌltɪveɪt/ *v* **1** uprawiać
2 pielęgnować **3** zaskarbiać sobie
(*czyjeś względy*)| **cultivated** *adj*
1 kulturalny **2** uprawny

cultural /'kʌltʃərəl/ *adj* **1** kulturowy
2 kulturalny

culture /'kʌltʃə(r)/ *n* kultura| **cultured**
adj **1** światły **2** wyrafinowany

cumbersome /'kʌmbəsəm/ *adj*
1 nieporęczny **2** uciążliwy

cumulative /'kju:mjələtɪv; *Am.* ‑leɪtɪv/ *adj* narastający: *a ~ effect* efekt kumulacyjny

cunning /'kʌnɪŋ/ *adj* przebiegły ▶ *n* przebiegłość

C cup /kʌp/ *n* **1** filiżanka **2** puchar [IDM] **not be sb's cup of tea** nie być w czyimś guście ▶ *v* (**-pp-**) **1** składać w kształt miseczki **2** ujmować (*w dłoń*): *~ your chin in your hands* opierać brodę na dłoniach ● **'cupful** *n* pełna filiżanka (czegoś)

cupboard /'kʌbəd/ *n* szafa

curator /kjʊə'reɪtə(r)/ *n* kustosz/ka

curb /kɜ:b/ *n* **1** ograniczenie **2** (*Am.*) = KERB ▶ *v* ograniczać

curd /kɜ:d/ *n* (*także* -s) zsiadłe mleko

curdle /'kɜ:dl/ *v* **1** zwarzyć/zsiadać się: *I've curdled the sauce.* Sos mi się zwarzył. **2** (*przen.*) ścinać (*krew w żyłach*)

cure /kjʊə(r)/ *v* **1 ~ sb (of sth)** wyleczyć **2** rozwiązać (*problem*) **3** konserwować I **curable** *adj* uleczalny I **~** *n* **1** lek **2** wyleczenie

curfew /'kɜ:fju:/ *n* **1** godzina policyjna **2** (*Am.*) obowiązkowa godzina powrotu dzieci do domu

curious /'kjʊəriəs/ *adj* **1** (*zaciekawiony*) ciekawy **2** ciekawski **3** dziwny, osobliwy I **curiosity** /ˌkjʊəri'ɒsəti/ *n* (*pl* -ies) **1** ciekawość **2** osobliwość **3** ciekawostka

curl /kɜ:l/ *n* **1** lok **2** zwój: *a ~ of smoke* kłąb dymu ▶ *v* **1** kręcić/zawijać (się): *~ your lips* wykrzywić usta **2** wić się [PV] **curl up** zwijać się w kłębek I **curler** *n* lokówka I **curly** *adj* kręcony

currant /'kʌrənt/ *n* **1** koryntka (*rodzynka grecka*) **2** porzeczka

currency /'kʌrənsi/ *n* (*pl* -ies) **1** waluta: *foreign ~* dewizy **2** powszechny użytek, obieg: *gain ~* przyjąć się

current /'kʌrənt/ *adj* **1** aktualny, bieżący **2** powszechnie używany ▶ *n* **1** prąd **2** fala I **currently** *adv* obecnie, aktualnie ● **'current account** *n* (*Br.*) konto bieżące I ˌ**current af'fairs** *n* aktualności

curriculum /kə'rɪkjələm/ *n* (*pl* -cula /-lə/ *lub* -s) program nauczania ● **cuˌrriculum 'vitae** *n* (*Br.*) życiorys

curse /kɜ:s/ *n* **1** przekleństwo **2** klątwa: *under a ~* przeklęty ▶ *v* **1** kląć (na kogoś/coś) **2** rzucać klątwę na kogoś/coś

cursor /'kɜ:sə(r)/ *n* kursor

cursory /'kɜ:səri/ *adj* pobieżny

curt /kɜ:t/ *adj* szorstki, lakoniczny

curtail /kɜ:'teɪl/ *v* **1** skracać **2** redukować, zmniejszać

curtain /'kɜ:tn/ *n* **1** zasłona, firanka **2** kurtyna

curtsy (*pl* -sies) (*także* -sey) /'kɜ:tsi/ *n* dyg

curve /kɜ:v/ *n* krzywa, łuk I *v* wyginać (się): *a curved line* linia falista

cushion /'kʊʃn/ *n* **1** poduszka **❷** Poduszka do spania to **pillow**. ▶ *v* **1** amortyzować **2** ochraniać

custard /'kʌstəd/ *n* słodki sos z mleka, jajek i mąki

custodian /kʌ'stəʊdiən/ *n* (*form.*) kustosz

custody /'kʌstədi/ *n* **1** opieka, prawo opieki **2** areszt

custom /'kʌstəm/ *n* **1** obyczaj, zwyczaj: *as is his ~* jak ma w zwyczaju **2** stałe zaopatrywanie się w danym sklepie: *lose ~* tracić stałych klientów

customary /'kʌstəməri; *Am.* -meri/ *adj* zwyczajowy, przyjęty

customer /'kʌstəmə(r)/ *n* **1** klient **2** (*nieform.*) (*facet*) gość

customs (*także* Customs) /'kʌstəmz/ *n* [*pl*] odprawa celna: *a ~ officer* celnik

cut /kʌt/ *v* (*pres part.* cutting; *pt, pp* cut) **1** ciąć **2** kaleczyć (się) **3** kroić **4** obcinać, strzyc: *have your hair ~* strzyc się u fryzjera **5** wycinać **6** obcinać **7** (*jęz. mów.*) zakończyć coś: *Cut the chat!* Przestańcie gadać! **8** (*przen.*) ranić [IDM] **cut sb short** przerywać komuś I **cut sth short** skracać (*np. pobyt*), ucinać (*np. dyskusję*) [PV] **cut across** sth przekraczać coś I **cut back; cut back (on sth)** obcinać I **cut sth down** **1** ścinać **2** skracać I **cut down (on sth)** ograniczać, zmniejszać I **cut sb off** (*telekom.*) rozłączać kogoś I **cut sth off (sth)** odcinać coś (z czegoś) I **cut sth out** **1** wycinać, wykrawać **2** opuszczać **3** (*nieform.*) przestawać **4** (*nieform.*) rzucać (*np. słodycze*) I **be cut out for/to be sth** być stworzonym dla kogoś/do czegoś I **cut sth up** ciąć (na kawałki) ▶ *n* **1** cięcie **2** rana cięta **3** strzyżenie **4** a ~ (in sth) redukcja: *a power ~* wyłączenie prądu **5** płat **6** (*nieform.*) działka (*część zysku*) ● **'cut-off** *n* cięcie, redukcja: *make ~s in sth* zredukować coś I **'cut-off** *n* górna/dolna granica: *the ~ date* ostateczny termin

cute /kju:t/ *adj* milutki, słodki

cutlery /'kʌtləri/ *n* sztućce

cutlet /'kʌtlət/ *n* kotlet (*z kością*)

cutting /'kʌtɪŋ/ *n* **1** (*Br.*) wycinek (*prasowy*) **2** sadzonka ▶ *adj* **1** uszczypliwy **2** (*wiatr itp.*) przenikliwy

CV /ˌsi: 'vi:/ *abbr* curriculum vitae

cyanide /'saɪənaɪd/ *n* cyjanek

cybercafe /'saɪbəkæfeɪ/ *n* kawiarenka internetowa

cyberspace /'saɪbəspeɪs/ *n* przestrzeń cybernetyczna

cycle /'saɪkl/ *n* **1** cykl **2** rower ▶ *v* jeździć na rowerze | **cyclist** *n* rowerzyst-a/ka | **cyclic(al)** /'saɪklɪk(l); 'sɪk-/ *adj* cykliczny

cylinder /'sɪlɪndə(r)/ *n* **1** walec **2** cylinder | **cylindrical** /sə'lɪndrɪkl/ *adj* walcowaty

cymbal /'sɪmbl/ *n* czynel

cynic /'sɪnɪk/ *n* cynik | **cynical** *adj* cyniczny | **cynicism** /-sɪzəm/ *n* cynizm

cyst /sɪst/ *n* torbiel

....

Dd

....

D, d /diː/ *n* **1** litera *d* **2** (*szk.; ocena*) niezbyt dobry **3** (*muz.*) D/d: *D major* D-dur ◇ *D minor* d-moll

dab /dæb/ *v* (**-bb-**) przecierać (lekko) ▶ *n* **1** otarcie (*np. łez*), dotknięcie: *give sth a ~* lekko coś przecierać **2** odrobina

dad /dæd/ *n* (*nieform.*) tata | **daddy** *n* (*pl* **-ies**) (*nieform.*) tatuś

daffodil /'dæfədɪl/ *n* żonkil

daft /dɑːft; *Am.* dæft/ *adj* (*nieform.*) (*przen.*) stuknięty

dagger /'dægə(r)/ *n* sztylet

daily /'deɪli/ *adj* codzienny ▶ *adv* codziennie | *n* (*pl* **-ies**) dziennik

dainty /'deɪnti/ *adj* **1** delikatny **2** wykwintny

dairy /'deəri/ *n* (*pl* **-ies**) **1** mleczarnia **2** sklep z nabiałem ▶ *adj* mleczny

daisy /'deɪzi/ *n* (*pl* **-ies**) stokrotka

dam /dæm/ *n* tama ▶ *v* budować tamę

damage /'dæmɪdʒ/ *n* **1** ~ (**to sth**) szkoda **2** (**damages**) [*pl*] odszkodowanie ▶ *v* uszkadzać, psuć

dame /deɪm/ *n* (**Dame**) (*Br.*) tytuł przyznawany kobietom za szczególne osiągnięcia

damn /dæm/ *v* **1** potępiać **2** (*relig.*) skazywać na potępienie ▶ *interj* (*nieform.*) cholera! | *n* [IDM] **not give a ~ damn** (*slang*) nic (mnie, go itp.) to nie obchodzi | **damn** *adj* (*nieform.*) cholerny | **damning** *adj* potępiający

damp /dæmp/ *adj* wilgotny ▶ *n* wilgoć | (*także* **dampen**) *v* **~ sth** (**down**) tłumić (*emocje*) | **dampen** *v* zwilżać

dance /dɑːns; *Am.* dæns/ *n* **1** taniec: *Would you like a ~?* Chcesz zatańczyć? **2** [C] (*zabawa*) tańce ▶ *v* **1** tańczyć **2** skakać (*np. z radości*) | **dancer** *n* tance-rz/rka

dandelion /'dændɪlaɪən/ *n* (*bot.*) mlecz

dandruff /'dændrʌf/ *n* łupież

danger /'deɪndʒə(r)/ *n* **1** niebezpieczeństwo: *Danger!* Uwaga! ◇ *They're out of ~.* Nic im nie grozi. **2 a ~** (**to sb/sth**) zagrożenie | **dangerous** *adj* niebezpieczny

dangle /'dæŋgl/ *v* zwisać; bujać (się)

dare /deə(r)/ *v* **1** (*zwykle w przeczeniach*) śmieć, odważyć się: *Don't you ~!* Nie waż się! ◇ *I ~ say.* Przypuszczam. ❶ Antonim: **dare not** (zwykle w formie **daren't** /'deənt/) lub **do not/does not** (= **don't/doesn't**) **dare**. Antonim w czasie przeszłym: **did not** (**didn't**) **dare**, lub (formalnie) **dared not**. Dare zazw. występuje przed bezokolicznikiem bez *to*: *Nobody dared (to) speak.* **2** wyzywać: *I ~ you!* No zrób to! ▶ *n* wyzwanie | **daring** *adj* śmiały

dark /dɑːk/ *adj* **1** ciemny: *get dark* ściemniać się ◇ *~ blue* ciemnoniebieski **2** mroczny ▶ *n* (**the dark**) ciemność [IDM] **after/before dark** przed zachodem/po zachodzie słońca | **in the dark** (**about sth**): *be in the ~ about sth* nic nie wiedzieć o czymś ◇ *keep sb in the ~* trzymać kogoś w nieświadomości | **darken** *v* ściemniać (się) | **darkness** *n* ciemność ● **dark 'glasses** *n* okulary przeciwsłoneczne | **'darkroom** *n* ciemnia fotograficzna

darling /'dɑːlɪŋ/ *n* ukochan-y/a: *Hello, ~!* Witaj, kochanie!

dart /dɑːt/ *n* **1** strzałka **2** (**darts**) [U] rzucanie strzałek do tarczy ▶ *v* rzucać się

dash /dæʃ/ *n* **1** sus: *make a ~ for sth* rzucić się do czegoś **2** domieszka **3** myślnik ▶ *v* **1** biec pędem **2** rozwiewać (*nadzieje*) [PV] **dash sth off** szybko coś napisać/naszkicować

dashboard /'dæʃbɔːd/ *n* tablica rozdzielcza

data /'deɪtə; 'dɑː-/ *n* dane ● **'database** *n* baza danych

date /deɪt/ *n* **1** data **2** termin **3** randka, umówione spotkanie **4** (*zwł. Am.*) chłopak/dziewczyna (*z którym/którą masz randkę*) **5** daktyl [IDM] **out of date 1** przestarzały **2** przeterminowany | **to date** (*form.*) dotychczas ▶ *v* **1** opatrywać datą **2** ustalać wiek czegoś **3** wychodzić z mody **4** (*zwł. Am., nieform.*) chodzić/spotykać się z kimś **5 ~ back to...**; **~ from...** pochodzić (*z danego okresu*) | **dated** *adj* niemodny

daughter /'dɔːtə(r)/ *n* córka ● **'daughter-in-law** *n* (*pl* **~s-in-law**) synowa

daunting /'dɔːntɪŋ/ *adj* przerażający | **daunt** *v* przerażać się, niepokoić się

d

dawn /dɔːn/ *n* **1** świt **2** zaranie ▶ *v*
1 świtać **2** ~ **(on sb)** zaświtać (komuś)
w głowie

day /deɪ/ *n* **1** dzień: *the ~ after
tomorrow* pojutrze ◇ *the day before
yesterday* przedwczoraj ◇ *New Year's
Day* Nowy Rok **2** doba **3** (*także* -s) czasy
[IDM] **by day** w dzień | **day by day** z dnia
na dzień | **day in, day out** codziennie |
day-to-day codzienny | **make sb's day**
(*nieform.*) ucieszyć kogoś | **one/some
day** kiedyś | **the other day** niedawno |
these days w dzisiejszych czasach
● '**daybreak** *n* brzask | '**daydream** *n* sen
na jawie, marzenie | '**daydream** *v*
marzyć | **day 'off** *n* (*pl* -**s off**) dzień
wolny od pracy | **,day re'turn** *n* (*Br.*) bilet
powrotny ważny jeden dzień | '**daytime**
n dzień

daylight /'deɪlaɪt/ *n* światło dzienne

daze /deɪz/ *v* oszałamiać ▶ *n* [IDM] **in a
daze** w oszołomieniu ▶ *adj*
oszołomiony

dazzle /'dæzl/ *v* **1** oślepiać
2 oczarowywać

dead /ded/ *adj* **1** zmarły, zdechły,
martwy **2** zdrętwiały **3** zepsuty
4 zupełny: ~ *silence* głucha cisza
5 (*miasto itp.*) wymarły **6** skończony ▶
adv (*nieform.*) **1** całkowicie **2** bardzo |
deaden *v* łagodzić, tłumić ● **,dead 'end**
(*i przen.*) ślepa uliczka | **,dead 'heat** *n*
bieg nierozstrzygnięty | '**deadpan** *adj*
bez wyrazu

deadline /'dedlaɪn/ *n* ostateczny
termin

deadlock /'dedlɒk/ *n* martwy punkt

deadly /'dedli/ *adj* **1** śmiertelny **2** (*Br.,
nieform.*) śmiertelnie nudny
3 morderczy ▶ *adv* śmiertelnie

deaf /def/ *adj* głuchy | **deafen**
v **1** ogłuszać **2** zagłuszać | **deafness** *n*
głuchota

deal /diːl/ *n* **1** interes, transakcja: *make
a* ~ (*with sb*) zawrzeć umowę (z kimś)
◇ *It's a* ~! Umowa stoi! **2** traktowanie:
give sb a raw/rough ~ potraktować
kogoś źle ◇ *get a fair* ~ zostać
sprawiedliwie potraktowanym
3 (*kart*) [IDM] **a good/great deal**
dużo ▶ *v* (*pt, pp* **dealt** /delt/) **1** ~ **(in sth)**
handlować czymś **2** prowadzić interesy
(z kimś) **3** (*nieform.*) handlować
narkotykami **4** ~ **(sth) (out) (to sb)**
rozdawać [PV] **deal with sb**
1 postępować z kimś **2** radzić sobie z
kimś | **deal with sth 1** zajmować się |
radzić sobie z czymś **2** dotyczyć czegoś |
dealer *n* **1** handlowiec **2** handlarz
3 rozdając-y/a | **dealing** *n* **1** handel
2 (**dealings**) interesy

dean /diːn/ *n* dziekan

dear /dɪə(r)/ *adj* **1** drog-i/a, szanown-y/
a **2** (*mój/moja*) drog-i/a **3** kochany

4 (*Br.*) (*sklep itp.*) drogi ▶ *adv* drogo | *n*
1 dobry człowiek: *an absolute* ~
chodząca dobroć **2** kochanie | *interj*
ojej! | **dearly** *adv* bardzo

death /deθ/ *n* **1** śmierć **2** upadek,
koniec [IDM] **put sb to death** uśmiercić
kogoś | **deathly** *adj* śmiertelny | **deathly**
adv śmiertelnie ● '**death penalty** *n* kara
śmierci | '**death toll** *n* liczba ofiar
śmiertelnych

debate /dɪ'beɪt/ *n* **1** [*C*] debata, obrady
2 dyskusja ▶ *v* **1** debatować, obradować
2 rozważać | **debatable** *adj* dyskusyjny

debit /'debɪt/ *n* debet ▶ *v* debetować
● '**debit card** *n* karta płatnicza

debris /'debriː; *Am.* də'briː/ *n* [*U*]
szczątki, gruz

debt /det/ *n* **1** dług **2** zadłużenie: *be in/
out of* ~ (nie) być zadłużonym ◇ *get into*
~ popaść w długi **3** (*form.*) dług
wdzięczności | **debtor** *n* dłużnik

decade /'dekeɪd; dɪ'keɪd/ *n*
dziesięciolecie

decadent /'dekədənt/ *adj* dekadencki

decaffeinated /,diː'kæfɪneɪtɪd/ *adj* bez
kofeiny

decay /dɪ'keɪ/ *v* **1** niszczeć, gnić, psuć
się **2** podupadać ▶ *n* **1** gnicie,
niszczenie: *tooth* ~ próchnica **2** upadek

deceased /dɪ'siːst/ *adj* (*form.*) zmarły

deceit /dɪ'siːt/ *n* oszustwo | **deceitful**
adj oszukańczy, kłamliwy

deceive /dɪ'siːv/ *v* ~ **sb/yourself (into
doing sth)** oszukiwać, zwodzić (kogoś
tak, że/aby)

December /dɪ'sembə(r)/ *n* grudzień
→ MAJ

decent /'diːsnt/ *adj* **1** niezły
2 przyzwoity: *I can't come to the door –
I'm not* ~. Nie mogę otworzyć – nie
jestem ubrany. **3** przyzwoity | **decency** *n*
przyzwoitość

deception /dɪ'sepʃn/ *n* **1** wprowadzenie
w błąd: *obtain sth by* ~ zdobyć coś
nieuczciwym sposobem **2** podstęp |
deceptive *adj* zwodniczy | **deceptively**
adv pozornie, zwodniczo

decide /dɪ'saɪd/ *v* zdecydować: *The
date hasn't been decided yet.* Jeszcze nie
zdecydowano o terminie. | **decided** *adj*
zdecydowany

decimal /'desɪml/ *adj* dziesiętny ▶ *n*
ułamek dziesiętny: *a* ~ *point* kropka w
ułamku dziesiętnym ● **Uwaga!** W jęz.
ang. przed ułamkiem dziesiętnym
stawia się kropkę, nie przecinek.

decipher /dɪ'saɪfə(r)/ *v*
1 odszyfrowywać **2** odcyfrowywać

decision /dɪ'sɪʒn/ *n* **1** decyzja,
postanowienie: *come to/reach a* ~
zdecydować **2** stanowczość
3 podejmowanie decyzji

decisive /dɪˈsaɪsɪv/ *adj* **1** decydujący
2 zdecydowany, stanowczy

deck /dek/ *n* **1** pokład (*na statku*),
piętro (*w autobusie*) **2** (*Am.*) talia (*kart*)
● **'deckchair** *n* leżak

declare /dɪˈkleə(r)/ *v* **1** ogłaszać,
wypowiadać **2** deklarować, zgłaszać do
oclenia | **declaration** /ˌdekləˈreɪʃn/ *n*
1 deklaracja, wypowiedzenie
2 deklaracja celna

decline /dɪˈklaɪn/ *v* **1** (*form.*)
odmawiać **2** pogarszać/zmniejszać się
▶ *n* (a) ~ (in sth) **1** upadek **2** spadek
3 pogorszenie

decompose /ˌdiːkəmˈpəʊz/ *v*
rozkładać się; spowodować rozkład

decor /ˈdeɪkɔː(r); *Am.* deɪˈkɔːr/ *n*
wystrój

decorate /ˈdekəreɪt/ *v* **1** ~ sth (with sth)
ozdabiać, dekorować **2** malować i/lub
tapetować | **decoration** /ˌdekəˈreɪʃn/ *n*
1 malowanie i/lub tapetowanie
2 wystrój **3** ozdoba, dekoracja |
decorative /ˈdekərətɪv; *Am.* -reɪt-/ *adj*
ozdobny, dekoracyjny | **decorator** *n*
dekorator wnętrz

decoy /ˈdiːkɔɪ/ *n* przynęta, wabik

decrease /dɪˈkriːs/ *v* zmniejszać (się)
▶ /ˈdiːkriːs/ *n* (a) ~ (in sth) spadek,
zmniej-szenie/szanie (się)

decree /dɪˈkriː/ *n* rozporządzenie,
dekret ▶ *v* (*pt, pp* **decreed**)
rozporządzać, zadekretować

decrepit /dɪˈkrepɪt/ *adj* **1** rozpadający
się **2** zgrzybiały

dedicate /ˈdedɪkeɪt/ *v* **1** poświęcać
2 dedykować | **dedicated** *adj*
zaangażowany, poświęcający się
(*czemuś*) | **dedication** /ˌdedɪˈkeɪʃn/ *n*
1 zaangażowanie, poświęcenie się
(*czemuś*) **2** dedykacja

deduce /dɪˈdjuːs/ *v* wnioskować

deduct /dɪˈdʌkt/ *v* odejmować,
potrącać | **deduction** *n* **1** wniosek
2 wnioskowanie **3** odjęcie, potrącenie

deed /diːd/ *n* (*form.*) czyn

deem /diːm/ (*form.*) uznawać

deep /diːp/ *adj* **1** głęboki: *The pool is a
metre ~*. Basen ma metr głębokości.
2 (*dźwięk*) niski **3** (*kolor*) ciemny
4 poważny **5** wielki, silny **6** gruntowny
7 pogrążony w czymś ▶ *adv* głęboko: ~
into the night do późna w nocy [IDM]
deep down w głębi duszy/serca | **deepen**
v pogłębiać (się) | **deeply** *adv* głęboko
● **deep 'freeze** *n* zamrażarka

deer /dɪə(r)/ *n* (*pl* **deer**) jeleń

default /dɪˈfɔːlt; 'diː-/ *n* (*komput.*)
ustawienie standardowe [IDM] **by
default 1** walkowerem **2** z braku czegoś
innego ▶ *v* **1** ~ (on sth) nie wywiązywać
się (*z zobowiązań/płatności*)

2 (*komput.*) ustawiać się wg
parametrów standardowych

defeat /dɪˈfiːt/ *v* **1** pokonywać, zwyciężać
2 udaremniać **3**: *It ~s me.* To dla mnie
za trudne. ▶ *n* **1** porażka,
niepowodzenie **2** odrzucenie

defect /ˈdiːfekt/ *n* wada, mankament
▶ /dɪˈfekt/ *v* **1** uciec z kraju (*z powodów
politycznych*) **2** przechodzić na stronę
wroga | **defective** /dɪˈfektɪv/ *adj*
wadliwy, wybrakowany | **defector** *n*
1 uciekinier/ka polityczn-y/a **2** osoba,
która wystąpiła z partii na stronę
opozycji

defence (*Am.* **defense**) /dɪˈfens/ *n*
1 ~ (against sth); a ~ of sth obrona: *put
up no ~* nie bronić się **2** a ~ (against
sth) system obrony **3** (the defence)
(*prawn.*) obrona **4** (*zwykle* the defence)
defensywa, obrońcy | **defend** *v* **1** ~ sb/
sth (against sb/sth) (i *prawn.*) bronić
2: *They defended well.* Ich defensywa
grała bardzo dobrze. | **defendant** *n*
oskarżony | **defender** *n* (*zwł. sport*)
obroń-ca/czyni | **defensive** *adj* **1** obronny
2 defensywny | *n* [IDM] **on the defensive**
w defensywie

defer /dɪˈfɜː(r)/ *v* (-rr-) (*form.*) odraczać

deference /ˈdefərəns/ *n* szacunek

defiance /dɪˈfaɪəns/ *n*
nieposłuszeństwo, bunt: *in ~ of
sb/sth* na przekór komuś/czemuś |
defiant *adj* buntowniczy, wyzywający

deficiency /dɪˈfɪʃnsi/ *n* (*pl* -ies)
1 niedobór **2** niedoskonałość,
niedostatek | **deficient** *adj* **1** ~ (in sth)
wykazujący niedobór **2** niedoskonały

define /dɪˈfaɪn/ *v* **1** definiować
2 określić

definite /ˈdefɪnət/ *adj* **1** ostateczny
2 pewny **3** wyraźny | **definitely** *adv* na
pewno, zdecydowanie ● **definite 'article**
n przedimek określony

definition /ˌdefɪˈnɪʃn/ *n* definicja

definitive /dɪˈfɪnətɪv/ *adj* **1** ostateczny
2 szczytowy

deflate /dɪˈfleɪt; diː-; ˌdiː-/ *v* **1** wypuszczać
powietrze **2** zbić kogoś z tropu

deflect /dɪˈflekt/ *v* **1** odbijać (się)
2 odwracać (*uwagę*), odwodzić

deform /dɪˈfɔːm/ *v* zniekształcać,
deformować | **deformed** *adj*
zniekształcony, zdeformowany |
deformity *n* (*pl* -ies) zniekształcenie,
deformacja

defrost /ˌdiːˈfrɒst/ *v* **1** odmrażać
2 rozmrażać (się)

deft /deft/ *adj* zręczny

defunct /dɪˈfʌŋkt/ *adj* **1** zlikwidowany
2 (*przepis prawny itp.*) martwy

defuse /ˌdiːˈfjuːz/ *v* **1** rozbrajać
2 rozładowywać

d

defy /dɪ'faɪ/ *v* (*3rd sing czasu pres* **-ies;**
pt, pp **-ied**) **1** przeciwstawiać/
sprzeciwiać się **2** ~ **sb to do sth**
wyzywać kogoś, żeby coś zrobił **3** być
nie do (*np. opisania*)

degenerate /dɪ'dʒenəreɪt/ *v* ulegać
degeneracji, przekształcić się (w coś)
▶/dɪ'dʒenərət/ *adj* zdegenerowany

degrade /dɪ'greɪd/ *v* poniżać |
degradation /ˌdegrə'deɪʃn/ *n*
1 poniżenie **2** degradacja

degree /dɪ'griː/ *n* **1** stopień: *There is
always some* ~ *of risk.* Zawsze jest
pewne ryzyko. **2** stopień naukowy
❶ Degree to zwykle stopień naukowy,
nadawany po ukończeniu studiów
wyższych. W Br. ang. słowo to może też
oznaczać sam kurs. Oficjalne
dokumenty, stwierdzające zdobycie
odpowiednich kwalifikacji, to **diploma** i
certificate. Diploma to świadectwo
ukończenia studiów lub innych szkół/
kursów, zaś **certificate** ma również
szersze znaczenie. W Br. ang. obu
wyrazów używa się też do określenia
kwalifikacji lub kursu.

dehydrate /diː'haɪdreɪt/ *v* odwadniać
(się): *become dehydrated* odwadniać się

dejected /dɪ'dʒektɪd/ *adj* strapiony,
zniechęcony

delay /dɪ'leɪ/ *v* **1** opóźniać **2** odkładać
(*coś na później*) ▶ *n* opóźnienie, zwłoka

delegate /'delɪgət/ *n* delegat/ka
▶/'delɪgeɪt/ *v* delegować, zlecać |
delegation /ˌdelɪ'geɪʃn/ *n*
1 delegowanie, zlecenie **2** delegacja

delete /dɪ'liːt/ *v* skreślać, usuwać |
deletion *n* skreślenie, usunięcie

deliberate /dɪ'lɪbərət/ *adj*
1 zamierzony **2** rozważny, niespieszny |
deliberately *adv* **1** celowo **2** rozważnie,
niespiesznie | **deliberation** /
dɪˌlɪbə'reɪʃn/ *n* **1** zastanowienie (się)
2 rozwaga

delicacy /'delɪkəsi/ *n* (*pl* **-ies**)
1 delikatność **2** przysmak

delicate /'delɪkət/ *adj* **1** delikatny
2 wymagający delikatności/precyzji

delicatessen /ˌdelɪkə'tesn/ *n*
delikatesy

delicious /dɪ'lɪʃəs/ *adj* smakowity

delight /dɪ'laɪt/ *n* **1** zachwyt, radość
2 coś, co zachwyca: *It's a* ~ *to read.*
Czyta się z przyjemnością. ▶ *v*
zachwycać, radować | **delighted** *adj*
1 ~ (**at/with sth**)/(**that...**) zachwycony
2 ~ (**to do sth**) z przyjemnością |
delightful *adj* zachwycający, wspaniały

delinquent /dɪ'lɪŋkwənt/ *adj* (*zwł. o
nieletnich*) przestępczy ▶ *n* (nieletni/a)
przestęp-ca/czyni

delirious /dɪ'lɪriəs/ *adj* **1** bredzący
2 nie posiadający się z radości

deliver /dɪ'lɪvə(r)/ *v* **1** dostarczać
2 przyjmować (*poród*) **3** wygłaszać
4 ~ (**on sth**) (*nieform.*) wywiązywać się
(z czegoś) | **delivery** *n* (*pl* **-ies**)
1 doręczenie, dostawa **2** roznoszenie (*np.
poczty*) **3** dostawa, dostarczanie **4** poród

delude /dɪ'luːd/ *v* łudzić, oszukiwać

deluge /'deljuːdʒ/ *n* **1** oberwanie
chmury **2** potop **3** (*przen.*) zalew ▶ *v*
(*przen.*) zasypywać

delusion /dɪ'luːʒn/ *n* złudzenie: *be
under the* ~ *that...* wyobrażać sobie
(mylnie), że...

de luxe /ˌdə 'lʌks; -'lʊks/ *adj* luksusowy

delve /delv/ *v* ~ **into sth 1** sięgać
2 dociekać

demand /dɪ'mɑːnd; *Am.* -'mænd/ *n* **1** a ~
(**for sth/that...**) żądanie **2** (**demands**) [*pl*]
obciążenie, wymagania **3** ~ (**for sth/sb**)
popyt, zapotrzebowanie |IDM| **in
demand** rozchwytywany, wzięty | **make
demands on sb** wymagać od kogoś
wysiłku | **on demand** na żądanie ▶ *v*
1 żądać, domagać się **2** pytać (*w sposób
agresywny*) **3** wymagać | **demanding**
adj wymagający

demise /dɪ'maɪz/ *n* **1** (*form.*) zgon
2 upadek

demo /'deməʊ/ *n* (*nieform.*) **1** płyta/
nagranie demo **2** demonstracja **3** a ~
(**against/for sb/sth**) manifestacja

democracy /dɪ'mɒkrəsi/ *n* (*pl* **-ies**)
demokracja | **democrat** /'deməkræt/ *n*
(*także* **Democrat**) demokrat-a/ka |
democratic /ˌdemə'krætɪk/ *adj*
demokratyczny

demolish /dɪ'mɒlɪʃ/ *v* **1** wyburzać
2 obalać | **demolition** /ˌdemə'lɪʃn/ *n*
wyburzenie

demon /'diːmən/ *n* demon

demonstrate /'demənstreɪt/ *v*
1 dowodzić **2** demonstrować
3 ~ (**against/for sb/sth**) manifestować |
demonstration /ˌdemən'streɪʃn/ *n*
1 dowód **2** demonstracja: *give sb a* ~ *of
sth* zaprezentować coś **3** a ~ (**against/for
sb/sth**) manifestacja | **demonstrative** /
dɪ'mɒnstrətɪv/ *adj* wylewny, otwarty |
demonstrator /'demənstreɪtə(r)/ *n*
demonstrant/ka

demoralize (*także* **-ise**) /dɪ'mɒrəlaɪz/ *v*
działać demobilizująco, zniechęcać do
dalszego działania

demure /dɪ'mjʊə(r)/ *adj* skromny

den /den/ *n* **1** nora, legowisko **2** melina

denial /dɪ'naɪəl/ *n* **1** zaprzeczenie
2 pozbawienie, odmowa **3** odrzucenie:
be in ~ odrzucać bolesną prawdę

denim /'denɪm/ *n* **1** materiał dżinsowy
2 (**denims**) dżinsy

denomination /dɪˌnɒmɪ'neɪʃn/ *n* (*relig.*)
wyznanie

denote /dɪˈnəʊt/ *v* oznaczać

denounce /dɪˈnaʊns/ *v* potępiać

dense /dens/ *adj* **1** gęsty, zwarty **2** (*nieform.*) tępy | **density** *n* (*pl* **-ies**) gęstość

dent /dent/ *n* wgięcie ▶ *v* wginać

dental /ˈdentl/ *adj* dentystyczny

dentist /ˈdentɪst/ (*także* 'dental surgeon) *n* dentyst-a/ka | **the dentist's** *n* gabinet dentystyczny

denunciation /dɪˌnʌnsiˈeɪʃn/ *n* potępienie

deny /dɪˈnaɪ/ *v* (*3rd sing czasu pres* **-ies**; *pt, pp* **-ied**) **1** ~ (doing) sth/that... zaprzeczać, wypierać się **2** odmawiać

deodorant /diˈəʊdərənt/ *n* dezodorant

depart /dɪˈpɑːt/ *v* (*form.*) od-jeżdżać/ pływać/latywać/chodzić

department /dɪˈpɑːtmənt/ *n* **1** ministerstwo **2** (wy)dział | **departmental** /ˌdiːpɑːtˈmentl/ *adj* (wy)działowy ● **de'partment store** *n* dom towarowy

departure /dɪˈpɑːtʃə(r)/ *n* **1** odjazd/lot/ płynięcie **2** odejście (*od norm*), odstępstwo

depend /dɪˈpend/ *v* [IDM] **that depends; it (all) depends** to zależy [PV] **depend on sb/sth** polegać na kimś/czymś, liczyć na kogoś/coś: *You can ~ on her to be late.* Możesz być pewien, że ona się spóźni. | **depend on sb/sth for sth** być zależnym od kogoś/czegoś | **depend on sth** zależeć od czegoś | **dependable** *adj* niezawodny, pewny | **dependant** (*zwł. Am.* **-dent**) /dɪˈpendənt/ *n* osoba będąca na czyimś utrzymaniu | **dependence** *n* ~ **on sb/sth** zależność | **dependency** *n* uzależnienie | **dependent** *adj* **1** ~ **on sb/ sth** zależny, uzależniony **2** na utrzymaniu

depict /dɪˈpɪkt/ *v* **1** (*obraz*) przedstawiać **2** opisywać

deplore /dɪˈplɔː(r)/ *v* (*form.*) potępiać, wyrażać ubolewanie

deploy /dɪˈplɔɪ/ *v* **1** rozstawiać (*np. wojsko, broń*) **2** ustawiać

deport /dɪˈpɔːt/ *v* deportować | **deportation** /ˌdiːpɔːˈteɪʃn/ *n* deportacja

depose /dɪˈpəʊz/ *v* usuwać ze stanowiska/z tronu

deposit /dɪˈpɒzɪt/ *v* **1** wpłacać (*na konto, zadatek*) **2** deponować **3** składać, umieszczać **4** pozostawiać jako osad ▶ *n* **1** depozyt **2** zaliczka, zadatek **3** kaucja, zastaw **4** osad ● **de'posit account** *n* konto depozytowe

depot /ˈdepəʊ; *Am.* ˈdiːpoʊ/ *n* **1** zajezdnia **2** skład wojskowy **3** (*Am.*) dworzec autobusowy/kolejowy

depress /dɪˈpres/ *v* **1** przygnębiać **2** osłabiać, obniżać **3** (*form.*) naciskać | **depressed** *adj* **1** w depresji **2** (*miasto*

itp.) dotknięty bezrobociem/kryzysem | **depressing** *adj* przygnębiający | **depression** *n* **1** depresja **2** stagnacja, kryzys **3** obniżenie, wgłębienie

deprive /dɪˈpraɪv/ *v* pozbawiać | **deprived** *adj* ubogi, potrzebujący: *emotionally* ~ spragniony uczucia | **deprivation** /ˌdeprɪˈveɪʃn/ *n* **1** pozbawienie **2** ubóstwo, niedostatek

depth /depθ/ *n* **1** głębokość **2** głębia [IDM] **in depth** wnikliwie, szczegółowo | **be/get out of your depth** (*i przen.*) tracić grunt pod nogami

deputy /ˈdepjuti/ *n* (*pl* **-ies**) zastęp-ca/ czyni

deranged /dɪˈreɪndʒd/ *adj* obłąkany

derelict /ˈderəlɪkt/ *adj* opustoszały i podupadły

derision /dɪˈrɪʒn/ *n* wyśmiewanie się, drwina | **derisive** /dɪˈraɪsɪv/ *adj* drwiący | **derisory** /dɪˈraɪsəri/ *adj* (*form.*) (śmiesznie) mały

derivation /ˌderɪˈveɪʃn/ *n* pochodzenie (*słowa*) | **derivative** /dɪˈrɪvətɪv/ **1** *adj* pochodny **2** *n* wyraz pochodny | **derive** /dɪˈraɪv/ *v* **1** (*form.*) czerpać, znajdować w czymś (*np. przyjemność*) **2** wywodzić się, pochodzić

derogatory /dɪˈrɒgətri; *Am.* -tɔːri/ *adj* uchybiający, poniżający

descend /dɪˈsend/ *v* (*form.*) **1** obniżać się **2** schodzić [IDM] **be descended from sb** wywodzić się od kogoś | **descendant** *n* potomek

descent /dɪˈsent/ *n* **1** obniżenie (*lotu*), zejście **2** pochodzenie

describe /dɪˈskraɪb/ *v* opisywać, określać | **description** /dɪˈskrɪpʃn/ *n* **1** opis **2** opisywanie **3** rodzaj | **descriptive** /dɪˈskrɪptɪv/ *adj* **1** opisowy **2** szczegółowy

desert[1] /dɪˈzɜːt/ *v* **1** opuszczać **2** dezerterować | **deserted** *adj* opuszczony | **deserter** *n* dezerter/ka

desert[2] /ˈdezət/ *n* pustynia

deserve /dɪˈzɜːv/ *v* ~ **sth** zasługiwać na coś: *We* ~ *a break.* Zasługujemy na przerwę. ◇ *He* ~*s to be punished severely.* Powinien być surowo ukarany. | **deserving** *adj* zasługujący na pomoc

design /dɪˈzaɪn/ *n* **1** projekt **2** projektowanie: *graphic* ~ grafika **3** konstrukcja **4** wzór, deseń ▶ *v* projektować | **designer** *n* projektant/ka: ~ *jeans* dżinsy znanej marki

designate /ˈdezɪgneɪt/ *v* (*form.*) **1** przeznaczać **2** mianować **3** wskazywać

desire /dɪˈzaɪə(r)/ *n* (a) ~ (for sth/to do sth) **1** pragnienie **2** pożądanie ▶ *v* **1** (*form.*) pragnąć **2** pożądać | **desirable** *adj* **1** pożądany, mile widziany **2** atrakcyjny

desk /desk/ *n* **1** biurko **2** dział, sekcja
● '**desktop** *n* **1** blat biurka **2** (*komput.*)
pulpit **3** (*także* ,~ com'puter) komputer
typu desktop| ,**desktop 'publishing** *n*
(*drukarstwo*) technika DTP

desolate /'desələt/ *adj* **1** opustoszały,
wyludniony **2** załamany, opuszczony|
desolation /,desə'leɪʃn/ *n* **1** pustkowie
2 pustka, rozpacz

despair /dɪ'speə(r)/ *n* rozpacz ► *v* ~ (**of**
sb/sth) rozpaczać, tracić nadzieję

despatch = DISPATCH

desperate /'despərət/ *adj*
1 zrozpaczony **2** rozpaczliwy **3** ~ (**for**
sth/to do sth) spragniony (czegoś): *I'm*
~ for a drink. Muszę się czegoś napić.
4 potworny| **desperation** /,despə'reɪʃn/
n rozpacz, desperacja

despicable /dɪ'spɪkəbl/ *adj* nikczemny

despise /dɪ'spaɪz/ *v* gardzić

despite /dɪ'spaɪt/ *prep* pomimo, wbrew

despondent /dɪ'spɒndənt/ *adj*
zniechęcony, przygnębiony

dessert /dɪ'zɜ:t/ *n* deser
● **de'ssertspoon** *n* łyżeczka deserowa

destination /,destɪ'neɪʃn/ *n* cel
podróży, miejsce przeznaczenia

destined /'destɪnd/ *adj* **1** ~ **for sth/to do**
sth przeznaczony **2** ~ **for...** jadący
dokądś

destiny /'destəni/ *n* (*pl* -**ies**)
przeznaczenie, los

destitute /'destɪtjuːt; *Am.* -tuːt/ *adj* bez
środków do życia

destroy /dɪ'strɔɪ/ *v* **1** niszczyć **2** dobijać
(*ranne/niebezpieczne zwierzę*)

destruction /dɪ'strʌkʃn/ *n* zniszczenie
| **destructive** *adj* niszczycielski

detach /dɪ'tætʃ/ *v* odrywać, odłączać|
detachable *adj* taki, który można
odczepić od czegoś| **detached** *adj*
1 (*osoba*) obojętny **2** (*dom*) wolno
stojący| **detachment** *n* **1** obojętność
2 oddział specjalny

detail /'diːteɪl; *Am.* dɪ'teɪl/ *n* szczegół
[IDM] **go into detail(s)** wdawać się w
szczegóły| **in detail** szczegółowo
► *v* **1** wyszczególniać **2** opisywać
szczegółowo| **detailed** *adj* szczegółowy

detain /dɪ'teɪn/ *v* zatrzymywać

detect /dɪ'tekt/ *v* **1** dostrzegać
2 wykrywać| **detector** *n* czujnik
alarmowy

detective /dɪ'tektɪv/ *n* detektyw: *a ~*
story kryminał

detention /dɪ'tenʃn/ *n* **1** zatrzymanie,
uwięzienie **2** zostanie za karę po
lekcjach

deter /dɪ'tɜ:(r)/ *v* (-**rr**-) ~ **sb** (**from doing**
sth) powstrzymywać, odstraszać

detergent /dɪ'tɜ:dʒənt/ *n* środek
czyszczący, detergent

deteriorate /dɪ'tɪəriəreɪt/ *v* pogarszać
się: *~ into war* przeradzać się w wojnę

determine /dɪ'tɜ:mɪn/ *v* **1** określać,
decydować **2** ustalać| **determination**
/dɪ,tɜ:mɪ'neɪʃn/ *n* **1** determinacja
2 ustalenie, określenie| **determined**
/dɪ'tɜ:mɪnd/ *adj* zdecydowany,
zdeterminowany

deterrent /dɪ'terənt; *Am.* -'tɜ:-/ *n*
środek odstraszający/zapobiegawczy

detest /dɪ'test/ *v* nienawidzić

detonate /'detəneɪt/ *v* **1** wybuchać
2 detonować

detour /'diːtʊə(r)/ *n* **1** okrężna droga
2 (*Am.*) objazd (*wyznaczony*)

detract /dɪ'trækt/ *v* ~ **from sth**
umniejszać

detriment /'detrɪmənt/ *n* [IDM] **to**
the detriment of sb/sth ze szkodą/z
uszczerbkiem dla kogoś/czegoś|
detrimental /,detrɪ'mentl/ *adj*
szkodliwy

devalue /,diː'væljuː/ *v* **1** dewaluować
2 podważać

devastate /'devəsteɪt/ *v* niszczyć,
pustoszyć| **devastated** *adj*
1 wstrząśnięty, zrozpaczony| **devastating**
/'devəsteɪtɪŋ/ *adj* **1** niszczycielski
2 wstrząsający

develop /dɪ'veləp/ *v* **1** rozwijać
(się): ~ *into sth* przeradzać się w coś
2 zachorować (na coś) **3** nabierać
(*przyzwyczajenia*) **4** ujawniać się,
wynikać **5** wywoływać (*zdjęcia*)
6 eksploatować (*teren*)| **developed**
adj rozwinięty| **developer** *n*
przedsiębiorca lub agencja zajmująca
się zbrojeniem i zabudową terenu|
development *n* **1** rozwój, rozwijanie
2 rozwój wypadków/wydarzeń: *research*
and ~ prace badawczo-rozwojowe
3 osiągnięcie **4** teren zabudowany: *a*
housing ~ osiedle mieszkaniowe

deviate /'diːvieɪt/ *v* **1** odbiegać (*od*
normy) **2** zbaczać| **deviation** /,diːvi'eɪʃn/
n **1** zboczenie **2** odchylenie

device /dɪ'vaɪs/ *n* **1** przyrząd,
urządzenie → NARZĘDZIE **2** wybieg

devil /'devl/ *n* **1** (**the Devil**) szatan
2 diabeł **3** (*nieform.*) facet: *a poor/lucky*
~ biedaczysko/szczęściarz [IDM] **speak/**
talk of the devil o wilku mowa (a wilk
tuż)| **why, etc. the devil** gdzie itp. do
diabła

devious /'diːviəs/ *adj* **1** przebiegły
2 kręty, okrężny

devise /dɪ'vaɪz/ *v* wymyślać,
opracowywać

devoid /dɪ'vɔɪd/ *adj* (*form.*)
pozbawiony

devolution /,diːvə'luːʃn; *Am.* ,dev-/ *n*
przekazanie władzy (*samorządom*
lokalnym)

devote /dɪˈvəʊt/ *v* poświęcać I **devoted**
adj oddany I **devotee** /ˌdevəˈtiː/ *n*
wielbiciel/ka, entuzjast-a/ka I **devotion**
/dɪˈvəʊʃn/ *n* 1 oddanie, przywiązanie
2 poświęcenie (się) 3 pobożność

devour /dɪˈvaʊə(r)/ *v* 1 pożerać 2 (*i
przen.*) pochłaniać

devout /dɪˈvaʊt/ *adj* pobożny I **devoutly**
adv 1 gorliwie 2 pobożnie

dew /djuː; *Am.* duː/ *n* rosa

dexterity /dekˈsterəti/ *n* zręczność

diabetes /ˌdaɪəˈbiːtiːz/ *n* cukrzyca I
diabetic *n* cukrzyk

diagnose /ˈdaɪəgnəʊz; *Am.* ˌdaɪəgˈnəʊs/
v 1 stawiać diagnozę 2 rozpoznawać
(*chorobę*) I **diagnosis** /ˌdaɪəgˈnəʊsɪs/ *n*
(*pl* **-ses** /-siːz/) 1 diagnoza
2 rozpoznanie (*choroby*)

diagonal /daɪˈægənl/ *adj* 1 ukośny
2 przekątny I **diagonally** *adv* po
przekątnej: *I was sitting ~ opposite her.*
Siedziałem naprzeciwko niej, po
przekątnej.

diagram /ˈdaɪəgræm/ *n* wykres,
diagram

dial /ˈdaɪəl/ *v* (**-ll-**; *Am.* **-l-**) wykręcać
(*numer telefoniczny*): ~ *direct* dzwonić
bezpośrednio ► *n* tarcza ● **'dialling
code** *n* (*Br.*) numer kierunkowy I
'dialling tone *n* (*telefon*) długi sygnał
(*po podniesieniu słuchawki*)

dialect /ˈdaɪəlekt/ *n* dialekt

dialogue (*Am. także* **-log**) /ˈdaɪəlɒg/ *n*
1 dialog 2 rozmow-a/y ● **'dialogue box**
n (*komput.*) okno dialogowe

diameter /daɪˈæmɪtə(r)/ *n* (*mat.*)
średnica

diamond /ˈdaɪəmənd/ *n* 1 brylant,
diament 2 romb 3 (*karta*) karo

diaper /ˈdaɪəpə(r); *Am.* ˈdaɪp-/ *n* (*Am.*)
pieluszka

diaphragm /ˈdaɪəfræm/ *n* 1 przepona
2 krążek dopochwowy

diarrhoea (*Am.* **-rrhea**) /ˌdaɪəˈrɪə; *Am.*
-riːə/ *n* biegunka

diary /ˈdaɪəri/ *n* (*pl* **-ies**) 1 kalendarzyk,
terminarz 2 dziennik

dice /daɪs/ *n* (*pl* **dice**) 1 kostka (*do gry*)
2 gra w kości

dictate /dɪkˈteɪt; *Am.* ˈdɪk-/ *v* dyktować I
dictation /dɪkˈteɪʃn/ *n* dyktando I
dictator /dɪkˈteɪtə(r); *Am.* ˈdɪk-/ *n*
dyktator I **dictatorship** *n* dyktatura

dictionary /ˈdɪkʃənri; *Am.* -neri/ *n* (*pl*
-ies) 1 słownik 2 leksykon

did *pt od* DO[1,2]

didn't *abbr* DID NOT

die /daɪ/ *v* (*pres part.* **dying**; *3rd sing
czasu pres* **dies**; *pt, pp* **died**) 1 umierać,
ginąć: *Our love will never ~.* Nasza
miłość nigdy nie wygaśnie. 2 zdychać
3 usychać [IDM] **be dying for sth/to do**

sth marzyć o czymś [PV] **die away**
1 zanikać 2 cichnąć I **die down** 1 słabnąć
2 cichnąć I **die off** wymierać I **die out**
1 zanikać 2 wymierać

diesel /ˈdiːzl/ *n* 1 (*także* '~ engine)
silnik wysokoprężny 2 olej napędowy

diet /ˈdaɪət/ *n* dieta, wyżywienie: *live
on a ~ of rice* odżywiać się ryżem ► *v*
być na diecie, odchudzać się I **dietary**
/-təri/ *adj* dietetyczny

differ /ˈdɪfə(r)/ *v* 1 różnić się 2 ~ (**with
sb**) (**about/on sth**) mieć inne zdanie I
difference *n* 1 ~ (**between A and B**)/(**in
sth**) różnica 2 reszta 3
nieporozumienie, sprzeczka I **different**
adj ~ (**from/to sb/sth**) różny (od kogoś/
czegoś), inny: *be* ~ (*from sb/sth*) różnić
się (od kogoś/czegoś) ❶ W Am. ang.
używa się też zwrotu **different than**. I
differently *adv* inaczej

differentiate /ˌdɪfəˈrenʃieɪt/ *v*
1 rozróżniać 2 odróżniać 3 wyróżniać

difficult /ˈdɪfɪkəlt/ *adj* trudny: *He found
it ~/It was ~ for him to understand.*
Trudno mu było to zrozumieć. I
difficulty *n* (*pl* **-ies**) trudność, kłopot

diffident /ˈdɪfɪdənt/ *adj* nieśmiały,
niepewny siebie

dig /dɪg/ *v* (*pres part.* **-gg-**; *pt, pp* **dug**
/dʌg/) kopać (*np. łopatą*) [IDM] **dig your
heels in** uparcie odmawiać zrobienia
czegoś [PV] **dig (sth) in; dig sth into sth**
wbijać (się): *My collar is digging in.*
Kołnierz mnie obciera. I **dig sb/sth out
(of sth)** 1 odkopywać kogoś/coś (z
czegoś) 2 wyszperać coś, odnaleźć
kogoś I **dig sth up** 1 wykopywać coś
2 rozkopywać coś 3 wygrzebywać coś

digest /daɪˈdʒest; dɪ-/ *v* 1 (*anat.*) trawić
2 przetrawiać I **digestion** *n* trawienie

digit /ˈdɪdʒɪt/ *n* cyfra, liczba
jednocyfrowa I **digital** *adj* 1 cyfrowy
2 elektroniczny

dignified /ˈdɪgnɪfaɪd/ *adj* pełen
godności

dignity /ˈdɪgnəti/ *n* 1 godność 2 powaga

digression *n* dygresja I **digress**
/daɪˈgres/ *v* (*form.*) robić dygresję,
odchodzić od tematu

dilapidated /dɪˈlæpɪdeɪtɪd/ *adj*
rozpadający się, w opłakanym stanie

dilemma /dɪˈlemə/ *n* dylemat

dill /dɪl/ (*także* '~ weed) *n* koper:
~ *pickles* ogórki kwaszone

dilute /daɪˈluːt; *Br. także* -ˈljuːt/ *v*
rozcieńczać, rozwadniać

dim /dɪm/ *adj* 1 mroczny 2 niewyraźny
3 wyblakły 4 (*nieform.*) (*osoba*) tępy
3 (*nieform.*) ponury ► *v* (**-mm-**)
1 ciemnieć 2 przyciemniać I **dimly** *adv*
1 słabo (*oświetlony*) 2 niewyraźnie

dime /daɪm/ *n* moneta
dziesięciocentowa

dimension /daɪˈmenʃn; dɪ-/ *n* **1** wymiar **2** (**dimensions**) [*pl*] wymiar **3** (**dimensions**) zasięg

dimple /ˈdɪmpl/ *n* dołeczek

din /dɪn/ *n* harmider

dine /daɪn/ *v* (*form.*) jeść obiad | **diner** *n* **1** gość (restauracyjny) **2** (*Am.*) mała przydrożna restauracja ● ˈdining room *n* jadalnia

dinghy /ˈdɪŋi; -gi/ *n* (*pl* -**ies**) łódka (*czasami z żaglem*), szalupa: *a rubber ~* ponton

dingy /ˈdɪndʒi/ *adj* obskurny

dining *pres. part. od* DINE

dinner /ˈdɪnə(r)/ *n* **1** obiad: *a ~ service* zastawa obiadowa ❶ Nazwy posiłków: **dinner, lunch, supper** i **tea** są w Wlk. Br. różnie stosowane, w zależności od dialektu używanego na danym terenie, a także od środowiska. Posiłek spożywany w południe to zazwyczaj **lunch**, lecz jeśli jest to główny posiłek dnia, to czasem nazywa się go **dinner**. Główny posiłek, spożywany wieczorem, to zwykle **dinner**, szczególnie gdy ma on charakter formalnego przyjęcia. **Supper** to również posiłek wieczorny, lecz bardziej nieformalny i zwykle spożywany w domu. Może to być też późny posiłek lub przekąska przed snem. W Br. ang. **tea** to lekki posiłek spożywany po południu, a czasem też główny posiłek spożywany wczesnym wieczorem. **2** bankiet ● ˈdinner jacket *n* (*Br.*) smoking

dinosaur /ˈdaɪnəsɔ:(r)/ *n* dinozaur

dip /dɪp/ *v* (-**pp**-) **1** zanurzać **2** zniżać (się), obniżać się: *The driver dipped (przełączył) his headlights when a car came towards him.* ▶ *n* spadek, obniżenie **2** gęsty sos **3** zagłębienie (*terenu*)

diploma /dɪˈpləʊmə/ *n* dyplom
→ DEGREE

diplomat /ˈdɪpləmæt/ *n* dyplomata | **diplomacy** /dɪˈpləʊməsi/ *n* **1** dyplomacja **2** takt | **diplomatic** /ˌdɪpləˈmætɪk/ *adj* **1** dyplomatyczny **2** taktowny

dire /ˈdaɪə(r)/ *adj* (*form.*) **1** poważny, tragiczny: *~ poverty* skrajna nędza **2** straszny [IDM] **be in dire straits** być w tarapatach

direct /dəˈrekt; dɪ-; daɪ-/ *adj* **1** bezpośredni, prosty **2** kompletny: *That was in ~ opposition to my orders.* To było dokładnym zaprzeczeniem moich rozkazów. ▶ *v* **1** kierować **2** reżyserować **3** ~ **sth to/towards sb/sth**; ~ **sth at sb/sth** nakierowywać **4** (*form.*) zalecać, polecać: *Take the tablets as directed by your doctor.* Przymuj tabletki według zaleceń lekarza. | *adv*

bezpośrednio | **directly** *adv* **1** *adv* bezpośrednio **2** *adv* dokładnie **3** *adv* wkrótce, zaraz **4** *conj* gdy tylko ● di,rect ˈdebit *n* polecenie wypłaty (*z konta*) | di,rect ˈobject *n* dopełnienie bliższe | di,rect ˈspeech *n* mowa niezależna

direction /dəˈrekʃn; dɪ-; daɪ-/ *n* **1** kierunek, strona **2** cel **3** [*zwykle pl*] instrukcje, wskazówki **4** kierownictwo **5** reżyseria

directive /dəˈrektɪv; dɪ-; daɪ-/ *n* dyrektywa, zarządzenie

director /dəˈrektə(r); dɪ-; daɪ-/ *n* **1** dyrektor **2** reżyser

directory /dəˈrektəri; dɪ-; daɪ-/ *n* (*pl* -**ies**) książka (*np. telefoniczna*), spis (*np. instytucji*)

dirt /dɜ:t/ *n* **1** brud **2** ziemia: *a ~ track* tor ziemny **3** brudy | **dirty** *adj* **1** brudny: *make sth ~* brudzić coś **2** nieprzyzwoity, sprośny

disability /ˌdɪsəˈbɪləti/ *n* (*pl* -**ies**) niepełnosprawność

disabled /dɪsˈeɪbld/ *adj* niepełnosprawny, upośledzony

disadvantage /ˌdɪsədˈvɑ:ntɪdʒ; *Am.* -ˈvæn-/ *n* słaba strona, niekorzyść: *put sb/be at a ~* stawiać kogoś/być w niekorzystnej sytuacji | **disadvantaged** *adj* nieuprzywilejowany | **disadvantageous** /ˌdɪsædvænˈteɪdʒəs/ *adj* niekorzystny

disagree /ˌdɪsəˈgri:/ *v* **1** nie zgadzać się, sprzeczać się **2** być sprzecznym | **disagreement** *n* **1** ~ (**about/on sth**) rozbieżność zdań, niezgodność: *be in ~ with sb* nie zgadzać się z kimś **2** sprzeczka | **disagreeable** *adj* (*form.*) nieprzyjemny

disappear /ˌdɪsəˈpɪə(r)/ *v* **1** znikać **2** ginąć **3** wymierać | **disappearance** *n* **1** zniknięcie **2** zaginięcie

disappoint /ˌdɪsəˈpɔɪnt/ *v* rozczarowywać, zawodzić | **disappointed** *adj* ~ (**about/at sth**)/(**in/ with sb/sth**) rozczarowany, zawiedziony | **disappointing** *adj* niezadowalający, przynoszący rozczarowanie/zawód | **disappointment** *n* rozczarowanie, zawód

disapprove /ˌdɪsəˈpru:v/ *v* ~ (**of sb/sth**) nie aprobować | **disapproval** *n* dezaprobata | **disapproving** *adj* nieprzychylny

disarm /dɪsˈɑ:m/ *v* rozbrajać (się) | **disarmament** *n* rozbrojenie

disassociate /ˌdɪsəˈsəʊʃieɪt; -ˈsəʊs-/ = DISSOCIATE

disaster /dɪˈzɑ:stə(r); *Am.* -ˈzæs-/ *n* klęska, katastrofa: *The party was an absolute ~.* Impreza była beznadziejna. | **disastrous** *adj* **1** katastrofalny **2** fatalny

disband /dɪs'bænd/ *v* rozwiązywać (się) (*np. zespół*)

disbelief /ˌdɪsbɪ'liːf/ *n* niedowierzanie

disc /dɪsk/ *n* **1** krążek, tarcza **2** = CD **3** dysk ❶ W terminologii informatycznej zwykle używa się pisowni disk, np. floppy/hard disk. ● 'disc jockey *n* dyskdżokej

discern /dɪ'sɜːn/ *v* dostrzegać I **discernible** *adj* dostrzegalny

discharge /dɪs'tʃɑːdʒ/ *v* **1** wypuszczać, wydzielać **2** wypisywać, zwalniać **3** spełniać I /'dɪstʃɑːdʒ/ *n* **1** wyciekanie **2** wydzielina, wyciek **3** wypisanie, zwolnienie

disciple /dɪ'saɪpl/ *n* ucze-ń/nnica, zwolenni-k/czka

discipline /'dɪsəplɪn/ *n* dyscyplina (*i naukowa, sportowa*) ▶ *v* **1** wyrabiać (w kimś) posłuszeństwo, charakter itp. **2** karać

disclose /dɪs'kləʊz/ *v* (*form.*) ujawniać, podawać do (publicznej) wiadomości I **disclosure** /-'kləʊʒə(r)/ *n* **1** ujawnienie faktów **2** ujawniony fakt

disco /'dɪskəʊ/ *n* dyskoteka

discomfort /dɪs'kʌmfət/ *n* **1** (lekki) ból **2** niewygoda **3** niepokój, skrępowanie

disconcerting /ˌdɪskən'sɜːtɪŋ/ *adj* niepokojący, kłopotliwy

disconnect /ˌdɪskə'nekt/ *v* odłączać, odcinać

discontent /ˌdɪskən'tent/ (*także* discontentment /ˌdɪskən'tentmənt/) *n* niezadowolenieI **discontented** *adj* niezadowolony

discontinue /ˌdɪskən'tɪnjuː/ *v* (*form.*) **1** przerywać **2** zaprzestawać (*produkcji czegoś*)

discord /'dɪskɔːd/ *n* (*form.*) **1** rozdźwięk, niezgoda **2** dysonans

discount /'dɪskaʊnt/ *n* zniżka, rabat ▶ /dɪs'kaʊnt; *Am.* 'dɪs-/ *v* **1** obniżać cenę czegoś **2** sprzedawać taniej **3** (*form.*) pomijać (*argument*)

discourage /dɪs'kʌrɪdʒ/ *v* **1** ~ sb (from doing sth) zniechęcać: *Don't let these problems* ~ *you.* Nie zrażaj się tymi problemami. **2** ~ sb from doing sth odradzać komuś cośI **discouraging** *adj* zniechęcający

discover /dɪs'kʌvə(r)/ *v* **1** odkrywać, wynaleźć **2** odkryć (*fakt*)I **discovery** *n* (*pl* -ies) odkrycie

discredit /dɪs'kredɪt/ *v* **1** dyskredytować **2** podawać w wątpliwość ▶ *n* **1** zdyskredytowanie **2** wątpliwość

discreet /dɪs'kriːt/ *adj* dyskretny

discrepancy /dɪs'krepənsi/ *n* (*pl* -ies) rozbieżność

discretion /dɪ'skreʃn/ *n* **1** dyskrecja **2**: *Use your* ~. Postępuj według swojego uznania. [IDM] at sb's discretion według czyjegoś uznania

discriminate /dɪ'skrɪmɪneɪt/ *v* **1** ~ (against sb) dyskryminować (kogoś) **2** dostrzegać różnicę, rozróżniać I **discrimination** /dɪˌskrɪmɪ'neɪʃn/ *n* **1** ~ (against sb) dyskryminacja (kogoś) **2** rozeznanie

discuss /dɪs'kʌs/ *v* dyskutować, omawiać I **discussion** /-'skʌʃn/ *n* dyskusja, rozmowa: *under* ~ omawiany

disdain /dɪs'deɪn/ *n* lekceważenie, pogarda

disease /dɪ'ziːz/ *n* choroba → CHOROBA I **diseased** *adj* chory

disembark /ˌdɪsɪm'bɑːk/ *v* wysiadać (*z samolotu/ze statku*)

disenchanted /ˌdɪsɪn'tʃɑːntɪd; *Am.* -'tʃænt-/ *adj* rozczarowany

disentangle /ˌdɪsɪn'tæŋgl/ *v* **1** rozplątywać **2** wyplątywać

disfigure /dɪs'fɪgə(r); *Am.* -gjər/ *v* zniekształcać

disgrace /dɪs'greɪs/ *n* **1** wstyd, ujma **2** a ~ (to sb/sth) skandal ▶ *v* kompromitowaćI **disgraceful** *adj* **1** kompromitujący **2** skandaliczny

disgruntled /dɪs'grʌntld/ *adj* niezadowolony, gderliwy

disguise /dɪs'gaɪz/ *v* **1** ~ sb/sth (as sb/sth) przebierać (za kogoś/coś), zmieniać (*np. głos*) **2** maskować ▶ *n* przebranie [IDM] in disguise w przebraniu

disgust /dɪs'gʌst/ *n* wstręt, oburzenie: *walk out in* ~ wyjść zdegustowany ▶ *v* napawać wstrętem, oburzać I **disgusting** *adj* ohydny, odrażający

dish /dɪʃ/ *n* **1** półmisek, talerz **2** potrawa, danie **3** (the dishes) naczynia **4** = SATELLITE DISH ▶ *v* [PV] dish sth out (*nieform.*) rozdawać I dish sth up (*nieform.*) nakładać potrawy na talerze ● 'dishwasher *n* zmywarka do naczyń

disheartening /dɪs'hɑːtnɪŋ/ *adj* zniechęcający, przygnębiający

dishonest /dɪs'ɒnɪst/ *adj* nieuczciwyI **dishonesty** *n* nieuczciwość

dishonour (*Am.* -or) /dɪs'ɒnə(r)/ *n* (*form.*) hańba

dishtowel /'dɪʃtaʊəl/ *n* (*Am.*) ścierka do naczyń

disillusion /ˌdɪsɪ'luːʒn/ *v* rozczarowywać, rozwiewać złudzenia I **disillusioned** *adj* rozczarowany, pozbawiony złudzeń

disinfect /ˌdɪsɪn'fekt/ *v* dezynfekować, odkażać I **disinfectant** *n* środek dezynfekujący/odkażający

disintegrate /dɪsˈɪntɪgreɪt/ *v*
rozpadać/rozlatywać się| **disintegration**
/ˌdɪsˌɪntɪˈgreɪʃn/ *n* rozpad, rozkład

disinterested /dɪsˈɪntrəstɪd/ *adj*
bezinteresowny, bezstronny

disjointed /dɪsˈdʒɔɪntɪd/ *adj* bez
związku, chaotyczny

disk /dɪsk/ *n* **1** (*Am.*) = DISC **2** dysk
(ietka) ● '**disk drive** *n* stacja dysków

diskette /dɪsˈket/ *n* dyskietka

dislike /dɪsˈlaɪk/ *v* nie lubić ▶ *n* ~ (**of/
for sb/sth**) niechęć, awersja: *take a* ~ *to
sb/sth* poczuć niechęć do kogoś/coś

dislocate /ˈdɪsləkeɪt; *Am.* -loʊ-; dɪsˈloʊ-/
v **1** (*med.*) zwichnąć **2** przemieszczać

dislodge /dɪsˈlɒdʒ/ *v* ruszać z miejsca,
usuwać

disloyal /dɪsˈlɔɪəl/ *adj* nielojalny|
disloyalty *n* (*pl* **-ies**) nielojalność

dismal /ˈdɪzməl/ *adj* **1** ponury, posępny
2 (*nieform.*) kiepski

dismantle /dɪsˈmæntl/ *v* rozkładać na
części, rozbierać

dismay /dɪsˈmeɪ/ *n* przerażenie,
konsternacja ▶ *v* przerażać,
konsternować

dismember /dɪsˈmembə(r)/ *v*
rozczłonkowy- wać

dismiss /dɪsˈmɪs/ *v* **1** zwalniać
2 odsuwać od siebie (*np. myśli, problemy*)
3 odrzucać, lekceważyć: *He dismissed
the idea as nonsense.* Uznał ten pomysł
za bzdurę.| **dismissal** *n* **1** zwolnienie
2 odrzucenie, lekceważenie| **dismissive**
adj lekceważący

dismount /dɪsˈmaʊnt/ *v* zsiadać z
czegoś

disobedient /ˌdɪsəˈbiːdiənt/ *adj*
nieposłuszny| **disobedience** *n*
nieposłuszeństwo

disobey /ˌdɪsəˈbeɪ/ *v* sprzeciwiać się,
nie słuchać

disorder /dɪsˈɔːdə(r)/ *n* **1** nieład,
nieporządek **2** [*U*] rozruchy, zamieszki
3 zaburzenie, dolegliwość| **disorderly**
adj **1** nieporządny **2** chuligański

disorganized (*także* -**ised**)
/dɪsˈɔːgənaɪzd/ *adj* zdezorganizowany,
chaotyczny

disorientate /dɪsˈɔːriənteɪt/ (*zwl. Am.
disorient* /-ˈɔːriənt/) *v* dezorientować

disown /dɪsˈəʊn/ *v* wypierać się

dispatch /dɪˈspætʃ/ *v* (*form.*) wysyłać

dispel /dɪˈspel/ *v* (**-ll-**) rozwiewać (*np.
obawy*), rozpraszać

dispense /dɪˈspens/ *v* **1** (*form.*)
wydawać, rozdawać **2** sporządzać
(*lekarstwa*), realizować (*receptę*) [PV]
dispense with sb/sth obywać się bez
kogoś/czegoś| **dispenser** *n* automat

disperse /dɪˈspɜːs/ *v* **1** rozpraszać (się)
2 rozchodzić się **3** rozpędzać

displace /dɪsˈpleɪs/ *v* **1** wysiedlać,
przemieszczać **2** zajmować czyjeś/
czegoś miejsce

display /dɪˈspleɪ/ *v* **1** wystawiać na
pokaz **2** okazywać ▶ *n* **1** pokaz, popis
2 wystawa **3** demonstrowanie **4** (*komput.*)
znaki i grafika wyświetlane na ekranie

displeased /dɪsˈpliːzd/ *adj*
niezadowolony

displeasure /dɪsˈpleʒə(r)/ *n* (*form.*)
niezadowolenie

disposable /dɪˈspəʊzəbl/ *adj* do
jednorazowego użycia

dispose /dɪˈspəʊz/ *v* [PV] **dispose of sb/
sth** pozbywać się/usuwać kogoś/coś|
disposal /-zl/ *n* usunięcie, pozbycie się
[IDM] **at sb's disposal** do czyjejś
dyspozycji

disproportionate /ˌdɪsprəˈpɔːʃənət/
adj niewspółmierny, nieproporcjonalny

disprove /ˌdɪsˈpruːv/ *v* odpierać (*np.
wywody*), obalać (*np. teorię*)

dispute /dɪˈspjuːt; ˈdɪs-/ *n* spór,
kontrowersja [IDM] **be in dispute 1** być w
trakcie sporu **2** być przedmiotem sporu
▶ *v* kwestionować

disqualify /dɪsˈkwɒlɪfaɪ/ *v* (*3rd sing
czasu pres* -**ies**; *pt, pp* -**ied**) ~ **sb** (**from**
(**doing**) **sth**) dyskwalifikować

disregard /ˌdɪsrɪˈgɑːd/ *v* pomijać,
ignorować ▶ *n* (a) ~ (**for/of sb/sth**)
pominięcie, lekceważenie

disreputable /dɪsˈrepjətəbl/ *adj*
podejrzany, niegodziwy

disrepute /ˌdɪsrɪˈpjuːt/ *n*
kompromitacja, zła reputacja: *bring sth
into* ~ dyskredytować coś

disrespect /ˌdɪsrɪˈspekt/ *n* brak
szacunku, lekceważenie| **disrespectful**
adj bez szacunku, lekceważący

disrupt /dɪsˈrʌpt/ *v* **1** przerywać,
wywoływać przerwę **2** zakłócać|
disruption *n* **1** przerwanie **2** zakłócenie
| **disruptive** *adj* zakłócający spokój:
have a ~ *influence on the rest of the class*
mieć rozpraszający wpływ na innych
uczniów

dissatisfied /dɪ(s)ˈsætɪsfaɪd/ *adj* ~
(**with sb/sth**) niezadowolony|
dissatisfaction /ˌdɪsˌsætɪsˈfækʃn/ *n*
niezadowolenie

dissent /dɪˈsent/ *n* (*form.*) różnica
zdań, odstępstwo (*np. od religii*) ▶ *v*
(*form.*) być innego zdania, odstępować
(*np. od religii*)

dissertation /ˌdɪsəˈteɪʃn/ *n* rozprawa
(*naukowa*), praca (*np. magisterska*)

dissident /ˈdɪsɪdənt/ *n* dysydent/ka

dissimilar /dɪˈsɪmɪlə(r)/ *adj* ~ (**from/to
sb/sth**) niepodobny, różny

dissociate /dɪˈsəʊʃieɪt; -ˈsəʊs-/ *v*
1 oddzielać **2** ~ **yourself from sth**

wyrzekać się związku z czymś, odcinać się od czegoś

dissolve /dɪˈzɒlv/ v rozpuszczać (się)

dissuade /dɪˈsweɪd/ v ~ **sb (from doing sth)** odwodzić (kogoś od zrobienia czegoś)

distance /ˈdɪstəns/ n 1 odległość: *It's no* ~. To jest bardzo blisko. ◊ *within walking* ~ *of sth* w pobliżu czegoś 2 oddalenie [IDM] **keep your distance** trzymać się z daleka ▸ v 1 oddalać (*od siebie przyjaciół itp.*) 2 ~ **yourself (from sb/sth)** dystansować/odsuwać się |
distant *adj* 1 odległy, daleki: *in the not too* ~ *future* wkrótce 2 chłodny: *He has a* ~ *manner.* Zachowuje się z rezerwą. 3 zamyślony

distaste /dɪsˈteɪst/ n (a) ~ **(for sb/sth)** niesmak, niechęć | **distasteful** *adj* (*przykry*) niesmaczny

distil (*Am.* **-ll**) /dɪˈstɪl/ v (**-ll-**) destylować | **di'stillery** n (*pl* **-ies**) gorzelnia

distinct /dɪˈstɪŋkt/ *adj* 1 wyraźny, dobitny 2 ~ **(from sth)** oddzielny, różny: *as* ~ *from sth* w odróżnieniu od czegoś | **distinction** n 1 rozróżnienie, odróżnienie: *draw/make a* ~ *between sth and sth* odróżnić coś od czegoś 2 wyróżnienie, wybitność: *a violinist of some* ~ wybitny skrzypek ◊ *She has the* ~ *of being the only player to win five times.* Wyróżnia się tym, że wygrała pięć razy. 3 celujący stopień |
distinctive *adj* wyróżniający się, charakterystyczny | **distinctly** *adv* 1 wyraźnie, dobitnie 2 zdecydowanie, bardzo

distinguish /dɪˈstɪŋgwɪʃ/ v 1 rozróżniać, odróżniać 2 ~ **A (from B)** wyróżniać A od B: *distinguishing features* znaki szczególne 3 rozpoznawać 4 ~ **yourself** wyróżniać się | **distinguished** *adj* 1 wybitny 2 dystyngowany

distort /dɪˈstɔːt/ v zniekształcać | **distortion** n zniekształcenie

distract /dɪˈstrækt/ v odwracać (*czyjąś*) uwagę | **distracted** *adj* rozproszony | **distraction** n 1 rozrywka 2 oderwanie się od czegoś [IDM] **to distraction** (*przen.*) do szaleństwa

distraught /dɪˈstrɔːt/ *adj* 1 zrozpaczony 2 zmartwiony

distress /dɪˈstres/ n 1 rozpacz 2 zagrożenie ▸ v 1 martwić 2 doprowadzać do rozpaczy | **distressing** *adj* 1 przygnębiający 2 niepokojący

distribute /dɪˈstrɪbjuːt/ v 1 rozdawać, rozdzielać 2 rozprowadzać 3 rozkładać | **distribution** /ˌdɪstrɪˈbjuːʃn/ n 1 rozdawanie, rozprowa- dzanie 2 dystrybucja 3 rozkład | **distributor** /dɪˈstrɪbjətə(r)/ n dystrybutor

district /ˈdɪstrɪkt/ n 1 okręg 2 dzielnica 3 region

distrust /dɪsˈtrʌst/ n (a) ~ **(of sb/sth)** nieufność, brak zaufania ▸ v nie ufać/ dowierzać | **distrustful** *adj* nieufny, podejrzliwy

disturb /dɪˈstɜːb/ v 1 przeszkadzać 2 niepokoić 3 zaburzać (*porządek*), zakłócać | **disturbance** n 1 zakłócenie, przeszkoda 2 [*C*] zamieszki, zakłócenie porządku publicznego | **disturbed** *adj* z zaburzeniami (psychicznymi/ emocjonalnymi) | **disturbing** *adj* niepokojący

disuse /dɪsˈjuːs/ n nieużywanie: *fall into* ~ wychodzić z użycia | **disused** /-ˈjuːzd/ *adj* nie używany, opuszczony

ditch /dɪtʃ/ n rów ▸ v (*nieform.*) 1 zrywać z kimś 2 pozbywać się czegoś

dither /ˈdɪðə(r)/ v wahać się

ditto /ˈdɪtəʊ/ *adv* to samo

divan /dɪˈvæn; *Am.* ˈdaɪ-/ (*także* diˌvan 'bed) n (*Br.*) tapczan

dive /daɪv/ v 1 skakać do wody 2 nurkować 3 pikować 4 rzucać się, dać nura ▸ n 1 skok do wody, nurkowanie 2 rzucenie się (*w kierunku czegoś*) | **diver** n 1 nurek 2 skoczek (*do wody*) | **diving** n 1 skoki do wody 2 nurkowanie ● **'diving board** n trampolina

diverge /daɪˈvɜːdʒ/ v 1 rozchodzić/ rozdzielać się 2 różnić/odchylać się

diverse /daɪˈvɜːs/ *adj* rozmaity, odmienny

diversify /daɪˈvɜːsɪfaɪ/ v (*3rd sing czasu pres* **-ies**; *pt, pp* **-ied**) ~ **(into sth)** rozszerzać (*np. działalność*) | **diversification** /daɪˌvɜːsɪfɪˈkeɪʃn/ n rozszerzenie (*działalności*)

diversion /daɪˈvɜːʃn/ n 1 odwrócenie kierunku (*np. funduszy*) 3 (*Br.*) (*zmiana ruchu*) objazd 4 coś, co odwraca uwagę: *create a* ~ odwrócić uwagę

diversity /daɪˈvɜːsəti/ n różnorodność, urozmaicenie

divert /daɪˈvɜːt/ v odwracać (*kierunek, uwagę*), skierowywać

divide /dɪˈvaɪd/ v 1 ~ **(sth) (up) (into sth)** rozdzielać/podzielić (się) 2 ~ **sth (out/ up) (between/among sb)** rozdzielać 3 ~ **sth (between A and B)** dzielić, rozdzielać 4 oddzielać 5 ~ **sth** dzielić, poróżnić 6 ~ **sth by sth** (po)dzielić ▸ n (*przen.*) przepaść ● **diˌvided 'highway** n (*Am.*) droga szybkiego ruchu | **di'viding line** n granica

dividend /ˈdɪvɪdend/ n dywidenda

divine /dɪˈvaɪn/ *adj* boski, boży

division /dɪˈvɪʒn/ n 1 podział, rozdział 2 rozłam 3 (*mat.*) dzielenie 4 dział, filia 5 liga (*piłkarska*)

divorce /dɪˈvɔːs/ *n* rozwód: *get a ~* rozwodzić się ▸ *v* **1** rozwodzić się z kimś: *get divorced* rozwieść się **2** od/roz-dzielać: *divorced from reality* oderwany od rzeczywistości | **divorcee** /dɪˌvɔːˈsiː/ *n* rozw-odnik/ódka

divulge /daɪˈvʌldʒ/ *v* (*form.*) wyjawiać

DIY /ˌdiː aɪ ˈwaɪ/ *abbr* **do it yourself** (*Br.*) zrób to sam, majsterkowanie: *a ~ shop* sklep z artykułami do majsterkowania

dizzy /ˈdɪzi/ *adj* **1** cierpiący na zawroty głowy **2** zawrotny | **dizziness** *n* zawrót głowy

DJ /ˈdiː dʒeɪ/ *abbr* **disc jockey** *n* dyskdżokej

do[1] /də; du; *f. akcent.* duː/ *v aux* ❶ Zob. dodatek Czasowniki nieregularne. **1** (*bez odpowiednika polskiego; używane do tworzenia pytań i przeczeń oraz aby uniknąć powtarzania orzeczenia w odpowiedziach*): *Do you know John?* Czy znasz Johna? ◇ *He doesn't live in Oxford.* Nie mieszka w Oksfordzie. ◇ *'Do you agree?' 'No, I don't/Yes, I ~.'* „Czy zgadzasz się?"„Nie./Tak." ◇ *She works in Paris, doesn't she?* Pracuje w Paryżu, nieprawdaż? ◇ *He didn't say that, did he?* Tego nie powiedział, prawda? **2** (*używane w zdaniach twierdzących w celu podkreślenia czynności/stanu*): *'Why didn't you buy any milk?' 'I did buy some.'* „Dlaczego nie kupiłeś mleka?"„Przecież kupiłem." **3** (*używane, aby uniknąć powtarzania już raz wymienionego czasownika*): *He earns a lot more than I ~.* Zarabia znacznie więcej niż ja. ◇ *She's feeling much better than she did last week.* Czuje się o wiele lepiej niż w ubiegłym tygodniu.

do[2] /duː/ *v* ❶ Zob. dodatek Czasowniki nieregularne. **1** robić: *~ your hair* czesać się ◇ *~ the cooking* gotować ◇ *~ your homework* odrabiać lekcje ◇ *Did you get your essay done?* Czy napisałeś wypracowanie? **2** studiować **3** wykonywać **4** wywierać pewien efekt: *A holiday will ~ you good.* Urlop dobrze ci zrobi. ◇ *The storm did a lot of damage.* Burza wyrządziła wiele szkód. **5** radzić sobie **6** wystarczać **7** jechać (*z określoną prędkością*) | [IDM] **be/have to do with sb/sth** mieć coś wspólnego z kimś/czymś: *Get out! It's nothing to ~ with you.* Wyjdź stąd! To nie twoja sprawa. | *could do with sth: I could ~ with a holiday.* Chętnie wziąłbym urlop. | [PV] **do away with sth 1** pozbywać się czegoś **2** znosić (*np. ustawę*) | **do sth up 1** zawiązywać **2** odnawiać | **do without (sth)** radzić sobie bez czegoś

do[3] /duː/ *n* (*pl* **-s** *lub* **-'s** /duːz/) (*Br., nieform.*) impreza

docile /ˈdəʊsaɪl; *Am.* ˈdɑːsl/ *adj* uległy, posłuszny

dock /dɒk/ **1** dok (*w porcie*) **2** (**docks**) doki **3** ława oskarżonych ▸ *v* **1** wpływać do portu **2** obcinać (*zarobki*)

doctor /ˈdɒktə(r)/ *n* **1** lekarz: *What time is the doctor's surgery?* O której przyjmuje lekarz? **2** doktor ▸ *v* **1** preparować, fałszować **2** dodawać coś szkodliwego do jedzenia/napoju | **doctorate** *n* doktorat | **the doctor's** *n* przychodnia lekarska

doctrine /ˈdɒktrɪn/ *n* doktryna

document /ˈdɒkjumənt/ *n* dokument

documentary /ˌdɒkjuˈmentri/ *n* (*pl* **-ies**) film/program dokumentalny

dodge /dɒdʒ/ *v* **1** wymykać się (*komuś/czemuś*) **2** unikać czegoś, uchylać się od czegoś ▸ *n* **1** unik **2** (*nieform.*) wykręt: *a tax ~* machlojki podatkowe | **dodgy** *adj* (*zwł. Br., nieform.*) **1** ryzykowny **2** podejrzany: *a ~ business deal* ciemny interes

does →3rd sing *czasu teraz.* DO[1,3]

doesn't *abbr* DOES NOT

dog /dɒg/ *n* **1** pies **2** samiec psa/lisa ▸ *v* (**-gg-**) **1** śledzić **2** towarzyszyć ● '**dog-eared** *adj* z oślimi uszami

dogged /ˈdɒgɪd; *Am.* ˈdɔːg-/ *adj* uparty, wytrwały

dogmatic /dɒgˈmætɪk/ *adj* dogmatyczny

dole /dəʊl/ *v* (*nieform.*) [PV] **dole sth out** rozdzielać coś, obdzielać czymś ▸ *n* (**the dole**) (*Br., nieform.*) zasiłek dla bezrobotnych

doll /dɒl/ *n* lalka

dollar /ˈdɒlə(r)/ *n* **1** dolar **2** jednodolarówka

dolphin /ˈdɒlfɪn/ *n* delfin

domain /dəˈmeɪn; dəʊ-/ *n* zakres: *in the public ~* podany do publicznej wiadomości

dome /dəʊm/ *n* kopuła

domestic /dəˈmestɪk/ *adj* **1** domowy **2** rodzinny, dobrze wykonujący prace domowe **3** krajowy

domesticated /dəˈmestɪkeɪtɪd/ *adj* **1** oswojony, udomowiony **2** umiejący dobrze wykonywać prace domowe

dominant /ˈdɒmɪnənt/ *adj* **1** dominujący **2** górujący: *The castle stands in a ~ position above the town.* Zamek góruje nad miastem. | **dominance** *n* dominacja

dominate /ˈdɒmɪneɪt/ *v* dominować | **domination** /ˌdɒmɪˈneɪʃn/ *n* dominacja

domineering /ˌdɒmɪˈnɪərɪŋ/ *adj* władczy, despotyczny

domino /ˈdɒmɪnəʊ/ *n* (*pl* **-es**) kostka do gry w domino

donate /dəʊ'neɪt/ Am. 'dəʊ-/ v
1 darować, ofiarować 2 oddawać (np.
krew)| **donation** /dəʊ'neɪʃn/ n datek

done /dʌn/ pp od DO² ▶ adj 1 skończony
2 dogotowany

donkey /'dʊŋki/ n osioł

donor /'dəʊnə(r)/ n 1 daw-ca/czyni: a
blood ~ krwiodawca 2 ofiarodaw-ca/
czyni

don't abbr DO NOT

donut (zwł. Am.) → DOUGHNUT

doodle /'du:dl/ v (machinalnie) kreślić
esy-floresy

doom /du:m/ n (nieuchronne)
przeznaczenie, śmierć: a sense of ~
przeczucie katastrofy| **doomed** adj
skazany na niepowodzenie,
przesądzony

door /dɔ:(r)/ n drzwi [IDM] (from)
door to door 1 od drzwi do drzwi
2 domokrążny| **next door (to sb/sth)**
obok (kogoś/czegoś), po sąsiedzku| **out
of doors** na zewnątrz, na świeżym
powietrzu ● **'doorbell** n dzwonek (przy
drzwiach wejściowych)| **'doormat** n
1 wycieraczka 2 (nieform.) popychadło|
'doorstep n próg| **'doorway** n wejście,
drzwi

dope /dəʊp/ n (nieform.) 1 narkotyk
(zwł. marihuana) 2 głupek ▶ v odurzać
(podstępnie)

dormant /'dɔ:mənt/ adj 1 uśpiony,
będący w zawieszeniu 2 (wulkan)
nieczynny 3 w okresie spoczynku

dormitory /'dɔ:mətri; Am. -tɔ:ri/ n (pl
-ies) 1 sala sypialna 2 (Am.) dom
akademicki

dose /dəʊs/ n dawka: a ~ of the flu atak
grypy| **dosage** /'dəʊsɪdʒ/ n
dawkowanie

dot /dɒt/ n 1 kropka: a dress with black
~s sukienka w czarne groszki ❶ Słowa
dot używa się, mówiąc o czymś
adresie e-mail. Adres zapisany jako
ann@smithuni.co.uk czyta się: Ann at
smithuni ~ co ~ uk. I punkt [IDM] **on the
dot** (nieform.) punktualnie ▶ v (-tt-)
kropkować ● **dotted 'line** n linia
kropkowana

dot-com /ˌdɒt 'kɒm/ n sklep
internetowy

dote /dəʊt/ v ~ **on sb/sth** nie widzieć
świata poza kimś, rozpieszczać kogoś/
coś

double /'dʌbl/ adj podwójny ❶ Słowa
double używa się także przy podawaniu
numerów (np. telefonicznych): two four
~ 0 dwadzieścia cztery zero zero. ▶ dem
pron dwa razy tyle/więcej| adv
podwójnie| n 1 podwójna stawka/
kwota 2 sobowtór 3 pokój dwuosobowy
4 **(doubles)** [pl] debel| v 1 podwajać
(się) 2 ~ **as sth** być używanym także

jako coś| **doubly** adv 1 podwójnie
2 dwukrotnie ● ˌ**double 'bass** n
kontrabas| ˌ**double 'bed** n łóżko
dwuosobowe| ˌ**double-'breasted** adj
(płaszcz itp.) dwurzędowy| ˌ**double-
'check** v sprawdzać ponownie/
dokładnie| ˌ**double-'cross** v
przechytrzyć| ˌ**double-'decker** n
autobus piętrowy| ˌ**double 'Dutch** n
(bezsens) chińszczyzna| ˌ**double 'figures**
n liczba większa od 10| ˌ**double-'glazing**
n podwójne szyby w oknach| ˌ**double-
'park** v parkować na drugiego

doubt /daʊt/ n wątpliwość [IDM] **in
doubt** 1 mający wątpliwości 2 wątpliwy
| **no doubt** (prawdopodobnie)
niewątpliwie ▶ v wątpić (w coś/o
czymś)| **doubtful** adj 1 wątpliwy
2 (osoba) niepewny| **doubtfully** adv
niepewnie| **doubtless** adv
niewątpliwie

dough /dəʊ/ n 1 ciasto 2 (nieform.)
forsa ● **'doughnut** n pączek

dour /dʊə(r)/ adj oschły, surowy

douse /daʊs/ v 1 oblewać 2 ugaszać
(wodą)

dove¹ /dʌv/ n gołąb (biały)

dove² /dəʊv/ (Am.) pt od DIVE

dowdy /'daʊdi/ adj (kobieta)
zaniedbana, (odzież) niemodny, bez
gustu

down /daʊn/ adv ❶ Down używa się w
v. złoż. Zob. hasła odpowiednich v., np.
go, lie, write. 1 na dół/dole: Can you get
that book ~ from the top shelf? Czy
możesz zdjąć tę książkę z górnej półki?
2 na południe/u: We went ~ to Devon.
Pojechaliśmy do Devon. 3 ~ **to sb/sth**
włącznie z kimś/czymś [IDM] **be down
to sb** zależeć od kogoś: It was ~ to me to
look after the family's affairs. Na mnie
spadł obowiązek pilnowania spraw
rodziny.| **be down to sth** mieć zaledwie:
I'm ~ to my last £5. Zostało mi tylko £5.|
be/go down with sth (za)chorować na
coś ▶ prep 1 wzdłuż: Go ~ this road. Idź
tą ulicą. 2 na dół: Her hair hung ~ her
back. Włosy opadały jej na plecy. ◊ The
snow began to slide ~ the mountain.
Śnieg zaczął się zsuwać z góry. 3 w/na
dół, na dole: We sailed ~ the river.
Popłynęliśmy z prądem rzeki.| v
(nieform.) wypić do dna| adj
1 przygnębiony 2 niższy 3 (komputer)
nie działający| n puch ● ˌ**down-to-'earth**
adj praktyczny, rozsądny

downcast /'daʊnkɑ:st; Am. -kæst/ adj
1 przybity 2 (oczy) spuszczony

downfall /'daʊnfɔ:l/ n 1 upadek 2 ruina

downgrade /ˌdaʊn'greɪd/ v przenosić
na niższy poziom

downhearted /ˌdaʊn'hɑ:tɪd/ adj
przybity, przygnębiony

downhill /ˌdaʊn'hɪl/ *adj, adv* w/na dół:
~ *skiing* narciarstwo zjazdowe [IDM] go
downhill pogarszać się

download /ˌdaʊn'ləʊd/ *v* pobierać
(*dane z Internetu*), ściągać

downmarket /ˌdaʊn'mɑːkɪt/ *adj*
niskiej jakości

downpour /'daʊnpɔː(r)/ *n* ulewa

downright /'daʊnraɪt/ *adj* całkowity ▶
adv całkowicie

downside /'daʊnsaɪd/ *n* zła/
negatywna strona

Down's syndrome /'daʊnz sɪndrəʊm/
n zespół Downa

downstairs /ˌdaʊn'steəz/ *adv* 1 w dół
(*schodami*) 2 na/w dół, na dole ▶ *adj* na
dole/parterze

downstream /ˌdaʊn'striːm/ *adv* w dół
rzeki, z prądem

downtrodden /'daʊntrɒdn/ *adj*
sponiewierany

downturn /'daʊntɜːn/ *n* ~ (in sth)
spadek, tendencja spadkowa

downward /'daʊnwəd/ *adj* w/na dół: *a*
~ *movement* ruch w dół ◊ *a* ~ *trend*
tendencja spadkowa | downwards (*także*
downward) *adv* na/w dół: *The picture
was face* ~ *on the table*. Obraz był
odwrócony wierzchem do dołu.

dowry /'daʊri/ *n* (*pl* -ies) posag

dowse = DOUSE

doze /dəʊz/ *v* drzemać [PV] doze off
zdrzemnąć się ▶ *n* drzemka

dozen /'dʌzn/ *n* (*pl* -s *lub* dozen) tuzin:
~*s of letters* kilkadziesiąt listów

dozy /'dəʊzi/ *adj* 1 śpiący 2 (*Br.,
nieform.*) roztargniony, głupawy

Dr *abbr* doctor

drab /dræb/ *adj* (-bb-) bezbarwny,
nieciekawy

draft /drɑːft; *Am.* dræft/ *n* 1 zarys,
brudnopis 2 (*fin.*) przelew 2 (*Am.*) =
DRAUGHT ▶ *v* 1 pisać na brudno 2 (*Am.*)
przeprowadzać pobór (*do wojska*) |
drafty (*Am.*) = DRAUGHTY

draftsman (*Am.*) = DRAUGHTSMAN

drag /dræg/ *v* (-gg-) 1 ciągnąć 2 wlec: ~
sb away from the television odciągać
kogoś od telewizora 3 ~ (on) przeciągać
się 4 (*komput.*) przeciągać [PV] drag sth
out wyciągać | drag sth out (of sb)
wyciągać coś (od kogoś) ▶ *n*
1 (*nieform.*) nuda, kłopot 2 (*nieform.*)
przebieranie się za kobietę 3 (*nieform.*)
zaciągnięcie się (*papierosem*): *take a
long* ~ *on your cigarette* głęboko
zaciągać się papierosem

dragon /'drægən/ *n* smok

dragonfly /'drægənaɪ/ *n* (*pl* -ies) ważka

drain /dreɪn/ *n* 1 ściek 2 a ~ on sb/sth
obciążenie (*np. finansowe*) ▶ *v*
1 odwadniać (się) 2 spływać

3 odprowadzać wodę 4 przechodzić
5 ~ sb/sth (of sth) osłabiać,
wyczerpywać | drainage /-nɪdʒ/ *n*
system kanalizacyjny, drenowanie
● 'drainpipe *n* rynna odpływowa

drama /'drɑːmə/ *n* 1 (*sztuka teatralna*)
dramat 2 sztuka dramatyczna
3 porywające przeżycie 4 podniecenie:
Why is there so little ~ *in my life?*
Dlaczego moje życie jest takie nudne?
◊ *and to add to all the* ~ i na dobitkę |
dramatic /drə'mætɪk/ *adj*
1 dramatyczny 2 nagły | dramatist
/'dræmətɪst/ *n* dramaturg | dramatize
(*także* -ise) /'dræmətaɪz/ *v*
dramatyzować

drank *pt od* DRINK

drape /dreɪp/ *v* 1 ~ sth round sth
zawijać/owijać (się) 2 ~ sth over sth
drapować 3 ~ sb/sth (in/with sth)
przykrywać (*np. tkaniną*) ▶ *n* (*Am.*)
zasłona, firanka

drastic /'dræstɪk/ *adj* 1 drastyczny
2 ostry

draught /drɑːft; *Am.* dræft/ *n*
1 przewiew 2 (draughts) (*Br.*) warcaby
▶ *adj* (*piwo*) beczkowy | draughty *adj*
z przeciągami

draughtsman /'drɑːftsmən; *Am.*
'dræfts-/ *n* (*pl* -men /-mən/) kreślarz

draw /drɔː/ *n* 1 remis 2 losowanie ▶ *v*
(*pt* drew /druː/; *pp* drawn /drɔːn/)
1 rysować 2: ~ *into the station* wjeżdżać
w stację ◊ ~ *out of the station* odjeżdżać
ze stacji 3 wyciągać 4 przysuwać,
pociągać 5 ciągnąć 6 podążać
7 zasłaniać 8 uzyskać 9 przyciągać: ~
(*sb's*) *attention to sth* zwracać (czyjąś)
uwagę na coś 10 remisować [IDM] draw
a comparison/a parallel porównywać |
draw lots ciągnąć losy [PV] draw sth out
podejmować (*pieniądze z konta*) | draw
up podjechać | draw sth up sporządzać |
drawing *n* 1 rysunek 2 rysowanie
● 'drawing pin *n* (*Br.*) pinezka | 'drawing
room *n* salon

drawback /'drɔːbæk/ *n* wada

drawer /drɔː(r)/ *n* szuflada

drawl /drɔːl/ *v* zaciągać wyrazy

drawn /drɔːn/ *pp od* DRAW ▶ *adj*
wymizerowany ● ˌdrawn 'out *adj*
przeciągający się

dread /dred/ *n* strach ▶ *v* lękać się |
dreadful *adj* okropny | dreadfully *adv*
1 strasznie 2 okropnie

dreadlocks /'dredlɒks/ *n* dredy

dream /driːm/ *n* 1 (*marzenie senne*) sen
2 marzenie 3: *be in a* ~ być (myślami)
gdzieś indziej ▶ *v* (*pt, pp* -ed /driːmd/
lub -t /dremt/) 1 śnić (się) 2 marzyć: *I
wouldn't* ~ *of it*. Nie przyszłoby mi to do
głowy. [PV] dream sth up (*nieform.*)

dry

wymyślać coś| **dreamer** n marzyciel/ka
| **dreamy** adj marzycielski

dreary /'drɪəri/ adj ponury

dredge /dredʒ/ v bagrować [PV] **dredge sth up** wyciągać coś przykrego z przeszłości

dregs /dregz/ n [pl] 1 osad, fusy 2 męty (społeczne)

drench /drentʃ/ v przemaczać: get drenched przemoknąć

dress /dres/ n 1 suknia, sukienka 2 ubiór ▶ v 1 ubierać (się): get dressed ubierać się 2 opatrywać [PV] **dress up** 1 przebierać się za kogoś/coś 2 stroić się| **dressing** n 1 opatrunek 2 sos 3 ubieranie (się) • **'dressing gown** n (Br.) szlafrok| **'dressing table** n toaletka

dresser /'dresə(r)/ n 1 (Br.) kredens 2 (Am.) toaletka, komoda

dressmaker /'dresmeɪkə(r)/ n krawcowa

drew pt od DRAW

dribble /'drɪbl/ v 1 sączyć (się) 2 ślinić się 3 dryblować

dried pt, pp od DRY

drier st. wyższy od DRY ▶ n = DRYER

drift /drɪft/ v 1 być unoszonym z prądem, dryfować 2: The snow drifted up to two metres deep. Nawiało prawie dwa metry śniegu. 3 chodzić bez celu: She drifted into acting. Przypadkiem została aktorką. ◇ They've drifted apart. Ich drogi się rozeszły. ▶ n 1 tendencja 2 ogólny sens 3 zaspa, ławica

drill /drɪl/ n 1 wiertarka, wiertło 2 musztra 3 ćwiczenie 4 próbny alarm ▶ v 1 wiercić 2 ćwiczyć 3 musztrować

drink /drɪŋk/ v (pt drank /dræŋk/; pp drunk /drʌŋk/) 1 pić 2 pić alkohol [PV] **drink to sb/sth** pić czyjeś zdrowie, wznosić toast za kogoś/coś| **drink (sth) up** wy/do-pić ▶ n 1 napój: Can I have a ~? Czy mogę prosić coś do picia? ◇ a ~ of milk kubek mleka 2 drink| **drinker** n pija-k/czka| **drinking** n picie alkoholu, pijaństwo • **,drink-'driver** n (Br.) pijany kierowca| **'drinking water** n woda pitna

drip /drɪp/ v (-pp-) kapać: The tap is dripping. Kapie z kranu. ◇ Water is dripping down through the roof. Woda przecieka przez dach. ◇ Her finger was dripping blood. Palec jej krwawił. ◇ His nose is dripping. Cieknie mu z nosa. ▶ n 1 kapanie 2 kropla 3 (med.) kroplówka

drive /draɪv/ v (pt drove /drəʊv/; pp driven /'drɪvn/) 1 prowadzić 2 jeździć samochodem 3 wozić 4 zaganiać 5 doprowadzać do czegoś 6 napędzać [IDM] **be driving at sth** (nieform.) zmierzać do czegoś [PV] **drive off** odjeżdżać ▶ n 1 jazda, przejażdżka 2 podjazd 3 ulica 4 energia, zapał 5 dążność: sex ~ popęd płciowy

6 kampania 7 napęd, stacja: a hard ~ twardy dysk| **driver** n kierowca| **driving** n jazda • **'drive-in** n (Am.) kino/ restauracja dla zmotoryzowanych| **'driving licence** (Am. 'driver's license) n prawo jazdy| **'driving school** n szkoła jazdy| **'drive-through** n (Am.) restauracja/ bank itp. dla zmotoryzowanych

drizzle /'drɪzl/ n mżawka ▶ v mżyć

drone /drəʊn/ v warczeć, buczeć [PV] **drone on** mówić monotonnym głosem

drool /druːl/ v 1 ślinić się 2 ~ (over sb/ sth) pożerać wzrokiem

droop /druːp/ v 1 (głowa, ramiona itp.) opadać 2 więdnąć| **drooping** adj opadający, obwisły

drop /drɒp/ v (-pp-) 1 upuszczać 2 zrzucać 3 opadać, zniżać się 4 spadać 5 obniżać, zniżać 6 ~ sb/sth (off) wysadzać kogoś (z samochodu) podrzucać 7 wyrzucać 8 rzucać (np. pracę) [IDM] **drop sb a line** napisać parę słów do kogoś [PV] **drop by; drop in (on sb)** wpadać (do kogoś)| **drop off** (nieform.) zdrzemnąć się| **drop out (of sth)** rezygnować z czegoś ▶ n 1 kropla 2 spadek 3 obniżka [IDM] **at the drop of a hat** natychmiast • **,drop-'dead** adv (nieform.) **paść trupem**| **'dropout** n 1 ktoś, kto nie skończył szkoły, studiów itp. 2 odszczepieniec

droppings /'drɒpɪŋz/ n odchody (np. ptaków)

drought /draʊt/ n susza

drove pt od DRIVE

drown /draʊn/ v 1 topić (się) 2 zagłuszać

drowsy /'draʊzi/ adj senny

drudgery /'drʌdʒəri/ n harówka

drug /drʌg/ n 1 lekarstwo, lek 2 narkotyk| **drug** v (-gg-) 1 usypiać 2 dodawać narkotyku do jedzenia/ napoju| **druggist** n (Am.) apteka-rz/rka • **'drug addict** n narkoman| **'drug addiction** n narkomania

drugstore /'drʌgstɔː(r)/ n (Am.) drogeria ❶ Sprzedaje się tu również filmy fotograficzne, napoje, lekkie posiłki.

drum /drʌm/ n 1 bęben: She plays the ~s in a band. Gra na perkusji w zespole. 2 beczka ▶ v (-mm-) 1 grać na bębnie 2 bębnić [PV] **drum sth up** zjednywać (np. klientów)| **drummer** n perkusist-a/ ka, dobosz/ka • **'drumstick** n 1 pałeczka 2 nóżka (np. pieczonego kurczaka)

drunk /drʌŋk/ pp od DRINK ▶ adj pijany| n pija-k/czka| **drunken** adj 1 pijany 2 pijacki| **drunkenness** n pijaństwo • **,drunken 'driver** n (zwł. Am.) pijany kierowca

dry /draɪ/ adj 1 suchy: Rub your hair ~. Wytrzyj włosy do sucha. ◇ run ~

wyschnąć **2** wytrawny **3** wypowie-
dziany z poważną miną: *He has a ~
sense of humour.* Opowiada dowcipy z
poważną miną. **4** nieciekawy, nudny
▶ *v* (*3rd sing czasu pres* **dries**
/draɪz/; *pt, pp* **dried** /draɪd/) **1** suszyć
(się) **2** wycierać [PV] **dry (sth) out**
suszyć (się), wysychać | **dry up**
1 wysychać **2** wyczerpywać się
3 zaniemówić | **dry (sth) up** wycierać
(*naczynia*) | **dried** *adj* suszony, w
proszku | **dryer** *n* suszarka ● **,dry-'clean**
v czyścić chemicznie | **,dry-'cleaner's** *n*
pralnia chemiczna | **,dry 'land** *n* stały
ląd

dual /'dju:əl; *Am.* 'du:əl/ *adj* podwójny
● **,dual 'carriageway** *n* (*Br.*) droga
szybkiego ruchu

dub /dʌb/ *v* (**-bb-**) **1** przezywać
2 dubbingować **3** montować

dubious /'dju:biəs; *Am.* 'du:-/ *adj*
1 niepewny **2** podejrzany

duchess (*także* **Duchess**) /'dʌtʃəs/ *n*
księżna

duck /dʌk/ *n* kaczka ▶ *v* **1** robić unik
2 (*nieform.*) **~ (out of) sth** wykręcać się
od czegoś

duct /dʌkt/ *n* kanał (*techn.; anat.*)
przewód: *tear ~s* gruczoły łzowe

dud /dʌd/ *n* (*nieform.*) tandeta,
niewypał

due /dju:; *Am.* du:/ *adj* **1** **be ~ (to do sth)**
mieć coś robić, spodziewać się: *It's ~ to
start now.* Ma się rozpocząć teraz.
◊ *What time is the plane ~?* Kiedy
przylatuje samolot? **2** płatny **3** **~ (to sb)**
należny **4** **~ to sb/sth** spowodowany
czymś/przez kogoś **5** **~ for sth:** *I'm ~ for
a pay rise.* Mogę się spodziewać
podwyżki. **6** (*form.*) odpowiedni [IDM] **in
due course** we właściwym czasie ▶ *adv*
dokładnie (*na wschód itp.*)

duel /'dju:əl; *Am.* 'du:-/ *n* pojedynek

duet /dju'et; *Am.* du-/ *n* duet

dug *pt, pp od* DIG

duke /dju:k; *Am.* du:k/ (*także* **Duke**) *n*
książę

dull /dʌl/ *adj* **1** nudny **2** (*kolor*) nijaki
3 przyćmiony **4** pochmurny **5** (*dźwięk*)
głuchy **6** tępy **7** przytłumiony

duly /'dju:li; *Am.* 'du:-/ *adv* (*form.*)
należycie, zgodnie z planem

dumb /dʌm/ *adj* **1** (*przestan*) niemy
❶ Może być odebrane jako obraźliwe.
Lepiej używać słowa **speech-impaired**.
2 oniemiały: *They were struck ~ with
amazement.* Zaniemówili ze zdumienia.
3 (*nieform.*) głupi | **dumbly** *adv* milcząco

dumbfounded /dʌm'faʊndɪd/ *adj*
oniemiały

dummy /'dʌmi/ *n* (*pl* **-ies**) **1** manekin
2 (*nieform.*) bałwan **3** (*Br.*) smoczek
4 atrapa ▶ *adj* sztuczny: *~ bullets* ślepe
naboje

dump /dʌmp/ *v* **1** wyrzucać, po(d)
rzucać: *dump in the sea.* zatapiać w
morzu **2** rzucać niedbale **3** rzucać kogoś
▶ *n* **1** wysypisko śmieci **2** (*nieform.*)
(*przen.*) nora

dumpling /'dʌmplɪŋ/ *n* rodzaj kluski/
knedla

dune = SAND DUNE

dung /dʌŋ/ *n* łajno

dungarees /,dʌŋgə'ri:z/ *n* [*pl*]
kombinezon, ogrodniczki

dungeon /'dʌndʒən/ *n* loch

duo /'dju:əʊ; *Am.* 'du:-/ *n* duet

dupe /dju:p; *Am.* du:p/ *v* (*nieform.*)
wmieszać kogoś do czegoś wbrew jego
woli: *The woman was duped into
carrying the drugs.* Kobieta została
podstępem wciągnięta do przewożenia
narkotyków.

duplicate /'dju:plɪkət; *Am.* 'du:-/ *adj*
identyczny: *a ~ key* dorobiony klucz ▶
n kopia [IDM] **in duplicate** w dwu
egzemplarzach | *v* **1** kopiować
2 powtarzać

durable /'djʊərəbl; *Am.* 'dʊr-/ *adj*
trwały, wytrzymały

duration /dju'reɪʃn; *Am.* du-/ *n* czas
trwania czegoś

duress /dju'res; *Am.* du-/ *n* [IDM] **under
duress** pod przymusem

during /'djʊərɪŋ; *Am.* 'dʊr-/ *prep*
podczas: *~ the night* w nocy

dusk /dʌsk/ *n* zmierzch

dust /dʌst/ *n* kurz, pył: *a speck of ~*
pyłek ▶ *v* ścierać kurze (z czegoś) |
duster *n* ścierka do kurzu ● **'dustbin** *n*
(*Br.*) (duży) śmietnik | **'dustman** (*pl*
-men) *n* (*Br.*) śmieciarz | **'dustpan** *n*
szufelka

dusty /'dʌsti/ *adj* zakurzony

dutiful /'dju:tɪ; *Am.* 'du:-/ *adj* (*form.*)
posłuszny, sumienny

duty /'dju:ti; *Am.* 'du:-/ *n* (*pl* **-ies**)
1 obowiązek **2** służba: *on/off duty* na/po
dyżurze ◊ *What time does she go off ~?*
O której godzinie kończy dyżur? **3** cło
● **,duty-'free** *adj* wolnocłowy | **,duty-'free**
adv bez cła

duvet /'du:veɪ/ *n* kołdra

dwarf /dwɔ:f/ *n* (*pl* **-s** *lub* **dwarves**
/dwɔ:vz/) **1** ka-rzeł/rlica, miniatura
(*zwierzę lub roślina*) **2** (*bot.; zool.*)
miniatura **3** krasnoludek ▶ *v*
pomniejszać, przytłaczać

dweller /'dwelə(r)/ *n* (*często w
wyrazach złoż.*) mieszkan-iec/ka | **dwell**
v (*pt, pp* **dwelt** /dwelt/ *lub* **dwelled**) [PV]
dwell on/upon sth 1 rozwodzić się nad
czymś **2** rozpamiętywać coś

dwindle /'dwɪndl/ *v* **1** zmniejszać się
2 słabnąć

dye /daɪ/ *v* (*pres part.* **dyeing**; *3rd
sing czasu pres* **dyes**; *pt, pp* **dyed**)
farbować ▸ *n* farba

dying *pres. part. od* DIE

dynamic /daɪ'næmɪk/ *adj* **1** prężny
2 dynamiczny

dynamite /'daɪnəmaɪt/ *n* **1** dynamit
2 (*przen.*) bomba

dynamo /'daɪnəməʊ/ *n* prądnica

dynasty /'dɪnəsti; *Am.* 'daɪ-/ *n* (*pl* **-ies**)
dynastia

dysentery /'dɪsəntri; *Am.* -teri/ *n*
czerwonka

dyslexia /dɪs'leksiə/ *n* dysleksja ǀ
dyslexic *adj* dysleksyczny

....

Ee

....

E, e /iː/ *n* **1** litera *e* **2** (*szk.; ocena*)
bardzo słaby **3** (*muz.*) E/e: *E major*
E-dur ◇ *E minor* e-moll

each /iːtʃ/ *dem pron, pron* każdy
● /each 'other się, siebie, sobie
(nawzajem)

eager /'iːɡə(r)/ *adj* ochoczy, chętny:
~ *for success* żądny sukcesu ǀ **eagerness**
n [U] **1** zapał, ochota **2** pragnienie

eagle /'iːɡl/ *n* orzeł

ear /ɪə(r)/ *n* **1** ucho **2 an ~ (for sth)** słuch
(*muzyczny*) **3** kłos [IDM] **play (sth) by
ear** grać (coś) ze słuchu ǀ **play it by ear**
(*nieform.*) improwizować ● 'earache *n*
ból ucha ǀ 'eardrum *n* błona bębenkowa ǀ
'ear lobe *n* płatek (*ucha*) ǀ 'earphones *n*
słuchawki ǀ 'earring *n* kolczyk, klips

earl /ɜːl/ *n* hrabia

early /'ɜːli/ *adj* wczesny, początkowy
[IDM] **at the earliest** najwcześniej/
prędzej ǀ **early on** na/z początku ǀ **it's
early days (yet)** jest za wcześnie (*by coś
wiedzieć itp.*) ▸ *adv* (za) wcześnie: ~
next year na początku przyszłego roku

earmark /'ɪəmɑːk/ *v* prze/wy-znaczać

earn /ɜːn/ *v* **1** zarabiać **2** przynosić
(*zysk*) **3** zasłużyć (sobie) na coś
4 zdobyć: *Their victory today has earned
them a place in the final.* Dzisiejsze
zwycięstwo zapewniło im miejsce w
finale.ǀ **earnings** *n* zarobki

earnest /'ɜːnɪst/ *adj* **1** poważny
2 żarliwy ▸ *n* [IDM] **in earnest** poważnie,
(na) serio

earth /ɜːθ/ *n* **1** ((the) Earth) Ziemia
2 ziemia **3** gleba [IDM] **how/why, etc. on
earth** (*nieform.*) jak/dlaczego itp. u

licha? ▸ *v* (*Br.*) (*elektr.*) uziemiać ǀ *n* (*Br.*)
(*elektr.*) uziemienie ● 'earthworm *n*
dżdżownica

earthquake /'ɜːθkweɪk/ *n* trzęsienie
ziemi

ease /iːz/ *n* łatwość [IDM] **(be/feel) at
(your) ease** być/czuć się spokojnym ▸ *v*
1 zelżeć **2** łagodzić: ~ *sb's mind*
uspokajać kogoś **3** ułatwiać
4 przesuwać ostrożnie

easel /'iːzl/ *n* sztaluga

east /iːst/ *n* (*także* the east/East)
wschód ▸ (*także* East) *adj* wschodni, ze
wschodu ǀ *adv* na wsch-ód/odzie ǀ
eastern (*także* Eastern) *adj* wschodni

Easter /'iːstə(r)/ *n* Wielkanoc ● 'Easter
egg *n* pisanka

easy /'iːzi/ *adj* **1** łatwy: *It isn't ~ to
explain.* Nie da się tego łatwo
wytłumaczyć. **2** spokojny [IDM] **free and
easy** swobodny, bez ceremonii ǀ **I'm easy**
(*nieform.*) wszystko mi jedno ǀ **easily**
adv **1** z łatwością, łatwo ǀ *adv* [IDM]
easier said than done łatwo powiedzieć ǀ
take it/things easy nie przejmować się
● ,easy-'going *adj* beztroski, łatwy w
pożyciu

eat /iːt/ *v* (*pt* ate /et; *zwł. Am.* eɪt/; *pp*
eaten /'iːtn/) jeść [PV] **eat out** jeść na
mieście ǀ **eat (sth) up** zjeść wszystko ǀ
eater *n*: *He's a big ~.* Lubi dużo zjeść.

eaves /iːvz/ *n* [*pl*] okap (*dachu*)

eavesdrop /'iːvzdrɒp/ *v* (-pp-) ~ (**on sb/
sth**) podsłuchiwać

ebb /eb/ *v* **1** (*morze*) odpływać
2 słabnąć ▸ *n* (the ebb) odpływ [IDM] **the
ebb and flow (of sth)** wzloty i upadki
(*czegoś*)

eccentric /ɪk'sentrɪk/ *adj* dziwaczny,
ekscentryczny ǀ **eccentricity**
/,eksen'trɪsəti/ *n* (*pl* **-ies**) dziwactwo,
ekscentryczność

echo /'ekəʊ/ *n* (*pl* **-es**) echo ▸ *v*
1 (*dźwięk*) odbijać się **2** powtarzać
3 ~ (**to/with sth**) rozbrzmiewać (*np.
śmiechem*)

eclipse /ɪ'klɪps/ *v* **1** zaćmiewać
2 przyćmiewać kogoś

eco-friendly /'iːkəʊ frendli/ *adj*
przyjazny środowisku

ecology /i'kɒlədʒi/ *n* ekologia ǀ **ecological**
/,iːkə'lɒdʒɪkl/ *adj* ekologiczny ǀ
ecologist /i'kɒlədʒɪst/ *n* ekolog

economic /,iːkə'nɒmɪk; ,ekə-/ *adj*
1 gospodarczy, ekonomiczny **2** rentowny
ǀ **economical** *adj* **1** (*urządzenie itp.*)
oszczędny **2** gospodarny ǀ **economically**
adv **1** gospodarczo, ekonomicznie
2 oszczędnie **3** gospodarnie ǀ **economics**
n **1** ekonomia **2** ekonomika ǀ **economist**
/ɪ'kɒnəmɪst/ *n* ekonomista ǀ **economize**
(*także* **-ise**) /ɪ'kɒnəmaɪz/ *v* ~ (**on sth**)
oszczędzać ǀ **economy** /ɪ'kɒnəmi/ *n* (*pl*

-ies) 1 (*także* the economy) gospodarka, ekonomia **2** oszczędność: ~ *class* druga klasa

ecosystem /ˈiːkəʊsɪstəm/ *n* ekosystem

ecstasy /ˈekstəsi/ *n* (*pl* **-ies**) ekstaza, zachwyt: *go into ecstasies about sth* oszaleć z zachwytu nad czymś **| ecstatic** /ɪkˈstætɪk/ *adj* pełen zachwytu, w ekstazie

eczema /ˈeksɪmə; *Am.* ɪgˈziːmə/ *n* egzema

edge /edʒ/ *n* **1** krawędź, brzeg **2** ostrze [IDM] **an/the edge on/over sb/sth** przewaga nad kimś/czymś **| (be) on edge** być zdenerwowanym/ rozdrażnionym ▶ *v* **1** ~ **sth (with sth)** obszywać **2** ~ **sth (with sth)** wysadzać (*np. drogę drzewami*) **2** ~ (**sth/your way**) **across/along/away** etc. posuwać (się) ostrożnie/pomału

edgy /ˈedʒi/ *adj* (*nieform.*) zdenerwowany, rozdrażniony

edible /ˈedəbl/ *adj* jadalny

edit /ˈedɪt/ *v* **1** redagować **2** montować **| edition** /ɪˈdɪʃn/ *n* **1** wydanie **2** audycja **3** nakład **| editor** *n* **1** redaktor/ka **2** montażyst-a/ka **| editorial** /ˌedɪˈtɔːriəl/ *n* artykuł od redakcji

educate /ˈedʒukeɪt/ *v* (*szk.*) kształcić **| educated** *adj* wykształcony **| education** /ˌedʒuˈkeɪʃn/ *n* wykształcenie **| educational** *adj* edukacyjny, kształcący

eel /iːl/ *n* węgorz

eerie /ˈɪəri/ *adj* pełen grozy, przeraźliwy

effect /ɪˈfekt/ *n* **1** skutek: *have an* ~ *on sb/sth* mieć wpływ na kogoś/coś **2** efekt, wrażenie [IDM] **come into effect** wchodzić w życie **| in effect 1** w istocie/ rzeczywistości **| take effect 1** zadziałać, skutkować **2** wchodzić w życie **| effective** *adj* **1** skuteczny **2** efektowny **3** faktyczny **| effectively** *adv* **1** skutecznie **2** w rezultacie/rzeczywistości **| effectiveness** *n* skuteczność

effeminate /ɪˈfemɪnət/ *adj* zniewieściały

efficient /ɪˈfɪʃnt/ *adj* **1** kompetentny, sprawny **2** skuteczny, wydajny **| efficiency** *n* **1** sprawność **2** skuteczność, wydajność

effort /ˈefət/ *n* wysiłek, trud: *He made no* ~ *to contact his parents.* W ogóle nie próbował skontaktować się z rodzicami. ◇ *It was a real* ~ *to stay awake.* Naprawdę było trudno nie zasnąć. **| effortless** *adj* (*pozornie*) łatwy

e.g. /ˌiː ˈdʒiː/ *skrót* np.

egg /eg/ *n* **1** jajko: *scrambled* ~*s* jajecznica **2** komórka jajowa [IDM] **put all your eggs in one basket** stawiać wszystko na jedną kartę ▶ *v* [PV] **egg sb**

on (to do sth) namawiać kogoś (do zrobienia czegoś złego/ niebezpiecznego) ● **'egg cup** *n* kieliszek do jajek **| 'eggplant** *n* (*Am.*) bakłażan, oberżyna **| 'eggshell** *n* skorupka jajka

ego /ˈiːgəʊ; ˈe-/ *n* poczucie własnej wartości

egocentric /ˌegəʊˈsentrɪk; ˌiːg-/ *adj* samolubny

eight /eɪt/ *liczba* osiem → DWA **| eighth** (*liczebnik porządkowy*) ósmy → DRUGI

eighteen /ˌeɪˈtiːn/ *liczba* osiemnaście → DWA **| eighteenth** (*liczebnik porządkowy*) osiemnasty → DRUGI

eighty /ˈeɪti/ *liczba* osiemdziesiąt → DWA **| eightieth** (*liczebnik porządkowy*) osiemdziesiąty → DRUGI

either /ˈaɪðə(r); ˈiː-/ *dem pron, pron* **1** jeden (lub drugi), którykolwiek (z dwu) ❶ Either łączy się z v. w lp, jednak w potocznej angielszczyźnie po either of można użyć v. w lm, jeśli n lub zaimek osobowy występuje w lm: *Either of us are willing to help.* **2** żaden (z dwu) **3** obaj/oboje itp. ▶ *conj* ~ ... or ... albo ... albo **|** *adv* **1** też (nie), także **2** wcale (nie)

ejaculate /ɪˈdʒækjuleɪt/ *v* mieć wytrysk nasienia

eject /ɪˈdʒekt/ *v* **1** usuwać, wyrzucać **2** (*płyta, kaseta itp.*) wysuwać (się)

elaborate /ɪˈlæbərət/ *adj* skomplikowany, wypracowany ▶ /ɪˈlæbəreɪt/ *v* ~ (**on sth**) (*form.*) omawiać coś szczegółowo

elapse /ɪˈlæps/ *v* (*form.*) (*czas*) upływać

elastic /ɪˈlæstɪk/ *n* (*material*) gumka ▶ *adj* (*i przen.*) elastyczny ● **eˌlastic 'band** *n* gumka (*np. do włosów*)

elated /iˈleɪtɪd/ *adj* (*form.*) podniecony, w euforii

elbow /ˈelbəʊ/ *n* łokieć ▶ *v* rozpychać się łokciami

elder /ˈeldə(r)/ *adj* starszy ▶ *n* **1** starsz-y/a **2** (**elders**) starsi (ludzie)

elderly /ˈeldəli/ *adj* w podeszłym wieku ❶ Mówiąc o osobach starszych, stosuje się formę the elderly.

eldest /ˈeldɪst/ *adj*, *n* najstarsz-y/a

elect /ɪˈlekt/ *v* ~ **sb (to/as sth)** wybierać

election /ɪˈlekʃn/ *n* [C,U] wybory

electoral /ɪˈlektərəl/ *adj* wyborczy: *the* ~ *register/roll* spis wyborców **| electorate** *n* elektorat

electric /ɪˈlektrɪk/ *adj* **1** elektryczny **2** pełen napięcia **| electrical** *adj* elektryczny: *an* ~ *engineer* inżynier elektryk ● **eˌlectric 'razor** *n* elektryczna maszynka do golenia **| eˌlectric 'shock** *n* porażenie (*prądem*)

electrician /ɪˌlek'trɪʃn/ *n* elektryk
electricity /ɪˌlek'trɪsəti/ *n* prąd, elektryczność
electrify /ɪ'lektrɪfaɪ/ *v* (*3rd sing czasu pres* -**ies**; *pt, pp* -**ied**) **1** elektryfikować **2** (*przen.*) elektryzować
electrocute /ɪ'lektrəkjuːt/ *v* razić śmiertelnie prądem elektrycznym
electronic /ɪˌlek'trɒnɪk/ *adj* elektroniczny | **electronics** / ɪˌlek'trɒnɪks/ *n* elektronika
elegant /'elɪgənt/ *adj* elegancki | **elegance** *n* elegancja
element /'elɪmənt/ *n* **1** część, element: *an ~ of truth* ziarnko prawdy **2** czynnik **3** pierwiastek **4** grzałka
elementary /ˌelɪ'mentri/ *adj* **1** podstawowy **2** elementarny
● ˌele'mentary school *n* (*Am.*) szkoła podstawowa
elephant /'elɪfənt/ *n* słoń
elevator /'elɪveɪtə(r)/ *n* (*Am.*) winda
eleven /ɪ'levn/ *liczba* jedenaście
→ DWA | **eleventh** (*liczebnik porządkowy*) jedenasty → DRUGI
elicit /i'lɪsɪt/ *v* (*form.*) wydobywać
eligible /'elɪdʒəbl/ *adj* **1** uprawniony do czegoś **2** nadający się do czegoś: *an ~ young man* dobra partia
eliminate /ɪ'lɪmɪneɪt/ *v* **1** usuwać, wykluczać **2** eliminować
elite /eɪ'liːt; ɪ-/ *n* elita: *an ~ group* grupa elitarna | **elitist 1** *n* zwolenni-k/czka elitaryzmu **2** *adj* elitarny
elk /elk/ *n* (*Br.*) (*pl* **elk** *lub* -**s**) łoś
elm /elm/ *n* wiąz
eloquent /'eləkwənt/ *adj* (*form.*) wymowny
else /els/ *adv* **1** jeszcze: *Does anybody ~ know about this?* Czy ktoś jeszcze wie o tym? **2** inny: *something ~* coś innego ◊ *somebody ~* ktoś inny ◊ *nobody ~* nikt inny **3** oprócz (mnie itp.): *Everybody ~ is allowed to go.* Wszyscy pozostali mogą odejść. [IDM] **or else 1** bo w przeciwnym razie **2** albo
elsewhere /ˌels'weə(r)/ *adv* (*form.*) gdzie indziej
elude /i'luːd/ *v* (*form.*) **1** uchodzić, wymykać się **2** umykać (*z pamięci*): *His name ~s me.* Nie mogę sobie przypomnieć, jak się nazywa. | **elusive** *adj* nieuchwytny
emaciated /ɪ'meɪʃieɪtɪd; -'meɪs-/ *adj* wychudzony
email /'iːmeɪl/ *n* **1** e-mail **2** poczta elektroniczna: *Have you got ~ on your computer?* Czy masz dostęp do poczty elektronicznej na twoim komputerze?
▶ *v* przesyłać e-mail

emancipate /ɪ'mænsɪpeɪt/ *v* emancypować
embankment /ɪm'bæŋkmənt/ *n* nabrzeże, nasyp
embargo /ɪm'bɑːgəʊ/ *n* (*pl* -**es**) zakaz (*importu, wywozu*)
embark /ɪm'bɑːk/ *v* wsiadać na statek
embarrass /ɪm'bærəs/ *v* **1** żenować **2** wprawiać w zakłopotanie | **embarrassed** *adj* **1** zażenowany **2** zakłopotany | **embarrassing** *adj* **1** żenujący **2** wprawiający w zakłopotanie | **embarrassment** *n* **1** zażenowanie **2** zakłopotanie **3** ktoś, kto/coś, co przynosi wstyd lub wprawia w zakłopotanie
embassy /'embəsi/ *n* (*pl* -**ies**) ambasada
embedded /ɪm'bedɪd/ *adj* wbity, wmurowany, osadzony
ember /'embə(r)/ *n* (*węgle*) żar
embezzle /ɪm'bezl/ *v* zdefraudować | **embezzlement** *n* defraudacja
emblem /'embləm/ *n* godło, symbol
embody /ɪm'bɒdi/ *v* (*3rd sing czasu pres* -**ies**; *pp, pt* -**ied**) (*form.*) **1** uosabiać **2** zawierać, posiadać
embrace /ɪm'breɪs/ *v* obejmować ▶ *n* uścisk, objęcie
embroider /ɪm'brɔɪdə(r)/ *v* **1** haftować **2** upiększać | **embroidery** *n* **1** haftowanie **2** wyszywanka
embryo /'embriəʊ/ *n* embrion
emerald /'emərəld/ *n* szmaragd ▶ (*także* ˌemerald 'green) *adj* (*kolor*) szmaragdowy
emerge /i'mɜːdʒ/ *v* **1** wyłaniać się **2** wychodzić (*np. z opresji*) **3** okazać się | **emergence** /-dʒəns/ *n* wyłonienie się
emergency /i'mɜːdʒənsi/ *n* (*pl* -**ies**) nagły wypadek: *In an ~ phone 999.* W razie wypadku zadzwoń pod numer 999. ◊ *a state of ~* stan wyjątkowy ◊ *an ~ exit* wyjście awaryjne ● e'mergency room *n* (*Am.*) oddział pomocy doraźnej | e'mergency services *n* służby ratownicze
emigrate /'emɪgreɪt/ *v* emigrować | **emigrant** /-grənt/ *n* emigrant/ka | **emigration** /ˌemɪ'greɪʃn/ *n* emigracja
eminent /'emɪnənt/ *adj* (*form.*) wybitny, sławny
emit /i'mɪt/ *v* (-**tt**-) (*form.*) emitować | **emission** *n* emisja
emotion /ɪ'məʊʃn/ *n* **1** uczucie **2** wzruszenie, emocja | **emotional** *adj* **1** uczuciowy, emocjonalny: *She gets very ~ when I leave.* Bardzo się wzrusza, kiedy wyjeżdżam. **2** poruszający | **emotive** *adj* wzruszający

empathy /'empəθi/ *n* wspołod
czuwanie | **empathize** (*także* -ise) /-θaız/
v ~ (with sb/sth) wczuwać się (*w czyjąś
sytuację*)

emperor /'empərə(r)/ (*f. żeńska*
empress /'emprəs/) *n* cesarz

emphasis /'emfəsıs/ *n* (*pl* -phases
/-fəsi:z/) nacisk, emfaza | **emphasize**
(*także* -ise) /-saız/ *v* podkreślać, kłaść
nacisk na coś | **emphatic** /ım'fætık/ *adj*
stanowczy, emfatyczny

empire /'empaıə(r)/ *n* **1** cesarstwo
2 imperium

employ /ım'plɔı/ *v* **1** zatrudniać
2 (*form.*) stosować | **employee** /ım'plɔıi:/
n pracowni-k/ca | **employer** *n*
pracodaw-ca/czyni | **employment** *n*
zatrudnienie: *be in/out of* ~ mieć
pracę/nie mieć pracy → PRACA
● **em'ployment agency** *n* biuro
pośrednictwa pracy

empress /'emprəs/ *n* cesarzowa

empty /'empti/ *adj* **1** (*i przen.*) pusty
2 opustoszały ▶ *v* (*3rd sing czasu pres*
-ies; *pt, pp* -ied) **1** ~ sth (out) opróżniać
2 ~ sth (out) (into/onto sth) wylewać,
wyrzucać **3** opróżniać się, pustoszeć |
emptiness *n* [*U*] pustka

enable /ı'neıbl/ *v* umożliwiać

enamel /ı'næml/ *n* **1** emalia **2** szkliwo
(*zęba*)

enchanting /ın'tʃɑ:ntıŋ; *Am.* -'tʃænt-/
adj czarujący, zachwycający

encircle /ın's3:kl/ *v* (*form.*) otaczać,
okrążać

enclose /ın'kləuz/ *v* **1** ~ sth (in/with sth)
ogradzać **2** przesyłać w załączeniu |
enclosure /-ʒə(r)/ *n* **1** ogrodzony teren
2 załącznik

encore /'ɒŋkɔ:(r)/ *interj* bis! ▶ *n*
(*wołanie o*) bis

encounter /ın'kaʊntə(r)/ *v* **1**
(*form.*) niespodziewanie spotykać
2 doświadczać (*np. trudności*) ▶ *n*
nieoczekiwane spotkanie (*często
nieprzyjemne*)

encourage /ın'kʌrıdʒ/ *v* ~ sb/sth (in
sth/to do sth) zachęcać, popierać |
encouragement *n* zachęta, poparcie

encyclopedia (*także* -paed-)
/ın,saıklə'pi:diə/ *n* encyklopedia

end /end/ *n* **1** koniec: *bring sth to an* ~
kończyć coś ◇ *come/draw to an* ~
kończyć się ❶ Słowo **end** występuje
także przed innymi n: *the* ~ *house*
ostatni dom. **2** końcówka, resztka: *a
cigarette* ~ niedopałek papierosa
3 strona (*telefonu/podróży itp.*) |IDM|
at the end of the day (*jęz. mów.*) w
ostatecznym rachunku | *in the end* w
końcu | *make ends meet* wiązać koniec z
końcem | *no end of sth* (*nieform.*)
mnóstwo | *on end* całymi (*godzinami,*

dniami itp.) | *put an end to sth* położyć
czemuś kres ▶ *v* ~ (in/with sth) kończyć
(się) |PV| *end up* **1** skończyć na czymś/
jako coś: *We ended up going out for
dinner.* W końcu poszliśmy na obiad do
restauracji. **2** wylądować gdzieś |
ending *n* **1** zakończenie (*np. powieści*)
2 końcówka ● **'end product** *n* produkt
końcowy

endanger /ın'deındʒə(r)/ *v* zagrażać,
narażać na niebezpieczeństwo

endear /ın'dıə(r)/ *v* ~ sb/yourself to sb
(*form.*) zdobywać sympatię | **endearing**
adj ujmujący, uroczy

endeavour (*Am.* -vor) /ın'devə(r)/ *v*
(*form.*) usiłować, starać się

endless /'endləs/ *adj* **1** nieograniczony
2 nie kończący się, ciągły: *The wait
seemed* ~. Zdawało się, że oczekiwanie
nie ma końca. | **endlessly** *adv* ciągle,
bez końca

endorse /ın'dɔ:s/ *v* **1** (*oficjalnie*)
popierać **2** podpisywać się (*na odwrocie
czeku*)

endure /ın'djuə(r); *Am.* -'dur/ *v* (*form.*)
1 (*często w przeczeniach*) cierpieć,
przetrzymywać **2** trwać | **endurance** *n*
wytrzymałość | **enduring** *adj* trwały,
stały

enemy /'enəmi/ *n* (*pl* -ies) wróg:
~ *forces* siły nieprzyjaciela

energetic /,enə'dʒetık/ *adj* pełny/
wymagający energii, energiczny

energy /'enədʒi/ *n* (*pl* -ies) **1** energia
2 (energies) siły

enforce /ın'fɔ:s/ *v* **1** egzekwować
2 narzucać, zmuszać (do czegoś) |
enforcement *n* **1** egzekwowanie
2 narzucenie

engage /ın'geıdʒ/ *v* **1** zajmować,
angażować **2** zatrudniać **3** włączać (*np.
sprzęgło*), sprzęg |PV| *engage in sth*
zajmować się czymś, brać udział w
czymś | **engaged** *adj* **1** ~ (to sb)
zaręczony: *We've just got* ~. Właśnie się
zaręczyliśmy. **2** (*Br.*) (*telefon*) zajęty
3 (*osoba; toaleta*) zajęty | **engagement** *n*
1 zaręczyny, narzeczeństwo
2 umówione spotkanie ● **en'gagement
ring** *n* pierścionek zaręczynowy

engine /'endʒın/ *n* **1** silnik, motor
→ SILNIK **2** lokomotywa ● **'engine driver**
n (*Br.*) (*kolej.*) maszynista

engineer /,endʒı'nıə(r)/ *n* **1** inżynier,
technik **2** (*Am.*) maszynista ▶ *v* (*form.*)
aranżować coś w tajemnicy |
engineering *n* **1** inżynieria
2 konstrukcja

engrave /ın'greıv/ *v* ~ B on A/ A with B
(wy)grawerować | **engraving** *n* rycina

engrossed /ın'grəust/ *adj* ~ (in sth)
pochłonięty czymś

enhance /ɪn'hɑːns; *Am.* -'hæns/ *v* (*form.*) **1** polepszać **2** uwydatniać

enjoy /ɪn'dʒɔɪ/ *v* **1** ~ (doing) sth lubić: *I enjoyed the film.* Podobał mi się film. ◊ *I enjoyed the party.* Świetnie się bawiłem na imprezie. ◊ *Did you enjoy your meal?* Czy jedzenie ci smakowało? **2** ~ yourself dobrze się bawić, miło spędzać czas| **enjoyable** *adj* przyjemny| **enjoyment** *n* przyjemność, zadowolenie

enlarge /ɪn'lɑːdʒ/ *v* powiększać| rozszerzać (się)| **enlargement** *n* powiększenie, rozszerzenie

enlighten /ɪn'laɪtn/ *v* objaśniać coś komuś| **enlightened** *adj* **1** (*osoba*) światły **2** (*pogląd itp.*) nowoczesny

enlist /ɪn'lɪst/ *v* **1** wstępować do wojska **2** werbować **3** uzyskiwać, zjednywać (*poparcie*)

enmity /'enməti/ *n* wrogość

enormous /ɪ'nɔːməs/ *adj* ogromny, olbrzymi| **enormously** *adv* ogromnie, niezmiernie

enough /ɪ'nʌf/ *dem pron, pron* dosyć: *If ~ people are interested...* Jeśli wystarczająca liczba osób jest zainteresowana..◊ *Will you have enough water?* Czy wystarczy wam wody?| **enough** *adv* **1** dostatecznie, wystarczająco **2** dosyć, całkiem [IDM] **funnily / strangely, etc. enough** a co najmieszniejsze/najdziwniejsze itp., to...

enquire /ɪn'kwaɪə(r)/ *v* (*form.*) pytać (się), dowiadywać się [PV] **enquire into sth** dociekać czegoś, wnikać w coś| **enquiring** *adj* **1** (*umysł*) dociekliwy **2** (*spojrzenie itp.*) pytający| **enquiry** /ɪn'kwaɪəri; *Am.* 'ɪnkwəri/ *n* (*pl* -ies) **1** an ~ (about/concerning/into sb/sth) (*form.*) prośba o informację **2** an ~ (into sth) dochodzenie

enrich /ɪn'rɪtʃ/ *v* **1** (*i przen.*) wzbogacać **2** polepszać (*np. jakość*)

enrol (*Am.* -roll) /ɪn'rəʊl/ *v* (-ll-) ~ (sb) (in/as sth) zapisywać (się)| **enrolment** *n* zapisy (na coś/do czegoś)

ensemble /ɒn'sɒmbl/ *n* zespół (*muzyczny/taneczny/aktorski*)

ensure /ɪn'ʃʊə(r); *Br.* także -'ʃɔː(r)/ *v* zapewniać, gwarantować: *Please ~ that the door is locked.* Proszę upewnić się, czy drzwi są zamknięte na klucz.

enter /'entə(r)/ *v* **1** (*form.*) wchodzić (do czegoś) ➊ Zwróć uwagę, że v. enter występuje bez przyimka. **2** ~ (for) sth zgłaszać się (*np. do konkursu*) **3** ~ sth (in/into/on/onto sth) wpisywać, zapisywać **4** rozpoczynać działalność, obierać (*zawód*) **5** zapoczątkować: *~ a new phase in international relations* wkroczyć w nowy etap stosunków międzynarodowych [PV] **enter into sth**

1 podejmować coś, wdawać się w coś **2** mieć związek z czymś

enterprise /'entəpraɪz/ *n* **1** przedsięwzięcie, inicjatywa **2** przedsiębiorczość **3** przedsiębiorstwo | **enterprising** *adj* przedsiębiorczy

entertain /,entə'teɪn/ *v* **1** bawić, zabawiać **2** podejmować gości| **entertainer** *n* artysta estradowy| **entertaining** *adj* zabawny, ciekawy| **entertainment** *n* rozrywka

enthralling /ɪn'θrɔːlɪŋ/ *adj* zajmujący

enthusiasm /ɪn'θjuːziæzəm; *Am.* -'θuː-/ *n* ~ (for/about sb/sth) entuzjazm| **enthusiast** entuzjast-a/ka| **enthusiastic** /ɪn,θjuːzi'æstɪk; *Am.* -,θuː-/ *adj* **1** entuzjastyczny **2** (*osoba*) rozentuzjazmowany

entice /ɪn'taɪs/ *v* kusić, wabić

entire /ɪn'taɪə(r)/ *adj* cały, całkowity| **entirely** *adv* całkowicie| **entirety** *n* całość: *in its ~* we wszystkich aspektach

entitle /ɪn'taɪtl/ *v* uprawniać, upoważniać: *I'm entitled to a holiday.* Mam prawo do urlopu.| **entitled** *adj* zatytułowany, pod tytułem

entity /'entəti/ *n* (*pl* -ies) **1** jednostka **2** istota

entrance /'entrəns/ *n* **1** ~ (into/onto sth) wejście, wjazd **2** ~ (to sth) wstęp: *They were refused ~.* Nie wpuszczono ich do środka. ◊ *an ~ exam* egzamin wstępny/kwalifikacyjny

entrant /'entrənt/ *n* **1** początkując-y/a (*w zawodzie*) **2** uczestni-k/czka, kandydat/ka **3** rozpoczynając-y/a studia

entrepreneur /,ɒntrəprə'nɜː(r)/ *n* przedsiębiorca

entrust /ɪn'trʌst/ *v* ~ A with B/B to A (*form.*) powierzać

entry /'entri/ *n* (*pl* -ies) **1** ~ (into sth) wejście: *force ~ into a building* włamać się do budynku **2** ~ (to sth) wstęp, wjazd: *They were refused ~ at the airport.* Odmówiono im zezwolenia na wjazd na lotnisko. ◊ *No Entry* Wstęp wzbroniony| ◊ *an ~ visa* wiza wjazdowa **3** ~ (into sth) wstąpienie (*np. do organizacji*) **4** pozycja (*w spisie*), zapis (*w dzienniku itp.*) **5** hasło (*w słowniku itp.*) **6** ~ (for sth) uczestni-k/czka, zgłoszenie (*do konkursu itp.*)

envelope /'envələʊp; 'ɒn-/ *n* koperta

enviable /'enviəbl/ *adj* godny pozazdroszczenia

envious /'enviəs/ *adj* ~ (of sb/sth) zazdrosny

environment /ɪn'vaɪrənmənt/ *n* **1** otoczenie, środowisko **2** (the environment) środowisko naturalne| **environmental** /ɪn,vaɪrən'mentl/ *adj* środowiskowy: *~ science* nauka o

środowisku| **environmentalist**
/ɪn,vaɪrən'mentəlɪst/ n działacz na
rzecz ochrony środowiska naturalnego|
environmentally adv ekologicz:
These products are ~ friendly. To są
produkty ekologiczne. ◊ ~ *conscious*
świadomy znaczenia środowiska
naturalnego

envisage /ɪn'vɪzɪdʒ/ v *(form.)*
wyobrażać sobie

envoy /'envɔɪ/ n wysłannik

envy /'envi/ n ~ *(of sb)/(at/of sth)*
zazdrość ▶ v *(3rd sing czasu pres -ies;*
pt, pp -ied) ~ *(sb) (sth)* zazdrościć

enzyme /'enzaɪm/ n enzym

epic /'epɪk/ n epopeja ▶ adj epicki

epidemic /,epɪ'demɪk/ n epidemia

epilepsy /'epɪlepsi/ n *(med.)* padaczka|
epileptic /,epɪ'leptɪk/ 1 adj
epileptyczny 2 n epilepty-k/czka

episode /'epɪsəʊd/ n 1 odcinek
(serialu) 2 epizod

epitome /ɪ'pɪtəmi/ n najlepszy/
najbardziej typowy przykład| **epitomize**
v stanowić typowy przykład

epoch /'iːpɒk; *Am.* 'epək/ n epoka

equal /'iːkwəl/ adj 1 równy, jednakowy
2 ~ to sth *(form.)* zdolny zmierzyć się
(np. z zadaniem) |IDM| **equal**
opportunities officer urzędnik do spraw
równouprawnienia ▶ n rów-n-y/a sobie
| v (-ll-; *Am.* -l-) 1 v *link* równać się
2 dorównywać| **equally** adv 1 równo,
jednakowo 2 jednocześnie, jednakże|
equality /ɪ'kwɒləti/ n
równouprawnienie

equate /ɪ'kweɪt/ v zrównywać, uważać
za identyczne/podobne| **equation** n
(mat.) równanie

equator /ɪ'kweɪtə(r)/ n równik

equilibrium /,iːkwɪ'lɪbriəm; ,ek-/ n
równowaga

equip /ɪ'kwɪp/ v (-pp-) 1 wyposażać,
zaopatrywać 2 przygotowywać kogoś
(do wykonania określonego zadania)|
equipment n wyposażenie, ekwipunek
❶ Mówiąc o jednym przedmiocie używa
się zwrotu **a piece of equipment**.

equivalent /ɪ'kwɪvələnt/ adj ~ *(to sth)*
równorzędny, odpowiadający ▶ n
odpowiednik

era /'ɪərə/ n era

eradicate /ɪ'rædɪkeɪt/ v *(form.)*
(przen.) wykorzeniać

erase /ɪ'reɪz; *Am.* ɪ'reɪs/ v *(form.) (i*
przen.) wymazywać| **eraser** n *(zwł.*
Am.) gumka *(do wycierania)*

erect /ɪ'rekt/ adj 1 wyprostowany
2 *(głowa)* podniesiony 3 *(anat.)* w stanie
erekcji▶ v *(form.)* 1 budować 2 wznosić
| **erection** n 1 *(form.)* budowa, montaż
2 *(anat.)* erekcja

erode /ɪ'rəʊd/ v 1 niszczyć *(w wyniku*
erozji) 2 podkopywać *(np. znaczenie*
czegoś)| **erosion** /-ʒn/ n 1 erozja
2 podkopywać *(np. znaczenia czegoś)*

erotic /ɪ'rɒtɪk/ adj erotyczny

errand /'erənd/ n wyprawa *(na zakupy*
itp.)

erratic /ɪ'rætɪk/ adj 1 nierówny
2 nieodpowiedzialny, zmienny *(w*
nastrojach itp.)

error /'erə(r)/ n błąd, pomyłka

erupt /ɪ'rʌpt/ v *(i przen.)* wybuchać|
eruption n wybuch

escalate /'eskəleɪt/ v 1 wzrastać
2 wzmagać (się)| **escalation** /
,eskə'leɪʃn/ n eskalacja| **escalator** /
'eskəleɪtə(r)/ n ruchome schody

escape /ɪ'skeɪp/ v 1 uciekać 2 ulatniać
się, przeciekać 3 unikać: ~ *unhurt* ujść
cało 4 uchodzić *(uwadze)* ▶ n
1 ucieczka, zbieg 2 ulatnianie się *(np.*
gazu), wyciek *(płynu)* 3 uniknięcie: *She*
had a narrow ~. O włos uniknęła
nieszczęścia. 4 wyjście ewakuacyjne

escort /'eskɔːt/ n 1 eskorta 2 *(form.)*
osoba towarzysząca 3 osoba do
towarzystwa *(często dziewczyna z*
agencji towarzyskiej) ▶ |/ɪ'skɔːt/ v
1 eskortować 2 towarzyszyć,
odprowadzać

espionage /'espiənɑːʒ/ n szpiegostwo

essay /'eseɪ/ n wypracowanie, esej

essence /'esns/ n 1 istota *(czegoś)*
2 esencja

essential /ɪ'senʃl/ adj 1 niezbędny
2 istotny ▶ n rzecz niezbędna/istotna|
essentially adv zasadniczo

establish /ɪ'stæblɪʃ/ v 1 zakładać
2 ustanawiać, tworzyć 3 ustalać: *get*
established as a novelist stać się
uznanym pisarzem 4 precyzować|
establishment n 1 założenie 2 zakład
3 firma 4 **(the Establishment)** *(Br.)*
establishment

estate /ɪ'steɪt/ n 1 majątek ziemski
2 majątek 3 *(Br.)* osiedle *(np.*
mieszkaniowe/przemysłowe) ● **es'tate**
agent n *(Br.)* pośrednik sprzedaży
nieruchomości| **es'tate car** n *(Br.)*
kombi

esteem /ɪ'stiːm/ n *(form.)* szacunek

esthetic *(Am.)* = AESTHETIC

estimate /'estɪmət/ n 1 oszacowanie *(w*
przybliżeniu) 2 wycena ▶ /'estɪmeɪt/ v
oszacować *(w przybliżeniu)*, obliczać

estranged /ɪ'streɪndʒd/ adj 1 żyjący w
separacji 2 obcy sobie

estuary /'estʃuəri; *Am.* -eri/ n *(pl -ies)*
ujście *(rzeki)*

etc. *skrót* itd., itp.

eternal /ɪ'tɜːnl/ *adj* (*i przen.*) wieczny|
eternity *n* **1** wieczność **2** (**an eternity**)
(*nieform.*) nieskończoność

ethics /'eθɪks/ *n* etyka: *a code of ~*
normy etyczne| **ethical** *adj* **1** etyczny
2 moralny

ethnic /'eθnɪk/ *adj* etniczny: *~
minorities* mniejszości narodowe|
ethnicity /eθ'nɪsəti/ *n* przynależność
etniczna/rasowa ● ,ethnic 'cleansing *n*
[U] czystki etniczne

euro /'jʊərəʊ/ *n* euro

European / ,jʊərə'piːən/ *adj* europejski
▶ *n* Europej-czyk/ka

evacuate /ɪ'vækjueɪt/ *v* ewakuować

evade /ɪ'veɪd/ *v* **1** unikać **2** uchylać się
od czegoś| **evasion** /-ʒn/ *n* uchylenie
się| **evasive** /-sɪv/ *adj* wymijający

evaluate /ɪ'væljueɪt/ *v* (*form.*) oceniać

evaporate /ɪ'væpəreɪt/ *v* **1** wyparować
2 (*uczucia itp.*) znikać

eve /iːv/ *n* wigilia

even /'iːvn/ *adj* **1** (*powierzchnia*) równy
2 równomierny **3** wyrównany **4** (*liczba*)
parzysty [IDM] **get even (with sb)**
(*nieform.*) wyrównać z kimś rachunki|
break even wyjść na swoje| **even though**
chociaż, mimo że → ALTHOUGH| **evenly**
adv równo| *adv* **1** nawet → ALTHOUGH
2 jeszcze [IDM] **even if** choćby, nawet
gdyby/jeśli

evening /'iːvnɪŋ/ *n* wieczór: *an ~ class*
kurs wieczorowy → MORNING [IDM]
good evening dobry wieczór ❶ W
języku nieformalnym często mówi się
tylko **Evening**.

event /ɪ'vent/ *n* **1** wydarzenie
2 impreza (*np. dobroczynna*) **3** (*sport*)
konkurencja [IDM] **at all events/in any
event** na wszelki wypadek| **in the event
of sth** (*form.*) w razie czegoś| **eventful**
adj bogaty w wydarzenia

eventual /ɪ'ventʃuəl/ *adj* końcowy,
ostateczny| **eventually** *adv* w końcu,
ostatecznie

ever /'evə(r)/ *adv* **1** kiedykolwiek,
kiedy, kiedyś: *Do you ~ wish you were
famous?* Czy czasami chciałbyś być
sławnym? ◊ *Nobody ~ comes to see me.*
Nikt mnie nigdy nie odwiedza. ◊ *She
hardly ~ goes out.* Rzadko kiedy
wychodzi z domu. ❶ Zwróć uwagę, że w
odpowiedzi na pytanie *Have you ~ been
to Spain?* nie stosuje się ever, lecz **Yes, I
have** lub **No, I haven't** albo **No, never**.
2: *How ~ did he do it?* Jakim cudem to
zrobił? ◊ *What ~ were you thinking?*
Cóż ty myślałeś? ◊ *Where ~ have you
been?* Gdzież ty byłeś? [IDM] **(as) bad/
good, etc. as ever** zły/dobry itp. jak
zawsze| **ever since** (...) odkąd, od tego
momentu

evergreen /'evəgriːn/ *n, adj* (drzewo)
wiecznie zielony

every /'evri/ *dem pron* **1** każdy: *One in
~ three marriages ends in divorce.* Co
trzecie małżeństwo kończy się
rozwodem. **2** wszelki **3** co (*jakiś czas*): *~
day* codziennie ◊ *~ other day* co drugi
dzień ◊ *~ now and then* co jakiś czas
● **'everybody** (*także* everyone) *pron*
każdy, wszyscy: *~ else* wszyscy inni
❶ **Everyone/everybody** odnoszą się
wyłącznie do ludzi. Nie występuje po
nich **of**. **Every one** oznacza „każda
osoba lub rzecz" i często po nim
występuje **of**: *Every one of his records
has been successful.* → SOMEBODY|
'everyday *adj* codzienny, powszedni|
'everything *pron* wszystko: *~ else* reszta
| **'everywhere** *adv* wszędzie

evict /ɪ'vɪkt/ *v* eksmitować

evidence /'evɪdns/ *n* dow-ód/ody
(czegoś), świadectwo: *give ~ in court*
złożyć zeznania w sądzie ❶ Mówiąc o
pojedynczym przedmiocie
stanowiącym dowód, stosuje się zwrot
a piece of evidence.| **evident** *adj* jasny,
oczywisty| **evidently** *adv* **1** wygląda na
to, że **2** najwyraźniej

evil /'iːvl/ *adj* zły, nikczemny ▶ *n*
(*form.*) zło

evoke /ɪ'vəʊk/ *v* (*form.*) **1** przywoływać
2 wywoływać

evolution / ,iːvə'luːʃn; ,ev-/ *n* **1** ewolucja
2 rozwój

evolve /ɪ'vɒlv/ *v* rozwijać się

ewe /juː/ *n* samica owcy

ex /eks/ (*pl* **-es**) (*nieform.*) były (mąż/
partner), była (żona/partnerka)

exact /ɪg'zækt/ *adj* dokładny: *to be ~*
ściśle mówiąc| **exactly** *adv* **1** dokładnie:
He's not ~ the most careful driver. Nie
jest zbyt ostrożnym kierowcą.
2 właśnie: *not ~* niezupełnie

exaggerate /ɪg'zædʒəreɪt/ *v*
przesadzać, wyolbrzymiać|
exaggeration /ɪg,zædʒə'reɪʃn/ *n*
przesada

exam /ɪg'zæm/ (*form.* examination) *n*
egzamin

examine /ɪg'zæmɪn/ *v* **1** badać (*np.
teorię*), analizować **2** ~ sb/sth (for sth)
badać (*np. pacjenta*), sprawdzać **3** ~ sb
(in/on sth) (*form.*) (prze)egzaminować
kogoś (z czegoś)| **examination**
/ɪg,zæmɪ'neɪʃn/ *n* badanie, inspekcja:
on close ~ po dokładnej analizie|
examiner *n* egzaminator/ka

example /ɪg'zɑːmpl; *Am.* -'zæm-/ *n*
1 przykład **2** wzór [IDM] **for example** na
przykład

exasperate /ɪg'zæspəreɪt/ *v*
rozdrażniać| **exasperation**
/ɪg,zæspə'reɪʃn/ *n* rozdrażnienie

excavate /'ekskəveɪt/ *v* **1** kopać, drążyć **2** odkopywać

exceed /ɪk'siːd/ *v* przekraczać, przewyższać **exceedingly** *adv* niezmiernie

excel /ɪk'sel/ *v* (-II-) (*form.*) **1** ~ (in/at (doing) sth) celować (w czymś)

excellence /'eksələns/ *n* znakomitość, świetność **excellent** *adj* znakomity, świetny

except /ɪk'sept/ *prep* ~ (for) sb/sth; ~ (that...) oprócz, poza, prócz tego **exception** *n* wyjątek **exceptional** *adj* wyjątkowy

excerpt /'eksɜːpt/ *n* fragment (*np. filmu, książki*)

excess /ɪk'ses/ *n* nadmiar ▶ /'ekses/ *adj* nadmierny, przekraczający normę: ~ *baggage* nadwyżka bagażu **excessive** /ɪk'sesɪv/ *adj* nadmierny

exchange /ɪks'tʃeɪndʒ/ *n* **1** wymiana, zamiana: *in ~ for sth* w zamian za coś ◇ *an ~ visit* wizyta w ramach wymiany ◇ *the ~ rate/rate of ~* kurs (np. dolara) **2** (ostra) wymiana zdań **3** = TELEPHONE EXCHANGE ▶ *v* ~ A for B; ~ sth (with sb) wymieniać, zamieniać

excite /ɪk'saɪt/ *v* **1** pobudzać, podniecać **2** wzbudzać **excited** *adj* podniecony, rozentuzjazmowany: *get ~ (about sth)* reagować entuzjastycznie (na coś) **excitement** *n* **1** podniecenie **2** wrażenie **exciting** *adj* podniecający, fascynujący

exclaim /ɪk'skleɪm/ *v* wykrzykiwać **exclamation** /,eksklə'meɪʃn/ *n* okrzyk ● **excla'mation mark** *n* (*znak*) wykrzyknik

exclude /ɪk'skluːd/ *v* **1** wykluczać **2** (*Br.*) zawieszać (*ucznia*) **3** nie wliczać **excluding** *prep* z wyjątkiem, bez **exclusion** /-ʒn/ *n* wykluczenie **exclusive** /-sɪv/ *adj* **1** ekskluzywny **2** wyłączny: *for the Director's ~ use* wyłącznie do użytku dyrektora ◇ *an ~ interview* wywiad specjalnie dla (pewnego czasopisma itp.) **3** ~ of sb/sth nie licząc kogoś/czegoś, bez **exclusively** *adv* wyłącznie

excursion /ɪk'skɜːʃn; *Am.* -rʒn/ *n* wycieczka → PODRÓŻ

excuse /ɪk'skjuːs/ *n* usprawiedliwienie, wymówka ▶ /-z/ *v* **1** wybaczać **2** usprawiedliwiać **3** zwolnić kogoś (z czegoś) **❸** Wyrażenie **excuse me** ma zastosowanie w sytuacjach, kiedy przerywa się czyjąś rozmowę lub zwraca się do kogoś obcego: *Excuse me, can you tell me the way to the station?* Przepraszam pana/ panią, jak dostać się na dworzec? W Am. ang. i czasami w Br. ang. **excuse**

me występuje również, jeśli się kogoś przeprasza za drobne przewinienie: *Did I tread on your toe? Excuse me.* Czy nadepnąłem panu na nogę? Przepraszam.

execute /'eksɪkjuːt/ *v* (*form.*) wykonywać, przeprowadzać **execution** /,eksɪ'kjuːʃn/ *n* **1** stracenie (kogoś) **executioner** /,eksɪ'kjuːʃənə(r)/ *n* kat

executive /ɪg'zekjətɪv/ *adj* **1** wykonawczy: *an ~ director of the company* dyrektor firmy **2** dla ludzi biznesu, biznesowy ▶ *n* **1** pracownik na kierowniczym stanowisku **2** zarząd

exempt /ɪg'zempt/ *adj* zwolniony (z czegoś) ▶ *v* (*form.*) zwalniać (z czegoś) **exemption** *n* zwolnienie, ulga

exercise /'eksəsaɪz/ *n* **1** gimnastyka (*ćwiczenia fizyczne*): *take regular ~* regularnie się gimnastykować **2** ćwiczenie (*szkolne itp.; gimnastyczne*) **3** zadanie ▶ *v* **1** gimnastykować się **2** korzystać (*np. z prawa do czegoś*) ● **'exercise book** *n* (*Br.*) zeszyt

exert /ɪg'zɜːt/ *v* **1** wywierać **2** ~ yourself wysilać się **exertion** *n* wysiłek

exhaust /ɪg'zɔːst/ *n* **1** rura wydechowa **2** spaliny ▶ *v* **1** wyczerpywać **2** zużyć **exhausted** *adj* wyczerpany **exhausting** *adj* wyczerpujący, męczący **exhaustion** *n* wyczerpanie, przemęczenie **exhaustive** *adj* wyczerpujący

exhibit /ɪg'zɪbɪt/ *n* eksponat ▶ *v* wystawiać (*na pokaz*) **exhibition** /,eksɪ'bɪʃn/ *n* wystawa: *Her paintings are on ~ in London.* Jej obrazy są wystawione w Londynie.

exhilarating /ɪg'zɪləreɪtɪŋ/ *adj* ożywiający

exile /'eksaɪl/ *n* **1** wygnanie: *go into ~* wyemigrować ◇ *live in ~* żyć na uchodźstwie **2** uchodźca ▶ *v* skazywać na wygnanie

exist /ɪg'zɪst/ *v* **1** istnieć **2** ~ (on sth) utrzymywać się przy życiu **existing** *adj* istniejący, obecny **existence** *n* **1** istnienie **2** byt: *They lead a miserable ~.* Wiodą ciężkie życie.

exit /'eksɪt; 'egzɪt/ *n* **1** wyjście: *an ~ visa* wiza wyjazdowa **2** zjazd (*np. z autostrady*) ▶ *v* wychodzić

exotic /ɪg'zɒtɪk/ *adj* egzotyczny

expand /ɪk'spænd/ *v* rozszerzać/ powiększać (się) [PV] **expand on sth** rozwijać (*np. teorię, plan*) **expanse** *n* obszar, przestrzeń **expansion** *n* rozwój, ekspansja

expatriate /,eks'pætriət; *Am.* -'peɪt-/ (*nieform.* expat) *n* osoba żyjąca poza własnym krajem

expect /ɪkˈspekt/ v **1** oczekiwać, spodziewać się **2 ~ sth (from sb)** wymagać **3 ~ sb to do sth** oczekiwać od kogoś czegoś **3** (*Br.*) przypuszczać (że): *'Will you be able to help?' 'I ~ so.'* „Czy będziesz mógł pomóc?" „Chyba tak." | **expectancy** n oczekiwanie, nadzieja | **expectant** *adj* **1** wyczekujący **2** pełen nadziei **3** w ciąży | **expectation** /ˌekspekˈteɪʃn/ n **1** przewidywanie, oczekiwanie **2** nadzieja [IDM] **against/contrary to (all) expectation(s)** wbrew wszelkim oczekiwaniom

expedition /ˌekspəˈdɪʃn/ n wyprawa: *go on a shopping* ~ iść na zakupy

expel /ɪkˈspel/ v **(-ll-)** wydalać: ~ *air from the lungs* wydychać

expenditure /ɪkˈspendɪtʃə(r)/ n [U, lp] (*form.*) wydatki

expense n **1** wydatek, koszt: *at no* ~ za darmo ◊ *at great* ~ dużym kosztem **2 (expenses)** wydatki, koszty [IDM] **at sb's expense 1** na (czyjś) rachunek **2** czyimś kosztem | **expensive** *adj* drogi, kosztowny

experience /ɪkˈspɪəriəns/ n **1** doświadczenie, praktyka **2** przygoda, przeżycie ▶ v doświadczać, doznawać | **experienced** *adj* doświadczony

experiment /ɪkˈsperɪmənt/ n eksperyment, doświadczenie ▶ v ~ **(on sth)/(with sth)** eksperymentować | **experimental** /ɪkˌsperɪˈmentl/ *adj* eksperymentalny

expert /ˈekspɜːt/ n an ~ **(at/in/on sth)** ekspert, specjalist-a/ka ▶ *adj* ~ **(at/in/on sth)** mistrzowski, biegły: *He's an ~ cook.* Jest doskonałym kucharzem. ◊ *get ~ advice* zasięgnąć opinii eksperta | **expertise** /ˌekspɜːˈtiːz/ n biegłość, znawstwo

expire /ɪkˈspaɪə(r)/ v (*form.*) wygasać | **expiry** n wygaśnięcie: *the ~ date* termin przydatności do spożycia/użycia

explain /ɪkˈspleɪn/ v **1** wyjaśniać ❶ Poprawnie mówi się **Explain it to me** (nigdy ~~Explain me it~~). **2** tłumaczyć | **explanation** /ˌekspləˈneɪʃn/ n **1** wyjaśnienie **2** wytłumaczenie | **explanatory** /ɪkˈsplænətri; *Am.* -tɔːri/ *adj* wyjaśniający

explicit /ɪkˈsplɪsɪt/ *adj* **1** wyraźny, jasny **2** niedwuznaczny

explode /ɪkˈspləʊd/ v **1** (*i przen.*) wybuchać **2** wysadzać w powietrze

exploit¹ /ɪkˈsplɔɪt/ v **1** wyzyskiwać, eksploatować **2** wykorzystywać (*np. źródła energii*) | **exploitation** /ˌeksplɔɪˈteɪʃn/ n **1** wyzysk **2** eksploatacja

exploit² /ˈeksplɔɪt/ n wyczyn

explore /ɪkˈsplɔː(r)/ v **1** podróżować (*w celach badawczych*), zwiedzać (gruntownie) **2** zbadać | **exploration** /ˌekspləˈreɪʃn/ n badanie, poszukiwanie | **explorer** /ɪkˈsplɔːrə(r)/ n badacz/ka, odkryw-ca/czyni

explosion /ɪkˈspləʊʒn/ n **1** wybuch, eksplozja **2** gwałtowny wzrost: *the population* ~ wyż demograficzny | **explosive 1** *adj* (*i przen.*) wybuchowy **2** n materiał wybuchowy

export /ɪkˈspɔːt/ v (*handl.; komput.*) eksportować ▶/ˈekspɔːt/ n **1** eksport **2** [*zwykle pl*] artykuły eksportowe

expose /ɪkˈspəʊz/ v **1** wystawiać (*np. na pokaz*), odsłaniać **2** narażać (*np. na niebezpieczeństwo*): *be exposed to radiation* zostać napromieniowanym **3** demaskować **4** prześwietlać (*kliszę*) | **exposed** *adj* odkryty, wystawiony na działanie czynników zewnętrznych | **exposure** /-ʒə(r)/ n **1** narażanie (się): ~ *to radiation* napromieniowanie **2**: *die of* ~ umrzeć z wychłodzenia organizmu **3** ujawnianie (*faktów*) **4** ujawniony fakt **5** uwaga (*mediów*) **6** klatka (*kliszy*)

express /ɪkˈspres/ v **1** wyrażać **2 ~ yourself** wypowiadać się ▶ **1** (*także* ex'press train) n (*pociąg*) ekspres **2** *adj* ekspresowy: *an ~ letter* (list) ekspres **3** *adv* ekspresem | **expression** n **1** zwrot **2** wyraz (*twarzy; uczuć*) **3** wyrażenie, ekspresja: *freedom of* ~ wolność słowa | **expressive** *adj* wyrazisty, ekspresyjny ● **ex'press way** n (*Am.*) autostrada → ROAD

expulsion /ɪkˈspʌlʃn/ n wydalenie (*np. z szkoły*)

exquisite /ɪkˈskwɪzɪt; ˈek-/ *adj* przepiękny, wyśmienity, doskonały

extend /ɪkˈstend/ v **1** przedłużać, powiększać **2** rozciągać/przedłużać się **3** wyciągać **4** (*form.*) wyrażać, okazywać (*uprzejmość*): ~ *a warm welcome to sb* serdecznie kogoś powitać | **extension** n **1** przybudówka: *the new hospital* ~ nowe skrzydło szpitala **2** przedłużenie **3** numer wewnętrzny | **extensive** *adj* rozległy, obszerny: *suffer ~ damage* poważnie ucierpieć | **extensively** *adv* dużo, obszernie | **extent** n **1** rozmiary, stopień **2** zakres (*np. wiedzy, władzy*) [IDM] **to a certain/to some extent** do pewnego stopnia | **to what extent** do jakiego stopnia

exterior /ɪkˈstɪəriə(r)/ *adj* zewnętrzny ▶ n (*wygląd*) powierzchowność, zewnętrzna strona

exterminate /ɪkˈstɜːmɪneɪt/ v unicestwiać | **extermination** /ɪkˌstɜːmɪˈneɪʃn/ n zagłada, tępienie

e

external /ɪkˈstɜːnl/ *adj* **1** zewnętrzny
2 z zewnątrz
extinct /ɪkˈstɪŋkt/ *adj* **1** wymarły
2 (*wulkan*) wygasły ∎ **extinction** *n*
wymarcie
extinguish /ɪkˈstɪŋgwɪʃ/ *v* (*form.*)
ugasić, zgasić ∎ **extinguisher** *n* = FIRE
EXTINGUISHER
extort /ɪkˈstɔːt/ *v* ~ **sth (from sb)**
wymuszać coś (na kimś), wydobyć coś
(od kogoś) ∎ **extortionate** /ɪkˈstɔːʃənət/
adj wygórowany
extra /ˈekstrə/ *adj* dodatkowy: *The
match went into ~ time.* Odbyła się
dogrywka. ▸ *adv* dodatkowo, więcej: *I
was ~ nice to her today.* Byłem dziś dla
niej szczególnie miły. ◇ ~ *large*
(rozmiar) XL ∎ *n* **1** dodatkowy koszt
2 statyst-a/ka (*np. w filmie*)
extract /ɪkˈstrækt/ *v* **1** usuwać,
wyrywać **2** wydobywać (*np. sekret*): ~
an apology from sb wymóc na kimś
przeprosiny ▸/ˈekstrækt/ *n* fragment
(*np. książki, muzyki*)
extra-curricular /ˌekstrəkəˈrɪkjələ(r)/
adj pozaszkolny
extraordinary /ɪkˈstrɔːdnri; *Am.*
-dəneri/ *adj* **1** nadzwyczajny
2 przedziwny
extravagant /ɪkˈstrævəgənt/ *adj*
1 rozrzutny **2** drogi **3** przesadny,
nadmierny **4** ekstrawagancki
extreme /ɪkˈstriːm/ *adj* **1** naj-dalszy/
wyższy/niższy, krańcowy: *in the ~ West
of Ireland* w najdalej na zachód
wysuniętej części Irlandii **2** (*dbałość*)
najwyższy: *take ~ care* bardzo uważać
3 ekstremalny, skrajny ▸ *n* skrajność:
go to the opposite ~ popaść z jednej
skrajności w drugą ∎ **extremely** *adv*
niezwykle ● **ex'treme sport** *n* sport
ekstremalny
extrovert /ˈekstrəvɜːt/ *n* ekstrawerty-
k/czka
exuberant /ɪgˈzjuːbərənt; *Am.* -ˈzuː-/
adj tryskający radością/energią,
rozentuzjazmowany
eye /aɪ/ *n* **1** oko: *a black ~* podbite oko
◇ *He has sharp ~s.* Ma dobry wzrok.
◇ *She has an ~ for detail.* Potrafi
doskonale wychwycić szczegóły.
2 wzrok **3** ucho (*igły*) [IDM] **be up to your
eyes in sth** (*nieform.*) tkwić w czymś po
uszy ∎ **have (got) your eye on sb**
pilnować/obserwować kogoś ∎ **have
(got) your eye on sth** mieć na coś oko (*z
zamiarem kupna*) ∎ **keep an eye on sb/
sth** pilnować kogoś/czegoś ∎ **see eye to
eye (with sb)** zgadzać się (z kimś) ▸ *v*
(*pres part.* ey(e)ing ; *pt, pp* eyed)
mierzyć (kogoś) wzrokiem ● **eyeball** *n*
gałka oczna ∎ **eyebrow** *n* brew ∎ **eye-
catching** *adj* przyciągający wzrok ∎
eyelash *n* rzęsa ∎ **eyelid** *n* powieka ∎

eyeliner *n* ołówek do powiek ∎
eyeshadow *n* cień do powiek ∎ **eyesight**
n wzrok ∎ **eyewitness** *n* świadek

Ff

F,f /ef/ *n* **1** litera *f* **2** (*szk.*) ocena
najniższa **3** (*muz.*) F/F: *F major* F-dur
◇ *F minor* f-moll
fable /ˈfeɪbl/ *n* bajka (*z morałem*)
fabric /ˈfæbrɪk/ *n* **1** tkanina
2 struktura
fabulous /ˈfæbjələs/ *adj* **1** (*nieform.*)
wyśmienity, znakomity **2** (*bogactwo,
piękno itp.*) ogromny, niesłychany
facade /fəˈsɑːd/ *n* (*i przen.*) fasada
face /feɪs/ *n* **1** twarz **2** przód: *He put the
card ~ up/down on the table.* Położył
odkrytą/zakrytą kartę na stół. ◇ *a
clock ~* tarcza zegara **2** strona: *the north
~ of the mountain* północna ściana góry
[IDM] **face to face (with sb/sth)** twarzą w
twarz (z kimś/czymś) ∎ **make/pull faces/
a face (at sb/sth)** wykrzywiać się (do
kogoś/na coś) ∎ **make/pull faces** stroić
miny ∎ **take sb/sth at (its/his, etc.) face
value** brać kogoś/coś za dobrą monetę ∎
to sb's face prosto w oczy ▸ *v*
1 wychodzić (*np. na ogród*) **2** odwracać
się (*twarzą/przodem w kierunku
czegoś*) **3** napotykać, stawiać czoło: ~
facts spojrzeć prawdzie w oczy ◇ *I can't
~ another argument.* Nie mam siły na
kolejną awanturę. ◇ *He faced a difficult
choice.* Miał przed sobą trudną decyzję.
◇ *He couldn't ~ going to work.* Nie mógł
się zdobyć na pójście do pracy. **4** stać
przed kimś: *We are faced with a difficult
decision.* Stoimy przed trudną decyzją.
5 spojrzeć w twarz [IDM] **let's face it**
(*nieform.*) spójrzmy prawdzie w oczy
[PV] **face up to sb/sth** stawić komuś/
czemuś czoło ● **facecloth** *n* (*Br.*)
ściereczka do twarzy ∎ **facelift** *n* lifting ∎
face-saving *adj* dla zachowania twarzy
facet /ˈfæsɪt/ *n* **1** strona **2** faseta
facetious /fəˈsiːʃəs/ *adj* żartobliwy
facial /ˈfeɪʃl/ *adj* twarzowy: *a ~
expression* wyraz twarzy ▸ *n* zabieg
kosmetyczny twarzy
facile /ˈfæsaɪl; *Am.* ˈfæsl/ *adj*
nieprzemyślany, (*uwaga, film itp.*)
płytki
facility /fəˈsɪləti/ *n* (*pl* -ies) **1** (**facilities**)
warunki, udogodnienia **2** możliwość,
funkcja
fact /fækt/ *n* **1** fakt: *I know for a ~ that
he wasn't ill.* Wiem z całą pewnością, że

nie chorował. **2** rzeczywistość |IDM| **the fact (of the matter) is (that)...** prawda jest taka, że| **facts and figures** (*nieform.*) dokładne dane| **a fact of life** konieczność życiowa| **the facts of life** sprawy seksualne| **in (actual) fact 1** w rzeczywistości **2** właściwie

factor /'fæktə(r)/ *n* czynnik

factory /'fæktri; -təri/ *n* (*pl* **-ies**) fabryka

factual /'fæktʃuəl/ *adj* oparty na faktach

faculty /'fæklti/ *n* (*pl* **-ies**) **1** zmysł, zdolność (*np. myślenia, odczuwania*) **2** (*szk.*) wydział

fad /fæd/ *n* chwilowa moda

fade /feɪd/ *v* **1** blaknąć **2** gasnąć **3** wybielać **4** przygaszać **5 ~ (away)** zanikać

fag /fæg/ *n* **1** (*Br., nieform.*) fajka (*papieros*) **2** (*nieform.*) mordęga

fail /feɪl/ *v* **1** nie udawać się komuś, oblać (*egzamin*) **2** oblać kogoś (*przy egzaminie*) **3 ~ to do sth** nie zrobić czegoś: *He failed to arrive on time.* Nie przybył na czas. **4** zawodzić: *Words ~ me!* Nie mam słów! **5** (*zdrowie, wzrok itp.*) pogarszać się ▸ *n* oblanie (*egzaminu*) |IDM| **without fail** niezawodnie| **failing** *n* wada, słabość| **failing that** *prep* w przeciwnym razie| **failure** *n* **1** niepowodzenie **2:** *I was a ~ as a teacher.* Byłam kiepską nauczycielką. **3 ~ to do sth** niezrobienie czegoś: *We were disappointed at his ~ to come.* Byliśmy zawiedzeni, że nie przyszedł. **4** (*med.*) niewydolność **5** awaria

faint /feɪnt/ *adj* **1** słaby: *I feel ~.* Słabo mi. **2** niejasny **3** (*próba, protest itp.*) nieśmiały |IDM| **not have the faintest (idea)** nie mieć najmniejszego (pojęcia) ▸ *v* mdleć

fair /feə(r)/ *adj* **1 ~ (to/on sb)** sprawiedliwy, fair **2** słuszny **3** spory **4** jasny **5** (*pogoda*) ładny |IDM| **fair enough** zgoda! (*w odpowiedzi na propozycję*) ▸ *adv* uczciwie, fair| **fairly** *adv* **1** sprawiedliwie, słusznie **2** dosyć, dość → DOSYĆ| *n* **1** wesołe miasteczko **2** [C] targi ● **fair-'haired** *adj* o jasnych włosach

fairy /'feəri/ *n* (*pl* **-ies**) duszek, wróżka ● **'fairy tale** (*także* '**~ story**) *n* baśń

faith /feɪθ/ *n* **1** wiara **2 ~ (in sb/sth)** zaufanie (do kogoś/czegoś)| **faithful** *adj* wierny| **faithfully** *adv* wiernie ❸ **Yours faithfully** (Z poważaniem) używa się jako formuły kończącej oficjalny list, kiedy nie znamy nazwiska adresata i zaczynamy list: **Dear Sir/Madam** itp.

fake /feɪk/ *n* **1** falsyfikat **2** osoba, która kogoś/coś udaje ▸ *adj* fałszywy,

fall /fɔːl/ *v* (*pt* **fell** /fel/; *pp* **fallen** /'fɔːlən/) **1** padać, spadać: *~ out of sth* wypadać z czegoś ◇ *~ into sth* wpadać do czegoś/w coś ◇ *His spirits fell.* Upadł na duchu. **2 ~ (down/over)** upadać, przewracać się **3** (*form.*) wypadać **4** opadać **5** zapadać w inny stan: *~ asleep* zasnąć ◇ *~ in love* zakochać się ◇ *These shoes are falling to pieces.* Te buty rozlatują się. **6** należeć (*do jakiejś kategorii*) |PV| **fall apart** rozpadać/rozlatywać się| **fall for sb** (*nieform.*) zakochać się w kimś| **fall for sth** (*nieform.*) nabierać się na coś| **fall out (with sb)** pogniewać się (na kogoś)| **fall through** (*przen.*) nie wyjść, nie dochodzić do skutku ▸ *n* **1** upadek **2** opad **3** spadek **4** obniżka **5** (*Am.*) jesień ● **'fallout** *n* **1** deszcz radioaktywny **2** złe skutki

false /fɔːls/ *adj* **1** błędny: *True or ~?* Tak, czy nie? **2** sztuczny **3** (*wrażenie itp.*) błędny **4** fałszywy: *a ~ bottom* podwójne dno |IDM| **a false friend** fałszywy przyjaciel (*w tłumaczeniach*)| **falsify** *v* (*3rd sing czas pres* **-ies**; *pt, pp* **-ied**) (*form.*) fałszować ● ,**false 'teeth** *n* [*pl*] proteza zębowa

falter /'fɔːltə(r)/ *v* **1** zachwiać się: *The engine faltered.* Silnik zakrztusił się. **2** (*głos*) załamywać się **3** wahać się

fame /feɪm/ *n* sława, rozgłos

familiar /fə'mɪliə(r)/ *adj* **1 be ~ with sth** znać coś **2 ~ (to sb)** znany, znajomy **3** (*zachowanie*) poufały| **familiarity** /fə,mɪli'ærəti/ *n* [*U*] **1** znajomość, obeznanie **2** poufałość| **familiarize** (*także* **-ise**) /fə'mɪliəraɪz/ *v* zaznajamiać się

family /'fæməli/ *n* (*pl* **-ies**) **1** rodzina ❸ **Family** występuje z *v.* w *lp*, kiedy odnosi się do rodziny jako jednostki: *Almost every ~ in the village owns a television.* Cz. w *pl* stosuje się, mówiąc o pojedynczych członkach rodziny: *My ~ are all very tall.* **Family** przed innym *n* znaczy „rodzinny/dla rodziny": *~ entertainment* ◇ *the ~ car.* **2** dzieci: *start a ~* założyć rodzinę ● ,**family 'tree** *n* drzewo genealogiczne| '**family name** *n* nazwisko → NAME

famine /'fæmɪn/ *n* (*klęska żywiołowa*) głód

famous /'feɪməs/ *adj* **~ (for sth)** sławny: *be ~ for sth* słynąć z czegoś

fan /fæn/ *n* **1** wiatraczek, wentylator **2** wachlarz **3** kibic: *I'm not a great ~ of jazz.* Nie przepadam za jazzem. ● '**fan belt** *n* pasek klinowy

fanatic /fə'nætɪk/ *n* fanaty-k/czka| **fanatical** *adj* fanatyczny

fancy /'fænsi/ *n* |IDM| **take a fancy to sb/sth** upodobać sobie kogoś/coś ▸ *adj*

wymyślny, wyszukany| *v* (*3rd sing
czasu pres* -**ies**; *pt, pp* -**ied**) **1** (*nieform.*)
mieć ochotę (na coś) **2** (*Br., nieform.*) (s)
podobać się komuś (*seksualnie*): *I think
he fancies you.* Chyba mu się podobasz.
● ‚**fancy 'dress** *n* przebranie na bal
maskowy itp.

fang /fæŋ/ *n* kieł, ząb jadowy

fanny pack /'fæni pæk/ *n* (*Am.,
nieform.*) mała torebka noszona przy
talii

fantasize (*także* -**ise**) /'fæntəsaɪz/ *v*
fantazjować, marzyć

fantastic /fæn'tæstɪk/ *adj* **1** (*nieform.*)
fantastyczny, świetny **2** niesamowity

fantasy /'fæntəsi/ *n* (*pl* -**ies**) fantazja,
urojenie

far /fɑ:(r)/ *adj* (**farther** /'fɑ:ðə(r)/ *lub*
further /'fɜ:ðə(r)/, **farthest** *lub* **furthest**)
1 daleki, odległy: *It's not ~.* To nie jest
daleko. **2** drug-i/-a (*koniec/strona*)
[IDM] **far away** daleko| **the far left/right**
skrajna lewica/prawica ▶ *adv* (**farther**
lub **further**; **farthest** *lub* **furthest**)
1 daleko ❶ W tym znaczeniu używa się
far w zd. przeczącym i pytającym. W zd.
oznajmującym mówi się a long way: *It's
a long way from here to the sea.* Jeśli zd.
oznajmujące ma znaczenie negatywne,
wówczas stosuje się far: *Let's get a bus.
It's much too ~ to walk.* **2**: *~ back, in
1850* dawno temu, w roku 1850 ◇ *~ into
the night* do późna w nocy ◇ *plan
further ahead* planować na przyszłość
3 (*przed adj w stopniu wyższym*) o wiele
4: *as ~ as possible* w miarę możliwości
[IDM] **as far as sth** aż do czegoś| **as/so far
as 1** tak daleko jak **2** o ile: *As ~ as I can
see...* O ile się orientuję...| **as/so far as
sb/sth is concerned** jeśli chodzi o
kogoś/coś: *As ~ as I'm concerned...*
Moim zdaniem...| **by far** o wiele, bez
porównania| **far from it** (*nieform.*)
wprost/wręcz przeciwnie| **go far
1** wystarczać **2** (*przen.*) zajść daleko| **so
far** dotychczas ● ‚**far-'fetched** *adj*
(*historia itp.*) naciągany| ‚**far-'sighted**
adj **1** dalekowzroczny **2** (*Am.*): *be ~* być
dalekowidzem

farce /fɑ:s/ *n* (*i przen.*) farsa

fare /feə(r)/ *n* cena biletu, opłata:
What's the ~ to York? Ile kosztuje bilet
do Yorku?

farewell /‚feə'wel/ *interj* (*przestarz.*)
żegnaj(cie)! ▶ *n* pożegnanie

farm /fɑ:m/ *n* gospodarstwo rolne,
farma ▶ *v* uprawiać, gospodarować|
farmer *n* rolni-k/czka ● '**farm(house)** *n*
dom w gospodarstwie rolnym|
'**farmyard** *n* podwórze (*w gospodarstwie
rolnym*)

fart /fɑ:t/ *v* (*nieform.*) pierdzieć ▶ *n*
pierdnięcie

farther /'fɑ:ðə(r)/ *adj* dalszy ▶ *adv*
dalej: *~ ahead/back in time* w (dalekiej)
przyszłości/przeszłości| **farthest** *adj*
najdalszy| *adv* najdalej

fascinate /'fæsɪneɪt/ *v* zachwycać|
fascinating *adj* zachwycający

fascism /'fæʃɪzəm/ *n* faszyzm| **fascist**
1 *n* faszyst-a/ka **2** *adj* faszystowski

fashion /'fæʃn/ *n* **1** moda, styl: *fashion-
conscious* podążający za modą ◇ *Jeans
are always in ~.* Dżinsy są zawsze
modne. **2** sposób [IDM] **come into fashion**
wchodzić w modę| **go out of fashion**
wychodzić z mody| **fashionable** *adj*
1 modny, popularny **2** (*osoba*) elegancki

fast /fɑ:st; *Am.* fæst/ *adj* **1** szybki: *a ~
train* pociąg pośpieszny **2 be ~** (*zegar*)
śpieszyć się **3** umocowany: *He made the
boat ~.* Przycumował łódź. **4** (*kolor*)
trwały ▶ *adv* **1** szybko **2** głęboko,
mocno| *v* pościć| *n* post ● ‚**fast 'food** *n*
szybkie dania: *a fast-food restaurant*
bar szybkiej obsługi| ‚**fast 'forward 1** *v*
(*szybko*) przewijać (*taśmę*) do przodu
2 *n* klawisz szybkiego przewijania

fasten /'fɑ:sn; *Am.* 'fæ-/ *v* **1** zapinać
(się) **2 ~ sth** (**on/to sth**); **~ A and B
(together)** przymocowywać, przypinać

fat /fæt/ *adj* (-**tt-**) gruby: *get ~* tyć ▶ *n*
tłuszcz

fatal /'feɪtl/ *adj* **1** śmiertelny **2** zgubny,
fatalny| **fatality** /fə'tæləti/ *n* (*pl* -**ies**)
ofiara (*śmiertelna*)

fate /feɪt/ *n* **1** los, przeznaczenie **2** dola|
fateful *adj* brzemienny w skutki,
proroczy

father /'fɑ:ðə(r)/ *n* **1** ojciec **2** (**Father**)
ksiądz, ojciec| '**fatherhood** *n* ojcostwo|
'**fatherly** *adj* ojcowski ● ‚**Father
'Christmas** *n* Święty Mikołaj| '**father-in-
law** *n* (*pl* -**s-in-law**) teść

fatigue /fə'ti:g/ *n* zmęczenie (*osoby;
metalu*)

fatten /'fætn/ *v* **~ sb/sth (up)** tuczyć

fatty /'fæti/ *adj* tłusty

faucet /'fɔ:sɪt/ *n* (*Am.*) kran

fault /fɔ:lt/ *n* **1** wada, usterka **2** wina: *be
at ~* być winnym| **faulty** *adj* wadliwy

faux pas /‚fəʊ 'pɑ:/ *n* (*pl* **faux pas** /æs:-
'pɑ:z/) gafa, lapsus

favour (*Am.* -**or**) /'feɪvə(r)/ *n*
1 przysługa, grzeczność **2** przychylność:
be in/out of ~ (with sb) (nie) cieszyć się
czyjąś przychylnością [IDM] **in favour of
sb/sth** (być) za kimś/czymś| **in sb's
favour** na czyjąś korzyść ▶ *v* **1** woleć
2 faworyzować| **favourable** *adj* **1** przy-
chylny, korzystny **2** sprzyjający

favourite (*Am.* -**or-**) /'feɪvərɪt/ *adj*
ulubiony ▶ *n* **1** ulubieni-ec/ca, coś
ulubionego **2** (**the favourite**) (*sport*)
faworyt/ka

fawn /fɔ:n/ *n* jelonek ▶ *adj, n* (kolor) płowy

fax /fæks/ *n* faks ▶ *v* wysyłać faks

faze /feɪz/ *v* (*nieform.*) denerwować

fear /fɪə(r)/ *n* 1 strach, lęk, obawa | **fearless** *adj* nieustraszony, dzielny | *v* 1 bać się 2 obawiać się [PV] **fear for sb/ sth** bać się o kogoś/coś

feasible /'fi:zəbl/ *adj* wykonalny | **feasibility** /ˌfi:zə'bɪləti/ *n* wykonalność, realność (*np. planów*)

feast /fi:st/ *n* uczta

feat /fi:t/ *n* wyczyn

feather /'feðə(r)/ *n* pióro (*ptaka*)

feature /'fi:tʃə(r)/ *n* 1 cecha: *the good/ bad ~s of sth* dobre/złe strony czegoś ◇ *his handsome ~s* jego piękne rysy 2 (dodatkowy) element 3 (*w gazecie*) (ważny) artykuł (*radio; TV*) (ważny) program ▶ *v* 1 przedstawiać: *The film ~s many well-known actors.* W filmie występuje wielu znanych aktorów. 2 odgrywać rolę | **featureless** *adj* nijaki ● **'feature film** *n* film fabularny

February /'februəri; *Am.* -ueri/ *n* luty → MAJ

fed *pt, pp od* FEED

federal /'fedərəl/ *adj* federalny

federation /ˌfedə'reɪʃn/ *n* federacja ˌ**fed 'up** *adj* (*nieform.*) **be/get/look ~ (with sb/sth)** mieć dość

fee /fi:/ *n* 1 honorarium, czesne 2 opłata, składka członkowska → PŁACA

feeble /'fi:bl/ *adj* (*i przen.*) słaby

feed /fi:d/ *v* (*pt, pp od* fed /fed/) 1 karmić 2 ~ (on/off sth) żywić się 3 ~ A (with B); ~ B into A wprowadzać (*np. do komputera*) ▶ *n* 1 karmienie 2 pokarm

feedback /'fi:dbæk/ *n* [U] opinia, informacja

feel /fi:l/ *v* (*pt, pp* **felt** /felt/) 1 *v link* (*zwykle z adj*) czuć się: *I feel cold/hot.* Jest mi zimno/gorąco. 2 czuć → CAN¹ 3 *v łąw.* wydawać się: *My new coat ~s like leather.* Mój nowy PŁASZCZ przypomina w dotyku skórę. 4 dotykać 5 sądzić 6 odczuwać 7 ~ (to sb) as if/ though mieć wrażenie, że ❶ W tym znaczeniu często używa się formy bezosobowej: *It ~s as if it is going to snow.* Zanosi się na śnieg. [IDM] **feel free (to do sth)** (*nieform.*) nie krępować się | **feel like (doing) sth** mieć ochotę na coś | **not feel yourself** czuć się nieswojo [PV] **feel for sb** współczuć komuś | **feel up to (doing) sth** czuć się w dobrej formie do czegoś ▶ *n* dotyk: *have a ~* dotknąć |

feeling /'fi:lɪŋ/ *n* 1 a ~ (of sth) uczucie, poczucie 2 (feelings) uczucia, emocje 3 czucie 4 przeczucie 5 wrażliwość na coś, zrozumienie czegoś [IDM] **bad/ill feeling** animozja, uraza

feet *pl od* FOOT

fell *pt od* FALL

fellow /'feləʊ/ *n* 1 członek (*np. akademii, organizacji*) 2 (*Br.*) wykładowca (*wyższych szczebli pewnych brytyjskich college'ów/ uniwersytetów*) 2 (*zwł. Am.*) słuchacz studiów magisterskich, doktorskich itp., który dostał stypendium na dalsze studia/badania 3 (*nieform., przestarz.*) gość ▶ *adj* współ~: *her ~ students* jej koleżanki i koledzy ze studiów |

fellowship /-ʃɪp/ *n* 1 koleżeństwo 2 towarzystwo 3 członkostwo towarzystwa naukowego lub kolegium uniwersytetu 4 stypendium

felt /felt/ *pt, pp od* FEEL ▶ *n* filc ● ˌ**felt-tip(ped) 'pen** (*także* ˌ**felt tip**) *n* flamaster

female /'fi:meɪl/ *adj* 1 płci żeńskiej 2 żeński ▶ *n* 1 samica 2 (*bot.*) okaz żeński

feminine /'femənɪn/ *adj* 1 kobiecy 2 (*gram.*) żeński | **feminism** /'femənɪzəm/ *n* feminizm | **feminist** *n* feminist-a/ka

fence /fens/ *n* płot, ogrodzenie ▶ *v* 1 ~ sb/sth (in/off) ogradzać 2 uprawiać szermierkę ● **fencing** *n* szermierka

fend /fend/ *v* [PV] **fend for yourself** dawać sobie radę, dbać o siebie | **fend sb/sth off** bronić się przed kimś/czymś

fender /'fendə(r)/ *n* (*Am.*) błotnik

ferment /fə'ment/ *v* fermentować | **ferment** /'fɜ:ment/ *n* (*form.*) rozruchy (*np. polityczne*): *Russia is in ~.* W Rosji wrze.

fern /fɜ:n/ *n* paproć

ferocious /fə'rəʊʃəs/ *adj* brutalny, bestialski | **ferocity** /fə'rɒsəti/ *n* brutalność, bestialstwo

ferret /'ferɪt/ *n* fretka

ferry /'feri/ *n* (*pl* -ies) prom ▶ *v* (*3rd sing czasu pres* -ies; *pt, pp* -ied) przewozić, przeprawiać

fertile /'fɜ:taɪl; *Am.* 'fɜ:rtl/ *adj* 1 (*i przen.*) płodny 2 urodzajny | **fertility** /fə'tɪləti/ *n* 1 płodność 2 urodzajność | **fertilize** (*także* -ise) /'fɜ:təlaɪz/ *v* 1 zapładniać 2 zapylać 3 użyźniać | **fertilizer** *n* nawóz

fervent /'fɜ:vənt/ *adj* żarliwy, gorliwy

fester /'festə(r)/ *v* 1 (*i przen.*) zaogniać się 2 jątrzyć się, nabrzmiewać

festival /'festɪvl/ *n* 1 święto 2 festiwal

fetch /fetʃ/ *v* 1 pójść i przynieść, pojechać i przywieźć 2 osiągać (*cenę*)

fete /feɪt/ *n* festyn, kiermasz: *the church ~* odpust

fetus (*Am.*) = FOETUS

feud /fju:d/ *n* waśń (*np. rodowa*), zatarg

feudal /'fju:dl/ *adj* feudalny

fever /'fi:və(r)/ *n* 1 gorączka, wysoka temperatura 2 (*przen.*) rozgorączkowanie | **feverish** *adj* 1 z

gorączką: *She was quite ~.* Miała
gorączkę. **2** rozgorączkowany

few /fju:/ *dem pron, adj, pron* (*z n w pl
i v. w pl*) (tylko/bardzo) niewiel-u/e,
nieliczn-i/e, mało: *There are fewer
people today.* Dziś jest mniej ludzi. ◇ *the
~ people I have asked* te kilka osób,
które pytałem → LESS [IDM] **few and far
between** bardzo rzadki ► **(a few)** *dem
pron, pron* (*z n w pl i v. w pl*)
kilka/u, niektóry **O** Por. z
następującym zdaniem: *I knew few of
the people at the party.* Znałem
niewielu/mało ludzi na tym przyjęciu.
[IDM] **a good few; quite a few** sporo

fiancé /fiˈɒnseɪ; *Am.* ˌfiːɑːnˈseɪ/ *n*
narzeczony| **fiancée** *n* narzeczona

fib /fɪb/ *n* (*nieform.*) bujda| **fib** *v* (-bb-)
zmyślać, bujać

fibre (*Am.* **-ber**) /ˈfaɪbə(r)/ *n* **1** włókno
2 tkanina **3** błonnik

fibreglass /ˈfaɪbəglɑːs/ (*Am. fiber-
*/ˈfaɪbər- glæs/) *n* włókno szklane

fickle /ˈfɪkl/ *adj* niestały, zmienny

fiction /ˈfɪkʃn/ *n* beletrystyka| **fictional**
adj beletrystyczny: *The book gave a ~
account of a doctor's life.* Powieść
opisywała losy lekarza.| **fictitious**
/fɪkˈtɪʃəs/ *adj* fikcyjny

fiddle /ˈfɪdl/ *n* (*nieform.*) **1** oszustwo,
kant **2** skrzypce, skrzypki ► *v*
1 ~ (about/around) (with sth) bawić się
bezwiednie czymś **2** (*nieform.*)
fałszować (*np. rachunki*) | **fiddly** *adj*
(*nieform.*) trudny do uchwycenia,
wymagający zręcznych palców i
precyzji: *a ~ job* dłubanina

fidelity /fɪˈdeləti/ *n* **1** (*form.*) wierność
2 zgodność (*np. tekstu z oryginałem*)

fidget /ˈfɪdʒɪt/ *v ~ (about) (with sth)*
wiercić/kręcić się (*np. z nudy*)

field /fiːld/ *n* **1** pole **2** teren **3** boisko,
plac **4** dziedzina, zakres ► *v* **1** (*gracze
drużyny atakującej*) czekać na odbicie
piłki przez gracza drużyny przeciwnej,
łapać ją i odrzucać z powrotem
2 wystawiać (*np. drużynę*) ● **'field day**
n: have a field day mieć używanie| **'field
event** *n* impreza lekkoatletyczna (*ale
bez konkurencji biegowych*)| **'fieldwork**
n badania/ćwiczenia w terenie

fierce /fɪəs/ *adj* **1** zły, zapalczywy
2 gwałtowny, straszliwy **3** (*konkurencja
itp.*) ostry, zacięty

fiery /ˈfaɪəri/ *adj* **1** ognisty, gorejący
2 zapalczywy

fifteen /ˌfɪfˈtiːn/ *liczba* piętnaście
→ DWA | **fifteenth** (*liczebnik porządkowy*)
piętnasty → DRUGI

fifth /fɪfθ/ (*liczebnik porządkowy*) piąty
→ DRUGI

fifty /ˈfɪfti/ *liczba* pięćdziesiąt → DWA |
fiftieth (*liczebnik porządkowy*)

pięćdziesiąty → DRUGI ● **ˌfifty-ˈfifty** *adj,
adv* (*nieform.*): *You've got a fifty-fifty
chance of winning.* Masz pięćdziesiąt
procent szansy, że wygrasz. ◇ *We'll
divide the money fifty-fifty.* Podzielimy
pieniądze po połowie.

fig /fɪg/ *n* **1** figa **2** (*także* '~ **tree**) figowiec

fight /faɪt/ *v* (*pt, pp* **fought** /fɔːt/)
1 ~ (against/with sb/sth) (about/over sth)
walczyć (z kimś/czymś), bić się
2 ~ (against sth) zwalczać coś **3 ~ (for
sth/to do sth)** walczyć (o coś) **4 ~ (about/
over sth)** kłócić się [PV] **fight back**
oddawać komuś (*w bójce*) ► *n* **1 a ~ (with
sb/sth)/(between A and B); a ~ (against/for
sth) (to do sth)** walka (z kimś/czymś/o
coś), bójka **2** walka (*w celu osiągnięcia
czegoś*) **3** (*zwł. Am.*) **a ~ (with sb)
(about/over sth)** kłótnia (z kimś) (o coś)|
fighter *n* **1** żołnierz **2** (*zwł. Am.*) bokser)
sportowiec staczający walkę **3** (*także*
'**fighter plane**) samolot myśliwski|
fighting *n* [U] walki (*podczas wojny*),
bójka

figure /ˈfɪgə(r); *Am.* ˈfɪgjər/ *n* **1** cyfra: *in
single/double ~s* w liczbie
jednocyfrowej/dwucyfrowej **2** liczba:
What sort of ~ are you thinking of? Jaką
cenę chciałby pan uzyskać? **3** postać
((*niewyraźna*) *na obrazie itp.; osoba
dobrze znana*) **4** figura, sylwetka
5 diagram, wykres, ilustracja
6 (**figures**) liczenie: *I'm not very good at
~s.* Nie jestem dobry w rachunkach. ►
v **1** występować, odgrywać znaczną rolę
2 (*zwł. Am.*) odgadywać, pomyśleć [IDM]
it/that figures (*nieform.*) tak właśnie
myślałem [PV] **figure sb/sth out**
1 zrozumieć **2** wnioskować ● **figure of
'speech** *n* (*pl* **-s of speech**) metafora,
wyrażenie

file /faɪl/ *n* **1** segregator, teczka **2** akta:
on ~ w aktach/kartotece **3** plik **4** pilnik
[IDM] **(walk, etc.) in single file** (iść) gęsiego
► *v* **1 ~ sth (away)** włączać do akt/
kartoteki/archiwum **2** przepiłowywać
3 odpiłowywać **4 ~ in/out/past etc.** wejść/
wyjść/maszerować jeden za drugim
● **'filing cabinet** *n* szafa na dokumenty

fill /fɪl/ *v* **1 ~ (sth/sb) (with sth)**
napełniać (się) **2** zajmować, obsadzać
[PV] **fill sth in** (*Am. także* **fill sth out**)
wypełniać (*formularz itp; dziurę, lukę*)|
fill (sth) up wypełniać (się) całkowicie:
Fill up the tank, please. Proszę do pełna
(na stacji benzynowej). ● **'filling station**
n (*Am.*) stacja benzynowa

fillet (*Am. także* **filet**) /ˈfɪlɪt/ *n* filet

filling /ˈfɪlɪŋ/ *n* **1** plomba (*w zębie*)
2 nadzienie (*np. kanapki, ciasta*)

film /fɪlm/ *n* **1** (*Br.*) film: *a ~ director*
reżyser (filmowy) **2** materiał filmowy
3 kinematografia **4** błona filmowa
5 cienka powłoka, warstwa ► *v*

filmować ● **'film star** *n* gwiazd-or/a filmow-y/a

filter /'fɪltə(r)/ *n* filtr ▶ *v* **1** filtrować, odcedzać **2 ~ in/out** *itp.* przeciekać, przenikać **3 ~ through (to sb)** *(informacja)* docierać (do kogoś)

filth /fɪlθ/ *n* [U] **1** brud, nieczystości **2** nieprzyzwoite słowa, zdjęcia itp. | **filthy** *adj* **1** bardzo brudny **2** nieprzyzwoity

fin /fɪn/ *n* płetwa

final /'faɪnl/ *adj* **1** ostatni, końcowy **2** ostateczny ▶ *n* **1** *(także ~s)* finał **2** *(finals)* egzaminy końcowe | **finalist** *n* finalist-a/ka | **finalize** *(także* **-ise)** *v* finalizować, doprowadzać do końca

finally /'faɪnəli/ *adv* **1** na koniec, wreszcie **2** w końcu **3** ostatecznie

finance /'faɪnæns; faɪ'næns; fə'næns/ *n* **1** [U, pl] fundusze: *What are our ~s like at the moment?* Jak obecnie przedstawia się nasza sytuacja finansowa? **2** finanse: *an expert in ~* ekspert finansowy ▶ *v* finansować | **financial** /faɪ'nænʃl; fə'næ-/ *adj* finansowy

finch /fɪntʃ/ *n* zięba

find /faɪnd/ *v* *(pt, pp found* /faʊnd/*)* **1** odnajdować **2** znajdować: *I never ~ the time to write.* Nigdy nie mam czasu pisać. **3** odkryć (przypadkowo): *This bird is found all over the world.* Ten ptak występuje na całym świecie. **4** uważać: *I ~ the book very helpful.* Ta książka jest dla mnie bardzo użyteczna. ◇ *We didn't ~ the film at all funny.* Naszym zdaniem film wcale nie był śmieszny. ◇ *How are you finding life as a student?* Jak ci się podoba życie studenckie? [IDM] **find fault (with sb/sth)** szukać dziury w całym; czepiać się kogoś | **find your feet** stanąć na nogi [PV] **find (sth) out** dowiadywać się (o czymś) | **find sb out** przyłapać kogoś (na czymś) ▶ *n* skarb, odkrycie | **finding** *n* *[zwykle pl]* wyniki

fine /faɪn/ *adj* **1** wspaniały, piękny **2** wystarczający, zadawalający: *A sandwich will be ~.* Wystarczy mi kanapka. ◇ *The hotel rooms were ~.* Pokoje w hotelu były dość dobre. ◇ *That's ~ by me.* Dobrze. **3** zdrowy, zadowolony: *'How are you?' 'Fine, thanks.'* „Jak się masz?" „Dobrze, dziękuję." ❸ W znaczeniu 2 i 3 **fine** nie stosuje się w pytaniach ani przeczeniach. Nie można więc powiedzieć ~~Are you fine?~~ czy ~~This isn't fine.~~ **4** *(pogoda)* ładny **5** *(włosy, nić, linia itp.)* cienki **6** *(sól, cukier itp.)* miałki **7** *(szczegół)* subtelny, drobny [IDM] **fine print** *(Am.)* (ważne) fragmenty umowy itp. pisane drobnym drukiem | **finely** *adv* **1** drobno **2** precyzyjnie | *n* grzywna, mandat | *v* karać grzywną/mandatem

finger /'fɪŋgə(r)/ *n* palec *(u ręki)* [IDM] **keep your fingers crossed** trzymać kciuki ▶ *v* dotykać *(palcami)* ● **'fingermark** *n* ślad palca | **'fingernail** *(także* **nail)** *n* paznokieć | **'fingerprint** *n* odcisk palca | **'fingertip** *n* koniuszek palca: *have the facts at your fingertips* mieć wszystko w małym palcu

finish /'fɪnɪʃ/ *v* **1** kończyć (się) **2 ~ sth (off/up)** skończyć, dokończyć ▶ *n* **1** meta: *The last race was a very close ~.* Przybiegli do mety prawie równocześnie. **2** wykończenie *(zwł. mebli drewnianych)*

finite /'faɪnaɪt/ *adj* **1** ograniczony **2** *(mat.)* skończony

fir /fɜ:(r)/ *(także* **~ tree)** *n* jodła ● **'fir cone** *n* szyszka jodły

fire /'faɪə(r)/ *n* **1** ogień: *a camp ~* ognisko ◇ *an open ~* kominek **2** pożar: *catch ~* zapalić się ◇ *set ~ to sth* podpalić coś ◇ *be on ~* palić się **3** piecyk, piec **4** *(strzelanina)* ogień [IDM] **come/be under fire** być pod ostrzałem krytyki ▶ *v* **1** strzelać, wystrzelić: *Fire!* Ognia! **2** wyrzucać z pracy **3 ~ at sb** strzelać *(np. pytaniami)* **4 ~ sb with sth** wzbudzać w kimś *(uczucie)* ● **'fire alarm** *n* alarm pożarowy | **'firearm** *n* broń palna | **'fire brigade** *(Am. '~ department)* *n* straż pożarna | **'fire engine** *n* wóz strażacki | **'fire escape** *n* wyjście ewakuacyjne | **'fire extinguisher** *n* gaśnica | **'firefighter** *(także* **'fireman)** *n* strażak | **'firelight** *n* blask ognia | **'fireplace** *n* **1** palenisko **2** kominek | **'firing squad** *n* pluton egzekucyjny | **'fire station** *n* remiza strażacka | **'firewood** *n* drewno opałowe

firework /'faɪəwɜ:k/ *n* **1** fajerwerk **2** *(fireworks)* sztuczne ognie

firm /fɜ:m/ *n* firma, przedsiębiorstwo ▶ *adj* **1** twardy, jędrny **2** mocny, niezmienny: *keep a ~ grip on sth* mocno trzymać coś ◇ *Have you got a ~ date for your holiday yet?* Czy ustaliłeś już datę urlopu? ◇ *a ~ offer of a job* poważna oferta pracy **3** stanowczy

first /fɜ:st/ *dem pron* pierwszy → **DRUGI** ▶ *adv* **1** (jako) pierwszy: *Our team came ~ in the race.* Nasza drużyna wygrała wyścig. ◇ *Do you want to go ~?* Czy chcesz jechać jako pierwszy? **2** najpierw **3** po raz pierwszy **4** na początku **5** po pierwsze, w pierwszej kolejności [IDM] **at first** na początku | **first come, first served** *(nieform.)* kto pierwszy, ten lepszy | **first of all** najpierw | *n, pron* **1** *(pl* **first)** **(the first)** pierwszy **2** pierwszy przypadek czegoś **3** *a ~ (in sth) (Br.)* dyplom ukończenia studiów z wyróżnieniem [IDM] **from the (very) first** od (samego) początku | **firstly** *adv* po pierwsze ● **first 'aid** *n* pierwsza pomoc | **,first 'class** *adj, adv* **1** pierwszorzędny,

f

znakomity **2** pierwsza klasa **❶** W Wlk.
Br. są dwa rodzaje znaczków: **first class**
i **second class. First-class stamp** to
znaczek na list ekspresowy! ˌfirst
'cousin = COUSIN ˌfirst 'floor *n* **1** (*Br.*)
pierwsze piętro **2** (*Am.*) parter! ˌfirst
name *n* imię → NAME ˌfirst-'rate *adj*
pierwszorzędny

first-hand /ˌfɜ:st'hænd/ *adj, adv* z
pierwszej ręki, bezpośredni/o: *I've
experienced the problem ~.* Znam ten
problem z własnego doświadczenia.

fish /fɪʃ/ *n* ryba **❶** W pl najczęściej
używa się formy fish **Fishes** stosuje się,
gdy mówimy o różnych gatunkach ryb.
[IDM] **fish fingers** paluszki rybne! **fishy**
adj **1** rybi **2** (*nieform.*) podejrzany! *v* ~
(for sth) łowić (ryby): *go fishing* łowić
ryby dla przyjemności [PV] **fish for sth**
1 szukać czegoś (*np. w damskiej torebce*)
2 próbować coś wydębić! **fishing** *n*
rybołówstwo, wędkarstwo ● ˌfish and
'chips *n* ryba z frytkami: *a ~ and chip
shop* smażalnia ryb! 'fishmonger *n* (*Br.*)
sprzedaw-ca/czyni ryb! **fishmonger's** *n*
sklep rybny! 'fish slice *n* (*Br.*) łopatka
kuchenna! 'fishing rod *n* wędka

fisherman /'fɪʃəmən/ *n* (*pl* -**men**
/'fɪʃəmən/) rybak

fist /fɪst/ *n* pięść

fit /fɪt/ *adj* (-**tt**-) **1** ~ **for sb/sth**; ~ **to do**
sth odpowiedni: *These houses are not ~
to live in.* Te domy nie nadają się do
mieszkania. **2** ~ **(for sth/to do sth)** w
(dobrej) formie! **fitness** *n* **1** (dobra)
forma, kondycja **2** ~ **for sth/to do sth**
zdatność! *v* (-**tt**-) **1** pasować, mieścić
się: *This dress doesn't ~ me any more.*
Ta sukienka już nie jest na mnie dobra.
2 mieścić **3** dopasować **4** kwalifikować
5 odpowiadać: *The punishment should ~
the crime.* Kara powinna odpowiadać
przestępstwu. [PV] **fit in (with sb/sth)**
dostosować się (do kogoś/czegoś)! **fitted**
adj dopasowany, zabudowany: *~
cupboards* zabudowa szafkami ◊ *a ~
carpet* wykładzina dywanowa! *n*
1 fason, rozmiar: *be a good/bad/tight ~*
dobrze źle (na kimś) leżeć **2** napad
(*padaczkowy; złości*) **3** atak (*kaszlu;
śmiechu*)! **fitting** *adj* (*form.*) odpowiedni
! *n* wyposażenie ruchome ● 'fitting
room *n* przymierzalnia

five /faɪv/ *liczba* pięć → DWA

fix /fɪks/ *v* **1** zamocować, przymocować
2 naprawiać **3** ~ **sth (up)** ustalać (*np.
cenę, datę*) **4** (*nieform.*) sprzedać (*np.
mecz*) **5** (*zwł. Am.*) przygotowywać (*coś
do picia/jedzenia dla kogoś*) **6** kon-
centrować (się) na czymś, utkwić [PV]
fix sb up (with sth) (*nieform.*) załatwiać
coś dla kogoś! **fix sth up**
przygotowywać: *They're fixing up
their spare room for the new baby.*
Przerabiają pokój gościnny na pokój

dla dziecka.! **fixed** /fɪkst/ *adj*
1 ustalony **2** niezmienny, stały [IDM] **of**
no fixed abode/address bez stałego
miejsca zamieszkania! *n* **1** rozwiązanie
2 (*nieform.*) kłopotliwa sytuacja
3 (*nieform.*) wynik sfingowany/
sfałszowany **4** (*slang*) dawka (*np.
narkotyku*)

fixture /'fɪkstʃə(r)/ *n* **1** [*zwykle pl*]
wyposażenie stałe, osprzęt **2** impreza
sportowa (*wyznaczona na dany dzień*)

fizz /fɪz/ *v* musować ▸ *n* bąbelki, gaz!
fizzy *adj* (-*ier*) gazowany, musujący

flabby /'flæbi/ *adj* **1** sflaczały
2 zwiotczały

flag /flæg/ *n* flaga ▸ *v* (-**gg**-) tracić siły
[PV] **flag sb/sth down** machać na kogoś/
coś (*w celu zatrzymania kogoś/czegoś*):
~ down a taxi zatrzymać taksówkę

flagrant /'fleɪgrənt/ *adj* skandaliczny,
rażący

flair /fleə(r)/ *n* **1** (a) ~ **for sth** dar,
zdolności **2** polot

flak /flæk/ *n* (*nieform.*) krytyka: *take/
face plenty of ~ from the audience* być
ostro krytykowanym przez widzów
◊ *come in for a lot of ~* znaleźć się pod
ostrzałem krytyki

flake /fleɪk/ *n* płatek ▸ *v* ~ **(off)**
łuszczyć się

flamboyant /flæm'bɔɪənt/ *adj*
1 (*zachowanie itp.*) wyzywający,
ekstrawagancki **2** krzykliwy

flame /fleɪm/ *n* płomień: *burst into ~*
zapalić się

flammable /'flæməbl/ *adj* łatwopalny

flan /flæn/ *n* tarta

flannel /'flænl/ *n* **1** flanela **2** (*Br.*)
ściereczka do twarzy

flap /flæp/ *n* klapka (*np. kieszeni*)
[IDM] **be in/get into a flap** (*nieform.*) być
zdenerwowanym; zdenerwować się ▸ *v*
(-**pp**-) **1** trzepotać (się) **2** (*nieform.*)
denerwować się

flare /fleə(r)/ *v* [PV] **flare up**
1 wybuchać płomieniem **2** wybuchać
(czymś) ▸ *n* **1** płomień, błysk **2** rakieta
sygnalizacyjna

flared /fleəd/ *adj* rozszerzany dołem: *~
trousers* dzwony

flash /flæʃ/ *n* **1** błysk: *a ~ of lightning*
błyskawica **2** przebłysk (*np. talentu*)
3 flesz ▸ *v* **1** błyskać/świecić się
2 migać **3** (*myśl*) przychodzić do głowy
4 pomachać (*np. kartą, odznaką*)
5 rzucać (*np. uśmiech, grymas*)
6 nadawać błyskawicznie (*wiadomości,
przez radio, TV*)! **flashy** *adj* efektowny,
krzykliwy ● 'flashback *n* retrospekcja
(*np. w filmie*)! 'flashlight *n* (*Am.*)
latarka (elektryczna)

flask /flɑ:sk; *Am.* flæsk/ *n* **1** kolba
2 piersiówka **3** = VACUUM FLASK

flat /flæt/ *n* (*Br.*) mieszkanie ▶ *adj* (*-tt-*)
1 płaski, równy **2** (*talerz*) płytki **3**: *have
a ~ tyre* złapać gumę **4** jednostajny,
powolny: *Things have been a bit ~
recently*. Nic się nie dzieje ostatnio.
5 (*napój gazowany*) zwietrzały **6** (*bateria*)
wyczerpany **7** z bemolem: *E ~ Es/es*
8 (*nuta*) za niski **9** stanowczy: *He
answered our request with a ~ 'No!'*
Kategorycznie nam odmówił.
10 (*opłata itp.*) stały **|** *adv* **1** płasko,
(*padać*) plackiem **2** (*śpiewać itp.*) za
nisko: *You're singing ~.* Fałszujesz. **3**: *in
ten minutes ~* dokładnie w dziesięć
minut **[IDM] flat out** (*pracować itp.*) bez
przerwy **|** *n* bemol **2** (*zwł. Am.*) (*opona*)
flak **| flatly** *adv* **1** stanowczo **2** bez
zainteresowania **| flatten** *v* ~ **(sth) (out)**
wyrównywać / spłaszczać (się)
flatmate /'flætmeɪt/ *n* (*Br.*)
współlokator/ka

flatter /'flætə(r)/ *v* **1** pochlebiać
2 zaszczycać **3** ~ **yourself (that)**
schlebiać sobie, oszukiwać samego
siebie **| flattering** *adj* (*wygląd*)
korzystny, (*uwaga itp.*) pochlebny

flaunt /flɔːnt/ *v* wystawiać na pokaz,
popisywać się czymś

flavour (*Am. -or*) /'fleɪvə(r)/ *n* **1** smak
2 posmak ▶ *v* przyprawiać **| flavouring**
n przyprawa

flaw /flɔː/ *n* **1** skaza, pęknięcie **2** błąd
(*np. w teorii*) **3** wada (*charakteru*) ▶ *adj*
1 wadliwy **3** błędny **| flawless** *adj* bez
skazy

flax /flæks/ *n* **1** len **2** włókno lniane

flea /fliː/ *n* pchła

fleck /flek/ *n* **1** plamka **2** pyłek

flee /fliː/ *v* (*pt, pp fled* /fled/) uciekać
(*z czegoś*)/(*przed kimś/czymś*)

fleece /fliːs/ *n* **1** runo **2** sztuczny
baranek: *a jacket lined with cotton ~*
kurtka na misiu **3** polar

fleet /fliːt/ *n* **1** flota **2** konwój **3** flota
lotnicza

flesh /fleʃ/ *n* **1** (*tkanka miękka*) ciało
❶ Mięso miękkie, które się spożywa, to
meat. **2** miąższ **[IDM] in the flesh** we
własnej osobie

flew *pt od* FLY

flex /fleks/ *n* (*Br.*) przewód elektryczny
▶ *v* zginać (*nogę/rękę*), napinać
(*mięśnie*)

flexible /'fleksəbl/ *adj* (*i przen.*)
elastyczny

flexitime /'fleksitaɪm/ (*Am. zwykle*
flextime /'flekstaɪm/) *n* ruchomy czas
pracy

flick /flɪk/ *v* **1** pstrykać czymś
2 przytykać **[PV] flick sth away/off sth**
strzepywać coś z czegoś **| flick out** (*język
gada itp.*) wysuwać się błyskawicznie **|**

flick through sth przerzucać kartki
czegoś ▶ *n* prztyczek

flicker /'flɪkə(r)/ *v* **1** (*płomień;
powieka*) drgać, (*światło*) migotać
2 (*uśmiech, myśl itp.*) przemykać ▶ *n*
1 migotanie (*światła, świecy*) **2** (*powieki
itp.*) drgnięcie **3** przebłysk (*uczucia*): *a
~ of hope* iskierka nadziei

flies *n pl od* FLY ▶ *v 3rd sing czasu
teraź.* FLY

flight /flaɪt/ *n* **1** lot: *swans in ~* lecące
łabędzie **2** ucieczka **3** kondygnacja
(*schodów*) ● **'flight attendant** *n* (*zwł.
Am.*) steward/esa

flimsy /'flɪmzi/ *adj* **1** (*tkanina*) cienki
2 słaby **3** (*wymówka*) kiepski

flinch /flɪntʃ/ *v* **1** cofać się, wzdrygać
się **2** ~ **from (doing) sth** uchylać się od
czegoś

fling /flɪŋ/ *v* (*pt, pp flung* /flʌŋ/)
ciskać, rzucać ▶ *n* **1** (*zabawa*)
szaleństwo, uciecha **2** ~ **(with sb)** (*krótki
romans*) przygoda

flip /flɪp/ *v* (*-pp-*) **1** odwracać (się)
szybkim ruchem **2** podrzucać
3 (*nieform.*) wkurzać/podniecać się
[PV] flip through sth przerzucać kartki
czegoś ● **'flip-flop** *n* (*Br.*) klapek (*typu
japonka*)

flippant /'flɪpənt/ *adj* lekceważący

flipper /'flɪpə(r)/ *n* (*i sztuczna*) płetwa

flirt /flɜːt/ *v* **1** flirtować **2** ~ **with sth**
zastanawiać się nad czymś, igrać z
czymś ▶ *n* flircia-rz/rka

flit /flɪt/ *v* (*-tt-*) **1** (*ptak itp.*) śmigać
2 pomykać

float /fləʊt/ *v* **1** unosić się na wodzie,
pływać **2** szybować **3** puszczać w obieg
(*akcje*) ▶ *n* deska do pływania
2 ozdobiony pojazd używany w pochodach

flock /flɒk/ *n* **1** stado **2** tłum (*np.
turystów*) ▶ *v* schodzić się tłumnie

flog /flɒg/ *v* (*-gg-*) **1** (*nieform.*)
(*sprzedać*) opchnąć **2** chłostać

flood /flʌd/ *v* wylewać (się), zalewać
2 (*myśli, uczucia itp.*) napływać ▶ *n*
1 powódź **2** lawina: *She was in ~s of
tears.* Tonęła we łzach.

floodlight /'flʌdlaɪt/ *n* światło
reflektorów

floor /flɔː(r)/ *n* **1** podłoga **2** dno (*np.
oceanu*) **3** poszycie (*lasu*) **4** piętro ❶ W
Br. ang. **ground floor** oznacza parter, a
first floor pierwsze piętro. W Am. ang.
first floor oznacza parter. ● **'floorboard**
n deska podłogowa

flop /flɒp/ *v* (*-pp-*) **1** klapnąć, padać
2 (*włosy, uszy zwierzęcia itp.*) zwisać
3 (*film, książka itp.*) nie cieszyć się
powodzeniem ▶ *n* (*niepowodzenie*) klapa
| floppy *adj* **1** (*ubranie*) miękki i
swobodnie opadający **2** (*uszy zwierzęcia*)
oklapły ● **,floppy 'disk** *n* dyskietka

floral /ˈflɔːrəl/ *adj* kwiatowy

florist /ˈflɒrɪst/ *n* kwiacia-rz/rka |
florist's *n* kwiaciarnia

flounder /ˈflaʊndə(r)/ *v* 1 zaplątać się
2 być na skraju upadłości 3 szamotać
się (*np. w wodzie*)

flour /ˈflaʊə(r)/ *n* mąka

flourish /ˈflʌrɪʃ/ *v* 1 dobrze się
rozwijać 2 wymachiwać czymś ▶ *n* gest
teatralny, wymachiwanie

flow /fləʊ/ *v* 1 płynąć, przepływać
2 spływać miękko, powiewać ▶ *n*
1 przepływ 2 dopływ, przepływ ● **'flow
chart** (*także* '~ diagram) *n* schemat
(działania)

flower /ˈflaʊə(r)/ *n* kwiat ▶ *v* kwitnąć
● **'flower bed** (*także* bed) *n* kwietnik,
klomb | **'flowerpot** *n* doniczka

flown *pp od* FLY

flu /fluː/ *n* grypa: *There's a lot of ~
about.* Dużo ludzi ma grypę.

fluctuate /ˈflʌktʃueɪt/ *v* wahać/
zmieniać się

fluent /ˈfluːənt/ *adj* ~ (**in sth**) biegły:
She is ~ in French./*She speaks ~
French.* Mówi biegle po francusku.

fluff /flʌf/ *n* [U] 1 kłaczki, koty (*np. pod
meblami*) 2 puch (*piskląt itp.*) | **fluffy**
adj 1 puszysty puchaty

fluid /ˈfluːɪd/ *n* płyn, ciecz ▶ *adj* (*i
przen.*) płynny ● **,fluid 'ounce** *n* (*abbr* fl
oz) uncja płynu

fluke /fluːk/ *n* (*nieform.*) szczęśliwy
traf

flung *pt, pp od* FLING

fluorescent /ˌflɔːˈresnt; ˌfluə-; ˌfluː-/ *adj*
fluorescencyjny

flurry /ˈflʌri/ *n* (*pl* -**ies**) 1 gwałtowny
podmuch wiatru, gwałtowna ulewa/
śnieżyca 2 przypływ (*emocji*), burza (*np.
pomysłów*)

flush /flʌʃ/ *v* 1 spuszczać wodę (*w
toalecie*) 2 (*toaleta*) spłukiwać się
3 (*osoba*) czerwienić się

fluster /ˈflʌstə(r)/ *v* wzburzać,
podniecać: *Don't get flustered.* Nie trać
głowy. ▶ *n* podenerwowanie: *I always
get in a ~ before exams.* Zawsze jestem
podenerwowany przed egzaminami.

flute /fluːt/ *n* flet → GRAĆ

flutter /ˈflʌtə(r)/ *v* 1 powiewać,
trzepotać 2 szybować 3 (*serce*) dygotać,
(*żołądek*) podchodzić do gardła

flux /flʌks/ *n* [U] ciągłe zmiany: *a
country in a state of ~* kraj, w którym
zachodzą zmiany

fly /flaɪ/ *v* (*3rd sing czasu pres* flies
/flaɪz/; *pt* flew /fluː/; *pp* flown /fləʊn/)
1 latać, fruwać 2 przewozić samolotem
itp. 3 pilotować (*np. samolot*)
4 przelatywać (*np. przez Atlantyk*)
5 (*śpieszyć się*) lecieć, przemijać

6 powiewać 7 puszczać (*np. latawca*)
▶ *n* (*pl* -**ies**) 1 mucha 2 rozporek

flyover /ˈflaɪəʊvə(r)/ *n* (*Br.*) wiadukt

foal /fəʊl/ *n* źrebię

foam /fəʊm/ *n* [U] 1 pian(k)a 2 gąbka

focus /ˈfəʊkəs/ *n* 1 (*fiz.*) ognisko: *in~/
out of ~* (nie)wyraźny 2 centrum (*np.
uwagi*), ośrodek (zainteresowania):
Our ~ will be on modern jazz.
Skoncentrujemy się na współczesnym
jazzie. ▶ *v* (-**s-** *lub* -**ss-**) 1 (*fiz.*)
ogniskować 2 skupiać (*wzrok*)
3 nastawiać ostrość (*aparatu
fotograficznego*) 4 skupiać się/uwagę

fodder /ˈfɒdə(r)/ *n* pasza

foetus /ˈfiːtəs/ *n* płód

fog /fɒg/ *n* mgła | **foggy** *adj* mglisty
[IDM] **not have the foggiest (idea)** nie
mieć zielonego pojęcia

foil /fɔɪl/ *n* folia (*np. aluminiowa*)

fold /fəʊld/ *v* 1 ~ **sth (up)** składać,
zawijać 2 ~ (**up**) składać się: *a folding
bed* łóżko polowe 3 ~ (**up**) (*film itp.*)
zrobić klapę, (*sklep, biznes itp.*)
zbankrutować 4 zakładać (*ręce*) ▶ *n*
1 zagięcie 2 fałda

folder /ˈfəʊldə(r)/ *n* 1 teczka (*do akt*),
skoroszyt 2 (*komput.*) katalog

folk /fəʊk/ *n* 1 (*nieform.*) (*Am.* -**s**)
ludzie: *country ~* wieśniacy 2 (**folks**)
(*zwł. Am.*) rodzice; krewni ▶ *adj*
ludowy

follow /ˈfɒləʊ/ *v* 1 iść za kimś/czymś
2 następować (po kimś/czymś): *The
news will be followed by a programme
on Africa.* Po wiadomościach nadamy
program o Afryce. ◇ *I had steak
followed by ice cream.* Zjadłam stek, a
potem lody. ◇ *The names of the winners
are as ~s...* Nazwiska zwycięzców są
następujące... 3 ścigać 4 iść/jechać (*np.
drogą, wzdłuż czegoś*) 5 biec równolegle
do czegoś 6 stosować się do czegoś
7 rozumieć 8 słuchać/patrzeć uważnie
9 śledzić (zainteresowaniem 10 ~ **(on)
(from sth)** wynikać 11 odbywać się
zgodnie z czymś [PV] **follow sth through**
robić coś od początku do końca | **follow
sth up** 1: *You should ~ up your letter
with a phone call.* Po wysłaniu listu
powinieneś tam zadzwonić. 2 iść
śladem/tropem czegoś: *The police are
following up several leads.* Policja
rozpatruje kilka możliwych śladów. |
follower *n* zwolenni-k/czka | **following**
1 *adj* następny, następujący 2 *n* grupa
zwolenników, poparcie 3 *prep* po, w
następstwie ● **'follow-up** *n* [C]
1 uzupełnienie (*np. filmu/audycji*)
2 dalsze działania

fond /fɒnd/ *adj* 1 **be ~ of sb/(doing) sth**
(bardzo) lubić kogoś/coś 2 czuły: *I have*

~ *memories of my aunts.* Mile wspominam moje ciotki.

fondle /'fɒndl/ v pieścić, głaskać

food /fu:d/ n żywność, jedzenie: ~ *poisoning* zatrucie pokarmowe ● **food chain** n łańcuch pokarmowy | **'food processor** n robot kuchenny

fool /fu:l/ n głupiec: *She was ~ enough to believe it.* Była na tyle głupia, że w to uwierzyła. ► v 1 nabierać kogoś 2 żartować| **foolish** /'fu:lɪʃ/ adj niemądry, głupi

foot /fʊt/ n (pl **feet** /:t/) 1 (*anat.; miara*) stopa: *on ~* pieszo ◊ *a ~ brake* hamulec nożny ◊ *She rose to her feet.* Wstała. ● W znaczeniu miary ma dwie formy lm: **feet** lub **foot**. 2 dół (*czegoś*), spód 3 [*lp*] nogi (*łóżka*) [IDM] **be rushed/ run off your feet** mieć pełne ręce roboty | **get/start off on the right/wrong foot (with sb)** (*nieform.*) dobrze/źle zacząć (z kimś) (*np. z szefem*) | **put your feet up** odpoczywać| **put your foot down** (*nieform.*) postawić na swoim| **put your foot in it** (*nieform.*) popełniać gafę ● **footprint** n ślad stopy| **'footstep** n odgłos kroków; ślad stopy| **'footwear** n [U] obuwie

footage /'fʊtɪdʒ/ n [U] materiał filmowy

football /'fʊtbɔ:l/ n 1 piłka nożna: *American ~* futbol amerykański ● W USA mówi się po prostu **football**. Futbol europejski nazywa się w USA **soccer**. 2 piłka futbolowa

footing /'fʊtɪŋ/ n 1 równowaga 2 podstawa: *be on an equal ~ with sb* być z kimś na równej stopie ◊ *The company is now on a firm ~.* Firma stoi teraz mocno na nogach.

footnote /'fʊtnəʊt/ n przypis

footpath /'fʊtpɑ:θ/ n ścieżka (*na wsi*)

for /fə(r); *f. akcent.* fɔ:(r)/ prep 1 dla 2 do (robienia) czegoś, na: *What did you do that ~?* Po co to zrobiłeś? 3 (*w kierunku*) do 4 (*walczyć, prosić itp.*) o 5 za (*cenę; przestępstwo*) 6 (*poparcie*) za: *Are you ~ or against?* Czy jesteś za, czy przeciw temu? 7 z powodu: *I couldn't speak ~ laughing.* Nie mogłam mówić ze śmiechu. ◊ *If it weren't ~ you, I would have been late.* Gdyby nie ty, spóźniłbym się. 8 z okazji czegoś: *What did they give you ~ your birthday?* Co ci dali na urodziny? 9: *Who's the MP ~ Bradford?* Kto jest posłem z Bradfordu? ◊ *She plays hockey ~ England.* Gra w hokeja w reprezentacji Anglii. 10 : *What's the 'C' ~ in 'BBC'?* Co oznacza „C" w „BBC"? ◊ *What's the Polish ~ 'window'?* Jak jest po polsku „window"? 11 (*przy wymianie*) na 12 na (*pewien czas*), przez: *They have left ~ good.* Wyjechali na zawsze. ◊ *He*

was in prison ~ 20 years. Siedział w więzieniu 20 lat. ◊ *He has been in prison ~ 20 years.* Siedzi w więzieniu od 20 lat. → SINCE **13** po (*raz pierwszy, ostatni itp.*) 14 na przestrzeni: *He walked ~ miles.* Szedł (całymi) kilometrami. ► *conj* (*form.*) ponieważ

forbid /fə'bɪd/ v (*pres part.* -**dding**; *pt* **forbade** /fə'bæd; fə'beɪd/; *pp* **forbidden** /fə'bɪdn/) zabraniać

force /fɔ:s/ n 1 siła 2 potęga 3 siły, jednostki (*np. bojowe*): *the workforce* siła robocza ◊ *the police ~* policja [IDM] **bring sth/come into force** wprowadzać/ wchodzić w życie ► v 1 zmuszać 2 robić coś na siłę, forsować: *We had to ~ our way through the crowd.* Przedzieraliśmy się przez tłum. 3 wymuszać

forceful /'fɔ:s/ adj silny, wpływowy

ford /fɔ:d/ n bród

fore /fɔ:(r)/ n [IDM] **be/come to the fore** być na czele; wysuwać się na pierwszy plan

forearm /'fɔ:rɑ:m/ n przedramię

forecast /'fɔ:kɑ:st; Am. -kæst/ v (*pt, pp* **forecast** *lub* -**ed**) przewidywać, prognozować ► n prognoza

forefinger /'fɔ:fɪŋɡə(r)/ n palec wskazujący

forefront /'fɔ:frʌnt/ n czołowa pozycja

foregone /'fɔ:ɡɒn/ adj [IDM] **be a foregone conclusion** być z góry przesądzonym

foreground /'fɔ:ɡraʊnd/ n przedni plan

forehead /'fɔ:hed; 'fɒrɪd; Am. -red/ n czoło

foreign /'fɒrən/ adj obcy, zagraniczny: *the French Foreign Minister* minister spraw zagranicznych Francji| **foreigner** n obcokrajowiec ● **foreign ex'change** n [U, C] dewizy| **the Foreign and 'Commonwealth Office** n (*w Wlk. Br.*) Ministerstwo Spraw Zagranicznych| **Foreign 'Secretary** n (*w Wlk. Br.*) minister spraw zagranicznych

forename /'fɔ:neɪm/ n (*form.*) imię name

forensic /fə'rensɪk; -zɪk/ adj sądowy, kryminalistyczny: ~ *tests* badania medycyny sądowej

forerunner /'fɔ:rʌnə(r)/ n 1 prekursor 2 zwiastun

foresee /fɔ:'si:/ v (*pt* -**saw** /-'sɔ:/; *pp* -**seen** /-'si:n/) przewidywać| **foreseeable** adj przewidywalny

foresight /'fɔ:saɪt/ n zdolność przewidywania, przezorność: *He had the ~ to move house.* Był przewidujący i wyprowadził się.

forest /'fɒrɪst/ n las

foretell /fɔːˈtel/ v (pt, pp **-told** /-ˈtəʊld/) (form.) przepowiadać

forever /fərˈevə(r)/ adv **1** (także **for ever**) wiecznie, na zawsze: *She always takes ~ in the bathroom.* Zawsze siedzi całą wieczność w łazience. **2** ciągle

foreword /ˈfɔːwɜːd/ n przedmowa

forge /fɔːdʒ/ n kuźnia ▸ v **1** podrabiać **2** nawiązywać (*stosunki*)| **forgery** n (pl **-ies**) **1** fałszerstwo **2** falsyfikat

forget /fəˈget/ v (pt **forgot** /fəˈɡɒt/; pp **-gotten** /-ˈɡɒtn/) **1** zapominać: *Forget it.* Nie przejmuj się tym. → ZAPOMINAĆ **2 ~ yourself** zapominać się| **forgetful** adj zapominalski

forgive /fəˈɡɪv/ v (pt **-gave** /-ˈɡeɪv/; pp **-given** /-ˈɡɪvn/) **1** przebaczać, wybaczać **2** przepraszać: *Forgive me for interrupting…* Przepraszam, że przerywam…

fork /fɔːk/ n **1** widelec **2** [C] widły **3** rozwidlenie (*drogi*); odnoga (*rzeki*) ▸ v **1** rozwidlać się **2** skręcać

form /fɔːm/ n **1** forma, kształt **2** formularz **3** klasa **4** kondycja: *be on/off ~* być/nie być w formie **5** (dobre) wyniki: *on present ~* sądząc z ostatnich wyników ▸ v **1** tworzyć (się) **2** zmieniać w coś **3** formować **4** v *link* stanowić część **5** wyrabiać (*np. opinię*)

formal /ˈfɔːml/ adj **1** formalny **2** oficjalny| **formality** /fɔːˈmæləti/ n (pl **-ies**) **1** formalność **2** oficjalność

format /ˈfɔːmæt/ n format ▸ v (**-tt-**) formatować

formation /fɔːˈmeɪʃn/ n **1** formowanie, budowanie **2** formacja

former /ˈfɔːmə(r)/ adj były, dawny ▸ (**the former**) adj, n poprzedni, pierwszy (*z dwu*)| **formerly** adv uprzednio, dawniej

formidable /ˈfɔːmɪdəbl/ adj **1** groźny, budzący respekt **2** wymagający dużego wysiłku

formula /ˈfɔːmjələ/ n (pl **-s** *lub* **-lae** /-liː/) **1** wzór **2** spis, przepis **3** recepta (*np. na sukces*)

formulate /ˈfɔːmjuleɪt/ v **1** formułować **2** wyrażać

forth /fɔːθ/ adv [IDM] **and so forth** i tak dalej

forthcoming /ˌfɔːθˈkʌmɪŋ/ adj nadchodzący

forthright /ˈfɔːθraɪt/ adj otwarty, prostolinijny

fortieth → FORTY

fortify /ˈfɔːtɪfaɪ/ v (*3rd sing czasu pres* **-ies**; pt, pp **-ied**) fortyfikować| **fortification** /ˌfɔːtɪfɪˈkeɪʃn/ n fortyfikacja

fortnight /ˈfɔːtnaɪt/ n (Br.) dwa tygodnie| **fortnightly** adj

dwutygodniowy| **fortnightly** adv raz na dwa tygodnie

fortress /ˈfɔːtrəs/ n twierdza

fortunate /ˈfɔːtʃənət/ adj szczęśliwy: *be ~* mieć szczęście ◇ *It was ~ that he was at home.* Na szczęście był w domu.| **fortunately** adv na szczęście, szczęśliwie (dla kogoś)

fortune /ˈfɔːtʃuːn/ n **1** fortuna **2** szczęście **3** los(y): *tell sb's ~* powróżyć komuś **4** (*dużo pieniędzy*) majątek ● ˈ**fortune teller** n wróż(ka)

forty /ˈfɔːti/ liczba czterdzieści → DWA| **fortieth** (*liczebnik porządkowy*) czterdziesty → DRUGI

forward /ˈfɔːwəd/ adv (także **-s**) **1** naprzód **2** w przyszłość ➊ *Forward* używa się w v. złoż. Zob. hasła odpowiednich v., np. **bring, come, look, put.** ▸ adj **1** (*część itp.*) przedni **2** przyszłościowy **3** bezczelny| v przesyłać na nowy adres| n (*sport*) napastnik ● ˈ**forward-looking** adj **1** o dalekowzrocznych planach **2** przyszłościowy| ˈ**forwarding address** n nowy adres

fossil /ˈfɒsl/ n skamielina ● **fossil fuel** n paliwo pochodzenia organicznego

foster /ˈfɒstə(r)/ v **1** wychowywać (*przybrane dziecko*) **2** podsycać, popierać ▸ adj (*rodzic*) przybrany

fought pt, pp od FIGHT

foul /faʊl/ adj **1** obrzydliwy, cuchnący, plugawy **2** podły: *He's got a ~ temper.* Łatwo wpada w szał. **3** (*pogoda*) burzliwy **4** (*słowa*) ordynarny ▸ n faul ● ˌ**foul ˈplay** n **1** nieprzepisowe zagranie **2** odrażająca zbrodnia (*zwykle połączona z zabójstwem*)

found /faʊnd/ pt, pp od FIND ▸ v **1** zakładać, fundować **2** tworzyć, budować **3** opierać| **foundation** /faʊnˈdeɪʃn/ n **1** założenie, ufundowanie **2** fundacja **3** (**foundations**) fundamenty **4** podstawa| **founder** /ˈfaʊndə(r)/ n założyciel

fountain /ˈfaʊntən; *Am.* -tn/ n fontanna

four /fɔː(r)/ liczba cztery → DWA| **fourth** (*liczebnik porządkowy*) czwarty ➊ ¼ nazywa się *quarter*: *a quarter of an hour* kwadrans. → DRUGI ● ˌ**four-letter** ˈ**word** n nieprzyzwoity wyraz| ˌ**four-wheel** ˈ**drive** n **1** napęd na cztery koła **2** samochód z napędem na cztery koła

fourteen /ˌfɔːˈtiːn/ liczba czternaście → DWA| **fourteenth** (*liczebnik porządkowy*) czternasty → DRUGI

fowl /faʊl/ n (pl **fowl** *lub* **-s**) **1** drób **2** kura (*rzadziej inne ptactwo domowe*)

fox /fɒks/ n lis

foyer /ˈfɔɪeɪ; *Am.* ˈfɔɪər/ n foyer

fraction /ˈfrækʃn/ n **1** ułamek **2** cząstka

fracture /'fræktʃə(r)/ *n* złamanie (*zwl. kości*), pęknięcie ▶ *v* łamać

fragile /'frædʒaɪl; *Am.* -dʒl/ *adj* kruchy, delikatny

fragment /'frægmənt/ *n* fragment ▶/fræg'ment/ *v* (*jęz. pis.*) rozdrabniać/ rozbijać (się)

fragrance /'freɪgrəns/ *n* przyjemny zapach I **fragrant** *adj* przyjemnie pachnący

frail /freɪl/ *adj* słaby, wątły

frame /freɪm/ *n* **1** rama **2** futryna (*okna, drzwi*) **3** opraw/(k)a (*okularów*) **4** szkielet (*np. budynku*) **5** budowa (*ciała*) usposobienie ▶ *v* **1** oprawiać (w ramę) **2** (*form.*) formułować **3** wrabiać kogoś w coś

framework /'freɪmwɜːk/ *n* **1** szkielet, struktura **2** [*C*] podstawy

frank /fræŋk/ *adj* szczery, otwarty

frantic /'fræntɪk/ *adj* **1** oszalały (*z rozpaczy/strachu*): *She went ~ when she couldn't find her child.* Szalała z rozpaczy, gdy nie mogła znaleźć swego dziecka. **2** gorączkowy

fraternal /frə'tɜːnl/ *adj* (*form.*) braterski I **fraternity** *n* (*pl* -ies) **1** braterstwo **2** środowisko

fraud /frɔːd/ *n* **1** oszustwo **2** oszust/ka

fraught /frɔːt/ *adj* **1** pełny (*nieprzyjemności itp.*) **2** (*nieform.*) spięty **3** (*nieform.*) napięty

fray /freɪ/ *v* **1** (*tkanina itp.*) strzępić (się) **2**: *Tempers began to ~.* Nerwy zaczęły zawodzić.

freak /friːk/ *n* **1** wybryk (*np. natury*): *a ~ accident* niecodzienny wypadek **2** (*nieform.*) mania-k/czka

freckle /'frekl/ *n* pieg I **freckled** *adj* piegowaty

free /friː/ *adj* **1** ~ (to do sth)/(from/of sth) wolny, swobodny: *set sb ~* uwolnić kogoś ◊ *You're ~ to do what you want.* Możesz robić, co chcesz. **2** niezależny **3** bezpłatny **4** nie zajęty [IDM] **of your own free will** z własnej woli ▶ *adv* **1** wolno, swobodnie **2** bezpłatnie, za darmo I *v* (*pt, pp* **freed**) uwalniać I **freedom** *n* **1** wolność, swoboda **2** ~ from sth uwolnienie od czegoś I **freely** *adv* **1** swobodnie: ~ *elected* wybrany w wolnych wyborach **2** (*przyznawać itp.*) dobrowolnie ● **free 'enterprise** *n* wolna inicjatywa I **free-'range** *adj* hodowany w naturalnych warunkach: *free-range eggs* jajka wiejskie I **free 'speech** *n* wolność słowa

freelancer /'friːlɑːnsə(r); *Am.* -læns-/ (*także* freelance) *n* osoba zatrudniona na umowę o dzieło/zlecenia I **freelance** *adj, adv* na umowę zlecenia: ~ *work* praca na własną rękę

freeway /'friːweɪ/ *n* (*Am.*) autostrada → ROAD

freeze /friːz/ *v* (*pt* **froze** /frəʊz/; *pp* **frozen** /'frəʊzn/) **1** zamarzać **2** zamrażać (*i przen.: ceny itp.*) **3** (*temperatura*) spadać poniżej zera: *It's going to ~ tonight.* Będzie mróz w nocy. **4** marznąć **5** (*osoba*) zastygnąć (*np. ze strachu*) ▶ *n* [*C*] **1** mrozy **2** zamrożenie (*np. cen*) I **freezer** *n* zamrażarka I **freezing** *adj* (*nieform.*) (*pogoda*) strasznie zimny: *I'm ~.* Strasznie mi zimno. ● **'freezing point** (*także* freezing) *n* temperatura krzepnięcia, zero

freight /freɪt/ *n* [*U*] **1** przewóz: *by air ~* transportem/frachtem lotniczym **2** ładunek, towary ● **'freight car** (*Am.*) wagon towarowy

French fry /ˌfrentʃ 'fraɪ/ *n* (*pl* -ies) (*zwl. Am.*) frytka

French horn /ˌfrentʃ 'hɔːn/ *n* waltornia → GRAĆ

French window /ˌfrentʃ 'wɪndəʊ/ (*Am.* ˌFrench 'door*) *n* [*C*] oszklone drzwi

frenzy /'frenzi/ *n* szał I **frenzied** /-zid/ *adj* szalony, dziki

frequency /'friːkwənsi/ *n* (*pl* -ies) częstotliwość

frequent /'friːkwənt/ *adj* częsty: *There is a ~ bus service to the airport.* Autobusy często kursują na lotnisko. I **frequently** *adv* często I /'friːkwəntli/ *v* (*form.*) często odwiedzać

fresh /freʃ/ *adj* **1** świeży **2** nowy: *make a ~ start* zacząć od nowa **3** (*woda*) słodki **4** (*pogoda*) chłodny i wietrzny **5** rześki, wypoczęty **6** ~ out of/from sth świeżo przybyły skądś: ~ *from university* tuż po studiach I **freshen** *v* **1** ~ sth (up) odświeżać, rozjaśniać I **fresher** *n* (*Br., nieform.*) pierwszoroczn-y/a (*na wyższej uczelni*) I **freshly** *adv* świeżo, niedawno

freshman /'freʃmən/ *n* (*pl* -men /-mən/) (*Am.*) pierwszoroczn-y/a (*na wyższej uczelni*)

fret /fret/ *v* (-tt-) ~ (about/at/over sth) martwić się, niepokoić się ▶ *n* podziałka (*na szyjce gitary*)

friction /'frɪkʃn/ *n* (*i przen.*) tarcie

Friday /'fraɪdeɪ; -di/ *n* piątek → PONIEDZIAŁEK

fridge /frɪdʒ/ *n* (*Br.*) lodówka

fried *pt, pp od* FRY

friend /frend/ *n* przyjaci-el/ółka, kole-ga/żanka, znajom-y/a: *my best ~* mój najlepszy przyjaciel ● Friend oznacza zwykle kolegę. **Good/close friend** to odpowiednik polskiego słowa **przyjaciel**. Kolega z pracy lub uczelni to **colleague**. Osoba znajoma, z którą niewiele nas łączy, to **acquaintance**. [IDM] **be/make friends (with sb)**

przyjaźnić się (z kimś); zaprzyjaźniać się (z kimś)| **friendly** *adj* **1** przyjazny, serdeczny **2** zaprzyjaźniony z kimś: *He's become quite ~ with our neighbour.* Zaprzyjaźnił się z naszym sąsiadem.| **friendliness** *n* **1** przyjaźń **2** życzliwość| **friendship** *n* przyjaźń, koleżeństwo

fright /fraɪt/ *n* strach, przerażenie: *give sb a ~* przestraszyć kogoś| **frighten** *v* przestraszyć kogoś| **frightened** *adj* przestraszony, przerażony: *be ~ (of sb/ sth)* bać się (kogoś/czegoś)| **frightening** *adj* przerażający| **frightful** *adj* **1** (*nieform.*) straszny: *We're in a ~ rush.* Strasznie nam się śpieszy.

frigid /'frɪdʒɪd/ *adj* (*zwł. kobieta*) oziębły

frill /frɪl/ *n* **1** falbanka **2** upiększenie, ozdoba: *a simple meal with no ~s* prosty posiłek bez wymyślnych potraw| **frilly** *adj* z falbankami

fringe /frɪndʒ/ *n* [C] **1** (*Br.*) (*włosy*) grzywka **2** frędzle **3** peryferie **4** (*przen.*) pobocze ● **'fringe benefit** *n* dodatek do pensji

frisk /frɪsk/ *v* **1** rewidować kogoś **2** dokazywać, brykać| **frisky** *adj* rozbrykany

frivolous /'frɪvələs/ *adj* niepoważny, lekkomyślny

frizzy /'frɪzi/ *adj* mocno kręcony

fro /frəʊ/ *adv* [IDM] **to and fro** tam i z powrotem

frog /frɒg/ *n* żaba

from /frəm/; *f. akcent.* frɒm/ *prep* **1** z: *Things have gone ~ bad to worse.* Sytuacja znacznie się pogorszyła. **2** od **3** (*chronić itp.*) przed [IDM] **from... on** odtąd: *~ that day on* od tego dnia

front /frʌnt/ *n* **1** przód: *travel in the ~ of the car* podróżować na przednim siedzeniu samochodu ◊ *They ran on in ~.* Biegli na przedzie. **2** front (*budynku; wojsk (i przen.); atmosferyczny*) **3** poza, maska [IDM] **in front of sb/sth 1** przed **2** przy| **up front** (*nieform.*) (*płacić*) z góry ▸ *adj* przedni, frontowy

frontier /'frʌntɪə(r)/; *Am.* frʌn'tɪr/ *n* (*i przen.*) granica

frost /frɒst/ *n* **1** mróz **2** szron, oblodzenie ▸ *v* (*zwł. Am.*) lukrować| **frosted** *adj* (*szkło*) matowy| **frosting** *n* (*zwł. Am.*) lukier| **frosty** *adj* **1** mroźny **2** oszroniony **3** (*podejście do kogoś*) lodowaty ● **'frostbite** *n* odmrożenie

froth /frɒθ/ *n* pian(k)a| **frothy** *adj* pienisty

frown /fraʊn/ *v* marszczyć brwi [PV] **frown on/upon sth** potępiać, krzywo patrzeć na coś ▸ *n* zmarszczenie brwi

froze *pt od* FREEZE

frozen /'frəʊzn/ *pp od* FREEZE ▸ *adj* **1** zamarznięty **2** zamrożony **3** zmarznięty: *I'm ~.* Strasznie zmarzłem.

fruit /fruːt/ *n* **1** owoc: *~ juice* sok owocowy ❶ **A** fruit oznacza rodzaj owoców. Kiedy chodzi o pojedyncze jabłko, gruszkę itp. mówi się **a piece of fruit**: *Would you like cheese or a piece of ~?* Na ogół używa się formy U: *Would you like some ~?* **2** (**the fruits**) owoce (*pracy*)| **fruitful** *adj* owocny| **fruition** /fru'ɪʃn/ *n* urzeczywistnienie: *come to ~* spełnić się ◊ *bring sth to ~* zrealizować coś| **fruitless** *adj* bezowocny, nieskuteczny

frustrate /fra'streɪt; *Am.* 'frʌstreɪt/ *v* **1** frustrować, denerwować **2** udaremniać| **frustrating** *adj* frustrujący

fry /fraɪ/ *v* (*3rd sing czasu pres* **-ies** /fraɪz/; *pt, pp* **-ied** /fraɪd/) smażyć (się): *a fried egg* jajko sadzone ▸ *n* = FRENCH FRY ● **'frying pan** (*Am. także* '**frypan**) *n* patelnia

fudge /fʌdʒ/ *n* kajmak, krówka ▸ *v* (*nieform.*) (*przen.*) kręcić

fuel /'fjuːəl/ *n* **1** paliwo **2** opał ▸ *v* (**-ll-**; *Am.* **-l-**) **1** podsycać **2** napędzać (*inflację*)

fugitive /'fjuːdʒətɪv/ *n* zbieg, uciekinier/ka

fulfil (*Am.* **-fill**) /fʊl'fɪl/ *v* (**-ll-**) **1** spełniać **2** wypełniać **3** zaspokajać (*potrzeby*) **4** ~ **yourself** spełniać się| **fulfilled** *adj* w pełni zadowolony| **fulfilling** *adj* satysfakcjonujący

full /fʊl/ *adj* **1** ~ (**of sb/sth**) pełny: *a ~ house* zapełniona widownia ◊ *We're ~ up tonight.* Dzisiaj mamy komplet. ◊ *We've got a ~ day tomorrow.* Jutro mamy pracowity dzień. **2** ~ (**up**) najedzony **3** wyczerpujący, pełny **4** (*noty; szybkość itp.*) najwyższy: *enjoy life to the ~* używać życia na całego **5** ~ **of sb/sth/yourself** pochłonięty kimś/czymś, zadufany w sobie [IDM] **in full** w całości: *Please write your name in ~.* Proszę napisać pełne imię i nazwisko.| **in full swing:** *When we arrived the party was already in ~ swing.* Kiedy przyjechaliśmy, zabawa trwała już na całego.| **in full view (of sb/sth):** *in ~ view of the guards* na oczach strażników ◊ *in ~ view of the house* dobrze widoczny z domu| **fully** *adv* całkowicie, w pełni ● **,full-'length** *adj* **1** (*obraz; lustro*) pokazujący całą osobę **2** (*sukienka itp.*) długi **3** pełnometrażowy, normalnej długości| **,full 'moon** *n* pełnia (*księżyca*)| **,full-'scale** *adj* **1** wielkości naturalnej **2** na dużą skalę| **,full 'stop** *n* (*Br.*) (*interpunkcja*) kropka| **,full-'time 1** *adj* pełnoetatowy **2** *adv* na pełny etat| **,fully-'fledged** *adj* (*Am. także* **full-fledged**) w pełni rozwinięty

315

fumble /ˈfʌmbl/ v grzebać (np. w torebce), mocować się (np. z zamkiem błyskawicznym)

fume /fjuːm/ n (fumes) spaliny, wyziewy ► v kipieć ze złości

fun /fʌn/ n zabawa, przyjemność: Have ~! Baw się dobrze! ◊ He is great ~. Można się z nim dobrze bawić. [IDM] (just) for fun/for the fun of it dla przyjemności/zabawy I make fun of sb/ sth wyśmiewać się z kogoś/czegoś ► adj zabawny, fajny

function /ˈfʌŋkʃn/ n 1 funkcja, rola 2 uroczystość ► v działać ● 'function key n klawisz do określonej funkcji

fund /fʌnd/ n 1 fundusz 2 (funds) fundusze, środki ► v (s)finansować (np. projekt) I 'fund-raiser n osoba gromadząca fundusze

fundamental /ˌfʌndəˈmentl/ adj zasadniczy

funeral /ˈfjuːnərəl/ n pogrzeb ● 'funeral director n (form.) przedsiębiorca pogrzebowy

fungus /ˈfʌŋgəs/ n (pl fungi /-giː; -gaɪ; ˈfʌndʒaɪ/) grzyb

funnel /ˈfʌnl/ n 1 lejek 2 komin (statku, lokomotywy itp.)

funny /ˈfʌni/ adj 1 śmieszny, zabawny 2 dziwny, niesamowity: I feel a bit ~. Czuję się nieswojo.

fur /fɜː(r)/ n futro, sierść ► adj futrzany

furious /ˈfjʊəriəs/ adj 1 ~ (with sb)/(at sth) wściekły 2 zaciekły

furnace /ˈfɜːnɪs/ n 1 piec (np. hutniczy) 2 (zwł. Am.) kocioł

furnish /ˈfɜːnɪʃ/ v meblować I furnishings n wyposażenie wnętrza

furniture /ˈfɜːnɪtʃə(r)/ n meble ● Furniture jest n U Kiedy chodzi o pojedynczy mebel, mówi się a piece of furniture.

furrow /ˈfʌrəʊ/ n 1 bruzda 2 zmarszczka

furry adj puszysty

further /ˈfɜːðə(r)/ adj 1 dalszy 2 dodatkowy: closed until ~ notice zamknięty do odwołania ► adv 1 dalej: ~ ahead/back in time w (dalekiej) przyszłości/przeszłości 2 w większym stopniu, dokładniej I v (form.) posuwać do przodu (np. sprawę, plan), promować I furthermore /ˌfɜːðəˈmɔː(r)/ adv (form.) ponadto I furthest 1 adj najdalszy 2 adv najdalej ● further edu'cation n nieuniwersyteckie kursy dla absolwentów szkół średnich

fury /ˈfjʊəri/ n wściekłość

fuse /fjuːz/ n 1 (elektr.) bezpiecznik 2 lont 3 zapalnik ► v 1 łączyć się 2 (elektr.) przepalać (się)I fusion /-ʒn/ n

zlewanie się: nuclear ~ synteza termojądrowa

fuss /fʌs/ n 1 zamieszanie: make a ~ robić aferę 2 awantura [IDM] make, kick up, etc. a fuss (about/over sth) zrobić awanturę I make a fuss of/over sb/sth skakać koło kogoś/czegoś ► v 1 ~ (about) przejmować się drobiazgami 2 ~ over sb/sth zbytnio przejmować się [IDM] not be fussed (about sb/sth) (nieform.): I'm not fussed. Wszystko mi jedno.

fussy /ˈfʌsi/ adj wybredny

futile /ˈfjuːtaɪl; Am. -tl/ adj daremny

future /ˈfjuːtʃə(r)/ n 1 przyszłość: Be more careful in ~. Na przyszłość bądź bardziej ostrożny. 2 (the future) (także the ~ 'tense) czas przyszły ► adj przyszły: Keep that book for ~ reference. Zatrzymaj tę książkę, żeby móc z niej korzystać w przyszłości. ◊ my ~ plans moje plany na przyszłość

fuzzy /ˈfʌzi/ adj niewyraźny, zamazany

Gg

G, g /dʒiː/ n 1 litera g 2 (muz.) G/g: G major G-dur ◊ G minor g-moll

gable /ˈgeɪbl/ n szczyt (dachu)

gadget /ˈgædʒɪt/ n (nieform.) (drobny) przyrząd

Gaelic /ˈgeɪlɪk/ adj celtycki

gag /gæg/ n 1 knebel 2 żart ► v (-gg-) 1 zakneblować 2 nakładać kaganiec (komuś/prasie itp.)

gage (Am.) = GAUGE

gain /geɪn/ n 1 zysk, korzyść 2 wzrost (wielkości, ilości, mocy): The party should make ~s at the next election. Partia powinna zdobyć więcej głosów w następnych wyborach. ► v 1 zdobywać (np. dostęp do czegoś, sławę, doświadczenie) 2: The train was gaining speed. Pociąg nabierał szybkości. ◊ I've gained a lot of weight recently. Ostatnio dużo przybrałem na wadze. 3 ~ by/from (doing) sth odnosić korzyść: I've got nothing to ~ by staying in this job. Nic nie zyskam, zostając w tej pracy. 4 (zegarek itp.) śpieszyć się

gait /geɪt/ n chód

galaxy /ˈgæləksi/ n (pl -ies) galaktyka

gale /geɪl/ n wichura

gallant /ˈgælənt/ adj (form.) rycerski

gall bladder /ˈgɔːl blædə(r)/ n pęcherzyk żółciowy

gallery /'gæləri/ n (pl **-ies**) **1** galeria (*sztuki*) **2** (*teatr*) najwyższy balkon **3** (*także* public ~) położone wyżej miejsca dla publiczności (*w dużej sali*)

gallon /'gælən/ n (*miara objętości*) galon (*bryt.: 4,5 l; US: 3,8 l*)

gallop /'gæləp/ v galopować ► n galop

gamble /'gæmbl/ v **1** uprawiać hazard **2** stawiać na coś (*pieniądze*) [PV] **gamble on (doing) sth** liczyć na coś, spodziewać się czegoś ► n ryzykowne przedsięwzięcie [IDM] **take a gamble (on sth)** ryzykować (coś) | **gambler** /'gæmblə(r)/ n hazardzist-a/ka

game /geɪm/ n **1 a** ~ **(of sth)** (*i przen.*) gra: *Let's have a ~ of chess.* Zagrajmy partię szachów. ◇ *Stop playing ~s with me!* Przestań żartować ze mnie! **2** mecz **3** zabawa **4** (*tenis*) gem **5** (**games**) (*międzynarodowe*) zawody sportowe [IDM] **give the game away** zdradzać tajemnicę ► adj chętny | n zwierzyna łowna: *big* ~ gruba zwierzyna ● **'game show** n teleturniej

gander /'gændə(r)/ n gąsior

gang /gæŋ/ n **1** gang, szajka **2** banda **3** brygada (*np. robotników, więźniów*) **4** (*nieform.*) paczka (*przyjaciół*) ► v (*nieform.*) [PV] **gang up on sb** zmawiać się przeciwko komuś

gangrene /'gæŋɡriːn/ n zgorzel

gangster /'gæŋstə(r)/ n bandyta, gangster

gangway /'gæŋweɪ/ n **1** (*Br.*) przejście (*między rzędami krzeseł*) **2** trap (*na statku*)

gaol, gaoler (*Br.*) = JAIL, JAILER

gap /gæp/ n **1** dziura, otwór **2** luka **3** przerwa **4** przepaść (*dzieląca poglądy itp.*): *the generation* ~ przepaść międzypokoleniowa

gape /geɪp/ v **1** gapić się **2** (*otwór*) ziać: *There was a gaping hole in the wall after the explosion.* Wybuch zrobił w ścianie ziejącą dziurę.

garage /'gæraː(d)ʒ, -rɪdʒ; *Am.* ɡəˈraː(d)ʒ/ n **1** garaż **2** stacja obsługi/ benzynowa

garbage /'ɡaːbɪdʒ/ n [U] (*zwł. Am.*) śmieci ● **'garbage can** n (*duży*) pojemnik na śmieci | **'garbage man** n śmieciarz

garbled /'ɡaːbld/ adj (*mowa*) pogmatwany, przekręcony

garden /'ɡaːdn/ n **1** (*Br.*) ogród **2** (**gardens**) park ► v uprawiać ogród | **gardener** /'ɡaːdnə(r)/ n ogrodni-k/czka | **gardening** /'ɡaːdnɪŋ/ n ogrodnictwo ● **'garden centre** n sklep z artykułami ogrodniczymi

gargle /'ɡaːɡl/ v płukać gardło

garish /'ɡeərɪʃ/ adj jaskrawy, krzykliwy

garlic /'ɡaːlɪk/ n czosnek

garment /'ɡaːmənt/ n (*form.*) część garderoby

garnish /'ɡaːnɪʃ/ v przybierać (*potrawę*) ► n przybranie

gas /ɡæs/ n **1** gaz **2** (*Am.*) benzyna ► v (**-ss-**) zagazowywać ● **'gas chamber** n komora gazowa | **'gas mask** n maska przeciwgazowa | **'gas station** (*Am.*) stacja benzynowa

gash /ɡæʃ/ n **1** głęboka rana **2** głębokie nacięcie ► v rozcinać (*np. materiał, ciało*)

gasoline (*także* **-lene**) /'ɡæsəliːn; ɡæsəˈliːn/ n (*Am.*) benzyna

gasp /ɡaːsp/ v **1** dyszeć: ~ *for breath* z trudem łapać oddech **2** ~ **(at sth)** wstrzymać oddech (*ze zdumienia*), głośno oddychać (*z bólu*) ► n sapnięcie (*ze zdziwienia, bólu*): *She gave a ~ of surprise.* Zaparło jej dech ze zdumienia.

gate /ɡeɪt/ n **1** brama **2** (*także* '~way) brama wjazdowa **3** (*na lotnisku*) wejście; wyjście ● **'gatecrash** v iść na przyjęcie bez zaproszenia | **'gatecrasher** n intruz (*na przyjęciu*)

gather /'ɡæðə(r)/ v **1** ~ **round (sb/sth);** ~ **sb/sth round (sb/sth)** gromadzić (się) **2** ~ **sth (together/up)** zbierać **3** wnioskować, rozumieć (*z czegoś, że*) **4** fałdować (*materiał*) **5**: *The train is gathering speed.* Pociąg nabiera szybkości. ◇ *in the gathering darkness* w zapadającej ciemności | **gathering** n zgromadzenie

gaudy /'ɡɔːdi/ adj jaskrawy, krzykliwy

gauge /ɡeɪdʒ/ n **1** wskaźnik **2** rozstaw torów **3** (*przen.*) miernik ► v **1** mierzyć **2** oceniać

gaunt /ɡɔːnt/ adj wychudzony

gauze /ɡɔːz/ n gaza

gave pt od GIVE

gay /ɡeɪ/ adj **1** gejowski: *He's* ~. Jest gejem. **2** (*przestarz.*) wesoły ► n gej, (*rzadziej*) lesbijka

gaze /ɡeɪz/ v przypatrywać się ► n nieruchomy wzrok

GCSE /,dʒi: siː es ˈiː/ skrót (*Br.*) egzamin szkolny zdawany dwa lata przed egzaminami A levels

gear /ɡɪə(r)/ n **1** bieg (*auta*) **2** przekładnia **3** sprzęt **4** mechanizm lub część mechanizmu: *the landing* ~ *of an aeroplane* podwozie samolotu ► v [PV] **gear sth to/towards sb/sth** przystosowywać coś do kogoś/czegoś | **gear up (for sth); gear sb/sth up (for sth)** przygotowywać się/kogoś/coś (do czegoś) ● **'gearbox** n skrzynia biegów | **'gear lever** (*Am.*) **'gear shift** n dźwignia zmiany biegów

geese pl od GOOSE

gel /dʒel/ n żel

gelatin /'dʒelətɪn/ (także **-tine** /-tiːn/) n żelatyna

gelignite /'dʒelɪgnaɪt/ n nitroglicerynowy materiał wybuchowy

gem /dʒem/ n **1** kamień szlachetny **2** (przedmiot, osoba) skarb

Gemini /'dʒemmaɪ/ n (znak zodiaku) Bliźnięta

gender /'dʒendə(r)/ n **1** (form.) płeć **2** (gram.) rodzaj

gene /dʒiːn/ n gen

general /'dʒenrəl/ adj **1** ogólny, powszechny: The bad weather has been fairly ~. Prawie wszędzie jest zła pogoda. ◊ the ~ public ogół społeczeństwa **4** naczelny, generalny [IDM] **in general 1** w ogóle **2** zwykle ► n general| generally adv **1** ogólnie **2** zwykle ● ,general anaes'thetic n środek znieczulenia ogólnego| ,general e'lection n [C] wybory powszechne| ,general 'manager n dyrektor naczelny

generalize (także **-ise**) /'dʒenrəlaɪz/ v ~ (about sth) (from sth) uogólniać| **generalization** /,dʒenrəlaɪ'zeɪʃn; Am. -lə'z-/ n uogólnianie/nienie

generate /'dʒenəreɪt/ v **1** wytwarzać **2** powodować, przynosić (np. dochód)| **generation** /,dʒenə'reɪʃn/ n **1** wytwarzanie **2** pokolenie| **generator** /'dʒenəreɪtə(r)/ n prądnica, agregat

generous /'dʒenərəs/ adj **1** hojny, wspaniałomyślny **2** obfity| **generosity** /,dʒenə'rɒsəti/ n hojność, wspaniałomyślność

genetics /dʒə'netɪks/ n genetyka| **genetic** /dʒə'netɪk/ adj genetyczny ● ge,netic engi'neering n inżynieria genetyczna| ge,netically 'modified adj genetycznie modyfikowany

genial /'dʒiːniəl/ adj dobroduszny, towarzyski

genie /'dʒiːni/ n (pl **-s** lub **-nii** /-niaɪ/) dżinn

genitals /'dʒenɪtlz/ n genitalia

genius /'dʒiːniəs/ n **1** geniusz **2** [U] wielki talent

genocide /'dʒenəsaɪd/ n ludobójstwo

genome /'dʒiːnəʊm/ n genom

genre /'ʒɑːnrə/ n gatunek literacki, rodzaj sztuki

gent /dʒent/ n (the Gents) (Br., nieform.) ubikacja dla panów → TOALETA

genteel /dʒen'tiːl/ adj (osoba; maniery) (przesadnie) wytworny

gentle /'dʒentl/ adj łagodny, delikatny

gentleman /'dʒentlmən/ n (pl **-men** /-mən/) **1** dżentelmen **2** (form.) pan: Ladies and gentlemen! (używa się na

początku przemówienia itp.) Szanowni Państwo!

genuine /'dʒenjuɪn/ adj **1** autentyczny **2** szczery

geography /dʒi'ɒgrə/ n geografia| **geographical** /,dʒiːə'græfɪkl/ adj geograficzny

geology /dʒi'ɒlədʒi/ n geologia| **geological** /,dʒiːə'lɒdʒɪkl/ adj geologiczny

geometry /dʒi'ɒmətri/ n geometria| **geometric** /,dʒiːə'metrɪk/ (także **-al**) adj geometryczny

geriatric /,dʒeri'ætrɪk/ adj geriatryczny

germ /dʒɜːm/ n zarazek, drobnoustrój

German measles /,dʒɜːmən 'miːzlz/ n [U] (med.) różyczka

germinate /'dʒɜːmɪneɪt/ v **1** kiełkować **2** doprowadzać do kiełkowania

gesture /'dʒestʃə(r)/ n gest ► v **1** wskazywać **2** wykonywać gest

get /get/ v (pt, pp **got** /gɒt/ pp Am., jęz. mów. **gotten** /'gɒtn/) **1** (have/has got) mieć **2** robić/stawać się: It's getting dark. Ściemnia się. ◊ She got angry. Rozzłościła się. **3** dostawać, kupować: ~ a shock doznać szoku ◊ You ~ a wonderful view from that window. Masz wspaniały widok z tego okna. ◊ I'll do it if I ~ the time. Zrobię to, jeśli będę miał czas. **4** przy-nosić/wozić/ prowadzić: The police have got the gang. Policja złapała całą bandę. ◊ We couldn't ~ the piano upstairs. Nie mogliśmy wnieść fortepianu na górę. **5** usłyszeć, zrozumieć **6** zachorować na coś **7** jechać/leciec czymś **8** dojechać, dojść **9** wnosić, zanosić **10** przygotowywać (np. śniadanie) **11** (z imiesłowem czasu przeszłego): I'm just getting dressed. Ubieram się. ◊ They've got divorced. Rozwiedli się. **12** (używa się jako v. posiłkowego w stronie biernej): She got bitten by a dog. Ugryzł ją pies. **13** : I got him to agree to the plan. Nakłoniłem go do przyjęcia planu. ◊ I can't ~ the television to work. Nie mogę nic zrobić, żeby telewizor zaczął działać. ◊ She finally got the book finished. Skończyła w końcu pisać książkę. **14** (używa się wtedy, gdy ktoś inny ma wykonać daną czynność): You must ~ the car serviced often. Musisz często robić przegląd samochodu. **15** trafić (np. kamieniem) **16** chwycić **17** mieć okazję: Did you ~ to see the exhibition? Czy udało ci się zobaczyć wystawę? **18** zabierać się do czegoś: We'd better ~ going if we don't want to be late. Lepiej się pospieszmy, jeśli nie chcemy się spóźnić. ❶ Get używa się w idiomach, np. **get rid of**. Zob. hasła odpowiednich n i adj [PV] **get sth across**

(to sb) znajdować zrozumienie (u
kogoś)| **get ahead** robić postępy| **get
along** → GET ON | **get around sth** → GET
ROUND/AROUND STH| **get around to sth/
doing sth** → GET ROUND/AROUND TO
STH/DOING STH| **get at sb** czepiać się
kogoś| **get at sth** (*sugerować*) zmierzać
do czegoś: *What are you getting at?* O co
ci chodzi?| **get away (from…)** uciekać
(dokądś)| **get away with (doing) sth**
uchodzić komuś na sucho| **get back**
wracać| **get sth back** dostawać z
powrotem, odzyskiwać| **get back to sb**
zadzwonić/napisać/porozmawiać z
kimś ponownie| **get back to sth**
1 wracać ponownie (*np. do tematu*)
2 jeszcze raz coś robić: *I couldn't ~ back
to sleep.* Nie mogłem znowu zasnąć.| **get
behind (with sth)** zalegać z czymś| **get
by (on/in/with sth)** 1 wyżyć (z czegoś)
2 radzić sobie (z czymś)| **get sb down**
przygnębiać kogoś| **get in** przy-jeżdżać/
chodzić| **get in; get into sth** wsiadać
(*do samochodu*)| **get sb in** wzywać
(*fachowca*)| **get into sth** (*nieform.*)
(*uczucie itp.*) wstępować w kogoś| **get
into sth** zaczynać coś robić: *We got into
an argument about politics.* Zaczęliśmy
się kłócić na tematy polityczne. ◇ *How
did you first ~ into the music business?*
Jak po raz pierwszy zajęłaś się
muzyką? ◇ *~ into the habit of doing sth*
przyzwyczaić się do robienia czegoś|
get off (sth) 1 wysiadać/zsiadać (z
czegoś) 2 wychodzić z pracy| **get sth off**
zdejmować coś| **get on/along** radzić
sobie, robić postępy: *How did you ~
on at your interview?* Jak ci poszła
rozmowa?| **get on/onto sth** wsiadać do
czegoś/na coś| **get sth on** wkładać,
nakładać| **get on/along (with sb/
together)** mieć dobre/przyjazne
stosunki z kimś| **get on/along (with sth)**
radzić sobie (z czymś)| **get on with sth**
robić coś dalej: *Get on with your work!*
Wracaj do pracy!| **get sth out (of sth)**
wyjmować coś (z czegoś)| **get out (of
sth)** 1 wychodzić skądś: *Get out (of
here)!* Wynoś się stąd! 2 wysiadać (z
czegoś)| **get out of (doing) sth** wykręcać
się od czegoś| **get sth out of sb/sth:** *I ~ a
lot of pleasure out of music.* Muzyka
daje mi wiele przyjemności. | **get over
sth** rozwiązywać problem| **get over sth/
sb** przychodzić do siebie po czymś: *He
still hasn't got over his wife's death.*
Jeszcze nie doszedł do siebie po śmierci
żony.| **get round/around sth** znajdować
sposób na coś| **get round/around to
(doing) sth** zabierać się do czegoś| **get
through sth** 1 wydawać (*pieniądze*)
2 wykonywać (*np. pracę*)| **get through
(to sb)** 1 dodzwonić się (do kogoś)
2 (*przen.*) dotrzeć do kogoś| **get to sb**
(*nieform.*) denerwować| **get together
(with sb)** spotykać się (z kimś)| **get sb/**

sth together zbierać ludzi/rzeczy| **get up**
wstawać| **get sb up** budzić kogoś| **get up
to sth** 1 dochodzić do jakiegoś punktu
2 robić (*zwł. coś złego*)

get-together /'get təgeðə(r)/ *n*
(*nieform.*) spotkanie, prywatka

ghastly /'gɑːstli; *Am.* 'gæ-/ *adj*
potworny, koszmarny

ghost /gəʊst/ *n* (*zjawa*) duch| **ghostly**
adj upiorny ● **'ghost town** *n* wymarłe
miasto| **'ghostwriter** *n* autor piszący za
kogoś

giant /'dʒaɪənt/ *n* 1 olbrzym 2 gigant ►
adj olbrzymi

giddy /'gɪdi/ *adj: I feel ~.* Kręci mi się w
głowie.

gift /gɪft/ *n* 1 prezent, dar: *a ~ shop*
sklep z upominkami 2 *a ~* (*for (doing)
sth*) talent| **gifted** *adj* utalentowany

gig /gɪg/ *n* występ muzyków pop/
jazzowych

gigantic /dʒaɪ'gæntɪk/ *adj* gigantyczny

giggle /'gɪgl/ *v* chichotać ► *n* chichot:
I've got the ~s. Nie mogę się przestać
śmiać.

gimmick /'gɪmɪk/ *n* chwyt (*np.
reklamowy*)

gin /dʒɪn/ *n* dżin

ginger /'dʒɪndʒə(r)/ *n* 1 imbir 2 kolor
rudy ► *adj* 1 imbirowy 2 rudy
● **ginger 'ale** *n* napój bezalkoholowy
przyprawiany imbirem

gingerbread /'dʒɪndʒəbred/ *n* [U]
piernik

gipsy /'dʒɪpsi/ = GYPSY

girl /gɜːl/ *n* 1 dziewczyn(k)a 2 córka
3 panienka ● **'girlfriend** *n* dziewczyna,
przyjaciółka| **'Girl Scout** *n* (*Am.*)
harcerka

gist /dʒɪst/ *n* (**the gist**) ogólny sens

give /gɪv/ *v* (*pt* **gave** /geɪv/; *pp* **given**
/'gɪvn/) 1 dawać: *~ sb some help* pomóc
komuś 2 podarować 3 podawać
4 poświęcać 5 płacić 6 przyprawiać,
sprawiać: *The news about his father
gave him a terrible shock.* Wiadomość o
ojcu była dla niego straszliwym
szokiem. 7: *~ a shout of delight*
krzyknąć z radości ◇ *~ a sigh*
westchnąć ◇ *She gave my hand a
squeeze.* Ścisnęła moją rękę. ◇ *They
gave us a warm welcome.* Ciepło nas
powitali. ◇ *She gave him a kiss.*
Pocałowała go. 8 wygłaszać (*np. odczyt*)
8 wydawać (*np. przyjęcie*) 9 wyginać się
(*pod naciskiem*) |IDM| give or take plus
minus ❶ Give występuje w innych
idiomach, np. give way. Zob. hasła
odpowiednich n i adj |PV| give sth away
rozdawać, oddawać| give sth/sb away
zdradzać| give sb back sth; give sth
back (to sb) oddawać| give sth in dawać,
wręczać| give in (to sb/sth) poddawać

się (komuś/czemuś)| **give sth off** wydzielać (*np. zapach*)| **give sth out** rozdawać| **give up** poddawać się| **give sth up**; **give up doing sth** rzucać (*np. palenie*), zaprzestać coś robić ▶ *n* elastyczność [IDM] **give and take** wzajemne ustępstwa| **given** *adj* (*godzina itp.*) dany| *prep* biorąc pod uwagę ● **giveaway** *n* (*nieform.*) **1** bezpłatny dodatek **2** coś, co zdradza prawdę: *Her face was a dead giveaway.* Wyraz twarzy całkowicie ją zdradzał.| '**given name** *n* (*zwł. Am.*) imię → NAME

glad /glæd/ *adj* (-dd-) **1** ~ (**about sth/to do sth/that…**) zadowolony: *I'm ~ to hear he's feeling better.* Cieszę się, że lepiej się czuje. ◊ *We'd be ~ to see you.* Będzie nam miło cię zobaczyć. **2** ~ (**of sth**) wdzięczny (za coś)| **gladly** *adv* chętnie

glamour (*Am. także* -**or**) /ˈglæmə(r)/ *n* blask (*np. trybu życia*), świetność| **glamorize** (*także* -**ise**) *v* dodawać uroku | **glamorous** *adj* **1** (*styl życia itp.*) olśniewający **2** (*bardzo*) efektowny

glance /glɑːns; *Am.* glæns/ *v* spojrzeć, zerknąć ▶ *n* rzut oka: *exchange ~s* zerkać na siebie ◊ *steal a ~ at sb/sth* ukradkiem spojrzeć na kogoś/coś [IDM] **at a** (**single**) **glance** na pierwszy rzut oka

gland /glænd/ *n* gruczoł: *swollen ~s* powiększone węzły chłonne

glare /gleə(r)/ *n* **1** oślepiający blask **2** spojrzenie pełne gniewu itp. ▶ *v* **1** ~ (**at sb/sth**) patrzeć ze złością na kogoś/coś| **glaring** *adj* **1** oślepiający **2** (*wzrok itp.*) wściekły **3** rażący

glass /glɑːs; *Am.* glæs/ *n* **1** szkło **2** szklanka, kieliszek **3** (*także* -**ware**) szkło stołowe ● **glass** '**fibre**/ (*Am.*) **fiber** włókno szklane| '**glasshouse** *n* szklarnia

glasses /ˈglɑːsɪz; *Am.* ˈglæ-/ *n* okulary

glaze /gleɪz/ *v* **1** szklić **2** ~ **sth** (**with sth**) emaliować; lukrować, posmarować [PV] **glaze over** (*oczy*) (za)szklić się

gleam /gliːm/ *n* **1** (od)blask **2** przebłysk (*np. nadziei*) ▶ *v* **1** (*i przen.*) błyszczeć

glee /gliː/ *n* radość

glib /glɪb/ *adj* (-bb-) **1** gładki, ale nie zawsze zgodny z prawdą **2** wygadany

glide /glaɪd/ *v* **1** sunąć, ślizgać się **2** szybować| **glider** *n* szybowiec

glimmer /ˈglɪmə(r)/ *v* migotać ▶ *n* **1** migotanie **2** przebłysk (*np. nadziei*)

glimpse /glɪmps/ *n* **a** ~ (**at/of sth**) mignięcie: *I caught a ~ of myself in the mirror.* Przelotnie zobaczyłam siebie w lustrze. ▶ *v* zobaczyć (przelotnie)

glisten /ˈglɪsn/ *v* (*coś mokrego*) błyszczeć

glitter /ˈglɪtə(r)/ *v* (*biżuteria itp.*) lśnić ▶ *n* [U] **1** (*i przen.*) blask **2** błyszczący

pył, stosowany do dekoracji i w kosmetyce

gloat /gləʊt/ *v* ~ (**about/over sth**) napawać/upajać się (czymś)

global /ˈgləʊbl/ *adj* **1** ogólnoświatowy **2** całościowy ● **global** '**warming** *n* globalne ocieplenie

globe /gləʊb/ *n* **1** globus **2** (**the globe**) kula ziemska

gloom /gluːm/ *n* **1** przygnębienie **2** mrok| **gloomy** *adj* **1** ponury **2** przygnębiony

glorious /ˈglɔːriəs/ *adj* wspaniały

glory /ˈglɔːri/ *n* **1** sława, chwała **2** wspaniałość

gloss /glɒs/ *n* połysk ▶ *v* [PV] **gloss over sth** tuszować (*np. wadę*)| **glossy** *adj* **1** (*zwł. włosy, futro, liście*) błyszczący **2** na błyszczącym papierze

glossary /ˈglɒsəri/ *n* (*pl* -**ies**) słowniczek

glove /glʌv/ *n* rękawi-czka/ca ● '**glove compartment** *n* schowek w samochodzie (*np. na mapy*)

glow /gləʊ/ *v* **1** żarzyć/świecić się **2** ~ (**with sth**) promieniować czymś, rumienić się ▶ *n* **1** blask, żar **2** rumieniec

glucose /ˈgluːkəʊs/ *n* glukoza

glue /gluː/ *n* klej ▶ *v* przyklejać, sklejać

glutton /ˈglʌtn/ *n* **1** żarłok **2 a** ~ **for sth** (*nieform.*): *She's a ~ for punishment/for hard work.* Jest cierpiętnikiem/tytanem pracy.

GM /ˌdʒiː ˈem/ *abbr* **genetically modified** genetycznie modyfikowany

gnaw /nɔː/ *v* **1** ~ (**away**) (**at/on**) **sth** ogryzać **2** ~ (**away**) **at sb** dręczyć

gnome /nəʊm/ *n* krasnal

go /gəʊ/ *n* (*pl* **goes** /-z/) **1** kolej/ka **2** (*nieform.*) **a** ~ (**at doing sth**) próba: *have a ~* spróbować ◊ *He passed his driving test first ~.* Zdał egzamin na prawo jazdy za pierwszym podejściem. [IDM] **have a go at sb** (*nieform.*) czepiać się kogoś| **make a go of sth** (*nieform.*) robić wysiłki, żeby coś się udało ▶ *v* (*3rd sing czasu pres* **goes** /gəʊz/; *pt* **went** /went/; *pp* **gone** /gɒn/) **1** iść, jechać ● *Cz.* **go** ma dwa *past participles*: **been** i **gone**. **Been** używa się wtedy, gdy podmiot udał się dokądś i stamtąd już wrócił. **Gone** również oznacza, że podmiot dokądś się udał, lecz jeszcze nie wrócił: *Julia's gone to the doctor's.* Julia poszła do lekarza (i jeszcze nie wróciła). ◊ *Julia's been to the doctor's today.* Julia była dzisiaj u lekarza (i już wróciła). **2** chodzić (*regularnie*) **3** (*droga*) prowadzić **4** stać (*na stałym miejscu*) **5** mieścić się **6** iść, (*sprawy*) mieć się (*dobrze/źle*) **7** (*maszyna itp.*)

działać **8** (*mechanizm itp.*) (ze)psuć się
9 *v link* stawać się ◇ ~ *grey* siwieć ◇ ~
blind stracić wzrok ◇ ~ *mad* oszaleć
◇ ~ *to sleep* zasnąć **10** minąć
11 pasować **12** (*piosenka itp.*) iść
13 wydawać określony dźwięk: *The bell
went early today.* Dzwonek zadzwonił
dziś wcześniej. **14** (*czas*) mijać: *There's
only one minute left to* ~. Została jeszcze
tylko jedna minuta. [IDM] **as people/
things, etc.** go jak na kogoś/coś| **be
going to do sth 1** zamierzać coś zrobić
2: *It's going to rain soon.* Zaraz będzie
padać. ◇ *He's going to fall!* Zaraz się
przewróci!| **have a lot going for you**
mieć wszystkie atuty/wszelkie szanse|
to go (jeszcze) do zrobienia, (*zostaje/
ma*) jeszcze ❶ Go występuje w innych
idiomach, np. go astray. Zob. hasła
odpowiednich n, adj itp. [PV] **go about
→** GO ROUND| **go about (doing) sth**
zabierać się do czegoś (trudnego)| **go
after sb/sth** ruszać w pogoń (*za osobą*);
próbować coś zdobyć| **go against sb/sth**
sprzeciwiać się komuś/czemuś| **go
ahead** (*spotkanie itp.*) odbywać się
(zgodnie z planem)| **go ahead (with sth)**
rozpoczynać (*coś zaplanowanego*)| **go
along with sb/sth** zgadzać się z kimś/
czymś| **go around →** GO ROUND| **go away
1** wyjeżdżać **2** znikać| **go back** wracać|
go back on sth złamać (*np. obietnicę*)|
go by 1 (*czas*) upływać **2** (*osoba itp.*)
przechodzić| **go by sth 1** opierać się (*np.
na jakimś dowodzie*)| **go down 1** spadać
2 (*słońce*) zachodzić| **go down with
sth** zachorować na coś| **go for sb**
(agresywnie) rzucać się na kogoś| **go
for sb/sth 1** dotyczyć **2** (z)decydować się
na kogoś/coś| **go in for (doing) sth**
interesować się czymś (*jako hobby*)| **go
into sth 1** wjechać w/na coś **2** obierać
(*zawód*) **3** rozwodzić się nad czymś,
wdawać się w szczegóły| **go off
1** (*bomba*) wybuchać **2** (*budzik, syrena
itp.*) zadzwonić **3** (*światło itp.*) gasnąć,
wyłączać się **4** (*jedzenie*) psuć się
5 (*uroczystość itp.*) wypaść (*dobrze/źle*)|
go off sb/sth przestawać lubić kogoś/
coś| **go on 1** zapalać się, włączać się
2 (*czas*) upływać **3** dziać się **4** trwać
5 mówić dalej **6**: *Oh ~ on – let me borrow
your car.* Bardzo cię proszę – pożycz mi
swój samochód. ◇ *Go on – jump!* No
dalej – skacz!| **go on sth** opierać się (*np.
na dowodzie*)| **go on (about sb/sth)**
gledzić (o kimś/czymś)| **go on (doing/
with sth)** kontynuować, dalej coś
robić| **go on to do sth** robić coś po
zakończeniu innej czynności| **go out
1** wychodzić/wyjeżdżać (do czegoś/na
coś) **2** wychodzić z mody/użycia
3 gasnąć| **go out (with sb/together)**
chodzić ze sobą, spotykać się| **go over
sth 1** sprawdzać **2** omawiać| **go round/
around/about** krążyć| **go round (to...)**

zachodzić do kogoś (*w odwiedziny*)| **go
through** dochodzić do skutku| **go
through sth 1** przeszukiwać coś
2 omawiać coś **3** przechodzić (*np. przez
nieprzyjemne doświadczenie*)| **go
through with sth** doprowadzać coś do
końca| **go together 1** należeć (*do tej
samej grupy*) **2** pasować (do czegoś)| **go
up 1** wzrastać **2** budować się **3** stanąć
(*w płomieniach*) **4** wylecieć w powietrze
| **go with sth 1** towarzyszyć czemuś
2 pasować do czegoś| **go without (sth)**
obywać się bez czegoś

goal /ɡəʊl/ *n* **1** bramka **2** gol **3** cel
 ● **'goalkeeper** (*nieform.* goalie *lub*
keeper) *n* bramka-rz/rka| **'goalpost** *n*
słupek (*bramki*)

goat /ɡəʊt/ *n* kozioł, koza

goatee /ɡəʊˈtiː/ *n* kozia bródka

gobble /'ɡɒbl/ *v* (*nieform.*) jeść
łapczywie i głośno [PV] **gobble sth up/
down** zmiatać jedzenie z talerza

go-between /'ɡəʊ bɪtwiːn/ *n* posłaniec,
pośrednik

goblin /'ɡɒblɪn/ *n* chochlik

god /ɡɒd/ *n* **1** (*f. żeńska* **goddess**
/'ɡɒdes; -əs-/) bóg, bogini **2** (**God**) Bóg
 ● **'godchild** (*pl* **'godchildren**) (*f. żeńska*
'god-daughter; *f. męska* **'godson**) *n*
chrześnia-k/czka| **'godparent** (*f. żeńska*
'godmother; *f. męska* **'godfather**) *n*
ojciec chrzestny, matka chrzestna

godsend /'ɡɒdsend/ *n* [C] (*przen.*) dary
losu

goggles /'ɡɒɡlz/ *n* okulary ochronne

going /'ɡəʊɪŋ/ *n* **1** (*form.*) odejście,
odjazd **2** tempo: *Three children in four
years? That's not bad* – ! Troje dzieci w
ciągu czterech lat – to nieźle im idzie!
3: *The mud made the path very hard* ~.
Z powodu błota ścieżka była trudna do
przebycia. ◇ *I'm finding this novel very
heavy* ~. Uważam, że tę książkę ciężko
się czyta. *adj* [IDM] **a going concern**
kwitnący interes| **the going rate (for
sth)** zwyczajowa stawka (za coś)

gold /ɡəʊld/ *n* złoto [IDM] **(as) good as
gold** grzeczny jak aniołek ► *adj* złoty|
golden *adj* **1** złoty, złocisty **2** doskonały:
a ~ *opportunity* wielka szansa

goldfish /'ɡəʊldfɪʃ/ *n* (*pl* **goldfish**) złota
rybka

golf /ɡɒlf/ *n* golf| **golfer** *n* gracz w golfa

gone /ɡɒn/ *pp od* GO ► *adj* nieobecny,
zużyty: *and then he was* ~ i już go nie
było ◇ *Is it all* ~? Czy już tego nie ma?
 ❶ **Gone** w znaczeniu "nieobecny"
lub "zużyty" używa się z **be**, tak
jak w powyższych przykładach.
Zastanawiając się nad tym, gdzie ktoś
się podział, używa się **have**: *Nobody
knows where John has* ~.| *prep* po

good /gʊd/ *adj* (better /'betə(r)/, best /best/) **1** dobry: *Good!* Dobrze! ◊ *Have a ~ time!* Baw się dobrze! ◊ *It was ~ of you to come.* Ładnie z twojej strony, że przyszedłeś. ◊ *This beach is very ~ for surfing.* Ta plaża nadaje się do surfingu. **2 ~ at (doing) sth; ~ with sb/sth** dobry (w czymś): *He's very ~ with children.* Dobrze sobie radzi z dziećmi. **3 ~ (for sb/sth)** zdrowy **4** (*przyczyna itp.; bilet*) ważny **5** (**a good...**): *a ~ many people* bardzo dużo ludzi ◊ *Take a ~ look at this.* Dobrze się temu przyjrzyj ◊ *It's a good three miles to the station.* Do stacji są dobre trzy mile. [IDM] **as good as** prawie! **good for you, etc.** (*nieform.*) gratulacje!, brawo! | **good gracious/ grief/heavens, etc.** coś takiego! | **good morning** dzień dobry | **good afternoon** dzień dobry | **good evening** dobry wieczór | **good night** dobranoc ▸ *n* **1** dobro **2** pożytek [IDM] **be no good** być bezużytecznym | **be no good (doing sth)** nie warto (czegoś robić) | **for good** na dobre | **not much good** (*nieform.*) kiepski | **goodness** *n* **1** dobroć **2**: *Wholemeal bread has more ~ in it.* Pieczywo pełnoziarniste jest zdrowsze. [IDM] **for goodness' sake** na litość boską! | **goodness (me)!** o mój Boże! ● ,good-'humoured *adj* dobroduszny | ,good-'looking *adj* przystojny, atrakcyjny | ,good-'natured *adj* dobroduszny, dobrego usposobienia | ,good-'tempered *adj* opanowany, łagodny

goodbye /,gʊd'baɪ/ *interj* do widzenia: *say ~* pożegnać się

Good Friday /,gʊd 'fraɪdeɪ; -di/ *n* Wielki Piątek

goods /gʊdz/ *n* [*pl*] **1** towary (*na sprzedaż*) **2** (*Br.*) ładunek: *a ~ train* pociąg towarowy

goodwill /,gʊd'wɪl/ *n* dobra wola, życzliwość

goose /guːs/ *n* (*pl* geese /giːs/) gęś [IDM] **goose pimples/bumps** gęsia skórka

gooseberry /'gʊzbəri; Am. 'guːsberi/ *n* (*pl* -ies) agrest

gorgeous /'gɔːdʒəs/ *adj* (*nieform.*) **1** wspaniały **2** przepiękny **3** pyszny

gorilla /gə'rɪlə/ *n* goryl

gory /'gɔːri/ *adj* **1** krwawy: *a ~ film* film pełen przemocy **2**: *He told me all the ~ details about the divorce.* Opowiedział mi drastyczne szczegóły ich rozwodu.

gospel /'gɒspl/ *n* **1** (**Gospel**) Ewangelia **2** święta prawda **3** muzyka Gospel

gossip /'gɒsɪp/ *n* **1** plotki: *have a ~* plotkować **2** plotka-rz/rka ▸ *v* plotkować ● 'gossip column *n* kronika towarzyska

got *pt, pp od* GET

Gothic /'gɒθɪk/ *adj* gotycki

gotten (*Am.*) *pp od* GET

gouge /gaʊdʒ/ *v* [PV] **gouge sth out** wyżłabiać/wyłupiać coś

govern /'gʌvn/ *v* **1** rządzić **2** wpływać: *Our decision will be governed by the amount of money we have to spend.* Decyzja będzie uzależniona od ilości pieniędzy, jaką będziemy dysponować. | **government** *n* **1** (*często the* **Government**) rząd **2** rządy [IDM] **in government** w rządzie

governor /'gʌvənə(r)/ *n* **1** gubernator **2** prezes **3** członek zarządu

gown /gaʊn/ *n* **1** suknia **2** toga, fartuch

GP /,dʒiː 'piː/ *skrót* lekarz pierwszego kontaktu

grab /græb/ *v* (**-bb-**) **1** chwytać **2** złapać (*np. okazję*)

grace /greɪs/ *n* **1** wdzięk **2** prolongata (*terminu płatności*) **3** modlitwa przed posiłkiem/po posiłku **4** (**Your Grace**) Wasza Miłość/Wysokość | **graceful** *adj* pełen wdzięku/gracji

gracious /'greɪʃəs/ *adj* łaskawy

grade /greɪd/ *n* **1** stopień, jakość **2** ocena **3** (*Am.*) klasa szkolna ▸ *v* klasyfikować, oceniać ● 'grade crossing *n* (*Am.*) przejazd kolejowy

gradient /'greɪdiənt/ *n* stopień nachylenia

gradual /'grædʒuəl/ *adj* stopniowy

graduate /'grædʒuət/ *n* **1 a ~ (in sth)** absolwent/ka (*z tytułem akademickim*): *a ~ student* student/ka podyplomow-y/ a **2** (*Am.*) absolwent/ka (*szkoły, college'u*) ▸ /'grædʒueɪt/ *v* **1 ~ (in sth) (from sth)** kończyć wyższe studia: *He graduated in law.* Skończył prawo. **2** (*Am.*) **~ (in sth) (from sth)** kończyć (*np. szkołę*) | **graduation** /,grædʒu'eɪʃn/ *n* **1** ukończenie wyższych studiów **2** uroczystość nadania dyplomów akademickich

graffiti /grə'fiːti/ *n* bazgroły

graft /grɑːft; Am. græft/ *n* **1** szczep **2** przeszczep ▸ *v* szczepić, przeszczepiać

grain /greɪn/ *n* **1** zboże **2** ziarno **3** ziarenko, (*i przen.*) szczypta **4** słój (*np. drewna*)

gram (*Br. także* **-mme**) /græm/ *n* gram

grammar /'græmə(r)/ *n* gramatyka | **grammatical** /grə'mætɪkl/ *adj* gramatyczny ● 'grammar school *n* (*Br.*) szkoła średnia ogólnokształcąca

grand /grænd/ *adj* **1** wielki, okazały **2** ważny **3** (*nieform.*) wspaniały ● ,grand pi'ano *n* fortepian | ,grand 'total *n* suma ogólna

grand- (*przed n żeby pokazać pokrewieństwo*) | **grandchild** /'græntʃaɪld/ *n* (*pl* -**children**) (*f. żeńska*

-daughter /-dɔːtə(r)/ (*f. męska* **-son** /-sʌn/) wnuk, wnuczka| **grandparent** /'grænpeərənt/ (*f. żeńska* **-mother** /-mʌðə(r)/; *f. męska* **-father** /-fɑːðə(r)/) *n* dziadek; babcia ● **'grandfather clock** *n* zegar stojący

grandad /'grændæd/ *n* (*Br., nieform.*) dziadzio

grandeur /'grændʒə(r)/ *n* (*form.*) 1 okazałość 2 poczucie ważności

grandma /'grænmɑː/ *n* (*nieform.*) babcia

grandpa /'grænpɑː/ *n* (*nieform.*) dziadzio

grandstand /'grænstænd/ *n* [C] kryte trybuny

granite /'grænɪt/ *n* granit

granny (*także* **-nnie**) /'græni/ *n* (*pl* **-ies**) (*nieform.*) babcia

grant /grɑːnt/ *Am.* grænt/ *v* 1 (*form.*) przyznawać, zezwalać, udzielać 2 przyznawać (rację) [IDM] **take sb for granted** nie doceniać kogoś| **take sth for granted** przyjmować coś za rzecz oczywistą ▶ *n* 1 do/finansowanie 2 stypendium

grape /greɪp/ *n* winogrono

grapefruit /'greɪpfruːt/ *n* (*pl* **grapefruit** *lub* **-s**) grejpfrut

grapevine /'greɪpvaɪn/ *n* winorośl [IDM] **on/through the grapevine** pocztą pantoflową

graph /grɑːf/ *Am.* græf/ *n* wykres ● **'graph paper** *n* papier milimetrowy

graphic /'græfɪk/ *adj* 1 graficzny: ~ *design* grafika 2 obrazowy 3 drastyczny | **graphics** *n* [*pl*] grafika

grasp /grɑːsp/ *Am.* græsp/ *v* 1 (*i przen.*) chwytać 2 rozumieć ▶ *n* 1 uchwyt 2 (*i przen.*) (w) zasięgu ręki 3 zrozumienie: *He has a good ~ of English grammar.* Dobrze rozumie zasady gramatyki angielskiej.| **grasping** *adj* pazerny

grass /grɑːs/ *Am.* græs/ *n* trawa| **grassy** *adj* trawiasty ● **grass 'roots** *n* zwykli członkowie

grasshopper /'grɑːshɒpə(r)/; *Am.* 'græs-/ *n* konik polny

grate /greɪt/ *n* 1 ruszt 2 palenisko ▶ *v* 1 trzeć 2 zgrzytać 3 ~ (**on sb**) drażnić| **grater** *n* tarka

grateful /'greɪt/ *adj* wdzięczny

gratitude /'grætɪtjuːd/ *Am.* -tuːd/ *n* wdzięczność

grave /greɪv/ *adj* (*form.*) 1 poważny 2 groźny ▶ *n* grób

gravel /'grævl/ *n* żwir

gravity /'grævəti/ *n* grawitacja

gravy /'greɪvi/ *n* sos z pieczeni

gray /greɪ/ *adj, n* (*zwł. Am.*) = GREY

graze /greɪz/ *v* 1 paść się 2 (*zadrapać*) ocierać 3 musnąć, otrzeć się o coś ▶ *n* otarcie

grease /griːs/ *n* 1 smar 2 brylantyna 3 tłuszcz ▶ *v* smarować (*np. tłuszczem*)| **greasy** /-si; -zi/ *adj* tłusty

great /greɪt/ *adj* 1 wielki → DUŻY 2 (*nieform.*) wspaniały: *It's ~ to see you again.* Wspaniale znów cię widzieć. ● Czasami używa się słowa **great**, aby wyrazić sarkazm, ironię: *Oh ~! I've spilled my coffee!* 4 (*nieform.*) bardzo: *There was a ~ big dog in the garden.* W ogrodzie był olbrzymi pies.

great- /greɪt/ pra-: *great-grandfather* pradziadek

greed /griːd/ *n* ~ (**for sth**) 1 łakomstwo 2 chciwość| **greedy** *adj* ~ (**for sth**) 1 łakomy 2 chciwy

green /griːn/ *adj* 1 zielony 2 (*nieform.*) (*naiwny*) zielony 3 (*twarz*) blady 4 żółty (*z zazdrości*) 5 ekologiczny| **greenery** *n* zieleń| *n* 1 zieleń 2 (**greens**) warzywa zielone 3 (*Br.*) błonie wiejskie 4 (*golf*) murawa

greengrocer /'griːngrəʊsə(r)/ *n* (*Br.*) sprzedawca w sklepie owocowo-warzywnym| **greengrocer's** *n* sklep owocowo-warzywny

greenhouse /'griːnhaʊs/ *n* szklarnia ● **'greenhouse effect** *n* efekt cieplarniany| **greenhouse 'gas** *n* gaz powodujący efekt cieplarniany

greet /griːt/ *v* 1 witać 2 ~ **sth with sth** przyjmować| **greeting** *n* 1 powitanie, pozdrowienie 2 (**greetings**) życzenia

grenade /grə'neɪd/ *n* granat

grew *pt od* GROW

grey /greɪ/ *adj* 1 szary 2 siwy: *go* ~ siwieć 3 ponury 4 nudny ▶ *n* kolor szary

greyhound /'greɪhaʊnd/ *n* chart

grid /grɪd/ *n* 1 krata 2 siatka geograficzna

grief /griːf/ *n* (*żałoba*) żal

grievance /'griːvəns/ *n* skarga

grieve /griːv/ *v* 1 ~ (**for sb**) rozpaczać: *He is still grieving for his wife.* Wciąż jeszcze opłakuje swoją żonę. 2: *It ~s me to have to refuse.* Przykro mi, że muszę odmówić.

grill /grɪl/ *n* 1 opiekacz 2 grill ▶ *v* 1 (*Br.*) piec (się) na opiekaczu 2 (*nieform.*) przepytywać

grille /grɪl/ *n* krata

grim /grɪm/ *adj* (**-mm-**) ponury

grimace /grɪ'meɪs; 'grɪməs/ *n* grymas ▶ *v* robić grymas

grime /graɪm/ *n* brud| **grimy** *adj* bardzo brudny

grin /grɪn/ *v* (**-nn-**) uśmiechać się szeroko ▶ *n* szeroki uśmiech

grind /graɪnd/ *v* (*pt, pp* **ground**
/graʊnd/) **1** mleć: *ground pepper* pieprz
mielony **2** ostrzyć, szlifować **3** wciskać,
wcierać **4** zgrzytać [IDM] **grind to a halt/
standstill** utknąć w martwym punkcie
▸ *n* (*nieform.*) harówka| **grinder** *n*
młynek

grip /grɪp/ *v* **1** (**-pp-**) ściskać, chwytać
2 zawładnąć (*np. umysłem*) ▸ *n* **1** uchwyt,
uścisk **2** a ~ (**on sb/sth**) panowanie: *The
teacher kept a firm ~ on the class.*
Nauczyciel panował nad klasą. **3** a ~ (**on
sth**) opanowanie (*czegoś*) **3** pomocni-k/
ca kamerzysty **4** (*Br.*) spinka do włosów
[IDM] **come/get to grips with sth**
opanować coś| **gripping** *adj* trzymający
w napięciu

gristle /ˈgrɪsl/ *n* chrząstka

grit /grɪt/ *n* [U] **1** kamyki **2** (*nieform.*)
odwaga ▸ *v* (**tt-**) [IDM] **grit your teeth**
(*i przen.*) zaciskać zęby

groan /grəʊn/ *v* jęczeć ▸ *n* jęk

grocer /ˈgrəʊsə(r)/ *n* sprzedawca w
małym sklepie spożywczym| **groceries**
n artykuły spożywcze

groggy /ˈgrɒgi/ *adj* (*nieform.*)
słaniający się

groin /grɔɪn/ *n* pachwina

groom /gruːm/ *n* **1** = BRIDEGROOM
2 stajenny ▸ *v* **1** obrządzać (*konia*)
2 przygotowywać kogoś do objęcia
stanowiska

groove /gruːv/ *n* rowek, wyżłobienie

grope /grəʊp/ *v* **1** ~ (**about/around**) (**for/
after sth**) szukać po omacku **2** (*nieform.*)
(*seksualnie*) obmacywać [PV] **grope
(your way) across / along / past, etc.
(sth)** iść po omacku

gross /grəʊs/ *adj* **1** grubiański
2 (*form.*) rażący **3** brutto, przed
potrąceniem **4** opasły| **grossly** *adv*
rażąco

grotesque /grəʊˈtesk/ *adj* groteskowy

ground /graʊnd/ *n* **1** ((**the**) **ground**)
ziemia: *waste* ~ nieużytki **2** boisko, plac
(*np. zabaw*) **3** (**grounds**) teren **4** obszar
(*zagadnień*), materiał (*w nauce*)
5 przyczyna: *She retired on medical ~s.*
Przeszła na emeryturę z powodu złego
stanu zdrowia. **6** (*Am.*) (*elektr.*)
uziemienie [IDM] **get off the ground**
(*biznes itp.*) ruszać z miejsca ▸ *v*
1 uniemożliwiać (*start samolotu*)
2 ograniczyć wyjścia (*dziecka*): *I've been
grounded for a week.* Nie mogę wyjść –
mam szlaban na tydzień. **3** (*Am.*)
(*elektr.*) uziemiać| **grounding** *n* [lp]
podstawy| *pt, pp of* GRIND| **groundless**
adj bezpodstawny ● **ground** ˈbeef *n*
(*Am.*) mięso mielone| ˈ**ground crew**
(*Am.*) ~ **staff** *n* załoga naziemna|
ˌ**ground** ˈfloor *n* parter → FLOOR|
ˈ**ground rule** *n* podstawa, zasada

groundnut /ˈgraʊndnʌt/ *n* (*Br.*)
orzeszek ziemny

groundwork /ˈgraʊndwɜːk/ *n* praca
przygotowawcza

group /gruːp/ *n* grupa ▸ *v* grupować

grovel /ˈgrɒvl/ *v* (**-ll-**; *Am.* **-l-**) płaszczyć
się (*przed kimś*)

grow /grəʊ/ *v* (*pt* **grew** /gruː/; *pp*
grown /grəʊn/) **1** rosnąć **2** wzrastać
3 uprawiać **4** zapuszczać (*włosy*) **5** *v
link* stawać się: ~ *older* starzeć się ◇ ~
wiser mądrzeć [PV] **grow into sth**
1 wyrastać na kogoś/coś, zmienić się w
coś **2** dorastać (*np. do ubrania*)| **grow on
sb** dawać się polubić| **grow up**
1 dorastać: *Oh, ~ up!* Nie bądź
dzieckiem! **2** (*uczucie*) rosnąć| **growing**
adj narastający| **grown** *adj* dorosły,
dojrzały| **growth** *n* **1** wzrost, przyrost
2 rozwój: *a ~ industry* (szybko) rozwijający się przemysł **3** narośl
● ˌ**grown-**ˈ**up** **1** *adj* dorosły, dojrzały
2 *n* osoba dorosła

growl /graʊl/ *v* warczeć ▸ *n* warczenie

grub /grʌb/ *n* **1** larwa **2** (*nieform.*)
żarcie

grubby /ˈgrʌbi/ *adj* (*nieform.*) brudny

grudge /grʌdʒ/ *v* żałować czegoś
komuś ▸ *n* a ~ (**against sb**) uraza: *bear a
~ against sb* mieć coś komuś za złe

gruesome /ˈgruːsəm/ *adj*
makabryczny, potworny

gruff /grʌf/ *adj* gburowaty

grumble /ˈgrʌmbl/ *v* narzekać (*np. pod
nosem*)

grumpy /ˈgrʌmpi/ *adj* (*nieform.*) zły,
naburmuszony

grunt /grʌnt/ *v* **1** chrząkać
2 odmruknąć

guarantee /ˌgærənˈtiː/ *n* **1** gwarancja
2 poręczenie ▸ *v* **1** gwarantować
2 zapewniać **3** poręczać

guard /gɑːd/ *v* **1** strzec, chronić
2 pilnować [PV] **guard against sth**
zabezpieczać przed czymś| **guarded** *adj*
(*odpowiedź itp.*) ostrożny ▸ *n* **1** strażnik
2 straż, warta: *a ~ dog* pies łańcuchowy
(podwórzowy) [IDM] **be on (your) guard**
mieć się na baczności

guardian /ˈgɑːdiən/ *n* **1** strażnik
2 prawny opiekun

guerrilla (*także* **-erilla**) /gəˈrɪlə/ *n*
partyzant/ka: ~ *warfare* partyzantka

guess /ges/ *v* **1** zgadywać **2** (*nieform.,
zwł. Am.*) przypuszczać [IDM] **guess
what!** nie uwierzysz! ▸ *n* domniemanie:
have a ~ zgadnąć ◇ *My ~ is that they're
in a traffic jam.* Przypuszczam, że stoją
w korku. [IDM] **at a guess** na oko sądząc

guest /gest/ *n* **1** gość **2** gość hotelowy,
klient [IDM] **be my guest** (*nieform.*)

proszę bardzo ● **'guest house** *n*
pensjonat
guidance /'gaɪdns/ *n* porada,
poradnictwo
guide /gaɪd/ *n* **1** przewodni-k/czka
2 wskazówka **3** (*także* '-book)
przewodnik **4** (**Guide**) (*Br.*) harcerka ► *v*
1 prowadzić, nakierowywać **2** kierować
I **guided** *adj* (*wycieczka*) z
przewodnikiem ● **,guided 'missile** *n*
pocisk kierowany I **'guideline** *n*
wytyczna, zalecenie
guilt /gɪlt/ *n* wina I **guilty** *adj* ~ (**of sth**)
winny: *a ~ conscience* nieczyste
sumienie
guinea pig /'gɪnɪpɪg/ *n* **1** świnka
morska **2** królik doświadczalny
guise /gaɪz/ *n* [IDM] **in different guises**
pod różnymi postaciami I **in the guise
of sb** udając kogoś I **under the guise of
sth** pod pozorem czegoś
guitar /gɪ'tɑ:(r)/ *n* gitara → **GRAĆ** I
guitarist *n* gitarzyst-a/ka
gulf /gʌlf/ *n* **1** zatoka **2** przepaść
gull /gʌl/ *n* mewa
gullible /'gʌləbl/ *adj* łatwowierny
gulp /gʌlp/ *v* **1** ~ **sth** (**down**) połykać w
pośpiechu **2** przełykać (*z emocji*) ► *n*
1 połknięcie **2** przełknięcie **3** łyk
gum /gʌm/ *n* **1** dziąsło **2** klej
3 = CHEWING GUM ► *v* (**-mm-**) przyklejać
gun /gʌn/ *n* **1** broń palna **2** rodzaj
narzędzia (*wyrzucającego pod
ciśnieniem płyn/rzecz*): *a grease ~
towotnica* ◊ *a staple ~* rodzaj
zszywacza ► *v* (**-nn-**) [PV] **gun sb down**
(*nieform.*) zastrzelić, postrzelić
● **'gunfire** *n* strzelanina I **'gunman** *n* (*pl*
-men) uzbrojony bandyta I **'gunpoint** *n*
[IDM] **at gunpoint na muszce** I
'gunpowder *n* proch strzelniczy
gurgle /'gɜ:gl/ *v* **1** bulgotać **2** gaworzyć
gush /gʌʃ/ *v* **1** tryskać **2** rozpływać się
nad kimś/czymś
gust /gʌst/ *n* poryw (*wiatru*)
gusto /'gʌstəʊ/ *n* [IDM] **with gusto** z
zapałem
gut /gʌt/ *n* **1** jelito **2** (**guts**) (*nieform.*)
wnętrzności **3** kałdun **4** (**guts**)
(*nieform.*) odwaga ► *v* (**-tt-**) **1** patroszyć
2 zniszczyć wnętrze (*budynku*) I *adj*
odruchowy
gutter /'gʌtə(r)/ *n* **1** rynna **2** (*i przen.*)
rynsztok
guy /gaɪ/ *n* (*nieform.*) facet ⊖ **W** Am.
ang. zwrotu **you guys** używa się
zarówno w odniesieniu do mężczyzn,
jak i kobiet.
guzzle /'gʌzl/ *v* (*nieform.*) żarać się
gymnasium /dʒɪm'neɪziəm/ (*nieform.*
gym) *n* (*pl* **-siums** *lub* **-sia** /-zɪə/) sala
gimnastyczna, siłownia

gymnastics /dʒɪm'næstɪks/ *n*
gimnastykaI **gymnast** /'dʒɪmnæst/ *n*
gimnasty-k/czka
gynaecology (*Am.* **gyne-**) /ˌgaɪnə-
kə'lɒdʒɪk/ *n* ginekologia
gypsy /'dʒɪpsi/ *n* (*pl* **-ies**) Cygan/ka
⊖ Obecnie słowo to często uważa się za
obraźliwe. Neutralnym terminem jest
Romany.

Hh

H, h /eɪtʃ/ *n* litera *h*
habit /'hæbɪt/ *n* zwyczaj, nawyk: *be in/
get into the ~ of doing sth* mieć zwyczaj
coś robić/przyzwyczajać się do czegoś
◊ *make a ~ of sth* wchodzić komuś w
nawyk ◊ *do sth out of ~* robić coś z
przyzwyczajenia
habitat /'hæbɪtæt/ *n* środowisko
naturalne (*roślin/zwierząt*)
habitual /hə'bɪtʃuəl/ *adj* **1** nałogowy
2 zwykły
hack /hæk/ *v* **1** siekać, rąbać **2** ~ (**into**)
(**sth**) (*nieform.*) praktykować piractwo
komputerowe I **hacker** *n* (*nieform.*) pirat
komputerowy
had *pt, pp od* HAVE ► /hæd/ *adj*
(*nieform.*) **be ~**: *I've been ~.*
Okantowano mnie.
hadn't *abbr* HAD NOT
haemorrhage /'hemərɪdʒ/ (*Br.*) *n*
krwotok
haggard /'hægəd/ *adj* zmizerowany
haggle /'hægl/ *v* ~ (**with sb**) (**over/about
sth**) targować się
hail /heɪl/ *n* grad ► *v* **1** (*grad*) padać
2 przywołać (*np. taksówkę*) **3** ~ **sb/sth as
sth** ogłaszać za coś
hair /heə(r)/ *n* **1** włos **2** [U] włosy [IDM]
let your hair down (*nieform.*) rozluźnić
się I **make sb's hair stand on end**
sprawiać, że komuś włosy stają dęba I
hairy *adj* **1** owłosiony, włochaty
2 (*slang*) przerażający ● **'hairbrush** *n*
szczotka do włosów I **'haircut** *n*
1 ostrzyżenie: *You need a haircut.*
Musisz się ostrzyc. **2** fryzura I
'hairdresser *n* fryzjer/ka I **hairdresser's**
n salon fryzjerski I **'hairdryer** (*także*
-drier) *n* suszarka do włosów I **'hairgrip**
n (*Br.*) spinka do włosów I **'hairline** *n*
granica włosów I **'hairpin** *n* spinka do
włosów I **'hairspray** *n* lakier do włosów I
'hairstyle (*nieform.*) **hairdo** *n* fryzura
half /hɑ:f; *Am.* hæf/ *n* (*pl* **halves** /hɑ:vz;
Am. hævz/) połowa: *break sth in ~*
łamać na pół [IDM] **go half and half; go**

halves with sb dzielić się po połowie
(kosztem) ▶ *dem pron, pron*
połowa, pół [IDM] half past... wpół (*do
danej godziny*)| *adv* do połowy, w
połowie: *I ~ thought he might come.*
Trochę myślałem, że przyjdzie. [IDM] not
half as much/many/good/bad, etc. o wiele
mniej/gorszy itp. ● 'half-brother (*f.
żeńska* -sister) *n* przyrodni/a brat/
siostra| ˌhalf-'hearted *adj* bez
entuzjazmu| ˌhalf-'price *adv* za połowę
ceny| ˌhalf'way *adj, adv* w połowie
drogi/czasu

hall /hɔːl/ *n* **1** (*także* '~way) przedpokój,
hol **2** sala ● ˌhall of 'residence *n* dom
akademicki

hallmark /'hɔːlmɑːk/ *n* cecha
charakterystyczna

hallo = HELLO

Halloween (*także* -we'en) /ˌhæləʊ'iːn/
n wigilia Wszystkich Świętych ❶ Jak
głosi tradycja, w czasie Halloween
pojawiają się czarownice i duchy.
Dzieci przebierają się za czarownice
i płatają figle.

hallucination /həˌluːsɪ'neɪʃn/ *n*
halucynacja

halo /'heɪləʊ/ *n* (*pl* -s *lub* -es) aureola

halt /hɔːlt/ *n* postój, zatrzymanie się:
*Work came to a ~ when the machine
broke down.* Praca stanęła, kiedy
maszyna zepsuła się. ◊ *bring sth to a ~*
zatrzymać coś ▶ *v* **1** przystawać
2 zatrzymywać

halve /hɑːv; *Am.* hæv/ *v* **1** dzielić na pół
2 zmniejszać o połowę

ham /hæm/ *n* szynka

hamburger /'hæmbɜːgə(r)/ *n*
1 hamburger **2** (*Am.*) mięso mielone

hammer /'hæmə(r)/ *n* młotek ▶ *v* **1** bić
młotem, stukać **2** walić

hammock /'hæmək/ *n* hamak

hamper /'hæmpə(r)/ *n* kosz z pokrywą
▶ *v* przeszkadzać

hamster /'hæmstə(r)/ *n* chomik

hand /hænd/ *n* **1** ręka (*dłoń z palcami*):
~ in ~ trzymając się za ręce ◊ *in the
palm of his ~* na dłoni **2** (a hand) pomoc
3 wskazówka (*np. zegara*) **4** rozdanie
(*kart*) [IDM] (at) first hand (*informacje*) z
pierwszej ręki| (close/near) at hand
blisko| by hand **1** ręcznie **2** (*doręczony*)
osobiście| get/lay your hands on sb/sth
1 znaleźć/dostać kogoś/coś| hands up!
ręce do góry!| have your hands full być
bardzo zajętym| hold hands (with sb)
trzymać się za ręce| in hand
1 (*pieniądze itp.*) nie wydany **2** (*sprawa
itp.*) rozpatrywany **3** pod kontrolą| in
the hands of sb; in sb's hands w czyichś
rękach: *She is in capable ~s.* Jest w
dobrych rękach.| keep your hand in
utrzymywać się w (dobrej) formie| off

your hands (*mieć*) z głowy| on hand pod
ręką| on your hands na głowie| on the
one hand... on the other (hand) z jednej
strony.. .z drugiej strony| get/be out of
hand wymykać się spod kontroli| out of
your hands poza czyjąś kontrolą| to
hand w zasięgu ręki| handful *n* **1** garść
2 garstka| *v* podawać, wręczać [PV]
hand sth back (to sb) zwracać coś
(*komuś*)| hand sth down (to sb)
przekazywać (*potomności, młodszemu
rodzeństwu*)| hand sth in (to sb)
wręczać/oddawać coś (*komuś*): *She
handed in her resignation.* Złożyła
rezygnację.| hand sth out (to sb)
wydawać coś (*komuś*) ● 'handbag *n*
(*Br.*) torebka damska| 'handbrake *n*
hamulec ręczny| 'handcuffs *n* kajdanki
| 'hand luggage (*Am.*) '~ baggage *n* [U]
bagaż podręczny| hand'made *adj*
ręcznej roboty| 'handrail *n* poręcz,
bariera| 'handset *n* słuchawka
(*telefonu*)| 'handshake *n* uścisk dłoni|
ˌhands-'on *adj* bezpośredni| 'handout *n*
1 jałmużna **2** ulotka **3** informacja na
piśmie (*objaśniająca coś na lekcji lub
wykładzie*)| 'handwriting *n* [U] styl
pisma

handbook /'hændbʊk/ *n* poradnik

handicap /'hændikæp/ *n* **1** przeszkoda
2 (*przestan*) ❶ Obecnie słowo to często
uważa się za obraźliwe. = DISABILITY
3 (*sport*) wyrównanie szans ▶ *v* (-pp-)
przeszkadzać

handkerchief /'hæŋkətʃɪf; -tʃiːf/ *n* (*pl*
-s *lub* -chieves /-tʃiːvz/) chust-ka/eczka
do nosa

handle /'hændl/ *n* rączka, klamka,
uchwyt, ucho, rękojeść ▶ *v* **1** dotykać:
Handle with care! Ostrożnie!
2 zajmować się czymś, poradzić sobie z
kimś/czymś ● 'handlebar *n* kierownica
(*roweru, motocykla*)

handsome /'hænsəm/ *adj* **1** przystojny
→ BEAUTIFUL **2** (*zysk itp.*) duży

handy /'hændi/ *adj* **1** przydatny
2 poręczny **3** pod ręką: *The house is
very ~ for the shops.* Dom jest bardzo
blisko sklepów. **4** zręczny [IDM] come in
handy okazać się przydatnym (*kiedyś*)

hang /hæŋ/ *v* (*pt, pp* hung /hʌŋ/) ❶ W
zn. 2. forma czasu przeszłego i
imiesłowu biernego to hanged. **1** ~ (sth)
(up) wieszać **2** wieszać (kogoś)
3 ~ (above/over sb/sth) wisieć [IDM] be/
get hung up (about/on sb/sth) myśleć o
kimś/czymś obsesyjnie [PV] hang
about/around (*nieform.*) obijać się|
hang on **1** kurczowo się trzymać
2 czekać przez chwilę| hang on to sth
1 kurczowo się trzymać czegoś
2 (*nieform.*) zatrzymywać coś| hang out
(*nieform.*) przesiadywać| hang sth out
wieszać (*pranie*)| hang up odkładać
słuchawkę, zakończyć rozmowę

telefoniczną ► n [IDM] get the hang of
(doing) sth (nieform.) połapać się w
czymś ● 'hang-glider n lotnia|
'hangman n 1 (pl -men) kat 2 gra w
wisielca| 'hang-up n (nieform.)
kompleks (na jakimś punkcie)

hangar /'hæŋə(r)/ n hangar

hanger /'hæŋə(r)/ n wieszak

hangover /'hæŋəʊvə(r)/ n kac

haphazard /ˌhæpˈhæzəd/ adj
chaotyczny, przypadkowy

happen /'hæpən/ v 1 zdarzać się,
stawać się 2 ~ to do sth przypadkowo
coś zrobić [IDM] as it happens/happened
tak się składa/złożyło, że| happening n
wydarzenie

happy /'hæpi/ adj 1 (wesoły) szczęśliwy
2 zadowolony: I'm very ~ for you.
Bardzo się cieszę (np. że coś ci się
udało). 3 ~ to do sth chętny do czegoś:
I'll be ~ to see you. Chętnie cię zobaczę.
[IDM] Happy Birthday! Wszystkiego
najlepszego z okazji urodzin!| Happy
Christmas! Wesołych Świąt!| Happy
New Year! Szczęśliwego Nowego Roku!|
happiness n szczęście

harass /'hærəs; hə'ræs/ v dręczyć,
prześladować| harassment n gnębienie:
sexual ~ molestowanie seksualne

harbour (Am. -or) /'hɑːbə(r)/ n port ► v
ukrywać

hard /hɑːd/ adj 1 twardy 2 ~ (for sb) (to
do sth) trudny: It's ~ to know why he did
that. Trudno zgadnąć, dlaczego to
zrobił. 3 (pracownik itp.) sumienny
4 surowy [IDM] be hard on sb 1 być
kłopotliwym dla kogoś 2 być
niesprawiedliwym/krzywdzącym dla
kogoś| give sb a hard time (nieform.)
dokuczać komuś| learn the hard way
uczyć się na własnych błędach| no hard
feelings (jęz. mów.) bez urazy| take a
hard line (on sth) rządzić itp. twardą
ręką ► adv 1 ciężko, z wysiłkiem:
You'll have to try a bit harder than that.
Będziesz musiał bardziej się postarać.
◊ She looked ~ at him. Przyjrzała mu
się uważnie. 2 mocno [IDM] be hard
up (nieform.) być spłukanym
● 'hardback n książka w twardej
oprawie| ˌhard-'boiled adj (jajko) na
twardo| ˌhard 'copy n wydruk z
komputera| ˌhard-'headed adj
rzeczowy, twardy| ˌhard-'hearted adj
nieczuły, bezlitosny| ˌhard 'shoulder n
utwardzone pobocze| ˌhard-'working
adj pracowity

harden /'hɑːdn/ v 1 twardnieć
2 utwardzać 3 (i przen.) usztywniać
(się) 4 ~ sb (to sth) znieczulać kogoś (na
coś): a hardened reporter twardy
reporter ◊ a hardened criminal
zatwardziały przestępca

hardly /'hɑːdli/ adv 1 ledwie, prawie
nie: I can ~ wait for the holidays to
begin. Nie mogę się doczekać wakacji.
◊ It ~ matters whether you are there or
not. Właściwie nie jest ważne, czy
będziesz tam, czy nie. ◊ Winning this
money could ~ have come at a better
time. Wygrana tych pieniędzy nie
mogła przyjść w lepszym czasie.
● Zwróć uwagę, że kiedy hardly
występuje na początku zdania,
bezpośrednio po nim następuje v.:
Hardly had she gone to sleep than it was
time to get up again. Ledwie zasnęła,
już trzeba było znowu wstawać.
2 prawie (nie/nigdy/nikt/wcale): There's
~ any coffee left. Nie ma już prawie
wcale kawy. 3: He can ~ expect me to do
all his washing for him! Chyba nie
oczekuje, że zrobię mu to całe pranie.
◊ She's ~ likely to write now. Trudno
spodziewać się, że napisze teraz.

hardship /'hɑːdʃɪp/ n [C,U] trudności

hardware /'hɑːdweə(r)/ n 1 sprzęt
komputerowy 2 towary żelazne

hardy /'hɑːdi/ adj odporny

hare /heə(r)/ n zając

harm /hɑːm/ n 1 krzywda: Did he come
to any ~? Czy coś mu się stało? 2 szkoda
[IDM] there is no harm in doing sth nie
zaszkodzi coś zrobić ► v 1 krzywdzić
2 wyrządzać szkodę| harmful adj
szkodliwy| harmless adj nieszkodliwy

harmony /'hɑːməni/ n (pl -ies) 1 zgoda
2 harmonia

harness /'hɑːnɪs/ n [C] 1 uprząż
2 szelki (zabezpieczające)

harp /hɑːp/ n harfa ► v [PV] harp on
(about) sth gledzić o czymś

harsh /hɑːʃ/ adj 1 surowy 2 (dźwięk;
światło) ostry

harvest /'hɑːvɪst/ n 1 żniwa 2 [C] zbiór
(y) ► v zbierać (plony z pól)

has → HAVE

hash /hæʃ/ [IDM] make a hash of sth
(nieform.) partaczyć coś

hasn't abbr HAS NOT

hassle /'hæsl/ n (nieform.) 1 kłopot
2 kłótnia: Don't give me any ~ about it.
Przestań się ze mną o to chandryczyć.
► v zawracać głowę

haste /heɪst/ n pośpiech| hasten v (jęz.
pis.) 1 ~ to do sth pośpieszać: She
hastened to apologize. Pośpieszyła z
przeprosinami.| hasty adj 1 ~ (in doing
sth/to do sth) pochopny 2 pośpieszny

hat /hæt/ n kapelusz

hatch /hætʃ/ n 1 luk 2 właz 3 okienko
(otwór w ścianie) ► v 1 wysiadywać
(jaja) 2 (pisklęta) wylęgać się 3 ~ sth
(out) knuć

hate /heɪt/ v 1 nienawidzić, nie znosić
2: I ~ to bother you, but have you seen

my keys? Przepraszam, że
przeszkadzam. Czy nie widział pan
moich kluczy? ▶ *n* **1** nienawiść
2 przedmiot szczególnej awersji| **hatred**
n ~ **(for/of sb/sth)** nienawiść
haul /hɔːl/ *v* ciągnąć ▶ *n* **1** ciągnięcie,
holowanie **2** (długa) droga do przebycia
3 połów **4** łup
haunt /hɔːnt/ *v* **1** (*duchy*) straszyć:
The house is haunted. W tym domu
straszy. **2** prześladować ▶ *n* często
odwiedzane miejsce
have /həv/ *f. akcent.* hæv/ *v aux* ❶ Zob.
dodatek Czasowniki nieregularne. **1** (*v.
używany do tworzenia czasów* **perfect**):
I've seen this film before. Widziałem już
ten film. ◇ *Have you been waiting long?*
Czy długo czekasz? **2** (**have (got) to**)
musieć → MUSIEĆ **3** (*Br. także* ~ *got*)
mieć **3** (*także* ~ *got*) chorować na coś
4: ~ *breakfast* zjeść śniadanie ◇ ~ *a
drink* napić się ◇ ~ *a cigarette* zapalić
papierosa ◇ ~ *a shower* wziąć prysznic
◇ ~ *an argument* pokłócić się ◇ ~ *a
chat* porozmawiać **5**: ~ *fun/a good time*
dobrze się bawić ◇ *He's had a terrible
shock.* Doznał ciężkiego szoku.
7 (**have sth done**) doprowadzać do
spowodowania czegoś, zwykle za
zapłatą: *You should* ~ *your eyes tested.*
Powinieneś zbadać oczy. **8** (**have sth
done**) (*określa przykre wydarzenie,
które kogoś spotyka*): *Charles I had his
head cut off.* Karolowi I obcięli głowę.
9 sprawiać: *The music soon had everyone
dancing.* Wkrótce muzyka sprawiła, że
wszyscy zaczęli tańczyć. ◇ *I'll ~ dinner
ready.* Kolacja już będzie gotowa. [IDM]
have had it to zepsuć się całkowicie: *This
television has had it.* Telewizor padł.
❶ Have używa się w innych idiomach,
np. **not have a clue.** Zob. hasła
odpowiednich n, adj itp. [PV] **have sb on**
nabierać kogoś| **have (got) sth on**
1 nosić **2** (*nieform.*) mieć (w programie
itp.): *I've got a lot on this week.* Mam
dużo do zrobienia w tym tygodniu.|
have sth out usuwać (*np. ząb*).
haven /'heivn/ *n* schronienie: *a tax ~*
kraj o niskich podatkach
havoc /'hævək/ *n* [*U*] zamieszanie
hawk /hɔːk/ *n* (*i przen.*) jastrząb
hay /hei/ *n* siano ● **'hay fever** *n* katar
sienny
hazard /'hæzəd/ *n* niebezpieczeństwo
▶ *v* zaryzykować (*np. stwierdzenie*)|
hazardous *adj* niebezpieczny
haze /heiz/ *n* **1** [*C,U*] mgiełka, opary
2 otumanienie
hazel /'heizl/ *n* leszczyna ▶ *adj* (*oczy*)
piwny ● **'hazelnut** *n* orzech laskowy
hazy /'heizi/ *adj* **1** (*i przen.*) mglisty
2 niepewny (czegoś)

he /hi/ *pron* on ❶ O osobie, której płeć
nie jest znana, można powiedzieć:
he or she lub **him or her**, a w pisowni
he/she lub **s/he**. Zwłaszcza w języku
mówionym lub nieformalnym można
używać form **they, them,** lub **their:**
Everybody knows what they want.
Można też zbudować zdanie w lm:
Babies cry when they are tired.
head /hed/ *n* **1** głowa **2** przód: *at the ~
of the table* u szczytu stołu ◇ *at the ~ of
the letter.* w nagłówku listu **3** głowica
4 (*przed n*) główny: *the ~ waiter*
kierownik sali (w restauracji) ◇ *the ~
office* główna siedziba firmy **5** = HEAD
TEACHER **6** (**heads**) reszka **7** (**a/per
head**) na głowę [IDM] **bring sth to a
head** doprowadzać coś do punktu
krytycznego| **come to a head** mieć na
ostrzu noża| **do sb's head in** (*Br.,
nieform.*) dręczyć kogoś| **get sth into
your head; put sth into sb's head** wbić
sobie/komuś coś do głowy| **go to sb's
head** (*alkohol; sława itp.*) uderzać
(komuś) do głowy| **head first 1** głową
naprzód **2** bez namysłu| **head over heels
1** do góry nogami **2** bez pamięci| **laugh/
scream, etc. your head off** śmiać się do
rozpuku, wydzierać się| **make head or
tail of sth** połapać się w czymś| **out of/
off your head** (*Br., nieform.*) oszalały
(*np. z powodu narkotyków*): *He's off his
~!* Odbiło mu!| **take it into your head to
do sth** wpaść na (dziwaczny) pomysł
zrobienia czegoś ▶ *v* **1** stać na
czele (*organizacji, procesji*) (*np.
wyprawę*) **2** być na czele **3** zatytułować,
poprzedzać (*np. tekst główny*) **4** iść/
jechać/płynąć (*w kierunku opisanym*)
5 (*sport*) zagrać głową [PV] **head for**
1 iść/jechać (*w kierunku opisanym*)
2 zmierzać (*np. do konfrontacji*)
● **'headache** *n* **1** ból głowy → ACHE
2 kłopot| **'headband** *n* opaska na głowę|
'headland *n* cypel, przylądek|
'headlight (*także* **'headlamp**) *n* reflektor
(*w samochodzie*)| **'headlong** *adv, adj*
1 głową naprzód **2** bez zastanowienia|
'head'master (*f. żeńska* ~ **'mistress**) *n*
(*przestarz.*) dyrektor/ka szkoły|
,**head-'on** *adj, adv* (*zderzenie itp.*)
czołowy| **'headphones** *n* słuchawki|
head'quarters *n* [*z v. w pl lub s*]
siedziba główna| **'headset** *n* zestaw
słuchawkowy| ,**head 'start** *n* [*lp*] (*sport*)
fory| ,**head 'teacher** *n* dyrektor/ka
szkoły| **'headway** *n* [IDM] **make headway**
posuwać się (z trudem) naprzód, robić
(z trudem) postępy
heading /'hedɪŋ/ *n* nagłówek
headline /'hedlaɪn/ *n* **1** nagłówek
2 (**the headlines**) (*radio; TV*) skrót
najważniejszych wiadomości
heal /hiːl/ *v* **1** ~ (**over/up**) goić się
2 leczyć **3** naprawiać

health /helθ/ *n* zdrowie ● **'health centre** *n* ośrodek zdrowia l **'health food** *n* zdrowa żywność l **'health service** *n* służba zdrowia

healthy /'helθi/ *adj* zdrowy

heap /hiːp/ *n* **1** sterta **2 (heaps)** *(nieform.)* mnóstwo ▶ *v* **1** ~ **sth (up)** układać *(w stos)*, usypywać *(w kopiec)* **2** ~ **A on/onto B** nakładać mnóstwo czegoś na coś/kogoś **3** ~ **B with A** obsypywać kogoś *(np. pochwałami)*

hear /hɪə(r)/ *v* *(pt, pp* **heard** /hɜːd/) **1** słyszeć: *We'd better ~ what they have to say.* Powinniśmy słuchać, co mają do powiedzenia. → CAN¹ **2** dowiadywać się **3** rozpatrywać *(np. sprawę)* [IDM] **won't/ wouldn't hear of sth** nie chcieć słyszeć *(o czymś)* [PV] **hear from sb** otrzymywać wiadomość od kogoś l **hearing** *n* **1** słuch **2** zasięg słuchu **3** wysłuchanie *(np. opinii, stron)* **4** rozprawa sądowa ● **'hearing aid** *n* aparat słuchowy

heart /hɑːt/ *n* **1** serce **2** dusza **3** środek **4** sedno **5** *(przedmiot, rysunek itp.)* serduszko **6** kier [IDM] **at heart** w głębi serca l **by heart** na pamięć l **a change of heart** zmiana w sposobie myślenia l **set your heart on sth; have your heart set on sth** pragnąć czegoś z całej duszy l **take heart (from sth)** nabierać otuchy *(dzięki czemuś)* l **to your heart's content** tyle tylko chcesz l **heartless** *adj* nieczuły, bez serca ● **'heart attack** *n* atak serca l **'heartbeat** *n* uderzenie/bicie serca l **'heartbreak** *n* złamanie serca l **'heartbreaking** *adj* rozdzierający serce l **'heartbroken** *adj* ze złamanym sercem l **heart-to-'heart** *n* szczera rozmowa

hearten /'hɑːtn/ *v* dodawać odwagi/ ducha l **heartening** *adj* podnoszący na duchu

hearth /hɑːθ/ *n* palenisko *(miejsce przed paleniskiem)* l kominek

hearty /'hɑːti/ *adj* **1** serdeczny **2** obfity: *a ~ appetite* dobry apetyt **3** szczery: *in ~ agreement* z pełnym zrozumieniem

heat /hiːt/ *n* **1** ciepło, gorąco **2** upał **3** ogień *(zwł. kuchenki)* **4**: *in the ~ of the argument* w ferworze dyskusji **4** etap eliminacji [IDM] **be on heat** być w okresie rui ▶ *v* ~ **(sth) (up)** rozgrzać (się), ogrzać: *a heated swimming pool* basen z podgrzewaną wodą ◊ ~ *up a meal* podgrzać posiłek l **heated** *adj* **1** *(osoba)* rozogniony **2** *(dyskusja itp.)* ożywiony l **heater** *n* grzejnik l **heating** *n* ogrzewanie ● **'heatwave** *n* [C] upały

heather /'heðə(r)/ *n* wrzos

heave /hiːv/ *v* **1** dźwigać, ciągnąć *(z trudem)* **2** rzucać *(coś ciężkiego)* **3** *(pierś itp.)* ciężko falować **4** mieć mdłości [IDM] **heave a sigh** wzdychać (głęboko)

heaven /'hevn/ *n* **1** *(relig.)* niebo **2** raj [IDM] **for Heaven's sake!** na miłość boską! l **(good) heavens!** wielkie nieba!

heavenly /'hevnli/ *adj* **1** niebiański: *~ bodies* ciała niebieskie **2** *(nieform.)* boski

heavy /'hevi/ *adj* **1** ciężki **2** *(ruch itp.)* duży: *~ rain* ulewny deszcz **3** *(uderzenie)* mocny **4** gruby **5** ciężkostrawny **6** obciążony **7** nałogowy **8** trudny ● **heavy-'duty** *adj* *(materiał itp.)* wytrzymały l **heavy-'handed** *adj* **1** nietaktowny, nieokrzesany **2** bezwzględny *(niepotrzebnie używający przemocy)* l **heavy 'industry** *n* przemysł ciężki l **'heavyweight** *n* *(boks)* waga ciężka

Hebrew /'hiːbruː/ *n* język hebrajski

heck /hek/ *interj, n* *(nieform.)* **1** do licha! **2**: *a ~ of a long way* piekielnie długa droga [IDM] **for the heck of it** *(nieform.)* dla zabawy l **what the heck!** *(nieform.)* ale co mi tam!

heckle /'hekl/ *v* przerywać mówcy niegrzecznymi pytaniami/uwagami

hectic /'hektɪk/ *adj* szalony, gorączkowy

he'd /hiːd/ *abbr* HE HAD; HE WOULD

hedge /hedʒ/ *n* żywopłot ▶ *v* **1** grodzić żywopłotem **2** odpowiadać wymijająco [IDM] **hedge your bets** asekurować się

hedgehog /'hedʒhɒg/ *n* jeż

heel /hiːl/ *n* **1** pięta **2** obcas ▶ *v* naprawiać obcas

hefty /'hefti/ *adj* *(nieform.)* mocny, silny, duży

height /haɪt/ *n* **1** wysokość, wzrost **2** wysoki wzrost **3** szczyt: *the ~ of summer* pełnia lata l **heighten** *v* wzmagać (się), uwydatniać (się)

heir /eə(r)/ *n* (*f. żeńska* **heiress** /'eəres/) **1** spadkobier-ca/czyni **2** następ-ca/ czyni tronu

held *pt, pp od* HOLD

helicopter /'helɪkɒptə(r)/ *n* helikopter

hell /hel/ *n* **1** *(i przen.)* piekło **2** *(nieform.)* cholera!: *Go to ~!* Idź do diabła! ◊ *Who the ~ is that?* Kto to jest, do diabła? [IDM] **(just) for the hell of it** *(nieform.)* dla draki l **a/one hell of a…** *(nieform.)* potworny, straszny: *a ~ of a nice girl* strasznie fajna dziewczyna l **hellish** *adj* piekielny

he'll /hiːl/ *abbr* HE WILL

hello /hə'ləʊ/ *interj* cześć!, dzień dobry!, halo!

helm /helm/ *n* ster

helmet /'helmɪt/ *n* hełm, kask

help /help/ *v* **1** pomagać ❷ *Can I help you?* („Słucham pana/panią.") To standardowy zwrot używany przez sprzedawców do klientów. **2** ~ **yourself/**

sb (to sth) częstować się/kogoś: *'Can I borrow your pen?' 'Yes, ~ yourself.'* „Czy mogę skorzystać z twojego pióra?" „Proszę bardzo." **4 ~ yourself to sth** brać bez pytania **5 (Help!)** ratunku! [IDM] **can/can't/couldn't help sth** móc/ nie móc uniknąć (robienia) czegoś: *I couldn't ~ laughing* Nie mogłem się powstrzymać od śmiechu. ◊ *He can't ~ being so small.* To nie jego wina, że jest taki mały. ◊ *The accident couldn't be helped.* Nie można było uniknąć wypadku. | **a helping hand** pomocna dłoń [PV] **help (sb) out** pomagać (komuś) w trudnej sytuacji| **helper** *n* pomocni-k/ca| **helping** *n* (*żywność*) porcja| *n* pomoc| **helpful** *adj* pomocny, użyteczny| **helpless** *adj* bezradny

hem /hem/ *n* rąbek

hemisphere /'hemɪsfɪə(r)/ *n* półkula

hemorrhage (*Am.*) = HAEMORRHAGE

hen /hen/ *n* **1** kura **2** samica (*ptaków*) ● **'hen party** (*także* ~ night) *n* panieński wieczór| **'henpecked** *adj* (*nieform.*) (*mąż*) pod pantoflem

hepatitis /ˌhepəˈtaɪtɪs/ *n* zapalenie wątroby

her /hɜː(r)/ *pron* ją, jej: *That must be ~ now.* To na pewno ona. ▶ *dem pron* jej, swój| **hers** /hɜːz/ *pron* jej, swój

herald /'herəld/ *v* (*jęz. pis.*) zwiastować

herb /hɜːb; *Am.* ɜːrb/ *n* zioło| **herbal** *adj* ziołowy

herd /hɜːd/ *n* stado ▶ *v* pędzić (*ludzi/ zwierzęta*)

here /hɪə(r)/ *adv* **1** tu(taj): *a mile from ~* mila stąd **2** oto: *Here you are.* Proszę. (podając coś) ◊ *Here we are.* Już jesteśmy. ❷ Zwróć uwagę na szyk wyrazów w następujących zdaniach: *Here are the children.* ◊ *Here they are.* [IDM] **here and there** tu i tam| **here's to sb/sth** (*wznosząc toast*) za ▶ *interj* halo!, proszę pan-a/i!

hereditary /həˈredɪtri; *Am.* -teri/ *adj* dziedziczny

heresy /'herəsi/ *n* (*pl* -ies) herezja

heritage /'herɪtɪdʒ/ *n* dziedzictwo, spuścizna

hermit /'hɜːmɪt/ *n* pustelni-k/ca

hernia /'hɜːniə/ *n* przepuklina

hero /'hɪərəʊ/ *n* (*pl* -es) (*f. żeńska* **heroine** /'herəʊɪn/) **1** bohater/ka **2** główna postać| **heroic** /həˈrəʊɪk/ *adj* bohaterski| **heroism** /'herəʊɪzəm/ *n* bohaterstwo

heroin /'herəʊɪn/ *n* heroina

herring /'herɪŋ/ *n* śledź

hers → HER

herself /hɜːˈself/ *pron* **1** się/siebie **2** (ona) sama [IDM] **(all) by herself** sama → ALONE

he's *abbr* HE IS, HE HAS

hesitant /'hezɪtənt/ *adj* ~ **(to do/about doing sth)** niezdecydowany, niepewny

hesitate /'hezɪteɪt/ *v* ~ **(about/over sth)** wahać się: *without hesitating* bez wahania ◊ *Don't ~ to phone.* Dzwoń śmiało.| **hesitation** /ˌhezɪˈteɪʃn/ *n* wahanie

heterosexual /ˌhetərəˈsekʃuəl/ *adj* heteroseksualny ▶ *n* heteroseksualista

heyday /'heɪdeɪ/ *n* szczyt (*np. kariery*)

hi /haɪ/ *interj* (*nieform.*) (*powitanie*) cześć!

hibernate /'haɪbəneɪt/ *v* zapadać w sen zimowy| **hibernation** /ˌhaɪbəˈneɪʃn/ *n* sen zimowy

hiccup (*także* **hiccough**) /'hɪkʌp/ *n* **1** czkawka **2** drobne potknięcie ▶ *v* czkać

hide /haɪd/ *v* (*pt* hid /hɪd/; *pp* hidden /'hɪdn/) **1** chować/ukrywać (się) **2** skrywać ▶ *n* skóra (*zwierzęcia*)| **hiding** *n* **1**: *be in/go into hiding* ukrywać się **2** (*nieform.*) (*kara*) lanie ● ˌhide-and-'seek *n* zabawa w chowanego| **hiding place** *n* kryjówka

hideous /'hɪdiəs/ *adj* ohydny

hierarchy /'haɪərɑːki/ *n* (*pl* -ies) hierarchia

hi-fi /'haɪ faɪ/ *n* zestaw hi-fi ▶ *adj* hifi

high /haɪ/ *adj* **1** wysoki: *It's one metre ~.* Ma metr wysokości. ◊ *knee-high boots* buty do kolan → WYSOKI **2** górny **3** duży: *Oranges are ~ in vitamin C.* Pomarańcze mają dużo witaminy C. **4** dobry **5** wzniosły **6** ~ **(on sth)** (*nieform.*) na haju ▶ *adv* wysoko [IDM] **high and low** wszędzie| *n* **1** wysoki poziom: *the ~s and lows of her career* wzloty i upadki jej kariery **2** wyż (*atmosferyczny*) **3** (*nieform.*) euforia: *be on a ~* być w euforii **4** (*slang*) haj, rausz | **highly** *adv* **1** bardzo **2** wysoko, korzystnie: *a highly-paid job* dobrze płatna praca ● ˌhigh-'class *adj* **1** pierwszorzędny **2** (*osoba*) z wyższych sfer| **'high chair** *n* wysokie krzesełko dla dziecka| ˌhigher edu'cation *n* [U] studia wyższe| **'highland** *adj* górski| ˌhigh-'level *adj* na szczycie| ˌhighly 'strung (*Am.* ˌhigh-'strung) *adj* nerwowy, przewrażliwiony| ˌhigh-'powered *adj* **1** wysokiej mocy **2** (*osoba*) ważny| **'high-rise** *adj* wielopiętrowy| **'high school** *n* (*zwł. Am.*) szkoła średnia| **'high street** *n* główna ulica| ˌhigh-'tech (*także* ˌhi-) *adj* (*nieform.*) **1** zautomatyzowany, skomputeryzowany **2** supernowoczesny| ˌhigh 'tide *n* przypływ

highbrow /'haɪbraʊ/ *adj* (*czasem z dezaprob.*) intelektualny, (*film itp.*) przeintelektualizowany

highlight /'haɪlaɪt/ *n* **1** najciekawszy fragment **2** (**highlights**) pasemka (*we włosach*) ▸ *v* **1** podkreślać **2** zaznaczać markerem | **highlighter (pen)** *n* marker

Highness /'haɪnəs/ *n* (Jego/Jej) Wysokość

highway /'haɪweɪ/ *n* (*zwl. Am.*) główna szosa → ROAD ● **the ˌHighway 'Code** *n* (*w Wlk. Br.*) kodeks drogowy

hijack /'haɪdʒæk/ *v* **1** porywać (*np. samolot*) **2** zakłócać (*np. spotkanie*) | **hijacker** *n* porywacz (*np. samolotu*)

hike /haɪk/ *n* wędrówka, piesza wycieczka ▸ *v* wędrować ● **Go hiking** stosuje się, mówiąc o turystyce pieszej. | **hiker** *n* turysta (pieszy)

hilarious /hɪ'leəriəs/ *adj* prześmieszny

hill /hɪl/ *n* wzgórze | **hilly** *adj* górzysty ● **hillside** *n* zbocze (*wzgórza*)

hilt /hɪlt/ *n* rękojeść [IDM] **(up) to the hilt** całkowicie

him /hɪm/ *pron* (je)go, (je)mu, nim: *That must be ~ now.* To na pewno on. → HE

himself /hɪm'self/ *pron* **1** się/siebie **2** (on) sam [IDM] **(all) by himself** sam → ALONE

hinder /'hɪndə(r)/ *v* powstrzymywać, przeszkadzać | **hindrance** *n* przeszkoda

hindsight /'haɪndsaɪt/ *n* wiedza po fakcie

hinge /hɪndʒ/ *n* zawias ▸ *v* [PV] **hinge on sth** zależeć od czegoś

hint /hɪnt/ *n* **1** aluzja, napomknięcie **2** wskazówka: *There was no ~ of the excitement to come.* Nic nie wskazywało, że wkrótce będzie wielkie podniecenie. **3** odrobina **4** porada ▸ *v* robić aluzję, dawać do zrozumienia

hip /hɪp/ *n* biodro

hippie (*także* **hippy**) /'hɪpi/ *n* (*pl* **-ies**) hipis

hire /'haɪə(r)/ *v* **1** (*Br.*) **~ sth (from sb)**; **~ sth (out) (to sb)** wynajmować → WYNAJMOWAĆ **2** najmować (*do pracy*) → NAJMOWAĆ ▸ *n* wynajęcie, najem ● **ˌhire 'purchase** *n* (*Br.*) kupno na raty

his /hɪz/ *dem pron* jego, swój ▸ *pron* jego, swój

hiss /hɪs/ *v* **1** syczeć **2** wygwizdywać

historian /hɪ'stɔːriən/ *n* historyk

historic /hɪ'stɒrɪk/ *adj* (*ważny*) historyczny

historical /hɪ'stɒrɪkl/ *adj* (*dot. historii*) historyczny

history /'hɪstri/ *n* (*pl* **-ies**) **1** historia **2**: *There is a ~ of heart disease in our family.* Choroba serca często występowała w naszej rodzinie. [IDM] **the rest is history** co było dalej, każdy wie

hit /hɪt/ *v* (*pt, pp* **hit**) **1** (*i przen.*) uderzać **2 ~ sth (on/against sth)** uderzać się (o coś) **3** godzić w kogoś/coś: *They were ~ by unemployment.* Dotknęło ich bezrobocie **4** natrafiać (*np. na trudności*) **5** osiągnąć **6** uzmysłowić coś sobie/komuś: *and then it ~ me* i wtedy olśniło mnie [IDM] **hit it off (with sb)** (*nieform.*) przypadać (sobie) do gustu | **hit the nail on the head** trafiać w (samo) sedno rzeczy [PV] **hit back (at sb/sth)** odgryzać się komuś | **hit on sth** wpaść na coś ▸ *n* **1** uderzenie **2** przebój, sensacja **3** wynik wyszukiwania (*zwl. w Internecie*) ● **ˌhit-and-'run** *adj* **1** (*kierowca*) uciekający z miejsca wypadku **2** (*wypadek*) którego sprawca zbiegł | **'hit man** *n* (*zwl. Am., nieform.*) płatny morderca | **ˌhit-and/or-'miss** *adj* (*nieform.*) chaotyczny

hitch /hɪtʃ/ *v* **1** (*nieform.*) prosić o podwiezienie **2** (*nieform.*) podróżować autostopem **3** wiązać, przyczepiać ▸ *n* szkopuł, przeszkoda: *a technical ~* usterka techniczna ● **'hitch-hike** *v* jechać autostopem → AUTOSTOP | **'hitchhiker** *n* autostopowicz/ka

hi-tech = HIGH-TECH

hive /haɪv/ *n* = BEEHIVE

hoard /hɔːd/ *n* zapas: *a ~ of treasure* skarb ▸ *v* **~ (sth) (up)** gromadzić, robić zapasy

hoarding /'hɔːdɪŋ/ *n* (*Br.*) billboard

hoarse /hɔːs/ *adj* **1** chrapliwy **2** ochrypły

hoax /həʊks/ *n* psikus, fałszywy alarm

hob /hɒb/ *n* płyta kuchenna

hobby /'hɒbi/ *n* (*pl* **-ies**) konik

hockey /'hɒki/ *n* **1** hokej na trawie ● W USA hokej na trawie nazywa się zwykle **field hockey** w celu odróżnienia od **ice hockey**. **2** (*Am.*) = ICE HOCKEY

hoe /həʊ/ *n* motyka

hog /hɒɡ/ *n* (*Am.*) wieprz ▸ *v* (**-gg-**) (*nieform.*) okupować (*np. łazienkę*): *He was hogging the middle of the road.* Jechał środkiem jezdni, blokując przejazd.

hoist /hɔɪst/ *v* podnosić, wciągać (*np. flagę na maszt*)

hold /həʊld/ *v* (*pt, pp* **held** /held/) **1** trzymać **2** utrzymywać **3** zatrzymywać (*kogoś siłą*) **4** zawierać, mieścić (w sobie) **5** mieć (*np. paszport*): *She ~s the world record.* Jest rekordzistką świata. **6** uważać (że), utrzymywać: *I ~ the parents responsible.* Uważam, że rodzice są odpowiedzialni. **7** trwać, być aktualnym **8** wydawać/organizować (*np. przyjęcie*): *be held* odbywać się **9** czekać/nie odkładać słuchawki (*podczas rozmowy telefonicznej*) **10** prowadzić (*rozmowę*)

11 przyciągać/skupiać (*czyjąś uwagę*) **θ** Hold występuje w idiomach, np. **hold your own.** Zob. hasła odpowiednich n, adj itp. [PV] **hold sth against sb** mieć coś komuś za złe| **hold sb/sth back** (*i przen.*) powstrzymywać kogoś/coś| **hold sth back** ukrywać (*informację*), zachowywać coś (dla siebie)| **hold on 1** czekać **2** wytrzymywać| **hold on (to sb/sth)** trzymać się kogoś/czegoś| **hold onto/on to sth** zatrzymywać coś (dla siebie)| **hold out** wystarczać| **hold sth out** podawać coś| **hold out for sth** czekać (na coś lepszego)| **hold sb/sth up** opóźniać kogoś/coś| **hold up sth** napadać (na coś) zbrojnie ▶ *n* **1** chwyt **2 a ~ (on/over sb/sth)** władza (nad kimś/czymś), wpływ (na kogoś/coś) **3** punkt oparcia (*podczas wspinaczki*) **4** ładownia [IDM] **catch/get/grab/take, etc. hold (of sb/sth) 1** złapać kogoś/coś **2** zawładnąć kimś/czymś| **get hold of sb** nawiązać kontakt z kimś| **get hold of sth** zdobyć coś **●** '**hold-up** *n* **1** opóźnienie **2** zbrojny napad

holdall /'həʊldɔːl/ *n* (*Br.*) torba podróżna

holder /'həʊldə(r)/ *n* **1** posiadacz/ka, okaziciel/ka **2** futerał, teczka, pojemnik

hole /həʊl/ *n* **1** (*i przen.*) dziura, otwór **2** (*i przen.*) nora **3** (*golf*) dołek

holiday /'hɒlədeɪ/ *n* **1** święto **2** [*C,U*] wakacje, urlop, ferie: *Christmas/ Easter ~s* święta Bożego Narodzenia/ Wielkanocne **●** '**holiday camp** *n* (*Br.*) obóz wakacyjny| '**holiday maker** *n* letni-k/czka, urlopowicz/ka

holiness /'həʊlinəs/ *n* świętość

hollow /'hɒləʊ/ *adj* **1** pusty, wydrążony **2** (*oczy itp.*) zapadnięty **3** (*śmiech, obietnica itp.*) nieszczery **4** (*dźwięk*) głuchy ▶ *n* wklęsłość terenu, kotlina| *v* [PV] **hollow sth out** wydrążać coś

holly /'hɒli/ *n* ostrokrzew

holocaust /'hɒləkɔːst/ *n* zagłada

holster /'həʊlstə(r)/ *n* kabura

holy /'həʊli/ *adj* święty **●** ,**Holy Com'munion** *n* = COMMUNION(1)| the Holy 'Spirit (*także* the Holy 'Ghost) *n* Duch Święty

homage /'hɒmɪdʒ/ *n* (*form.*) hołd

home /həʊm/ *n* **1** dom, mieszkanie: *find a ~ for our new computer* znaleźć miejsce na nasz nowy komputer → DOM **θ** Uwaga! Przed **home** nie używa się przyimka **to:** *It's time to go ~.* Czas iść do domu. ◊ *get ~* przyjść do domu. Jeżeli mówi się o czyimś domu, należy powiedzieć **at Jane and Andy's** lub **at Jane and Andy's place/house. 2** dom specjalnego przeznaczenia: *a children's ~* dom dziecka **3** kolebka (*np. demokracji*) [IDM] **at home 1** w domu **θ** W Am. ang. często używa się **home**

bez przyimka **at:** *Is anybody ~?* **2** jak (u siebie) w domu **3** (*sport*) u siebie|

homeless *adj* bezdomny| *adj* **1** domowy, rodzinny **2** krajowy, wewnętrzny **3** (*sport*) swój, miejscowy| *adv* do/w domu/kraju [IDM] **bring sth home to sb** przekonywać, uzmysławiać coś komuś/sobie **●** ,**home-'grown** *adj* (*warzywa, owoce*) z własnego ogrodu| '**homeland** *n* ojczyzna| ,**home-'made** *adj* domowego wyrobu| **the 'Home Office** *n* (*w Wlk. Br.*) Ministerstwo Spraw Wewnętrznych| '**home page** *n* (*komput.*) strona domowa| ,**Home 'Secretary** *n* (*w Wlk. Br.*) Minister Spraw Wewnętrznych| '**homesick** *adj* **~ (for sb/sth)** stęskniony za domem/ojczyzną| '**homesickness** *n* tęsknota za domem/ojczyzną| '**homework** *n* [*U*] **1** (*szk.*) praca/zadanie domowe **θ** Zwróć uwagę, że **homework** to n niepoliczalny. Mając na myśli pojedynczy fragment pracy domowej, trzeba powiedzieć **a piece of homework. 2** (*nieform.*) przygotowywanie się (*np. do dyskusji*)

homely /'həʊmli/ *adj* **1** niewyszukany, przytulny **2** (*Am.*) (*osoba*) nieatrakcyjny, pospolity

homeopathy (*także* homoeo-) /,həʊmi'ɒpəθi/ *n* homeopatia|
homeopath (*także* homoeo-) /'həʊmiəpæθ/ *n* homeopat-a/ka

homicide /'hɒmɪsaɪd/ *n* zabójstwo| **homicidal** /,hɒmɪ'saɪdl/ *adj* morderczy

homogeneous /,hɒmə'dʒiːniəs/ *adj* jednorodny

homosexual /,həʊmə'sekʃuəl/ *adj* homoseksualny ▶ *n* homoseksualista| **homosexuality** /,həʊmə,sekʃu'æləti; ,hɒm-/ *n* homoseksualizm

honest /'ɒnɪst/ *adj* uczciwy; szczery| **honestly** *adv* **1** szczerze, uczciwie **2** naprawdę| **honesty** *n* uczciwość

honey /'hʌni/ *n* **1** miód **2** (*jęz. mów.*) kochanie **●** '**honeycomb** *n* [*C,U*] plaster miodu

honeymoon /'hʌnimuːn/ *n* miesiąc miodowy

honeysuckle /'hʌnisʌkl/ *n* kapryfolium

honk /hɒŋk/ *v* trąbić (klaksonem)

honorary /'ɒnərəri; *Am.* -reri/ *adj* honorowy

honour (*Am.* -or) /'ɒnə(r)/ *n* **1** zaszczyt **2** honor, cześć **3** wyróżnienie **4** (Honours): *He graduated with first-class ~s in physics.* Ukończył fizykę z wyróżnieniem. [IDM] **in honour of sb/ sth; in sb/sth's honour** na cześć kogoś/czegoś ▶ *v* **1 ~ sb/sth (with sth)** zaszczycać, uczcić **2** dotrzymywać (*np. obietnicy*)| **honourable** *adj* **1** honorowy, uczciwy **2** (the Honourable) (*tytuł*) czcigodny

hood /hʊd/ *n* **1** kaptur **2** bud(k)a (*np. samochodu, wózka dziecięcego*) **3** (*Am.*) maska (*samochodu*)

hoof /huːf/ *n* (*pl* -**s** *lub* **hooves** /huːvz/) kopyto, racica

hook /hʊk/ *n* hak [IDM] **off the hook** (*słuchawka telefoniczna*) odłożony ▶ *v* **1** zahaczać/zaczepiać (się) **2** łapać na hak [IDM] **be/get hooked (on sth)** (*slang*) **1** być napalonym/napalać się na coś **2** być w szponach (*np. nałogu*) ● ‚**hook and 'eye** *n* haftka

hooligan /ˈhuːlɪɡən/ *n* chuligan

hoop /huːp/ *n* obręcz, koło

hooray /huˈreɪ/ *interj* hura!

hoot /huːt/ *n* **1** (*zwł. Br.*) parsknięcie (*śmiechem*), krzyk **2** (*jęz. mów.*) ubaw **3** (*jęz. mów.*) błazen **4** hukanie (*sowy*); trąbienie (*klaksonu*); wycie (*syreny statku*) ▶ *v* **1** trąbić (klaksonem) **2** ryczeć (*ze śmiechu*)

Hoover™ /ˈhuːvə(r)/ *n* (*Br.*) odkurzacz ▶ *v* odkurzać

hooves *pl od* HOOF

hop /hɒp/ *v* (-**pp**-) **1** skakać na jednej nodze **2** (*zwierzę*) skakać **3** (*nieform.*) szybko pójść/pobiec: *Hop upstairs. Skocz na górę.* ◊ ~ *into/out of a car/~ onto/off a bus* wskakiwać do/ wyskakiwać z samochodu/autobusu **4** ~ (**from sth to sth**) przeskakiwać (*np. z jednego tematu na drugi*) ▶ *n* **1** podskok (na jednej nodze) **2** chmielina **3** (**hops**) chmiel

hope /həʊp/ *n* ~ (**of/for sth**); ~ (**of doing sth/that…**) nadzieja: *He has high ~s of becoming an accountant.* Ma wielką nadzieję, że zostanie księgowym. ◊ *I came in the ~ that we could talk.* Przyszłam, mając nadzieję, że porozmawiamy. ▶ *v* ~ (**for sth**); ~ **to do sth** mieć nadzieję, że | **hopeful** *adj* **1** pełen nadziei, ufny **2** obiecujący, rokujący nadzieję | **hopefully** *adv* **1** z nadzieją **2** mam/y nadzieję, że; jak dobrze pójdzie, to | **hopeless** *adj* beznadziejny: *I'm ~ at tennis.* Jestem beznadziejny w tenisie.

horde /hɔːd/ *n* horda

horizon /həˈraɪzn/ *n* horyzont | **horizontal** /ˌhɒrɪˈzɒntl/ *adj* poziomy

hormone /ˈhɔːməʊn/ *n* hormon

horn /hɔːn/ *n* **1** (*zool.; muz.*) róg → GRAĆ **2** klakson

horrendous /hɒˈrendəs/ *adj* (*nieform.*) straszliwy, horrendalny

horrible /ˈhɒrəbl/ *adj* straszny, okropny

horrid /ˈhɒrɪd/ *adj* (*nieform.*) **1** straszny **2** nieznośny

horrific /həˈrɪfɪk/ *adj* **1** przerażający **2** (*nieform.*) okropny

horrify /ˈhɒrɪfaɪ/ *v* (*3rd sing czasu pres* -**ies**; *pt, pp* -**ied**) przerażać | **horrifying** *adj* przerażający

horror /ˈhɒrə(r)/ *n* **1** przerażenie, wstręt **2** okropność, makabra ● ‚**horror film** *n* horror

horse /hɔːs/ *n* **1** koń: ~ *riding* jazda konna **2** (**the horses**) (*nieform.*) wyścigi konne [IDM] **on horseback** konno: *policemen on horseback* policjanci na koniach ● ‚**horseman** *n* (*pl* -**men**) (*f. żeńska* -**woman**) (*pl* -**women**) jeździec, amazonka | ‚**horse racing** *n* [*U*] wyścigi konne | ‚**horseshoe** *n* podkowa

horsepower /ˈhɔːspaʊə(r)/ *n* (*pl* **horsepower**) koń mechaniczny

horseradish /ˈhɔːsrædɪʃ/ *n* chrzan

horticulture /ˈhɔːtɪkʌltʃə(r)/ *n* ogrodnictwo | **horticultural** /ˌhɔːtɪˈkʌltʃərəl/ *adj* ogrodniczy

hose /həʊz/ *n* (*także* '~**pipe**) *n* wąż (*ogrodowy*)

hospice /ˈhɒspɪs/ *n* zakład dla nieuleczalnie chorych

hospitable /hɒˈspɪtəbl; ˈhɒspɪtəbl/ *adj* gościnny | **hospitality** /ˌhɒspɪˈtæləti/ *n* gościnność

hospital /ˈhɒspɪtl/ *n* szpital: *be admitted to/discharged from* ~ być przyjętym do/wypisanym ze szpitala **❶ In hospital, to hospital** to specjalne wyrażenia, które oznaczają pobyt w szpitalu z powodu choroby i są używane bez przedimka **a** lub **the**. Porównaj: *He's very ill in* ~. ◊ *My brother works in the local* ~.

host /həʊst/ *n* **1** (*f. żeńska* **hostess** /ˈhəʊstəs; -es/) gospod-arz/yni (*i w radio/TV*) **2** mnóstwo ▶ *v* pełnić obowiązki gospodarza/gospodyni

hostage /ˈhɒstɪdʒ/ *n* zakładni-k/czka: *take/hold sb* ~ brać/trzymać zakładni-ka/czkę

hostel /ˈhɒstl/ *n* schronisko

hostess *n* **1** → HOST **2** = AIR HOSTESS

hostile /ˈhɒstaɪl; *Am.* -tl/ *adj* **1** wrogi **2** nieprzyjaźnie nastawiony | **hostility** /hɒˈstɪləti/ *n* **1** wrogość, wrogie nastawienie **2** (**hostilities**) działania wojenne

hot /hɒt/ *adj* (-**tt**-) **1** gorący: *I'm* ~. Jest mi gorąco. ◊ *It's* ~. Gorąco. **2** (*jedzenie*) ostry **3** (*nieform.*) skomplikowany **4** (*nieform.*) (*sytuacja*) niebezpieczny **5** (*nieform.*) popularny, modny: *This band is* ~ *stuff!* Ten zespół jest na topie! ▶ *v* (-**tt**-) [PV] **hot up** (*nieform.*) rozgrzewać się, nabierać tempa ● ‚**hot-'air balloon** *n* balon | ‚**hot cross 'bun** *n* drożdżowa bułeczka ze znakiem krzyża (*tradycyjnie jedzona w Wielki Piątek*) | ‚**hothouse** *n* cieplarnia | ‚**hot-'water bottle** *n* termofor

hotel /həʊ'tel/ *n* hotel

hound /haʊnd/ *n* ogar, pies gończy ▶ *v* tropić

hour /'aʊə(r)/ *n* **1** godzina: *shorter working* ~s krótszy dzień pracy ◇ *London is two ~s away.* Do Londynu jest dwie godziny drogi. **2 (the hour)** (pełna) godzina: *two minutes past the ~* dwie minuty po godzinie (drugiej itp.) [IDM] **at/till all hours** o różnych porach; **do późnych godzin| on the hour** o pełnej godzinie| **hourly 1** *adv* co godzina **2** *adj* cogodzinny **3** *adj* godzinowy

house /haʊs/ *n* (*pl* **-s** /'haʊzɪz/) **1** dom → DOM **2** firma: *a fashion* ~ dom mody ◇ *a publishing* ~ wydawnictwo **3** restauracja (*zwykle jednego stylu kuchni*): ~ *wine* wino firmowe **4 (House)** izba parlamentarna **5** widownia [IDM] **on the house** na rachunek firmy ▶/haʊz/ *v* **1** dawać mieszkanie, zapewniać schronienie **2** umieszczać ● **'housekeeper** *n* gosposia| **'housekeeping** *n* **1** gospodarowanie (*w domu*) **2** budżet domowy| the ,**House of 'Commons** *n* Izba Gmin (*niższa wybieralna izba parlamentu brytyjskiego*) → PARLIAMENT| **'house officer** *n* młody lekarz odbywający staż w szpitalu| the ,**House of 'Lords** *n* Izba Lordów (*wyższa, nie wybieralna izba parlamentu brytyjskiego*) → PARLIAMENT| the ,**House of ,Repre'sentatives** *n* Izba Reprezentantów (*niższa izba parlamentu amerykańskiego*)| **'house-warming** *n* [C] oblewanie mieszkania/domu| **'housewife** *n* (*pl* **-wives**) gospodyni domowa| **'housework** *n* prace domowe (*np. sprzątanie*)

household /'haʊshəʊld/ *n* gospodarstwo domowe| **householder** *n* właściciel lub najemca domu/ mieszkania

housing /'haʊzɪŋ/ *n* [U] pomieszczenia mieszkalne ● **'housing estate** *n* osiedle mieszkaniowe

hover /'hɒvə(r); *Am.* 'hʌ-/ *v* **1** wisieć w powietrzu **2** kręcić się (koło kogoś/ czegoś) ● **'hovercraft** *n* (*pl* **hovercraft**) poduszkowiec

how /haʊ/ *adv* **1** jak: *How are you?* Jak się czujesz? **2** jaki **3** ile: *How old are you?* Ile masz lat? ◇ *How long did it last?* Jak długo to trwało? [IDM] **how about...?** **1** a co słychać u kogoś?, a co z czymś? **2**: *I'm going to have chicken. How about you?* Wezmę kurczaka. A ty? ◇ *How about going to a film?* A może poszlibyśmy do kina?| **how do you do?** (*form., przestan*) miło mi ❶ Na pytanie **How do you do?** odpowiada się tymi samymi słowami **How do you do?** ▶ *conj* jak

however /haʊ'evə(r)/ *adv* bez względu (na coś): *He won't wear a hat ~ cold it is.* Nie nosi czapki bez względu na to, jak jest zimno. ▶ *conj* jakkolwiek| *adv* **1** jakim cudem **2** jednak

howl /haʊl/ *n* [C] **1** wycie **2** okrzyki (*np. protestu*) ▶ *v* wyć

hub /hʌb/ *n* **1** centrum (*np. miasta*) **2** piasta

huddle /'hʌdl/ *v* ~ **(up) 1** stłoczyć się, zbijać się w grupę **2** skulić się ▶ *n* **1** grupa **2** skupisko (*budynków*) **3** kupa

huff /hʌf/ *n* [IDM] **in a huff** (*nieform.*) wkurzony

hug /hʌg/ *v* **(-gg-)** uściskać, przytulać **2** przyciskać ▶ *n* uścisk: *give sb a* ~ uściskać/przytulić kogoś

huge /hjuːdʒ/ *adj* ogromny

hullo = HALLO

hum /hʌm/ *v* **(-mm-) 1** brzęczeć, buczeć: *The classroom was humming with activity.* W klasie wrzała praca. **2** nucić

human /'hjuːmən/ *adj* ludzki ▶ (*także* ,~ 'being**) *n* człowiek, istota ludzka ● ,**human 'nature** *n* natura ludzka| the ,**human 'race** *n* rasa ludzka| ,**human 'rights** *n* prawa człowieka

humane /hjuː'meɪn/ *adj* humanitarny, ludzki| **humanity** /hjuː'mænəti/ *n* **1** ludzkość **2** humanitarność: *treat sb with* ~ traktować kogoś po ludzku

humanitarian /hjuː,mænɪ'teəriən/ *adj* humanitarny

humble /'hʌmbl/ *adj* skromny, pokorny

humid /'hjuːmɪd/ *adj* wilgotny| **humidity** /hjuː'mɪdəti/ *n* wilgotność, wilgoć

humiliate /hjuː'mɪlieɪt/ *v* upokarzać| **humiliating** *adj* upokarzający| **humiliation** /hjuː,mɪli'eɪʃn/ *n* upokorzenie

humility /hjuː'mɪləti/ *n* pokora

humorous /'hjuːmərəs/ *adj* zabawny, śmieszny

humour (*Am.* **-or**) /'hjuːmə(r)/ *n* humor ▶ *v* ustępować komuś

hump /hʌmp/ *n* garb

hunch /hʌntʃ/ *n* (*nieform.*) przeczucie ▶ *v* garbić się: *hunched up with the cold* skulony z zimna ● **'hunchback** *n* garbus/ka

hundred /'hʌndrəd/ *liczba* **1** sto: *two* ~ dwieście ◇ *three* ~ trzysta ❶ Zwróć uwagę, że używając liczb, np. 420, stawia się spójnik **and** po słowie **hundred**: *four* ~ *and twenty*. → DWA **2 (hundreds)** setki| **hundredth** (*liczebnik porządkowy*) setny → DRUGI

hung *pt, pp* od HANG

hunger /'hʌŋgə(r)/ n głód I **hungry** adj
1 głodny **2** ~ **for sth** spragniony
● '**hunger strike** n strajk głodowy

hunk /hʌŋk/ n pajda, kawał

hunt /hʌnt/ v **1** polować (na coś)
2 ~ ((for) sb/sth) szukać, ścigać ► n
1 polowanie: *a fox-hunt* polowanie na
lisy **2** [*zwykle s*] poszukiwania I **hunter**
n **1** myśliwy **2** drapieżnik **3**: *a bargain* ~
łowca okazji I **hunting** n polowanie

hurdle /'hɜːdl/ n **1** (*sport*) płotek
2 (hurdles) bieg przez płotki
3 przeszkoda ► v skakać przez płotki

hurl /hɜːl/ v ciskać

hurrah /hə'rɑː/ (*także* **hurray** /hə'reɪ/) =
HOORAY

hurricane /'hʌrɪkən; *Am.* -keɪn/ n
huragan

hurry /'hʌri/ n pośpiech: *be in a* ~
śpieszyć się ► v (*3rd sing czasu pres*
hurries; *pt, pp* **hurried**) **1** śpieszyć się
2 przynaglać [PV] **hurry up (with sth)**
(*nieform.*) pośpieszyć się I **hurried** adj
pośpieszny

hurt /hɜːt/ v (*pt, pp* **hurt**) **1** kaleczyć,
ranić → RANIĆ **2** szkodzić **3** boleć: *My*
leg ~s. Boli mnie noga. ◊ *It ~s.* (To)
boli. **4** urażać, obrażać: *her ~ pride* zraniona
duma I **hurtful** adj bolesny, obraźliwy

hurtle /'hɜːtl/ v pędzić, lecieć

husband /'hʌzbənd/ n mąż

hush /hʌʃ/ n [*lp*] cisza [PV] **hush sth up**
zatuszować coś

husky /'hʌski/ adj ochrypły

hut /hʌt/ n chata, szałas

hutch /hʌtʃ/ n klatka (*dla królików*
itp.)

hybrid /'haɪbrɪd/ n mieszaniec, hybryd
► adj hybrydowy

hydrant /'haɪdrənt/ n hydrant

hydraulic /haɪ'drɔːlɪk/ adj
hydrauliczny

hydroelectric /ˌhaɪdrəʊ'lektrɪk/ adj
hydroelektryczny

hydrogen /'haɪdrədʒən/ n wodór

hygiene /'haɪdʒiːn/ n higiena I **hygienic**
/haɪ'dʒiːnɪk/ adj higieniczny

hymn /hɪm/ n hymn, pieśń religijna

hype /haɪp/ n [U] (*przen.*) szum ► v ~
sth (up) robić szum wokół czegoś

hypermarket /'haɪpəmɑːkɪt/ n (*Br.*)
hipermarket

hyphen /'haɪfn/ n łącznik

hypnosis /hɪp'nəʊsɪs/ n hipnoza I
hypnotic /-'nɒtɪk/ adj hipnotyczny I
hypnotist /'hɪpnətɪst/ n hipnotyzer/ka I
hypnotize (*także* **-ise**) /'hɪpnətaɪz/ v
hipnotyzować

hypochondriac /ˌhaɪpə'kɒndriæk/ n
hipochondry-k/czka

hypocrisy /hɪ'pɒkrəsi/ n obłuda I
hypocrite /'hɪpəkrɪt/ n obłudni-k/ca I
hypocritical /ˌhɪpə'krɪtɪkl/ adj obłudny

hypothesis /haɪ'pɒθəsɪs/ n (*pl* **-theses**
/-θəsiːz/) hipoteza I **hypothetical**
/ˌhaɪpə'θetɪkl/ adj hipotetyczny

hysteria /hɪ'stɪəriə/ n histeria I
hysterical /hɪ'sterɪkl/ adj **1**
histeryczny: *She was ~ with grief.* Z żalu
dostała ataku histerii. **2** (*nieform.*)
bardzo śmieszny I **hysterics** /hɪ'sterɪks/
n [*pl*] **1** histeria: *go into* ~ dostać ataku
histerii **2** (*nieform.*) histeryczny
śmiech: *be in* ~ zanosić się od śmiechu

Ii

I, i /aɪ/ n litera *i*

I /aɪ/ pron ja

ice /aɪs/ n **1** lód: *black* ~ gołoledź I **icy**
adj **1** lodowaty **2** oblodzony I v lukrować
[PV] **ice (sth) over/up** oblodzić (się)
● '**iceberg** n góra lodowa I ˌ**ice 'cream** n
[U, C] lody I '**ice cube** n kostka lodu I '**ice**
hockey n (*Br.*) hokej na lodzie I ˌ**ice 'lolly**
n [C] (*pl* **-ies**) (*Br.*) lody na patyku I '**ice**
rink n lodowisko I '**ice skate** n łyżwa I
'**ice skate** v jeździć na łyżwach

icicle /'aɪsɪkl/ n sopel lodu

icing /'aɪsɪŋ/ n (*Br.*) lukier ● '**icing**
sugar n (*Br.*) cukier puder

icon /'aɪkɒn/ n **1** (*komput.*; *relig.*) ikona
❺ W zn. relig. pisze się także ikon.
2 symbol

ID /ˌaɪ 'diː/ skrót dokument
stwierdzający tożsamość osoby ● ˌ**I'D**
card n dowód osobisty

I'd /aɪd/ abbr I HAD, I WOULD

idea /aɪ'dɪə/ n **1** pomysł **2** pojęcie,
wyobrażenie: *The programme gave a*
good ~ of what life was like before the
war. Program dobrze przedstawiał, jak
wyglądało życie przed wojną. ◊ *Is that*
your ~ of a joke? Czy twoim zdaniem to
ma być żart? **3** (the idea) zamysł, idea
[IDM] **get the idea** zrozumieć

ideal /aɪ'diːəl/ adj idealny, doskonały
► n ideał I **idealist** n idealist-a/ka I
idealistic /ˌaɪdɪə'lɪstɪk/ adj
idealistyczny I **idealize** (*także* **-ise**)
/aɪ'diːəlaɪz/ v idealizować

identical /aɪ'dentɪkl/ adj **1** (the
identical) ten sam **2** ~ (to/with sb/sth)
taki sam, identyczny ● ˌ**i**ˌ**dentical 'twin** n
bliźniak jednojajowy

identify /aɪ'dentɪfaɪ/ v (*3rd sing czasu*
pres **-ies**; *pt, pp* **-ied**) **1** identyfikować

2 utożsamiać [PV] **identify with sb** identyfikować się | **identify (yourself) with sb/sth** związywać się z kimś/czymś | **identification** /aɪˌdentɪfɪˈkeɪʃn/ *n* **1** identyfikacja **2** utożsamianie się **3** dowód tożsamości

identity /aɪˈdentəti/ *n* (*pl* -**ies**) tożsamość ● **i'dentity card** *n* dowód osobisty

ideology /ˌaɪdiˈɒlədʒi/ *n* (*pl* -**ies**) ideologia | **ideological** /ˌaɪdiəˈlɒdʒɪkl/ *adj* ideologiczny

idiom /ˈɪdiəm/ *n* idiom | **idiomatic** /ˌɪdiəˈmætɪk/ *adj* idiomatyczny

idiot /ˈɪdiət/ *n* (*nieform.*) idiot-a/ka | **idiotic** /ˌɪdiˈɒtɪk/ *adj* idiotyczny

idle /ˈaɪdl/ *adj* **1** bezczynny **2** leniwy **3** (*obietnica itp.*) pusty

idol /ˈaɪdl/ *n* **1** bożek **2** idol | **idolize** (*także* -**ise**) /ˈaɪdəlaɪz/ *v* ubóstwiać

idyllic /ɪˈdɪlɪk; *Am.* aɪˈd-/ *adj* sielankowy

i.e. /ˌaɪ ˈiː/ *skrót* tj.

if /ɪf/ *conj* **1** jeżeli, jeśli **2** gdyby **3** (*zawsze*) gdy **4** czy (*w pytaniach zależnych*) → CZY [IDM] **if I were you** na twoim miejscu | **if it wasn't/weren't for sb/sth** gdyby nie ktoś/coś | **if only** żeby tylko: *If only I could walk.* Gdybym tylko mógł chodzić.

ignite /ɪgˈnaɪt/ *v* (*form.*) zapalać | **ignition** /ɪgˈnɪʃn/ *n* **1** zapalanie **2** zapłon

ignorance /ˈɪgnərəns/ *n* ignorancja, nieznajomość: *be in complete ~ of sth* pozostawać w zupełnej nieświadomości | **ignorant** *adj* **1** nieświadomy/nie wiedzący (czegoś): *I'm ~ about opera.* Nie znam się na operze. **2** (*nieform.*) prostacki

ignore /ɪgˈnɔː(r)/ *v* ignorować, lekceważyć

ikon = ICON

ill /ɪl/ *adj* **1** (*Br.*) chory: *get ~/be taken ~* zachorować → SICK **2** zły, krzywdzący ▸ *adv* **1** źle, nieodpowiednio: *You would be ill-advised to do that.* Byłoby nierozsądnie to zrobić. **2** z trudem ● **ill-'treat** *v* maltretować

I'll /aɪl/ *abbr* I WILL, I SHALL

illegal /ɪˈliːgl/ *adj* nielegalny, bezprawny

illegible /ɪˈledʒəbl/ *adj* nieczytelny

illegitimate /ˌɪləˈdʒɪtəmət/ *adj* **1** bezprawny, nielegalny **2** (*dziecko*) nieślubny

illicit /ɪˈlɪsɪt/ *adj* nielegalny, zakazany: *an ~ affair* potajemny romans

illiterate /ɪˈlɪtərət/ *adj* **1** niepiśmienny: *She's ~.* Jest analfabetką. **2** niegra-

matyczny **3** niedouczony: *He's computer ~.* Jest komputerowym analfabetą.

illness /ˈɪlnəs/ *n* choroba → CHOROBA

illogical /ɪˈlɒdʒɪkl/ *adj* **1** nieuzasadniony **2** nielogiczny

illuminate /ɪˈluːmɪneɪt/ *v* (*form.*) **1** oświetlać **2** rzucać światło na coś

illusion /ɪˈluːʒn/ *n* złudzenie: *be under the illusion that* łudzić się, że

illustrate /ˈɪləstreɪt/ *v* ilustrować | **illustration** /ˌɪləˈstreɪʃn/ *n* **1** ilustracja **2** ilustrowanie

I'm /aɪm/ *abbr* I AM

image /ˈɪmɪdʒ/ *n* **1** obraz **2** wyobrażenie **3** wizerunek **4** odbicie | **imagery** *n* metaforyka (*w tekście*)

imagine /ɪˈmædʒɪn/ *v* **1** wyobrażać sobie **2** przypuszczać | **imaginary** *adj* zmyślony, urojony | **imagination** /ɪˌmædʒɪˈneɪʃn/ *n* wyobraźnia | **imaginative** /ɪˈmædʒɪnətɪv/ *adj* pełen wyobraźni

imbalance /ɪmˈbæləns/ *n* nierównowaga

imitate /ˈɪmɪteɪt/ *v* **1** naśladować **2** parodiować | **imitation** /ˌɪmɪˈteɪʃn/ *n* **1** imitacja: *~ leather* sztuczna skóra **2** parodiowanie **3** naśladowanie

immaculate /ɪˈmækjələt/ *adj* **1** nieskazitelnie czysty **2** doskonały

immaterial /ˌɪməˈtɪəriəl/ *adj* nieistotny, bez znaczenia

immature /ˌɪməˈtjʊə(r); *Am.* -ˈtʃ)ʊr/ *adj* **1** nierozwinięty **2** niedojrzały **3** niedorosły

immediate /ɪˈmiːdiət/ *adj* **1** natychmiastowy **2** pilny **3** najbliższy | **immediately** *adv* **1** natychmiast, zaraz **2** bezpośrednio **3** tuż (*np. przed/po czymś*)

immense /ɪˈmens/ *adj* ogromny, niezmierny

immerse /ɪˈmɜːs/ *v* **1** ~ **yourself (in sth)** pogrążać się **2** ~ **sth (in sth)** zanurzać

immigrant /ˈɪmɪgrənt/ *n* imigrant/ka

immigration /ˌɪmɪˈgreɪʃn/ *n* [U] **1** imigracja **2** (*także* immi'gration control*) kontrola paszportów

imminent /ˈɪmɪnənt/ *adj* nadciągający, bliski: *Flooding is ~.* Istnieje groźba powodzi.

immobile /ɪˈməʊbaɪl; *Am.* -bl/ *adj* nieruchomy | **immobilize** (*także* -**ise**) /-bəlaɪz/ *v* unieruchamiać, paraliżować

immoral /ɪˈmɒrəl/ *adj* niemoralny

immortal /ɪˈmɔːtl/ *adj* **1** nieśmiertelny **2** wiekopomny

immune /ɪˈmjuːn/ *adj* **1** ~ **(to sth)** uodporniony, (*i przen.*) odporny **2** ~ **(from sth)** nie podlegający (*np. karze*) | **immunity** *n* **1** odporność **2** zwolnienie z czegoś **3** nietykalność, immunitet |

immunize (*także* **-ise**) /ˈɪmjunaɪz/ *v*
szczepić

impact /ˈɪmpækt/ *n* **1** wrażenie
2 uderzenie

impair /ɪmˈpeə(r)/ *v* uszkadzać,
osłabiać

impartial /ɪmˈpɑːʃl/ *adj* bezstronny

impassive /ɪmˈpæsɪv/ *adj*
niewzruszony, beznamiętny

impatient /ɪmˈpeɪʃnt/ *adj* **1 ~ (with sb/
sth)/(at sth** niecierpliwy **2 be ~ (to do
sth)/(for sth)** nie móc się doczekać

impeccable /ɪmˈpekəbl/ *adj*
nieskazitelny, bez zarzutu

impede /ɪmˈpiːd/ *v* (*form.*)
wstrzymywać, utrudniać

impediment /ɪmˈpedɪmənt/ *n* (*form.*)
1 przeszkoda, utrudnienie **2:** *a speech ~*
wada wymowy

impending /ɪmˈpendɪŋ/ *adj* wiszący w
powietrzu

impenetrable /ɪmˈpenɪtrəbl/ *adj*
1 niedostępny **2** niezgłębiony

imperative /ɪmˈperətɪv/ *adj* naglący,
konieczny: *It's ~ that you see a doctor.*
Musisz koniecznie pójść do lekarza. ▶ *n*
tryb rozkazujący

imperceptible /ˌɪmpəˈseptəbl/ *adj*
niedostrzegalny

imperfect /ɪmˈpɜːfɪkt/ *adj* **1** wadliwy,
niedoskonały **2** niedokonany: *the ~
(tense)* czas przeszły niedokonany

imperial /ɪmˈpɪəriəl/ *adj* imperialny,
cesarski **imperialism** *n* imperializm

impersonal /ɪmˈpɜːsənl/ *adj*
1 bezosobowy **2** (*przen.*) chłodny

impersonate /ɪmˈpɜːsəneɪt/ *v*
1 parodiować **2** podawać się za kogoś

impertinent /ɪmˈpɜːtɪnənt/ *adj*
bezczelny

impetus /ˈɪmpɪtəs/ *n* **1** bodziec **2** pęd

implausible /ɪmˈplɔːzəbl/ *adj*
nieprzekonywający

implement[1] /ˈɪmplɪmənt/ *n* narzędzie
→ NARZĘDZIE

implement[2] /ˈɪmplɪment/ *v*
wprowadzać

implicate /ˈɪmplɪkeɪt/ *v* **~ sb (in sth)**
(*form.*) wplątywać

implication /ˌɪmplɪˈkeɪʃn/ *n* **1** sugestia:
The ~ is that... Z tego wynika, że...
2 implikacja **3** zamieszanie (w coś)

implicit /ɪmˈplɪsɪt/ *adj* **1** milczący,
domniemany **2** bezwarunkowy

implore /ɪmˈplɔː(r)/ *v* (*form.*) błagać

imply /ɪmˈplaɪ/ *v* (*3rd sing czasu pres*
-ies; *pt, pp* **-ied**) dawać do zrozumienia

impolite /ˌɪmpəˈlaɪt/ *adj* niegrzeczny

import /ɪmˈpɔːt/ *v* (*i komput.*)
importować ▶ /ˈɪmpɔːtə(r)/ *n*

1 importowany towar **2** (*także* -ation)
import(owanie)

important /ɪmˈpɔːtnt/ *adj* ważny **|
importance** *n* znaczenie, ważność: *It is
of great ~ that...* Jest bardzo ważne,
żeby...

impose /ɪmˈpəʊz/ *v* **1** narzucać,
nakładać **2 ~ (on/upon sb/sth)** narzucać
się (komuś) **| imposition** /ˌɪmpəˈzɪʃn/ *n*
1 narzucanie, nakładanie **2** narzucanie
się, naciąganie

imposing /ɪmˈpəʊzɪŋ/ *adj* imponujący,
okazały

impossible /ɪmˈpɒsəbl/ *adj*
1 niemożliwy **2** nieznośny **| impossibility**
/ɪmˌpɒsəˈbɪləti/ *n* (*pl* **-ies**) niemożliwość

impotent /ˈɪmpətənt/ *adj* **1** bezsilny
2 cierpiący na impotencję

impractical /ɪmˈpræktɪkl/ *adj*
niepraktyczny

imprecise /ˌɪmprɪˈsaɪs/ *adj*
niedokładny, nieprecyzyjny

impress /ɪmˈpres/ *v* **1 ~ sb (with sth)**
wywierać wrażenie, imponować czymś

impression /ɪmˈpreʃn/ *n* **1** wrażenie:
What's your ~ of the new director? Co
sądzisz o nowym dyrektorze?
2 parodiowanie: *do ~s of sb*
parodiować kogoś **3** odcisk, odbicie

impressive /ɪmˈpresɪv/ *adj*
imponujący, wywierający wrażenie

imprison /ɪmˈprɪzn/ *v* uwięzić **|
imprisonment** *n* uwięzienie: *She was
sentenced to five years' ~.* Została
skazana na karę pięciu lat więzienia.
◇ *life ~* dożywocie

improbable /ɪmˈprɒbəbl/ *adj*
nieprawdopodobny

impromptu /ɪmˈprɒmptjuː; *Am.* -tuː/
adj zaimprowizowany ▶ *adv* bez
przygotowania

improper /ɪmˈprɒpə(r)/ *adj*
1 niestosowny **2** nieodpowiedni
3 nieprawidłowy, niedozwolony
4 nieprzyzwoity

improve /ɪmˈpruːv/ *v* **1** polepszać/
poprawiać (się) **| improvement** *n* **~ (on/
in sth)** postęp, poprawa

improvise /ˈɪmprəvaɪz/ *v*
improwizować

impudent /ˈɪmpjədənt/ *adj* bezczelny

impulse /ˈɪmpʌls/ *n* impuls: *do sth on
(an) ~* robić coś spontanicznie

impulsive /ɪmˈpʌlsɪv/ *adj* porywczy,
spontaniczny

impure /ɪmˈpjʊə(r)/ *adj*
zanieczyszczony, nieczysty

in /ɪn/ *prep* ❶ In występuje z n w wielu
zwrotach, np. **in time.** Zob. hasła
odpowiednich n **1** w: *You could walk
there ~ an hour.* Możesz tam dojść w
ciągu godziny. **2** za (*jakiś czas*) **3:** *a rate*

of tax of 50p ~ *the pound* podatek 50 pensów od funta ◊ *one family* ~ *ten* jedna rodzina na dziesięć **4**: *dressed* ~ *black* ubrany na czarno **5** (*mówić*) po: *They were talking* ~ *Italian*. Mówili po włosku. **6**: *write* ~ *pen* pisać piórem **7** z (*np. ze zdumieniem*) **8** (*do wyrażenia stanu kogoś/czegoś*): *He's* ~ *poor health*. Jest słabego zdrowia. ◊ *This room is* ~ *a mess!* W tym pokoju jest bałagan. ◊ *She's* ~ *love*. Jest zakochana. ▶ *adv* ❻ In występuje w v. złoż. Zob. hasła odpowiednich v., np. **give, come. 1** w. do: *She went* ~. Weszła. (do pokoju). **2** w domu/pracy: *She won't be* ~ *till late today.* Będzie dziś późno w domu/pracy. **3**: *Entries should be* ~ *by 20 March*. Podania należy nadsyłać do 20 marca.

inability /ˌɪnəˈbɪləti/ *n* [*U*] ~ (**to do sth**) niezdolność, niemożność

inaccessible /ˌɪnækˈsesəbl/ *adj* **1** niedostępny **2** nieprzystępny

inaccurate /ɪnˈækjərət/ *adj* nieścisły, niedokładny

inaction /ɪnˈækʃn/ *n* bezczynność, inercja

inadequate /ɪnˈædɪkwət/ *adj* **1** nieodpowiedni, niedostateczny **2** nie nadający się

inadvertently /ˌɪnədˈvɜːtəntli/ *adv* nieumyślnie

inappropriate /ˌɪnəˈprəʊpriət/ *adj* nieodpowiedni, niewłaściwy

inarticulate /ˌɪnɑːˈtɪkjələt/ *adj* **1** nieelokwentny: *be* ~ nie móc się wysłowić **2** niewyraźny

inaudible /ɪnˈɔːdəbl/ *adj* niesłyszalny

inaugural /ɪˈnɔːgjərəl/ *adj* inauguracyjny

inaugurate /ɪˈnɔːgjəreɪt/ *v* inaugurować

incapable /ɪnˈkeɪpəbl/ *adj* **1** ~ **of** (**doing**) **sth** niezdolny do czegoś **2** nieudolny

incense /ˈɪnsens/ *n* kadzidło

incentive /ɪnˈsentɪv/ *n* ~ (**to do sth**) zachęta

incessant /ɪnˈsesnt/ *adj* bezustanny

incest /ˈɪnsest/ *n* kazirodztwo | **incestuous** /ɪnˈsestjuəs/; *Am*. -tʃuəs/ *adj* **1** kazirodczy **2** (*grupa ludzi*) oparty na kumoterstwie, zamknięty

inch /ɪntʃ/ *n* cal

incidence /ˈɪnsɪdəns/ *n* częstość występowania

incident /ˈɪnsɪdənt/ *n* (*form.*) **1** wydarzenie, zajście **2** incydent

incidental /ˌɪnsɪˈdentl/ *adj* nieistotny, marginesowy

incidentally /ˌɪnsɪˈdentli/ *adv* nawiasem mówiąc

incinerator /ɪnˈsɪnəreɪtə(r)/ *n* piec do spalania nieczystości

incite /ɪnˈsaɪt/ *v* ~ **sb** (**to sth**) podburzać

inclination /ˌɪnklɪˈneɪʃn/ *n* skłonność: *My* ~ *is to say 'no'.* Powiedziałbym „nie".

incline /ɪnˈklaɪn/ *v* **1** (*form.*) ~ **to/ towards sth** skłaniać się ku czemuś **2** (*form.*) schylać (*głowę*) **3** ~ **towards sth** nachylać się ▶ /ˈɪnklaɪn/ *n* (*form.*) pochyłość

inclined /ɪnˈklaɪnd/ *adj* **1 be** ~ (**to do sth**) mieć ochotę (coś zrobić) **2 be** ~ **to do sth** mieć skłonność coś zrobić **3** ~ **to agree,** etc. skłonny się zgodzić itp. **4** uzdolniony

include /ɪnˈkluːd/ *v* **1** zawierać, wliczać → ZAWIERAĆ **2** włączać | **including** /ɪnˈkluːdɪŋ/ *prep* wliczając | **inclusion** /ɪnˈkluːʒn/ *n* włączenie

inclusive /ɪnˈkluːsɪv/ *adj* **1** ~ (**of sth**) obejmujący, zawierający: *The rent is* ~ *of electricity*. W czynsz została włączona opłata. **2** włącznie (*od...do*)

incoherent /ˌɪnkəʊˈhɪərənt/ *adj* chaotyczny, bezładny

income /ˈɪnkʌm; -kəm/ *n* [*C,U*] dochód, wpływy: *a source of* ~ źródło przychodów → PŁACA ● **income tax** *n* [*U*] podatek dochodowy

incoming /ˈɪnkʌmɪŋ/ *adj* **1** przybywający, przylatujący **2** (*rząd itp.*) nowo wybrany

incompatible /ˌɪnkəmˈpætəbl/ *adj* **1** niezgodny **2** (*komput.*) niekompatybilny **3** niedobrany

incompetent /ɪnˈkɒmpɪtənt/ *adj* nieudolny, niekompetentny

incomplete /ˌɪnkəmˈpliːt/ *adj* **1** niezupełny **2** niepełny, niekompletny

incomprehensible /ˌɪnˌkɒmprɪˈhensəbl/ *adj* niezrozumiały

inconceivable /ˌɪnkənˈsiːvəbl/ *adj* niewyobrażalny

inconclusive /ˌɪnkənˈkluːsɪv/ *adj* nie rozstrzygający, nieprzekonujący

incongruous /ɪnˈkɒŋgruəs/ *adj* niestosowny, nie na miejscu

inconsiderate /ˌɪnkənˈsɪdərət/ *adj* nieliczący się z innymi, nieuprzejmy

inconsistent /ˌɪnkənˈsɪstənt/ *adj* **1** niekonsekwentny, nierówny **2** niezgodny

inconspicuous /ˌɪnkənˈspɪkjuəs/ *adv* nie rzucający się w oczy, nie zwracający na siebie uwagi

inconvenience /ˌɪnkənˈviːnɪəns/ *n* niewygoda ▶ *v* ~ **sb** sprawiać kłopot

inconvenient /ˌɪnkənˈviːnɪənt/ *adj* niewygodny, kłopotliwy

incorporate /ɪn'kɔːpəreɪt/ v wcielać, zawierać | **incorporated** adj (firma) zarejestrowany

incorrect /ˌɪnkə'rekt/ adj niepoprawny

increase /ɪn'kriːs/ v zwiększać (się), wzrastać: ~ your speed przyśpieszyć ▸/'ɪŋkriːs/ n [C,U] ~ (in sth) przyrost, wzrost: a wage ~ podwyżka | **increasingly** adv coraz (bardziej)

incredible /ɪn'kredəbl/ adj 1 niewiarygodny 2 (suma itp.) ogromny

incubator /'ɪŋkjubeɪtə(r)/ n 1 inkubator 2 wylęgarka

incur /ɪn'kɜː(r)/ v (-rr-) (form.) ponosić (np. stratę): ~ debts zaciągać długi ◇ ~ sb's anger ściągać czyjś gniew

incurable /ɪn'kjʊərəbl/ adj nieuleczalny

indecent /ɪn'diːsnt/ adj nieprzyzwoity

indecisive /ˌɪndɪ'saɪsɪv/ adj niezdecydowany

indeed /ɪn'diːd/ adv 1 rzeczywiście 2 naprawdę

indefinite /ɪn'defnət/ adj determinerlony, niepewny | **Indefinitely** adv na czas determinerlony ● in, definite 'article n przedimek determinerlony

indelible /ɪn'deləbl/ adj 1 nieusuwalny 2 (wspomnienie itp.) niezatarty

independence /ˌɪndɪ'pendəns/ n niepodległość, niezależność ● Czwartego lipca Amerykanie obchodzą **Independence Day**. Tego dnia w 1776 roku Ameryka ogłosiła swoją niepodległość.

independent /ˌɪndɪ'pendənt/ adj 1 ~ (of sb/sth) niepodległy, niezależny (od kogoś/czegoś) 2 osobny

indescribable /ˌɪndɪ'skraɪbəbl/ adj nieopisany

index /'ɪndeks/ n 1 indeks (na końcu książki) 2 = CARD INDEX: an ~ card karta katalogowa 3 (pl -es lub indices) wskaźnik ▸ v sporządzać indeks/ skorowidz ● 'index finger n palec wskazujący

Indian /'ɪndiən/ n 1 mieszkaniec Indii 2 = AMERICAN INDIAN ▸ adj 1 indyjski 2 = AMERICAN INDIAN

indicate /'ɪndɪkeɪt/ v 1 wskazywać na coś 2 sygnalizować | **indication** /ˌɪndɪ'keɪʃn/ n 1 oznaka 2 sygnał

indicative /ɪn'dɪkətɪv/ adj (form.) be ~ (of sth) wskazywać na coś

indicator /'ɪndɪkeɪtə(r)/ n 1 wskaźnik 2 (Br.) kierunkowskaz

indices pl od INDEX

indictment /ɪn'daɪtmənt/ n 1 akt oskarżenia 2 (przen.) oskarżenie

indifference /ɪn'dɪfrəns/ n obojętność

indifferent /ɪn'dɪfrənt/ adj 1 ~ (to sb/ sth) obojętny (wobec kogoś/czegoś) 2 (jakość) mierny

indigenous /ɪn'dɪdʒənəs/ adj miejscowy, tubylczy

indigestion /ˌɪndɪ'dʒestʃən/ n niestrawność

indignant /ɪn'dɪgnənt/ adj oburzony | **indignation** /ˌɪndɪg'neɪʃn/ n oburzenie

indirect /ˌɪndə'rekt; -daɪ'r-/ adj 1 okrężny 2 pośredni 3 (odpowiedź itp.) wymijający ● ,indirect 'object n (gram.) dopełnienie dalsze | ,indirect 'speech n (gram.) mowa zależna

indiscreet /ˌɪndɪ'skriːt/ adj niedyskretny, nieroztropny | **indiscretion** /ˌɪndɪ'skreʃn/ n niedyskrecja, nieostrożność

indiscriminate /ˌɪndɪ'skrɪmɪnət/ adj (dokonany) bez różnicy/rozróżnienia

indispensable /ˌɪndɪ'spensəbl/ adj niezbędny

indisputable /ˌɪndɪ'spjuːtəbl/ adj bezsporny

indistinct /ˌɪndɪ'stɪŋkt/ adj niewyraźny

individual /ˌɪndɪ'vɪdʒuəl/ adj 1 pojedynczy, poszczególny 2 indywidualny, osobisty ▸ n 1 jednostka, (jedna) osoba 2 (nieform.) osoba

individuality /ˌɪndɪˌvɪdʒu'æləti/ n indywidualność

indoor /'ɪndɔː(r)/ adj odbywający się/ używany wewnątrz budynku: ~ games zawody halowe ◇ ~ shoes pantofle domowe ◇ an ~ swimming pool basen kryty

indoors /ˌɪn'dɔːz/ adv w/do domu

induce /ɪn'djuːs; Am. -duːs/ v (form.) 1 skłaniać 2 wywoływać, powodować

induction /ɪn'dʌkʃn/ n wprowadzanie (do pracy itp.)

indulge /ɪn'dʌldʒ/ v 1 pobłażać 2 pozwalać sobie (na coś) | **indulgence** n 1 pobłażanie sobie, oddawanie się (przyjemnościom itp.) 2 słabość do czegoś, przyjemność | **indulgent** /ɪn'dʌldʒənt/ adj pobłażliwy

industrial /ɪn'dʌstriəl/ adj 1 przemysłowy 2 uprzemysłowiony | **industrialist** n prze- mysłowiec | **industrialize** (także -ise) /-aɪz/ v uprzemysławiać | **industrialization** /ɪnˌdʌst- riəlaɪ'zeɪʃn; Am. -ləʒ-/ n uprzemysłowienie ● in,dustrial 'action n (form.) strajk

industrious /ɪn'dʌstriəs/ adj pracowity

industry /'ɪndəstri/ n (pl -ies) 1 przemysł 2 gałąź przemysłu, branża

inedible /ɪn'edəbl/ adj (form.) niejadalny

339

ineffective /ˌɪnɪˈfektɪv/ *adj*
nieskuteczny

inefficient /ˌɪnɪˈfɪʃnt/ *adj* niewydajny,
nieskuteczny| **inefficiency** *n*
niewydajność, nieskuteczność

ineligible /ɪnˈelɪdʒəbl/ *adj* nie mający
kwalifikacji/uprawnień

inept /ɪˈnept/ *adj* nieudolny

inequality /ˌɪnɪˈkwɒləti/ *n (pl* -ies)
nierówność

inert /ɪˈnɜːt/ *adj* bezwładny, bierny

inertia /ɪˈnɜːʃə/ *n* **1** opieszałość
2 bezwładność, inercja

inescapable /ˌɪnɪˈskeɪpəbl/ *adj (form.)*
nieunikniony

inevitable /ɪnˈevɪtəbl/ *adj*
nieunikniony| **inevitably** *adv*
nieuchronnie

inexcusable /ˌɪnɪkˈskjuːzəbl/ *adj*
niewybaczalny

inexhaustible /ˌɪnɪgˈzɔːstəbl/ *adj*
niewyczerpany

inexpensive /ˌɪnɪkˈspensɪv/ *adj*
niedrogi

inexperience /ˌɪnɪkˈspɪəriəns/ *n* brak
doświadczenia| **inexperienced** *adj*
niedoświadczony

inexplicable /ˌɪnɪkˈsplɪkəbl/ *adj*
niewytłumaczalny

infallible /ɪnˈfæləbl/ *adj* **1** nieomylny
2 niezawodny| **infallibility** /
ɪnˌfælɪˈbɪləti/ *n* nieomylność;
niezawodność

infamous /ˈɪnfəməs/ *adj* ~ (for sth)
niesławny, haniebny

infancy /ˈɪnfənsi/ *n* **1** niemowlęctwo
2: *Research in this field is still in its ~.*
Badania w tej dziedzinie są jeszcze w
powijakach.

infant /ˈɪnfənt/ *n* **1** *(form. lub
medyczny)* niemowlę; małe dziecko
2 *(w bryt. szkołach)* dziecko w wieku 4-7
lat: *infant school* najniższy poziom
szkoły podstawowej

infantile /ˈɪnfəntaɪl/ *adj* dziecinny

infantry /ˈɪnfəntri/ *n* piechota

infatuated /ɪnˈfætʃueɪtɪd/ *adj*
zadurzony| **infatuation** /ɪnˌfætʃuˈeɪʃn/
n zadurzenie

infect /ɪnˈfekt/ *v* **1** *(i przen.)* zarażać
2 zakazić

infection /ɪnˈfekʃn/ *n* **1** zakażenie
2 infekcja

infectious /ɪnˈfekʃəs/ *adj (i przen.)*
zaraźliwy

infer /ɪnˈfɜː(r)/ *v* (-rr-) wnioskować|
inference *n* wniosek

inferior /ɪnˈfɪəriə(r)/ *adj* ~ (to sb/sth)
niższy, gorszy (od kogoś/czegoś) ► *n*
podwładny, osoba o niższej pozycji
społecznej| **inferiority** /ɪnˌfɪəriˈɒrəti/

niższość, gorszy gatunek ● **inferi'ority
complex** *n* kompleks niższości

infertile /ɪnˈfɜːtaɪl; *Am.* -tl/ *adj*
1 nieurodzajny **2** bezpłodny| **infertility**
/ˌɪnfɜːˈtɪləti/ *n* nieurodzajność;
bezpłodność

infested /ɪnˈfestɪd/ *adj* ~ (with sth)
opanowany (przez coś), rojący się (od
czegoś)

infidelity /ˌɪnfɪˈdeləti/ *n (pl* -ies)
niewierność

infiltrate /ˈɪnfɪltreɪt/ *v* infiltrować

infinite /ˈɪnfɪnət/ *adj* **1** nieograniczony
2 niewyczerpany, ogromny| **infinitely**
adv o wiele

infinitive /ɪnˈfɪnətɪv/ *n* bezokolicznik
❶ Bezokolicznika używa się zarówno z
partykułą **to**, jak i bez niej

infinity /ɪnˈfɪnəti/ *n* **1** bezkres,
wieczność **2** *(mat.)* nieskończoność

infirm /ɪnˈfɜːm/ *adj* niedołężny

infirmary /ɪnˈfɜːməri/ *n (pl* -ies) szpital

inflamed /ɪnˈfleɪmd/ *adj* w stanie
zapalnym

inflammable /ɪnˈflæməbl/ *adj* łatwo
palny

inflammation /ˌɪnfləˈmeɪʃn/ *n* zapalenie

inflate /ɪnˈfleɪt/ *v (form.)*
1 napompowywać **2** nadymać się

inflation /ɪnˈfleɪʃn/ *n* inflacja

inflection *(także* -flexion) /ɪnˈflekʃn/ *n*
1 *(gram.)* odmiana **2** końcówka
fleksyjna **3** modulacja *(głosu)*

inflexible /ɪnˈfleksəbl/ *adj (i przen.)*
nieelastyczny, sztywny

inflict /ɪnˈflɪkt/ *v* ~ sth (on sb) narzucać
coś (komuś), zadawać *(ból itp.)*

in-flight /ˌɪnˈaɪt/ *adj* podczas lotu: ~
entertainment rozrywka pasażerów na
pokładzie samolotu

influence /ˈɪnfluəns/ *n* **1** wpływ
2 czynnik/osoba wywierając-y/a
wpływ: *be a good ~ on sb* mieć na kogoś
dobry wpływ ► *v* wpływać

influential /ˌɪnfluˈenʃl/ *adj* wpływowy,
wywierający wpływ: *be ~* mieć duży
wpływ

influenza /ˌɪnfluˈenzə/ *n (form.)* grypa

influx /ˈɪnflʌks/ *n* napływ

inform /ɪnˈfɔːm/ *v* **1** powiadamiać
2 donosić| **informant** *n* informator/ka|
informed *adj* **1** poinformowany
2 *(wybór)* inteligentny| **informer** *n*
donosiciel/ka

informal /ɪnˈfɔːml/ *adj* nieformalny,
nieoficjalny

information /ˌɪnfəˈmeɪʃn/ *n* [U]
informacja, wiadomość → INFORMACJA
● **infor,mation tech'nology** *n*
informatyka

informative /ɪnˈfɔːmətɪv/ *adj* bogaty w informacje

infrastructure /ˈɪnfrəstrʌktʃə(r)/ *n* infrastruktura

infrequent /ɪnˈfriːkwənt/ *adj* rzadki

infringe /ɪnˈfrɪndʒ/ *v* (*form.*) 1 naruszać (*np. prawo*) 2 ~ on/upon sth ograniczać (*np. czyjeś prawa*)

infuriate /ɪnˈfjʊərieɪt/ *v* rozwścieczyć I **infuriating** *adj* doprowadzający do wściekłości

ingenious /ɪnˈdʒiːniəs/ *adj* pomysłowy I **ingenuity** /ˌɪndʒəˈnjuːəti; *Am.* -ˈnuː-/ *n* pomysłowość

ingrained /ɪnˈɡreɪnd/ *adj* zakorzeniony

ingredient /ɪnˈɡriːdiənt/ *n* składnik

inhabit /ɪnˈhæbɪt/ *v* zamieszkiwać I **inhabitant** *n* mieszkan-iec/ka

inhale /ɪnˈheɪl/ *v* wdychać

inherent /ɪnˈhɪərənt/; *Br. także* -ˈher-/ *adj* ~ (in sb/sth) wrodzony, właściwy (czemuś/komuś) I **inherently** *adv* dogłębnie

inherit /ɪnˈherɪt/ *v* dziedziczyć I **inheritance** *n* 1 dziedziczenie 2 dziedzictwo, spadek

inhibit /ɪnˈhɪbɪt/ *v* 1 hamować 2 powstrzymywać I **inhibited** *adj* pełen zahamowań I **inhibition** /ˌɪnhɪˈbɪʃn; ˌɪnɪˈb-/ *n* zahamowanie

inhospitable /ˌɪnhɒˈspɪtəbl/ *adj* niegościnny

inhuman /ɪnˈhjuːmən/ *adj* nieludzki, okrutny

inhumane /ˌɪnhjuːˈmeɪn/ *adj* niehumanitarny

initial /ɪˈnɪʃl/ *adj* początkowy ▶ inicjał I *v* (-ll-; *Am.* -l-) parafować (*np. dokument*) I **initially** *adv* początkowo

initiate /ɪˈnɪʃieɪt/ *v* 1 (*form.*) zapoczątkowywać 2 ~ sb (into sth) wprowadzać; wtajemniczać

initiative /ɪˈnɪʃətɪv/ *n* 1 inicjatywa 2 (the initiative) przewaga 3 pomysłowość

inject /ɪnˈdʒekt/ *v* 1 wstrzykiwać 2 wsadzać (*np. kapitał*) I **injection** *n* (*i przen.*) zastrzyk: *fuel* ~ wtrysk paliwa

injure /ˈɪndʒə(r)/ *v* ranić → RANIĆ I **injured** *adj* zraniony; urażony

injury /ˈɪndʒəri/ *n* (*pl* -ies) 1 rana 2 ujma ● 'injury time *n* (*sport*) doliczony czas (*za przerwy w grze*)

injustice /ɪnˈdʒʌstɪs/ *n* 1 niesprawiedliwość 2 krzywda

ink /ɪŋk/ *n* atrament

inkling /ˈɪŋklɪŋ/ *n* przeczucie, przypuszczenie

inland /ˈɪnlænd; ˈɪnlænd/ *adj* śródlądowy ▶ /ˌɪnˈlænd/ *adv* w głąb/ głębi kraju ● ˌInland 'Revenue *n* (*Br.*) urząd skarbowy

in-laws /ˈɪn lɔːz/ *n* (*nieform.*) teściowie, krewni żony lub męża

inmate /ˈɪnmeɪt/ *n* pensjonariusz/ka (*szpitala psychiatrycznego*), wię-zień/ źniarka

innate /ɪˈneɪt/ *adj* wrodzony

inner /ˈɪnə(r)/ *adj* 1 wewnętrzny: *the ~ ear* ucho środkowe 2 (*uczucie itp.*) skryty I **innermost** /-məʊst/ *adj* 1 najgłębszy 2 najskrytszy ● ˌinner 'city *n* ubogie dzielnice śródmiejskie (*często siedlisko problemów społecznych*)

innocent /ˈɪnəsnt/ *adj* 1 ~ (of sth) niewinny 2 (*ofiara*) przypadkowy 3 nieszkodliwy 4 naiwny I **innocence** *n* niewinność

innocuous /ɪˈnɒkjuəs/ *adj* (*form.*) (*uwaga itp.*) nieszkodliwy

innovate /ˈɪnəveɪt/ *v* wprowadzać innowacje I **innovation** /ˌɪnəˈveɪʃn/ *n* innowacja I **innovative** /ˈɪnəvətɪv; -veɪt-/ *adj* innowacyjny

innuendo /ˌɪnjuˈendəʊ/ *n* (*pl* -es *lub* -s) insynuacja

innumerable /ɪˈnjuːmərəbl/; *Am.* ɪˈnuː-/ *adj* niezliczony

inoculate /ɪˈnɒkjuleɪt/ *v* ~ sb (with sth) szczepić (czymś) I **inoculation** /ɪˌnɒkjuˈleɪʃn/ *n* (*med.*) szczepienie

input /ˈɪnpʊt/ *n* 1 ~ (into/to sth) wkład 2 (*komput.*) dane ▶ *v* (*pt, pp* input *lub* inputted) wprowadzać (*dane do komputera*)

inquest /ˈɪŋkwest/ *n* dochodzenie przyczyny zgonu

inquire, inquiring, inquiry = ENQUIRE, ENQUIRING, ENQUIRY

inquisitive /ɪnˈkwɪzətɪv/ *adj* 1 wścibski 2 dociekliwy

insane /ɪnˈseɪn/ *adj* 1 obłąkany 2 szalony I **insanity** /ɪnˈsænəti/ *n* [*U*] 1 obłęd 2 szaleństwo

insatiable /ɪnˈseɪʃəbl/ *adj* nienasycony

inscribe /ɪnˈskraɪb/ *v* (*form.*) ~ A (on/in B); ~ B (with A) 1 wpisywać (*np. dedykację*) 2 ryć I **inscription** /ɪnˈskrɪpʃn/ *n* napis (*np. na nagrobku*)

insect /ˈɪnsekt/ *n* owad ❶ Niektóre inne zwierzęta, np. pająki, też często są nazywane **insects**, chociaż jest to niepoprawne. I **insecticide** /ɪnˈsektɪsaɪd/ *n* środek owadobójczy

insecure /ˌɪnsɪˈkjʊə(r)/ *adj* 1 ~ (about sb/sth) niepewny (w stosunku do kogoś/czegoś) 2 nie zabezpieczony I **insecurity** /ˌɪnsɪˈkjʊərəti/ *n* brak pewności siebie

insensitive /ɪnˈsensətɪv/ *adj* 1 nieczuły 2 ~ (to sth) niewrażliwy (na

coś)| **insensitivity** /ˌɪnˌsensəˈtɪvəti/ *n*
nieczułość; brak wrażliwości

inseparable /ɪnˈsepərəbl/ *adj*
nierozłączny, nierozdzielczy

insert /ɪnˈsɜːt/ *v (form.)* wkładać,
wsuwać

inside /ˌɪnˈsaɪd/ *n* **1** wnętrze,
wewnętrzna strona **2** (**insides**)
(*nieform.*) brzuch, żołądek [IDM] **inside
out 1** na lewą stronę **2** (*znać*) na wylot
► *adj* **1** wewnętrzny **2** (*informacja itp.*)
poufny| **insider** /ɪnˈsaɪdə(r)/ *n* człon-
ek/kini (*np. organizacji*), osoba
wtajemniczona| (*zwł. Am. inside of*)
prep **1** wewnątrz, w (*czymś/środku*)|
adv **1** w środku, do środka

insight /ˈɪnsaɪt/ *n* ~ (**into sth**) wgląd,
rozumienie

insignificant /ˌɪnsɪɡˈnɪfɪkənt/ *adj*
nieistotny| **insignificance** *n* znikomość

insincere /ˌɪnsɪnˈsɪə(r)/ *adj* nieszczery
| **insincerity** /ˌɪnsɪnˈserəti/ *n*
nieszczerość

insinuate /ɪnˈsɪnjueɪt/ *v* insynuować,
dawać do zrozumienia| **insinuation**
/ɪnˌsɪnjuˈeɪʃn/ *n* insynuacja

insist /ɪnˈsɪst/ *v* **1** nalegać **2** ~ (**on sth**)
upierać się (przy czymś)| **insistent** *adj*
natarczywy, uporczywy: *be* ~ bardzo
nalegać

insolent /ˈɪnsələnt/ *adj (form.)*
bezczelny

insomnia /ɪnˈsɒmniə/ *n* bezsenność|
insomniac /ɪnˈsɒmniæk/ *n* osoba
cierpiąca na bezsenność

inspect /ɪnˈspekt/ *v* **1** ~ **sb/sth** (**for sth**)
badać, sprawdzać coś/kogoś (*w celu
znalezienia czegoś*) **2** kontrolować|
inspection /ɪnˈspekʃn/ *n* inspekcja: *on*
~ przy bliższym zbadaniu

inspector /ɪnˈspektə(r)/ *n* **1** kontroler,
inspektor **2** inspektor policji

inspiration /ˌɪnspəˈreɪʃn/ *n* **1** ~ (**to/for**
sb) natchnienie **2** (*nieform.*) świetny
pomysł

inspire /ɪnˈspaɪə(r)/ *v* **1** ~ **sb** (**with sth**)
natchnąć: *be inspired with enthusiasm*
być zarażonym entuzjazmem **2** ~ **sth** (**in**
sb) wzbudzać (*np. zaufanie*)

instability /ˌɪnstəˈbɪləti/ *n*
niestabilność

install (*Am. także -stal*) /ɪnˈstɔːl/ *v*
instalować, montować| **installation**
/ˌɪnstəˈleɪʃn/ *n* montaż, instalacja

instalment (*Am. -stall-*) /ɪnˈstɔːlmənt/
n **1** odcinek, część (*np. serialu*) **2** rata
● **in'stallment plan** (*Am.*) kupno na raty

instance /ˈɪnstəns/ *n* przykład,
przypadek [IDM] **for instance** na
przykład

instant /ˈɪnstənt/ *adj* **1** natychmiastowy **2** (*jedzenie*) gotowy do spożycia: ~

coffee kawa rozpuszczalna| **instantly**
adv natychmiast| *n* chwila: *Stop doing
that this* ~*!* Natychmiast przestań to
robić!

instantaneous /ˌɪnstənˈteɪniəs/ *adj*
natychmiastowy

instead /ɪnˈsted/ *adv* zamiast| **instead**
of sb/sth *prep* zamiast kogoś/czegoś

instigate /ˈɪnstɪɡeɪt/ *v (form.)*
wywoływać (*zamieszki itp.*), podjudzać

instil (*Am. -still*) /ɪnˈstɪl/ *v* (*-ll-*) ~ **sth** (**in/**
into sb) wpajać coś (komuś)

instinct /ˈɪnstɪŋkt/ *n* instynkt|
instinctive /ɪnˈstɪŋktɪv/ *adj*
instynktowny

institute /ˈɪnstɪtjuːt; *Am.* -tuːt/ *n*
instytut ► *v (form.)* wdrażać

institution /ˌɪnstɪˈtjuːʃn; *Am.* ·ˈtuːʃn/ *n*
1 instytucja **2** zakład **3** zwyczaj: *the* ~ *of
marriage* instytucja małżeństwa
4 ustanowienie (*np. programu*)|
institutional *adj* instytucjonalny

instruct /ɪnˈstrʌkt/ *v* **1** ~ **sb** (**in sth**)
(*form.*) nauczać (o czymś)
2 rozkazywać, polecać| **instructor** *n*
instruktor/ka

instruction /ɪnˈstrʌkʃn/ *n* **1** ~ (**in sth**)
szkolenie (się) **2** rozkaz, polecenie
3 (**instructions**) instrukcja (*obsługi*)

instructive /ɪnˈstrʌktɪv/ *adj*
pouczający

instrument /ˈɪnstrəmənt/ *n* **1** (*i przen.*)
narzędzie → NARZĘDZIE **2** przyrząd
(*często pomiarowy*): *an* ~ *panel* tablica
rozdzielcza **3** instrument muzyczny

instrumental /ˌɪnstrəˈmentl/ *adj* **1** ~ **in**
doing sth przyczyniający się do czegoś,
pomocny **2** (*muz.*) instrumentalny

insufferable /ɪnˈsʌfrəbl/ *adj*
nieznośny

insufficient /ˌɪnsəˈfɪʃnt/ *adj*
niewystarczający

insular /ˈɪnsjələ(r); *Am.* -sələr/ *adj*
zaściankowy

insulate /ˈɪnsjuleɪt; *Am.* -səl-/ *v*
izolować| **insulation** /ˌɪnsjuˈleɪʃn; *Am.*
-səˈl-/ *n* **1** izolacja **2** za/izolowanie

insult /ɪnˈsʌlt/ *v* znieważać| **insult**
/ˈɪnsʌlt/ *n* zniewaga: *yell* ~*s*
wykrzykiwać obelgi| **insulting** *adj*
obraźliwy

insurance /ɪnˈʃʊərəns; *Br. także* -ˈʃɔːr-/
n **1** ~ (**against sth**) ubezpieczenie (*od
czegoś*): *work in* ~ pracować w firmie
ubezpieczeniowej **2 an** ~ (**against sth**)
zabezpieczenie (się) (przed czymś)

insure /ɪnˈʃʊə(r); *Br. także* ·ˈʃɔː(r)/ *v*
1 ~ **sb/sth** (**against sth**) ubezpieczać (*od
czegoś*) **2** (*Am.*) = ENSURE

intact /ɪnˈtækt/ *adj* nienaruszony

intake /ˈɪnteɪk/ *n* **1** spożycie **2** napływ
3: *a sharp* ~ *of breath* głęboki wdech

i

integral /ˈɪntɪɡrəl/ *adj* **1** integralny
2 (*techn.*) (swój) własny

integrate /ˈɪntɪɡreɪt/ *v* **1** ~ **(sb) (into
sth/with sth)** integrować (z czymś)
2 łączyć (w jedną całość)

integrity /ɪnˈteɡrəti/ *n* prawość

intellect /ˈɪntəlekt/ *n* (*i osoba*) umysł

intellectual /ˌɪntəˈlektʃuəl/ *adj*
umysłowy, intelektualny | **intellectual** *n*
intelektualist·a/ka, inteligent/ka

intelligence /ɪnˈtelɪdʒəns/ *n*
1 inteligencja **2** wywiad (*wojskowy*) |
intelligent *adj* inteligentny

intelligentsia /ɪnˌtelɪˈdʒentsiə/ *n* [*z cz.
w pl lub s*] (*zwykle* the intelligentsia)
inteligencja

intend /ɪnˈtend/ *v* **1** mieć zamiar coś
zrobić **2** ~ **sb to do sth** chcieć, aby ktoś
coś zrobił **3** przeznaczać

intense /ɪnˈtens/ *adj* **1** wielki, silny
2 poważny | **intensify** /-sɪfaɪ/ *v* (*3rd sing
czasu pres* -ies; *pt, pp* -ied) wzmacniać
(się), przybierać na sile| **intensity** /-səti/
n intensywność

intensive /ɪnˈtensɪv/ *adj* wzmożony,
intensywny ● in,tensive 'care *n* [*U*]
(*med.*) **1** intensywna opieka **2** oddział
intensywnej opieki

intent /ɪnˈtent/ *adj* **1** uważny
2 zdeterminowany: *be ~ on/upon (doing)
sth* (mocno) postanowić coś zrobić

intention /ɪnˈtenʃn/ *n* zamiar

intentional /ɪnˈtenʃənl/ *adj*
zamierzony, umyślny

interact /ˌɪntərˈækt/ *v* oddziaływać
(wzajemnie na siebie) | **interaction** *n*
wzajemne oddziaływanie,
współdziałanie | **interactive** /-ˈæktɪv/
adj **1** interaktywny **2** interakcyjny

intercept /ˌɪntəˈsept/ *v* przechwytywać

interchangeable /ˌɪntəˈtʃeɪndʒəbl/ *adj*
wymienny: ~ *words* wyrazy
jednoznaczne

intercom /ˈɪntəkɒm/ *n* **1** interkom
2 domofon

interconnect /ˌɪntəkəˈnekt/ *v* połączyć
się

intercourse /ˈɪntəkɔːs/ *n* = SEXUAL
INTERCOURSE

interest /ˈɪntrəst/ *n* **1** an ~ **(in sb/sth)**
zainteresowanie (kimś/czymś): *be of ~*
być ciekawym **2** zainteresowania
3 (*fin.*) udział **4** ~ **(on sth)** odsetki (od
czegoś), oprocentowanie: *an ~ rate*
stopa procentowa ◇ *interest-free*
nieoprocentowany [IDM] have/with sb's
interests at heart mieć dobre (najlepsze)
intencje wobec kogoś | in sb's interest(s)
w (czyimś) interesie | in the interest(s)
of sth w imię (czegoś) ► *v*
1 interesować, ciekawić **2** ~ **sb in sth**
zainteresować kogoś czymś, polecać |

interested *adj* **1** ~ **(in sth/sb)** ciekawy,
zainteresowany (czymś/kimś)
2: *the ~ parties* strona zainteresowana |
interesting *adj* interesujący, ciekawy

interfere /ˌɪntəˈfɪə(r)/ *v* **1** ~ **(in sth)**
wtrącać/mieszać się (do czegoś)
2 ~ **(with sth)** przeszkadzać (w czymś);
ingerować (w coś) | **interference**
/ˌɪntəˈfɪərəns/ *n* [*U*] **1** ~ **(in/with sth)**
wtrącanie/mieszanie się (do ciegoś)
2 zakłócenia (*np. atmosferyczne*)

interim /ˈɪntərɪm/ *n* [IDM] in the interim
tymczasem ► *adj* tymczasowy,
przejściowy

interior /ɪnˈtɪəriə(r)/ *n* **1** wnętrze,
środek ● in,terior de'sign *n*
projektowanie wnętrz| in,terior
de'signer *n* projektant/ka wnętrz

interlude /ˈɪntəluːd/ *n* przerwa

intermediary /ˌɪntəˈmiːdiəri; *Am.*
-dieri/ *n* (*pl* -ies) pośredni·k/czka

intermediate /ˌɪntəˈmiːdiət/ *adj*
1 pośredni, środkowy **2** średnio
zaawansowany

intermission /ˌɪntəˈmɪʃn/ *n* (*zwł. Am.*)
przerwa (*np. w teatrze*)

intern[1] /ɪnˈtɜːn/ *v* (*form.*) internować

intern[2] (*także* interne) /ˈɪntɜːn/ *n*
1 młody lekarz pracujący w szpitalu w
czasie stażu **2** stażyst/-ka

internal /ɪnˈtɜːnl/ *adj* **1** wewnętrzny
2 krajowy | **internally** *adv* wewnętrznie:
take ~ przyjmować doustnie

international /ˌɪntəˈnæʃnəl/ *adj*
międzynarodowy

Internet /ˈɪntənet/ (the Internet) *n*
Internet: *an Internet cafe* kawiarenka
internetowa

interpret /ɪnˈtɜːprɪt/ *v* **1** objaśniać,
rozumieć **2** tłumaczyć na żywo z
jednego języka na drugi | **interpretation**
/ɪnˌtɜːprɪˈteɪʃn/ *n* **1** objaśnienie, sposób
zrozumienia: *put a wrong ~ on sth*
źle coś zrozumieć **2** interpretacja |
interpreter *n* tłumacz/ka
(*przekładając·y/a na żywo*)

interrogate /ɪnˈterəɡeɪt/ *v*
przesłuchiwać | **interrogation**
/ɪnˌterəˈɡeɪʃn/ *n* przesłuchanie |
interrogator *n* osoba przesłuchująca

interrogative /ˌɪntəˈrɒɡətɪv/ *adj*
pytający ► *n* zaimek pytajny

interrupt /ˌɪntəˈrʌpt/ *v* ~ **(sb/sth) (with
sth)** przerywać (komuś), wstrzymywać |
interruption /ˌɪntəˈrʌpʃn/ *n*
przerywanie

intersect /ˌɪntəˈsekt/ *v* przecinać (się) |
intersection /ˌɪntəˈsekʃn/ *n*
skrzyżowanie, punkt przecięcia się

intertwine /ˌɪntəˈtwaɪn/ *v* splatać (się)

interval /'ɪntəvl/ n 1 przerwa, odstęp
2 antrakt 3 [zwykle pl] krótki okres:
sunny ~s przejaśnienia

intervene /ˌɪntə'viːn/ v
1 interweniować 2 przerywać (komuś)
3 stanąć na przeszkodzie 4 (czas)
upływać| **intervention** /ˌɪntə'venʃn/ n
interwencja

interview /'ɪntəvjuː/ n 1 an ~ (for sth)
rozmowa kwalifikacyjna do pracy 2 an
~ (with sb) wywiad (dziennikarski) ► v
1 ~ sb (for sth) przeprowadzać rozmowę
kwalifikacyjną do pracy 2 ~ sb (about
sth) przeprowadzać wywiad na temat
czegoś; przesłuchiwać| **Interviewee** n
osoba udzielająca wywiadu/
poddawana rozmowie kwalifikacyjnej|
interviewer /'ɪntəvjuːə(r)/ n osoba
przeprowadzająca wywiad/rozmowę
kwalifikacyjną

intestine /ɪn'testɪn/ n jelito

intimate /'ɪntɪmət/ adj 1 bliski, zażyły
2 intymny 3 (miejsce itp.) przytulny
4 gruntowny| **intimacy** /'ɪntɪməsi/ n
zażyłość

intimidate /ɪn'tɪmɪdeɪt/ v ~ sb (into sth/
doing sth) zastraszyć

into /'ɪntə; przed samogł. 'ɪntu; f. akcent.
'ɪntuː/ prep 1 do 2 na/w (coś) 3 nad
4 (mat.; dzielenie) na, przez [IDM] be
into sth być entuzjast(k)ą czegoś

intolerable /ɪn'tɒlərəbl/ adj nieznośny

intolerant /ɪn'tɒlərənt/ adj ~ (of sb/sth)
nietolerancyjny (dla kogoś/czegoś)|
intolerance n nietolerancja

intoxicated /ɪn'tɒksɪkeɪtɪd/ adj (form.)
1 w stanie nietrzeźwym 2 odurzony

Intranet /'ɪntrənet/ n wewnętrzna sieć
komputerowa

intransitive /ɪn'trænsətɪv/ adj (gram.)
nieprzechodni

intricate /'ɪntrɪkət/ adj złożony, zawiły

intrigue /ɪn'triːg/ v (za)intrygować
►/'ɪntriːg; ɪn'triːg/ n intryga| **intriguing**
adj intrygujący

intrinsic /ɪn'trɪnsɪk; -zɪk/ adj (form.)
istotny, rzeczywisty

introduce /ˌɪntrə'djuːs; Am. -duːs/ v
1 ~ sb/yourself (to sb) przedstawiać
kogoś/się (komuś) → PRZEDSTAWIAĆ
2 ~ sth (in/into sth) wprowadzać coś w
życie 3 ~ sb to sth zapoznawać kogoś z
czymś, wprowadzać kogoś w coś

introduction /ˌɪntrə'dʌkʃn/ n
1 wprowadzanie (czegoś), za/
stosowanie 2 ~ to sth wprowadzenie do
czegoś 3 wstęp (w książce itp.)
4 przedstawianie kogoś komuś

introductory /ˌɪntrə'dʌktəri/ adj
wstępny

introvert /'ɪntrəvɜːt/ n introwerty-k/
czka| **introverted** adj zamknięty w
sobie

intrude /ɪn'truːd/ v ~ (on/upon sb/sth)
być intruzem, wpraszać się (do kogoś/
na coś)| **intruder** n intruz

intrusion /ɪn'truːʒn/ n ~ (on/upon/into
sth) narzucanie się, wtargnięcie|
intrusive /ɪn'truːsɪv/ adj natrętny

intuition /ˌɪntjuˈɪʃn; Am. -tu-/ n
intuicja, przeczucie| **intuitive** /
ɪn'tjuːɪtɪv; Am. -tuː-/ adj intuicyjny

inundate /'ɪnʌndeɪt/ v 1 ~ sb (with sth)
zasypywać (czymś)

invade /ɪn'veɪd/ v 1 dokonać (zbrojnej)
inwazji 2: The town is invaded with
tourists every summer. Miasto jest
opanowane przez turystów każdego
lata.| **invader** n najeźdźca

invalid¹ /'ɪnvəlɪd; -iːd/ n osoba
niepełnosprawna

invalid² /ɪn'vælɪd/ adj 1 bezpodstawny
2 nieprawomocny 3 (bilet itp.) nieważny
4 (komput.; polecenie itp.)
nieprawidłowy

invaluable /ɪn'væljuəbl/ adj
nieoceniony, bezcenny ❶ Antonim:
valueless Uwaga! **Invaluable** nie jest
antonimem **valuable.**

invasion /ɪn'veɪʒn/ n 1 najazd
2 naruszenie (np. prywatności)

invent /ɪn'vent/ v 1 wynaleźć
2 wymyślać (np. wymówkę)| **inventive**
/ɪn'ventɪv/ adj pomysłowy| **inventor** n
wynalazca

invention /ɪn'venʃn/ n 1 wynalazek
2 wynalazczość, wynalezienie 3 wymysł

inventory /'ɪnvəntri; Am. -tɔːri/ n (pl
-ies) inwentarz, spis towarów

invert /ɪn'vɜːt/ v (form.) odwracać,
przewracać

invertebrate /ɪn'vɜːtɪbrət/ n
bezkręgowiec

in,verted 'commas n [pl] (Br.)
cudzysłów: in inverted commas w
cudzysłowie

invest /ɪn'vest/ v 1 inwestować
2 wkładać (np. czas, energię)|
investment n 1 inwestowanie
2 inwestycja| **investor** n inwestor/ka

investigate /ɪn'vestɪgeɪt/ v prowadzić
dochodzenie| **Investigation**
/ɪnˌvestɪ'geɪʃn/ n dochodzenie, badanie
| **investigative** /ɪn'vestɪgətɪv; Am.
-geɪtɪv/ adj badawczy, dochodzeniowy:
~ journalism dziennikarstwo śledcze|
investigator /ɪn'vestɪgeɪtə(r)/ n
badacz/ka, osoba prowadząca
dochodzenie

invigorating /ɪn'vɪɡəreɪtɪŋ/ adj
orzeźwiający, dodający animuszu

invincible /ɪn'vɪnsəbl/ adj
niezwyciężony

invisible /ɪn'vɪzəbl/ adj niewidzialny,
niewidoczny

invite /ɪnˈvaɪt/ v 1 ~ sb (to/for sth) zapraszać 2 zachęcać 3: ~ *trouble* napytać sobie biedy [PV] **invite sb back** 1 zaprosić kogoś do swojego domu po wspólnym pobycie gdzieś 2 zapraszać na rewizytę| **invite sb over/round** zapraszać (*do odwiedzenia w domu*)| **invitation** /ˌɪnvɪˈteɪʃn/ n zaproszenie, zapraszanie| **inviting** /ɪnˈvaɪtɪŋ/ adj pociągający

invoice /ˈɪnvɔɪs/ n faktura

involuntary /ɪnˈvɒləntri; Am. -teri/ adj mimowolny, nieumyślny

involve /ɪnˈvɒlv/ v 1 wymagać, pociągać za sobą 2 (*działanie itp.*) dotyczyć, angażować 2 ~ sb in (doing) sth wciągać kogoś w coś| **involved** adj 1 zawiły 2 ~ (in sth)/(with sb) zaangażowany| **involvement** n zaangażowanie

inward /ˈɪnwəd/ adj wewnętrzny, duchowy ▸ (*także* -s) adv z zewnątrz, skierowany do środka/wnętrza

IQ /ˌaɪ ˈkjuː/ skrót iloraz inteligencji

iris /ˈaɪrɪs/ n 1 tęczówka 2 irys

iron /ˈaɪən/ n 1 żelazo: ~ ore ruda żelaza 2 żelazko ▸ adj (*i przen.*) żelazny| v prasować ❶ Zamiast v. **iron** stosuje się często zwrot **do the ironing**. [PV] **iron sth out** rozwiązywać (*np. problemy*)| **ironing** n prasowanie (*rzeczy do prasowania lub już wyprasowane*) ● ˈironing board n deska do prasowania

ironic /aɪˈrɒnɪk/ adj ironiczny

irony /ˈaɪrəni/ n (pl -ies) ironia

irrational /ɪˈræʃənl/ adj irracjonalny| **irrationality** /ɪˌræʃəˈnæləti/ n irracjonalność

irregular /ɪˈreɡjələ(r)/ adj 1 nieregularny 2 nierówny 3 niezgodny z przepisami/zasadami

irrelevant /ɪˈreləvənt/ adj bez związku z tematem| **irrelevance** n oderwanie od tematu

irresistible /ˌɪrɪˈzɪstəbl/ adj 1 nieprzeparty 2 taki, że nie można się (czemuś/komuś) oprzeć

irrespective /ˌɪrɪˈspektɪv/ ~ of sth prep bez względu na coś

irresponsible /ˌɪrɪˈspɒnsəbl/ adj 1 nieodpowiedzialny 2 lekkomyślny| **irresponsibility** /ˌɪrɪˌspɒnsəˈbɪləti/ n nieodpowiedzialność

irritable /ˈɪrɪtəbl/ adj drażliwy, skory do gniewu

irritate /ˈɪrɪteɪt/ v 1 denerwować, gniewać 2 podrażniać| **irritation** /ˌɪrɪˈteɪʃn/ n 1 zdenerwowanie, gniew 2 podrażnienie

is → BE

Islamic /ɪzˈlæmɪk/ adj islamski

Island /ˈaɪlənd/ n 1 wyspa 2 = TRAFFIC ISLAND| **islander** n wyspia-rz/rka

isle /aɪl/ n wyspa (*zwł. w nazwach*)

isn't abbr IS NOT

isolate /ˈaɪsəleɪt/ v izolować, odosabniać| **isolated** adj 1 odizolowany, oddziel(o)ny 2 osamotniony| **isolation** /ˌaɪsəˈleɪʃn/ n odosobnienie, izolacja [IDM] **in isolation (from sb/sth)** w osamotnieniu/izolacji (od kogoś/czegoś)

issue /ˈɪʃuː; ˈɪsjuː/ n 1 kwestia, sprawa 2 wydanie, emisja, numer (*czasopisma*) 3 wydanie (*np. książki*) 4 wydawanie [IDM] **make an issue (out) of sth** robić z czegoś dużą sprawę ▸ v wydawać

IT /ˌaɪ ˈtiː/ skrót informatyka

it /ɪt/ pron 1 on/ona/ono, jego/ją itp. ❶ **It** może też odnosić się do niemowlęcia niewiadomej płci: *Is ~ a boy or a girl?* 2 to (*określając osobę*): *It's me!* To ja! [IDM] **that is it** dosyć!| **that/this is it** tak jest!, dobrze! ▸ pron ❶ Często nie tłumaczy się: *It's hard for them to talk about it.* Trudno im mówić o tym. ◇ *It doesn't matter.* To nieważne. ◇ *It's half past eight.* (Jest) pół do dziewiątej. ◇ *It's Tuesday today.* Dziś jest wtorek. ◇ *It's 100 kilometres from London.* To 100 kilometrów od Londynu. ◇ *It was cold at the weekend.* Podczas weekendu było zimno. ◇ *It's raining.* Pada deszcz. ◇ *It's your health I'm worried about, not the cost.* O twoje zdrowie się martwię, nie o koszt. ◇ *It gets crowded here in summer.* W lecie robi się tu tłoczno. ◇ *I'll come at 7 o'clock, if it's convenient.* Przyjdę o siódmej, jeżeli to pasuje. ◇ *It's/That's a pity.* Szkoda.

italics /ɪˈtælɪks/ n kursywa ▸ adj (*pismo*) pochyły

itch /ɪtʃ/ n swędzenie ▸ v swędzieć| **itchy** adj swędzący

it'd /ˈɪtəd/ abbr IT HAD, IT WOULD

item /ˈaɪtəm/ n 1 pozycja, punkt programu 2 artykuł, rzecz: *an ~ of clothing* sztuka odzieży 3 wiadomość| **itemize** (*także* -ise) v wyszczególniać

itinerary /aɪˈtɪnərəri; Am. -reri/ n (pl -ies) plan podróży

it'll /ˈɪtl/ abbr IT WILL

its /ɪts/ dem pron jego, jej, swój

it's /ɪts/ abbr IT IS; IT HAS

itself /ɪtˈself/ pron 1 się, sam/sama/ samo: *The cat was washing ~.* Kot mył się. ◇ *The company got ~ into difficulties.* Firma wpakowała się w kłopoty. ◇ *The village ~ is...* Sama wioska jest... 2 sobie [IDM] **(all) by itself** 1 automatycznie: *The central heating comes on by ~.* Centralne ogrzewanie włącza się samo. 2 samotny → ALONE

IUD /ˌaɪ juː ˈdiː/ *n* wkładka wewnątrzmaciczna

I've /aɪv/ *abbr* I HAVE

ivory /ˈaɪvəri/ *n* [U] kość słoniowa

ivy /ˈaɪvi/ *n* [U] bluszcz

....

Jj

J, j /dʒeɪ/ *n* litera *j*

jab /dʒæb/ *v* 1 ~ (at sb/sth) (with sth); ~ sb/sth (with sth) kłuć, dźgać (kogoś/coś) (czymś) 2 uderzać, wpychać ► *n* 1 ukłucie, dźgnięcie 2 (*nieform.*) zastrzyk

jack /dʒæk/ *n* 1 podnośnik 2 (*karta*) walet

jacket /ˈdʒækɪt/ *n* marynarka, kurtka

jackpot /ˈdʒækpɒt/ *n* pula, największa wygrana w grze

jaded /ˈdʒeɪdɪd/ *adj* sterany

jagged /ˈdʒægɪd/ *adj* postrzępiony, ząbkowany, wyszczerbiony

jail /dʒeɪl/ *n* więzienie ► *v* wsadzać do więzienia

jam /dʒæm/ *n* 1 dżem 2 korek (*w ruchu ulicznym*) ► *v* (-mm-) 1 wciskać, stłaczać 2 ~ (up) zacinać się 3 ~ sth (up) blokować; zapychać 4 zagłuszać (*np. fale radiowe*) [PV] **jam on the brakes/jam the brakes on** cisnąć (*np. na hamulec*)

jangle /ˈdʒæŋgl/ *v* 1 (za)brzęczeć 2 pobrzękiwać czymś

janitor /ˈdʒænɪtə(r)/ *n* (*Am.*) dozor-ca/czyni

January /ˈdʒænjuəri; *Am.* -jueri/ *n* (*pl* -ies) styczeń → MAJ

jar /dʒɑː(r)/ *n* słój, słoik ► *v* (-rr-) 1 ~ (on sb/sth) drażnić (kogoś/coś): *The dripping tap jarred on my nerves.* Cieknący kran działał mi na nerwy. 2 wstrząsać, potłuc

jargon /ˈdʒɑːgən/ *n* żargon

jasmine /ˈdʒæzmɪn/ *n* jaśmin

jaw /dʒɔː/ *n* 1 szczęka 2 (jaws) paszcza

jazz /dʒæz/ *n* jazz ► *v* [PV] **jazz sth up** (*nieform.*) ożywiać

jealous /ˈdʒeləs/ *adj* zazdrosny, zawistny | **jealousy** /ˈdʒeləsi/ *n* (*pl* -ies) zazdrość, zawiść

jeans /dʒiːnz/ *n* dżinsy

jeer /dʒɪə(r)/ *v* ~ (at sb/sth) wyśmiewać, wyszydzać (kogoś/coś) ► *n* drwina, szyderstwo

jelly /ˈdʒeli/ *n* (*pl* -ies) 1 galareta 2 dżem

jellyfish /ˈdʒelifɪʃ/ *n* (*pl* jellyfish/*lub*-es) meduza

jeopardize (*także* -ise) /ˈdʒepədaɪz/ *v* narażać

jeopardy /ˈdʒepədi/ *n* [IDM] **in jeopardy** w niebezpieczeństwie

jerk /dʒɜːk/ *n* 1 szarpnięcie, drgnięcie 2 (*nieform.*) palant ► *v* 1 szarpać 2 trząść się

jet /dʒet/ *n* 1 odrzutowiec 2 (silny) strumień (*np. gazu*) ● **'jet lag** *n* zmęczenie po długiej podróży samolotem (*do innej strefy czasowej*)

jetty /ˈdʒeti/ *n* (*pl* -ies) molo

Jew /dʒuː/ *n* Zyd/ówka | **Jewish** /ˈdʒuːɪʃ/ *adj* żydowski: *He's ~.* On jest Z ydem.

jewel /ˈdʒuːəl/ *n* klejnot | **jeweller** (*Am.* -eler) *n* 1 jubiler 2 (the jeweller's) sklep jubilerski | **jewellery** /ˈdʒuːəlri/ *n* biżuteria

jiggle /ˈdʒɪgl/ *v* (*nieform.*) telepać

jigsaw /ˈdʒɪgsɔː/ (*także* '~ puzzle) *n* układanka

jingle /ˈdʒɪŋgl/ *n* 1 dzwonienie, brzęczenie 2 melodyjka reklamowa ► *v* 1 podzwaniać, brzęczeć 2 pobrzękiwać

jinx /dʒɪŋks/ *n* 1 pech 2 rzecz/osoba przynosząca pecha ► *v* (*nieform.*) przynosić pecha | **jinxed** *adj* pechowy

jitters /ˈdʒɪtəz/ *n* [pl] (*nieform.*) zdenerwowanie, trema

job /dʒɒb/ *n* 1 praca, robota → PRACA 2 sprawa, zadanie [IDM] **it's a good job** (*jęz. mów.*) (to) dobrze, że | **out of a job** bezrobotny | **jobless** *adj* bezrobotni

jockey /ˈdʒɒki/ *n* dżokej

jog /dʒɒg/ *v* (-gg-) 1 biegać dla zdrowia 2 trącać, szturchać [IDM] **jog sb's memory** pobudzać czyjąś pamięć ► *n* 1 bieg dla zdrowia 2 trącenie, szturchnięcie | **jogger** *n* osoba biegająca dla zdrowia

join /dʒɔɪn/ *v* 1 ~ (up) (with sb/sth) łączyć (się) 2 przystępować/wstępować do czegoś 3 ~ sth; ~ (with) sb/~ together in doing sth/to do sth przyłączać się 4 ~ A onto/to B; ~ A and B (together/up) łączyć ► *n* złącze, miejsce złączenia | **joiner** *n* stolarz budowlany

joint /dʒɔɪnt/ *n* 1 staw 2 złącze, przegub 3 pieczeń (*zwl. z kością*) ► *adj* wspólny

joke /dʒəʊk/ *n* 1 dowcip, żart: *play a practical ~* zrobić komuś kawał 2 pośmiewisko 3 [*lp*] kpiny [IDM] **take a joke** pozwalać z siebie żartować ► *v* 1 dowcipkować, opowiadać kawał 2 żartować

joker /ˈdʒəʊkə(r)/ *n* 1 żartowniś, dowcipniś 2 dżoker

jolly /ˈdʒɒli/ *adj* wesoły, radosny

jolt /dʒəʊlt/ *v* wstrząsać ▶ *n* (*i przen.*) wstrząs

jostle /'dʒɒsl/ *v* **1** przepychać/ rozpychać się **2** szturchać

jot /dʒɒt/ *v* (**-tt-**) [PV] **jot sth down** zanotować coś

journal /'dʒɜːnl/ *n* **1** czasopismo (*zwł. monotematyczne*) **2** (*pamiętnik*) dziennik

journalism /'dʒɜːnəlɪzəm/ *n* dziennikarstwo

journalist /'dʒɜːnəlɪst/ *n* dziennika·rz/ rka

journey /'dʒɜːni/ *n* podróż → PODRÓŻ

joy /dʒɔɪ/ *n* **1** radość: *That class is a ~ to teach.* Uczyć w tej klasie to sama radość. **2** (*Br., nieform.*) powodzenie I **joyful** *adj* radosny

joystick /'dʒɔɪstɪk/ *n* **1** drążek sterowy **2** dżojstik

jubilant /'dʒuːbɪlənt/ *adj* (*form.*) nie posiadający się z radości (*zwł. z powodu sukcesu*) I **jubilation** /ˌdʒuːbɪˈleɪʃn/ *n* radowanie się (*zwł. z powodu sukcesu*)

jubilee /'dʒuːbɪliː/ *n* jubileusz

judge /dʒʌdʒ/ *n* **1** sędzia **2** znawca ▶ *v* **1** sędziować **2** osądzać **3** sądzić

judgement (*także* **judgment**) /'dʒʌdʒmənt/ *n* **1** (*opinia*) zdanie **2** (*prawn.*) wyrok, orzeczenie **3** ocena sytuacji

judicious /dʒuːˈdɪʃəs/ *adj* rozsądny

judo /'dʒuːdəʊ/ *n* dżudo

jug /dʒʌg/ *n* (*Br.*) dzban(ek)

juggle /'dʒʌgl/ *v* **~** (**with sth**) żonglować; manipulować (*czymś*) I **juggler** *n* żongler/ka

juice /dʒuːs/ *n* sok

juicy /'dʒuːsi/ *adj* soczysty

jukebox /'dʒuːkbɒks/ *n* szafa grająca

July /dʒuˈlaɪ/ *n* lipiec → MAJ

jumble /'dʒʌmbl/ *v* **~** **sth** (**up**) mieszać, gmatwać ▶ *n* gmatwanina, mieszanina ● **'jumble sale** *n* (*Br.*) wyprzedaż rzeczy używanych (*zwł. w celach dobroczynnych*)

jump /dʒʌmp/ *v* **1** skakać: *~ over sth* przeskakiwać przez coś ◇ *~ up and down* podskakiwać **2** poderwać się **3** przeskakiwać **4** podskoczyć [IDM] **jump the queue** iść bez kolejki I **jump to conclusions** pochopnie wysnuwać wnioski [PV] **jump at sth** skwapliwie skorzystać z czegoś ▶ *n* **1** skok: *a ~ in prices* skok cen **2** przeszkoda do przeskoczenia I **jumpy** *adj* (*nieform.*) nerwowy

jumper /'dʒʌmpə(r)/ *n* **1** (*Br.*) sweter (*nierozpinany*) **2** skoczek

junction /'dʒʌŋkʃn/ *n* **1** skrzyżowanie **2** węzeł kolejowy

June /dʒuːn/ *n* czerwiec → MAJ

jungle /'dʒʌŋgl/ *n* dżungla

junior /'dʒuːniə(r)/ *adj* **1 ~** (**to sb**) niższy/młodszy (*rangą*): *a ~ officer* podoficer **2** (*zwł. Am.*) (*często* Junior) (*po nazwisku*) Młodszy/Junior ▶ *n* **1** niższy/młodszy rangą/wiekiem: *She's two years his ~.* Ona jest od niego dwa lata młodsza. **2** (*Br.*) ucze·ń/nnica szkoły podstawowej (*dla dzieci w wieku 7-11 lat*) ● **'junior school** *n* szkoła podstawowa

junk /dʒʌŋk/ *n* (*nieform.*) rupiecie ● **'junk food** *n* (*nieform.*) niezdrowa żywność (*produkty gotowe lub łatwe do przyrządzenia*) I **'junk mail** *n* [U] ulotki reklamowe (*przysyłane pocztą*)

juror /'dʒʊərə(r)/ *n* **1** członek ławy przysięgłych **2** (*w konkursie*) juror

jury /'dʒʊəri/ *n* (*pl* **-ies**) **1** ława przysięgłych **2** jury (*konkursu*)

just /dʒʌst/ *adj* sprawiedliwy ▶ *adv* **1** dopiero co **2** zaraz, właśnie: *I was ~ about to phone my mother.* Właśnie miałem zadzwonić do mamy. **3** dokładnie **4** tylko **5** (*często po* only) ledwo **6** prosze **7** po prostu **8** doprawdy, całkowicie [IDM] **just about** (już) prawie I **just in case** na wszelki wypadek I **just now** I właśnie teraz **2** prawie

justice /'dʒʌstɪs/ *n* **1** sprawiedliwość **2** słuszność **3** (*Br.:* tytuł sędziego Sądu Najwyższego*; Am.: sędzia ogólnie i* tytuł) sędzia [IDM] **do yourself justice** pokazywać, na co kogoś stać I **do sb/sth justice** oddawać komuś sprawiedliwość, ukazywać czyjeś zalety ● **ˌJustice of the 'Peace** *n* sędzia pokoju

justify /'dʒʌstɪfaɪ/ *v* (*3rd sing czasu pres* **-ies**; *pt, pp* **-ied**) usprawiedliwiać, uzasadniać I **justifiable** /'dʒʌstɪfaɪəbl/ ˌdʒʌstɪˈfaɪəbl/ *adj* usprawiedliwiony, uzasadniony

juvenile /'dʒuːvənaɪl/ *n* (*form.*) nieletni ▶ *adj* **1** (*form.*) nieletni **2** dziecinny ● **juvenile de'linquent** *n* młodociany przestępca

juxtapose /ˌdʒʌkstəˈpəʊz/ *v* (*form.*) zestawiać z czymś I **juxtaposition** /ˌdʒʌkstəpəˈzɪʃn/ *n* zestawianie

Kk

K, k /keɪ/ *n* litera *k*

kangaroo /ˌkæŋgəˈruː/ *n* kangur

karat (*Am.*) = CARAT

keen /kiːn/ *adj* **1** zapalony (do czegoś) **2** chętny **3** (*słuch itp.*) wyostrzony **4** (*uczucie*) czuły [IDM] **be keen on sb** (*Br., nieform.*) bardzo kogoś lubić | **be keen on sth** (*Br., nieform.*) palić się do czegoś, być miłośnikiem czegoś: *I'm not very ~ on the idea.* Niezbyt mi się ten pomysł podoba.

keep /kiːp/ *n* utrzymanie ▸ *v* (*pt, pp* kept /kept/) **1** trzymać się, pozostawać: *You must ~ warm.* Musisz dbać, żeby ci było ciepło. ◊ *That child can't ~ still.* To dziecko nie może usiedzieć w jednym miejscu. **2** trzymać: *It's hard to ~ the children amused.* Trudno zabawiać dzieci. ◊ *I'm sorry to ~ you waiting.* Przepraszam, że kazałem ci czekać. **3** zatrzymywać (dla siebie) **4** przechowywać **5 ~ doing sth** wciąż coś robić: *Keep going.* Idź dalej. **6** zatrzymywać kogoś **7** powstrzymywać, opóźniać **8** utrzymywać kogoś **9** prowadzić (*własny sklep itp.; zapiski*) **10** hodować **11** dotrzymywać (*np. obietnicy, terminu*): *~ a doctor's appointment* przyjść na umówioną wizytę do lekarza **11** (*jedzenie*) przechowywać się ❶ Keep używa się w wielu zwrotach, np. **keep count.** Zob. hasła odpowiednich n i adj, np. **count.** [PV] **keep away from sb/sth** trzymać się z dala od kogoś/czegoś | **keep sb/sth back** powstrzymywać coś, zatrzymywać kogoś | **keep sth down** utrzymywać coś na niskim poziomie: *Keep your voice down.* Mów cicho. | **keep sb from (doing) sth** powstrzymywać kogoś przed czymś | **keep sth from sb** zatajać coś przed kimś | **keep off sth** nie zbliżać się do czegoś, trzymać się (z dala): *Keep off the grass!* Nie deptać trawy! | **keep sth off (sb/sth)** odpędzać coś (od kogoś/czegoś) | **keep on (doing sth)** bezustannie coś robić | **keep on (at sb) (about sb/sth)** zamęczać kogoś (*np. pytaniami*) | **keep (sb/sth) out (of sth)** trzymać (kogoś/coś/się) z dala (od czegoś): *Keep out!* Wstęp wzbroniony! | **keep to sth 1** trzymać się (*np. drogi; tematu*) **2** dotrzymywać (*np. umowy*) | **keep sth to yourself** nie mówić o czymś nikomu | **keep sth up 1** podtrzymywać coś **2** utrzymywać coś na wysokim poziomie **3** bezustannie/wytrwale coś robić: *Keep it up!* Tak trzymać! | **keep up (with sb)** dotrzymywać (komuś) kroku | **keep up (with sth)** być na bieżąco

keeper /ˈkiːpə(r)/ *n* **1** dozor-ca/czyni, opiekun/ka **2** (*Br., nieform.*) bramka-rz/rka

keeping /ˈkiːpɪŋ/ *n* [IDM] **in/out of keeping (with sth) 1** (nie)pasujący (do czegoś) **2** (nie)zgodn-y/ie (z czymś)

kennel /ˈkenl/ *n* (*Br.*) psia buda

kept *pt, pp od* KEEP

kerb /kɜːb/ *n* (*Br.*) krawężnik

kerosene (*także* **-sine**) /ˈkerəsiːn/ *n* (*Am.*) nafta

kettle /ˈketl/ *n* czajnik, kociołek

key /kiː/ *n* **1** klucz (*do drzwi itp.; rozwiązanie do ćwiczeń*) **2** sposób (*np. na sukces*) **3** legenda **4** tonacja: *the ~ signature* oznaczenie tonacji **5** klawisz ▸ (*także* ~**board**) *v* **~ sth (in)** wpisywać (*do komputera*) | *adj* kluczowy ● **'keyhole** *n* dziurka od klucza | **'key ring** *n* kółko na klucze | **keyword** *n* **1** słowo kluczowe **2** (*komput.*) polecenie

keyboard /ˈkiːbɔːd/ *n* **1** klawiatura **2** elektroniczny instrument klawiszowy ❶ Słowo **keyboards** w formie pl może się odnosić do jednego instrumentu.

kick /kɪk/ *v* **1** kopać **2** wierzgać [IDM] **kick yourself** być złym na siebie [PV] **kick sb out (of sth)** (*nieform.*) wyrzucać kogoś (skądś) ▸ *n* **1** kopniak **2** (*nieform.*) frajda ● **'kick-off** *n* początek meczu piłki nożnej

kid /kɪd/ *n* **1** (*nieform.*) dzieciak **2** (**kid brother/sister**) (*nieform., zwł. Am.*) młodsz-y/a brat/siostra **3** koźlę ▸ *v* (-dd-) (*nieform.*) **1** (*oszukiwać*) nabierać **2** żartować

kidnap /ˈkɪdnæp/ *v* (-pp-; *Am.* -p-) porywać dla okupu | **kidnapper** *n* porywacz/ka

kidney /ˈkɪdni/ *n* nerka

kill /kɪl/ *v* **1** zabijać **2** (*nieform.*) boleć (cholernie) **3** (*nieform.*) **~ yourself/sb** zaśmiewać się; rozśmieszać: *We were killing ourselves laughing.* Umieraliśmy ze śmiechu. [IDM] **kill time, an hour, etc.** robić coś dla zabicia czasu | **killer** *n* zabój-ca/czyni: *a ~ disease* śmiertelna choroba

killing /ˈkɪlɪŋ/ *n* zabójstwo [IDM] **make a killing** obłowić się

kilogram /ˈkɪləɡræm/ (*Br.* -gramme) (*także* **kilo**) *n* kilogram

kilometre (*Am.* -er) /ˈkɪləmiːtə(r); kɪˈlɒmɪtə(r)/ *n* kilometr

kin /kɪn/ *n* [*pl*] (*przestarz.*) (*lub form.*) krewni: *your next of ~* najbliższy krewny

kind /kaɪnd/ *n* rodzaj ❶ Po wyrażeniu **kinds of** może następować rzeczownik w s lub lm: *many ~s of camera/cameras.* [IDM] **a kind of** (*nieform.*) jakiś: *There's a funny ~ of smell in here.* Czuję tu jakiś dziwny zapach. | **kind of** (*nieform.*) trochę | **of a kind 1** tego samego rodzaju **2** coś w rodzaju: *There's a bus service of a ~.* Jest tu coś w rodzaju linii autobusowej. ▸ *adj* **1** uprzejmy, życzliwy: *How ~ of you.* Jak to miło z twojej strony. **2 ~ to sth** być dobry (*dla kogoś/zwierząt*) | **kindly** *adv* **1** uprzejmie, życzliwie **2** łaskawie |

kindness *n* **1** życzliwość, uprzejmość **2** przysługa| ˌkind-ˈhearted *adj* dobrotliwy
kindergarten /ˈkɪndəgɑːtn/ *n* przedszkole
king /kɪŋ/ *n* król
kingdom /ˈkɪŋdəm/ *n* królestwo
kiosk /ˈkiːɒsk/ *n* kiosk
kipper /ˈkɪpə(r)/ *n* śledź wędzony
kiss /kɪs/ *v* (po)całować (się) ▸ *n* pocałunek
kit /kɪt/ *n* **1** sprzęt, strój: *a first-aid ~* apteczka pierwszej pomocy **2** zestaw (*części/elementów*) **3** ekwipunek
kitchen /ˈkɪtʃɪn/ *n* kuchnia
kite /kaɪt/ *n* latawiec
kitten /ˈkɪtn/ *n* kociątko
kitty /ˈkɪti/ *n* (*pl* **-ies**) **1** (*wspólna kasa*) pula **2** (*jęz. mów.*) kici; kiciuś
knack /næk/ *n* wprawa: *get the ~ of sth* nabrać wprawy
knead /niːd/ *v* zagniatać (*np. ciasto*), gnieść
knee /niː/ *n* kolano: *on your ~s* na kleczkach ● ˈkneecap *n* rzepka | ˌknee-ˈdeep *adj* po kolana
kneel /niːl/ *v* (*pt, pp* **knelt** /nelt/ *lub* **kneeled**) *~* **(down)** klękać
knew *pt od* KNOW
knickers /ˈnɪkəz/ *n* (*Br.*) majtki damskie
knife /naɪf/ *n* (*pl* **knives** /naɪvz/) nóż ▸ *v* pchnąć nożem
knight /naɪt/ *n* **1** nobilitowany mężczyzna mający prawo tytułowania się *Sir* przy imieniu **2** rycerz| **knighthood** /-hʊd/ *n* tytuł/stan szlachecki
knit /nɪt/ *v* (**-tt-**) robić na drutach ● ˈknitting needle *n* drut| ˈknitwear *n* dziewiarstwo
knob /nɒb/ *n* **1** gałka (*np. do drzwi*) **2** pokrętło
knock /nɒk/ *n* **1** (*i przen.*) cios **2** pukanie ▸ *v* **1** uderzać (się) (w/o coś): *He knocked the vase onto the floor.* Strącił wazon na podłogę. ◊ *~ sb unconscious* nokautować kogoś **2** pukać, stukać [PV] **knock sb down** przewracać kogoś| **knock sth down** wyburzać coś| **knock off (sth)** (*nieform.*) kończyć (pracę)| **knock sth off (sth)** (*nieform.*) obniżać cenę (czegoś) (*o pewną wartość*)| **knock sb out** **1** nokautować kogoś **2** zwalać z nóg| **knock sb out (of sth)** eliminować kogoś (*z zawodów*)| **knock sb/sth over** przewracać kogoś/coś ● ˌknock-ˈon *adj* (*zwł. Br.*) następujący po czymś
knot /nɒt/ *n* węzeł, supeł ▸ *v* (**-tt-**) z(a)wiązywać (*węzeł*)
know /nəʊ/ *v* (*pt* **knew** /njuː; *Am.* nuː/; *pp* **known** /nəʊn/) **1** wiedzieć: *I've known him go a whole day without eating.* Wiem, że niejeden raz nie jadł przez cały dzień. ◊ *It's been known to snow in June.* Zdarzało się, że śnieg padał w czerwcu. **2** znać **3** być znanym jako **4** roz/poznawać **5** *~ how to do sth* umieć ❶ Uwaga! W tym znaczeniu po *v.* **know** trzeba koniecznie użyć **how to** (Nie można powiedzieć I know swim.) **6** zaznać (*np. biedy*) [IDM] **God/goodness/Heaven knows** Bóg wie| **know better (than that/than to do sth)** mieć więcej rozumu w głowie| **let sb know** dawać komuś znać| **you never know** (*jęz. mów.*) nigdy nie wiadomo
knowing /ˈnəʊɪŋ/ *adj* (*spojrzenie itp.*) pełny zrozumienia
knowledge /ˈnɒlɪdʒ/ *n* wiedza, znajomość (*np. przedmiotu*): *To my ~...* O ile wiem... [IDM] **be common/public knowledge** być rzeczą powszechnie znaną| **knowledgeable** *adj* dużo wiedzący
knuckle /ˈnʌkl/ *n* knykieć

L

L, l /el/ *n* litera *l*
label /ˈleɪbl/ *n* **1** metka, etykieta **2** określenie **3** wytwórnia płyt ▸ *v* (**-ll-**; *Am.* **-l-**) **1** oznaczać (*np. etykietką*) **2** *~ sb/sth (as) sth* określać kogoś mianem
laboratory /ləˈbɒrətri; *Am.* ˈlæbrətɔːri/ *n* (*pl* **-ies**) laboratorium
laborious /ləˈbɔːriəs/ *adj* żmudny
labour (*Am.* **-or**) /ˈleɪbə(r)/ *n* **1** praca, robota **2** siła robocza: *~ relations* stosunki między kadrą kierowniczą a robotnikami **3** poród: *be in ~* rodzić **4** (**Labour**) Partia Pracy ▸ *v* **1** (*form.*) (*ciężko*) pracować **2** posuwać się (z trudem)| **labourer** *n* robotni-k/ca
lace /leɪs/ *n* **1** koronka **2** sznurówka ▸ *v* *~* **(sth) (up)** sznurować (się)
lack /læk/ *v* nie mieć, mieć za mało: *She ~s the will to succeed.* Brakuje jej życiowej ambicji. [IDM] **be lacking** brakować| **be lacking in sth** brakować komuś czegoś ▸ *n* brak, niedostatek
lacquer /ˈlækə(r)/ *n* lakier
lacy /ˈleɪsi/ *adj* koronkowy
lad /læd/ *n* (*nieform.*) **1** chłopiec **2** młody człowiek
ladder /ˈlædə(r)/ *n* **1** (*i przen.*) drabina **2** oczko (*w rajstopach*)
laden /ˈleɪdn/ *adj* **1** obładowany **2** uginający się pod ciężarem (*np. trosk*)

ladies /'leɪdɪz/ n [pl] (Br., nieform.)
(także **Ladies**) (Am. 'ladies' room)
toaleta damska → TOALETA

ladle /'leɪdl/ n łyżka wazowa

lady /'leɪdi/ n (pl -ies) **1** pani **2** dama
● **'ladylike** adj (kobieta) wytworna

ladybird /'leɪdɪbɜ:d/ (Am. -bug /-bʌg/)
n biedronka

lag /læg/ v (-gg-) ~ (behind) (sb/sth)
1 zostawać w tyle **2** być opóźnionym (w
stosunku do czegoś) ▶ n → TIME LAG

lager /'lɑ:gə(r)/ n piwo jasne
(leżakowane)

laid pt, pp od LAY

laid-back /ˌleɪd 'bæk/ adj (nieform.) na
luzie, nie przejmujący się niczym

lain pp od LIE

lake /leɪk/ n jezioro

lamb /læm/ n **1** jagnię **2** mięso jagnięce

lame /leɪm/ adj **1** (zwł. zwierzę) kulawy,
kulejący **2** (wymówka itp.) słaby

lament /lə'ment/ v (form.) opłakiwać

laminated /'læmɪneɪtɪd/ adj
laminowany

lamp /læmp/ n **1** lampa **2** latarnia
(uliczna) ● **'lamp post** n słup latarni |
'lampshade n abażur

land /lænd/ n **1** ląd **2** ziemia, teren
3 (form.) kraj: her native ~ jej ziemia
ojczysta ▶ v **1** lądować **2** wyładowywać
● **'landfill** n **1** wysypisko (śmieci)
2 śmieci **3** zwałka | **'landslide** n
1 obsunięcie się ziemi **2** przytłaczające
zwycięstwo

landing /'lændɪŋ/ n **1** lądowanie
2 podest **3** półpiętro

landlady /'lændleɪdi/ n (pl -ies)
1 (osoba wynajmująca komuś pokój itp.)
gospodyni **2** właścicielka (np. hotelu)

landlord /'lændlɔ:d/ n **1** (osoba
wynajmująca komuś pokój itp.)
gospodarz **2** właściciel (np. hotelu)

landmark /'lændmɑ:k/ n **1** punkt
charakterystyczny/orientacyjny (w
terenie) **2** punkt zwrotny (np. w historii)

landscape /'lændskeɪp/ n **1** krajobraz
2 pejzaż

lane /leɪn/ n **1** boczna droga **2** alejka
3 pas ruchu **4** szlak **5** tor

language /'læŋgwɪdʒ/ n **1** język
2 mowa

lantern /'læntən/ n latarnia, lampion

lap /læp/ n **1** podołek: The child sat on
her mother's ~. Dziecko siedziało u
mamy na kolanach. **2** okrążenie
(bieżni) **3** etap (podróży) ▶ v (-pp-) ~ sth
(up) chłeptać

lapel /lə'pel/ n klapa (np. płaszcza)

lapse /læps/ n **1**: a ~ of memory
chwilowa utrata pamięci ◇ a
temporary ~ in concentration chwila

nieuwagi **2** (chwilowe) zapomnienie się
3 upływ | **lapse** v **1** tracić ważność
2 (pamięć itp.) zawodzić [PV] **lapse into**
sth **1** zapadać w coś **2** popadać (w złe
nawyki)

laptop /'læptɒp/ n komputer
przenośny

larder /'lɑ:də(r)/ n spiżarnia

large /lɑ:dʒ/ adj duży → DUŻY [IDM] by
and large ogólnie mówiąc ▶ n [IDM] at
large **1** na wolności **2** w całości **3** na ogół
| **largely** adv głównie

lark /lɑ:k/ n skowronek

laser /'leɪzə(r)/ n laser

lash /læʃ/ n **1** uderzenie (batem lub
biczem) **2** = EYELASH ▶ v **1** chłostać
2 smagać **3** wywijać (np. batem)

last /lɑ:st; Am. læst/ dem pron **1** ostatni
2 ubiegły [IDM] the last/next but one/two,
etc. przedostatni, trzeci/czwarty itd. od
końca: the ~ letter but two trzecia litera
od końca ▶ adv **1** na końcu: Her name is
~ on the list. Jej nazwisko jest ostatnie
na liście. **2** ostatnio [IDM] last but not
least ostatni, ale nie mniej ważny | v
1 v link trwać: Do you think this weather
will ~ till the weekend? Czy sądzisz, że ta
pogoda utrzyma się do weekendu?
2 przetrwać **3** starczać | n (pl last) **1** ten
ostatni **2** resztka [IDM] at (long) last
nareszcie | **lasting** adj trwały | **lastly**
adv na zakończenie ● **'last name** n
nazwisko → NAME

latch /lætʃ/ n **1** klamka **2** zasuw(k)a (ze
sztabką podnoszoną) **3** zamek
zatrzaskowy

late /leɪt/ adj **1** późny: He was five
minutes ~. Spóźnił się o pięć minut.
◇ the ~ nineteenth century koniec
dziewiętnastego wieku ◇ in the ~
morning późnym rankiem ◇ She's in
her ~ fifties. Dobiega sześćdziesiątki.
◇ They are going on holiday in ~ May.
Jadą na urlop pod koniec maja.
2 (latest) ostatni, najnowszy **4** zmarły
[IDM] at the latest najpóźniej | later on
później ▶ adv późno: be ~ with the rent
spóźniać się z czynszem ◇ run ~
spóźniać się ◇ stay up ~ siedzieć do
późna w nocy

lately /'leɪtli/ adv ostatnio

latent /'leɪtnt/ adj (talent itp.)
ukryty

lather /'lɑ:ðə(r); Am. 'læð-/ n piana (z
mydła)

Latin /'lætɪn; Am. 'lætn/ n łacina ▶ adj
1 łaciński **2** romański ● **Latin
A'merican** adj latynoamerykański

latitude /'lætɪtju:d; Am. -tu:d/ n
szerokość geograficzna

latter /'lætə(r)/ adj (form.) późniejszy,
końcowy: in the ~ half of the year w

drugiej połowie roku ▸ *n, pron* drugi (*z dwu wymienionych*)

laugh /lɑːf; *Am.* læf/ *v* ~ **(at sb/sth)** śmiać/wyśmiewać się z kogoś/czegoś: *He makes me* ~. Rozśmiesza mnie. ▸ *n* **1** śmiech: *have a good* ~ uśmiać się **2** (*nieform.*) zabawna osoba/rzecz I **laughable** *adj* śmiechu wart

laughter /ˈlɑːftə(r); *Am.* ˈlæf-/ *n* śmiech

launch /lɔːntʃ/ *v* **1** wodować (*statek*), wystrzelić (*rakietę*) **2** rozpocząć: ~ *an attack* przypuścić atak **2** wprowadzić na rynek ▸ *n* **1** wodowanie (*statku*); wystrzelenie (*rakiety*) **2** wprowadzenie na rynek **3** duża łódź motorowa

launderette (*także* -drette) /lɔːnˈdret/ (*Am. Laundromat* /ˈlɔːndrəmæt/) *n* pralnia samoobsługowa

laundry /ˈlɔːndri/ *n* (*pl* -ies) **1** pranie **2** pralnia

lavatory /ˈlævətri; *Am.* -tɔːri/ *n* (*pl* -ies) **1** klozet **2** ubikacja → TOALETA

lavender /ˈlævəndə(r)/ *n* lawenda

lavish /ˈlævɪʃ/ *adj* **1** hojny, rozrzutny **2** obfity

law /lɔː/ *n* **1** (*także* the law) prawo: *Stealing is against the* ~. Kradzież jest wbrew prawu. ◇ ~ *and order* praworządność **2** ustawa **3** (*mat.; przyroda*) zasada I **lawful** *adj* legalny: *his* ~ *wife* jego ślubna żona ● **'law-abiding** *adj* praworządny I **'lawsuit** *n* proces

lawn /lɔːn/ *n* trawnik ● **'lawnmower** *n* kosiarka

lawyer /ˈlɔːjə(r)/ *n* adwokat, prawni-k/czka

lay /leɪ/ *v* (*pt, pp* laid /leɪd/) **1** kłaść, położyć, układać **2** zakładać **3** przygotowywać: ~ *a trap for sb* zastawiać na kogoś pułapkę ◇ ~ *the table* nakryć do stołu **4** znosić (*jajka*) [IDM] lay the blame on sb przypisywać komuś winę [PV] lay sth down ustanawiać (*przepis*) I lay off (sb) (*nieform.*) odczepiać się (od kogoś) I lay sb off zwalniać kogoś z pracy I lay sth out **1** rozstawiać/rozkładać coś **2** rozplanować/zaprojektować coś ▸ *adj* **1** świecki **2** laicki I *pt od* LIE

lay-by /ˈleɪbaɪ/ *n* zato(cz)ka

layer /ˈleɪə(r)/ *n* warstwa

laze /leɪz/ *v* ~ **(about/around)** leniuchować

lazy /ˈleɪzi/ *adj* **1** leniwy **2** powolny

lead¹ /led/ *n* **1** ołów **2** grafit (*w ołówku*)

lead² /liːd/ *n* **1** przewaga: *take the* ~ przejąć inicjatywę ◇ *be in the* ~ prowadzić ◇ *go into the* ~ objąć prowadzenie **2** główna rola **3** (*informacji*) ślad **4** smycz **7** przewód elektryczny ▸ *v* (*pt, pp* led /led/) **1** prowadzić, wieść **2** doprowadzać

3 skłaniać kogoś do zrobienia czegoś: ~ *sb to believe sth* przekonać kogoś o czymś ◇ *He's too easily led.* Łatwo ulega wpływom. **4** wyprzedzać **5** przewodzić, kierować [PV] lead up to sth doprowadzać do czegoś I **leader** *n* **1** przywód-ca/czyni, przewodnicząc-y/a **2** lider I **leadership** *n* **1** przywództwo, przewodnictwo **2** umiejętność przewodzenia I **leading** *adj* **1** wybitny, czołowy **2** główny ● **'lead story** *n* (*w gazecie itp.*) temat dnia

leaf /liːf/ *n* (*pl* leaves /liːvz/) liść I **leafy** *adj* **1** bogato ulistniony **2** pełen zieleni

leaflet /ˈliːflət/ *n* ulotka

league /liːɡ/ *n* **1** liga **2** (*nieform.*) (*ranga*) klasa [IDM] in league (with sb) w zmowie z kimś

leak /liːk/ *n* **1** nieszczelność, szczelina **2** wyciek, ulatnianie się gaz **3** przeciek (*informacji*) ▸ *v* **1** przeciekać, przepuszczać (*np. wodę*) **2** wyciekać, ulatniać się **3** ujawniać (*poufne informacje*)

lean /liːn/ *adj* **1** szczupły **2** (*mięso*) chudy **3** (*rok itp.*) nieurodzajny **4** (*żniwa*) słaby ▸ *v* (*pt, pp* leant /lent/ *lub* leaned /liːnd/) **1** pochylać się: ~ *out of a window* wychylać się z okna **2** ~ against/on sth (*i przen.*) opierać się **3** ~ sth against/on sth opierać o coś

leap /liːp/ *v* (*pt, pp* leapt /lept/ *lub* leaped /liːpt/) **1** skakać: ~ *over sth* przeskakiwać przez coś ◇ ~ *up and down* podskakiwać **2** skoczyć ▸ *n* (*i przen.*) skok ● **'leapfrog** *n* zabawa polegająca na skakaniu przez kogoś jak przez kozła I **'leap year** *n* rok przestępny

learn /lɜːn/ *v* (*pt, pp* learnt /lɜːnt/ *lub* learned /lɜːnd/) **1** ~ **(sth) (from sb/sth)** uczyć się **2** nauczyć się (*na pamięć*) **3** ~ **(of/about) sth** dowiadywać się **4** zrozumieć [IDM] learn the hard way zrozumieć coś na podstawie (*przykrego*) doświadczenia I learn your lesson zrozumieć coś dopiero po przykrym doświadczeniu I **learner** *n* uczą-cy/a się I **learning** *n* **1** uczenie się **2** wiedza

lease /liːs/ *n* dzierżawa

least /liːst/ *dem pron, pron* **1** najmniejszy **2** najmniej ▸ *adv* najmniej [IDM] at least **1** (co) najmniej **2** przynajmniej I not in the least (bit) bynajmniej, w najmniejszym stopniu: *It doesn't matter in the* ~. To nie ma najmniejszego znaczenia.

leather /ˈleðə(r)/ *n* skóra

leave /liːv/ *v* (*pt, pp* left /left/) **1** wyjeżdżać, odchodzić: ~ *your partner for sb else* porzucić partnera dla kogoś innego ◇ *He* ~*s home at 8.00 every morning.* Wychodzi z domu codziennie o ósmej. ◇ *He left home last year.*

Wyprowadził się z domu w zeszłym roku. **2** zostawiać: *I'll ~ it to you to organize all the food.* Pozostawię tobie zorganizowanie posiłków. **3 ~ sb/sth (behind)** zapomnieć, zostawiać kogoś/czegoś [IDM] **leave sb/sth alone** zostawiać (w spokoju) [PV] **leave sb/sth out (of sth)** opuszczać (*np. słowo*), pomijać kogoś/coś ▶ *n* urlop, zwolnienie

leaves *pl od* LEAVE

lecture /'lektʃə(r)/ *n* **1** wykład **2** upomnienie ▶ *v* **1 ~ (on sth)** wykładać **2 ~ sb (about sth)** upominać, udzielać nagany| **lecturer** *n* wykładowca

led *pt, pp od* LEAD²

ledge /ledʒ/ *n* parapet, występ

leek /liːk/ *n* por

left /left/ *pt, pp od* LEAVE ▶ *adj* **1** lewy **2 be ~** zostawać| *adv* na/w lewo: *keep ~* trzymać się lewej strony| *n* **1** lewa strona: *the street on the ~* pierwsza ulica na lewo ◇ *drive on the ~* jechać po lewej stronie **2 (the Left)** lewica ● ˌleft-ˈluggage office *n* (*Br.*) przechowalnia| ˈleft-hand *adj* **1** lewy **2** po lewej stronie, z lewej strony| ˌleft-ˈhanded *adj* **1** leworęczny **2** dla leworęcznych| ˈleftovers *n*(*jedzenie*) res- ztki| ˌleft ˈwing *n* **1** lewica **2** lewe skr-zydło (*boiska*)| ˌleft-ˈwing *adj* lewicowy

leg /leg/ *n* **1** noga **2** nogawka **3** etap (*np. podróży; wyścigu*)

legacy /'legəsi/ *n* (*pl* **-ies**) legat, dziedzictwo

legal /'liːgl/ *adj* **1** legalny **2** prawny, prawniczy| **legally** *adv* prawnie, legalnie: *Schools are ~ responsible for the safety of their pupils.* Według prawa, szkoła jest odpowiedzialna za bezpieczeństwo uczniów| **legality** /liːˈgæləti/ *n* legalność| **legalize** (*także* **-ise**) /'liːgəlaɪz/ *v* legalizować

legend /'ledʒənd/ *n* (*i przen.*) legenda| **legendary** /-dri; *Am.* -deri/ *adj* legendarny

legible /'ledʒəbl/ *adj* czytelny

legion /'liːdʒən/ *n* **1** legia **2** legion

legislate /'ledʒɪsleɪt/ *v* ustanawiać prawo| **legislation** /ˌledʒɪsˈleɪʃn/ *n* [U] **1** ustawodawstwo **2** ustawy

legitimate /lɪˈdʒɪtɪmət/ *adj* **1** słuszny **2** prawnie dozwolony **3** (*dziecko*) ślubny

leisure /'leʒə(r); *Am.* 'liːʒər/ *n* czas wolny [IDM] **at your leisure** w wolnej chwili| **leisurely** *adj* niespieszny ● 'leisure centre *n* ośrodek rekreacyjny

lemon /'lemən/ *n* cytryna ● 'lemon squeezer *n* wyciskacz do cytryn

lemonade /ˌleməˈneɪd/ *n* **1** lemoniada **2** napój cytrynowy

lend /lend/ *v* (*pt, pp* lent /lent/) **1** pożyczać (komuś)

length /leŋθ/ *n* **1** długość **2** czas trwania: *They complained about the ~ of time they had to wait.* Skarżyli się na długi czas oczekiwania. **3** długość basenu **4** kawałek| **lengthen** *v* wydłużać (się)| **lengthy** *adj* długi, rozwlekły

lenient /'liːniənt/ *adj* **1** (*kara*) łagodny **2** pobłażliwy

lens /lenz/ *n* (*pl* **-es**) **1** soczewka **2** obiektyw

Lent /lent/ *n* Wielki Post

lent *pt, pp od* LEND

lentil /'lentl/ *n* soczewica

Leo /'liːəʊ/ *n* (*znak zodiaku*) Lew

leopard /'lepəd/ *n* lampart

lesbian /'lezbiən/ *n* lesbijka ▶ *adj* lesbijski

less /les/ *dem pron, pron* mniej: *It'll take ~ than an hour.* To zajmie niecałą godzinę. ❶ Chociaż wiele osób używa słowa **less** także z n w pl (np. **less cars**), to jednak za poprawną formę gramatyczną uważa się w takim wypadku **fewer**. ▶ *adv* mniej: *~ well* gorzej [IDM] **less and less** coraz mniej| *prep* bez

lessen /'lesn/ *v* zmniejszać (się)

lesser /'lesə(r)/ *adj* mniejszy ▶ *adv* mniej

lesson /'lesn/ *n* **1** lekcja, zajęcia **2** nauczka: *We learnt some ~s from that.* To będzie dla nas nauczką na przyszłość.

let /let/ *v* (*pt, pp* let) **1** pozwalać: *Let him do it himself.* Niech sam to zrobi. **2** (*tworzy w 1 os. pl trybu rozkazującego*): *Let's go to the cinema.* Chodźmy do kina. ❶ Forma przecząca to **let's not** lub (tylko w Br. ang.) **don't let's**: *Let's not go to that awful restaurant again.* [IDM] **let alone sb/sth** nie mówiąc już o kimś/czymś| **let sb/sth go; let go of sb/sth** wy/puszczać kogoś/coś| **let me see; let's see** niech pomyślę| **let us/let's say** powiedzmy [PV] **let sb down** zawieść kogoś| **let sb/sth in** wpuszczać kogoś/coś| **let sb off** darować komuś winę: *They ~ him off with a fine.* Zwolnili go, poprzestając na grzywnie.| **let sth off 1** wystrzeliwać (*fajerwerki*) **2** odpalać **3** wystrzelić (*np. z pistoletu*)| **let sb/sth out** wypuszczać kogoś/coś ▶ *v* wynajmować → WYNAJMOWAĆ

lethal /'liːθl/ *adj* śmiertelny

lethargy /'leθədʒi/ *n* ospałość| **lethargic** /ləˈθɑːdʒɪk/ *adj* ospały

letter /'letə(r)/ *n* **1** litera **2** list ● 'letter box *n* skrzynka pocztowa ❶ W wielu brytyjskich domach nie ma skrzynki pocztowej na zewnątrz budynku, a listy wrzucane są do środka przez specjalny otwór w drzwiach.

lettuce /'letɪs/ *n* sałata

leukaemia (*Am.* **-kem-**) /luːˈkiːmiə/ *n*
białaczka

level /ˈlevl/ *adj* **1** równy, płaski **2** na
tym samym poziomie: *draw ~ with sth*
zrównać się z czymś [IDM] **a level
playing field** wyrównane szanse ▶ *n*
poziom ● ˌlevel ˈcrossing *n* (*Br.*)
przejazd kolejowy | ˌlevel-ˈheaded *adj*
zrównoważony

lever /ˈliːvə(r); *Am.* ˈlevər/ *n* **1** dźwignia
2 drążek ▶ *v* (*techn.*) podważać

levy /ˈlevi/ *v* (*pt, pp* **levied**) ~ **sth** (**on sb**)
pobierać (*np. podatki*)

liability /ˌlaɪəˈbɪləti/ *n* (*pl* **-ies**) **1** ~ (**for
sth**) odpowiedzialność **2** (*nieform.*)
problem, ciężar

liable /ˈlaɪəbl/ *adj* **1** ~ **to do sth** podatny
na coś: *We're all ~ to have accidents
when we are tired.* Każdemu, kto jest
zmęczony, może zdarzyć się wypadek.
2 ~ **to sth** narażony na coś **3** ~ (**for sth**)
odpowiedzialny (za coś)

liaise /liˈeɪz/ *v* ~ (**with sb/sth**) (*nieform.*)
pozostawać w ścisłym kontakcie,
informować na bieżąco

liaison /liˈeɪzn; *Am.* liˈeɪzaːn/ *n*
1 (*łączność*) współpraca **2** romans

liar /ˈlaɪə(r)/ *n* kłam·ca/czucha

libel /ˈlaɪbl/ *n* zniesławienie (*na piśmie*)
▶ *v* (**-ll-**; *Am.* **-l-**) zniesławiać

liberal /ˈlɪbərəl/ *adj* **1** liberalny **2** hojny,
spory ▶ *n* liberał

liberate /ˈlɪbəreɪt/ *v* ~ **sb/sth** (**from sth**)
wyzwalać, uwalniać | **liberation**
/ˌlɪbəˈreɪʃn/ *n* wyzwolenie, uwolnienie

liberty /ˈlɪbəti/ *n* (*pl* **-ies**) wolność,
swoboda [IDM] **at liberty (to do sth)**
(*form.*) wolno (komuś itp.) (coś zrobić)

Libra /ˈliːbrə/ *n* (*znak zodiaku*) Waga

library /ˈlaɪbrəri; -bri; *Am.* -breri/ *n* (*pl*
-ies) **1** biblioteka **2** księgozbiór |
librarian /laɪˈbreəriən/ *n* biblioteka-rz/
rka

lice *pl od* LOUSE

licence (*Am.* **-nse**) /ˈlaɪsns/ *n*
1 licencja, pozwolenie: *a driving ~/*(*US*)
a driver's license prawo jazdy **2** (*form.*)
zezwolenie ● **ˈlicense plate** *n* (*Am.*)
tablica rejestracyjna

license /ˈlaɪsns/ *v* wydawać
zezwolenie/licencję/koncesję

lick /lɪk/ *v* lizać ▶ *n* liźnięcie: *have a ~
of sth* polizać coś

licorice = LIQUORICE

lid /lɪd/ *n* **1** pokryw(k)a, wie(cz)ko
2 = EYELID

lie[1] /laɪ/ *v* (*pres part.* **lying**; *pt* **lay** /leɪ/;
pp **lain** /leɪn/) **1** leżeć **2** leżeć coś
3 znajdować się, pozostawać (*w
określonym stanie*): *Your whole life lies
ahead of you.* Masz przed sobą całe
życie. **4** ~ (**in sth**) (*problem itp.*) polegać

(na czymś) [PV] **lie about/around** nic nie
robić, odpoczywać | **lie back** próżnować |
lie behind sth kryć się za czymś | **lie
down** kłaść się

lie[2] /laɪ/ *v* (*pt, pp* **lied**) ~ (**to sb**) (**about
sth**) kłamać ▶ *n* kłamstwo

lieutenant /lefˈtenənt; *Am.* luːˈt-/ *n*
porucznik

life /laɪf/ *n* (*pl* **lives** /laɪvz/) **1** życie:
bring sb back to ~ przywrócić komuś
życie ◇ *This town comes to ~ in the
evenings.* Miasto ożywia się
wieczorami. ◇ *Two lives were lost.* Dwie
osoby zginęły. ◇ *without loss of ~* bez
ofiar śmiertelnych **2** dożywocie: *~
membership* dożywotnie członkostwo
3 biografia [IDM] **get a life** (*jęz. mów.*) nie
nudź! | **take your (own) life** odbierać
sobie życie ● **ˈlifebelt** (*także* **-buoy**) *n*
koło ratunkowe | **ˈlifeboat** *n* łódź
ratunkowa/ratowniczа | **ˈlife expectancy**
n (*pl* **~ -ies**) średnia długość życia |
ˈlifeguard *n* ratownik | **ˈlife jacket** *n*
kamizelka ratunkowa | **ˈlifelong** *adj* na
całe życie, dozgonny | **ˈlifestyle** *n* styl/
tryb życia | **ˈlifetime** *n* życie

lift /lɪft/ *v* **1** ~ **sb/sth** (**up**) podnosić
2 ~ **sb/sth down** zdejmować **3** podnosić/
rozwiewać się **4**: *The news lifted our
spirits.* Te wiadomości podniosły nas na
duchu. ◇ *Our spirits lifted.* Nabraliśmy
otuchy. **5** znosić (*np. zakaz*) ▶ *n* **1** (*Br.*)
winda **2** (*Br.*) podwiezienie: *give sb a ~*
podwieźć kogoś ◇ *Did you get a ~?* Czy
ktoś cię podwiózł? **3** = SKI LIFT
4 podniesienie **5** (*nieform.*) podniesienie
na duchu, ożywienie ● **ˈlift-off** *n* start

light /laɪt/ *n* **1** światło: *a neon ~* lampa
jarzeniowa **2** oświetlenie **3** (*zapałka
itp.*) ogień [IDM] **come to light** wychodzić
na jaw | **set light to sth** podpalać coś ▶ *v*
(*pt, pp* **lit** *lub* **lighted**) **1** zapalać (się)
❶ Słowo **lighted** występuje w znaczeniu
przymiotnikowym przed n, natomiast
lit jako forma *past participle v.*: *Candles
were lit in memory of the dead.* ◇ *lighted
candles.* **2** oświetlać | **light up** jarzyć
się | **light (sth) up** (*twarz itp.*)
rozjaśniać (się), (*oczy*) zapalać się
2 zapalać (*papierosa*) | **light sth up**
oświetlać coś | **lighting** *n* oświetlenie |
adj **1** lekki: *I'm five kilos lighter.* Ważę o
pięć kilo mniej. **2** (*kolor*) jasny: *~ blue*
jasnoniebieski **3** dobrze oświetlony: *It's
still ~.* Jest jeszcze widno. **4** niewielki
5 łatwy | *adv* (*podróżować*) bez dużego
bagażu | **lightly** *adv* **1** lekko
2 niefrasobliwie ● ˌlight-ˈheaded *adj*
cierpiący na zawroty głowy |
ˌlight-ˈhearted *adj* **1** beztroski
2 zabawny | **lightweight** *adj* **1** (*i n,
bokser*) wagi lekkiej **2** lekki | **lighthouse**
n latarnia morska

ˈlight bulb *n* żarówka

lighten /'laɪtn/ *v* **1** stawać się lżejszym **2** zmniejszać ciężar **3** rozjaśniać (się)

lighter = CIGARETTE LIGHTER

lightning /'laɪtnɪŋ/ *n* piorun: *a flash of ~* błyskawica ◊ *a ~ conductor* piorunochron ▸ *adj* błyskawiczny

like /laɪk/ *v* **1** lubić, podobać się: *Do you ~ their new flat?* Czy podoba ci się ich nowe mieszkanie? ❶ Jeżeli v. **like** znaczy „zwykle coś robić" lub „uważać, że dobrze jest coś robić", wtedy następujący po nim v. ma formę bezokolicznika: *I ~ to get up early.* **2** chcieć ❶ Po **would** value zawsze występuje bezokolicznik, nigdy forma -*ing*. **likeable** (*także* **likable**) *adj* sympatyczny | *prep* **1** jak, podobny do kogoś/czegoś: *What's your new flat ~?* Jakie jest twoje nowe mieszkanie? **2** typowy: *It was just ~ him to be late.* To typowe dla niego, że się spóźnił. **3** tak: *Do it ~ this.* Zrób to tak. **4** taki jaki | *conj* (*nieform.*) **1** tak jak **2** (*zwł. Am.*) jakby | *n* osoba/rzecz podobna |IDM| **likes and dislikes** sympatie i antypatie

likelihood /'laɪklihʊd/ *n* prawdopodobieństwo

likely /'laɪkli/ *adj* **1** prawdopodobny **2** możliwy

liken /'laɪkən/ *v* (*form.*) *~ sth to sth* porównywać

likeness /'laɪknəs/ *n* podobieństwo, podobizna

likewise /'laɪkwaɪz/ *adv* (*form.*) podobnie

lilac /'laɪlək/ *n* bez ▸ *adj* liliowy

lily /'lɪli/ *n* (*pl* -ies) lilia

limb /lɪm/ *n* **1** kończyna **2** konar

lime /laɪm/ *n* **1** wapno **2** lipa **3** limona, limeta **4** kolor żółtozielony

limelight /'laɪmlaɪt/ *n* |IDM| **in/out of the limelight** (nie) w centrum zainteresowania

limestone /'laɪmstəʊn/ *n* wapień

limit /'lɪmɪt/ *n* **1** granica **2** ograniczenie |IDM| **off limits** (*Am.*) = OUT OF BOUNDS | **within limits** w granicach (rozsądku) ▸ *v* ograniczać ● ,limited 'company *n* spółka z ograniczoną odpowiedzialnością

limitation /ˌlɪmɪ'teɪʃn/ *n* **1** ograniczenie **2** [*pl*] (**limitations**) granica możliwości

limp /lɪmp/ *adj* **1** miękki **2** słaby: *These roses have gone all ~.* Te róże całkiem zwiędły. **3** omdlały ▸ *v* kuśtykać | kuśtykanie: *walk with a bad ~* mocno utykać

line /laɪn/ *n* **1** linia **2** zmarszczka **2** (*Am.*) kolejka (*np. w sklepie*), szereg **3** wiersz **4** granica **5** sznurek, lina: *a fishing ~* żyłka wędkarska **6** przewód **7** tor **8** (**lines**) [*pl*] rola (*aktora*)

9 kierunek (*działania*): *a ~ of argument* teza, na której oparto dowód **10** gama (*artykułów handlowych*) **11** dziedzina, branża |IDM| **along/on the same, etc. lines** podobnie | **hold the line** (*w rozmowach telefonicznych*) poczekać! | **be in line with sth** pasować do czegoś, być zgodnym z czymś ▸ *v* **1** *~ sth with sth* podszywać, wykładać coś czymś **2** ustawiać itp. w szeregu/rzędami |PV| **line up** ustawiać się w kolejce ● **'line dancing** *n* rodzaj tańca (*w szeregu*)

lined /laɪnd/ *adj* (*twarz itp.*) pomarszczony; (*papier itp.*) w linie

linen /'lɪnɪn/ *n* **1** płótno lniane **2** bielizna (*np. pościelowa, stołowa*)

liner /'laɪnə(r)/ *n* **1** statek dalekomorski **2** wymienny wkład (*chroniący wnętrze czegoś*): *a dustbin ~* worek do pojemnika na śmieci

linger /'lɪŋɡə(r)/ *v* **1** przewlekać pobyt, (*zapach*) długo się unosić **2** zwlekać: *~ over a meal* przeciągać posiłek

linguist /'lɪŋɡwɪst/ *n* językoznawca

linguistic /lɪŋ'ɡwɪstɪk/ *adj* **1** językoznawczy **2** językowy | **linguistics** *n* językoznawstwo

lining /'laɪnɪŋ/ *n* podszewka, okładzina

link /lɪŋk/ *n* **1** ogniwo **2** powiązanie **3** łącznik **4** połączenie (*np. kolejowe*) **5** (*komput.*) link ▸ *v* **1** (po)wiązać z kimś/ czymś: *~ arms* wziąć się za ręce |PV| **link up (with sb/sth)** łączyć (się) z kimś/ czymś ● **'link-up** *n* połączenie

lion /'laɪən/ *n* lew

lip /lɪp/ *n* **1** warga: *kiss sb on the ~s* całować kogoś w usta **2** brzeg (*np. filiżanki*) ● **'lip-read** *v* (*pt, pp* /-red/) czytać z ruchów ust! **'lipstick** *n* szminka

liqueur /lɪ'kjʊə(r)/ *Am.* -'kɜ:r/ *n* likier

liquid /'lɪkwɪd/ *n* płyn ▸ *adj* ciekły

liquidize (*także* -**ise**) /'lɪkwɪdaɪz/ *v* (z) miksować (*w mikserze*)! **liquidizer** *n* mikser

liquor /'lɪkə(r)/ *n* (*Am.*) napój alkoholowy ● **'liquor store** *n* (*Am.*) sklep monopolowy

liquorice /'lɪkərɪʃ, -rɪs/ *n* lukrecja

lisp /lɪsp/ *n* seplenienie: *He speaks with a slight ~.* On lekko sepleni. ▸ *v* seplenić

list /lɪst/ *n* spis ▸ *v* **1** tworzyć spis **2** umieszczać w spisie

listen /'lɪsn/ *v* ~ **(to sb/sth)** słuchać ▸ *n* (*nieform.*): *have a ~* posłuchać czegoś! **listener** *n* słuchacz/ka: *He is a good ~.* Potrafi dobrze słuchać.

lit *pt, pp od* LIGHT

liter (*Am.*) = LITRE

literacy /'lɪtərəsi/ *n* [*U*] umiejętność czytania i pisania

literal /'lɪtərəl/ *adj* dosłowny

literary /ˈlɪtərəri; *Am.* -reri/ *adj*
literacki

literate /ˈlɪtərət/ *adj* **1** umiejący czytać
i pisać: *computer-~* znający obsługę
komputera **2** wykształcony

literature /ˈlɪtrətʃə(r)/ *n* [*U*]
1 literatura **2** materiały

litre /ˈliːtə(r)/ *n* litr

litter /ˈlɪtə(r)/ *n* **1** [*U*] śmieci **2** miot ► *v*
śmiecić ● **'litter bin** *n* kosz na śmieci

little /ˈlɪtl/ *adj* **1** mały → MAŁY
2 młodszy ► *dem pron* **1** (*z n U*) mało **2** *i
pron* (*a little*) trochę: *a ~ while* chwila|
pron, adv mało: *The ~ I know of him...*
O tyle o ile go znam... |IDM| **little by little**
stopniowo| *adv* trochę

live¹ /laɪv/ *adj* **1** żywy **2**: *a ~ bomb*
niewypał **3** pod napięciem **4** na żywo,
(*nagranie*) koncertowy ► *adv* na żywo:
*This programme is coming ~ from
Wembley Stadium.* Ten program
transmitowany jest bezpośrednio z
Wembley Stadium.

live² /lɪv/ *v* **1** żyć: *She hasn't got long to
~.* Pozostaje jej niedużo życia. ◇ *~ to a
great age* dożyć sędziwego wieku
2 mieszkać **3** prowadzić (*np. spokojne*)
życie [PV] **live sth down** wymazywać z
pamięci (*np. winę, ośmieszenie*)| **live off
sb/sth** żyć (*np. o chlebie, z ziemi, cudzym
kosztem*)| **live on 1** żyć dalej **2** przetrwać
| **live on sth** żyć (*np. o chlebie, z czegoś*)|
live through sth przeżywać coś| **live up
to sth** spełniać oczekiwania| **live with sb**
= LIVE TOGETHER| **live with sth** pogodzić
się z czymś

livelihood /ˈlaɪvlihʊd/ *n* [*zwykle s*]
środki utrzymania

lively /ˈlaɪvli/ *adj* żywy

liver /ˈlɪvə(r)/ *n* **1** wątroba **2** wątróbka

lives *pl od* LIFE

livestock /ˈlaɪvstɒk/ *n* [*U*] żywy
inwentarz

living /ˈlɪvɪŋ/ *adj* **1** żyjący **2** (*język itp.*)
żywy ► *n* **1**: *make a ~* zarabiać na życie
◇ *What do you do for a ~?* Czym się
zajmujesz? **2** utrzymanie: *the cost of ~*
koszty utrzymania **3** tryb życia

'living room *n* pokój dzienny, salon

lizard /ˈlɪzəd/ *n* jaszczurka

load /ləʊd/ *n* **1** ładunek, ciężar **2**: *a
lorry ~ of sand* cała ciężarówka piasku
◇ *busloads of tourists* autobusy pełne
turystów **3** (*loads (of sth)*) (*nieform.*)
mnóstwo [IDM] **a load of rubbish, etc.**
(*nieform.*) bzdury ► *v* **1** ładować: *loaded
down* obładowany **2** brać ładunek
3 (*komput.*) wkładać (*dyskietkę*),
instalować (*program*) **4** wkładać (*film,
nabój*)

loaded /ˈləʊdɪd/ *adj* **1** załadowany
2 (*broń*) naładowany: *The camera is ~.*
W aparacie jest film. **3** (*nieform.*)

(*bogaty*) nadziany **4** (*pytanie*)
podchwytliwy

loaf /ləʊf/ *n* (*pl* **loaves** /ləʊvz/)
bochenek

loan /ləʊn/ *n* pożyczka, kredyt: *on ~*
wypożyczony ► *v* (*form.*) *~ sth (to sb)*
(wy)pożyczać ❶ W Am. ang. v. **loan**
występuje częściej i brzmi mniej
formalnie.

loathe /ləʊð/ *v* nienawidzić

loaves *pl od* LOAF

lobby /ˈlɒbi/ *n* (*pl* -**ies**) **1** hall **2** lobby
► *v* (*3rd sing czasu pres* -**ies**; *pt, pp* -**ied**)
wywierać nacisk na rząd w jakiejś
sprawie

lobster /ˈlɒbstə(r)/ *n* homar

local /ˈləʊkl/ *adj* miejscowy, lokalny
► *n* **1** miejscowy **2** (*Br., nieform.*) lokalny
pub| **locally** *adv* lokalnie, w okolicy
● **,local anaes'thetic** *n* środek
znieczulający miejscowo| **,local
au'thority** *n* [*C, z u w pl lub s*] (*Br.*) (*pl*
-**ies**) władze lokalne| **,local 'government**
n [*U*] władze lokalne, samorząd

locate /ləʊˈkeɪt; *Am.* ˈləʊkeɪt/ *v*
1 umiejscawiać **2** umieszczać| **located**
adj **be ~** znajdować się

location /ləʊˈkeɪʃn/ *n* **1** położenie
2 zlokalizowanie [IDM] **on location** w
plenerze

lock /lɒk/ *n* **1** zamek **2** śluza ► *v*
1 zamykać (się) na klucz/zatrzask
2 trzymać pod kluczem **3** blokować (się)
[PV] **lock sb in** zamykać kogoś (w
pomieszczeniu) na klucz| **lock sb out**
zamykać pomieszczenie tak, że nie
można wejść do środka| **lock (sth) up**
po/zamykać na klucz| **lock sb up**
wtrącać kogoś do więzienia
● **'locksmith** *n* ślusarz

locker /ˈlɒkə(r)/ *n* szafka, schowek

lodge /lɒdʒ/ *n* **1** stróżówka **2** domek
myśliwski **3** portiernia ► *v* **1** mieszkać
w wynajętym pokoju **2** utkwić **3** (*form.*)
wnosić (*np. skargę*)| **lodger** *n* lokator/
ka

lodging /ˈlɒdʒɪŋ/ *n* **1** zakwaterowanie
2 (*lodgings*) [*pl*] pok-ój/oje do wynajęcia

loft /lɒft/ *n* strych

log /lɒg/ *n* **1** kłoda, kloc **2** polano,
drewno **3** dziennik okrętowy/
pokładowy ► *v* (-**gg**-) zapisywać coś w
dzienniku okrętowym/pokładowym
[PV] **log in/on** za/logować się| **log off/out**
wylogować się

logic /ˈlɒdʒɪk/ *n* logika| **logical** *adj*
1 logiczny **2** rozsądny

logo /ˈləʊgəʊ/ *n* znak firmowy

lollipop /ˈlɒlipɒp/ *n* lizak

lonely /ˈləʊnli/ *adj* samotny| **loneliness**
n samotność

loner /ˈləʊnə(r)/ *n* samotnik

long /lɒŋ/ *adj* (-er /-ŋɡə(r)/, -est /-ŋɡɪst/) długi: *How ~ is the film?* Jak długo trwa ten film? ◊ *The animal is 1 metre ~.* To zwierzę ma metr długości. ◊ *a five-mile-long traffic jam* korek ciągnący się przez pięć mil |**IDM**| **at the longest** najdalej, najwyżej| **in the long run** na dłuższą metę| **a long face** smutna/kwaśna mina ▸ *rz.* dużo czasu: *Was he gone for ~?* Czy długo go nie było? ◊ *They won't be gone for ~.* Nie będzie ich przez krótki czas.| *adv* **1** długo: *The baby cried all night ~.* Dziecko płakało przez całą noc. ❶ Zarówno **long**, jak i **a long time** określają czas trwania czegoś. W zdaniach twierdzących zwykle używa się **a long time**: *They stood there for a ~ time.* W zdaniach twierdzących **long** występuje tylko z innym *adv*, np. **too**, **enough**, **ago**: *We lived here ~ ago.* W pytaniach występuje zarówno **long**, jak i **a long time**: *Were you away ~/a ~ time?* W zdaniach przeczących występuje czasem różnica znaczeniowa pomiędzy **long** a **a long time**: *I haven't been here (for) ~.* Jestem tu od niedawna. ◊ *I haven't been here for a ~ time.* Dawno tu nie byłem. **2** dawno **3** przez cały (*np. czas*) |**IDM**| **as/so long as** pod warunkiem, że| **no/not any longer** już nie| *v* **1** ~ **for sth** tęsknić **2** ~ **(for sb) to do sth** pragnąć| **longing** /ˈlɒŋɪŋ/ *n* pragnienie, tęsknota ● ˌlong-ˈdistance *adj* **1** dalekobieżny: *a long-distance lorry driver* kierowca ciężarówki jeżdżący na długich trasach **2** zamiejscowy, międzynarodowy **3** długodystansowy| ˌlong-ˈdistance *adv* do innego miasta/kraju| ˈlong-haul *adj* (*przewozy ludzi/towarów*) daleki, dalekiego zasięgu|, ˈlong-ˈlife *adj* o długim terminie przydatności do użycia/spożycia| ˈlong-range *adj* **1** długoterminowy **2** dalekiego zasięgu|, ˈlong-ˈterm *adj* długoterminowy| ˈlong wave *n* fale długie|, ˌlong-ˈwinded *adj* rozwlekły

longitude /ˈlɒŋɡɪtjuːd; ˈlɒndʒɪ-; *Am.* -tuːd/ *n* długość geograficzna

ˌlong-ˈsighted *adj* (*Br.*) dalekowzroczny: *be ~* być dalekowidzem

loo /luː/ *n* (*Br., nieform.*) kibel → TOALETA

look /lʊk/ *v* **1** patrzeć: ~ *away* odwrócić wzrok ◊ ~ *out of the window* wyglądać z okna **2** *v link* ~ (**like sb/sth**) (**to sb**); ~ (**to sb**) **as if**…/**as though**… wyglądać (na to, że): *It ~s like rain.* Zanosi się na deszcz. **3** ~ (**for sb/sth**) szukać **4** wychodzić na coś [**PV**] **look after sb/ sth/yourself** opiekować się kimś/ czymś, dbać o kogoś/coś| **look ahead** patrzeć w przyszłość| **look at sth**

1 przyglądać się czemuś, zobaczyć coś **2** zastanawiać się nad czymś **3** czytać coś **4** (*przen.*) patrzeć na coś| **look back (on sth)** patrzeć w przeszłość, wspominać coś| **look down on sb/sth** (*nieform.*) patrzeć z góry na kogoś/coś| **look forward to (doing) sth** cieszyć się na coś, bardzo na coś czekać: *I ~ forward to hearing from you.* (zwrot często używany na końcu oficjalnego listu) Czekam na odpowiedź.| **look into sth** badać coś| **look on** przypatrywać się (biernie)| **look on sb/sth as sth** postrzegać kogoś/coś jako coś| **look on sb/sth with sth** patrzeć na kogoś/coś (*z pogardą itp.*)| **look out (for sb/sth)** uważać (na kogoś/coś): *Look out!* Uwaga!| **look round** rozglądać się (*np. po sklepie*)| **look round sth** zwiedzać coś| **look through sth** przeglądać coś| **look up 1** patrzeć w górę **2** (*nieform.*) polepszać się| **look sth up** sprawdzać coś (*np. w słowniku*)| **look up to sb** szanować/ podziwiać kogoś ▸ *interj* posłuchaj| *n* **1** spojrzenie: *have a ~* popatrzeć **2** poszukiwanie: *have a ~* rozejrzeć się **3** wygląd, wyraz twarzy: *He had a worried ~.* Wyglądał na zmartwionego. **4** (**looks**) [*pl*] uroda, wygląd: *He's got good ~s.* Jest przystojny.

lookout /ˈlʊkaʊt/ *n* |**IDM**| **be on the/keep a lookout for sb/sth** uważać (na kogoś/ coś)

loom /luːm/ *n* krosno ▸ *v* **1** (*niewyraźny cień itp.*) wyłaniać się **2** (*przen.*) wisieć (w powietrzu)

loony /ˈluːni/ *adj* wariacki

loop /luːp/ *n* pętla

loophole /ˈluːphəʊl/ *n* luka (*w przepisach itp.*)

loose /luːs/ *adj* **1** (*i przen.*) luźny **2** swobodny, nie uwiązany: *The dog broke ~.* Pies zerwał się z uwięzi. **3** (*włosy*) rozpuszczone **4** obluzowany, słabo umocowany: *a ~ tooth* ruszający się ząb

loosen /ˈluːsn/ *v* luzować, rozluźniać (się) [**PV**] **loosen (sb/sth) up** rozluźniać (się)

loot /luːt/ *n* łup ▸ *v* plądrować

lop /lɒp/ *v* (-pp-) obcinać (*np. gałęzie*)

lopsided /ˌlɒpˈsaɪdɪd/ *adj* **1** przekrzywiony: *a ~ smile* krzywy uśmiech **2** koślawy

lord /lɔːd/ *n* **1** władca, (wielki) pan **2** (*zwykle* **the Lord**) Pan Bóg **3** lord **4** (**the Lords**) [*z v. w pl lub s*] (*Br.*) członkowie Izby Lordów; Izba Lordów **5** (*Br.*) (*tytuł*) lord: *the Lord Mayor* burmistrz **6** (**My Lord**) milordzie, ekscelencjo ● **the Lord's Prayer** *n* Ojcze nasz

lorry /ˈlɒri/ *n* (*Br.*) (*pl* -ies) ciężarówka

lose /luːz/ *v* (*pt, pp* **lost** /lɒst/) **1** gubić **2** stracić **3** tracić **4** ponosić straty

5 przegrywać **6** marnować (*np. okazję*) **7** (*zegar(ek)*) późnić się: *My watch ~s two minutes a day.* Mój zegarek późni się dwie minuty. **8** (*nieform.*) tłumaczyć w zawiły sposób: *You've totally lost me!* Całkowicie się zgubiłem! [IDM] **lose touch (with sb/sth)** tracić kontakt (z kimś/czymś) | **loser** *n* **1** przegrywający, zwyciężony: *He is a bad ~.* Nie umie przegrywać. **2** ofiara (*życiowa*) **3** przegrany

loss /lɒs/ *n* strata: *~ of blood* upływ krwi

lost /lɒst/ *pt, pp od* LOSE ▶ *adj* **1** z(a)-gubiony: *get ~* zgubić się **2** zaginiony **4** be **~ on sb** (*przen.*) nie dotrzeć do kogoś [IDM] **get lost!** (*slang*) spływaj! | a **lost cause** przegrana sprawa | **lost for words** nie znajdować słów ● **lost 'property** *n* [U] rzeczy zagubione: *a lost property office* biuro rzeczy znalezionych

lot /lɒt/ *n* **1** [z *v. w pl lub s*] ❶ Rz. lot w tym sensie zawsze występuje w zwrotach typu *the* (whole) lot, wszystko/wszyscy (razem) **2** [z *v. w pl lub s*] grupa (*ludzi*); partia (*rzeczy*) **3** los **4** pozycja **5** (*Am.*) działka (*np. budowlana*): *a parking ~* parking ▶ *pron* (**a lot; lots**) (*nieform.*) dużo, wiele | *adv* (*nieform.*) **1** (**a lot; lots**) (*przed adj i adv*) znacznie, o wiele **2** (**a lot**) dużo: *Thanks a ~.* Dziękuję bardzo. **3** (**a lot**) często | lot **dem pron** (**a lot of**) (*nieform.*) (**lots**) dużo: *Lots of love, Billy* Uściski. Billy ◇ *What a lot of books!* Ile książek!

lotion /'ləʊʃn/ *n* emulsja (*kosmetyczna*)

lottery /'lɒtəri/ *n* (*pl* **-ies**) loteria

loud /laʊd/ *adj* **1** głośny → G"OŚNY **2** (*kolor; ubranie; zachowanie*) krzykliwy ▶ *adv* głośno [IDM] ,out 'loud na głos | **loudly** *adv* głośno ● ‚loud'speaker *n* głośnik

lounge /laʊndʒ/ *n* salon, hol: *the departure ~* hala odlotów ▶ *v* **1** wylegiwać się, rozsiąść się **2 ~ about/ around** obijać się

louse /laʊs/ *n* (*pl* **lice** /laɪs/) wesz

lousy /'laʊzi/ *adj* (*nieform.*) parszywy, wstrętny: *feel ~* czuć się podle

lout /laʊt/ *n* gbur

lovable /'lʌvəbl/ *adj* kochany, sympatyczny

love /lʌv/ *n* **1** miłość: *your ~ life* twoje życie intymne ◇ *a ~ of life* umiłowanie życia **2** zamiłowanie **3** kochan-y/a **4** (*w tenisie*) zero: *15-love* piętnaście do zera **5** (*nieform.*) Ściskam. [IDM] **be in love (with sb)** być zakochanym (w kimś) | **fall in love (with sb)** zakochać się (w kimś) | **give/send sb your love** pozdrawiać kogoś | **make love (to sb)** kochać się (z kimś) ▶ *v* **1** kochać **2** lubić coś **3** (*bardzo*) chcieć: *I'd ~ to.* Z

przyjemnością./Chętnie. ● 'love affair *n* **1** romans **2** zamiłowanie | 'love story *n* (*pl* **~ -ies**) (*powieść*) romans

lovely /'lʌvli/ *adj* **1** uroczy **2** wspaniały: *~ and soft* rozkosznie ciepły

lover /'lʌvə(r)/ *n* **1** kochan-ek/ka **2** miłośni-k/czka: *a music ~* meloman/ka

loving /'lʌvɪŋ/ *adj* kochający

low /ləʊ/ *adj* **1** niski: *The picture's too ~.* Obraz wisi za nisko. **2** podły **3** przygnębiony **4** (o) niskiej/słabej mocy: *on a ~ heat* na słabym ogniu ▶ *adv* nisko | *n* niski poziom ● ‚lower-'class *adj* należący do niższej warstwy społecznej | ‚low-'key *adj* dyskretny, cichy

lower /'ləʊə(r)/ *adj* niższy, dolny ▶ *v* **1** zniżać, spuszczać **2** zmniejszać, osłabiać

loyal /'lɔɪəl/ *adj* lojalny | **loyalty** *n* (*pl* **-ies**) lojalność

Ltd *abbr* Limited (*Br.*) sp. z o. o.

luck /lʌk/ *n* **1** traf, los: *have good/bad ~* mieć szczęście/nieszczęście **2** powodzenie, szczęście [IDM] **bad/hard luck!** ta to pech! | **be in/out of luck** (nie) mieć szczęści-e/a | **good luck (to sb)** powodzenie, szczęście: *Good ~!* Powodzenia!

lucky /'lʌki/ *adj* **1** mający szczęście: *I'm very ~.* Jestem szczęściarzem. **2** szczęśliwy: *It's ~ you reminded me.* Na szczęście przypomniałeś mi. | **luckily** *adv* na szczęście

ludicrous /'lu:dɪkrəs/ *adj* śmieszny, niedorzeczny

luggage /'lʌgɪdʒ/ *n* bagaż: *one piece of ~* jedna walizka itp. ● 'luggage rack *n* półka na bagaż

lukewarm /ˌlu:k'wɔ:m/ *adj* **1** (*płyn*) letni **2 ~ (about sb/sth)** bez zapału

lull /lʌl/ *v* **1** ukołysać **2** usypiać: *~ sb into a false sense of security* uśpić czyjąś czujność ▶ *n* chwilowa cisza

lullaby /'lʌləbaɪ/ *n* (*pl* **-ies**) kołysanka

lumber /'lʌmbə(r)/ *n* (*zwł. Am.*) drewno (*do budowy*)

luminous /'lu:mɪnəs/ *adj* świecący (się), jarzący

lump /lʌmp/ *n* **1** kawałek, grudka, bryła **2** guz [IDM] **have/feel a lump in your throat** mieć ściśnięte gardło ▶ *v* (*nieform.*) **~ sb/sth (together)** wrzucać do jednego worka [IDM] **lump it** (*nieform.*) pogodzić się z czymś | **lumpy** *adj* **1** bryłowaty, grudkowaty **2** guzowaty ● 'lump sum *n* jednorazowa wypłata

lunatic /'lu:nətɪk/ *n* (*nieform.*) wariat/ka ❶ Uwaga! „Lunaty-k/czka" to **sleepwalker**.

lunch /lʌntʃ/ *n* lunch, obiad: *have ~*
jeść lunch → DINNER ▶ *v* jeść lunch/
obiad ● **'lunch hour** *n* przerwa
obiadowa ι **'lunchtime** *n* pora lunchu/
obiadu

lung /lʌŋ/ *n* płuco

lure /lʊə(r)/ *n* przynęta, pokusa ▶ *v*
kusić, wabić

lurid /'lʊərɪd/ *adj* **1** przerażający
2 (*kolor*) krzykliwy

lurk /lɜːk/ *v* czaić się

lush /lʌʃ/ *adj* (*roślina*) bujny

lust /lʌst/ *n* **1** pożądanie (*seksualne*)
2 żądza (*np. władzy*) ▶ *v* ~ **after/for**
sb/sth pożądać kogoś/czegoś

luxurious /lʌg'ʒʊəriəs/ *adj* luksusowy

luxury /'lʌkʃəri/ *n* (*pl* **-ies**) luksus

lyric /'lɪrɪk/ *adj* (*poezja*) liryczny ι **lyrics**
n słowa (*piosenki*)

lyrical /'lɪrɪkl/ *adj* (*wyrażony jak w
piosence/wierszach*) liryczny

....

Mm

....

M, m /em/ *n* litera *m*

MA /ˌem 'eɪ/ *abbr* **Master of Arts** mgr
(*nauk humanistycznych*)

mac (*także* **mack**) /mæk/ *n* (*Br.,
nieform.*) płaszcz nieprzemakalny

macabre /mə'kɑːbrə/ *adj*
makabryczny

macaroni /ˌmækə'rəʊni/ *n* makaron
(*typu rurki*)

machine /mə'ʃiːn/ *n* maszyna ι
machinery *n* **1** maszyneria: *a piece of ~*
urządzenie **2** mechanizm ● **ma'chine-
gun** *n* karabin maszynowy ι **ma,chine-
'readable** *adj* nadający się do
przetwarzania komputerowego

mad /mæd/ *adj* (**-dd-**) **1** obłąkany: *go ~*
oszaleć **2** szalony: *His fans went ~*. Jego
fani oszaleli. **3** ~ **(at/with sb)** (*zwł. Am.,
nieform.*) wściekły: *drive sb ~*
doprowadzić kogoś do szału ◇ *get ~ at
sb* wściec się na kogoś **4** ~ **(nieform.)** ~
about/on sb/sth zwariowany na
punkcie kogoś/czegoś ι **madness** *n*
1 obłęd **2** szaleństwo

madam /'mædəm/ *n* **1** (**Madam**) pani (*w
nagłówku listu do nieznajomej kobiety*)
2 (*form.*) (*sposób zwracania się do
kobiety*) proszę pani

made *pt, pp od* MAKE

magazine /ˌmægə'ziːn; *Am.* 'mægəziːn/
n czasopismo

maggot /'mægət/ *n* robak (*larwa
muchy*)

magic /'mædʒɪk/ *n* [U] **1** czary, magia
2 sztukmistrzostwo **3** czar ▶ *adj*
1 magiczny, czarodziejski **2** cudowny ι
magical *adj* magiczny, czarodziejski ι
magician /mə'dʒɪʃn/ *n* **1** magik
2 czarodziej/ka

magistrate /'mædʒɪstreɪt/ *n* sędzia
pokoju

magnet /'mægnət/ *n* magnes ι **magnetic**
/mæg'netɪk/ *adj* **1** magnetyczny
2 przyciągający

magnificent /mæg'nɪfɪsnt/ *adj*
wspaniały

magnify /'mægnɪfaɪ/ *v* (*3rd sing czasu
pres* **-ies**; *pt, pp* **-ied**) **1** powiększać (*np.
pod mikroskopem*) **2** wyolbrzymiać (*np.
problem*) ● **'magnifying glass** *n* szkło
powiększające

magnitude /'mægnɪtjuːd; *Am.* -tuːd/ *n*
1 ogrom **1** ważność

maid /meɪd/ *n* **1** pokojówka **2** służąca

maiden name /'meɪdn neɪm/ *n*
nazwisko panieńskie

mail /meɪl/ *n* [U] **1** poczta → POCZTA
2 wiadomości e-mail ▶ *v* (*zwł. Am.*)
wysyłać (*pocztą*) ● **'mailbox** *n* (*Am.*)
skrzynka pocztowa ι **'mailing list** *n* lista
adresowa ι **'mailman** /-mæn/ *n* (*pl* **-men**
/-mən/) (*Am.*) listonosz ι **'mail order** *n*
sprzedaż wysyłkowa

maim /meɪm/ *v* okaleczyć

main /meɪn/ *adj* główny ι **mainly** *adv*
głównie ι *n* (*także* **the mains**) główna
rura wodociągowa/kanalizacyjna/
gazowa, główny przewód elektryczny:
Turn the water off at the ~s. Zakręć
wodę przy głównym zaworze. ◇ *Plug
the radio into the ~s.* Włącz radio do
sieci.

mainland /'meɪnlænd/ *n* ląd stały,
kontynent

mainstream /'meɪnstriːm/ *n* główny
nurt

maintain /meɪn'teɪn/ *v* **1** utrzymywać
2 twierdzić

maintenance /'meɪntənəns/ *n* [U]
1 konserwacja, utrzymanie (*w dobrym
stanie*) **2** alimenty

majestic /mə'dʒestɪk/ *adj*
majestatyczny

majesty /'mædʒesti/ *n* (*pl* **-ies**)
1 majestat **2** (**Majesty**) Królewska Mość

major /'meɪdʒə(r)/ *adj* **1** główny,
poważny **2** dur ▶ *v* [PV] **major in sth**
(*Am.*) specjalizować się (*w jakiejś
dziedzinie*) ι *n* **1** major **2** (*Am.*) student
odbywający studia z przedmiotu
kierunkowego **4** dur ● **,major 'general** *n*
generał dywizji

majority /mə'dʒɒrəti/ *n* (*pl* **-ies**)
1 większość **2** ~ **(over sb)** (*w
głosowaniu*) przewaga (*nad kimś*)

make /meɪk/ *v* (*pt, pp* **made** /meɪd/)
1 robić: ~ *a suggestion* zaproponować
coś ◊ ~ *a statement* wydać
oświadczenie ◊ ~ *a decision* podjąć
decyzję ◊ ~ *an offer* przedstawić ofertę
2 wytwarzać, produkować **3** słać (*łóżko*)
4 powodować (że): *The film made me cry.*
Ten film doprowadził mnie do płaczu.
◊ *That dress ~s you look thin.* Ta
sukienka wyszczupla cię. ◊ *Flying ~s
him nervous.* Latanie samolotem
bardzo go denerwuje. ◊ *Her remarks
made the situation worse.* Jej uwagi
pogorszyły sytuację. ◊ *We can ~ this
room into a bedroom.* Możemy
przerobić ten pokój na sypialnię.
5 zmuszać ❶ W formie biernej należy
używać **to**: *He was made to wait outside.*
6: ~ *sth clear* dać wyraźnie do
zrozumienia ◊ ~ *certain/sure*
sprawdzić/upewnić się, że **7** zarabiać
8 wynosić: *5 and 7 ~ 12.* 5 plus 7 równa
się 12. **9**: *'What's the time?' 'I ~ it 6:45.'*
„Która godzina?" „U mnie jest 6:45."
◊ *'What time shall we meet?' 'Let's ~ it
eight o'clock.'* „O której się spotkamy?"
„Powiedzmy, o ósmej." **10**: *What do you
~ the answer?* Jaka jest twoja
odpowiedź? **11** *v link* mieć zadatki na
coś: *She'll ~ a good teacher.* Będzie
dobrą nauczycielką. **12** wyznaczać,
wybierać: *She was made Minister of
Health.* Została ministrem zdrowia.
13 udoskonalić: *The beautiful weather
really made our holiday.* Piękna pogoda
sprawiła, że mieliśmy wspaniałe
wakacje. **14** dotrzeć dokądś **15** (móc)
się udać (gdzieś): *I can't ~ the meeting.*
Nie mogę iść na zebranie. [IDM] **make do
with sth** zadowalać się czymś | **make it**
1 zdążyć gdzieś na czas **2** przybywać
3 odnosić sukces | **make the most of sth**
wykorzystywać, jak się tylko da ❶ **Make**
używa się w zwrotach z n i adj, np.
make love. Zob. hasła odpowiednich n i
adj, np. **love.** [PV] **make for sb/sth**
kierować się do kogoś/czegoś | **make sb/
sth into sb/sth** zamieniać kogoś/coś w
kogoś/coś | **make sth of sb/sth** sądzić coś
o kimś/czymś | **make sb/sth out**
1 rozumieć kogoś/coś, odczytać coś
2 rozpoznawać kogoś/coś | **make sth out**
wypisywać (*np. czek*), sporządzać
(*testament*) | **make sth up 1** tworzyć coś
2 zmyślać coś **3** uzupełniać coś | **make
up for sth** kompensować coś | **make (it)
up (with sb)** pogodzić się (z kimś) ► *n*
marka

make-up /'meɪk ʌp/ *n* **1** makijaż,
charakteryzacja **2** charakter (*osoby*)

malaria /mə'leərɪə/ *n* malaria

male /meɪl/ *adj* płci męskiej, męski
► *n* **1** mężczyzna **2** samiec

malice /'mælɪs/ *n* złośliwość | **malicious**
/mə'lɪʃəs/ *adj* złośliwy

malignant /mə'lɪɡnənt/ *adj* (*med.*)
złośliwy

mall /mæl; mɔːl/ (*Am.*) = SHOPPING
MALL

malnutrition /ˌmælnjuːˈtrɪʃn; *Am.* -nuː-/
n niedożywienie

malt /mɔːlt/ *n* słód

mammal /'mæml/ *n* ssak

man /mæn/ *n* (*pl* **men** /men/)
1 mężczyzna **2** człowiek **3** rodzaj ludzki,
człowiek: *the brotherhood of Man*
braterstwo narodów **4** partner: *become
~ and wife* stać się małżeństwem
[IDM] **the man in the street** (*Br.*) szary
człowiek ► *v* (**-nn-**) **1** obsługiwać
2 obsadzać ludźmi

manage /'mænɪdʒ/ *v* **1** kierować,
zarządzać **2** potrafić: *I can't ~ this
suitcase.* Nie mogę sobie poradzić z tą
walizką. ◊ *I can't ~ Friday.* Nie mogę
przyjść w piątek. **3** ~ (**on sth**)/(**without
sb/sth**) dawać sobie radę (*np. z jednej
pensji*) | **manageable** *adj* taki, z którym
można sobie poradzić, łatwy do
zarządzania/prowadzenia itp.
● ˌmanaging diˈrector *n* dyrektor naczelny

management /'mænɪdʒmənt/ *n*
1 zarządzanie, kierownictwo **2** zarząd,
dyrekcja

manager /'mænɪdʒə(r)/ *n* **1** dyrektor/
ka, kierowni-k/czka **2** menedżer |
managerial /ˌmænəˈdʒɪərɪəl/ *adj*
kierowniczy

mandate /'mændeɪt/ *n* (*władza*)
mandat

mandatory /'mændətəri; mænˈdeɪtəri/
adj (*form.*) obowiązkowy

mane /meɪn/ *n* grzywa (*konia, lwa*)

maneuver (*Am.*) = MANOEUVRE

mangle /'mæŋɡl/ *v* wyginać,
zmiażdżyć

manhood /'mænhʊd/ *n* wiek męski

mania /'meɪnɪə/ *n* **1** szał **2** (*nieform.*)
~ **for (doing)** sth mania (*czegoś*)

maniac /'meɪnɪæk/ *n* **1** obłąkan-y/a,
szaleniec **2** fanaty-k/czka, miłośni-k/
czka (*czegoś*)

manic /'mænɪk/ *adj* **1** szaleńczy
2 maniakalny

manifest /'mænɪfest/ *v* (*form.*)
1 wykazywać **2** (**manifest itself/
themselves**) ujawniać się

manipulate /mə'nɪpjuleɪt/ *v*
manipulować

mankind /mænˈkaɪnd/ *n* ludzkość,
rodzaj ludzki

manly /'mænli/ *adj* męski

man-made /ˌmæn ˈmeɪd/ *adj* sztuczny, syntetyczny

manner /ˈmænə(r)/ *n* **1** sposób **2** sposób zachowania **3 (manners):** *have good/bad* ~s być dobrze/źle wychowanym ◇ *table* ~s odpowiednie zachowanie przy stole

mannerism /ˈmænərɪzəm/ *n* maniera

manoeuvre (*Am.* **-neuver**) /məˈnuːvə(r)/ *n* **1** manewr **2** fortel ▶ *v* manewrować

manor /ˈmænə(r)/ *n* dwór

manpower /ˈmænpaʊə(r)/ *n* siła robocza

mansion /ˈmænʃn/ *n* rezydencja, dwór

manslaughter /ˈmænslɔːtə(r)/ *n* nieumyślne zabójstwo

mantelpiece /ˈmæntlpiːs/ *n* półka nad kominkiem

manual /ˈmænjuəl/ *adj* ręczny, fizyczny ▶ *n* instrukcja obsługi

manufacture /ˌmænjuˈfæktʃə(r)/ *v* produkować: *manufacturing industries* przemysł wytwórczy ▶ *n* **1** produkcja **2 (manufactures)** wyroby | **manufacturer** *n* producent/ka, wytwórca

manure /məˈnjʊə(r)/ *n* **1** nawóz naturalny **2** obornik

manuscript /ˈmænjuskrɪpt/ *n* **1** rękopis **2** maszynopis (*niewydanej książki*)

many /ˈmeni/ *dem pron, pron* **1** wiel-e/u, dużo → DUŻO **2 (how many)** il-e/u

map /mæp/ *n* mapa, plan ▶ *v* **(-pp-)** sporządzać mapę/plan

maple /ˈmeɪpl/ *n* klon

marathon /ˈmærəθən; *Am.* -θɑːn/ *n* maraton

marble /ˈmɑːbl/ *n* **1** marmur **2** szklana kulka **3 (marbles)** gra w kulki

March /mɑːtʃ/ *n* marzec → MAJ

march /mɑːtʃ/ *v* **1** maszerować: *The troops marched past the President.* Wojsko defilowało przed prezydentem. **2** kroczyć (*pewnym krokiem*) **3** maszerować w proteście **4** ~ *sb* prowadzić kogoś krokiem marszowym ▶ *n* **1** marsz **2** manifestacja

mare /meə(r)/ *n* klacz

margarine /ˌmɑːdʒəˈriːn; *Am.* ˈmɑːrdʒərən/ *n* margaryna

margin /ˈmɑːdʒɪn/ *n* **1** margines **2** marża | **marginal** *adj* marginesowy

marijuana (*także* **-huana**) /ˌmærəˈwɑːnə/ *n* marihuana

marine /məˈriːn/ *adj* morski ▶ *n* żołnierz piechoty morskiej

marital /ˈmærɪtl/ *adj* małżeński ● ˌmarital ˈstatus *n* (*form.*) stan cywilny

mark /mɑːk/ *n* **1** plama **2** znak: *exclamation* ~ wykrzyknik **3** (*i przen.*) ślad **4** piętno **5** (*Br.*) (*szk.*) ocena **6** poziom **7** model **8** (*form.*) cel: *His judgement of the situation is wide of the* ~. Jego ocena sytuacji jest całkowicie chybiona. ▶ *v* **1** oznaczać **2** plamić **3** (*Br.*) oceniać (*pracę szkolną/ uniwersytecką*) **4** obchodzić **[PV]** **mark sth down** obniżać cenę czegoś | **mark sth up** podnosić cenę czegoś | **marked** *adj* wyraźny

market /ˈmɑːkɪt/ *n* **1** (*i handl.*) rynek, targ **2** zbyt, popyt **[IDM]** **on the market** w sprzedaży ▶ *v* wprowadzać na rynek (*za pomocą reklamy*) | **marketing** *n* marketing ● ˌmarket ˈgarden *n* gospodarstwo warzywno-owocowe | ˈmarketplace *n* **1 (the market place)** (*handl.*) rynek **2** plac targowy | ˌmarket reˈsearch *n* badanie rynku

marmalade /ˈmɑːməleɪd/ *n* dżem pomarańczowy/cytrynowy

maroon /məˈruːn/ *adj* rudawobrązowy

marriage /ˈmærɪdʒ/ *n* **1** małżeństwo **2** ślub

married /ˈmærid/ *adj* **1** ~ **(to sb)** żonaty/zamężna: *They've been* ~ *for 5 years.* Są małżeństwem od 5 lat. ◇ *Ewa's* ~ *to Mark.* Ewa jest żoną Marka. ◇ *get* ~ pobrać się **2** (*życie itp.*) małżeński

marrow /ˈmærəʊ/ *n* **1** szpik kostny **2** (*Br.*) kabaczek

marry /ˈmæri/ *v* (*3rd sing czasu pres* **-ies**; *pt, pp* **-ied**) **1** poślubić się; wychodzić za mąż, żenić się ● Częściej używa się zwrotu **get married:** *When are Sue and Ian getting married?* **2** udzielać ślubu

marsh /mɑːʃ/ *n* [C,U] bagno, moczary

marshal /ˈmɑːʃl/ *n* **1** organizator dużej imprezy **2** (*Am.*) marszałek

martial /ˈmɑːʃl/ *adj* (*form.*) wojenny: ~ *law* stan wojenny ● ˌmartial ˈarts *n* sztuki walki

martyr /ˈmɑːtə(r)/ *n* męczenni-k/ca

marvel /ˈmɑːvl/ *n* cud, fenomen ▶ *v* (**-ll-;** *Am.* **-l-**) (*form.*) ~ **at sth** podziwiać, jak | **marvellous** (*Am.* **-velous**) *adj* cudowny

mascara /mæˈskɑːrə; *Am.* -ˈskærə/ *n* tusz do rzęs

masculine /ˈmæskjəlɪn/ *adj* **1** męski **2** rodzaju męskiego

mash /mæʃ/ *v* tłuc, ubijać: *mashed potatoes* purée ziemniaczane

mask /mɑːsk; *Am.* mæsk/ *n* maska | **mask** *v* maskować

Mass /mæs/ *n* msza

mass /mæs/ *n* **1** mnóstwo **2** (*i fiz.*) masa **3 (the masses)** (*ludzie*) masy ▶ *adj*

m

masowy: *a ~ meeting* masówka I *v* gromadzić (się) ● **,mass 'media** *n* [*pl*] środki masowego przekazu I **,mass- pro'duce** *v* produkować masowo

massacre /'mæsəkə(r)/ *n* masakra, rzeź ▶ *v* masakrować, rżnąć

massage /'mæsɑːʒ; *Am.* məˈsɑːʒ/ *n* masaż ▶ *v* masować

massive /'mæsɪv/ *adj* ogromny

mast /mɑːst; *Am.* mæst/ *n* maszt

master /'mɑːstə(r); *Am.* 'mæs-/ *n* **1** pan (*domu; sytuacji; psa itp.*) **2** mistrz (*np. murarski*) **3** negatyw główny, taśma-matka ▶ *adj* główny: *the ~ copy* oryginał I *v* **1** opanowywać (*np. język obcy*) **2** panować nad czymś ● **,Master of 'Ceremonies** *n* mistrz ceremonii I **'Master's degree** *n* stopień magistra → DEGREE

mastermind /'mɑːstəmaɪnd; *Am.* 'mæs-/ *n* mózg (*np. projektu*) ▶ *v* być mózgiem czegoś

masterpiece /'mɑːstəpiːs; *Am.* 'mæs-/ *n* arcydzieło

mastery /'mɑːstəri/ *n* **1** ~ (of sth) biegłość (w czymś) **2** ~ (of/over sb/sth) panowanie nad kimś/czymś

masturbate /'mæstəbeɪt/ *v* masturbować się

mat /mæt/ *n* **1** mata, dywanik: *a doormat* wycieraczka (przed drzwiami) **2** podstawka (*do szklanki itp.*) ▶ = MATT

match /mætʃ/ *n* **1** zapałka **2** mecz **3** be a ~ (for sb/sth) pasować: *Bill and Sue are a good ~*. Bill i Sue pasują do siebie. **4** osoba/rzecz dorównująca drugiej (w czymś) ▶ *v* **1** pasować (do czegoś) **2** kojarzyć (*np. ludzi*), dobierać **3** dorównywać: *The teams are evenly matched*. Drużyny są na tym samym poziomie. [PV] **match up** pasować (do siebie) I **match sth up (with sth)** dopasowywać coś (do czegoś)I **match up to sb/sth** dorównywać komuś/czemuś ● **'matchbox** *n* pudełko zapałek I **'matchstick** *n* zapałka

mate /meɪt/ *n* **1** (*nieform.*) (*kumpel*) kole-ga/żanka **2** (*Br., slang*): *Hallo ~!* Cześć, stary! **3** sami-ec/ca **4** oficer okrętowy, zastępca kapitana **5** = CHECKMATE ▶ *v* parzyć (się)

material /mə'tɪəriəl/ *n* **1** materiał, surowiec: *writing ~s* artykuły piśmienne **2** tkanina **3** [U] (*zebrane informacje itp.*) materiały ▶ *adj* **1** materialny, cielesny **2** istotny

materialize (*także* -**ise**) /mə'tɪəriəlaɪz/ *v* urzeczywistniać się

maternal /mə'tɜːnl/ *adj* **1** matczyny, macierzyński **2** ze strony matki

maternity /mə'tɜːnəti/ *adj* macierzyński, położniczy

mathematics /,mæθə'mætɪks/ *n* matematyka ❶ *Br.* skrót tego słowa to **maths**, zaś *amer.* to **math**. I **mathematical** /,mæθə'mætɪkl/ *adj* matematyczny I **mathematician** /,mæθəmə'tɪʃn/ *n* matematyk

matrimony /'mætrɪməni; *Am.* -məʊni/ *n* (*form.*) stan małżeński I **matrimonial** /,mætrɪ'məʊniəl/ *adj* małżeński

matt (*Am. także* **matte**) /mæt/ *adj* matowy

matted /'mætɪd/ *adj* skudłacony

matter /'mætə(r)/ *n* **1** sprawa, kwestia **2** the ~ (with sb/sth): *What's the ~ with her?* Co jej się stało? ◇ *Something's the ~ with the car.* Coś się dzieje z samochodem. ◇ *Eat it! There's nothing the ~ with it*. Zjedz to! Nic mu nie brakuje. **3** materia **4**: *waste ~* odpadki/ odpady ◇ *reading ~* lektura **5** treść [IDM] **as a matter of fact** prawdę mówiąc I **for that matter** jeśli o to idzie I **a matter of opinion** sprawa dyskusyjna I **no matter who/what/where**, etc. bez względu na kogoś/coś, wszystko jedno (*gdzie itp.*) ▶ *v* mieć znaczenie: *Does it ~ if we are late?* Czy nic się nie stanie, jeśli się spóźnimy? ◇ *What ~s most is...* Najważniejsze to... ◇ *It doesn't ~*. Nic nie szkodzi. ● **,matter-of-'fact** *adj* rzeczowy

mattress /'mætrəs/ *n* materac

mature /mə'tʃʊə(r); -'tjʊə; *Am.* -'t(ʃ)ʊr/ *adj* **1** dojrzały **2** dorosły I **maturity** *n* **1** dojrzałość **2** dorosłość I *v* **1** dojrzewać **2** dorośleć

mauve /məʊv/ *adj, n* (kolor) fiołkoworóżowy

maximize (*także* -**ise**) /'mæksɪmaɪz/ *v* maksymalizować

maximum /'mæksɪməm/ *n* maksimum ▶ *adj* maksymalny

May /meɪ/ *n* maj → MAJ ● **'May Day** *n* Święto 1 Maja

may /meɪ/ *v mod* (*f. przv.* **may not**) **1** móc: *May I use your phone?* Czy mógłbym skorzystać z telefonu? ◇ *You ~ not take photographs here.* Nie wolno tu fotografować. **2**: *You ~ be right*. Być może masz rację. ◇ *I ~ be going*. Możliwe, że pojadę **3** (*form.*) oby

maybe /'meɪbi/ *adv* może; być może, że

mayonnaise /,meɪə'neɪz; *Am.* 'meɪəneɪz/ *n* majonez

mayor /meə(r); *Am.* 'meɪər/ *n* burmistrz I **mayoress** /mea'res; *Am.* 'meɪərəs/ *n* **1** kobieta-burmistrz **2** burmistrzowa **3** kobieta pomagająca burmistrzowi w oficjalnych obowiązkach

maze /meɪz/ *n* labirynt

MBA /ˌem biː ˈeɪ/ *abbr* Master of Business Administration mgr zarządzania

me /miː/ *pron* **1** mnie **2** mi: *Give it to ~!* Daj mi to! **3** (to) ja: *'Who's there?' 'It's ~.'* „Kto tam?" „To ja."

meadow /ˈmedəʊ/ *n* łąka

meal /miːl/ *n* posiłek ● **mealtime** *n* pora posiłku

mean /miːn/ *v* (*pt, pp* meant /ment/) **1** znaczyć: *Does the name Charles Bell ~ anything to you?* Czy mówi ci coś nazwisko Charles Bell? **2** mieć na myśli, chcieć powiedzieć **3** znaczyć (coś ważnego) **4** oznaczać **5** mówić poważnie **6** zamierzać: *She didn't ~ to upset you.* Nie chciała sprawić ci przykrości. ◊ *I didn't ~ you to cook the whole meal!* Nie chciałam, żebyś ugotował cały posiłek! ◊ *It was only meant as a joke.* To miał być tylko żart. **7** przeznaczać **8:** *What's this picture meant to be?* Co ten obraz ma wyrażać? **9** powinien: *That restaurant is meant to be excellent.* Ta restauracja ma być wspaniała. [IDM] **mean well** chcieć jak najlepiej ► *adj* **1** (*Br.*) ~ (with sth) skąpy **2** ~ (to sb) nieuprzejmy, nikczemny **3** średni

meander /miˈændə(r)/ *v* **1** (*droga itp.*) wić się **2** błąkać się

meaning /ˈmiːnɪŋ/ *n* **1** znaczenie **2** sens | **meaningful** *adj* **1** znaczący, ważny **2** porozumiewawczy | **meaningless** *adj* bez znaczenia/sensu

means /miːnz/ *n* (*pl* means) sposób, środek [IDM] **by all means** jak najbardziej! | **by no means; not by any means** w żadnym wypadku, wcale nie ► *n* (*form.*) środki (*do życia*) ● **'means test** *n* urzędowa ocena dochodów/ sytuacji majątkowej

meant *pt, pp* od MEAN

meantime /ˈmiːntaɪm/ *n* [IDM] **in the meantime** tymczasem

meanwhile /ˈmiːnwaɪl/ *adv* **1** przez ten czas **2** tymczasem, na razie

measles /ˈmiːzlz/ *n* [U] odra

measure /ˈmeʒə(r)/ *v* **1** mierzyć **2** *v link* mieć (*np. X cm szerokości*) [PV] **measure up (to sth)** dorastać (do czegoś) | **measurement** *n* **1** rozmiar, miara **2** [U] pomiar/y| *n* **1** miara **2** [*zwykle pl*] środki ● **'measuring tape** *n* taśma miernicza

meat /miːt/ *n* mięso| **meaty** *adj* **1** mięsny **2** mięsisty **3** treściwy

meatball /ˈmiːtbɔːl/ *n* pulpet

mechanic /məˈkænɪk/ *n* mechanik

mechanical /məˈkænɪkl/ *adj* **1** mechaniczny **2** machinalny

mechanics /mɪˈkænɪks/ *n* **1** (the mechanics) [*pl*] działanie (*jakiegoś systemu itp.*) **2** mechanika

mechanism /ˈmekənɪzəm/ *n* mechanizm

medal /ˈmedl/ *n* medal

meddle /ˈmedl/ *v* **1** ~ (in sth) wtrącać się **2** ~ (with sth) grzebać (w czymś)

media /ˈmiːdiə/ *n* (the media) [*pl, z v. w pl lub s*] środki przekazu

mediaeval = MEDIAEVAL

mediate /ˈmiːdieɪt/ *v* pośredniczyć (*w rozwiązywaniu sporu*)| **mediator** *n* pośrednik (*w rozwiązywaniu sporu*)

medical /ˈmedɪkl/ *adj* medyczny, lekarski ► *n* badanie lekarskie

medication /ˌmedɪˈkeɪʃn/ *n* lekarstwo

medicine /ˈmedsn; -ɪsn/ *n* **1** medycyna **2** lekarstwo| **medicinal** /məˈdɪsɪnl/ *adj* leczniczy

medieval /ˌmediˈiːvl; *Am.* ˌmiːd-; mɪˈdiːvl/ *adj* średniowieczny

mediocre /ˌmiːdiˈəʊkə(r)/ *adj* mierny| **mediocrity** /ˌmiːdiˈɒkrəti/ *n* mierność

meditate /ˈmedɪteɪt/ *v* **1** rozmyślać **2** medytować| **meditation** /ˌmedɪˈteɪʃn/ *n* **1** medytacja **2** rozmyślanie

medium /ˈmiːdiəm/ *n* **1** (*zwykle pl* media) środek (*np. komunikacji, przekazu*) **2** średni rozmiar **3** (*pl* mediums) medium ► *adj* średni

medley /ˈmedli/ *n* **1** (*muz.*) składanka **2** mieszanka

meet /miːt/ *v* (*pt, pp* met /met/) **1** spotykać (się) **2** ~ sb poznawać się z kimś **3** wychodzić na spotkanie **4** zbierać się **5** doświadczać czegoś **6** wystarczać na coś **7** sprostać czemuś, odpowiadać (*np. wymaganiom*) **8** (*drogi, rzeki itp.*) łączyć się [PV] **meet with sb** (*Am.*) spotkać się z kimś

meeting /ˈmiːtɪŋ/ *n* **1** zebranie **2** spotkanie

melancholy /ˈmelənkəli; -kɒli/ *n* (*form.*) melancholia ► *adj* melancholijny

mellow /ˈmeləʊ/ *adj* **1** (*kolor*) ciepły, stonowany **2** (*dźwięk*) aksamitny, miękki **3** filozoficzny/łagodny/ jowialny (*w rezultacie wieku lub doświadczenia*) ► *v* **1** stawać się łagodnym **2** łagodzić

melodramatic /ˌmelədrəˈmætɪk/ *adj* melodramatyczny

melody /ˈmelədi/ *n* (*pl* -ies) melodia

melon /ˈmelən/ *n* melon

melt /melt/ *v* **1** topić (się), topnieć **2** (*osoba; serce*) mięknąć ● **'melting point** *n* temperatura topnienia| **'melting pot** *n* tygiel

member /ˈmembə(r)/ *n* człon-ek/kini| **membership** *n* **1** członkostwo: *a ~ card* legitymacja **2** liczba członków ● **ˌMember of ˈParliament** (*także* Member) *n* pos-eł/łanka

m

membrane /'membreɪn/ *n* (*form.*)
błona

memento /mə'mentəu/ *n* (*pl* **-es** *lub* **-s**)
pamiątka

memoirs /'memwɑːz/ *n* pamiętniki

memorabilia /ˌmemərə'bɪliə/ *n* [*U*]
pamiątki

memorable /'memərəbl/ *adj* pamiętny,
niezapomniany

memorandum /ˌmemə'rændəm/ *n* (*pl*
memoranda /-də/ *lub* **-das**) (*form.*)
(*także* **memo** /'meməʊ/) notatka
(*służbowa*)

memorial /mə'mɔːriəl/ *n* ~ **(to sb/sth)**
pomnik: *a ~ service* nabożeństwo
żałobne

memorize (*także* **-ise**) /'meməraɪz/ *v*
uczyć się na pamięć

memory /'meməri/ *n* (*pl* **-ies**) **1** pamięć
2 wspomnienie

men *pl od* MAN

menace /'menəs/ *n* **1** zagrożenie,
niebezpieczeństwo **2** groźba ▸ *v* grozić |
menacing *adj* groźny

mend /mend/ *v* naprawiać: *~ a hole in
a jumper* zaszyć/zacerować dziurę w
swetrze

meningitis /ˌmenɪn'dʒaɪtɪs/ *n*
zapalenie opon mózgowych

menopause /'menəpɔːz/ *n* (*często* **the
menopause**) menopauza

menstruate /'menstrueɪt/ *v* (*form.*)
miesiączkować

mental /'mentl/ *adj* **1** umysłowy: *a ~
picture* portret pamięciowy
2 psychiczny: *a ~ hospital* szpital dla
psychicznie chorych

mentality /men'tæləti/ *n* (*pl* **-ies**)
mentalność

mention /'menʃn/ *v* ~ **sb/sth**
wspominać o kimś/czymś,
wzmiankować: *She mentioned Bristol as
a good place for shopping.* Wymieniła
Bristol jako doskonałe miejsce
zakupów. [IDM] **don't mention it** proszę
bardzo (*w odpowiedzi na
podziękowanie*) | **not to mention sth** nie
mówiąc o czymś ▸ *n* wzmianka

menu /'menjuː/ *n* **1** jadłospis
2 (*komput.*) menu

mercenary /'mɜːsənəri; *Am.* -neri/ *adj*
interesowny ▸ *n* (*pl* **-ies**) najemnik

merchandise /'mɜːtʃəndaɪs/ *n* towar

merchant /'mɜːtʃənt/ *n* kupiec,
handlowiec ● ˌmerchant ˈbank *n* (*Br.*)
bank przemysłowy | ˌmerchant ˈnavy *n*
marynarka handlowa

mercury /'mɜːkjəri/ *n* rtęć

mercy /'mɜːsi/ *n* litość, łaska [IDM] **at
the mercy of sb/sth** na łasce | **merciful**
adj litościwy | **mercifully** *adv*

1 litościwie **2** (*nieform.*) na szczęście |
merciless *adj* bezlitosny

mere /mɪə(r)/ *adj* **1** zaledwie **2** (*już*)
sam [IDM] **the merest** (nawet)
najmniejszy, (już) sam | **merely** *adv*
tylko

merge /mɜːdʒ/ *v* **1** ~ **(with/into sth)/
(together)** łączyć się, mieszać się (w
coś): *This stream ~s with the Thames.*
Ten strumień wpływa do Tamizy.
2 scalać | **merger** *n* połączenie się (*firm*)

meringue /mə'ræŋ/ *n* **1** merenga
2 beza

merit /'merɪt/ *n* **1** zasługa **2** zaleta ▸ *v*
(*form.*) zasługiwać

mermaid /'mɜːmeɪd/ *n* syrena

merry /'meri/ *adj* wesoły ● ˈmerry-go-
round *n* karuzela

mesh /meʃ/ *n* siatka

mesmerize (*także* **-ise**) /'mezməraɪz/ *v*
zafascynować

mess /mes/ *n* **1** nieporządek **2** (*jak*)
śmietnik: *You look a ~!* Wyglądasz jak
dziad! ◇ *My hair is a ~.* Mam włosy jak
stóg siana. **3** kłopotliwe położenie:
make a ~ of your life pogmatwać sobie
życie **4** (*wojsk.*) kantyna | **messy** *adj*
1 nieporządny **2** brudny
3 nieprzyjemny (*np. rozwód*)

message /'mesɪdʒ/ *n* **1** wiadomość
2 morał [IDM] **get the message** (*nieform.*)
załapywać (*coś*)

messenger /'mesɪndʒə(r)/ *n*
posłanni-k/czka

Messiah /mə'saɪə/ *n* mesjasz

messy → MESS

met *pt od* MEET

metal /'metl/ *n* metal | **metallic**
/mə'tælɪk/ *adj* metaliczny

metaphor /'metəfə(r)/ *n* przenośnia |
metaphorical /ˌmetə'fɒrɪkl/ *adj*
metaforyczny

meter /'miːtə(r)/ *n* licznik: *a parking ~*
parkometr ▸ *v* mierzyć za pomocą
licznika | (*Am.*) = METRE

method /'meθəd/ *n* metoda, sposób |
methodical /mə'θɒdɪkl/ *adj*
systematyczny

methodology /ˌmeθə'dɒlədʒi/ (*pl* **-ies**)
n metodologia

meticulous /mə'tɪkjələs/ *adj*
drobiazgowy

metre /'miːtə(r)/ *n* metr

metric /'metrɪk/ *adj* metryczny

metropolis /mə'trɒpəlɪs/ *n* metropolia
| **metropolitan** /ˌmetrə'pɒlɪtən/ *adj*
wielkomiejski, miejski

mice *pl od* MOUSE

microchip /'maɪkrəutʃɪp/ *n*
mikroukład

microphone /'maɪkrəfəun/ *n* mikrofon

microscope /'maɪkrəskəʊp/ *n*
mikroskop

microwave /'maɪkrəweɪv/ *n*
1 mikrofala **2** (*także* ,~ 'oven) kuchenka
mikrofalowa

midday /ˌmɪd'deɪ/ *n* południe

middle /'mɪdl/ *n* **1** (the middle) środek,
połowa → ŚRODEK **2** (*nieform.*) pas [IDM]
be in the middle of (doing) sth być w
trakcie czegoś ▸ *adj* środkowy ● the
,Middle 'Ages *n* Średniowiecze | ,middle
'class *n* klasa średnia | 'middleman
/-mæn/ *n* (*pl* -men /-men/) pośredni-k/
czka | ,middle 'name *n* drugie imię |
'middle school *n* (*Br.*) szkoła
podstawowa (*dla dzieci w wieku od 9 do
13 lat*)

,middle 'age *n* średni wiek | middle-
aged *adj* w średnim wieku

midge /mɪdʒ/ *n* muszka

midnight /'mɪdnaɪt/ *n* północ

midsummer /ˌmɪd'sʌmə(r)/ *n* środek
lata

midway /ˌmɪd'weɪ/ *adj, adv* ~ (between
sth and sth) w połowie drogi

midwife /'mɪdwaɪf/ *n* (*pl* -wives
/-waɪvz/) akuszerka | midwifery
/ˌmɪd'wɪfəri/ *n* akuszerstwo

midwinter /ˌmɪd'wɪntə(r)/ *n* środek
zimy

might /maɪt/ *v mod* (*f. przeu.* might not;
f. krótka mightn't /'maɪtnt/) **1** (*czas
przeszły* od **may**) **2** (być) może: *If I'd
known the film was about Wales, I ~
have gone to see it.* Gdybym wiedział, że
film był o Walii, może poszedłbym go
zobaczyć. **3** mógłbym/mogę…?: *Might I
say something?* Czy mogę coś
powiedzieć? ▸ *n* (*form.*) potęga

mighty /'maɪti/ *adj* potężny

migraine /'miːgreɪn; *Am.* 'maɪ-/ *n*
migrena

migrate /maɪ'greɪt; maɪ'greɪt/ *v*
migrować | migrant *n* osoba, która
przenosi się z miejsca na miejsce w
poszukiwaniu pracy | migration
/maɪ'greɪʃn/ *n* migracja

mike /maɪk/ *n* (*nieform.*) mikrofon

mild /maɪld/ *adj* łagodny | mildly *adv*
1 łagodnie, umiarkowanie **2** w miarę

mildew /'mɪldjuː; *Am.* -duː/ *n* pleśń (*np.
na papierze, skórze*)

mile /maɪl/ *n* **1** mila: *You can see for ~s
and ~s from there.* Z tego miejsca
rozciąga się widok na wiele
kilometrów. **2** (*także* miles) znacznie:
miss the target by a ~ strzelić daleko od
celu **3** (miles) długa droga ● 'milestone
n **1** słupek milowy **2** kamień milowy

mileage /'maɪlɪdʒ/ *n* **1** odległość w
milach: *Our car has a low ~.* Nasz

samochód ma mały przebieg.
2 (*nieform.*) pożytek

militant /'mɪlɪtənt/ *adj* bojowy,
wojowniczy

military /'mɪlətri; *Am.* -teri/ *adj*
wojskowy

militia /mə'lɪʃə/ *n* (*bojówka*) milicja

milk /mɪlk/ *n* **1** mleko **2** mleczko
(*roślin*) ▸ *v* (*i przen.*) doić ● 'milkman
/-mən/ *n* (*pl* -men /-mən/) mleczarz |
'milkshake *n* mleczny napój

milky /'mɪlki/ *adj* mleczny

mill /mɪl/ *n* **1** młyn **2** młynek (*np. do
pieprzu*) **3** fabryka: *a paper ~* papiernia
◇ *a steel ~* huta stali ▸ *v* mleć [PV] mill
about/around (*nieform.*) kręcić się bez
celu

millennium /mɪ'leniəm/ *n* (*pl* millennia
/-niə/ *lub* -s) tysiąclecie

millimetre (*Am.* -meter) /'mɪlimiːtə(r)/
n milimetr

million /'mɪljən/ *liczba* **1** milion **2** (a
million; millions (of sth)) (*nieform.*)
mnóstwo | millionth (*liczebnik
porządkowy*) milionowy

millionaire /ˌmɪljə'neə(r)/ *n* milioner

mime /maɪm/ *n* pantomima, mimika ▸
v grać/wyrażać (coś) mimiką

mimic /'mɪmɪk/ *v* (*pt, pp* mimicked)
naśladować ▸ *n* naśladowca

mince /mɪns/ *v* mielić (*mięso*) ▸ *n* (*Br.*)
mięso mielone ● ,mince 'pie *n* babeczka
z kruchego ciasta z nadzieniem
bakaliowym (*jedzona w Wlk. Br. na
Boże Narodzenie*)

mind /maɪnd/ *n* umysł: *It never crossed
my ~.* Nigdy nie przyszło mi do głowy.
[IDM] at/in the back of your mind w
podświadomości: *With the exam at the
back of my ~, I couldn't relax.* Nie
mogłem się odprężyć, ponieważ
podświadomie wciąż myślałem o
egzaminie. | be/go out of your mind
(*nieform.*) postradać zmysły | be in two
minds (about (doing) sth) być
niezdecydowanym (czy coś zrobić) |
bear/keep sb/sth in mind pamiętać o
kimś/czymś | change your mind
zmieniać zdanie | come/spring to mind
przyjść/wpaść do głowy | have sb/sth in
mind (for sth) mieć coś w planach; brać
kogoś pod uwagę (*np. przy obsadzaniu
stanowiska*) | keep your mind on sth
skupiać się na czymś | make up your
mind zdecydować się | on your mind
(*przen.*) na głowie | to my mind moim
zdaniem ▸ *v* **1** mieć coś przeciwko: *Do
you ~ if I smoke?* Czy pozwolisz, że
zapalę? ◇ *He won't ~ if you don't invite
him.* Nie będzie miał ci za złe, jeśli go
nie zaprosisz. ◇ *I hope you won't ~
about the mess!* Mam nadzieję, że
bałagan nie będzie ci przeszkadzał! ◇ *I*

m

don't ~ what you do. Wszystko mi jedno,
co zrobisz. **2** (*w prośbach*) móc: *Would
you ~ closing the window?* Czy mógłbyś
zamknąć okno? **3** uważać (na coś):
Mind that step! Uwaga, stopień! **4** (*zwł.
Br.*) pilnować [IDM] **mind your own
business** nie wtrącać się (w cudze
sprawy) | **never mind** nie szkodzi: *Never
~ about the cost.* Nie przejmuj się
kosztami. [PV] **Mind out!** (*nieform.*) z
drogi! | **minder** *n* opiekun/ka

mindless /'maɪndləs/ *adj* **1** bezmyślny
2 niewymagający myślenia

mine /maɪn/ *pron* mój: *a friend of ~*
jeden z moich przyjaciół ▶ *n* **1** kopalnia
2 mina | *v* **1** wydobywać (*w kopalni*)
2 minować ● **'minefield** *n* **1** pole
minowe **2** trudna sytuacja

miner /'maɪnə(r)/ *n* górnik

mineral /'mɪnərəl/ *n* minerał ● **'mineral
water** *n* woda mineralna

mingle /'mɪŋgl/ *v* **1** mieszać (się) (ze
sobą) **2 ~ with** sb/sth wmieszać się (*np.
w tłum*)

miniature /'mɪnətʃə(r); *Am.* -tʃʊər/ *n*
miniatura

minibus /'mɪnibʌs/ *n* (*zwł. Br.*)
mikrobus

minimal /'mɪnɪməl/ *adj* minimalny

minimize (*także* **-ise**) /'mɪnɪmaɪz/ *v*
1 zmniejszać **2** umniejszać

minimum /'mɪnɪməm/ *n* minimum
▶ *adj* minimalny

mining /'maɪnɪŋ/ *n* **1** wydobycie
2 górnictwo

minister /'mɪnɪstə(r)/ *n* **1** minister
2 pastor

ministry /'mɪnɪstri/ *n* (*pl* **-ies**) **1** (*Br.*)
ministerstwo **2** (*the ministry*)
kapłaństwo (*w kościele protestanckim*):
enter the ~ zostać duchownym

minor /'maɪnə(r)/ *adj* **1** (*problem itp.*)
drobny **2** minorowy, moll ▶ *n* nieletni/a

minority /maɪ'nɒrəti/ *n* (*pl* **-ies**)
1 mniejszość **2** mniejszość narodowa

mint /mɪnt/ *n* **1** mięta **2** cukierek
miętowy ▶ *n* mennica | *v* bić (*monetę*)

minus /'maɪnəs/ *prep* **1** minus
2 (*nieform.*) bez ▶ *adj* **1** (*mat.*) ujemny
2 (*ocena*) minus: *I got A ~ (A–)!*
Dostałem 6 z minusem! | (*także '~* **sign**)
n **1** znak odejmowania **2** (*nieform.*)
(*przen.*) minus

minute[1] /'mɪnɪt/ *n* **1** minuta **2** chwila
3 (**the minutes**) protokół: *take the ~s*
protokołować [IDM] **in a minute** za
chwilę | **just a minute** (*nieform.*)
chwileczkę

minute[2] /maɪ'njuːt; *Am.* -'nuːt/ *adj*
1 malutki **2** drobiazgowy: *in ~ detail* z
najdrobniejszymi szczegółami

miracle /'mɪrəkl/ *n* cud | **miraculous**
/mɪ'rækjələs/ *adj* cudowny

mirror /'mɪrə(r)/ *n* lustro ▶ *v*
odzwierciedlać

misbehave /ˌmɪsbɪ'heɪv/ *v* źle się
zachowywać

miscarriage /'mɪskærɪdʒ/ *n*
poronienie

miscellaneous /ˌmɪsə'leɪniəs/ *adj*
rozmaity

mischief /'mɪstʃɪf/ *n* psoty (*zazw.
dziecięce*): *be up to ~* rozrabiać ◊ *keep
out of ~* być grzecznym

mischievous /'mɪstʃɪvəs/ *adj* (*zwł.
dziecko*) psotny

misconception /ˌmɪskən'sepʃn/ *n*
błędne pojęcie

miserable /'mɪzrəbl/ *adj*
1 nieszczęśliwy: *~ story* przygnębiająca
historia **2** przykry: *It's ~ working here.*
Przykro pracować tu. **3** marny

misery /'mɪzəri/ *n* (*pl* **-ies**) cierpienie,
nieszczęście

misfortune /ˌmɪs'fɔːtʃuːn/ *n*
nieszczęście

misgiving /ˌmɪs'gɪvɪŋ/ *n* ~ (**about sth**)
obawa (co do czegoś)

misguided /ˌmɪs'gaɪdɪd/ *adj*
1 wprowadzony w błąd **2** mylny

mishap /'mɪshæp/ *n* niefortunny
wypadek

misinform /ˌmɪsɪn'fɔːm/ *v* błędnie
informować

misinterpret /ˌmɪsɪn'tɜːprɪt/ *v* źle
interpretować | **misinterpretation**
/ˌmɪsɪntɜːprɪ'teɪʃn/ *n* zła interpretacja:
It is open to ~. Można to źle
zinterpretować.

misjudge /ˌmɪs'dʒʌdʒ/ *v* źle/błędnie
oceniać

mislay /ˌmɪs'leɪ/ *v* (*3rd sing czasu pres*
-lays; *pt, pp* **-laid** /-'leɪd/) zapodziewać

mislead /ˌmɪs'liːd/ *v* (*pt, pp* **misled**
/-'led/) zwodzić, wprowadzać w błąd |
misleading *adj* mylący

misprint /'mɪsprɪnt/ *n* literówka

misread /ˌmɪs'riːd/ *v* (*pt, pp* **misread**
/-'red/) **1** źle przeczytać **2** błędnie
interpretować

misrepresent /ˌmɪsˌreprɪ'zent/ *v*
dawać fałszywy obraz, przedstawiać w
nieprawdziwym świetle

Miss /mɪs/ panna ● **Miss, Mrs, Ms** i **Mr**
używa się przed nazwiskiem osoby, a
nie przed samym imieniem.

miss /mɪs/ *v* **1** przeoczyć, nie
dosłyszeć/zrozumieć: *The house is red
so you can't ~ it.* Dom jest czerwony,
więc trudno go nie zauważyć. ◊ *I
missed what the speaker said.* Nie
dosłyszałem, co mówca powiedział. ◊ *~
the point* nie zrozumieć (o co chodzi)

2 chybiać **3** ~ sb/sth tęsknić za kimś/ czymś **4** spóźniać się (*np. na autobus*) **5** przegapiać (*np. okazję*) **6** unikać [PV] **miss sb/sth out** pomijać kogoś/coś, opuszczać (*np. wyraz*)| **miss out (on sth)** tracić (*np. okazję*)| **missing** *adj* be ~ **1** brakować: *My books are ~ from the desk.* Moich książek nie ma na biurku. **2** gubić się: *a ~ person* zaginiony | *n* strzał itp. chybiony, piłka itp. niezłapana [IDM] **give sth a miss** (*nieform.*) odpuszczać sobie coś

missile /'mɪsaɪl; *Am.* 'mɪsl/ *n* pocisk

mission /'mɪʃn/ *n* misja

missionary /'mɪʃənri; *Am.* -neri/ *n* (*pl* -ies) misjona-rz/rka

mist /mɪst/ *n* (*lekka*) mgła | **misty** *adj* mglisty

mistake /mɪ'steɪk/ *n* błąd [IDM] **by mistake** przez pomyłkę ▶ *v* (*pt* **mistook** /mɪ'stuk/; *pp* **mistaken** /mɪ'steɪkən/) **1** mylić się **2** ~ sb/sth for sb/sth brać kogoś/coś za kogoś/coś; kogoś/coś z kimś/czymś| **mistaken** *adj* błędny: *be ~* mylić się

mistletoe /'mɪsltəʊ/ *n* jemioła ❶ W Wlk. Br. używa się jemioły do dekoracji domów w czasie Bożego Narodzenia. Istnieje tradycja całowania się pod jemiołą.

mistook *pt od* MISTAKE

mistreat /ˌmɪs'triːt/ *v* znęcać się

mistress /'mɪstrəs/ *n* **1** kochanka **2** pani (*domu; sytuacji; psa itp.*)

mistrust /ˌmɪs'trʌst/ *v* nie ufać ▶ *n* ~ **of** sb/sth brak zaufania

misty → MIST

misunderstand /ˌmɪsʌndə'stænd/ *v* (*pt, pp* **misunderstood** /-'stʊd/) źle rozumieć| **misunderstanding** *n* nieporozumienie

misuse /ˌmɪs'juːz/ *v* **1** niewłaściwie używać **2** nadużywać ▶ /ˌmɪs'juːs/ *n* **1** niewłaściwe używanie **2** nadużywanie

mitigate /'mɪtɪgeɪt/ *v* (*form.*) łagodzić

mitten /'mɪtn/ *n* rękawica z jednym palcem

mix /mɪks/ *v* **1** mieszać: *a mixing bowl* misa do mieszania **2** łączyć (się) **3** obcować (*towarzysko*) [IDM] **be/get mixed up in sth** (*nieform.*) być wplątanym/wplątać się (*w coś niedobrego*) [PV] **mix sth up** pomieszać coś (*z czymś*) ▶ *n* **1** mieszanka **2** proszek: *a packet of cake* ~ ciasto w proszku ● **'mix-up** *n* (*nieform.*) gmatwanina| ,**mixed-'up** *adj* (*nieform.*) niepewny czegoś/siebie

mixed /mɪkst/ *adj* **1** mieszany **2** koedukacyjny

mixer /'mɪksə(r)/ *n* mikser

mixture /'mɪkstʃə(r)/ *n* mieszanka: *cough* ~ syrop na kaszel ◇ *Put the* ~ *into a baking dish.* Włóż ciasto do formy.

moan /məʊn/ *n* **1** jęk **2** narzekanie: *have a* ~ narzekać ▶ *v* **1** jęczeć **2** (*nieform.*) ~ (on) (about sth) narzekać na coś

moat /məʊt/ *n* fosa

mob /mɒb/ *n* motłoch

mobile /'məʊbaɪl; *Am.* -bl/ *adj* ruchomy, mobilny| **mobility** /məʊ'bɪləti/ *n* ruchomość, mobilność ● '**mobile (phone)** *n* (*Br.*) telefon komórkowy

mock /mɒk/ *v* (*form.*) kpić/wyśmiewać się (*z kogoś/czegoś*) ▶ *adj* sztuczny, pozorowany: ~ *exams* egzaminy próbne ◇ *in a* ~ *Georgian style* w stylu udającym styl georgiański ● '**mock-up** *n* makieta

modal /'məʊdl/ (*także* 'modal verb; modal au'xiliary) *n* czasownik modalny

mode /məʊd/ *n* sposób, tryb: *a* ~ *of transport* środek transportu

model /'mɒdl/ *n* **1** model, wzór **2** model/ka ▶ *v* (-ll-; *Am.* -l-) **1** wzorować na kimś/czymś **2** prezentować (*strój na pokazie mody*) **3** modelować (*np. w glinie*)

modem /'məʊdem/ *n* modem

moderate /'mɒdərət/ *adj* umiarkowany ▶ *n* osoba o umiarkowanych poglądach| /'mɒdəreɪt/ *v* **1** uspokajać (się) **2** stawać się bardziej umiarkowanym (*np. w poglądach*) **3** łagodzić

moderation /ˌmɒdə'reɪʃn/ *n* umiar [IDM] **in moderation** z umiarem

modern /'mɒdn/ *adj* współczesny, nowoczesny ● ,**modern 'language** *n* język nowożytny

modernize (*także* -ise) /'mɒdənaɪz/ *v* unowocześniać (się)

modest /'mɒdɪst/ *adj* **1** skromny **2** nieznaczny| **modesty** *n* skromność

modify /'mɒdɪfaɪ/ *v* (*3rd sing czasu pres* -ies; *pt, pp* -ied) modyfikować

module /'mɒdjuːl; *Am.* -dʒuːl/ *n* moduł

moist /mɔɪst/ *adj* wilgotny| **moisten** /-sn/ *v* zwilżać (się)

moisture /'mɔɪstʃə(r)/ *n* wilgoć

moisturizer (*także* -iser) /'mɔɪstʃəraɪzə(r)/ *n* krem nawilżający

mold, moldy (*Am.*) = MOULD, MOLDY

mole /məʊl/ *n* **1** pieprzyk **2** (*i nieform. przen.*) kret: *a molehill* kretowisko

molecule /'mɒlɪkjuːl/ *n* (*chem.*) cząsteczka

molest /mə'lest/ *v* molestować (*zazw. seksualnie*)

mom /mɒm/ (*Am.*) = MUM

m

moment /'məʊmənt/ *n* chwila

momentary /'məʊməntri; *Am.* -teri/ *adj* chwilowy

momentous /məˈmentəs/ *adj* doniosły

momentum /məˈmentəm/ *n* impet: *gather* ~ nabierać rozpędu

mommy /'mɑːmi/ (*Am.*) = MUMMY

monarch /'mɒnək/ *n* monarch-a/ini l **monarchy** *n* (*pl* -ies) monarchia

monastery /'mɒnəstri; *Am.* -teri/ *n* (*pl* -ies) klasztor

Monday /'mʌndeɪ; -di/ *n* poniedziałek → PONIEDZIAŁEK

monetary /'mʌnɪtri; *Am.* -teri/ *adj* pieniężny

money /'mʌni/ *n* [U] pieniądze [IDM] **make money** zarabiać

monitor /'mɒnɪtə(r)/ *n* **1** monitor **2** urządzenie kontrolne **3** (*szk.*) dyżurn-y/a ▶ *v* **1** kontrolować (regularnie) coś

monk /mʌŋk/ *n* mnich

monkey /'mʌŋki/ *n* małpa

monopolize (*także* -ise) /məˈnɒpəlaɪz/ *v* monopolizować

monopoly /məˈnɒpəli/ *n* (*pl* -ies) ~ **on** /**of/on sth** monopol na coś

monotonous /məˈnɒtənəs/ *adj* monotonny

monster /'mɒnstə(r)/ *n* potwór

monstrous /'mɒnstrəs/ *adj* **1** potworny **2** olbrzymi

month /mʌnθ/ *n* miesiąc l **monthly** *adj* **1** (co)miesięczny **2** *adv* miesięcznie **3** *n* (*pl* -ies) miesięcznik

monument /'mɒnjumənt/ *n* pomnik

monumental /ˌmɒnjuˈmentl/ *adj* (*i przen.*) monumentalny

mood /muːd/ *n* **1** nastrój **2** zły humor l **moody** *adj* humorzasty

moon /muːn/ *n* (*także* the Moon/moon) K/k-siężyc [IDM] **over the moon** (*nieform.*) nie posiadający się z radości ● '**moonlight** *n* światło księżyca

moor /mʊə(r); *Br. także* mɔː(r)/ (*także* -land /'mɔːlənd/) *n* wrzosowisko ▶ *v* cumować

moose /muːs/ *n* (*Am.*) (*pl* **moose**) łoś

mop /mɒp/ *n* mop ▶ *v* (-pp-) **1** myć (*mopem*) **2** wycierać [PV] **mop sth up** wytrzeć coś

mope /məʊp/ *v* pogrążać się w czarnych myślach

moral /'mɒrəl/ *adj* moralny l **morally** *adv* moralnie l *n* **1** morał **2** (**morals**) moralność ● ,**moral sup'port** *n* wsparcie moralne

morale /məˈrɑːl; *Am.* -ˈræl/ *n* morale

moralistic /ˌmɒrəˈlɪstɪk/ *adj* (*form.*) moralizatorski

morality /məˈræləti/ *n* moralność

moralize (*także* -ise) /'mɒrəlaɪz/ *v* ~ (**about/on sth**) moralizować

morbid /'mɔːbɪd/ *adj* (*zainteresowanie itp.*) chorobliwy

more /mɔː(r)/ *pron, dem pron* więcej: *There's room for three* ~ *people.* Jest jeszcze miejsce dla trzech osób. [IDM] **more and more** coraz więcej/bardziej ▶ *adv* bardziej; więcej [IDM] **not any/no more** już nie l **more or less** mniej więcej l **what's more** co więcej

moreover /mɔːˈrəʊvə(r)/ *adv* (*form.*) ponadto

morgue /mɔːɡ/ *n* kostnica

morning /'mɔːnɪŋ/ *n* rano, przedpołudnie: *at 1 am in the* ~ o pierwszej w nocy [IDM] **good morning** dzień dobry (*tylko przed południem*) ❶ W języku nieform. często mówi się tylko **Morning.** l **in the morning** rano, przed południem ❶ Kiedy używa się adj **early** lub **late** przed **morning, afternoon** lub **evening**, należy przed nimi stawiać przyimek **in:** *in the late* ~ późnym rankiem. Przed innymi adj stawia się przyimek **on:** *on Monday morning* w poniedziałek rano. Nie stawia się żadnego przyimka przed **this, tomorrow** i **yesterday:** *this morning* dziś rano.

moron /'mɔːrɒn/ *n* (*nieform.*) kretyn

morose /məˈrəʊs/ *adj* posępny

morphine /'mɔːfiːn/ *n* morfina

morsel /'mɔːsl/ *n* kęs

mortal /'mɔːtl/ *adj* (*i przen.*) śmiertelny ▶ *n* śmiertelni-k/czka

mortality /mɔːˈtæləti/ *n* śmiertelność

mortgage /'mɔːɡɪdʒ/ *n* kredyt hipoteczny

mortuary /'mɔːtʃəri; *Am.* -tʃueri/ *n* (*pl* -ies) kostnica

mosaic /məʊˈzeɪɪk/ *n* mozaika

Moslem /'mɒzləm/ = MUSLIM

mosque /mɒsk/ *n* meczet

mosquito /məˈskiːtəʊ; *Br. także* mɒs-/ *n* (*pl* -es) moskit, komar

moss /mɒs/ *n* mech

most /məʊst/ *pron, dem pron* **1** najwięcej **2** większość: ~ *families/ music* większość rodzin/muzyki ❶ Zwróć uwagę, że przed n poprzedzonym the (*także* this, my itp.) używa się **most of:** ~ *of the people* większość ludzi ◇ ~ *of the time* najczęściej. [IDM] **at (the) most** w najlepszym razie l **mostly** *adv* **1** przeważnie **2** najczęściej l *adv* **1** najbardziej **2** najwięcej **3** (*form.*) bardzo

motel /məʊˈtel/ *n* motel

moth /mɒθ/ *n* ćma, mól ● '**mothball** *n* kulka naftalinowa (*przeciw molom*)

mother /'mʌðə(r)/ *n* matka l **motherhood** /-hʊd/ *n* macierzyństwo l

motherly *adj* macierzyński ● 'mother country *n* (*form.*) ojczyzna | 'mother-in-law *n* (*pl* ~s-in-law) teściowa | ,mother 'tongue *n* język ojczysty

motif /məʊˈtiːf/ *n* (*wzór*) motyw

motion /ˈməʊʃn/ *n* 1 ruch: *set the machine in* ~ wprawić maszynę w ruch 2 inicjatywa, wniosek (*dot. ustawy*) ► *v* ~ to/for sb to do sth dawać znak | **motionless** *adj* nieruchomy

motivate /ˈməʊtɪveɪt/ *v* motywować | **motivation** /ˌməʊtɪˈveɪʃn/ *n* motywacja

motive /ˈməʊtɪv/ *n* (*pobudka*) motyw

motor /ˈməʊtə(r)/ *n* motor, silnik → SILNIK ► *adj* motorowy: ~ *racing* wyścigi samochodowe ◇ a ~ *mechanic* mechanik samochodowy | **motoring** *adj* samochodowy: *commit a* ~ *offence* popełniać wykroczenie drogowe | **motorist** *n* kierowca ● 'motorbike (*także* -cycle) *n* (*nieform.*) motocykl | 'motor boat *n* motorówka | 'motor car *n* (*Br., form.*) = CAR | 'motorcyclist *n* motocyklist-a/ka

'motorway *n* (*Br.*) autostrada → ROAD

motto /ˈmɒtəʊ/ *n* (*pl* -es) motto

mould /məʊld/ *n* 1 (*techn.*) matryca 2 (*osoba*) typ 3 pleśń ► *v* kształtować | **mouldy** *adj* spleśniały

mound /maʊnd/ *n* 1 kopiec 2 sterta

mount /maʊnt/ *n* (*w nazwie*) góra ► *v* 1 (*form.*) wchodzić (na coś) 2 dosiadać (*np. konia*), wsiadać (*np. na rower*) 3 podnosić się, narastać 4 montować 5 organizować

mountain /ˈmaʊntən; *Am.* -ntn/ *n* (*i przen.*) góra | **mountaineer** /ˌmaʊntəˈnɪə(r); *Am.* -tnˈɪr/ *n* alpinist-a/ka | **mountaineering** /ˌmaʊntəˈnɪərɪŋ; *Am.* -tnˈɪr-/ *n* wspinaczka górska | **mountainous** /ˈmaʊntənəs/ *adj* 1 górzysty 2 ogromny ● 'mountain bike *n* rower górski

mourn /mɔːn/ *v* ~ (for/over sb/sth) opłakiwać | **mourner** *n* żałobnik | **mournful** *adj* pełen smutku

mouse /maʊs/ *n* (*pl* mice /maɪs/) 1 mysz 2 (*pl także* mouses) mysz komputerowa: *a* ~ *mat* podkładka pod mysz komputerową

mousse /muːs/ *n* (*kulin.*) mus

moustache /məˈstɑːʃ/ *n* wąs/y

mouth /maʊθ/ *n* (*pl* -s /maʊðz/) 1 usta: *have five* ~*s to feed* mieć pięć gąb do wykarmienia 2 ujście (*rzeki*) | **mouthful** *n* 1 kęs, łyk 2 długie/trudne słowo/ wyrażenie | *v* /ˈmaʊðfʊl/ mówić bezgłośnie ● 'mouth organ *n* [C] organki | 'mouthpiece *n* 1 ustnik, mikrofon 2 rzeczni-k/czka | 'mouth-watering *adj* apetyczny

movable /ˈmuːvəbl/ *adj* ruchomy

move /muːv/ *n* 1 ruch 2 (*przen.*) krok 3 przeprowadzka [IDM] get a move on (*nieform.*) pospieszyć się | make a move ruszać się (*z miejsca*) ► *v* 1 ruszać (się) 2 przeprowadzać się 3 wzruszać (kogoś) 4 działać 5 (*w szachach itp.*) wykonywać ruch [IDM] move house przeprowadzać się [PV] move in (with sb) rozpocząć (z kimś) nowe życie (*w nowym domu*) | move off odjeżdżać | move on (to sth) przechodzić (*np. do nowego tematu*) | move out wyprowadzać się | **moving** *adj* 1 ruchomy: *fast-moving water* rwąca woda 2 wzruszający

movement /ˈmuːvmənt/ *n* 1 (*i przen.*) ruch 2 a ~ (away from/towards sth) odchodzenie/zbliżanie się 3 (*muz.*) część

movie /ˈmuːvi/ *n* (*zwł. Am.*) 1 film 2 (the movies) kino ● 'movie theater (*Am.*) (*budynek*) kino

mow /məʊ/ *v* (*pp* mown /məʊn/ *lub* mowed) kosić (*trawę*) [PV] mow sb down wykosić kogoś | **mower** *n* kosiarka

MP /ˌem ˈpiː/ *abbr* Member of Parliament (*zwł. Br.*) pos-eł/łanka

Mr /ˈmɪstə(r)/ *skrót* Pan → MISS

Mrs /ˈmɪsɪz/ *skrót* Pani → MISS

Ms /mɪz; məz/ *pani* ● Zwrot grzecznościowy stosowany przed nazwiskiem kobiety bez względu na jej stan cywilny. → MISS

much /mʌtʃ/ *pron, dem pron* (*określa n U głównie w zaprzeczeniach i pytaniach lub po* as, how, so, too) dużo, wiele: *as ~ as you can* tyle, ile możesz ● W zdaniach twierdzących używa się zwykle a lot of, a nie much: *I've got a lot of experience.* Mam duże doświadczenie. → DUŻO [IDM] how much ile | not much of a… nie za dobry ► *adv* bardzo, znacznie: *I don't like her very* ~. Niezbyt ją lubię. ◇ *We are very* ~ *looking forward to meeting you.* Bardzo się cieszymy na nasze wspólne spotkanie. ◇ *Do you go to the cinema* ~? Czy często chodzisz do kina?

muck /mʌk/ *n* (*nieform.*) 1 brud, błoto 2 gnój ► *v* [PV] muck about/around (*nieform.*) 1 wygłupiać się 2 obijać się | muck sth up (*nieform.*) spartaczyć coś

mucus /ˈmjuːkəs/ *n* (*form.*) śluz

mud /mʌd/ *n* błoto | **muddy** *adj* błotnisty, zabłocony

muddle /ˈmʌdl/ *v* 1 ~ sth (up) pomieszać, bałaganić 2 ~ sb (up) mieszać komuś w głowie ► *n* 1 bałagan: *Your room's in a* ~. 2 mętlik | **muddled** *adj* (*zwł. Br.*) 1 otumaniony 2 pogmatwany

mudguard /ˈmʌdgɑːd/ *n* błotnik

muesli /ˈmjuːzli/ *n* muesli

m

muffin /'mʌfɪn/ *n* **1** (*Br.*) okrągła bułeczka (*jedzona na ciepło z masłem*) **2** (*ciastko*) babeczka

muffle /'mʌ/ *v* tłumić

mug /mʌg/ *n* kubek ▶ *v* (-gg-) napaść i obrabować (*zazw. na ulicy*)| **mugger** *n* bandyta uliczny

muggy /'mʌgi/ *adj* parny

mule /mju:l/ *n* muł

mull /mʌl/ *v* [PV] **mull sth over** przemyśliwać coś

multinational /ˌmʌlti'næʃnəl/ *adj* wielonarodowy, wielopaństwowy ▶ *n* firma międzynarodowa

multiple /'mʌltɪpl/ *adj* wieloraki: *a ~ entry visa* wiza wielokrotnego wjazdu ◇ *a ~ crash on the motorway* karambol na autostradzie ◇ *receive ~ injuries* doznać rozległych obrażeń ▶ *n* wielokrotność ● ˌmultiple-'choice *adj* (*pytanie egzaminacyjne*) wielokrotnego wyboru| ˌmultiple scle'rosis *n* stwardnienie rozsiane

multiplication /ˌmʌltɪplɪ'keɪʃn/ *n* mnożenie

multiply /'mʌltɪplaɪ/ *v* (*3rd sing czasu pres* -ies; *pt, pp* -ied) ~ **A by B**; ~ **A and B** (together) (*i przen.*) mnożyć (się)

multi-purpose /ˌmʌlti 'pɜ:pəs/ *adj* wielofunkcyjny

multitude /'mʌltɪtju:d; *Am.* -tu:d/ *n* (*form.*) mnóstwo

mum /mʌm/ *n* (*Br., nieform.*) mama

mumble /'mʌmbl/ *v* mamrotać

mummy /'mʌmi/ *n* (*pl* -ies) **1** (*Br., nieform.*) mamusia **2** mumia

mumps /mʌmps/ *n* [U] (*med.*) świnka

munch /mʌntʃ/ *v* chrupać

mundane /mʌn'deɪn/ *adj* prozaiczny, nieciekawy

municipal /mju:'nɪsɪpl/ *adj* miejski, komunalny

munitions /mju:'nɪʃnz/ *n* [pl] uzbrojenie

mural /'mjʊərəl/ *n* malowidło ścienne

murder /'mɜ:də(r)/ *n* morderstwo: *the ~ weapon* narzędzie zbrodni [IDM] **get away with murder** robić coś bezkarnie: *His students get away with ~.* Jego studentom wszystko uchodzi na sucho. ▶ *v* mordować| **murderer** *n* morder-ca/czyni

murky /'mɜ:ki/ *adj* (*kolor itp.*) mroczny

murmur /'mɜ:mə(r)/ *n* **1** mruczenie: *a ~ of disagreement* szmer niezadowolenia **2** szum ▶ *v* **1** mruczeć, szeptać **2** (*wiatr itp.*) szumieć

muscle /'mʌsl/ *n* muskuł

muscular /'mʌskjələ(r)/ *adj* **1** mięśniowy **2** muskularny

museum /mju:'zi:əm/ *n* muzeum

mushroom /'mʌʃrʊm; -ru:m/ *n* grzyb jadalny ❶ Prawie zawsze oznacza pieczarkę.

music /'mju:zɪk/ *n* [U] **1** muzyka **2** nuty

musical /'mju:zɪkl/ *adj* **1** muzyczny **2** muzykalny **3** melodyjny

musician /mju:'zɪʃn/ *n* **1** muzyk **2** muzykant

Muslim /'mʊzlɪm; 'mʌz-; -ləm/ *n* muzułman-in/ka ▶ *adj* muzułmański

mussel /'mʌsl/ *n* małż

must /məst; *f. akcent.* mʌst/ *v mod* (*f. przew.* must not; *f. krótka* mustn't / 'mʌsnt/) **1** musieć: *I ~ go to the bank today.* Muszę iść dzisiaj do banku. ◇ *'M~ I finish this exercise today?' 'Yes, you ~./No, you don't have to.'* „Czy muszę skończyć to ćwiczenie dziś?" „Tak, musisz./Nie, nie musisz." → MUSIEĆ **2** (**must not**) nie wolno: *You mustn't take photographs in here.* Tutaj nie wolno robić zdjęć. ◇ *Cars ~ not park here.* Parkowanie samochodów jest tutaj zabronione. **3** na pewno: *You ~ be hungry.* Na pewno jesteś głodny. ▶ *n* konieczność: *This book is a ~!* Tę książkę trzeba koniecznie przeczytać!

mustache /'mʌstæʃ/ (*Am.*) = MOUSTACHE

mustard /'mʌstəd/ *n* musztarda

mutant /'mju:tənt/ *n* mutant

mutation /mju:'teɪʃn/ *n* mutacja

muted /'mju:tɪd/ *adj* **1** stonowany **2** przytłumiony **3** (*uczucie*) stłumiony, (*reakcja*) powściągliwy

mutilate /'mju:tɪleɪt/ *v* okaleczać, masakrować

mutiny /'mju:təni/ *n* (*pl* -ies) bunt ▶ *v* (*3rd sing czasu pres* -ies; *pt, pp* -ied) ~ (**against sb/sth**) buntować się

mutter /'mʌtə(r)/ *v* mamrotać

mutton /'mʌtn/ *n* baranina

mutual /'mju:tʃuəl/ *adj* **1** wzajemny **2** wspólny| **mutually** *adv* wzajemnie: *The two views are not ~ exclusive.* Oba poglądy nie są ze sobą sprzeczne.

muzzle /'mʌzl/ *n* **1** (*zool.*) pysk **2** kaganiec **3** wylot lufy

my /maɪ/ *dem pron* mój

myself /maɪ'self/ *pron* **1** się/siebie **2** (*ja*) sam/a [IDM] (**all**) **by myself** sam/a → ALONE

mysterious /mɪ'stɪəriəs/ *adj* tajemniczy

mystery /'mɪstri/ *n* (*pl* -ies) **1** tajemnica **2** tajemniczość **3** opowiadanie/film itp., w którym niezwykłe wydarzenia są wyjaśnione dopiero na końcu

mystic /'mɪstɪk/ *n* misty-k/czka

mysticism /'mɪstɪsɪzəm/ *n* mistycyzm

m

mystify /'mɪstɪfaɪ/ v (*3rd sing czasu pres* -ies; *pt, pp* -ied) zbić z tropu

myth /mɪθ/ n mit| **mythical** adj 1 mityczny 2 urojony

mythology /mɪ'θɒlədʒi/ n mitologia

Nn

N, n /en/ n litera n

naff /næf/ adj (*Br., slang*) 1 do kitu 2 niemodny

nag /næg/ v (-gg-) 1 ~ (at) sb zrzędzić 2 nękać: *a nagging headache* dokuczliwy ból głowy

nail /neɪl/ n 1 gwóźdź 2 paznokieć ▶ v przybijać gwoździem [PV] **nail sb down (to sth)** przyprzeć kogoś do muru: *I can't ~ her down to a definite date.* Nie mogę jej zmusić do podania dokładnej daty. ● **'nail brush** n szczoteczka do paznokci| **'nail file** n pilnik do paznokci | **'nail scissors** n nożyczki do paznokci| **'nail varnish** (*Am.* '~ *polish*) n lakier do paznokci

naive (*także* **naïve**) /naɪ'iːv/ adj naiwny

naked /'neɪkɪd/ adj 1 nagi, goły 2 jawny: *a ~ flame* otwarty płomień

name /neɪm/ n 1 imię (i nazwisko): *What's your ~, please?* Jak się nazywasz? 2 nazwa 3 reputacja 4 (*osoba*) sława [IDM] **by name** z imienia/ nazwiska| **in the name of sth** w imię (czegoś)| **in sb's name; in sb's name** 1 na czyjeś nazwisko 2 w imieniu kogoś | **make a name for yourself; make your name** wyrabiać sobie imię/nazwisko ▶ v 1 nazywać 2 wyznaczać (*np. termin*)| **nameless** adj 1 bezimienny 2 nie do opisania| **namely** adv mianowicie

nanny /'næni/ n (*pl* -ies) (*Br.*) niania

nap /næp/ n drzemka ▶ v (-pp-) drzemać

napkin /'næpkɪn/ n serwetka

nappy /'næpi/ n (*pl* -ies) (*Br.*) pieluszka

narcotic /nɑː'kɒtɪk/ n 1 narkotyk 2 środek nasenny ▶ adj 1 narkotyczny 2 nasenny

narrate /nə'reɪt; *Am.* 'næreɪt/ v (*form.*) opowiadać| **narrative** /'nærətɪv/ n (*form.*) opowiadanie| **narrator** /nə'reɪtə(r)/ n narrator

narrow /'nærəʊ/ adj 1 (*i przen.*) wąski 2 nieznaczny: *have a ~ escape* uniknąć nieszczęścia o włos ◊ *a ~ defeat/victory* nieznaczna porażka/ledwo zdobyte zwycięstwo ▶ v zwężać (się) [PV] **narrow sth down** zawężać coś|

narrowly adv ledwo ● **,narrow-'minded** adj (*osoba*) ograniczony

nasal /'neɪzl/ adj nosowy

nasty /'nɑːsti; *Am.* 'næ-/ adj 1 niemiły, przykry 2 (*choroba itp.*) poważny

nation /'neɪʃn/ n państwo, naród ● **,nation'wide** 1 adj ogólnokrajowy 2 adv w całym kraju

national /'næʃnəl/ adj narodowy, państwowy: *~ and international news* wiadomości z kraju i ze świata ▶ n (*form.*) obywatel/ka| **nationally** adv w całym kraju ● **,national 'anthem** n hymn narodowy| **,National In'surance** n (*Br.*) urząd do spraw ubezpieczeń społecznych

nationalism /'næʃnəlɪzəm/ n nacjonalizm| **nationalist** n nacjonalist-a/ka| **nationalistic** /,næʃnə'lɪstɪk/ adj nacjonalistyczny

nationality /,næʃə'næləti/ n (*pl* -ies) narodowość, obywatelstwo

nationalize (*także* -ise) /'næʃnəlaɪz/ v upaństwawiać

native /'neɪtɪv/ n 1 tubylec ❶ W odniesieniu do rodowitych mieszkańców Afryki, Ameryki itp., forma ta jest uważana za przestarzałą i obraźliwą. 2 (*zwierzę itp.*) rodzimy: *The koala is a ~ of Australia.* Koala pochodzi z Australii. ▶ adj 1 rodzinny, ojczysty 2 (*czasami obraź.*) tubylczy 3 ~ (to...) rodzimy: *a ~ species* rodzimy gatunek ● **,Native A'merican** 1 n rdzenn-y/a Indian-in/ka 2 adj indiański| **,native 'speaker** n rodzimy użytkownik języka

natural /'nætʃrəl/ adj 1 naturalny: *~ disasters* klęski żywiołowe 2 normalny 3 wrodzony: *He's a natural leader.* Jest urodzonym przywódcą. 4 (*rodzic itp.*) biologiczny 5 (*muz.*) nieealterowany ▶ n nuta nieealterowana ● **,natural 'history** n przyrodoznawstwo

naturalist /'nætʃrəlɪst/ n przyrodni-k/ czka

naturally /'nætʃrəli/ adv 1 naturalnie, z natury: *Politeness comes ~ to him.* Jest z natury uprzejmy. 2 oczywiście 3 (*zachowywać się*) swobodnie

nature /'neɪtʃə(r)/ n 1 natura, przyroda 2 (*usposobienie*) charakter 3 rodzaj

naughty /'nɔːti/ adj (*dziecko*) niegrzeczny

nausea /'nɔːziə; -siə/ n nudności| **nauseating** adj przyprawiający o mdłości

nautical /'nɔːtɪkl/ adj żeglarski, morski

naval /'neɪvl/ adj morski, marynarki wojennej

navel /'neɪvl/ n pępek

navigate /'nævɪgeɪt/ v pilotować (*np. statek*), nawigować

navy /'neɪvi/ n (*pl* -**ies**) **1** (**the Navy**) Marynarka Wojenna **2** flota wojenna ● ,**navy 'blue** *adj*, n (kolor) granatowy

near /nɪə(r)/ *adj* bliski ▸ *adv, prep* blisko | v zbliżać się ● ,**near-'sighted** *adj* (*Am.*) krótkowzroczny | '**nearby** *adj* pobliski | **near'by** *adv* w pobliżu

nearly /'nɪəli/ *adv* prawie [IDM] **not nearly** wcale nie

neat /niːt/ *adj* **1** schludny, staranny **2** (*osoba*) systematyczny **3** (*Am.*) fajny **4** świetny **5** (*Br.*) (*alkohol*) nie rozcieńczony

necessarily /,nesə'serəli; *Br. także* 'nesəsərəli/ *adv* koniecznie

necessary /'nesəsəri; *Am.* -seri/ *adj* konieczny

necessity /nə'sesəti/ n (*pl* -**ies**) **1** ~ (**for sth/to do sth**) potrzeba **2** artykuł pierwszej potrzeby

neck /nek/ n **1** szyja **2** kołnierz: *a polo-neck sweater* golf **3** szyjka (*np. butelki*) ● '**necklace** n naszyjnik | '**necktie** n (*Am.*) = TIE

nectarine /'nektəriːn/ n nektarynka

need /niːd/ v **1** potrzebować: *I ~ you to go to the shop for me.* Chcę, żebyś poszedł do sklepu. **2** wymagać **3** musieć ❶ Pytania z v. **need** tworzy się za pomocą **do** lub **does** (**do I need** itp.), a forma czasu przeszłego to **needed** (w pytaniach **did you need?** itp.; w przeczeniach **didn't need**). **3** ~ **doing/to be done**; ~ **sth doing/done**: *This jumper ~s washing/to be washed.* Trzeba uprać ten sweter. ◇ *He needed his eyes testing. On musiał zbadać sobie wzrok.* ◇ *She ~s her head examined.* Ona jest szalona. **4** (*najczęściej w pytaniach i przeczeniach lub ze słowami* **hardly, only, never** *itp.*) musieć, potrzebować ❶ W czasie teraźniejszym we wszystkich osobach stosuje się **need** ; w przeczeniach **need not** (**needn't**); w pytaniach **need I?** itp. Forma **needn't have done** oznacza, że coś zostało niepotrzebnie zrobione: *He needn't have gone to the bank – I have plenty of money with me.* Niepotrzebnie poszedł do banku – mam przy sobie dużo pieniędzy. Por. z czasem przeszłym v. **need**, który zwykle oznacza, że coś się nie wydarzyło: *He didn't ~ to go to the bank – he had plenty of money.* Nie musiał iść do banku – miał dużo pieniędzy. ▸ n **1** potrzeba: *be in ~ of a rest* potrzebować odpoczynku ◇ *Is there any ~ for all that noise?* Czy musicie tak hałasować? **2** wymóg **3** niedostatek: *be in ~* być/żyć w biedzie | **needless** *adj* niepotrzebny

needle /'niːdl/ n **1** igła **2** = KNITTING NEEDLE

needy /'niːdi/ *adj* biedny

negative /'negətɪv/ *adj* **1** negatywny **2** (*gram.*) przeczący **3** ujemny ▸ n **1** przeczenie: *answer in the ~* odpowiedzieć odmownie **2** negatyw

neglect /nɪ'glekt/ v zaniedbywać ▸ n zaniedbanie

negligence /'neglɪdʒəns/ n [U] niedbalstwo

negligent /'neglɪdʒənt/ *adj* niedbały

negligible /'neglɪdʒəbl/ *adj* nieistotny

negotiable /nɪ'gəʊʃiəbl/ *adj* (możliwy) do wynegocjowania

negotiate /nɪ'gəʊʃieɪt/ v **1** ~ **sth (with sb)** negocjować **2** pokonywać (*np. niebezpieczeństwo*)

negotiation /nɪ,gəʊʃi'eɪʃn/ n [C,U] negocjacje

neigh /neɪ/ n rżenie ▸ v rżeć

neighbour (*Am.* -**bor**) /'neɪbə(r)/ n sąsiad/ka | **neighbourhood** n sąsiedztwo | **neighbouring** *adj* sąsiadujący

neither /'naɪðə(r); 'niːðə(r)/ *dem pron, pron* żaden (*z dwóch*) ❶ Uwaga! Po **neither** stawia się n lub v. w lp: *Neither day was suitable.* Żaden dzień nie był odpowiedni. Rz. lub zaimek następujący po **neither of** występuje w lm, ale v. może być w s (zwł. w języku formalnym) lub pl (zwł. w języku codziennym): *Neither of the days is/are suitable.* Żaden dzień nie jest odpowiedni. ▸ *adv* **1** też nie: *I don't eat meat and ~ does Tom.* Nie jem mięsa i Tom też (go) nie je. ◇ *'I haven't seen that film.' 'Neither have I.'* „Nie widziałem tego filmu." „Ja też nie." ❶ W tym samym znaczeniu i w taki sam sposób można stosować **nor**: *Nor have I.* Uwaga! Kiedy stosuje się zwrot **not...either** wyrazy w zdaniu występują w innej kolejności: *'I haven't seen that film.' 'I haven't either.'* **2** (**neither... nor**) ani..., ani (też)... ❶ Zwrot **neither...nor** może być stosowany z v. w s (zwł. w języku formalnym) lub pl (zwł. w języku codziennym): *Neither Stella nor Jane was/were at the meeting.* Ani Stelli ani Jane nie było na zebraniu.

neon /'niːɒn/ n neon

nephew /'nefjuː; 'nev-/ n siostrzeniec, bratanek

nerd /nɜːd/ n cudak: *a computer ~* maniak komputerowy

nerve /nɜːv/ n **1** nerw **2** (**nerves**) opanowanie **3** (**nerves**) nerwy: *calm one's ~* uspokoić się **4** odwaga **5** tupet [IDM] **get on sb's nerves** (*nieform.*)

działać (komuś) na nerwy ● 'nerve-
racking *adj* szarpiący nerwy
nervous /'nɜːvəs/ *adj* **1** nerwowy
2 stremowany: *a ~ wreck* kłębek
nerwów ● ,**nervous 'breakdown** *n*
załamanie nerwowe| '**nervous system** *n*
układ nerwowy
nest /nest/ *n* **1** gniazdo **2** nora
nestle /'nesl/ *v* tulić się (do kogoś/
czegoś): *a village nestled in a valley*
wioska wtulona w dolinę
net /net/ *n* **1** sieć, siatka: *~ curtains*
firanki **2** (**the Net**) (*nieform.*) Internet
▶ (*także* **nett**) *adj* *~* (**of sth**) netto: *your ~
income* twój dochód po odliczeniu
podatków
'**netball** *n* rodzaj koszykówki
netting /'netɪŋ/ *n* [*U*] siatka
nettle /'netl/ *n* pokrzywa
network /'netwɜːk/ *n* sieć: *a ~ of
friends* krag przyjaciół ◇ *the office ~*
sieć komputerowa w biurze
neurotic /njʊə'rɒtɪk; *Am.* nʊ-/ *adj*
1 cierpiący na nerwicę **2** neurotyczny
neutral /'njuːtrəl; *Am.* 'nuː-/ *adj*
1 bezstronny (*kolor itp.*) neutralny
▶ *n* bieg jałowy (*w samochodzie*): *in ~*
na luzie
never /'nevə(r)/ *adv* nigdy: *~ ever*
przenigdy ◇ *Roy ~ so much as looked at
us.* Roy nawet na nas nie spojrzał.
nevertheless /ˌnevəðə'les/ *adv* (tym)
niemniej (jednak)
new /njuː; *Am.* nuː/ *adj* nowy:
That's ~ to me. To dla mnie nowość.
◇ *be ~ to sth* nie być z czymś
obeznanym ● '**newcomer** *n* przybysz|
,**new 'moon** *n* nów| **new 'year** *n* nowy
rok| ,**New Year's 'Day** *n* Nowy Rok| ,
New Year's 'Eve *n* Sylwester
newly /'njuːli/ *adv* niedawno: *the ~
appointed Minister* nowo mianowany
minister
news /njuːz; *Am.* nuːz/ *n* [*U*] **1** nowiny:
News is coming in of a plane crash.
Właśnie nadeszła wiadomość o
katastrofie samolotowej. ◇ *That's ~ to
me.* Pierwsze słyszę. ❶ **News** jest n U
Mówiąc o jednej wiadomości, należy
użyć zwrotu **a piece of news**: *a piece of
good ~* dobra wiadomość. **2** (**the news**)
(*radio*; *TV*) wiadomości: *hear sth on the
~* usłyszeć coś w wiadomościach ◇ *a
newsflash* wiadomość z ostatniej
chwili [IDM] **break the news (to sb)**
zawiadamiać (*zwł. o czymś przykrym*)
● '**newsagent** (*Am. -dealer*) *n* kiosko-rz/
rka| '**newsagent's** *n* kiosk, sklep z
gazetami| '**newsletter** *n* biuletyn
informacyjny| '**newsreader** (*Am. -cast-
er*) *n* (*radio*; *TV*) prezenter/ka
wiadomości| '**news-stand** *n* (*Am.*) kiosk

newspaper /'njuːzpeɪpə(r); *Am.* 'nuːz-/
n gazeta: *a daily/weekly ~* dziennik/
tygodnik ◇ *a ~ boy/girl* gazecia-rz/rka
next /nekst/ *adj* **1** następny **2** przyszły
▶ *n* następny| *adv* potem: *What will
happen ~ !* Co teraz będzie? ◇ *It was ten
years until I ~ saw her.* Dopiero po
dziesięciu latach znowu ją zobaczyłem.
● ,**next 'best** *adj* drugi (*wystarczająco
dobry*)| ,**next 'door 1** *adj* sąsiedzki: *our
next-door neighbours* nasi najbliżsi
sąsiedzi **2** *adv* po sąsiedzku: *I'm going
next door.* Idę do sąsiadów.| ,**next of 'kin**
n [*C*,*U*] najbliż-szy/si krewn-y/i| **next to**
prep obok: *Next to Paris my favourite
city is Madrid.* Po Paryżu moim
ulubionym miastem jest Madryt.
NHS /ˌen eɪtʃ 'es/ *abbr* **National Health
Service** (*Br.*) państwowa służba zdrowia
nibble /'nɪbl/ *v ~* (**at sth**) skubać
(*jedzenie*)
nice /naɪs/ *adj* **1** przyjemny, miły: *Nice
to meet you.* Bardzo mi miło. (*przy
przedstawianiu*) ◇ *It's ~ and warm by
the fire.* Koło kominka jest cieplutko.
◇ *You look ~ today.* Ładnie dziś
wyglądasz. **2** (*potrawa*) dobry
3 (*pogoda*) ładny **4** sympatyczny
5 uprzejmy| **nicely** *adv* **1** grzecznie
2 (*nieform.*) bardzo: *This flat suits us ~.*
To mieszkanie bardzo nam odpowiada.
niche /nɪtʃ; niːʃ/ *n* nisza
nick /nɪk/ *n* na nacięcie [IDM] **in the nick of
time** w samą porę ▶ *v* **1** nacinać,
zacinać się **2** (*Br.*, *slang*) *~ sth* (**from sb/
sth**) gwizdnąć (*komuś/skądś*)
nickel /'nɪkl/ *n* **1** nikiel **2** pięcio-
centówka
nickname /'nɪkneɪm/ *n* przydomek
nicotine /'nɪkətiːn/ *n* nikotyna
niece /niːs/ *n* siostrzenica, bratanica
night /naɪt/ *n* **1** noc **2** wieczór: *last ~*
wczoraj wieczorem [IDM] **an early/a late
night:** *to have an early/a late night* kłaść
się wcześniej/później spać| **a night out**
wieczór spędzony (miło) poza domem|
good night dobranoc| **nightly 1** *adj*
wieczorny, nocny **2** *adv* co wieczór/noc
● '**nightdress** (*także -gown, nieform.*
-**nightie**) *n* koszula nocna| '**nightlife** *n*
nocne życie| '**night school** *n* szkoła
wieczorowa| '**night-time** *n* nocna pora|
,**night'watchman** *n* (*pl* -**men**) stróż/ka
nocn-y/a
nightclub /'naɪtklʌb/ *n* nocny lokal
nightingale /'naɪtɪŋgeɪl; *Am.* -tng-/ *n*
słowik
nightmare /'naɪtmeə(r)/ *n* koszmar
nil /nɪl/ *n* (*zwł. sport*) zero → ZERO
nimble /'nɪmbl/ *adj* zwinny
nine /naɪn/ *liczba* dziewięć → DWA [IDM]
nine to five całodzienny: *a nine-to-five*

job praca od ósmej do czwartej| **ninth** (*liczebnik porządkowy*) dziewiąty

nineteen /ˌnaɪnˈtiːn/ *liczba* dziewiętnaście → DWA | **nineteenth** (*liczebnik porządkowy*) dziewiętnasty → DRUGI

ninety /ˈnaɪnti/ *liczba* dziewięćdziesiąt → DWA | **ninetieth** (*liczebnik porządkowy*) dziewięćdziesiąty → DRUGI

nip /nɪp/ *v* (**-pp-**) **1** lekko ugryźć **2** uszczypnąć **3** (*nieform.*) wyskoczyć (*np. do sklepu*) [IDM] **nip sth in the bud** zdusić coś złego w zarodku

nipple /ˈnɪpl/ *n* sutek

nitrogen /ˈnaɪtrədʒən/ *n* azot

no /nəʊ/ *dem pron* **1** nie: *He's ~ friend of mine.* On nie jest żadnym moim przyjacielem. ◇ *No news is good news.* Brak wiadomości jest dobrą wiadomością. **2** nie (*wolno*): *No smoking.* Palenie wzbronione. ▸ *wykrzyk.* nie! ❶ *No* używa się również w sytuacjach, gdy rozmówca zgadza się ze stwierdzeniem przeczącym: *'This programme's not good.' 'No, you're right. It isn't.'* | *adv* nie ● **'no one** *pron* nikt

nobility /nəʊˈbɪləti/ *n* **1** szlachetność **2** (**the nobility**) arystokracja

noble /ˈnəʊbl/ *adj* **1** szlachetny **2** arystokratyczny ▸ *n* arystokrata

nobody /ˈnəʊbədi/ *pron* nikt ❶ **None of**, a nie **nobody** należy używać przed zaimkiem lub przed takimi wyrazami jak **the, his, her, those** itp.: *Nobody remembered my birthday.* ◇ *None of my friends remembered my birthday.* ▸ *n* (*pl* **-ies**) (*osoba*) zero

nocturnal /nɒkˈtɜːnl/ *adj* nocny

nod /nɒd/ *v* (**-dd-**) skinąć (*głową*) [PV] **nod off** (*nieform.*) przysypiać ▸ *n* kiwnięcie (*głową*)

noise /nɔɪz/ *n* hałas: *make a ~* hałasować| **noisy** *adj* hałaśliwy, głośny → GŁOŚNY

nomad /ˈnəʊmæd/ *n* koczowni-k/czka| **nomadic** /nəʊˈmædɪk/ *adj* koczowniczy

nominal /ˈnɒmɪnl/ *adj* **1** nominalny: *the ~ leader of the country* tytularny przywódca kraju **2** symboliczny

nominate /ˈnɒmɪneɪt/ *v* **1 ~ sb/sth (for/ as sth)** nominować **2 ~ sb (to/as sth) (to do sth)** mianować (*kogoś na stanowisko (aby coś zrobić)*)

nomination /ˌnɒmɪˈneɪʃn/ *n* **1** nominacja **2** mianowanie

nominee /ˌnɒmɪˈniː/ *n* kandydat/ka (*na coś/do czegoś*)

non-alco'holic *adj* bezalkoholowy

none /nʌn/ *pron* nic, nikt, żaden: *'Could you pass me the wine, please?'*

'I'm afraid there's ~ left.' 'Czy możesz mi podać wino?' 'Obawiam się, że już nic nie zostało.' ❶ **None of** z n w pl może występować albo z v. w s (zwł. w języku formalnym) lub v. w pl (zwł. w języku codziennym): *None of the trains is/are going to London.* Mówiąc o dwóch osobach lub rzeczach używa się **neither**, a nie **none**: *Neither of my brothers lives nearby.* Zwróć uwagę na różnicę między **none** i **no**: *I told him that I had no money left.* ◇ *When he asked me how much money I had, I told him that I had none.* ▸ *adv* wcale nie: *We talked for a long time but I'm still ~ the wiser.* Po naszej długiej rozmowie jestem równie głupi, jak byłem. ● **nonetheless** /ˌnʌnðəˈles/ (*także* ˌnone the 'less) *adv* niemniej jednak

non-existent /ˌnɒnɪgˈzɪstənt/ *adj* nie istniejący: *In some areas public transport is ~.* W niektórych rejonach komunikacja publiczna nie istnieje.

non-fiction /ˌnɒnˈfɪkʃn/ *n* literatura faktu

nonsense /ˈnɒnsns; *Am.* -sens/ *n* [U] **1** bzdur-a/y **2** szaleństwo| **nonsensical** /nɒnˈsensɪkl/ *adj* niedorzeczny

non-smoker /ˌnɒnˈsməʊkə(r)/ *n* niepaląc-y/a

non-stop /ˌnɒnˈstɒp/ *adj* **1** (*pociąg itp.*) bezpośredni **2** nieprzerwany ▸ *adv* **1** bezpośrednio, bez międzylądowania **2** bez przerwy

noodle /ˈnuːdl/ *n* makaron (*typu nitki*)

noon /nuːn/ *n* południe: *at ~* w południe

no one /ˈnəʊ wʌn/ *pron* nikt

noose /nuːs/ *n* stryczek

nor /nɔː(r)/ *conj, adv* **1** ani **2** ani też **3** też nie: *'I don't like football.' 'Nor do I.'* 'Nie lubię piłki nożnej.' 'Ja też nie.' → NEITHER

norm /nɔːm/ *n* norma

normal /ˈnɔːml/ *adj* **1** zwykły, normalny: *under ~ circumstances* w normalnych okolicznościach **2** normalny ▸ *n* [U] norma| **normally** *adv* **1** zazwyczaj **2** normalnie

north /nɔːθ/ *n* (*także* **the north/North**) (*geogr.*) północ ▸ (*także* North) *adj* północny, z północy| *adv* na północ/y ● ˌnorth-'east *n* (*także* **the north-east**/North-East) północny wschód | **the ˌNorth 'Pole** *n* biegun północny| ˌnorth-'west *n* (*także* **the north-west**/North-West) północny zachód

northern (*także* Northern) /ˈnɔːðən/ *adj* (*geogr.*) północny

nose /nəʊz/ *n* **1** nos: *a running ~* katar **2** dziób (*np. okrętu*) [IDM] **look down your nose at sb/sth** patrzeć na kogoś/

coś z góry ● **'nosebleed** n krwawienie z nosa

nostalgia /nɒ'stældʒə/ n nostalgia ǀ **nostalgic** /nɒ'stældʒɪk/ adj nostalgiczny

nostril /'nɒstrəl/ n nozdrze

nosy (także **nosey**) /'nəʊzi/ adj wścibski

not /nɒt/ adv nie: You shouldn't lie. Nie powinieneś kłamać. ◊ You're German, aren't you? Jesteś Niemcem, prawda? ◊ I hope ~. Mam nadzieję, że nie. ◊ I'm afraid ~. Obawiam się, że nie. ◊ I suppose ~. Chyba nie. ◊ Shall we tell her or ~ ? Powiedzieć jej, czy nie? ◊ Certainly ~ ! Wykluczone! ◊ I'd rather ~. Wolałbym nie. [IDM] **not at all 1** wcale nie **2** nie ma za co

notch /nɒtʃ/ n **1** karb **2** stopień

note /nəʊt/ n **1** liścik **2** notatka: keep a ~ of sth zapisywać coś ◊ take ~s robić notatki **3** przypis **4** = BANKNOTE **5** (i przen.) nuta: The meeting ended on an unpleasant ~. Zebranie zakończyło się nieprzyjemnie. [IDM] **take note (of sth)** brać coś pod uwagę ▶ v zauważać [PV] **note sth down** notować coś ǀ **noted** adj ~ **(for/as sth)** (form.) znany (z czegoś): The hotel is ~ for its food. Ten hotel słynie z dobrej kuchni. ǀ **noteworthy** adj godny uwagi ● **'notebook** n **1** notes **2** (Am.) zeszyt ǀ **'notepad** n notatnik ǀ **'notepaper** n papier listowy

nothing /'nʌθɪŋ/ pron nic: There's ~ in this suitcase. W tej walizce nic nie ma. ◊ There's ~ to do here. Tu nie ma co robić. ◊ There was ~ else to say. Nic więcej nie można było powiedzieć. ◊ 'Thank you!' 'It was ~.' „Dziękuję!" „Drobiazg." → ZERO [IDM] **be/have nothing to do with sb/sth** nie mieć nic wspólnego z kimś/czymś ǀ **for nothing 1** na nic **2** za darmo ǀ **nothing but** wyłącznie, nic tylko ǀ **nothing like 1** całkiem inny (niż): She looks ~ like either of her parents. W niczym nie przypomina swoich rodziców. **2** wcale nie ǀ **nothing much** nic specjalnego

notice /'nəʊtɪs/ n **1** ogłoszenie **2** ostrzeżenie, zawiadomienie: at such short ~ w tak krótkim terminie ◊ I wish you had given me more ~. Szkoda, że nie powiedziałeś mi wcześniej. ◊ closed until further ~ zamknięte do odwołania **3** wymówienie [IDM] **take notice (of sth)** zwracać uwagę na coś ǀ **take no notice/not take any notice (of sb/sth)** nie zwracać uwagi na kogoś/coś ● Zwrot **not notice sth** oznacza „nie dostrzec czegoś." ▶ v zauważać, zwracać uwagę (na kogoś/coś) ǀ **noticeable** adj widoczny: a ~ difference wyraźna różnica

noticeboard /'nəʊtɪsbɔːd/ n (Br.) tablica ogłoszeń

notify /'nəʊtɪfaɪ/ v (3rd sing czasu pres **-ies**; pt, pp **-ied**) ~ **sb (of sth)** zawiadamiać

notion /'nəʊʃn/ n pojęcie

notorious /nəʊ'tɔːriəs/ adj ~ **(for/as sth)** notoryczny: This road is ~ for accidents. Ta droga słynie z wypadków.

nought /nɔːt/ n zero → ZERO [IDM] **noughts and crosses** kółko i krzyżyk

noun /naʊn/ n rzeczownik

nourish /'nʌrɪʃ/ v odżywiać

novel /'nɒvl/ n powieść ▶ adj nowatorski ǀ **novelist** n powieściopisa-rz/rka ǀ **novelty** n (pl **-ies**) **1** nowość: The ~ of her new job soon wore off. Wkrótce nowa posada przestała być dla niej nowością. **2** innowacja **3** (souvenir) pamiątka

November /nəʊ'vembə(r)/ n listopad → MAJ

novice /'nɒvɪs/ n nowicjusz/ka

now /naʊ/ adv **1** teraz: from ~ on odtąd ◊ until ~ dotychczas ◊ up till ~ do tej pory ◊ right ~ natychmiast **2** a zatem: Be quiet, ~! Bądźże cicho! [IDM] **(every) now and again/then** co jakiś czas ▶ conj ~ **(that)**... teraz, gdy

nowadays /'naʊədeɪz/ adv obecnie

nowhere /'nəʊweə(r)/ adv nigdzie: There's ~ to stay in this village. W tej wiosce nie ma gdzie się zatrzymać. ◊ I'm getting ~ with this work. Nie robię żadnych postępów w pracy. ◊ There's ~ else to park. Nie ma innego miejsca do parkowania.

nuance /'njuːɑːns; Am. 'nuː-/ n niuans

nuclear /'njuːkliə(r); Am. 'nuː-/ adj jądrowy

nuclear 'family n rodzina (jako podstawowa komórka społeczna)

nucleus /'njuːkliəs; Am. 'nuː-/ n (pl **-clei** /-klɪaɪ/) (i przen.) jądro (atomu)

nude /njuːd; Am. nuːd/ adj nagi ▶ n akt [IDM] **in the nude** nago

nudge /nʌdʒ/ v trącać łokciem

nuisance /'njuːsns; Am. 'nuː-/ n dokuczliwa osoba

numb /nʌm/ adj bez czucia: He was ~ with fear. Zdrętwiał ze strachu. ▶ v wprowadzać w stan odrętwienia

number /'nʌmbə(r)/ n **1** liczba **2** numer **3** ilość: a ~ of questions wiele pytań ● Gdy słowo **number** poprzedzone jest adj, to następujący po nim v. występuje zawsze w lm: A small ~ of pupils study Latin. ▶ v **1** numerować **2** liczyć ● **'number plate** n (Br.) tablica rejestracyjna

numeral /'njuːmərəl; Am. 'nuː-/ n cyfra

n

numerous /'nju:mərəs; Am. 'nu:-/ adj (form.) liczny

nun /nʌn/ n zakonnica

nurse /nɜːs/ n pielęgnia-rz/rka ▸ v 1 pielęgnować (chorego) 2 tulić ● 'nursing home n dom spokojnej starości

nursery /'nɜːsəri/ n (pl -ies) 1 żłobek 2 szkółka (ogrodnicza) ● 'nursery rhyme n wierszyk dla dzieci | 'nursery school n przedszkole

nut /nʌt/ n 1 orzech 2 nakrętka 3 (Br., slang) (głowa) pała 4 (także nutter) (slang) pomyleniec | **nutty** adj 1 (kulin.) orzechowy 2 (slang) (osoba) pomylony ● 'nutcrackers n [pl] dziadek do orzechów

nutmeg /'nʌtmeg/ n gałka muszkatołowa

nutrient /'nju:triənt; Am. 'nu:-/ n składnik odżywczy

nutrition /nju'trɪʃn; Am. nu-/ n odżywianie | **nutritious** /nju'trɪʃəs; Am. nu-/ adj pożywny

nuts /nʌts/ adj (nieform.) 1 ~ (about sth) zwariowany na punkcie czegoś: drive sb ~ doprowadzić kogoś do szału 2 ~ about sb zakochany do szaleństwa

nylon /'naɪlɒn/ n nylon

Oo

O, o /əʊ/ n 1 litera o 2 zero → ZERO

oak /əʊk/ n (także '~ tree) dąb

oar /ɔː(r)/ n wiosło

oasis /əʊ'eɪsɪs/ n (pl oases /-siːz/) oaza

oath /əʊθ/ n przysięga

oats /əʊts/ n [pl] owies

obedient /ə'biːdiənt/ adj posłuszny | **obedience** n posłuszeństwo

obese /əʊ'biːs/ adj otyły

obey /ə'beɪ/ v być posłusznym: ~ an order wykonać rozkaz

obituary /ə'bɪtʃuəri; Am. -tʃueri/ n (pl -ies) nekrolog

object¹ /'ɒbdʒɪkt/ n 1 przedmiot 2 cel 3 (gram.) dopełnienie

object² /əb'dʒekt/ v ~ (to sb/sth)/(that) sprzeciwiać się (komuś/czemuś) | **objection** /əb'dʒekʃn/ n sprzeciw

objective /əb'dʒektɪv/ adj obiektywny ▸ n cel

obligation /ˌɒblɪ'geɪʃn/ n obowiązek: be under no ~ to do sth nie być zobowiązanym do (robienia) czegoś

obligatory /ə'blɪgətri; Am. -tɔːri/ adj (form.) obowiązkowy

oblige /ə'blaɪdʒ/ v 1 zobowiązywać: You are not obliged to answer these questions. Nie musisz odpowiadać na te pytania. 2 (form.) wyświadczać komuś grzeczność | **obliged** adj zobowiązany: I'm much ~ to you. Jestem ci bardzo wdzięczny. | **obliging** adj uprzejmy

obliterate /ə'blɪtəreɪt/ v (form.) niszczyć doszczętnie

oblivion /ə'blɪviən/ n 1 nieświadomość 2 zapomnienie

oblivious /ə'blɪviəs/ adj ~ (of/to sth) nieświadomy (czegoś)

oboe /'əʊbəʊ/ n obój → GRAĆ

obscene /əb'siːn/ adj 1 sprośny | **obscenity** /əb'senəti/ n (pl -ies) 1 sprośność, nieprzyzwoitość

obscure /əb'skjʊə(r)/ adj 1 niejasny 2 nieznany ▸ v przesłaniać (np. widok, wniosek)

observant /əb'zɜːvənt/ adj spostrzegawczy

observation /ˌɒbzə'veɪʃn/ n 1 obserwacja 2 spostrzegawczość 3 spostrzeżenie

observatory /əb'zɜːvətri; Am. -tɔːri/ n (pl -ies) obserwatorium

observe /əb'zɜːv/ v 1 obserwować 2 (form.) zauważać 3 (form.) zrobić uwagę | **observer** n obserwator/ka

obsess /əb'ses/ v opętać | **obsession** /-ʃn/ n obsesja | **obsessive** /-sɪv/ adj obsesyjny: be ~ about sth mieć obsesję na punkcie czegoś

obsolete /'ɒbsəliːt/ adj przestarzały

obstacle /'ɒbstəkl/ n przeszkoda

obstetrician /ˌɒbstə'trɪʃn/ n ginekolog-położnik

obstinate /'ɒbstɪnət/ adj uparty

obstruct /əb'strʌkt/ v tarasować

obstruction /əb'strʌkʃn/ n 1 tarasowanie 2 zator

obtain /əb'teɪn/ v (form.) uzyskiwać, otrzymywać

obvious /'ɒbviəs/ adj oczywisty | **obviously** adv oczywiście

occasion /ə'keɪʒn/ n okazja, wydarzenie → OKAZJA [IDM] on occasion(s) czasami

occasional /ə'keɪʒənl/ adj sporadyczny

occupant /'ɒkjəpənt/ n (form.) lokator/ka

occupation /ˌɒkju'peɪʃn/ n 1: The houses are ready for ~. Te domy są gotowe do zamieszkania. 2 zawód → PRACA 3 zajęcie 4 okupacja | **occupational** adj zawodowy

occupier /'ɒkjupaɪə(r)/ n 1 najemca 2 dzierżawca

occupy /'ɒkjupaɪ/ v (*3rd sing czasu pres* **-ies**; *pt, pp* **-ied**) **1** zamieszkiwać **2** okupować **3** zajmować: *How does he ~ himself now?* Czym on się teraz zajmuje?

occur /ə'kɜ:(r)/ v (**-rr-**) **1** (*form.*) wydarzać się **2** występować **3** ~ **to sb** przychodzić komuś do głowy

occurrence /ə'kʌrəns/ n zdarzenie, występowanie

ocean /'əʊʃn/ n ocean: *the Atlantic Ocean* Atlantyk

o'clock /ə'klɒk/ adv godzina (*wyłącznie podając pełne godziny*)

October /ɒk'təʊbə(r)/ n październik → MAJ

odd /ɒd/ adj **1** dziwny **2** nieparzysty **3** nie do pary **4** ponad **5** wolny: *at ~ moments* od czasu do czasu [IDM] **the odd man/one out** niepasujący: *She was always the ~ one out.* Zawsze odstawała od reszty.| **oddly** adv dziwnie ● ,**odd 'jobs** n prace dorywcze

odds /ɒdz/ n szanse: *The ~ are against you.* Masz małe szanse na to. [IDM] **odds and ends** (*Br., nieform.*) drobiazgi

odour (*Am.* **-or**) /'əʊdə(r)/ n (*form.*) woń (*zazw. nieprzyjemna*)

of /əv; *f. akcent.* ɒv/ prep ❶ Zwykle **of** +n odpowiada n w dopełniaczu lub frazie z przyimkiem (*zwł.* z). **1**: *the roof ~ the house* dach domu **2** z, spośród: *three ~ the ten houses* trzy z dziesięciu domów ◊ *a friend ~ mine* jeden z moich przyjaciół **3**: *That was nice ~ her.* To było ładnie z jej strony. **4** na (*jakąś chorobę*), z powodu czegoś **5**: *be proud ~ sth* być dumnym z czegoś ◊ *be jealous ~ sth* być zazdrosnym o coś **6**: *the city ~ Paris* miasto Paryż ◊ *a woman ~ intelligence* inteligentna kobieta ◊ *made ~ silver* ze srebra ◊ *north ~ Leeds* na północ od Leeds ◊ *a girl ~ 12* dwunastoletnia dziewczynka ◊ *This perfume smells ~ roses.* Te perfumy mają zapach róż. ◊ *Think ~ a number.* Pomyśl o jakiejś liczbie. ◊ *It reminds me ~ you.* Przypomina mi to ciebie.

off /ɒf/ adv, prep ❶ **Off** występuje w cz. złoż., np. **go off.** Zob. hasła odpowiednich v. **1** z: *He walked ~.* Odszedł. ◊ *I must be ~.* Muszę iść. ◊ *When are you ~ to Spain?* Kiedy wyjeżdżacie do Hiszpanii? **2**: *She took her coat ~.* Zdjęła płaszcz. ◊ *Don't leave the top ~ the toothpaste.* Zawsze zamykaj tubkę po użyciu. **3** w pewnej odległości: *~ the south coast of England* niedaleko południowego wybrzeża Anglii ◊ *Easter is a long way ~.* Daleko do Wielkanocy. **4** przy **5** nieobecny: *She's ~ work today.* Nie ma jej dzisiaj w pracy. **6** (*czas*) wolny (*od pracy*) **7** odwołany **8** z bonifikatą [IDM] **off and**

on; **on and off** od czasu do czasu | **well/ badly off** w dobrej/złej sytuacji materialnej ▶ adj **1** (*art. spoż.*) nieświeży **2** (*nieform.*) nieprzyjazny **3** (*urządzenie*) wyłączony ● '**off chance** n znikoma szansa: *on the off chance of finding him at home* mając słabą nadzieję, że go zastanie w domu

offence (*Am.* **offense**) /ə'fens/ n **1** ~ (**against sth**) (*form.*) przestępstwo **2** ~ (**against sth**) (*form.*) wykroczenie **3** ~ (**to sb/sth**) przykrość: *cause ~ to sb* obrazić kogoś [IDM] **take offence (at sth)** obrażać się

offend /ə'fend/ v **1** obrażać **2** ~ (**against sth**) (*form.*) naruszać (*np. prawo/ zwyczaj*)| **offender** n **1** (*form.*) przestępca/czyni: *young ~s* nieletni przestępcy ◊ *a first ~* osoba, która złamała prawo po raz pierwszy **2** winowajca

offensive /ə'fensɪv/ adj **1** obraźliwy **2** (*form.*) ofensywny ▶ n ofensywa

offer /'ɒfə(r)/ v **1** ~ **sth** (**to sb**) za/ oferować **2** dostarczać ▶ n **1** oferta, propozycja **2** okazja [IDM] **on offer 1** do zaoferowania **2** do nabycia po promocyjnej cenie

offhand /,ɒf'hænd/ adj bezceremonialny ▶ adv bez zastanowienia

office /'ɒfɪs/ n **1** biuro: *~ hours* godziny urzędowania **2** (**Office**) ministerstwo **3** urząd (*np. ministra*): *be in ~* pełnić urząd **4** (*Am.*) gabinet (*lekarski*) ● '**office block** n biurowiec

officer /'ɒfɪsə(r)/ n **1** oficer → OFFICIAL **2** funkcjonariusz/ka **3** = POLICE OFFICER

official /ə'fɪʃl/ adj **1** urzędowy **2** oficjalny ▶ n (*wyższy*) urzędnik ❶ **Office worker** to pracownik biurowy. **Official** to osoba zajmująca odpowiedzialne stanowisko w firmie lub organizacji, zwł. w administracji rządowej: *senior government ~s.* Osoba uprawniona do wydawania rozkazów w wojsku, marynarce i policji to **officer**, choć słowa tego używa się też w znaczeniu podobnym co **official**: *She's an executive officer in the Civil Service.*

off-licence /'laɪsns/ n (*Br.*) sklep monopolowy

off-peak /,ɒf 'pi:k/ adj poza godzinami szczytu

offside /,ɒf'saɪd/ adj (*sport*) spalony

offspring /'ɒfsprɪŋ/ n (*pl* **offspring**) (*form.*) potomstwo

often /'ɒfn; 'ɒftən/ adv często [IDM] **every so often** od czasu do czasu

oh (*także* **O**) /əʊ/ interj **1** och! **2** ojej!

OHP /,əʊ eɪtʃ 'pi:/ skrót ,**overhead pro'jector** n rzutnik

O

oil /ɔɪl/ n **1** ropa naftowa **2** olej: *olive ~* oliwa z oliwek ► v oliwić| **oily** *adj* **1** tłusty, zatłuszczony **2** oleisty ● **'oilfield** n pole naftowe| **'oil painting** n obraz olejny

OK (*także* **okay**) /əʊˈkeɪ/ *adj, adv* (*nieform.*) w porządku: *If it's okay with you, I'll come at about 7.* Jeżeli ci to odpowiada, przyjdę około siódmej. ► *interj* tak| n zgoda: *give the ~ to do sth* pozwolić na coś| v (*3rd sing czasu pres* **OK's**; *pres part.* **OK'ing**; *pt, pp* **OK'd**) *~ sth* (**with sb**) uzyskać (czyjąś) zgodę

old /əʊld/ *adj* **1** stary **2** stopnia **3**: *a two-year-old* dwulatek ◇ *How ~ are you?* Ile masz lat? ❶ Zwyczajny stopień wyższy i najwyższy *adj* old to **older** i **oldest** Formy **elder** i **eldest** stosuje się przy porównywaniu wieku różnych osób, szczególnie członków rodziny. Nie można ich jednak używać ze słowem **than**. Przym. te występują wyłącznie przed n → WIEK [IDM] *any old...* (*jęz. mów.*) obojętnie jaki: *any ~ time* kiedykolwiek ● **,old 'age** n starość| **,old-'fashioned** *adj* **1** staromodny **2** staroświecki| **,old 'people's home** n (Br.) dom starców

olive /ˈɒlɪv/ n oliwka ► (*także* **,~ -'green**) *adj* oliwkowy

omen /ˈəʊmən/ n znak

ominous /ˈɒmɪnəs/ *adj* złowróżbny: *look ~* nie wróżyć nic dobrego

omission /əˈmɪʃn/ n przeoczenie: *There were several ~s on the list of names.* Na liście pominięto kilka nazwisk.

omit /əˈmɪt/ v (-**tt**-) pomijać

on /ɒn/ *adv, prep* ❶ On używa się w v. złoż. i w zwrotach z n, np. **get on, on holiday.** Zob. hasła odpowiednich v. i n **1** na **2** w *(daty itp.; środki transportu; radio itp.)*: *~ 19th August* dziewiętnastego sierpnia ◇ *~ foot* piechotą ❶ Uwaga! – **on the bus/train/ plane, ale in the car. 3** nad *(np. morzem)* **4** po: *~ hearing the news* usłyszawszy wiadomość **5** dalej *(coś robić)*: *The war went ~ for five years.* Wojna ciągnęła się przez pięć lat. **6** na temat **7** włączony: *All the lights were ~.* Paliły się wszystkie światła. ◇ *Switch the television ~.* Włącz telewizor. **8** grany, w programie: *What's ~ at the cinema?* Co grają w kinie? ◇ *We haven't got anything ~.* Nie mamy nic zaplanowanego. **9** *~ to her ~ the phone.* Rozmawiałem z nią przez telefon. **10** (mieć) na sobie: *What did she have ~?* W co była ubrana? **11** *(mieć)* przy *(sobie)* **12** z *(np. pensji)* **13** dla *(np. zasady)* **14** w porównaniu z czymś [IDM] **be on about sth** *(nieform.)* mówić o czymś| **be on sb** stawiać *(np. piwo)*: *It's*

~ me! Ja stawiam!| **from now/then on** od tego czasu| **off and on; on and off** → OFF¹ | **on and on** bez przerwy: *He just went ~ and ~ about his work.* Mówił bez końca o swojej pracy.

once /wʌns/ *adv* **1** raz: *~ a week* raz na tydzień **2** kiedyś [IDM] **at once 1** natychmiast **2** naraz| **once again** znowu| **once more** jeszcze raz| **once upon a time** dawno, dawno temu ► *conj* kiedy (tylko)

oncoming /ˈɒnkʌmɪŋ/ *adj* nadchodzący, nadjeżdżający

one /wʌn/ *pron, dem pron, n* **1** jeden → DWA **2** właśnie (ten) **3** pewien [IDM] **(all) in one** razem| **one at a time** pojedynczo| **one by one** pojedynczo ► *pron* **1** *(Używa się, by uniknąć powtórzenia n; na polski często nie tłumaczy się, n pozostaje w domyśle.)*: *I think I'll have an apple. Would you like ~?* Zjem jabłko. Czy też chcesz? **2** *~ of* jeden z kilku/wielu| n **1**: *That idea is a good ~.* To dobry pomysł. **2** (to) ten **3** ktoś| *pron* (*form.*) *(najczęściej tłumaczy się formą bezosobową, np. powinno się)*, ludzie ❶ W codziennym użyciu częściej występuje słowo **you.** Zwróć uwagę, że forma ta tworzy zaimka dzierżawczego (czyj): *One must be sure of one's facts.* Ta sama forma może występować jako skrót wyrażeń **one is** i **one has.** ● **,one-'off** n, *adj* (*nieform.*) jedyna okazja| **,one-'sided** *adj* **1** jednostronny **2** stronniczy| **,one-to-'one** *adj, adv* w cztery oczy: *one-to-one English lessons* indywidualne lekcje angielskiego| **,one-'way 1** *adj* jednokierunkowy **2** *adj, adv* (*bilet itp.*) w jedną stronę = SINGLE(5)| **,one a'nother** *pron* się, siebie (wzajemnie) ❶ Często nie tłumaczy się.

oneself /wʌnˈself/ *pron* **1** się/siebie **2** sam [IDM] **(all) by oneself** sam

ongoing /ˈɒngəʊɪŋ/ *adj* bieżący

onion /ˈʌnjən/ n cebula

online /ˌɒnˈlaɪn/ *adj* (*komput.*) online, komputerowy ► *adv* komputerowo, przez Internet

onlooker /ˈɒnlʊkə(r)/ n gap, obserwator

only /ˈəʊnli/ *adj* jedyny ► *adv* tylko [IDM] **not only... but also** nie tylko...ale także| **only just 1** dopiero co **2** ledwie ● **,only 'child** n jedyna-k/czka

onset /ˈɒnset/ n [lp] początek

onto (*także* **'on to**) /ˈɒntə; *przed samogł.* 'ɒntu/ *prep* na [PV] **be onto sb/sth 1** być na tropie kogoś/czegoś ❶ **Be onto sb** jest zwrotem nieformalnym.

onwards /ˈɒnwədz; *Am.* 'ɑːn-; 'ɔːn-/ (*zwł. Br.*) (*Am. zwykle* **onward** /-wəd; *Am.* 'ɑːn-; 'ɔːn-/) *adv* dalej

ooze /uːz/ v **1** sączyć się **2** ~ **(with)** sth:
She was oozing confidence. Biła od niej
pewność siebie.

opaque /əʊˈpeɪk/ adj **1**
nieprzezroczysty **2** (form.) (*wyjaśnienie
itp.*) niejasny

open /ˈəʊpən/ adj **1** otwarty: ~ *country*
wolna przestrzeń ◊ *The curtains were
~.* Zasłony były rozsunięte. **2** jawny
3 ~ **(to sb/sth)** (*droga*) przejezdny
4 (*ubranie*) rozpięty **5** (*morze*) pełny
6 (*problem itp.*) nierozstrzygnięty [IDM]
have/keep an open mind (about/on sth)
bez uprzedzeń podchodzić do nowości |
in the open air na świeżym powietrzu
▶ v **1** ~ **(sth) (out)** otwierać (się): ~ *the
curtains* rozsunąć zasłony ◊ *The shop
hasn't opened yet.* Sklep jest jeszcze
zamknięty. ◊ *The play ~s next month.*
Premiera sztuki odbędzie się w
przyszłym miesiącu. **2** uczynić
przejezdnym [PV] **open into/onto sth**
wychodzić na coś| **open up** rozmawiać
szczerze **2** otwierać drzwi| **opener** n
otwieracz ● **open day** n dzień
otwartych drzwi| **open-'minded** adj
bez uprzedzeń| **open-'plan** adj otwarta
przestrzeń (*np. biurowa*)

opening /ˈəʊpnɪŋ/ n **1** otwarcie **2** otwór
3 okazja **4** wakat ▶ adj początkowy

opera /ˈɒprə/ n opera ● **'opera house** n
(*budynek*) opera

operate /ˈɒpəreɪt/ v **1** prowadzić (*np.
interesy, usługi*) **2** działać **3** obsługiwać
4 ~ **(on sb/sth) (for sth)** operować
● **'operating system** n system
operacyjny| **'operating theatre** n sala
operacyjna

operation /ˌɒpəˈreɪʃn/ n **1** akcja
2 firma **3** ~ **(on sb/sth) (for sth)**; ~ **(to
do sth)** operacja **4** praca (*komputera;
maszyny*) **5** działanie

operational /ˌɒpəˈreɪʃənl/ adj
1 operacyjny **2** (*urządzenie*) sprawny

operator /ˈɒpəreɪtə(r)/ n **1** telefonist-a/
ka **2** operator/ka **3** osoba prowadząca
firmę **4** firma (*przewozowa*): *a tour* ~
biuro podróży

opinion /əˈpɪnjən/ n **1** ~ **(of sb/sth)/(on/
about sth)** zdanie (o kimś/czymś)
2 opinia [IDM] **in my/your, etc. opinion**
moim/twoim itp. zdaniem

opponent /əˈpəʊnənt/ n **1** przeciwni-k/
czka **2** an ~ **(of sth)** oponent/ka

opportunity /ˌɒpəˈtjuːnəti; *Am.*
ˌɑːpərˈtuː-/ n (*pl* -ies) okazja,
sposobność: *an equal* ~ *employer*
pracodawca realizujący zasady
równouprawnienia→ OKAZJA [IDM] **take
the opportunity to do sth/of doing sth**
korzystać z okazji, żeby coś zrobić

oppose /əˈpəʊz/ v ~ **sth** sprzeciwiać się
| **opposed** adj **be** ~ **to sth** być

przeciwnym czemuś [IDM] **as opposed
to** w przeciwieństwie do czegoś

opposite /ˈɒpəzɪt/ adj przeciwległy
▶ adv, prep naprzeciwko| n
przeciwieństwo ● **,opposite 'number** n
odpowiedni-k/czka

opposition /ˌɒpəˈzɪʃn/ n **1** ~ **(to sb/sth)**
sprzeciw, opór **2** (**the opposition**) [*z v. w
pl lub s*] (*sport*) przeciwni-k/czka **3** (**the
Opposition**) opozycja

oppress /əˈpres/ v gnębić| **oppressed**
adj gnębiony| **oppression** /-ʃn/ n ucisk
| **oppressive** /-sɪv/ adj **1** uciskający:
~ *laws* surowe prawa **2** (*upał itp.*)
uciążliwy

opt /ɒpt/ v ~ **to do sth** wybierać [PV] **opt
for sb/sth** decydować się na kogoś/coś|
opt out (of sth) rezygnować z czegoś:
*Schools can now ~ out of local
government control.* Szkoły mogą teraz
uniezależnić się od kontroli samorządu
lokalnego.

optical /ˈɒptɪkl/ adj optyczny ● **,optical
il'lusion** n złudzenie optyczne

optician /ɒpˈtɪʃn/ n optyk: *the
optician's* zakład optyczny

optimist /ˈɒptɪmɪst/ n optymist-a/ka|
optimistic /ˌɒptɪˈmɪstɪk/ adj
optymistyczny

option /ˈɒpʃn/ n **1** możliwość wyboru
2 ewentualność| **optional** adj
nieobowiązkowy: *The CD player is an* ~
extra. Za dodatkową opłatą możesz
otrzymać odtwarzacz.

or /ɔː(r)/ conj **1** czy (też) **2** bo (inaczej)
3 (*po przeczeniach*) ani **4** lub/czy też
[IDM] **or else** bo inaczej| **or so** lub coś
koło tego

oral /ˈɔːrəl/ adj ustny: ~ *hygiene*
higiena jamy ustnej ▶ n egzamin ustny

orange /ˈɒrɪndʒ/ n **1** pomarańcza
2 kolor pomarańczowy ▶ adj
pomarańczowy

orbit /ˈɔːbɪt/ n orbita ▶ v krążyć po
orbicie

orchard /ˈɔːtʃəd/ n sad

orchestra /ˈɔːkɪstrə/ n orkiestra

orchid /ˈɔːkɪd/ n storczyk, orchidea

ordeal /ɔːˈdiːl; ˈɔːdiːl/ n [C] ciężkie
przejścia

order /ˈɔːdə(r)/ n **1** porządek **2** rozkaz
3 zamówienie (*handlowe, w restauracji
itp.*) [IDM] **in order** w porządku| **out of
order 1** zepsuty **2** (*nieform.*) nie na
miejscu ▶ v **1** ~ **sb (to do sth)** kazać
2 zamawiać ● **'order form** n formularz
zamówienia

orderly /ˈɔːdəli/ adj **1** uporządkowany
2 spokojny: *form an* ~ *queue* ustawić się
grzecznie w kolejce ▶ n (*pl* -ies)
sanitariusz/ka

ordinary /'ɔːdnri; *Am.* 'ɔːrdneri/ *adj*
zwykły |IDM| **out of the ordinary**
niezwykły

organ /'ɔːgən/ *n* [C] **1** narząd **2** (*muz.*)
organy → GRAĆ

organic /ɔː'gænɪk/ *adj* **1** organiczny
2 naturalny: ~ *vegetables* zdrowe
warzywa (z uprawy ekologicznej)

organism /'ɔːgənɪzəm/ *n* organizm

organization (*także* **-isation**)
/ˌɔːgənaɪ'zeɪʃn; *Am.*-nə'z-/ *n* organizacja

organize (*także* **-ise**) /'ɔːgənaɪz/ *v*
organizować| **organizer** *n* organizator/
ka

orgy /'ɔːdʒi/ *n* (*pl* **-ies**) **an ~** (**of** *sth*)
orgia

orient /'ɔːrient/ (*Br. także* **orientate**
/-teɪt/) *v* **~ yourself** orientować się (*w
terenie*)| **oriented** *adj* skierowany do
kogoś/czegoś

oriental /ˌɔːri'entl/ *adj* orientalny

origin /'ɒrɪdʒɪn/ *n* pochodzenie

original /ə'rɪdʒənl/ *adj* **1** pierwotny
2 oryginalny: *Is that the ~ painting?* Czy
to autentyk? ► *n* (**the original**) oryginał|
originality /əˌrɪdʒə'næləti/ *n*
oryginalność

originate /ə'rɪdʒəneɪt/ *v* (*form.*)
1 powstawać, pojawiać się
2 zapoczątkować

ornament /'ɔːnəmənt/ *n* ozdoba|
ornamental /ˌɔːnə'mentl/ *adj* ozdobny

ornate /ɔː'neɪt/ *adj* ozdobny: *an ~
building* bogato zdobiony budynek

orphan /'ɔːfn/ *n* sierota ► *v* osierocać|
orphanage /-nɪdʒ/ *n* sierociniec

orthodox /'ɔːθədɒks/ *adj* ortodoksyjny:
the Orthodox Church kościół
prawosławny

ostrich /'ɒstrɪtʃ/ *n* struś

other /'ʌðə(r)/ *dem pron, pron*
1 inny **2** (*po słowie the lub zaimku
dzierżawczym z n w s*) drugi (*of. pary*):
the ~ one ten drugi |IDM| **in other words**
inaczej mówiąc| **the other day/morning/
week, etc.** niedawno ● **other than**
prep (*zwykle po przeczeniach*) **1** poza
tym **2** inaczej niż

otherwise /'ʌðəwaɪz/ *adv* **1** poza tym
2 inaczej: *I can't see you next weekend –
I'm ~ engaged.* Nie mogę się z tobą
spotkać w przyszły weekend – mam
inne plany. **3** inny ► *conj* (bo) inaczej

ouch /aʊtʃ/ *interj* au!

ought to /'ɔːt tə; *przed samogł. i na
końcu zdania* 'ɔːt tuː/ *v mod* (*f. przev.*
ought not to; *f. krótka* **oughtn't to** /'ɔːtnt
tə/ *przed samogł. i na końcu zdania*
/ 'ɔːtnt tuː/) powinien (coś zrobić)

ounce /aʊns/ *n* **1** uncja **2** an ~ of *sth*
krzt(yn)a

our /ɑː(r); 'aʊə(r)/ *dem pron* nasz| **ours**
/ɑːz; 'aʊəz/ *pron* nasz

ourselves /ɑː'selvz; ˌaʊə-/ *pron* **1** się/
siebie **2** (my) sami |IDM| **(all) by
ourselves** sami → ALONE

out /aʊt/ *adj, adv* ❶ Out występuje w v.
złoż., np. **try sb/sth out**. Zob. hasła
odpowiednich v. **1**: *He took a gun ~.*
Wyjął broń. ◊ *throw sth* ~ wyrzucić coś
◊ *Her ears stick* ~. Ona ma odstające
uszy **2** poza domem/pracą **3** na dworze
4 be ~ (*książka itp.*) ukazywać się,
(*prawda itp.*) wychodzić na jaw
5 niemodny: *Short skirts are ~.* Krótkie
spódnice wyszły z mody. **6** zgaszony
7 be ~ (*rachunek*) zawierać błąd,
pomylić się (*np. w obliczeniach*) **8 be ~**
nie wchodzić w rachubę; wypadać z gry
9 aut **10** : *She cried ~ in pain.* Krzyknęła
z bólu. **11** : *The tide is going ~.* Jest
odpływ. ● **out 'loud** *adv* na głos| **out of**
/'aʊt əv/ *prep* **1**: *She took her purse out
of her bag.* Wyjęła portmonetkę z
torebki. ◊ *get out of bed* wstawać z
łóżka **2** poza: *She's out of danger.*
Najgorsze ma już za sobą. **3** od **4** z/
spośród **5** bez: *We're out of milk.* Mleko
się skończyło. **6** nie działający| **out-of-
'work** *adj* bezrobotny

outbreak /'aʊtbreɪk/ *n* wybuch
(*np. wojny*)

outburst /'aʊtbɜːst/ *n* wybuch
(*np. złości*)

outcast /'aʊtkɑːst; *Am.* -kæst/ *n*
wyrzutek

outcome /'aʊtkʌm/ *n* rezultat

outcry /'aʊtkraɪ/ *n* (*pl* **-ies**) głośny
sprzeciw

outdo /ˌaʊt'duː/ *v* (*3rd sing czasu pres*
-does /-'dʌz/; *pt* **-did** /-'dɪd/; *pp* **-done**
/-'dʌn/) prześcigać (kogoś w czymś)

outdoor /'aʊtdɔː(r)/ *adj* na dworze:
~ *furniture* meble ogrodowe ◊ *an ~
swimming pool* odkryty basen|
outdoors *adv* na dworze

outer /'aʊtə(r)/ *adj* **1** zewnętrzny
2 peryferyjny ● **outer 'space** *n* = SPACE
(2)

outfit /'aʊtfɪt/ *n* **1** kostium **2** (*nieform.*)
firma

outgoing /'aʊtgəʊɪŋ/ *adj* **1** towarzyski
2 (*prezydent itp.*) ustępujący: ~ *mail*
poczta do wysłania

outgrow /ˌaʊt'grəʊ/ *v* (*pt* **-grew** /-'gruː/;
pp **-grown** /-'grəʊn/) wyrastać (z czegoś)

outing /'aʊtɪŋ/ *n* wycieczka

outlandish /aʊt'lændɪʃ/ *adj* dziwaczny

outlaw /'aʊtlɔː/ *v* zakazywać

outlet /'aʊtlet/ *n* **1** ujście (*rzeki; złości
itp.*) **2** punkt (*sprzedaży detalicznej*)
3 (*Am.*) (*elektr.*) gniazdko

outline /'aʊtlaɪn/ *n* zarys ► *v*
przedstawiać w zarysie

outlive /ˌaʊtˈlɪv/ *v* przeżyć kogoś

outlook /ˈaʊtlʊk/ *n* **1** pogląd na świat **2 ~ (for sth)** perspektywy: *The ~ for the economy is not good.* Nie ma dobrych perspektyw dla ekonomii.

outnumber /ˌaʊtˈnʌmbə(r)/ *v* przewyższać liczebnie

outpatient /ˈaʊtpeɪʃnt/ *n* pacjent/ka ambulatoryjn-y/a

output /ˈaʊtpʊt/ *n* **1** produkcja, wydajność **2** (*komput.*) dane

outrage /ˈaʊtreɪdʒ/ *n* **1** rzecz oburzająca **2** oburzenie ▶ *v* oburzać

outrageous /aʊtˈreɪdʒəs/ *adj* **1** oburzający **2** skandaliczny

outright /ˈaʊtraɪt/ *adv* **1** szczerze **2** od razu: *be killed ~* zginąć na miejscu **3** całkowicie ▶ *adj* **1** całkowity **2** niekwestionowany

outset /ˈaʊtset/ *n* początek

outside /ˌaʊtˈsaɪd/ *n* **1** zewnętrzna strona **2** (na/z) zewnątrz ▶ /ˈaʊtsaɪd/ *adj* **1** zewnętrzny **2** (*szansa*) znikomy | *prep* **1** na zewnątrz **2** (*Am. także ~ of*) poza, pod (*miastem*) | *adv* na zewnątrz/ dworze

outskirts /ˈaʊtskɜːts/ *n* (the outskirts) peryferie (*miasta*)

outspoken /aʊtˈspəʊkən/ *adj* mówiący bez ogródek

outstanding /aʊtˈstændɪŋ/ *adj* **1** wybitny **2** (*zapłata itp.*) zaległy

outstretched /ˌaʊtˈstretʃt/ *adj* rozpostarty

outward /ˈaʊtwəd/ *adj* **1** odjeżdżający **2** zewnętrzny **3** odśrodkowy | **outwardly** *adv* na pozór | **outwards** /-wədz/ (*zwł. Am. -ward*) *adv* na zewnątrz

outweigh /ˌaʊtˈweɪ/ *v* przeważać

oval /ˈəʊvl/ *adj, n* owalny

ovary /ˈəʊvəri/ *n* (*pl* -ies) jajnik

oven /ˈʌvn/ *n* piekarnik: *a microwave ~* kuchenka mikrofalowa

over /ˈəʊvə(r)/ *adv, prep* ❶ Over używa się w v. złoż., np. **get over sth**. Zob. hasła odpowiednich v. **1** ponad → ABOVE **2**: *She hung her coat ~ the back of the chair.* Powiesiła płaszcz na krześle. **3**: *fall ~* przewrócić się ◇ *lean ~* wychylać się **4**: *jump ~ the fence* skakać przez płot ◇ *a bridge ~ the river* most na rzece **5** po drugiej stronie, na drugą stronę **6**: *~ here* tu ◇ *~ there* tam ◇ *He's ~ in America at the moment.* Jest teraz gdzieś w Ameryce. **7** : *There are a lot of cakes left ~.* Zostało dużo ciastek. **8** więcej **9** (*ze słowem* all) wszędzie: *There was blood all ~ the place.* Wszędzie była krew. **10** : *start all ~ again* zacząć wszystko od początku ◇ *She kept saying the same thing ~ and ~ again.* Ciągle powtarzała to samo.

11 na temat, o **12** podczas ▶ *adj* skończony

overall /ˌəʊvərˈɔːl/ *adj* całkowity ▶ *adv* **1** w całości **2** ogólnie mówiąc | /ˈəʊvərɔːl/ *n* **1** kitel **2** (overalls) (*Br.*) kombinezon

overboard /ˈəʊvəbɔːd/ *adv* za burt-a/ę

overcast /ˌəʊvəˈkɑːst; *Am.* -ˈkæst/ *adj* zachmurzony

overcharge /ˌəʊvəˈtʃɑːdʒ/ *v* (*handl.*) policzyć za dużo

overcoat /ˈəʊvəkəʊt/ *n* palto

overcome /ˌəʊvəˈkʌm/ *v* (*pt* -came /-ˈkeɪm/; *pp* -come) **1** przezwyciężać **2** (*zmartwienie itp.*) ogarniać: *be ~ with emotion* wzruszyć się ◇ *be ~ by smoke* być ogarniętym dymem

overcrowded /ˌəʊvəˈkraʊdɪd/ *adj* zatłoczony

overdo /ˌəʊvəˈduː/ *v* (*pt* -did /-ˈdɪd/; *pp* -done /-ˈdʌn/) **1** przesadzać z czymś: *He overdid the pepper.* Wsypał za dużo pieprzu. **2** przegotowywać

overdose /ˈəʊvədəʊs/ *n* za duża dawka

overdraft /ˈəʊvədrɑːft; *Am.* -dræft/ *n* debet

overdue /ˌəʊvəˈdjuː; *Am.* -ˈduː/ *adj* spóźniony: *Change is long ~.* Już od dawna potrzebna jest zmiana.

overestimate /ˌəʊvərˈestɪmeɪt/ *v* przeceniać

overflow /ˌəʊvəˈfləʊ/ *v* **1** przelewać się: *The river overflowed its banks.* Rzeka wystąpiła z brzegów. **2 ~ (into sth)** wylewać się

overgrown /ˌəʊvəˈɡrəʊn/ *adj* (*trawnik itp.*) zarośnięty

overhaul /ˌəʊvəˈhɔːl/ *v* przeprowadzać gruntowny przegląd

overhead /ˌəʊvəhed/ *adj* napowietrzny ▶ /ˌəʊvəˈhed/ *adv* w górze ● **overhead projector** → OHP

overhear /ˌəʊvəˈhɪə(r)/ *v* (*pt, pp* -heard /-ˈhɜːd/) przypadkowo usłyszeć

overjoyed /ˌəʊvəˈdʒɔɪd/ *adj* ~ (at sth/to do sth) rozradowany

overland /ˈəʊvəlænd/ *adj* lądowy ▶ *adv* lądem

overlap /ˌəʊvəˈlæp/ *v* (-pp-) **1** pokrywać się (częściowo) **2** nakładać (*jedną rzecz na drugą*) ▶ /ˈəʊvəlæp/ *n* zachodzenie (jednej rzeczy na drugą)

overleaf /ˌəʊvəˈliːf/ *adv* na odwrocie (strony)

overload /ˌəʊvəˈləʊd/ *v* przeciążać

overlook /ˌəʊvəˈlʊk/ *v* **1** (*okno itp.*) wychodzić (na coś) **2** przeoczyć **3** nie zwracać uwagi

overnight /ˌəʊvəˈnaɪt/ *adj* **1** nocny: *an ~ bag* mała torba podróżna **2** (*sukces itp.*) natychmiastowy ▶ *adv* **1** w ciągu

nocy: *stay* ~ nocować **2** (*nagle*) z dnia na
dzień

overpass /'əʊvəpɑːs; *Am.* -pæs/ *n* (*Am.*)
wiadukt

overpower /ˌəʊvə'paʊə(r)/ *v*
opanowywać | **overpowering** *adj*
przemożny

overrate /ˌəʊvə'reɪt/ *v* przeceniać

override /ˌəʊvə'raɪd/ *v* (*pt* -**rode**
/-'rəʊd/; *pp* -**ridden** /-'rɪdn/)
1 lekceważyć **2** mieć pierwszeństwo

overrule /ˌəʊvə'ruːl/ *v* uchylać (*np.
decyzję*)

overrun /ˌəʊvə'rʌn/ *v* (*pt* -**ran** /-'ræn/;
pp -**run**) **1** opanowywać: *The city was ~
by rats*. W mieście zaroiło się od
szczurów. **2** przekraczać (*wyznaczony
czas*)

overseas /ˌəʊvə'siːz/ *adj* zagraniczny
▶ *adv* za granic-ę/-ą

oversee /ˌəʊvə'siː/ *v* (*pt* -**saw** /-'sɔː/; *pp*
-**seen** /-'siːn/) nadzorować

overshadow /ˌəʊvə'ʃædəʊ/ *v*
przyćmiewać, kłaść się cieniem (na
czymś)

oversight /'əʊvəsaɪt/ *n* przeoczenie

oversleep /ˌəʊvə'sliːp/ *v* (*pt, pp* -**slept**
/-'slept/) zaspać

overtake /ˌəʊvə'teɪk/ *v* (*pt* -**took** /-'tʊk/;
pp -**taken** /-'teɪkən/) wyprzedzać

overthrow /ˌəʊvə'θrəʊ/ *v* (*pt* -**threw**
/-'θruː/; *pp* -**thrown** /-'θrəʊn/) obalać

overtime /'əʊvətaɪm/ *n* [U] nadgodziny
▶ *adv* w nadgodzinach

overturn /ˌəʊvə'tɜːn/ *v* przewracać
(się) (*do góry nogami*)

overweight /ˌəʊvə'weɪt/ *adj* z nadwagą

overwhelm /ˌəʊvə'welm/ *v*
1 przytłaczać **2** zasypywać (*np. listami*)
3 powalić (*np. wroga*)

overwork /ˌəʊvə'wɜːk/ *v*
przepracowywać się

owe /əʊ/ *v* **1** ~ **sth** (**to sb**) (**for sth**); ~ **sb**
for sth być winnym (*pieniądze itp.*)
2 zawdzięczać

owing to /'əʊɪŋ tə/ *przed samogł.* -tu/
prep z powodu

owl /aʊl/ *n* sowa

own /əʊn/ *dem pron, pron* (swój)
własny ❶ Nie można stawiać *own* po *a*
lub *the*. Nie można powiedzieć ~~I would
like an own car~~ Poprawnie mówi się **I
would like my own car** lub **I would like a
car of my own**. [IDM] *of your, etc.* **own** na
własność! (**all**) **on your, etc. own** sam
→ ALONE | **get/have your own back** (**on
sb**) (*nieform.*) odpłacić pięknym za
nadobne ▶ *v* mieć (*na własność*) [PV]
own up (**to sth**) (*nieform.*) przyznawać
się (do czegoś)

owner /'əʊnə(r)/ *n* właściciel/ka |
ownership *n* własność

ox /ɒks/ *n* (*pl* **oxen** /'ɒksn/) wół

oxygen /'ɒksɪdʒən/ *n* tlen

oyster /'ɔɪstə(r)/ *n* ostryga

ozone /'əʊzəʊn/ *n* ozon ● **ozone-
'friendly** *adj* nieszkodliwy dla warstwy
ozonowej | **'ozone layer** *n* warstwa
ozonowa

Pp

P, p /piː/ *n* litera *p*

PA /ˌpiː 'eɪ/ *skrót* sekreta-rz/rka,
asystent/ka

pace /peɪs/ *n* **1** (*odległość*) krok
2 tempo [IDM] **keep pace** (**with sb/sth**)
dotrzymywać kroku ▶ *v* kroczyć: ~ *up
and down the room* przemierzać pokój
tam i z powrotem

pacifier /'pæsɪfaɪə(r)/ *n* (*Am.*) smoczek

pacify /'pæsɪfaɪ/ *v* (*3rd sing czasu pres*
-**ies**; *pt, pp* -**ied**) uspokajać

pack /pæk/ *n* **1** tobół **2** (*Am.*) = PACKET
3 paczka (*np. papierosów*): *a ~ of lies*
stek kłamstw **4** stado (*np. wilków*)
5 banda **6** (*Br.*) talia (*kart*) ▶ *v*
1 pakować (się) **2** na/pakować [PV] **pack
up** (*nieform.*) **1** zbierać manatki
2 (*silnik itp.*) zacinać się | **packing** *n*
1 pakowanie (się) **2** opakowanie
● **,packed 'lunch** *n* (*Br.*) kanapki itp.
przygotowane jako drugie śniadanie
poza domem, suchy prowiant

package /'pækɪdʒ/ *n* **1** (*zwł. Am.*)
paczka **2** pakiet ▶ *v* pakować |
packaging *n* opakowanie ● **,package
'holiday** *n* zorganizowany wyjazd
wakacyjny | **'package store** *n* (*Am.*)
sklep monopolowy

packet /'pækɪt/ *n* pudełko

pact /pækt/ *n* pakt

pad /pæd/ *n* **1** ochraniacz, podkładka:
shin ~s nagolenniki **2**: *a cotton wool ~*
wacik **3** blok papieru **4** poduszka (*np.
łapy kota*) ▶ *v* (-**dd-**) wyściełać | **padding**
n wyściółka, (*ubranie*) podszycie

paddle /'pædl/ *n* wiosło (*typu pagaj*)
▶ *v* **1** wiosłować **2** brodzić

padlock /'pædlɒk/ *n* kłódka ▶ *v*
zamykać na kłódkę

paediatrician /ˌpiːdiə'trɪʃn/ *n* pediatra

page /peɪdʒ/ *n* stronica ▶ *v*
przywoływać kogoś przez głośnik

paid *pt, pp od* PAY

pain /peɪn/ *n* **1** ból: *I've got a ~ in my
back*. Bolą mnie plecy. **2** (*nieform.*)
utrapienie: *He's a ~ in the neck*. On jest
nie do wytrzymania. ▶ *v* sprawiać

o
p

(komuś) przykrość| **pained** *adj* zbolały|
painful *adj* bolesny| **painless** *adj*
bezbolesny ● **'painkiller** *n* środek
przeciwbólowy

painstaking /'peɪnzteɪkɪŋ/ *adj*
staranny

paint /peɪnt/ *n* **1** farba: *Wet ~!* Świeżo
malowane! **2 (paints)** farby (*artysty
malarza*) ▶ *v* malować: *The wall's
painted pink.* Ściana jest pomalowana
na różowo. ● **'paintbrush** *n* pędzel

painter /'peɪntə(r)/ *n* mala-rz/rka

painting /'peɪntɪŋ/ *n* **1** malowanie
2 obraz

pair /peə(r)/ *n* para: *in ~s* parami

pajamas (*Am.*) = PYJAMAS

pal /pæl/ *n* (*nieform.*) kumpel/ka

palace /'pæləs/ *n* pałac

palate /'pælət/ *n* podniebienie

pale /peɪl/ *adj* blady: *~ yellow*
bladożółty

palm /pɑːm/ *n* **1** dłoń **2** (*także* '~ tree)
palma

palmtop /'pɑːmtɒp/ *n* komputer
kieszonkowy

pamper /'pæmpə(r)/ *v* rozpieszczać

pamphlet /'pæmflət/ *n* broszura

pan /pæn/ *n* rondel: *a frying ~* patelnia
◇ *pots and ~s* gary

pancake /'pænkeɪk/ *n* naleśnik
● **'Pancake Day** *n* ostatki (*wtorek przed
Środą Popielcową*)

pane /peɪn/ *n* szyba

panel /'pænl/ *n* **1** zespół (*np.
specjalistów*) **2** filunek, płycina, kaseton
3 tablica rozdzielcza

pang /pæŋ/ *n* (nagłe i ostre) uczucie
(*np. bólu, winy, głodu*)

panic /'pænɪk/ *n* popłoch ▶ *v* (-ck-)
panikować

pant /pænt/ *v* sapać, dyszeć ▶ *n*
zadyszka, krótki urywany oddech

panther /'pænθə(r)/ *n* pantera

panties /'pæntiz/ *n* (*nieform., zwł. Am.*)
majtki

pantomime /'pæntəmaɪm/ *n*
przedstawienie dla dzieci urządzane po
Bożym Narodzeniu

pantry /'pæntri/ *n* (*pl* -ies) spiżarnia

pants /pænts/ *n* **1** (*Br.*) = UNDERPANTS
2 *n* (*Am.*) spodnie

pantyhose (*także* panti-) /'pæntɪhəʊz/;
Am. -həʊz/ *n* (*Am.*) rajstopy

paper /'peɪpə(r)/ *n* **1** papier: *wallpaper*
tapeta ◇ *scrap ~* zużyty papier ◇ *a ~
handkerchief* chusteczka higieniczna
◇ *filter/tissue/toilet/writing ~* filtr
papierowy/bibuła/papier toaletowy/
papier listowy ◇ *graph ~* papier
milimetrowy ◇ *greaseproof/wax ~*
papier woskowany **2** = NEWSPAPER

3 (papers) dokumenty **4** egzamin
pisemny **5** referat ● **'paper shop** *n* (*Br.*)
sklep z gazetami| **'paperback** *n*
(książka) w miękkiej okładce| **'paper
clip** *n* spinacz| **'paperwork** *n* [*U*]
1 papierkowa robota **2** papiery

par /pɑː(r)/ *n* (*golf*) norma |IDM| below
par (*nieform.*) poniżej przeciętnej| on a
par with sb/sth na równi z kimś/czymś

parable /'pærəbl/ *n* przypowieść

parachute /'pærəfuːt/ *n* spadochron
▶ *v* skakać ze spadochronem

parade /pə'reɪd/ *n* defilada: *a fashion ~*
pokaz mody

paradise /'pærədaɪs/ *n* (*także*
Paradise) raj

paradox /'pærədɒks/ *n* paradoks

paraffin /'pærəfɪn/ *n* (*Br.*) nafta

paragraph /'pærəɡrɑːf; *Am.* -ɡræf/ *n*
akapit

parallel /'pærəlel/ *adj* równoległy,
analogiczny ▶ *adv* równolegle| *n*
1 (*także* ,~ 'line) (*mat.*) równoległa
2 analogia: *without ~* bezprecedensowy
3 porównanie: *draw a ~* przeprowadzić
paralelę

paralyse (*Am.* -lyze) /'pærəlaɪz/ *v*
paraliżować

paralysis /pə'ræləsɪs/ *n* (*i przen.*)
paraliż

paramount /'pærəmaʊnt/ *adj* (*form.*)
najważniejszy

paranoia /ˌpærə'nɔɪə/ *n* (*med.*)
paranoja ❶ Zwróć uwagę, że **paranoia**
nie znaczy „zwariowana sytuacja."

paranoid /'pærənɔɪd/ *adj*
paranoidalny

paraphrase /'pærəfreɪz/ *v*
parafrazować ▶ *n* parafraza

parasite /'pærəsaɪt/ *n* pasożyt

parcel /'pɑːsl/ *n* (*zwł. Br.*) paczka

parched /pɑːtʃt/ *adj* **1** spieczony
2 bardzo spragniony: *I'm ~!* Bardzo
chce mi się pić!

pardon /'pɑːdn/ *n* ułaskawienie ❶ I beg
your pardon jest formalnym zwrotem
oznaczającym „przepraszam." Stanowi
również odpowiednik polskiego
„Proszę?" lub „Słucham?" gdy np. z
powodu niezrozumienia prosi się o
powtórzenie wypowiedzi. ▶ *v* ~ sb (for
sth/for doing sth) darować (*winę*)|
(*także* ,~ 'me) *interj* słucham?

parent /'peərənt/ *n* **1** matka lub ojciec
2 firma macierzysta| **parental** /pə'rentl/
adj rodzicielski

parenthesis /pə'renθəsɪs/ *n* (*pl* -theses
/-θəsiːz/) (*zwł. Am.*) nawias

parish /'pærɪʃ/ *n* **1** parafia **2** gmina

park /pɑːk/ *n* **1** park **2** (*Am.*) kompleks
sportowy ▶ *v* parkować

p

parking /'pɑːkɪŋ/ n parkowanie: *No Parking!* Zakaz parkowania! ❶ Parking dla samochodów to **car park**. Miejsce parkingowe (dla jednego samochodu) to **parking space**. ● 'parking lot n (*Am.*) parking l 'parking meter n parkometr l 'parking ticket n mandat za nieprawidłowe parkowanie

parliament /'pɑːləmənt/ n **1** parlament **2** (**Parliament**) Parlament (brytyjski): *the Houses of Parliament* Izby Parlamentu l **parliamentary** /ˌpɑːlə'mentri/ *adj* parlamentarny

parody /'pærədi/ n (*pl* -ies) parodia ▶ *v* (*3rd sing czasu pres* -ies; *pt, pp* -ied) parodiować

parole /pə'rəʊl/ n zwolnienie warunkowe (*z więzienia*)

parrot /'pærət/ n papuga

parsley /'pɑːsli/ n pietruszka

parsnip /'pɑːsnɪp/ n pasternak

part /pɑːt/ n **1** (a) ~ (of sth) część **2** część składowa: *spare ~s for the car* części zamienne do samochodu **3** (*film*) rola **5** ~ (in sth) udział [IDM] for the most part przeważnie l in part częściowo l play a part (in sth) odgrywać rolę l take part (in sth) uczestniczyć *v* **1** ~ (from sb) rozstawać się (z kimś) **2** ~ sb (from sb) rozdzielać: *He hates being parted from his children.* Nie lubi być rozdzielonym ze swoimi dziećmi. **3** rozdzielać się **4** czesać się z przedziałkiem: *I ~ my hair on the side.* Czeszę się na bok. l **partly** *adv* częściowo ● ˌpart of 'speech n część mowy l ˌpart-'time *adj, adv* (*praca*) w niepełnym wymiarze (godzin)

partial /'pɑːʃl/ *adj* **1** częściowy l **partially** *adv* częściowo

participate /pɑː'tɪsɪpeɪt/ *v* ~ (in sth) uczestniczyć l **participant** n uczestni-k/czka l **participation** n uczestnictwo

participle /'pɑːtɪsɪpl/ n imiesłów

particle /'pɑːtɪkl/ n **1** cząstka **2** partykuła

particular /pə'tɪkjələ(r)/ *adj* **1** szczególny: *at that ~ time* w tym właśnie czasie ◊ *for any ~ reason* z jakiegoś specjalnego powodu **2** indywidualny: *Everybody has their own ~ problems.* Każdy ma swoje własne problemy. **3** ~ (about/over sth) wybredny [IDM] in particular w szczególności l **particularly** *adv* szczególnie

parting /'pɑːtɪŋ/ n **1** rozstanie **2** przedziałek

partition /pɑː'tɪʃn/ n **1** przepierzenie **2** podział (*państwa*), (*w historii Polski*) rozbiór ▶ *v* dzielić

partner /'pɑːtnə(r)/ n **1** małżon-ek/ka, towarzysz/ka życia **2** partner/ka **3** wspólni-k/czka ▶ *v* być partner-em/

ka l **partnership** /-ʃɪp/ n **1** (*i w biznesie*) spółka: *go into ~ with sb* zawiązać z kimś spółkę **2** partnerstwo

party /'pɑːti/ n (*pl* -ies) **1** przyjęcie, impreza: *a house-warming ~* parapetówka ◊ *a dinner ~* proszona kolacja **2** partia (*polityczna*) **3** grupa **4** (*form.*) strona (*np. sporu*)

pass /pɑːs; *Am.* pæs/ n **1** podanie piłki **2** pozytywny wynik egzaminu: *the ~ mark* ocena dostateczna **3** przepustka **4** bilet okresowy **5** przełęcz ▶ *v* **1** ~ (along/down, etc.) (sth) mijać (się): ~ *over a bridge* przechodzić przez most ❶ Czas przeszły **passed** brzmi identycznie jak słowo **past**, które może być *adj* lub przyimkiem: *The summer months passed slowly.* ◊ *The past week was very hot.* ◊ *Our house is just past the church.* **2** ~ sth (to sb) podawać coś (komuś) **3** ~ sth across/around/through, etc. sth przesuwać coś przez coś **4** spędzać (*czas*) **5** zdać (*egzamin*) **6** zatwierdzać **7** ~ sth (on sb/sth) wydawać (*np. wyrok*) **8** być dozwolonym [PV] pass away umrzeć l pass sth down przekazywać coś (w spadku) l pass for sb/sth uchodzić za kogoś/coś l pass sb/sth off (as sb/sth) podawać (się) za kogoś/coś l pass out zemdleć ● passer-by /ˌpɑːsə'baɪ; *Am.* ˌpæsər-/ n (*pl* passers-by /ˌpɑːsəz 'baɪ/) przechodzień

passage /'pæsɪdʒ/ n **1** (*także* '~way) korytarz **2** (*anat.*) przewód: *the nasal ~s* kanał nosowy **3** ustęp (*np. książki*) **4** wędrówka, podróż (*np. morska*)

passenger /'pæsɪndʒə(r)/ n pasażer/ka

passing /'pɑːsɪŋ; *Am.* 'pæs-/ *adj* (prze) mijający ▶ n (prze)mijanie [IDM] in passing mimochodem

passion /'pæʃn/ n namiętność, pasja

passionate /'pæʃənət/ *adj* żarliwy, namiętny

passive /'pæsɪv/ *adj* bierny: *a verb in the ~* czasownik w stronie biernej

passport /'pɑːspɔːt; *Am.* 'pæs-/ n **1** paszport **2** a ~ to sth klucz (*np. do sukcesu*)

password /'pɑːswɜːd; *Am.* 'pæs-/ n hasło

past /pɑːst; *Am.* pæst/ *adj* miniony, zeszły: *His childhood was ~.* Jego dzieciństwo dobiegło końca. ◊ *the ~ few weeks* ostatnie kilka tygodni ◊ *my ~ mistakes* moje wcześniejsze błędy ▶ n **1** (the past) przeszłość **2** (*także* ~ 'tense) (*gram.*) czas przeszły l *prep* **1** po: *It's a quarter ~ seven.* Jest kwadrans po siódmej. **2** obok **3** poza (*czasem*, wiekiem na robienie czegoś): *I'm ~ caring what we eat.* Już mnie nie obchodzi, co będziemy jeść. l *adv* obok

pasta /'pæstə; *Am.* 'pɑːstə/ *n* makaron
paste /peɪst/ *n* **1** klajster **2** (*kulin.*) pasta: *tomato* ~ przecier pomidorowy ▶ *v* wklejać
pasteurized (*także* **-ised**) /'pɑːstʃəraɪzd; 'pɑːstj-; *Am.* 'pæs-/ *adj* pasteryzowany
pastime /'pɑːstaɪm; *Am.* 'pæs-/ *n* rozrywka
pastoral /'pɑːstərəl; *Am.* 'pæs-/ *adj* **1** duszpasterski **2** opiekuńczy: ~ *care* sprawy bytowe studentów **3** sielski
pastry /'peɪstri/ *n* (*pl* **-ies**) **1** (*masa*) ciasto **2** ciastko
pasture /'pɑːstʃə(r); *Am.* 'pæs-/ *n* pastwisko
pat /pæt/ *v* (**-tt-**) poklepywać ▶ *n* głaskanie ι *adj* błyskawiczny ι *adv* z miejsca, bez namysłu
patch /pætʃ/ *n* **1** łata **2** przepaska **3** a ~ (of sth) plama **4** zagon ▶ *v* łatać [PV] **patch sth up 1** łatać **2** załagodzić
patchy /'pætʃi/ *adj* **1** niejednolity **2** fragmentaryczny **3** łaciaty: ~ *fog* pasma mgły
patent[1] /'peɪtnt; *Am.* 'pæ-/ *adj* (*form.*) jawny, oczywisty
patent[2] /'peɪtnt; *Br. także* 'peɪtnt/ *n* patent ▶ *v* patentować
paternal /pə'tɜːnl/ *adj* **1** ojcowski **2** po ojcu
path /pɑːθ; *Am.* pæθ/ *n* (*pl* **-s** /-ðz/) **1** ścieżka **2** (*przen.*) droga: *on the* ~ *to victory* na drodze do zwycięstwa
pathetic /pə'θetɪk/ *adj* żałosny
pathological /ˌpæθə'lɒdʒɪkl/ *adj* chorobliwy
pathology /pə'θɒlədʒi/ *n* patologia
patience /'peɪʃns/ *n* **1** ~ (with sb/sth) cierpliwość **2** pasjans
patient /'peɪʃnt/ *adj* cierpliwy ▶ *n* pacjent/ka
patriot /'peɪtriət; *Br. także* 'pæt-/ *n* patriot-a/ka
patriotic /ˌpeɪtri'ɒtɪk; *Br. także* ˌpæt-/ *adj* patriotyczny
patrol /pə'trəʊl/ *v* (**-ll-**) patrolować ▶ *n* patrol
patron /'peɪtrən/ *n* **1** mecenas/ka (*sztuki*) **2** klient/ka ● ˌpatron 'saint *n* święt-y/a patron/ka
patronize (*także* **-ise**) /'pætrənaɪz; *Am.* 'peɪt-/ *v* **1** traktować (*kogoś*) protekcjonalnie **2** (*form.*) być stałym klientem ι **patronizing** *adj* protekcjonalny
pattern /'pætn/ *n* **1** wzór **2** schemat: *follow the same* ~ rozwijać się według tego samego schematu **3** (*krawiectwo*) szablon ι **patterned** *adj* wzorzysty

pause /pɔːz/ *n* **1** przerwa **2** (*także* '~ button*) (*przycisk*) pauza ▶ *v* ~ (for sth) robić (krótką) przerwę
pave /peɪv/ *v* brukować
pavement /'peɪvmənt/ *n* (*Br.*) chodnik
paw /pɔː/ *n* łapa
pawn /pɔːn/ *n* (*i przen.*) pionek ▶ *v* zastawiać (w lombardzie) ● 'pawnbroker *n* osoba pożyczająca pieniądze pod zastaw
pay /peɪ/ *v* (*pt, pp* paid) **1** ~ (sb) (for sth); ~ sth (to sb) (for sth) płacić: *She is very well paid.* Bardzo dobrze jej płacą. **2** opłacać się **3** składać (*wizytę*) [IDM] **pay attention (to sb/sth)** zwracać uwagę na kogoś/coś ι **pay sb a compliment; pay a compliment to sb** prawić komuś komplementy [PV] **pay sb back sth; pay sth back (to sb)** zwracać (*pieniądze*) ι **pay off** (*nieform.*) opłacać się ι **pay sth off** spłacać (*dług*) ▶ *n* płaca → PŁACA ι
payable *adj* płatny: *Make the cheque ~ to Diane Weller.* Proszę wypisać czek na Dianę Weller.
payment /'peɪmənt/ *n* ~ (for sth) **1** spłata → PŁACA **2** opłata
PC /ˌpiː 'siː/ *skrót* **1** komputer osobisty **2** politycznie poprawny
PE /ˌpiː 'iː/ *skrót* (*szk.*) WF
pea /piː/ *n* [C] groszek ❶ Zwróć uwagę, że pea jest n C
peace /piːs/ *n* **1** pokój **2** spokój
peaceful /'piːs/ *adj* **1** pokojowy **2** spokojny
peach /piːtʃ/ *n* brzoskwinia
peacock /'piːkɒk/ *n* paw
peak /piːk/ *n* **1** szczyt **2** daszek (*np. czapki*) ▶ *adj* szczytowy: ~ *hours* godziny szczytu ι *v* osiągać szczyt
peal /piːl/ *n* bicie (*dzwonów*): ~*s of laughter* salwy śmiechu
peanut /'piːnʌt/ *n* **1** orzeszek ziemny **2** (peanuts) (*nieform.*) grosze
pear /peə(r)/ *n* gruszka
pearl /pɜːl/ *n* perła
peasant /'peznt/ *n* chłop ❶ Obecnie nie używa się w odniesieniu do farmerów w krajach anglojęzycznych.
pebble /'pebl/ *n* kamyk, otoczak
peck /pek/ *v* **1** ~ (at sth) dziobać **2** (*nieform.*) cmoknąć, pocałować ▶ *n* **1** dziobnięcie **2** cmoknięcie, pocałunek
peculiar /pɪ'kjuːliə(r)/ *adj* **1** dziwny **2** specyficzny ι **peculiarity** /pɪˌkjuːli'ærəti/ *n* (*pl* **-ies**) **1** osobliwość **2** dziwactwo **3** specyficzność ι **peculiarly** *adv* **1** dziwnie **2** szczególnie
pedal /'pedl/ *n* pedał ▶ *v* (**-ll-**; *Am.* **-l-**) pedałować
pedantic /pɪ'dæntɪk/ *adj* pedantyczny

p

pedestrian /pə'destriən/ *n* pieszy: ~
precinct deptak ▶ *adj* **1** dla pieszych
2 przyziemny ● pe,destrian 'crossing
n (*Br.*) przejście dla pieszych

pediatrician (*Am.*) = PAEDIATRICIAN

pedigree /'pedigri:/ *n* rodowód ▶ *adj*
rasowy

pedophile (*Am.*) = PAEDOPHILE

pee /pi:/ *v* (*nieform.*) siusiać ▶ *n*
(*nieform.*) **1** siusianie: *have a* ~ zrobić
siusiu **2** mocz

peek /pi:k/ *v* ~ (at sth) zerkać ▶ *n*
zerknięcie: *have a* ~ *at sth* rzucić na coś
okiem

peel /pi:l/ *v* **1** obierać **2** łuszczyć się ▶ *n*
skórka

peeler /'pi:lə(r)/ *n* obieraczka

peep /pi:p/ *v* **1** ~ (at sth) zerkać
2 wyglądać skądś **3** piszczeć **4** zatrąbić
klaksonem ▶ *n* **1** rzut oka: *have a* ~ *at
sb/sth* zerkać na kogoś/coś
2 piszczenie: *There hasn't been a* ~ *out of
the children for hours.* Dzieci zachowują
się cicho już od wielu godzin.

peer /piə(r)/ *n* **1** rówieśnik **2** osoba
równa (komuś) rangą **3** (*Br.*) (*f. żeńska*
peeress) par ▶ *v* ~ (at sb/sth)
przyglądać się (badawczo) (komuś/
czemuś) ● 'peer group *n* grupa osób
równych wiekiem i rangą: ~ *-group
pressure* presja rówieśników

peg /peg/ *n* **1** kołek, wieszak **2** = TENT
PEG **3** = CLOTHES PEG ▶ *v* (-gg-)
przyczepiać klamerkami (*np. pranie*)

pellet /'pelɪt/ *n* kulka: *shotgun* ~*s* śrut

pelt /pelt/ *v* **1** obrzucać **2** ~ (down)
lunąć **3** pędzić

pelvis /'pelvɪs/ *n* (*anat.*) miednica

pen /pen/ *n* **1** pióro: *a fountain* ~
wieczne pióro ◇ *a ballpoint* ~ długopis
◇ *a felt-tip* ~ flamaster **2** zagroda
● 'penfriend *n* (*Am.* 'pen pal*) znajom-y/
a poznan-y/a drogą korespondencji

penalize (*także* -ise) /'pi:nəlaɪz/ *v*
karać

penalty /'penəlti/ *n* (*pl* -ies) kara,
grzywna: *the penalty area* pole karne
◇ *a penalty shoot-out* rzuty karne

pence *pl od* PENNY

pencil /'pensl/ *n* ołówek, kredka: *write
in* ~ pisać ołówkiem ● 'pencil case *n*
piórnik | 'pencil sharpener *n*
temperówka

pending /'pendɪŋ/ *adj* (*form.*) w toku,
nierozstrzygnięty ▶ *prep* (*form.*) do
czasu

penetrate /'penɪtreɪt/ *v* **1** przebijać
(się): ~ *the market* (ekon.) wejść na
rynek **2** penetrować **3** (*myśl*) dotrzeć (do
kogoś) | **penetrating** *adj* **1** przenikliwy
2 wnikliwy **3** przeszywający

penguin /'peŋgwɪn/ *n* pingwin

penicillin /,penɪ'sɪlɪn/ *n* penicylina

peninsula /pə'nɪnsjələ; *Am.* -sələ/ *n*
półwysep

penis /'pi:nɪs/ *n* penis

penknife /'pennaɪf/ *n* (*pl* -knives)
scyzoryk

penny /'peni/ *n* (*pl* pence /pens/,
pennies) **1** pens **❶** Można używać
w pl **pennies**, mówiąc o monetach
jednopensowych lub **pence**, w skrócie
p, mówiąc o jakiejś ilości pieniędzy.
2 (*Am.*) grosz

pension /'penʃn/ *n* emerytura, renta |
pensioner *n* emeryt/ka

penultimate /pen'ʌltɪmət/ *adj*
przedostatni

people /'pi:pl/ *n* **1** ludzie: *young* ~
młodzież **❶** People używa się zamiast
oficjalnego słowa **persons** stosowanego
zwykle w języku prawniczym.:
*Persons under the age of eighteen are not
permitted to buy alcohol.* **2** (*pl* peoples)
naród **3** mieszkańcy **4** (the people) lud

pepper /'pepə(r)/ *n* **1** pieprz
2 (*warzywo*) papryka ▶ *v* pieprzyć

peppermint /'pepəmɪnt/ *n* **1** mięta
2 cukierek miętowy

per /pə(r); *f. akcent.* pɜ:(r)/ *prep* od (*np.
osoby*): ~ *hour* na godzinę

perceive /pə'si:v/ *v* (*form.*)
1 uświadamiać sobie **2** dostrzegać
3 odbierać (*np. czyjąś uwagę*), odczuwać

per cent (*Am.* percent) /pə 'sent/ *adj*
procentowy ▶ *adv* procentowo | *n* (*pl*
per cent) procent

percentage /pə'sentɪdʒ/ *n* procent

perceptible /pə'septəbl/ *adj* (*form.*)
1 dostrzegalny **2** odczuwalny

perception /pə'sepʃn/ *n* postrzeganie

perceptive /pə'septɪv/ *adj* (*form.*)
spostrzegawczy

perch /pɜ:tʃ/ *n* **1** grzęda, żerdź ▶ *v*
1 (*ptak*) siadać **2** sadowić/mieścić się
(na brzegu czegoś)

percussion /pə'kʌʃn/ *n* (the ~) sekcja
perkusyjna

perennial /pə'reniəl/ *adj* odwieczny

perfect /'pɜ:fɪkt/ *adj* **1** ~ (for sb/sth)
doskonały **2** (*gram.*) dokonany
3 zupełny ▶ /pə'fɪktli/ *v* doskonalić

perfection /pə'fekʃn/ *n* doskonałość |
perfectionist *n* perfekcjonist-a/ka

perforate /'pɜ:fəreɪt/ *v* dziurkować

perform /pə'fɔ:m/ *v* **1** (*form.*)
wykonywać **2** (*aktor itp.*) grać |
performer *n* **1** wykonaw-ca/czyni,
artyst-a/ka **2**: *be poor* ~ *in exams*
kiepsko wypadać na egzaminach ◇ *be
the star* ~ *of industry* być gwiazdą
przemysłu

performance /pə'fɔ:məns/ *n* **1** (*form.*)
wykon(yw)anie (*np. zadania*): *the* ~ *of*

your duties wypełnienie swoich obowiązków **2** spektakl **3** kreacja *(aktorska)* **4** wyniki *(np. pracy)* **5** *(urządzenie itp.)* wydajność

perfume /'pɜːfjuːm; *Am.* pərˈfjuːm/ *n* [*C,U*] **1** przyjemny zapach **2** perfumy

perhaps /pəˈhæps; præps/ *adv* (być) może

peril /'perəl/ *n (form.)* wielkie niebezpieczeństwo

period /'pɪəriəd/ *n* **1** okres: ~ *costume* kostium historyczny **2** godzina lekcyjna **3** miesiączka **4** *(Am.)* kropka

periodic /ˌpɪəriˈɒdɪk/ *(także* -al) *adj* okresowy

periodical /ˌpɪəriˈɒdɪkl/ *n (form.)* czasopismo

perish /'perɪʃ/ *v (form.)* ginąć | **perishable** *adj (jedzenie)* łatwo psujący się

perjury /'pɜːdʒəri/ *n (form.)* krzywoprzysięstwo

perk /pɜːk/ *v* [PV] **perk up** ożywiać się ▶ *n (nieform.)* dodatek *(do podstawowego uposażenia)*

perm /pɜːm/ *n* trwała (ondulacja) ▶ *v* robić trwałą (ondulację)

permanent /'pɜːmənənt/ *adj* stały, permanentny

permissible /pəˈmɪsəbl/ *adj (form.)* dozwolony

permission /pəˈmɪʃn/ *n* pozwolenie

permissive /pəˈmɪsɪv/ *adj* liberalny

permit /pəˈmɪt/ *v* (-tt-) **1** pozwalać **2** umożliwiać: *weather permitting* jeżeli będzie dobra pogoda ▶ /'pɜːmɪt/ *n* zezwolenie, przepustka

perpendicular /ˌpɜːpənˈdɪkjələ(r)/ *adj* **1** prostopadły **2** pionowy

perpetual /pəˈpetʃuəl/ *adj* bezustanny

perpetuate /pəˈpetʃueɪt/ *v (form.)* utrwalać, utrzymać

perplexed /pəˈplekst/ *adj* zakłopotany, zmieszany

persecute /'pɜːsɪkjuːt/ *v* **1** prześladować *(np. politycznie, religijnie)* **2** nie dawać komuś spokoju | **persecution** /ˌpɜːsɪˈkjuːʃn/ *n* prześladowanie

persevere /ˌpɜːsɪˈvɪə(r)/ *v* ~ (at/in/with sth) wytrwać, nie ustawać

persist /pəˈsɪst/ *v* **1** ~ (in (doing) sth) upierać się (przy czymś) **2** utrzymywać się, nie ustępować | **persistent** *adj* uporczywy

person /'pɜːsn/ *n (pl* **people** *lub* **persons)** → PEOPLE osoba [IDM] **in person** osobiście

personal /'pɜːsənl/ *adj* **1** osobisty, prywatny **2** indywidualny | **personally** *adv* **1** osobiście **2**: *Please don't take it ~.* Nie bierz tego do siebie. ◇ *I didn't mean*

it ~. Nie chciałem cię obrazić. **3** prywatnie ● **personal asˈsistant** *n* sekreta-rz/rka | ˌpersonal comˈputer *n* komputer osobisty

personality /ˌpɜːsəˈnæləti/ *n (pl* -ies) **1** osobowość: *a ~ clash* niezgodność charakterów **2** indywidualność **3** osobistość

personify /pəˈsɒnɪfaɪ/ *v (3rd sing czasu pres* -ies; *pt, pp* -ied) uosabiać

personnel /ˌpɜːsəˈnel/ *n* **1** personel **2** *(także* personˈnel department) dział kadr

perspective /pəˈspektɪv/ *n* perspektywa: *put sth into* ~ patrzeć na coś z dystansem ◇ *in a new* ~ w nowym świetle ◇ *keep issues in* ~ widzieć sprawy we właściwych proporcjach

perspire /pəˈspaɪə(r)/ *v (form.)* pocić się | **perspiration** /ˌpɜːspəˈreɪʃn/ *n* **1** pocenie się **2** pot

persuade /pəˈsweɪd/ *v* **1** ~ sb (to do sth); ~ sb (into/out of sth) przekonać kogoś (do zrobienia czegoś), wyperswadować komuś (coś) **2** ~ sb (of sth) *(form.)* przekonać kogoś (o czymś)

persuasion /pəˈsweɪʒn/ *n* **1** przekonywanie **2** *(form.)* *(relig.)* wyznanie, przekonanie *(polityczne)*

persuasive /pəˈsweɪsɪv/ *adj* przekonywający

pertinent /'pɜːtɪnənt; *Am.* -tnənt/ *adj* trafny, związany (z czymś)

pervade /pəˈveɪd/ *v* szerzyć się

perverse /pəˈvɜːs/ *adj (form.)* perwersyjny

perversion /pəˈvɜːʃn; *Am.* -ʒn/ *n* **1** wypaczenie **2** zboczenie

pervert /pəˈvɜːt/ *v (i przen.)* wypaczać ▶ /'pɜːvɜːt/ *n* zboczeniec

pessimist /'pesɪmɪst/ *n* pesymist-a/ka | **pessimistic** /ˌpesɪˈmɪstɪk/ *adj* pesymistyczny

pest /pest/ *n* **1** *(zwierzę)* szkodnik **2** *(nieform.)* utrapieniec, utrapienie

pester /'pestə(r)/ *v* zadręczać

pet /pet/ *n* **1** zwierzę *(chowane w domu)*: *a ~ shop* sklep zoologiczny **2** ulubieni-ec/ca ● ˌpet ˈhate *n*: *one of my ~ hates* jedna z rzeczy, których nie znoszę | pet ˈsubject *n (przen.)* konik

petal /'petl/ *n (biol.)* płatek

petition /pəˈtɪʃn/ *n* petycja

petrol /'petrəl/ *n (Br.)* benzyna ● ˈpetrol station *n (Br.)* stacja benzynowa

petroleum /pəˈtrəʊliəm/ *n* ropa naftowa

petticoat /'petɪkəʊt/ *n* halka

petty /'peti/ *adj* **1** drobny **2** małostkowy

pew /pjuː/ *n* ławka kościelna

p

phantom /'fæntəm/ n **1** zjawa **2** złudzenie

pharmaceutical /ˌfɑːməˈsuːtɪkl; -ˈsjuː-; Am. -ˈsuː-/ adj farmaceutyczny

pharmacist /'fɑːməsɪst/ n apteka-rz/rka

pharmacy /'fɑːməsi/ n (pl -ies) **1** farmacja **2** apteka

phase /feɪz/ n faza ▶ v [PV] **phase sth in** wprowadzać stopniowo| **phase sth out** usuwać stopniowo

PhD /ˌpiː eɪtʃ 'diː/ skrót (stopień naukowy) doktor

pheasant /'feznt/ n bażant

phenomenal /fəˈnɒmɪnl/ adj niezwykły

phenomenon /fəˈnɒmɪnən; Am. fəˈnɑːmɪn-/ n (pl -mena /-mɪnə/) zjawisko

philanthropist /fɪˈlænθrəpɪst/ n filantrop

philosopher /fəˈlɒsəfə(r)/ n filozof/ka

philosophy /fəˈlɒsəfi/ n (pl -ies) filozofia | **philosophical** /ˌfɪləˈsɒfɪkl/ adj filozoficzny

phlegm /flem/ n flegma

phobia /'fəʊbiə/ n fobia

phone /fəʊn/ n telefon: a ~ call rozmowa telefoniczna ◇ make a ~ call zadzwonić ◇ a public ~ automat telefoniczny [IDM] **be on the phone 1** rozmawiać przez telefon **2** mieć telefon w domu ▶ v dzwonić ● 'phone box n budka telefoniczna| 'phonecard n karta telefoniczna| 'phone directory n książka telefoniczna| 'phone number n numer telefonu

photocopy /'fəʊtəʊkɒpi/ n (pl -ies) kserokopia ▶ v (3rd sing czasu pres -ies; pt, pp -ied) kserować| **photocopier** n kserograf

photograph /'fəʊtəgrɑːf; Am. -græf/ (także photo) n zdjęcie: take a ~ robić zdjęcie ▶ v fotografować| **photographer** /fəˈtɒgrəfə(r)/ n fotograf| **photography** /fəˈtɒgrəfi/ n fotografia

phrasal verb /ˌfreɪzl 'vɜːb/ n czasownik złożony

phrase /freɪz/ n wyrażenie ▶ v wyrażać ● 'phrase book n rozmówki obcojęzyczne

physical /'fɪzɪkl/ adj fizyczny: ~ attributes cechy zewnętrzne

physician /fɪˈzɪʃn/ n lekarz

physicist /'fɪzɪsɪst/ n fizyk

physics /'fɪzɪks/ n fizyka

physiotherapy /ˌfɪziəʊˈθerəpi/ n fizjoterapia| physiotherapist n fizjoterapeuta

piano /piˈænəʊ/ n pianino, fortepian → GRAĆ| **pianist** /'piənɪst/ n pianist-a/ka

pick /pɪk/ v **1** wybierać **2** zrywać (np. kwiaty), zbierać (np. grzyby) **3** dłubać (np. w zębach) **4** ~ sth off sth zdejmować coś z czegoś [IDM] **pick and choose** przebierać| **pick sb's pocket** kraść komuś z kieszeni [PV] **pick on sb** uwziąć się (na kogoś)| **pick sb/sth out** wyławiać kogoś/coś (skądś/spośród czegoś)| **pick up** poprawiać się| **pick sb up 1** podjeżdżać po kogoś **2** (nieform.) podrywać (kogoś)| **pick sb/sth up 1** podnosić kogoś/coś **2** odbierać coś (np. sygnał radiowy)| **pick sth up 1** nauczyć się (czegoś) **2** dowiadywać się **3** odbierać, pobierać ▶ n **1** wybór **2** (także -axe; Am. -ax /'pɪkæks/) kilof, oskard ● 'pickpocket n kieszonkowiec| 'pickup (truck) n furgonetka

pickle /'pɪkl/ n marynata: dill ~s ogórki kiszone ▶ v marynować

picnic /'pɪknɪk/ n **1** jedzenie (na piknik) **2** majówka

picture /'pɪktʃə(r)/ n **1** obraz **2** rysunek **3** zdjęcie **4** film **5** (the pictures) (Br.) kino ▶ v **1** wyobrażać sobie **2** przedstawiać (na rysunku/fotografii)

picturesque /ˌpɪktʃəˈresk/ adj malowniczy

pie /paɪ/ n **1** placek (z owocami): apple ~ szarlotka **2** pasztecik ❶ W Wlk. Br. pie to ciasto z farszem w środku. W USA pie może mieć tylko spód z ciasta, zaś farsz na wierzchu.

piece /piːs/ n **1** kawałek: a ~ of paper kartka ◇ a ~ of furniture mebel ◇ a good ~ of work dobra robota ◇ a ~ of advice rada ◇ a ~ of information wiadomość ❶ Piece stosuje się przy n U (abstrakcyjnych i zbiorowych) w celu oznaczenia ich ilości jednostkowej. Często nie tłumaczy się odrębnie. **2** część: a three-piece suite trzyczęściowy komplet wypoczynkowy **3** figura (szachowa), pionek (np. w warcabach) **4** moneta **5** artykuł prasowy **6** utwór, dzieło ▶ v [PV] **piece sth together 1** układać (np. puzzle) **2** kojarzyć (np. fakty)

pier /pɪə(r)/ n molo

pierce /pɪəs/ v **1** przekłuwać **2** (światło, dźwięk) przeszywać

pig /pɪg/ n **1** (i przen.) świnia **2** (nieform.) obżartuch ▶ v (-gg-) [PV] **pig out (on sth)** (slang) obżerać się ● 'piggyback n (nosić) na barana| ˌpig-'headed adj (nieform.) uparty| 'pigsty /-staɪ/ (pl -ies) (Am. 'pigpen) n chlew

pigeon /'pɪdʒɪn/ n gołąb ● 'pigeon-hole n przegródka

piglet /'pɪglət/ n prosiak

pigtail /'pɪgteɪl/ n mysi ogonek, warkoczyk

pile /paɪl/ *n* stos, sterta ▶ *v* ~ **sth (up)**
układać w stos: *The desk was piled
with papers.* Biurko było zawalone
papierami. [PV] **pile up 1** gromadzić się
2 (*samochody*) wpadać na siebie ● '**pile-
up** *n* karambol

pilgrim /'pɪlgrɪm/ *n* pielgrzym |
pilgrimage /-ɪdʒ/ *n* pielgrzymka

pill /pɪl/ *n* **1** pigułka: *a sleeping* ~
pigułka nasenna **2** (**the pill/Pill**) pigułka
antykoncepcyjna

pillar /'pɪlə(r)/ *n* (*i przen.*) filar

pillow /'pɪləʊ/ *n* poduszka (*do spania*)
● '**pillowcase** (*także* '~-slip) *n* poszewka
na poduszkę

pilot /'paɪlət/ *n* pilot/ka ▶ *adj*
pilotażowy | *v* **1** pilotować
2 wprowadzać pilotażowo

pimple /'pɪmpl/ *n* pryszcz

PIN /pɪn/ (*także* '~ number) *skrót*
osobisty numer identyfikacyjny

pin /pɪn/ *n* szpilka ▶ *v* (**-nn-**) ~ **sth to/on**
sth; ~ **sth together** przypinać/spinać
(szpilką) [IDM] **pin (all) your hopes on
sb/sth** pokładać w kimś/czymś całą
nadzieję [PV] **pin sb down 1** przygnieść
2 zmuszać (*np. do podjęcia decyzji*)
● ,**pins and 'needles** *n* [*pl*] (*nieform.*)
mrowienie: *I've got ~ in my hand.* Ręka
mi ścierpła. | '**pin-up** *n* (*nieform.*)
zdjęcie atrakcyjnej osoby (*w magazynie
lub przyczepione do ściany*)

pinch /pɪntʃ/ *v* **1** szczypać **2** (*buty itp.*)
cisnąć **3** (*nieform.*) gwizdnąć (*ukraść*)
▶ *n* **1** uszczypnięcie **2** szczypta

pine /paɪn/ *n* **1** (*także* '~ tree) sosna
2 drewno sosny ▶ *cz* usychać z tęsknoty

pineapple /'paɪnæpl/ *n* ananas

ping-pong /'pɪŋpɒŋ/ *n* (*nieform.*) tenis
stołowy

pink /pɪŋk/ *adj* różowy ▶ *n* kolor
różowy

pinpoint /'pɪnpɔɪnt/ *v* **1** określić
dokładną pozycję czegoś **2** precyzować

pint /paɪnt/ *n* **1** pół kwarty (*0,568 l;
amer.=0,473 l*) **2** (*Br., nieform.*) pół
kwarty piwa

pioneer /,paɪə'nɪə(r)/ *n* pionier/ka ▶ *v*
zapoczątkować

pious /'paɪəs/ *adj* pobożny

pip /pɪp/ *n* pestka

pipe /paɪp/ *n* **1** rura: *a drainpipe* rynna
2 fajka **3** piszczałka **4** (**pipes**) =
BAGPIPES ● '**pipeline** *n* rurociąg [IDM] **in
the pipeline** w trakcie przygotowań

piracy /'paɪrəsi/ *n* piractwo

pirate /'paɪrət/ *n* pirat ▶ *v* nielegalnie
kopiować

Pisces /'paɪsiːz/ *n* (*znak zodiaku*) Ryby

pistol /'pɪstl/ *n* pistolet

pit /pɪt/ *n* **1** dół **2** kopalnia węgla ▶ *v*
(**-tt-**) [PV] **pit sb/sth against sb/sth**

przeciwstawiać kogoś/coś komuś/
czemuś

pitch /pɪtʃ/ *v* **1** ustawiać (*na jakimś
poziomie*): *a high-pitched voice* wysoki
głos **2** upaść (*głową naprzód*) **3** (*statek
itp.*) kołysać się **4** rozbijać namiot
5 rzucać ▶ *n* **1** boisko **2** pułap **3** (*muz.*)
ton **4** kołysanie się (*np. statku*)

pitcher /'pɪtʃə(r)/ *n* **1** (*Am.*) dzban
2 (*baseball*) zawodnik rzucający piłkę

pitfall /'pɪtfɔːl/ *n* pułapka

pitiful /'pɪti/ *adj* żałosny

pitiless /'pɪtiləs/ *adj* bezlitosny

pity /'pɪti/ *n* **1** litość **2** szkoda (że) [IDM]
take pity on sb pomagać komuś z litości
▶ *v* (*3rd sing czasu pres* **pities**; *pt, pp*
pitied) współczuć

placard /'plækɑːd/ *n* transparent
(*tablica*), plakat

placate /plə'keɪt; *Am.* 'pleɪkeɪt/ *v*
udobruchać

place /pleɪs/ *n* **1** miejsce: *lay six ~s for
dinner* nakryć stół na sześć osób
2 pozycja: *I feel it is not my ~ to criticize
my boss.* Nie wypada mi krytykować
szefa. **3** (*nieform.*) mieszkanie, dom: *at
our* ~ u nas (w domu) [IDM] **all over the
place** wszędzie | **in place 1** na (swoim)
miejscu **2** gotowy | **in the first/second,
etc. place** po pierwsze/drugie itp. | **in
place of sb/sth; in sb's/sth's place** na
czyjeś miejsce, zamiast | **out of place
1** niestosowny **2** nie na (swoim) miejscu
| **take place** odbywać się | **take sb's/sth's
place; take the place of sb/sth**
zastępować kogoś/coś ▶ *v* **1** umieszczać
2: ~ *your trust in sb* pokładać w kimś
zaufanie ◇ ~ *blame on sb* obarczać
kogoś winą **3** stawiać: ~ *sb in charge*
powierzać komuś kierownictwo
4 rozpoznawać **5** składać (*zamówienie*)
● '**place name** *n* nazwa miejsca

plague /pleɪg/ *n* **1** zaraza **2** (**the plague**)
dżuma **3** plaga ▶ *v* nękać

plain /pleɪn/ *adj* **1** (*tkanina, ubranie*)
gładki **2** prosty **3** zrozumiały **4** szczery
5 nieładny ▶ *adv* (*zwł. Am.*) zupełnie | *n*
równina | **plainly** *adv* **1** wyraźnie
2 szczerze **3** prosto ● ,**plain 'clothes** *n*
cywilne ubranie | ,**plain 'flour** *n* mąka
bez dodatku proszku do pieczenia

plait /plæt/ *v* (*Br.*) zaplatać ▶ *n* warkocz

plan /plæn/ *n* plan ▶ *v* (**-nn-**)
1 planować **2** ~ **(on) sth** zamierzać
3 projektować

plane /pleɪn/ *n* **1** samolot: *a ~ crash*
katastrofa lotnicza **2** płaszczyzna

planet /'plænɪt/ *n* **1** planeta **2** (**the
planet**) Ziemia

plank /plæŋk/ *n* deska

planner /'plænə(r)/ *n* **1** → TOWN
PLANNER **2** planista **3** terminarz

p

plant /plɑ:nt/ *Am.* plænt/ *n* **1** roślina: *a tomato ~ krzak pomidora* **2** zakład przemysłowy ▶ *v* **1** sadzić, siać **2 ~ sth (with sth)** obsadzać, obsiewać **3 ~ sth (on sb)** podkładać (*np. bombę*)

plantation /plɑ:n'teɪʃn; *Am.* plæn-/ *n* plantacja

plaque /plɑ:k; *Am.* plæk/ *n* **1** płyta pamiątkowa **2** kamień nazębny

plaster /'plɑ:stə(r); *Am.* 'plæs-/ *n* **1** gips, tynk **2** (*Br.*) (*med.*) plaster ▶ *v* **1** gipsować, tynkować **2** oblepiać

plastic /'plæstɪk/ *n* plastik ▶ *adj* plastikowy ● ˌplastic 'surgery *n* chirurgia plastyczna

plate /pleɪt/ *n* **1** talerz: *a side ~ talerzyk* (*np. na chleb*) **2** płyta **3** tablica (*np. rejestracyjna*) **4** [*U*] płyta (*powlekana złotem/srebrem*) **5** plansza (*zazw. całostronicowa*)

plateau /'plætəʊ; *Am.* plæ'toʊ/ *n* (*pl* -**s** *lub* -**x** /-təʊz/) **1** płaskowyż **2** zastój

platform /'plætfɔ:m/ *n* **1** podium, estrada **2** peron **3** platforma (*wyborcza*) **4**: *~ shoes* buty na platformach

platinum /'plætɪnəm/ *n* platyna

platonic /plə'tɒnɪk/ *adj* platoniczny

platoon /plə'tu:n/ *n* (*wojsk.*) pluton

plausible /'plɔ:zəbl/ *adj* mający pozory prawdopodobieństwa

play /pleɪ/ *v* **1** bawić się **2** grać (w coś) **3 ~ (sth) (with/against sb)**; *~ sb (at sth)* grać (z kimś/przeciwko komuś) **4 ~ sth (on sb)** płatać (komuś) psikusa **5** grać (*np. na instrumencie*) → GRAĆ **6** (*i przen.*) odgrywać (*rolę*) **6** puszczać (*np. muzykę*) **7** (*form.*) (*uśmiech*) błąkać się ● **Play** występuje w innych idiomach, np. **play it by ear.** Zob. hasła odpowiednich n, adj itp. [PV] **play sth back (to sb)** puszczać (*komuś np. film*) | **play sth down** minimalizować | **play up** dawać się we znaki ▶ *n* **1** [*U*] zabawa **2** [*U*] gra **3** (*teatr*) sztuka ● **playgroup** (*także* '~school) *n* (*Br.*) przedszkole | ˈplay-off *n* baraż | ˈplayground *n* plac zabaw | ˈplaytime *n* (*szk.*) przerwa | ˈplaywright /-raɪt/ *n* dramaturg

player /'pleɪə(r)/ *n* **1** gracz **2** muzy-k/czka: *a piano ~ pianist-a/ka*

playful /'pleɪfl/ *adj* **1** żartobliwy **2** figlarny

playing card = CARD(2)

playing field /'pleɪɪŋ ːld/ *n* boisko

plea /pli:/ *n* **1** usilna prośba **2** w procesie sądowym formalne (*nie*) przyznanie się do winy

plead /pli:d/ *v* (*pt, pp* -**ed**; *Am.* **pled** /pled/) **1 ~ (with sb) (for sth)** błagać **2** przytaczać coś na usprawiedliwienie **3** (*form.*) (*prawn.*) prowadzić czyjąś sprawę **4** (*form.*) formalnie (*nie*) przyznawać się do winy

pleasant /'pleznt/ *adj* przyjemny, miły

please /pli:z/ *v* **1** zadowalać, sprawiać przyjemność **2** chcieć: *You can do exactly as you ~*. Możesz robić dokładnie to, co chcesz. [IDM] **please yourself** robić, co się chce ▶ *interj* proszę → PROSZĘ [IDM] **yes, please** tak, proszę | **pleased** *adj* **1 ~ (with sb/sth)** zadowolony **2 ~ to do sth** ucieszony: *Pleased to meet you.* Miło cię/pana/pania/państwa poznać. | **pleasing** *adj* **1** przyjemny **2** zadowalający

pleasure /'pleʒə(r)/ *n* **1** przyjemność **2** zadowolenie

pleat /pli:t/ *n* plisa

pled (*Am.*) *pt, pp od* PLEAD

pledge /pledʒ/ *n* zobowiązanie, przyrzeczenie ▶ *v* **~ (sth) (to sb/sth)** zobowiązywać się

plentiful /'plentɪ/ *adj* obfity; liczny

plenty /'plenti/ *pron* **1** pod dostatkiem **2** mnóstwo ▶ *adv* **1** (*przed słowem* **more**) dużo **2** wystarczająco (*np. duży*)

pliable /'plaɪəbl/(*także* pliant /'plaɪənt/) *adj* **1** giętki **2** (*osoba*) podatny

pliers /'plaɪəz/ *n* obcęgi

plight /plaɪt/ *n* (*form.*) trudne położenie

plod /plɒd/ *v* (-**dd**-) **~ (along/on) 1** wlec się **2** mozolić się

plot /plɒt/ *n* **1 a ~ (to do sth)** spisek **2** wątek **3** działka ▶ *v* (-**tt**-) **1** spiskować **2** knuć **3** nanosić (*np. na mapę*)

plough (*Am.* **plow**) /plaʊ/ *n* pług ▶ *v* orać [PV] **plough (your way) through sth** (*i przen.*) przebrnąć przez coś

ploy /plɔɪ/ *n* sztuczka (*w celu osiągnięcia czegoś*)

pluck /plʌk/ *v* wyrywać, skubać **2** skubać (*drób*) **3** szarpać (*struny*) [IDM] **pluck up courage** zbierać się na odwagę

plug /plʌg/ *n* **1** wtyczka **2** (*nieform.*) gniazdko (elektryczne) **3** zatyczka ▶ *v* (-**gg**-) **1** zatykać, tamować **2** (*nieform.*) publicznie promować, lansować [PV] **plug sth in** włączać do kontaktu ● ˈplughole *n* (*Br.*) odpływ (*np. w wannie*)

plum /plʌm/ *n* śliwka: *wild ~s* mirabelki

plumber /'plʌmə(r)/ *n* hydraulik

plumbing /'plʌmɪŋ/ *n* [*U*] **1** instalacja wodno-kanalizacyjna **2** zakładanie instalacji wodno-kanalizacyjnej

plump /plʌmp/ *adj* (*osoba*) puszysty; (*zwierzę*) tłuściutki

plunder /'plʌndə(r)/ *v* plądrować ▶ *n* [*U*] **1** grabież **2** łup

plunge /plʌndʒ/ *v* **1 ~ (into sth)** rzucić się do/z czegoś **2 ~ sth in/into sth** wbić **3** pogrążać (*kogoś/coś w czymś*) **4** spadać ▶ *n* skok, nur

plural /'pluərəl/ *n* [C] liczba mnoga ▶ *adj* w liczbie mnogiej

plus /plʌs/ *prep* **1** plus **2** oraz ▶ *adj* **1** ponad **2** (*szk.*) z plusem *n* plus, korzyść

plush /plʌʃ/ *adj* wykwintny

plutonium /plu:'təʊniəm/ *n* (*chem.*) pluton

plywood /'plaɪwʊd/ *n* sklejka

p.m. /,pi: 'em/ (*Am.* **PM**) *skrót* po południu

pneumonia /nju:'məʊniə/ *Am.* nu:-/ *n* zapalenie płuc

PO /,pi: 'əʊ/ *skrót* urząd pocztowy ● ,P'O box *n* skrytka pocztowa

poach /pəʊtʃ/ *v* **1** gotować w lekko wrzącej wodzie lub mleku (*np. jajka bez skorupek, rybę*) **2** kłusować **3** werbować do pracy (*ludzi z innej firmy*) **poacher** *n* kłusowni-k/czka

pocket /'pɒkɪt/ *n* **1** kieszeń **2** mały obszar ▶ *v* **1** wkładać do kieszeni **2** zawłaszczać (*dla siebie*) pieniądze ● 'pocket knife *n* (*pl* ~ knives) scyzoryk 'pocket money *n* kieszonkowe

pod /pɒd/ *n* strąk

podium /'pəʊdiəm/ *n* podium

poem /'pəʊɪm/ *n* wiersz, poemat

poet /'pəʊɪt/ *n* poet-a-ka poetic /pəʊ'etɪk/ *adj* **1** poetyczny **2** poetycki poetry /'pəʊətri/ *n* poezja

poignant /'pɔɪnjənt/ *adj* wzruszający, przejmujący

point /pɔɪnt/ *n* **1** kwestia: *I see your ~.* Rozumiem, o co ci chodzi. **2** dobra uwaga **3** (**the point**) sedno sprawy **4** cecha: *have your good ~s* mieć swoje dobre strony **5** sens **6** miejsce **7** rumb **8** czubek **9** (*znak dziesiętny*) przecinek **10** moment: *the high ~ of his career* wyżyny swojej kariery ◊ *the boiling/freezing ~ of water* temperatura wrzenia/zamarzania wody **11** (*sport; fin.*) punkt [IDM] **be on the point of doing sth** zabierać się do czegoś beside the point nie na temat make a point of doing sth dbać (szczególnie) o to, żeby point of view punkt widzenia take sb's point pojąć to the point do rzeczy ▶ *v* **1** ~ (at/to sb/sth); ~ to sth wskazywać **2** ~ sth (at/towards sb/sth) celować z czegoś (do kogoś/w coś) [PV] point sth out (to sb) wskazywać (coś komuś) pointed *adj* **1** spiczasty **2** uszczypliwy

pointer /'pɔɪntə(r)/ *n* **1** wskazówka, rada **2** kursor **3** wskaźnik

pointless /'pɔɪntləs/ *adj* bezsensowny

poise /pɔɪz/ *n* opanowanie poised *adj* **1** zatrzymany (*w powietrzu*) **2** ~ (to do sth) przygotowany (*do zrobienia czegoś*) **3** opanowany

poison /'pɔɪzn/ *n* [C,U] trucizna: *rat ~* trutka na szczury ◊ *~ gas* gaz trujący

▶ *v* **1** (o)truć **2** dodawać (do czegoś) truciznę **3** zatruwać poisonous *adj* **1** trujący **2** (*i przen.*) jadowity

poke /pəʊk/ *v* **1** szturchać **2** ~ sth into/through/out of/down, etc. wtykać; wysuwać: *She poked her head out of the window.* Wystawiła głowę przez okno. [IDM] **poke fun at sb/sth** kpić [PV] poke out of/through sth; poke out/through/up pojawiać się (skądś) znienacka ▶ *n* szturchaniec: *give sb a ~* szturchnąć kogoś

poky /'pəʊki/ *adj* (*nieform.*) ciasny

polar /'pəʊlə(r)/ *adj* polarny ● 'polar bear *n* niedźwiedź polarny

pole /pəʊl/ *n* **1** (*geogr.*) biegun **2** słup/ek: *a flagpole* maszt flagowy ● **the 'pole vault** *n* skok o tyczce

police /pə'li:s/ *n* [*pl*] **1** (the police) policja: *the ~ force* policja ◊ *a ~ state* państwo policyjne **2** policjanci ▶ *v* patrolować ● po'liceman /-mən/ *n* (*pl* -men /-mən/) policjant po'lice officer *n* policjant/ka po'lice station *n* komisariat po'licewoman /-wʊmən/ *n* (*pl* -women /-wɪmɪn/) policjantka

policy /'pɒləsi/ *n* (*pl* -ies) **1** [C,U] ~ (on sth) polityka, zasady postępowania **2** polisa ubezpieczeniowa

polio /'pəʊliəʊ/ *n* heinemedina

polish /'pɒlɪʃ/ *v* polerować, pastować [PV] **polish sth off** (*nieform.*) szybko kończyć ▶ *n* **1** [U] pasta/płyn/wosk do polerowania **2** polerowanie polished *adj* **1** wypolerowany **2** na wysokim poziomie

polite /pə'laɪt/ *adj* uprzejmy, grzeczny

political /pə'lɪtɪkl/ *adj* **1** polityczny **2** interesujący się polityką **3** związany z polityką firmy ● po,litical a'sylum *n* azyl polityczny po,litical 'correctness *n* polityczna poprawność

politically /pə'lɪtɪkli/ *adv* politycznie, z politycznego punktu widzenia ● po,litically 'correct *adj* politycznie poprawny

politician /,pɒlə'tɪʃn/ *n* polityk

politics /'pɒlətɪks/ *n* **1** polityka **2** poglądy polityczne, zapatrywania polityczne **3** polityka (*firmy*) **4** politologia

poll /pəʊl/ *n* **1** badanie opinii publicznej **2** głosowanie ▶ *v* **1** badać opinię publiczną **2** zdobywać głosy w wyborach ● 'polling booth *n* kabina do głosowania 'polling day *n* dzień wyborów

pollen /'pɒlən/ *n* [U] pyłek (*kwiatowy*)

pollute /pə'lu:t/ *v* zanieczyszczać pollution /pə'lu:ʃn/ *n* [U] zanieczyszczenie

polo neck /'pəʊləʊ nek/ *n* **1** golf (*w swetrze*) **2** sweter z golfem

p

polystyrene /ˌpɒliˈstaɪriːn/ *n* polistyren

pomp /pɒmp/ *n* przepych

pompous /ˈpɒmpəs/ *adj* pompatyczny

pond /pɒnd/ *n* staw

ponder /ˈpɒndə(r)/ *v* ~ (on/over sth) dumać, rozważać

pony /ˈpəʊni/ *n* (*pl* **-ies**) kucyk
● **'ponytail** *n* (*fryzura*) koński ogon

poo /puː/ *n* (*dziecinne*) kupka

poodle /ˈpuːdl/ *n* pudel

pool /puːl/ *n* **1** sadzawka **2** kałuża **3** plama (*np. światła*) **4** basen **5** pula **6** [*U*] rodzaj gry bilardowej **7** (**the pools**) *n* zakłady ligi piłkarskiej ▶ *v* zebrać (*np. pieniądze, pomysły*)

poor /pɔː(r); pʊə(r)/ *adj* **1** biedny **2** słaby, kiepski

poorly /ˈpʊəli; *Br. także* ˈpɔːli/ *adv* kiepsko ▶ *adj* (*nieform.*) (*czuć się*) źle

pop /pɒp/ *n* **1** wystrzał (*np. korka od szampana*), trzask **2** (*także* '~ music) (*muz.*) pop ▶ *v* (**-pp-**) pękać z trzaskiem, przebijać coś z trzaskiem [PV] **pop across/down/out, etc.** skakać/wpadać (*dokądś*)I **pop sth across/in/into, etc. sth** wsuwać/wetknąć coś do czegośI **pop in** wpadaćI **pop out** wyskakiwać, (*oczy*) wytrzeszczaćI **pop up** (*nieform.*) pojawiać się znienacka

pope /pəʊp/ *n* papież

poplar /ˈpɒplə(r)/ *n* topola

popper /ˈpɒpə(r)/ *n* (*Br.*) zatrzask

poppy /ˈpɒpi/ *n* (*pl* **-ies**) mak

Popsicle™ /ˈpɒpsɪkl/ *n* (*Am.*) lody na patyku

popular /ˈpɒpjələ(r)/ *adj* **1** popularny **2** powszechny| **popularity** /ˌpɒpjuˈlærəti/ *n* popularność

population /ˌpɒpjuˈleɪʃn/ *n* **1** [*C,U*] liczba ludności **2** [*z u. w pl lub s*] populacja, ludność: *The local ~ is/are against the changes.* Społeczność miejscowa jest przeciwna zmianom.

porcelain /ˈpɔːsəlɪn/ *n* porcelana

porch /pɔːtʃ/ *n* **1** przedsionek **2** (*Am.*) weranda

pore /pɔː(r)/ *n* por ▶ *v* [PV] **pore over sth** ślęczeć (nad czymś)

pork /pɔːk/ *n* wieprzowina

pornography /pɔːˈnɒɡrə/ (*nieform.* porn) *n* pornografia| **pornographic** /ˌpɔːnəˈɡræfɪk/ *adj* pornograficzny

porridge /ˈpɒrɪdʒ/ *n* owsianka

port /pɔːt/ *n* **1** port **2** miasto portowe **3** lewa burta (*statku*) **4** porto, portwajn

portable /ˈpɔːtəbl/ *adj* przenośny

porter /ˈpɔːtə(r)/ *n* **1** (*osoba*) bagażowy **2** portier

porthole /ˈpɔːthəʊl/ *n* luk

portion /ˈpɔːʃn/ *n* **1** udział **2** porcja

portrait /ˈpɔːtreɪt; -trət/ *n* portret

portray /pɔːˈtreɪ/ *v* **1** portretować **2** opisywać **3** odtwarzać

pose /pəʊz/ *v* **1** pozować **2** ~ **as sb** udawać kogoś **3** stanowić (*np. problem*), stawiać (*pytanie*) ▶ *n* poza

posh /pɒʃ/ *adj* (*nieform.*) **1** szpanerski **2** dystyngowany

position /pəˈzɪʃn/ *n* **1** położenie, pozycja **2** a ~ (on sth) stanowisko (*w jakiejś sprawie*) **3** posada **4** sytuacja: *I'm not in a ~ to help you.* Nie jestem w stanie ci pomóc. ▶ *v* umieszczać

positive /ˈpɒzətɪv/ *adj* **1** pewny, przekonany **2** pozytywny **3** dodatni | **positively** *adv* **1** zupełnie **2** pozytywnie **3** stanowczo **4** (*nieform.*) strasznie, bardzo

possess /pəˈzes/ *v* **1** (*form.*) posiadać **2** opętać kogoś czymś

possession /pəˈzeʃn/ *n* **1** posiadanie **2** (**possessions**) dobytek

possessive /pəˈzesɪv/ *adj* **1** zaborczy **2** (*gram.*) dzierżawczy

possibility /ˌpɒsəˈbɪləti/ *n* (*pl* **-ies**) ~ (of (doing) sth)/(that…) możliwość

possible /ˈpɒsəbl/ *adj* możliwy| **possibly** *adv* **1** być może **2** jak tylko możliwe: *as soon as I ~ can* jak tylko będę mógł

post /pəʊst/ *n* **1** słup-ek: *a goalpost* słupek bramki ◇ *a signpost* drogowskaz **2** stanowisko, posterunek **3** poczta → POCZTA ▶ *v* **1** (*Br.*) wysyłać (*pocztą*) **2** delegować (*do pracy w innym miejscu*) **3** stawiać (*na posterunku*)
● **'postbox** *n* (*Br.*) skrzynka pocztowa | **'postcard** *n* kartka pocztowa | **'postcode** (*także 'postal code*) *n* (*Br.*) kod pocztowy | **'postman** /-mən/ *n* (*f. żeńska* **-woman** /-wʊmən/) (*pl* **-men** /-mən/, **-women** /-wɪmɪn/) (*Br.*) listonosz/ka | **'postmark** *n* stempel pocztowy | **'post office** *n* **1** poczta **2** (**the Post Office**) Urząd Pocztowy | **'post office box** *n* skrzynka pocztowa

postage /ˈpəʊstɪdʒ/ *n* [*U*] opłata pocztowa: *a ~ stamp* znaczek

postal /ˈpəʊstl/ *adj* pocztowy ● **'postal order** *n* przekaz pocztowy

poster /ˈpəʊstə(r)/ *n* plakat

posterity /pɒˈsterəti/ *n* potomność

postgraduate /ˌpəʊstˈɡrædʒuət/ *n* magistrant/ka, doktorant/ka

posthumous /ˈpɒstjʊməs; *Am.* ˈpɑːstʃəməs/ *adj* pośmiertny

'Post-it™ (*także '~ note*) *n* kartka samoprzylepna (*do robienia notatek*)

post-mortem /ˌpəʊst ˈmɔːtəm/ *n* sekcja zwłok

postpone /pəˈspəʊn/ *v* odraczać

postscript /'pəʊstskrɪpt/ *n* postscriptum

posture /'pɒstʃə(r)/ *n* postawa

post-war /ˌpəʊst'wɔː(r)/ *adj* powojenny

pot /pɒt/ *n* **1** garnek **2** doniczka, dzban (ek), słój ▸ *v* (**-tt-**) sadzić w doniczce ● **'pot plant** *n* (*Br.*) roślina doniczkowa

potato /pə'teɪtəʊ/ *n* (*pl* **-es**) ziemniak: *mashed ~* ziemniaki tłuczone ● **po,tato 'crisp** (*Am. ~ chip*) *n* chips

potent /'pəʊtnt/ *adj* mocny | **potency** /-nsi/ *n* siła (*np. działania*)

potential /pə'tenʃl/ *adj* potencjalny ▸ *n* potencjał

pothole /'pɒthəʊl/ *n* wybój

potter /'pɒtə(r)/ *v* ~ (**about/around**) dłubać przy czymś ▸ *n* garncarz | **pottery** /-ri/ *n* (*pl* **-ies**) **1** [*U*] wyroby garncarskie **2** garncarstwo

potty /'pɒti/ *n* (*pl* **-ies**) (*nieform.*) nocnik

pouch /paʊtʃ/ *n* **1** woreczek **2** torba (*np. kangura*)

poultry /'pəʊltri/ *n* [*U, pl*] drób

pounce /paʊns/ *v* ~ (**on sb/sth**) rzucać się/skakać (na kogoś/coś)

pound /paʊnd/ *n* **1** (*także ~ 'sterling*) funt (szterling) **2** (*waga*) funt ▸ *v* **1** ucierać (*np. na proszek*) **2** ~ (**away**) (**at/against/on sth**) walić

pour /pɔː(r)/ *v* **1** lać (się): *It's pouring.* Leje. **2** w(y)lewać **3** ~ **sth** (**out**) nalewać (*np. herbatę*) **4**: *People were pouring out of the station.* Ludzie tłumnie wychodzili ze stacji. [PV] **pour sth out** wylewać (przed kimś) (*np. swój żal*)

pout /paʊt/ *v* wydymać usta

poverty /'pɒvəti/ *n* ubóstwo

powder /'paʊdə(r)/ *n* **1** proszek **2** puder ▸ *v* pudrować | **powdered** *adj* sproszkowany [IDM] **powdered sugar** (*Am.*) cukier puder

power /'paʊə(r)/ *n* **1** moc **2** władza **3** the ~ (**to do sth**) prawo do czegoś **4** mocarstwo **5** (**powers**) zdolność **6** energia (*np. elektryczna*): *~ steering* wspomaganie kierownicy ● **'power cut** *n* przerwa w dopływie prądu | **'power point** *n* gniazdko (elektryczne) | **'power station** *n* elektrownia

powerful /'paʊə/ *adj* **1** potężny **2** silny

powerless /'paʊələs/ *adj* **1** bezsilny **2** niezdolny (*do zrobienia czegoś*)

practical /'præktɪkl/ *adj* **1** praktyczny **2** realny **3** sprawny manualnie ▸ *n* (*nieform.*) egzamin praktyczny | **practicality** /ˌpræktɪ'kæləti/ *n* **1** wykonalność **2** (**practicalities**) strona praktyczna | **practically** *adv* **1** niemal **2** praktycznie ● **,practical 'joke** *n* psikus

practice /'præktɪs/ *n* **1** praktyka **2** (*form.*) zwyczaj: *a code of ~* kodeks

postępowania **3** praktyka (*np. lekarza, adwokata*): *Dr Roberts is in general ~.* Doktor Roberts przyjmuje w przychodni. [IDM] **be/get out of practice** mieć wprawę; wyjść z wprawy

practise (*Am.* **-tice**) /'præktɪs/ *v* **1** ćwiczyć **2** praktykować, uprawiać (*np. sport*): *She's practising as a doctor in Leeds.* Jest lekarzem w Leeds.

pragmatic /præg'mætɪk/ *adj* pragmatyczny

praise /preɪz/ *v* ~ **sb/sth** (**for sth**) chwalić ▸ *n* [*U*] pochwała | **'praiseworthy** /-wɜːði/ *adj* godny pochwały

pram /præm/ *n* (*Br.*) wózek dziecinny

prat /præt/ *n* (*Br., slang*) głupek

prawn /prɔːn/ *n* krewetka

pray /preɪ/ *v* ~ (**to sb**) (**for sb/sth**) modlić się

prayer /preə(r)/ *n* modlitwa: *a ~ book* modlitewnik

preach /priːtʃ/ *v* **1** (*i przen.*) wygłaszać/prawić kazanie **2** zalecać | **preacher** *n* kaznodzieja

precarious /prɪ'keəriəs/ *adj* niebezpieczny

precaution /prɪ'kɔːʃn/ *n* środek ostrożności

precede /prɪ'siːd/ *v* (*form.*) poprzedzać

precedence /'presɪdəns/ *n* ~ (**over sb/ sth**) pierwszeństwo (przed kimś/czymś)

precedent /'presɪdənt/ *n* precedens: *set a ~* stworzyć precedens

precinct /'priːsɪŋkt/ *n* **1** (*Br.*) obszar wydzielony tylko dla ruchu pieszego **2** (*Am.*) dzielnica miasta posiadająca własną policję i straż pożarną **3** (**precincts**) najbliższe otoczenie budynku

precious /'preʃəs/ *adj* **1** cenny **2** umiłowany ● **,precious 'metal** *n* metal szlachetny | **,precious 'stone** *n* kamień szlachetny

precipice /'presəpɪs/ *n* przepaść

precise /prɪ'saɪs/ *adj* **1** dokładny **2** skrupulatny | **precisely** *adv* **1** dokładnie **2** właśnie

precision /prɪ'sɪʒn/ *n* (*także* preciseness /-'saɪsnɪs/) *n* precyzja

precocious /prɪ'kəʊʃəs/ *adj* **1** (*dziecko*) rozwinięty nad wiek ● Słowa tego używa się często w znaczeniu krytycznym, podobnie jak w jęz. polskim „stary maleńki." **2** (*przed*) wcześnie rozwinięty (*np. talent*)

preconceived /ˌpriːkən'siːvd/ *adj* (*pogląd itp.*) z góry wyrobiony

preconception /ˌpriːkən'sepʃn/ *n* z góry wyrobiony sąd

predator /'predətə(r)/ *n* drapieżnik

predecessor /'pri:dɪsesə(r); *Am.* 'predə-/ *n* poprzedni-k/czka

predicament /prɪ'dɪkəmənt/ *n* kłopotliwe położenie

predict /prɪ'dɪkt/ *v* przewidywać | **predictable** *adj* przewidywalny | **prediction** *n* przewidywanie

predominant /prɪ'dɒmɪnənt/ *adj* dominujący | **predominantly** *adv* głównie

preface /'prefəs/ *n* przedmowa

prefect /'pri:fekt/ *n* (*Br.*) starszy uczeń (*często odpowiedzialny za zachowanie młodszych*)

prefer /prɪ'fɜ:(r)/ *v* (-rr-) ~ sth (to sth) woleć → WOLEĆ | **preferable** /'prefrəbl/ *adj* ~ (to sth/to doing sth) lepszy | **preferably** /'prefrəbli/ *adv* raczej, lepiej

preference /'prefrəns/ *n* preferencja: *have a ~ for sth* woleć coś

preferential /ˌprefə'renʃl/ *adj* preferencyjny

prefix /'pri:fɪks/ *n* przedrostek

pregnant /'pregnənt/ *adj* w ciąży | **pregnancy** *n* (*pl* -ies) ciąża

prehistoric /ˌpri:hɪ'stɒrɪk/ *adj* prehistoryczny

prejudice /'predʒudɪs/ *n* ~ (against sb/ sth) uprzedzenie do kogoś/czegoś ► *v* 1 ~ sb (against sb/sth) zrażać kogoś (do kogoś/czegoś) 2 ~ sb (in favour of sb/ sth) nastawiać kogoś przychylnie do kogoś/czegoś 2 (*form.*) przynosić uszczerbek | **prejudiced** *adj* uprzedzony, stronniczy

preliminary /prɪ'lɪmɪnəri; *Am.* -neri/ *adj* 1 wstępny 2 (*sport*) eliminacyjny

prelude /'prelju:d/ *n* (*i przen.*) preludium

premature /'premətʃə(r); *Am.* ˌpri:mə'tʃʊr; -tʊr/ *adj* przedwczesny: *a ~ baby* wcześniak ◊ *a ~ decision* pochopna decyzja

premier /'premiə(r); *Am.* prɪ'mɪr; -mjɪr/ *adj* pierwszy, najlepszy: *the Premier League/Division* Liga Mistrzów

premiere /'premieə(r); *Am.* prɪ'mɪr; -mjɪr/ *n* premiera

premises /'premɪsɪz/ *n* [*pl*] (*form.*) budynek z przylegającym terenem

premium /'pri:miəm/ *n* 1 składka ubezpieczeniowa 2 dopłata

preoccupation /priˌɒkju'peɪʃn/ *n* ~ (with sth) troska, zmartwienie: *a ~ with money* zaabsorbowanie pieniędzmi

preoccupied /pri'ɒkjupaɪd/ *adj* zaabsorbowany, zatroskany: *He was ~ with his own thoughts.* Był zatopiony/ pogrążony w myślach.

preparation /ˌprepə'reɪʃn/ *n* ~ (for sth/ to do sth) przygotowanie (do czegoś): *in ~ for the journey* aby przygotować się do podróży

preparatory /prɪ'pærətri; *Am.* -tɔ:ri/ *adj* przygotowawczy

prepare /prɪ'peə(r)/ *v* ~ (sb/sth) (for sb/ sth) przygotowywać (się) [IDM] **be prepared to do sth** być chętnym coś zrobić: *How much are you prepared to pay?* Ile jesteś gotowy zapłacić?

prerequisite /ˌpri:'rekwəzɪt/ *n* ~ (for/of sth) wstępny warunek

prerogative /prɪ'rɒgətɪv/ *n* prerogatywa

prescribe /prɪ'skraɪb/ *v* 1 (*med.*) przepisywać 2 (*form.*) (*prawo itp.*) nakazywać

prescription /prɪ'skrɪpʃn/ *n* 1 recepta 2 wypisywanie recepty

presence /'prezns/ *n* 1 obecność

present /'preznt/ *adj* obecny ► *n* (**the present**) 1 teraźniejszość 2 = PRESENT TENSE [IDM] **at present** teraz | *n* prezent | /prɪ'zent/ *v* 1 ~ sb with sth; ~ sth (to sb) wręczać coś komuś 2 ~ sb (to sb) przedstawiać kogoś komuś 3 (za) prezentować 4 stwarzać 5 (*teatr*) wystawiać | **presenter** *n* prezenter/ka ● ˌpresent 'tense (*także* the 'present) *n* (*gram.*) czas teraźniejszy

presentation /ˌprezn'teɪʃn; *Am.* ˌpri:zen-/ *n* 1 przedstawianie 2 prezentacja, wygląd 3 postrzeganie 4 ceremonia wręczania 5 (*form.*) wystąpienie

presently /'prezntli/ *adv* 1 zaraz 2 wkrótce 3 (*zwł. Am.*) teraz ❶ **Presently** zazw. oznacza „zaraz", gdy występuje na końcu zdania, „wkrótce" – na początku zdania, a „teraz", gdy stoi przy v.

preservation /ˌprezə'veɪʃn/ *n* ochrona (*np. przyrody*), konserwacja (*np. budynku*): *the ~ of law and order* utrzymanie ładu i porządku publicznego

preservative /prɪ'zɜ:vətɪv/ *n* środek konserwujący

preserve /prɪ'zɜ:v/ *v* chronić, konserwować: *a perfectly preserved house* doskonale zachowany dom

preside /prɪ'zaɪd/ *v* ~ (at/over sth) przewodniczyć czemuś

presidency /'prezɪdənsi/ *n* (*pl* -ies) prezydentura

president /'prezɪdənt/ *n* 1 prezydent 2 prezes/ka | **presidential** /ˌprezɪ'denʃl/ *adj* prezydencki

press /pres/ *n* 1 prasa 2 drukowanie 3 = PRINTING PRESS 4 wydawnictwo 5 przyciskanie 6 prasowanie: *This shirt needs a ~.* Tę koszulę trzeba wyprasować. ► *v* 1 przycisnąć 2 tłoczyć, wyciskać 3 prasować

4 przytulać **5 ~ (sb) (for sth)** nalegać (na kogoś, żeby:) *~ sb·for an answer* domagać się od kogoś odpowiedzi **6** obstawać przy czymś [IDM] **be pressed for sth** być pod presją (*np. terminów*) [PV] **press across, against, around, etc. (sth)** (*ludzie*) napierać na kogoś/coś| **press ahead/forward/on (with sth)** uparcie kontynuować| **pressing** *adj* pilny ● **'press-up** (*Br.*) *n* (*sport*) pompka | **'press conference** *n* konferencja prasowa| **'press release** *n* komunikat prasowy

pressure /'preʃə(r)/ *n* **1** parcie, napór: *Apply ~ to the cut.* Ucišnij ranę. **2** ciśnienie: *high blood* ~ nadciśnienie (krwi) **3** presja, trudności: *the ~s of city life* stresy życia w mieście [IDM] **pressure group** grupa nacisku| **put pressure on sb (to do sth)** wywierać presję| **under pressure 1** pod ciśnieniem **2** pod presją **3** w nawale (*trudności itp.*) ● **'pressure cooker** *n* szybkowar

pressurize (*także* -**ise**) /'preʃəraɪz/ (*zwl. Am. pressure* /'preʃə(r)/) *v* **~ sb (into doing sth)** zmuszać kogoś do (zrobienia) czegoś

prestige /pre'stiːʒ/ *n* prestiż| **prestigious** /pre'stɪdʒəs/ *adj* prestiżowy

presumably /prɪ'zjuːməbli; *Am.* -'zuː-/ *adv* przypuszczalnie

presume /prɪ'zjuːm; *Am.* -'zuːm/ *v* przypuszczać, sądzić

presumption /prɪ'zʌmpʃn/ *n* przypuszczenie, domniemanie

presumptuous /prɪ'zʌmptʃuəs/ *adj* bezczelny

pretence (*Am.* **pretense**) /prɪ'tens/ *n* pozór

pretend /prɪ'tend/ *v* udawać

pretentious /prɪ'tenʃəs/ *adj* pretensjonalny

pretext /'priːtekst/ *n* pretekst

pretty /'prɪti/ *adj* ładny → BEAUTIFUL ► *adv* (*nieform.*) dosyć, raczej → DOSYĆ

prevail /prɪ'veɪl/ *v* **1** istnieć, (*przesąd itp.*) panować **2** (*form.*) (*sprawiedliwość itp.*) zwyciężać

prevent /prɪ'vent/ *v* **~ sb/sth (from) (doing sth)** zapobiegać, uniemożliwiać komuś zrobienie czegoś: *Nothing would ~ him from smoking.* Nic nie powstrzyma go od palenia.

prevention /prɪ'venʃn/ *n* zapobieganie

preventive /prɪ'ventɪv/ (*także* preventative /prɪ'ventətɪv/) *adj* zapobiegawczy

preview /'priːvjuː/ *n* prapremiera

previous /'priːviəs/ *adj* poprzedni: *from ~ experience* z wcześniejszego doświadczenia| **previously** *adv*

poprzednio: *three days ~* trzy dni wcześniej

prey /preɪ/ *n* żer: *a bird of ~* ptak drapieżny ► *v* [IDM] **prey on sb's mind** dręczyć (kogoś) [PV] **prey on sb/sth** (*zwierzęta*) polować na kogoś/coś

price /praɪs/ *n* cena: *at cost ~* po cenie własnej ◊ *the retail/selling ~* cena detaliczna → CENA [IDM] **at any price** za wszelką cenę| **not at any price** za żadną cenę ► *v* **1** wyceniać **2** umieszczać cenę na towarach w sklepie| **priceless** *adj* bezcenny ● **'price list** *n* cennik| **'price tag** *n* **1** metka **2 ~ (on sth)** cena

prick /prɪk/ *n* (u)kłucie ► *v* kłuć

prickle /'prɪkl/ *n* (*biol.*) kolec| **prickly** *adj* **1** kolczasty **2** (*ubranie itp.*) gryzący **3** (*nieform.*) (*osoba*) drażliwy

pride /praɪd/ *n* **1 ~ (in sb/sth); the ~ of sth** duma: *the sin of ~* grzech pychy **2** godność osobista [IDM] **take (a) pride in sb/sth** być dumnym z kogoś/czegoś| **take pride in (doing) sth** robić coś z dumą

priest /priːst/ *n* **1** ksiądz **2** kapłan/ka

prim /prɪm/ *adj* (*osoba*) bardzo poprawny

primary /'praɪməri; *Am.* -meri/ *adj* najważniejszy: *of ~ importance* o zasadniczym znaczeniu| **primarily** /praɪ'merəli; *Br. także* 'praɪmərəli/ *adv* przede wszystkim| (*także ~ e'lection*) *n* (*pl* -**ies**) (*Am.*) prawybory ● **primary edu'cation** *n* szkolnictwo podstawowe| **'primary school** *n* (*Br.*) szkoła podstawowa

prime /praɪm/ *adj* **1** najważniejszy **2** pierwszorzędny **3** typowy ► *n* pełnia (*np. życia*): *in the ~ of life* w kwiecie wieku| *v* udzielać wyczerpujących informacji ● **prime 'minister** *n* premier

primitive /'prɪmətɪv/ *adj* **1** pierwotny **2** prymitywny

primrose /'prɪmrəʊz/ *n* (*bot.*) pierwiosnek

prince /prɪns/ *n* książę

princess /ˌprɪn'ses; 'prɪnses/ *n* księżniczka, księżna

principal /'prɪnsəpl/ *adj* główny ► *n* kierowni-k/czka

principle /'prɪnsəpl/ *n* **1** zasada **2** prawo (*np. fizyki*) [IDM] **in principle** w zasadzie| **on principle** z zasady

print /prɪnt/ *n* **1** druk **2** wydawanie (*gazet, książek itp.*): *a ~ run* nakład **3** ślad **4** rycina **5** (*fot.*) odbitka [IDM] **in print 1** (*książka itp.*) dostępny w sprzedaży **2** (*artykuł itp.*) opublikowany | **out of print** (*nakład książki*) wyczerpany ► *v* **1** drukować **2** pisać (*drukowanymi literami*) **3** (*fot.*) robić odbitkę| [PV] **print sth out** (*komput.*) (wy)drukować| **printer** *n* **1** drukarz

p

2 drukarnia 3 (*komput.*) drukarka
● 'printing press *n* prasa drukarska |
'printout *n* wydruk

prior /'praɪə(r)/ *adj* wcześniejszy | prior
to sth *prep* (*form.*) przed czymś

priority /praɪˈɒrəti/ *n* (*pl* -ies)
priorytet: *take ~ over sth* mieć
pierwszeństwo przed czymś

prison /'prɪzn/ *n* więzienie: *a ~ warder*
strażnik więzienny ❶ Słowa prison
używa się bez rodzajnika określonego
the, mówiąc o kimś odbywającym karę
w więzieniu: *He's in ~ for robbery.*
Siedzi w więzieniu za kradzież.
Natomiast the prison stosuje się,
mówiąc o ludziach udających się do
więzienia w innym celu: *The minister
visited the ~.* Minister odwiedził
więzienie.

prisoner /'prɪznə(r)/ *n* wię-zień/
źniarka ● ,prisoner of 'war *n* jeniec
wojenny

privacy /'prɪvəsi; Am. 'praɪv-/ *n*
prywatność

private /'praɪvət/ *adj* 1 prywatny
2 poufny 3 (*osoba*) skryty [IDM] in private
na osobności ▶ *n* (*wojsk.*) szeregowy

privatize (*także* -ise) /'praɪvətaɪz/ *v*
prywatyzować

privilege /'prɪvəlɪdʒ/ *n* 1 przywilej
2 zaszczyt | privileged *adj*
1 uprzywilejowany 2 zaszczycony

prize /praɪz/ *n* nagroda ▶ *v* cenić

pro /prəʊ/ *n* [IDM] the pros and cons za i
przeciw

probability /ˌprɒbəˈbɪləti/ *n* (*pl* -ies)
prawdopodobieństwo

probable /'prɒbəbl/ *adj*
prawdopodobny

probation /prəˈbeɪʃn; Am. prəʊ-/ *n* [U]
1 (*prawn.*) wyrok w zawieszeniu,
zwolnienie warunkowe 2 okres próbny
● pro'bation officer *n* kurator sądowy

probe /prəʊb/ *n* 1 (*med.*) sonda
2 sondaż ▶ *v* 1 badać sondą 2 ~ (into sth)
zajmować się (*jakąś sprawą*) | probing
adj (*pytanie itp.*) dociekliwy, (*wzrok itp.*)
badawczy

problem /'prɒbləm/ *n* 1 problem: *No ~.*
Nie ma sprawy! 2 zadanie (*np.
matematyczne*)

procedure /prəˈsiːdʒə(r)/ *n* sposób
postępowania: *follow the ~* postępować
zgodnie z procedurą

proceed /prəˈsiːd/ *v* 1 przystępować do
robienia czegoś 2 (*form.*) kontynuować

proceedings /prəˈsiːdɪŋz/ *n* [pl]
1 ~ (against sb/for sth) postępowanie
prawne 2 obrady

proceeds /'prəʊsiːdz/ *n* [pl] ~ (of/from
sth) dochód

process /'prəʊses; Am. 'prɑːses/ *n*
proces [IDM] in the process (of
(doing) sth) w trakcie (czegoś) ▶ *v*
1 przetwarzać (*np. żywność*): *~ a film*
wywoływać film 2 (*komput.*)
przetwarzać (*np. dane*) 3 rozpatrywać
(*np. podanie*) | processor *n*: *a food ~*
robot kuchenny ◊ *a word ~* edytor
tekstu

procession /prəˈseʃn/ *n* pochód,
procesja: *a funeral ~* kondukt
pogrzebowy

proclaim /prəˈkleɪm/ *v* (*form.*)
obwieszczać | proclamation
/ˌprɒkləˈmeɪʃn/ *n* obwieszczenie

prod /prɒd/ *v* (-dd-) 1 ~ (at) sb/sth
szturchać 2 ~ sb (into (doing) sth)
dopingować kogoś do (zrobienia) czegoś
▶ *n* szturchnięcie: *give sb a ~*
szturchnąć kogoś

prodigy /'prɒdɪdʒi/ *n* (*pl* -ies) geniusz:
a child ~ cudowne dziecko

produce /prəˈdjuːs; Am. -ˈduːs/ *v*
1 wytwarzać, produkować 2 wywoływać
3 wydawać (na świat) 4 okazywać (*np.
bilet*): *~ evidence* przedstawić dowody
5 (*teatr*) wystawiać ▶ /'prɒdjuːs; Am.
-duːs/ *n* [U] płody rolne

producer /prəˈdjuːsə(r); Am. -ˈduː-/ *n*
1 producent/ka 2 (*radio; TV*) realizator

product /'prɒdʌkt/ *n* 1 produkt,
wytwór 2 ~ of sth wynik

production /prəˈdʌkʃn/ *n* produkcja

productive /prəˈdʌktɪv/ *adj* 1 wydajny
2 owocny

productivity /ˌprɒdʌkˈtɪvəti/ *n*
wydajność

profess /prəˈfes/ *v* 1 (*form.*) twierdzić
2 głosić

profession /prəˈfeʃn/ *n* 1 zawód
→ PRACA 2 (the profession) grupa
zawodowa

professional /prəˈfeʃənl/ *adj*
1 zawodowy 2 fachowy ▶ *n*
1 profesjonalist-a/ka 2 (*sport*)
zawodowiec

professor /prəˈfesə(r)/ *n* 1 profesor
2 (*Am.*) wykładow-ca/czyni

proficient /prəˈfɪʃnt/ *adj* ~ (in/at sth/
doing sth) biegły: *She's ~ in French.*
Biegle zna francuski.

profile /'prəʊfaɪl/ *n* 1 profil 2 sylwetka
(*np. uczonego*)

profit /'prɒfɪt/ *n* zysk ▶ *v* [PV] profit
from sth (*form.*) zyskiwać na czymś

profitable /'prɒfɪtəbl/ *adj* 1 zyskowny
2 korzystny

profound /prəˈfaʊnd/ *adj* 1 wielki,
głęboki 2 wyczerpujący

program /'prəʊɡræm/ *n* 1 (*komput.*)
program ❶ Mówiąc o komputerach,
zarówno Am. ang., jak i Br. ang. używa

pisowni **program**. Każde inne znaczenie tego słowa w Br. ang. ma pisownię **programme**, natomiast w Am. ang. **program**. 2 (*Am.*) = PROGRAMME ▶ *v* (-mm-; *Am. także* -m-) **1** (*komput.*) programować **2** (*Am.*) = PROGRAMME I

programmer *n* (*komput.*) programist-a/ ka

programme /ˈprəʊgræm/ *n* program: *a radio ~* audycja radiowa ◇ *What's (on) your ~ today?* Jakie masz plany na dzisiaj? ▶ *v* **1** planować **2** programować

progress /ˈprəʊgres; *Am.* ˈprɑːg-/ *n* [*U*] **1** posuwanie się (do przodu) **2** postęp/y: *a ~ report* sprawozdanie z postępów (np. w nauce) [IDM] **in progress** w toku ▶ /prəˈgres/ *v* **1** robić postępy **2** posuwać się (do przodu)

progressive /prəˈgresɪv/ *adj* **1** postępowy **2** stopniowy

prohibit /prəˈhɪbɪt; *Am.* prəʊ-/ *v* (*form.*) *~ sb/sth (from doing sth)* zabraniać

prohibition /ˌprəʊɪˈbɪʃn; *Am.* ˌprəʊə-/ *n* (*form.*) zakaz

project /ˈprɒdʒekt/ *n* **1** projekt **2** (*szk.*) praca (*na jakiś temat*) ▶ /prəˈdʒekt/ *v* **1** planować **2** obliczać **3** *~* sth (on/onto sth) rzucać (*np. światło, cień*), wyświetlać (*np. film*) **4** stawiać (kogoś/ coś) w złym/dobrym świetle **5** (*form.*) wystawać **6** wydawać z siebie

projection /prəˈdʒekʃn/ *n* **1** prognoza **2** wyświetlanie, projekcja

projector /prəˈdʒektə(r)/ *n* projektor: *an overhead ~* rzutnik

prolific /prəˈlɪfɪk/ *adj* (*pisarz itp.*) płodny

prolong /prəˈlɒŋ/ *v* przedłużać

prominent /ˈprɒmɪnənt/ *adj* **1** (*osoba*) wybitny **2** widoczny

promiscuous /prəˈmɪskjuəs/ *adj* utrzymujący stosunki seksualne z wieloma osobami

promise /ˈprɒmɪs/ *n* **1** obietnica **2** nadzieja: *He showed great ~ as a musician.* Był obiecującym muzykiem. ▶ *v* **1** obiecywać **2** *~* sth (to sb) przyrzekać **3** zapowiadać (się)

promote /prəˈməʊt/ *v* **1** awansować **2** zachęcać **3** sprzyjać **4** lansować I

promoter *n* **1** organizator **2** sponsor

promotion /prəˈməʊʃn/ *n* **1** awans **2** krzewienie **3** promocja

prompt /prɒmpt/ *adj* *~* (in doing sth/to do sth) bezzwłoczny, szybki ▶ *adv* punktualnie: *at 7 o'clock ~* dokładnie o siódmej I **promptly** *adv* **1** bezzwłocznie **2** punktualnie I *v* **1** (s)prowokować **2** skłaniać **3** podpowiadać **4** suflerować I *n* **1** (*teatr*) podpowiedź (*suflera*) **2** (*komput.*) znak zgłoszenia, podpowiedź

prone /prəʊn/ *adj* *~* to (do) sth skłonny do czegoś, podatny na coś: *be accident-prone* często ulegający wypadkom

pronoun /ˈprəʊnaʊn/ *n* zaimek

pronounce /prəˈnaʊns/ *v* wymawiać I **pronounced** *adj* wyraźny

pronunciation /prəˌnʌnsiˈeɪʃn/ *n* wymowa

proof /pruːf/ *n* **1** [*U*] dowód **2** [*zwykle pl*] korekta

prop /prɒp/ *n* **1** podpórka **2** rekwizyt ▶ *v* (-pp-) **1** podpierać **2** opierać [PV] **prop sb/sth up** podpierać kogoś/coś

propel /prəˈpel/ *v* (-ll-) napędzać I

propeller *n* (*żegl.*) śruba; (*lot.*) śmigło

proper /ˈprɒpə(r)/ *adj* **1** prawdziwy **2** właściwy: *Nothing is in its ~ place.* Niczego nie ma na swoim miejscu. ◇ *in the city ~* w samym mieście **3** (*form.*) przyzwoity I **properly** *adv* **1** należycie, odpowiednio **2** przyzwoicie

property /ˈprɒpəti/ *n* (*pl* -ies) **1** własność: *public ~* mienie publiczne **2** (*form.*) nieruchomość **3** właściwość

prophecy /ˈprɒfəsi/ *n* (*pl* -ies) proroctwo

prophesy /ˈprɒfəsaɪ/ *v* (*3rd sing czasu pres* -ies; *pt, pp* -ied) prorokować

prophet /ˈprɒfɪt/ *n* prorok/ini

proportion /prəˈpɔːʃn/ *n* **1** proporcja **2** *~* (of sth to sth) stosunek czegoś do czegoś **3** (**proportions**) rozmiary

proposal /prəˈpəʊzl/ *n* **1** projekt: *put forward a ~* wystąpić z propozycją **2** oświadczyny

propose /prəˈpəʊz/ *v* **1** proponować, wysuwać wniosek **2** zamierzać **3** *~* (to sb) oświadczać się **4** *~* sb for/as sth wysuwać kandydaturę

proposition /ˌprɒpəˈzɪʃn/ *n* **1** propozycja: *make a ~* (za)proponować coś **2** sprawa, zadanie

proprietor /prəˈpraɪətə(r)/ *n* (*form.*) właściciel/ka

prose /prəʊz/ *n* proza: *a ~ writer* prozai-k/czka

prosecute /ˈprɒsɪkjuːt/ *v* *~* sb (for sth) ścigać sądownie

prosecution /ˌprɒsɪˈkjuːʃn/ *n* **1** (*prawn.*) zaskarżenie: *bring a ~ against sb* wnieść oskarżenie przeciw komuś ◇ *the Director of Public Prosecutions* Prokurator Generalny **2** (*prawn.*) oskarżyciel: *a witness for the ~* świadek oskarżenia

prospect /ˈprɒspekt/ *n* **1** *~* (of sth/of doing sth) szansa **2** (*przen.*) perspektywa **3** (**prospects**) (*przen.*) widoki

prospective /prəˈspektɪv/ *adj* **1** potencjalny, ewentualny **2** spodziewany

prospectus /prəˈspektəs/ *n* prospekt

p

prosper /'prɒspə(r)/ *v* prosperować
prosperity /prɒ'sperəti/ *n* dobrobyt
prosperous /'prɒspərəs/ *adj* zasobny
prostitute /'prɒstɪtjuːt; *Am*. -tuːt/ *n* prostytutka
protect /prə'tekt/ *v* ~ sb/sth (against/ from sth) chronić
protection /prə'tekʃn/ *n* ~ (against sth) ochrona
protective /prə'tektɪv/ *adj* 1 ochronny 2 ~ (towards sb) opiekuńczy
protein /'prəʊtiːn/ *n* (*biol*.; *chem*.) białko
protest /'prəʊtest/ *n* protest, sprzeciw: *do sth under* ~ zrobić coś pod przymusem ► /prə'test/ *v* 1 ~ (about/ against/at sth) protestować, sprzeciwiać się ❶ W Am. ang. **protest** używa się bez przyimka. **Protest** ma mocniejsze znaczenie niż **complain**. Używa się go, mówiąc o sprawach poważnych, np. gdy w naszym odczuciu coś jest zdecydowanie złe, nieprawidłowe lub nieuczciwe. **Complain** używa się, mówiąc np. o kiepskiej jakości produktów lub o innej mało ważnej sprawie. 2 twierdzić kategorycznie I **protester** *n* protestują-cy/a
Protestant /'prɒtɪstənt/ *n* protestant/ ka ► *adj* protestancki
protrude /prə'truːd; *Am*. proʊ-/ *v* wystawać
proud /praʊd/ *adj* ~ (of sb/sth); ~ (to do sth/that) dumny
prove /pruːv/ *v* (*pp* proved; *zwł*. *Am*. proven) 1 ~ sth (to sb) udowadniać 2 ~ *link* okazywać się 3 ~ yourself (to sb) (*osoba*) sprawdzać się
proverb /'prɒvɜːb/ *n* przysłowie
provide /prə'vaɪd/ *v* ~ sb (with sth); ~ sth (for sb) dostarczać [PV] provide for sb utrzymywać kogoś I provide for sth uwzględniać coś: *We did not ~ for such an increase in prices*. Nie wzięliśmy pod uwagę tak dużego wzrostu cen.
provided /prə'vaɪdɪd/ (*także* providing) *conj* pod warunkiem, że
province /'prɒvɪns/ *n* 1 (*jednostka administracyjna w niektórych krajach*) prowincja 2 (the provinces) prowincja
provincial /prə'vɪnʃl/ *adj* prowincjonalny
provision /prə'vɪʒn/ *n* 1 zaopatrzenie: *the ~ of health care* świadczenia zdrowotne 2 ~ for/against sth zabezpieczanie (się)
provisional /prə'vɪʒənl/ *adj* tymczasowy
provocation /ˌprɒvə'keɪʃn/ *n* prowokacja
provocative /prə'vɒkətɪv/ *adj* prowokacyjny

provoke /prə'vəʊk/ *v* 1 prowokować 2 wywoływać
prowl /praʊl/ *v* ~ (about/around) czaić się, skradać się
proximity /prɒk'sɪməti/ *n* (*form*.) bliskość
proxy /'prɒksi/ *n* pełnomocnictwo: *by ~* z upoważnienia
prude /pruːd/ *n* świętosz-ek/ka
prudent /'pruːdnt/ *adj* roztropny
prune /pruːn/ *n* suszona śliwka ► *v* przycinać (*krzewy*)
pry /praɪ/ *v* (*3rd sing czasu pres* pries; *pt, pp* pried) ~ (into sth) wtrącać się
pseudonym /'s(j)uːdənɪm/ *n* pseudonim
psych /saɪk/ *v* [PV] psych yourself up (for sth) (*nieform*.) przygotowywać się psychicznie na coś
psyche /'saɪki/ *n* (*form*.) psychika
psychiatry /saɪ'kaɪətri/ *n* psychiatria I **psychiatric** /ˌsaɪki'ætrɪk/ *adj* psychiatryczny I **psychiatrist** /saɪ'kaɪətrɪst/ *n* psychiatra
psychic /'saɪkɪk/ *adj* (*osoba*) medium
psychology /saɪ'kɒlədʒi/ *n* 1 psychologia 2 psychika I **psychological** /ˌsaɪkə'lɒdʒɪkl/ *adj* 1 psychiczny 2 psychologiczny I **psychologist** /saɪ'kɒlədʒɪst/ *n* psycholog
PTO /ˌpiː tiː 'əʊ/ *skrót* verte
puberty /'pjuːbəti/ *n* okres dojrzewania płciowego
pubic /'pjuːbɪk/ *adj* łonowy
public /'pʌblɪk/ *adj* publiczny: ~ *awareness* świadomość społeczna ► *n* [*lp, z u. w pl lub s*] 1 (the public) ludność: *The museum is now open to the ~*. Teraz muzeum jest otwarte dla zwiedzających. 2 ludzie (*o wspólnych zainteresowaniach*) [IDM] in public publicznie ● ˌpublic (ˌlimited) 'company *n* spółka akcyjna I ˌpublic 'school *n* 1 (*Br*.) szkoła prywatna 2 (*Am*.) szkoła publiczna I ˌpublic 'transport *n* komunikacja miejska
publication /ˌpʌblɪ'keɪʃn/ *n* 1 publikacja 2 ogłoszenie
publicity /pʌb'lɪsəti/ *n* [U] 1 rozgłos 2 reklama
publicize (*także* -ise) /'pʌblɪsaɪz/ *v* nadawać rozgłos
publish /'pʌblɪʃ/ *v* 1 publikować 2 ogłaszać I **publisher** *n* 1 wydawca 2 wydawnictwo
pudding /'pʊdɪŋ/ *n* (*Br*.) 1 deser 2 pudding ❶ Uwaga! Pudding nie oznacza „budyń."
puddle /'pʌdl/ *n* kałuża
puff /pʌf/ *n* 1 kłąb (*np. dymu*) 2 pyknięcie: *take a ~ on a cigarette* zaciągnąć się papierosem ► *v*

1 puszczać kłęby (*dymu*), (*wiatr*)
dmuchać **2** palić (*np. papierosa, fajkę*)
3 sapać| **puffy** *adj* nalany, podpuchnięty
puke /pjuːk/ *v* (*slang*) rzygać
pull /pʊl/ *v* **1** ciągnąć, szarpać: *Pull
your chair nearer to the table.* Przysuń
swoje krzesło do stołu. **2** naciągnąć
(*mięsień*) [IDM] **pull sb's leg** (*nieform.*)
robić kogoś w konia| **pull your weight**
nie szczędzić wysiłku [PV] **pull sth down**
zburzyć (*budynek*)| **pull in (to sth); pull
into sth 1** (*pociąg*) wjeżdżać na stację
2 (*samochód*) zjechać na pobocze|
pull sth off (*nieform.*) dokonać (*czegoś
trudnego*): *I never thought you'd pull it
off!* Nigdy nie sądziłem, że ci się to
uda.| **pull over** (*samochód, kierowca*)
zjeżdżać (*na pobocze*)| **pull yourself
together** brać się w garść| **pull up**
(*samochód*) zatrzymywać (się) ► *n* a ~
(**at/on sth**) pociągnięcie, szarpnięcie
pullover /ˈpʊləʊvə(r)/ *n* pulower
pulp /pʌlp/ *n* **1** miąższ (*owoców i
warzyw*) **2** masa celulozowa **3** papka
pulpit /ˈpʊlpɪt/ *n* ambona
pulsate /pʌlˈseɪt; *Am.* ˈpʌlseɪt/ *v*
pulsować
pulse /pʌls/ *n* puls: *feel/take sb's* ~
mierzyć komuś puls
pump /pʌmp/ *n* **1** pomp(k)a: *a petrol* ~
dystrybutor paliwa **2** (*but*) czółenko ► *v*
pompować [PV] **pump sth up**
napompowywać
pumpkin /ˈpʌmpkɪn/ *n* dynia
pun /pʌn/ *n* ~ (**on sth**) kalambur
punch /pʌntʃ/ *v* **1** uderzać pięścią
2 dziurkować: ~ *a ticket* skasować bilet
► *n* **1** uderzenie pięścią **2** poncz
3 dziurkacz: *a ticket* ~ kasownik
● **punchline** *n* point| **'punch-up** *n* (*Br.,
nieform.*) bijatyka
punctual /ˈpʌŋktʃuəl/ *adj* punktualny|
punctuality /ˌpʌŋktʃuˈæləti/ *n*
punktualność
punctuate /ˈpʌŋktʃueɪt/ *v* **1** stawiać
znaki przestankowe **2** ~ **sth (with sth)**
przerywać| **punctuation** /ˌpʌŋktʃuˈeɪʃn/
n interpunkcja ● ˌpuncˈtuation mark *n*
znak przestankowy
puncture /ˈpʌŋktʃə(r)/ *n* **1** przebita
opona/dętka **2** przebicie opony/dętki
► *v* dziurawić
punish /ˈpʌnɪʃ/ *v* ~ **sb (for sth) (by/with
sth)** karać| **punishment** *n* kara
punitive /ˈpjuːnətɪv/ *adj* (*form.*)
1 karny **2** (*podatek*) zawyżony
pup /pʌp/ *n* **1** szczenię **2** (*zwierzę*)
młode
pupil /ˈpjuːpl/ *n* **1** (*zwł. Br.*) ucze-ń/
nnica (*szkoły podstawowej*)
2 wychowan-ek/ka (*np. wielkiego
artysty*) **3** źrenica

puppet /ˈpʌpɪt/ *n* (*i przen.*) marionetka
puppy /ˈpʌpi/ *n* (*pl* **-ies**) szczenię
purchase /ˈpɜːtʃəs/ *n* (*form.*) zakup ► *v*
(*form.*) nabywać
pure /pjʊə(r)/ *adj* **1** czysty **2** niewinny
3 (*nieform.*) całkowity: *by* ~ *chance*
zupełnie przypadkowo **4** (*nauka*)
teoretyczny| **purely** *adv* jedynie,
całkowicie: ~ *and simply* tylko i
wyłącznie
purge /pɜːdʒ/ *v* przeprowadzać czystkę
► *n* czystka
purify /ˈpjʊərɪfaɪ/ *v* (*3rd sing czasu pres*
-ies; *pt, pp* **-ied**) oczyszczać
purity /ˈpjʊərəti/ *n* czystość
purple /ˈpɜːpl/ *adj* fioletowy,
purpurowy ► *n* kolor fioletowy/
purpurowy
purpose /ˈpɜːpəs/ *n* **1** cel **2** (**purposes**)
potrzeby **3** determinacja (*w dążeniu do
celu*) [IDM] **on purpose** celowo|
purposely *adv* celowo
purr /pɜː(r)/ *v* (*kot*) mruczeć
purse /pɜːs/ *n* **1** portmonetka **2** (*Am.*)
torebka damska
pursue /pəˈsjuː; *Am.* -ˈsuː/ *v* (*form.*)
1 ścigać **2** dążyć do czegoś **3** dalej
prowadzić **4** rozwijać (*np. hobby*)
pursuit /pəˈsjuːt; *Am.* -ˈsuːt/ *n* **1** ~ (**of sb/
sth**) (*i przen.*) pogoń za kimś/czymś
2 zajęcie, rozrywka
push /pʊʃ/ *v* **1** pchać (się): *She pushed
the door shut with her foot.* Zamknęła
drzwi, pchnąwszy je nogą. **2** naciskać
3 (*nieform.*) forsować [PV] **push in**
wpychać się bez kolejki| **push sb/sth
over** przewracać kogoś/coś ► *n*
pchnięcie, naciśnięcie: *give sth a* ~
popchnąć coś ● **'push-up** *n* (*Am.*)
(*sport*) pompka
pushchair /ˈpʊʃtʃeə(r)/ *n* (*Br.*)
składany wózek dziecinny
pushy /ˈpʊʃi/ *adj* (*nieform.*)
rozpychający się łokciami
put /pʊt/ *v* (*pres part.* **-tt-**; *pt, pp* **put**)
1 kłaść, stawiać, wkładać: *Did you* ~
sugar in my tea? Czy posłodziłeś moją
herbatę? **2** przymocowywać,
przytwierdzać: *a new lock on the door*
założyć nowy zamek w drzwiach
3 wprawiać (*kogoś w jakiś nastrój*);
stawiać (*kogoś w jakimś położeniu*)
4 wyrażać: *How shall I* ~ *it?* Jak to
powiedzieć? **5** zadawać (*np. pytanie*): ~ *a
suggestion to sb* podać komuś sugestię
6 zaliczać (*kogoś/coś do czegoś*)
7 notować [IDM] **not put it past sb (to do
sth)** (*ze słowem would*): *I wouldn't* ~ *it
past him to do a thing like that.* Po nim
można się czegoś takiego spodziewać.
❶ **Put** używa się w innych idiomach, np.
put an end to sth. Zob. hasła
odpowiednich *n, adj* itp. [PV] **put sth**

aside 1 odkładać (*zazw. pieniądze*)
2 zapominać (*np. o kłótni*)| **put sth away
1** schować coś (*na miejsce*) **2** odkładać
(*pieniądze*)| **put sth back 1** odkładać coś
na swoje miejsce **2** cofać (*wskazówki
zegara*) **3** przekładać (*np. spotkanie*)|
put sth down (*nieform.*) ośmieszać kogoś
| **put sth down 1** kłaść **2** zapisywać
3 wpłacać (*część należnej kwoty*)
4 (*policja itp.*) tłumić (*siłą*) **5** usypiać
(*zwierzę*)| **put sth forward 1** posuwać
naprzód (*wskazówki zegara*)
2 wysuwać (*np. sugestię*)| **put sth in
1** wtrącać (*do tekstu, wypowiedzi*)
2 składać (*np. podanie*)| **put sb off (sb/
sth/doing sth)** zniechęcać| **put sth off
1** wyłączać (*urządzenie*) **2** (*także* put off
doing sth) przesuwać (*na inny termin*)|
put sth on 1 wkładać (*ubranie*)
2 nakładać (*krem itp.*) **3** włączać
(*urządzenie*) **4** puszczać (*np. płytę*)
5 przybierać na wadze **6** wystawiać (*np.
sztukę teatralną*) **7** dołączać, zwiększać
8 udawać| **put sb out 1** przysparzać
(*komuś*) kłopotu **2** irytować kogoś| **put
sth out 1** gasić (*np. pożar, światło*)
2 wynosić (*np. śmieci*) **3** ogłaszać,
zakomunikować| **put sb through sth**
zgotować (*komuś coś nieprzyjemnego*)|
put sb through łączyć (*telefonicznie*)|
put sth together składać, montować| **put
sb up** przenocować kogoś| **put sth up
1** podnosić **2** stawiać (*np. płot, pomnik*):
~ *up a tent* rozbić namiot **3** wieszać (*np.
ogłoszenie*) **4** podnosić (*np. ceny*)| **put up
with sb/sth** znosić (*kogoś/coś*)

putter /'pʌtə(r)/ *v* (*Am.*) = POTTER

p
q
puzzle /'pʌzl/ *n* zagadka: *do a
crossword* ~ rozwiązać krzyżówkę ◇ *a
jigsaw* ~ puzzle ▸ *v* **1** intrygować,
zastanawiać **2** ~ **over sth** głowić się
nad czymś [PV] **puzzle sth out**
rozwiązywać (*np. zagadkę*),
odszyfrować (*np. pismo*)

pyjamas /pə'dʒɑːməz; *Am.* -'dʒæ-/ *n*
[*pl*] (*Br.*) piżama ⊕ Przed innym n słowa
pyjama bez s na końcu: *pyjama trousers*
spodnie od piżamy.

pyramid /'pɪrəmɪd/ *n* piramida,
ostrosłup

python /'paɪθən; *Am.* -θɑːn/ *n* pyton

Qq

Q, q /kjuː/ *n* litera *q*
quack /kwæk/ *n* kwakanie ▸ *v* kwakać
quaint /kweɪnt/ *adj* osobliwy,
staroświecki

qualification /ˌkwɒlɪfɪ'keɪʃn/ *n* **1** [C]
kwalifikacje **2** wymóg **3** zastrzeżenie
qualify /'kwɒlɪfaɪ/ *v* (*3rd sing czasu
pres* **-ies**; *pt, pp* **-ied**) **1** zdobywać
kwalifikacje **2** dawać kwalifikacje
3 zakwalifikować się (*np. do finału*)
4 otrzymywać prawa **5** osłabiać (*np.
twierdzenie*)| **qualified** *adj*
1 wykwalifikowany, dyplomowany
2 kompetentny **3** ograniczony, częściowy
quality /'kwɒləti/ *n* (*pl* **-ies**) **1** jakość,
gatunek **2** wysoka jakość, wysoki
poziom **3** cecha
qualm /kwɑːm/ *n* [*zwykle pl*] skrupuły
quantity /'kwɒntəti/ *n* (*pl* **-ies**) ilość
quarantine /'kwɒrəntiːn/ *n*
kwarantanna
quarrel /'kwɒrəl/ *n* **1** kłótnia **2** ~ **with
sb/sth** coś do zarzucenia ▸ *v* (**-ll-**; *Am.*
-l-) **1** ~ **(with sb) (about/over sth)** kłócić
się **2** ~ **with sth** nie zgadzać się z czymś
quarry /'kwɒri/ *n* (*pl* **-ies**)
kamieniołom, kopalnia odkrywkowa
quart /kwɔːt/ *n* kwarta (*bryt.: 1,14 l; US:
0,94 l*)
quarter /'kwɔːtə(r)/ *n* **1** ćwiartka **2** [*lp*]
kwadrans: *It's (a)* ~ *past two.* Kwadrans
po drugiej. ◇ *It's (a)* ~ *to two.* Za
kwadrans druga. ⊕ W Am. ang. mówi
się (a) quarter after i (a) quarter of.
3 kwartał **4** (*miara wagi*) ćwierć funta
5 dzielnica **6** krąg ludzi: *Support came
from an unexpected* ~. Wsparcie
nadeszło z nieoczekiwanej strony.
7 moneta 25-centowa **8** (**quarters**) kwatery
quarterly /'kwɔːtəli/ *adj* kwartalny
▸ *adv* kwartalnie
quartet /kwɔː'tet/ *n* kwartet
quartz /kwɔːts/ *n* kwarc
quash /kwɒʃ/ *v* (*form.*) **1** unieważniać
2 tłumić (*np. bunt, powstanie*)
quay /kiː/ *n* nabrzeże
queen /kwiːn/ *n* **1** królowa ⊕ Queen
Elizabeth II wymawia się Queen
Elizabeth the Second. **2** (*karta*) dama
3 (*szachy*) hetman, królowa
queer /kwɪə(r)/ *adj* **1** dziwaczny
2 (*slang*) pedziowaty ⊕ Queer używa się
często w obraźliwy sposób, ale
niektórzy homoseksualiści sami się tak
nazywają. ▸ *n* (*slang*) ciota, pedał
quell /kwel/ *v* tłumić
quench /kwentʃ/ *v* gasić (*pragnienie*)
query /'kwɪəri/ *n* (*pl* **-ies**) pytanie ▸ *v*
(*3rd sing czasu pres* **-ies**; *pt, pp* **-ied**)
zapytać
quest /kwest/ *n* ~ **(for sth)** (*form.*)
poszukiwanie
question /'kwestʃən/ *n* **1** pytanie
2 kwestia **3** zagadnienie [IDM] **out of the
question** wykluczony, nie wchodzący w
rachubę ▸ *v* **1** pytać **2** kwestionować|

questionable *adj* wątpliwy ● 'question **mark** *n* pytajnik

questionnaire /ˌkwestʃə'neə(r)/ *n* kwestionariusz

queue /kjuː/ *n* (Br.) kolejka ▶ *v* ~ (**up**) (**for sth**) stać w kolejce (po coś)

quick /kwɪk/ *adj* **1** szybki: *Be ~ about it!* Pośpiesz się! ◇ *be a ~ learner* szybko się uczyć ◇ *a ~ phone call* krótka rozmowa telefoniczna **2**: *quick-thinking* bystra osoba ◇ *quick-drying paint* farba szybkoschnąca [IDM] (**as**) **quick as a flash** (szybko) jak błyskawica ▶ *adv* (*nieform.*) szybko| **quickly** *adv* szybko

quiet /'kwaɪət/ *adj* cichy: *Be ~!* Cicho! ◇ *lead a ~ life* prowadzić spokojne życie [IDM] **keep quiet about sth; keep sth quiet** trzymać coś w tajemnicy| **quietly** *adv* cicho| *n* cisza, spokój

quieten /'kwaɪətn/ [PV] **quieten** (**sb/sth**) **down** uciszać (się)

quilt /kwɪlt/ *n* kołdra

quirk /kwɜːk/ *n* **1** dziwactwo **2** kaprys (*np. losu*)| **quirky** *adj* dziwaczny

quit /kwɪt/ *v* (*pres part.* -**tt**-; *pt, pp* quit) **1** porzucać (*np. pracę*), opuszczać (*np. kogoś, miejsce*): *It's time to ~.* Czas odejść. **2** (*nieform.*) przestawać coś robić **3** (*komput.*) wychodzić z programu

quite /kwaɪt/ *adv* **1** (*całkiem*) dość → DOSYĆ **2** zupełnie: *You're ~ right.* Masz zupełną rację. **3** właśnie, racja [IDM] **not quite** niezupełnie| **quite a prawdziwy| quite a few; quite a lot (of)** sporo

quiver /'kwɪvə(r)/ *v* drżeć

quota /'kwəʊtə/ *n* kontyngent, norma

quotation /kwəʊ'teɪʃn/ *n* (*nieform.* quote) *n* **1** cytat **2** kosztorys ● **quo'tation marks** *n* cudzysłów

quote /kwəʊt/ *v* **1** ~ (**sth**) (**from sb/sth**) cytować **2** przytaczać (*jako przykład*) **3** przedstawiać kosztorys

Rr

R, r /ɑː(r)/ *n* litera *r*

rabbit /'ræbɪt/ *n* królik

rabies /'reɪbiːz/ *n* [U] wścieklizna

race /reɪs/ *n* **1** ~ (**against/with sb/sth**) wyścig **2** (**the races**) (Br.) wyścigi konne **3** rasa ▶ *v* **1** ~ (**against/with/sb/sth**) ścigać się **2** pędzić, gnać: *The child had to be raced to hospital.* Trzeba było szybko odwieźć dziecko do szpitala. **3** zgłaszać do wyścigu| **racing** *n* [U]

wyścigi (*np. samochodowe, konne*) ● **'racecourse** (Am. '~*track*) *n* tor wyścigów konnych

racial /'reɪʃl/ *adj* rasowy

racism /'reɪsɪzəm/ *n* rasizm| **racist 1** *n* rasist-a/ka **2** *adj* rasistowski

rack /ræk/ *n* półka: *a roof ~* bagażnik dachowy ▶ *v* [IDM] **rack your brains** głowić się

racket (*także* racquet) /'rækɪt/ *n* **1** (*sport*) rakieta **2** (*nieform.*) harmider **3** (*nieform.*) przekręt

radar /'reɪdɑː(r)/ *n* radar

radiant /'reɪdiənt/ *adj* (*i przen.*) promienny

radiate /'reɪdieɪt/ *v* **1** (*i przen.*) promieniować: *~ health* tryskać zdrowiem ◇ *~ self-confidence* emanować pewnością siebie

radiation /ˌreɪdi'eɪʃn/ *n* promieniowanie

radiator /'reɪdieɪtə(r)/ *n* **1** kaloryfer **2** chłodnica

radical /'rædɪkl/ *adj* radykalny ▶ *n* radykalist-a/ka

radio /'reɪdiəʊ/ *n* (*często* the radio) radio

radioactive /ˌreɪdiəʊ'æktɪv/ *adj* radioaktywny| **radioactivity** /ˌreɪdiəʊæk'tɪvəti/ *n* **1** radioaktywność **2** promieniowanie

radish /'rædɪʃ/ *n* rzodkiewka

radius /'reɪdiəs/ *n* (*pl* radii /-diaɪ/) **1** (*mat.*) promień **2** zasięg

raffle /'ræ/ *n* loteria fantowa

raft /rɑːft/ *Am.* ræft/ *n* tratwa

rag /ræg/ *n* **1** szmata **2** (rags) łachmany

rage /reɪdʒ/ *n* wściekłość: *fly into a ~* wpadać w furię ▶ *v* [IDM] **1** wściekać się **2** (*sztorm itp.*) szaleć

ragged /'rægɪd/ *adj* **1** (*ubranie*) złachmaniony **2** nierówny (*np. krawędź*)

raid /reɪd/ *n* ~ (**on sth**) **1** napad: *an air ~* nalot **2** obława (*np. policyjna*) ▶ *v* przeprowadzać obławę

rail /reɪl/ *n* **1** poziomy wieszak **2** poręcz **3** szyna kolejowa **4** [U] (*transport*) kolej ● **'railcard** *n* karta uprawniająca do ulgowych biletów kolejowych

railing /'reɪlɪŋ/ *n* [*zwykle pl*] ogrodzenie

railway /'reɪlweɪ/ (Am. 'railroad) *n* (*także* railways) kolej: *a ~ engine* lokomotywa ● **'railway line** *n* linia kolejowa| **'railway station** *n* dworzec kolejowy

rain /reɪn/ *n* **1** deszcz: *It's pouring with ~.* Leje. **2** (rains) pora deszczowa ▶ *v* **1** (*ze słowem* it) padać **2** ~ (**down**) (**on sb/ sth**) sypać się na kogoś/coś ● **'rainbow** *n* tęcza| **'raincoat** *n* płaszcz

q

r

przeciwdeszczowy| **'rainfall** n wysokość opadów deszczu| **'rainforest** n las deszczowy

rainy /'remi/ adj deszczowy

raise /reiz/ v 1 podnosić: ~ the offer to £20 podwyższyć ofertę do 20 funtów ◇ ~ the volume zwiększyć objętość 2 zebrać (np. fundusze) 3 utrzymywać (rodzinę), wychowywać (dzieci) 4 hodować 5 poruszyć (np. kwestię, temat) 6 wzbudzać (np. uczucia) ▶ n (Am.) podwyżka

raisin /'reizn/ n rodzynek

rake /reik/ n [C] grabie ▶ v grabić

rally /'ræli/ n (pl -ies) 1 rajd 2 wiec 3 (tenis) wymiana piłki ▶ v (3rd sing czasu pres -ies; pt, pp -ied) 1 (fin.) wzrastać 2 jednoczyć (się)

ram /ræm/ n baran

ramble /'ræmbl/ v 1 wędrować 2 ~ (on) (about sth) ględzić

ramp /ræmp/ n 1 rampa 2 (Am.) (autostrada) wjazd; zjazd

rampage /ræm'peidʒ; 'ræmpeidʒ/ v (kibice sportowi itp.) robić burdy ▶/'ræmpeidʒ/ n [IDM] be/go on the rampage (kibice sportowi itp.) szaleć na ulicach

rampant /'ræmpənt/ adj szerzący się (np. korupcja, bezrobocie): Car theft is ~ in this town. W mieście szerzą się kradzieże samochodów.

ramshackle /'ræmʃækl/ adj (budynek itp.) walący się, (samochód) rozklekotany

ran pt od RUN

ranch /rɑːntʃ; Am. ræntʃ/ n rancho

rancid /'rænsɪd/ adj zjełczały

random /'rændəm/ adj losowy, przypadkowy [IDM] at random na chybił trafił

rang pt od RING²

range /reindʒ/ n 1 zakres: a ~ of clothes asortyment ubrań ◇ the salary ~ skala płac 2 łańcuch (górski) 3 zasięg: shoot sb at close ~ zastrzelić kogoś z bliska ▶ v 1 ~ between A and B; ~ from A to B rozciągać się: The ages of the students ~ from 15 to 50. Studenci są w wieku od 15 do 50 lat. ◇ The discussion ranged widely. Dyskusja obejmowała wiele różnych tematów. 2 ustawiać w szeregu

rank /ræŋk/ n 1 stopień, ranga 2 rząd, szereg: a taxi ~ postój taksówek 3 (ranks) szeregowi (żołnierze, członkowie): the ~s of the unemployed bezrobotni ▶ v zaliczać (się) do

ransom /'rænsəm/ n okup [IDM] hold sb to ransom porywać kogoś dla okupu

rap /ræp/ n 1 szybkie i głośne pukanie 2 (muz.) rap ▶ v (-pp-) 1 pukać, stukać 2 (nieform.) besztać 3 (muz.) rapować

rape /reip/ v gwałcić ▶ n gwałt| **rapist** n gwałciciel/ka

rapid /'ræpɪd/ adj szybki: make ~ progress osiągnąć znaczny postęp

rapport /ræ'pɔː(r)/ n [lp] dobre stosunki

rapture /'ræptʃə(r)/ n zachwyt: go into raptures (about/over sb/sth) zachwycać się (kimś/czymś)

rare /reə(r)/ adj 1 rzadki 2 (kulin.) krwisty| **rarely** adv rzadko

rarity /'reərəti/ n (pl -ies) rzadkość

rash /ræʃ/ n 1 wysypka: come out in a ~ dostać wysypki 2 seria (przykrych zdarzeń) ▶ adj pochopny

raspberry /'rɑːzbəri; Am. 'ræzberi/ n (pl -ies) malina

rat /ræt/ n szczur

rate /reit/ n 1 wskaźnik, tempo: an exchange ~ kurs wymiany 2 stawka: The higher ~ of income tax is 40%. Wyższy próg podatkowy to 40%. ◇ interest ~s stopa procentowa ◇ at a reduced ~ po obniżonej cenie [IDM] at any rate 1 w każdym razie 2 przynajmniej ▶ v 1 zaliczać do czegoś 2 zasługiwać

rather /'rɑːðə(r); Am. 'ræ-/ adv raczej, dość: He spoke ~ too quickly for me to understand. Mówił zbyt szybko, bym mógł go zrozumieć. ◇ It's ~ a pity! Trochę szkoda! → DOSYĆ [IDM] or rather a raczej| rather than zamiast| would rather... (than) woleć

rating /'reitiŋ/ n 1 wskaźnik, ocena 2 (zwykle the ratings) (TV) wskaźnik oglądalności

ratio /'reiʃiəʊ/ n stosunek: The ~ of boys to girls in this class is three to one. W tej klasie na trzech chłopców przypada jedna dziewczynka.

ration /'ræʃn/ n przydział (np. żywności, paliwa) ▶ v racjonować

rational /'ræʃnəl/ adj 1 rozsądny 2 racjonalny

rationalize (także -ise) /'ræʃnəlaiz/ v 1 uzasadniać (np. zachowanie, decyzję) 2 racjonalizować

rattle /'rætl/ v 1 grzechotać, klekotać 2 (nieform.) wstrząsać (kimś) ▶ n 1 grzechot/anie, klekot/anie 2 grzechotka

rave /reiv/ v 1 ~ (about sb/sth) (nieform.) szaleć na punkcie czegoś 2 ~ (at sb) pieklić się

raven /'reivn/ n kruk

raw /rɔː/ adj 1 surowy: ~ sugar nierafinowany cukier ◇ ~ materials surowce 2 (naskórek) obtarty

ray /rei/ n promień

razor /'reizə(r)/ n brzytwa: an electric ~ golarka ● **'razor blade** n żyletka

Rd *skrót* ul.
reach /riːtʃ/ *v* **1** docierać/dojeżdżać/
dochodzić do czegoś: *Have you reached
a decision yet?* Czy podjąłeś już decyzję?
2 ~ (out) (for sb/sth) wyciągać
rękę *(po coś)* **3** sięgać *((do) czegoś)*
4 kontaktować się z kimś ► *n* [IDM]
beyond/out of (sb's) reach poza
zasięgiem: *Keep out of the ~ of
children.* Przechowywać w miejscu
niedostępnym dla dzieci.| **within (sb's)
reach** w zasięgu/pobliżu| **within (easy)
reach of sth** (łatwo) dostępny
react /riˈækt/ *v* ~ **(to sb/sth)/(with sth/
together)** (za)reagować [PV] **react
against sb/sth** sprzeciwiać się komuś/
czemuś
reaction /riˈækʃn/ *n* **1** (a) ~ **(to sb/sth)**
reakcja **2** (a) ~ **(against sb/sth)** opór
przeciw komuś/czemuś **3** odruch|
reactionary /riˈækʃənri/; *Am.* -neri/ **1** *n*
(pl -ies) reakcjonist-a/ka **2** *adj*
reakcyjny
reactor = NUCLEAR REACTOR
read /riːd/ *v* *(pt, pp* read /red/) **1 ~ (sb)
(sth); ~ sth (to sb)** czytać **2** odbierać *(np.
sytuację)* **3** *(przyrząd pomiarowy itp.)*
wskazywać **3** *(form.)* studiować *(na
uniwersytecie)* [PV] **read on** czytać dalej|
read sth into sth dorozumiewać się
czegoś z czegoś| **read sth out** czytać coś
na głos| **read sth through** przeczytać coś
| **read up on sth** poczytać coś *(na jakiś
temat)* ► *n* *(nieform.)* czytanie: *a good ~*
zajmująca lektura| **readable** *adj*
1 czytelny: *machine-readable data* dane
nadające się do automatycznego
odczytu **2** dający się dobrze czytać
reader /riːdə(r)/ *n* **1** czytelni-k/czka:
be a fast/slow ~ czytać szybko/wolno
2 czytanka
reading /riːdɪŋ/ *n* **1** czytanie: *It makes
interesting ~.* To interesująca lektura.
2 rozumienie **3** wskazania *(np.
przyrządu pomiarowego)*
readjust /ˌriːəˈdʒʌst/ *v* ponownie
przystosowywać (się)/regulować
ready /redi/ *adj* **1 ~ (for sth/sb); ~ (to
do sth)** gotowy **2 ~ to do sth** chętny: *I'm
~ to help.* Chętnie pomogę. **3** pod
ręką| **readiness** *n* **1** gotowość **2** chęć
● **ready-made** *adj* gotowy
real /rɪəl/ *adj* prawdziwy ► *adv* *(Am.,
nieform.)* bardzo ● **'real estate** *n*
nieruchomości| ● **'real estate agent** *n*
(Am.) pośrednik sprzedaży
nieruchomości
realistic /ˌrɪəˈlɪstɪk, ˌriːə-/ *adj*
realistyczny
reality /riˈæləti/ *n* *(pl* -ies)
rzeczywistość
realize *(także* -ise) /riːəlaɪz; rɪəl-/ *v*
1 zdawać sobie sprawę **2** (z)realizować

(np. marzenia)| **realization**
/ˌriːəlaɪˈzeɪʃn; *Br. także* ˌriː-; *Am.*
ˌriːələˈz-/ *n* **1** uświadomienie sobie
2 spełnienie *(np. marzeń)*
really /riːəli; rɪəl-/ *adv* **1** naprawdę
2 bardzo **3** doprawdy **4** not/never, etc. ~
nie bardzo/całkiem
Realtor™ /riːəltə(r)/ *n* *(Am.)*
pośrednik sprzedaży nieruchomości
reap /riːp/ *v* zbierać *(np. plony,
korzyści)*
reappear /ˌriːəˈpɪə(r)/ *v* ponownie się
pojawiać
rear /rɪə(r)/ *n* **1** (the rear) tył **2** tyłek
[IDM] **bring up the rear** zamykać pochód
► *adj* tylny| *v* **1** wychowywać
2 hodować
rearrange /ˌriːəˈreɪndʒ/ *v* (po)
zmieniać: *The match has been
rearranged for next Wednesday.* Mecz
został przesunięty na następną środę.
◊ *We've rearranged the living room.*
Przemeblowaliśmy salon.
reason /riːzn/ *n* **1** ~ **(for (doing) sth/to
do sth); ~ (why/that…)** powód,
przyczyna **2** rozsądek
reasonable /riːznəbl/ *adj* **1** rozsądny
2 *(cena itp.)* umiarkowany
3 zadowalający
reassure /ˌriːəˈʃʊə(r); *Br. także* -ˈʃɔː(r)/
v zapewniać| **reassurance** *n*
zapewnienie| **reassuring** *adj*
uspokajający
rebate /riːbeɪt/ *n* zwrot nadpłaty
rebel /rebl/ *n* buntowni-k/czka
►/rɪˈbel/ (-ll-) *v* ~ **(against sb/sth)**
buntować się| **rebellion** /rɪˈbeljən/ *n*
bunt| **rebellious** /rɪˈbeljəs/ *adj*
buntowniczy, zbuntowany
reboot /ˌriːˈbuːt/ *v* *(komput.)*
uruchamiać ponownie
recall /rɪˈkɔːl/ *v* **1** przypominać sobie
2 odwoływać *(np. ze stanowiska)*
3 (ponownie) wezwać **4** wycofywać *(ze
sprzedaży itp.)*
recapture /ˌriːˈkæptʃə(r)/ *v* **1** odbijać
(np. miasto) **2** ponownie złapać
3 oddawać *(np. nastrój)*
recede /rɪˈsiːd/ *v* **1** oddalać się
2 *(włosy)* rzednąć **3** słabnąć
receipt /rɪˈsiːt/ *n* **1** pokwitowanie,
paragon **2** *(form.)* odbiór *(np. przesyłki)*
receive /rɪˈsiːv/ *v* **1 ~ sth (from sb/sth)**
otrzymywać **2**: *He received a warm
welcome.* Spotkał się z ciepłym
przyjęciem. ◊ *He received cuts and
bruises in the accident.* W wypadku
odniósł lekkie obrażenia. **3** przyjmować
(np. wiadomości)
receiver /rɪˈsiːvə(r)/ *n* **1** słuchawka
(telefoniczna) **2** odbiornik

recent /'riːsnt/ *adj* niedawny, ostatni | **recently** *adv* niedawno, ostatnio → OSTATNIO

reception /rɪ'sepʃn/ *n* **1** (*także* re'ception desk*) recepcja **2** przyjęcie **3** (*radio; TV*) odbiór | **receptionist** *n* recepcjonist-a/ka

receptive /rɪ'septɪv/ *adj* ~ (to sth) (*umysł itp.*) chłonny

recess /rɪ'ses; 'riːses/ *n* **1** (*polit.*) przerwa wakacyjna (*w parlamencie*) **2** (*Am.*) (*szk.*) przerwa **3** wnęka

recession /rɪ'seʃn/ *n* recesja

recharge /ˌriː'tʃɑːdʒ/ *v* ponownie ładować (*baterię*)

recipe /'resəpi/ *n* **1 a** ~ (for sth) (*kulin.*) przepis **2 a** ~ for sth (*przen.*) recepta

recipient /rɪ'sɪpiənt/ *n* odbior-ca/czyni

reciprocal /rɪ'sɪprəkl/ *adj* obopólny, wzajemny

recital /rɪ'saɪtl/ *n* recital

recite /rɪ'saɪt/ *v* recytować

reckless /'rekləs/ *adj* lekkomyślny

reckon /'rekən/ *v* **1** uważać za coś/że **2** (*nieform.*) przypuszczać (że) **3** ocenić (że) **4** oczekiwać [PV] **reckon on sth** liczyć na coś | **reckon with sb/sth** liczyć się z kimś/czymś

reclaim /rɪ'kleɪm/ *v* **1** ~ sth (from sb/ sth) odbierać **2** odzyskiwać (*surowce, teren*)

recline /rɪ'klaɪn/ *v* układać (się) w pozycji półleżącej | **reclining** *adj* (*fotel*) rozkładany

recognition /ˌrekəg'nɪʃn/ *n* **1** rozpoznawanie **2** uznanie

recognize (*także* -ise) /'rekəgnaɪz/ *v* **1** ~ sb/sth (by/from sth) rozpoznawać **2** przyznawać, że **3** uznawać | **recognizable** /'rekəgnaɪzəbl; ˌrekəg'naɪ-/ *adj* rozpoznawalny

recollection /ˌrekə'lekʃn/ *n* **1** : have no ~ of sb/sth nie pamiętać kogoś/ czegoś **2** wspomnienie

recommend /ˌrekə'mend/ *v* **1** polecać **2** zalecać | **recommendation** /ˌrekəmen'deɪʃn/ *n* **1** rekomendacja **2** zalecenie

recompense /'rekəmpens/ *v* (*form.*) (zre)kompensować, wypłacać odszkodowanie

reconcile /'rekənsaɪl/ *v* (po)godzić (się) | **reconciliation** /ˌrekənsɪli'eɪʃn/ *n* pojednanie, pogodzenie (się)

reconsider /ˌriːkən'sɪdə(r)/ *v* rewidować (*np. pogląd*)

record /'rekɔːd; *Am.* 'rekərd/ *n* **1** ~ (of sth) protokół, rejestr: keep a ~ of sth zapisywać coś ◇ medical ~s kartoteki medyczne **2** płyta gramofonowa **3** rekord **4**: have a criminal ~ być notowanym (w rejestrach policyjnych)

◇ This airline has a bad safety ~. Ta linia lotnicza jest nisko notowana, jeśli chodzi o bezpieczeństwo. [IDM] off the record nieoficjalnie; nieoficjalny ▶ /rɪ'kɔːd/ *v* **1** zapisywać, odnotowywać **2** nagrywać

recorder /rɪ'kɔːdə(r)/ *n* **1** urządzenie do nagrywania dźwięku i/lub obrazu: a tape ~ magnetofon ◇ a video ~ magnetowid **2** flet prosty

recording /rɪ'kɔːdɪŋ/ *n* **1** nagranie **2** nagrywanie

recover /rɪ'kʌvə(r)/ *v* **1** ~ (from sth) (wy)zdrowieć po czymś **2** ~ (from sth) przychodzić do siebie **3** ~ sth (from sb/ sth) odzyskiwać

recovery /rɪ'kʌvəri/ *n* **1** ~ (from sth) powrót do zdrowia **2** odzyskanie

recreation /ˌrekri'eɪʃn/ *n* rekreacja

recruit /rɪ'kruːt/ *n* **1** rekrut/ka **2** nowy członek/pracownik ▶ *v* werbować

rectangle /'rektæŋgl/ *n* prostokąt

recuperate /rɪ'kuːpəreɪt/ *v* wracać do zdrowia

recur /rɪ'kɜː(r)/ *v* (-rr-) powracać: a recurring problem powtarzający się problem

recycle /ˌriː'saɪkl/ *v* **1** (*ekologia*) przetwarzać, regenerować: recycled paper papier z makulatury **2** ponownie wykorzystywać

red /red/ *adj* **1** czerwony: go ~ (in the face) zaczerwienić się **2** (*włosy*) rudy ▶ *n* czerwień ● **red 'tape** *n* biurokracja

redeem /rɪ'diːm/ *v* **1** kompensować **2** ~ yourself zrehabilitować się **3** wykupywać, spłacać

reduce /rɪ'djuːs; *Am.* -'duːs/ *v* **1** zmniejszać, obniżać **2** ~ sb/sth (from sth) to sth doprowadzać kogoś (do czegoś)

reduction /rɪ'dʌkʃn/ *n* **1** zmniejszenie, obniżenie **2** obniżka

redundant /rɪ'dʌndənt/ *adj* **1** zwolniony (z pracy) **2** zbyteczny | **redundancy** *n* (*pl* -ies) zwolnienie (z pracy): ~ pay odprawa przy zwolnieniu z pracy

reed /riːd/ *n* trzcina

reef /riːf/ *n* rafa

reek /riːk/ *v* cuchnąć

reel /riːl/ *n* szpula, rolka ▶ *v* [PV] **reel sth off** wyrecytować

refer /rɪ'fɜː(r)/ *v* (-rr-) **1** ~ to sb/sth mówić o kimś/czymś **2** ~ to sb/sth odnosić się do kogoś/czegoś **3** ~ to sb/ sth radzić się: ~ to a dictionary sprawdzić w słowniku **4** ~ sb/sth to sb/ sth kierować kogoś/coś do kogoś/ jakiejś instytucji

referee /ˌrefəˈriː/ *n* **1** (*nieform.* ref) (*sport*) sędzia **2** (*Br.*) osoba udzielająca referencji ▶ *v* sędziować

reference /ˈrefrəns/ *n* **1** ~ (to sb/sth): *make a ~ to this issue* nawiązywać do tej kwestii ◊ *She made no ~ to her illness.* Nie wspomniała ani słowem o swojej chorobie. **2:** *for future ~* (przydatne informacje, książka itp.) na przyszłość ◊ *for ~ only* księgozbiór podręczny **3** odnośnik (*w tekście*) **4** referencje **5** numer sprawy ● ˈreference book *n* książka informacyjna (*np. słownik*)

referendum /ˌrefəˈrendəm/ *n* (*pl* -s *lub* -renda /-də/) referendum

refill /ˌriːˈfɪl/ *v* na nowo napełniać ▶ /ˈriːfɪl/ *n* (*nieform.*) wkład (*hp. do długopisu*): *a ~ for a pen* nabój do pióra ◊ *Would you like a ~?* Czy napijesz się jeszcze? (np. kawy)

refine /rɪˈfaɪn/ *v* **1** rafinować **2** udoskonalać | **refined** *adj* **1** wytworny **2** (wy)rafinowany | **refinery** *n* (*pl* -ies) rafineria

reflect /rɪˈekt/ *v* **1** odzwierciedlać **2** odbijać **3** ~ (on/upon sth) zastanawiać się nad czymś

reflection (*Br. także* -flexion) /rɪˈekʃn/ *n* **1** odbicie, odzwierciedlenie **2** ~ on sb/ sth ujma: *The increase in crime is a sad ~ on our society.* Wzrost przestępczości źle świadczy o naszym społeczeństwie. **3** odbijanie **4** refleksja: *on ~* po namyśle

reflex /ˈriːeks/ *n* **1** (*także* '~ action) odruch warunkowy **2** (**reflexes**) refleks

reform /rɪˈfɔːm/ *v* **1** reformować **2** poprawiać się (*np. pod względem zachowania*) **3** reedukować społecznie ▶ *n* reforma

refrain /rɪˈfreɪn/ *v* ~ (from sth) (*form.*) powstrzymywać się ▶ *n* refren

refresh /rɪˈfreʃ/ *v* odświeżać: *He looked refreshed.* Wyglądał na wypoczętego. | **refreshing** *adj* odświeżający

refreshments /rɪˈfreʃmənts/ *n* zakąski i napoje

refrigerator /rɪˈfrɪdʒəreɪtə(r)/ *n* (*form.*) lodówka

refuge /ˈrefjuːdʒ/ *n* ~ (from sb/sth) schronienie

refugee /ˌrefjuˈdʒiː/ *n* uchodźca

refund /rɪˈfʌnd/ *v* zwracać pieniądze ▶ /ˈriːfʌnd/ *n* zwrot pieniędzy

refusal /rɪˈfjuːzl/ *n* odmowa

refuse /rɪˈfjuːz/ *v* odmawiać: *My application has been refused.* Moje podanie zostało odrzucone.

regain /rɪˈɡeɪn/ *v* odzyskiwać

regal /ˈriːɡl/ *adj* królewski

regard /rɪˈɡɑːd/ *v* **1** ~ sb/sth (as sth);

~ sb/sth (with sth) uważać kogoś/coś za kogoś/coś: *Her work is highly regarded.* Jej praca jest bardzo wysoko ceniona. **2** (*form.*) przypatrywać się |IDM| **as regards sb/sth** (*form.*) w odniesieniu do kogoś/czegoś | **regarding** *prep* (*form.*) dotyczący | *n* **1** ~ (for sb/sth) respekt, szacunek **2** ~ to sb/sth względ (na coś): *without ~ to the speed limit* nie zważając na ograniczenie prędkości **3** (**regards**) pozdrowienia: *Please give my ~s to her.* Pozdrów ją ode mnie. |IDM| **in/ with regard to sb/sth; in this/that/one regard** (*form.*) w odniesieniu do kogoś/czegoś | **regardless** *adv* mimo to| **regardless of** *prep* bez względu na kogoś/coś

regime /reɪˈʒiːm/ *n* reżim

regiment /ˈredʒɪmənt/ *n* pułk

region /ˈriːdʒən/ *n* **1** region **2** (*anat.*) okolica | **regional** *adj* regionalny

register /ˈredʒɪstə(r)/ *n* **1** lista (*szk.*) dziennik: *the electoral ~* spis wyborców **2** (*lit.*) styl ▶ *v* **1** zapisywać/ rejestrować/zameldować (się) **2** (*przyrząd pomiarowy*) pokazywać **3** wyrażać **4** notować w pamięci **5** być zauważonym/pamiętanym **6** nadawać jako przesyłkę poleconą

registrar /ˌredʒɪˈstrɑː(r); ˈredʒɪstrɑː(r)/ *n* **1** urzędni-k/czka stanu cywilnego **2** (*uniwersytet*) osoba zajmująca się rekrutacją studentów

registration /ˌredʒɪˈstreɪʃn/ *n* zapisy, rejestracja ● ˌregiˈstration number *n* numer rejestracyjny samochodu

registry office /ˈredʒɪstri ɒfɪs/ (*także* ˈregister office) *n* urząd stanu cywilnego

regret /rɪˈɡret/ *n* żal, przykrość ▶ *v* (-tt-) **1** żałować (*że się coś (z)robiło*) **2** (*form.*): *We ~ to inform you that your application has been unsuccessful.* Z przykrością zawiadamiamy, że pańskie podanie zostało odrzucone. ◊ *I ~ that I am unable to accept your kind invitation.* Bardzo żałuję, ale nie będę w stanie skorzystać z pańskiego zaproszenia. | **regrettable** *adj* godny pożałowania

regular /ˈreɡjələ(r)/ *adj* **1** regularny, stały: ~ *breathing* miarowy oddech **2** (*zwł. Am.*) normalny ▶ *n* **1** (*nieform.*) stał-y/a klient/ka itp. **2** (*sport*) stał-y/a zawodni-k/czka **3** żołnierz zawodowy

regulate /ˈreɡjuleɪt/ *v* regulować

regulation /ˌreɡjuˈleɪʃn/ *n* **1** kontrola **2** przepis (*np. prawny*)

rehabilitate /ˌriːəˈbɪlɪteɪt/ *v* rehabilitować

rehearse /rɪˈhɜːs/ *v* (*teatr*) robić próbę| **rehearsal** *n* (*teatr*) próba: *a dress ~* próba generalna

reign /reɪn/ *n* panowanie, władanie ▶ *v* ~ (over sb/sth) (*i przen.*) panować: *the* *reigning world champion* aktualny mistrz świata

reimburse /ˌriːɪmˈbɜːs/ *v* (*form.*) zwracać koszty

rein /reɪn/ *n* [*C, zwykle pl*]: ~s lejce

reindeer /ˈreɪndɪə(r)/ *n* (*pl* reindeer) renifer

reinforce /ˌriːɪnˈfɔːs/ *v* wzmacniać I **reinforcement** *n* **1** wzmocnienie **2** (reinforcements) (*wojsk.*) posiłki

reinstate /ˌriːɪnˈsteɪt/ *v* przywracać

reject /rɪˈdʒekt/ *v* odrzucać
▶ /ˈriːdʒekt/ *n* **1** odrzucon-y/a kandydat/ka **2** wybrakowany towar I **rejection** *n* odmowa, odrzucenie

rejoice /rɪˈdʒɔɪs/ *v* ~ (at/over sth) (*form.*) radować się: ~ *at the victory* radować się zwycięstwem

relapse /rɪˈlæps/, ˈriː-/ *n* nawrót choroby

relate /rɪˈleɪt/ *v* **1** ~ sth to/with sth ustalać związek **2** ~ sth (to sb) (*form.*) opowiadać [PV] relate to sb/sth **1** odnosić się (do kogoś/czegoś): *That doesn't ~ to the subject.* To nie ma nic wspólnego z tematem. **2** mieć wspólny język I **related** *adj* ~ (to sb/sth) **1** powiązany **2** spokrewniony: ~ *by marriage* spowinowacony

relation /rɪˈleɪʃn/ *n* **1** ~ (between sth and sth); ~ (to sth) związek, powiązanie **2** krewn-y/a: *What ~ are you to each other?* Jaki łączy was stopień pokrewieństwa? ◇ *Are you any ~ to each other?* Czy jesteście ze sobą spokrewnieni? **3** (relations) stosunki

relationship /rɪˈleɪʃnʃɪp/ *n* **1** stosunki, kontakty **2** romans **3** pokrewieństwo **4** związek

relative /ˈrelətɪv/ *n* krewn-y/a ▶ *adj* (*i gram.*) względny

relax /rɪˈlæks/ *v* **1** odprężać (się) **2** rozluźniać (się) **3** złagadzać (*np. regulamin*) I **relaxation** /ˌriːlækˈseɪʃn/ *n* **1** rozluźnianie (się) **2** odpoczynek

relay /ˈriːleɪ/ (*także* ~ race) *n* sztafeta ▶ /ˈriːleɪ; rɪˈleɪ/ *v* **1** przekazywać **2** (*Br.*) (*radio; TV*) transmitować

release /rɪˈliːs/ *v* **1** (*i przen.*) zwalniać, uwalniać **2** ujawniać (*np. informacje*) **3** wypuszczać (*np. nową płytę*) (*film*) wprowadzać na ekrany **4** emitować (*np. gazy do atmosfery*) ▶ *n* **1** ~ (from sth) zwolnienie (*z więzienia*), uwolnienie (*np. zakładników*) **2** ~ (from sth) ulga **3** nowy film/utwór itp.: *a press ~* komunikat prasowy

relent /rɪˈlent/ *v* (z)łagodnieć I **relentless** *adj* nieustający, nieustępliwy

relevant /ˈrelevənt/ *adj* ~ (to sb/sth) **1** odpowiedni **2** istotny I **relevance** *n* związek (z kimś/czymś)

reliable /rɪˈlaɪəbl/ *adj* wiarygodny, niezawodny I **reliability** /rɪˌlaɪəˈbɪləti/ *n* niezawodność, wiarygodność

reliance /rɪˈlaɪəns/ *n* **1** ~ on sb/sth zaufanie **2** uzależnienie, zależność

relic /ˈrelɪk/ *n* relikt

relief /rɪˈliːf/ *n* **1** ~ (from sth) ulga **2** pomoc (*humanitarna*) **3** ulga podatkowa

relieve /rɪˈliːv/ *v* ulżyć, łagodzić: ~ *overcrowding* zmniejszyć przeludnienie [PV] relieve sb of sth zwalniać kogoś (*np. z obowiązku*) I **relieved** (feel ~) *adj* odczuwać ulgę

religion /rɪˈlɪdʒən/ *n* religia

religious /rɪˈlɪdʒəs/ *adj* religijny

relish /ˈrelɪʃ/ *v* ~ sth **1** rozkoszować się czymś **2** cieszyć się na coś: *I don't ~ the prospect of getting up early tomorrow.* Perspektywa wczesnego wstania jutro nie napawa mnie entuzjazmem. ▶ *n* **1** (*jęz. pis.*) (wielka) radość: *She accepted the award with obvious ~.* Przyjęła nagrodę z wyraźną przyjemnością.

reluctant /rɪˈlʌktənt/ *adj* ~ (to do sth) niechętny

rely /rɪˈlaɪ/ *v* (*3rd sing pres* -ies; *pt, pp* -ied) ~ on/upon sb/sth (to do sth) polegać na kimś/czymś

remain /rɪˈmeɪn/ *v* pozostawać, zostawać: ~ *silent* zachować milczenie

remainder /rɪˈmeɪndə(r)/ *n* [*lp, z v. w pl lub s*] **1** reszta **2** pozostali

remains /rɪˈmeɪnz/ *n* **1** pozostałości, resztki **2** (*form.*) szczątki (*ludzkie*)

remand /rɪˈmɑːnd; Am. ˈ-mænd/ *v*: ~ sb in custody zatrzymywać kogoś w areszcie ◇ ~ sb on bail zwalniać kogoś tymczasowo z aresztu za kaucją ▶ *n* [IDM] on remand w areszcie

remark /rɪˈmɑːk/ *v* ~ (on/upon sb/sth) zauważać, powiedzieć ▶ *n* uwaga, spostrzeżenie I **remarkable** *adj* niezwykły

remedy /ˈremədi/ *n* (*pl* -ies) ~ (for sth) (*i przen.*) lekarstwo I **remedial** /rɪˈmiːdiəl/ *adj* **1** zaradczy **2** (*lekcje*) wyrównawczy I *v* (*3rd sing czasu pres* -ies; *pt, pp* -ied) naprawiać (*np. straty, sytuację*)

remember /rɪˈmembə(r)/ *v* **1** pamiętać, przypominać sobie ❶ Remember to do sth znaczy „pamiętać, żeby coś zrobić": *I remembered to buy the coffee.* Pamiętałem, żeby kupić kawę. ◇ *Remember to turn the lights off.* Nie zapomnij wyłączyć światła. Remember doing sth znaczy „przypominać sobie coś z przeszłości": *I ~ seeing my keys on the table.* Pamiętam, że widziałem klucze na stole. **2** wymieniać kogoś (*w swoim testamencie*)

remind /rɪ'maɪnd/ v ~ sb of sb/sth przypominać | **reminder** n 1 pamiątka 2 monit 3 upomnienie

reminisce /ˌremɪ'nɪs/ v ~ (about sb/sth) wspominać: ~ about the past wspominać dawne czasy

reminiscent /ˌremɪ'nɪsnt/ adj ~ of sb/ sth przypominający

remnant /'remnənt/ n pozostałość, reszta

remorse /rɪ'mɔːs/ n [U] wyrzuty sumienia

remote /rɪ'məʊt/ adj 1 odległy, daleki 2 mały: I haven't the remotest idea. Nie mam najmniejszego pojęcia. 3 nieprzystępny | **remotely** adv (ani) trochę ● re,mote con'trol n 1 (także remote) zdalne sterowanie 2 pilot (do telewizora itp.)

remove /rɪ'muːv/ v (form.) 1 ~ sb/sth (from sth) usuwać: ~ shoes zdejmować buty ◇ ~ doubts rozwiać wątpliwości 2 ~ sb (from sth) odwoływać (kogoś ze stanowiska) | **removal** n 1 usunięcie 2 przeprowadzka: a ~ van meblowóz

render /'rendə(r)/ v (form.) 1 (wy) świadczyć (np. usługę) 2 uczynić coś/ kogoś (np. nieważnym): ~ sb speechless odebrać komuś mowę

renew /rɪ'njuː; Am. -'nuː/ v 1 odnawiać 2 przedłużać (np. kontrakt) | **renewal** n 1 przedłużenie (np. umowy, karty) 2 wznowienie

renounce /rɪ'naʊns/ v (form.) zrzekać się

renovate /'renəveɪt/ v odnawiać, remontować

renowned /rɪ'naʊnd/ adj ~ (for/as sth) sławny z czegoś

rent /rent/ n czynsz ▶ v ~ sth (out) (to sb); ~ sth (from sb) wynajmować, wypożyczać → WYNAJMOWAĆ | **rental** n opłata za wypożyczenie

reorganize (także -ise) /riˈɔːɡənaɪz/ v reorganizować

rep /rep/ n, abbr representative (nieform.) przedstawiciel/ka

repair /rɪ'peə(r)/ v (i przen.) naprawiać, reperować ▶ n naprawa, remont: damaged beyond ~ nie do naprawy [IDM] in good, bad, etc. repair w dobrym/ złym itp. stanie

repay /rɪ'peɪ/ v (pt, pp repaid /rɪ'peɪd/) 1 ~ sth (to sb) spłacać 2 ~ sb (for sth) odwzajemniać się | **repayment** n 1 spłata 2 rata

repeat /rɪ'piːt/ v powtarzać ▶ n powtórka | **repeated** adj powtarzający się

repel /rɪ'pel/ v (-ll-) 1 odpierać (np. atak) 2 budzić wstręt | **repellent** n środek odstraszający owady

repent /rɪ'pent/ v ~ (of sth) (form.) okazywać skruchę

repercussion /ˌriːpə'kʌʃn/ n [zwykle pl] przykre następstwo

repetition /ˌrepə'tɪʃn/ n powtarzanie (się) | **repetitive** /rɪ'petətɪv/ adj monotonny

replace /rɪ'pleɪs/ v 1 odkładać (na miejsce) 2 zastępować (np. na stanowisku) 3 ~ sb/sth (with sb/sth) wymieniać (coś na coś) | **replacement** n 1 wymiana 2 osoba/rzecz zastępująca kogoś/coś

replay /ˌriː'pleɪ/ v 1 powtórnie rozgrywać (np. mecz) 2 powtórnie odtwarzać (nagrany materiał) ▶ /'riːpleɪ/ n 1 powtórne rozgrywanie meczu 2 powtórne odtwarzanie nagrania

reply /rɪ'plaɪ/ v (-ies; pt, pp -ied) odpowiadać: I wrote to Sue but she hasn't replied. Napisałem do Sue, ale nie odpisała. ▶ n (pl -ies) odpowiedź

report /rɪ'pɔːt/ v 1 ~ (on sb/sth)(to sb/ sth); ~ sth (to sb) zgłaszać (np. wypadek), zawiadamiać 2 relacjonować 3 ~ sb (to sb) (for sth) składać skargę 4 ~ (to sb/sth) (for sth) meldować się (np. na stanowisku) 5 be reported to be/ as (doing) sth mówi się (o kimś/czymś), że ▶ n 1 relacja, sprawozdanie 2 (szk.) świadectwo | **reporter** n reporter/ka

represent /ˌreprɪ'zent/ v 1 oznaczać 2 przedstawiać 3 v link równać się 4 reprezentować | **representation** /ˌreprɪzen'teɪʃn/ n 1 przedstawicielstwo, reprezentacja 2 (form.) przedstawienie, wyobrażenie

representative /ˌreprɪ'zentətɪv/ adj ~ (of sb/sth) typowy ▶ n przedstawiciel/ ka

repress /rɪ'pres/ v tłumić | **repressed** adj 1 (uczucie) tłumiony 2 (osoba) zamknięty w sobie | **repressive** adj represyjny

reprimand /'reprɪmɑːnd; Am. -mænd/ v ~ sb (for sth) udzielać nagany ▶ n nagana

reprisal /rɪ'praɪzl/ n odwet

reproach /rɪ'prəʊtʃ/ v ~ sb (for/with sth) robić komuś wymówki ▶ n wymówka: beyond ~ bez zarzutu

reproduce /ˌriːprə'djuːs; Am. -'duːs/ v 1 odtwarzać coś 2 rozmnażać się | **reproduction** /ˌriːprə'dʌkʃn/ n 1 rozmnażanie się 2 (dźwięk) odtwarzanie 3 reprodukcja 4 powielenie

reptile /'reptaɪl; Am. -tl/ n (zool.) gad

republic /rɪ'pʌblɪk/ n republika

republican /rɪ'pʌblɪkən/ adj republikański

repulsive /rɪˈpʌlsɪv/ *adj* odrażający, wstrętny

reputable /ˈrepjətəbl/ *adj* cieszący się dobrą opinią

reputation /ˌrepjuˈteɪʃn/ *n* ~ (for sth) opinia

request /rɪˈkwest/ *n* ~ (for sth/that...) prośba, życzenie [IDM] on request na życzenie/żądanie ▶ *v* ~ sth (from/of sb) (*form.*) prosić o coś

require /rɪˈkwaɪə(r)/ *v* 1 potrzebować 2 wymagać | **requirement** *n* 1 potrzeba 2 wymóg: *university entrance* ~s warunki przyjęcia na uniwersytet

rescue /ˈreskjuː/ *v* ~ sb/sth (from sb/ sth) ratować ▶ *n* ratunek: *come to the/ sb's rescue* przychodzić komuś z pomocą

research /rɪˈsɜːtʃ; ˈriːsɜːtʃ/ *n* [U] ~ (into/on sth) badania, praca badawcza ▶ /rɪˈsɜːtʃ/ *v* prowadzić badania | **researcher** *n* badacz/ka

resemble /rɪˈzembl/ *v* przypominać kogoś/coś: *She ~s her brother.* Jest podobna do swojego brata. | **resemblance** *n* ~ (between A and B) podobieństwo

resent /rɪˈzent/ *v* mieć za złe: *I deeply resented her criticism.* Czułem się głęboko dotknięty jej krytyką. | **resentful** *adj* urażony, rozżalony | **resentment** *n* uraza

reservation /ˌrezəˈveɪʃn/ *n* 1 rezerwacja 2 zastrzeżenie

reserve /rɪˈzɜːv/ *v* rezerwować ▶ *n* 1 (*i sport, i przen.*) rezerwa, zapas 2 rezerwat [IDM] in reserve w zapasie

reserved /rɪˈzɜːvd/ *adj* (*osoba*) skryty

reservoir /ˈrezəvwɑː(r)/ *n* zbiornik

residence /ˈrezɪdəns/ *n* 1 (*form.*) rezydencja 2 zamieszkanie: *take up permanent* ~ zamieszkać na stałe ◇ *a* ~ *permit* zezwolenie na pobyt stały ◇ *a hall of* ~ akademik

resident /ˈrezɪdənt/ *n* 1 (stał-y/a) mieszkan-iec/ka 2 gość (*w hotelu*) ▶ *adj* zamieszkujący

residential /ˌrezɪˈdenʃl/ *adj* 1 mieszkaniowy 2 w miejscu zamieszkania

residue /ˈrezɪdjuː; *Am.* -duː/ *n* reszta, pozostałość

resign /rɪˈzaɪn/ *v* 1 ~ (from sth) podawać się do dymisji 2 ~ yourself to sth/doing sth (po)godzić się (*z czymś*)

resignation /ˌrezɪɡˈneɪʃn/ *n* rezygnacja

resilient /rɪˈzɪliənt/ *adj* zdolny do (szybkiego) powrotu do zdrowia, odporny

resist /rɪˈzɪst/ *v* opierać się czemuś

resistance /rɪˈzɪstəns/ *n* 1 ~ (to sb/sth) opór 2 ~ (to sth) odporność (*organizmu*)

resolute /ˈrezəluːt/ *adj* stanowczy

resolution /ˌrezəˈluːʃn/ *n* 1 stanowczość 2 rozwiązanie (*np. konfliktu*) 3 postanowienie 4 uchwała 5 (*komput.*) rozdzielczość

resolve /rɪˈzɒlv/ *v* (*form.*) 1 rozwiązać (*np. problem*) 2 postanowić

resort /rɪˈzɔːt/ *v* ~ to sth uciekać się do czegoś ▶ *n* 1 miejscowość wypoczynkowa

resounding /rɪˈzaʊndɪŋ/ *adj* 1 (*dźwięk itp.*) rozbrzmiewający 2 (*sukces itp.*) ogromny

resource /rɪˈsɔːs; -ˈzɔːs; *Am.* ˈriːsɔːrs/ *n* zasoby: *natural* ~s bogactwa naturalne ◇ *financial* ~s środki finansowe

resourceful /rɪˈsɔːs; -ˈzɔːs-/ *adj* zaradny, pomysłowy

respect /rɪˈspekt/ *n* 1 ~ (for sb/sth) szacunek 2: *in every* ~ pod każdym względem [IDM] with respect to sth (*form.*) w nawiązaniu do czegoś ▶ *v* (u) szanować

respectable /rɪˈspektəbl/ *adj* 1 szanowany 2 pokaźny

respectful /rɪˈspektfl/ *adj* ~ (to/towards sb) pełen szacunku

respective /rɪˈspektɪv/ *adj* poszczególny: *We all got on with our* ~ *jobs.* Każdy z nas kontynuował swoją pracę. | **respectively** *adv* odpowiednio

respond /rɪˈspɒnd/ *v* ~ (to sb/sth) (with/ by sth) (*form.*) reagować, odpowiadać

response /rɪˈspɒns/ *n* ~ (to sb/sth) odpowiedź, reakcja

responsibility /rɪˌspɒnsəˈbɪləti/ *n* (*pl* -ies) ~ (for sb/sth) odpowiedzialność: *I have a* ~ *to help them.* Jestem zobowiązany im pomagać.

responsible /rɪˈspɒnsəbl/ *adj* ~ (for sb/ (doing)sth) odpowiedzialny: *Who was* ~ *for the accident?* Kto spowodował wypadek?

responsive /rɪˈspɒnsɪv/ *adj* żywo reagujący na kogoś/coś

rest /rest/ *v* 1 odpoczywać 2 dawać odpocząć 3 ~ (sth) on/against sth opierać (się) o coś/na czymś 4 (*temat itp.*) nie być poruszanym [PV] rest on sb/ sth opierać się na kimś/czymś ▶ *n* 1 odpoczynek: *have a* ~ odpocząć ◇ *I need a* ~. Muszę odpocząć. ◇ *Get some* ~. Odpocznij. 2 (the rest (of sth)) reszta [IDM] at rest nieruchomy: *Do not open the door until the vehicle is at* ~. Nie otwierać drzwi, dopóki pojazd się nie zatrzyma. | **restful** *adj* kojący
● **'restroom** *n* (*Am.*) toaleta (*publiczna*) → TOALETA

restaurant /ˈrestrɒnt; *Am.* -t(ə)rɑːnt/ *n* restauracja

restless /'restləs/ *adj* **1** niespokojny **2** bezsenny

restoration /ˌrestə'reɪʃn/ *n* **1** renowacja (*np. zabytku*): ~s *at the castle* prace remontowe na zamku **2** przywracanie (*np. tradycji*) **3** zwrot (*np. terytorium*)

restore /rɪ'stɔ:(r)/ *v* ~ **sb/sth (to sb/sth)** **1** (*form.*) zwracać coś komuś **2** przywracać (*np. do władzy*) **3** odnawiać

restrain /rɪ'streɪn/ *v* ~ **sb/sth (from sth/ from doing sth)** powstrzymywać kogoś/coś (przed zrobieniem czegoś) | **restrained** *adj* powściągliwy | **restraint** /rɪ'streɪnt/ *n* **1** powściągliwość **2** ~ **(on sb/sth)** ograniczenie

restrict /rɪ'strɪkt/ *v* ograniczać | **restriction** *n* ~ **(on sth)** ograniczenie

result /rɪ'zʌlt/ *n* **1** skutek: *with no* ~ bez rezultatu ◇ *as a* ~ w efekcie **2** wynik ▶ *v* ~ **(from sth)** być wynikiem czegoś

resume /rɪ'zju:m; *Br. także* -'zju:-/ *v* wznawiać: *After the birth of the baby, she resumed her career.* Po urodzeniu dziecka wróciła do pracy.

résumé /'rezjumeɪ; *Am.* -zə-/ *n* (*Am.*) życiorys

resumption /rɪ'zʌmpʃn/ *n* (*form.*) wznowienie

resurrect /ˌrezə'rekt/ *v* (*i przen.*) wskrzeszać | **resurrection** /ˌrezə'rekʃn/ *n* **1** wznawianie **2** (the Resurrection) Zmartwychwstanie

resuscitate /rɪ'sʌsɪteɪt/ *v* reanimować

retail /'ri:teɪl/ *n* (*handl.*) detal | **retailer** *n* (*i firma*) sprzedawca (detaliczny)

retain /rɪ'teɪn/ *v* (*form.*) zatrzymywać: ~ *your ticket for inspection* zachować bilet do kontroli

retaliate /rɪ'tælieɪt/ *v* ~ **(against sb/sth)** oddawać wet za wet | **retaliation** /rɪˌtæli'eɪʃn/ *n* ~ **(against sb/sth)**; ~ **(for sth)** odwet

retire /rɪ'taɪə(r)/ *v* **1** ~ **(from sth)** odchodzić na emeryturę: *He's retired from professional tennis.* Zakończył karierę zawodowego tenisisty. **2** (*form.*) udawać się na spoczynek

retirement /rɪ'taɪəmənt/ *n* **1** przejście na emeryturę: *take early* ~ przejść na wcześniejszą emeryturę **2** emerytura ● **re'tirement home** *n* (*Br.*) dom starców

retrace /rɪ'treɪs/ *v* odtwarzać (*np. ruchy, wydarzenia*): ~ *one's steps* wrócić tą samą drogą

retract /rɪ'trækt/ *v* (*form.*) wycofywać (*np. skargę*)

retreat /rɪ'tri:t/ *v* **1** (*wojsk.*) dokonywać odwrotu **2** wycofywać się ▶ *n* **1** odwrót, wycofywanie się **2** zacisze **3** rekolekcje

retribution /ˌretrɪ'bju:ʃn/ *n* ~ **(for sth)** (*form.*) zadośćuczynienie

retrieve /rɪ'tri:v/ *v* **1** ~ **sth (from sb/sth)** odnajdować: *The police retrieved the body from the river.* Policja wyłowiła ciało z rzeki. **2** (*komput.*) wyszukiwać dane **3** ratować (*np. sytuację*)

retrospect /'retrəspekt/ *n* [IDM] **in retrospect** z perspektywy czasu | **retrospective** /ˌretrə'spektɪv/ *adj* **1** retrospektywny **2** (*form.*) działający wstecz

return /rɪ'tɜ:n/ *v* **1** ~ **(to/from...)/(to (doing) sth) (po)**wracać **2** ~ **sth (to sb/ sth)** oddawać: *Applications must be returned by 5 March.* Zgłoszenia należy przesłać do 5 marca. **3** odwzajemniać coś: *They haven't returned my call.* Nie odpowiedzieli na mój telefon. ◇ ~ *sb's hospitality* zrewanżować się za czyjąś gościnność | **returnable** *adj* zwrotny | ▶ **1** a ~ **(to/from...)** powrót: *make a* ~ *to form* wrócić do formy **2** zwrot **3** zysk **4** (*Br.*) (*także* re,turn 'ticket) bilet powrotny **5** (*także* the re'turn key) (*komput.*) klawisz Enter/Return [IDM] **by return (of post)** (*Br.*) pocztą odwrotną | **in return (for sth)** w zamian za coś ● re,turn 'fare *n* (*Br.*) opłata za bilet powrotny

reunion /ri:'ju:niən/ *n* **1** zjazd (*np. rodzinny*) **2** ponowne połączenie

reunite /ˌri:ju:'naɪt/ *v* ~ **(sb/sth) (with sb/sth) 1** łączyć (się) ponownie **2** jednoczyć (się)

rev /rev/ *n* (*nieform.*) obrót (*silnika*) ▶ *v* (-vv-) **1** ~ **(up)** (*silnik*) rozruszać się **2** ~ **sth (up)** rozruszać silnik

reveal /rɪ'vi:l/ *v* **1** ~ **sth (to sb)** wyjawiać, ujawniać **2** ukazać (*np. widok*) | **revealing** *adj* **1** ujawniający **2** wydekoltowany

revel /'revl/ *v* (-ll-; *Am.* -l-) [PV] **revel in sth/doing sth** upajać się czymś

revelation /ˌrevə'leɪʃn/ *n* **1** rewelacja **2** objawienie

revenge /rɪ'vendʒ/ *n* zemsta: *take your* ~ **(on sb)** **(for sth)** mścić się (na kimś) (za coś) ▶ *v* ~ **yourself on sb** mścić się

revenue /'revənju:; *Am.* -nu:/ *n* dochód (*np. państwa*)

reverence /'revərəns/ *n* cześć: *treat sb with* ~ traktować kogoś z szacunkiem | **reverent** /'revərənt/ *adj* pełen czci

reversal /rɪ'vɜ:sl/ *n* odwrócenie (*kierunku*): *a* ~ *of roles* zamiana ról

reverse /rɪ'vɜ:s/ *adj* odwrotny ▶ *n* **1** the ~ **(of sth)** przeciwny: *quite the* ~ wręcz przeciwnie **2** (*także* ~ 'gear) bieg wsteczny | ▶ *v* **1** odwracać **2** (*samochód*) cofać **3** zmieniać (*np. decyzję*) **4** zamieniać się czymś [IDM] **reverse (the) charges** dzwonić na koszt rozmówcy

revert /rɪ'vɜ:t/ *v* ~ **(to sth)** powracać do czegoś

r

review /rɪˈvjuː/ *n* **1** rewizja **2** przegląd **3** recenzja ▸ *v* **1** poddawać rewizji **2** robić przegląd **3** recenzować| **reviewer** *n* krytyk

revise /rɪˈvaɪz/ *v* **1** poprawiać **2** ~ **(for sth)** (*szk.*) powtarzać (*materiał*)| **revision** /-ˈvɪʒn/ *n* **1** korekta **2** (*szk.*) powtórka (*materiału*)

revival /rɪˈvaɪvl/ *n* **1** ożywienie (*np. gospodarcze*) **2** (*teatr*) wznowienie

revive /rɪˈvaɪv/ *v* **1** ożyć **2** cucić **3** rozbudzać (na nowo) (*np. nadzieje*), ożywiać (*np. zwyczaje*)

revolt /rɪˈvəʊlt/ *v* **1** ~ **(against sb/sth)** buntować się **2** budzić wstręt ▸ *n* bunt

revolting /rɪˈvəʊltɪŋ/ *adj* odrażający

revolution /ˌrevəˈluːʃn/ *n* **1** rewolucja **2** obrót (*silnika*)| **revolutionary** /-ʃənəri; Am. -neri/ *adj* rewolucyjny| **revolutionary** *n* (*pl* -ies) rewolucjonist-a/ka| **revolutionize** (*także* -ise) *v* rewolucjonizować

revolve /rɪˈvɒlv/ *v* obracać się (*wokół czegoś*)

revolver /rɪˈvɒlvə(r)/ *n* rewolwer

revulsion /rɪˈvʌlʃn/ *n* wstręt

reward /rɪˈwɔːd/ *n* **1** wynagrodzenie **2** nagroda ▸ *v* ~ **sb** (**for sth/for doing sth**) (wy)nagradzać| **rewarding** *adj* satysfakcjonujący

rewind /ˌriːˈwaɪnd/ *v* (*pt, pp* rewound /-ˈwaʊnd/) (szybko) przewijać (*taśmę*) do początku

rewrite /ˌriːˈraɪt/ *v* (*pt* rewrote /-ˈrəʊt/; *pp* rewritten /-ˈrɪtn/) przepisywać, przerabiać

rhetoric /ˈretərɪk/ *n* retoryka| **rhetorical** /rɪˈtɒrɪkl/ *adj* retoryczny

rhubarb /ˈruːbɑːb/ *n* rabarbar

rhyme /raɪm/ *n* **1** rym: *in* ~ wierszem ◇ *Can you think of a ~ for 'peace'?* **2** wierszyk ▸ *v* rymować (się)

rhythm /ˈrɪðəm/ *n* rytm

rib /rɪb/ *n* żebro: *a ribcage* żebra

ribbon /ˈrɪbən/ *n* wstążka

rice /raɪs/ *n* ryż: ~ *pudding* deser z ryżu

rich /rɪtʃ/ *adj* **1** bogaty w coś: *filthy* ~ obrzydliwie bogaty **2** żyzny **3** (*kulin.*) tłusty **4** (*kolor, zapach itp.*) mocny, głęboki

rickety /ˈrɪkəti/ *adj* chwiejny, rozklekotany

rid /rɪd/ *v* (*pres part.* -dd-; *pt, pp* rid) ~ **sb/sth of sb/sth** (*form.*) uwalniać kogoś od czegoś [IDM] **be/get rid of sb/sth** pozbyć się kogoś/czegoś

riddle /ˈrɪdl/ *n* zagadka

ride /raɪd/ *n* **1** przejażdżka: *It's only a short bus* ~ *into Oxford.* Autobusem jest niedaleko do Oksfordu. **2** (*Am.*): *give sb a* ~ podwieźć kogoś **3** jazda [IDM] **take sb**

for a ride (*nieform.*) nabrać kogoś ▸ *v* (*pt* rode /rəʊd/; *pp* ridden /ˈrɪdn/) jeździć (*np. konno/na rowerze, motorze*)

ridge /rɪdʒ/ *n* **1** grzbiet górski **2** krawędź

ridicule /ˈrɪdɪkjuːl/ *n* [U] kpiny ▸ *v* wyśmiewać

ridiculous /rɪˈdɪkjələs/ *adj* śmieszny, absurdalny

riding *pres. part. od* RIDE

rife /raɪf/ *adj* (*form.*) rozpowszechniony

rifle /ˈraɪ/ *n* karabin

rift /rɪft/ *n* **1** przepaść: *a* ~ *within the party* rozłam wewnątrz partii **2** szczelina

rig /rɪg/ *v* (-gg-) ukartowywać: *a rigged competition* konkurs, którego wynik był z góry przesądzony [PV] **rig sth up** montować, sklecić ▸ *n* platforma: *an oil* ~ platforma wiertnicza

right /raɪt/ *adj* **1** prawy **2** właściwy: *the* ~ *answer* dobra odpowiedź ◇ *You're* ~. Masz rację. **3** słuszny, odpowiedni: *know the* ~ *people* znać odpowiednich ludzi ◇ *It's never* ~ *to steal.* Nie wolno kraść. **4** normalny [IDM] **put/set sth right** naprawić coś| **right (you are)!** (*nieform.*) zgoda! ▸ *adv* **1** w prawo **2** poprawnie: *I guessed* ~! Dobrze zgadłem! **3**: *Right, off we go!* Dobrze, ruszamy w drogę! **4** dokładnie: *The train was* ~ *on time.* Pociąg przyjechał punktualnie. **5** całkiem: *Did you watch the film* ~ *to the end?* Czy obejrzałeś film do samego końca? **6** zaraz: *I'll be* ~ *back.* Zaraz wracam. ◇ ~ *now* w tej chwili ◇ ~ *away* natychmiast| *n* **1** prawa strona **2** (**the Right**) (*polit.*) prawica **3** dobro **4** (*i prawn.*) prawo: *civil* ~*s* prawa obywatelskie [IDM] **be within your rights (to do sth)** mieć prawo| **by rights** po sprawiedliwości| **in your own right** sam-a/a| **rightly** *adv* słusznie| *v* **1** wyprostowywać (się) **2** naprawiać (*np. zło*) ● **'right angle** *n* kąt prosty| **'right-hand** *adj* prawostronny| **right-'handed** *adj* praworęczny| **'right-hand 'man** *n* (*pl* -men) (*przen.*) prawa ręka| **right of 'way** *n* **1** prawo pierwszeństwa **2** prawo przejścia/droga publiczna na prywatnej ziemi| **right 'wing** *n* (*polit.*) prawica| **right-'wing** *adj* (*polit.*) prawicowy

righteous /ˈraɪtʃəs/ *adj* (*form.*) prawy, sprawiedliwy

rigid /ˈrɪdʒɪd/ *adj* **1** surowy (*np. regulamin*) **2** sztywny: *She was* ~ *with fear.* Zesztywniała ze strachu.

rigour (*także* -or) /ˈrɪgə(r)/ *n* (*Am., form.*) **1** dokładność **2** rygor: *the* ~ *of the law* surowość prawa **3** ciężkie warunki| **rigorous** *adj* dokładny, szczegółowy

rim /rɪm/ *n* brzeg, obrzeże: *spectacles with silver ~s* okulary w srebrnej oprawce

rind /raɪnd/ *n* skór(k)a *(np. owocu, bekonu)*

ring¹ /rɪŋ/ *n* **1** pierścionek, pierścień: *a wedding ~* obrączka **2** kółko **3** krąg **4** arena, ring **5** palnik *(gazowy)*; płytka *(grzejna)* **6** szajka: *a drugs ~* gang narkotykowy ▶ *v* (*pt, pp* **ringed**) **1** *(zwł. Br.)* zakreślać *(kółkiem)* **2** otaczać ● **'ring binder** *n (Br.)* segregator | **'ringleader** *n* prowodyr | **'ring road** *n (Br.)* obwodnica

ring² /rɪŋ/ *n* **1** dzwonek **2 a ~ of sth** brzmienie [IDM] **give sb a ring** zadzwonić do kogoś ▶ *v* (*pt* **rang** /ræŋ/; *pp* **rung** /rʌŋ/) **1** dzwonić **2** brzmieć **3 ~ (with sth)** rozbrzmiewać [IDM] **ring a bell** przypominać (komuś) coś: *Her name ~s a bell.* Jej nazwisko coś mi mówi. [PV] **ring (sb) back** dzwonić ponownie | **ring in** *(Br.)* zadzwonić *(do telewizji, radia, miejsca (swojej) pracy)* | **ring off** kończyć rozmowę telefoniczną | **ring out** rozbrzmiewać

rink /rɪŋk/ *n* = SKATING RINK

rinse /rɪns/ *v* płukać ▶ *n* **1** płukanie **2** płukanka do włosów

riot /ˈraɪət/ *n* rozruchy ▶ *v* wszczynać bunt | **riotous** *adj* **1** *(form.)* buntowniczy **2** dziki

rip /rɪp/ *v* (-pp-) **1** rozdzierać (się), rozrywać (się) **2** zrywać **3** przemieszczać się szybko [PV] **rip sb off** *(nieform.) (przen.)* oskubać kogoś | **rip sth up** rwać na strzępy | **rip** *n* rozdarcie ● **'rip-off** *n (nieform.)* zdzierstwo

ripe /raɪp/ *adj* dojrzały | **ripen** *v* dojrzewać

ripple /ˈrɪpl/ *n* zmarszczka na wodzie: *a ~ of laughter* fala śmiechu ▶ *v* **1** falować **2** marszczyć powierzchnię

rise /raɪz/ *n* **1** wzrost **2** *(Br.)* podwyżka *(płac)* **3** awans [IDM] **give rise to sth** dać początek czemuś ▶ *v* (*pt* **rose** /rəʊz/; *pp* **risen** /ˈrɪzn/) **1** podnosić się **2** wstawać **3** *(słońce itp.)* wschodzić **4** wznosić się, wyrastać **5** buntować się **6** awansować | **rising** *adj* **1** wznoszący się **2** wzrastający **3** nabierający rozgłosu, *(gwiazda filmu itp.)* wschodzący

risk /rɪsk/ *n* **1** niebezpieczeństwo: *at your own ~* na własne ryzyko **2** ryzyko **3** zagrożenie [IDM] **at risk** zagrożony | **take a risk/risks** ryzykować ▶ *v* ryzykować: *~ your life* narażać własne życie | **risky** *adj* ryzykowny

ritual /ˈrɪtʃuəl/ *n* rytuał ▶ *adj* rytualny

rival /ˈraɪvl/ *n* rywal: *business ~s* konkurenci w interesach ▶ *v* (-ll-; *Am.* -l-) **~ sb/sth (for/in sth)** dorównywać | **rivalry** *n* (*pl* -ies) rywalizacja

river /ˈrɪvə(r)/ *n* rzeka: *up/down ~* w górę/dół rzeki ● **'riverside** *n* brzeg rzeki: *a riverside hotel* hotel położony nad rzeką

rivet /ˈrɪvɪt/ *v (przen.)* porywać: *I was riveted by her story.* Jej historia całkowicie mnie pochłonęła. | **riveting** *adj (przen.)* porywający

roach /rəʊtʃ/ *n (Am.)* karaluch

road /rəʊd/ *n* **1** droga, szosa: *a ~ junction* skrzyżowanie ◇ *a ~ map* mapa samochodowa ❶ Drogi łączące miasta i wsie to **roads** *(US* **highways)**: *a road map of England* mapa samochodowa Anglii. Droga w mieście lub na wsi, wzdłuż której stoją domy, nazywa się **street**: *a street map of London* plan Londynu. Słowo **road** może pojawiać się w nazwach ulic miejskich: *Bayswater Road, London*. Autostrady to **motorways** *(US* **freeways, expressways)**. **A-roads** to drogi główne łączące duże miasta. **B-roads** to boczne drogi o mniejszym znaczeniu. M oznacza **motorway**. **2 (Road)** ulica [IDM] **by road** samochodem/autobusem itp., drogą lądową | **on the road** (być) w podróży ● **'roadblock** *n* zapora drogowa | **'roadside** *n* pobocze: *a roadside café* przydrożna kawiarnia | **'road test** *n* test drogowy *(nowego samochodu)*, badanie diagnostyczne *(samochodu)* | the **'roadway** *n (form.)* jezdnia | **'roadworks** *n* roboty drogowe | **'roadworthy** *adj (pojazd)* sprawny technicznie

roam /rəʊm/ *v* włóczyć się

roar /rɔː(r)/ *n* ryk: *~s of laughter* salwy śmiechu ▶ *v* **1** huczeć: *~ with laughter* ryczeć ze śmiechu **2** (wy)wrzeszczeć **3** *(lew)* ryczeć | **roaring** *adj* **1** huczący, ryczący **2** buzujący **3** ogromny: *a ~ success* oszałamiający sukces

roast /rəʊst/ *v* **1** piec *(z dodatkiem tłuszczu)* **2** prażyć *(np. orzeszki)*, palić *(np. kawę)* ▶ *adj* pieczony, prażony | *n* pieczeń

rob /rɒb/ *v* (-bb-) **~ sb/sth (of sth) 1** okradać *(osobę; bank itp.)* **2** pozbawić | **robber** *n* złodziej | **robbery** *n* (*pl* -ies) kradzież, napad *(np. na bank)*

robe /rəʊb/ *n* **1** szata, toga **2** *(Am.)* szlafrok

robin /ˈrɒbɪn/ *n* rudzik

robot /ˈrəʊbɒt/ *n* robot

robust /rəʊˈbʌst/ *adj* krzepki

rock /rɒk/ *n* **1** skała **2** kamień ❶ W Am. ang. **rock** oznacza mały kamień, natomiast w Br. ang. wyraz ten oznacza duży kamień lub głaz. | **rocky** *adj* kamienisty | *v* **1** kołysać (się) **2** *(i przen.)* wstrząsać | *(także* **'~ music)** *n* rock ● **,rock 'bottom** *n* dno, najniższy punkt | **'rock climbing** *n* wspinaczka

rocket /'rɒkɪt/ n **1** rakieta **2** raca ▶ v
wzrastać gwałtownie

rod /rɒd/ n pręt: *a fishing* ~ wędka

rode pt od RIDE

rodent /'rəʊdnt/ n gryzoń

role /rəʊl/ n rola ● **'role-play** n (*szk.*)
odgrywanie scenki

roll /rəʊl/ n **1** rolka **2** bułka **3** (po)
toczenie (się) **4** lista **5** dudnienie
(*dźwięk werbla*): *the* ~ *of thunder*
grzmot **6** kołysanie się ▶ v **1** toczyć (się)
2 przekręcać (się) **3** zwijać (się): ~ *a
cigarette* skręcać papierosa
4 rozwałkować (*np. ciasto*), rozwalcować
(*np. metal*) **5** kołysać się: ~ *about with
laughter* tarzać się ze śmiechu [PV] **roll
in** (*nieform.*) napływać (masowo) | **roll
up** (*nieform.*) (*gość itp.*) zjawiać się
● **'rolling pin** n wałek do ciasta

roller /'rəʊlə(r)/ n **1** wałek, walec:
a ~ *blind* roleta **2** wałki (*do włosów*)
● **'Rollerblade™** n łyżworolka |
Rollerblade v jeździć na łyżworolkach |
'roller coaster n kolejka górska (*w
parku rozrywki*) | **'roller skate** n wrotka |
'roller skate v jeździć na wrotkach

Roman /'rəʊmən/ adj rzymski ● the
,Roman **'alphabet** n alfabet łaciński

Romance /rəʊ'mæns/ adj (*język*)
romański

romance /rəʊ'mæns/ n **1** (*i lit.*) romans
2 romantyczność

romantic /rəʊ'mæntɪk/ adj
romantyczny ▶ n romanty-k/czka |
romanticize (*także* **-ise**) /rəʊ'mæntɪsaɪz/
v koloryzować

Romany /'rɒməni/ n (*pl* **-ies**) Cygan/ka
→ CYGAN

romp /rɒmp/ v (*dzieci itp.*)
baraszkować

roof /ruːf/ n **1** dach: *in the* ~ na strychu
2 strop ● **'roof rack** n bagażnik na
dachu samochodu

room /ruːm; rʊm/ n **1** pokój: *a spare* ~
pokój gościnny ◇ *a changing* ~ szatnia
(*na basenie itp.*) lub przymierzalnia ◇ *a
fitting* ~ przymierzalnia ◇ *a dressing* ~
garderoba (*w teatrze itp.*) **2** [*U*] ~ (**for sb/
sth**)/(**to do sth**) miejsce dla kogoś/na coś
3 [*U*] ~ (**for sth**) możliwość: *There's* ~ *for
improvement in your work.* Twoja praca
mogłaby być lepsza. ◇ *leave no* ~ *for
doubt* nie pozostawiać wątpliwości |
roomy adj przestronny ● **'room-mate** n
współlokator/ka ❶ W Br. ang. **room-
mate** to ktoś, kto mieszka w tym samym
pokoju, zaś w USA może to być ktoś, kto
mieszka w tym samym mieszkaniu, ale
ma osobną sypialnię.

rooster /'ruːstə(r)/ n (*Am.*) kogut

root /ruːt/ n (*i przen.*) korzeń ▶ v [PV]
root sb/sth out wykorzeniać kogoś/coś

rope /rəʊp/ n lina, sznur: *a skipping* ~
skakanka [IDM] **show sb the ropes**
zaznajamiać kogoś z nowym zawodem |
know/learn the ropes wiedzieć, jak
wykonywać nowy zawód ▶ v wiązać
[PV] **rope sb in** (**to do sth**) (*nieform.*)
wrabiać kogoś (w coś) | **rope sth off**
odgradzać coś ● **'rope ladder** n
drabinka sznurowa

rosary /'rəʊzəri/ n (*pl* **-ies**) różaniec

rose pt od RISE ▶ /rəʊz/ n róża

rosy /'rəʊzi/ adj (*i przen.*) różowy

rot /rɒt/ v (**-tt-**) **1** gnić **2** psuć ▶ n
1 gnicie, rozkład **2** (*Br., przestan,
nieform.*) bzdura

rota /'rəʊtə/ n rozkład (*zajęć*)

rotate /rəʊ'teɪt/ v **1** obracać (się)
2 zmieniać (się) kolejno | **rotation** n
1 ruch obrotowy **2** obrót

rotten /'rɒtn/ adj **1** zgniły, spróchniały
2 (*nieform.*) paskudny, wstrętny
3 (*nieform.*) cholerny

rough /rʌf/ adj **1** nierówny, szorstki
2 brutalny: *The sea is* ~. Morze jest
wzburzone. **3** przybliżony **4** (*nieform.*):
look/feel ~ wyglądać/czuć się kiepsko
5 (*życie itp.*) ciężki [IDM] **be rough (on
sb)** **1** być niemiłym (dla kogoś)
2 układać się (dla kogoś) niekorzystnie
▶ adv **1** brutalnie **2** (*nieform.*): *John's
had it* ~ *since she left.* Od kiedy odeszła,
John przeżywa ciężkie chwile. [IDM]
live/sleep rough (*zazw. bezdomni*)
mieszkać/spać byle gdzie | n [IDM] **in
rough** na brudno, w zarysie | **roughly**
adv **1** brutalnie **2** w przybliżeniu

round /raʊnd/ adj okrągły [IDM] **in
round figures/numbers** (*liczby*) w
zaokrągleniu ▶ adv ❶ Around jako
przysłówek i przyimek znaczy to samo
co **round** i częściej występuje w Am. ang.
Round używa się w v. złoż. Zob. hasła
przy odpowiednich v., np. **come, get, go.**
→ AROUND **1** dookoła: *move a chair* ~
odwrócić krzesło **2** w kółko **3** z miejsca
na miejsce **4** dokąd, do kogoś [IDM]
round about w okolicy | **the other way
round** odwrotnie | prep **1** dookoła **2** za,
po drugiej stronie **3** w okolicy **4**: *show
sb* ~ *the house* oprowadzić kogoś po
domu **5** ~ **about sth** około, w
zaokrągleniu [IDM] **round here** w
pobliżu | n **1** runda **2** obchód (*np. w
szpitalu*), objazd **3** kolejka (*drinków*):
It's my ~! Teraz ja stawiam! **4** partia
(*golfa*) **5** nabój, seria **6** burza (*np.
oklasków*) ▶ v brać zakręt [PV] **round sth
off** zakończyć | **round sb/sth up** zbierać
(*np. uczniów*) | **round sth up/down**
zaokrąglać (*w górę/w dół*) ● ,**round 'trip**
n objazd | ,**round-,trip 'ticket** n (*Am.*)
bilet powrotny

roundabout /'raʊndəbaʊt/ adj
okrężny ▶ n **1** rondo **2** (*Br.*) karuzela

rouse /raʊz/ v **1** (form.) budzić **2** pobudzać | **rousing** adj porywający, podniecający

rout /raʊt/ n pogrom ▸ v rozgromić

route /ruːt; Am. raʊt/ n **1** droga, trasa **2** sposób (na sukces)

routine /ruːˈtiːn/ n **1** ustalony porządek **2** rutyna **3** układ (np. taneczny) ▸ adj rutynowy

row¹ /rəʊ/ n **1** rząd, szereg **2** przejażdżka łódką [IDM] **in a row** z rzędu ▸ v **1** wiosłować **2** przeprawiać kogoś (łódką) ● **'rowing boat** (Am. **'rowboat)** n łódź wiosłowa

row² /raʊ/ n **1** kłótnia **2** spór (np. polityków) **3** hałas ▸ v kłócić się

rowdy /ˈraʊdi/ adj hałaśliwy, awanturniczy

royal /ˈrɔɪəl/ adj królewski ▸ n (nieform.) członek rodziny królewskiej ● **Royal 'Highness** n Królewska Mość

royalty /ˈrɔɪəlti/ n (pl -ies) **1** [U] członek/kowie rodziny królewskiej **2** tantiema

RSI /ˌɑːr es ˈaɪ/ n, abbr **repetitive strain injury** uszkodzenie przeciążeniowe

RSVP /ˌɑːr es viː ˈpiː/ skrót (na zaproszeniach) Proszę o odpowiedź.

rub /rʌb/ v (-bb-) **1** pocierać, ocierać (się): He rubbed his hand across his face. Przeciągnął ręką po twarzy. ◇ ~ the sweat off your face zetrzeć pot z twarzy **2** wcierać (np. krem) **3** (buty itp.) obcierać [PV] **rub sth out** ścierać coś ▸ n polerowanie, nacieranie: Give your shoes a ~. Wyczyść buty.

rubber /ˈrʌbə(r)/ n **1** guma **2** (Br.) gumka **3** (nieform.) (prezerwatywa) gumka ● **,rubber 'band** n gumka (np. do włosów)| **,rubber 'stamp 1** n pieczątka **2** v mechanicznie zatwierdzać (czyjeś decyzje)

rubbish /ˈrʌbɪʃ/ n [U] (Br.) **1** śmieci **2** bzdura ● **'rubbish tip** śmietnisko

rubble /ˈrʌbl/ n gruz

ruby /ˈruːbi/ n (pl -ies) rubin

rucksack /ˈrʌksæk/ n plecak

rudder /ˈrʌdə(r)/ n ster

rude /ruːd/ adj **1** niegrzeczny, nieuprzejmy **2** sprośny **3** gwałtowny

rudimentary /ˌruːdɪˈmentri/ adj podstawowy

ruffle /ˈrʌf/ v **1** stroszyć, (np. pióra) mierzwić (np. włosy) **2** irytować

rug /rʌg/ n **1** dywanik **2** pled

rugged /ˈrʌgɪd/ adj **1** (teren, krajobraz itp.) skalisty, dziki **2** (osoba) krzepki **3** (charakter itp.) twardy

ruin /ˈruːɪn/ n ruina [IDM] **in ruin(s)** w gruzach ▸ v **1** niszczyć (doszczętnie) **2** doprowadzać do ruiny

rule /ruːl/ n **1** przepis: the ~s of chess zasady gry w szachy ◇ ~s and regulations regulamin **2** zasada, reguła **3** panowanie: the ~ of law rządy prawa [IDM] **as a (general) rule** (form.) z reguły ▸ v **1** panować **2** ~ (on sth); ~ (in favour of/against sb/sth) orzekać, postanawiać [PV] **rule sb/sth out** wykluczać kogoś/coś

ruler /ˈruːlə(r)/ n **1** wład-ca/czyni **2** linijka

ruling /ˈruːlɪŋ/ adj rządzący, panujący ▸ n orzeczenie, postanowienie

rumble /ˈrʌmbl/ v dudnić, grzmieć, burczeć (w brzuchu) ▸ n dudnienie, grzmot, burczenie (w brzuchu)

rummage /ˈrʌmɪdʒ/ v szperać, grzebać ● **'rummage sale** n (Am.) wyprzedaż rzeczy używanych (zwł. w celach dobroczynnych)

rumour (Am. -or) /ˈruːmə(r)/ n pogłoska, plotka: deny a ~ zdementować pogłoskę

rump /rʌmp/ n zad: ~ steak rumsztyk

run /rʌn/ v (pres part. -nn-; pt ran/ræn/; pp run) **1** biegać **2** toczyć (się): He ran his finger down the list. Przejechał palcem po liście. **3** (woda itp.) cieknąć: My nose is running. Leci mi z nosa. **4** nalewać (np. wody do wanny) **5** (material itp.) farbować (np. w praniu) **6** (autobus itp.) kursować **7** (urządzenie, organizacja itp.) działać **8** uruchamiać (np. urządzenie) **9** prowadzić (np. firmę) **10** utrzymywać: It costs a lot to ~ a car. Utrzymanie samochodu dużo kosztuje. **11** kandydować **12** (film itp.) iść, być granym **13** publikować [IDM] **be running at sth** (stopy procentowe itp.) być na określonym poziomie ❶ **Run** występuje w innych idiomach, np. **run in the family.** Zob. hasła odpowiednich n, adj itp. [PV] **run across sb/sth** wpadać na kogoś/coś (przypadkiem) | **run away** uciekać | **run sb/sth down** **1** przejechać kogoś/coś **2** ostro krytykować kogoś/coś | **run into sb** (przypadkiem) wpaść na kogoś | **run into sth** natrafiać na coś | **run (sth) into sb/sth** wjeżdżać na/w kogoś/coś | **run sth off** kserować coś | **run off with sth** uciekać z czymś | **run out (of sth):** We've ~ out of coffee. Skończyła nam się kawa. | **run sb/sth over** przejechać kogoś/coś | **run through sth** omawiać (coś) szybko ▸ n **1** bieg, wyścig: a cross-country ~ bieg przełajowy **2** przejażdżka **3** (film itp.) okres grania: The play's had a ~ of ten years. Ta sztuka nie schodzi z afisza od dziesięciu lat. **4** [lp] seria: a ~ of good/bad luck dobra/zła passa **5** (nagły i masowy) popyt **6** (sport) punkt **7** (Am.) oczko (np. w rajstopach) ● **'runaway 1** adj wymykający się spod kontroli **2** adj spektakularny **3** n zbieg, uciekinier | **,run-'down** adj **1** (budynek itp.)

zaniedbany 2 (*osoba*) wykończony! **'run-up** *n* **1** okres ostatnich przygotowań: *the run-up to the election* okres przedwyborczy **2** (*sport*) rozbieg

rung /rʌŋ/ *n* szczebel (*drabiny*) ▶ *pp od* RING²

runner /'rʌnə(r)/ *n* biegacz/ka
● **runner-up** /ˌrʌnər'ʌp/ *n* (*pl* runners-up /ˌrʌnəz'ʌp/) zdobyw-ca/czyni drugiego miejsca

running /'rʌnɪŋ/ *n* **1** bieganie: *go ~* uprawiać biegi **2** prowadzenie (*np. firmy*): *the ~ costs of sth* koszty eksploatacji czegoś ▶ *adj* **1** nieustający **2** z rzędu **3** (*woda itp.*) bieżący
● ˌrunning **'commentary** *n* komentarz na żywo! **'running time** *n* czas trwania (*np. filmu*)

runny /'rʌni/ *adj* (*nieform.*) **1** (*sos itp.*) (zbyt) rzadki, (*jajko*) na miękko **2** (*nos itp.*) cieknący, (*oczy itp.*) łzawiący

runway /'rʌnweɪ/ *n* (*lot.*) pas startowy

rupture /'rʌptʃə(r)/ *n* **1** pęknięcie, zerwanie **2** (*med.*) przepuklina ▶ *v* zrywać, pękać

rural /'rʊərəl/ *adj* wiejski

rush /rʌʃ/ *v* **1** śpieszyć się, pędzić (dokądś): *Don't ~ off.* Nie uciekaj. **2** ~ **to** do sth rzucać się na coś **3** zabierać (kogoś/coś) pośpiesznie dokądś **4** ~ (sth) pośpiesznie coś robić: *Don't ~ your food!* Nie jedz tak szybko! **5** ~ (into (doing) sth) pośpiesznie podjąć decyzję **6** ~ sb (into (doing) sth) ponaglać kogoś: *Don't be rushed into it!* Nie śpiesz się z tym! ▶ *n* **1** pęd: *There was a ~ for the exits.* Wszyscy rzucili się do wyjścia. **2** pośpiech: *I'm in a ~.* Śpieszę się. **3** nagły popyt na coś **4** (*czas*) szczyt: *the Christmas ~* gorączka przedświąteczna
● **'rush hour** *n* godzina szczytu

rust /rʌst/ *n* rdza ▶ *v* **1** rdzewieć **2** poddawać działaniu rdzy! **rusty** *adj* (*i przen.*) zardzewiały

rustic /'rʌstɪk/ *adj* wiejski, rustykalny

rustle /'rʌsl/ *v* szeleścić (czymś) ▶ *n* szelest

rut /rʌt/ *n* koleina [IDM] **be in a rut** popaść w rutynę

ruthless /'ruːθləs/ *adj* bezlitosny, bezwzględny

rye /raɪ/ *n* żyto

Ss

S, s /es/ *n* litera *s*

sabotage /'sæbətɑːʒ/ *n* sabotaż ▶ *v* sabotować

sack /sæk/ *n* worek ▶ *v* (*Br.*) wyrzucać z pracy [IDM] **get the sack** (*Br.*) zostać wyrzuconym z pracy! **give sb the sack** (*Br.*) wyrzucać kogoś z pracy

sacred /'seɪkrɪd/ *adj* (*nie osoba, i przen.*) święty (*np. obrazek, księga*): *~ music* muzyka sakralna

sacrifice /'sækrɪfaɪs/ *n* **1** ofiara **2** wyrzeczenie ▶ *v* **1** składać w ofierze **2** poświęcać

sacrilege /'sækrəlɪdʒ/ *n* świętokradztwo

sad /sæd/ *adj* (-dd-) smutny: *I'm ~ that…* Przykro mi, że… | **sadly** *v* zasmucać! **sadly** *adv* **1** ze smutkiem **2** niestety **3** wielce: *You're ~ mistaken.* Grubo się mylisz.! **sadness** *n* smutek

saddle /'sædl/ *n* **1** siodło **2** (*roweru itp.*) siodełko

sadism /'seɪdɪzəm/ *n* sadyzm! **sadistic** /sə'dɪstɪk/ *adj* sadystyczny

safe /seɪf/ *adj* **1** ~ (from sb/sth) bezpieczny: *a ~ driver* ostrożny kierowca **2** cały, zdrowy [IDM] **on the safe side** na wszelki wypadek! **safe and sound** cały i zdrowy ▶ *n* sejf

safeguard /'seɪfɡɑːd/ *n* **a** ~ (against sb/sth) zabezpieczenie ▶ *v* ~ sb/sth (against sb/sth) zabezpieczać, chronić

safety /'seɪfti/ *n* bezpieczeństwo: *road ~* bezpieczeństwo na drogach ● **'safety belt** *n* pas bezpieczeństwa! **'safety net** *n* **1** siatka asekuracyjna **2** (*i przen.*) zabezpieczenie! **'safety pin** *n* agrafka

sag /sæɡ/ *v* (-gg-) obwisać

Sagittarius /ˌsædʒɪ'teəriəs/ *n* (*znak zodiaku*) Strzelec

said *pt, pp od* SAY

sail /seɪl/ *n* **1** żagiel **2** przejażdżka łodzią: *go for a ~* pojechać na żagle ▶ *v* **1** pływać (*np. statkiem*) **2** żeglować **3** (*statek*) odpłynąć **4** szybować, wchodzić energicznym krokiem [IDM] **sail through** (sth) łatwo sobie (z czymś) radzić

sailing /'seɪlɪŋ/ *n* **1** żeglowanie, żeglarstwo **2** rejs ● **'sailing boat** (*Am.* **'sailboat**) *n* żaglówka

sailor /'seɪlə(r)/ *n* marynarz

saint /seɪnt/ *n* (*osoba, i przen.*) święt-y/a **❶** Przed imionami **saint** wymawia się /snt/.

sake /seɪk/ *n* [IDM] **for Christ's/God's/goodness'/Heaven's/pity's, etc. sake** na litość/miłość boską!! **for the sake of sb/sth; for sb's/sth's sake** ze względu na kogoś/coś! **for the sake of (doing) sth** dla: *argue for the ~ of arguing* kłócić się tylko dla samego kłócenia się

salad /'sæləd/ *n* sałatka: *a ~ bowl* salaterka

salary /'sæləri/ *n* (*pl* -ies) pensja → PŁACA

sale /seɪl/ n 1 sprzedaż, wyprzedaż
2 (**sales**) ogół transakcji: *Export sales
are down.* Spadła sprzedaż eksportowa.
2 (**sales**) (*także* 'sales department') dział
sprzedaży 3 przecena: *in the ~s* na
wyprzedaży [IDM] **for sale** na sprzedaż |
on sale 1 w sprzedaży 2 (*Am.*)
przeceniony ● '**sales clerk** n (*Am.*)
sprzedaw-ca/czyni | '**salesman** /-mən/
'-**woman**; '-**person** n sprzedaw-ca/czyni

saliva /səˈlaɪvə/ n ślina

salmon /ˈsæmən/ n (*pl* **salmon**) łosoś

salon /ˈsælɒn; *Am.* səˈlɑːn/ n salon

salt /sɔːlt/ n sól ▶ v solić | *adj* słony |
salty *adj* słony: *too* ~ przesolony
● '**saltwater** *adj* morski

salute /səˈluːt/ n [C] 1 honory
wojskowe: *give a* ~ salutować 2 hołd ▶ v
salutować, oddawać honory wojskowe

salvage /ˈsælvɪdʒ/ n ratowanie (*np.
dobra, mienia*): *a ~ operation* operacja
ratunkowa ▶ v ratować (*np. dobro,
mienie*)

salvation /sælˈveɪʃn/ n 1 ratunek
2 (*relig.*) zbawienie

same /seɪm/ *adj* the ~… (**as sb/sth/
that…**) 1 ten/taki sam ⊕ Nie można
powiedzieć ~~a same~~. W tym znaczeniu
używa się the **same sort of:** *I'd like the ~
sort of job as my father.* [IDM] **at the same
time 1** jednocześnie **2** zarazem | **the
same** *adv* tak samo | *pron* **the ~ (as sb/
sth/…)** to samo [IDM] **all/just the same**
mimo wszystko | **(the) same to you**
nawzajem!

sample /ˈsɑːmpl; *Am.* ˈsæmpl/ n
1 próbka 2 (*badania opinii publicznej*)
reprezentatywna grupa ▶ v próbować

sanction /ˈsæŋkʃn/ n 1 zezwolenie,
aprobata 2 kara 3 sankcja ▶ v zezwalać

sanctuary /ˈsæŋktʃuəri; *Am.* -ueri/ n
(*pl* -**ies**) 1 rezerwat (*przyrody*)
2 sanktuarium, azyl

sand /sænd/ n piasek | **sandy** *adj*
piaszczysty ● '**sandcastle** n zamek z
piasku | '**sand dune** n wydma |
'**sandpaper** n papier ścierny

sandal /ˈsændl/ n sandał/ek

sandwich /ˈsænwɪtʃ; *Am.* -wɪdʒ/ n
kanapka ▶ v ~ **sb/sth (between sb/sth)**
wciskać kogoś/coś (pomiędzy kogoś/
coś)

sane /seɪn/ *adj* 1 przy zdrowych
zmysłach 2 rozsądny

sang *pt od* SING

sanitary /ˈsænətri; *Am.* -teri/ *adj*
sanitarny, higieniczny ● '**sanitary towel**
n podpaska

sanitation /ˌsænɪˈteɪʃn/ n kanalizacja

sanity /ˈsænəti/ n 1 zdrowie
psychiczne 2 rozsądek

sank *pt od* SINK

Santa Claus /ˈsæntə klɔːz/ n Święty
Mikołaj

sap /sæp/ n sok (*np. drzewa, rośliny*)
▶ v (-**pp**-) nadwątlać

sapphire /ˈsæfaɪə(r)/ n szafir

sarcasm /ˈsɑːkæzəm/ n sarkazm |
sarcastic *adj* sarkastyczny

sardine /ˌsɑːˈdiːn/ n sardynka

sat *pt, pp od* SIT

satellite /ˈsætəlaɪt/ n satelita
● '**satellite dish** n antena satelitarna |
'**satellite television** (*także* '~ TV) n
telewizja satelitarna

satin /ˈsætɪn; *Am.* ˈsætn/ n satyna, atłas

satire /ˈsætaɪə(r)/ n ~ (**on sb/sth**) satyra
(na kogoś/coś) | **satirical** /səˈtɪrɪkl/ *adj*
satyryczny

satisfaction /ˌsætɪsˈfækʃn/ n
zadowolenie

satisfactory /ˌsætɪsˈfæktəri/ *adj*
1 zadowalający 2 (*szk.; ocena*)
dostateczny

satisfy /ˈsætɪsfaɪ/ v (*3rd sing czasu
pres* -**ies**; *pt, pp* -**ied**) 1 zadowalać
2 spełniać (*np. wymogi*), zaspokajać (*np.
ciekawość*) 3 ~ **sb (that…)** przekonać |
satisfied *adj* ~ (**with sb/sth**)
zadowolony: *a ~ smile* uśmiech
zadowolenia

saturate /ˈsætʃəreɪt/ v 1 przemaczać
2 nasycać (*rynek*) | **saturation**
/ˌsætʃəˈreɪʃn/ n nasycenie,
przepełnienie

Saturday /ˈsætədeɪ; -di/ n sobota
→ PONIEDZIAŁEK

sauce /sɔːs/ n (*kulin.*) sos

saucepan /ˈsɔːspən; *Am.* -pæn/ n
rondel

saucer /ˈsɔːsə(r)/ n spodek

sauna /ˈsɔːnə/ n sauna

sausage /ˈsɒsɪdʒ/ n kiełbas(k)a

savage /ˈsævɪdʒ/ *adj* bestialski,
okrutny

save /seɪv/ v 1 ~ **sb/sth (from (doing)
sth)** ratować 2 ~ (**sth**) (**up**) (**for sth**); ~ **on
sth** oszczędzać (na coś/na czymś)
3 zostawiać coś na później: *Save me a
seat.* Zajmij mi miejsce. 4 (*komput.*)
zapisywać 5 (*sport*) bronić [IDM] **save
face** zachować twarz ▶ n (*sport*) obrona

saving /ˈseɪvɪŋ/ n 1 oszczędność
2 (**savings**) oszczędności

saviour (*Am.* -**vior**) /ˈseɪvjə(r)/ n
zbawca

savoury (*Am.* -**vory**) /ˈseɪvəri/ *adj*
(*kulin.*) pikantny

saw *pt od* SEE ▶ /sɔː/ n piła | v (*pt
sawed*; *pp* **sawn**; *Am.* **sawed**) piłować
● '**sawdust** n [U] trociny

saxophone /ˈsæksəfəʊn/ (*nieform.* **sax**)
n saksofon

S

say /seɪ/ *v* (*3rd sing czasu pres* **says**
/sez/; *pt, pp* **said** /sed/) **1 ~ sth (to sb)**
mówić, powiedzieć: ~ *goodbye* żegnać
się ◇ ~ *your prayers* zmówić pacierz
→ POWIEDZIEĆ **2** (*mapa, znak itp.*)
pokazywać, być napisanym (*np. w
książce*) **3** wyrażać (*np. myśl*)
4 powiedzmy (że) [IDM] **go without
saying** to się rozumie (samo przez się)|
that is to say… czyli ► *n* **~ (in sth)** głos
(*w decyzji*), (*mieć*) coś do powiedzenia
[IDM] **have your say** wypowiadać swoje
zdanie

saying /'seɪɪŋ/ *n* powiedzenie

scab /skæb/ *n* strup

scaffolding /'skæfəldɪŋ/ *n*
rusztowanie

scald /skɔːld/ *v o/*parzyć ► *n* oparzenie
| **scalding** *adj* wrzący

scale /skeɪl/ *n* **1** podziałka **2** skala: *the
pay* ~ siatka płac ◇ *a ~ model* model (w
skali) **3** (*muz.*) gama **4** (*zool.*) łuska [PV]
scale sth up/down (proporcjonalnie)
coś zwiększać/zmniejszać ► *v* wspinać
się na coś

scales /skeɪlz/ *n* [pl] (*przyrząd*) waga

scallion /'skæliən/ *n* (*Am.*) młoda
cebula (*ze szczypiorkiem*)

scalp /skælp/ *n* skóra głowy

scalpel /'skælpəl/ *n* skalpel

scam /skæm/ *n* (*nieform.*) oszustwo

scamper /'skæmpə(r)/ *v* czmychać

scan /skæn/ *v* **~ sth (-nn-) 1** lustrować
(*wzrokiem*) **2** przebiegać wzrokiem
po czymś **3** zrobić badanie USG/
tomograficzne: *have your brain scanned*
mieć badanie tomograficzne mózgu
4 prześwietlać (*np. bagaż na lotnisku*)
5 (*komput.*) (ze)skanować ► *n* (*med.*)
badanie USG, tomografia| **scanner** *n*
1 ultrasonograf **2** skaner

scandal /'skændl/ *n* **1** skandal **2** [U]
plotki| **scandalize** (*także* **-ise**) /-laɪz/ *v*
gorszyć (kogoś)| **scandalous** *adj*
skandaliczny

scant /skænt/ *adj* skąpy, niewielki: *pay
~ attention to sth* nie zwracać na coś
większej uwagi

scanty /'skænti/ *adj* skąpy (*np.
posiłek*), niewielki

scapegoat /'skeɪpgəʊt/ *n* kozioł
ofiarny

scar /skɑː(r)/ *n* **1** blizna, szrama
2 (*przen.*) ślad ► *v* (-**rr**-) zostawiać bliznę

scarce /skeəs/ *adj* niewystarczający:
*Food for birds and animals is ~ in the
winter.* Zimą ptakom i innym
zwierzętom brakuje pożywienia. |
scarcity /-səti/ *n* (*pl* -**ies**) brak,
niedostatek

scarcely /'skeəsli/ *adv* **1** prawie wcale
2 zaledwie **3**: *You can ~ expect me to*

believe that. Chyba nie oczekujesz, że w
to uwierzę.

scare /skeə(r)/ *v* przestraszyć (się) ► *n*
1 strach: *give sb a ~* przestraszyć kogoś
2 panika| **scared** *adj* **~ (of sb/sth)/(of
doing sth/to do sth)** przestraszony: *I'm
~ of the dark.* Boję się ciemności. | **scary**
adj (*nieform.*) przerażający
● **'scarecrow** *n* strach na wróble

scarf /skɑːf/ *n* (*pl* -**s** *lub* **scarves** /-vz/)
1 szal(ik) **2** chust(k)a, apaszka

scarlet /'skɑːlət/ *adj* szkarłatny

scathing /'skeɪðɪŋ/ *adj* (*krytyka itp.*)
ostry, (*uwaga itp.*) zjadliwy

scatter /'skætə(r)/ *v* **1** (*ludzie itp.*)
rozbiegać się, rozpraszać się
2 rozrzucać| **scattered** *adj* rozproszony,
rozrzucony: ~ *showers* przelotne opady

scavenge /'skævɪndʒ/ *v* wygrzebywać
ze śmieci (*np. żywność*)| **scavenger** *n*
1 żebra-k/czka **2** (*zool.*) padlinożerca

scenario /sə'nɑːriəʊ; *Am.* -'nær-/ *n*
scenariusz

scene /siːn/ *n* **1** miejsce (*np. zbrodni*)
2 awantura **3** scena **4** otoczenie **5** (**the
scene**) (*przen.*) arena, scena: *the fashion
~* świat mody

scenery /'siːnəri/ *n* [U] **1** krajobraz
2 (*teatr*) dekoracje

scenic /'siːnɪk/ *adj* malowniczy

scent /sent/ *n* **1** zapach **2** (*zwł. Br.*)
perfumy **3** trop (*zwierzęcia*) **4** powiew
(*np. zwycięstwa, miłości*)| **scented** *adj*
pachnący, perfumowany

sceptical (*Am.* **skep-**) /'skeptɪkl/ *adj*
sceptyczny: *be ~ of/about sth* być
sceptycznie nastawionym do czegoś

schedule /'ʃedjuːl; *Am.* 'skedʒuːl/
n **1** harmonogram, plan: *begin
on ~* zaczynać się zgodnie z
harmonogramem ◇ *be behind ~*
spóźniać się z terminem ◇ *be ahead of
~* wyprzedzać termin **2** (*Am.*) rozkład
(*np. jazdy, lotów*), plan lekcji ► *v* **~ sth
(for sth)** planować, sporządzać rozkład:
a scheduled flight lot rejsowy

scheme /skiːm/ *n* **1** plan: *a pension ~*
program emerytalny **2** projekt ► *v*
knuć, spiskować

schizophrenia /ˌskɪtsə'friːniə/ *n*
schizofrenia| **schizophrenic** /-'frenɪk/
1 *n* schizofreni-k/czka **2** *adj*
schizofreniczny

scholar /'skɒlə(r)/ *n* **1** uczony, badacz:
a Shakespeare ~ szekspirolog
2 stypendyst-a/ka

scholarship /'skɒləʃɪp/ *n*
1 stypendium (naukowe) **2** nauka,
uczoność

school /skuːl/ *n* **1** szkoła: *a summer ~*
kurs wakacyjny ❶ Mówiąc o szkole jako
miejscu nauki dla uczniów lub pracy
dla nauczycieli, używa się **school** bez

the: *Where do your children go to ~?* ◊ *I enjoyed being at ~.* ◊ *Do you walk to ~?* Natomiast **the school** używa się w każdej innej sytuacji, np. gdy rodzice idą na zebranie: *I have to go to the ~ on Thursday to talk to John's teacher.* Kiedy dodaje się więcej informacji o szkole, wtedy należy użyć **a** lub **the**: *Pat goes to the local ~.* ◊ *She teaches at a ~ in Leeds.* **2** (*Am.*) szkoła wyższa **3** (*uniwersytet*) instytut, wydział **4** ławica (*ryb*) | **schooling** *n* nauka ● **'schoolboy; 'schoolgirl; 'schoolchild** *n* ucze-ń/nnica | **,school-'leaver** *n* (*Br.*) absolwent/ka (*szkoły*) | **'schoolteacher** *n* nauczyciel/ka

science /'saɪəns/ *n* **1** [U] nauki ścisłe: *social* ~ nauki społeczne **2** przedmiot ścisły/przyrodniczy | **scientist** *n* naukowiec, pracownik naukowy (*specjalista od nauk ścisłych*) ● **,science 'fiction** (*nieform.* ,sci-'fi) *n* fantastyka naukowa

scientific /,saɪən'tɪfɪk/ *adj* naukowy

scissors /'sɪzəz/ *n* noży-ce/czki

scoff /skɒf/ *v* **1** ~ (**at sb/sth**) szydzić, kpić **2** (*nieform.*, *Br.*) (*Jeść*) wsuwać

scold /skəʊld/ *v* ~ **sb** (**for** (**doing**) **sth**) skarcić

scone /skɒn; skəʊn/ *n* rodzaj bułeczki

scoop /sku:p/ *n* **1** łyżka do lodów, (*dozownik*) szufelka **2** kulka (*lodów*) **3** sensacyjna wiadomość (*nigdzie wcześniej nie publikowana*) ▶ *v* **1** ~ **sth** (**out/up**) wydłubać **2** ~ **sth** (**up**) nabierać, podnosić **3** zgarniać (*np. nagrodę*) **4** wyprzedzać (*inne dzienniki w podawaniu jakiejś wiadomości*)

scooter /'sku:tə(r)/ *n* **1** skuter **2** hulajnoga

scope /skəʊp/ *n* **1** ~ (**for sth/to do sth**) możliwość **2** zakres

scorch /skɔ:tʃ/ *v* przypalać: *the scorched landscape of the Arizona desert* spalona słońcem pustynia Arizony | **scorching** *adj* skwarny

score /skɔ:(r)/ *n* **1** wynik **2** (~s) mnóstwo **3** partytura ▶ *v* zdobywać punkty, strzelać (*bramkę*) ● **'scoreboard** *n* tablica wyników

scorn /skɔ:n/ *n* ~ (**for sb/sth**) pogarda ▶ *v* **1** gardzić **2** wzgardzić | **scornful** *adj* pogardliwy

Scorpio /'skɔ:piəʊ/ *n* (*znak zodiaku*) Skorpion

Scotch /skɒtʃ/ *n* szkocka whisky

Scottish /'skɒtɪʃ/ *adj* szkocki

scour /'skaʊə(r)/ *v* **1** szorować **2** przeszukiwać

scout /skaʊt/ *n* **1** zwiadowca **2** = BOY SCOUT

scowl /skaʊl/ *n* gniewne spojrzenie ▶ *v* patrzeć wilkiem

scrabble /'skræbl/ *v* szukać po omacku

scramble /'skræmbl/ *v* **1** wdrapywać się, przedzierać się (*w pośpiechu np. przez krzaki*) **2** robić coś w pośpiechu: *She scrambled into some clean clothes.* Włożyła na siebie w pośpiechu czyste ubranie. **3** ~ **for sth** walczyć (*np. o najlepsze miejsce, pracę*) ▶ *n* szarpanina ● **,scrambled 'egg(s)** *n* jajecznica

scrap /skræp/ *n* **1** kawałek, krzta **2** złom, odpady: ~ *paper* makulatura ▶ *v* (-**pp**-) pozbywać się czegoś ● **'scrapbook** *n* album (*np. na wycinki prasowe*) | **'scrap heap** *n* śmietnisko

scrape /skreɪp/ *v* **1** ~ **sth** (**down/out/off**) skrobać **2** zeskrobywać **3** ~ **sth** (**against/ along/on sth**) zadrapać **4** ~ (**sth**) **against/ along/on sth** zgrzytać, chrobotać [PV] **scrape sth together/up** wyskrobać (*np. pieniądze*) ▶ *n* **1** zgrzyt **2** zadrapanie

scratch /skrætʃ/ *v* **1** zadrapać, podrapać **2** wydrapać **3** drapać (się) ▶ *n* **1** zadrapanie **2** drapanie [IDM] **from scratch** od zera| (**be/come**) **up to scratch** (*nieform.*) spełniać wymogi: *Her singing isn't up to ~.* Jej śpiew nie jest na (wysokim) poziomie.

scrawl /skrɔ:l/ *v* bazgrać ▶ *n* [lp] gryzmoły

scream /skri:m/ *v* ~ (**sth**) (**out**) (**at sb**) krzyczeć ▶ *n* **1** krzyk **2** (*nieform.*) śmieszna osoba/rzecz

screech /skri:tʃ/ *v* piszczeć, skrzeczeć ▶ *n* pisk, skrzek

screen /skri:n/ *n* **1** parawan **2** ekran **3** (**the screen**) kino, film ▶ *v* **1** ~ **sb/sth** (**off**) (**from sth/sth**) zasłaniać kogoś/coś przed kimś/czymś **2** ~ **sb** (**for sth**) poddawać (*badaniom lekarskim*), sprawdzać (*np. przydatność do pracy*) **3** wyświetlać (*np. w telewizji*)| **'screen saver** *n* wygaszacz ekranu

screw /skru:/ *n* śruba ▶ *v* **1** przykręcać **2** zakręcać (się) [PV] **screw (sth) up** (*slang*) rujnować| **screw sth up** zgniatać coś w kulkę| **screw your eyes/ face, etc. up** mrużyć oczy, wykrzywiać twarz ● **'screwdriver** *n* śrubokręt

scribble /'skrɪbl/ *v* **1** gryzmolić (*np. notatkę*) **2** bazgrać ▶ *n* bazgranina

script /skrɪpt/ *n* **1** scenariusz (*np. filmu*) **2** (*system, znak*) pismo: *Cyrillic* ~ cyrylica

scripture /'skrɪptʃə(r)/ *n* (*także* the scriptures) Pismo Święte

scroll /skrəʊl/ *n* zwój (*np. pergaminu*) ▶ *v* (*komput.*) przewijać| **scrollbar** *n* (*komput.*) pasek przewijania

scrub /skrʌb/ *v* (-**bb**-) ~ (**sth**) (**down/ out**) szorować [PV] **scrub sth off** (*szorować*) ścierać ▶ *n* szorowanie:

S

This floor needs a good ~. Trzeba
podłogę mocno wyszorować.
scruffy /'skrʌ/ *adj* niechlujny
scrupulous /'skru:pjələs/ *adj*
1 skrupulatny: *a ~ investigation into
the causes of the disaster* szczegółowe
badanie przyczyn katastrofy
2 sumienny
scrutinize (*także* **-ise**) /'skru:tənaɪz/ *v*
badać szczegółowo
scrutiny /'skru:təni/ *n* [U] **1** badanie
szczegółowe **2** baczny nadzór
scuba-diving /'sku:bə daɪvɪŋ/ *n*
nurkowanie (*z akwalungiem*)
scuff /skʌf/ *v* **1** zdzierać (*buty*) **2** (po)
rysować (*butami np. podłogę*)
scuffle /'skʌ/ *n* utarczka
sculptor /'skʌlptə(r)/ *n* rzeźbia-rz/rka
sculpture /'skʌlptʃə(r)/ *n*
1 rzeźbiarstwo **2** rzeźba
scum /skʌm/ *n* **1** kożuch (*z brudu*)
2 (*slang*) (*przen.*) szumowiny
scurry /'skʌri/ *v* (*3rd sing czasu pres*
-ies) *pt, pp* **-ied**) pędzić (*drobnymi
krokami*)
scuttle /'skʌtl/ *v* pędzić (*drobnymi
krokami*)
scythe /saɪð/ *n* kosa
sea /si:/ *n* (*często* **the sea**; **Sea**) (*także*
seas) (*i przen.*) morze: *heavy* ~s
wzburzone morze [IDM] **at sea 1** na
morzu **2** zagubiony ● '**sea bed** *n* dno
morskie| '**seafood** *n* owoce morza| '**sea
front** (**the sea front**) bulwar nadmorski|
'**seagull** *n* mewa| '**sea level** *n* poziom
morza| '**seashell** *n* muszla| '**seashore**
(*zwykle* **the seashore**) *n* brzeg morski,
wybrzeże| '**seasick** *adj*: *feel/be* ~
cierpieć na chorobę morską| '**seaside** *n*
(*często* **the seaside**) wybrzeże: *go to the*
~ pojechać nad morze ◇ *a* ~ *hotel* hotel
nad morzem| '**seaweed** *n* [U] wodorosty
seal /si:l/ *n* **1** foka **2** pieczęć **3** plomba
(*np. na paczce, butelce*) **4** uszczelka
▶ *v* **1** ~ **sth** (**up/down**) zaklejać (*np.
kopertę*) **2** ~ **sth** (**up**) uszczelniać
3 przypieczętować (*np. umowę*) [PV]
seal sth off odcinać (*dostęp*)
seam /si:m/ *n* **1** szew **2** pokład (*węgla*)
search /sɜ:tʃ/ *v* **1** ~ (**sb/sth**) (**for sb/sth**)
rewidować, przeszukiwać **2** ~ (**through
sth**) (**for sth**) poszukiwać| *n*
1 przeszukiwanie **2** poszukiwanie|
searcher *n* **1** poszukiwacz/ka **2** (*także*
'**search engine**) (*komput.*)
wyszukiwarka ● '**search party** *n* ekipa
ratownicza| '**search warrant** *n* nakaz
rewizji
searchlight /'sɜ:tʃlaɪt/ *n* reflektor
season /'si:zn/ *n* **1** pora roku **2** sezon:
the dry/rainy ~ pora sucha/deszczowa
◇ *the low* ~ sezon ogórkowy [IDM] **in**

season 1: *Tomatoes are now in* ~. Teraz
jest sezon na pomidory. **2** (*zool.*) w rui ▶
v (*kulin.*) doprawiać ● '**season ticket** *n*
bilet okresowy
seasonal /'si:zənl/ *adj* sezonowy
seasoning /'si:zənɪŋ/ *n* przyprawa
seat /si:t/ *n* **1** siedzenie: *Please take a* ~.
Proszę usiąść. ◇ *The ~s for the ballet
are dear.* Bilety na balet są drogie.
2 (*polit.*) mandat ▶ *v* **1** (*form.*) sadzać:
Please be seated. Proszę usiąść. **2**: *The
hall can* ~ *500 people.* Aula może
pomieścić 500 osób.| **seating** *n* [U]
1 miejsca (*siedzące*) **2**: *a* ~ *plan* plan
rozmieszczenia gości przy stole ● '**seat
belt** *n* pas bezpieczeństwa
secluded /sɪ'klu:dɪd/ *adj* ustronny|
seclusion *n* ustronie
second[1] /sɪ'kɒnd/ *v* ~ **sb** (**from sth**)(**to
sth**) przenosić (*np. na inne stanowisko*)
second[2] /'sekənd/ (*liczebnik
porządkowy*) drugi: *the* ~ *largest city*
drugie co do wielkości miasto → DRUGI|
secondly *adv* po drugie| *n, pron* **1** (**the
second**) drugi **2** ~ (**in sth**) ocena dobra
(*na dyplomie ukończenia studiów*)
3 (*aut.*) drugi bieg **4** drugi gatunek
(*towaru*) **5** sekunda| *v* popierać (*np.
wniosek*) ● ,**second-'best 1** *adj* drugi
2 *n* coś gorszego (*z dwóch*)| ,**second
'class** *n* **1** (*kolej.*) druga klasa **2** (*poczta*)
przesyłka zwykła| ,**second-'class** *adj*
1 (*kolej.*) drugiej klasy **2** *a* ~ *letter* list
zwykły → FIRST-CLASS **3**: *a* ~ *honours
degree* dyplom ukończenia studiów
z oceną dobrą **4** drugiej kategorii|
,**second 'floor** *n* drugie piętro ❶ W Am.
ang. **the second floor** to pierwsze
piętro.| '**second hand** *n* sekundnik|
,**second-'hand** *adj, adv* **1** używany: *a* ~
shop sklep z artykułami używanymi **2** z
drugiej ręki| ,**second-'rate** *adj*
drugorzędny| **second 'thoughts** *n*: *have*
~ mieć wątpliwości ◇ *on* ~ po namyśle
secondary /'sekəndri; *Am.* -deri/ *adj*
1 drugorzędny **2** wtórny ● '**secondary
school** *n* (*Br.*) szkoła średnia
secrecy /'si:krəsi/ *n* [U] tajemnica,
dyskrecja
secret /'si:krət/ *adj* **1** ~ (**from sb**) tajny:
Top Secret ściśle tajne **2** cichy (*np.
wielbiciel*): *be a* ~ *drinker* pić po
kryjomu ▶ *n* **1** tajemnica **2** sekret [IDM]
in secret w tajemnicy| **secretly** *adv* w
tajemnicy ● ,**secret 'service** *n* [*zwykle* s]
tajne służby
secretary /'sekrətri; *Am.* -teri/ *n* (*pl
-ies*) **1** sekreta-rz/rka **2** (*Am.*)
sekretarz (*ministerstwa*)| **secretarial**
/,sekrə'teəriəl/ *adj* (*obowiązek*)
sekretarski ● ,**Secretary of 'State** *n* **1** (*w
Wlk. Br.*) minister **2** (*w USA*) sekretarz
stanu

secrete /sɪˈkriːt/ *v* **1** (*biol.*) wydzielać (*płyny, ciecze*) **2** (*form.*) chować

secretive /ˈsiːkrətɪv/ *adj* (*osoba*) skryty: *be ~ about sth* robić z czegoś tajemnicę

sect /sekt/ *n* sekta

sectarian /sekˈteəriən/ *adj* sekciarski

section /ˈsekʃn/ *n* **1** odcinek, część: *the string* ~ sekcja instrumentów smyczkowych ◇ *the financial* ~ dział finansowy **2** przekrój

sector /ˈsektə(r)/ *n* **1** sektor **2** dzielnica

secular /ˈsekjələ(r)/ *adj* świecki

secure /sɪˈkjʊə(r)/ *adj* **1** bezpieczny, pewny: *That ladder isn't very ~.* Ta drabina nie jest stabilna. **2** ~ (**against/from sth**) zabezpieczony (przed czymś/przeciw czemuś) ▸ *v* **1** przymocowywać **2** ~ **sth** (**against/from sth**) zabezpieczać coś (przed czymś/przeciw czemuś) **3** uzyskiwać (*np. obietnicę*), zdobywać (*np. kontrakt*) | **securely** *adv* solidnie

security /sɪˈkjʊərəti/ *n* (*pl* **-ies**) **1** poczucie bezpieczeństwa: *financial* ~ dobrobyt **2** [*U*] środki bezpieczeństwa: *a maximum ~ prison* więzienie pod specjalnym nadzorem ◇ *the ~ forces* siły bezpieczeństwa **3** (*straż*) ochrona **4** (*fin.*) zabezpieczenie

sedate /sɪˈdeɪt/ *adj* spokojny, (*osoba*) stateczny ▸ *v* podawać środek uspokajający/usypiający | **sedation** *n* działanie środków usypiających/uspokajających: *put sb under* ~ podać komuś środki usypiające/uspokajające | **sedative** /ˈsedətɪv/ *n* środek uspokajający/usypiający

sedentary /ˈsedntri; *Am.* -teri/ *adj* (*tryb życia itp.*) siedzący

sediment /ˈsedɪmənt/ *n* osad

seduce /sɪˈdjuːs; *Am.* -ˈduːs/ *v* **1** kusić **2** uwodzić | **seduction** /sɪˈdʌkʃn/ *n* **1** pokusa **2** uwiedzenie | **seductive** /sɪˈdʌktɪv/ *adj* **1** uwodzicielski **2** kuszący

see /siː/ *v* (*pt* **saw** /sɔː/; *pp* **seen** /siːn/) **1** widzieć, zobaczyć → CAN¹ **2** oglądać **3** ~ **sb** (**about sth**) widzieć się z kimś w sprawie czegoś: *You should ~ a doctor about that cough.* Powinieneś pójść do lekarza z tym kaszlem. **4** odprowadzać (*np. do domu, na dworzec*) **5** rozumieć **6** wyobrażać sobie **7** dopilnować **8** być świadkiem czegoś: *Last year saw huge changes.* W ubiegłym roku zaszły wielkie zmiany. |IDM| **let me see**; **let's see** → LET | **see for yourself** zobaczyć samemu/samej | **see you (later)** na razie | **you see** rozumie-sz/cie |PV| **see sb off** odprowadzać kogoś

seed /siːd/ *n* **1** nasienie, ziarno: *sunflower ~s* pestki słonecznika **2** (*przen.*) zarodek: *This planted the ~s*

of doubt in my mind. To zrodziło w mej głowie wątpliwości.

seedy /ˈsiːdi/ *adj* **1** zaniedbany **2** podejrzany: *a ~ nightclub* spelunka

seeing /ˈsiːɪŋ/ (*także* **seeing that/as**) *conj* (*nieform.*) skoro

seek /siːk/ *v* (*form.*) (*pt, pp* **sought** /sɔːt/) **1** ~ **sth** (**from sb**) szukać (*np. pomocy, porady*) (u kogoś) **2** próbować

seem /siːm/ *v link* ~ (**to sb**) (**to be**) **sth**; ~ **like sth** wydawać się (komuś) (na kogoś): *Emma ~s to be a very nice girl.* Emma wygląda na bardzo miłą dziewczynę. | **seemingly** *adv* pozornie

seen *pp od* SEE

seep /siːp/ *v* przeciekać

see-saw /ˈsiːsɔː/ *n* huśtawka (*na desce*)

segment /ˈsegmənt/ *n* **1** segment, odcinek, część **2** cząstka (*np. grejpfruta*)

segregate /ˈsegrɪgeɪt/ *v* ~ **sb/sth** (**from sb/sth**) rozdzielać

seize /siːz/ *v* **1** chwycić **2** przechwycić (*np. władzę*) | **seizure** /ˈsiːʒə(r)/ *n* **1** przechwycenie **2** (*med.*) napad, atak

seldom /ˈseldəm/ *adv* rzadko

select /sɪˈlekt/ *v* wybierać ▸ *adj* **1** doborowy **2** ekskluzywny

selection /sɪˈlekʃn/ *n* **1** selekcja **2** wybór

selective /sɪˈlektɪv/ *adj* wybiórczy

self /self/ (*pl* **selves** /selvz/) *n* osobowość, natura

self-addressed envelope /ˌself əˌdresd ˈenvələʊp/ˈɒn-/ *n* zaadresowana koperta zwrotna

self-assured /ˌself əˈʃʊəd; *Br. także* -ˈʃɔːd/ *adj* pewny siebie | **self-assurance** *n* pewność siebie

self-catering /ˌself ˈkeɪtərɪŋ/ *adj* (*wczasy itp.*) z wyżywieniem we własnym zakresie

self-centred (*Am.* -centered) /ˌself ˈsentə(r)d/ *adj* egocentryczny

self-confident /ˌself ˈkɒnfɪdənt/ *adj* pewny siebie | **self-confidence** *n* pewność siebie

self-conscious /ˌself ˈkɒnʃəs/ *adj* przewrażliwiony, zażenowany

self-contained /ˌself kənˈteɪnd/ *adj* (*mieszkanie itp.*) samodzielny

self-control /ˌself kənˈtrəʊl/ *n* samokontrola

self-defence /ˌself dɪˈfens/ *n* samoobrona (*prawn.*) obrona własna

self-destruct /ˌself dɪˈstrʌkt/ *v* ulegać samozniszczeniu

self-determination /ˌself dɪˌtɜːmɪˈneɪʃn/ *n* **1** samostanowienie **2** samookreślenie się

self-discipline /ˌself ˈdɪsəplɪn/ *n* dyscyplina wewnętrzna

S

self-employed /ˌself ɪm'plɔɪd/ *adj* pracujący na własny rachunek

self-esteem /ˌself ɪ'stiːm/ *n* poczucie własnej wartości

self-evident /ˌself 'evɪdənt/ *adj* oczywisty

self-explanatory /ˌself ɪk'splæ nətri; *Am.* -tɔːri/ *adj* zrozumiały sam przez się

self-indulgent /ˌself ɪn'dʌldʒənt/ *adj* pobłażający sobie: *a ~ morning* leniwy poranek

self-interest /ˌself 'ɪntrɪst/ *n* interesowność

selfish /'selfɪʃ/ *adj* samolubny

self-made /ˌself 'meɪd/ *adj* zawdzięczający wszystko samemu sobie

self-pity /ˌself 'pɪti/ *n* rozczulanie się nad sobą

self-portrait /ˌself 'pɔːtreɪt; -trət/ *n* autoportret

self-raising flour /ˌself 'reɪzɪŋ aʊə(r)/ (*Am.* **self-rising flour** /-'raɪzɪŋ -/) *n* mąka zawierająca środek spulchniający

self-respect /ˌself rɪ'spekt/ *n* szacunek dla samego siebie

self-righteous /ˌself 'raɪtʃəs/ *adj* zarozumiały

self-sacrifice /ˌself 'sækrɪfaɪs/ *n* wyrzeczenie

self-service /ˌself'sɜːvɪs/ *adj* samoobsługowy

self-sufficient /ˌselfsə'fɪʃənt/ *adj* samowystarczalny

sell /sel/ *v* (*pt, pp* **sold** /səʊld/) **1** sprzedawać **2** ~ **(for/at sth)** sprzedawać się (po pewnej cenie) **[PV] sell out; be sold out** zostać wyprzedanym | **sell out (of sth); be sold out (of sth)** wyprzedawać (*cały zapas czegoś*) | **sell up** wyprzedawać się ● **'sell-by date** *n* termin ważności

seller /'selə(r)/ *n* sprzedaw-ca/czyni

Sellotape™ /'seləteɪp/ *n* (*Br.*) (*przezroczysta*) taśma klejąca ▸ *v* przyklejać coś taśmą klejącą

selves *pl od* SELF

semester /sɪ'mestə(r)/ *n* semestr

semicircle /'semisɜːkl/ *n* półkole

semicolon /ˌsemi'kəʊlən; *Am.* 'semik-/ *n* średnik

semi-detached /ˌsemɪdɪ'tætʃt/ *adj*: *a ~ house* dom typu bliźniak

semi-final /ˌsemi 'faɪnl/ *n* półfinał

seminar /'semɪnɑː(r)/ *n* (*konferencja*) seminarium

senate /'senət/ *n* (*często* the Senate) senat| **senator** *n* senator

send /send/ *v* (*pt, pp* **sent** /sent/) **1** wysyłać: *~ sb to prison* wsadzać kogoś do więzienia ◊ *I'll ~ someone round to collect you.* Poślę kogoś, żeby cię odebrał. **2** powodować: *~ food prices up* spowodować podwyżkę cen żywności **3** wprawiać kogoś (*w jakiś stan*) **[PV] send away (to sb) (for sth)** = SEND OFF (FOR STH) | **send for sb/sth** wzywać kogoś/coś| **send sth in** przesłać (*np. podanie*) | **send off/away (to sb) (for sth)** pisać do kogoś z prośbą o coś | **send sth off** wysyłać pocztą| **send sth out 1** rozesłać (*np. zaproszenia*) **2** wysyłać (*np. sygnał*) | **send sb/sth up** (*Br., nieform.*) parodiować

senile /'siːnaɪl/ *adj* zdziecinniały, starczy

senior /'siːniə(r)/ *adj* **1** ~ **(to sb)** wyższy rangą: *a ~ managerial position* stanowisko w ścisłym kierownictwie firmy **2** starszy **3** (*zwł. Am.*) (*często* Senior) (*po nazwisku*) ojciec ▸ *n* **1**: *My sister is ten years my ~.* Moja siostra jest starsza ode mnie o dziesięć lat. **2** osoba wyższa rangą **3** (*Br.*) ucze-ń/nnica wyższej klasy **4** (*Am.*) student/ka ostatniego roku ● ˌsenior 'citizen *n* emeryt/ka | ˌsenior 'nursing officer *n* przełożona (*pielęgniarek*)

sensation /sen'seɪʃn/ *n* **1** uczucie: *a burning ~* pieczenie **2** czucie (*np. w palcach*) **3** sensacja | **sensational** *adj* rewelacyjny, sensacyjny

sense /sens/ *n* **1** zmysł **2** poczucie: *feel a ~ of relief* poczuć ulgę **3** wyczucie: *good business ~* smykałka do interesów ◊ *have no dress ~* źle się ubierać **4** rozsądek: *He had the good ~ to refuse the offer.* Miał na tyle zdrowego rozsądku, by odrzucić tę ofertę. **5** sens **6** znaczenie **[IDM] come to your senses** opamiętać się | **in a sense** w pewnym sensie | **make sense** mieć sens | **make sense of sth** rozumieć ▸ *v* czuć instynktownie

senseless /'sensləs/ *adj* **1** bezsensowny **2** nieprzytomny

sensibility /ˌsensə'bɪləti/ *n* **1** wrażliwość **2** (**sensibilities**) wrażliwość uczuć

sensible /'sensəbl/ *adj* rozsądny

sensitive /'sensətɪv/ *adj* **1** ~ **(about/to sth)** wrażliwy (na coś/na punkcie czegoś) **2** (*i narzędzie itp.*) czuły **3** drażliwy (*np. temat*) | **sensitivity** /ˌsensə'tɪvəti/ *n* wrażliwość

sensual /'senʃuəl/ *adj* (*podniecający zmysły*) zmysłowy: *~ pleasure* fizyczna przyjemność | **sensuality** /ˌsenʃu'æləti/ *n* zmysłowość

sensuous /'senʃuəs/ *adj* (*i sztuka itp.*) zmysłowy: *the ~ feel of pure silk* przyjemny w dotyku czysty jedwab

sent *pt, pp od* SEND

sentence /'sentəns/ *n* **1** (*gram.*) zdanie
2 wyrok ▶ *v* ~ sb (to sth) skazywać
kogoś (na coś)

sentiment /'sentımənt/ *n* **1** odczucie:
public ~ nastroje społeczne **2** [U]
sentyment, uczucie

sentimental /ˌsentı'mentl/ *adj*
sentymentalny

separate /'seprət/ *adj* **1** ~ (from sth/sb)
oddzielny **2** osobny ▶ /'sepəreıt/ *v*
1 ~ (sb/sth) (from sb/sth) rozdzielać
(się), oddzielać (się) **2** (*małżeństwo itp.*)
rozchodzić się: *be separated* być w
separacji **| separately** *adv* **1** oddzielnie
2 osobno

separation /ˌsepə'reıʃn/ *n* **1** rozłąka
2 separacja

September /sep'tembə(r)/ *n* wrzesień
→ MAJ

sequel /'si:kwəl/ *n* **1** kolejna część (*np.
filmu*) **2** następstwo

sequence /'si:kwəns/ *n* **1** ciąg
2 kolejność

serene /sə'ri:n/ *adj* pogodny

sergeant /'sɑ:dʒənt/ *n* sierżant

serial /'sıəriəl/ *n* serial ● **,serial 'killer**
n seryjny morderca **| 'serial number** *n*
numer seryjny

series /'sıəri:z/ *n* (*pl* series) **1** szereg
2 (*TV, radio*) cykl programów

serious /'sıəriəs/ *adj* poważny: *Are you
~? Mówisz poważnie?*

sermon /'sɜ:mən/ *n* kazanie

servant /'sɜ:vənt/ *n* służąc-y/a

serve /sɜ:v/ *v* **1** służyć (*np. ojczyźnie,
w wojsku*) (komuś) (za/jako coś): ~ *on
a committee* zasiadać w komisji
2 podawać (*do stołu*) **3** obsługiwać (*np.
w sklepie, restauracji*): *Excuse me
madam. Are you being served?* Czym
mogę służyć? **4** odsiadywać (*wyrok*),
odbywać (*np. służbę wojskową*)
5 wystarczać (*dla określonej liczby
osób*): *This dish ~s two.* To porcja na
dwie osoby. **6** (*sport*) serwować **[IDM]
serve sb right** dobrze mu, ci itp. tak!

server /'sɜ:və(r)/ *n* serwer

service /'sɜ:vıs/ *n* **1** służba: *the
National Health Service* państwowa
służba zdrowia w Wlk. Bryt. ◊ *the ~s*
siły zbrojne ◊ *national* ~ obowiązkowa
służba wojskowa **2** [C] usługi (*np. dla
ludności*): *room* ~ obsługa kelnerska do
pokoju hotelowego **3** połączenie (*np.
autobusowe, kolejowe*) **4** obsługa (*np. w
hotelu*) **5** serwis (*gwarancyjny*)
6 zasługi (*np. dla sztuki*) **7** przegląd
(techniczny) **8** nabożeństwo **9** (*sport*)
serwis **10** (services) [*z v. w pl lub s*]
stacja obsługi przy autostradzie ▶ *v*
robić przegląd ● **'service charge** *n*

opłata za obsługę **| 'service station** *n*
stacja benzynowa

session /'seʃn/ *n* sesja (*np.
parlamentarna, nagraniowa*) **[IDM] be in
session** obradować: *The court is now in
~.* Właśnie trwa rozprawa (sądowa).

set /set/ *n* **1** komplet: *a ~ menu* gotowy
zestaw dań (np. w ofercie restauracji)
2 odbiornik **3** dekoracja (*np. teatralna,
filmowa*) **4** (*tenis*) set ▶ *v* (*pres part.
setting; pt, pp* set) **1** umieszczać
2 osadzać (*np. akcję powieści*): *The film is
~ in Spain.* Akcja filmu rozgrywa się w
Hiszpanii. **3**: ~ *a prisoner free* uwolnić
więźnia ◊ ~ *sth on fire* podpalić coś
◊ *Her comment ~ him thinking.* Jej
uwaga dała mu do myślenia.
4 nastawiać (*np. budzik*): ~ *the table*
nakrywać do stołu **5** ustanawiać (*np.
rekord*): ~ *a good/bad example* dawać
dobry/zły przykład ◊ ~ *the date of a
meeting* wyznaczyć datę zebrania
6 zadawać (*np. pracę domową*)
7 (*galaretka*) ścinać się, (*gips*) zastygać,
(*klej*) zasychać **8** osadzać: *a brooch ~
with diamonds* broszka wysadzana
diamentami **9** układać włosy
10 : ~ *words to music* komponować
muzykę do tekstu **11** składać (*np.
złamaną kość*) **12** (*słońce*) zachodzić **[IDM]
set your heart on sth; have your heart
set on sth** → HEART **| set sail** wyruszać w
rejs [PV] **set sth aside** odkładać (*np.
książkę, pieniądze*) **| set sb/sth back**
opóźniać **| set off** wyruszać (*w podróż*) **|
set sth off** powodować włączenie się (*np.
alarmu*) **| set out** wyruszać (*w podróż*) **|
set out to do sth** stawiać sobie jakiś cel **|
set (sth) up** otwierać (*np. własny
interes, filię*): ~ *up camp* rozbić obóz **|**
adj **1** ustawiony, położony: *deep-set eyes*
głęboko osadzone oczy **2** ustalony,
sztywny: *be ~ in your ways* mieć swoje
przyzwyczajenia **3** ~ (for sth)/(to do sth)
gotowy (na coś)/(do zrobienia czegoś)
● **,set 'book** *n* lektura obowiązkowa

setback /'setbæk/ *n* przeszkoda

setting /'setıŋ/ *n* **1** sceneria
2 ustawienie (*skali grzejnika/palnika
itp.*): *Cook it at a moderate ~.* Gotować
na średnim ogniu.

settle /'setl/ *v* **1** osiedlać się
2 rozstrzygnąć (*np. konflikt*), załatwić
(*np. sprawę*): ~ *a dispute* dojść do
porozumienia **3** sadowić (się)
4 uspokajać (się) **5** regulować (*np.
rachunki*) **7** o/siadać: *The snow didn't ~
for long.* Śnieg nie leżał długo. **8** (*płyn
itp.*) ustawać się [PV] **settle down**
1 usadowić/ułożyć się wygodnie
2 ustatkować się **3** uspokajać się **| settle
for sth** zadowalać się czymś **| settle in
(to) sth** przystosowywać się (*np. do
nowych warunków*) **| settled** *adj*
1 ustabilizowany: *More ~ weather is*

forecast. Przewiduje się mniej zmienną pogodę. **2** zakorzeniony: *I feel ~ here.* Czuję się tu zadomowiony.

settlement /'setlmənt/ *n*
1 porozumienie **2** osada

settler /'setlə(r)/ *n* osadnik

seven /'sevn/ *liczba* siedem → DWA I
seventh (*liczebnik porządkowy*) siódmy → DRUGI

seventeen /ˌsevn'tiːn/ *liczba* siedemnaście → DWA I **seventeenth** (*liczebnik porządkowy*) siedemnasty → DRUGI

seventy /'sevnti/ *liczba* siedemdziesiąt → DWA I **seventieth** (*liczebnik porządkowy*) siedemdziesiąty → DRUGI

sever /'sevə(r)/ *v* **1** przecinać, przerywać: *~ a water pipe* uszkodzić instalację wodociągową **2** zrywać (*np. kontakty*)

several /'sevrəl/ *pron, dem pron* kilka

severe /sɪ'vɪə(r)/ *adj* **1** surowy **2** poważny: *a ~ winter* sroga zima I **severity** /sɪ'verəti/ *n* powaga

sew /səʊ/ *v* (*pt* **sewed**; *pp* **sewn** /səʊn/ *lub* **sewed**) szyć: *~ a button on a shirt* przyszyć guzik do koszuli [PV] **sew sth up 1** z(a)szywać **2** (*przen.*) zapinać na ostatni guzik I **sewing** *n* szycie: *Do you like ~?* Czy lubisz szyć? ● **'sewing machine** *n* maszyna do szycia

sewage /'suːɪdʒ/ *Br. także* 'sjuː-/ *n* [U] ścieki

sewer /'suːə(r)/; *Br. także* 'sjuː-/ *n* kanał (ściekowy)

sewn *pp od* SEW

sex /seks/ *n* **1** płeć **2** [U] stosunek (płciowy) **3** seks I **sexy** *adj* (*nieform.*) seksowny

sexism /'seksɪzəm/ *n* seksizm I **sexist** *adj* seksist-a/ka

sexual /'sekʃuəl/ *adj* seksualny, płciowy I **sexuality** /ˌsekʃu'æləti/ *n* seksualność, orientacja seksualna ● ˌsexual 'intercourse *n* [U] (*form.*) stosunek płciowy

shabby /'ʃæbi/ *adj* **1** (*ubranie itp.*) wyświechtany **2** (*osoba*) obdarty **3** (*zachowanie itp.*) podły

shack /ʃæk/ *n* szałas

shade /ʃeɪd/ *n* **1** cień → CIEŃ **2** abażur, roleta **3** (**shades**) (*nieform.*) okulary przeciwsłoneczne **4** (*i przen.*) odcień **5** odrobina ▸ *v* **1** zasłaniać (*od światła*)

shadow /'ʃædəʊ/ *n* (*i przen.*) cień → CIEŃ ▸ *v* śledzić I **shadowy** *adj* **1** cienisty **2** niewyraźny **3** tajemniczy

shady /'ʃeɪdi/ *adj* **1** zacieniony **2** (*nieform.*) podejrzany

shaft /ʃɑːft/; *Am.* ʃæft/ *n* **1** szyb (*np. kopalni, windy*) **2** snop (*światła*)

shaggy /'ʃægi/ *adj* **1** kosmaty **2** kudłaty

shake /ʃeɪk/ *v* (*pt* **shook** /ʃʊk/; *pp* **shaken** /'ʃeɪkən/) **1** trząść (się), drżeć (*np. z wrażenia, emocji*): *Shake before use.* Przed użyciem wstrząsnąć. **2** osłabiać [IDM] **shake sb's hand/shake hands (with sb)/shake sb by the hand** podawać komuś rękę, uścisnąć komuś dłoń I **shake your head** kręcić głową ▸ *n* potrząśnięcie ● **'shake-up** *n* przetasowanie

shaky /'ʃeɪki/ *adj* **1** trzęsący się, słaby **2** chwiejny, niepewny

shall /ʃəl/; *f. akcent.* ʃæl/ *v mod* (*f. przev.* **shall not**; *f. krótka* **shan't** /ʃɑːnt/) **1**: *I ~ be very happy to see him.* Spotkam się z nim z wielką przyjemnością. ◊ *We shan't be arriving until ten o'clock.* Przyjedziemy dopiero po dziesiątej. ◊ *At the end of this year, I ~ have been working here for five years.* Pod koniec tego roku upłynie pięć lat, odkąd tutaj pracuję. **2** mieć, musieć: *What time ~ I come?* O której godzinie mam przyjść? ◊ *You ~ have one.* Będziesz to miał. **3** czy: *Shall I help you?* Pomóc ci? ◊ *Shall we go swimming?* Pójdziemy popływać?

shallow /'ʃæləʊ/ *adj* płytki

shame /ʃeɪm/ *n* **1** wstyd **2** (**a shame**) szkoda: *Oh, what a ~!* Jaka szkoda! ▸ *v* zawstydzać I **shameful** *adj* haniebny I **shameless** *adj* bezwstydny

shampoo /ʃæm'puː/ *n* **1** szampon **2** mycie szamponem ▸ *v* (*3rd sing czasu pres* -**poos**; *pt, pp* -**pooed**) myć szamponem

shan't *abbr* SHALL NOT

shape /ʃeɪp/ *n* **1** kształt, figura **2** stan, forma [IDM] **in shape** w dobrej kondycji fizycznej I **out of shape 1** zniekształcony: *My sweater's gone out of ~.* Mój sweter powyciągał się. **2** w złej kondycji fizycznej I **take shape** przybierać kształt I **shapeless** *adj* bezkształtny I *v* ~ **sth (into sth)** kształtować

share /ʃeə(r)/ *n* **1** ~ (**of sth**) część **2** -**s** (**in sth**) (*fin.*) akcje ▸ *v* ~ **sth (out)**; ~ (**sth**) (**with sb**) dzielić (się): *We ~ the same interests.* Mamy te same zainteresowania. ● **'shareholder** *n* akcjonariusz/ka

shark /ʃɑːk/ *n* rekin

sharp /ʃɑːp/ *adj* **1** (*i przen.*) ostry **2** gwałtowny **3** wyraźny **4** inteligentny **5** (*muz.*) podwyższony: *F ~ Fis/fis* ▸ *n* nuta z krzyżykiem I *adv* **1** punktualnie **2** ostro (*np. skręcać*) **3** (*muz.*) powyżej tonacji I **sharpen** *v* ostrzyć I **sharpener** /'ʃɑːpnə(r)/ *n* temperówka, ostrzałka

shatter /'ʃætə(r)/ *v* **1** roztrzaskiwać (się) **2** niweczyć I **shattered** *adj*

1 przygnębiony **2** (*nieform.*) wykończony, zmęczony

shave /ʃeɪv/ *v* ~ (**sth**) (**off**) golić (się): *I cut myself shaving.* Zaciąłem się przy goleniu. [PV] **shave sth off** (**sth**) strugać ► *n* golenie (się): *have a* ~ golić się |

shaver *n* elektryczna maszynka do golenia

shawl /ʃɔːl/ *n* szal, chusta

she /ʃiː/ *pron* ona → HE

shear /ʃɪə(r)/ *v* (*pp* **sheared** *lub* **shorn**) strzyc owce

shears /ʃɪəz/ *n* nożyce (ogrodnicze)

sheath /ʃiːθ/ *n* (*pl* -**ths** /-ðz/) pochwa (*np. na miecz, nóż*)

shed /ʃed/ *n* szopa ► *v* (*pres part.* -**dd**-; *pt, pp* **shed**) **1** zrzucać (*np. liście, sierść, wagę*) **2** pozbywać się (*np. zahamowań, obowiązków*) [IDM] **shed blood** przelewać krew | **shed tears** (*form.*) lać łzy

she'd /ʃiːd/ *abbr* SHE HAD, SHE WOULD

sheep /ʃiːp/ *n* (*pl* **sheep**) owca ● **'sheepdog** *n* owczarek | **'sheepskin** *n* owcza skóra: *a sheepskin coat* kożuch

sheepish /ˈʃiːpɪʃ/ *adj* zawstydzony, zażenowany

sheer /ʃɪə(r)/ *adj* **1** czysty **2** stromy

sheet /ʃiːt/ *n* **1** prześcieradło **2** kartka (*papieru*) **3** arkusz (*np. blachy*), płyta (*np. szklana*) **4** tafla

shelf /ʃelf/ *n* (*pl* **shelves** /ʃelvz/) półka

shell /ʃel/ *n* **1** (*zool.*) skorup(k)a, muszla **2** szkielet (*budynku*) **3** pocisk artyleryjski ► *v* **1** łuskać **2** ostrzeliwać (*pociskami*) ● **'shellfish** *n* (*pl* **shellfish**) **1** skorupiak **2** owoce morza

she'll /ʃiːl/ *abbr* SHE WILL

shelter /ˈʃeltə(r)/ *n* **1** ~ (**from sth**) schronienie **2**: *a bus* ~ wiata na przystanku autobusowym ◇ *an air-raid* ~ schron przeciwlotniczy ► *v* **1** ~ (**from sth**) chronić się **2** ~ **sb/sth** (**from sb/sth**) osłaniać **3** udzielać schronienia | **sheltered** *adj* **1** osłonięty **2** (*dzieciństwo itp.*) pod kloszem

shelve /ʃelv/ *v* **1** odkładać na półkę **2** nie nadawać sprawie dalszego biegu

shelves *pl od* SHELF

shelving /ˈʃelvɪŋ/ *n* [U] regał

shepherd /ˈʃepəd/ *n* paste-rz/rka

she's /ʃiːz/ *abbr* SHE IS, SHE HAS

shield /ʃiːld/ *n* **1** tarcza: *riot* ~s policyjna tarcza obronna **2** osłona ► *v* ~ **sb/sth** (**against/from sth**) osłaniać, chronić

shift /ʃɪft/ *v* **1** przesuwać **2** zmieniać położenie/kierunek [IDM] **shift the blame/responsibility** (**for sth**) (**onto sb**) przerzucać na kogoś odpowiedzialność, zrzucać winę na kogoś ► *n* zmiana:

work ~s pracować na zmiany ● **'shift key** *n* (*komput.*) klawisz „shift"

shifty /ˈʃɪfti/ *adj* (*osoba*) niebudzący zaufania

shimmer /ˈʃɪmə(r)/ *v* migotać, lśnić

shin /ʃɪn/ *n* goleń

shine /ʃaɪn/ *v* (*pt, pp* **shone** /ʃɒn; Am. ʃəʊn/*) **1** świecić (się) **2** oświetlać **3** (*przen.*) błyszczeć: ~ *at languages* wybijać się w językach ► *n* **1** połysk **2** polerowanie: *He gave his shoes a* ~. Wypucował buty. | **shiny** *adj* błyszczący

ship /ʃɪp/ *n* statek, okręt ► *v* (-**pp**-) posyłać (*towary*) morzem | **shipment** *n* **1** fracht morski **2** wysyłka (*towarów*) drogą morską | **shipping** *n* **1** jednostki pływające **2** transport wodny ● **'shipbuilder** *n* **1** konstruktor statków **2** stocznia | **'shipbuilding** *n* okrętownictwo | **'shipwreck** *n* rozbicie statku | **'shipyard** *n* stocznia

shirt /ʃɜːt/ *n* koszula

shiver /ˈʃɪvə(r)/ *v* drżeć (*zwł. z zimna lub ze strachu*) ► *n* drżenie: *The thought sent a* ~ *down my spine.* Na samą myśl o tym ciarki mi przeszły po plecach.

shock /ʃɒk/ *n* **1** wstrząs, szok **2** = ELECTRIC SHOCK ► *v* **1** wstrząsnąć **2** oburzać | **shocked** *adj* zszokowany | **shocking** *adj* **1** wstrząsający, skandaliczny **2** (*nieform.*) okropny (*np. pogoda*)

shod *pt, pp od* SHOE

shoddy /ˈʃɒdi/ *adj* tandetny: *He received ~ treatment.* Kiepsko go potraktowali.

shoe /ʃuː/ *n* **1** but: *running ~s* buty do biegania ◇ *do your ~s up* zasznurować buty **2** = HORSESHOE ► *v* (*pt, pp* **shod** /ʃɒd/*) podkuwać

shoelace /ˈʃuːleɪs/ *n* sznurowadło

shone *pt, pp od* SHINE

shook *pt od* SHAKE

shoot /ʃuːt/ *v* (*pt, pp* **shot** /ʃɒt/*) **1** ~ (**sth**) (**at sb/sth**) (*i sport*) strzelać **2** postrzelić **3** zastrzelić **4** polować na coś: *go shooting* chodzić na polowanie **5** przemykać: *The car shot past me.* Samochód przemknął obok mnie z zawrotną prędkością. **6** rzucać (*np. spojrzenie*), posyłać (*np. uśmiech*) **7** ~ (**down/up, etc. sth**) (*ból itp.*) przeszywać **8** filmować **9** fotografować [PV] **shoot sb down** zastrzelić kogoś | **shoot sth down** zestrzelić coś | **shoot up** (*cena itp.*) podskoczyć ► *n* pęd

shop /ʃɒp/ *n* **1** (*Br.*) sklep: *a corner* ~ sklep na rogu **2** = WORKSHOP ► *v* (-**pp**-) robić zakupy ❶ Częściej używa się wyrażenia **go shopping**: *We go shopping every Saturday.* ◇ *go Christmas shopping.* [PV] **shop around**

s

(for sth) porównywać ceny w kilku sklepach przed dokonaniem zakupu | **shopper** *n* klient/ka | **shopping** *n* [*U*] zakupy ● '**shop assistant** *n* (*Br.*) sprzedaw-ca/czyni | ,**shop 'floor** *n* **1** załoga (fabryki) **2** hala produkcyjna | '**shopkeeper** *n* sklepika-rz/rka | '**shopping centre** *n* (*Br.*) centrum handlowe | '**shopping mall** *n* (*Am.*) zadaszone centrum handlowe

shoplifting /'ʃɒplɪftɪŋ/ *n* kradzież w sklepie | **shoplifter** *n* złodziej/ka sklepow-y/a

shore /ʃɔː(r)/ *n* brzeg, wybrzeże: *go on ~* schodzić na ląd

shorn *pp od* SHEAR

short /ʃɔːt/ *adj* **1** krótki: *She left a ~ time ago.* Ona niedawno wyszła. **2** niski **3**: *The team is two players ~.* Drużyna ma o dwóch zawodników za mało. ◇ *Good secretaries are in ~ supply.* Trudno znaleźć dobrą sekretarkę. ◇ *be ~ of money* nie mieć pieniędzy **4** ~ *for* sth skrót od czegoś **5** nieuprzejmy i szorstki ▶ *adv* nagle | *n* **1** (*nieform.*) = SHORT CIRCUIT **2** maluch (*kieliszek mocnego alkoholu*) |IDM| **for short** w zdrobnieniu | **in short** krótko mówiąc ● ,**short 'circuit 1** *n* zwarcie elektryczne **2** *v* zwierać (*np. obwód*) | '**shortcoming** *n* wada | ,**short 'cut** *n* skrót: *take a short cut* iść na skróty | '**shorthand** *n* stenografia: *a ~ typist* stenotypist-a/ka | '**shortlist 1** *n* lista najlepszych (*np. kandydatów*) **2** *v* umieszczać kogoś na liście najlepszych | ,**short-'lived** *adj* krótkotrwały | ,**short-'sighted** *adj* (*Br.*) (*i przen.*) krótkowzroczny | ,**short-'staffed** *adj* cierpiący na brak personelu | ,**short 'story** *n* nowela, opowiadanie | ,**short-'term** *adj* krótkoterminowy

shortage /'ʃɔːtɪdʒ/ *n* brak

shortbread /'ʃɔːtbred/ *n* [*U*] kruche ciastko

shorten /'ʃɔːtn/ *v* skracać (się)

shortly /'ʃɔːtli/ *adv* **1** wkrótce **2** (*sposób mówienia*) sucho

shorts /ʃɔːts/ *n* **1**: *a pair of ~* szorty **2** (*Am.*) bokserki

shot /ʃɒt/ *n* **1** (*i sport*) strzał: *take a ~ at the target* strzelić do tarczy ◇ *have a ~ at goal* strzelać do bramki **2** a ~ **(at sth/at doing sth)** (*nieform.*) próba (zrobienia) czegoś **3** zdjęcie **4** (*film*) ujęcie **5** zastrzyk **6** (*często* **the shot**) (*sport*) kula: *put the ~* pchnąć kulą ▶ *pt, pp od* SHOOT ● '**shotgun** *n* dubeltówka

should /ʃəd; *f. akcent.* ʃʊd/ *v mod* (*f. przev.* **should not**; *f. krótka* **shouldn't** /'ʃʊdnt/) **1** powinien: *Should I try again?* Czy mam spróbować jeszcze raz? **2**: *He ~ have arrived by now.* Chyba już dojechał. **3** (*form.*): *I ~ be most grateful.* Byłbym ogromnie

zobowiązany. **4** jeżeli **5**: *He asked if he ~ come today.* Spytał, czy ma przyjść dzisiaj. **7** (*form.*): *In order that there ~ be no delay.* Aby uniknąć zwłoki. **8**: *It's shocking that something like this ~ happen.* To szokujące, że coś takiego mogło się wydarzyć. ◇ *It's strange that you ~ mention that.* Dziwne, że o tym wspomniałeś.

shoulder /'ʃəʊldə(r)/ *n* **1** ramię: *shrug your ~s* wzruszyć ramionami **2 (shoulders)** barki |IDM| **a shoulder to cry on** osoba, której można się wypłakać ▶ *v* **1** (*przen.*) brać na swe barki **2** rozpychać się ● '**shoulder bag** *n* torba na ramię | '**shoulder blade** *n* łopatka

shout /ʃaʊt/ *n* okrzyk ▶ *v* ~ **(sth) (at/to sb)**; ~ **(sth) (out)** krzyczeć [PV] **shout sb down** zakrzyczeć

shove /ʃʌv/ *v* wpychać (się): *They pushed and shoved to the front of the queue.* Przepchnęli się na początek kolejki. ▶ *n* pchnięcie

shovel /ʃʌvl/ *n* szufla ▶ *v* (-ll-; *Am.* -l-) szuflować

show /ʃəʊ/ *n* **1** widowisko, przedstawienie **2** wystawa: *the motor ~* pokaz samochodowy **3** okazywanie (*np. uczuć*) **4** pokaz |IDM| **for show** na pokaz | **on show** na wystawie ▶ *v* (*pt* **showed**; *pp* **shown** /ʃəʊn/ *lub* **showed**) **1** pokazywać: *Shall I ~ you to your room?* Czy zaprowadzić pana do (pańskiego) pokoju? ◇ ~ *kindness* okazać życzliwość **2** przedstawiać **3** być widocznym: *Her anger showed in her eyes.* W jej oczach było widać złość. ◇ *His latest film is showing at the cinema.* Ten najnowszy film jest grany w kinie. **4** uwidaczniać: *These brown trousers don't ~ the dirt.* Na tych brązowych spodniach nie widać brudu. [PV] **show sb (a)round (sth)** oprowadzać kogoś (po czymś) | **show (sth) off** (*nieform.*) popisywać się | **show up** (*nieform.*) pojawiać się | **show (sth) up 1** uwidaczniać **2** być widocznym | **showing** *n* **1** seans (*filmowy*) **2** [*lp*] notowania ● '**show-off** *n* pozer/ka | '**show business** (*nieform.* showbiz / 'ʃəʊbɪz/) *n* przemysł rozrywkowy | '**showroom** *n* salon (*np. samochodowy*)

shower /'ʃaʊə(r)/ *n* **1** prysznic **2** opady przelotne **3** chmura (*np. pyłu*), grad (*np. kamieni*) ▶ *v* **1** ~ **sb with sth** zasypywać kogoś czymś **2** brać prysznic

shown *pp od* SHOW

shrank *pt od* SHRINK

shred /ʃred/ *n* **1** strzęp **2** krzta ▶ *v* (-dd-) szatkować (*np. kapustę*), ciąć na strzępy (*np. papier*)

shrewd /ʃruːd/ *adj* przenikliwy: *a ~ decision* trafna decyzja

shriek /ʃriːk/ v 1 piszczeć 2 wrzeszczeć ► n 1 pisk 2 wrzask

shrill /ʃrɪl/ adj (dźwięk) piskliwy

shrimp /ʃrɪmp/ n krewetka

shrine /ʃraɪn/ n sanktuarium

shrink /ʃrɪŋk/ v (pt shrank /ʃræŋk/ lub shrunk /ʃrʌŋk/; pp shrunk) 1 (i przen.) kurczyć się, zmniejszać (się) 2 cofnąć się

shrivel /'ʃrɪvl/ v (-ll-; Am. -l-) ~ (sth) (up) (owoce, skóra itp.) wysuszać (się)

Shrove Tuesday /ˌʃrəʊv 'tjuːzdeɪ, -di; Am. 'tuːz/ n ostatki (wtorek przed Popielcem) ❶ W Wlk. Br. tego dnia je się naleśniki – pancakes.

shrub /ʃrʌb/ n krzew

shrug /ʃrʌɡ/ v (-gg-) wzruszać (ramionami) ► n wzruszenie (ramion)

shrunk → SHRINK

shudder /'ʃʌdə(r)/ v wzdrygać się: The accident makes me ~. Wypadek przyprawia mnie o dreszcze. ► n dreszcz, ciarki

shuffle /'ʃʌ/ v 1 szurać nogami 2 wiercić się 3 tasować (karty) ► n 1 szuranie nogami 2 tasowanie (kart)

shun /ʃʌn/ v (-nn-) unikać

shut /ʃʌt/ v (pres part. shutting; pt, pp shut) 1 zamykać (się) 2 przytrzaskiwać (np. sobie palec) [PV] shut sb/sth away chować kogoś/coś przed innymi | shut (sth) down zamykać (się) (np. sklep, fabrykę) | shut sb/sth off (from sth) odizolować kogoś/coś od kogoś/czegoś | shut sb/sth out nie dopuszczać (do siebie np. myśli) | shut (sb) up (nieform.) zamykać (komuś) gębę | shut up! interj (nieform.) zamknij się!

shutter /'ʃʌtə(r)/ n 1 okiennica 2 (fot.) migawka

shuttle /'ʃʌtl/ n wahadłowiec ● 'shuttle service n komunikacja wahadłowa

shy /ʃaɪ/ adj 1 nieśmiały, wstydliwy 2 be ~ (of/about (doing) sth) unikać czegoś

sibling /'sɪblɪŋ/ n (form.) brat/siostra: ~s rodzeństwo → RODZEŃSTWO

sick /sɪk/ adj 1 chory ❶ W Br. ang. be sick zwykle oznacza „wymiotować". W Am. ang. be sick może znaczyć „być chorym". 2 ~ (at/about sth) wściekły z powodu czegoś 3 be ~ of sb/sth mieć dosyć kogoś/czegoś 4 (nieform.) niesmaczny (np. dowcip, komentarz) [IDM] be sick wymiotować | feel sick mieć nudności | make sb sick rozwścieczać kogoś | sick to death of sb/sth zanudzony na śmierć ► n 1 [U] (nieform.) rzygowiny 2 (the sick) [pl] chorzy | sicken v wywoływać obrzydzenie | sickening adj obrzydliwy ● 'sick leave n zwolnienie lekarskie

sickly /'sɪkli/ adj 1 chorowity 2 wstrętny

sickness /'sɪknəs/ n 1 [U, C] choroba 2 [U] nudności

side /saɪd/ n 1 strona: this ~ up tą stroną do góry 2 bok: at the ~ of the road przy drodze 3 wersja (np. wypadków) side on the right/wrong side of sb schlebiać komuś/ denerwować kogoś | take sides (with sb) stawać po czyjejś stronie ● 'side effect n skutek uboczny | 'side road n boczna droga | 'side show n 1 dodatkowy występ lub inna atrakcja (np. w cyrku) 2 działalność uboczna 3 impreza towarzysząca | 'side street n boczna ulica | 'sidetrack v odwrócić uwagę kogoś: get sidetracked odwrócić czyjąś uwagę od tematu | 'sidewalk n (Am.) chodnik | 'sideways 1 adj boczny 2 adv na bok

sideboard /'saɪdbɔːd/ n 1 kredens 2 (sideboards) (także sideburns) baczki

sideline /'saɪdlaɪn/ n 1 praca dodatkowa 2 (sidelines) [pl] (sport) linia boczna

siege /siːdʒ/ n 1 oblężenie 2 otoczenie przestępcy (przez policję w jakimś budynku)

sieve /sɪv/ n sit(k)o ► v przesiewać

sift /sɪft/ v (i przen.) przesiewać

sigh /saɪ/ v 1 wzdychać 2 szeptać 3 westchnąć ► n westchnienie

sight /saɪt/ n 1 wzrok 2 (a sight) widok: She looks such a ~! Wygląda fatalnie! 3 zasięg wzroku 4 (sights) ciekawe miejsca, zabytki [IDM] in sight na widoku | know sb by sight znać kogoś z widzenia | lose sight of sb/sth 1 tracić z pola widzenia 2 zapominać o kimś/ czymś ► v dostrzec ● 'sightseeing n zwiedzanie | 'sightseer n zwiedzając-y/a

sign /saɪn/ n 1 znak 2 napis 3 szyld 4 ślad 5 (także ˌsign of the 'zodiac) znak zodiaku ► v 1 podpisywać (się) 2 ~ sb (up) zawierać kontrakt z kimś 3 posługiwać się językiem migowym [PV] sign in wpisywać się (na listę obecnych), meldować się (np. w hotelu) | sign out wypisywać się (z listy (obecnych)), wymeldowywać się (np. z hotelu) | sign up (for sth) zapisywać się (np. na kurs) ● 'sign language n język migowy | 'signpost n drogowskaz

signal /'sɪɡnəl/ n 1 (i radiowy) sygnał 2 (kolej.) semafor ► v (-ll-; Am. -l-) sygnalizować: ~ your disapproval okazać dezaprobatę

signature /'sɪɡnətʃə(r)/ n podpis

significance /sɪɡ'nɪfɪkəns/ n [U] znaczenie, waga

S

significant /sɪgˈnɪfɪkənt/ *adj* **1** ważny **2** znaczny **3** znaczący | **significantly** *adv* **1** znacznie **2** znacząco

signify /ˈsɪgnɪfaɪ/ *v* (*3rd sing czasu pres* **-ies**; *pt, pp* **-ied**) (*form.*) **1** oznaczać **2** wyrażać

silence /ˈsaɪləns/ *n* **1** cisza **2** milczenie ▸ *v* uciszać

silent /ˈsaɪlənt/ *adj* **1** cichy: *the right to remain* ~ prawo do milczenia **2** (*litera; film*) niemy

silhouette /ˌsɪluˈet/ *n* sylwetka

silicon chip /ˌsɪlɪkən ˈtʃɪp/ *n* krzemowy układ scalony

silk /sɪlk/ *n* jedwab

silky /ˈsɪlki/ *adj* jedwabisty

sill /sɪl/ *n* parapet

silly /ˈsɪli/ *adj* **1** głupi, niemądry **2** głupio

silver /ˈsɪlvə(r)/ *n* [*U*] **1** srebro **2** srebrna moneta **3** srebra ▸ *adj* srebrny | **silvery** *adj* srebrzysty

similar /ˈsɪmələ(r)/ *adj* ~ (to sb/sth) podobny | **similarity** /ˌsɪməˈlærəti/ *n* (*pl* **-ies**) podobieństwo

simmer /ˈsɪmə(r)/ *v* gotować (się) na wolnym ogniu

simple /ˈsɪmpl/ *adj* **1** prosty **2** zwyczajny | **simply** *adv* **1** po prostu **2** prosto

simplicity /sɪmˈplɪsəti/ *n* prostota

simplify /ˈsɪmplɪfaɪ/ *v* (*3rd sing czasu pres* **-ies**; *pt, pp* **-ied**) upraszczać | **simplification** /ˌsɪmplɪfɪˈkeɪʃn/ *n* uproszczenie

simplistic /sɪmˈplɪstɪk/ *adj* uproszczony

simulate /ˈsɪmjuleɪt/ *v* symulować

simultaneous /ˌsɪmlˈteɪniəs; *Am.* ˌsaɪml-/ *adj* jednoczesny

sin /sɪn/ *n* grzech ▸ *v* (**-nn-**) grzeszyć | **sinful** *adj* grzeszny

since /sɪns/ *prep* od ❶ Przedimka **since** używa się w czasie *present perfect (continuous)* lub *past perfect (continuous)*, aby podkreślić, od którego momentu w przeszłości coś ma miejsce: *He has been in prison since 1990.* Siedzi w więzieniu od 1990r. Do opisuje, jak długo trwa opisywana sytuacja: *He's been in prison for 13 years.* Jest w więzieniu od 13 lat. **Ago** określa, jak dawno temu coś się wydarzyło lub rozpoczęło, i używa się w czasie *past simple*: *He went to prison 13 years ago.* Poszedł do więzienia 13 lat temu. „Od... (do)" tłumaczy się **from…(to)**, gdy okres opisanego działania już się skończył: *He was in prison from 1990 to 2004.* Gdy okres istnieje i trwa, używa się **since.** ▸ *conj* **1** odkąd: *I've been working in a bank ever ~ I left school.* Pracuję w banku od ukończenia szkoły. **2** ponieważ | *adv* odtąd, od tamtego/ tego czasu: *We went out for dinner together about six months ago but I haven't seen her* ~. Byliśmy razem na kolacji około pół roku temu, lecz od tamtego czasu jej nie widziałem.

sincere /sɪnˈsɪə(r)/ *adj* szczery | **sincerely** *adv* szczerze: *Yours* ~, Z wyrazami szacunku (zwrot grzecznościowy stosowany na zakończenie listu) | **sincerity** /sɪnˈserəti/ *n* szczerość

sing /sɪŋ/ *v* (*pt* **sang** /sæŋ/; *pp* **sung** /sʌŋ/) śpiewać | **singer** *n* śpiewa-k/ czka, piosenka-rz/rka | **singing** *n* śpiew

single /ˈsɪŋgl/ *adj* **1** jeden **2** każdy (*bez wyjątku*) **3** nieżonaty, niezamężna: *a* ~ *parent* samotny rodzic **4** (*pokój*) jednoosobowy **5** (*bilet itp.*) w jedną stronę ▸ *n* **1** bilet w jedną stronę **2** pokój jednoosobowy **3** (*muz.*) singel **4** (**singles**) samotni **5** (**singles**) [*pl*] (*tenis*) gra pojedyncza

singular /ˈsɪŋɡjələ(r)/ *adj* **1** pojedynczy **2** (*form.*) niezwykły ▸ *n* (*gram.*) liczba pojedyncza

sinister /ˈsɪnɪstə(r)/ *adj* złowieszczy

sink /sɪŋk/ *v* (*pt* **sank** /sæŋk/; *pp* **sunk** /sʌŋk/) **1** tonąć, zatapiać (się) **2** obniżać się **3** opadać, osuwać się **4** (*ceny itp.*) spadać [PV] **sink in** docierać do świadomości | **sink in; sink into sth** wsiąkać (w coś) ▸ *n* zlewozmywak

sinus /ˈsaɪnəs/ *n* (*anat.*) zatoka

sip /sɪp/ *v* (**-pp-**) popijać (*małymi łykami*) ▸ *n* łyczek

sir /sɜː(r)/ *n* **1** proszę pana, panie (*np. poruczniku*) **2** (**Sir, Sirs**) pan/panowie (*zwrot grzecznościowy w liście do mężczyzny lub mężczyzn*): *Dear Sir…* Szanowny panie ◇ *Dear Sirs…* Szanowni panowie **3** (**Sir**) /sə(r)/ sir ❶ Sir stawia się przed imieniem i nazwiskiem w całości lub przed samym imieniem. Nie można go stawiać przed nazwiskiem nie poprzedzonym imieniem.

siren /ˈsaɪrən/ *n* syrena (*alarmowa*)

sister /ˈsɪstə(r)/ *n* siostra ▸ *adj* bliźniaczy: *a* ~ *company* spółka siostrzana ● **sister-in-law** *n* (*pl* ~**s-in-law**) szwagierka **2** bratowa

sit /sɪt/ *v* (*pres part.* **sitting**; *pt, pp* **sat** /sæt/) **1** siedzieć **2** ~ (**down**) siadać, usiąść **3** ~ **sb** (**down**) sadzać **4** przebywać (w jakimś miejscu): *The letter sat on the table.* List leżał na stole. **5** (*Br.*) zdawać (*egzamin*) **6** (*form.*) obradować [PV] **sit back** relaksować się | **sit up 1** usiąść (*z pozycji leżącej*) **2** siedzieć do późna w nocy **3**: *The news made them all* ~ *up and take notice.* Ta wiadomość pobudziła ich do zwrócenia większej uwagi na problem. ● **'sitting room** n (zwł. Br.) pokój dzienny | **'sit-ups** n [C] brzuszki (rodzaj ćwiczenia)

sitcom /'sɪtkɒm/ n (nieform.) komedia sytuacyjna

site /saɪt/ n **1** teren, miejsce: a building ~ plac budowy **2** (komput.) witryna

sitting /'sɪtɪŋ/ n **1**: Dinner will be in two ~s. Obiad będzie podawany na dwie zmiany. **2** sesja, posiedzenie

situated /'sɪtʃueɪtɪd/ adj (form.) usytuowany: Sydney is ~ on the coast. Sydney leży na wybrzeżu.

situation /ˌsɪtʃu'eɪʃn/ n **1** sytuacja **2** położenie **3** (form.) stanowisko, posada: Situations Vacant Praca/Dam pracę. (rubryka ogłoszeń w gazecie)

six /sɪks/ liczba sześć → DWA | **sixth** (liczebnik porządkowy) szósty → DRUGI ● **'sixth form** n (Br.) ostatnie dwa lata szkoły średniej

sixteen /ˌsɪks'tiːn/ liczba szesnaście → DWA | **sixteenth** (liczebnik porządkowy) szesnasty → DRUGI

sixty /'sɪksti/ liczba **1** sześćdziesiąt → DWA **2** (the sixties) lata sześćdziesiąte, zakres liczb itp. od 60 do 69 | **sixtieth** (liczebnik porządkowy) sześćdziesiąty → DRUGI

size /saɪz/ n rozmiar, wielkość

skate /skeɪt/ n, v **1** = ICE SKATE **2** = ROLLER SKATE | **skater** n łyżwia-rz/rka ● **'skateboard** n deskorolka | **'skateboarding** n jazda na deskorolce | **'skating rink** n lodowisko

skeleton /'skelɪtn/ n szkielet ▸ adj (komunikacja, liczba pracowników itp.) ograniczony do minimum

skeptic, skeptical, skepticism (Am.) = SCEPTIC, SCEPTICAL, SCEPTICISM

sketch /sketʃ/ n **1** szkic **2** skecz ▸ v szkicować | **sketchy** adj fragmentaryczny

ski /skiː/ n narta ▸ v (pres part. skiing; pt, pp skied) jeździć na nartach | adj narciarski ● **'ski lift** n wyciąg narciarski

skid /skɪd/ v (-dd-) wpadać w poślizg

skilful (Am. **skillful**) /'skɪl/ adj zręczny

skill /skɪl/ n **1** wprawa, zręczność **2** umiejętność | **skilled** adj **1** wykwalifikowany **2** wymagający kwalifikacji

skim /skɪm/ v (-mm-) **1** zbierać (z powierzchni), szumować **2** muskać **3** ~ (through/over) sth przerzucać (strony) ● ˌskimmed 'milk n mleko odtłuszczone

skin /skɪn/ n **1** skóra: a sheepskin jacket kożuch **2** (kulin.) skórka, łupina **3** kożuch (np. na mleku) ▸ v (-nn-) obierać ze skóry | **skinny** adj (nieform.) wychudzony ● **'skin diving** n

nurkowanie bez pianki | **'skinhead** n skin | ˌskin'tight adj obcisły

skip /skɪp/ v (-pp-) **1** podskakiwać **2** skakać przez skakankę **3** opuszczać, pomijać ▸ n **1** podskok **2** kontener na śmieci ● **'skipping rope** n skakanka

skipper /'skɪpə(r)/ n (nieform.) (żegl.) kapitan

skirmish /'skɜːmɪʃ/ n potyczka, utarczka

skirt /skɜːt/ n spódnica ▸ v przemieszczać się wzdłuż brzegu

skive /skaɪv/ v (Br., slang) ~ (off) bumelować

skull /skʌl/ n czaszka

sky /skaɪ/ n (pl -ies) niebo ❶ Sky zwykle używa się z przedimkiem the: I saw a plane high up in the ~. Kiedy jednak sky jest poprzedzone przymiotnikiem, wówczas stosuje się przedimek a/an lub czasami formę pl bez przedimka: a cloudless ~. ● **'skyline** n panorama (np. miasta) | **'skyscraper** n drapacz chmur

slab /slæb/ n płyta (np. chodnikowa), pajda (np. chleba)

slack /slæk/ adj **1** luźny, obwisły **2** słaby: Trade is very ~ here in winter. W zimie panuje zastój w handlu. **3** (lina itp.) poluzowany **4** niedbały

slacken /'slækən/ v **1** rozluźniać (się), obluzowywać (się) **2** ~ (sth) (off) zwalniać, zmniejszać (się)

slam /slæm/ v (-mm-) **1** zatrzaskiwać (się), zamknąć (się) z trzaskiem **2** rzucić (z trzaskiem)

slander /'slɑːndə(r); Am. 'slæn-/ n zniesławienie, oszczerstwo ▸ v zniesławiać

slang /slæŋ/ n slang, gwara

slant /slɑːnt; Am. slænt/ v **1** nachylać (się) **2** być pochyłym **3** naginać: All the political articles in that newspaper are slanted towards the government. Wszystkie artykuły polityczne w tej gazecie mają prorządowe nastawienie. ▸ n **1** nachylenie **2** zapatrywanie

slap /slæp/ v (-pp-) **1** klepać: She slapped him across the face. Spoliczkowała go. **2** ciskać: ~ some paint onto a wall chlapnąć trochę farby na ścianę ▸ n klaps, klepnięcie

slapdash /'slæpdæʃ/ adj niedbały

slapstick /'slæpstɪk/ n rodzaj komedii

slash /slæʃ/ v **1** pociąć **2** znacznie obniżać

slaughter /'slɔːtə(r)/ v **1** zarzynać (zwierzę) **2** masakrować ▸ n rzeź

Slav /slɑːv/ n Słowian-in/ka | **Slavic** /'slɑːvɪk/ (zwł. Br. **Slavonic** /slə'vɒnɪk/) adj słowiański

slave /sleɪv/ *n* niewolni-k/ca ▸ *v* ~
(away) harować, tyrać| **slavery** *n*
niewolnictwo

sleazy /'sli:zi/ *adj* podejrzany,
obskurny

sledge /sledʒ/ (*Am. także* **sled** /sled/) *n*
[C] sanie, sanki

sleek /sli:k/ *adj* **1** (*włosy, futro itp.*)
lśniący **2** (*samochód*) elegancki,
zgrabny

sleep /sli:p/ *n* sen: *Did you have a good
~?* Czy dobrze spałeś? [IDM] **get to sleep**
usypiać, zasypiać| **go to sleep 1** zasnąć:
go to ~ iść spać **2** (*ręka itp.*) cierpnąć|
put an animal to sleep usypiać zwierzę|
sleepless *adj* bezsenny| *v* (*pt, pp* **slept**
/slept/) **1** spać ❶ *Cz.* **sleep** używa się,
mówiąc ogólnie o spaniu, natomiast by
asleep, kiedy spanie stanowi tło dla
innego wydarzenia: *I was asleep
when the telephone rang.* Mówiąc o
zasypianiu, używa się wyrażenia **go to
sleep:** *I went to ~ at ten o'clock last night*
(nie I slept at ten o'clock last night).
2 pomieścić: *an apartment that ~s four
people* mieszkanie, w którym mogą
przenocować cztery osoby [PV] **sleep in**
późno wstać, zaspać| **sleep over** (prze)
nocować (*u kogoś*)| **sleep together;
sleep with sb** sypiać z kimś ● **'sleeping
bag** *n* śpiwór| **'sleeping pill** *n* tabletka
nasenna| **'sleepwalk** *v* chodzić we śnie|
'sleepwalker *n* lunaty-k/czka

sleeper /'sli:pə(r)/ *n* **1** osoba śpiąca
(*w określony sposób*): *a light/heavy ~*
osoba, która ma lekki/mocny sen
2 (*w pociągu*) kuszetka

sleepy /'sli:pi/ *adj* senny, śpiący

sleet /sli:t/ *n* deszcz ze śniegiem

sleeve /sli:v/ *n* **1** rękaw **2** okładka (*na
płytę gramofonową*)

sleigh /sleɪ/ *n* [C] sanie

slender /'slendə(r)/ *adj* **1** smukły
2 znikomy, mały

slept *pt, pp od* SLEEP

slew *pt od* SLAY

slice /slaɪs/ *n* **1** kromka, plaster(ek)
2 udział ▸ *v* **1** krajać (*np. w kromki,
plasterki*) **2** przecinać **3** (*sport*) podcinać
(*piłkę*)

slick /slɪk/ *adj* **1** zręczny, zgrabny
2 przebiegły ▸ *n* = OIL SLICK

slide /slaɪd/ *v* (*pt, pp* **slid** /slɪd/)
1 poślizgnąć się, ślizgać się: *~ the keys
across the table* przesuwać klucze po
stole ◇ *a sliding door* rozsuwane drzwi
2: *~ out of the room* wyślizgnąć się z
pokoju ◇ *~ your hand into your pocket*
wsunąć rękę do kieszeni **3** zniżkować:
The pound is sliding against the dollar.
Funt traci na wartości w stosunku do
dolara. **4** popadać (*np. w długi*) ▸ *n*
1 przeźrocze **2** szkiełko mikroskopowe

3 zjeżdżalnia **4** stopniowe spadanie (*np.
na wartości*)

slight /slaɪt/ *adj* **1** mały, nieistotny: *I
haven't the slightest idea.* Nie mam
najmniejszego pojęcia. **2** drobny,
filigranowy [IDM] **not in the slightest** ani
trochę| **slightly** *adv* **1** trochę, nieco
2: *She is ~ built.* Jest drobnej budowy.

slim /slɪm/ *adj* (**-mm-**) **1** szczupły
2 słaby, mały: *a ~ chance of success*
mała szansa na sukces ▸ *v* (**-mm-**)
odchudzać się

slime /slaɪm/ *n* szlam, muł, śluz| **slimy**
adj **1** mulisty, śluzowaty **2** podlizujący
się

sling /slɪŋ/ *v* (*pt, pp* **slung**) **1** rzucać,
ciskać **2** przewiesić (*np. torbę przez
ramię*) ▸ *n* temblak

slingshot /'slɪŋʃɒt/ (*Am.*) proca

slink /slɪŋk/ *v* (*pt, pp* **slunk**) skradać się

slip /slɪp/ *v* (**-pp-**) **1** ~ (on sth) poślizgnąć
się **2** wyślizgiwać się; wymykać się (*np.
z domu*): *The hat keeps slipping down
over my eyes.* Ten kapelusz opada mi na
oczy. **3** wsuwać **4** ~ into sth; ~ sth on
(*ubranie*) narzucać (na siebie) **5** ~ out of
sth; ~ sth off (*ubranie*) zrzucać (z siebie)
6 nieco opadać [IDM] **let sth slip** wygadać
się| **slip your memory/mind** wylecieć z
głowy ▸ *n* **1** poślizgnięcie się **2** pomyłka:
a ~ of the tongue przejęzyczenie
3 kartka, świstek **4** halka ● **'slip road** *n*
(*Br.*) (*autostrada*) wjazd; zjazd

slipper /'slɪpə(r)/ *n* pantofel

slippery /'slɪpəri/ *adj* śliski

slit /slɪt/ *n* szpara ▸ *v* (**-tting**; *pt, pp* **slit**)
rozcinać: *~ your wrists* podciąć sobie
żyły

slither /'slɪðə(r)/ *v* ślizgać się (*z trudem
łapiąc równowagę*), (*wąż*) pełzać

sliver /'slɪvə(r)/ *n* plasterek, kawałek

slob /slɒb/ *n* (*nieform.*) **1** wałkoń
2 flejtuch

slog /slɒg/ *v* (**-gg-**) **1** ~ (away) at sth
(*nieform.*) ślęczeć nad czymś **2** ~ down/
up/along, etc. brnąć ▸ *n* **1** mozolna
praca **2** męcząca podróż

slogan /'sləʊgən/ *n* hasło

slop /slɒp/ *v* (**-pp-**) rozlewać (się)

slope /sləʊp/ *n* **1** zbocze, wzniesienie
2 pochyłość, nachylenie ▸ *v* nachylać
się: *The road ~s down to the river.* Droga
opada w kierunku rzeki. ◇ *a sloping
roof* spadzisty dach

sloppy /'slɒpi/ *adj* **1** niedbały **2** ckliwy

slot /slɒt/ *n* **1** szczelina, otwór
2 przedział czasu, czas antenowy ▸ *v*
(**-tt-**) pasować, wpasowywać ● **'slot
machine** *n* automat na monety (*np. do
gry; sprzedający napoje*)

slouch /slaʊtʃ/ *v* trzymać się niedbale,
garbić się

slow /sləʊ/ *adj* **1** (po)wolny: *be ~ in replying* zwlekać z odpowiedzią **2** ślamazarny **3** niepojętny **4** *be ~ (zegar)* spóźniać się| **slowly** *adv* wolno, powoli| *adv* powoli, wolno ❶ W języku codziennym częściej używa się *adv* **slowly.** Slow jednak często występuje w wyrazach złoż.: *slow-moving traffic.* Przysł. w stopniu wyższym **slower** i **more slowly** można stosować wymiennie: *Could you drive a bit slower/more slowly please?*| *v* zwalniać [PV] **slow (sb/sth) down/up** zwalniać, spowolniać ● **slow 'motion** *n* zwolnione tempo

sludge /slʌdʒ/ *n* muł

slug /slʌg/ *n* ślimak nagi

slum /slʌm/ *n* [C] *(także* the slums) slumsy

slump /slʌmp/ *v* **1** opadać **2** *(ceny itp.)* gwałtownie spadać ▶ *n* **1** gwałtowny spadek *(np. sprzedaży, cen akcji)* **2** zastój *(gospodarczy)*

slung *pt, pp od* SLING

slunk *pt, pp od* SLINK

slur /slɜː(r)/ *v* **(-rr-)** bełkotać ▶ *n* a ~ *(on sb/sth)* zniewaga

slurp /slɜːp/ *v* *(nieform.)* siorbać

slush /slʌʃ/ *n* **1** breja **2** *(nieform.) (film itp.)* sentymentalne bzdury

sly /slaɪ/ *adj* cwany

smack /smæk/ *v* dawać klapsa ▶ *n* klaps

small /smɔːl/ *adj* mały → MAŁY ▶ *adv* w małym rozmiarze ● **small-'scale** *adj* na małą skalę| **small talk** *n* [U] rozmowa towarzyska

smallpox /'smɔːlpɒks/ *n* ospa

smart /smɑːt/ *adj* **1** elegancki **2** *(sklep itp.)* modny **3** *(zwl. Am.)* bystry, inteligentny **4** szybki ▶ *v* piec, szczypać: *He was still smarting from her insult.* Nadal boleśnie odczuwał jej zniewagę.| **smarten** *v* [PV] **smarten (yourself/sb/sth) up** wystroić (się) ● **'smart card** *n* karta magnetyczna

smash /smæʃ/ *v* **1** ~ sth (up); ~ sth open rozbijać (się) **2** ~ (sth) against/into/through, etc. walnąć (się) *(np. w coś/o coś)* **3** *(tenis)* smeczować ▶ *n* **1** rozbijanie **2** *(także* 'smash-up) zderzenie *(samochodów)* **3** smecz **4** *(także* smash 'hit) *(nieform.) (film, piosenka itp.)* przebój

smear /smɪə(r)/ *v* ~ sth on/over sth/sb; ~ sth/sb with sth smarować ▶ *n* **1** plama **2** potwarz

smell /smel/ *n* **1** węch **2** zapach **3** smród **4:** *Have a ~ of this milk.* Powąchaj to mleko.| **smelly** *adj* *(nieform.)* śmierdzący| *v (pt, pp* smelt /smelt/ *lub* smelled) **1** czuć zapach

→ CAN[1] **2** wąchać **3** pachnieć **4** śmierdzieć

smile /smaɪl/ *n* uśmiech: *have a ~ on your face* uśmiechać się ▶ *v* **1** ~ (at sb/ sth) uśmiechać się do kogoś/czegoś

smirk /smɜːk/ *n* uśmieszek samozadowolenia ▶ *v* uśmiechać się *(z samozadowoleniem)*

smock /smɒk/ *n* **1** kitel **2** luźna bluza

smoke /sməʊk/ *n* **1** dym **2** *(nieform.)* palenie *(papierosa):* go outside for a ~ wyjść na zewnątrz na papierosa ▶ *v* **1** palić *(tytoń)* **2** dymić| **smoked** *adj* wędzony| **smoker** *n* palacz/ka *(papierosów):* She's a chain ~. Pali jednego papierosa za drugim.| **smoky** *adj* **1** zadymiony **2** dymiący

smolder *(Am.)* = SMOULDER

smooth /smuːð/ *adj* **1** *(i przen.)* gładki **2** *(płyn)* rzadki **3** *(podróż itp.)* spokojny **4** przymilniaczek ❶ Słowa tego używa się w znaczeniu krytycznym, zwykle w odniesieniu do mężczyzny.| **smoothly** *adv* gładko| *v* ~ sth **(away, back, down, out, etc.)** wygładzać

smother /'smʌðə(r)/ *v* **1** udusić **2** pokrywać **3** tłumić

smoulder /'sməʊldə(r)/ *v* tlić się

smudge /smʌdʒ/ *n* plama ▶ *v* rozmazywać (się)

smug /smʌg/ *adj* **(-gg-)** *(z dezaprob.)* zadowolony z siebie

smuggle /'smʌgl/ *v* przemycać| **smuggler** *n* przemytnik

snack /snæk/ *n* przekąska ▶ *v (nieform.)* przekąsić ● **'snack bar** *n* bar szybkiej obsługi

snag /snæg/ *n* szkopuł ▶ *v* **(-gg-)** rozdzierać *(np. na wystającym gwoździu)*

snail /sneɪl/ *n* ślimak

snake /sneɪk/ *n* wąż

snap /snæp/ *v* **(-pp-) 1** łamać (się) z trzaskiem **2** zamykać (się) z trzaskiem **3** warczeć (na kogoś) **4** kłapać zębami **5** *(nieform.)* pstrykać *(zdjęcia)* ▶ *n* **1** trzask, pstryknięcie **2** fotka **3** *(Br.)* rodzaj gry w karty| *adj (nieform.)* pośpieszny

snapshot /'snæpʃɒt/ *n* **1** fotka **2** *[zwykle* s] migawki

snare /sneə(r)/ *n* [C] sidła ▶ *v* zastawiać sidła

snarl /snɑːl/ *v* warczeć, mówić opryskliwie

snatch /snætʃ/ *v* **1** wyrywać, chwytać: *My bag was snatched.* Wyrwali mi torebkę. **2:** ~ some sleep przespać się ◇ *The team snatched a victory.* Zespołowi cudem udało się wygrać. ▶ *n* **1** chwytanie, łapanie **2** strzęp, urywek

S

sneak /sniːk/ *v* 1 ~ **into/out of/past,** etc. **sth; ~ in/out/away,** etc. wymykać się, przekradać się 2 (*nieform.*) zwędzić, gwizdnąć [PV] **sneak up (on sb/sth)** podkradać się (do) ▸ *n* (*nieform.*) (*donosiciel*) kabel ❶ Słowa tego używa się w znaczeniu krytycznym.

sneer /snɪə(r)/ *v* 1 uśmiechać się szyderczo 2 ~ **(at sb/sth)** szydzić ▸ *n* 1 szyderczy uśmiech 2 szyderstwo

sneeze /sniːz/ *n* kichnięcie ▸ *v* kichać

sniff /snɪf/ *v* 1 pociągać nosem 2 ~ **(at) sth** węszyć, wąchać ▸ *n* pociąganie nosem, prychnięcie

snigger /ˈsnɪɡə(r)/ *v* ~ **(at sb/sth)** chichotać

snip /snɪp/ *v* (**-pp-**) ciachać nożyczkami ▸ *n* ciachnięcie nożyczkami

snippet /ˈsnɪpɪt/ *n* skrawek, urywek

snob /snɒb/ *n* snob/ka | **snobbery** *n* snobizm | **snobbish** *adj* snobistyczny

snog /snɒɡ/ *v* (**-gg-**) (*Br., nieform.*) całować się

snoop /snuːp/ *v* (*nieform.*) myszkować

snooze /snuːz/ *v* (*nieform.*) zdrzemnąć się ▸ *n* drzemka

snore /snɔː(r)/ *v* chrapać ▸ *n* chrapanie

snorkel /ˈsnɔːkl/ *n* rurka do nurkowania

snort /snɔːt/ *v* 1 parskać 2 prychać ▸ *n* prychnięcie

snot /snɒt/ *n* [U] (*nieform.*) glut/y, smark/i

snout /snaʊt/ *n* ryj, pysk

snow /snəʊ/ *n* śnieg ▸ *v* (*śnieg*) padać | **,snowed 'in** *adj* zasypany śniegiem | **,snowed 'under** *adj* zawalony (*np. pracą*) | **snowy** *adj* śnieżny, śniegowy ● **'snowball** 1 *n* śnieżka | **'snowdrift** *n* zaspa śnieżna | **'snowdrop** *n* śnieżyczka | **'snowfall** *n* 1 [C] opad śnieżny 2 [U] opady śnieżne | **'snowflake** *n* płatek śniegu | **'snowman** /-mæn/ *n* (*pl* **-men** /-men/) bałwan śniegowy

snub /snʌb/ *v* (**-bb-**) robić komuś afront ▸ *n* afront | *adj* (*nos*) zadarty

snug /snʌɡ/ *adj* (**-gg-**) 1 przytulny 2 (*dobrze*) dopasowany

snuggle /ˈsnʌɡl/ *v* 1 ~ **(up to sb)** przytulać się 2 ~ **(up/down)** układać się wygodnie

so /səʊ/ *adv* 1 tak: *She's ~ ill (that) she can't get out of bed.* Jest tak chora, że nie wstaje z łóżka. → SUCH ❶ W języku formalnym, nawiązując do tego, co ktoś zrobił, stosuje się *do* razem z *so*: *He asked me to write to him and I did ~.* 2 (*nie z przeczeniem*) też: *Tom's a teacher and ~ is his wife.* Tom jest nauczycielem i jego żona też. ❶ Por. **neither** w zdaniach przeczących.

3 rzeczywiście 4 (*form.*) właśnie tak [IDM] **and so on (and so forth)** i tak dalej | **I told you so** mówiłem ci, że tak będzie | **or so** mniej więcej | **so as to do sth** tak, żeby coś zrobić ▸ *conj* 1 (a) więc 2 ~ **(that)** tak, żeby 3 tak więc [IDM] **so what?** (*nieform.*) (i) co z tego? ● **'so-and-so** *n* (*pl* **so-and-so's**) (*nieform.*) (*osoba*) taki a taki | **'so-called** *adj* tak zwany

soak /səʊk/ *v* 1 moczyć (się) 2 ~ **into/ through sth; ~ in** przesiąkać [PV] **soak sth up** wchłaniać | **soaked** *adj* przemoczony

soap /səʊp/ *n* mydło: ~ *powder* proszek mydlany (do prania) ◇ *a* ~ *dispenser* dozownik (do mydła w płynie) | **soapy** *adj* mydlany ● **'soap opera** (*nieform.* soap) *n* telenowela

soar /sɔː(r)/ *v* 1 szybować 2 (*gwałtownie*) wzrastać (*ceny*) podskakiwać

sob /sɒb/ *v* (**-bb-**) łkać, szlochać ▸ *n* łkanie, szlochanie

sober /ˈsəʊbə(r)/ *adj* 1 trzeźwy 2 poważny 3 (*kolor*) spokojny

soccer /ˈsɒkə(r)/ *n* piłka nożna

sociable /ˈsəʊʃəbl/ *adj* towarzyski

social /ˈsəʊʃl/ *adj* 1 społeczny, socjalny 2 towarzyski 3 (*zwierzę*) stadny ● **,social se'curity** (*Br.*) opieka społeczna | **,social 'services** *n* świadczenia socjalne | **,social 'science** *n* [U] nauki społeczne | **,social work** *n* praca społeczna | **,social 'worker** *n* pracownik socjalny

socialism /ˈsəʊʃəlɪzəm/ *n* socjalizm | **socialist** 1 *n* socjalist-a/ka 2 *adj* socjalistyczny

society /səˈsaɪəti/ *n* (*pl* **-ies**) 1 społeczeństwo 2 towarzystwo: *a drama* ~ kółko dramatyczne

sociology /ˌsəʊsiˈɒlədʒi/ *n* socjologia | **sociologist** /ˌsəʊsiˈɒlədʒɪst/ *n* socjolog

sock /sɒk/ *n* skarpet(k)a

socket /ˈsɒkɪt/ *n* 1 (*Br.*) (*elektr.*) gniazdko 2 (*elektr.*) wejście 3 wklęsłość, łożysko: *your eye* ~ oczodół

soda /ˈsəʊdə/ 1 (*także* ~ *water*) *n* woda sodowa 2 (*Am.*) napój gazowany

sofa /ˈsəʊfə/ *n* kanapa: *a ~ bed* wersalka

soft /sɒft/ *adj* 1 miękki 2 cichy 3 łagodny [IDM] **have a soft spot for sb/sth** (*nieform.*) mieć do kogoś/czegoś słabość ● **,soft 'drink** *n* napój bezalkoholowy | **,soft 'option** *n* łatwiejsze wyjście (*z sytuacji*)

soften /ˈsɒfn/ *v* 1 mięknąć, łagodnieć 2 zmiękczać 3 łagodzić

software /ˈsɒftweə(r); *Am.* ˈsɔːftwer/ *n* (*komput.*) oprogramowanie

soggy /ˈsɒɡi/ *adj* rozmokły

soil /sɔɪl/ *n* gleba, ziemia ▶ *v* (*form.*)
brudzić, plamić

solace /ˈsɒləs/ *n* pocieszenie

solar /ˈsəʊlə(r)/ *adj* słoneczny ● **the
'solar system** *n* układ słoneczny

sold *pt*, *pp* od SELL

soldier /ˈsəʊldʒə(r)/ *n* żołnierz

sole /səʊl/ *adj* **1** jedyny **2** wyłączny ▶ *n*
1 stopa **2** podeszwa

solemn /ˈsɒləm/ *adj* **1** poważny
2 uroczysty

solicitor /səˈlɪsɪtə(r)/ *n* (*Br.*) notariusz

solid /ˈsɒlɪd/ *adj* **1** stały: *The pond had
frozen* ~. Staw zamarzł na dobre.
2 jednolity: *The briefcase was packed* ~
with banknotes. Aktówka była
wypchana banknotami. **3** lity **4** solidny
5 konkretny **6** bez przerwy: *I slept for
twelve hours* ~. Spałem przez dwanaście
bitych godzin. ▶ *n* **1** ciało stałe **2** bryła

solidarity /ˌsɒlɪˈdærəti/ *n* solidarność

solidify /səˈlɪdɪfaɪ/ *v* (*3rd sing czasu
pres* -ies; *pt*, *pp* -ied) krzepnąć, tężeć

solitaire /ˌsɒlɪˈteə(r)/; *Am.* ˈsɑːlətər/ *n*
1 (*Br.*) (*gra*) samotnik **2** (*Am.*) pasjans

solitary /ˈsɒlətri/; *Am.* -teri/ *adj*
1 samotny **2** pojedynczy ● **,solitary
con'finement** *n* osadzenie w separatce
(*w więzieniu*)

solitude /ˈsɒlɪtjuːd/; *Am.* -tuːd/ *n*
samotność

solo /ˈsəʊləʊ/ *n* (*muz.*) solo ▶ *adj*, *adv*
1 w pojedynkę, solo **2** (*muzyka/sport*)
solowy ● **soloist** *n* solist-a/ka

soluble /ˈsɒljəbl/ *adj* **1** rozpuszczalny
2 rozwiązywalny

solution /səˈluːʃn/ *n* **1** a ~ (**to sth**)
rozwiązanie **2** roztwór

solve /sɒlv/ *v* rozwiązywać

solvent /ˈsɒlvənt/ *n* rozpuszczalnik

sombre (*Am.* -ber) /ˈsɒmbə(r)/ *adj*
1 ciemny, mroczny **2** ponury

some /səm/; *f. akcent.* sʌm/ *dem pron*,
pron **1** trochę ❶ Często nie tłumaczy
się: *We need* ~ *butter and* ~ *potatoes.*
Potrzebujemy masła i ziemniaków.
W przeczeniach i pytaniach zamiast
some używa się any: *Do we want any
butter?* ◇ *I need some more money.*
I haven't got any. W pytaniach, na
które oczekuje się pozytywnie
odpowiedzi, używa się **some**: *Would
you like some more cake?* **2** niektóry
3 (*także* some...or other) jakiś, taki lub
inny

somebody /ˈsʌmbədi/ (*także* someone
/-wʌn/) *pron* ktoś ❶ **Somebody**,
anybody i **everybody** łączą się z v. w lp,
ale w języku codziennym często
występują po nich zaimek dzierżawczy
w lm: *Somebody is coming.* ◇ *Somebody
has left their coat behind.* ◇ *Has*

everybody got something to eat? ◇ *I'll
see everybody concerned and tell them
the news.* Różnica między **somebody** i
anybody jest taka sama, jak między
some i **any**. → SOME

some day /ˈsʌmdeɪ/ *adv* (*także*
someday) któregoś dnia, kiedyś

somehow /ˈsʌmhaʊ/ *adv* jakoś

someplace /ˈsʌmpleɪs/ *adv* (*Am.*) =
SOMEWHERE

somersault /ˈsʌməsɔːlt/ *n* salto,
koziołek

something /ˈsʌmθɪŋ/ *pron* **1** coś
→ SOME **2** około: *a series aimed at thirty-
somethings* serial dla osób w wieku
30-40 lat [IDM] **be something to do with
sth** mieć związek z czymś| **or something**
(*nieform.*) coś w tym rodzaju|
something like sth coś w rodzaju czegoś
| **something or other** coś w stylu

sometime /ˈsʌmtaɪm/ *adv* (*także* 'some
time) któregoś dnia, kiedyś

sometimes /ˈsʌmtaɪmz/ *adv* czasami

somewhat /ˈsʌmwɒt/ *adv* nieco

somewhere /ˈsʌmweə(r)/ (*Br.*) *adv*
1 gdzieś → SOME **2** około (*w przybliżeniu*)

son /sʌn/ *n* syn ● **'son-in-law** *n* (*pl* ~s-
in-law) zięć

song /sɒŋ/ *n* **1** piosenka, pieśń **2** śpiew
(*też ptaka*): *burst into* ~ zacząć śpiewać
● **'songwriter** *n* twórca piosenek

soon /suːn/ *adv* **1** wkrótce **2** szybko
[IDM] **as soon as** gdy tylko: ~ *possible*
jak najszybciej| **no sooner...than** gdy
tylko... wówczas...| **sooner or later**
wcześniej czy później

soot /sʊt/ *n* sadza

soothe /suːð/ *v* **1** uspokajać
2 uśmierzać

sophisticated /səˈfɪstɪkeɪtɪd/ *adj*
1 wytworny **2** (*czytelnik itp.*) wyrobiony
3 (*urządzenia itp.*) skomplikowany|
sophistication /səˌfɪstɪˈkeɪʃn/ *n*
wyrafinowanie, wyrobienie

sophomore /ˈsɒfəmɔː(r)/ *n* (*Am.*)
1 student/ka drugiego roku (*na
uniwersytecie*) **2** uczeń
klasy dziesiątej (*szkoły średniej*)

soppy /ˈsɒpi/ *adj* (*nieform.*) ckliwy

soprano /səˈprɑːnəʊ; *Am.* -ˈpræn-/ *n*
sopran

sordid /ˈsɔːdɪd/ *adj* **1** niecny
2 obskurny

sore /sɔː(r)/ *adj* obolały: *My throat is* ~.
Gardło mnie boli. [IDM] **a sore point**
czułe miejsce| **stand/stick out like a sore
thumb** zbytnio rzucać się w oczy (*w
sposób negatywny*) ▶ *n* owrzodzenie

sorrow /ˈsɒrəʊ/ *n* (*form.*) **1** smutek
2 bolesny cios

sorry /ˈsɒri/ *adj* **1** be ~ (**for/about sth**);
be ~ (**to do sth/that...**) przepraszać (za

S

coś) **2 be ~ (to do sth/that)/(about sth)** przykro mi itp. **3** opłakany [IDM] **be/feel sorry for sb** współczuć komuś, żałować kogoś ▶ *interj* **1** przepraszam **2** słucham?, przepraszam

sort /sɔːt/ *n* **1** gatunek, rodzaj **2** gość, facet [IDM] **a sort of sth** (*nieform.*) coś w rodzaju ◇ **sort of** (*nieform.*) trochę, jakoś ▶ *v* **1** segregować, porządkować **2** (*nieform.*) wyjaśnić (sobie) (*np. nieporozumienie*): *~ things out at home* uporządkować sprawy domowe [PV] **sort th out 1** porządkować **2** organizować, kombinować‖ **sort through sth** przeglądać, porządkować

so-so /ˌsəʊˈsəʊ/ *adj, adv* (*nieform.*) jako tako

sought *pt, pp od* SEEK

sought after /ˈsɔːt ɑːftə(r)/ *adj* poszukiwany, wzięty

soul /səʊl/ *n* **1** dusza: *There wasn't a ~ in sight.* **2** uczucie **3** (*także* 'soul music) muzyka soul

sound /saʊnd/ *v* **1** *v link* brzmieć: *It doesn't ~ as if he's very reliable.* Nie wydaje mi się, żeby był bardzo odpowiedzialny. ⊖ W języku mówionym, zwłaszcza w Am. ang., często używa się *like* zamiast *as if* lub *as though*. W Br. ang. w języku pisanym jest to uważane za nieprawidłowe. **2** (*włączać coś, co wydaje dźwięk*): *~ the horn of your car* naciskać klakson (samochodu) ▶ *n* **1** dźwięk: *without a ~* bezszelestnie ◇ *~ wave* fala dźwiękowa **3** (**the sound**) (*radio; TV*) fonia [IDM] **by the sound of it/things** z tego co słyszę, wygląda na to, że‖ *adj* **1** zdrowy, w dobrym stanie **2** rozsądny‖ *adv* [IDM] **be sound asleep** spać mocno‖ **soundly** *adv* **1** dotkliwie **2** (*spać*) głęboko ● **'sound effect** *n* efekt dźwiękowy‖ **'soundproof** *adj* dźwiękoszczelny‖ **'soundtrack** *n* ścieżka dźwiękowa

soup /suːp/ *n* zupa: *chicken ~* rosół

sour /ˈsaʊə(r)/ *adj* **1** kwaśny **2** (*wino*) skwaśniały, (*mleko*) zsiadły **3** w złym humorze: *a ~ expression* kwaśna mina [IDM] **go/turn sour** psuć się: *Their relationship turned ~ after a few months.* Po paru miesiącach w ich związku coś się popsuło.‖ **sour grapes** kwaśne winogrona

source /sɔːs/ *n* źródło

south /saʊθ/ *n* (*także* **the south/South**) (*geogr.*) południe ▶ (*także* South) *adj* południowy, z południa‖ *adv* na połud-nie/niu ● **,south-'east** *n* (*także* **the south-east/South-East**) południowy wschód‖ **the ,South 'Pole** *n* biegun południowy‖ **,south-'west** *n* (*także* **the south-west/South-West**) południowy zachód

southern (*także* Southern) /ˈsʌðən/ *adj* (*geogr.*) południowy

souvenir /ˌsuːvəˈnɪə(r); *Am.* ˈnɪː; ˈsuːvənɪə/ *n* pamiątka

sovereign /ˈsɒvrɪn/ *n* monarch-a/ini ▶ *adj* **1** suwerenny **2** nieograniczony, najwyższy‖ **sovereignty** /ˈsɒvrənti/ *n* suwerenność

sow¹ /saʊ/ *n* maciora

sow² /səʊ/ *v* (*pt* **sowed**; *pp* **sown** /səʊn/ *lub* **sowed**) siać: *~ a field with wheat* obsiać pole pszenicą

soya bean /ˈsɔɪə biːn/ (*Am.* soy bean /ˈsɔɪ -/) *n* soja ● **,soy 'sauce** (*także* ,soya 'sauce) *n* sos sojowy

spa /spɑː/ *n* uzdrowisko

space /speɪs/ *n* **1** [*C,U*] miejsce, przestrzeń **2** [*U*] kosmos **3** [*zwykle s*] okres **4** czas ▶ *v* **~ sth (out)** rozstawiać ● **'spacecraft** *n* (*pl* **spacecraft**) pojazd kosmiczny‖ **'spaceman; 'spacewoman** *n* kosmonaut-a/ka‖ **'spaceship** *n* statek kosmiczny‖ **'space shuttle** *n* prom kosmiczny

spacious /ˈspeɪʃəs/ *adj* przestronny, obszerny

spade /speɪd/ *n* **1** łopata **2** (*karta*) pik

span /spæn/ *n* **1** rozpiętość **2** okres ▶ *v* (**-nn-**) **1** rozciągać się **2** (*przen.*) obejmować, trwać

spank /spæŋk/ *v* dawać klapsa

spanner /ˈspænə(r)/ (*Br.*) *n* (*narzędzie*) klucz (płaski)

spare /speə(r)/ *adj* **1** zapasowy **2** wolny ▶ *n* część zapasowa‖ *v* **1** darowywać: *Can you ~ me a moment?* Czy możesz mi poświęcić chwilkę? **2** oszczędzać: *No expense was spared at the wedding.* Nie pożałowano pieniędzy na wesele. [IDM] **to spare**: *have sth to ~* mieć coś w zapasie ◇ *There's no time to ~.* Nie mamy czasu. ● **,spare 'part** *n* część zapasowa

spark /spɑːk/ *n* (*i przen.*) iskra ▶ *v* [PV] **spark sth off** (*nieform.*) wywoływać coś

sparkle /ˈspɑːkl/ *v* skrzyć się ▶ *n* iskra‖ **sparkling** *adj* **1** iskrzący (się) **2** musujący, gazowany **3** błyskotliwy

sparrow /ˈspærəʊ/ *n* wróbel

sparse /spɑːs/ *adj* rzadki

spasm /ˈspæzəm/ *n* (s)kurcz

spat *pt, pp od* SPIT

spate /speɪt/ *n* napływ: *a ~ of burglaries in the area* seria włamań w tej okolicy

spatial /ˈspeɪʃl/ *adj* (*form.*) przestrzenny

spatter /ˈspætə(r)/ *v* opryskiwać

spatula /ˈspætʃələ/ *n* (*zwł. Am.*) łopatka, szpachelka

speak /spiːk/ *v* (*pt* **spoke** /spəʊk/; *pp* **spoken** /ˈspəʊkən/) **1 ~ (to sb) (about**

sb/sth) mówić, rozmawiać: ~ *English* mówić po angielsku ❶ **Speak** i **talk** mają prawie takie samo znaczenie, chociaż **speak** jest nieco bardziej formalne. **Talk** odnosi się raczej do rozmowy, podczas gdy **speak** często używa się w sytuacji, kiedy mówi tylko jedna osoba: *Speaking personally, I'm all in favour of the idea.* ◇ *We talked all night.* ◇ *I must speak to Ben's parents about his behaviour.* **2 ~ (on/about sth)** przemawiać (na jakiś temat) |IDM| **be on speaking terms (with sb)** pogodzić się (*np. po kłótni*) | **so to speak** że tak powiem| **speak for itself** mówić samo za siebie| **speak your mind** wypowiadać swoje zdanie (*bez ogródek*) [PV] **speak for sb** mówić za kogoś| **speak out (against sth)** mówić otwarcie (przeciwko czemuś)| **speak up** mówić głośniej| **speaker** *n* **1** mów-ca/czyni **2** (*nieform.*) = LOUDSPEAKER **3** osoba mówiąca określonym językiem

spear /spɪə(r)/ *n* włócznia

special /'speʃl/ *adj* specjalny ▶ *n* (*radio*; *TV*) wydanie specjalne| **specialist** *n* specjalist-a/ka: *give ~ advice* udzielić specjalistycznej porady| **specially** *adv* **1** specjalnie **2** szczególnie

speciality /ˌspeʃɪ'æləti/ *n* (*pl* **-ies**) (*Am.* **specialty** /'speʃəlti/ (*pl* **-ies**)) **1** specjalizacja **2** specjalność

specialize (*także* **-ise**) /'speʃəlaɪz/ *v ~* **(in sth)** specjalizować się (w czymś)| **specialization** /ˌspeʃəlaɪ'zeɪʃn; *Am.* -lə'z-/ *n* specjalizacja| **specialized** *adj* wyspecjalizowany

species /'spiːʃiːz/ *n* (*pl* **species**) (*biol.*) gatunek

specific /spə'sɪfɪk/ *adj* **1** ścisły, szczegółowy **2** specyficzny, konkretny| **specifically** *adv* specjalnie

specification /ˌspesɪfɪ'keɪʃn/ *n* specyfikacja

specify /'spesɪfaɪ/ *v* (*3rd sing czasu pres* **-ies**; *pt, pp* **-ied**) wymieniać, precyzować

specimen /'spesɪmən/ *n* **1** okaz **2** próbka

speck /spek/ *n* plamka, kropeczka

speckled /'spekld/ *adj* nakrapiany, piegowaty

spectacle /'spektəkl/ *n* widowisko

spectacles /'spektəklz/ *n* (*form.*) okulary

spectacular /spek'tækjələ(r)/ *adj* widowiskowy

spectator /spek'teɪtə(r); *Am.* 'spekteɪtər/ *n* widz

spectre (*Am.* **-ter**) /'spektə(r)/ *n* (*i przen.*) widmo, zjawa

spectrum /'spektrəm/ *n* (*pl* **spectra** /-trə/) **1** (*fiz.*) widmo **2** spektrum

speculate /'spekjuleɪt/ *v ~* **(about/on sth)** spekulować| **speculator** *n* spekulant/ka

speculation /ˌspekju'leɪʃn/ *n* spekulacja

sped *pt, pp od* SPEED

speech /spiːtʃ/ *n* **1** mowa: *a ~ defect* wada wymowy ◇ *freedom of ~* wolność słowa **2** przemówienie **3** (*teatr*) kwestia, monolog| **speechless** *adj* oniemiały

speed /spiːd/ *n* szybkość, prędkość ▶ *v* (*pt, pp* **sped** /sped/) **1** pędzić, mknąć **2** przekraczać dozwoloną przepisami szybkość [PV] **speed (sth) up** (*pt, pp* **speeded**) przyśpieszać| **speedy** *adj* szybki: *make a ~ recovery from an illness* szybko wyzdrowieć ● **'speedboat** *n* ślizgacz| **'speed limit** *n* ograniczenie prędkości

speedometer /spiː'dɒmɪtə(r)/ *n* szybkościomierz

spell /spel/ *v* (*pt, pp* **spelled** /speld/ *lub* **spelt** /spelt/) **1** (prze)literować: *How do you ~ your surname?* Jak pisze się twoje nazwisko? **2** znaczyć [PV] **spell sth out 1** przeliterowywać **2** precyzować ▶ *n* **1** krótki okres **2** zaklęcie: *put a ~ on sb* rzucić urok na kogoś| **spelling** *n* **1** pisownia **2** ortografia ● **'spell check** *v* (*komput.*) sprawdzać pisownię| **'spellchecker** (*także* **'spell check**) *n* (*komput.*) program sprawdzania pisowni

spend /spend/ *v* (*pt, pp* **spent** /spent/) **1 ~ (sth) (on sth)** wydawać (*pieniądze*) **2** spędzać (*np. czas*)

spending /'spendɪŋ/ *n* [U] wydatki

sperm /spɜːm/ *n* **1** plemnik **2** sperma

sphere /sfɪə(r)/ *n* **1** kula **2** zakres (*działania*), sfera

spice /spaɪs/ *n* **1** przyprawa **2** pikanteria ▶ *v ~* **(with sth) 1** (*kulin.*) przyprawiać **2** dodawać pikanterii| **spicy** *adj* pikantny

spider /'spaɪdə(r)/ *n* pająk

spike /spaɪk/ *n* szpic, kolec

spill /spɪl/ *v* (*pt, pp* **spilt** /spɪlt/ *lub* **spilled**) rozlewać (się)

spin /spɪn/ *v* (**-nn-**; *pt, pp* **spun** /spʌn/) **1 ~ (sth) (round)** obracać (się): *~ a coin* podrzucać monetę (żeby zawirowała) ◇ *My head was spinning.* Kręciło mi się w głowie. **2** prząść [PV] **spin sth out** rozciągać, przedłużać ▶ *n* **1** wirowanie, obrót: *put some ~ on a ball* trochę podkręcać piłkę **2** przekręt |IDM| **go/take sb for a spin** jechać/zabierać kogoś na przejażdżkę ● **'spin doctor** *n* osoba, która zawsze usprawiedliwia czyjeś błędy, znajduje pozytywne strony trudności itp.| **,spin-'dry** (*także* **spin**) *v* (od)wirować| **,spin 'dryer** *n* (*Br.*) wirówka| **'spin-off** *n* efekt uboczny

S

spinach /'spɪnɪtʃ; -ɪdʒ/ *n* szpinak

spinal /'spaɪnl/ *adj* kręgowy, rdzeniowy ● **,spinal 'cord** *n* rdzeń kręgowy

spine /spaɪn/ *n* **1** kręgosłup **2** kolec, cierń **3** grzbiet (*książki*)

spinster /'spɪnstə(r)/ *n* (*przestan*) stara panna

spiral /'spaɪrəl/ *n* spirala ► *adj* spiralny: *a ~ staircase* kręcone schody | *v* (**-ll-**; *Am.* **-l-**) wznosić się/opadać (*np. spiralnie; w szybkim tempie*)

spire /'spaɪə(r)/ *n* iglica

spirit /'spɪrɪt/ *n* **1** duch **2** nastrój **3** (**spirits**) alkohol wysokoprocentowy ► *v* [PV] **spirit sb/sth away/off** zabierać/ wywozić (*kogoś/coś*) po kryjomu | **spirited** *adj* ożywiony, porywający

spiritual /'spɪrɪtʃuəl/ *adj* duchowy

spit /spɪt/ *v* (**-tt-**; *pt, pp* **spat** /spæt/ (*Am. także*)**spit**) ~ (**sth**) (**out**) pluć ► *n* **1** (*nieform.*) ślina, plwocina **2** cypel **3** rożen

spite /spaɪt/ *n* złośliwość | **in spite of** *prep* pomimo | *v* urażać: *He said it to ~ me.* Powiedział to, żeby mi zrobić na złość. | **spiteful** *adj* złośliwy

splash /splæʃ/ *v* chlapać [PV] **splash out** (**on sth**) (*nieform.*) wykosztować się ► *n* **1** plusk **2** plama

splatter /'splætə(r)/ *v* ochlapywać, obryzgiwać

splendid /'splendɪd/ *adj* doskonały, świetny

splendour (*Am.* **-dor**) /'splendə(r)/ *n* wspaniałość, okazałość

splint /splɪnt/ *n* szyna chirurgiczna, łupek

splinter /'splɪntə(r)/ *n* drzazga, odłamek ► *v* rozłupywać (się)

split /splɪt/ *v* (*pres part.* **-tt-**; *pt, pp* **split**) **1** ~ (**sth**) (**up**) (**into sth**) rozdzierać (się) **2** ~ (**sb**) (**up**) (**into sth**); ~ **sth** (**po**)dzielić (się) (*na coś*)/(*czymś*) [PV] **split up** (**with sb**) rozchodzić się (z kimś) ► *n* **1** rozłam **2** rysa, pęknięcie ● **,split 'second 1** *n* ułamek sekundy **2** *adj* błyskawiczny **3** *adj* bardzo dokładny

splutter /'splʌtə(r)/ *v* **1** wykrztusić **2** prychać ► *n* bełkot, prychanie

spoil /spɔɪl/ *v* (*pt, pp* **spoilt** /spɔɪlt/ *lub* **spoiled** /spɔɪld/) **1** psuć **2** rozpieszczać, dogadzać

spoke /spəʊk/ *n* szprycha ► *pt od* SPEAK | **spoken** *pp od* SPEAK

spokesman /'spəʊksmən/ (*f. żeńska* **spokeswoman** /-wʊmən/) *n* (*pl* **-men** /-mən/; *pl* **-women** /-wɪmɪn/) (*także* **spokesperson** (*pl* **-persons; -people** /-pi:pl/)) rzeczni-k/czka

sponge /spʌndʒ/ *n* gąbka ► *v* myć/ wycierać gąbką [PV] **sponge on/off sb**

(*nieform.*) pasożytować na kimś ● **'sponge bag** *n* (*Br.*) (*torba*) kosmetyczka | **'sponge cake** (*także* **sponge**) *n* biszkopt

sponsor /'spɒnsə(r)/ *n* sponsor/ka ► *v* sponsorować | **sponsorship** *n* sponsorowanie

spontaneous /spɒn'teɪniəs/ *adj* spontaniczny | **spontaneity** /ˌspɒntə'neɪəti/ *n* spontaniczność

spooky /'spu:ki/ *adj* (*nieform.*) straszny

spoon /spu:n/ *n* **1** łyżka **2** (*także* 'spoonful') (pełna) łyżka/łyżeczka ► *v* czerpać/nalewać/nakładać łyżką

sporadic /spə'rædɪk/ *adj* sporadyczny

sport /spɔ:t/ *n* **1** sport **2** (*nieform.*) rów-ny/a facet/dziewczyna | **sporting** *adj* sportowy | **sporty** *adj* (*zwł. Br., nieform.*) sportowy ● **'sports car** *n* sportowy samochód | **'sportsman** /-mən/ *n* (*pl* **-men** /-mən/) sportowiec | **'sportsmanship** *n* godne sportowe zachowanie | **'sportswoman** /-wʊmən/ *n* (*pl* **-women** /-wɪmɪn/) sportsmenka

spot /spɒt/ *n* **1** plamka, kropka: *Leopards have dark ~s.* Lamparty są w ciemne cętki. **2** krosta **3** miejsce **4** a ~ **of sth** (*nieform.*) odrobina |[IDM] **on the spot 1** natychmiast **2** na miejscu | **spotted** *adj* cętkowany, nakrapiany | **spotless** *adj* nieskazitelny | **spotty** *adj* pryszczaty | *v* (**-tt-**) spostrzegać, zauważać ● **,spot 'on** *adj* (*nieform.*) dokładny, precyzyjny

spotlight /'spɒtlaɪt/ *n* **1** (*także* spot) reflektor punktowy **2** (**the spotlight**) centrum uwagi

spouse /spaʊs; spaʊz/ *n* (*form.*) małżon-ek/ka

spout /spaʊt/ *n* dziób, wylot ► *v* **1** tryskać, sikać **2** (*nieform.*) zalewać potokiem słów

sprain /spreɪn/ *v* zwichnąć, skręcić (*nogę*) ► *n* zwichnięcie

sprang *pt od* SPRING

sprawl /sprɔ:l/ *v* **1** rozwalać się (*np. na krześle*) **2** rozciągać (chaotycznie)

spray /spreɪ/ *n* **1** rozpylona ciecz **2** spray ► *v* rozpylać (się), pryskać

spread /spred/ *v* (*pt, pp* **spread**) **1** ~ **sth** (**out**) (**on/over sth**) rozkładać **2** ~ **A on B**; ~ **B with A** (roz)smarować **3** rozprzestrzeniać (się): *Fear ~ through the village.* Wioskę ogarnął strach. **4** ciągnąć się ► *n* **1** rozszerzanie (się), rozprzestrzenianie (się) **2** produkt do smarowania na chlebie: *cheese ~* serek topiony

spreadsheet /'spredʃi:t/ *n* arkusz kalkulacyjny

spree /spri:/ *n* (*nieform.*) hulanka, szaleństwo

spring /sprɪŋ/ *n* **1** źródło **2** sprężyna **3** skok **4** wiosna ▶ *v* (*pt* **sprang** /spræŋ/; *pp* **sprung** /sprʌŋ/) **1** skakać, rzucać się (*np. na pomoc*) **2** (*nagle i/lub gwałtownie wykonać jakiś ruch*): *The door sprang open.* Drzwi otworzyły się gwałtownie. **3** nagle pojawić się **4** ~ **from sth** (*jęz. pis.*) wynikać z czegoś [PV] **spring sth on sb** (*nieform.*) zaskakiwać (czymś kogoś) | **spring up** wyskakiwać (*np. jak grzyby po deszczu*) ● **'springboard** *n* **1** trampolina **2** a ~ (**for/to sth**) odskocznia | ˌ**spring-'clean** *v* wiosenne porządki | ˌ**spring 'onion** *n* (*Br.*) dymka | **'springtime** *n* wiosna

sprinkle /'sprɪŋkl/ *v* ~ **A (on/onto/over B)**; ~ **B (with A)** posypywać coś czymś, (po)kropić

sprint /sprɪnt/ *v* biec sprintem

sprout /spraʊt/ *v* kiełkować ▶ *n* **1** kiełek, pęd **2** = BRUSSELS SPROUT

sprung *pp od* SPRING

spun *pp od* SPIN

spur /spɜː(r)/ *n* **1** ostroga **2** bodziec, zachęta

spurt /spɜːt/ *v* **1** tryskać **2** wzmagać (*np. prędkość, wysiłek*) ▶ *n* **1** struga (*np. krwi z rany*) **2** zryw

spy /spaɪ/ *n* (*pl* **spies**) szpieg ▶ *v* (*3rd sing czasu pres* **spies**; *pt, pp* **spied**) **1** ~ **(on sb/sth)** szpiegować **2** (*form.*) dostrzegać

squabble /'skwɒbl/ *v* handryczyć się

squad /skwɒd/ *n* oddział, brygada

squalid /'skwɒlɪd/ *adj* nędzny, niechlujny

squalor /'skwɒlə(r)/ *n* nędza, niechlujstwo

squander /'skwɒndə(r)/ *v* trwonić

square /skweə(r)/ *adj* **1** kwadratowy: ~ *shoulders* barczyste ramiona **2** (być) kwita **3** (*wynik*) remisowy **4** sprawiedliwy i uczciwy ▶ (*także* squarely) *adv* prosto, bezpośrednio | *n* **1** kwadrat, czworobok **2** (*także* Square) plac: *the market* ~ rynek | *v* ~ **(sth) with sth** zgadzać się | **squared** *adj* podniesiony do kwadratu ● ˌ**square 'root** *n* pierwiastek kwadratowy

squash /skwɒʃ/ *v* **1** gnieść: ~ *a revolt* stłumić bunt **2** tłoczyć (się) ▶ *n* **1** tłok, ścisk **2** (*Br.*) zagęszczony sok owocowy (*do rozcieńczania*) **3** warzywo z rodziny dyniowatych **4** (*Am.*) kabaczek **5** squash

squat /skwɒt/ *v* (**-tt-**) **1** kucać **2** mieszkać na dziko

squawk /skwɔːk/ *v* skrzeczeć, gdakać ▶ *n* skrzek

squeak /skwiːk/ *n* (cichy) pisk/kwik ▶ *v* (cicho) piszczeć/kwiczeć → PISZCZEĆ | **squeaky** *adj* piskliwy, skrzypiący

squeal /skwiːl/ *v* piszczeć, kwiczeć → PISZCZEĆ ▶ *n* pisk, kwik

squeamish /'skwiːmɪʃ/ *adj* delikatny, wrażliwy (*np. na widok krwi*)

squeeze /skwiːz/ *v* **1** ~ **sth (out)**; ~ **sth (from/out of sth)** ściskać, wyciskać **2** ~ **(sb/sth) into, through, etc. sth**; ~ **(sb/sth) through, in, past, etc.** przeciskać (się), wciskać (się) ▶ *n* **1** uścisk **2** parę wyciśniętych kropli **3** ścisk, tłok **4** przyciśnięcie (do muru): *a government ~ on spending* ograniczenie wydatków rządowych

squint /skwɪnt/ *v* **1** zezować **2** patrzeć spod przymkniętych powiek ▶ *n* zez

squirm /skwɜːm/ *v* kręcić się, wiercić się

squirrel /'skwɪrəl; *Am.* 'skwɜːrəl/ *n* wiewiórka

squirt /skwɜːt/ *v* tryskać, sikać

St *skrót* **1** Św. **2** ul.

stab /stæb/ *v* (**-bb-**) kłuć, dźgać ▶ *n* **1** pchnięcie nożem: *a ~ wound* rana kłuta **2** ukłucie, dźgnięcie: *a ~ of pain* kłujący ból | **stabbing** *adj* kłujący

stable /'steɪbl/ *adj* stabilny, trwały | **stability** /stə'bɪləti/ *n* stabilizacja, stabilność | *n* stajnia

stack /stæk/ *n* **1** stos **2** (*często w pl*) (*nieform.*) mnóstwo, kupa ▶ *v* ~ **sth (up)** układać w stos

stadium /'steɪdiəm/ *n* (*pl* **-s** *lub* **stadia** /-diə/) stadion

staff /stɑːf; *Am.* stæf/ *n* personel: *a staffroom* pokój nauczycielski
❶ **Staff** zwykle używa się tylko w s i przeważnie z v. w lm: *The ~ all speak good English.* Mówi się **a member of staff** (nie ~~a staff~~), w odniesieniu do jednej osoby z personelu. ▶ *v* obsadzać (*stanowisko*)

stag /stæg/ *n* jeleń [IDM] **stag night/party** wieczór kawalerski

stage /steɪdʒ/ *n* **1** etap **2** scena, estrada **3** (**the stage**) teatr, scena ▶ *v* **1** wystawiać (*np. sztukę w teatrze*) **2** organizować | ˌ**stage 'manager** *n* inspicjent/ka

stagger /'stægə(r)/ *v* zataczać się | **staggered** *adj* **1** oszołomiony **2** niejednoczesny (*rozłożony w czasie*) | **staggering** *adj* niewiarygodny

stagnant /'stægnənt/ *adj* **1** (*woda*) stojący **2** w zastoju

stagnate /stæg'neɪt; *Am.* 'stægneɪt/ *v* **1** być w stagnacji **2** (*woda*) stać w bezruchu

stain /steɪn/ *v* plamić (się) ▶ *n* plama ● ˌ**stained 'glass** *n* witraż | ˌ**stainless 'steel** *n* stal nierdzewna

stair /steə(r)/ *n* **1** (**stairs**) schody: *two flights of ~s* dwie kondygnacje schodów

S

2 schodek ● '**staircase** (*także* '-way) *n*
klatka schodowa

stake /steɪk/ *n* **1** (**stakes**) [*pl*] stawka
2 udział (w firmie) **3** palik [IDM] **be at
stake** być zagrożonym ▶ *v* ~ **sth** (**on sth**)
ryzykować (coś) [IDM] **stake a/your claim
(to sth)** rościć sobie prawo do czegoś

stale /steɪl/ *adj* **1** czerstwy, stęchły
2 oklepany

stalemate /'steɪlmeɪt/ *n* sytuacja
patowa, (*szachy*) pat

stalk /stɔːk/ *n* łodyga ▶ *v* **1** podchodzić
(*zwierzynę*) **2** śledzić, prześladować
3 kroczyć sztywno (*z dumą/złością*)

stall /stɔːl/ *n* **1** stragan, stoisko
2 (**stalls**) (*teatr, kino*) miejsca na
parterze ▶ *v* **1** (*samochód itp.*) stawać,
gasnąć: *I kept stalling the car.* Tak
jechałem, że ciągle gasł mi silnik.
2 działać/odpowiadać wymijająco

stallion /'stæliən/ *n* ogier

stamina /'stæmɪnə/ *n* wytrzymałość

stammer /'stæmə(r)/ *v* **1** jąkać się
2 wyjąkiwać ▶ *n* jąkanie się: *have a
~* jąkać się

stamp /stæmp/ *n* **1** znaczek pocztowy
2 stempel, pieczęć: *a date ~* datownik
3 the ~ of sth (*czegoś*) ▶ *v* **1** ~ (**on
sth**) tupać **2** ciężko stąpać **3** ~ **A** (**on B**); ~
B (**with A**) stemplować, pieczętować [PV]
stamp sth out wykorzeniać coś|
stamped *adj* z naklejonym znaczkiem
● ,**stamped addressed 'envelope** *n*
zaadresowana koperta ze znaczkiem|
'**stamp album** *n* klaser| '**stamp
collecting** *n* filatelistyka

stampede /stæm'piːd/ *v* w popłochu
pędzić na oślep

stance /stæns; stɑːns/ *n* **1** (*zazw. sport*)
pozycja **2** ~ (**on sth**) stanowisko w
sprawie

stand /stænd/ *v* (*pt, pp* **stood** /stʊd/)
1 stać **2** ~ (**up**) wstawać **3** stawiać
4 pozostawać bez zmian **5**: *The world
record ~s at 6.59 metres.* Rekord świata
wynosi 6,59 metrów. **6** zajmować
stanowisko (*w jakiejś sprawie*) **7** mieć
szanse wygrania/stracenia
8 kandydować **9** znosić [PV] **stand back**
cofać się| **stand for sth 1** oznaczać
2 popierać| **stand in** (**for sb**) zastępować
(kogoś) czasowo| **stand out** wyróżniać
się| **stand up** wstawać, powstawać|
stand sb up (*nieform.*) nie dotrzymywać
terminu spotkania, wystawić kogoś (do
wiatru)| **stand up to sb/sth** stawiać
czoło komuś/czemuś ▶ *n* **1** stoisko,
stragan **2** stojak (*np. na kwiaty*),
wieszak: *a music ~* pulpit na nuty
3 trybuna [IDM] **take a stand** (**on sth**)
zajmować stanowisko ● '**standby 1** *n*
zapas, rezerwa **2** *adj* zapasowy,
awaryjny [IDM] **on standby** w gotowości

standard /'stændəd/ *n* **1** poziom,
standard **2** kryterium **3** norma
zachowania ▶ *adj* **1** podstawowy
2 typowy **3** standardowy **4** wzorcowy
● ,**standard of 'living** *n* stopa życiowa

standardize (*także* -ise) /'stændədaɪz/
v normalizować, ujednolicać

standing /'stændɪŋ/ *n* **1** pozycja (*kogoś
w życiu publicznym*) **2** czas trwania: *a
problem of many years' ~* problem
trwający od wielu lat ▶ *adj* stały
● ,**standing 'order** *n* zlecenie stałe

standpoint /'stændpɔɪnt/ *n* punkt
widzenia

standstill /'stændstɪl/ *n*
unieruchomienie: *come to a ~*
zatrzymać się

stank *pt od* STINK

staple /'steɪpl/ *n* zszywka ▶ *v* zszywać
(*zszywaczem*)| *adj* podstawowy| **stapler**
n zszywacz

star /stɑː(r)/ *n* **1** gwiazd(k)a
2 gwiazdor/a **3** (**stars**) gwiazdy
(*horoskop*) ▶ *v* (**-rr-**) ~ (**in sth**) (*film itp.*)
(za)grać główną rolę: *The film ~s Jane
Fonda as a teacher in Mexico.* W filmie
w roli nauczycielki z Meksyku
występuje Jane Fonda.| **stardom** *n*
gwiazdorstwo| **starry** *adj* gwiaździsty
● '**starlight** *n* światło gwiazd

starboard /'stɑːbəd/ *n* (*żegl.*) prawa
burta

starch /stɑːtʃ/ *n* **1** skrobia **2** krochmal

stare /steə(r)/ *v* ~ (**at sb/sth**) gapić się,
wpatrywać się

stark /stɑːk/ *adj* **1** surowy (*np.
krajobraz*) **2** niemiły **3** wyraźny ▶ *adv*
zupełnie

starry → STAR

start /stɑːt/ *v* **1** ~ ((**doing**) **sth/to do sth**)
zaczynać (się): *We'll have to ~ early.*
Będziemy musieli wcześnie wyruszyć.
2 rozpoczynać (się): ~ *a fire* wywołać
pożar → ZACZYNAĆ **3** ~ (**sth**) (**up**)
uruchamiać: ~ *a business/family*
założyć firmę/rodzinę **4** ~ (**sth**) (**up**)
uruchamiać (się): *The car won't ~.*
Samochód nie chce ruszyć. **5** wzdrygać
się [PV] **start off** zaczynać od czegoś ▶ *n*
1 początek **2** (**the start**) (*sport*) start
3 (*sport*) fory, przewaga (*na starcie*)
4 drygnięcie [IDM] **for a start** po
pierwsze ● '**starting point** *n* **1** punkt
wyjścia **2** miejsce rozpoczęcia

starter /'stɑːtə(r)/ *n* przystawka

startle /'stɑːtl/ *v* przestraszyć,
zaskoczyć kogoś

starve /stɑːv/ *v* **1** głodować, głodzić (się)
[IDM] **be starving** (*nieform.*) umierać z
głodu| **starvation** /stɑː'veɪʃn/ *n* głód,
śmierć z głodu

state /steɪt/ *n* **1** stan: *a ~ of affairs* stan
rzeczy **2** (*zwł.* **the State**) państwo: *heads*

of State głowy państw ◊ *on a ~ visit* z wizytą państwową **3 (the States)** (*nieform.*) Stany **[IDM] state of the art** zgodny z najnowszymi osiągnięciami wiedzy: *a ~ system* najnowocześniejszy system ► *v* oznajmiać, oświadczać I **statement** *n* **1** oświadczenie **2** wyciąg z konta

stately /'steɪtli/ *adj* majestatyczny

statesman /'steɪtsmən/ *n* (*pl* **-men** /-mən/) mąż stanu

static /'stætɪk/ *adj* statyczny ► (*także* ˌstatic elec'tricity*) *n* **1** elektryczność statyczna **2** (*radio; TV*) zakłócenia atmosferyczne

station /'steɪʃn/ *n* **1** dworzec kolejowy/ autobusowy **2**: *a fire ~* remiza strażacka ◊ *a petrol ~* stacja benzynowa ◊ *a police ~* komenda/posterunek policji ◊ *a power ~* elektrownia **3** (*radio; TV*) stacja ► *v* stacjonować, rozstawiać (*wojsko*) ● **'station wagon** *n* (*Am.*) (*aut.*) kombi

stationary /'steɪʃənri; *Am.* -neri/ *adj* nieruchomy

stationery /'steɪʃənri; *Am.* -neri/ *n* [U] materiały piśmienne

statistics /stə'tɪstɪks/ *n* **1** [*pl*] dane statystyczne **2** [U] statystyka

statue /'stætʃuː/ *n* posąg: *the Statue of Liberty* Statua Wolności

stature /'stætʃə(r)/ *n* (*form.*) **1** postura **2** pozycja, ranga (*osoby*)

status /'steɪtəs/ *n* **1** pozycja społeczna/ zawodowa **2** prestiż **3** stan (cywilny) ● **'status symbol** *n* oznaka statusu społecznego

statute /'stætʃuːt/ *n* (*form.*) ustawa I **statutory** *adj* (*form.*) ustawowy

staunch /stɔːntʃ/ *adj* **1** (*zwolennik itp.*) zagorzały **2** (*lojalny*) oddany

stay /steɪ/ *v* **1** zostawać **2** zatrzymywać się (*np. w hotelu, u znajomych*) **[PV] stay away (from sb/sth)** trzymać się z daleka I **stay behind** pozostawać (*np. w tyle*) I **stay in** zostawać w domu I **stay out** pozostawać (do późna) poza domem I **stay up** nie kłaść się (*spać*) ► *n* pobyt

steady /'stedi/ *adj* **1** pewny, stabilny **2** stały, równomierny ► *v* (*3rd sing czasu pres* **-ies;** *pt, pp* **-ied**) zachowywać równowagę, stabilizować

steak /steɪk/ *n* stek: *a salmon ~* filet z łososia

steal /stiːl/ *v* (*pt* **stole** /stəʊl/; *pp* **stolen** /'stəʊlən/) **1 ~ (sth) (from sb/sth)** (u) kraść

stealth /stelθ/ *n* (*form.*) potajemne działanie: *The terrorists operate by ~.* Terroryści działają skrycie. I **stealthy** *adj* ukradkowy

steam /stiːm/ *n* **1** para (*wodna*) **2** energia parowa: *a ~ engine* silnik

parowy ► *v* **1** parować **2** gotować na parze **[PV] steam (sth) up** zaparować

steel /stiːl/ *n* stal ► *v* **~ yourself** nastawiać się (*zwł. na coś trudnego lub nieprzyjemnego*) ● **'steelworks** *n* (*pl* **steelworks**) stalownia

steep /stiːp/ *adj* **1** stromy **2** (*wzrost, spadek itp.*) ostry **3** (*nieform.*) (*koszt itp.*) wygórowany

steeple /'stiːpl/ *n* wieża, iglica

steer /stɪə(r)/ *v* kierować, sterować: *~ the conversation away from the subject* sprowadzić rozmowę na inny temat ● **'steering wheel** *n* kierownica

stem /stem/ *n* **1** łodyga **2** (*gram.*) temat (*fleksyjny*)

stench /stentʃ/ *n* (*form.*) odór

step /step/ *v* (**-pp-**) stąpać, kroczyć **[PV] step down** ustępować (*np. ze stanowiska*) I **step sth up** zwiększać (*np. produkcję, wydatki*) ► *n* **1** (*i przen.*) krok **2** schodek: *a flight of ~s* kondygnacja schodów ● **'stepping stone** *n* **1** płaski kamień (*umożliwiający przejście przez rzekę itp.*) **2** odskocznia (*np. do kariery*)

step- /step-/ przyrodni ● **'stepbrother; 'stepsister** *n* przyrodni a brat/siostra I **'stepchild** *n* (*pl* **stepchildren**) **'stepson; 'stepdaughter** pasierb/ica I **'stepfather** *n* ojczym I **'stepmother** *n* macocha

stereo /'steriəʊ/ *n* **1** stereo(fonia) **2** (*także* '~ system) zestaw stereo (foniczny) ► *adj* stereo(foniczny)

stereotype /'steriətaɪp/ *n* stereotyp ► *v* traktować/przedstawiać kogoś stereotypowo

sterile /'steraɪl; *Am.* 'sterəl/ *adj* **1** bezpłodny **2** sterylny **3** (*i przen.*) jałowy I **sterilize** (*także* **-ise**) *v* (wy) sterylizować

sterling /'stɜːlɪŋ/ *n* szterling ► *adj* doskonały, rzetelny

stern /stɜːn/ *adj* srogi, surowy

steroid /'steroɪd; 'stɪər-/ *n* steryd

stethoscope /'steθəskəʊp/ *n* słuchawka lekarska

stew /stjuː; *Am.* stuː/ *n* gulasz ► *v* (*kulin.*) dusić

steward /'stjuːəd; *Am.* 'stuːərd/ *n* **1** steward **2** organizator/ka (*np. wyścigu, wiecu*)

stewardess /ˌstjuːə'des; *Am.* 'stuːərdəs/ *n* stewardesa

stick /stɪk/ *n* **1** patyk **2** = WALKING STICK **3** (*sport*) kij **4** laska: *a ~ of celery* łodyga selera ► *v* (*pt, pp* **stuck** /stʌk/) **1 ~ (sth) in/into (sth)** wbijać (się) **2** kleić (się): *~ a stamp on an envelope* nakleić znaczek na kopertę **3 ~ (in sth)** tkwić: *The car was stuck in the mud.* Samochód ugrzązł w błocie. **4** (*nieform.*)

S

kłaść [PV] **stick around** (*nieform.*)
być/kręcić się w pobliżu| **stick out**
(*nieform.*) sterczeć| **stick out** wystawać|
stick sth out wystawiać: *Don't ~ your
tongue out!* Nie pokazuj języka!| **stick
together** (*nieform.*) (*ludzie*) trzymać się
razem| **stick up** sterczeć do góry| **stick
up for sb/yourself/sth** (*nieform.*) bronić
(się), ujmować się za kimś

sticker /'stɪkə(r)/ *n* nalepka|

sticky /'stɪki/ *adj* **1** lepki: ~ *tape* taśma
klejąca **2** (*nieform.*) kłopotliwy

stiff /stɪf/ *adj* **1** (*i przen.*) sztywny
2 (*urządzenie*) zacinający się, ciężko
chodzący **3** (*ręka itp.*) zdrętwiały
4 (*białko jajka itp.*) ubity (na sztywną
pianę), (*majonez, ciasto itp.*) gęsty
5 trudny: ~ *opposition to the plan*
zaciekły sprzeciw wobec planu
6 (*alkohol*) mocny ▸ *adv* (*nieform.*)
śmiertelnie (*np. znudzony*): *be frozen ~*
zmarznąć na kość ◇ *be scared ~*
zesztywnieć ze strachu

stiffen /'stɪfn/ *v* **1** sztywnieć
2 usztywniać

stifle /'staɪfl/ *v* **1** dusić (się) **2** tłumić,
dławić

stigma /'stɪɡmə/ *n* piętno

still /stɪl/ *adv* **1** nadal, wciąż **2** jeszcze
3 jeszcze bardziej/więcej itp. **4** mimo to
5 nieruchomo ▸ *adj* **1** nieruchomy
2 niezmącony **3** (*napój, woda
mineralna*) niegazowany| *n* (*fot.; film*)
kadr ● **'stillborn** *adj* (*noworodek*)
martwo urodzony| **still 'life** *n* (*pl ~ lifes*)
martwa natura

stilt /stɪlt/ *n* **1** szczudło **2** pal

stilted /'stɪltɪd/ *adj* (*wypowiedź, tekst
itp.*) bardzo formalny

stimulant /'stɪmjələnt/ *n* środek
pobudzający

stimulate /'stɪmjuleɪt/ *v* **1** pobudzać:
~ *the economy* ożywiać gospodarkę
2 podniecać

stimulus /'stɪmjələs/ *n* (*pl stimuli* /-laɪ/)
bodziec

sting /stɪŋ/ *v* (*pt, pp* **stung** /stʌŋ/)
1 (*pszczoła itp.*) żądlić, (*pokrzywa itp.*)
parzyć **2** (*rana itp.*) szczypać **3** dotykać
(*do żywego*) ▸ *n* **1** żądło **2** użądlenie
3 szczypanie, parzenie

stink /stɪŋk/ *v* (*pt* **stank** /stæŋk/ *lub*
stunk /stʌŋk/; *pp* **stunk**) (*nieform.*)
śmierdzieć ▸ *n* (*nieform.*) smród

stint /stɪnt/ *n* okres jakiejś działalności

stipulate /'stɪpjuleɪt/ *v* (*form.*)
zastrzegać

stir /stɜː(r)/ *v* (-rr-) **1** mieszać **2** lekko
poruszać, pobudzać: *a stirring speech*
poruszająca przemowa [PV] **stir sth up**
wzniecać coś

stirrup /'stɪrəp/ *n* strzemię

stitch /stɪtʃ/ *n* **1** ścieg **2** szew
(chirurgiczny) **3** (*robienie na drutach*)
oczko **4** kłujący ból, kolka [IDM] **in
stitches** (*nieform.*) pokładający się ze
śmiechu ▸ *v* szyć

stock /stɒk/ *n* **1** zapas (*np. żywności*),
towar **2** udział, obligacja [IDM] **in/out of
stock** (nie) na składzie (towaru)| **take
stock (of sth)** zastanawiać się (nad
czymś) ▸ *v* **1** mieć na składzie
2 zaopatrywać [PV] **stock up (on/with
sth)** gromadzić (*np. zapasy*)
● **'stockbroker** *n* makler/ka giełdow-y/
-a| **'stock exchange** *n* **1** giełda (*papierów
wartościowych*) **2** (*także* **'stock market**)
rynek papierów wartościowych|
'stocktaking *n* remanent,
inwentaryzacja

stocking /'stɒkɪŋ/ *n* pończocha

stocky /'stɒki/ *adj* krępy

stole *pt od* STEAL

stolen *pp od* STEAL

stomach /'stʌmək/ *n* **1** żołądek: ~ *ache*
ból żołądka **2** brzuch ▸ *v* (*nieform.*)
znosić

stone /stəʊn/ *n* **1** (*pl* **stone**) (*i miara
wagi*) kamień **2** kamyk **3** = PRECIOUS
STONE **4** pestka ▸ *v* kamienować|

stoned *adj* (*slang*) naćpany **2** (*slang*)
zalany (w pestkę)

stony /'stəʊni/ *adj* **1** kamienisty
2 (*przen.*) kamienny

stood *pt, pp od* STAND

stool /stuːl/ *n* stołek, taboret

stoop /stuːp/ *v* schylać się ▸ *n*
przygarbienie

stop /stɒp/ *v* (-pp-) **1** stawać
2 zatrzymywać **3** przestawać ❶ **Stop to
do sth** oznacza zatrzymanie się w celu
zrobienia czegoś: *On the way home I
stopped to buy a newspaper.* W drodze do
domu zatrzymałem się, by kupić
gazetę. **Stop doing sth** oznacza
zaprzestanie robienia czegoś: *Stop
talking and listen to me!* Przestań
mówić i posłuchaj mnie! **4 ~ sth (from)
doing sth:** *Can't you ~ the car making
that noise?* Zrób coś, żeby ten samochód
przestał tak hałasować. ◇ *The plastic
cloth ~s the table (from) getting
scratched.* Plastikowy obrus
zabezpiecza stół przed porysowaniem.
5 ~ sb (from) doing sth powstrzymywać
kogoś od zrobienia czegoś
6 wstrzymywać (*np. wypłatę czeku*)
[PV] **stop off (at/in...)** przerwać podróż
gdzieś| **stop over (at/in...)** zatrzymać się
(*na krótki postój*)| **stoppage** /-ɪdʒ/ *n*
1 przestój w pracy **2** (*sport*)
wstrzymanie gry| *n* **1** postój: *come
to a ~* zatrzymać się **2** przystanek,
stacja ● **'stopgap** *n* zatkajdziura|
'stopover *n* przerwa w podróży|
'stopwatch *n* stoper

storage /'stɔːrɪdʒ/ *n* magazynowanie

store /stɔː(r)/ *n* **1** dom towarowy **2** (*Am.*) sklep **3** zapas **4** [*U*] skład, magazyn ▶ *v* przechowywać (*np. w komputerze, magazynie*) ● '**storekeeper** *n* (*Am.*) sklepika-rz/rka| '**storeroom** *n* składnica

storey /'stɔːri/ (*Am. -ry* (*pl -***ries**)) *n* piętro: *a multi-storey car park* parking wielopoziomowy

stork /stɔːk/ *n* bocian

storm /stɔːm/ *n* (*i przen.*) burza: *a thunderstorm* burza z piorunami ◊ *a snowstorm* śnieżyca ▶ *v* **1** wpadać gdzieć/wypadać skądś jak burza **2** szturmować| **stormy** *adj* (*i przen.*) burzliwy

story /'stɔːri/ *n* (*pl -***ies**) **1** opowieść: *a detective ~* kryminał ◊ *a fairy ~* bajka ◊ *a ghost ~* opowieść o duchach ◊ *a love ~* romans ◊ *a short ~* nowela/ opowiadanie **2** wersja (*np. wydarzeń*) **3** historia (*prawdziwa relacja*) **4** artykuł prasowy

stout /staʊt/ *adj* **1** tęgi **2** solidny

stove /stəʊv/ *n* **1** kuchenka (*elektryczna/gazowa*) **2** piec/yk metalowy

stow /stəʊ/ *v* ~ **sth (away)** chować (*na później*) ● '**stowaway** *n* pasażer/ka na gapę

straddle /'strædl/ *v* **1** stać/siedzieć okrakiem **2** obejmować dwie części/ połowy czegoś: *The village ~s the border between the two countries.* Wioska leży na granicy dwóch państw.

straggle /'strægl/ *v* **1** rosnąć dziko: *a straggling moustache* sumiaste wąsy **2** wlec się w tyle za innymi| **straggler** *n* maruder| **straggly** *adj* rozczochrany

straight /streɪt/ *adj* **1** prosty **2** szczery **3** uporządkowany **4** (*nieform.*) heteroseksualny **5** (*nieform.*) (*osoba*) nudny **6** (*Am.*) (*alkohol*) czysty [IDM] **get sth straight** wyjaśniać coś| **keep a straight face** zachowywać powagę ▶ *adv* **1** prosto: *sit up* ~ siadać prosto **2** bezpośrednio: *walk ~ past sb/sth* przejść tuż obok kogoś/czegoś **3** szczerze [IDM] **straight away** natychmiast| **straight out** bez ogródek| **straighten** *v* ~ **(sth) (up/out)** prostować (się) [PV] **straighten sth out** uporządkować

straightforward /ˌstreɪt'fɔːwəd/ *adj* **1** łatwy, prosty **2** prostolinijny

strain /streɪn/ *n* **1** obciążenie, nacisk **2** napięcie (*emocjonalne*), stres **3** nadwerężenie (*np. mięśnia*) ▶ *v* **1** wytężać (*np. słuch*) **2** nadwerężać (*np. mięsień*) **3** napinać: *Money problems have strained their relationship.* Problemy finansowe wystawiły ich

związek na próbę. **4** (od)cedzić (*np. kluski*)

strait /streɪt/ *n* **1** cieśnina **2** (**straits**) tarapaty

straitjacket (*także* **straightjacket**) /'streɪtdʒækɪt/ *n* kaftan bezpieczeństwa

strand /strænd/ *n* **1** włos, nić **2** wątek, aspekt

stranded /'strændɪd/ *adj* zdany na własne siły

strange /streɪndʒ/ *adj* **1** dziwny **2** obcy

stranger /'streɪndʒə(r)/ *n* **1** nieznajom-y/a **2** obcy: *I'm a ~ to this part of the country.* Zupełnie nie znam tej części kraju.

strangle /'stræŋgl/ *v* **1** (u)dusić (*osobę*) **2** tłumić (*np. inicjatywę*)

strap /stræp/ *n* pasek (*np. zegarka, torby*), ramiączko (*np. sukienki*) ▶ *v* (*pres part.*, *pp* -**pp**-) przymocowywać (*pasem*)

strategic /strə'tiːdʒɪk/ (*także* strategical) *adj* strategiczny

strategy /'strætədʒi/ *n* (*pl -***ies**) strategia

straw /strɔː/ *n* **1** słoma **2** źdźbło słomy **3** słomka [IDM] **the last/final straw** (*przen.*) ostatnia kropla (*przepełniająca miarę*) ● ,**straw 'poll** *n* nieoficjalny sondaż (*opinii publicznej*)

strawberry /'strɔːbəri; *Am.* -beri/ *n* (*pl -***ies**) truskawka: *a wild ~* poziomka

stray /streɪ/ *v* **1** (*zwierzę itp.*) błąkać się **2** (*i przen.*) zbaczać (*np. z drogi/tematu*) ▶ *adj* zabłąkany

streak /striːk/ *n* **1** ~ **(of sth)** pasek, pasemko **2** cecha charakteru **3** passa (*dobra/zła*) ▶ *v* (*nieform.*) pędzić

stream /striːm/ *n* **1** (*i przen.*) strumień **2** przepływ (*np. wody, gazu*) **3** (*szk.*) klasa profilowana ▶ *v* **1** (*i przen.*) lać się (*strumieniem*) **2** przydzielać uczniów do klasy profilowanej| **streamer** *n* serpentyna (*papierowa*)

streamline /'striːmlaɪn/ *v* **1** nadawać opływowy kształt **2** usprawniać (*np. produkcję*), redukować personel

street /striːt/ *n* (*często* Street) ulica: *a ~ map* plan miasta → ROAD ● '**streetcar** *n* (*Am.*) tramwaj

strength /streŋθ/ *n* **1** [*U*] sił-a/y **2** wytrzymałość **3** potęga **4** mocna strona| **strengthen** *v* wzmacniać (się)

strenuous /'strenjuəs/ *adj* mozolny

stress /stres/ *n* **1** stres **2** ~ **(on sth)** nacisk; obciążenie fizyczne **3** akcent ▶ *v* podkreślać| **stressful** *adj* stresujący

stretch /stretʃ/ *v* **1** rozciągać (się) **2** przeciągać się **3** zmuszać do wysiłku, wyczerpywać [IDM] **stretch your legs** rozprostowywać nogi [PV] **stretch**

S

(yourself) out wyciągać się ▸ *n*
1 ~ (of sth) obszar, odcinek (*drogi*)
2 przeciąganie się: *have a good ~*
rozprostować kości [IDM] **at a stretch**
bez przerwy

stretcher /'stretʃə(r)/ *n* nosze

strict /strɪkt/ *adj* **1** surowy, srogi
2 ścisły | **strictly** *adv* surowo, ściśle
[IDM] **strictly speaking** ściśle mówiąc

stride /straɪd/ *v* (*pt* **strode** /strəʊd/; *pp*
stridden /'strɪdn/) stawiać wielkie
kroki ▸ *n* wielki krok [IDM] **take sth in
your stride** radzić sobie (*z łatwością*)

strident /'straɪdnt/ *adj* (*dźwięk itp.*)
ostry

strife /straɪf/ *n* [U] (*form.*) zmagania,
niesnaski

strike /straɪk/ *n* **1** strajk: *go on ~*
rozpocząć strajk ◇ *be on ~* strajkować
◇ *take ~ action* podejmować akcję
strajkową **2** uderzenie ▸ *v* (*pt, pp* **struck**
/strʌk/) **1** uderzać **2** atakować **3 ~ sb** (**as
sth**) wywierać wrażenie **4** wpadać do
głowy **5** zapalać (*np. zapałkę*) **6** wybijać
(*godziny*) **7** natrafiać na coś **8** zaczynać
strajk

striker /'straɪkə(r)/ *n* **1** (*pracownik itp.*)
strajkujący **2** napastni-k/czka

striking /'straɪkɪŋ/ *adj* uderzający

string /strɪŋ/ *n* **1** sznur(ek): *a string
bag* siatka **2** struna **3** (**the strings**)
instrumenty smyczkowe **4 a ~ of sth**
ciąg: *a ~ of beads* sznur korali [IDM]
(**with**) **no strings attached; without
strings** bez warunków ▸ *v* (*pt, pp* **strung**
/strʌŋ/) **~ sth (up)** nawlekać [PV] **string
sth together** budować (*np. zdania*)

stringent /'strɪndʒənt/ *adj* (*prawo itp.*)
surowy

strip /strɪp/ *n* pas(ek), pasmo ▸ *v* (**-pp-**)
1 ~ (sth) (off) rozbierać (się) **2 ~ sb/sth
(of sth)** pozbawiać kogoś/coś (czegoś)
3 ~ sth (off) zdzierać | **stripper** *n*
striptizer/ka

stripe /straɪp/ *n* pasek, pręga | **striped**
adj w paski, pręgowany

strive /straɪv/ *v* (*pt* **strove** /strəʊv/; *pp*
striven /'strɪvn/) (*form.*) **~ (for sth)**
usiłować

strode *pt od* STRIDE

stroke /strəʊk/ *v* **1** gładzić **2** delikatnie
przesuwać ▸ *n* **1** pociągnięcie (*np.
pióra, pędzla*) **2** ruch (*rąk w pływaniu*),
uderzenie (*np. wiosłem*) **3** styl
(*pływania*) **4** wylew krwi do mózgu **5 a
~ of sth** niespodziewane zdarzenie: *a ~
of luck* uśmiech losu

stroll /strəʊl/ *n* przechadzka ▸ *v*
przechadzać się

stroller /'strəʊlə(r)/ *n* **1** spacerowicz/
ka **2** (*Am.*) wózek spacerowy

strong /strɒŋ/ *adj* **1** silny
2 wytrzymały **3** stanowczy **4** mający

duże szanse **5** (*smak, zapach itp.*)
mocny **6** (*po n*) w sile: *The army was
50 000 ~*. Armia liczyła 50 000 żołnierzy.
[IDM] **sb's strong point** czyjaś mocna
strona | **strongly** *adv* silnie, stanowczo
● ˌstrong-'minded *adj* zdecydowany

strove *pt od* STRIVE

struck *pt, pp od* STRIKE

structure /'strʌktʃə(r)/ *n* **1** budowa,
struktura **2** budowla ▸ *v* konstruować

struggle /'strʌgl/ *v* **1** szarpać się
2 szamotać się ▸ *n* **1** walka **2** wysiłek

strung *pt, pp od* STRING

strut /strʌt/ *v* (**-tt-**) chodzić dumnie jak
paw

stub /stʌb/ *n* niedopałek, resztka ▸ *v*
(**-bb-**) uderzyć się (*w palec u nogi*) [PV]
stub sth out gasić (*np. papierosa*)

stubble /'stʌbl/ *n* **1** ścierń **2** szczecina
(*na brodzie*)

stubborn /'stʌbən/ *adj* uparty

stuck *pt, pp od* STICK ▸ *adj* **be/get ~**
1 zacinać się, zaklinowywać się **2** utknąć

stud /stʌd/ *n* **1** kolczyk (*kuleczka*)
2 ćwiek, korek (*na bucie piłkarskim*)
3 (*także '~* farm) stadnina | **studded**
adj **1 ~** (**with sth**) wysadzany (*np.
diamentami*), nabijany (*np. ćwiekami*)
2 ~ with sth pełen czegoś: *a sky ~ with
stars* niebo usiane gwiazdami ◇ *a star-
studded cast* gwiazdorska obsada

student /'stju:dnt; *Am.* 'stu:-/ *n*
student/ka

studied /'stʌdid/ *adj* (*form.*)
wystudiowany (*np. gest*)

studio /'stju:diəʊ; *Am.* 'stu:-/ *n* **1** atelier
2 studio **3** (*mieszkanie*) kawalerka

studious /'stju:diəs; *Am.* 'stu:-/ *adj*
pilny

study /'stʌdi/ *n* (*pl* **-ies**) **1** nauka:
~ skills umiejętności uczenia się
2 (**studies**) studia **3** badanie (*naukowe*)
4 praca naukowa, studium **5** gabinet
▸ *v* (*3rd sing czasu pres* **-ies**; *pt, pp* **-ied**)
1 uczyć się, studiować **2** wpatrywać się
(*w coś*)

stuff /stʌf/ *n* [U] (*nieform.*) **1** coś
2 (*i przen.*) rzeczy ▸ *v* **1 ~ sth** (**with sth**)
wy/na-pychać (*coś czymś*) **2** (*nieform.*)
wpychać, wsadzać **3 ~** (**yourself**) (**with
sth**) obżerać się **4 ~ sth** (**with sth**)
faszerować, nadziewać [IDM] **get stuffed**
(*slang*) (*przen.*) wypchać się| **stuffing** *n*
1 farsz, nadzienie **2** wypełnienie,
wyściółka

stuffy /'stʌfi/ *adj* **1** (*pokój itp.*) duszny
2 (*nieform.*) (*osoba itp.*) staroświecki

stumble /'stʌmbl/ *v* **1** potykać się
2 zająknąć się ● ˈstumbling block *n*
przeszkoda

stump /stʌmp/ n pniak, kikut ▶ v
1 stąpać (sztywno) 2 (nieform.) (przen.)
zbić z tropu

stun /stʌn/ v (-nn-) 1 ogłuszać 2 (za)
szokować| **stunning** adj (nieform.)
olśniewający

stung pt, pp od STING

stunk pp od STINK

stunt /stʌnt/ n 1 sztuczka: a publicity ~
chwyt reklamowy 2 wyczyn (np.
kaskaderski) ▶ v hamować (rozwój
czegoś) ● 'stuntman; 'stuntwoman n
kaskader/ka

stupendous /stju:'pendəs; Am. stu:-/
adj niesłychany, zdumiewający

stupid /'stju:pid; Am. 'stu:-/ adj
(nieform.) głupi| **stupidity** /stju:'pidəti;
Am. stu:-/ n głupota

stupor /'stju:pə(r); Am. 'stu:-/ n
otępienie: a drunken ~ zamroczenie
alkoholowe

sturdy /'stɜ:di/ adj krzepki, mocny

stutter /'stʌtə(r)/ v jąkać się

sty (także **stye**) /staɪ/ n (pl -ies lub -yes)
1 jęczmień (na powiece) 2 = PIGSTY

style /staɪl/ n 1 styl 2 szyk 3 fason: a
hairstyle fryzura| **stylish** adj stylowy,
szykowny| **stylist** n stylist-a/ka

suave /swɑːv/ adj szarmancki, z
ogładą

subconscious /ˌsʌb'kɒnʃəs/ n (the
subconscious) podświadomość ▶ adj
podświadomy

subdivide /ˌsʌbdɪ'vaɪd/ v dzielić (się)
(na mniejsze części)

subdue /səb'djuː; Am. -'duː/ v
ujarzmiać, poskramiać| **subdued** adj
1 przyćmiony, stonowany 2 przygnębiony

subject /'sʌbdʒɪkt; -dʒekt/ n 1 temat
2 przedmiot 3 (gram.) podmiot
4 obywatel/ka ▶ v [PV]
subject sb/sth to sth narażać (kogoś/coś
na coś)| /'sʌbdʒekt; -dʒɪkt/ adj
1 podlegający, podległy 2 narażony,
podatny 3 ~ to sth uwarunkowany
czymś: Prices are ~ to alteration. Ceny
mogą ulec zmianie. ● 'subject matter n
temat (np. powieści)

subjective /səb'dʒektɪv/ adj
subiektywny

sublime /sə'blaɪm/ adj wzniosły,
podniosły

submarine /ˌsʌbmə'riːn; 'sʌb-/ n łódź
podwodna

submerge /səb'mɜːdʒ/ v zanurzać
(się), zalewać

submission /səb'mɪʃn/ n 1 uległość
2 przedłożenie (np. planu), złożenie (np.
raportu, podania)

submissive /səb'mɪsɪv/ adj uległy

submit /səb'mɪt/ v (-tt-) 1 ~ (to sb/sth)
poddawać się, ulegać 2 ~ sth (to sb/sth)

przedkładać (np. plan), składać (np.
raport, podanie)

subordinate /sə'bɔːdɪnət; Am. -'bɔːrd-/
adj drugorzędny ▶ n podwładn-y/a|
/sə'bɔːdɪneɪt; Am. -'bɔːrdɪneɪt/ v ~ sth (to
sth) podporządkowywać coś czemuś

subscribe /səb'skraɪb/ v 1 ~ (to sth)
prenumerować 2 ~ to sth zgadzać się z
czymś| **subscriber** n 1 prenumerator/
ka 2 abonent/ka 3 zwolennik (jakiejś
koncepcji)| **subscription** /səb'skrɪpʃn/
n prenumerata

subsequent /'sʌbsɪkwənt/ adj (form.)
dalszy, późniejszy| **subsequently** adv
następnie, później

subside /səb'saɪd/ v 1 (budynek itp.)
osiadać 2 (burza itp.) uciszać się, (ból
itp.) ustępować

subsidiary /səb'sɪdiəri; Am. -dieri/ adj
pomocniczy, dodatkowy ▶ n (pl -ies)
filia (spółki)

subsidy /'sʌbsədi/ n (pl -ies) dotacja,
subwencja| **subsidize** (także -ise)
/'sʌbsɪdaɪz/ v dotować, subsydiować

subsist /səb'sɪst/ v (form.) egzystować:
~ on bread and water przeżyć o chlebie
i wodzie

substance /'sʌbstəns/ n 1 substancja,
tworzywo 2 sedno 3 treść

substantial /səb'stænʃl/ adj 1 znaczny,
pokaźny 2 solidny, trwały| **substantially**
adv 1 znacznie, pokaźnie 2 zasadniczo,
przeważnie

substitute /'sʌbstɪtjuːt; Am. -tuːt/ n
1 ~ (for sb/sth) namiastka, zastęp-ca/
czyni 2 zawodnik rezerwowy ▶ v ~ (sb/
sth) (for sb/sth) zastępować (kogoś/coś
kimś/czymś innym), pełnić czyjąś
funkcję

subtitle /'sʌbtaɪtl/ n napisy (na filmie)

subtle /'sʌtl/ adj 1 subtelny, delikatny
2 wyrafinowany

subtract /səb'trækt/ v (mat.)
odejmować

suburb /'sʌbɜːb/ n przedmieście,
peryferie| **suburban** /sə'bɜːbən/ adj
podmiejski

subversive /səb'vɜːsɪv/ adj
wywrotowy

subway /'sʌbweɪ/ n 1 przejście
podziemne 2 n (Am.) metro

succeed /sək'siːd/ v 1 ~ (in (doing) sth)
powieść się, odnosić sukces: He
succeeded in getting a ticket. Udało mu
się dostać bilet. 2 następować po kimś,
obejmować po kimś stanowisko

success /sək'ses/ n powodzenie,
sukces: Her attempts have not met with
~. Jej próby nie powiodły się. ◊ You
must try to make a ~ of your marriage.
Musisz się postarać, żeby twoje
małżeństwo było udane.| **successful**

S

adj pomyślny, udany: *a ~ actor* wzięty aktor

succession /sək'seʃn/ *n* **1** szereg, seria **2** sukcesja (*np. tronu*) [IDM] in succession z rzędu, kolejno: *in quick ~* w krótkich odstępach czasu

successor /sək'sesə(r)/ *n* następ-ca/czyni, spadkobier-ca/czyni

succumb /sə'kʌm/ *v* ~ (to sth) (*form.*) ulegać (*np. pokusie*): *~ to an illness* umrzeć

such /sʌtʃ/ *dem pron, pron* taki ❶ Such występuje przed n lub przed n poprzedzonym adj So występuje przed adj (bez n) Por. następujące zdania: *It was so cold.* ◇ *It was such a cold night.* [IDM] as such jako taki, sam w sobie | such as jak na przykład, taki jak

suck /sʌk/ *v* **1** ssać **2** wsysać, pochłaniać

sucker /'sʌkə(r)/ *n* (*nieform.*) frajer/ka

suction /'sʌkʃn/ *n* **1** ssanie: *by ~* przez zasysanie **2** przyssanie się: *a ~ pad* przyssawka

sudden /'sʌdn/ *adj* nagły, niespodziewany [IDM] all of a sudden nagle | suddenly *adv* nagle, niespodziewanie

suds /sʌdz/ *n* mydliny

sue /su:; Br. także sju:/ *v* ~ (sb) (for sth) skarżyć (kogoś o coś), podawać kogoś do sądu

suede /sweɪd/ *n* zamsz

suffer /'sʌfə(r)/ *v* **1** cierpieć: *~ from headaches* mieć bóle głowy ◇ *~ losses* ponieść straty **2** ucierpieć | suffering *n* [U] cierpienie, ból

sufficient /sə'fɪʃnt/ *adj* (*form.*) wystarczający

suffix /'sʌfɪks/ *n* (*gram.*) przyrostek

suffocate /'sʌfəkeɪt/ *v* dusić (się) | suffocating *adj* duszący, dławiący

sugar /'ʃʊɡə(r)/ *n* **1** cukier: *Do you take ~ in tea?* Czy słodzisz herbatę? ◇ *caster ~* rodzaj drobnego cukru ◇ *icing ~* cukier puder ◇ *a ~ bowl* cukierni-ca/czka **2** łyżeczka/kostka cukru ● 'sugar beet *n* burak cukrowy | 'sugar cane *n* trzcina cukrowa

suggest /sə'dʒest; Am. səg'dʒ-/ *v* ~ sb/sth (for/as sth) proponować, sugerować: *How do you ~ we get home now?* Jak, twoim zdaniem, dostaniemy się teraz do domu? ◇ *What are you suggesting?* Co chcesz przez to powiedzieć? ❶ Uwaga! Jedyna poprawna konstrukcja z tym v. to suggest something to somebody. Nie można powiedzieć ~~suggest somebody something.~~ | suggestive *adj* **1** przypominający **2** (*seksualnie*) dwuznaczny

suggestion /sə'dʒestʃən; Am. səg'dʒ-/ *n* **1** propozycja **2** sugestia **3** naleciałość, odrobina

suicide /'su:ɪsaɪd; Br. także 'sju:-/ *n* samobójstwo | suicidal /ˌsuːɪ'saɪdl; Br. także ˌsju:-/ *adj* samobójczy

suit /su:t; Br. także sju:t/ *n* **1** garnitur (*męski*); kostium (*damski*) **2** kombinezon: *a spacesuit* kombinezon kosmonauty ◇ *a tracksuit* dres ◇ *a ~ of armour* zbroja **3** (*karty*) kolor ▶ *v* **1** pasować, być do twarzy **2** odpowiadać, być dogodnym | suited *adj* ~ (for/to sb/sth) dobrany, odpowiedni

suitable /'su:təbl; Br. także 'sju:-/ *adj* ~ (for sb/sth) odpowiedni, stosowny | suitability /ˌsuːtə'bɪləti; Br. także ˌsju:-/ *n* stosowność, właściwość

suitcase /'su:tkeɪs; Br. także 'sju:-/ *n* waliz(k)a

suite /swi:t/ *n* **1** (*meble*) zestaw wypoczynkowy **2** apartament (*w hotelu*)

sulk /sʌlk/ *v* dąsać się | sulky *adj* nadąsany

sullen /'sʌlən/ *adj* posępny

sulphur (*Am.* -fur) /'sʌlfə(r)/ *n* siarka

sultan /'sʌltən/ *n* sułtan

sultana /sʌl'ta:nə; Am. -tænə/ *n* rodzynka sułtańska

sultry /'sʌltri/ *adj* **1** (*pogoda*) parny **2** (*kobieta*) ponętny

sum /sʌm/ *n* **1** rachunki **2** suma ▶ *v* (-mm-) [PV] sum (sth) up reasumować | sum sb/sth up oceniać

summary /'sʌməri/ *n* (*pl* -ies) streszczenie: *a news ~* skrót wiadomości | summarize (*także*-ise) *v* streszczać

summer /'sʌmə(r)/ *n* lato | summery *adj* letni ● 'summertime *n* sezon letni

summit /'sʌmɪt/ *n* szczyt

summon /'sʌmən/ *v* **1** (*form.*) wzywać (*np. na rozmowę*) **2** ~ sth (up) zbierać (*np. siły*)

summons /'sʌmənz/ *n* (*pl* -es) wezwanie (*np. do sądu*)

sun /sʌn/ *n* (the sun) słońce ▶ *v* (-nn-) ~ yourself opalać się | sunny *adj* słoneczny ● 'sunbathe *v* opalać się | 'sunbeam *n* promień słońca | 'sunburn *n* oparzenie słoneczne | 'sunburned (*także* '~burnt) *adj* poparzony (*po intensywnym opalaniu*) | 'suncream *n* krem do opalania | 'sundial *n* zegar słoneczny | 'sunflower *n* słonecznik | 'sunlamp *n* lampa kwarcowa | 'sunlight *n* światło słoneczne | 'sunlit *adj* nasłoneczniony | 'sunrise *n* wschód słońca | 'sunset *n* zachód słońca | 'sunshine *n* światło słoneczne, słońce | 'sunstroke *n* porażenie słoneczne | 'suntan *n* opalenizna: *~ oil* olejek do opalania | 'suntanned *adj* opalony

Sunday /'sʌndeɪ; -di/ *n* niedziela → PONIEDZIAŁEK

sundry /'sʌndri/ *adj* rozmaity [IDM] **all and sundry** (*nieform.*) wszyscy (bez wyjątku)

sung *pp od* SING

sunglasses /'sʌnɡlɑːsɪz/ *n* okulary przeciwsłoneczne

sunk *pp od* SINK

sunken /'sʌŋkən/ *adj* **1** zatopiony **2** (*policzki, oczy itp.*) zapadnięty **3** wpuszczony (*np. w podłogę*)

super /'suːpə(r); *Br. także* 'sjuː-/ *adj* (*nieform.*) wspaniały ▶ *adv* (*nieform.*) wspaniale

superb /suːˈpɜːb; *Br. także* sjuː-/ *adj* znakomity

superficial /ˌsuːpəˈfɪʃl; *Br. także* ˌsjuː-/ *adj* powierzchowny

superfluous /suːˈpɜːluəs; *Br. także* sjuː-/ *adj* zbyteczny

superhuman /ˌsuːpəˈhjuːmən; ˌsjuː-/ *adj* nadludzki

superintendent /ˌsuːpərɪnˈtendənt; *Br. także* ˌsjuː-/ *n* **1** nadinspektor **2** dozor-ca/czyni (*np. bloku*)

superior /suːˈpɪəriə(r); *Br. także* sjuː-/ *adj* **1** (*o wiele*) lepszy **2** wyższy (*rangą*) **3** wyniosły ▶ *n* przełożon-y/a | **superiority** /suːˌpɪəriˈɒrəti; sjuː-/ *n* wyższość

superlative /suːˈpɜːlətɪv; *Br. także* sjuː-/ *n* stopień najwyższy (*przymiotnika/ przysłówka*)

supermarket /'suːpəmɑːkɪt; *Br. także* 'sjuː-/ *n* supermarket

supernatural /ˌsuːpəˈnætʃrəl; *Br. także* ˌsjuː-/ *adj* nadprzyrodzony

superpower /'suːpəpaʊə(r); *Br. także* 'sjuː-/ *n* supermocarstwo

supersede /ˌsuːpəˈsiːd; *Br. także* ˌsjuː-/ *v* wypierać, zastępować

superstition /ˌsuːpəˈstɪʃn; *Br. także* ˌsjuː-/ *n* przesąd | **superstitious** /-ˈstɪʃəs/ *adj* przesądny

superstore /'suːpəstɔː(r); *Br. także* 'sjuː-/ *n* hipermarket

supervise /'suːpəvaɪz; *Br. także* 'sjuː-/ *v* nadzorować | **supervision** /ˌsuːpəˈvɪʒn; *Br. także* ˌsjuː-/ *n* nadzór | **supervisor** *n* nadzorca, kierowni-k/czka

supper /'sʌpə(r)/ *n* kolacja → DINNER

supple /'sʌpl/ *adj* giętki, elastyczny

supplement /'sʌplɪmənt/ *n* a ~ (to sth) dodatek: *a ~ for a single room* dopłata za pokój jednoosobowy ◇ *a newspaper with a colour ~* gazeta z dodatkiem ilustrowanym ▶ /-ment/ *v* **sth (with sth)** uzupełniać

supplementary /ˌsʌplɪˈmentri/ *adj* dodatkowy

supply /səˈplaɪ/ *v* (*3rd sing czasu pres* **-ies**; *pt, pp* **-ied**) **~ sth (to sb); ~ sb (with sth)** zaopatrywać ▶ *n* (*pl* **-ies**) **1** zasób, zapas **2** dostawa | **supplier** *n* dostawca

support /səˈpɔːt/ *v* **1** podtrzymywać **2** popierać **3** kibicować **4** potwierdzać **5** utrzymywać (*np. rodzinę*) ▶ *n* **1 ~ (for sth)** poparcie, wsparcie: *He spoke in ~ of the proposal.* Opowiedział się za propozycją. **2** podpora **3** utrzymanie | **supporter** *n* zwolenni-k/czka, kibic | **supportive** *adj* pomocny

suppose /səˈpəʊz/ *v* **1** przypuszczać, sądzić **2** przypuśćmy, że, gdyby [IDM] **be supposed to do sth 1**: *The train was supposed to arrive ten minutes ago.* Pociąg miał przyjechać dziesięć minut temu. ◇ *I'm not supposed to talk about it.* Mam o tym nie mówić. **2** (*nieform.*): *I haven't seen it, but it's supposed to be a good play.* Jeszcze jej nie widziałem, ale podobno to dobra sztuka. ◇ *This is supposed to be the oldest pub in London.* To jest podobno najstarszy pub w Londynie. | **I suppose** chyba | **supposedly** *adv* podobno | **supposing** *conj* a jeśli

supposition /ˌsʌpəˈzɪʃn/ *n* domniemanie

suppress /səˈpres/ *v* **1** tłumić **2** taić

supreme /suːˈpriːm; *Br. także* sjuː-/ *adj* **1** najwyższy **2** najważniejszy, wyjątkowy | **supremacy** /suːˈpreməsi; *Br. także* sjuː-/ *n* **~ (over sb/sth)** przewaga

surcharge /'sɜːtʃɑːdʒ/ *n* dopłata

sure /ʃʊə(r); *Br. także* ʃɔː(r)/ *adj* **1** pewny → PEWNY **2 ~ to do sth**: *You are ~ to pass the exam!* Na pewno zdasz ten egzamin! [IDM] **be sure to do sth**: *Be ~ to write and tell me what happens.* Koniecznie napisz mi, co się dzieje. | **for sure** z (całą) pewnością, na pewno | **make sure 1** sprawdzać, czy **2** upewniać się: *Make ~ you are back home by 11 o'clock.* Koniecznie wróć przed jedenastą. | **sure of yourself** pewien siebie

surely /'ʃʊəli; *Br. także* 'ʃɔːli/ *adv* **1** z (całą) pewnością **2** chyba

surf /sɜːf/ *v* uprawiać surfing [IDM] **surf the net** surfować po Internecie ● **'surfboard** *n* deska surfingowa

surface /'sɜːfɪs/ *n* **1** zewnętrzna warstwa, powierzchnia (*np. ziemi, wody*) **2** blat **3** powierzchowność, wygląd zewnętrzny ▶ *v* **1** pokrywać (*nawierzchnię*): *~ a road with tarmac* asfaltować drogę **2** wynurzać się **3** (*nieform.*) wyłaniać się ● **'surface mail** *n* poczta lądowa

surge /sɜːdʒ/ *v* wzbierać: *The crowd surged forward.* Tłum ruszył do przodu. ▶ *n* a ~ (of/in sth) **1** gwałtowny wzrost

(np. popytu, bezrobocia) **2** nagły
przypływ *(np. uczuć, energii)*
surgeon /'sɜːdʒən/ *n* chirurg: *a brain ~*
neurochirurg
surgery /'sɜːdʒəri/ *n (pl -ies)*
1 operacja, zabieg chirurgiczny:
undergo emergency ~ przechodzić
natychmiastową operację **2** *(Br.)*
gabinet (lekarski), przychodnia
(lekarska) **3** *(Br.)* godziny przyjęć
(lekarza)
surgical /'sɜːdʒɪkl/ *adj* chirurgiczny
surly /'sɜːli/ *adj* gburowaty, opryskliwy
surname /'sɜːneɪm/ *n* nazwisko
→ NAME
surpass /sə'pɑːs; *Am.* -'pæs/ *v (form.)*
przewyższać
surplus /'sɜːpləs/ *n* nadwyżka ► *adj*
nadmierny
surprise /sə'praɪz/ *n* **1** zdziwienie
2 niespodzianka ► *v* **1** dziwić
2 zaskakiwać I **surprised** *adj* zdziwiony,
zaskoczony I **surprising** *adj*
zadziwiający, zaskakujący
surrender /sə'rendə(r)/ *v* **1** ~ **(to sb)**
poddawać się **2** ~ **sb/sth (to sb)** *(form.)*
zrzekać się (czegoś): *~ weapons* oddać
broń ► *n* poddawanie się, oddawanie
(się)
surreptitious /ˌsʌrəp'tɪʃəs/ *adj*
ukradkowy
surrogate /'sʌrəgət/ *n, adj* zastępca,
namiastka: *a ~ mother* matka zastępcza
surround /sə'raʊnd/ *v* ~ **sb/sth (by/with**
sth) otaczać I **surrounding** *adj*
okoliczny, otaczający I **surroundings** *n*
[*pl*] otoczenie, środowisko
surveillance /sɜː'veɪləns/ *n* nadzór
survey /sə'veɪ/ *v* **1** obserwować,
analizować **2** dokonywać pomiarów
3 przeprowadzać ekspertyzę
4 przeprowadzać sondaż *(opinii*
publicznej) ► /'sɜːveɪ/ *n* **1** badanie
2 pomiary **3** ekspertyza **4** sondaż
(opinii publicznej)
survival /sə'vaɪvl/ *n* **1** przetrwanie,
przeżycie **2** relikt
survive /sə'vaɪv/ *v* przeżyć I **survivor** *n*:
There were five ~s of the crash. Pięć
osób przeżyło wypadek.
susceptible /sə'septəbl/ *adj* ~ **to sth**
podatny *(np. na wpływy)*, wrażliwy na
coś; czemuś
suspect /sə'spekt/ *v* ~ **sth; ~ sb (of sth)**
podejrzewać coś; kogoś (o coś)
► /'sʌspekt/ *n* podejrzan-y/a I *adj*
podejrzany
suspend /sə'spend/ *v* ~ **sth/sb (from**
sth) zawieszać: *a suspended sentence*
wyrok w zawieszeniu ◊ *be suspended*
from school być zawieszonym w
prawach ucznia

suspender /sə'spendə(r)/ *n* **1** *(Br.)*
podwiązka **2** **(suspenders)** *(Am.)* szelki
suspense /sə'spens/ *n* niepewność,
napięcie
suspension /sə'spenʃn/ *n* zawieszenie
suspicion /sə'spɪʃn/ *n* podejrzliwość,
podejrzenie: *on ~ of murder* pod
zarzutem morderstwa ◊ *be under ~* być
podejrzanym o coś
suspicious /sə'spɪʃəs/ *adj*
1 podejrzany **2** ~ **(of/about sb/sth)**
podejrzliwy: *make sb ~* wzbudzić czyjeś
podejrzenia
sustain /sə'steɪn/ *v* **1** podtrzymywać
(np. przy życiu, na duchu) **2** *(form.)*
odnosić *(np. obrażenia)*
swagger /'swægə(r)/ *v* kroczyć
dumnie
swallow /'swɒləʊ/ *v* **1** *(i przen.)*
połykać, przełykać **2** dawać wiarę: *You*
shouldn't ~ everything they tell you! Nie
powinieneś wierzyć we wszystko, co ci
mówią! ► *n* **1** połykanie, przełykanie
2 jaskółka
swam *pt od* SWIM
swamp /swɒmp/ *n* bagno, moczary ► *v*
~ **sb/sth (with sth)** *(i przen.)* zalewać: *We*
were swamped with job applications.
Byliśmy zasypani podaniami o pracę.
swan /swɒn/ *n* łabędź
swap /swɒp/ *v* **(-pp-)** *(nieform.)*
zamieniać (się) ► *n* zamiana, wymiana:
Let's do a ~. Zamieńmy się.
swarm /swɔːm/ *n* **1** rój **2** mrowie *(np.*
ludzi) ► *v* wylęgać **[PV]**
swarm with sb/sth roić się od czegoś
sway /sweɪ/ *v* **1** kołysać (się)
2 wywierać wpływ na kogoś
swear /sweə(r)/ *v (pt* swore */swɔː(r)/;*
pp sworn */swɔːn/)* **1** ~ **(at sb/sth)**
przeklinać **2** przysięgać **[PV] swear sb in**
zaprzysięgać kogoś ● **'swear word** *n*
(ordynarne słowo) przekleństwo
sweat /swet/ *n* [*U*] pot ► *v* pocić się I
sweaty *adj* **1** spocony **2** powodujący
pocenie się
sweater /'swetə(r)/ *n* sweter
sweatshirt /'swetʃɜːt/ *n* bluza
sportowa
sweep /swiːp/ *v (pt, pp* swept
/swept/) **1** zamiatać **2** zgarniać
3 rozprzestrzeniać się **4** porywać,
znosić *(np. z pokładu)* **5** poruszać się
dumnie/majestatycznie **6** przesuwać
się **[PV] sweep over sb** *(uczucie itp.)*
ogarniać kogoś ► *n* **1** zamiatanie
2 długi łuk *(np. plaży)* **3** szeroki
zamaszysty ruch
4 przeczesywanie *(terenu)*
5 = CHIMNEY SWEEP
sweeper /'swiːpə(r)/ *n* **1** zamiatacz/ka
2 *(maszyna itp.)* zamiatarka: *a carpet ~*

szczotka do wykładzin 3 (*piłka nożna*) obrońca

sweeping /'swiːpɪŋ/ *adj*
1 uogólniający 2 (*zmiany itp.*) gruntowny

sweet /swiːt/ *adj* 1 (*i przen.*) słodki
2 miły: *It's very ~ of you!* To bardzo miło z twojej strony! |IDM| **have a sweet tooth** lubić słodycze ▶ *n* 1 cukierek: *a ~ shop* sklep ze słodyczami 2 deser ● 'sweet **corn** *n* kukurydza | 'sweetheart *n* (u) kochan-y/a

sweeten /'swiːtn/ *v* słodzić| **sweetener** *n* słodzik

swell /swel/ *v* (*pt* **swelled** /sweld/; *pp* **swollen** /'swəʊlən/ *lub* **swelled**) 1 ~ (up) puchnąć, (*rzeka itp.*) wzbierać
2 powiększać się 3 (*form.*) wzmagać się: *Hatred swelled inside him.* Wzbierała w nim nienawiść. ▶ *n* falowanie morza

swelling /'swelɪŋ/ *n* obrzęk, opuchlizna

swept *pt, pp* od SWEEP

swerve /swɜːv/ *v* gwałtownie skręcić (*np. z drogi*)

swift /swɪft/ *adj* szybki, prędki

swig /swɪg/ *v* (-gg-) (*nieform.*) żłopać, pociągać (*np. z butelki*)

swill /swɪl/ *v* ~ **sth** (**out/down**) (o)płukać

swim /swɪm/ *v* (*pres part.* -mm-; *pt* **swam** /swæm/; *pp* **swum** /swʌm/)
1 pływać 2 przepływać (*odległość*)
3 wirować (*np. przed oczami*) 4 kręcić się (*w głowie*) ▶ *n* pływanie: *have a ~* popływać| **swimmer** *n* pływa-k/czka ● 'swimming bath *n* pływalnia|
'swimming **costume** *n* (*Br.*) (*także* *swimsuit*) *n* kostium kąpielowy|
'swimming pool *n* basen | 'swimming **trunks** (*Am.* 'swimming shorts) *n* kąpielówki

swindle /'swɪndl/ *v* ~ **sb/sth** (**out of sth**) wyłudzać ▶ *n* szwindel: *a tax ~* oszustwo podatkowe| **swindler** *n* oszust/ka

swing /swɪŋ/ *v* (*pt, pp* **swung** /swʌŋ/)
1 huśtać (się), kołysać (się) 2 obracać się 3 ~ **from A to B/between A and B** (*nastrój, opinia itp.*) wahać się między czymś a czymś 4 ~ (**at sb/sth**) zamachnąć się ręką (na kogoś/coś) ▶ *n* 1 zamachnięcie się 2 huśtawka 3 zwrot (*np. na lewo/prawo w polityce*)

swipe /swaɪp/ *v* 1 ~ (**at**) **sb/sth** (*nieform.*) zamachnąć się na kogoś/coś
2 (*nieform.*) (*ukraść*) podwędzić
3 wczytywać (*np. kartę magnetyczną*)
● 'swipe card *n* karta magnetyczna

swirl /swɜːl/ *v* wirować, kręcić (się)

switch /swɪtʃ/ *n* 1 przełącznik 2 nagła zmiana ▶ *v* 1 ~ (**sth**) (**over**) (**to sth**) przerzucać się (z czegoś na coś), przenosić coś (*np. na inny termin*)
2 ~ (**sth**) (**with sb/sth**)/(**over/round**)

zamieniać się (czymś) (z kimś) |PV|
switch (**sth**) **off/on** wyłączać/włączać (się) ● 'switchboard *n* centrala telefoniczna

swivel /'swɪvl/ *v* (-ll-; *Am.* -l-) ~ (**sth**) (**round**) obracać (się) (*np. na osi*)

swollen *pp* od SWELL ▶ *adj* spuchnięty

swoop /swuːp/ *v* 1 (*ptak, samolot itp.*) pikować, nurkować 2 (*policja itp.*) zrobić nalot ▶ *n* 1 pikowanie, lot 2 ~ (**on sb/sth**) nalot (*np. policji*)

swop = SWAP

sword /sɔːd/ *n* miecz, szpada

swore *pt* od SWEAR

sworn *pp* od SWEAR

swot /swɒt/ *v* (-tt-) ~ (up) (for/on sth);
~ **sth up** (*nieform.*) wkuwać (*np. do egzaminu*) ▶ *n* (*nieform.*) kujon

swum *pp* od SWIM

swung *pt, pp* od SWING

syllable /'sɪləbl/ *n* sylaba

syllabus /'sɪləbəs/ *n* program nauczania

symbol /'sɪmbl/ *n* a ~ (**of/for sth**) symbol| **symbolic(al)** /sɪm'bɒlɪk(l)/ *adj* symboliczny

symmetry /'sɪmətri/ *n* symetria|
symmetrical /sɪ'metrɪkl/ *adj* symetryczny

sympathetic /ˌsɪmpə'θetɪk/ *adj*
1 współczujący, pełen zrozumienia
❶ Uwaga! W jęz. ang. **sympathetic** nie oznacza „sympatyczny." Mówiąc o osobie, że jest sympatyczna, używa się słowa **nice** lub **pleasant**. 2 ~ (**to sb/sth**) życzliwy, przychylny

sympathize (*także* -ise) /'sɪmpəθaɪz/ *v*
~ (**with sb/sth**) 1 współczuć 2 podzielać (*np. czyjeś zdanie*)

sympathy /'sɪmpəθi/ *n* (*pl* -ies) 1 ~ (**for/towards sb**) współczucie: *a letter of ~* list kondolencyjny 2 inklinacja |IDM| **be in sympathy with sb/sth** zgadzać się (z kimś), podzielać (*np. czyjeś sympatie polityczne/dążenia*)

symphony /'sɪmfəni/ *n* (*pl* -ies) symfonia

symptom /'sɪmptəm/ *n* 1 (*med.*) objaw 2 symptom (*np. zła*)

syndrome /'sɪndrəʊm/ *n* 1 (*med.*) zespół 2 syndrom

synonym /'sɪnənɪm/ *n* synonim|
synonymous /sɪ'nɒnɪməs/ *adj* ~ (**with sth**) (*przen.*) równoznaczny z czymś

syntax /'sɪntæks/ *n* [U] składnia

synthesis /'sɪnθəsɪs/ *n* (*pl* -theses /-siːz/) synteza

synthesizer (*także* synthesiser) /'sɪnθəsaɪzə(r)/ *n* syntezator

synthetic /sɪn'θetɪk/ *adj* 1 syntetyczny 2 sztuczny

S

syringe /sɪˈrɪndʒ/ *n* strzykawka

syrup /ˈsɪrəp/ *n* syrop

system /ˈsɪstəm/ *n* **1** system **2** organizm (*człowieka*): *the nervous ~* układ nerwowy **3** (**the system**) ustrój (*społeczny*) [IDM] **get sth out of your system** (*nieform.*) mieć (coś) z głowy | **systematic** /ˌsɪstəˈmætɪk/ *adj* systematyczny

'systems analyst *n* analityk systemów

··································

Tt

··································

T, t /tiː/ *n* litera *t* ● **'T-junction** *n* skrzyżowanie (*w kształcie litery T*)

tab /tæb/ *n* **1** języczek (*np. do otwierania puszki*) **2** (*Am.*) rachunek

table /ˈteɪbl/ *n* **1** stół, stolik: *a dining ~* stół do/w jadalni ◇ *a bedside ~* szafka nocna ◇ *a kitchen ~* stół kuchenny ◇ *a coffee ~* stolik do kawy **2** tabela ● **'tablecloth** *n* obrus | **'tablespoon** *n* **1** łyżka stołowa **2** (*także* 'tablespoonful): *Add two tablespoons of sugar.* Dodaj dwie łyżki cukru. | **'table tennis** *n* tenis stołowy

tablet /ˈtæblət/ *n* tabletka

tabloid /ˈtæblɔɪd/ *n* (*gazeta*) brukowiec

taboo /təˈbuː/ *n* tabu ▶ *adj* zakazany

tacit /ˈtæsɪt/ *adj* (*form.*) milczący, cichy

tack /tæk/ *n* **1** pinezka, ćwiek **2** taktyka ▶ *v* **1** przymocowywać pinezkami/ćwiekami **2** fastrygować [PV] **tack sth on (to sth)** doczepiać, dołączać

tackle /ˈtækl/ *v* **1** rozprawiać się z czymś: *Firemen managed to ~ the blaze.* Strażakom udało się opanować pożar. **2** (*piłka nożna itp.*) próbować odebrać piłkę przeciwnikowi **3** (*rugby itp.*) blokować przeciwnika **4 ~ sb about/over sth** konfrontować czyjeś stanowisko (*w jakiejś sprawie*) ▶ *n* **1** blokowanie (*piłki*) **2** sprzęt sportowy

tacky /ˈtæki/ *adj* (*nieform.*) **1** tandetny **2** lepki, kleisty

tact /tækt/ *n* takt | **tactful** *adj* taktowny | **tactless** *adj* nietaktowny

tactic /ˈtæktɪk/ *n* (**tactics**) taktyka, metoda działania | **tactical** *adj* taktyczny

tadpole /ˈtædpəʊl/ *n* kijanka

tag /tæg/ *n* metka, etykieta ▶ *v* (-gg-) przymocowywać metkę/etykietę

tail /teɪl/ *n* **1** ogon **2** (**tails**) [*pl*] frak **3** (**tails**) [*pl*] (*moneta*) reszka

tailor /ˈteɪlə(r)/ *n* krawiec (*męski*) ▶ *v* **1** szyć ubrania **2** projektować/ przystosowywać coś na zamówienie ● **ˌtailor-'made** *adj* **1** zrobiony na miarę **2** dostosowany do potrzeb

taint /teɪnt/ *n* (*form.*) skaza, piętno ▶ *v* **1** (s)plamić (*np. dobre imię*) **2** skazić (*np. żywność*)

take /teɪk/ *v* (*pt* took /tʊk/; *pp* taken /ˈteɪkən/) **1** brać, zabierać **2**: *He ~s great pleasure in his grandchildren.* Wnuki sprawiają mu wiele radości. **3** wymagać (*np. odwagi*) **4** jechać (*np. pociągiem*): *Which road do you ~ to Hove?* Którą drogą jedzie się do Hove? **5** znosić (*np. krytykę*) **6**: *Who ~s you for History?* Kto cię uczy historii? **7** uczyć się do egzaminu, zdawać egzamin **8**: *What size shoes do you ~?* Jaki nosisz rozmiar buta? **9** (*gram.*) występować z czymś **10** : *~ a seat* usiąść ◇ *~ a look at sth* popatrzeć na coś ◇ *~ a decision* podjąć decyzję ◇ *~ photos* robić zdjęcia ◇ *~ notes* robić notatki ◇ *~ sb's temperature* zmierzyć komuś temperaturę ➊ Take występuje w innych idiomach, np. **take place**. Zob. hasła odpowiednich n, adj itp. [PV] **take after sb** być podobnym (*do kogoś w rodzinie*) | **take sth apart** rozkładać na części | **take sb/sth away (from sb)** zabierać/odbierać kogoś/coś (*komuś*) | **take sth away 1** usuwać **2** kupować posiłek na wynos | **take sth back 1** oddawać **2** cofać (*np. pomówienie*) | **take sth down 1** rozbierać (*np. płot, rusztowanie*) **2** notować | **take sb in 1** nabierać (*kogoś na coś*) **2** przyjmować kogoś pod swój dach | **take sth in** zrozumieć | **take off 1** (*samolot*) startować **2** (*pomysł itp.*) chwytać, przyjmować się | **take sb off** naśladować kogoś | **take sth off 1** zdejmować (*zazw. ubranie*) **2** brać urlop | **take sb on** zatrudniać (*pracownika*) | **take sth on** brać na siebie (*np. odpowiedzialność*) | **take sb out** zabierać kogoś (*np. na przyjęcie*) | **take sth out** wycinać (*np. wyrostek*), usuwać (*np. ząb*) | **take sth out (of sth)** wyjmować coś (z czegoś): *I'd like to ~ £50 out.* Chciałbym wypłacić (z konta) £50. | **take (sth) over** przejmować (*np. obowiązki*) | **take to sb/sth** polubić [PV] **take up sth** zajmować się czymś | **take sth up** zainteresować się czymś | **take sb up on sth 1** zgłaszać zastrzeżenia wobec czyjejś wypowiedzi **2** trzymać za słowo | **take sth up with sb** poruszać temat (z kimś), składać skargę u kogoś ● **'take-off** *n* start (*samolotu*) | **'takeover** *n* przejęcie (*np. firmy, władzy*): *a military take-over* przewrót wojskowy

takeaway /ˈteɪkəweɪ/ (*Am.* takeout /ˈteɪkaʊt/) *n* **1** restauracja oferująca potrawy na wynos **2** potrawy na wynos

tale /teɪl/ *n* **1** o/powiastka, baśń: *fairy ~s* bajki **2** opowieść, bajda

talent /'tælənt/ *n* ~ **(for sth)** talent, zdolność | **talented** *adj* utalentowany, zdolny

talk /tɔːk/ *v* **1** ~ **(to/with sb) (about/of sb/ sth)**; ~ **(on/about sth)** rozmawiać, mówić na temat/o czymś → SPEAK **2** plotkować **3** dyskutować: ~ *business* rozmawiać o interesach [IDM] **talk sense** mówić do rzeczy | **talk shop** rozmawiać o sprawach zawodowych (poza pracą) [PV] **talk down to sb** mówić (do kogoś) protekcjonalnie/z lekceważeniem | **talk sb into (doing) sth** namawiać kogoś do czegoś | **talk sb out of (doing) sth** wyperswadowywać coś komuś | **talk sth over (with sb)** przedyskutować coś (z kimś) | **talkative** *adj* rozmowny, gadatliwy | *n* **1** rozmowa **2** (talks) rozmowy **3** gadanie **4** wykład: *give a ~ (on sth)* wygłosić prelekcję (na jakiś temat)

tall /tɔːl/ *adj* wysoki: *Claire is 1.7m ~. Claire ma 170 cm wzrostu. ◊ How ~ are you?* Jakiego jesteś wzrostu? → WYSOKI

tame /teɪm/ *adj* **1** oswojony **2** nudny, nijaki ▸ *v* oswajać

tamper /'tæmpə(r)/ *v* ~ **with sth** dobierać się (*do czegoś*), manipulować przy czymś

tan /tæn/ *n* **1** = SUNTAN **2** kolor jasnobrązowy (*naturalnej skóry*) ▸ *adj* koloru jasnobrązowego | *v* (-nn-) opalać (się)

tangent /'tændʒənt/ *n* styczna

tangible /'tændʒəbl/ *adj* namacalny, dotykalny

tangle /'tæŋgl/ *n* kołtun, plątanina | **tangled** *adj* poplątany, skołtuniony

tank /tæŋk/ *n* **1** zbiornik, cysterna **2** czołg | **tanker** *n* **1** tankowiec, zbiornikowiec **2** (*Am.* 'tank truck) cysterna

Tannoy™ /'tænɔɪ/ *n* system nagłaśniający: *announce sth over the ~* ogłaszać coś przez megafon

tantalizing (*także* -ising) /'tæntəlaɪzɪŋ/ *adj* pociągający, kuszący

tantrum /'tæntrəm/ *n* napad złości

tap /tæp/ *n* **1** (*Br.*) kran **2** podsłuch (*telefoniczny*) **3** puknięcie, stuknięcie ▸ *v* (-pp-) **1** wykorzystywać (*zasoby*) **2** zakładać podsłuch telefoniczny **3** ~ **(at/ on sth)**; ~ **sb/sth (on/with sth)** (lekko) stukać/pukać: ~ *sb on the shoulder* klepnąć kogoś po ramieniu ● 'tap dance **1** *n* stepowanie **2** *v* stepować | 'tap water *n* woda z kranu

tape /teɪp/ *n* **1** taśma (*np. magnetofonowa*): *a blank ~* pusta kaseta ◊ *make a ~ of sb/sth* nagrać kogoś/coś na kasetę **2** tasiemka

3 wstęga **4**: *sticky ~* taśma klejąca ◊ *insulating ~* taśma izolacyjna ▸ *v* **1** nagrywać na taśmę **2** ~ **sth (up)** przymocowywać taśmą klejącą ● 'tape deck *n* magnetofon (*bez wzmacniacza*) | 'tape measure *n* taśma miernicza | 'tape recorder *n* magnetofon | 'tape-recording *n* nagranie na taśmę

tapestry /'tæpəstri/ *n* (*pl* -ies) gobelin, arras

tar /tɑː(r)/ *n* **1** smoła **2** substancja smolista (*w papierosie*)

target /'tɑːgɪt/ *n* **1** cel: *We're right on ~. Dążymy prosto do wyznaczonego celu.* **2** tarcza (strzelnicza) ▸ *v* ~ **sth (at/on sb/ sth)** obierać (kogoś/coś) za cel (*np. działania, ataku*)

tariff /'tærɪf/ *n* **1** cło **2** taryfa

tarnish /'tɑːnɪʃ/ *v* **1** (z)matowieć **2** czynić matowym, pokrywać nalotem **3** szargać reputację

tart /tɑːt/ *n* **1** ciasto/placek z owocami **2** (*Br., nieform.*) dziwka ▸ *v* [PV] tart sth/ yourself up (*Br., nieform.*) odstawiać (się), wystroić (się)

tartan /'tɑːtn/ *n* **1** wzór szkockiej kraty **2** materiał w szkocką kratę

task /tɑːsk; *Am.* tæsk/ *n* zadanie, przedsięwzięcie

taste /teɪst/ *n* **1** zmysł smaku: ~ *buds* kubki smakowe (*i przen.*) smak **3 a** ~ **(of sth)**: *Have a ~ of this cheese to see if you like it.* Spróbuj tego sera, to zobaczysz, czy ci smakuje. **4 a** ~ **(for sth)** wyczucie, gust ▸ *v* **1** *v link* czuć smak → CAN¹ **2** kosztować, próbować **3** ~ **(of sth)** mieć smak (czegoś), smakować | **tasteful** *adj* gustowny | **tasteless** *adj* **1** bez gustu **2** niesmaczny, w złym guście | **tasty** *adj* smaczny, smakowity

tattered /'tætəd/ *adj* w strzępach

tatters /'tætəz/ *n* [IDM] in tatters (*ubranie*) w strzępach

tattoo /tə'tuː; *Am.* tæ'tuː/ *n* tatuaż ▸ *v* tatuować

taught *pt, pp* od TEACH

taunt /tɔːnt/ *v* szydzić

Taurus /'tɔːrəs/ *n* (*znak zodiaku*) Byk

taut /tɔːt/ *adj* (*sznur itp.*) naprężony

tax /tæks/ *n* podatek: *the ~ office* urząd skarbowy ▸ *v* opodatkowywać | **taxable** *adj* podlegający opodatkowaniu | **taxation** /tæk'seɪʃn/ *n* opodatkowanie ● ,tax-'free *adj* wolny od podatku

taxi /'tæksi/ (*także* ~cab) *n* taksówka ● 'taxi rank (*zwł. Am.* '~ stand) *n* postój taksówek

taxing /'tæksɪŋ/ *adj* wyczerpujący, wymagający wysiłku

tea /tiː/ *n* **1** herbata: *a ~ bag* torebka herbaty **2** (*zwł. Br.*) podwieczorek → DINNER ● 'teacup *n* filiżanka do

t

herbaty| **'teapot** n imbryczek| **'tea shop**
(*także '~ room*) n herbaciarnia|
'teaspoon n **1** łyżeczka do herbaty
2 (*także teaspoonful* /-fʊl/) (pełna)
łyżeczka do herbaty| **'teatime** n pora
podwieczorku| **'tea towel** (*także '~ cloth*)
n (*Br.*) ścierka do naczyń

teach /tiːtʃ/ v (*pt, pp* **taught** /tɔːt/)
uczyć, nauczać [IDM] **teach sb (a lesson)**
dawać komuś nauczkę| **teaching** n
1 nauczanie **2** zawód nauczyciela
3 [*zwykle pl*] nauki

teacher /'tiːtʃə(r)/ n nauczyciel/ka

team /tiːm/ n [z v. w pl lub s] drużyna,
zespół [PV] **team up (with sb)** łączyć
siły/się (z kimś)

tear[1] /tɪə(r)/ n łza: *burst into ~s*
wybuchnąć płaczem| **tearful** /-/ adj
zapłakany, łzawy

tear[2] /teə(r)/ v (*pt* **tore** /tɔː(r)/; *pp* **torn**
/tɔːn/) **1** drzeć/rwać (się): ~ *a page out
of a notebook* wyrwać kartkę z notesu
2 pędzić, szybko biec/jechać [PV] **tear
sth apart 1** rozdzierać, rozszarpywać
2 niszczyć| **tear yourself away (from sb/
sth)** odrywać się (od kogoś/czegoś)| **be
torn between A and B** być w rozterce
między jednym a drugim| **tear sth down**
burzyć (*zazw. budynek, mur*)| **tear sth
up** drzeć, rwać na kawałki ▶ n
rozdarcie

tease /tiːz/ v drażnić/droczyć się

technical /'teknɪkl/ adj techniczny,
fachowy| **technicality** /ˌteknɪ'kæləti/ n
(*pl* **-ies**) szczegół (*np. techniczny,
prawny*)| **technically** adv **1** formalnie,
ściśle mówiąc **2** pod względem
technicznym **3** technicznie

technician /tek'nɪʃn/ n technik

technique /tek'niːk/ n **1** metoda,
sposób **2** technika

technology /tek'nɒlədʒi/ n (*pl* **-ies**) **1**
technika **2** technologia| **technological**
/ˌteknə'lɒdʒɪkl/ adj techniczny,
technologiczny

teddy bear /'tedi beə(r)/ (*także* **teddy**
(*pl* **-ies**)) n miś (*pluszowy*)

tedious /'tiːdiəs/ adj długi, nużący

teem /tiːm/ v ~ **with sth** roić się od
kogoś/czegoś

teenager /'tiːneɪdʒə(r)/ n nastolat-ek/
ka| **teenage** adj **1** nastoletni **2** dla
nastolatków

teens /tiːnz/ n „naście" lat, wiek
dojrzewania (*od 13 do 19 lat*): *be in your
late/early ~* mieć około osiemnastu lat/
kilkanaście lat

teeth *pl od* TOOTH

teethe /tiːð/ v ząbkować

teetotal /ˌtiː'təʊtl/ adj nie używający
napojów alkoholowych: *He is ~.* Jest
abstynentem.| **teetotaller** (*Am. -taler*)
/-tlə(r)/ n abstynent/ka

telecommunications /ˌtelikəˌmɪ-
juːnɪ'keɪʃnz/ n [*pl*] telekomunikacja

telephone /'telɪfəʊn/ → PHONE

telesales /'teliseɪlz/ (*także*
telemarketing) n telesprzedaż

telescope /'teliskəʊp/ n teleskop

television /'telɪvɪʒn/ (*Br., nieform.* **telly**)
n **1** (*także* ~ **set**) telewizor **2** telewizja
[IDM] **on television** w telewizji| **televise**
/'telɪvaɪz/ v nadawać w telewizji

tell /tel/ v (*pt, pp* **told** /təʊld/) **1** ~ **sb
(sth);** ~ **sth (to sb)** powiedzieć, mówić:
~ *a lie* skłamać → POWIEDZIEĆ **2** ~ **sb (to
do sth)** poradzić; kazać **3** wiedzieć: *I
could ~ that he had enjoyed the evening.*
Widziałem, że dobrze się bawił tego
wieczora. ◊ *You can never ~.* Nigdy nie
wiadomo. **4** (*książka itp.*) dostarczać
informacji **5** zdradzić (*sekret*) **6** ~ (**on sb/
sth**) wywierać widoczny skutek: *His
age is beginning to ~!* Zaczyna
wyglądać na swoje lata! [IDM] **tell the
time** podawać czas| **(I'll) tell you what**
(*nieform.*) posłuchaj [PV] **tell sb off (for
(doing) sth)** ganić, besztać| **tell on sb**
skarżyć na kogoś| **telling** adj
1 skuteczny **2** wymowny

temp /temp/ n (*nieform.*) pracownik
tymczasowy zastępujący osobę chorą
lub przebywającą na urlopie

temper /'tempə(r)/ n **1** gwałtowny
charakter: *control your ~* panować nad
sobą **2** humor, nastrój [IDM] **in a temper**
rozzłoszczony, nie panujący nad sobą|
keep your temper zachowywać spokój|
lose your temper złościć się

temperament /'temprəmənt/ n
usposobienie| **temperamental**
/ˌtemprə'mentl/ adj ulegający
nastrojom, wybuchowy

temperate /'tempərət/ adj (*klimat*)
umiarkowany

temperature /'temprətʃə(r); *Am.* -tʃʊr/
n temperatura [IDM] **have a temperature**
mieć gorączkę| **take sb's temperature**
mierzyć temperaturę

template /'templeɪt/ n szablon, forma

temple /'templ/ n **1** świątynia **2** skroń

tempo /'tempəʊ/ n tempo

temporary /'temprəri; *Am.* -pəreri/ adj
tymczasowy

tempt /tempt/ v kusić

temptation /temp'teɪʃn/ n pokusa

ten /ten/ liczba dziesięć → DWA

tenacious /tə'neɪʃəs/ adj nieustępliwy

tenant /'tenənt/ n dzierżaw-ca/czyni,
lokator/ka| **tenancy** /-si/ (*pl* **-ies**) n
dzierżawa, najem

tend /tend/ v **1** mieć skłonność/
tendencję ❶ Często tłumaczy się
„zwykle" + v.: *Women ~ to live longer
than men.* Kobiety zwykle żyją dłużej

niż mężczyźni. **2** skłaniać się ‖ **tendency** /'tendənsɪ/ n (pl **-ies**) skłonność, tendencja

tender /'tendə(r)/ adj **1** czuły **2** (jedzenie) kruchy, miękki **3** (skóra) wrażliwy, (część ciała) obolały **4** (wiek człowieka) młody ▶ v (form.) **1** składać (np. rezygnację) **2** brać udział w przetargu ‖ n oferta (przetargowa)

tendon /'tendən/ n ścięgno

tennis /'tenɪs/ n tenis

tenor /'tenə(r)/ n tenor ▶ adj tenorowy

tenpin bowling /ˌtenpɪn 'bəʊlɪŋ/ n gra w kręgle

tense /tens/ adj **1** (osoba) spięty **2** (mięsień itp.) naprężony **3** (atmosfera itp.) napięty ▶ v **1** stawać się spiętym **2** naprężać (np. mięśnie) ‖ n (gram.) czas

tension /'tenʃn/ n napięcie

tent /tent/ n namiot

tentacle /'tentəkl/ n macka, czułek

tentative /'tentətɪv/ adj **1** prowizoryczny **2** (uśmiech, krok itp.) niepewny

tenth /tenθ/ (liczebnik porządkowy) dziesiąty → DRUGI

tenuous /'tenjuəs/ adj (związek, pomysł itp.) wątły, nieistotny

tepid /'tepɪd/ adj (płyn, napój itp.) letni

term /tɜːm/ n **1** określenie, termin **2** (terms) in… ~s; in ~s of… w kategoriach: in ~s of size pod względem rozmiaru **3** (terms) warunki (np. umowy) **4** (szk.) semestr **5** kadencja (sprawowania urzędu), okres (np. pozbawienia wolności; wynajmu) [IDM] **be on good/friendly, etc. terms (with sb)** być w dobrych/przyjaznych itp. stosunkach (z kimś) ‖ **come to terms with sth** pogodzić się z czymś ‖ **in the long/short term** w dłuższym/krótszym okresie ▶ v określać, nazywać

terminal /'tɜːmɪnl/ adj nieuleczalny, śmiertelny ▶ n dworzec (lot.; komput.) terminal

terminate /'tɜːmɪneɪt/ v (form.) kończyć (się), rozwiązywać (umowę)

terminology /ˌtɜːmɪ'nɒlədʒɪ/ n (pl **-ies**) terminologia

terminus /'tɜːmɪnəs/ n końcow-a/y stacja/przystanek

terrace /'terəs/ n **1** taras **2** dom szeregowy **3** (terraces) trybuny (z miejscami stojącymi)

terrain /tə'reɪn/ n teren

terrestrial /tə'restriəl/ adj **1** lądowy **2** ziemski **3** (radio; TV) naziemny

terrible /'terəbl/ adj straszny, okropny: It was a ~ shame that you couldn't come. Wielka szkoda, że nie mogłeś przyjść. ‖ **terribly** adv strasznie, okropnie: I'm ~ sorry. Ogromnie mi przykro.

terrific /tə'rɪfɪk/ adj (nieform.) wspaniały, świetny

terrify /'terɪfaɪ/ v (3rd sing czasu pres **-ies**; pt, pp **-ied**) przerażać, straszyć

territory /'terətri; Am. -tɔːri/ n (pl **-ies**) **1** terytorium **2** teren ‖ **territorial** /ˌterə'tɔːriəl/ adj terytorialny

terror /'terə(r)/ n **1** przerażenie, paniczny strach **2** (osoba) postrach **3** terror: a ~ campaign kampania terrorystyczna **4** (przen.) diabełek ‖ **terrorize** (także **-ise**) v terroryzować

terrorism /'terərɪzəm/ n terroryzm ‖ **terrorist** **1** n terryst-a/ka **2** adj terrorystyczny

terse /tɜːs/ adj lapidarny, zwięzły

test /test/ n **1** egzamin: a spelling ~ sprawdzian ortograficzny **2** badanie (lekarskie): an eye ~ badanie wzroku **3** test, doświadczenie **4** próba (np. czasu) ▶ v **1** ~ sb/sth (for sth); ~ sth (on sb/sth) sprawdzać, testować **2** badać: have your eyes tested przechodzić badanie wzroku **3** ~ sb (on sth) egzaminować kogoś (z czegoś) ● **'test tube** n probówka ‖ **'test-tube baby** n dziecko z probówki

testament /'testəmənt/ n (form.) a ~ (to sth) świadectwo (czegoś) na coś: The prize is a ~ to her talent. Ta nagroda świadczy o jej talencie.

testicle /'testɪkl/ n (anat.) jądro

testify /'testɪfaɪ/ v (3rd sing czasu pres **-ies**; pt, pp **-ied**) zeznawać

testimony /'testɪməni; Am. -məʊni/ n (pl **-ies**) **1** (prawn.) zeznanie **2** (form.) świadectwo czegoś

tether /'teðə(r)/ v pętać (zwierzę)

text /tekst/ n **1** tekst **2** lektura: a set ~ lektura obowiązkowa ▶ v przesyłać wiadomość tekstową (SMS) ● **'textbook** n podręcznik ‖ **'text message** n wiadomość tekstowa, SMS

textile /'tekstaɪl/ n tkanina

texture /'tekstʃə(r)/ n faktura, wrażenie w dotyku

than /ðən; f. akcent. ðæn/ conj, prep niż, od

thank /θæŋk/ v ~ sb (for sth/for doing sth) dziękować ❶ Używa się także, przyjmując czyjąś propozycję pomocy, poczęstunku itp.: 'Would you like a piece of cake?' 'Yes, thank you (Tak, poproszę).' (Można też odpowiedzieć **Yes, please**.) Chcąc grzecznie odmówić, mówi się **no, thank you** lub **no, thanks**. [IDM] **thank God/goodness/heavens** dzięki Bogu! ‖ **thankful** adj wdzięczny ‖ **thanks** n podziękowanie [IDM] **thanks to sb/sth** dzięki komuś/czemuś ● **Thanksgiving (Day)** n (Am.) Święto Dziękczynienia ‖ **'thank you** n podziękowanie: say ~ to sb podziękować komuś

that /ðæt/ *dem pron, pron* (*pl* those
/ðəʊz/) (tam)ten/ta/to [IDM] **that is (to
say)** to znaczy, to jest | **that is that** to tyle
(na razie) | **that/this is it** tak jest!, dobrze!
▶ /f. *nieakcent.* ðət/ *pron* który ❶ Kiedy
that jest dopełnieniem zdania
względnego, wówczas można je
pominąć: *I wore the dress (~) I bought
in Paris.* | *conj* że | *adv* (aż) tak

thatched /ðætʃt/ *adj* pokryty strzechą

thaw /θɔː/ *v* **1 ~ (out)** topnieć: *It's
starting to ~*. Zaczyna się odwilż. **2 ~ sth
(out)** rozmrażać (*np. jedzenie*) ▶ *n*
odwilż

the /ðə; ðɪ; *f. akcent.* ðiː/ *przedimek
determiner* ❶ Najczęściej nie tłumaczy
się. **1:** *I took ~ children to ~ dentist.*
Zabrałem dzieci do dentysty. ◇ *The
milk is in ~ fridge.* Mleko jest w
lodówce. **2:** *Who won ~ World Cup?* Kto
wygrał Puchar Świata? **3:** *Friday ~
thirteenth* piątek trzynastego ◇ *in ~
nineties* w latach dziewięćdziesiątych
4 (*nadaje adj funkcję n w pl.*): *~ French*
Francuzi ◇ *~ poor* biedni **5:** *The
dolphin is an intelligent animal.* Delfin
to inteligentne zwierzę. **6:** *be paid by ~
hour* otrzymywać wynagrodzenie za
godzinę pracy **7:** *Do you play ~ piano?*
Czy grasz na pianinie? **8** ten (sławny)
❶ The wymawia się /ðiː/w tym
znaczeniu. **9 the... the...** im...tym...

theatre /ˈθɪətə(r)/ (*Am. -ter* /ˈθiːətər/) *n*
1 teatr ❶ W Am. ang. zwrot (movie)
theater oznacza „kino". **2** = OPERATING
THEATRE | **theatrical** /θiˈætrɪkl/ *adj*
teatralny, dramatyczny

theft /θeft/ *n* kradzież

their /ðeə(r)/ *dem pron* **1** ich
2 (*nieform.*) jego/jej, swój | **theirs** /ðeəz/
pron ich

them /ðəm; *f. akcent.* ðem/ *pron*
1 (*przypadek zależny słowa* they): *I'll
phone ~ now.* Zadzwonię do nich teraz.
2 (*nieform.*) (*przypadek zależny słów*
he/she): *If anyone phones, tell ~ I'm
busy.* Jeżeli ktoś zadzwoni, powiedz, że
jestem zajęty.

theme /θiːm/ *n* **1** temat **2** motyw (*np. w
utworze literackim*) | ˈtheme park *n* park
rozrywki (*oparty na jednym temacie*)

themselves /ðəmˈselvz/ *pron* **1** się/
siebie **2** (oni) sami [IDM] **(all) by
themselves** sami → ALONE

then /ðen/ *adv* **1** wtedy, wówczas: *I
haven't seen him since ~*. Nie widziałem
go od tamtej pory. **2** potem, następnie
3 w takim razie, wobec tego **4** (*po
słowach* now, OK, right *itp.*) dobra! [IDM]
**but then/there; then/there again; but
then/there again** ale z drugiej strony, ale
przecież

theology /θiˈɒlədʒi/ *n* teologia

theoretical /ˌθɪəˈretɪkl/ *adj*
teoretyczny

theory /ˈθɪəri/ *n* (*pl* -ies) teoria [IDM] **in
theory** teoretycznie

therapeutic /ˌθerəˈpjuːtɪk/ *adj*
leczniczy, terapeutyczny

therapy /ˈθerəpi/ *n* (*pl* -ies) terapia,
leczenie: *speech ~* logopedia | **therapist**
n terapeut-a/ka: *a speech ~* logopeda

there /ðeə(r)/ *adv* **1** tam **2** tutaj, w tym
momencie: *Could I interrupt you ~ for a
minute?* Czy mógłbym ci na chwilę
przerwać? **3** dostępny, do dyspozycji
[IDM] **there you are** **1** proszę, masz
2 i proszę (*tak to działa*) **3** masz ci los
▶ /ðə(r); *f. akcent.* ðeə(r)/ *pron* **1:** *Is ~ a
god?* Czy Bóg istnieje? ◇ *There wasn't
much to eat.* Nie było dużo do jedzenia.
◇ *There seems to be a mistake here.*
Zdaje się, że jest tu błąd. ❶ **There is/are**
często tłumaczy się „jest/są". **2:** *Oh
look, there's Kate coming!* O, popatrz,
Kate idzie!

thereafter /ˌðeərˈɑːftə(r); *Am.* -ˈæf-/ *adv*
(*form.*) od tego czasu, później

thereby /ˌðeəˈbaɪ/ *adv* (*form.*) tym
samym, w ten sposób

therefore /ˈðeəfɔː(r)/ *adv* dlatego,
zatem

thermal /ˈθɜːml/ *adj* **1** cieplny,
termiczny **2** (*ubranie*) ciepły,
termoaktywny

thermometer /θəˈmɒmɪtə(r)/ *n*
termometr

thermostat /ˈθɜːməstæt/ *n* termostat

these → THIS

thesis /ˈθiːsɪs/ *n* (*pl* theses /-siːz/)
1 praca (*np. dyplomowa*) **2** teza

they /ðeɪ/ *pron* **1** oni, one **2** ludzie: *~
say* podobno **3** (*nieform.*) ta osoba → HE

they'd /ðeɪd/ *abbr* THEY HAD, THEY
WOULD

they'll /ðeɪl/ *abbr* THEY WILL

they're /ðeə(r)/ *abbr* THEY ARE

they've /ðeɪv/ *abbr* THEY HAVE

thick /θɪk/ *adj* **1** gruby **2** gęsty **3 ~ (with
sth)** pełen (czegoś), zapchany (czegoś):
The air was ~ with dust. W powietrzu
było gęsto od kurzu. **4** (*akcent*) silny
5 (*nieform.*) głupi, tępy: *He's ~*.
głupol. | **thicken** *v* gęstnieć, zagęszczać
(się) | **thickness** *n* grubość, gęstość | *n*
[IDM] **in the thick of sth** w wirze (czegoś),
u szczytu (czegoś)

thief /θiːf/ *n* (*pl* thieves /θiːvz/)
złodziej/ka → ZŁODZIEJ

thigh /θaɪ/ *n* ud(k)o

thimble /ˈθɪmbl/ *n* naparstek

thin /θɪn/ *adj* (-nn-) **1** cienki **2** chudy
3 rzadki: *The population is rather ~ in
this part of the country.* Ta część kraju
jest dość rzadko zaludniona. ▶ *v* (-nn-)

~ (sth) (out) rzednąć, przerzedzać się, rozrzedzać (się)

thing /θɪŋ/ n 1 rzecz, przedmiot 2 coś: *There's no such ~ as evil.* Zło nie istnieje. ◊ *What a nice ~ to say!* Jak to miło z twojej (jego itd.) strony! 3 fakt 4 (things) (*ubranie*) rzeczy 5 (things) okoliczności, sytuacja: *Things seem to be going very well for him at the moment.* Teraz wszystko układa mu się pomyślnie. ◊ *How are ~s?* Co słychać? ◊ *talk ~s over* omawiać sprawy 6: *Poor little ~!* Biedactwo! 7 (the thing) to, co jest wskazane/modne [IDM] **be a good thing (that)** na szczęście| **do your own thing** robić swoje| **first/last thing** jak najwcześniej; jak najpóźniej: *I'll phone first thing tomorrow morning.* Zadzwonię jutro z samego rana.| **for one thing** to po pierwsze| **have a thing about sb/sth** (*nieform.*) mieć bzika na czymś/jakimś punkcie

think /θɪŋk/ v (*pt, pp* thought /θɔ:t/) 1 ~ (about sth) myśleć 2 sądzić: *What did you ~ of the film?* Jak ci się podobał ten film? 3 ~ of/about doing sth zamierzać 4 wyobrazić sobie 5 ~ about/of sb troszczyć się o kogoś; o kimś: *She only ~s about herself.* Ona myśli tylko o sobie. 6 przypominać sobie 7 spodziewać się, oczekiwać [IDM] **think highly/a lot/not much, etc. of sb/sth** mieć o kimś dobre/że itp. zdanie| **think the world of sb** świata poza kimś nie widzieć [PV] **think of sth** wymyślić coś| **think sth over** obmyślać coś: *a well-thought-out scheme* dobrze obmyślony plan| **think sth over/through** przemyśleć coś| **think sth up** wymyślić coś ▶ n rozważanie: *have a ~ about sth* przemyśleć coś| **thinker** n 1 myśliciel/ka, intelektualist-a/ka 2 osoba myśląca w określony sposób| **thinking** adj myślący, inteligentny| n 1 myślenie: *clear ~* klarowność myślenia 2 opinia: *to my way of ~* moim zdaniem

third /θɜ:d/ (*liczebnik porządkowy*) trzeci → DRUGI ▶ n 1 (jedna) trzecia 2 (*Br.*) dyplom trzeciej kategorii| **thirdly** adv po trzecie ● **third 'party** n ktoś/osoba trzeci/a, osoba postronna

thirst /θɜ:st/ n (a ~ for sth) pragnienie| **thirsty** adj spragniony

thirteen /ˌθɜ:'ti:n/ *liczba* trzynaście → DWA| **thirteenth** (*liczebnik porządkowy*) trzynasty → DRUGI

thirty /'θɜ:ti/ *liczba* trzydzieści → DWA| **thirtieth** (*liczebnik porządkowy*) trzydziesty → DRUGI

this /ðɪs/ *dem pron, pron* (*pl* these /ði:z/) ten/ta/to [IDM] **this and that** to i owo ▶ adv (aż) tak

thistle /'θɪsl/ n oset

thorn /θɔ:n/ n cierń, kolec| **thorny** adj 1 ciernisty, kolczasty 2 (*problem itp.*) drażliwy

thorough /'θʌrə; *Am.* 'θɜ:rou/ adj 1 gruntowny, drobiazgowy 2 (*osoba itp.*) sumienny| **thoroughly** adv 1 gruntownie, drobiazgowo 2 całkowicie, zupełnie

those *pl od* THAT

though /ðəʊ/ *conj* chociaż, mimo że ▶ adv (*nieform.*) (niemniej) jednak → ALTHOUGH

thought *pt, pp od* THINK ▶ n 1 myśl 2 namysł: *I need to give this problem some ~.* Muszę się zastanowić nad tym problemem. 3 (thoughts): *You are always in my ~s.* Zawsze o tobie myślę. 4 opinia, zdanie 5 intencja, pomysł| **thoughtful** adj 1 zamyślony 2 troskliwy| **thoughtless** adj bezmyślny

thousand /'θaʊznd/ *liczba* 1 tysiąc ❶ Mówiąc o liczbach, używa się **thousand** w lp: *She earns eighteen ~ pounds a year.* 2 (thousands) mnóstwo| **thousandth** (*liczebnik porządkowy*) tysięczny

thrash /θræʃ/ v 1 chłostać 2 ~ (about/around) rzucać się, wymachiwać rękami i nogami 3 rozgromić (*przeciwnika*)

thread /θred/ n 1 nić, nitka 2 wątek ▶ v 1 nawlekać 2 przewlekać (coś przez coś) ● **'threadbare** /'θredbeə(r)/ adj wytarty

threat /θret/ n 1 groźba, pogróżka 2 zagrożenie: *be under ~* być zagrożonym

threaten /'θretn/ v 1 ~ sb (with sth); ~ (to do sth) grozić, straszyć 2 zagrażać| **threatening** adj grożący, groźny

three /θri:/ *liczba* trzy → DWA

threshold /'θreʃhəʊld/ n (*i przen.*) próg

threw *pt od* THROW

thrill /θrɪl/ n dreszcz(yk) (*np. rozkoszy, emocji*) ▶ v wzruszać, zachwycać| **thriller** n dreszczowiec| **thrilling** adj porywający, pasjonujący

thrive /θraɪv/ v (*i przen.*) doskonale prosperować/kwitnąć

throat /θrəʊt/ n gardło: *I've got a terrible sore ~.* Strasznie boli mnie gardło.

throb /θrɒb/ v (-bb-) 1 (*maszyna*) warkotać 2 tętnić, pulsować: *Her finger throbbed with pain.* Czuła rwący ból w palcu. ▶ n 1 warkot 2 pulsowanie

throne /θrəʊn/ n tron

through /θru:/ *prep* 1 przez: *cut ~ the rope* przeciąć linę ◊ *We're halfway ~ the book.* Jesteśmy w połowie książki. 2 (*Am.*) (*od…do*) włącznie: *Monday ~ Friday* od poniedziałku do piątku włącznie 3 za pośrednictwem ▶ adv 1 przez 2 od początku do końca 3 (*Br.*): *put sb ~ to sb* połączyć kogoś z kimś

(telefonicznie) [PV] **be through (with sb/
sth)** skończyć z kimś/czymś| *adj* [IDM]
No through road ulica bez przejazdu|
through train pociąg bezpośredni

throughout /θruːˈaʊt/ *adv, prep* **1** na
wskroś, wszędzie **2** przez cały (*np. czas*)

throw /θrəʊ/ *v* (*pt* **threw** /θruː/; *pp*
thrown /θrəʊn/) **1** rzucać **2** (*nieform.*)
zbijać z tropu [PV] **throw sth away**
1 wyrzucać coś **2** przepuszczać (*np.
dobrą okazję*)| **throw sth in** (*nieform.*)
dorzucać (*coś gratis*)| **throw sb out**
wyrzucać (*kogoś np. z pracy*)| **throw sth
out 1** odrzucać (*np. propozycję*)
2 = THROW STH AWAY| **throw up**
wymiotować| **throw sth up**
1 wymiotować coś **2** przynosić (*np.
rezultaty*) **3** rezygnować z czegoś ▶ *n*
rzut

thru (*Am.*) = THROUGH

thrust /θrʌst/ *v* (*pt, pp* **thrust**)
1 popychać, przepychać się **2** dźgać ▶ *n*
1 pchnięcie, dźgnięcie **2** cel, istota

thud /θʌd/ *n* głuchy odgłos ▶ *v* (**-dd-**)
uderzać w coś (*z głuchym odgłosem*)

thug /θʌɡ/ *n* zbir, opryszek

thumb /θʌm/ *n* kciuk [IDM] **the thumbs
up/down** znak aprobaty/dezaprobaty
▶ *v* [IDM] **thumb a lift** zatrzymywać
samochód (*z prośbą o podwiezienie*)
● '**thumbtack** *n* (*Am.*) pinezka

thump /θʌmp/ *v* **1** uderzać (*zazw.
pięścią*) **2** walić ▶ *n* **1** uderzenie,
walnięcie **2** głuchy odgłos

thunder /ˈθʌndə(r)/ *n* [U] grzmot, grom
▶ *v* (*i przen.*) grzmieć, przejeżdżać itp. z
hukiem ● '**thunderstorm** *n* burza z
piorunami

Thursday /ˈθɜːzdeɪ; -di/ *n* czwartek
→ PONIEDZIAŁEK

thus /ðʌs/ *adv* (*form.*) **1** w ten sposób
2 a zatem, tak więc

thwart /θwɔːt/ *v* **1** krzyżować (*czyjeś
plany*) **2** udaremniać (*np. wysiłki*)

tick /tɪk/ *n* **1** tykanie **2** (*nieform.*)
moment: *Hang on a ~, please.* Poczekaj
chwilkę. **3** (*Br.*) (*znak w kształcie litery
V*) ptaszek: *Put a ~ after each correct
answer.* Odhacz każdą prawidłową
odpowiedź. **4** kleszcz ▶ *v* **1** tykać **2** ~ **sth
(off)** odfajkowywać (*np. dobrą
odpowiedź*) [IDM] **what makes sb/sth tick**
co jest motywem czyjegoś/czegoś
działania [PV] **tick away/by** (*czas*) mijać

ticket /ˈtɪkɪt/ *n* **1** bilet: *a single/return
~* bilet w jedną stronę/powrotny
2 metka **3** (*kara*) mandat

tickle /ˈtɪkl/ *v* **1** łaskotać **2** swędzić: *My
nose ~s/is tickling.* Swędzi mnie nos.
3 (*nieform.*) bawić, cieszyć ▶ *n*
swędzenie, łaskotanie: *I've got a ~ in
my throat.* Łaskocze mnie w gardle.|
ticklish *adj* mający łaskotki, łaskotliwy

tidal /ˈtaɪdl/ *adj* (*fala itp.*) pływowy

tide /taɪd/ *n* przypływ/odpływ: *The ~ is
in/out.* Jest przypływ/odpływ. ◇ *The ~
is coming in/going out.* Nadchodzi
przypływ/odpływ.

tidy /ˈtaɪdi/ *adj* **1** uporządkowany,
czysty **2** staranny ▶ *v* (*3rd sing czasu
pres* **-ies;** *pt, pp* **-ied**) ~ **(sb/sth/yourself)
(up)** doprowadzać do porządku [PV] **tidy
sth away** odkładać (*coś*) na miejsce

tie /taɪ/ *n* **1** krawat **2** więź (*np.
rodzinna*) **3** więzy, pęta **4** (*sport*) remis
▶ *v* (*pres part.* **tying;** *3rd sing czasu pres*
ties; *pt, pp* **tied**) **1** wiązać (*np. włosy*) **2** ~ **sb (to sth/
doing sth)** ograniczać kogoś (*do czegoś*)
3 ~ **(with sb) (for sth)** (*sport*) remisować
[PV] **tie sb/yourself down** krępować
(się), wiązać (się)| **tie sb/sth up**
1 uwiązywać, przywiązywać **2** być
zajętym

tier /tɪə(r)/ *n* kondygnacja, poziom

tiger /ˈtaɪɡə(r)/ *n* tygrys

tight /taɪt/ *adj* **1** (*uścisk itp.*) mocny: *a ~
knot* mocno zaciśnięty węzeł
2 (*ubranie*) ciasny, obcisły **3** (*i przen.*)
napięty **4** (*dyscyplina, ochrona itp.*)
zaostrzony| **tighten** *v* ~ **(sth) (up)**
zaciskać, zacieśniać: *He tightened the
screws as far as they would go.* Dokręcił
śruby aż do oporu. [PV] **tighten up (on
sth)** (*dyskusja, restrykcje itp.*) zaostrzyć
(się)

tightrope /ˈtaɪtrəʊp/ *n* lina (*zazw. do
akrobacji w cyrku*)

tights /taɪts/ *n* (*Br.*) rajstopy

tile /taɪl/ *n* dachówka, (*glazura itp.*)
płytka ceramiczna: *carpet ~s* kwadraty
wykładziny dywanowej ▶ *v* wykładać
kafelkami, pokrywać dachówką

till /tɪl/ = UNTIL ▶ *n* kasa

tilt /tɪlt/ *v* nachylać (się), przechylać
(się) ▶ *n* nachylenie, przechylenie

timber /ˈtɪmbə(r)/ *n* **1** (*zwł. Br.*) drewno
(*do budowy*) **2** belka (*drewniana*)

time /taɪm/ *n* **1** ustalać (*np. termin/czas
czegoś*), wybierać (*np. odpowiedni
moment*) **2** mierzyć czas ▶ *n* **1** czas: *I've
been waiting a long ~.* Długo czekam.
◇ *take a long ~* długo trwać ◇ *What
was his ~ in the hundred metres?* Jaki
miał czas na sto metrów? **2** godzina:
What's the ~? Która godzina? ◇ *ask sb
the ~* zapytać kogoś o godzinę ◇ *tell the
~* powiedzieć, która jest godzina ◇ *the
~s of trains to Bristol* godziny odjazdu
pociągów do Bristolu **3** raz: *Three ~s
lucky.* Do trzech razy sztuka. ◇ *last/
next ~* ostatnim/następnym razem [IDM]
all the time; the whole time (przez) cały
czas| **at a time** jednocześnie, na raz| **at
one time** kiedyś, dawno temu| **at the
time** wtedy, wówczas| **at times** czasami|

for the time being na razie, chwilowo | from time to time od czasu do czasu | have a good/great, etc. time dobrze się bawić | have the time of your life świetnie się bawić | in good time 1 przed czasem 2 na czas | in time (for sth/to do sth) na czas, w samą porę | it's about/high time (jęz. mów.) najwyższy czas | on time na czas | take your time nie śpieszyć się | time after time; time and (time) again raz za razem | timer n 1 chronometrażyst-a/ka 2 regulator czasowy: an egg ~ minutnik (do mierzenia czasu na gotowanie jajek) | timing n 1 (określony/proponowany) czas (np. spotkania) 2 umiejętność planowania w czasie ● 'time-consuming adj czasochłonny | 'time lag n 1 opóźnienie, zwłoka w czasie 2 odstęp czasu (między dwoma wydarzeniami) | 'time limit n (określony) termin | 'time machine n wehikuł czasu | 'time signature n (muz.) oznaczenie taktowe | 'timetable n 1 plan lekcji 2 terminarz 3 rozkład jazdy

timely /'taɪmli/ adj (zachodzący) w samą porę

times /taɪmz/ prep, n razy: Three ~ two is six. Trzy razy dwa równa się sześć. ◊ three ~s as/more expensive than trzy razy droższy niż

timid /'tɪmɪd/ adj bojaźliwy, nieśmiały

tin /tɪn/ n 1 cyna 2 (Br.) puszka (np. groszku, zupy) → PUSZKA | tinned adj (Br.) konserwowy ● 'tin-opener n otwieracz do konserw

tinge /tɪndʒ/ n zabarwienie, odcień

tingle /'tɪŋgl/ v odczuwać mrowienie, świerzbić ► n mrowienie, lekkie szczypanie

tinker /'tɪŋkə(r)/ v majstrować

tinsel /'tɪnsl/ n lameta

tint /tɪnt/ n zabarwienie ► v barwić, farbować

tiny /'taɪni/ adj malutki

tip /tɪp/ n 1 koniuszek/koniec (np. palca): the southernmost ~ of Africa najbardziej na południe wysunięty punkt Afryki 2 = RUBBISH TIP 3 (nieform.) śmietnik 4 napiwek 5 dobra rada, wskazówka ► v (-pp-) 1 ~ (sth) (up) przechylać/podnosić (się) (jednym końcem w górę) 2 ~ (sth) (over) wywracać (się) 3 wylewać, wysypywać | v (-pp-) 1 dawać napiwek 2 ~ sb/sth (as sth/to do sth) typować kogoś/coś (np. na zwycięzcę/na stanowisko) [PV] tip sb off udzielać poufnej informacji | 'tip-off n poufna informacja

Tipp-Ex™ /'tɪpeks/ n (Br.) korektor (w płynie) | tippex v ~ sth (out) poprawić coś za pomocą korektora

tiptoe /'tɪptəʊ/ n [IDM] on tiptoe (stawać/chodzić) na palcach ► v chodzić na palcach

tire n (Am.) = TYRE ► v 1 męczyć (się) 2 ~ of sth/sb nudzić się czymś/kimś [PV] tire sb/yourself out wyczerpywać kogoś, przemęczać się | tired /'taɪəd/ adj zmęczony [IDM] tired out wymęczony, wyczerpany | tireless adj niezmordowany | tiresome /'taɪəsəm/ adj (form.) męczący, nieznośny | tiring adj męczący

tissue /'tɪʃuː/ n 1 (anat.; biol.) tkanka 2 chusteczka higieniczna 3 (także 'tissue paper) bibuł(k)a (do pakowania)

tit /tɪt/ n [IDM] tit for tat wet za wet

title /'taɪtl/ n tytuł ● 'title-holder n (sport) mistrz/yni

titter /'tɪtə(r)/ n chichot ► v chichotać

to /tə/ przed samogl. tu; f. akcent. tuː/ prep 1 do: Pisa is ~ the west of Florence. Piza leży na zachód od Florencji. ◊ from Monday ~ Friday od poniedziałku do piątku 2: Give that ~ me. Daj mi to. ◊ You must be kind ~ animals. Musisz być dobry dla zwierząt. ❸ Często nie tłumaczy się. Wówczas w tłumaczeniu stosuje się w celowniku. 3 przy: He put his hands ~ his ears. Zatkał uszy rękami. ◊ They sat back ~ back. Siedzieli plecami do siebie. 4 za: It's two minutes ~ three. Jest za dwie minuty trzecia. 5 ku (np. zaskoczeniu/przerażeniu) 6 według: To me, it was the wrong decision. Moim zdaniem, to była zła decyzja. 7 niż: I prefer tea ~ coffee. Wolę herbatę od kawy. 8 (jednostka miary) (w stosunku) do ► (używa się przed bezokolicznikiem): I want ~ go home now. Chcę teraz iść do domu. ◊ She's learning English in order ~ get a better job. Uczy się angielskiego, aby dostać lepszą pracę. ◊ He asked me ~ go. Poprosił, żebym sobie poszedł. | /tuː/ adv: Push the door ~. Zamknij drzwi.

toad /təʊd/ n ropucha

toadstool /'təʊdstuːl/ n muchomor

toast /təʊst/ n 1 grzanka 2 toast ► v 1 (kromka chleba itp.) przypiekać się 2 piec grzanki 3 wznosić toast za kogoś/coś | toaster n toster

tobacco /tə'bækəʊ/ n tytoń

today /tə'deɪ/ n, adv 1 dziś, dzisiaj: School ends a week ~. Szkoła kończy się od dziś za tydzień. ◊ Where is today's paper? Gdzie jest dzisiejsza gazeta? 2 teraz, obecnie

toddler /'tɒdlə(r)/ n dziecko uczące się chodzić

toe /təʊ/ n palec (u nogi; np. buta) ● 'toenail n paznokieć u nogi

together /tə'geðə(r)/ adv **1** razem, wspólnie: *Stand with your feet ~*. Stań ze złączonymi stopami. ◇ *Mix the butter and sugar ~*. Zmieszaj masło z cukrem. **2** jednocześnie ▶ adj (*nieform.*) (*osoba*) zorganizowany **| togetherness** n więź (*np. rodzinna*)

toil /tɔɪl/ v (*form.*) mozolić się ▶ n (*form.*) trud

toilet /'tɔɪlət/ n **1** sedes: *flush the ~* spuścić wodę w ubikacji **2** toaleta: *Could I use your ~, please?* Czy mogę skorzystać z toalety? → TOALETA **| toiletries** n przybory toaletowe ● **'toilet bag** n (*Br.*) (*torebka*) kosmetyczka **| 'toilet paper** n papier toaletowy **| 'toilet roll** n rolka papieru toaletowego

token /'təʊkən/ n **1** znak, symbol **2** żeton **3** bon towarowy, talon ▶ adj **1** symboliczny (*np. wpłata, kara*) **2** na pokaz: *~ resistance* pozorny opór

told pt, pp od TELL

tolerate /'tɒləreɪt/ v **1** tolerować **2** znosić **| tolerable** adj znośny **| tolerance** (*także* toleration /ˌtɒlərəns/) n tolerancja **| tolerant** adj ~ (*of/towards sb/sth*) tolerancyjny (*dla/w stosunku do kogoś/czegoś*)

toll /təʊl/ n **1** opłata za przejazd (*np. przez autostradę*) **2** liczba (*np. ofiar*)

tomato /tə'mɑːtəʊ; *Am.* -'meɪ-/ n (*pl -es*) pomidor

tomb /tuːm/ n grobowiec ● **'tombstone** n kamień nagrobny

tomcat /'tɒmkæt/ (*także* tom) n kocur

tomorrow /tə'mɒrəʊ/ n, adv jutro: *in ~'s papers* w jutrzejszych gazetach ◇ *See you ~!* Do jutra! ◇ *a week ~* od jutra za tydzień

ton /tʌn/ n **1** tona (*=2200 funtów ang./ 1,016 tony metrycznej*) ❶ Tona amer. odpowiada 2000 funtów ang. lub 0,907 tony metrycznej. **2** (tons) (*nieform.*) kupa, mnóstwo

tone /təʊn/ n **1** ton **2** atmosfera (*np. zebrania*) **3** odcień (*koloru*) **4** sygnał telefoniczny ▶ v [PV] **tone sth down** stonować coś, złagodzić coś ● **'tone-'deaf** adj niemuzykalny

tongs /tɒŋz/ n szczypce

tongue /tʌŋ/ n **1** (*anat.*) język: *your mother/native ~* język ojczysty **2** (*kulin.*) ozór [IDM] **put/stick your tongue out** pokazywać język **| (with) tongue in cheek** (*mówić/robić coś*) ironicznie, żartobliwie ● **'tongue-tied** adj oniemiały **| 'tongue-twister** n łamaniec językowy

tonic /'tɒnɪk/ n **1** środek tonizujący (*np. wzmacniający/ożywiający*) **2** (*także* 'tonic water) (*napój*) tonik

tonight /tə'naɪt/ n dzisiejsz·y/a wieczór/noc ▶ adv dziś wieczorem/w nocy

tonne /tʌn/ n tona (*metryczna*)

tonsil /'tɒnsl/ n (*anat.*) migdał/ek **| tonsillitis** /ˌtɒnsə'laɪtɪs/ n (*med.*) zapalenie migdałków

too /tuː/ adv **1** też, także ❶ Zwróć uwagę, że mówi się: *There were lions at the zoo. There were tigers, too*; ale: *There were no zebras and there were no giraffes, either*. → TEŻ **2**: *Her purse was stolen. And on her birthday ~*. Ukradziono jej portmonetkę. I to w dniu jej urodzin. ◇ *She was very upset and quite right ~*. Była bardzo zmartwiona i nie bez powodu. **3** za, zbyt: *The weather is not ~ bad today*. Pogoda dzisiaj nie jest najgorsza.

took pt od TAKE

tool /tuːl/ n narzędzie → NARZĘDZIE

toolbar /'tuːlbɑː(r)/ n (*komput.*) pasek narzędzi

toot /tuːt/ n gwizd, trąbienie (*np. klaksonu*) ▶ v trąbić, gwizdać

tooth /tuːθ/ n (*pl* teeth /tiːθ/) ząb: *have a ~ out* wyrwać ząb ◇ *false teeth* sztuczne zęby ◇ *wisdom ~* ząb mądrości ● **'toothache** n ból zęba → ACHE **| 'toothbrush** n szczoteczka do zębów **| 'toothpaste** n pasta do zębów **| 'toothpick** n wykałaczka

top /tɒp/ n **1** the **~** (of sth) szczyt: *The flat is at the ~ of the building*. Mieszkanie jest na ostatnim piętrze. ◇ *at the ~ of the page* u góry strony ◇ *be at the ~ of your profession* być u szczytu kariery zawodowej **2** wierzch (*np. skrzynki, pudła*): *a desk ~* blat biurka **3** skuwka (*np. do pisaków/długopisów*), pokrywka: *a bottle ~* kapsel/zakrętka **4** (*ubranie*) góra **5** (*zabawka*) bąk [IDM] **at the top of your voice** na całe gardło **| get on top of sb** (*nieform.*) wchodzić (*komuś*) na głowę, (*sytuacja, wymogi itp.*) przerastać kogoś **| off the top of your head** (*nieform.*) prosto z głowy, bez namysłu **| on top 1** (*kłaść/leżeć itp.*) na wierzch/u **2** (*być*) górą **| on top of sb/sth 1** na (*górze*) **2** w dodatku **3** (*nieform.*) stłoczony: *modern houses built on ~ of each other* nowoczesne domy stoją prawie jeden na drugim **| over the top;** OTT (*nieform., zwł. Br.*) przegięcie (*pały*) ▶ adj najwyższy, najlepszy: *at ~ speed* z największą szybkością **|** v (*-pp-*) **1** pokrywać: *cauliflower topped with cheese sauce* kalafior polany sosem serowym **2** przewyższać, przerastać: *Inflation has topped the 10% mark*. Inflacja przekroczyła próg 10%. [PV] **top sth up** dopełniać, dolewać **| topping** n wierzch, dekoracja ● **,top 'hat** n cylinder | ‚top-'heavy *adj* przeciążony u góry | ‚top 'secret *adj* ściśle tajny

topic /'tɒpɪk/ *n* temat | **topical** *adj* aktualny

topple /'tɒpl/ *v* **1 ~ (over)** przewracać się **2** obalać (*np. rząd*)

torch /tɔːtʃ/ *n* **1** (*Br.*) latarka **2** pochodnia, znicz (*np. olimpijski*)

tore *pt od* TEAR²

torment /'tɔːment/ *n* męka: *be in ~* cierpieć katusze ► /tɔː'ment/ *v* dręczyć

torn *pp od* TEAR²

torrent /'tɒrənt/ *n* potok (*np. wody, obelg*)

torso /'tɔːsəʊ/ *n* tułów

tortoise /'tɔːtəs/ *n* żółw (*lądowy*)

tortuous /'tɔːtʃuəs/ *adj* **1** (*wyjaśnienie, argument itp.*) zawiły **2** (*droga itp.*) kręty

torture /'tɔːtʃə(r)/ *n* [*U, C*] **1** tortury **2** męczarnie ► *v* torturować, dręczyć | **torturer** *n* dręczyciel/ka

Tory /'tɔːri/ *n* (*pl* **-ies**) torys, konserwatyst(k)a ► *adj* torysowski, konserwatywny

toss /tɒs/ *v* **1** rzucać (lekko) **2** odrzucać (*głowę do tyłu*) **3** przewracać się (*z boku na bok*), kołysać (się) **4 ~ (up) (for sth)** grać w orła i reszkę ► *n* (pod)rzucenie | [IDM] **win/lose the toss** wygrać/przegrać losowanie, grając w orła i reszkę

total /'təʊtl/ *adj* całkowity, kompletny ► *n* ogólna suma | *v* (**-ll-**; *Am. także* **-l-**) **1** (*suma*) wynosić **2** sumować | **totally** *adv* całkowicie

totter /'tɒtə(r)/ *v* stać/iść na chwiejnych nogach

touch /tʌtʃ/ *v* **1** dotykać **2** stykać (się), przylegać (do siebie) **3** wzruszać **4** (*w przeczeniach*) dorównywać (komuś) [PV] **touch down** (*lot.*) lądować | **touch on/ upon sth** (*przen.*) dotykać czegoś ► *n* **1** dotknięcie **2** dotyk: *Marble is cold to the ~.* Marmur jest zimny w dotyku. **3** dodatek **4** efekt **5** *a ~* **(of sth)** odrobina: *He's not very ill. It's just a ~ of flu.* Nie jest bardzo chory. To tylko lekka grypa. | [IDM] **in/out of touch (with sb)** (*być/nie być*) w kontakcie | **in/out of touch with sth** (*być/nie być*) na bieżąco ● **'touch screen** *n* ekran dotykowy

touched /tʌtʃt/ *adj* wzruszony

touching /'tʌtʃɪŋ/ *adj* wzruszający

touchy /'tʌtʃi/ *adj* drażliwy

tough /tʌf/ *adj* **1** solidny, wytrzymały **2** żylasty **3** (*prawo itp.*) surowy **4** (*warunki, chwile itp.*) ciężki **5 ~ (on sb)** (*nieform.*): *That's ~!* A to pech! | **toughen** *v* **~ (sb/sth) up** wzmacniać (się), hartować (się)

tour /tʊə(r)/ *n* **1** wycieczka (*turystyczno-krajoznawcza*)

2 zwiedzanie → PODRÓŻ **3** tournée (*np. koncertowe*) **4** (*sport*) cykl spotkań ► *v* jechać na wycieczkę objazdową, zwiedzać | **tourism** *n* turystyka | **tourist** *n* turyst-a/ka

tournament /'tʊənəmənt; 'tɔːn-; 'tɜːn-; *Am.* 'tʊrn-/ *n* [*C*] zawody sportowe

tousled /'taʊzld/ *adj* potargany

tow /təʊ/ *v* holować ► *n* holowanie | [IDM] **in tow** (*nieform.*) holując (kogoś za sobą)

towards /tə'wɔːdz; *Am.* tɔːrdz/ (*także* **toward** /tə'wɔːd; *Am.* tɔːrd/) *prep* **1** w kierunku: *She had her back ~ me.* Była odwrócona do mnie tyłem. **2** (*stosunek itp.*) do kogoś/czegoś: *be/feel protective ~ sb* być opiekuńczym wobec kogoś **3** na **4**: *It gets cool ~ evening.* Robi się chłodno pod wieczór. ◊ *~ noon* koło południa

towel /'taʊəl/ *n* ręcznik

tower /'taʊə(r)/ *n* wieża ● **'tower block** *n* (*Br.*) wieżowiec

town /taʊn/ *n* **1** miasto **2** centrum | [IDM] **(out) on the town** (*nieform.*) (*ruszać itp.*) w miasto, (*bawić się*) w mieście ● ‚town 'council *n* (*Br.*) rada miejska | ‚town 'hall *n* ratusz | ‚town 'planner *n* urbanista

toxic /'tɒksɪk/ *adj* trujący

toy /tɔɪ/ *n* zabawka: *a ~ car* samochodzik ◊ *a ~ soldier* żołnierzyk ◊ *a toyshop* sklep z zabawkami ► *v* [PV] **toy with sth 1** rozważać coś **2** ruszać czymś bezwiednie

trace /treɪs/ *n* **1** ślad **2** pozostałość, resztka ► *v* **1** odszukiwać **2** iść śladem, dochodzić do źródła **3** kalkować

track /træk/ *n* **1** trop **2** szlak **3** tor (*np. kolejowy; wyścigowy*) **5** utwór muzyczny (*np. na CD*) | [IDM] **keep/lose track of sb/sth** (*i przen.*) śledzić, tracić ślad: *keep ~ of all the money spent* prowadzić rejestr wydatków ◊ *lose ~ of time* tracić rachubę czasu | **on the right/ wrong track** na dobrym/złym tropie ► *v* **~ sb/sth (to sth)** śledzić [PV] **track sb/sth down** wytropić kogoś/coś ● **'track record** *n* osiągnięcia w pracy (*pracownika/organizacji*) | **'tracksuit** *n* dres

tractor /'træktə(r)/ *n* traktor

trade /treɪd/ *n* **1** handel **2 ~ (in sth)** działalność gospodarcza: *the book ~* księgarstwo **3** fach, rzemiosło → PRACA ► *v* **1 ~ (in sth) (with sb)** handlować czymś **2 ~ sth for sth** przehandlowywać [PV] **trade sth in (for sth)** handlować wymiennie (*np. kupić nowy samochód, pozostawiając w rozliczeniu stary*) | **trader** *n* handla-rz/rka | **trading** *n* handel ● **'trademark** *n* chroniony znak handlowy | **'tradesman** /-zmən/ *n* (*pl* **-men** /-mən/) **1** dostawca **2** kupiec,

t

handlowiec | **trade 'union** (*także* ,trades 'union) *n* związek zawodowy

tradition /trəˈdɪʃn/ *n* tradycja | **traditional** *adj* tradycyjny

traffic /ˈtræfɪk/ *n* [U] **1** ruch (*np. uliczny, towarowy/pasażerski*) **2** ~ (**in** sth) nielegalny handel ▸ *v* (*pres part.* -cking; *pt, pp* -cked) ~ (**in** sth) nielegalnie handlować ● **'traffic island** *n* wysepka uliczna | **'traffic jam** *n* korek (*uliczny*) | **'traffic light** *n* światło sygnalizacyjne (*na skrzyżowaniu*) | **'traffic warden** *n* kontroler/ka poprawnego parkowania pojazdów

tragedy /ˈtrædʒədi/ *n* (*pl* -ies) tragedia

tragic /ˈtrædʒɪk/ *adj* tragiczny

trail /treɪl/ *n* **1** ślad **2** trop **3** szlak (*np. turystyczny*) ▸ *v* **1** ciągnąć (się) za kimś/czymś **2** ~ **along behind (sb/sth)** wlec się (za kimś/czymś) **3** (*sport*) pozostawać w tyle (*w punktacji*): ~ *by two goals to three* przegrywać dwa do trzech **4** (*rośliny itp.*) płożyć się [PV] **trail away/off** (*głos*) zanikać

trailer /ˈtreɪlə(r)/ *n* **1** przyczepa (*np. bagażowa*), naczepa **2** (*Am.*) przyczepa kempingowa **3** (*film*) zwiastun

train /treɪn/ *n* **1** pociąg: *You have to change* ~*s at Reading.* Masz przesiadkę w Reading. **2** ciąg ▸ *v* **1** ~ (**sb**) (**as/in/for** sth/to do sth) szkolić (się) (na kogoś/do robienia czegoś) **2** ~ sth (**as** sth/to do sth) tresować **3** trenować **4** wycelować (*np. z pistoletu*) | **trainee** /ˌtreɪˈniː/ *n* praktykant/ka, stażyst(k)a | **trainer** *n* **1** trener/ka **2** treser/ka **3** (*Br.*) but sportowy do biegania | **training** *n* **1** szkolenie (*np. zawodowe*) **2** trening

trait /treɪt/ *n* cecha (*np. charakteru*)

traitor /ˈtreɪtə(r)/ *n* zdraj-ca/czyni

tram /træm/ *n* tramwaj

tramp /træmp/ *n* **1** włóczęga, kloszard **2** stąpanie ciężkimi krokami ▸ *v* stąpać ciężkimi krokami

trample /ˈtræmpl/ *v* ~ sth/sb (**down**); ~ **on** sb/sth deptać

trampoline /ˈtræmpəliːn/ *n* batut

tranquil /ˈtræŋkwɪl/ *adj* (*form.*) spokojny, cichy | **tranquillizer** (*także* -**quilliser**; *Am. także* -**quilizer**) *n* środek uspokajający

transaction /trænˈzækʃn/ *n* operacja handlowa

transcript /ˈtrænskrɪpt/ *n* zapis (*rozmowy*)

transfer /trænsˈfɜː(r)/ *v* (-rr-) **1** ~ (**sb/** sth) (**from...**) (**to...**) przenosić (się), przelewać (*pieniądze*) ▸ **2** przenosić prawo własności | **transferable** *adj* (*bilet itp.*) z prawem odstąpienia drugiej osobie | /trænsˈfɜːrəbl/ *n* **1** przeniesienie (*np. na inne stanowisko*) **2** przejazd (*np. z lotniska do hotelu*),

zmiana (*np. terminalu na lotnisku*) **3** (*Am.*) bilet przesiadkowy **4** (*zwł. Br.*) kalkomania

transform /trænsˈfɔːm/ *v* ~ sb/sth (**from** sth) (**into** sth) odmieniać, przekształcać | **transformation** /ˌtrænsfəˈmeɪʃn/ *n* odmiana, przekształcenie

transit /ˈtrænzɪt; -sɪt/ *n* **1** przewóz: *damaged in* ~ uszkodzony w czasie transportu **2** tranzyt: *the* ~ *lounge* hala tranzytowa

transition /trænˈzɪʃn/ *n* ~ (**from** sth) (**to** sth) przejście, przemiana

translate /trænsˈleɪt; trænz-/ *v* ~ (sth) (**from** sth) (**into** sth) przekładać, (prze) tłumaczyć | **translation** *n* przekład, tłumaczenie | **translator** *n* tłumacz/ka

transmission /trænsˈmɪʃn; trænz-/ *n* **1** transmisja **2** przenoszenie (*np. choroby*), przekazywanie (*np. wiadomości*) **3** napęd (*np. samochodu*)

transmit /trænsˈmɪt; trænz-/ *v* (-tt-) **1** transmitować **2** przenosić (*np. chorobę*), przekazywać (*np. wiadomość*) | **transmitter** *n* nadajnik

transparent /trænsˈpærənt/ *adj* przezroczysty | **transparency** *n* (*pl* -ies) przeźrocze, foliogram

transplant /trænsˈplɑːnt; *Am.* -ˈplænt/ *v* **1** przesadzać (*np. rośliny*) **2** przeszczepiać (*np. nerkę, wątrobę*) ▸ /ˈtrænsplɑːnt/ *n* przeszczep: *have a heart* ~ mieć przeszczepione serce

transport /trænˈspɔːt/ *v* transportować ▸ /ˈtrænspɔːt/ (*zwł. Am. transportation*) *n* **1** przewóz **2** środek transportu

trap /træp/ *n* (*i przen.*) pułapka ▸ *v* (-pp-) **1** (*i przen.*) łapać w pułapkę **2** zatrzymywać (*np. światło*) **3** ~ sb (**into** (**doing**) sth) zmusić kogoś podstępem do (zrobienia) czegoś

trapeze /trəˈpiːz; *Am.* træ-/ *n* trapez

trash /træʃ/ *n* [U] (*Am.*) śmieci | **trashy** *adj* szmirowaty ● **'trash can** *n* (*Am.*) (*duży*) śmietnik

travel /ˈtrævl/ *v* (-ll-; *Am.* -l-) **1** podróżować: *travelling expenses* wydatki na podróż ◇ *News* ~*s fast.* Wiadomości szybko się rozchodzą. **2** przebywać (*daną odległość*) ▸ *n* [U] podróż: *a* ~ *book* książka podróżnicza → PODRÓŻ **2** (**travels**) podróże: *on my* ~*s* podczas moich podróży | **traveller** (*Am.* -**eler**) /ˈtrævələ(r)/ *n* **1** podróżnik **2** (*Br.*) wędrowiec, koczownik ● **'travel agency** *n* (*pl* -ies) biuro podróży | **'travel agent** *n* **1** pracownik biura podróży **2** (**the travel agent's**) biuro podróży | **'traveller's cheque** (*Am.* **'traveler's check**) *n* czek podróżny | **'travel-sick** *adj* cierpiący na chorobę lokomocyjną

tray /treɪ/ n 1 taca 2 płaski, otwarty pojemnik (*na korespondencję biurową*)

treacherous /'tretʃərəs/ adj 1 zdradziecki 2 zdradliwy | **treachery** n zdrada

tread /tred/ v (*pt* trod /trɒd/; *pp* trodden /'trɒdn/) 1 stąpać: *~ on sb's toe* nadepnąć komuś na palec 2 ~ **sth (in/down/out)** wdeptać, przydeptać 3 przemierzać, chodzić ▸ n 1 odgłos kroków 2 (*opona samochodowa*) bieżnik

treason /'triːzn/ n zdrada

treasure /'treʒə(r)/ n skarb: *the nation's art ~s* skarby sztuki narodowej ▸ v (*przen.*) zachowywać w sercu

treasurer /'treʒərə(r)/ n skarbni-k/czka

treasury /'treʒəri/ n (**the Treasury**) ministerstwo skarbu państwa

treat /triːt/ v 1 traktować 2 (*książka itp.*) omawiać 3 ~ **sb (for sth)** leczyć kogoś na coś 4 ~ **sth (with sth)** zabezpieczać coś (czymś): *Most vegetables are treated with insecticide.* Większość warzyw spryskuje się środkami owadobójczymi. 5 ~ **sb/yourself (to sth)** fundować komuś (coś); częstować się (czymś) ▸ n poczęstunek, duża przyjemność

treatment /'triːtmənt/ n 1 traktowanie 2 leczenie 3 oczyszczanie, ochrona (*przed czymś*)

treaty /'triːti/ n (*pl* -ies) traktat

treble /'trebl/ v potrajać (się) ▸ *dem pron* potrójny | n (*muz.*) dyszkant

tree /triː/ n drzewo: *an oak* ~ dąb

trek /trek/ n długa piesza wędrówka | v (*-kk-*) wędrować

tremble /'trembl/ v drżeć ▸ n drżenie

tremendous /trə'mendəs/ adj 1 olbrzymi 2 (*nieform.*) kapitalny, niesamowity

tremor /'tremə(r)/ n drżenie: *an earth ~* lekki wstrząs ziemi

trench /trentʃ/ n 1 rów 2 okop

trend /trend/ n trend, tendencja [IDM] **set a/the trend** nadawać styl, ustalać modę | **trendy** adj (*nieform.*) modny

trespass /'trespəs/ v wkraczać bez pozwolenia na czyjś grunt

trial /'traɪəl/ n 1 rozprawa sądowa: *He was on ~ for murder.* Miał proces o morderstwo. ◇ *~ by jury* sądzenie przez ławę przysięgłych 2 próba [IDM] **trial and error** metoda prób i błędów ● **trial 'run** n (*techn.*) próba (*czegoś*)

triangle /'traɪæŋgl/ n trójkąt | **triangular** /traɪ'æŋgjələ(r)/ adj trójkątny

tribe /traɪb/ n plemię, ród | **tribal** /'traɪbl/ adj plemienny

tribute /'trɪbjuːt/ n 1 hołd 2 a ~ **(to sth)** wyraz uznania

trick /trɪk/ n 1 psikus 2: *a ~ question* podchwytliwe pytanie 3 sekret czegoś: *I can't get the top off this jar. Is there a ~ to it?* Nie mogę otworzyć tego słoika. Czy jest na to jakiś sposób? 4 sztuczka (*np. magiczna*) ▸ v 1 ~ **sb (into (doing) sth)** podstępem skłaniać kogoś (do (zrobienia) czegoś); kogoś (na coś) 2 ~ **sb out of sth** wyłudzać coś od kogoś

trickle /'trɪkl/ v sączyć się ▸ n strużka

tricky /'trɪki/ adj trudny, zawiły

trifle /'traɪ/ n 1 błahostka 2 biszkopt z owocami i bitą śmietaną

trigger /'trɪgə(r)/ n 1 cyngiel: *pull the ~* pociągnąć za spust 2: *act as/be the ~ for sth* wywoływać coś (*zazw. złego*) ▸ v ~ **sth (off)** uruchamiać

trillion /'trɪljən/ *liczba* trylion

trim /trɪm/ adj 1 uporządkowany 2 schludny 3 szczupły ▸ v (*-mm-*) 1 przycinać (*np. włosy, trawnik*) 2 ~ **sth (off sth/off)** (*kulin.*) oprawiać (*np. rybę, mięso*), odcinać 3 ~ **sth (with sth)** ozdabiać brzegi, garnirować potrawę | n podstrzyganie | **trimming** n 1 przybieranie 2 (**trimmings**) przybranie, garnirunek (*potrawy*)

trinity /'trɪməti/ n (**the Trinity**) Trójca Święta

trip /trɪp/ v (*-pp-*) 1 ~ **(over/up)** potykać się (o coś) 2 ~ **sb (up)** podstawiać nogę [PV] **trip sb up** popełniać błąd | **trip sb up** łapać kogoś na błędzie, zbijać kogoś z tropu ▸ n wycieczka, podróż → PODRÓŻ

tripe /traɪp/ n [U] 1 (*kulin.*) flaki 2 (*przestarz. slang*) bzdury 3 (*slang*) miernota: *I don't read any old ~!* Nie czytam żadnych bzdur!

triple /'trɪpl/ adj 1 potrójny 2 trzykrotny ▸ v potrajać (się)

triplet /'trɪplət/ n (*dziecko*) trojaczek

tripod /'traɪpɒd/ n statyw

triumph /'traɪʌmf/ n tryumf, radość (*np. ze zwycięstwa*) ▸ v ~ **(over sb/sth)** tryumfować (nad kimś/czymś) | **triumphant** /traɪ'ʌmfənt/ adj tryumfalny

trivia /'trɪviə/ n [U] 1 błahostki 2: a ~ *quiz* teleturniej wiedzy ogólnej

trivial /'trɪviəl/ adj trywialny | **triviality** /ˌtrɪvi'æləti/ n (*pl* -ies) trywialność | **trivialize** (*także* -ise) /'trɪviəlaɪz/ v trywializować

trod *pt od* TREAD

trodden *pp od* TREAD

trolley /'trɒli/ n 1 wózek (*np. bagażowy, na zakupy*) 2 (*Am.*) tramwaj

troop /truːp/ n 1 gromada 2 (**troops**) wojsko ▸ v przemieszczać się gromadnie

trophy /'trəʊ/ n (pl **-ies**) trofeum
tropic /'trɒpɪk/ n 1 zwrotnik 2 (**the tropics**) (obszar o gorącym klimacie) tropik| **tropical** adj tropikalny: ~ rainforest tropikalny las deszczowy
trot /trɒt/ v (-**tt**-) kłusować, biec truchtem ► n 1 kłus 2 jazda kłusem
trouble /'trʌbl/ n 1 kłopot 2 rozróba, awantura 3 (med.) dolegliwość (np. sercowy, żołądkowy): back ~ problemy z kręgosłupem [IDM] **get into trouble** wpakować w kłopoty, wpadać w tarapaty| **go to a lot of trouble (to do sth)** zadawać sobie wiele trudu| **take the trouble to do sth** zadawać sobie trud ► v 1 kłopotać 2 ~ **sb (for sth)** (form.) fatygować (kogoś): Could I ~ you for some change? Czy mógłbym pana prosić o drobne?| **troublesome** /-səm/ adj kłopotliwy, nieznośny ● '**troublemaker** n kłopotliwa osoba
trough /trɒf/ n 1 żłób, koryto 2 dolina: a ~ of low pressure zatoka niskiego ciśnienia
trousers /'traʊzəz/ n spodnie ❶ Słowa **trouser** (bez **s**) używa się w roli adj: a trouser leg.
trout /traʊt/ n (pl trout) pstrąg
truant /'truːənt/ n wagarowicz/ka [IDM] **play truant** (Br.) chodzić na wagary
truce /truːs/ n zawieszenie broni
truck /trʌk/ n 1 (zwł. Am.) ciężarówka 2 (Br.) wagon kolejowy (odkryty) 3: a fork-lift ~ podnośnik widłowy
trudge /trʌdʒ/ v iść z trudem, wlec się
true /truː/ adj 1 prawdziwy 2 ~ (**to sb/sth**) wierny (komuś/czemuś): Be ~ to your word! Dotrzymuj słowa! [IDM] **come true** (marzenia itp.) spełniać się
truly /'truːli/ adv 1 naprawdę 2 zupełnie [IDM] **yours truly** (zakończenie listu) szczerze oddany
trump /trʌmp/ n (karty) atut ● '**trump card** n (przen.) atut
trumpet /'trʌmpɪt/ n trąbka → GRAĆ
trunk /trʌŋk/ n 1 pień 2 tułów 3 kufer 4 trąba (słonia) 5 (**trunks**) = SWIMMING TRUNKS 6 (Am.) bagażnik (wewnątrz samochodu)
trust /trʌst/ n 1 ~ (**in sb**) zaufanie (komuś): put your ~ in sb zaufać komuś 2 ~ (**in sth**) poleganie na czymś 3 odpowiedzialność 4 powiernictwo| **trustworthy** adj godny zaufania| v 1 ufać: You can't ~ her with money. Nie można jej powierzać pieniędzy. 2 ~ **sb (to do sth)**: Trust Alice to be late. Możesz być pewien, że Alice się spóźni.| **trusting** adj ufny
trustee /trʌ'stiː/ n powierni-k/czka
truth /truːθ/ n (pl **-s** /truːðz/) prawda| **truthful** adj 1 zgodny z prawdą 2 prawidłowy 3 prawdomówny

try /traɪ/ v (3rd sing czasu pres **tries**; pt, pp **tried**) 1 próbować, starać się: ~ your best/hardest próbować z całych sił ❶ W języku codziennym często używa się zwrotu **try and** zamiast **try to**: I'll ~ and get there on time. W czasie przeszłym jedyną poprawną formą jest **try to**. 2 sprawdzać: We tried the door. Próbowaliśmy otworzyć drzwi. ◇ He tried several bookshops. Sprawdzał w kilku księgarniach. 3 ~ **sb (for sth)** (prawn.) sądzić kogoś (za coś) [IDM] **try sb's patience** nadużywać czyjejś cierpliwości [PV] **try sth on** przymierzać (ubranie)| **try sb/sth out** wypróbowywać| **trying** adj męczący, dokuczliwy| n (pl **-ies**) próba: I'll give it a ~. Spróbuję.
tub /tʌb/ n 1 balia, kadź 2 plastikowe pudełko (do żywności np. margaryny, lodów)
tube /tjuːb; Am. tuːb/ n 1 rur(k)a, wąż/ wężyk: the inner ~ of a bicycle tyre dętka rowerowa ◇ a laboratory test-tube probówka 2 tubka (np. pasty do zębów) 3 (Br., londyński) metro (w Londynie)
tuberculosis /tjuː,bɜːkjuˈləʊsɪs; Am. tuː-/ n gruźlica
tuck /tʌk/ v 1 owijać: T~ your shirt in. Włóż koszulę w spodnie. ◇ He tucked the blanket round the old man. Otulił staruszka kocem. 2 chować (zazw. starannie/dokładnie) [PV] **tuck sb in/up** otulać kogoś
Tuesday /'tjuːzdeɪ; -di; Am. 'tuː-/ n wtorek → PONIEDZIAŁEK
tuft /tʌft/ n kępka
tug /tʌg/ v (-**gg**-) szarpać ► n 1 szarpnięcie: give sth a ~ szarpnąć za coś 2 (także '~-boat) holownik
tuition /tju'ɪʃn; Am. tu-/ n (form.) nauczanie, korepetycje: ~ fees czesne
tulip /'tjuːlɪp; Am. 'tuː-/ n tulipan
tumble /'tʌmbl/ v 1 upaść, runąć 2 (ceny itp.) gwałtownie spadać 3 (osoba) gramolić się, (rzeczy) wysypywać się ● ,**tumble-'dryer** (także ~ **-drier**) n suszarka do bielizny
tumbler /'tʌmblə(r)/ n szklanka
tummy /'tʌmi/ n (pl **-ies**) (nieform.) brzuch
tumour (Am. **-mor**) /'tjuːmə(r); Am. 'tuː-/ n (med.) guz: secondary ~ przerzut
tuna /'tjuːnə; Am. 'tuːnə/ n (pl tuna) 1 tuńczyk 2 (także '~ fish) mięso z tuńczyka
tune /tjuːn; Am. tuːn/ n melodia: a signature ~ (radio/TV) sygnał rozpoznawczy [IDM] **in/out of tune** 1 (śpiewać/grać) czysto/nieczysto 2 (nie) w zgodzie z kimś/czymś ► v 1 stroić (np. instrument muzyczny) 2 regulować (np. silnik) [PV] **tune in (to sth)** nastrajać (na daną stację/kanał)| **tune up**

(*instrumenty muzyczne*) zestrajać się |
tuneful *adj* melodyjny

tunic /'tju:nɪk; *Am.* 'tu:-/ *n* **1** górna
część munduru **2** tunika

tunnel /'tʌnl/ *n* tunel ▶ *v* (**-ll-**; *Am.* **-l-**)
drążyć tunel

turbulent /'tɜ:bjələnt/ *adj* **1** burzliwy,
niespokojny **2** (*woda, powietrze*) rwący

turf /tɜ:f/ *n* darń

turkey /'tɜ:ki/ *n* indyk

turmoil /'tɜ:mɔɪl/ *n* zgiełk, zamieszanie

turn /tɜ:n/ *v* **1** kręcić się **2** obracać,
przekręcać: ~ *sth upside down* odwrócić
coś do góry nogami **3** (*i przen.*)
odwracać (się) **4** ~ **sth to/on sb/sth**
skierować (*coś w czyjąś/jakąś stronę*)
5 skręcać (*np. w lewo/prawo*) **6** stawać
się: ~ *red* zarumienić się ◊ *It's turned
cold.* Zrobiło się zimno. ◊ *She turned
him into a frog.* Zamieniła go w żabę.
7 (*czas*) mijać, skończyć (*ileś lat*): *It's
turned midnight.* Minęła północ. ❶ Turn
występuje w zwrotach. Zob. hasła
odpowiednich n i adj [PV] **turn (sth)
around/round** zawracać (*np. samochód*),
odwracać się | **turn away** odwracać
się (od kogoś/czegoś) | **turn sb away**
odprawiać kogoś | **turn back** zawracać
(*z drogi*) | **turn sb/sth down** odrzucać
(*np. propozycję, podanie*), odmawiać
komuś | **turn sth down** przyciszać
(*np. radio*), zmniejszać (*np. ogień, gaz*) |
turn off (sth) zjeżdżać (*np. z autostrady*) |
turn sth off wyłączać (*np. światło, gaz*) |
turn sb on (*nieform.*) podniecać kogoś |
turn sth on włączać (*np. światło, gaz*) |
turn out (for sth) wylęgać (*np. na ulice*),
pojawiać się | **turn out (to be sth)** okazać
się | **turn over 1** przewracać się (*na
drugi bok*) **2** (*silnik*) zapalać, chodzić |
turn sth over 1 stracić coś (*na drugą
stronę*) **2** przemyśliwać | **turn to sb**
zwracać się (*z prośbą*) | **turn to sth**
otwierać książkę na danej stronie | **turn
up 1** pojawiać się **2** znaleźć się | **turn sth
up** zwiększać (*np. gaz*), zgłaśniać ▶ *n*
1 obrót, skręt: *a U-turn* zwrot o 180
stopni **2** zakręt: *Take the next ~ on the
left.* Skręć w następną ulicę w lewo.
3 kolej: *miss a* ~ stracić kolejkę ◊ *take
~s* zmieniać się **4** zmiana: *The patient's
condition has taken a ~ for the worse.*
Stan pacjenta pogorszył się. [IDM] **in
turn** po kolei | **take turns (at sth)** robić
coś na zmianę ● **'turn-off** *n* zjazd z
głównej drogi | **'turnout** *n* frekwencja |
'turnover *n* [*lp*] **1** obrót (*handlowy*)
2 rotacja (*pracowników*) | **'turn signal**
n (*Am.*) kierunkowskaz | **'turnstile**
n kołowrót u wejścia

turning /'tɜ:nɪŋ/ *n* ulica, przecznica:
Take the third ~ on the right. Skręć w
trzecią ulicę na prawo. ● **'turning point**
n **a** ~ **(in sth)** punkt zwrotny

turnip /'tɜ:nɪp/ *n* rzepa

turquoise /'tɜ:kwɔɪz/ *adj, n* (kolor)
turkusowy

turret /'tʌrət/ *n* wieżyczka

turtle /'tɜ:tl/ *n* (*Am.*) żółw (*wodny/
lądowy*)

tusk /tʌsk/ *n* kieł

tutor /'tju:tə(r); *Am.* 'tu:-/ *n*
1 korepetytor/ka **2** (*Br.*) wychowaw-ca/
czyni, opiekun/ka grupy (studentów) |
tutorial /tju:'tɔ:riəl; *Am.* tu:-/ *n*
korepetycja, seminarium (*dla
studentów*)

tuxedo /tʌk'si:dəʊ/ *n* (*Am.*) smoking

TV /ˌti: 'vi:/ *skrót* = TELEVISION

twang /twæŋ/ *n* brzdęk ▶ *v* brzdąkać

tweezers /'twi:zəz/ *n* pęseta

twelve /twelv/ *liczba* dwanaście
→ DWA | **twelfth** /twelfθ/ (*liczebnik
porządkowy*) dwunasty → DRUGI

twenty /'twenti/ *liczba* dwadzieścia
→ DWA | **twentieth** (*liczebnik
porządkowy*) dwudziesty → DRUGI

twice /twaɪs/ *adv* dwa razy, podwójnie

twiddle /'twɪdl/ *v* kręcić palcami (*np.
nerwowo*), bawić się czymś używając
palców

twig /twɪg/ *n* gałązka

twilight /'twaɪlaɪt/ *n* zmrok

twin /twɪn/ *n* **1** bliźnia-k/czka **2**: ~ *beds*
dwa jednoosobowe łóżka (w jednym
pokoju) ◊ *a twin-bedded room* pokój z
dwoma jednoosobowymi łóżkami
● ˌtwin 'town *n* miasto bliźniacze

twinge /twɪndʒ/ *n* **a** ~ **(of sth) 1** nagłe
uczucie (*np. strachu*) **2** nagły ból

twinkle /'twɪŋkl/ *v* **1** (*gwiazda itp.*)
migotać **2** (*oczy*) iskrzyć się ▶ *n*
iskierka, błysk

twirl /twɜ:l/ *v* kręcić (się)

twist /twɪst/ *v* **1** kręcić (się), wykręcać
(się) **2** (*droga itp.*) wić się **3** okręcać
4 przekręcać (*znaczenie*) ▶ *n* **1** skręcenie,
wykręcenie **2** skręt **3** zakręt
4 (nieoczekiwany) zwrot w wydarzeniach

twit /twɪt/ *n* (*Br., nieform.*) głupek

twitch /twɪtʃ/ *v* drgać: *Can you ~ your
ears?* Czy umiesz ruszać uszami? ▶ *n*
drgnięcie

twitter /'twɪtə(r)/ *v* ćwierkać

two /tu:/ *liczba* dwa → DWA

tycoon /taɪ'ku:n/ *n* (*nieform.*) magnat/
ka (*np. handlowy*), potentat/ka

type /taɪp/ *n* **1 a** ~ **(of sth)** rodzaj **2** typ
(*człowieka*) **3** (**-type**) typu **4** [*U*] czcionka
▶ *v* pisać na maszynie/komputerze itp. |
typing *n* **1** pisanie na maszynie
2 maszynopis | **typist** *n* maszynist-a/ka
● **'typewriter** *n* maszyna do pisania

typical /'tɪpɪkl/ *adj* ~ **(of sb/sth)** typowy
| **typically** *adv* **1** zwykle **2** typowo

t

typify /'tɪpɪfaɪ/ v (*3rd sing czasu pres* -ies; *pt, pp* -ied) być typowym (*np. przykładem/znakiem*)

typist → TYPE

tyranny /'tɪrəni/ n tyrania l **tyrannical** /tɪ'rænɪkl/ adj tyrański l **tyrant** /'taɪrənt/ n tyran

tyre /'taɪə(r)/ n opona

....

Uu

....

U,u /ju:/ n litera *u*

ugh /ɜ:/ *interj* fuj!

ugly /'ʌgli/ adj **1** brzydki **2** (*sytuacja*) groźny

UK /ˌju: 'keɪ/ *skrót* Zjedn. Król.

ulcer /'ʌlsə(r)/ n wrzód

ulterior /ʌl'tɪəriə(r)/ adj (*form.*) ukryty

ultimate /'ʌltɪmət/ adj **1** ostateczny, ostatni **2**: *the ~ luxury* największy luksus ▶ n *the ~* (**in sth**) (*nieform.*) szczyt (*np. wygody*) l **ultimately** adv **1** ostatecznie **2** w zasadzie

ultrasound /'ʌltrəsaʊnd/ n ultradźwięk: *an ~ scan* badanie ultrasonograficzne

umbilical cord /ʌmˌbɪlɪkl 'kɔːd/ n pępowina

umbrella /ʌm'brelə/ n parasol/ka (*od deszczu*): *put an ~ up/down* otwierać/ zamykać parasol

umpire /'ʌmpaɪə(r)/ n (*sport*) sędzia ▶ v (*sport*) sędziować

UN /ˌju: 'en/ *skrót* ONZ

unable /ʌn'eɪbl/ adj ~ **to do sth** niezdolny do zrobienia czegoś

unacceptable /ˌʌnək'septəbl/ adj nie do przyjęcia

unanimous /ju'nænɪməs/ adj jednomyślny

unarmed /ˌʌn'ɑːmd/ adj nie uzbrojony: *~ combat* walka wręcz

unassuming /ˌʌnə'sju:mɪŋ/ *Am.* -su:-/ adj bezpretensjonalny

unattractive /ˌʌnə'træktɪv/ adj nieatrakcyjny, nieładny

unavoidable /ˌʌnə'vɔɪdəbl/ adj nieunikniony

unaware /ˌʌnə'weə(r)/ adj ~ (**of sb/sth**) nieświadomy, nie zdający sobie sprawy l **unawares** adv niespodziewanie: *I was taken completely ~ by his suggestion.* Zostałem całkowicie zaskoczony jego sugestią.

unbearable /ʌn'beərəbl/ adj nieznośny

unbeatable /ʌn'bi:təbl/ adj **1** niepokonany **2** (*cena, oferta itp.*) nie do pobicia

unbeaten /ʌn'bi:tn/ adj (*wynik, rekord itp.*) niepobity

unbelievable /ˌʌnbɪ'li:vəbl/ adj niewiarygodny

unbroken /ʌn'brəʊkən/ adj **1** nieprzerwany **2** (*rekord itp.*) niepobity

unbutton /ʌn'bʌtn/ v rozpinać

uncanny /ʌn'kæni/ adj niesamowity, zagadkowy

uncertain /ʌn'sɜːtn/ adj ~ (**about/of sth**) niepewny l **uncertainty** n (*pl* -ies) niepewność

uncle /'ʌŋkl/ n **1** stryj/ek **2** wuj/ek

uncomfortable /ʌn'kʌmftəbl/ adj **1** niewygodny **2** nieswój, skrępowany

uncommon /ʌn'kɒmən/ adj niezwykły

uncompromising /ʌn'kɒmprəmaɪzɪŋ/ adj bezkompromisowy

unconcerned /ˌʌnkən'sɜːnd/ adj obojętny, nieczuły

unconditional /ˌʌnkən'dɪʃənl/ adj bezwarunkowy

unconscious /ʌn'kɒnʃəs/ adj **1** nieprzytomny **2** ~ **of sb/sth** nieświadomy **3** niezamierzony

uncover /ʌn'kʌvə(r)/ v **1** odkrywać, odsłaniać **2** wykrywać (*np. spisek*)

undecided /ˌʌndɪ'saɪdɪd/ adj **1** niezdecydowany **2** niepewny

undeniable /ˌʌndɪ'naɪəbl/ adj niezaprzeczalny

under /'ʌndə(r)/ *prep* **1** pod → POD **2** poniżej, mniej niż **3** według (*np. prawa, regulaminu*) **4**: *~ construction* w trakcie budowy ◇ *be ~ the impression (that)* sądzić, że ◇ *be ~ suspicion* być podejrzanym ▶ adv **1** pod wodą **2** (*wiek*) poniżej

under- /'ʌndə(r)/ (*w zwrotach złoż*) **1** pod-: *the minister's undersecretary* podsekretarz stanu **2** nie (*wystarczająco*): *underdeveloped countries* kraje słabo rozwinięte

underclothes /'ʌndəkləʊðz/ n [*pl*] bielizna

undercover /ˌʌndə'kʌvə(r)/ adj tajny

underestimate /ˌʌndər'estɪmeɪt/ v **1** za nisko szacować **2** nie doceniać ▶ /-mət/ n zbyt niska ocena

undergo /ˌʌndə'gəʊ/ v (*pt* underwent /-'went/; *pp* undergone /-'gɒn/) przechodzić (*np. test, szkolenie*), poddawać się (*np. operacji*)

undergraduate /ˌʌndə'grædʒuət/ n student/ka (*studiów licencjackich*)

underground /'ʌndəgraʊnd/ *adj*
podziemny ▶ *adv* 1 pod ziemią 2 w
podziem-ie/iu: *go* ~ zejść do podziemia |
n (Br.) metro ❶ Metro londyńskie
nazywa się **the underground** lub **the
tube.**

undergrowth /'ʌndəgrəʊθ/ *n*
podszycie (*lasu*)

underline /ˌʌndə'laɪn/ *v* podkreślać

undermine /ˌʌndə'maɪn/ *v* podważyć
(*np. autorytet*)

underneath /ˌʌndə'niːθ/ *prep, adv* pod,
poniżej → POD

underpants /'ʌndəpænts/ *n* slipy
męskie

underpass /'ʌndəpɑːs; *Am.* -pæs/ *n*
1 przejazd podziemny 2 przejście
podziemne

underpay /ˌʌndə'peɪ/ *v (pt, pp
underpaid)* za mało płacić (komuś); źle
wynagradzać

underprivileged /ˌʌndə'prɪvəlɪdʒd/
adj nie uprzywilejowany

underrate /ˌʌndə'reɪt/ *v* nie doceniać

undershirt /'ʌndəʃɜːt/ *n (Am.)*
podkoszulek

understand /ˌʌndə'stænd/ *v (pt, pp
understood* /-'stʊd/) rozumieć |
understandable *adj* zrozumiały

understanding /ˌʌndə'stændɪŋ/ *n*
1 zdolność pojmowania 2 znajomość
(*tematu*) 3 zrozumienie 4 porozumienie
[IDM] **on the understanding that...** pod
warunkiem, że ▶ *adj* wyrozumiały

understate /ˌʌndə'steɪt/ *v* pomniejszać
(*np. fakty*) | **understatement** *n*
umniejszanie (*np. faktów*)

undertake /ˌʌndə'teɪk/ *v (pt undertook*
/-'tʊk/; *pp* **undertaken** /-'teɪkən/)
1 podejmować się (*np. wykonania
zadania/badań*) 2 przeprowadzać
(*np. badania*) | **undertaking** *n*
1 przedsięwzięcie 2 ~ (*that.../to do sth*)
zobowiązanie: *He gave an ~ that he
would not leave the country.* Zaręczył, że
nie opuści kraju. | **undertaker** *n*
przedsiębiorca pogrzebowy

underwater /ˌʌndə'wɔːtə(r)/ *adj*
podwodny ▶ *adv* pod wodą

underwear /'ʌndəweə(r)/ *n* bielizna

underweight /ˌʌndə'weɪt/ *adj (osoba)* z
niedowagą

undesirable /ˌʌndɪ'zaɪərəbl/ *adj*
niepożądany

undid *pt od* UNDO

undo /ʌn'duː/ *v (3rd sing czasu pres
undoes* /-'dʌz/; *pt* **undid** /-'dɪd/; *pp*
undone /-'dʌn/) 1 rozwiązywać,
rozpinać 2 naprawiać (*np. zło, szkody*) |
undone *adj* 1 rozpięty, rozwiązany:
My blouse has come ~. Bluzka mi się
rozpięła. 2 niezrobiony, niedokończony

undress /ʌn'dres/ *v* rozbierać (się)
❶ Częściej używa się zwrotu **get
undressed** niż **undress.**

undue /ʌn'djuː; *Am.* -'duː/ *adj*
nadmierny

unearth /ʌn'ɜːθ/ *v* 1 wykopywać
2 wydobywać na światło dzienne

uneasy /ʌn'iːzi/ *adj* 1 zaniepokojony,
niespokojny 2 wątpliwy | **unease** /-'iːz/
(*także* **uneasiness**) *n* zaniepokojenie,
skrępowanie

uneconomic /ˌʌn,iːkə'nɒmɪk; ˌʌn,ek-/
adj nieopłacalny | **uneconomical** /-'ɪkl;
ˌʌn,ek-/ *adj* nieoszczędny

uneducated /ʌn'edʒukeɪtɪd/ *adj*
niewykształcony

unemployed /ˌʌnɪm'plɔɪd/ *adj*
bezrobotny | **unemployment** *n*
bezrobocie: ~ *benefit* zasiłek dla
bezrobotnych

unequal /ʌn'iːkwəl/ *adj* nierówny

uneven /ʌn'iːvn/ *adj* nierówny

unexpected /ˌʌnɪk'spektɪd/ *adj*
niespodziewany

unfair /ˌʌn'feə(r)/ *adj* 1 ~ (*on/to sb*)
niesprawiedliwy (dla kogoś)
2 nieuczciwy

unfaithful /ʌn'feɪθ/ *adj* ~ (*to sb*)
niewierny (komuś): *Her husband was ~
to her.* Mąż ją zdradzał.

unfamiliar /ˌʌnfə'mɪliə(r)/ *adj* 1 ~ (*to
sb*) nieznany (komuś) 2 ~ (*with sth*)
nieobeznany (z czymś)

unfashionable /ʌn'fæʃnəbl/ *adj*
niemodny

unfasten /ʌn'fɑːsn/ *v* rozpinać,
rozwiązywać

unfavourable (*Am.* **-favor-**)
/ʌn'feɪvərəbl/ *adj* 1 nieprzychylny
2 niekorzystny, (*pogoda*) niesprzyjający

unfit /ʌn'fɪt/ *adj* 1 ~ (*for sth/to do sth*)
nie nadający się (do (zrobienia) czegoś)
2 w słabej kondycji fizycznej

unfold /ʌn'fəʊld/ *v* 1 rozkładać (się)
2 rozwijać (się), wychodzić na jaw

unforeseen /ˌʌnfɔː'siːn/ *adj*
nieprzewidziany

unforgettable /ˌʌnfə'getəbl/ *adj*
niezapomniany

unfortunate /ʌn'fɔːtʃənət/ *adj*
1 nieszczęśliwy: ~ *people* pechowcy
2 niefortunny | **unfortunately** *adv*
niestety

unfriendly /ʌn'frendli/ *adj*
nieprzyjazny, nieżyczliwy

ungrateful /ʌn'greɪt/ *adj*
niewdzięczny

unhappy /ʌn'hæpi/ *adj*
1 przygnębiony, nieszczęśliwy 2 ~ (*about/
at/with sth*) niezadowolony 3 ~ (*about
sth*) zmartwiony, niepokojący się

unhealthy /ʌn'helθi/ *adj* niezdrowy

unheard /ʌn'hɜːd/ *adj* nie wysłuchany: *My suggestions went ~.* Moje propozycje przeszły niezauważone. ● **unheard-of** /ʌn'hɜːd ɒv/ *adj* niesłychany, niespotykany

uniform /'juːnɪfɔːm/ *adj* jednolity ▸ *n* mundurek (szkolny), mundur|
uniformity /ˌjuːnɪ'fɔːməti/ *n* identyczność

unify /'juːnɪfaɪ/ *v* (*3rd sing czasu pres* **-ies**; *pt, pp* **-ied**) jednoczyć, ujednolicać|
unification /ˌjuːnɪfɪ'keɪʃn/ *n* zjednoczenie

unilateral /ˌjuːnɪ'lætrəl/ *adj* jednostronny

uninhabited /ˌʌnɪn'hæbɪtɪd/ *adj* niezamieszkały, bezludny

uninterested /ʌn'ɪntrəstɪd/ *adj* ~ (**in sb/sth**) obojętny, niezainteresowany

union /'juːniən/ *n* **1** zjednoczenie **2** związek **3** = TRADE UNION ● **the Union 'Jack** *n* flaga brytyjska

unique /ju'niːk/ *adj* **1** unikatowy, niepowtarzalny **2** ~ **to sb/sth** jedyny w swym rodzaju **3** (*nieform.*) niezwykły

unisex /'juːnɪseks/ *adj* dla kobiet i mężczyzn

unison /'juːnɪsn; 'juːnɪsn/ *n* [IDM] **in unison 1** zgodnie, jednogłośnie **2** (*muz.*) unisono

unit /'juːnɪt/ *n* **1** część **2** jednostka (*np. monetarna, miary*) **3** oddział (*np. intensywnej terapii*) **4** mechanizm **5** (*mebel*) segment: *kitchen ~s* szafki kuchenne

unite /ju'naɪt/ *v* ~ (**in** (**doing**) **sth**) jednoczyć (się)| **unity** /'juːnəti/ *n* **1** jedność **2** zgoda

universal /ˌjuːnɪ'vɜːsl/ *adj* powszechny
universe /'juːnɪvɜːs/ *n* (**the universe**) wszechświat

university /ˌjuːnɪ'vɜːsəti/ *n* (*pl* **-ies**) uniwersytet ❶ Wyrażeń **at university** i **to go to university** używa się bez przedimka, kiedy mówi się o kimś, kto uczęszcza na uniwersytet jako student: *He's hoping to go to ~ next year.* W sytuacjach, gdy ktoś udaje się na teren uniwersytetu w innym celu, używany jest przedimek **the**: *I'm going to a conference at the ~ in July.*

unkind /ʌn'kaɪnd/ *adj* **1** niegrzeczny **2** okrutny

unknown /ˌʌn'nəʊn/ *adj* ~ (**to sb**) nieznany: *Unknown to the boss, she went home early.* Bez wiedzy szefa poszła wcześniej do domu. ▸ *n* **1** (*zwykle* **the unknown**) [lp] nieznane **2** nieznajom-y/a

unleaded /ˌʌn'ledɪd/ *adj* bezołowiowy

unless /ən'les/ *conj* jeżeli nie, o ile nie: *U~ your work improves, you'll lose the job.* Jeżeli nie poprawisz się w pracy,

stracisz stanowisko. ◇ *Don't switch that on ~ I'm here.* Nie włączaj tego, chyba że tu będę.

unlike /ˌʌn'laɪk/ *adj* inny niż ▸ *prep* **1** w przeciwieństwie do kogoś/czegoś **2** niepodobne do kogoś

unlikely /ʌn'laɪkli/ *adj* mało prawdopodobny

unload /ˌʌn'ləʊd/ *v* **1** ~ (**sth**) (**from sth**) wyładowywać, rozładowywać **2** ~ **sth** (**on/onto sb**) (*nieform.*) zrzucać na kogoś (*np. obowiązki, odpowiedzialność*)

unlock /ˌʌn'lɒk/ *v* otwierać kluczem

unlucky /ʌn'lʌki/ *adj* pechowy, nieszczęśliwy: *be ~* mieć pecha

unmarried /ˌʌn'mærid/ *adj* niezamężna, nieżonaty

unmistakable /ˌʌnmɪ'steɪkəbl/ *adj* niewątpliwy, charakterystyczny (*dla kogoś/czegoś*)

unmoved /ˌʌn'muːvd/ *adj* niewzruszony

unnatural /ʌn'nætʃrəl/ *adj* nienaturalny

unnecessary /ʌn'nesəsəri; *Am.* -seri/ *adj* niekonieczny, niepotrzebny

unnoticed /ˌʌn'nəʊtɪst/ *adj* niezauważony

unobtrusive /ˌʌnəb'truːsɪv/ *adj* dyskretny, nierzucający się w oczy

unofficial /ˌʌnə'fɪʃl/ *adj* nieoficjalny, niepotwierdzony (*urzędowo*)

unorthodox /ʌn'ɔːθədɒks/ *adj* nieszablonowy, niekonwencjonalny

unpack /ˌʌn'pæk/ *v* rozpakowywać (się)

unpaid /ˌʌn'peɪd/ *adj* **1** (*rachunek itp.*) niezapłacony **2** (*praca itp.*) nieodpłatny: *~ leave* bezpłatny urlop

unpleasant /ʌn'pleznt/ *adj* nieprzyjemny, niemiły

unplug /ˌʌn'plʌg/ *v* (**-gg-**) wyłączać wtyczkę z kontaktu

unpopular /ʌn'pɒpjələ(r)/ *adj* ~ (**with sb**) niepopularny, nielubiany

unprecedented /ʌn'presɪdentɪd/ *adj* bez precedensu, niespotykany

unprovoked /ˌʌnprə'vəʊkt/ *adj* niczym nie sprowokowany

unqualified /ʌn'kwɒlɪfaɪd/ *adj* **1** niewykwalifikowany **2** (*sukces itp.*) pełny

unquestionable /ʌn'kwestʃənəbl/ *adj* bezsprzeczny

unravel /ʌn'rævl/ *v* (**-ll-**; *Am.* **-l-**) **1** (*robótka itp.*) rozplątywać (się), pruć (się) **2** (*tajemnica itp.*) wyjaśniać (się)

unreal /ˌʌn'rɪəl/ *adj* **1** nierzeczywisty **2** nierealny

unreasonable /ʌn'riːznəbl/ *adj* **1** nierozsądny **2** wygórowany

unreliable /ˌʌnrɪˈlaɪəbl/ *adj* niesolidny, zawodny

unrest /ʌnˈrest/ *n* [U] niepokój, zamieszki: *social* ~ niezadowolenie społeczne

unruly /ʌnˈruːli/ *adj* nieposłuszny, nieopanowany

unscathed /ʌnˈskeɪðd/ *adj* bez szwanku

unscrew /ˌʌnˈskruː/ *v* odkręcać (*np. śrubę, butelkę*)

unscrupulous /ʌnˈskruːpjələs/ *adj* bez skrupułów

unsightly /ʌnˈsaɪtli/ *adj* szpetny

unskilled /ˌʌnˈskɪld/ *adj*
1 niewykwalifikowany 2 nie wymagający kwalifikacji

unstable /ʌnˈsteɪbl/ *adj* 1 chwiejny
2 niestabilny

unstuck /ˌʌnˈstʌk/ *adj* odklejony [IDM] **come unstuck** nie powieść się

unsuitable /ʌnˈsuːtəbl/ *adj* nieodpowiedni

unsure /ˌʌnˈʃʊə(r); -ˈʃɔː(r); *Am.* -ˈʃʊr/ *adj*
1 ~ **of yourself** niepewny siebie
2 ~ **(about/of sth)** niepewny (czegoś)

unsuspecting /ˌʌnsəˈspektɪŋ/ *adj* niczego niepodejrzewający

unsympathetic /ˌʌnˌsɪmpəˈθetɪk/ *adj*
~ **(to/towards sb)** 1 obojętny, nieczuły
2 nieprzychylny (czemuś)

untangle /ʌnˈtæŋgl/ *v* rozplątywać

unthinkable /ʌnˈθɪŋkəbl/ *adj* nie do pomyślenia

untidy /ʌnˈtaɪdi/ *adj* 1 nieporządny: *an* ~ *bedroom* niesprzątana sypialnia
◊ ~ *hair* rozczochrane włosy
2 niechlujny

untie /ʌnˈtaɪ/ *v* (*pres part.* **-tying**; *3rd sing czasu pres* **-ties**; *pt, pp* **-tied**) rozwiązywać (*np. węzeł, ręce*)

until /ənˈtɪl/ *conj* dopóki (nie) ▸ *prep* (aż) do: *We can't leave* ~ *10 o'clock.* Nie możemy stąd wyjść przed dziesiątą.

untrue /ʌnˈtruː/ *adj* nieprawdziwy

unused /ˌʌnˈjuːzd; ʌnˈjuːst/ *adj* (jeszcze) nie używany ▸ /ˌʌnˈjuːst/ *adj* nienawykły

unusual /ʌnˈjuːʒ(u)əl/ *adj* 1 rzadki: *It's* ~ *for Joe to be late.* Rzadko się zdarza, żeby Joe się spóźnił. 2 niezwykły |
unusually *adv* 1 wyjątkowo
2 nietypowo

unveil /ˌʌnˈveɪl/ *v* odsłaniać

unwanted /ˌʌnˈwɒntɪd/ *adj* niechciany, zbyteczny

unwarranted /ʌnˈwɒrəntɪd/ *adj* nieuzasadniony, bezpodstawny

unwell /ʌnˈwel/ *adj* niezdrów: *feel* ~ źle się czuć → SICK

unwilling /ʌnˈwɪlɪŋ/ *adj* niechętny

unwind /ʌnˈwaɪnd/ *v* (*pt, pp* **unwound** /-ˈwaʊnd/) 1 rozwijać (się) (*np. bandaż, linę*) 2 (*nieform.*) (*osoba*) rozluźniać się

unwise /ʌnˈwaɪz/ *adj* niemądry

unwitting /ʌnˈwɪtɪŋ/ *adj* nieświadomy, mimowolny | **unwittingly** *adv* nieświadomie, mimowolnie

unwrap /ʌnˈræp/ *v* (**-pp-**) rozpakowywać (*np. paczkę*)

unzip /ʌnˈzɪp/ *v* (**-pp-**) rozpinać (*zamek błyskawiczny*)

up /ʌp/ *prep, adv* ❶ Up używa się w v. złoż. Zob. hasła przy odpowiednich v., np. **pick sth up**. 1 do góry: *The monkey climbed* ~ *the tree.* Małpa wspięła się na drzewo. ◊ *Put your hand* ~ *if you know the answer.* Podnieś rękę, jeśli znasz odpowiedź. ◊ *Prices have gone* ~. Ceny wzrosły. ◊ *Turn the volume* ~. Nastaw głośniej. 2: *Stand* ~, *please.* Proszę wstać. ◊ *Is he* ~ *yet?* Czy już wstał (z łóżka)? ◊ *I had to get* ~ *early.* Musiałem wcześnie wstać. 3 do końca: *Eat* ~*!* Zjedz wszystko! 4: *Do* ~ *your coat.* Zapnij płaszcz. ◊ *She tied the parcel* ~ *with string.* Związała paczkę sznurkiem. 5 blisko (do): *She ran* ~ *to her mother.* Podbiegła do matki.
6: *The teacher collected* ~ *our homework.* Nauczyciel zebrał nasze zadania domowe. ◊ *Asif and Joe teamed* ~ *in the doubles competition.* Asif i Joe połączyli siły w deblu. 7 zakończony: *Stop writing. Your time's* ~. Skończył się czas. 8 dalej: *I live just* ~ *the road.* Mieszkam trochę dalej na tej samej ulicy. ◊ *Move* ~ *a little.* Posuń się trochę. 9 do (*w kierunku północnym*), na: *They moved* ~ *north.* Przeprowadzili się na północ. ◊ *We're going* ~ *to Leeds tomorrow.* Jutro jedziemy do Leeds. 10 na kawałki 11 działający: *Are the computers back* ~ *yet?* Czy komputery już działają? 12 (*nieform.*): *mess* ~ zawalić sprawę [IDM] **be up to sb** zależeć od kogoś | **up and down** tam i z powrotem| **up to sth** 1 aż do (*np. pewnej sumy, pewnego czasu*): ~ *to now* dotychczas 2 na siłach, w stanie 3 robiący coś potajemnie: *What are the children* ~ *to?* Co te dzieci nam szykują? | **what's up?** (*nieform.*) co jest (grane)?

upbringing /ˈʌpbrɪŋɪŋ/ *n* wychowanie

update /ˌʌpˈdeɪt/ *v* 1 unowocześniać
2 uaktualniać 3 ~ **(sb) (on sth)** podawać najnowsze wiadomości ▸ /ˈʌpdeɪt/ *n* aktualizacja: *a news* ~ najświeższe wiadomości

upgrade /ˌʌpˈgreɪd/ *v* 1 ulepszać, podnosić (*np. jakość*) 2 (*komput.*) wprowadzać nową wersję (*np. oprogramowania*) ▸ /ˈʌpgreɪd/ *n* (*komput.*) nowa wersja (*np. oprogramowania*)

upheaval /ʌpˈhiːvl/ *n* wstrząs, zmiana

uphill /ˌʌpˈhɪl/ *adj, adv* **1** pod górę **2** uciążliw-y/ie

uphold /ʌpˈhəʊld/ *v* (*pt, pp* **upheld** /-ˈheld/) utrzymywać w mocy (*np. wyrok, decyzję*)

upholstered /ˌʌpˈhəʊlstəd/ *adj* (*fotel itp.*) obity (*np. tapicerką*)| **upholstery** *n* obicie, tapicerka

upkeep /ˈʌpkiːp/ *n* [*U*] koszt utrzymania

uplifting /ˌʌpˈlɪftɪŋ/ *adj* podnoszący na duchu

upmarket /ˌʌpˈmaːkɪt/ *adj* ekskluzywny ▶ *adv* (*dzielnica, sklep itp.*): *go/move* ~ stać się ekskluzywnym

upon /əˈpɒn/ *prep* (*form.*) = ON

upper /ˈʌpə(r)/ *adj* wyższy, górny ● **upper 'class** *adj, n* [*z v. w pl lub s*] klasa wyższa (*społeczeństwa*)

uppermost /ˈʌpəməʊst/ *adj* **1** najważniejszy **2** najwyższy

upright /ˈʌpraɪt/ *adj* **1** pionowy, wyprostowany: *an* ~ *piano* pianino **2** (*osoba*) prawy, uczciwy ▶ *adv* prosto, pionowo

uprising /ˈʌpraɪzɪŋ/ *n* powstanie, insurekcja

uproar /ˈʌprɔː(r)/ *n* zgiełk, wrzawa

uproot /ˌʌpˈruːt/ *v* wykorzeniać

upset /ˌʌpˈset/ *v* (*pres part.* **-setting**; *pt, pp* **upset**) **1** niepokoić, wytrącać kogoś z równowagi **2** pokrzyżować (*plany*), psuć (*np. zabawę*) **3** przewracać (*np. wazon*) **4** rozstrajać żołądek ▶ /ˈʌpset/ *n* **1** zamieszanie, zamęt **2** rozstrój żołądka **3** zmartwienie, wytrącenie z równowagi| /ˌʌpˈset/ *adj* **1** zaniepokojony, zdenerwowany **2** (*żołądek*) rozstrojony ❶ Przym. upset wymawia się /ˈʌpset/ w pozycji przed n, ale /ˌʌpˈset/ w każdej innej pozycji w zdaniu.

upshot /ˈʌpʃɒt/ *n* **the** ~ (**of sth**) wynik

upside down /ˌʌpsaɪd ˈdaʊn/ *adv* do góry nogami

upstairs /ˌʌpˈsteəz/ *adv* na górę/górze ▶ *adj* na górnym piętrze| *n* (*nieform.*) **the** ~ górne piętro

upstream /ˌʌpˈstriːm/ *adv* pod prąd ▶ *adj* w górnym biegu rzeki

upsurge /ˈʌpsɜːdʒ/ *n* nagły wzrost (*np. liczby przestępstw*)

uptight /ˌʌpˈtaɪt/ *adj* (*nieform.*) **1** spięty, zdenerwowany **2** zły: *Don't get so* ~ – *it's only a game!* Nie denerwuj się – to tylko gra!

up to date /ˌʌptəˈdeɪt/ *adj* **1** nowoczesny **2** aktualny

upturn /ˈʌptɜːn/ *n* poprawa

upturned /ˌʌpˈtɜːnd/ *adj* **1** zadarty (*np. nos*) **2** do góry dnem/nogami, wywrócony

upward /ˈʌpwəd/ *adj* w górę, skierowany ku górze: *an* ~ *trend* tendencja zwyżkowa ▶ (*także* upwards /-wədz/) *adv* w górę| **'upwards of** *prep* ponad

uranium /juˈreɪniəm/ *n* uran

urban /ˈɜːbən/ *adj* miejski

urge /ɜːdʒ/ *v* **1** usilnie namawiać **2** zalecać **3** zmuszać do przemieszczenia się (*w określonym kierunku*) ▶ *n* pobudka, pragnienie

urgent /ˈɜːdʒənt/ *adj* pilny, nagły| **urgency** /-si/ *n* [*U*] nagła potrzeba

urine /ˈjʊərɪn/ *n* mocz| **urinate** /ˈjʊərɪneɪt/ *v* (*form.*) oddawać mocz

us /əs; *f. akcent.* ʌs/ *pron* (*przypadek zależny od* **we**): *Hello, it's* ~ *again!* Cześć, to znowu my! ◇ *Leave* ~ *alone.* Zostaw nas w spokoju. ◇ *Come with* ~. Chodź z nami.

usage /ˈjuːsɪdʒ; -zɪdʒ/ *n* **1** użytkowanie **2** zużycie **3** użycie

use /juːz/ *v* (*pt, pp* **used** /juːzd/) **1** używać: *Could I* ~ *your phone?* Czy mógłbym skorzystać z twojego telefonu? ◇ *Use your imagination!* Pobudź swą wyobraźnię! **2** wykorzystywać [PV] **use sth up** zużyć ❶ Zwróć uwagę na różnicę w wymowie słowa: **use** v. = /juːz/; n = /juːs/. ▶ /juːs/ *n* **1** użycie **2** zastosowanie **3** możliwość/prawo korzystania z czegoś: *He lost the* ~ *of his hand.* Stracił władzę w ręce. **4** pożytek: *It's no* ~ *studying.* Nie ma sensu się uczyć. ◇ *What's the* ~ *of trying?* Po co próbować? [IDM] **come into/go out of use** zacząć być używanym, wychodzić z użycia| **make use of sth/sb** wykorzystać | **used** /juːzd/ *adj* używany

used /juːst/ *adj* ~ **to (doing) sth** przyzwyczajony: *I'll never get* ~ *to getting up at five.* Nigdy nie przyzwyczaję się do wstawania o piątej rano.

used to /ˈjuːst tə; *przed samogł. i na końcu zdania* ˈjuːst tu/ *v mod* zwykł coś robić (*kiedyś, ale już nie teraz*): *She* ~ *live with her parents.* Ona kiedyś mieszkała z rodzicami. ◇ *Did you use to smoke?* Czy kiedyś paliłeś? ◇ *I used not to like him.* Kiedyś go nie lubiłem. ◇ *He didn't use to speak to me.* Nie miał zwyczaju ze mną rozmawiać. ❶ Do tworzenia przeczeń i pytań z **used to** zwykle używa się **did**: *I didn't use to like jazz.* ◇ *Did she use to be in your class?* Zwróć uwagę na różnicę między zwrotem **used to** + bezokolicznik, odnoszącym się tylko do przeszłości, a zwrotem **used to (doing) sth**, który ma inne znaczenie i może odnosić się do przeszłości, teraźniejszości lub przyszłości. Por. *I used to live on my own* (Mieszkałem sam.) z *I'm used to living on my own.* (Przyzwyczaiłem się mieszkać sam.).

useful /'juːs/ *adj* użyteczny, przydatny

useless /'juːsləs/ *adj* **1** bezużyteczny: *This machine is ~.* Ta maszyna jest do niczego. **2 ~ (at sth)** (*nieform.*) (*osoba*) beznadziejny (*w czymś*)

user /'juːzə(r)/ *n* użytkowni-k/czka | **user-friendly** /ˌjuːzə'frendlɪ/ *adj* łatwy w użyciu

usual /'juːʒ(u)əl/ *adj* zwykły: *It's ~ for her to work at weekends.* Ona zwykle pracuje w weekendy. ◊ *I sat in my ~ seat.* Siedziałem na miejscu, na którym zwykle siadam. [IDM] **as usual** jak zwykle | **usually** *adv* zwykle

utensil /juː'tensl/ *n* sprzęt, naczynie

uterus /'juːtərəs/ *n* (*pl* **-es** *lub naukowo* **uteri** /-raɪ/) (*form.*) (*anat.*) macica

utility /juː'tɪlətɪ/ *n* (*pl* **-ies**) **1** (*form.*) pożytek **2** zakład użyteczności publicznej: *a ~ bill* rachunek za gaz/ prąd/wodę itp. **3** (*komput.*) program użytkowy ● **u'tility room** *n* pomieszczenie gospodarcze

utmost /'ʌtməʊst/ *adj* (*form.*) najwyższy ► *n*: *I did my ~ to help.* Zrobiłem wszystko, co w mojej mocy, żeby pomóc.

utter /'ʌtə(r)/ *adj* zupełny, całkowity ► *v* wypowiadać (*np. słowa*), wydawać (*np. głos*): *She left without uttering a word.* Wyszła bez słowa. | **utterly** *adv* zupełnie

U-turn /'juːtɜːn/ *n* **1** zawracanie pojazdu **2** całkowita zmiana planu

V, v /viː/ *n* litera *v*

vacancy /'veɪkənsi/ *n* (*pl* **-ies**) **1** wolny pokój (*np. w hotelu*) **2** wakat

vacant /'veɪkənt/ *adj* **1** (*pokój w hotelu, etat itp.*) wolny: *the 'Situations Vacant' page* strona gazety z ogłoszeniami dotyczącymi wolnych miejsc pracy **2** (*wygląd, uśmiech itp.*) bezmyślny

vacate /və'keɪt; veɪk-; *Am.* 'veɪk-/ *v* (*form.*) zwalniać

vacation /və'keɪʃn; *Am.* veɪ-/ *n* **1** (*Am.*) wakacje, urlop **2** [C] ferie szkolne/ akademickie: *the Easter ~* ferie wielkanocne/wiosenne ◊ *the long/ summer ~* wakacje letnie ❶ W Br. ang.

vacation nie oznacza wakacji szkolnych; używa się wtedy słowa **holidays**.

vaccinate /'væksɪneɪt/ *v* szczepić | **vaccination** /ˌvæksɪ'neɪʃn/ *n* szczepienie

vaccine /'væksiːn; *Am.* væk'siːn/ *n* szczepionka

vacuum /'vækjuəm/ *n* próżnia ► *v* odkurzać ● **'vacuum cleaner** (*także* vacuum) *n* odkurzacz | **'vacuum flask** *n* termos

vagina /və'dʒaɪnə/ *n* (*anat.*) pochwa

vague /veɪɡ/ *adj* **1** (*wspomnienie itp.*) mglisty **2**: *She looked ~ when I tried to explain.* Wyglądało na to, że nie rozumiała tego, co próbowałem jej wyjaśnić. **3** niewyraźny | **vaguely** *adv* **1** niewyraźnie **2** nieco: *Her name sounds ~ familiar.* Jej nazwisko brzmi znajomo. **3** nieprzytomnie, z roztargnieniem

vain /veɪn/ *adj* **1** (*osoba*) próżny **2** (*wysiłek itp.*) próżny [IDM] **in vain** na próżno

valiant /'væliənt/ *adj* (*form.*) mężny

valid /'vælɪd/ *adj* **1** (*bilet, paszport itp.*) ważny **2** (*prawn.*) prawomocny **3** (*argument itp.*) trafny, (*zażalenie, protest itp.*) uzasadniony | **validity** /və'lɪdətɪ/ *n* [U] **1** ważność **2** prawomocność **3** słuszność

valley /'væli/ *n* dolina

valuable /'væljuəbl/ *adj* cenny | **valuables** *n* kosztowności

valuation /ˌvælju'eɪʃn/ *n* wycena

value /'væljuː/ *n* (*i relig.*) wartość (*np. moralna*) ► *v* **1 ~ sth (at sth)** wyceniać **2** cenić (*sobie*)

valve /vælv/ *n* zawór, wentyl

vampire /'væmpaɪə(r)/ *n* wampi-r/ rzyca

van /væn/ *n* furgon

vandal /'vændl/ *n* wandal | **vandalize** (*także* **-ise**) /-dəlaɪz/ *v* dewastować

vanilla /və'nɪlə/ *n* wanilia

vanish /'vænɪʃ/ *v* znikać: *His fear vanished.* Jego strach minął. ◊ *vanishing species* ginący gatunek

vanity /'vænəti/ *n* próżność

vapour (*Am.* **-or**) /'veɪpə(r)/ *n* para

variable /'veəriəbl/ *adj* zmienny

variant /'veəriənt/ *n* wariant

variation /ˌveəri'eɪʃn/ *n* **1 ~ (in sth)** różnica: *There was a lot of ~ in the examination results.* Wyniki egzaminu były zróżnicowane. **2 ~ (on/of sth)** wariant

varied /'veərid/ *adj* urozmaicony

variety /və'raɪəti/ *n* (*pl* **-ies**) **1** urozmaicenie **2 a ~ (of sth)** rozmaitość: *courses in a ~ of subjects* duży wybór kursów **3 a ~ (of sth)** odmiana, typ

U

V

various /ˈveərɪəs/ *adj* **1** rozmaity **2** wiele

varnish /ˈvɑːnɪʃ/ *n* lakier ► *v* lakierować

vary /ˈveərɪ/ *v* (*3rd sing czasu pres* -ies; *pt, pp* -ied) **1** różnić się **2** zmieniać się **3** urozmaicać

vase /vɑːz; *Am.* veɪs; veɪz/ *n* wazon

vast /vɑːst; *Am.* væst/ *adj* ogromny | **vastly** *adv* ogromnie

VAT /ˌviː eɪ ˈtiː; *lub* væt/ *abbr* **value added tax** podatek VAT

vault /vɔːlt/ *n* **1** skarbiec **2** krypta **3** sklepienie

VCR /ˌviː siː ˈɑː(r)/ *skrót* magnetowid

veal /viːl/ *n* cielęcina

veer /vɪə(r)/ *v* (*pojazd*) skręcić gwałtownie

vegetable /ˈvedʒtəbl/ *n* jarzyna, warzywo

vegetarian /ˌvedʒəˈteərɪən/ *n* wegetarian-in/ka

vegetation /ˌvedʒəˈteɪʃn/ *n* (*form.*) wegetacja

vehement /ˈviːəmənt/ *adj* gwałtowny, zaciekły

vehicle /ˈviːɪkl; *Am.* ˈviːhɪkl/ *n* (*form.*) **1** pojazd **2** (*przen.*) nośnik, narzędzie

veil /veɪl/ *n* welon, woalka

vein /veɪn/ *n* **1** żyła **2** nastrój

Velcro™ /ˈvelkrəʊ/ *n* rzep (*rodzaj zapięcia*)

velocity /vəˈlɒsəti/ *n* (*form.*) prędkość

velvet /ˈvelvɪt/ *n* aksamit

vending machine /ˈvendɪŋ məʃiːn/ *n* automat (*np. z napojami*)

vendor /ˈvendə(r)/ *n* (*form.*) sprzedaw-ca/czyni (*zazw. uliczny*)

veneer /vəˈnɪə(r)/ *n* **1** fornir **2** a ~ (of sth) (*form.*) pozory (*np. grzeczności*)

vengeance /ˈvendʒəns/ *n* (*form.*) zemsta

venison /ˈvenɪsn; -zn/ *n* dziczyzna

venom /ˈvenəm/ *n* jad | **venomous** *adj* jadowity

vent /vent/ *n* otwór wentylacyjny, wylot

ventilate /ˈventɪleɪt; *Am.* -təleɪt/ *v* wietrzyć

venture /ˈventʃə(r)/ *n* (*nowe, często ryzykowne*) przedsięwzięcie ► *v* ponosić ryzyko, odważać się

venue /ˈvenjuː/ *n* miejsce

verb /vɜːb/ *n* czasownik

verbal /ˈvɜːbl/ *adj* (*form.*) **1** ustny **2** werbalny

verbatim /vɜːˈbeɪtɪm/ *adj* dosłowny ► *adv* słowo w słowo

verdict /ˈvɜːdɪkt/ *n* **1** werdykt **2** sąd, opinia

verge /vɜːdʒ/ *n* pobocze drogi [IDM] **on the verge of (doing) sth** u progu, na skraju czegoś ► *v* [PV] **verge on sth** (*i przen.*) graniczyć z czymś: *It ~s on the illegal.* To jest na granicy prawa.

verify /ˈverɪfaɪ/ *v* (*3rd sing czasu pres* -ies; *pt, pp* -ied) (*form.*) sprawdzać | **verification** /ˌverɪfɪˈkeɪʃn/ *n* sprawdzenie

versatile /ˈvɜːsətaɪl; *Am.* -tl/ *adj* **1** uniwersalny **2** wszechstronny

verse /vɜːs/ *n* **1** wiersz **2** zwrotka, strofa

version /ˈvɜːʃn/ *n* wersja

versus /ˈvɜːsəs/ *prep* **1** przeciw **2** w opozycji do czegoś

vertebrate /ˈvɜːtɪbrət/ *n* (*biol.*) kręgowiec

vertical /ˈvɜːtɪkl/ *adj* pionowy

very /ˈveri/ *adv* bardzo ❶ **Very** używa się z adj w stopniu najwyższym: *the ~ best.* Natomiast z adj w stopniu wyższym używa się **much** lub **very much**: (~) *much better.* ► *adj: I climbed to the ~ top.* Wszedłem na sam szczyt. ◊ *You're the ~ person I wanted to talk to.* Właśnie z tobą chciałem porozmawiać.

vessel /ˈvesl/ *n* **1** (*form.*) statek, okręt **2** (*przestan*) naczynie (*np, krwionośne, laboratoryjne, liturgiczne*)

vest /vest/ *n* **1** (*Br.*) podkoszulek **2** (*Am.*) kamizelka

vested interest /ˌvestɪd ˈɪntrəst/ *n* żywotny, często skrywany interes

vestige /ˈvestɪdʒ/ *n* pozostałość

vet /vet/ (*form.* veterinary surgeon /ˈvetnri/ˈvetrənəri sɜːˈdʒən; *Am.* ˈvetərəneri -/) *n* weterynarz ► *v* (-tt-) sprawdzać wnikliwie (*czyjąś przeszłość itp.*)

veteran /ˈvetərən/ *n* **1** kombatant/ka **2** weteran

veto /ˈviːtəʊ/ *v* (*pres part.* -toing; *3rd sing czasu pres* -toes; *pt, pp* -toed) zakładać weto ► *n* (*pl* -es) **1** prawo weta **2** weto

via /ˈvaɪə/ *prep* (po)przez

viable /ˈvaɪəbl/ *adj* rokujący powodzenie

vibrant /ˈvaɪbrənt/ *adj* **1** tętniący życiem **2** (*kolor itp.*) jaskrawy

vibrate /vaɪˈbreɪt; *Am.* ˈvaɪbreɪt/ *v* wibrować | **vibration** *n* drganie, wibracja

vicar /ˈvɪkə(r)/ *n* pastor | **vicarage** *n* plebania

vice /vaɪs/ *n* **1** występek **2** wada ► *n* imadło | **vice-** wice-

vice versa /ˌvaɪs ˈvɜːsə; ˌvaɪsɪ-/ *adv* (i) odwrotnie

vicinity /vəˈsɪnəti/ *n* [IDM] **in the vicinity (of sth)** (*form.*) sąsiedztwo

vicious /'vɪʃəs/ *adj* **1** okrutny, zjadliwy
2 (*zwierzę*) niebezpieczny |IDM] **a
vicious circle** błędne koło

victim /'vɪktɪm/ *n* ofiara

victimize (*także* **-ise**) /'vɪktɪmaɪz/ *v*
gnębić

victor /'vɪktə(r)/ *n* (*form.*) zwycię-zca/
żczyni

victory /'vɪktəri/ *n* (*pl* **-ies**) zwycięstwo
| **victorious** /vɪk'tɔːriəs/ *adj* zwycięski

video /'vɪdiəʊ/ *n* **1** wideo
2 wideokaseta: *a ~ (rental) shop*
wypożyczalnia kaset wideo ▶ *v*
nagrywać na wideo ● **'video recorder**
(*także* ˌvideo cas'sette recorder; video)
n magnetowid | **'videotape** *n* taśma
wideo

view /vjuː/ *n* **1** widok **2** pole widzenia
3 a ~ (about/on sth) pogląd, opinia: *in
my ~* moim zdaniem |IDM] **in view of sth**
ze względu na coś ▶ *v* (*form.*) **1 ~ sth
(as sth)** uważać coś (za coś) **2** oglądać,
patrzeć| **viewer** *n* telewidz ● **'viewpoint**
n punkt widzenia

vigil /'vɪdʒɪl/ *n* czuwanie całonocne

vigilant /'vɪdʒɪlənt/ *adj* (*form.*) czujny

vigilante /ˌvɪdʒɪ'lænti/ *n* członek
(nieoficjalnej) straży obywatelskiej

vigour (*Am.* **-or**) /'vɪgə(r)/ *n* energia |
vigorous *adj* energiczny

vile /vaɪl/ *adj* parszywy, ohydny

village /'vɪlɪdʒ/ *n* wieś| **villager** *n* osoba
mieszkająca we wsi

villain /'vɪlən/ *n* **1** czarny charakter
2 (*nieform.*) bandzior

vindictive /vɪn'dɪktɪv/ *adj* mściwy,
złośliwy

vine /vaɪn/ *n* winorośl

vinegar /'vɪnɪgə(r)/ *n* ocet

vineyard /'vɪnjəd/ *n* winnica

vintage /'vɪntɪdʒ/ *n* rocznik (*wina*) ▶
adj **1** (*wino*) rocznik, (z) dobrego
rocznika **2** doskonały

vinyl /'vaɪnl/ *n* winyl

viola /vi'əʊlə/ *n* altówka → GRAĆ

violate /'vaɪəleɪt/ *v* **1** naruszać (*np.
prawo, prywatność*) **2** zakłócać (*np.
spokój*)

violent /'vaɪələnt/ *adj* gwałtowny|
violence *n* **1** przemoc **2** gwałtowność

violet /'vaɪələt/ *n* **1** fiołek **2** kolor
fioletowy ▶ *adj* fioletowy

violin /ˌvaɪə'lɪn/ *n* [C] skrzypce → GRAĆ
| **violinist** *n* skrzyp-ek/aczka

virgin /'vɜːdʒɪn/ *n* dziewica, prawiczek
▶ *adj* dziewiczy| **virginity** /və'dʒɪnəti/ *n*
dziewictwo

Virgo /'vɜːgəʊ/ *n* (*znak zodiaku*) Panna

virile /'vɪraɪl/ *Am.* -əl/ *adj* męski, jurny

virtual /'vɜːtʃuəl/ *adj* **1** faktyczny
2 wirtualny| **virtually** *adv* prawie (że)

● ˌvirtual re'ality *n* rzeczywistość
wirtualna

virtue /'vɜːtʃuː/ *n* **1** cnota **2 the ~ (of
(being/doing) sth)** zaletą| **virtuous** *adj*
(*szlachetny*) prawy

virulent /'vɪrələnt; -rjəl-/ *adj*
1 (*trucizna*) silny **2** (*choroba*) złośliwy
3 (*form.*) (*przen.*) jadowity

virus /'vaɪrəs/ *n* wirus

visa /'viːzə/ *n* wiza

vise (*Am.*) = VICE

visible /'vɪzəbl/ *adj* widoczny

vision /'vɪʒn/ *n* **1** wzrok **2** wizja
3 (*relig.*) objawienie

visionary /'vɪʒənri/ *adj* wizjonerski

visit /'vɪzɪt/ *v* **1** odwiedzać: *visiting
hours* godziny odwiedzin **2** zwiedzać
▶ *n* wizyta| **visitor** *n* **1** gość **2** zwiedzający

visor /'vaɪzə(r)/ *n* **1** przyłbica **2** daszek
(*czapki*), osłona przeciwsłoneczna (*w
samochodzie*)

visual /'vɪʒuəl/ *adj* wzrokowy,
wizualny: *the ~ arts* sztuki plastyczne|
visualize (*także* **-ise**) /-aɪz/ *v*
uzmysławiać sobie

vital /'vaɪtl/ *adj* **1** niezbędny,
podstawowy **2** witalny| **vitality**
/vaɪ'tæləti/ *n* witalność

vitamin /'vɪtəmɪn; *Am.* 'vaɪt-/ *n*
witamina

vivacious /vɪ'veɪʃəs/ *adj* pełen życia

vivid /'vɪvɪd/ *adj* **1** (*kolor itp.*) jaskrawy
2 barwny, żywy

vocabulary /və'kæbjələri; *Am.* -leri/ *n*
(*pl* **-ies**) słownictwo

vocal /'vəʊkl/ *adj* **1** głosowy **2** głośno
wyrażający poglądy

vocation /vəʊ'keɪʃn/ *n* (*zawód*)
powołanie| **vocational** *adj* zawodowy

vociferous /və'sɪfərəs/ *adj* (*form.*)
głośny, krzykliwy

vogue /vəʊg/ *n* **~ (for sth)** moda (na
coś)

voice /vɔɪs/ *n* **1** głos: *Keep your ~ down!*
Mów cicho! ◇ *His ~ is beginning to
break.* Zaczyna przechodzić mutację.
2 ~ (in sth) prawo głosu **3** (*gram.*) strona
(*bierna/czynna*) ▶ *v* wyrażać (*pogląd*)
● **'voicemail** *n* poczta głosowa| **'voice-
over** *n* (*film, program telewizyjny itp.*)
tekst czytany przez lektora

void /vɔɪd/ *n* (*form.*) próżnia, pustka
▶ *adj* **1** (*czek, kontrakt itp.*) nieważny
2 (*form.*) **~ (of sth)** pozbawiony (*czegoś*)

volatile /'vɒlətaɪl; *Am.* -tl/ *adj*
1 (*substancja, ciało itp.*) lotny **2** zmienny

volcano /vɒl'keɪnəʊ/ *n* (*pl* **-es** *lub* **-s**)
wulkan

volley /'vɒli/ *n* **1** salwa (*np. śmiechu,
braw*), stek (*np. obelg, bzdur*) **2** (*tenis*)

V

wolej ► v (tenis) uderzać z woleja
● 'volleyball n siatkówka

volt /vəʊlt/ n wolt| voltage /-tɪdʒ/ n
napięcie (prądu elektrycznego)

volume /'vɒlju:m; Am. -jəm/ n
1 (książka) tom 2 objętość 3 ilość,
wielkość 4 natężenie (dźwięku): turn
the ~ on a radio up/down zgłośnić/
przyciszyć radio

voluntary /'vɒləntri; Am. -teri/ adj
1 dobrowolny 2 ochotniczy: a ~
organization organizacja społeczna
3 (ruch ciała itp.) świadomy

volunteer /ˌvɒlən'tɪə(r)/ n
1 wolontariusz/ka 2 ochotni-k/czka (do
wojska) ► v 1 ~ (sth); ~ (to do sth)
ofiarowywać się (z czymś), samorzutnie
proponować 2 ~ (for sth) zgłaszać się na
ochotnika (do wojska) 3 (nie będąc
pytanym) udzielać (np. informacji)

vomit /'vɒmɪt/ v wymiotować ► n [U]
wymiociny

vote /vəʊt/ n 1 głosowanie: take a ~
poddać coś pod głosowanie ◊ Let's have a
~. Zagłosujmy. 2 a ~ (for/against sb/sth)
głos 3 (the vote) liczba głosów; prawo
głosu [IDM] a vote of thanks krótka
mowa dziękczynna ► v 1 ~ (for/against
sb/sth); ~ (on sth) głosować 2 orzekać
(kogoś czymś): He was voted best actor.
Ogłoszono go najlepszym aktorem.
◊ We all voted the trip a success.
Wszyscy uznaliśmy, że wycieczka była
udana. | voter n wybor-ca/czyni

vouch /vaʊtʃ/ v ~ (for sb/sth) ręczyć (za
kogoś/coś)

voucher /'vaʊtʃə(r)/ n bon, talon

vow /vaʊ/ n przysięga ► v ślubować,
przysięgać

vowel /'vaʊəl/ n samogłoska

voyage /'vɔɪɪdʒ/ n podróż (morska lub
w kosmos)

vulgar /'vʌlgə(r)/ adj 1 prostacki,
nieokrzesany 2 niewykształcony
3 wulgarny| vulgarity /vʌl'gærəti/ n (pl
-ies) wulgarność

vulnerable /'vʌlnərəbl/ adj ~ (to sth/
sb) 1 bezbronny, podatny (na coś)
2 wrażliwy (na coś)

vulture /'vʌltʃə(r)/ n sęp

Ww

W, w /'dʌblju:/ n litera w

wacky /'wæki/ adj (nieform.)
zwariowany, stuknięty

waddle /'wɒdl/ v chodzić (drobnymi
kroczkami) kolebiąc się

wade /weɪd/ v brnąć

wafer /'weɪfə(r)/ n 1 cienki wafel
2 (relig.) opłatek

waffle /'wɒ-/ n gofr ► v (Br., nieform.)
ględzić, rozwodzić się nad czymś

waft /wɒft; Am. wæft/ v 1 unosić się (w
powietrzu) 2 (wiatr itp.) nieść coś

wag /wæg/ v (-gg-) merdać, machać

wage /weɪdʒ/ n 1 płaca tygodniowa
2 zarobki → PŁACA ► v ~ sth (against/on
sb/sth) prowadzić (zazw. wojnę)

waggle /'wægl/ v (nieform.) 1 trząść
(się) 2 merdać: Can you ~ your ears?
Czy umiesz ruszać uszami?

wagon (także w pierwszym znav.-gg-)
/'wægən/ n 1 fura, wóz 2 (Br.) wagon
towarowy

wail /weɪl/ v 1 jęczeć 2 wyć ► n 1 jęk
2 wycie

waist /weɪst/ n talia, pas ● 'waistline n
(ubranie itp.) talia

waistcoat /'weɪskəʊt; Am. 'weskət/ n
(Br.) kamizelka

wait /weɪt/ v 1 ~ (for sb/sth) (to do sth)
czekać: I can't ~! Nie mogę się
doczekać! [IDM] (just) you wait
zobaczysz! | keep sb waiting kazać
komuś (na siebie itp.) czekać| wait and
see czekać cierpliwie: Let's ~ and see.
Poczekamy, zobaczymy. [PV] wait about/
around czekać bezczynnie (ponieważ
ktoś/coś się spóźnia)| wait behind
zostawać (gdzieś po odejściu innych)|
wait on sb obsługiwać (zwykle w
restauracji)| wait up (for sb) czekać (do
późna) (na kogoś) ► n a ~ (for sth/sb)
oczekiwanie ● 'waiting list n lista
oczekujących (na coś)| 'waiting room n
poczekalnia

waiter /'weɪtə(r)/ n kelner

waitress /'weɪtrəs/ n kelnerka

waive /weɪv/ v (form.) 1 uchylać (np.
zasadę, regulamin) 2 zrzekać się (np.
prawa do czegoś)

wake /weɪk/ v (pt woke /wəʊk/; pp
woken /'wəʊkən/) 1 ~ (sb) (up) budzić
(się) 2 ~ sb/sth up ożywiać, budzić
(się) ► n 1 kilwater 2 czuwanie (przy
zwłokach) 3 stypa

walk /wɔ:k/ v 1 chodzić, iść: 'Did you
get here by bus?' 'No, I walked.'
„Przyjechałeś autobusem?" „Nie,
przyszedłem piechotą." ◊ He walked
with a limp. Kulał. ◊ Are the shops
within walking distance? Czy sklepy są
blisko? 2 spacerować 3: I'll ~ you home.
Odprowadzę cię do domu. ◊ ~ your dog
wyprowadzać psa na spacer [PV] walk
out (of sth) wychodzić ostentacyjnie (z
czegoś)| walk out on sb (nieform.) odejść
od kogoś, rzucać kogoś| walk (all) over

sb (*nieform.*) **1** poniewierać kimś
2 pobić (na głowę) (*np. rywala*) ▶ *n*
1 spacer **2**: *It is five minutes' ~ from
here.* To jest pięć minut piechotą stąd.
3 chód **4** krok spacerowy **5** trasa
spacerowa [IDM] **a walk of life** sfera
społeczna | **walker** *n* piechur,
spacerowicz/ka • **'walking stick** *n* laska
I **'walkover** *n* walkower

wall /wɔːl/ *n* **1** mur **2** ściana| **walled** *adj*
obwarowany murem • **'wallpaper**
1 *n* tapeta **2** *v* tapetować| **,wall-to-'wall**
adj, *adv* od ściany do ściany

wallet /'wɒlɪt/ *n* (*Br.*) portfel

walnut /'wɔːlnʌt/ *n* (*także* '~ tree)
orzech włoski

waltz /wɔːls; *Am.* -lts/ *n* walc ▶ *v*
1 tańczyć walca **2** (*nieform.*) chodzić
nonszalancko

wand /wɒnd/ *n* różdżka

wander /'wɒndə(r)/ *v* **1** wędrować
2 ~ (away/off); ~ (from/off sth) zbaczać (*z
właściwej drogi*) **3** ~ (off sth): ~ *off the
subject* zbaczać z tematu ◊ *My attention
began to* ~. Nie mogłem się skupić.

wane /weɪn/ *v* **1** (*księżyc*) ubywać
2 (*popularność, zainteresowanie itp.*)
maleć, (*wpływ, poparcie itp.*) słabnąć

want /wɒnt/ *v* **1** chcieć: *I ~ you to phone
me.* Chcę, żebyś do mnie zadzwonił.
◊ *They ~ Stevens as captain.* Chcą, żeby
Stevens był kapitanem. ◊ *Mr Lewis,
you are wanted on the phone.* Panie
Lewis, jest pan proszony do telefonu.
◊ *He is wanted by the police.* Jest
poszukiwany przez policję. **2** ~ sth/
doing/to be done potrzebować: *The
button on the shirt ~s sewing on.* Ten
guzik trzeba przyszyć do koszuli. ◊ *The
house ~s a new coat of paint.* Przydałoby
się pomalować dom. **3** (*nieform.*) ~ to do
sth musieć: *He ~s to be more careful
about what he tells people.* Powinien
bardziej uważać na to, co mówi
ludziom. ◊ *If you're bored, you ~ to go
out more often.* Jeśli ci się nudzi,
powinieneś spędzać więcej czasu poza
domem. **2** pragnąć kogoś ▶ *n*
1 potrzeba, wymaganie **2** ~ of sth
(*form.*) brak, niedostatek

wanting /'wɒntɪŋ/ *adj* (*form.*) **1** be ~ (in
sth) brakować **2** ~ (in sth) niedoskonały,
nieodpowiedni

war /wɔː(r)/ *n* **1** (*i przen.*) wojna: *be at ~*
być w stanie wojny ◊ *fight a ~* toczyć
wojnę **2** a ~ (against sb/sth) walka (z
czymś) • **warfare** /-feə(r)/ *n* działania
wojenne: *guerrilla ~* wojna partyzancka
◊ *biological/nuclear ~* wojna
biologiczna/jądrowa| **'warship** *n* okręt
wojenny

ward /wɔːd/ *n* **1** oddział szpitalny,
izolatka **2** okręg wyborczy **3** (*prawn.*)
dziecko pod opieką kuratora

warden /'wɔːdn/ *n* **1** inspektor/ka,
nadzor-ca/czyni: *a traffic ~* osoba
kontrolująca poprawne parkowanie
samochodów **2** (*Am.*) naczelnik
więzienia

warder /'wɔːdə(r)/ *n* (*Br.*) strażnik
więzienny

wardrobe /'wɔːdrəʊb/ *n* **1** szafa (*na
ubrania*) **2** garderoba **3** (*teatr, TV*)
kostium

warehouse /'weəhaʊs/ *n* magazyn,
skład

warfare → WAR

warm /wɔːm/ *adj* **1** ciepły: *Are you ~?*
Ciepło ci? **3** (*powitanie, uśmiech itp.*)
serdeczny| **warmly** *adv* **1** ciepło
2 serdecznie| **warmth** *n* **1** ciepło
2 serdeczność| *v* ~ (sb/sth) (up) ocieplać
(się), podgrzewać [PV] **warm to/towards
sb** polubić kogoś| **warm to sth** polubić
coś| **warm up** rozgrzewać się| *n* (the
warm) ciepło • **,warm-'hearted** *adj*
serdeczny

warn /wɔːn/ *v* ~ sb (of sth)/(not to do
sth); ~ sb about/against sb/sth; ~ sb
against doing sth ostrzegać| **warning** *n*
ostrzeżenie

warp /wɔːp/ *v* (*i przen.*) wypaczać (się)

warrant /'wɒrənt/ *n* (*prawn.*) nakaz
▶ *v* (*form.*) dawać podstawę do czegoś|
warranty *n* (*pl* -ies) gwarancja (*na
zakupiony towar*)

wart /wɔːt/ *n* kurzajka

wary /'weəri/ *adj* ~ (of sb/sth) ostrożny:
He was ~ of his supervisor. Nie ufał
swojemu przełożonemu.

was → BE

wash /wɒʃ/ *v* **1** myć (się) **2** zmywać
(*naczynia*) **3** prać (się) **4** (*fala itp.*)
obmywać **5** (*fala itp.*) porywać [PV]
wash sb/sth away znosić kogoś/coś|
wash sth off zmywać (się/coś)| **wash
out** (*plama, kolor itp.*) sprać się| **wash
sth out** wyprać, wypłukać| **wash (sth)
up 1** (*Br.*) zmywać (*naczynia*) **2** (*Am.*)
myć twarz i ręce **3** wyrzucać na brzeg
▶ *n* **1** mycie się **2** zmywanie (*naczyń*)
3 pranie **4** kilwater • **'washbasin** *n*
umywalka| **'washcloth** *n* (*Am.*)
ściereczka do twarzy| **'washout** *n*
(*nieform.*) **1** ofiara losu **2** klapa, fiasko

washing /'wɒʃɪŋ/ *n* pranie • **'washing
machine** *n* pralka| **'washing powder** *n*
proszek do prania| **,washing-'up** *n*
zmywanie naczyń: *washing-up liquid*
płyn do zmywania naczyń

wasn't *abbr* WAS NOT

wasp /wɒsp/ *n* osa

waste /weɪst/ *v* ~ sth (on sb/sth)
marnować| **wasted** *adj* **1** zmarnowany
2 wymizerowany **3** (*slang*) (*pijany*)
urżnięty| *n* **1** strata **2** [U] odpady
3 (*wastes*) (*form.*) nieużytki [IDM] **go to**

W

waste marnować się I **wasteful** *adj*
marnotrawny I *adj* **1** (*ziemia*) leżący
odłogiem, zapuszczony: *an area of ~
ground* niewykorzystany teren
2 odpadkowy ● ,waste 'paper *n*
makulatura I ,waste-'paper basket (*Am.*
'wastebasket) *n* kosz na śmieci

watch /wɒtʃ/ *n* **1** zegarek na rękę:
wind up/set your ~ nakręcać/nastawiać
zegarek ◊ *My ~ is a bit fast/slow.* Mój
zegarek trochę się śpieszy/spóźnia.
2 straż [IDM] **keep watch** trzymać wartę
▸ *v* **1** patrzeć na kogoś/coś: *We
went to ~ John rowing.* Poszliśmy
zobaczyć, jak John wiosłuję. **2** (po)
pilnować **3 ~ (for sth)** obserwować
4 ~ sb/sth uważać na kogoś/coś [PV]
watch out (for sb/sth) uważać, strzec się
I **watchful** *adj* baczny ● 'watchdog *n*
organizacja obrony praw konsumentów

water /'wɔːtə(r)/ *n* woda **2** (**waters**)
wody (*terytorialne*) ▸ *v* **1** podlewać
2 łzawić, ślinić się [PV] **water sth down**
1 rozwadniać coś **2** osłabiać (*np. ton
wypowiedzi, skutek*) ● 'watering
can *n* konewka I 'watercolour *n*
1 (**watercolours**) farby wodne
2 akwarela I 'watercress *n* rukiew
wodna, rzeżucha I 'waterfall *n* wodospad
I 'waterlogged *adj* **1** przepojony wodą
2 (*żegl.*) pełen wody I 'watermelon *n*
arbuz I 'waterproof *adj* nieprzemakalny
I 'watershed *n* wydarzenie przełomowe I
'waterski *n* **1** v jeździć na nartach
wodnych **2** *n* narta wodna I 'water sports
n sporty wodne I 'watertight *adj*
1 wodoszczelny
2 (*dowód, argument itp.*) niezbity I
'waterway *n* droga wodna

watery /'wɔːtəri/ *adj* **1** (*jedzenie*)
wodnisty, rzadki **2** mglisty, wyblakły

watt /wɒt/ *n* wat

wave /weɪv/ *v* **1 ~ (sth) (at/to sb)**
(**about**) machać (*np. ręką, chusteczką*):
Wave goodbye to Granny. Pomachaj
babci na do widzenia! **2** kołysać się [PV]
wave sth aside (*przen.*) machnąć na
coś ręką ▸ *n* **1** fala **2** machnięcie (*np.
ręką*) I **wavy** *adj* falisty

wavelength /'weɪvleŋθ/ *n* (*radio*)
częstotliwość; długość fali [IDM] **be on
the same wavelength** doskonale się
rozumieć

W **waver** /'weɪvə(r)/ *v* **1 ~ (between sth
and sth)** wahać się: *He never wavered in
his support for her.* Zawsze ją wspierał.
2 (*ręka itp.*) zadrżeć

wax /wæks/ *n* **1** wosk **2** woskowina
● 'waxwork *n* **1** figura woskowa
2 (**waxworks**) gabinet figur woskowych

way /weɪ/ *n* **1** droga: *the ~ in/out*
wejście, wjazd/wyjście, wyjazd ◊ *lose
your ~* zgubić się ◊ *find your ~* trafić
2 kierunek: *That painting is the wrong*

~ up. Obraz wisi do góry nogami. ◊ *the
right ~ round* w dobrej kolejności ◊ *the
other ~ round* odwrotnie **3** odległość:
Christmas is still a long ~ off. Jeszcze
daleko do Bożego Narodzenia. **4** nawyk:
change your ~s zmienić swoje zwyczaje
5 sposób: *They'll have to find the money
one ~ or another.* Będą musieli zdobyć
pieniądze w jakiś sposób. ◊ *He always
does things his ~.* Zawsze wszystko robi
po swojemu. ◊ *He smiled in a friendly ~.*
Uśmiechnął się życzliwie. [IDM] **be set
in your ways** mieć ustalone nawyki I **by
the way** przy okazji I **get/have your own
way** postawić na swoim I **give way** łamać
się, spadać [PV] **give way (to sb/sth)** **1** dawać
pierwszeństwo przejazdu, przepuszczać
2 poddawać się (*np. żądaniom innych*) I
in a/one/any way; **in some ways** w
pewnym sensie, pod pewnym względem
I **in the way 1** na drodze **2** (*uwaga itp.*)
nie na miejscu I **no way** (*nieform.*)
wykluczone! I **under way** w toku I **a/sb's
way of life** styl życia ▸ *adv* (*nieform.*) (*z
prep lub adv*) bardzo (daleko): *~ down
at the bottom of the list* na samym końcu
listy

we /wiː/ *pron* my

weak /wiːk/ *adj* **~ (at/in/on sth)** słaby :
He's ~ at maths./His maths is ~. On jest
słaby z matematyki. I **weaken** *v*
1 osłabiać **2** słabnąć **3** ulegać (*np.
namowom*) I **weakness** *n* **1** słabość: *have
a ~ for sb/sth* mieć słabość do kogoś/
czegoś **2** słaba strona

wealth /welθ/ *n* **1** zamożność **2 a ~ of
sth** bogactwo czegoś I **wealthy** *adj*
zamożny

weapon /'wepən/ *n* [C] broń

wear /weə(r)/ *v* (*pt* **wore** /wɔː(r)/; *pp*
worn /wɔːn/) **1** nosić (się): *~ your hair
short* mieć krótkie włosy ◊ *~* (jakiś)
wyraz twarzy **3** zużywać/wycierać (się)
[PV] **wear (sth) away** ścierać/zdzierać
(się) I **wear off** (*efekt itp.*) słabnąć, (*ból
itp.*) mijać I **wear (sth) out** zdzierać (się) I
wear sb out wyczerpywać, zmęczyć ▸ *n*
1 noszenie (na sobie) **2** ubranie:
menswear odzież męska ◊ *underwear*
bielizna **3** znoszenie (*ubrania*)
[IDM] **wear and tear** zużywanie się

weary /'wɪəri/ *adj* zmęczony

weasel /'wiːzl/ *n* łasica

weather /'weðə(r)/ *n* pogoda [IDM]
under the weather (*nieform.*) pod psem
▸ *v* **1** przetrwać (*np. burzę, trudny
okres*) **2** zmieniać wygląd pod wpływem
warunków atmosferycznych (*skała*)
wietrzeć ● 'weather forecast *n*
prognoza pogody

weave /wiːv/ *v* (*pt* **wove** /wəʊv/ *lub w
zn.* 2 **weaved**; *pp* **woven** /'wəʊvn/ *lub
w zn.* 2 **weaved**) **1** tkać **2** kluczyć (*np.
po ulicach*)

web /web/ *n* **1** pajęczyna **2** (the Web)
→ WORLD WIDE WEB ● 'Web site *n*
witryna internetowa

we'd /wi:d/ *abbr* WE HAD, WE WOULD

wedding /'wedɪŋ/ *n* ślub, wesele: *a ~
ring* obrączka ślubna

wedge /wedʒ/ *n* klin ► *v* **1** klinować
2 wciskać

Wednesday /'wenzdeɪ; -di/ *n* środa
→ PONIEDZIAŁEK

wee /wi:/ *adj* maleńki: *I'm a ~ bit tired.*
Jestem trochę zmęczony. ► *n* (*nieform.*)
siusiu| *v* siusiać

weed /wi:d/ *n* **1** chwast **2** rzęsa (*np. na
stawie*) **3** (*nieform.*) cherlak **4** (*nieform.*)
osoba o słabym charakterze ► *v* pielić
[PV] **weed sth/sb out** przesiewać (*np.
kandydatów*)

week /wi:k/ *n* tydzień |IDM| **today/
tomorrow/Monday, etc. week** za tydzień
(*np. od dziś, jutra, poniedziałku*)| **a week
yesterday/last Monday, etc.** tydzień
przed (*licząc od wczoraj, zeszłego
poniedziałku itp.*): *They got married a ~
last Saturday.* Zeszłej soboty minął
tydzień od ich ślubu.| **weekly 1** *adj* (co)
tygodniowy **2** *adv* co tydzień **3** *n* (*pl
-ies*) tygodnik ● 'weekday /-deɪ/ *n* dzień
powszedni| 'week'end (*Am.* 'weekend) *n*
weekend

weep /wi:p/ *v* (*pt, pp* wept /wept/)
(*form.*) płakać

weigh /weɪ/ *v* **1** ważyć **2** ~ sth (up)
rozważać (*np. argumenty*) **3** ~ sth
(against sb/sth) porównywać coś (z
czymś) [PV] **weigh sb/sth down**
przytłaczać kogoś/coś| **weigh sb/sth up**
(o)szacować kogoś/coś

weight /weɪt/ *n* **1** waga: *lose/put on ~*
stracić/przybrać na wadze ◇ *I must
lose ~/put on some ~!* Muszę schudnąć/
utyć! ◇ *The ~ of the snow broke the
branch.* Gałąź złamała się pod ciężarem
śniegu. **2** odważnik **3** ciężar: *Telling her
the truth took a ~ off his mind.* Gdy
powiedział jej prawdę spadł mu kamień
z serca. [IDM] **carry weight** mieć
znaczenie, liczyć się| **weighty** *adj* ważki
| *v* **1** ~ sth (down) (with sth) obciążać
2 dawać przewagę ● 'weightlifting *n*
podnoszenie ciężarów| 'weight training
n ćwiczenia z użyciem ciężarków

weir /wɪə(r)/ *n* grobla

weird /wɪəd/ *adj* **1** niesamowity
2 (*nieform.*) dziwaczny

welcome /'welkəm/ *adj* **1** mile
widziany, pożądany **2** ~ to sth/to do sth
zapraszać do robienia czegoś: *You're ~
to use our swimming pool.* Proszę
korzystać z naszego basenu. **3** jeżeli
chcesz, to weź/zrób (to) [IDM] **make sb
welcome** serdecznie witać kogoś,
zgotować komuś serdeczne przyjęcie|

you're welcome (*w odpowiedzi na czyjeś
podziękowanie*) proszę bardzo, cała
przyjemność po mojej stronie ► *interj*
witaj/cie!| *n* powitanie| *v* **1** witać
2 przyjmować (coś) z radością

weld /weld/ *v* spawać

welfare /'welfeə(r)/ *n* **1** pomyślność,
dobro (*np. narodu, dzieci*) **2** opieka
społeczna **3** *n* (*Am.*) zasiłek (*z opieki
społecznej*) ● ,welfare 'state *n* państwo
opiekuńcze

well /wel/ *n* **1** studnia **2** = OIL WELL ► *v*
~ (out/up) wypływać: *Tears welled up in
her eyes.* Oczy zaszły jej łzami.| *adj*
(better /'betə(r)/, best /best/) **1** zdrowy,
dobrze się czujący/wyglądający: *Get ~
soon.* (Życzymy) szybkiego powrotu do
zdrowia. **2** zadowalający: *I hope all is ~
with you.* Mam nadzieję, że u ciebie|
was wszystko w porządku| *adv* (better,
best) **1** dobrze: *Well done!* Brawo!
2 prawdopodobnie **3** (*ze słowami* can't
lub couldn't) nie (za) bardzo, nie wypada
4 bardzo [IDM] **as well (as sb/sth)** też, jak
i → TEŻ| **do well 1** odnosić sukces
2 (*zdrowie*) poprawiać się| **may/might
(just) as well** równie dobrze| **well and
truly** zupełnie| *interj* **1** no, no! **2** hm,
(no) cóż: *Oh ~, there's nothing we
can do about it.* No cóż, nic na to nie
poradzimy. **3** nareszcie! **4** zatem, otóż
5 a więc ❶ Przym. złoż. zaczynające się
od słowa well zwykle pisze się bez
łącznika, gdy nie ma po nich n, a
z łącznikiem, gdy występuje po
nich n ● ,well 'balanced *adj* **1** (*osoba*)
zrównoważony **2** (*dieta itp.*) racjonalny|
,well be'haved *adj* dobrze wychowany|
'well-being *n* dobro (*np. narodu,
dziecka*), pomyślność| ,well 'done
adj (*kulin.*) dobrze wypieczony/
wysmażony| ,well 'dressed *adj* dobrze
ubrany| ,well 'earned *adj* (*nagroda
itp.*) zasłużony| ,well 'fed *adj* dobrze
odżywiony| ,well in'formed *adj* dobrze
poinformowany| ,well 'kept *adj* (*dom,
ogród itp.*) dobrze utrzymany| ,well
'known *adj* powszechnie znany, sławny
| ,well 'meaning *adj* pełen najlepszych
intencji| ,well 'meant *adj* w najlepszej
intencji| ,well-to-'do *adj* zamożny| 'well-
wisher *n* życzliwa osoba

we'll /wi:l/ *abbr* WE SHALL, WE WILL

wellington /'welɪŋtən/ (*także* ,~ 'boot,
nieform. welly /'weli/ (*pl* -ies)) *n* (*Br.*)
gumiak

Welsh /welʃ/ *adj* walijski: *He's ~.* On
jest Walijczykiem. ► *n* **1** język walijski
2 (the Welsh) [*pl*] Walijczycy

went *pt od* GO

wept *pt, pp od* WEEP

were → BE

we're /wɪə(r)/ *abbr* WE ARE

W

west /west/ *n* (*także* the west/West) (*geogr.*) zachód ▶ (*także* West) *adj* zachodni | *adv* na zach-ód/odzie ● **the West 'End** *n* (*Br.*) zachodnia część Londynu, gdzie znajdują się eleganckie sklepy, teatry, kina itp. | ,**West 'Indian 1** *n* osoba pochodząca z Indii Zachodnich **2** *adj* zachodnioindyjski

western (*także* Western) /'westən/ *adj* zachodni | **westernize** (*także* -**ise**) /-aız/ *v* szerzyć kulturę Zachodu: *become westernized* ulegać wpływom Zachodu

wet /wet/ *adj* **1** mokry **2** słotny **3** wilgotny: *Wet paint!* Świeżo malowane! **4** (*osoba*) niemrawy, bojaźliwy ▶ *n* (the wet) deszcz: *Come in out of the ~.* Schowaj się przed deszczem. | *v* (*pres part.* -**tting**; *pt, pp* wet *lub* -**tted**) moczyć: *Joe ~ his trousers.* Joe zsiusiał się w spodnie. ● '**wet suit** *n* strój nurka

we've /wi:v/ *abbr* WE HAVE

whack /wæk/ *v* (*nieform.*) walić, grzmocić

whale /weıl/ *n* wieloryb

wharf /wɔːf/ *n* (*pl* wharves /wɔːvz/) nabrzeże

what /wɒt/ *dem pron, pron* **1** co: *What time is it?* Która godzina? ◊ *What's their phone number?* Jaki jest ich numer telefonu? **2** (*wszystko*) to, co **3**: *What a beautiful day!* Co za piękny dzień! **4** co takiego? |IDM| **what about...?** **1**: *What about Adam?* Co słychać u Adama? ◊ *What about the supper?* A co z naszą kolacją? **2**: *I'm going to have chicken. What about you?* Wezmę kurczaka. A ty? ◊ *What about going to a film tonight?* A może poszlibyśmy dziś wieczorem do kina? | **what for?** po co? | **what if...?** co będzie, jeżeli...?

whatever /wɒt'evə(r)/ *dem pron, pron* **1** cokolwiek, jakikolwiek, wszystko (to) co **2** obojętnie co **3** co (za): *Whatever could have happened to them?* Co też mogło im się przydarzyć? |IDM| **or whatever** (*nieform.*) czy cokolwiek (*innego itp.*) | **whatever you do** w żadnym wypadku (*nie wolno czegoś robić*) | **whatever** (*także* -soever) *adv* wcale

wheat /wiːt/ *n* pszenica

wheel /wiːl/ *n* **1** koło **2** = STEERING WHEEL ▶ *v* **1** toczyć, wozić: *He wheeled his bicycle up the hill.* Wszedł na wzgórze, pchając rower. **2** krążyć w powietrzu **3** obracać się ● '**wheelbarrow** *n* taczka | '**wheelchair** *n* wózek inwalidzki | '**wheel clamp** *n* (*Br.*) blokada (*na koła*)

wheeze /wiːz/ *v* charczeć, sapać

when /wen/ *adv* kiedy ▶ *conj* **1** gdy ❶ Zwróć uwagę, że mówiąc o przyszłości używa się po when czasu

teraźniejszego: *I'll call you ~ I'm ready.* **2** skoro, jeżeli

whenever /wen'evə(r)/ *conj* kiedykolwiek ▶ *adv* (a) kiedyż to

where /weə(r)/ *adv, conj* **1** gdzie **2** dokąd: *He ran to ~ they were standing.* Pobiegł tam, gdzie stali. ● ,**where'abouts** *adv* w jakim miejscu | '**whereabouts** *n* miejsce przebywania | **where'by** *adv* (*form.*) mocą którego

whereas /,weər'æz/ *conj* podczas gdy

wherever /weər'evə(r)/ *conj* **1** gdziekolwiek **2** dokądkolwiek ▶ *adv* (a) gdzież

whether /'weðə(r)/ *conj* czy → CZY |IDM| **whether or not** (bez względu na to) czy... czy też nie

which /wɪtʃ/ *dem pron, pron* **1** który, jaki **2** co (*w zdaniu uzupełniającym*)

whichever /wɪtʃ'evə(r)/ *dem pron, pron* **1** którykolwiek, jakikolwiek **2** (a) który, (a) jaki(ż)

whiff /wɪf/ *n* (ulotny) zapach

while /waıl/ *conj Am.* hwaıl/ (*także* whilst /-st; *Am.* -st/) *conj* **1** kiedy **2** podczas gdy: *He always listens to the radio ~ he's driving to work.* Jadąc do pracy, zawsze słucha radia. ▶ *n* chwila

whim /wɪm/ *n* kaprys, zachcianka

whimper /'wɪmpə(r)/ *v* kwilić, skomleć ▶ *n* kwilenie, skomlenie

whine /waın/ *v* skowyczeć, jęczeć

whip /wɪp/ *n* **1** bat, bicz **2** (*polit.*) osoba odpowiedzialna za dyscyplinę partyjną ▶ *v* (-**pp**-) **1** chłostać, smagać (*np. konia*) **2** (*kulin.*) ubijać **3** (*Br., nieform.*) (*ukraść*) gwizdnąć **4** (*nieform.*) wykonywać błyskawiczny ruch **5** (*nieform.*) przemieszczać coś błyskawicznym ruchem: *He whipped out a pen and made a note of the number.* Błyskawicznie wyciągnął pióro i zapisał numer. ◊ *She whipped the mask off her face.* Zerwała maskę z twarzy. |PV| **whip sb/sth/yourself up** wprawiać w stan podniecenia | **whip sth up** (*nieform.*) pichcić coś | **whip through sth** (*nieform.*) zrobić/zakończyć coś bardzo szybko (*jak z bicza strzelił*)

whirl /wɜːl/ *v* wirować, kręcić (się) ▶ *n* **1** wirowanie **2** wir (*np. zdarzeń*): *My mind's in a ~.* Kręci mi się w głowie.

whirlpool /'wɜːlpuːl/ *n* wir (*wodny*)

whirlwind /'wɜːlwɪnd/ *n* trąba powietrzna

whirr (*zwł. Am. whir*) /wɜː(r)/ *v* furkotać, warkotać

whisk /wɪsk/ *n* trzepaczka (*np. do ubijania piany*) ▶ *v* **1** przewozić (kogoś/coś) błyskawicznie **2** (*kulin.*) ubijać

whisker /'wɪskə(r)/ *n* wąs

whisper /'wɪspə(r)/ v szeptać ▶ n szept

whistle /'wɪsl/ n **1** gwizd **2** gwizdek ▶ v **1** gwizdać **2** świstać

white /waɪt/ adj biały: ~ coffee kawa z mlekiem ◇ white meat mięso drobiowe ▶ n **1** biel: She was dressed in ~. Była ubrana na biało. **2** człowiek białej rasy **3** białko ● ,white-'collar adj (pracownik itp.) biurowy | ,white 'elephant n piąte koło u wozu | ,white 'lie n niewinne kłamstwo | 'whitewash **1** z wapno/biała farba (do bielenia ścian) **2** n wybielenie **3** v bielić wapnem **4** v wybielać

whizz (także **whiz**) /wɪz/ v (nieform.) pędzić, lecieć: The racing cars went whizzing by. Samochody wyścigowe przeleciały ze świstem. ▶ (zwł. Am. **whiz**) /wɪz; Am. hwɪz/ n geniusz: a whizz-kid cudowne dziecko

who /huː/ pron **1** kto **2** (ten) który

who'd /huːd/ abbr WHO HAD, WHO WOULD

whoever /huː'evə(r)/ pron **1** ktokolwiek **2** kto/któż (to)

whole /həʊl/ adj cały ▶ n całość: the ~ of the morning cały ranek |IDM| as a whole w całości | on the whole na ogół | **wholly** adv całkowicie, zupełnie ● ,whole'hearted adj niekłamany: give sb your wholehearted support udzielić komuś pełnego poparcia | 'wholemeal (także '-wheat) adj razowy

wholesale /'həʊlseɪl/ adj **1** hurtowy **2** masowy, całkowity ▶ adv **1** hurtowo **2** masowo, całkowicie

wholesome /'həʊlsəm/ adj (żywność, klimat itp.) zdrowy

who'll /huːl/ abbr WHO WILL

wholly → WHOLE

whom /huːm/ pron (form.) (przypadek zależny od kto): Whom did you meet there? Kogo tam spotkałeś? ◇ To ~ did you give the money? Komu dałeś pieniądze? ◇ A gentleman ~ I had never met sat down beside me. Mężczyzna, którego nigdy wcześniej nie spotkałem, usiadł obok mnie. ❸ Stosowanie **whom** zamiast **who** jest charakterystyczne dla bardzo formalnego języka.

whoops /wʊps/ interj (nieform.) ojej!

who're /'huːə(r)/ abbr WHO ARE

who's /huːz/ abbr WHO IS, WHO HAS

whose /huːz/ dem pron, pron **1** czyj **2** (przypadek zależny od **który**): a firm ~ most famous product is chocolate firma, której najbardziej znanym produktem jest czekolada ❸ Słowo **whose** odnosi się zarówno do osób, jak i do przedmiotów.

who've /huːv/ abbr WHO HAVE

why /waɪ/ adv **1** dlaczego, czemu **2**: The reason ~ I'm leaving you is obvious. Powód, dla którego odchodzę od ciebie,

jest oczywisty. ◇ I'm tired and that's ~ I'm in a bad mood. Jestem zmęczony i dlatego nie mam humoru.

wicked /'wɪkɪd/ adj **1** nikczemny **2** figlarny **3** (slang) odjazdowy, bombowy

wide /waɪd/ adj **1** szeroki: be 20 cm ~ mieć 20 cm szerokości → SZEROKI **2** bezmierny, rozlegly **3** (oczy itp.) szeroko otwarty **4** daleko (od celu) ▶ adv szeroko: ~ awake zupełnie rozbudzony | **widely** adv **1** znacznie, bardzo **2** szeroko, rozlegle: Steve travelled ~ in his youth. Steve w młodości dużo podróżował. | **widen** v po/roz-szerzać (się) ● ,wide-'ranging adj obejmujący szeroki zakres (np. zagadnień) | 'widespread adj rozległy

widow /'wɪdəʊ/ n wdowa | **widowed** adj owdowiał-y/a | **widower** n wdowiec

width /wɪdθ/ n szerokość

wield /wiːld/ v **1** mieć (władzę) **2** władać (np. bronią, nożem), dzierżyć

wife /waɪf/ n (pl **wives** /-vz/) żona

wig /wɪg/ n peruka

wiggle /'wɪgl/ v (nieform.) poruszać (czymś/się) w prawo i w lewo ▶ n (nieform.) kręcenie biodrami

wild /waɪld/ adj **1** dziki **2** burzliwy **3** szalony, obłąkany: go ~ with happiness oszaleć (ze szczęścia) ◇ a ~ look błędne spojrzenie **4** be ~ about sb/sth (nieform.) przepadać za kimś/czymś **5** na ślepo, na chybił trafił ▶ n **1** (the **wild**) naturalne środowisko **2** (the **wilds**) [pl] odludzie ● 'wildlife n fauna i flora

wilderness /'wɪldənəs/ n **1** pustkowie **2** puszcza

wilful (Am. także **will-**) /'wɪl/ adj **1** umyślny, z premedytacją **2** samowolny

will /wɪl/ v mod (f. krótka 'll; f. przev. **will not**; f. krótka **won't** /wəʊnt/) **1**: He ~ be here soon. Zaraz tu będzie. ◇ I'm sure you'll pass your exam. Jestem pewny, że zdasz ten egzamin. ◇ I'll be sitting on the beach this time next week. O tej porze w przyszłym tygodniu będę siedział na plaży. ◇ Next Sunday, she ~ have been in England for a year. W przyszłą niedzielę minie rok od jej przyjazdu do Anglii. **2**: Why won't you tell me where you were last night? Nie powiesz mi, gdzie byłaś wczoraj wieczorem? ◇ I'll carry your case for you. Poniosę twoją walizkę. ◇ My car won't start. Samochód nie chce mi zapalić. **3**: Will you sit down, please? Proszę usiąść. **4**: Will you have a cup of tea? Napijesz się herbaty? **5**: He ~ keep interrupting me when I'm trying to work. Ciągle mi przeszkadza, kiedy próbuję pracować. **6**: That ~ be the postman at the door. To na pewno listonosz. ▶ v zmuszać się/kogoś siłą woli | n **1** wola **2** testament

W

willing /'wɪlɪŋ/ *adj* **1** skłonny, gotów (coś zrobić) **2** chętny, ochoczy

willow /'wɪləʊ/ (*także* '~ tree) *n* wierzba: *weeping* ~ wierzba płacząca

will power /'wɪl paʊə(r)/ *n* siła woli

wilt /wɪlt/ *v* (*roślina*) więdnąć, marnieć

wimp /wɪmp/ *n* (*nieform.*) słabeusz, mięczak

win /wɪn/ *v* (*pres part.* **-nning**; *pt, pp* **won** /wʌn/) **1** wygrywać, zwyciężać **2** zdobywać (*np. uznanie, przyjaźń*) [IDM] **you can't win** (*nieform.*) i tak źle, i tak niedobrze [PV] **win sb over/round (to sth)** pozyskiwać (kogoś do czegoś) ▸ *n* wygrana| **winner** *n* **1** zwycię-zca/żczyni **2** (*nieform.*) pewniak

wince /wɪns/ *v* krzywić się (*np. z bólu*)

wind[1] /wɪnd/ *n* **1** (*także* **the wind**) wiatr **2** oddech **3** wzdęcie [IDM] **get wind of sth** wywęszyć| **windy** *adj* wietrzny| *v* pozbawiać tchu ● **'wind instrument** *n* instrument dęty| **'windmill** *n* wiatrak| **'windscreen** (*Am.* **'windshield**) *n* przednia szyba (*w samochodzie*)| **'windscreen wiper** (*Am.* **'windshield wiper**) *n* wycieraczka (*szyby samochodowej*)

wind[2] /waɪnd/ *v* (*pt, pp* **wound** /waʊnd/) **1** nawijać, zwijać **2** kręcić (*np. korbką*), przewijać (*np. taśmę*): ~ *the car window down* opuścić szybę w samochodzie **3** (*droga itp.*) wić się [PV] **wind down** odprężać się| **wind sb up** (*Br., nieform.*) rozłościć kogoś| **wind sth up** kończyć (*działalność*)| **winding** *adj* kręty, wijący się

window /'wɪndəʊ/ *n* **1** (*i komput.*) okno: *a shop* ~ wystawa sklepowa ◊ *a* ~ *seat* miejsce przy oknie **2** szyba ● **'window-shopping** *n* oglądanie wystaw sklepowych| **'window sill** (*także* '~ ledge) *n* parapet okienny

windy → WIND[1]

wine /waɪn/ *n* wino

wing /wɪŋ/ *n* **1** skrzydło **2** (*Br.*) błotnik **3** (*także* **winger**) (*sport*) skrzydłow-y/a **4** (**the wings**) (*teatr*) kulisy

wink /wɪŋk/ *v* ~ **(at sb)** mrugnąć (*porozumiewawczo*) ▸ *n* mrugnięcie: *give sb a* ~ puścić do kogoś oko ◊ *I didn't sleep a* ~. Nie zmrużyłem oka.

W **winner, winning** → WIN

winter /'wɪntə(r)/ *n* zima| **wintry** *adj* zimowy ● **winter 'sports** *n* sporty zimowe| **'wintertime** *n* zima

wipe /waɪp/ *v* **1** wycierać **2** ~ **sth from/off sth**; ~ **sth away/off/up** ścierać, wycierać **3** ~ **sth (off/from) (sth)** wymazać, zmazać [PV] **wipe sth out** zmiatać (*np. z powierzchni ziemi*), zniszczyć ▸ *n* **1** wytarcie: *He gave the table a quick* ~. Szybko przetarł stół.

2 chusteczka higieniczna (*nasączona emulsją do mycia*)| **wiper** *n* wycieraczka (*szyby samochodowej*)

wire /'waɪə(r)/ *n* **1** drut: *a* ~ *fence* ogrodzenie z siatki metalowej **2** przewód, kabel ▸ *v* **1** drutować **2** ~ **sth (up)** zakładać przewody elektryczne **3** ~ **sth (to sb)**; ~ **sb sth** przesyłać pieniądze drogą elektroniczną| **wiring** *n* [U] instalacja elektryczna

wisdom /'wɪzdəm/ *n* mądrość: *I doubt the* ~ *of taking a decision too early.* Wątpię, czy rozsądne jest zbyt wczesne podejmowanie decyzji. ● **'wisdom tooth** *n* (*pl* ~ **teeth**) ząb mądrości

wise /waɪz/ *adj* mądry, roztropny

wish /wɪʃ/ *v* **1** ~ **(that)**: *I* ~ *(that) I had listened more carefully.* Żałuję, że nie słuchałem dokładniej. ◊ *My father* ~*es (that) he had gone to university.* Mój ojciec żałuje, że nie poszedł na studia. ◊ *I* ~ *I could help you.* Chciałbym ci pomóc. ❶ Zwróć uwagę, że w form. angielskim używa się **were** zamiast **was** z I lub he/she: *I* ~ *I were rich.* Chciałbym być bogaty. ◊ *She* ~*es she were in a different class.* Chciałaby być w innej klasie. **2** ~ **for sth** życzyć sobie (żeby) **3** ~ **(to do sth)** (*form.*) pragnąć, mieć życzenie **4** życzyć (*komuś czegoś*): *I rang him up to* ~ *him a happy birthday.* Zadzwoniłem do niego, żeby złożyć mu życzenia z okazji urodzin. ▸ *n* **1** życzenie: *I have no* ~ *to see her ever again.* Nie mam zamiaru więcej z nią się spotykać. **2** (**wishes**) życzenia (*np. pomyślności*): *Best Wishes* Wszystkiego dobrego! (*formuła kończąca list*) ● **wishful 'thinking** *n* pobożne życzenia

wisp /wɪsp/ *n* **1** kosmyk, wiązka **2** wstęga dymu

wistful /'wɪstf/ *adj* tęskny

wit /wɪt/ *n* **1** błyskotliwość **2** (*także* **wits**) bystrość umysłu, rozum [IDM] **be at your wits' end** odchodzić od zmysłów (*z rozpaczy itp.*)| **keep your wits about you** nie być w ciemię bitym| **witty** *adj* błyskotliwy, dowcipny

witch /wɪtʃ/ *n* wiedźma, czarownica ● **'witchcraft** *n* [U] czary

with /wɪð; wɪθ/ *prep* **1** z: *I did it* ~ *his help.* Zrobiłem to z jego pomocą. ◊ *Does this tie go* ~ *this shirt?* Czy ten krawat pasuje do tej koszuli? ◊ *a girl* ~ *red hair* dziewczyna o rudych włosach ◊ *Is he angry* ~ *us?* Czy on się na nas gniewa? ◊ *Open this parcel* ~ *care.* Otwórz tę paczkę ostrożnie. ◊ *We were shivering* ~ *cold.* Drżeliśmy z zimna. ◊ *Everybody's* ~ *us on this issue.* Wszyscy zgadzają się z nami w tej kwestii. **2**: *I left the keys* ~ *the neighbours.* Zostawiłem klucze u sąsiadów. **3** ❶ **With** +*n* często tłumaczy się *n* w narzędniku.: *Cut it* ~ *a knife.*

Pokrój to nożem. ◇ *Fill the bowl ~ water.* Napełnij miskę wodą. **4** kiedy, podczas gdy **5** wobec, ze względu na coś [IDM] **be with sb** rozumieć, co ktoś mówi

withdraw /wɪð'drɔ:/ *v* (*pt* **withdrew** / -'dru:/; *pp* **withdrawn** /-'drɔ:n/) **1 ~ (sb/sth) (from sth)** wycofywać (się) **2** wypłacać (*pieniądze z banku*)| **withdrawal** *n* **1** wycofywanie **2** wypłata (*z banku*) **3** odwyk: *When he gave up drugs, he suffered ~ symptoms.* Gdy przestał brać narkotyki, cierpiał na głód narkotyczny.| **withdrawn** *adj* (*osoba*) zamknięty w sobie

wither /'wɪðə(r)/ *v* **~ (away) 1** usychać, więdnąć, powodować usychanie/więdnięcie **2** zanikać

withhold /wɪð'həʊld/ *v* (*pt, pp* **withheld** /-'held/) (*form.*) **~ sth (from sb/sth)** wstrzymywać

within /wɪ'ðɪn/ *prep* **1** w ciągu **2 ~ sth (of sth)** w odległości: *The house is ~ three minutes' walk of the station.* Dom jest o trzy minuty drogi od stacji. **3** w obrębie, w granicach **4** (*form.*) wewnątrz, w środku ▸ *adv* we wnętrzu

without /wɪ'ðaʊt/ *prep* bez

withstand /wɪð'stænd/ *v* (*pt, pp* **withstood** /-'stʊd/) (*form.*) wytrzymywać, opierać się

witness /'wɪtnəs/ *n* świadek: *a ~ for the defence/prosecution* świadek obrony/oskarżenia ▸ *v* **1** być świadkiem czegoś **2** poświadczać ● '**witness box** (*Am.* '~ **stand**) *n* miejsce dla świadków w sądzie

witty → WIT

wives *pl od* WIFE

wizard /'wɪzəd/ *n* czarodziej, czarnoksiężnik

wobble /'wɒbl/ *v* chwiać (się), chybotać (się)| **wobbly** *adj* (*nieform.*) chwiejny, chybotliwy

woe /wəʊ/ *n* (*form.*) **1** (**woes**) kłopoty **2** (*przestarz.*) niedola

woke *pt od* WAKE

woken *pp od* WAKE

wolf /wʊlf/ *n* (*pl* **wolves** /-vz/) wilk

woman /'wʊmən/ *n* (*pl* **-men** /'wɪmɪn/) kobieta

womb /wu:m/ *n* łono

won *pt, pp od* WIN

wonder /'wʌndə(r)/ *v* **1** zastanawiać się, być ciekawym (czegoś): *I ~ if you could help me.* Czy mógłby mi pan pomóc? **2 ~ (at sth)** zdumiewać się, podziwiać ▸ *n* **1** zdumienie, podziw **2** cud [IDM] **it's a wonder (that)...** zadziwiający, zdumiewający| **no wonder** nic dziwnego| **wonderful** *adj* cudowny

won't *abbr* WILL NOT

wood /wʊd/ *n* **1** drewno, drzewo **2** (*często w pl*) las [IDM] **touch wood;** (*Am.*) **knock on wood** odpukać (*w niemalowane drewno*)| **wooded** *adj* zalesiony| **wooden** *adj* drewniany ● '**woodland** /-lənd/ *n* las| '**woodwind** /-wɪnd/ *n* [*z v. w pl lub s*] drewniane instrumenty dęte| '**woodwork** *n* **1** stolarka **2** stolarstwo

wool /wʊl/ *n* wełna| **woollen** (*Am.* **woolen**) *adj* wełniany| **woolly** (*Am. także* **wooly**) *adj* wełnisty

word /wɜ:d/ *n* słowo, wyraz: *I give you my ~ that I won't let you down.* Obiecuję, że cię nie zawiodę. ◇ *Could I have a ~ with you in private?* Czy mogę zamienić z tobą słowo na osobności? ◇ *Don't say a ~ about this to anyone.* Nikomu o tym ani słowa. [IDM] **not get a word in edgeways** nie dochodzić do słowa| **take sb's word for it** wierzyć komuś na słowo| **word for word** słowo w słowo, dosłownie ▸ *v* formułować, redagować ● '**word processing** *n* (*komput.*) przetwarzanie tekstu| '**word processor** *n* edytor tekstu

wore *pt od* WEAR

work /wɜ:k/ *n* **1** [U] praca: *do ~ experience* odbywać praktykę zawodową ◇ *be out of ~* być bezrobotnym ◇ *a ~ permit* pozwolenie na pracę → PRACA **2** utwór: *the complete ~s of Shakespeare* dzieła wszystkie Szekspira **3** (**works**) roboty (*np. drogowe*), prace (*np. ziemne*) **4** (**works**) [*z v. w pl lub s*] fabryka: *steelworks* stalownia [IDM] **get/go/set to work (on sth)** zabierać się do pracy ▸ *v* **1** pracować **2** działać **3** eksploatować, obsługiwać (*np. urządzenie*) **4** powodować **5**: *The hinges on the door have worked loose.* Zawiasy w drzwiach wyrobiły się. ◇ *We worked our way round to the little beach by climbing over the rocks.* Przedostaliśmy się na plażę, wspinając się po skałach. [PV] **work out 1** (*dobrze komuś*) wychodzić **2** gimnastykować się| **work sb out** zrozumieć kogoś| **work sth out 1** znaleźć sposób na coś **2** obliczać **3** opracowywać| **work sb/yourself up (into sth)** stopniowo doprowadzać (się) (*np. do złości*)| **work sth up** wypracowywać coś: *I'm trying to ~ up the energy to go out.* Usiłuję zmobilizować się do wyjścia. ● ,**work·a·holic** *n* pracoholi-k/czka| '**workbook** *n* zeszyt ćwiczeń| '**workforce** *n* **1** personel **2** siła robocza| '**workload** *n* ilość pracy do wykonania| '**workman** /'wɜ:kmən/ *n* (*pl* **-men**) robotnik| '**workmanlike** *adj* fachowy| '**workmanship** *n* fachowość|, **work of 'art** *n* (*pl* **works of art**) dzieło sztuki| '**workout** *n* trening| '**workplace** *n* (*często* **the workplace**) miejsce pracy|

W

'**worksheet** n (*szk.*) kartka z ćwiczeniami | '**workshop** n [C] **1** zakład (*produkcyjny/remontowy*) **2** warsztaty (*np. teatralne, literackie*) | '**workstation** n stanowisko komputerowe | '**worktop** (*także* '~ surface) n blat (*kuchenny*)

worker /'wɜːkə(r)/ n **1** pracowni-k/ca **2** robotni-k/ca

working /'wɜːkɪŋ/ adj **1** pracujący **2** zawodowy: ~ *conditions* warunki pracy **3** praktyczny ● the '**working class** n (*także* the '~ classes) klasa robotnicza

world /wɜːld/ n (*często* the world) świat | **worldly** adj **1** materialny, doczesny **2** światowy ● ,**world 'war** n wojna światowa | ,**world'wide** adj, adv ogólnoświatowy | the ,**World Wide 'Web** n światowa sieć komputerowa, Internet: *Web pages* strony internetowe ◇ *a Web site* witryna internetowa

worm /wɜːm/ n **1** robak: *an earthworm* dżdżownica **2** (**worms**) (*med.*) robaki

worn pp od WEAR

worn out /,wɔːn 'aʊt/ adj **1** zdarty, znoszony **2** (*zmęczony*) wyczerpany

worry /'wʌri/ v (*3rd sing czasu pres* -**ies**; pt, pp -**ied**) **1** ~ (**about sb/sth**) martwić (się) **2** ~ **sb** (**with sth**) niepokoić kogoś | **worried** adj ~ (**about sb/sth**)/(**that…**) zmartwiony | n (pl -**ies**) **1** zmartwienie **2** kłopot | **worrying** adj niepokojący

worse /wɜːs/ adj **1** gorszy **2** (*osoba chora*) czujący się gorzej: *He's getting* ~. Jego stan pogarsza się. ▶ adv gorzej | n coś gorszego | **worsen** v pogarszać (się)

worship /'wɜːʃɪp/ n oddawanie czci boskiej, modlitwa ▶ v (-**pp-**; Am. -**p-**) **1** oddawać cześć boską, modlić się **2** uwielbiać | **worshipper** (Am. -**iper**) n wiern-y/a

worst /wɜːst/ adj najgorszy ▶ adv najgorzej | n (the worst) (co) najgorsze [IDM] **at** (**the**) **worst** w najgorszym razie | **if the worst comes to the worst** w najgorszym wypadku

worth /wɜːθ/ adj (*zazw. używa się jako przyimek*) ~ (**doing**) (**sth**) wart (*np. odwiedzenia*): *It's not* ~ *going shopping now.* Nie warto już iść na zakupy. ▶ n wartość: *ten pounds'* ~ *of petrol* paliwo za 10 funtów ◇ *two days'* ~ *of food* jedzenie na dwa dni | **worthless** adj bezwartościowy ● ,**worth'while** adj wart zachodu, opłacalny

worthy /'wɜːði/ adj **1** ~ **of sth/to do sth** zasługujący na coś; czegoś **2** godny, szanowany

would /wəd/ f. akcent. /wʊd/ v mod (f. krótka 'd; f. przev. would not; f. krótka **wouldn't** /'wʊdnt/) **1** byłby: *I* ~ *have done more, if I'd had the time.* Zrobiłbym więcej, gdybym miał czas.

2 (*czas przeszły od* will, *używany w mowie zależnej*): *They said that they* ~ *help us.* Powiedzieli, że nam pomogą. ◇ *I didn't think that he* ~ *do a thing like that.* Nie sądziłem, że może zrobić taką rzew. **3**: *Would you come this way, please?* Tędy, proszę. **4**: *Would you like to come with us?* Chciałbyś pójść z nami? ◇ *I'd love a piece of cake.* Mam wielką ochotę na kawałek ciasta. **5** chcieć: *He just wouldn't do what I asked him.* Nie chciał zrobić tego, o co go prosiłem. **6**: *I wish the sun* ~ *come out.* Chciałbym, żeby wyszło słońce. **7**: *When he was young he* ~ *often walk in these woods.* Kiedy był młody, często spacerował po tym lesie. **8**: *You* ~ *say that!* Wiedziałem, że to powiesz! **9**: *I'd say she's about 40.* Powiedziałbym, że ma około 40 lat.

wound[1] pt, pp od WIND[2]

wound[2] /wuːnd/ n rana ▶ v **1** ranić → RANIĆ **2** (*form.*) urażać

wove pt od WEAVE

woven pp od WEAVE

wow /waʊ/ interj (*nieform.*) o rany!, ho, ho!

wrangle /'ræŋgl/ n awantura ▶ v ~ (**with sb**) (**about/over sth**) awanturować się

wrap /ræp/ v (-**pp-**) **1** ~ **sb/sth** (**up**) (**in sth**) pakować, zawijać **2** ~ **sth round/around sb/sth** owijać [PV] **wrap** (**sb/yourself**) **up** opatulać (się) (w coś) | **wrapper** n opakowanie, obwoluta, papierek | **wrapping** n opakowanie ● '**wrapping paper** n papier pakowy

wrath /rɒθ; Am. ræθ/ n (*przestarz. form.*) wielki gniew

wreak /riːk/ v ~ **sth** (**on sb/sth**) (*form.*) wywierać (*np. zemstę*), wymierzać (*np. karę*): ~ *havoc* powodować spustoszenie

wreath /riːθ/ n (pl -**s** /riːðz/) wieniec

wreck /rek/ n **1** wrak **2** (*nieform.*) rozbitek ▶ v rujnować, rozbijać | **wreckage** /-ɪdʒ/ n [U] szczątki

wrench /rentʃ/ v **1** ~ **yourself/sb/sth** (**away/off, etc.**) (*i przen.*) oderwać (gwałtownie) (się/kogoś/coś) (od czegoś) **2** zwichnąć (*np. nogę*) ▶ n **1** gwałtowne szarpnięcie **2** ból (*np. rozstania*) **3** (Am.) (*narzędzie*) klucz (*płaski*)

wrestle /'resl/ v **1** prowadzić walkę (*w zapasach*) **2** ~ **with sth** zmagać się z czymś | **wrestler** n zapaśnik | **wrestling** n [U] zapasy

wretch /retʃ/ n (*przestan*) bieda-k/czka

wretched /'retʃɪd/ adj **1** nieszczęsny **2** (*nieform.*) cholerny

wriggle /'rɪgl/ v **1** wiercić (się), kręcić (się) **2** wkręcać się

W

wring /rɪŋ/ *v* (*pt, pp* **wrung** /rʌŋ/) ~ **sth (out)** wykręcać (*bieliznę*)

wrinkle /'rɪŋkl/ *n* zmarszczka ▶ *v* marszczyć (się)

wrist /rɪst/ *n* nadgarstek ● **'wristwatch** *n* zegarek na rękę

write /raɪt/ *v* (*pt* **wrote** /rəʊt/; *pp* **written** /'rɪtn/) **1** pisać ● **W** Am. ang. można powiedzieć I've written him. **2** ~ **sth (out) (for sb)** wypisywąć (*np. czek, receptę*) [PV] **write back (to sb)** odpisywać (*komuś*) | **write sth down** zapisywać coś | **write in/off/away (to sb/ sth) (for sth)** posyłać komuś/do jakiejś instytucji (*np. swoją opinię, zamówienie*) | **write sb/sth off** spisywać kogoś/coś na straty | **write sth out** napisać coś w całości, przepisywać (*np. wiersz, adres*) | **write sth up** pisać na czysto | **written** /'rɪtn/ *adj* pisemny | **writer** *n* pisa-rz/rka ● **'write-off** *n* przedmiot spisany na straty, wrak (*samochód nie nadający się do naprawy*)

writhe /raɪð/ *v* wić się (*np. z bólu*)

writing /'raɪtɪŋ/ *n* [U] **1** napis **2** charakter pisma **3** pisanie **4** (*twórczość literacka*) pisarstwo [IDM] **in writing** na piśmie ● **'writing paper** *n* papier listowy

written *pp od* WRITE

wrong /rɒŋ/ *adj* **1** zły, błędny: *You've got the ~ number.* Pomyłka (telefoniczna). **2** nieodpowiedni **3** ~ **(with sb/sth)** nie w porządku: *What's ~ with the car this time?* Co się znowu stało z samochodem? **4** ~ **(to do sth):** *It was ~ of us not to invite him.* To nieładnie z naszej strony, że go nie zaprosiliśmy. ▶ *v* krzywdzić | *adv* źle [IDM] **go wrong 1** mylić się **2** (*urządzenie itp.*) psuć się, źle iść | *n* **1** zło **2** niesprawiedliwość [IDM] **in the wrong** (*winowajca*) winny | **wrongly** *adv* błędnie ● Przysł. wrong stawia się po v. lub po dopełnieniu, zwł. w rozmowie: *He's spelt my name wrong.* Przysł. wrongly używa się zwykle przed imiesłowem biernym czasu przeszłego lub przed v.: *My name's been wrongly spelt.*

wrote *pt od* WRITE

wrung *pt, pp od* WRING

wry /raɪ/ *adj* (*uśmiech itp.*) kwaśny

Xx

X, x /eks/ *n* litera *x* ● Litera **x** jest używana przez nauczycieli do zaznaczenia błędnej odpowiedzi. Na końcu listu litera **X** symbolizuje przesłany pocałunek: *Lots of love, Maria XX.*

Xmas /'krɪsməs; 'eks-/ *n, abbr* Christmas (*nieform.*) Boże Narodzenie

X-ray /'eks reɪ/ *n* **1** promieniowanie rentgenowskie **2** (*zdjęcie rentgenowskie*) rentgen ▶ *v* robić zdjęcie rentgenowskie

xylophone /'zaɪləfəʊn/ *n* ksylofon

Yy

Y, y /waɪ/ *n* litera *y*

yacht /jɒt/ *n* **1** żaglówka: *a ~ race* regaty żeglarskie **2** jacht motorowy | **yachting** *n* żeglarstwo

yank /jæŋk/ *v* (*nieform.*) szarpać

yard /jɑːd/ *n* **1** podwórze: *a school ~* boisko szkolne **2** (*Am.*) ogródek (*przydomowy*) **3**: *a shipyard* stocznia ◇ *a builder's ~* skład materiałów budowlanych ● **'yardstick** *n* (*przen.*) miara

yarn /jɑːn/ *n* **1** przędza **2** (*nieform.*) historyjka

yawn /jɔːn/ *v* **1** ziewać **2** (*dziura, otwór itp.*) zionąć

yeah /jeə/ *interj* (*nieform.*) tak

year /jɪə(r); jɜː(r)/ *n* **1** rok: *a leap ~* rok przestępny ◇ *in a year's time* za rok **2**: *He's ten ~s old today.* Dzisiaj kończy dziesięć lat. ◇ *a six-year-old daughter* sześcioletnia córka → WIEK **3** (**years**) lata [IDM] **all year round** przez cały rok | **take a year out** mieć rok przerwy (*np. w nauce*) | **yearly 1** *adj* doroczny **2** *adv* rokrocznie ● **'yearbook** *n* **1** rocznik **2** (*zwł. Am.*) kronika szkolna

yearn /jɜːn/ *v* ~ **(for sb/sth)/(to do sth)** tęsknić (*za kimś/czymś*) | **yearning** *n* pragnienie (*czegoś*)

yeast /jiːst/ *n* [U] drożdże

yell /jel/ *v* wrzeszczeć ▶ *n* wrzask

yellow /'jeləʊ/ *adj* żółty ▶ *n* żółty kolor

yelp /jelp/ *n* skamlenie

yes /jes/ *interj* tak

yesterday /'jestədeɪ; -di/ *adv, n* wczoraj: *the day before ~* przedwczoraj ◇ *yesterday's paper* wczorajsza gazeta ◇ *the whole of ~* cały wczorajszy dzień

yet /jet/ *adv* **1** jeszcze, (*w pytaniach*) już: *Has it stopped raining ~?* Czy już przestało padać? ● W Am. ang. można powiedzieć: *With a bit of luck, they may*

w

x

y

win ~. Przy odrobinie szczęścia, ciągle jeszcze mogą wygrać. **2** dotychczas: *This is her best film* ~. Do tej pory to jej najlepszy film. **3** ale, a jednak [IDM] **as yet** dotychczas | **yet again** znowu | **yet another** jeszcze jeden | **yet to do**, etc. jeszcze do (*zrobienia itp.*) ► *conj* ale (jednak)

yew /juː/ *n* (*także* '~ **tree**) (*drzewo*) cis

yield /jiːld/ *v* **1** dostarczać **2** ~ (**to sb/ sth**) (*form.*) ulegać (*np. pokusie, żądaniom*) **3** oddawać (*np. władzę*) **4** ~ **to sth** ustępować (*np. nowemu*) **5** załamywać się (*np. pod naporem czegoś*) **6** ~ (**to sb/sth**) dawać pierwszeństwo przejazdu ► *n* plon, zysk

yoga /'jəʊgə/ *n* joga

yogurt (*także* **-ghurt**) /'jɒgət; *Am.* 'jəʊgərt/ *n* jogurt

yolk /jəʊk/ *n* żółtko

you /ju; juː/ *pron* **1** ty, wy, pan/i, państwo **2** (*tłumaczy się formą bezosobową*): *You don't see many tourists here.* Nie spotyka się tu wielu turystów. ◊ *You never know.* Nigdy nie wiadomo. → ONE

you'd /juːd/ *abbr* YOU HAD, YOU WOULD

you'll /juːl/ *abbr* YOU WILL

young /jʌŋ/ *adj* (**younger** /-ŋgə(r)/, **youngest** /-ŋgɪst/) młody: *They have two* ~ *children.* Mają dwoje małych dzieci. ◊ ~ *fashion* moda młodzieżowa [IDM] **young at heart** młody duchem ► *n* **1** (*zool.*) młode **2** (**the young**) młodzież | **youngster** *n* młoda osoba

your /jɔː(r); *Am.* jʊr/ *dem pron* **1** twój, wasz, pan-a/i, pański, państwa: *Could you leave* ~ *addresses?* Proszę zostawić swój adres. **2** (*tłumaczy się formą bezosobową*): *When* ~ *life is as busy as mine, you have little time to relax.* Kiedy prowadzi się aktywne życie, ma się niewiele czasu na odpoczynek. ◊ *Dentists advise you to have* ~ *teeth checked every six months.* Dentyści radzą, żeby kontrolować zęby co pół roku. **3** taki, ten słynny **4** (*także* Your) (*tytuł*) wasza (*wysokość itp.*): ~ *Majesty* wasza królewska mość | **yours** /jɔːz; *Am.* jɔːrz; jʊrz/ *pron* **1** twój, wasz, pan-a/i, pański, państwa: *a friend of* ~ jeden z twoich znajomych **2** (**Yours**) z poważaniem ❸ **Yours sincerely** używa się, kiedy nazwisko adresata jest znane i wymienione na początku listu, np. **Dear Mrs Smith. Yours faithfully** stosuje się, kiedy nazwisko adresata nie jest znane. Wówczas list zaczyna się zwrotem **Dear Sir, Dear Madam** lub **Dear Sir/Madam**.

you're /jʊə(r); jɔː(r)/ *abbr* YOU ARE

yourself /jɔː'self; *f. nieakcent.* jə-; *Am.* jʊr-/ *pron* (*pl* **-selves** /-'selvz/) **1** się/ siebie **2** (ty) sam [IDM] **(all) by yourself/ yourselves** (ty) sam/(wy itp.) sami | **be yourself** być sobą

youth /juːθ/ *n* (*pl* **youths** /juːðz/) **1** młodość **2** (*młody*) chłopak: *gangs of* ~s bandy wyrostków **3** (**the youth**) młodzież | **youthful** *adj* **1** młodzieńczy **2** młody ● **'youth hostel** *n* schronisko młodzieżowe

you've /juːv/ *abbr* YOU HAVE

yuck /jʌk/ *interj* (*nieform.*) fu!, fuj! | **yucky** *adj* (*nieform.*) paskudny

yummy /'jʌmi/ *adj* (*nieform.*) (*jedzenie*) pyszny

Zz

Z, z /zed; *Am.* ziː/ *n* litera z

zap /zæp/ *v* (**-pp-**) (*nieform.*) **1** załatwiać kogoś **2** skakać po kanałach telewizyjnych

zeal /ziːl/ *n* (*form.*) gorliwość | **zealous** /'zeləs/ *adj* gorliwy

zebra /'zebrə; *Am.* 'ziːbrə/ *n* zebra ● ,**zebra 'crossing** *n* (*Br.*) zebra (*przejście dla pieszych*)

zero /'zɪərəʊ/ *pron* **1** zero **2** zerowy → ZERO

zest /zest/ *n* ~ (**for sth**) werwa, zapał

zigzag /'zɪgzæg/ *n* zygzak ► *v* (**-gg-**) posuwać się zygzakiem

zinc /zɪŋk/ *n* (*chem.*) cynk

zip /zɪp/ *n* (*także* '~ **-fastener**; *zwł. Am.* **zipper**) zamek błyskawiczny ► *v* (**-pp-**) ~ **sth (up)** zapinać na zamek błyskawiczny

ZIP code (*także* Zip code) /'zɪp kəʊd/ *n* (*Am.*) kod pocztowy

zone /zəʊn/ *n* strefa

zoo /zuː/ *n* (*form.* ,**zoological 'gardens**) zoo

zoology /zəʊ'ɒlədʒi; zu'ɒl-/ *n* zoologia | **zoologist** /zəʊ'ɒlədʒɪst/ *n* zoolog

zoom /zuːm/ *v* mknąć z hałasem ● **'zoom lens** *n* obiektyw ze zmienną ogniskową

zucchini /zu'kiːni/ *n* (*pl* **zucchini** *lub* **-s**) (*Am.*) cukinia

Polish verbs

This is a comprehensive though not exhaustive guide to Polish verb conjugations. Examples are given of the verbs falling into 11 conjugation groups and also of some most important irregular verbs that are used in everyday language. The conjugations in the present tense only are given.

Group 1
czytać

	Singular	Plural
1st person	czytam	czytamy
2nd person	czytasz	czytacie
3rd person	czyta	czytają

This is probably the most numerous group, comprising the verbs ending in –*ać*. Other verbs belonging to this group are: *działać*, *grać*, *kochać*, *odpoczywać*, *pomagać*, *pływać*, *śpiewać*, *sprzątać*, *witać*, *zmywać*, *znać*.

Group 2
umieć

	Singular	Plural
1st person	umiem	umiemy
2nd person	umiesz	umiecie
3rd person	umie	umieją

This group comprises the verbs ending in –*eć*. Other verbs belonging to this group are: *powiedzieć*, *rozumieć*.

Group 3
posmutnieć

	Singular	Plural
1st person	posmutnieję	posmutniejemy
2nd person	posmutniejesz	posmutniejecie
3rd person	posmutnieje	posmutnieją

This group also comprises the verbs ending in –*eć* but the conjugation is different from that in Group 2, with the endings –*eję*, -*ejesz* etc. Other verbs belonging to this group are: *istnieć*, *wyzdrowieć*, *wyzgrabnieć*, *współistnieć*.

Group 4
pracować

	Singular	*Plural*
1st person	**pracuję**	**pracujemy**
2nd person	**pracujesz**	**pracujecie**
3rd person	**pracuje**	**pracują**

This group comprises the verbs ending in –ować. Other verbs belonging to this group are: *rysować, malować, planować, prasować, stosować.*

Group 5
schnąć

	Singular	*Plural*
1st person	schnę	schniemy
2nd person	schniesz	schniecie
3rd person	schnie	schną

This group comprises the verbs ending in –nąć. Other verbs belonging to this group are: *chudnąć, pchnąć, wsiąknąć, wsunąć, wysunąć.*

Group 6
chwalić

	Singular	*Plural*
1st person	**chwalę**	**chwalimy**
2nd person	**chwalisz**	**chwalicie**
3rd person	**chwali**	**chwalą**

wierzyć

	Singular	*Plural*
1st person	**wierzę**	**wierzymy**
2nd person	**wierzysz**	**wierzycie**
3rd person	**wierzy**	**wierzą**

This group comprises the verbs ending in –ić or –yć. Other verbs belonging to this group are: *grodzić, kreślić, liczyć, mierzyć, szydzić, wietrzyć.*

Group 7
myśleć

	Singular	*Plural*
1st person	**myślę**	**myślimy**
2nd person	**myślisz**	**myślicie**
3rd person	**myśli**	**myślą**

słyszeć

	Singular	Plural
1st person	**słyszę**	**słyszymy**
2nd person	**słyszysz**	**słyszycie**
3rd person	**słyszy**	**słyszą**

This is another group of verbs ending in –*eć*, whose conjugation is however different from those in groups 2 and 3, with the endings –*ę*, -*isz*, -*i* etc or –*ę*, -*ysz*, -*y* etc. Other verbs belonging to this group are: *krzyczeć, widzieć, usłyszeć.*

Group 8
zapisywać

	Singular	Plural
1st person	**zapisuję**	**zapisujemy**
2nd person	**zapisujesz**	**zapisujecie**
3rd person	**zapisuje**	**zapisują**

podsłuchiwać

	Singular	Plural
1st person	**podsłuchuję**	**podsłuchujemy**
2nd person	**podsłuchujesz**	**podsłuchujecie**
3rd person	**podsłuchuje**	**podsłuchują**

This group includes the verbs ending in –*ywać* or –*iwać*. Other verbs belonging to this group are: *porównywać, wskazywać, wsłuchiwać się.*

Group 9
pisać

	Singular	Plural
1st person	**piszę**	**piszemy**
2nd person	**piszesz**	**piszecie**
3rd person	**pisze**	**piszą**

This group includes the verbs ending in –*ać* with the stem ending usually in –*s*. Other verbs belonging to this group are: *czesać, krzesać.*

Group 10
bić

	Singular	Plural
1st person	**biję**	**bijemy**
2nd person	**bijesz**	**bijecie**
3rd person	**bije**	**biją**

śmiać się

	Singular	Plural
1st person	śmieję się	śmiejemy się
2nd person	śmiejesz się	śmiejecie się
3rd person	śmieje się	śmieją się

zdjąć

	Singular	Plural
1st person	zdejmę	zdejmiemy
2nd person	zdejmiesz	zdejmiecie
3rd person	zdejmie	zdejmą

This group includes the verbs ending in –ć, -ać or –ąć. Other verbs
belonging to this group are: *siać* (*sieję, siejesz, sieje, siejemy* etc),
wyśmiać, ciąć (with *n* instead of *m*, i.e. *tnę, tniesz, tnie, tniemy, tniecie, tną*).

Group 11
tłuc

	Singular	Plural
1st person	tłukę	tłuczemy
2nd person	tłuczesz	tłuczecie
3rd person	tłucze	tłuką

nieść

	Singular	Plural
1st person	niosę	niesiemy
2nd person	niesiesz	niesiecie
3rd person	niesie	niosą

This group includes the verbs ending in –c or –ć. Other verbs in this
group are: *wieźć (wiozę, wieziesz, wiezie, wieziemy, wieziecie, wiozą)*,
pleść (plotę, pleciesz, plecie, pleciemy, pleciecie, plotą).

Irregular verbs
być

	Singular	Plural
1st person	jestem	jesteśmy
2nd person	jesteś	jesteście
3rd person	jest	są

mieć

	Singular	Plural
1st person	mam	mamy
2nd person	masz	macie
3rd person	ma	mają

bać się

	Singular	Plural
1st person	boję się	boimy się
2nd person	boisz się	boicie się
3rd person	boi się	boją się

chcieć

	Singular	Plural
1st person	chcę	chcemy
2nd person	chcesz	chcecie
3rd person	chce	chcą

iść

	Singular	Plural
1st person	idę	idziemy
2nd person	idziesz	idziecie
3rd person	idzie	idą

jechać

	Singular	Plural
1st person	jadę	jedziemy
2nd person	jedziesz	jedziecie
3rd person	jedzie	jadą

jeść

	Singular	Plural
1st person	jem	jemy
2nd person	jesz	jecie
3rd person	je	jedzą

stać

	Singular	Plural
1st person	stoję	stoimy
2nd person	stoisz	stoicie
3rd person	stoi	stoją

wiedzieć

	Singular	Plural
1st person	wiem	wiemy
2nd person	wiesz	wiecie
3rd person	wie	wiedzą

Polish declensions

Nouns

The gender of Polish nouns is not always predictable. Some Polish nouns (e.g. *pieniądze, drzwi, nosze, nożyce, nożyczki, obcęgi, spodnie*) occur only in the plural and have no specific gender nor belong to any of the declension groups.

Masculine nouns

In general, masculine nouns end in a consonant (e.g. *drwal, bal, chłopiec, mąż, lekarz*), but there are also masculine nouns ending with *–a* (e.g. *mężczyzna, dentysta, dozorca*) which decline as feminine nouns.

Declension group 1

Stem ends in consonants: *ć, dź, j, ń, ś, z* and in *p, b, m, w* changing into *p', b', m', w'*, and also the nouns ending in *l*

Masculine nouns
inanimate

	Singular	Plural
Nominative	szal	szale
Genitive	szala	szali
Dative	szalowi	szalom
Accusative	szal	szale
Instrumental	szalem	szalami
Locative	szalu	szalach
Vocative	szalu	szale

Masculine nouns
animate

	Singular	Plural
Nominative	król	królowie
Genitive	króla	królów
Dative	królowi	królom
Accusative	króla	królów
Instrumental	królem	królami
Locative	królu	królach
Vocative	królu	królowie

Some nouns in this group have the ending -*u* instead of -*a* in genitive (*bal – balu*) and dative of the singular (*chłopiec – chłopcu*).
In nominative plural some nouns have the endings -*e*, -*y*, -*i* or -*owie* (*kowal – kowale*, *chłopiec – chłopcy*, *król – królowie*).

Declension group 2

Stem ends in consonants: *c, cz, dz, dż, rz, sz, ż*

Masculine nouns
inanimate

	Singular	*Plural*
Nominative	**płaszcz**	**płaszcze**
Genitive	**płaszcza**	**płaszczy**
Dative	**płaszczowi**	**płaszczom**
Accusative	**płaszcz**	**płaszcze**
Instrumental	**płaszczem**	**płaszczami**
Locative	**płaszczu**	**płaszczach**
Vocative	**płaszczu**	**płaszcze**

Masculine nouns
animate

	Singular	*Plural*
Nominative	**stróż**	**stróże**
Genitive	**stróża**	**stróżów**
Dative	**stróżowi**	**stróżom**
Accusative	**stróża**	**stróżów**
Instrumental	**stróżem**	**stróżami**
Locative	**stróżu**	**stróżach**
Vocative	**stróżu**	**stróże**

In nominative plural the nouns have the endings -*e*, -*y*, -*i* or -*owie* (*stróż – stróże*, *chłopiec – chłopcy*).

Some nouns in this group have the ending -*u* in genitive singular (*deszcz – deszczu*) whereas in genitive plural they have the ending -*u* or -*ów* (*deszczu* or *deszczów*)

In some nouns there is also the change of stem vowel in the whole declension (*mąż – męża, mężowi, mężowie* etc).

Declension group 3

Stem ends in consonants: *k, g, ch*

Masculine nouns
inanimate

	Singular	Plural
Nominative	**stołek**	**stołki**
Genitive	**stołka**	**stołków**
Dative	**stołkowi**	**stołkom**
Accusative	**stołek**	**stołki**
Instrumental	**stołkiem**	**stołkami**
Locative	**stołku**	**stołkach**
Vocative	**stołku**	**stołki**

Masculine nouns
animate

	Singular	Plural
Nominative	**robotnik**	**robotnicy**
Genitive	**robotnika**	**robotników**
Dative	**robotnikowi**	**robotnikom**
Accusative	**robotnika**	**robotników**
Instrumental	**robotnikiem**	**robotnikami**
Locative	**robotniku**	**robotnikach**
Vocative	**robotniku**	**robotnicy**

Some animate nouns in this group ending in -*ch* have the nominative
plural (and also accusative and vocative) ending with -*i* with a
simultaneous change of *ch* into *s* (*mnich – mnisi*).

Declension group 4

Stem ends in hard consonants: *b, d, f, ł, m, n, p, r, s, t, w, z*

Masculine nouns
animate

	Singular	Plural
Nominative	**sąsiad**	**sąsiedzi**
Genitive	**sąsiada**	**sąsiadów**
Dative	**sąsiadowi**	**sąsiadom**
Accusative	**sąsiada**	**sąsiadów**
Instrumental	**sąsiadem**	**sąsiadami**
Locative	**sąsiedzie**	**sąsiadach**
Vocative	**sąsiedzie**	**sąsiedzi**

In some nouns, as in the example above there is an additional change of stem vowel in the nominative plural form (*sąsiad – sąsiedzi*). Inanimate nouns in this declension have the genitive singular form ending in -*a* or -*u* (*słup – słupa*, *dom - domu*) and the accusative has the same form as nominative (*słup, dom*).

Declension group 5

This declension comprises the nouns ending in –*anin*. They are animate nouns only, usually denoting members of groups of people including religious groups, e.g. *chrześcijanin, muzułmanin, franciszkanin*, and people living in the same town (*warszawianin, krakowianin, mieszczanin*), or country (*Egipcjanin, Meksykanin*).

Masculine nouns

animate

	Singular	Plural
Nominative	**muzułmanin**	**muzułmanie**
Genitive	**muzułmanina**	**muzułmanów**
Dative	**muzułmaninowi**	**muzułmanom**
Accusative	**muzułmanina**	**muzułmanów**
Instrumental	**muzułmaninem**	**muzułmanami**
Locative	**muzułmaninie**	**muzułmanach**
Vocative	**muzułmaninie**	**muzułmanie**

The Genitive plural and Accusative plural of some of these nouns is without any ending (*chrześcijan, mieszczan*).

Feminine nouns

Feminine nouns generally end with -*a* (e.g. *kula, matka, dziewczynka, ulica, zatoka*), but their declensions vary depending on the last stem consonant. There are quite a lot of feminine nouns ending in a consonant (e.g. *noc, wieś, radość, stal*).

Declension group 1

Stem ends in phonetically soft consonants: *ć, dź, j, ń, ś, ź, p', b', m', w'* (e.g. *głębia, ziemia*) and in *l* (e.g. *kula*).

	Singular	Plural
Nominative	**stacja**	**stacje**
Genitive	**stacji**	**stacji**

Dative	**stacji**	**stacjom**
Accusative	**stację**	**stacje**
Instrumental	**stacją**	**stacjami**
Locative	**stacji**	**stacjach**
Vocative	**stacjo**	**stacje**

Some nouns in this group have the endings *-i* or *-ii* in Genitive singular and plural (*skala – skali, linia – linii*). The vocative singular of some nouns ends in *-u* (*mamusiu, ciociu*).

Declension group 2

Stem ends in phonetically soft consonants:
c, cz, dz, dż, rz, sz, ż

	Singular	*Plural*
Nominative	**stolica**	**stolice**
Genitive	**stolicy**	**stolic**
Dative	**stolicy**	**stolicom**
Accusative	**stolicę**	**stolice**
Instrumental	**stolicą**	**stolicami**
Locative	**stolicy**	**stolicach**
Vocative	**stolico**	**stolice**

Declension group 3

Stem ends in consonants: *k, g, ch*

	Singular	*Plural*
Nominative	**zatoka**	**zatoki**
Genitive	**zatoki**	**zatok**
Dative	**zatoce**	**zatokom**
Accusative	**zatokę**	**zatoki**
Instrumental	**zatoką**	**zatokami**
Locative	**zatoce**	**zatokach**
Vocative	**zatoko**	**zatoki**

In nouns ending with *g*, in the Dative singular *g* changes into *dz* (as in *droga – drodze*).

In nouns ending in *ch*, e.g. *mucha* in singular the Genitive is *muchy*, Dative – *musze*, and in Nominative plural – *muchy*.

Declension group 4

Stem ends in hard consonants: *b, d, f, ł, m, n, p, r, s, t, w, z*

	Singular	Plural
Nominative	**komoda**	**komody**
Genitive	**komody**	**komód**
Dative	**komodzie**	**komodom**
Accusative	**komodę**	**komody**
Instrumental	**komodą**	**komodami**
Locative	**komodzie**	**komodach**
Vocative	**komodo**	**komody**

Declension group 5

This declension comprises the nouns ending in phonetically soft consonants: *ć, dź, j, ń, ś, ź* and also in *l*.

	Singular	Plural
Nominative	**dłoń**	**dłonie**
Genitive	**dłoni**	**dłoni**
Dative	**dłoni**	**dłoniom**
Accusative	**dłoń**	**dłonie**
Instrumental	**dłonią**	**dłoniami** (or **dłońmi**)
Locative	**dłoni**	**dłoniach**
Vocative	**dłoni**	**dłonie**

Declension group 6

Stem ends in consonants: *c, cz, z, dż, rz, sz, ż*

	Singular	Plural
Nominative	**moc**	**moce**
Genitive	**mocy**	**mocy**
Dative	**mocy**	**mocom**
Accusative	**moc**	**moce**
Instrumental	**mocą**	**mocami**
Locative	**mocy**	**mocach**
Vocative	**mocy**	**moce**

Neuter nouns

Ending in -o, -e, -ę, or -um (e.g. stado, pole, imię, akwarium).

	Singular	Plural
Nominative	stado	stada
Genitive	stada	stad
Dative	stadu	stadom
Accusative	stado	stada
Instrumental	stadem	stadami
Locative	stadzie	stadach
Vocative	stado	stada

	Singular	Plural
Nominative	kurczę	kurczęta
Genitive	kurczęcia	kurcząt
Dative	kurczęciu	kurczętom
Accusative	kurczę	kurczęta
Instrumental	kurczęciem	kurczętami
Locative	kurczęciu	kurczętach
Vocative	kurczę	kurczęta

	Singular	Plural
Nominative	imię	imiona
Genitive	imienia	imion
Dative	imieniu	imionom
Accusative	imię	imiona
Instrumental	imieniem	imionami
Locative	imieniu	imionach
Vocative	imię	imiona

Nouns ending in -um , e.g. akwarium, stadium do not change form in the singular. Plural forms are declined as in the table below.

	Singular	Plural
Nominative	akwarium	akwaria
Genitive	akwarium	akwariów
Dative	akwarium	akwariom
Accusative	akwarium	akwaria
Instrumental	akwarium	akwariami
Locative	akwarium	akwariach
Vocative	akwarium	akwaria

Adjectives

Singular

	Masculine	Feminine	Neuter
Nominative	miły	miła	miłe
Genitive	miłego	miłej	miłego
Dative	miłemu	miłej	miłemu
Accusative	miłego	miłą	miłe
Instrumental	miłym	miłą	miłym
Locative	miłym	miłej	miłym
Vocative	miły	miła	miłe

Plural

	masculine animate	masculine inanimate, feminine, and neuter
Nominative	mili (*chłopcy, policjanci*)	miłe (*kelnerki, myśli, dni, wspomnienia*)
Genitive	miłych	miłych
Dative	miłym	miłym
Accusative	miłych	miłe
Instrumental	miłymi	miłymi
Locative	miłych	miłych
Vocative	mili	miłe

Comparison of adjectives

In order to create the comparative for most Polish adjectives the suffix -*szy* can be added to the stem. For the superlative form, the prefix *naj-* can be added to the comparative form. For example:

bogaty	bogatszy	najbogatszy
ciekawy	ciekawszy	najciekawszy
miły	milszy	najmilszy

Some common irregular comparative and superlative forms:

dobry	lepszy	najlepszy
zły	gorszy	najgorszy
mały	mniejszy	najmniejszy
duży	większy	największy

Polish declensions

Determiners

	Masculine	Feminine	Neuter
Nominative	**mój**	**moja**	**moje**
Genitive	**mojego**	**mojej**	**mojego**
Dative	**mojemu**	**mojej**	**mojemu**
Accusative	**mojego**	**moją**	**moje**
Instrumental	**moim**	**moją**	**moim**
Locative	**moim**	**mojej**	**moim**
Vocative	**mój**	**moja**	**moje**

Twój, swój, nasz, and *wasz* also decline like adjectives. Plural forms decline in the same way as adjectives:

moi with masculine animate nouns (*moi chłopcy, moi studenci*),

moje with masculine inanimate nouns (*moje buty*) and names of animals (*moje psy*), with feminine nouns (*moje studentki, moje kurtki*), and with neuter nouns (*moje dzieci, moje wspomnienia*).

Czasowniki nieregularne

Sprawdź w słowniku warianty zaznaczone gwiazdką. Różnią się one znaczeniem.

Bezoko-licznik	Czas przeszły	Imiesłów bierny
bear	bore	borne
beat	beat	beaten
become	became	become
begin	began	begun
bend	bent	bent
bet	bet	bet
bid	bid	bid
bite	bit	bitten
bleed	bled	bled
blow	blew	blown
break	broke	broken
bring	brought	brought
build	built	built
burn	burnt, burned	burnt, burned
burst	burst	burst
buy	bought	bought
catch	caught	caught
choose	chose	chosen
come	came	come
cost	cost, costed*	cost, costed*
cut	cut	cut
deal	dealt	dealt
dig	dug	dug
draw	drew	drawn
dream	dreamt, dreamed	dreamt, dreamed
drink	drank	drunk
drive	drove	driven
eat	ate	eaten
fall	fell	fallen
feed	fed	fed
feel	felt	felt
fight	fought	fought
find	found	found
fly	flew	flown
forbid	forbade	forbidden
forecast	forecast, forecasted	forecast, forecasted
forget	forgot	forgotten
forgive	forgave	forgiven
freeze	froze	frozen
get	got	got, gotten (Am.)
give	gave	given
go	went	gone
grow	grew	grown
hang	hung, hanged*	hung, hanged*
hear	heard	heard

Bezoko-licznik	Czas przeszły	Imiesłów bierny
hide	hid	hidden
hit	hit	hit
hold	held	held
hurt	hurt	hurt
keep	kept	kept
know	knew	known
lay	laid	laid
lead²	led	led
lean	leaned, (także Br.) leant	leaned, (także Br.) leant
learn	learnt, learned	learnt, learned
leave	left	left
lend	lent	lent
let	let	let
lie²	lay	lain
light	lit, lighted*	lit, lighted*
lose	lost	lost
make	made	made
mean	meant	meant
meet	met	met
pay	paid	paid
put	put	put
quit	quit, (także Br.) quitted	quit, (także Br.) quitted
read	read	read
rid	rid	rid
ride	rode	ridden
ring²	rang	rung
rise	rose	risen
run	ran	run
saw	sawed	sawn, (także Am.) sawed
say	said	said
see	saw	seen
seek	sought	sought
sell	sold	sold
send	sent	sent
set	set	set
sew	sewed	sewn, sewed
shake	shook	shaken
shine	shone	shone
shoot	shot	shot
show	showed	shown
shrink	shrank	shrunk
shut	shut	shut

Czasowniki nieregularne

Bezoko- licznik	Czas przeszły	Imiesłów bierny		Bezoko- licznik	Czas przeszły	Imiesłów bierny
sing	sang	sung		steal	stole	stolen
sink	sank	sunk		stick	stuck	stuck
sit	sat	sat		sting	stang	stung
sleep	slept	slept		stink	stank,	stunk
slide	slid	slid			stunk	
slit	slit	slit		strike	struck	struck
smell	smelled,	smelled		string	strung	strung
	(także Br.)	(także Br.)		swear	swore	sworn
	smelt	smelt		sweep	swept	swept
sow	sowed	sown,		swell	swelled	swollen
		sowed		swim	swam	swum
speak	spoke	spoken		swing	swung	swung
speed	sped,	sped,		take	took	taken
	speeded*	speeded*		teach	taught	taught
spell	spelt,	spelt,		tear	tore	torn
	spelled	spelled		tell	told	told
spend	spent	spent		think	thought	thought
spill	spilled,	spilled,		throw	threw	thrown
	(także Br.)	(także Br.)		tread	trod	trodden
	spilt	spilt		understand	understood	understood
spin	span	spun		upset	upset	upset
spit	spat	spat		wake	woke	woken
split	split	split		wear	wore	worn
spoil	spoiled,	spoiled,		weave	wove	woven
	(także Br.)	(także Br.)		wet	wet	wet
	spoilt	spoilt		win	won	won
spread	spread	spread		wind	wound	wound
spring	sprang	sprung		write	wrote	written
stand	stood	stood				

be

czas teraźniejszy	czas przeszły
I am (I'm)	I was
you are (you're)	you were
he/she/it is	he/she/it was
(he's/she's/it's)	
we are (we're)	we were
you are (you're)	you were
they are (they're)	they were

do

czas teraźniejszy	czas przeszły
I do	I did
you do	you did
he/she/it does	he/she/it did
we do	we did
you do	you did
they do	they did

have

czas teraźniejszy	czas przeszły
I have (I've)	I had (I'd)
you have (you've)	you had (you'd)
he/she/it has	he/she/it had
(he's/she's/it's)	(he'd/she'd/it'd)
we have (we've)	we had (we'd)
you have (you've)	you had (you'd)
they have (they've)	they had (they'd)

Numbers/Liczby i wyrażenia liczbowe

Cardinal numbers / Liczebniki główne

0	zero **zero**
1	one **jeden**
2	two **dwa**
3	three **trzy**
4	four **cztery**
5	five **pięć**
6	six **sześć**
7	seven **siedem**
8	eight **osiem**
9	nine **dziewięć**
10	ten **dziesięć**
11	eleven **jedenaście**
12	twelve **dwanaście**
13	thirteen **trzynaście**
14	fourteen **czternaście**
15	fifteen **piętnaście**
16	sixteen **szesnaście**
17	seventeen **siedemnaście**
18	eighteen **osiemnaście**
19	nineteen **dziewiętnaście**
20	twenty **dwadzieścia**
21	twenty-one **dwadzieścia jeden**
22	twenty-two **dwadzieścia dwa**
30	thirty **trzydzieści**
40	forty **czterdzieści**
50	fifty **pięćdziesiąt**
60	sixty **sześćdziesiąt**
70	seventy **siedemdziesiąt**
80	eighty **osiemdziesiąt**
90	ninety **dziewięćdziesiąt**
100	a hundred **sto**
101	a hundred and one **sto jeden**
110	a hundred and ten **sto dziesięć**
200	two hundred **dwieście**
250	two hundred and fifty **dwieście pięćdziesiąt**
1,000	one thousand **tysiąc**
1,001	one thousand and one **tysiąc jeden**
2,000	two thousand **dwa tysiące**

10,000	ten thousand **dziesięć tysięcy**
100,000	a hundred thousand **sto tysięcy**
1,000,000	a million **milion**

W języku angielskim tysiące oddziela się przecinkiem lub spacją, np. 25,000 lub 25 000, zaś w języku polskim kropką lub spacją.

In English the thousands are separated by a comma or space, e.g. 25,000 or 25 000, whereas in Polish they are separated by a dot or space.

Ordinal numbers / Liczebniki porządkowe

1st	first **pierwszy**
2nd	second **drugi**
3rd	third **trzeci**
4th	fourth **czwarty**
5th	fifth **piąty**
6th	sixth **szósty**
7th	seventh **siódmy**
8th	eighth **ósmy**
9th	ninth **dziewiąty**
10th	tenth **dziesiąty**
11th	eleventh **jedenasty**
12th	twelfth **dwunasty**
13th	thirteenth **trzynasty**
14th	fourteenth **czternasty**
15th	fifteenth **piętnasty**
16th	sixteenth **szesnasty**
17th	seventeenth **siedemnasty**
18th	eighteenth **osiemnasty**
19th	nineteenth **dziewiętnasty**
20th	twentieth **dwudziesty**
21st	twenty-first **dwudziesty pierwszy**
22nd	twenty-second **dwudziesty drugi**
30th	thirtieth **trzydziesty**
40th	fortieth **czterdziesty**
50th	fiftieth **pięćdziesiąty**
60th	sixtieth **sześćdziesiąty**
70th	seventieth **siedemdziesiąty**
80th	eightieth **osiemdziesiąty**
90th	ninetieth **dziewięćdziesiąty**
100th	hundredth **setny**
101st	hundred and first **sto pierwszy**
110th	hundred and tenth **sto dziesiąty**
200th	two hundredth **dwusetny**
250th	two hundred and fiftieth **dwieście pięćdziesiąty**
1,000th	thousandth **tysięczny**

1,0001st	thousand and first **tysiąc pierwszy**
2,000th	two thousandth **dwutysięczny**
10,000th	ten thousandth **dziesięciotysięczny**
100,000th	hundred thousandth **stutysięczny**
1,000,000th	millionth **milionowy**

Fractions / Wyrażenia ułamkowe

$\frac{1}{2}$	a half **pół / jedna druga**
$\frac{1}{3}$	a/one third **jedna trzecia**
$\frac{1}{4}$	a quarter **ćwierć / jedna czwarta**
$\frac{1}{5}$	a/one fifth **jedna piąta**
$\frac{1}{6}$	a/one sixth **jedna szósta**
$\frac{1}{7}$	a/one seventh **jedna siódma**
$\frac{1}{8}$	an/one eighth **jedna ósma**
$\frac{1}{10}$	a/one tenth **jedna dziesiąta**
$\frac{1}{16}$	a/one sixteenth **jedna szesnasta**
$1\frac{1}{2}$	one and a half **półtora / jeden i jedna druga**
$2\frac{1}{3}$	two and a third **dwa i jedna trzecia**

Słowa *pół, ćwierć, półtora* stosuje się w języku codziennym, głównie podczas zakupów, np. *pół kilo cukru, ćwierć kilo jagód, półtora kilo ziemniaków.*

The words *pół, ćwierć, półtora* are used in everyday language, mainly in expressions like *pół kilo cukru, ćwierć kilo jagód, półtora kilo ziemniaków.*

Decimals / Liczby dziesiętne

0.1	(nought) (*Am.* zero) point one **(zero i) jedna dziesiąta**
0.2	(nought) (*Am.* zero) point two **(zero i) dwie dziesiąte**
0.6	(nought) (*Am.* zero) point six **(zero i) sześć dziesiątych**
0.25	(nought) (*Am.* zero) point two five **dwadzieścia pięć setnych**
1.75	one point seven five **jeden i siedemdziesiąt pięć setnych**

W języku angielskim liczby dziesiętne oddziela się kropką, natomiast w języku polskim – przecinkiem.

In English decimals are separated by a dot, while in Polish by a comma.

Mathematical expressions / Wyrażenia matematyczne

+	plus **plus / dodać**
−	minus **minus / odjąć**
×	times *lub* multiplied by **razy**
÷	divided by **podzielić przez**

=	equals **równa się**
%	per cent **procent**
3^2	three squared **trzy do potęgi drugiej**
5^3	five cubed **pięć do potęgi trzeciej**
6^{10}	six to the power of ten **sześć do potęgi dziesiątej**